津沽文化研究集刊第三种

主编 王振良

碧血英魂（上）

天津市忠烈祠抗日烈士研究

王勇则 著

天津出版传媒集团

天津古籍出版社

图书在版编目（CIP）数据

碧血英魂：天津市忠烈祠抗日烈士研究/王勇则著.
——天津：天津古籍出版社，2016.5
（津沽文化研究集刊/王振良主编）
ISBN 978-7-5528-0390-7

Ⅰ.①碧… Ⅱ.①王… Ⅲ.①抗日战争—革命烈士—人物研究—天津市 Ⅳ.①K820.821

中国版本图书馆 CIP 数据核字(2016)第 049361 号

碧血英魂：天津市忠烈祠抗日烈士研究

王勇则 著

出版人/张玮

*

天津古籍出版社出版
（天津市西康路 35 号　邮政编码:300051）
http://www.tjabc.net
今晚报社印刷厂印刷
全国新华书店发行

开本 880×1230 毫米　1/32　印张 32.25　字数 722 千字
2016 年 5 月第 1 版　2016 年 5 月第 1 次印刷

ISBN 978-7-5528-0390-7
定　价:98.00 元

序　言

葛培林

　　老友王勇则先生从事文史研究已有二十个春秋。他藏书甚富、注重考索，文章来源亦多为原始史料。因意趣相合，彼此时常小聚，总以探古今中外之学术、搜七十二沽之遗闻为快事。在长期接触中，我深知其在文史园地里既埋头耕耘，又抬头看路，时刻注视着文史前沿领域的研究动态。他又像一辆"重型坦克"，在文史研究领域稳步向前推进。又因其视野宽阔、兴趣广泛，使他成了文史研究领域的多面手，认准一个选题，就一头扎进去，研究起来非常执着，非搞个水落石出不可。

　　这不，继他出版了专著《图说1915巴拿马赛会》《津门开岁：徐天瑞日记解读》之后，其新著《碧血英魂：天津市忠烈祠抗日烈士研究》又摆在了读者面前。抗战胜利之初，天津市忠烈祠成为爱好和平的天津人民祭奠抗日殉国忠烈、弘扬中华民族爱国传统的精神家园，也是不屈不挠的天津人民抵御外侵、抗击外侮、保家卫国、宣示胜利的重要标志。这个研究选题正值纪念中国人民抗日战争暨世界反法西斯战争胜利70周年之际,可谓恰逢其时。

该书付梓之前,我已披览全部书稿,先睹为快,深感其史料丰富、内容充实、观点鲜明。该书还附以大量的原始图片,因而,更增强了史料性与可读性。我以为,该书的特点应有以下几个方面:

其一,本书大量征引丰富的原始史料。作者旁征博引,用力甚勤。所采既包括民国时期京津沪等地出版的报刊,也包括民国时期的政府公报、抗战文献、租界史料、天津地方史资料等,还包括陆续出版的抗战专著、中共党史资料、政协文史资料、图志、当事人回忆录等,共计270余种,图片亦有210多张。作者注重采用公开披露的档案馆馆藏史料。如关于《为拟请厚恤忠烈遗族以慰英灵而资激励的提案》《为检送中国革命及抗战史料事与卫生局来往函(附清单等)》《为报儿童节拨赠食品发放情况事致救济分署的函(附抗属忠烈遗族领物名册等)》《为报出席市抗战殉国忠烈家族联谊会情形事致天津市社会局呈》等,多达百余种。其查阅、整理、取舍、辨析,当颇费几许功夫。此外,作者力所能及地采访了几位入祠抗战忠烈的后代,并将其口述史资料与原始档案史料互相参勘,力求贴近历史本来面目。这使本书的内容更加扎实。

其二,本书比较全面地反映了天津市忠烈祠的全貌。如记述了天津市忠烈祠沿革与入祀抗日烈士始末,挖掘了三次入祀天津市忠烈祠的抗日烈士生平事迹,撷取了抗战期间及抗战胜利后褒恤抗日烈士史料,收录了各界人士及团体在天津市忠烈祠祭奠时敬献的挽联挽诗、匾额题词等百余种。作者以梳理、查考天津市忠烈祠入祀者身份入手,不仅使其抗战经历愈加清晰,更重要的是诠释了抗日民族统一战线思想和全民抗战的伟大民族精神。总之,本书填补了学术界对天津市忠烈祠抗日烈士研究的一项空白。过去虽然已有一些关于忠烈祠的研究成果，但迄今还没有一本系统研究天津市忠烈祠的专著问世。因此，该书的出版，在学术上应有新意，对通过天津市忠烈祠这一视角深入开展抗战历史研究，也应有所帮助。

其三，本书在坚持唯物史观的基础上，以考证见长。如作者通过缕析史料，对忠烈祠入祀者的姓名、生卒年、籍贯、职务以及抗敌功绩、殉难原委等生平履历的基本问题，都努力进行了考辨。从而使一些"悬案"得以解决，至少是提供了研究线索或把相关研究推进了一步。尤其是作者着力澄清了原有的一些模糊认识、纠正了以往的一些错误表述。比如，忠烈祠入祀者全都是抗战忠烈吗？实际上也有一些例外。作者鲜明地指出，因内战毙命者，非属抗战忠烈范畴，万万不可将二者混淆或等同视之，对此要明断是非，严格加以区分，还必须时时保持警惕性，绝不能有任何含糊。可见，作者遵循的是实事求是的历史研究原则，坚持的是全面客观的历史研究方法。我由此想起了前贤就考证史料的名言："一疑一信相参勘，勘极而成知者，其知始真。"而作者就是有这么一股执着的劲头，非将那些莫衷一是、似是而非的问题，得以澄清为止。而这种知难而进的治学精神则尤为难能可贵。作者还能发现一些长期未被关注的史实，比如，天津市忠烈祠虽然是由国民党方面一手操持的，入祀资格审查不乏偏颇之处，但是，入祀者也包括中共地下党员。对于入祀忠烈祠的中共抗战英魂，作者详探究竟，竭力虔心，颇见成效。这表明，如遇大敌当前、民族危亡，只有各党派团结一心、协同奋战，才能共御外侮、共克时艰。此为历史必然性。值得指出的是，勇则先生对抗战历史的大是大非问题把握上，坚持反对历史虚无主义,能够始终保持清醒和警觉,同时对秉持民族大义、肩负历史重任的中国共产党在全民族抗战中发挥的中流砥柱作用,认识更清了,理解更深了。这也让我感到很欣慰。

以上若说是序言,我看倒不如说是对勇则先生这部新著的读后感。

2015年11月20日于津门通海堂

目　录

序言 / 葛培林 …………………………………………………… 001

第一章　天津市忠烈祠沿革与入祀抗日烈士始末 ………… 001

一　设祠动议始于抗战胜利之初 ……………………… 004
二　利用日本神社原址改建而成 ……………………… 009
三　征集忠烈事迹与审查入祀资格 …………………… 025
四　忠烈入祀典礼与公祭纪念活动（1946—1948）… 045
五　日常管理与祭奠经费 ……………………………… 064
六　忠烈标准与入祀尺度 ……………………………… 076
七　陈长捷被俘于忠烈祠地下室 ……………………… 091
八　祠堂建筑屡经拆改今已不存 ……………………… 111
九　祠碑现存于天津市烈士陵园 ……………………… 117
附1：抗战胜利后对天津忠烈遗族的抚恤救济 ……… 121
附2：天津市抗战殉国忠烈家族联谊会的活动 ……… 140

第二章 第一次入祀天津市忠烈祠的抗日烈士 ……… 153

一 张自忠入祀全国各地忠烈祠 ……………………… 155
二 抗日杀奸团团长曾澈 ……………………………… 164
三 雷鸣远投身抗战 …………………………………… 177
四 北宁铁路局副局长张倬甫阻敌军运 ……………… 183
五 陈中柱将军被追认为革命烈士 …………………… 211
六 从国民党左派起步的陈资一 ……………………… 218
七 刘继光抗战事迹考 ………………………………… 226
八 平津抗日锄奸团团长王文 ………………………… 238
九 小学教师吴纪元杀奸破敌 ………………………… 251
十 邱国瑞死因初考 …………………………………… 255
十一 朱彭寿和董凤祥与天津电话局"抗交" ………… 262
十二 抗日雄鹰杨天雄为杨豹灵之子 ………………… 285
十三 冯运修与敌血拼拒捕牺牲 ……………………… 292
十四 袁汉俊与"刺程案"引起的外交风波 …………… 311
十五 赵在田秘潜津门抗日殉难 ……………………… 373
十六 大学教授倪中立投笔从戎 ……………………… 395
十七 抗日杀奸团骨干李如鹏 ………………………… 401
十八 王润秋与日伪奴化教育誓死抗争 ……………… 412
十九 孙宝庄的真实身份是中共党员 ………………… 422
二十 小学教师张鸿相积极宣传抗战 ………………… 443
二十一 气象战线的抗日烈士吴树德和金海祥 ……… 452
附：1946年《天津市忠烈祠第一次入祀忠烈简明事迹录》… 494

第三章　第二次入祀天津市忠烈祠的抗日烈士 …………… 589

 一　王士敏和陈熊在北平英勇就义 ……………………… 591
 二　抗日杀奸团成员李国材并未变节 …………………… 599
 三　崔彤祺参加抗日杀奸行动 …………………………… 601
 四　卜玉琳在南京视死如归 ……………………………… 603
 五　阎雷发明"空中地雷" ……………………………… 609
 六　与侵华日军血拼到底的86位无名烈士 …………… 613
 附1：1947年部分入祀忠烈抗日事迹简介 …………… 624
 附2：吴莹曾被确认为抗日烈士始末 …………………… 638
 附3：赵天麟及其他入祀天津市忠烈祠的抗日烈士 … 646
 附4：抗日杀奸团与抗日锄奸团是否被混为一谈 …… 666

第四章　抗战期间及抗战胜利后褒恤抗日烈士史料 ……… 689

 一　多渠道征集抗战史料 ………………………………… 691
 二　全国各地遍设忠烈祠 ………………………………… 736
 三　国殇墓园与国葬公葬 ………………………………… 774
 四　其他褒奖及纪念方式 ………………………………… 818
 五　抚恤及优待抗战烈属 ………………………………… 862

补录 ………………………………………………………………… 901

 一　天津市忠烈祠1945年底办理情形及筹建计划 …… 904
 二　天津市忠烈祠第一次入祠忠烈生平事迹补 ……… 907
 三　在津调查后函送外地入祠的部分抗战忠烈生平事迹 … 937
 四　天津市忠烈祠第一次入祠典礼各界敬献挽联挽诗匾额 …… 940

五 天津市政府社会局呈报第一次入祀忠烈简明事迹录 …… 956
六 天津市忠烈祠第二次入祠忠烈生平事迹补 …… 957
七 内政部改弦更张不切实际 天津市坚执前议虚与委蛇 …… 1002
八 天津市忠烈祠第三次入祠者 …… 1009

后记 / 王勇则 …… 1014

第一章

天津市忠烈祠沿革与入祀抗日烈士始末

　　1946年,位于天津原日租界大和公园内的日本神社旧址,被改建为天津市忠烈祠。天津市忠烈祠成为天津人民祭奠抗日殉国忠烈、弘扬中华民族爱国传统的精神家园,也是不屈不挠的天津人民抵御外侵、抗击外侮、保家卫国、宣示胜利的重要标志。

　　从1946年7月7日抗战建国纪念日隆重举行第一次入祠典礼至1948年9月3日抗战胜利纪念日隆重举行第三次入祠典礼,天津市忠烈祠入祀抗战忠烈约计200人。他们之中,既有驰骋疆场、与敌血拼的忠诚将士,也有坚持地下抗日杀奸的爱国民众,绝大多数是不惧暴寇、誓死御敌、忠贞不屈、以身殉国的抗日英雄。其抗日事迹可歌可泣,可昭日月,名垂青史,千古流芳。天津市民曾在此举办过多次公祭仪式和纪念活动。

　　由于国民党当局无视和平、罔顾正义、挑起内战、垂死挣扎,本属祭祀抗战烈士圣地的忠烈

祠，在天津解放前夕竟被国民党当局当成反共反人民的政治工具，凸显国民党当局的反动本质。此举激起了所有爱好和平、维护正义的天津人民的义愤。天津人民也旗帜鲜明地反对国民党当局的倒行逆施。

1949年1月15日天津解放后，天津市忠烈祠回到人民手中，后被改建为八一礼堂。如今，张自忠等曾经入祀天津市忠烈祠的抗战忠烈已被陆续授予革命烈士称号，在天津市烈士陵园继续接受天津人民的祭奠。他们为国捐躯的抗日壮举永驻天津人民心中，天津人民永远怀念他们。

一 设祠动议始于抗战胜利之初

1945年11月26日,天津市市长张廷谔、副市长杜建时签发天津市政府训令,向全市各机关抄发《抗敌殉难忠烈官民祠祀及建立纪念坊碑办法大纲》《忠烈祠设立及保管办法》各一份。此应为天津市正式建立忠烈祠之始。该训令称:

案奉行政院三十四年十一月六日《平壹字第二四五四二号训令》,内开:

"奉国民政府本年十月二十二日《处字第四七二号训令》略开:'据军事委员会呈转中国陆军总司令何应钦电请通饬光复省市政府仿照后方各省市政府办法,积极筹设忠烈祠,将抗战阵亡将士及民间忠烈之士入祀该祠等情,应准照办,除指令外,合行令仰该院转饬光复各省市政府迅即筹设为要。'等因。自应遵办。查《抗敌殉难忠烈官民祠祀及建立纪念坊碑办法大纲》暨《忠烈祠设立及保管办法》,前于廿九年十月廿日经国民政府公布,并于同年十月廿八日由院通饬施行在案。兹承前因,除分行外,合行令仰遵照前项大纲暨办法进行筹设为要。此令。"

等因。附抄发大纲及办法各一份。奉此,合行抄发原件,令仰该

天津市忠烈祠。载《张上将自忠画传》(上将自忠传记编纂委员会1947年编印)

知照。此令。①

《益世报》1945年12月5日载《津接收委会二次全体会研讨工人救济问题》称:"昨日上午十时。津市党政接收委员会召开第二次全体委员会议。出席主任委员张廷谔氏,委员时子周、陈锡三、胡梦华等及中央各部、会代表多人……该会并决议利用已经接收之日本寺庙作为文化教育机关,及修建忠烈祠(利用旧日界公园神社处所),及抗战阵亡战士纪念碑一案。"这表明修建天津市忠烈祠已摆上议程。

1945年12月5日,天津市政府举行第十次市政会议,通过"将日本神社改建忠烈祠"等案。②与此同时,北平市也决定建立忠烈

---

① 参见《为抄发抗敌殉难忠烈官民祠祀及建立纪念坊碑办法大纲事致卫生局训令(附该大纲)》,天津市档案馆馆藏档案,档号:401206800-J0116-1-000425-009。
② 《天津市复员一年间大事记(二)》,《天津市》周刊第1卷第4期,1947年1月4日出版,第15页。

天津市忠烈祠碑，当时亦称"忠烈祠纪念柱"。此碑由天津市市长张廷谔于1945年12月撰文，镌立于1946年上半年

祠，且行动要比天津迅速。12月9日，北平《世界日报》载《表彰忠贞，平市将建立抗战忠烈祠》称："北平社讯。本市社会局顷奉行政院令，建立平市抗战殉职忠烈祠，以资表彰忠贞、敦励气节。该局奉令后，已签呈市府关于建祠地址等项。市府正在计划中。至于入祠之忠贞烈士，将由政府明令公布。"

《申报》1945年12月14日载《庆祝明年元旦，推动表扬忠烈，全国优礼荣军及抗属》称："中央社重庆十三日电。中华民国三十五年元旦日转瞬即届，中央及各省市除援例举行庆祝外，社会部为配合庆祝元旦，顷发动推行表扬忠烈及优礼荣军抗属运动，邀请中宣部、军委会政治部、青年团中央团部等机关会商，经决议，由各机关通令所属全国各单位，积极筹备，届时一致推行。兹悉，是项运动办法要点如下：（一）各地在抗战期中壮烈牺牲之忠勇军民，由当地民意机关及人民团体发起调查，将其姓名、事迹予以公布，并按其情节申报中央，予以表扬或抚恤。对先烈遗族，按照各地方情形，予以精神或物质上之抚慰；（二）于元旦扩大宣传，发动各界人民，协助兴建忠烈祠；（三）组织慰问队，就地慰问荣军及抗属；（四）发动人民，赠送荣军及抗属礼品；（五）督促各地方机关团体,筹办荣军职业介绍;(六)劝告日用品商店,于新年减价,优待荣军及抗属;(七)各地应酌量情形,赠送荣军及抗属'胜利之光'纪念章。"

《世界日报》1945年12月28日载《孙连仲将邀省市党部建立忠烈祠》称:"北方各地抗战期间,因抗战而牺牲之同志,应如何崇功报德?对其家属,应如何救济慰问?因抗战而被难之人民及其家属,应如何救助抚恤?第十一战区孙连仲长官,对此时刻在念,至为关怀。孙昨语记者:日后将邀集河北省党部、北平市党部、天津市党部,会商办法,建立忠烈祠,供祀因抗战而牺牲之同志先烈,并对先烈之遗族及被难人民之家属,举办慰问及救济事宜。"

《益世报》1946年1月4日载《宣慰津市民大会昨在旧英界民园举行》称:"华北宣慰特使张继、鹿钟麟及中监委崔震华女士,于前日到津后,为与津市各界官民公开见面,宣达中央关怀德意起见,特于昨日(三日)上午十时假旧英租界民园操场,召集全市民众及各机关、各团体各驻军,举行宣慰天津市民大会。届时本市各机关、各学校、各民众团体、各妇女团体并本市各驻军等到场参加者达两万人之众。津市长张廷谔、副市长杜建时、九十四军军长牟廷芳、市党部主任委员时子周等及本市军政各要人均往参加……十时正,宣告开会……张继致词:'……华北同胞于过去八年中,饱受敌人欺压。尤其天津一地,自庚子以来,始终未能脱出帝国主义及北洋军阀之蹂躏。抗战期中,更受敌人直接之种种屠害,遭受亡国奴之待遇。然我同胞,始终精神不衰,忠贞自守,坚持抗敌。前在重庆时,即曾屡闻华北同胞在敌人统制下之种种奋斗事实,使本人及后方人士均表甚大钦敬……津市为华北之工业区,拥有五十万工人。在敌人降服时,皆能以国民立场,监视敌人,使国家未

天津市忠烈祠碑是利用原天津神社碑石改刻而成的。
此图由张翔先生拼接

受重大损失。凡此种种,均足令人钦敬感激……此外,津市旧日租界之街名,均具有污辱国人之彩色,亟望早日改换革命先烈之姓名。至于倭奴之神社,更应急速铲除,改建忠烈祠,以激发国人崇敬先烈之心情……"

《益世报》1946年1月7日载《建立忠烈祠 以日神社为祠址》:"津市慰劳荣军抗属,由市党部、社会局联合主办,业于元旦举行扩大慰劳抗属大会,经过极为圆满。事前,承各界踊跃捐输,转达法币六百余万元。除分配抗属外,市党部、社会局日内续行开会,商讨清算结束事宜。据悉,所余款项,决定作为修葺忠烈祠之用。据调查,津市忠烈祠已择定旧日本神社为祠址,并已鸠工修缮。刻,市党部正计划调查入祠受祀者之名单、传集。"

将侵华日军曾在中国各地树立的塔碑社寺等"永久性侵略标

识"改为忠烈祠,为抗战胜利后国民党当局的通行作法。如:天津、上海、青岛、台北等地的忠烈祠均利用原日本神社改建;北平把位于八宝山的原"忠灵塔"改建成忠烈祠;南京则拆除位于中华门外菊花台的原"报忠碑""表忠塔",改建为忠烈公园。

二 利用日本神社原址改建而成

1.原日本神社曾是日本军国主义精神支柱

在原天津日租界内设立的日本神社,位于原天津日租界大和公园内。原大和公园也称大和花园、日本公园、日本花园、日租界花园等。其地处日租界福岛街(抗战胜利后改称多伦道)、宫岛街(抗战胜利后改称迪化道,今鞍山道)、花园街(抗战胜利后改称山东路)之间,正门设在荣街(抗战胜利后改称林森路,今新华路)。

《天津通志·附志(租界)》载:"大和花园建于光绪三十二年(1906)……占地7.06亩。园内有凉亭、土山、叠石、竹门、喷水池、温室,栽有多种花草树木。其园林设计完全是日本风格。公园内还建

位于原天津日租界大和公园内的日本神社(也称天津神社)

原天津神社"鸟居"。1942年被改建为另一造型

天津神社原"鸟居"于1942年被改建后拍摄的照片。抗战胜利后被铲除的即为此"鸟居"

有'日清战役纪念碑',以纪念八国联军侵华时被打死的日本侵略军。1919年又在公园建日本公会堂和日本神社。"①原日本神社也曾称天津神社、天津日租界神社、大和神社等。

《天津通志·附志(租界)》又载:"神社是神道教祭神的场所。神道教可以说是日本的国教,它有比较完整的宗教体系,信仰多神。明治维新后,为巩固皇权,日本大力提倡'神皇一体''祭政一致'的宗教思想。天津日本神社建于1920年。其地点设在日租界宫岛街(今鞍山道)大和公园。整个建筑包括神殿、房舍和祀场。神殿内供奉天

---

① 天津市地方志编修委员会编:《天津通志·附志(租界)》,天津社会科学院出版社1996年版,第311—312页。

照皇太神〔天照大神〕灵位和明治天皇灵位。日本神社作为官方的祭祀场所,由日本驻津领事馆直接管理,在领事馆公布的《天津神社管理条例》中规定:神社设专职宫司一名、祢宜一名、主典若干名。祭祀活动及参拜神社,除每年春秋进行两次外,遇有特殊情况,要举行临时参拜。每次参拜活动,天津日本军政界要人均须参加。"①原天津神社建成开放后至抗战胜利之前,春祭日为每年的4月11日,秋祭日则为每年的10月11日。

那么,原天津神社建立的时间到底是1919年还是1920年呢?互联网上有记载称,原天津神社早在大正四年(1915)十一月五日已创立,门牌为"福岛街5"。原天津神社的起建时间确为1915年。这在《天津日本租界居留民团资料》中有明确记载。

该民团于1915年10月23日召开"第三次临时民会",决议"天津神社建设条例案"及"天津神社建设费支出"等事项。据《大正四年第三临时民会议事录·附录》载,《天津神社建设条例》共六条。其中第四条载:"天津神社建设工事,于大正四年度起工,豫定大正八年(即1919年)度竣成。"其建设费共需"银一万弗也"。大正四年度至大正八年度的支出额分别为"银壹

《日本研究》1930年第2期载《天津日租界神社之古代武器展览会》

---

① 天津市地方志编修委员会编:《天津通志·附志(租界)》第392页。

千弗也、银贰千弗也、银贰千弗也、银贰千弗也、银叁千弗也"，且均从"民团收入及临时收入"中支出。①

该民团于1919年3月22日在日本公会堂召开"通常民会第四回"，在议事日程中包括决议"大正八年度特别合计天津神社建筑费岁入出豫〔预〕算案"。《大正八年通常民会议事录》载，原天津神社工程因此前天津暴发洪水而耽搁了进度，但五年计划仍继续实施，1919年的建设费豫〔预〕算仍为"三千圆"。②据此可知，原天津神社始建时间为1915年。建成的时间应不早于1919年。

原大和花园与原天津神社均由日本驻天津总领事馆管理。园内还曾陈列侵华日军炮车和"日清战役纪念碑"等，均为日本侵华罪恶昭彰的表征。天津《大公报》曾描摹："有日本人的地方便有神社。与花园一栏之隔是'天津神社'。拾级而上，是一座日本式的建筑，右边有铜鹤三只兀立着。门前有两处立着日本式的、好像一个'兀'字似的牌坊。"③

抗战期间，侵华日军士兵在天津神社前神气活现。抗战胜利后此地被铲除并被改建为天津市忠烈祠

原天津神社"门口

---
① 天津图书馆编：《天津日本租界居留民团资料》第9册，广西师范大学出版社2006年版，第237页。"弗"即元。当时应指中国银元。
② 天津图书馆编：《天津日本租界居留民团资料》第9册，第347页。
③《天津的公园（二）·日租界花园》，《大公报》1931年7月25日。

天津原日租界大和公园鸟瞰图（明信片）。日本神社位于该公园西南部

有日本兵持枪守卫，日本人过此均虔诚敬礼，中国人则不得靠近……神社成为日本推行军国主义的精神支柱"。①《益世报》1931年4月7日载《清明时节之各花园》称："日本花园在日租界天津神社旁，园中有亭，东方式之建筑物。前有池曰'大和沼'，两池相连，中隔小桥。沼内红鱼颇多，绿波金鳞。围池列椅，种柳垂金。亭之旁，轰然触于眼帘者，北清战争纪念碑也。吾不觉触目惊心，俯首若有所思。"可见，早在九一八事变之前，天津市民对日本在华耀武扬威之举，就已颇感愤怒。

《1931年日租界财政收支概算表》载，在经常支出项下，原天津神社的支出额为30250日元。②1936年2月《中岛德次关于"租界发

---

① 崔世昌：《租界里的公园》，天津市政协文史资料委员会编：《天津文史资料选辑》第75辑（天津租界谈往），天津人民出版社1997年版，第181页。
② 天津市地方志编修委员会编：《天津通志·附志（租界）》，天津社会科学院出版社1996年版，第124页。

展的第一阶段"的报告》载,在昭和十年(1935)度的天津日租界共益会经常性支出预算中,原天津神社费为5000元。1939年《调查居留民团概况记要》载:在这一年的《天津收支概算择要·经常支出》中,原天津神社为30520元,包括:"供款、神馔币帛费、俸给、金贴、佣给、旅费、备置、耗消、印刷。"①

抗战后期的1943年至1945年,原大和花园又被日伪当局更名为"兴亚第一区公园"。②

2014年,年已八旬的天津市原住民李志森老人回忆称:"小时候,我家住在现在的和平区百货大楼附近,紧邻现在的鞍山道八一礼堂。抗日战争时期,八一礼堂那里是日本人建的大和神社。那时,他们都管那里叫'日本庙'。那里有大花园,里面养着仙鹤、猴子和小鹿等动物。当时,神社里立着这块石碑(即天津神社碑——引者注)。那会儿,小孩儿们都在日本人的学校里上学,每天我们经过大和神社时,都得鞠躬。不鞠躬的话,日本人就拿小棍儿打我们。"③

2. 天津市民冲入日本神社打砸泄愤

抗战胜利后,中国政府开始收回天津日租界。天津市民对日本军国主义暴行的愤恨至少积压八年之久,这次终于有了发泄的机会。他们自发聚集到原大和公园,打砸日本神社,哭诉并痛斥侵华日军暴行。

时任国民党天津市党部宣传科干事的杨佑方在《日本投降后

---

① 天津档案馆、南开大学分校档案系编:《天津租界档案选编》,天津人民出版社1992年版,第268、307页。
② 参见郭喜东、张彤、张岩著:《天津历史名园》,天津古籍出版社2008年版,第268页。
③ 《天津市忠烈祠石碑原是"日本造" 张自忠将军曾入祠》,天津《每日新报》2014年4月12日。

天津情况的片断回忆》一文中记载:"1945年9月底,美军进驻天津。10月初的一天,天津市民自发地去砸日本神社。没有谁通知,也没有谁带头,一下子就聚集起许多人拥向日本神社,摔神位、拆门窗、砸祭器、扯帐幔。大家受了8年日本人的气,把仇恨一股脑儿集中到神社上去了。有一个路过的日本军官拔出佩刀(当时还未正式受降,他们武器还未缴),威胁中国人退出去。中国人不理他,他就挥舞佩刀,砍伤了几个中国人。恰巧美军巡逻车路过,便把这个日本军官铐了起来,拖上巡逻车带走;另一部车子接到步话器通知赶来,把受伤的中国人送往医院。这一下子,惹翻了天津市民。第二天,全市各地,不约而同,见了日本人

1945年10月6日上午,对日受降签字仪式在原天津法租界公议局大楼前的克莱蒙梭广场和领事馆路(今承德道)举行。图为原侵华日军军官依次缴械投降

见证对日受降的天津民众

天津市民热烈庆祝对日受降

就打。开铺子的日本男人也被拖出来打（但不动他的财物）。除了女人、小孩，无一幸免。不还手还好，一还手，非[被]打得鼻破眼肿不可。有一个日本人，不晓得从哪里弄了件中国长衫穿在身上，被认出来了。一声'小日本'，大家一拥而上，乒乒乓乓，一顿拳脚。那个日本人还在'我的中国人、我的中国人'喊个不停。"①

包括神社、碑塔在内的所有日本侵华标志性建筑物，再也不能保留下去了，必须铲除净尽！这是广大天津市民当时不约而同达成的强烈共识。

3. 铲除日本神社改建忠烈祠

《益世报》1945年12月22日载《津市府拟改租界名称》称："津市府为扫清敌伪街路名称、彻底规定新名起见，曾令工务局计划推进，该局大致计划就绪。为征求各方意见、以资参考计，特于二十一日下午在市府会议室，约请本市士绅陈锡三、徐瑞夫，地政局局长、卫生局局长、刘参事及社、教、警各局代表出席，商讨二小时许方散。据悉，津市街路名称将采用地名、人名制度，原有市区尽量采用旧名，旧租界区大部改称，例如……旧日本桥拟改称胜利桥、旧日本花园拟改称胜利公园……"

《天津市两年新设施》载："忠烈祠原址，为日本昭和公园，建筑形式纯系日本作风。胜利以来，为慰我抗战阵亡将士英灵，于三十五年六月间，利用该公园敌人神社改建为忠烈祠，先进行油饰、拆改等工作。"②

---

① 全国政协文史资料委员会编：《文史资料存稿选编》第7辑《抗日战争》下册，中国文史出版社2002年版，第610页。
② 《修建忠烈祠》，天津丛刊编辑委员会编辑：《天津市两年新设施》，天津市政府秘书处编译室1948年10月初版，第132页。

1946年10月3日,天津市政府工务局经专题调查后,与社会局会衔呈文市政府,认为一朝全部拆毁"日伪及汉奸建筑之碑塔等纪念物"尚有难度:"一区内之妙法寺、西本愿寺、日本武道殿、武道场、天津稻和〔荷〕神社、观音寺及天津寺七处日式庙宇,因拆毁时,须耗费大量人工、财力,暂不办理,其余碑塔等物,均予拆毁……查各敌伪碑塔,所在地多为军队驻守,迭经交涉,允予拆毁,均遭拒绝。仅将市内敌伪色彩之零星标志及广告等,饬由各公所及各区工程处协力拆除、涂刷净尽。"①10月17日,天津市政府指令市社会局:"会同工务局,随时与现驻军队洽商拆毁,以肃观瞻。"②

原天津日租界大和公园内的日本侵华纪念碑。抗战胜利后被铲除

---

① 《为报告拆毁日伪牌坊情形事致天津市张市长杜副市长会呈》,天津市档案馆馆藏档案,档号:401206800-J0025-3-003801-014。以下征引的天津市档案馆馆藏档案,均据天津档案网(http://www.tjdag.gov.cn)"在家看档案——档案全文数据库"网页。

② 《为拆毁日伪碑塔情形备查事致天津市社会局指令》,天津市档案馆馆藏档案,档号:401206800-J0025-3-003801-012。

1942年,天津神社"鸟居"旁立有石碑。天津市忠烈祠碑即据此碑改刻而成

因"忠烈祠内于三十四年十一月间,即驻有九十四军一连人"①,导致天津市政当局难以行使管理职权。原日本神社"鸟居"牌坊迟迟未被拆除的原因,虽然与市工务局经费困难有关,但关键是天津市政当局反应迟钝和官僚作风作祟。这座也被称为"敌架"的牌坊,居然仍旧堂而皇之地戳在那里,很是扎眼。如此现状,不仅挑战天津市民的心理底线,也严重伤害天津市民的感情。而备受指责的市社会局之所以感到委屈,是因为其对此并无实施拆除的权限。市社会局随即决定:"忠烈祠门前之'敌架'……函请工务局拆除。"

1946年11月4日,天津市社会局致函市工务局:"关于拆除敌伪碑塔纪念物一案,曾经贵局饬工办理并经会衔呈报各在案。兹查

---

① 《为忠烈祠遗失电表赔偿金及追偿电费情形致社会局胡局长的呈》,天津市档案馆藏档案,档号:401206800-J0025-3-006107-040。

第一区山东路忠烈祠及胜利花园内有关敌性色彩纪念物,均已一律拆除。唯有该花园出门所建日本式洋灰牌坊,迄未办理,似应拆毁,以肃观瞻。相应函请查照,克日动工,一俟拆竣,再行会报。"①11月8日,天津市社会局再函工务局,就拆除原日本神社部分建筑问题,阐明己见:"查忠烈祠、胜利花园前门有关敌彩之日式牌坊,业经函请饬工拆毁在案。兹经贵局翟工程师德让来局接洽,拆除部分共计数项。唯查忠烈祠祠堂后木栏杆无关色彩,且观瞻所系,当无拆毁必要。其祠堂正面台阶下,建有木亭一座,内砌洗心池,有招色彩,自应拆除。木亭似可保留,以保景致。至于其他有关色彩拆除部分,应请查酌办理。"②

就在市工务局为如何拆除原日本神社"鸟居"牌坊犹豫不定之际,1946年11月30日,天津市政府又训令市社会局尽快开放胜利公园:"查本市报纸舆论迭次呼吁将第一区胜利公园早日开放。本月廿六日《大公报》并载有'第二军司令部与警备司令部招待新闻界时,谢、严两参谋长宣称该园可以开放,无不便于警备司令部,而开放与否,责在市府'等语。查该园现仍由警备司令部驻用,自应先事接洽,除由府函请警备司令部查照赐洽外,合行令仰该局会同工务局迅速派员前往接洽开放办法具报。"③

两局未敢急慢,迅速行动,并于1946年12月17日会呈天津市政府:"(一)除该胜利公园内西侧房屋数间,现由特务连驻防,

---

① 《为拆毁胜利花园大门日式牌坊事致天津市工务局函》,天津市档案馆馆藏档案,档号:401206800-J0025-3-003801-013。
② 《为忠烈祠祠堂后木栏杆无拆毁必要原有亭子可保留致市工务局的函》,天津市档案馆馆藏档案,档号:401206800-J0025-3-006107-012。
③ 《为会同工务局与警备司令部接洽胜利公园开放事致社会局训令》,天津市档案馆馆藏档案,档号:401206800-J0025-3-003812-007。

一时尚无其他适当住处,并以防务关系,不便移交外,其他园地可划为开放区域;(二)该公园有关军事上之设施,如围墙周围刺线及路面上防御用之木架等,概不得拆除或损坏;(三)因防务上之关系,公园开放时间,以白天为限;(四)管理公园之员工出入,必须佩戴臂章,以资识别;(五)如修理该公园时,必须事先与警备司令部取得联络,再行动工。以上为接洽开放胜利公园大概情形。惟查胜利公园内部尚须稍予修理、布置,俾资市民游玩。"①可是由于驻军从中掣肘,如何开放得了呢?天津警备司令部设置种种障碍,导致原天津神社残迹截至1946年底仍未被全部清除,这也使忠烈祠建筑格局显得不伦不类,令人无可奈何。"忠烈祠门前敌日遗留之'鸟居',迄今尚未拆除,殊碍观瞻。现阎局长已离职,拆除之工作,只有待诸刘局长。"②

但天津市市长杜建时却已等不及了。为尽快给市民一个交代,1946年12月31日,市政府再次训令社会局:"迅将该公园内部及忠烈祠周围妥为整理布置,提前开放,并将开放日期报府备查。"③而对于胜利花园内部设施,市政府则训令"由市工务局设计办理"。

1947年1月17日,天津市忠烈祠管理员王子明根据天津市社

---

① 《为遵令派员接洽胜利公园开放事致市府杜市长张副市长呈》,天津市档案馆馆藏档案,档号:401206800-J0025-3-003812-001。
② 《市闻零缣》,《天津市》周刊第1卷第4期,1947年1月4日出版,第13页。文中提及的"阎局长"即阎子亨(1945年12月11日至1947年5月28日任天津市工务局局长);"刘局长"即刘如松(1947年5月28日至1948年8月23日至任天津市工务局局长)。刘寿林等编:《民国职官年表》,中华书局1995年版,第1002页。阎子亨离职时间应比免职时间要早。
③ 《为胜利公园开放布置整理等事致社会局指令》,天津市档案馆馆藏档案,档号:401206800-J0025-3-003812-004。

原天津神社大殿。抗战胜利后,该建筑被改建为天津市忠烈祠享殿

会局训令,就忠烈祠周围整理布置问题提出建议:"一、忠烈祠四周石柱有两处倾倒,须修理整齐;二、石栏杆东南两面通行处,添置木栅栏门一座,以免游人入内骚扰;三、大殿左侧厕所系露天且围墙极矮,应将墙加高,并覆以上盖,以重卫生;四、祠内有自来水管一具,早经损坏,应修理完善,以便应用;五、忠烈祠四围宜添植树株,以壮观瞻;六、大殿左右空隙之地及周围石栏,应分植花卉。以上各项拟请由工务局同时一并修理。"①

由于1947年1月22日是春节。直到2月8日,天津市社会局才拿出一份布置方案,函至工务局。在该方案中,除自来水管因不属工务局办理而未提出外,仅将王子明原议中第二项改为在忠烈

---

① 《为胜利公园及忠烈祠开放整理布置各项事致社会局胡局长签呈》,天津市档案馆藏档案,档号:401206800-J0025-3-003812-005。

祠西南面通行路口添设木栅栏门。①

《天津市两年新设施》载:"三十六年二月,又将公园门口日式牌坊改建为我国古式之忠烈祠牌坊,园内原有日式石亭、木亭,亦于同年五月拆除完竣,并将倾斜之栏杆修理齐整,均以拆卸旧料抵工办法招商承办。"②

可见,直到1947年5月,原日本神社"鸟居"牌坊等日本帝国主义侵华期间设在天津的象征物,才最终被彻底铲除。

4.利用原日本神社改建忠烈祠之举备受非议

被视为"日本帝国主义侵华时用以支撑其法西斯统治的精神支柱"的原日本神社,曾给天津人民长期造成精神伤害。但国民党当局却将忠烈祠设于此处,难免不让人有所联想,进而产生不同理解。此虽为改建,但仍让人们觉得很不舒服,甚至难于接受。

天津文化人联合会于1946年6月出版的《文联》半月刊第2卷第6号所载《惠及忠烈》(署名赵钱)一文,就反映出天津人民这种纠结心态。此文称:"天津日本神社,由市当局改为'天津[市]忠烈祠',门口的大石碑叫石匠把'天津神社'四个字打下去;而重刻以市长亲笔的'天津[市]忠烈祠'。门口的大鸟居(日本牌坊)依然耸立。神社仍是日本木板搭成的'鸽子窠',并且殿角上日本皇室的菊花纹饰,金黄灿然。我们的忠烈如果真的住在里面,定有'身居扶桑'之感,要不就是也尝尝接收敌产的滋味。"③

---

①《为胜利公园开放周围整理各项事致工务局函(附单)》,天津市档案馆馆藏档案,档号:401206800-J0025-3-003812-006。
②《修建忠烈祠》,天津丛刊编辑委员会编辑:《天津市两年新设施》,天津市政府秘书处编译室1948年10月版,第132页。
③转引自廖永武《〈文联〉》,《天津党史》2002年第4期第57页。

1946年12月1日,《益世报》副刊《语林》所载吴云心《忠烈祠归来》（署名乙木）一文,则以天津市忠烈祠为影射,集中反映了天津市民对国民党统治的不满：

天津市忠烈祠碑镌立后,原天津神社"鸟居"未被及时铲除。二者一度并存的局面颇显怪异,遂引起天津市民的极大非议

偶然一个机会,走进天津的忠烈祠。这个祠,在敌伪时期是进不得的,那时叫作神社。社里的神,据说是保卫大和民族的神。那时的"伪盟邦"人士,路经门前,要必恭必敬〔毕恭毕敬〕的鞠一个大躬的。虽然必恭必敬〔毕恭毕敬〕地鞠躬,终于"神"的"风"没有把他们敌人吹散了,"神"的"社"却被我们接收而变为祠了。这当是胜利的史迹。

走入祠的院内,不知怎么一种心情,觉得我们胜利忠烈的享受,较战败国的"神"有一点相差的。这感想也许是一种下意识作祟,或许是有些自卑感,把堂堂胜利国民的身份自行"卑"下去。但是,无论如何,当时确是这样"感"了一刹。等到走入祠里,看到我们忠烈的牌位,又觉得有一点"悲"了。

在牌位上,用油漆写着几个"傻朋友"的名字,他们是把这名字留在这牌位上了,也只是落得留下一个名字而已！八年前和八年后有什么分别呢？假若当时闹鬼,一个烈士的牌位张开嘴问我,我只有告诉他："我们看到你们没有看过的东西了,如吉普车、玻璃、皮鞋、林肯式的汽车……"

再要问呢?那就是:"我们听到有人喊自由、民主,只是听得见,遥远得很!"

再要问呢?就是:"香港的小贩被踢死,许多百姓撞了吉普车,太阳旗又到了黄浦江,东北有许多妇女被奸淫……"

再要问呢?干脆告诉他们:"我们还在打仗,在准备死下去——和你们一样地死下去。只是有一样,不会像你们那样光荣,[而是]白白地死掉:打死、饿死、气死,还有种种不同的死法!"

出了忠烈祠,看到东洋式的灯和那一个石架——据说叫作"鸟居",立即想起敌人在天津高视阔步的神气!

随来的朋友,觉得这敌人建筑是应然拆掉的。但是,我觉得应该保留。它会使人想一想,想到当年向着"鸟居"鞠躬的"伪盟友"们,想到那个烈士流血的时代!拆掉这些东西,换上什么呢,换上一个美式大楼么?

让这个史迹留在天津吧!血的痕迹?光荣的痕迹?耻辱的痕迹?不管是什么痕迹,总还没有变成美式大楼,专留着给赚美金的中国人在里面听美国音乐、打美国扑克,忘掉了敌人的刀和烈士的血,以及沦亡的耻辱和胜利的光荣!①

为何不另辟基址兴建忠烈祠?这与抗战胜利后设立忠烈祠时间紧迫和天津当局财政奇绌都有很大关系。设立忠烈祠,时为大势所趋,必须抓紧办理,以慰英灵。在天津当局看来,为确保1946年7月7日举行抗战忠烈入祀典礼和公祭活动,只有模仿外埠做法,利用原日本神社改建成忠烈祠,才能确保建设周期可控。此举投资少、见效快,不失为权宜之计。而且,此举已获南京国民政府认可,

---

① 吴云心著、杨大辛主编:《吴云心文集》,天津古籍出版社1990年版,第73—74页。

并无不妥。总之,直到抗战胜利后的 1945 年 8 月 29 日才陆续搭起班子的天津市政府当局,若在半年多的时间内完成忠烈祠的设立,只有走简单易行、操作性强的路子,已不可能重新选定基址设计建造布置了。此为天津当局的难言之隐。

当然,市政管理无能、职能部门缺乏协调配合且工作效率低下,迟迟不能将明显的日伪标记铲除,也是导致市民怨言颇多、愈发不满的重要因素。

尽管如此,天津当局在征集抗战忠烈事迹上,还是做到了全员发动、认真组织,而且成效颇为可观。

三　征集忠烈事迹与审查入祠资格

对侵华日军和日伪政权罪行的调查和对抗日忠烈事迹的搜集认定工作,从抗战期间就已陆续进行了。抗战胜利后,此项工作在全国各地普遍展开。

1945 年 9 月 14 日,南京国民政府行政院致函军委会:"敌人罪行调查委员会业已[于]本年五月底裁撤,所遗业务改由司法行政及外交两部分任。原有敌人罪行调查办法应予修正,前经本院饬由司法行政部遵照委员长蒋辰哿代电意旨暨参酌实际情形,会商外交部修订,呈核在案。"[①]1946 年 4 月 15 日河北高等法院布告称:"查七七事变,华北沦陷最早。八年抗敌,河北受害最深。痛定思痛,

---

[①] 转引自北京市档案馆编《日本侵华罪行实证——河北、平津地区敌人罪行调查档案选辑》上册,人民出版社 1995 年版,第 6-7 页。

1947年5月30日,天津市第三区公所提供的范增瑞、林永清、杨玉琳、刘枫林忠烈录

良有调查敌人罪行必要。现敌已降伏半载,各地审判敌罪机构成立,我司法行政部亦发有调查办法及表结格式在案。兹为调查周密、证据详〔翔〕实起见,特将调查敌人罪行之主旨及调查表等有关事项布告周知,并印制上项表结多份,转发各地方法院检察处及县政府。自布告后,凡知悉敌人罪行事实或知悉被害人或证人时,不论何人,得向上项该管机关径行填表,或告知被害人或证人填表,据实迅报,以便转送参考审判。除派员分途督饬调查外,合将敌人罪行种类表附录于后,俾众周知。希我全省各色人等一体知悉,切勿自误为要。"①

通过发动民众调查敌人罪行,可以掌握部分抗日忠烈事迹,而且也是一个重要渠道。而军队组织系统(如国防部、军委会、军统局等)、国民党组织系统(如各地党部、中统局、三青团等)、教育部等政府部门以及各团体等,也陆续开展专题征集、汇总上报、审

---

①转引自北京市档案馆编《日本侵华罪行实证——河北、平津地区敌人罪行调查档案选辑》上册第12页。

查核实等工作。

1. 天津抗战将士家属慰劳大会前夕的调查登记

天津当局对抗战忠烈的调查工作始于 1945 年底，也即 1946 年 1 月 1 日天津市庆祝中华民国三十五年开国纪念大会暨天津市元旦慰劳抗战将士家属大会召开前夕。但这次对抗战忠烈事迹的调查，却是以抗战军民家属登记的形式间接开展的。

1945 年 12 月 19 日起，《民国日报》《益世报》《大公报》《青年日报》《中华日刊》《建国日报》《北平英文时事日报》（天津版）等天津各大报章、广播电台陆续刊载、播发《天津市党部、天津市政府社会局举办抗战将士家属慰劳大会启事》："抗战胜利，举国欢腾。追溯致胜之由，端赖我贤明领袖领导、全国军民一致努力。而抗战将士背井离乡、辗转疆场、奋勇苦斗，终使强敌降服、还我河山，报国精神致堪企仰。爰为使一般民众认识抗战将士之功绩，并褒扬抗战将士家属起见，本部、局会同于卅五年元旦举办抗战将士家属慰劳大会。凡合下列事实之一者，请到本部、局报名登记，俾便准备而利进行。此启。1. 本市现行出征抗战将士家属，经证实者；2. 本市抗战将士忠烈牺牲者，其家属确有证件或有地方士绅证明者；3. 在敌伪时期办理地下工作壮烈牺牲者之家属，确有证明者。登记地点：市党部、市社会局。日期：十二月二十日起至十二月二十六日止。"[①]

为避免此项调查有所遗漏，天津市各界纪念抗战忠烈筹备委员会又致函天津市警察局、教育局，请其发动各学校、各警察分局

[①]《为举行慰劳抗战忠烈家属大会事致市长呈（附原函草稿四份）》，天津市档案馆馆藏档案，档号：401206800-J0025-3-003846-001。

协助调查抗战忠烈家属。① 天津市社会局也于1945年12月28日训令各所属单位："将抗战期中壮烈牺牲之忠勇军民姓名、事迹详细调查，按其情节迅速具报，以凭核办。"②

而市社会局系统对于调查了解到的情况，则需致函天津市各界纪念抗战忠烈筹备委员会予以登记。如，1946年1月17日，市社会局即将陈鹏扬之母陈徐津棣的来函转呈该筹委会，并函呈："陈徐津棣呈伊子陈鹏扬抗战殉国恳请褒扬抚恤等情……请贵会元旦慰劳大会代为登记，所有褒扬抚恤部分，自应转请呈照核办，以一事权。"③可见，当时对于抗战殉难忠烈事迹的调查渠道并不顺畅，尚未理出头绪。

1946年5月起，天津博物馆向各界征集抗战史料

2.内政部下发《抗敌伤亡人民调查表式》

直到1946年1月底，内政部下发南京国民政府训令、敦促各地开展专题调查抗敌伤亡人民情况后，天津市社会局才承担起此

---

① 《为协助调查抗战忠烈家属事致天津市警察局教育局的函》，天津市档案馆馆藏档案，档号：401206800-J0025-2-002851-008。
② 《为具报抗战牺牲军民姓名事迹致天津市商会整理委员会训令（附原电）》，天津市档案馆馆藏档案，档号：401206800-J0128-3-009013-007。
③ 《为登记核办陈鹏扬殉国抚恤金事致天津市各界纪念抗战忠烈筹备委员会的函》，天津市档案馆馆藏档案，档号：401206800-J0025-3-003837-002。

项工作的主体责任。

内政部于1946年1月28日,以"渝礼字第〇一〇七号子俭渝礼"代电:"补送《未世代电》暨《抗敌伤亡人民调查表式》各一份等由。查此案经于上年十二月三日,以府总秘字第二二八三号训令饬遵在案。兹准前由。除分令外,合行抄发原代电暨调查表式各一份,令仰遵照查报,以凭汇转为要。此令。"①

《未世代电》内容为:各"省政府勋鉴:查抗战军兴以还,各地人士鉴于国难严重、民族危急,群起为救亡之图。或则尽忠职守、慷慨赴难;或则协助国军、效命疆场;或则被捕不屈、抗节忠贞。其间种种忠勇节义事迹,足以泣风雨而动鬼神。值兹大敌投降、失地收复之际,对死难者如何予以褒扬?对忠烈遗族如何予以抚恤?亟待普遍调查,分别依法办理,藉慰忠魂,并昭激劝。兹随电附送《抗敌伤亡人民调查表式》一份,即希饬详查汇填,层转过部,以便核办为荷。内政部。未世渝礼抚。"

《抗敌伤亡人民调查表式》的格式和填写说明:

某某县(市)抗敌伤亡人民调查表式　　年　月　日查填											
姓名	性别	年龄	保甲番号及住处	学历	职业	伤或亡	伤亡原因及时日	已否褒恤	证件或证明人	生活现状	备考

说明:

一　保甲番号应填某乡(镇)某保某甲,住处应分填过去及现在

---

① 1946年4月25日,南京市政府训令(府总秘二字卅五第4581号)。郭必强等编:《南京大屠杀史料集——日军罪行调查委员会调查统计》下册,江苏人民出版社2006年版,第1527—1529页。

地点。

二 学历分为:(1)大学、(2)中学、(3)小学、(4)其他诸种,视伤亡者最高之学历属于何种,分别填写。

三 职业可分:(1)农业、(2)矿业、(3)工业、(4)商业、(5)交通运输业、(6)公务、(7)自由职业、(8)人事服务、(9)无业等类。

四 伤亡分重伤、轻伤二种。所谓重伤,即:(1)毁败一目或二目之视能、(2)毁败一耳或二耳之听能、(3)毁败语能味能或嗅能、(4)毁败一肢以上之机能、(5)毁败生殖之机能、(6)其他与身体或健康有重大不治或难治之伤害。轻伤则不成为重伤亡;轻微伤害,视受伤者情形,分别填列。

五 已受褒扬抚恤或接受医药费、埋葬费者,应在已否褒恤栏详填褒扬品及原领经费数额。

六 凡褒扬抚恤文件或足以证明伤亡事实文件,应填入证件栏。

七 生活现状栏,伤者应填注现阶段个人生活情况及有无负担,死亡者应填遗族生活情况。

这个调查表对在各地建立专项调查机制,起到了明确指引作用。此后,天津开展的调查工作也多以内政部的要求为准。

3.天津市各区公所查报抗战殉难忠烈事迹

从1946年初开始,天津市政府全面开展抗日忠烈事迹专项调查搜集工作。天津市社会局向天津市自治行政会议提案《抗战忠烈应即褒扬以慰忠灵并调查其家属以资救济请公决案》载:"查八载抗战,阵亡将士及壮烈牺牲之官民,不可指数。此等忠烈均为祖国争得胜利,若不速予褒扬,何以慰忠灵?"其提出的办法中,即有"各区公所应迅将抗战将士及壮烈牺牲之官民,呈报本局,以便转请,分别褒扬"这一项。①

1946年3月5日，市社会局局长胡梦华签署训令（会文字第226号），公布《天津市各区公所对于抗敌殉难忠烈查报办法》："令第区公所。案奉市政府乙字第五五七号训令，以奉行政院令转发国民政府训令通饬光复省市积极筹设忠烈祠，将抗战阵亡将士及民间忠烈之士入祠等因，并附发《抗敌殉难忠烈官民祠祀及建立纪念坊碑办法大纲》暨《忠烈祠设立及保管办法》各一份。奉此遵经提请市政会议通过，以本市日本神社改定忠烈

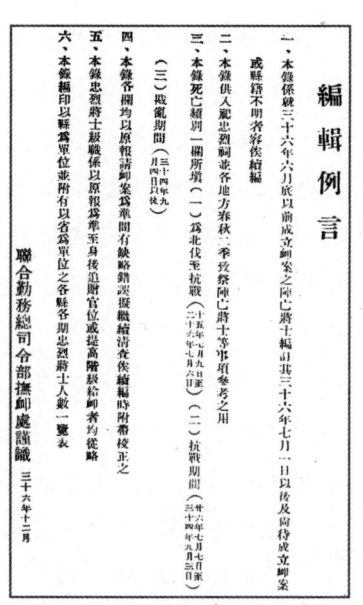

1948年版《中华民国忠烈将士姓名录·编辑例言》

祠，并依照奉领办法大纲，制定《各区公所对于抗敌殉难忠烈查报办法》及《抗战忠烈事迹调查表》两种，从事调查本市抗战殉难忠烈与原隶本市之忠烈人士事迹，用备编传入祠。除分行外，合行发上项表式、办法，令仰该区遵照办理。呈转饬各保甲长一体切实调查，于文到一月内汇报来局为要。此令。"②

该训令附发的《天津市各区公所对于抗敌殉难忠烈查报办法》共六条，即：

---

①《为抗战忠烈应即褒扬以资救济的提案》，天津市档案馆馆藏档案，档号：401206800-J0032-1-000080-023。
②参见《为筹设忠烈祠事给第四区公所的训令（附办法调查表）》，天津市档案馆馆藏档案，档号：401206800-J0033-1-000085-032。

一 为建立天津市忠烈祠、编辑忠烈传,特制定本办法,通令各区公所遵照办理。

二 本办法依照国民政府公布之《抗日[敌]殉难忠烈官民祠祀及建立纪念坊碑办法大纲》制定之。

三 各区公所对于查报工作应于所辖境内尽量宣传,唤起公正人民及忠烈之遗族、乡邻、亲属注意,并利用保甲组织分发调查表,限期查报。

四 根据国民政府公布之《抗日[敌]殉难忠烈官民祠祀及建立纪念坊碑办法大纲》第二条之规定,抗日[敌]殉难忠烈官兵,有左列情形之一者,得入祀忠烈祠:

1. 身先士卒、冲锋陷阵者;

2. 杀敌致果、建立殊勋者;

3. 守土尽力、忠勇特著者;

4. 临难不屈或临阵负伤不治者;

5. 其他抗敌行为足资矜式者。

根据同办法第二条之规定,抗敌殉难忠烈人民有左列情事之一者,得入祀忠烈祠,并得建立纪念碑:

1. 侦获敌人重要情报者;

2. 组织民众协助军队工作或执行军队命令者;

3. 刺杀敌人或汉奸者;

4. 破坏敌人重要交通路线者;

5. 焚毁敌人仓库者;

6. 破获敌伪间谍组织者;

7. 被掳不屈者;

8. 救护抗敌官兵者;

9. 组织民众实行国民公约者；

10. 其他忠勇抗敌者。

五 凡合于前二条规定各款情事之一者，如其事迹表著地、殉难地或原籍地为天津，得由忠烈之遗族、乡邻、亲属或天津市公正人民呈由区公所核转本局审查。

六 区公所办理查报事件，务须公正迅速，并于调查表上签具意见，呈局核夺。

该训令还附发由天津市社会局文化礼俗科编制的《天津市抗战忠烈事迹调查表》，其需填写项包括以下内容，即：填写日期；抗战忠烈的姓名、籍贯、年龄、职业、现住地、家族情形、家庭经济状况、加入之抗敌组织、殉难日期及地点、殉难事迹；填报人的姓名、职业、与忠烈之关系、签名盖章；证明人签名盖章；有无证明文件；区公所调查结果及意见；第某区区长签名盖章；备考；审查意见。

天津市各区公所遂被发动起来，承担调查任务的主体为各保甲。其中，天津市第四区公所的反应最为迅速。1946年3月6日，也就是市社会局公布《天津市各区公所对于抗敌殉难忠烈查报办法》的转天，第四区公所即函呈市社会局，称通过"派本区视察员……协同各保甲长，挨户调查完竣，共计有阵亡将士十名。"同时，把"抗战阵亡将士各员之荣誉经过列表附呈"。① 据此可知，第四区公所在此之前已将管区内的抗战烈士事迹调查过了。其他区公所则陆续开展调查。如：第八区公所于1946年3月8日训令各保："切实调查，于文到十日内，填造两份汇报来所，

---

① 《为报调查收复区抗战阵亡将士遗族登记及调查情形事致天津市政府社会局胡局长的呈》，天津市档案馆藏档案，档号：401206800-J0033-1-000085-029。

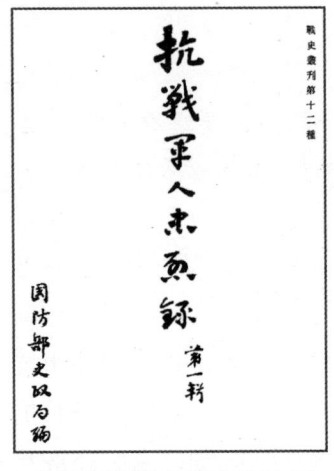

曾国杰编《抗战军人忠烈录》第1辑。国防部史政局1948年版

以凭核转。"①

南京国民政府于1946年3月12日实施的《褒扬抗战忠烈条例》规定："凡抗御外侮、忠勇义烈之官兵人民，合于：(一)杀敌致果，建立殊勋者；(二)尽力守土，忠勇特著者；(三)临难不屈，以身殉国，或不受敌人利诱威胁，致伤亡或拘囚者；(四)举义乡里，抵抗敌人，或毁坏敌用重要战具者；(五)毁家纾难，或计划守土，著有功绩者；(六)个人或全家或全村与敌搏斗，致伤亡或被毁者；(七)因守土伤亡者；(八)其他忠勇义烈事迹，足资矜式者。各款之一者，得获褒扬。其褒扬方法为：(一)国民政府明令褒扬，行政院院令褒扬，或内政部部令褒扬；(二)国民政府题颁匾额、行政院题颁匾额，或内政部题颁匾额；(三)国葬、公葬，或入国殇墓园；(四)入祀忠烈祠，或建立纪念坊碑；(五)事迹宣付国史馆，或令刊入省志、县志。凡应受褒扬之忠勇义烈官兵人民，由主管机关详填事迹，并检同证明文件，转内政部核定或核议转呈核定，其应受褒扬人之乡邻，或事迹表著地之公正人士，亦得连〔联〕名胪列事实，声请该管地方政府转请。至于受褒扬人，除依法奖恤，必要时得特给奖金或恤金。前项奖金恤金，由国库支给。兹悉：教育人员凡有忠勇义烈事迹，合于前项

①《为填报抗敌忠烈事绩调查表事给各保保长训令》，天津市档案馆馆藏档案，档号：401206800-J0037-1-000613-007。

规定者,亦得检同证明文件,呈部核办。"①此前已开始实施的《天津市各区公所对于抗敌殉难忠烈查报办法》,与这个新颁布的《褒扬抗战忠烈条例》规定内容,并不矛盾。

1946年5月17日,妙峰山佛教龙华会②致函天津政府部门,希望提供抗战烈士资料:"窃查我国抗战胜利,国土重光,而八年之久,所有我国暨盟邦阵亡将士暨地下工作被难者,以及无祀忠魂等众,不知凡几。值兹痛定思痛之时,自应设法追荐,以慰幽魂,而崇人道。本会同人本宗教天职,以大成正法精神建立普利道场,诵经理忏,荐拔超度,定于本月二十日起至二十六日,七天法会,除登报暨公告周知党军政机关预于二十日前,将忠烈姓名开单送交本会登记,设位受享,致免疏漏外,相应函达,即希查照,恭请届期莅临追荐,聊慰风雨同舟。"③其发起人和赞助者中不乏天津知名人物。但天津征集抗战烈士事迹的工作起步较晚,当时尚未调查核实清楚。因此,天津各"党军政机关"对此并未理会。

1946年5月底,天津市临时参议会秘书处致函各区公所:"本会着手筹备,行将就绪,成立大会不日召开,兹拟调查本市在野名流、贤达士绅,以便邀请参加会议,并同时调查沦陷时期忠贞不屈之士,以凭分别慰问素谂。"临参会还提供调查表,要求三日内填报。④

1946年7月7日第一次入祀天津市忠烈祠的抗战忠烈共计98

---

① 《褒扬抗敌义烈》,《申报》1946年6月16日。参见《褒扬抗战忠烈,国府昨公布条例》,《世界日报》1946年3月12日。
② 抗战期间,其会址曾设在"天津兴亚第一区松岛街妙峰山下院"。
③ 参见《为送忠烈士名单等事致市卫生局函》,天津市档案馆馆藏档案,档号:401206800-J0116-1-000233-011。
④ 《为填报天津市名流贤达及忠贞不屈人士调查表事给第二十五保的训令》,天津市档案馆馆藏档案,档号:401206800-J0036-1-000180-005。

名,其中有相当一部分抗战忠烈的事迹就是通过以上依托各区公所和保甲的调查渠道征集上来并经审查确认的。如:1946年,天津市第一区区长康牗民向天津市自治行政会议提案《拟请厚恤忠烈遗族以慰英灵而资激劝》中提及:"查本区奉令调查天津市在沦陷时被害市民及忠烈之士时,曾查有第五保界内有李克忠、章凯旋二名,第六保界内有陈雍生一名,第八保界内有邱国瑞一名,共计四名。生前或为地下工作人员,非壮烈殉国,即惨被杀害……"[①]其中,已知李克忠、章凯旋、邱国瑞后均入祀天津市忠烈祠,且见载于1946年由天津市社会局文化礼俗科编印的《天津市忠烈祠第一次入祠忠烈简明事迹录》。

4. 河北省立天津市博物馆征集抗战先烈事迹

1946年5月3日《益世报》载《津省立博物馆拟辟抗战纪念室》称:"河北省立天津博物馆近为纪念光荣战史、阐扬民族精神起见,特辟抗战纪念室,征集抗战史料,以备编组陈列、公开展览。计征集品目:一、有关抗战照片:主席肖像及生活照片、战地照片、受降照片等;二、有关抗战文献:主席言论及有关抗战书籍宣传品等;三、抗战先烈史迹:先烈遗像、言行及遗族现况等;四、战利品:掳获敌人之飞机、大炮、坦克车及各种枪枝〔支〕弹药等;五、敌伪罪行,敌人残杀同胞事实及刑具等;六、联合国作战照片、欧亚各地作战事迹。"此消息应据《河北省立天津博物馆征集抗战史料及其他陈列品简章》而来。

1946年5月施行的《河北省立天津博物馆征集抗战史料及其

---

① 《为拟请厚恤忠烈遗族以慰英灵而资激劝的提案》,天津市档案馆馆藏档案,档号:401206800-J0025-2-002847-028。

他陈列品简章》共计十一条：

第一条 本馆为纪念光荣战史、阐扬民族精神期间，特开辟抗战纪念室，征集抗战史料及其他陈列品。

第二条 征集品类：

一、抗战史料部：

A.有关抗战各照片：1.主席肖像及生活照片；2.战地实况照片；3.海陆空军实况照片；4.各地受降照片；5.战时国民生活照片；6.抗战团体照片；7.抗战名人肖像及生活照片；8.有关汗〔汉〕奸审判、行刑等照片。

B.有关抗战文献：1.主席言论；2.有关抗战各种书籍；3.宣传品；4.抗战团体机关组织规章；5.抗战经济制度。

C.抗战先烈事迹：1.抗战先烈遗像及生活照片；2.抗战先烈言行史料；3.抗战经过史料；4.抗战先烈遗族现况；5.抗战忠烈遗墨手札。

D.战史军备：1.军器——各种残破的枪支、炮弹、坦克车、大炮等；2.军事教育机关及有关征兵制度书籍等；

E.战利品：1.空军武器——残破飞机、空军装备、高射炮、探照灯等；2.陆军武器——残破坦克车、炮、各种炮弹、各种枪支、战刀、刺刀、服装佩戴等；3.电讯交通器具——电讯器具、各种车辆等；4.军医用品——医药医疗器具等。

F.敌伪罪行：1.残杀同胞的刑具——敌宪兵队刑具、敌特务机关刑具、陆军监狱刑具等；2.残害同胞照片及文字描述、各种宣传照片等；3.敌伪所订各项条文、奴化教育用书及各种宣传品；4.伪组织下的经济统制及交通状况等；5.汉奸罪行及宣判结果。

G．联合国作战史迹：1．有关作战各种照片；2．有关作战各种条约、宣言及回忆记载；3．纪念品；4．宣传品。

二　自然科学部：(略)

第三条　本馆尽量邀请党政军各界首长、社会贤达、地方绅耆及热心教育人士协助征集。

第四条　征集物品，以抗战史料及战利品为中心，但其他陈列品亦在征集之列。

第五条　本馆征集物品均予注册，标明捐赠者姓名或捐赠机关，编组陈列，公开展览。

第六条　凡多重捐赠或热心协助之人士或机关，得依情轻重，分别函谢或赠送纪念章、纪念品、纪念状等。

第七条　凡热心协助之人士或机关，于展览时，得赠与优待券。

第八条　若邮寄大量物品，得由本馆补还邮运费。

第九条　凡捐赠笨重物品，希先赐函，由本馆派人取还。

第十条　凡所赠物品，均系无代价捐赠，倘有特殊情形或贵重物品，愿寄存或出售者，另行商洽。

第十一条　本简章有未妥善处，经馆务会议改订之。①

河北省立天津博物馆馆址时设于"河北宙纬路三十六号"。其征集的抗战先烈事迹情况未详。已知天津市政府特于1946年8月3日指令市社会局向河北省立天津博物馆提供"《中国之命运》一册及《忠烈事迹表》一份。"②

---

①《为征集抗战史料事与天津市社会局往来函(附天津博物馆征集抗战史料简章)》，天津市档案馆馆藏档案，档号：401206800-J0025-3-006094-029。

②《为明了本市忠烈事迹表事致天津市社会局指令(附社会局呈)》，天津市档案馆馆藏档案，档号：401206800-J0025-3-006094-027。

5.国防部史料局征集抗战军人忠烈录

1946年10月,"国防部史处二字第〇〇三二五号函开:查抗战八载,我军官兵或忠勇奋发、不避牺牲,或喋血沙场、前仆后继,终克摧破敌寇,完成神圣使命。缅怀壮烈,应表忠贞,兹特制定《抗战军人忠烈录征集办法》,随函送达,务祈转饬各县、市政府布告周知,征送到部,俾便汇编。"①国防部史料局还发布征集抗战史料启事。天津市政府后训令各区公所,分别按照这个征集办法落实。

1947年5月28日,天津市第三区公所呈天津市政府,分别提供范增瑞、林永清、杨玉琳、刘枫林忠烈录各一份。已知林永清、杨玉琳为第一次入祀天津市忠烈祠的抗日烈士,其事迹见载1946年《天津市忠烈祠第一次入祠忠烈简明事迹录》,经比照可知,行文与之略有不同。而范增瑞、刘枫林则为1947年第二次入祀天津市忠烈祠的抗战忠烈。②1947年7月9日,天津市政府指令称,第三区公所呈送的此忠烈录,将"汇转国防部编纂"③。可见,市政府将各区公所呈报的史料汇集一起后,并未再行调查审核,即转交国防部,用以汇编《抗战军人忠烈录》。

不过,天津其他区公所大多对此无暇顾及,纷纷呈函市政府,称管区内并无抗战忠烈事迹。如:1947年6月20日,天津市第五区公所呈称,根据市政府《义民字第三三五七号训令》及《勇秘三字第六二八号训令》,第五区公所要求"各保按照颁发《征集抗战军人忠

---

① 《徐州市政府公报》1946年第2卷第11期第16—17页、《上海市政府公报》1946年第5卷第24期第441页。
② 《津抗战忠烈行将入祠》,《益世报》1947年6月18日。
③ 《为报送抗战军人忠烈录事给第三区公所的指令(附该区公所呈及忠烈录),天津市档案馆馆藏档案,档号:401206800-J0032-1-000324-047。

烈录办法》，查编具报。兹据各保报称，均无是项抗战忠烈事迹。"①实际上，此举大有应付差事之嫌，但天津市政府对此也是心知肚明，并未对其斥责。

1948年2月13日，天津市政府再次训令各区公所："案准国防部参谋总长陈(卅七)昌资字第五一五八号代电，节开：(一)抗战军人忠烈事迹之编报，业经上年分别电附《抗战军人忠烈录征稿办法》并《殉国将士事迹及遗族情形调查表》，饬填报，各在案；(二)原定于去年(卅六)六月底结束。惟截至目前，尚缺资料甚多，仍宜继续办理；(三)兹为使殉国将士忠烈事迹不致湮没，用再电请饬属，凡有抗战及'剿匪'阵亡官兵，依照前电继续编报抗战及绥靖军人忠烈录，径送史政局汇编。等由。除分令外，合行令仰该区依照前令，继续办理，并迅将前发表式先行填报，以凭核转。"②据此可知，国防部对于已开展一年有余的征集活动成效并不满意，遂继续函催，以期完善。而文中提及的所谓"绥靖军人忠烈"，应指在内战中被解放大军击毙的国民党军人，与抗战忠烈实不可相提并论。况且，天津市政府此际备受政治危机、金融危机的困扰，已焦头烂额、疲于应付，对此只是发发公文、走走形式罢了，文牍主义和官僚主义都很严重，并未对天津各机关团体及各区公所穷追不舍。如此这般，国防部编辑《抗战军人忠烈录》的效果可想而知。

6. 抗战忠烈入祠资格审查

1946年1月，天津报章已披露由天津市党部确定的抗战忠烈

---

①《为各保均无忠烈事迹事给市政府的呈》，天津市档案馆馆藏档案，档号：401206800-J0034-1-000303-022。
②《为抗战军人忠烈事迹编报事给市第八区公所的训令》，天津市档案馆馆藏档案，档号：401206800-J0025-3-004990-069。

入祠资格，即：“大体以籍隶天津、曾抗战守土为国、义烈全节者，或非天津籍贯，但在津市服官、曾著战功、保国为民者。”

对于抗战忠烈入祀天津市忠烈祠的资格审查工作，在1946年第一次入祠之前已组织实施。1946年7月17日，天津市社会局函呈南京国民政府社会部：“'七七'抗战忠烈死难军民追悼大会……在忠烈祠隆重举行，并先期邀集津市有关各单位，将本市殉难忠烈人士，按照殉难事迹，依法审定，核准入祠，共九十八人。于是日，同时举行入祠典礼。”①

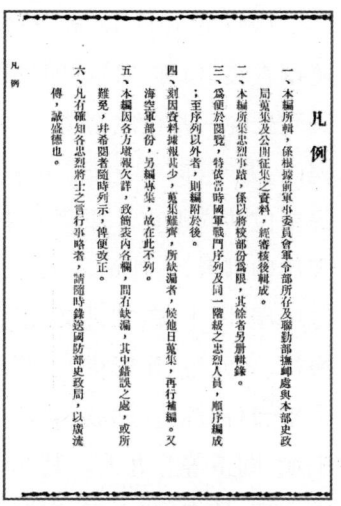

1948年版《抗战军人忠烈录》第1辑《凡例》

不过，在目力所及的史料中，尚未了解到天津当局开展第一次入祠资格审查的具体情况。以下搜集到的虽然仅仅是1947年第二次入祠资格审查的相关记载，但从中仍可对其运作模式略知一二：

1947年6月16日，天津市政府秘书处致函市社会局：“查本年'七七'举行抗战忠烈官民补行入祠及公祭典礼，即将举行。兹订于本月十七日下午三时，在市府会议室召开忠烈入祠资格审查会议，相应函请贵局届时派员出席审查。”②市社会局遂派该局荐任科员王清光参加。

---

① 《为七七抗战死难军民追悼大会有关事项与天津市社会局往来代电》，天津市档案馆馆藏档案，档号：401206800-J0025-3-006107-015。
② 《为定期召开忠烈入祠资格审查会议致社会局函》，天津市档案馆馆藏档案，档号：401206800-J0025-3-006121-034。

1947年6月18日《益世报》载《津抗战忠烈行将入祠 殉难事迹审查竣事》称:"抗战时期殉难之忠烈官民兵士,行将入祠。津市民政处经一月余之努力,已将各忠烈之籍贯、职业及殉难事迹调查完竣,并于昨(十七日)下午三时,邀请警局、教局、青年团、调查局等单位共同审查。原籍天津而在外省、外市殉难,或原籍外地而在天津殉难者,一律请入天津忠烈祠,计有:张兴琰、裴惠文、张文寿、范增瑞、冯干卿、刘进义、王士敏、陈熊、张达荣、纪树仁、李国材、金海祥、郑元玺、崔彤祺、王曾印、叶国贵、冯辑五、王秀臣、刘铁岭、张本堂、赵占标、夏涌波、冀平英、孙荫浩、沈家骏、卜玉琳、刘枫林、张玉斌、阎雷等廿九人。其非天津籍又不在津殉难者,转送河北省政府办理,计有:贾卓青、李振炳、张国基、黄穆九、贾鸣皋、吴锦轩、封炳华、王子厚、刘善田、崔贻孟、韩家骥、张子铎、吕丹墀、万斗南、陈福顺、吴占奎、李国珍、谭国光、谭国样、王章甫等廿人。旋由民政处、警察局提议,以二十六年七月廿九日,津市警察开始抗战,其中有李文田局长指挥之三十八师官兵一部,会同警局保安第二大队官警约百余人,攻入小于庄公大七厂,旋被敌寇包围攻击,殉难者八十六人,后以大部官兵警姓名不详,入祠列牌,殊感困难,为崇抗战死难忠烈,又不能不有所表现。究应如何入祠,经讨论后,议决:专设'天津市陆军第三十八师警察局保安队八十六烈士之位'。"

1947年6月20日,王清光向上峰汇报的此次审查会议议决结果,却与《益世报》所载略有不同:"奉派于本月十七日下午三时,在市政府会议室出席参加审查忠烈入祠资格。等因奉此,遵经前往。计出席者,有省市党部、民政处等八单位。由民政处韩科长主席。计忠烈有五十四名。当场议决:经通过者三十名、转送外省者十九名、请示核办者一名、核查后核办者二名、不合格者二名。奉派前因所有参加审查忠烈情形,理合具文签报,恭请鉴察。"①

1947年7月31日,天津市政府民政处致函全市各机关单位:"查六月十七日,市政府召开抗战殉难忠烈入祠资格审查会议,经青年团代表刘畏吾提议:'在抗战期间殉难人员已经函送者外,难免遗漏,请各机关随时详查,送处审查,并案决议。由民政处分函有关机关,于文到五日内,填送民政处会审。逾期送处者,改为明年入祠,记录在卷。当于六月二十一日检送会议记录,函请查照办理。'兹准签。惟于九月三日补行入祠,相应关一木一线,再函请贵[机关]查照前案办理,并于五日内送处。"②

《益世报》1947年8月16日载《津忠烈祠入祀先烈共九十八位定胜利日入祠》称:"津市民政处昨(十五)日上午十时,举行忠烈入祠审查委员会[会议]。出席有市党部、青年团、第二军新闻处、警察局、社会局、教育局、中统局等单位代表。由自治科韩科长主席。审查结果,合格者计有:金文清等三十六名、内政部转奉行政院训令保送殉难官民入祠者共有戴笠等六十二名,总共九十八名。定九月三日胜利日入祠。又:民政处向各界征求之挽联,收件日期定本月二十五日截止。"

其中,戴笠是1946年3月17日因飞机失事死亡的。其后被获准入祀忠烈祠,为国民党当局的统一安排。各地只有执行的份儿,并无对其入祠资格予以审查的权力。《申报》1946年12月15日载:"南京十四日电:行政院以已故军统局长戴笠因公殉难,呈

---

① 《为派出席审查忠烈入祠资格情形的签呈》,天津市档案馆馆藏档案,档号:401206800-J0025-3-006121-033。
② 《为填报抗战忠烈名册等事与市社会局来往公函(附调查表)》,天津市档案馆馆藏档案,档号:401206800-J0025-3-002151-001。

请国府准予入祀首都忠烈祠及各级忠烈祠。国府已于十三日指令照准。"可是,其属战后"因公殉难",有无资格入祀忠烈祠并与抗战忠烈并列接受民众祭奠？此举当时就已备受非议。多年以后仍备受诟病。

1985年,李敖相继撰文《国民党的入祀问题——特务头子也进忠烈祠吗？》《国民党与忠烈祠——谁侮辱了壮烈殉国先烈？》,援引"国民革命忠烈祠管理组"致"传记文学社"的公函(1982年5月出版的台湾《传记文学》第40卷第5期)所列的忠烈祠入祀标准,即：

一、国民革命忠烈祠入祀条件,严格限于"作战阵亡"与"被俘不屈殉难"二者。凡合乎此要件,虽军阶再低,如二等兵,亦得入祀；不合此要件,虽贵为一级上将,亦不得入祀……

二、国民革命忠烈祠入祀作业,也极为谨慎,均须经"初审"与"复审"两个阶段。前者又分由两个部门掌理,凡具有军人身份者,一律由联勤总部初审；如系文职人员,则由内政部负责。初审合格者,报请国防部复审,经详细核对人事资料、战史档案或相关佐证资料,确认合乎前述"作战阵亡"或"被俘不屈殉难"之要件后,始层报总统核准入祀。

由上述可知,仅仅"亡故",尚未具备入祀要件。必须确属"作战阵亡"或"被俘不屈殉难"才行。至于生前级职高低与功绩大小,则与入祀并无必然之关系。

通过查摆1940年南京国民政府公布的《忠烈祠入祀办法》(即《抗敌殉难忠烈官民祠祀及建立纪念坊碑办法大纲》)以及国民党当局后来修正公布的该办法后,李敖揭露："国民党特务头子戴笠,不论从哪一个角度看,都丝毫没有入祠的条件。""戴笠竟能入祀,这不是邪门了吗？""这是有史以来最具讽刺性的烈士灵位。""这样子的忠烈祠,恐怕已不是国民革命忠烈祠,而是国民革命殡仪馆了,这又成何体统呢?""戴笠入祀忠烈祠只是国民党在忠烈祠部分的颠倒黑白而已。同样的模式,还多着哪……戴笠都是与真正的革命先烈先贤'俎豆其间'!真令诸先烈先贤死不瞑目矣!"①

1946年后,国民党当局人为操纵忠烈祠入祀行为,伸缩性很大,随意性很强。其对入祀条件的突破和泛化,挑战了忠烈祠的权威性,使既定的入祀标准遭到破坏。尤其是1948年至1949年,也即国民党当局在大陆覆灭前夕,其曾毫无顾忌地要求全国各地忠烈祠及时入祀被击毙的国民党将领,其强奸民意,几近疯狂。其不允许各地对入祀资格予以审查,实为独裁政策的具体表征。这都直接导致原属于褒扬抗战忠烈的祠祀制度被扭曲异化,入祀资格审查的公信力根本就得不到基本保证。各地忠烈祠的形象,就是在国民党当局丧心病狂地打内战之际严重受损的。如此这般,广大为国捐躯的抗战忠烈英灵,又怎能得以安息?

四 忠烈入祀典礼与公祭纪念活动(1946—1948)

1946年7月7日,天津市忠烈祠具备初步开放条件,天津各界于当天在此举行第一次抗战忠烈入祀典礼和公祭活动。此后至1948年,天津市忠烈祠的公祭和开放时间已有规律可循,如每年的3月29日革命先烈纪念日、4月5日清明节、7月7日抗战建国纪

---

① 参见李敖著:《李敖大全集(20)·国民党研究》,中国友谊出版公司2010年版,第88—91、210—214页。

念日、9月3日中国抗战胜利纪念日、10月10日国庆日（10月10日为辛亥革命纪念日，1912年被确定为中华民国国庆日）等。其中，1947年起，确定春祭时间为3月29日、秋祭时间为9月3日。

1.1946年

早在1938年7月4日，南京国民政府就已发布第354号训令，规定每年七月七日为抗战建国纪念日："案奉中央执行委员会二十七年七月一日《鄂仁字第三三八零号函》开：'兹经本会第八十三次常会决议，定七月七日为抗战建国纪念日在案。除纪念办法由宣传部制订颁行外，相应录案函达，即希查照，公布列为国定纪念日，并请转令教育部列入历书，以资纪念。'等因奉此，自应照办。除明令公布定每年七月七日为抗战建国纪念日，并分行外，合行令仰该院转饬教育部遵照列入历书，并转饬所属一体知照。此令。"①

7月7日即七七事变爆发日，也是全民抗战起始日。抗战胜利后，这一天也被称为中国陆军节。1946年7月7日是抗战胜利后第一次纪念这个特殊的日子，南京国民政府决定在全国各地分别隆重追悼抗战死难军民。

1946年6月28日，中央社南京电："当局为追念死难军民成仁取义之精神与献身殉国之气节，特定七月七日，全国扩大举行追悼抗战烈士军民大会，以资表彰，而慰忠魂。追悼大会办法，业经国防部拟订，并已奉蒋主席核准。仪式极为隆重，追悼大会办法如次：（一）是日全国一律下半旗，停止一切娱乐宴会；（二）是日上午九时，中央令各省市县，同时举行追悼大会，并于各地忠烈祠或抗战阵亡烈士公墓，举行公祭，并由当地最高长官主祭；（三）是日正午

---

①内政部总务司第二科（地址在四川巴县）编：《内政法规汇编（礼俗类）》第4页，1940年11月版，商务日报馆（地址在北碚夏溪口）印刷。

十二时,教堂鸣钟,有警报器设备之地方,施放警报'一长声',全国人民就原地立正,静默一分钟,以志哀悼;(四)中央暨各省市县应普遍建造抗战死难军民纪念碑或纪念塔,勒载当地烈士姓名,并于各该地忠烈祠设置烈士牌位;(五)凡经过战事、遗有忠冢之地方,应即筹建抗战阵亡烈士公墓,集中移葬,妥加保护;(六)各地于追悼会后,应对抗战死难军民家属及伤病将士,加以精神与物质之慰劳;(七)追悼之举行,事前应

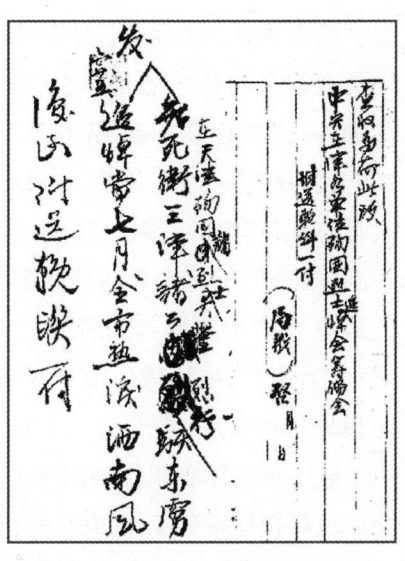

1946年6月,天津市地政局向中央在津各单位殉国烈士追悼会筹备会敬献的挽联

由各地党团军政各机关、部队、学校团体,合组筹备会,妥为策划,并由各该地最高机关负责召集;(八)追悼大会暨建造纪念碑或纪念塔及公墓等用费,应由各该地党团军政机关及民众团体筹商募集。"①

中央在津各单位殉国烈士追悼会筹备会已于此前着手筹备7月7日忠烈祠入祀公祭大会,并于1946年6月22日,函请各单位"莅临参加,并希赐花圈、挽联、诔词,以彰先烈,而励来兹……如蒙鼎惠,请于七月三日转送交天津市党部。"市地政局遂函

---

① 《本年七七决扩大纪念,追悼抗战死难军民,仪式隆重办法业经订定》,《申报》1946年6月29日。

复:"顷奉大函,敬悉于七月七日举行天津市殉国忠烈入祠典礼及中央在津各单位忠烈追悼会,嘱参加致敬并征挽词等由,除届时参加外,谨具挽联一副,先行送请查收。"市地政局所拟挽联为:"在天津殉国诸烈士灵鉴:矢死卫三津,诸公烈行骇东房;追悼当七月,全市热泪洒南风。"6月25日,市地政局长吴惠和另拟挽联一副,缮送位于海光寺的陆军第九十四军军部:"陆军第九十四军抗战阵亡将士英鉴:当抗战时,望仰贵军歼敌壮怀,直欲气吞东房;于追悼会,痛忆诸公殉节烈绩,何胜泪洒南风。天津市地政局局长吴惠和敬挽。"①

经中央在津各单位殉国烈士追悼会筹备会大会决议,由市社会局负责担任事务工作,并负责指派司仪一人。1946年6月28日,市社会局文化礼俗科科长陈嘉祥签呈获批:"大会主席团用蓝花五份、职员等用黄色条一百份,拟请饬总务科妥速办理,以免贻误……司仪拟派福利科孙昉南担任。"②

1946年7月2日,中央在津各单位殉国烈士追悼会筹备处发出公函:"查本年七月七日上午九时举行殉国忠烈入祠典礼及追悼大会。关于出席参加注意事项,业经筹备会规定办法三则,兹以会期即届,除分行外,相应抄附参加注意事项,函请查照,即希准时莅会……地点:本市第一区林森路天津市忠烈祠(即旧日本花园)……出席单位人数限制:各机关不限制人数,只限中学校参加,每校四十人。工会团体每单位十人、商会团体每单位二人、军警各单

---

① 《为出席忠烈入祠典礼事与地政局往来函附挽词》,天津市档案馆馆藏档案,档号:401206800-J0101-1-002005-011
② 《为派员担任七七追悼会司仪等事的签呈》,天津市档案馆馆藏档案,档号:401206800-J0025-3-006097-005。

位每单位四十人。"①

1946年7月4日,中央调查统计局华北天津区办事处致函天津市社会局称:"查'七七'早九时,在一区花园天津市忠烈祠召开中央在津各单位殉国烈士追悼会并入祠典礼,兹随函附上招待组绸条两份,希届时派员到会招待。"②这表明中统局华北天津区办事处也派员参加。

1946年7月7日,天津各届隆重"开会追悼殉国烈士,并举行抗战忠烈入祠典礼。"③1946年7月8日《申报》第24566号第1页载《津市入祠忠烈共计九十八人》称:"中央社天津六日电:'七七'津市入祠受祭之忠烈,共九十八人。首为前津市长张自忠上将。此外,有年甫十三之杨小二。彼系天津市党部别动队员,于战时烧毁敌人仓库,被捕殉难。雷鸣远氏亦为忠烈之一人。全部入祠烈士,除在津死难者外,余为在各战场壮烈殉国之天津籍烈士。其中有前北宁铁路副局长张倬甫、军统局平津区区长曾

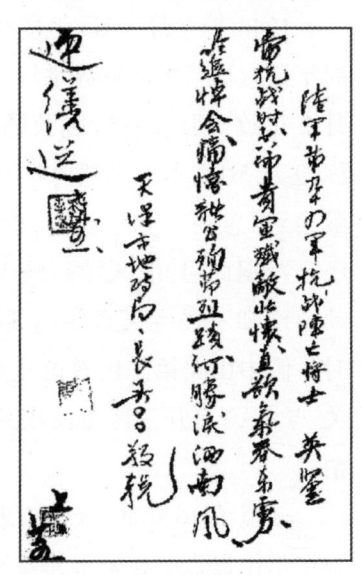

1946年6月25日,天津市地政局局长吴惠和向陆军第九十四军抗战阵亡将士敬献挽联一副

---

① 《为参加烈士入祠典礼给第三区公所函》,天津市档案馆馆藏档案,档号:401206800-J0032-1-000155-011。
② 《为忠烈追悼会送上绸条事致天津市社会局函》,天津市档案馆馆藏档案,档号:401206800-J0025-3-006097-006。
③ 《天津市复员一年间大事记(续完)》,《天津市》周刊第1卷第8期第14页,1947年2月1日出版。

澈、中国大学教授倪中立等。另有空军烈士、第四大队廿四队队长杨春瑞等。"

由驻津陆军九十四军抗战阵亡将士追悼大会筹备会举办的阵亡将士追悼大会,后于1946年7月28日在天津第一区中国大戏院举行,天津各界参加并敬致挽联。①

1946年9月3日,为抗战胜利一周年纪念日,也称"日本签降周年纪念日",天津各界举行活动,"扩大庆祝"②。天津市社会局于9月2日致函驻扎在胜利公园的第九十四军运输团第二营第七连称,9月3日"本市忠烈祠开放一日,以便各烈士家属及市民前往致敬,藉慰忠灵。相应函达,即请查照,届时放行,并希协助维持秩序。"③据此可知,天津行政当局并未于当天在忠烈祠举行祭奠活动。已知三民主义青年团天津支团部筹备处于9月3日上午10时,假中山路第二民教馆礼堂,会同天津市第三区公所党政各机关、学校,"召开三区市民庆祝大会,藉以宣扬抗战史绩、表彰民族精神"。④

截至1946年底,天津市忠烈祠工程仍未全部告竣。因此,行政院在工作报告中亦未将其列入。1947年3月,《中国国民党第六届中央执行委员会第三次全体会议行政院工作报告(三十五年二月

---

① 《为出席陈文〔阵亡〕将士追悼会给地政局函》,天津市档案馆馆藏档案,档号:401206800-J0101-1-002005-012。
② 《社会局一年工作报告》,《天津市》周刊第1卷第2期第11页,1946年12月21日出版;《天津市复员一年间大事记(续完)》,《天津市》周刊第1卷第8期第15页,1947年2月1日出版。
③ 《为开放忠烈祠放行并维持秩序事致第九十四军运输团二营七连函》,天津市档案馆馆藏档案,档号:401206800-J0025-3-003809-003。
④ 《为举行九三胜利日庆祝大会事致第三区公所的函》,天津市档案馆馆藏档案,档号:401206800-J0032-1-000101-002。

至三十六年一月）》中，特别提及"褒恤抗战忠烈官民"工作，包括两项内容：

一是褒扬奖恤："抗战胜利，褒扬忠烈，益见重要，均经内政部依照《褒扬抗战忠烈条例褒扬条例》予以褒崇。其因守土伤亡之人民，则依法核恤。截至三十五年年底，综计：由国民政府明令褒扬嘉奖及题颁匾额者一千零五十三人，由本院特令褒扬嘉奖题颁匾额及给予荣誉奖状者四百五十六人，由内政部部令褒扬嘉奖者八百三十三人，建立纪念坊碑者六十人，事迹宣付[国]史馆者四十二人，刊入省县志者七人，由军事机关奖励者四十五人，由省政府嘉奖者十一人，颁给勋章者四人，记功者七人，晋级者四人，以县长、区长、乡镇长存记者各三人，发给奖金者五人，由教育部核奖者三人，由省政府抚恤者二万九千二百一十七人，呈请特给恤金者一百二十八人，由铨叙部依法抚恤者四十四人，由军事机关核恤者七千五百零四人，依照《战地守土奖励条例》从优给恤者一十九人。"

二是表彰忠烈："内政部督促全国普设忠烈祠，核准烈士入祠奉祀，历年均已办理。惟因收复区各省市地方秩序未能恢复，情形特殊，致各级忠烈祠之筹建，未能限期完成。截至目前，计有苏、浙、闽、赣、皖、豫、湘、鄂、粤、桂、陕、甘、青、川、康、滇、黔等十七省及北平一市。共有忠烈祠九百四十三所、核准入祠烈士一万二千八百六十四人。经该部择其事迹昭著者，拟编忠烈专册，以广流传。"①

据此可知，内政部已有将各地忠烈祠入祀抗战烈士事迹编选成册的打算。而1946年由天津市社会局文化礼俗科编印的《天津

---

① 中国第二历史档案馆编：《中华民国史档案资料汇编》第五辑第三编《政治（一）》，江苏古籍出版社1999年版，第612—613页。

市忠烈祠第一次入祠忠烈简明事迹录》，也正是在内政部要求下，先行完成的一项工作。

2.1947 年

《益世报》1947 年 1 月 1 日载《津市热烈举行庆祝元旦及颁宪》称："今日元旦为中华民国开国卅六周年，国府并定于今日公布宪法。津市各界对此具有历史意义之双重纪念日……特盛大庆祝，全市商民住户一律悬挂国旗，并悬灯结彩三日，各机关学校均休假三天，忠烈祠亦实行开放，各商店减价优待抗属。各界定今晨九时假市府大礼堂举行庆祝宪法成立及开国三十六周年纪念大会。各机关科长以上人员、各团体代表、各校学生及市民代表等一致参加，由党政军团及参议会各首长担任大会主席团，由杜市长主持开会，领导行礼，阐述纪念意义。大会主席团准备于会后赴忠烈祠参拜忠烈，并赴各医院慰问荣誉军人，赠佩荣誉徽章……"

天津市忠烈祠基本建成后，并非经常性地向公众开放，每次开放，均须报批。如：1947 年 1 月 25 日，天津市社会局科长陈嘉祥向局长胡梦华呈请："查元月二十八日为淞沪抗战纪念日。是日，忠烈祠拟开放一日，任人参观致敬，藉慰英灵。"胡梦华批示："可。"[1]可见，天津市社会局局长即有决定天津市忠烈祠开放的职权。

《益世报》1947 年 3 月 29 日载《革命先烈纪念日暨第四届青年节津举行纪念会》称："今日（二十九）为革命先烈纪念日及第四届青年节，津市各界定今晨九时假第一区林森路忠烈祠举行纪念大会。全市各机关、各法团均派代表参加。由党政军团各首长担任大

---

[1]《为参观淞沪抗战纪念忠烈祠事致社会局胡局长的呈》，天津市档案馆馆藏档案，档号：401206800-J0025-3-006107-021。

会主席团，分别讲演纪念意义。会后，并由各界代表慰劳驻防本市国军。青年团各区分团亦均举办青年节庆祝行事。教育部天津辅导处定今晨八时在第一区迪化道中学进修班举办运动大会。此外，本市各机关

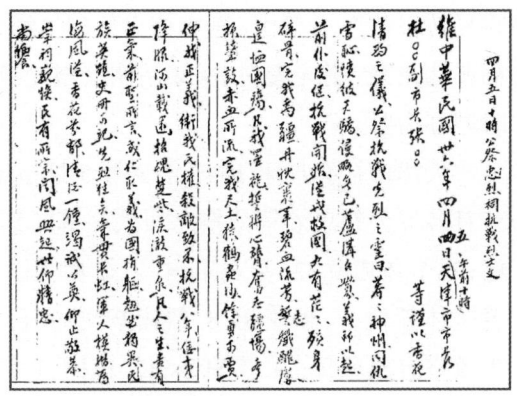

1947年清明节，天津各界在天津市忠烈祠公祭抗战烈士时的祭文

以今日为革命先烈纪念，均循例休假一日。兹将津市纪念大会秩序及各单位活动计划分志如后——纪念会秩序：(一)开会、(二)全体肃立、(三)奏乐、(四)主席团就位、(五)唱国歌、(六)主席恭读国父遗嘱、(七)向党[旗]国旗及国父遗像行三鞠躬礼、(八)向革命先烈及阵亡军民致敬、(九)静默、(十)主席致开会词、(十一)师范生宣誓、(十二)监誓人致训词、(十三)讲演、(十四)献旗、(十五)呼口号、(十六)奏乐、(十七)摄影、(十八)散会。"

此际，天津又开始筹备1947年清明节的忠烈祠公祭活动。1947年2月26日，天津市政府训令社会局："案准国防部冀北师管区天津团管区司令部(卅六)丑铣津编字第廿五号代电略开：'查在抗战期间，忠勇爱国之士慷慨捐躯者为数至夥，亟宜建立忠烈祠，用示崇仰之外，拟于本年清明节前，着各县市利用原有庙宇祠堂或其他公共场所各建忠烈祠一座，查明其在抗战期间凡为国家民族杀敌阵亡者，悉数列入，并于每年清明节日，由当地军民首长率同民众举行公祭一次，俾资激励，除分电外，希即查照，并将办理情形

赐复转报备查。'等由。查本市忠烈祠早经成立,并举行殉国忠烈入祠典礼在案。除电复外,关于清明公祭一节,合行令仰该局知照,届时遵办为要。"①

天津市社会局于1947年3月5日拟定《天津市三十六年清明节日各界公祭忠烈祠公祭忠烈秩序单》,其致祭程序为:"1.祭礼开始;2.全体肃立;3.奏哀乐;4.主祭者就位;5.陪祭者就位;6.与祭者全体就位;7.献花圈;8.恭读祭文;9.行祭礼三鞠躬;10.主祭报告致祭忠烈意义;11.奏哀乐;12.植树;13.礼成。"

1947年3月25日,市社会局发出公函,公布《清明节公祭忠烈祠公祭办法》:"公祭日期:本年四月五日(清明节日)上午十时;主祭:杜市长;陪祭:林军长②、时参议长③、邵主委④、王主任⑤、张副市长⑥、梁秘书长⑦、市属各局长;献祭物:花圈一架、植树二株;参加单位:第二军官兵一百员名、警察官长警一百员名、市党部代表二员、市属各机关代表[各]二员、每中学学生二十名、各区公所⑧每区保甲长十名、各团体代表五名。"⑨

---

① 《为清明节军民公祭忠烈事致市社会局的训令》,天津市档案馆馆藏档案,档号:401206800-J0025-3-006107-025。
② 第二军军长林伟俦。
③ 天津市临时参议会参议长时子周。
④ 中国国民党天津特别市执行委员会(简称市党部)主任委员邵华。
⑤ 三民主义青年团天津支团主任秘书王任远。
⑥ 天津市副市长张子奇。
⑦ 天津市政府秘书长梁子青。
⑧ 1946年,天津市第一区区长康廉民、第二区区长梁叔达、第三区区长李鸣纶、第四区区长董凤桐、第五区区长王子彬、第六区区长赵光潜、第七区区长韩钟琦、第八区区长杨恩泽、第九区区长张积信、第十区区长王炳勋。
⑨ 《为举行祭忠烈洞〔祠〕活动事致市地政局的函附办法》,天津市档案馆馆藏档案,档号:401206800-J0101-1-000167-121。

市社会局又于3月25日训令天津市商会、天津市救济院、各区公所及各团体,要求其参加此次致祭。其中,天津各团体包括:世界红卍会天津总会、世界黄卍会天津总会、世界蓝卍会天津总会、正字普济会、普济慈善会、公善普济施材总社、公善抬埋总社、天津佛教居士林、义园道德会天津支会、中国佛教天津分会、会计师公会、律师公会、新闻记者公会、妇女会、天津市国术馆等15个。①同日,市社会局函请的市属各机关代表为:财政局局长、卫生局局长、地政局局长、公用局局长、工务局局长、教育局局长、警察局局长。②市社会局又训令各区公所:"查四月五日(清明节)准上午十时举行公祭忠烈一事。届时请由市长主祭,各党政军团首长陪祭,除分令外,合行令仰该区公所遴派保甲长十名届时参加与祭,以示隆重,并应佩戴证章为要。"③据判断,此次公祭的参加者约计千人。

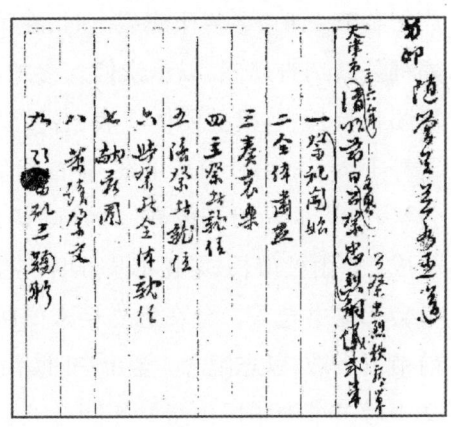

1947年清明节,天津市各界在忠烈祠公祭抗战烈士秩序单

《益世报》1947年4月5日载《今日清明节津公祭殉难忠烈》称:

---

① 《为清明节公祭忠烈派员参加致市商会救济院等的训令》,天津市档案馆,档号:401206800-J0025-3-006107-034。
② 《为清明节公祭忠烈请参加陪祭致市属各局长的函》,天津市档案馆馆藏档案,档号:401206800-J0025-3-006107-037。
③ 《为清明节举行公祭忠烈活动给第五区公所训令》,天津市档案馆馆藏档案,档号:401206800-J0034-1-000184-008。

"今(五日)为废历清明,亦为民族扫墓节。津市各界定今晨九时在第一区忠烈祠公祭殉难忠烈。各机关、团体、学校均派代表参加,由杜市长主祭,各机关首长陪祭。举行公祭礼后,并献花,宣读祭文,以示崇敬,而志追悼。"

《益世报》1947年4月6日载《津昨公祭抗战先烈》称:"昨(五日)为废历清明,亦为民族扫墓节。津市各界于昨晨十时,在第一区忠烈祠公祭殉难忠烈,以示崇仰。参加者,党政军团各首长、各机关团体代表、各校学生及军警等千余人。由杜市长主祭,各首长陪祭。行公祭礼后,由杜市长献花,并宣读祭文,奏乐礼成。并由杜市长、梁秘书长、胡社会局长、临参会郝秘书长等,分在忠烈祠入门两旁及殿前植树十株,以志纪念。至十一时始散。其祭文于后:'维中华民国卅六年四月五日午前十时,天津市长杜建时、副市长张子奇,谨以香花清酌之仪,公祭抗战先烈之灵曰:莽莽神洲〔州〕,同仇雪耻,愤彼天骄,侵略无已,芦〔卢〕沟台衅,义师以起,前仆后继,抗战开始;从戎救国,九有茫茫,殒身碎骨,完我禹疆,丹化裹革,碧血流芳,志歼丑虏,遑恤国殇;凡我泽袍,誓联心膂,奋志疆场,声振鼙鼓,赤血所流,完我尺土,猿鹤虫沙,余勇可贾;伸我正义,卫我民权,杀敌致果,抗战八年,倭夷降服,河山载还,招魂楚些,泪溅重泉;凡人之生,贵有生气,前圣所言,成仁取义,为国捐躯,翘然独异,民族英雄,史册可记;先烈往矣,气贯长虹,军人模楷,薄海风从,香花芬

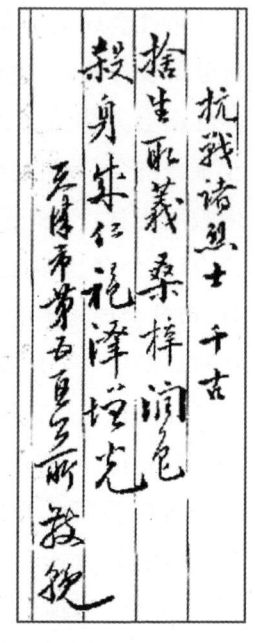

1947年9月3日在天津市忠烈祠祭奠抗日烈士时,天津市第五区公所敬献的挽联

郁，清酒一钟〔盅〕，竭诚公奠，仰止敬恭，崇祠巍焕，民有所宗，闻风兴起，世仰精忠。尚飨。'"

《益世报》1947年7月7日载《今日七七纪念》称："今日为'七七'纪念日，津市当局因时局不靖，决定停止举行一切纪念仪式。治安机关为防范宵小乘机扰乱，特于六日起，加紧戒备。津忠烈祠今日开放一日，以便各界自行前往致祭。"

1947年8月14日，天津市政府秘书处致函社会局："查本年'七七'入祠忠烈，前经开会审查竣事，嗣以时局不靖，经市政例会决议缓办，兹复续有申请及函送者，经民政处签准，于九三秋季阵亡将士时，一并补行入祠。兹订于本月十五日上午十时，召集各单位在本府民政处会议室开会审查，除分函外，相应函请届时派员出席。"①陈嘉祥被派往参会。同日，天津市政府民政处函催各单位："查本年九三秋祭阵亡将士时，合并举行忠烈入祠典礼。前经函征挽联、诔词等，务希于本月二十五日以前送交本处，以便届时悬挂，而兹表扬。"②已知天津市第五区公所敬献的挽联为："抗战诸烈士千古：舍生取义桑梓润色；杀身成仁袍泽增光。"③

1947年8月30日，天津市政府民政处处长冯步洲向全市各区公所发布训令称："查本年'九三'秋祭阵亡将士及抗战殉难忠烈官民第二次入祠典礼，定于九月三日上午八时，在忠烈祠合并举行。

---

① 《为派员出席阵亡将士入祠审查会事致市社会局的函》，天津市档案馆馆藏档案，档号：401206800-J0025-3-006113-044
② 《为送祭阵亡将士入祠典礼挽联事致市卫生局的函》，天津市档案馆馆藏档案，档号：401206800-J0116-1-000332-125。
③ 天津市档案馆馆藏档案，档号：401206800-J0034-1-000184-005。

各界人士在天津市忠烈祠致祭抗日忠烈时的场面。前为杜建时（1945年8月15日任天津市副市长，1946年10月23日任天津市市长）

届时，由市长主祭，各党政军团首长陪祭，各机关团体及区保甲长参加与祭，除分令外，合亟令仰该区区长遵照并亲率保甲长十人，务于是日七时半，齐集本市忠烈祠参加与祭，勿误为要。此令。"①而该处同日致市属机关的函中却称，届时"请派职员五员与祭"。②此前的1947年8月19日，冯步洲则致函社会局："请派职员二员参加致祭；请转知各团体每团体推派代表五名参加致祭。"③可见，囿于天津市忠烈祠周边地势，全市每次在此祭奠抗战忠烈，主其事者都不得不控制人数。

1947年9月2日，天津市政府秘书处致函全市各单位："查明日（九月三日）为胜利节。上午九时，在忠烈祠举行秋祭，科长、秘书

---

① 《为参加殉难忠烈第二次入祠典礼给第三区公所训令》，天津市档案馆馆藏档案，档号：401206800-J0032-1-000155-119。
② 《为举行九三秋祭及忠烈入祠典礼致卫生局局长的函》，天津市档案馆馆藏档案，档号：401206800-J0116-1-000326-051。
③ 《为合并举行秋祭及第三次忠烈入祠典礼事致市社会局长胡梦华函》，天津市档案馆馆藏档案，档号：401206800-J0025-3-005329-014。

以上人员参加。十时,在民园举行庆祝大会,全体职员参加。"①

《益世报》1947年10月10日载《津市热烈庆祝双十秋季运动会亦定今晨揭幕》称:"今日国庆纪念日,全市各机关学校均奉令放假一日,举行热烈庆祝。市府并饬警察局通知全市各机关团体学校及商店住户等,一律悬旗志庆。各界纪念庆祝大会,定今晨八时假民园与本年度秋季运动大会合并举行。由市长杜建时主持,主席团有市政府、市党部、青年团、临参会、六十二军等十几个单位……会后开放忠烈祠,任市民自由参观。上午十时半至十二时,本市各头轮影院奉令开放,招待国军及抗属等免费观看电影。大会并组织慰劳队分别慰问国军、荣军及抗属。"

3.1948年

1948年3月27日,天津市第七区公所训令各保:"案奉天津市政府《平秘第六八六〇号训令》内开:'查本年三月二十九日上午九时举行革命先烈祭祀典礼(地址忠烈祠),又于是日上午十时在民园开庆祝国民大会及青年节纪念庆祝大会。军政商学各界均应一致参加,以示隆重。除分函外,合行令仰该区遵照届时参加为要。'等因奉此。除分行外,合行令仰该保保长(保长不克出席时,可派甲长代表)、干事,务于是日上午八时半来区集合,俾便分别参加为要。"②天津市政府此训令是1948年3月26日发给全市各部门的,并要求市社会局转饬各工商团体派员参加。③

---

① 参见《为出席忠烈祠秋祭等事致市卫生局函》,天津市档案馆馆藏档案,档号:401206800-J0116-1-000233-042。
② 《为举行将士祭祀等事给各保训令》,天津市档案馆馆藏档案,档号:401206800-J0036-1-000258-008。
③ 参见《为定期举行革命先烈祭祀典礼及庆祝大会事致社会局训令》,天津市档案馆馆藏档案,档号:401206800-J0025-3-004706-001。

《益世报》1948年3月29日载《三重纪念集于一日,津各界今开盛会》称:"今天(二十九)是革命先烈殉难纪念日,是青年节,又逢国民大会开幕。天津市各界定今日联合举行仪式,并通令全市悬挂国旗,表示纪念和庆祝,而且按照国定,各机关团体学校放假一天。为吊慰黄花岗七十二烈士和其他烈士的忠魂,津市各界定上午九时在忠烈祠举行春季致祭阵亡将士典礼,由杜市长主祭,市党部主委郭紫峻、警备部司令马法五、市府秘书长梁子青、九十二军军长侯镜如和市属各局长陪祭。规定各机关团体到场致祭代表有警察一〇〇人、军队一〇〇人、学生二〇人、区保甲长一〇人、各团体代表一〇人,党部、警备部、临参会及各局代表各二人。筹备会昨日收到各界所赠花圈挽联很多。"

1948年8月,天津市党部和市政府又决定,"三十七年秋季致祭阵亡将士及第三次入祠典礼,定于九月三日在忠烈祠合并举行。"1948年8月19日,市民政局训令各区公所,要求届时由"区长亲率保甲长十人,务于十日八时半,集忠烈祠参加致祭"。据第五区公所后于8月28日下发的指令:"一、三保各三人,二、四保各二人(保甲长)……参加人于当日上午八时前,准到区公所,由区长率领前往忠烈祠参加。"①

1948年8月21日,市社会局训令各单位:"为表扬阵亡将士及忠烈功绩,用特征集挽联,务请于八月三十日以前送交本局,以便届时悬挂。"②已知天津市地政局敬献的挽联为:"为国殇博

---

① 《为九三秋祭及第三次忠烈入祠典礼合并举行事给第五区公所训令》,天津市档案馆馆藏档案,档号:401206800-J0034-1-000174-114。
② 《为举行阵亡将士入祠典礼事给本市商会训令》,天津市档案馆馆藏档案,档号:401206800-J0128-2-000551-042。

得民族英雄永昭烈迹；崇祀典卜易敌人神社以妥忠魂。"①市卫生局局长敬献的挽联为："虽死犹生精诚贯日月；舍身为国浩气薄云霄。"②

1948年9月1日，天津市商会函至各业公会称，遵市社会局通知和公函，要求"九月三日上午九时……各单位届时派员五人参加致祭"。③当时，国民党天津当局正违背民意陷于内战之中，各机关已无暇顾及，商会所属各同业公会遂被发动起来参加致祭。

《益世报》1948年9月3日在《津今庆祝胜利日》称："今日为'九三胜利日'，本市各界特于今日上午十时假民园举行联合庆祝大会。杜市长、陈司令等均出席致词，并邀张[厉生]副院长参加。庆祝节目计有：一、以大会名义拍发慰问'勘乱'将士电文；二、印发'告市民书'；三、各报发行庆祝专刊；四、电台广播、影院放映幻灯标语；五、展开街头宣传，全市悬旗；六、慰劳荣军及'勘乱'阵亡将士家属；七、学生献旗劳军；八、各医院设立义诊处，免费优待荣军诊疗疾病；九、文化会堂举行庆祝晚会；十、花彩电车行驶街头。又：今日上午九时，迪化道忠烈祠举行秋祭及烈士入祠典礼，各机关首长均将参加，由杜市长主祭……电文：'南京国防部转全国勘乱剿匪将士公鉴：抗战胜利，日寇签降，金瓯缺而复全，国威因而再振。值此三周年纪念，宜如何庆祝欢腾，共图策励……日本投降后，政府明令定九月三日为胜利节，迄今业已三年了。在这期间，

---

① 天津市档案馆馆藏档案，档号：401206800-J0101-1-002005-001。
② 《为征集祭阵亡将士挽联事致市卫生局的函（附挽联）》，天津市档案馆馆藏档案，档号：401206800-J0116-1-000333-105。
③ 《为定期举行秋季致祭阵之将士及忠烈入祠典礼事给各业公会函》，天津市档案馆馆藏档案，档号：401206800-J0128-2-000401-011。

我们的国势与民生情况确有显著的变化,值得我们注意。回忆胜利之初,无论前方的将士,或后方的民众,大家都觉得既已打败了我们的宿敌,取消了百年以来的不平等条约,争取了民族的自由,与国家的独立,新生的中国,正如朝日东升,真是欢欣鼓舞,莫可言喻。谁不希望回到阔别已久的家乡和家人团聚?谁不希望放下枪杆,重理田园?谁不希望自己的工厂重新冒烟?谁不希望自己商品能够销售外邦?谁不希望大家集中力量,齐一意志来建设一个新的中国,使我们的国旗到处受人尊敬,我们的同胞再不受人蔑视与欺凌……'"

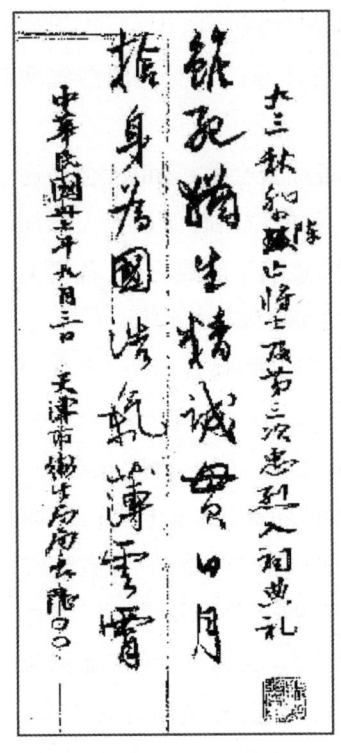

1948年天津市忠烈祠第三次入祀典礼时,市卫生局局长陆涤寰敬献的挽联

不过,这次致祭活动政治意图明显,凸显国民党当局的反动本质。《益世报》1948年9月3日所载《慰劳将士电文》和《告市民书》,足兹证明国民党天津当局用心险恶。一是第三次入祠者包括被中共领导下的人民解放军击毙的国民党军将领。二是杜建时在会场上声嘶力竭地大谈"戡乱",即:"政府曾经艰苦的领导抗战,而终于获得了胜利。但是抗战的目的是为了建国。假如胜利之后而仍不能建设,那么这个胜利,可以说是毫无收获,所以我们对于政府为了完成建国大业,而发动的'戡乱'工作,认为是绝对必要,而要以全力支持政府去完成

它,就像在抗战期间支持政府抗战一样。"杜建时甚至叫嚣:"妨害'戡乱'的就是'汉奸',破坏改币的就是'国贼'。"其与人民为敌的嘴脸昭然若揭。当然,其极端错误的论调与国民党当局的政策是一脉相承的。国民党当局奉行的破坏和平的顽固立场正在全国造成极大危害。

总之,本属祭祀抗战烈士的忠烈祠竟被沦为垂死的国民党当局反共反人民的政治工具,性质大变。用鲜血和生命驱除日寇、换来和平的抗战殉国烈士是绝不会答应的,愤于国民党当局的倒行逆施,他们难以安眠地下。好在不久后的1949年1月15日,天津就回到人民手中,这些抗日英烈始得含笑九泉。

4.天津市忠烈祠也同时祭奠黄花岗七十二烈士

2014年,年已八旬的天津市民李志森老人回忆称:"1945年抗战胜利后,张廷谔当上天津市长,把大和神社改建成忠烈祠,把石碑上日本人刻的字铲掉了,新刻上的字是'天津市忠烈祠'。每年的10月10日,忠烈祠向市民开放……记得里面有张自忠烈士等好多抗日英烈的灵位,还有黄花岗七十二烈士的名字。""1945年抗战胜利后,立'天津市忠烈祠'碑……原来日本神社的石碑靠后,改建成'天津市忠烈祠'后,石碑往前挪了,位置在现在的八一礼堂靠近新华路的门口。"①

天津市忠烈祠同时祭奠黄花岗七十二烈士,并不奇怪。1911年4月27日,中国同盟会在广州举行武装起义。广州起义这一天的农历为三月二十九日。1929年7月1日,中国国民党中央执行委员会

---

① 《天津市忠烈祠石碑原是"日本造" 张自忠将军曾入祠》,天津《每日新报》2014年4月12日。

第 20 次常务会通过《革命纪念日纪念式》，后于 7 月 13 日由南京国民政府颁布《革命纪念日纪念式》和《革命纪念日简明表》。《革命纪念日纪念式》规定的革命纪念日共 28 项。其中，公历 3 月 29 日为七十二烈士殉国纪念日。1930 年 7 月 10 日，中国国民党第三届中央执行委员会第 100 次常务会议上，将革命纪念日分为"国定纪念日"和"本党纪念日"。七十二烈士殉国纪念日遂改称"革命先烈纪念日"，为"国定纪念日"之一。

1943 年 10 月 27 日，南京国民政府行政院训令《革命先烈及阵亡将士入祀忠烈祠补充办法三项》中规定："革命先烈入祠典礼，于每年三月二十九日行之。"抗战胜利后，各地忠烈祠春祭时间又被定于此日。1947 年 6 月 21 日，南京国民政府颁布的《春秋二季致祭阵亡将士办法》规定："兹定春祭日期为每年三月二十九日，秋祭日期为九月三日。"因此，天津市忠烈祠中也应供奉黄花岗七十二烈士牌位。

五 日常管理与祭奠经费

为筹备 1946 年 7 月 7 日的抗日忠烈公祭和入祠活动，在天津当局的几经努力下，天津市忠烈祠勉强完成了初建工作。对天津市忠烈祠的日常管理随即摆上了议程。

1. 宋朝义、王子明相继担任管理员

天津市忠烈祠初属天津市政府社会局管辖，局长胡梦华，并由该局文化礼俗科具体管理，科长陈嘉祥（1946 年 11 月兼代市政府秘书处编译室主任）。1946 年 6 月 28 日，经市社会局训令，宋朝义

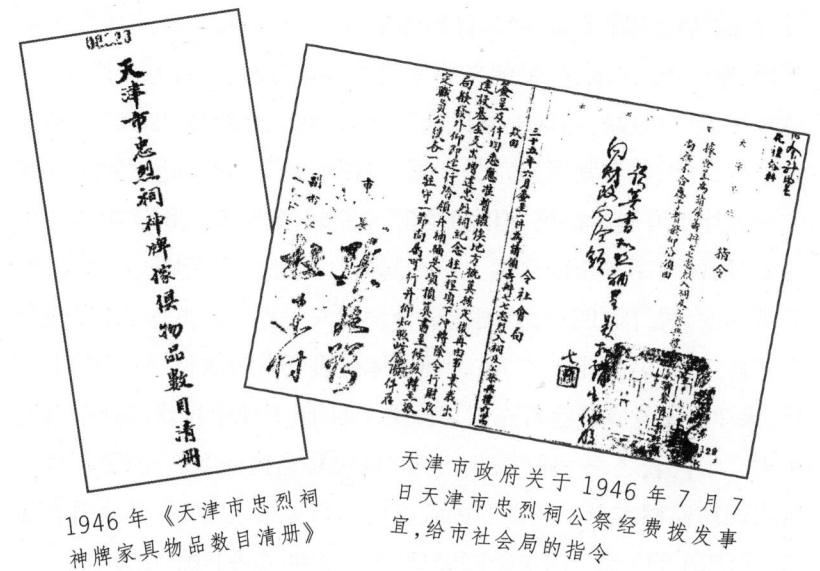

1946年《天津市忠烈祠神牌家具物品数目清册》

天津市政府关于1946年7月7日天津市忠烈祠公祭经费拨发事宜,给市社会局的指令

被派任该祠管理员①。宋朝义后在呈文中称:"朝义自三十五年六月三十一日奉委忠烈祠管理员,在职计三个月,于是年九月底,辞职交卸。"②

宋朝义是老资格的国民党党员,也是德高望重的商界人士。他长期投身反日救国运动,长于演说和组织。赵世炎1926年撰《一个中山主义者》专门介绍宋朝义的革命事迹,如"反对日本进兵南满,举行示威运动"等。③九一八事变后,宋朝义积极抵制日货。《申报》1932年3月13日载:天津"市商民救国会,迩因一般奸商,甘心贩卖

---

① 《为委派任职致宋朝义训令派令》,天津市档案馆藏档案,档号:401206800-J0025-3-004760-015。
② 《为忠烈祠遗失电表赔偿金及追偿电费情形致社会局胡局长的呈》,天津市档案馆藏档案,档号:401206800-J0025-3-006107-040。
③ 《赵世炎选集》,四川人民出版社1984年版,第410—413页。

日货,故特组织跪哭团,唤醒奸商酣梦"。3月5日,天津跪哭团由刘芝田、年光尧、崔永安、宋朝义等率领团员40余人,"身着孝服,并手持响尺,且行且敲,藉以唤醒民众"。其每到一处商号,即询问"其有无新批日货,并令其书立宣誓字据,以便证明"。日本驻津领事后据此向天津市府提出抗议,但跪哭团活动仍较激进。《益世报》1934年8月9日载《介绍本市商界闻人(十)》称:"宋朝义,字荣圃,天津人,年五十四岁,民[国]四年,救国储金会发起人。民[国]八年,各界联合会宣传主任。民[国]十二年,天津团体代表会宣传队长。民[国]十三年,天津国民党党员赴广东代表。民十四年,天津市民欢迎孙中山先生大会十代表之一。民[国]十七年,商民协会执行委员,前第四自治区第四坊监察委员。现任商民救国会执行委员、天津各界救国会理事、天津南开巨源一叫卖铺副经理、天津市叫卖业同业公会主席。"可见,1946年宋朝义出任天津市忠烈祠管理员时已65周岁了。其对抗战忠烈充满崇敬,不仅经验丰富、协调能力强,而且富有声望,亦为当时的合适人选。因不满管理当局克扣经费,拂袖而去。①

据天津市政府指令,宋朝义于1946年10月1日正式卸任②,但仍短暂留祠善后。天津市社会局办事员王子明(天津人,时年三十七岁)已于9月30日到祠接事此职。10月23日,又招工友陈恒来祠工作(时年十九岁,河北文安人)。③

---

① 宋朝义时居天津市第三区,卸任后,改任天津市合作社联合社候补监事,并于1948年6月14日被递补为监事。《为宋朝义递补监事致天津市合作社联合社的代电(附原呈)》天津市档案馆藏档案,档号:401206800-J0025-2-002923-020。
② 《为宋朝义等离到职日期事致天津市社会局指令》,天津市档案馆藏档案,档号:401206800-J0025-3-004760-055。
③ 《为移交忠烈祠管理员工等名册事与天津市政府社会局的往来函》,天津市档案馆藏档案,档号:401206800-J0025-3-002685-011。

1947年4月,天津市政府民政处成立,天津市政府训令,"据该处签报,已于本月十四日在第十区中正路社会局旧址开始办公。"①天津市忠烈祠从此划归民政处管理。5月23日,市社会局训令,"查忠烈祠业经移交民政处管理……该祠员工造册函送民政处查照。"②1948年1月1日,天津市政府民政处改为天津市政府民政局,1948年3月12日,又改称天津市民政局。冯步洲相继任处长、局长。1948年12月24日,曹钟麟代理局长至1949年1月15日天津解放为止。

2.天津市忠烈祠的家当

王子明到职后,遂与宋朝义将"祠内神牌及任内领用家具物品逐项交接清楚"。1946年10月11日,二人报请天津市社会局的《天津市忠烈祠神牌家具物品数目清册》载:"神牌玖拾玖个、旧连三办公桌壹张、旧木椅子贰张、白铁壶壹把、瓷茶壶壹把、茶杯贰个、墨盒壹个、印色壹盒、太平水桶壹个、小国旗壹面、锁头贰把、纸挽联柒拾伍对、布挽联肆对、布恒〔横〕联叁对。"③据此可见,天津市忠烈祠的设施颇为简陋,接待条件较差。1946年7月7日入祀天津市忠烈祠者已知共98人,缘何设有"神牌玖拾玖个"呢?笔者判断,另外一个神牌,祭祀的应该是黄花岗七十二烈士,且为各神牌之首。忠烈祠内也同时祭奠孙中山先生。此为全国各地忠烈祠当时的统一

---

① 《为本府民政处办公地址致社会局的训令》,天津市档案馆馆藏档案,档号:401206800-J0025-3-004693-001。
② 《为忠烈祠员工移交民政处管理事致王子明的训令》,天津市档案馆馆藏档案,档号:401206800-J0025-3-002685-013。
③ 《为派员任本市忠烈祠管理员事致胡局长呈(附忠烈祠清单一份)》,天津市档案馆馆藏档案,档号:401206800-J0025-3-004748-034。

规制。

1946年9月24日，天津市忠烈祠管理员宋朝义就忠烈祠缺乏电灯及水表损坏一事呈文天津市社会局："查本祠'七七'成立以来，缺乏电灯，水表亦经损坏，业经呈请钧局迅予设法安装，并承派员查勘在案。惟迄今三个月之久，尚未装表通电，每于晚间，不但黑暗异常，且于保管诸多不便。本祠又苦无经费，每日燃蜡一支，月计所费实属不赀，亦非职所能负担。再，日常用水亟

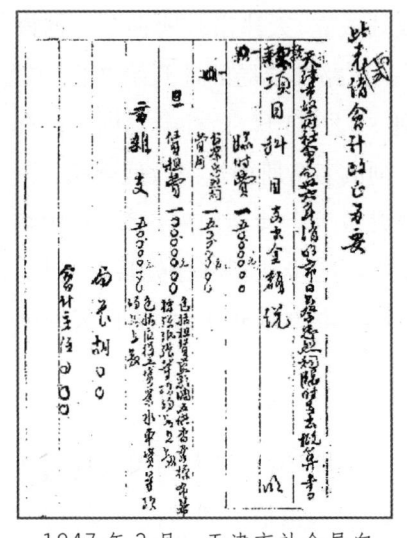

1947年3月，天津市社会局向市政府呈报《三十六年清明节日公祭忠烈祠临时支出概算书》

为困难，长此以往，无力垫办。拟请钧局俯赐迅予分别安装修理。"天津市社会局科长陈嘉祥于1946年9月30日呈请局长胡梦华："关于此款，业经呈请拨发，已奉指令照准。财政局迟迟未发。查该祠自成立迄今三个月之久，日常黑暗，亦属遗憾。此款既经核准，拟由事务股觅商接线通电。除关于自来水龙头函知济安公司饬匠人修理外，应需之款，拟请由局垫支。俟款领到，再为归垫。观瞻所系，所请当否，签请示遵。"胡梦华也无计可施，10月3日批示曰："给总务科并催财政局。"①

天津市忠烈祠管理员王子明上任后不久，天津市社会局总务

---

① 《为忠烈祠电灯水表损坏维修用款事致社会局胡局长的呈（附宋朝义的呈）》，天津市档案馆馆藏档案，档号：401206800-J0025-3-006107-011。

科饬匠接线,为忠烈祠安装电灯。

1946年11月22日,天津市忠烈祠管理员王子明呈文天津市社会局:"关于本祠电表,早经拆去。前因保管及祀祭,未便黑暗,故经总务科饬匠临时接线。"但是,经资源委员会冀北电力公司天津分公司派出的"查电员查悉,无表燃灯,与章不合"。王子明"为此签请转饬该公司,安装电表一具"。天津市社会局遂函请该公司,"援照市府各机关免缴保证金之例,给予原装,以利公务"。①

但该电力公司却没给天津市社会局面子,1947年初,该电力公司致函天津市社会局,为忠烈祠遗失电表事,索要赔偿金并追偿电费。

该祠管理员王子明遂找到原该祠管理员宋朝义询问情况。宋朝义后于1947年3月4日致函天津市社会局说明原委:"为证明事。朝义自三十五年六月三十一日奉委忠烈祠管理员,在职计三个月,于是年九月底辞职交卸。缘在朝义未到差之前,忠烈祠内于三十四年十一月间,即驻有九十四军一连人。朝义到差后,百端待理,见本祠内前日本神社原遗有电表一个,是何种表,朝义不认识,彼时因经费困难,未安装电灯,原表仍旧弃置祠内。驻的九十四军一连人亦于三十五年九月二十四日奉令移防。该电表当时即被该军携走。彼时朝义亦不敢拦阻,谨将该电表被移走情形,据实证明。"经查,"忠烈祠用电,系借用第二军者,勿须付费"。陈嘉祥遂出主意:"如借用装安电表,反需巨费。忠烈祠经费无多,拟暂缓安装。"②可见,天津市忠烈祠当时难以为继,连用电都是从附近的军

---

① 《为本祠安装电表事致社会局胡局长的呈》,天津市档案馆馆藏档案,档号:401206800-J0025-3-006107-016。
② 《为忠烈祠遗失电表赔偿金及追偿电费情形致社会局胡局长的呈》,天津市档案馆馆藏档案,档号:401206800-J0025-3-006107-040。

队驻地那里设法蹭来的。

3. 日常管理经费捉襟见肘

1946年7月3日,天津市长张廷谔、副市长杜建时签发天津市政府指令,批准将于7月7日在忠烈祠举办公祭典礼和立碑等所需的经费:"令社会局。三十五年六月签呈一件,为请领筹办'七七'忠烈入祠及公祭典礼所需款由。签呈及件均悉,应准暂拨。俟地方概算核定后,再由事业岁出建设基金支出增建忠烈祠纪念柱工程项下冲转。除令行财政局拨发外,仰即径行洽领,并补编是项预算书,呈候核转。至派定职员、公役各一人驻守一节,尚属可行,并仰知照。"①此处提及的"忠烈祠纪念柱工程",即先把原日本神社石碑上镌刻的"天津神社"四字铲平后,再改刻为由天津市市长张廷谔题写的"天津市忠烈祠"六字。

据1946年7月27日天津市政府会计处致社会局公函可知,天津市忠烈祠当月的经费共计"壹拾壹万玖仟壹佰元"。②据《天津市政府社会局卅五年度七月份职员薪俸清册》载,其中,除了暂支办公费2550元之外,其余均为职员、警役各一人的俸薪和生活补助费。③

1946年9月18日,天津市忠烈祠管理员宋朝义呈请天津市社会局:"查本祠前次所领条〔笤〕帚等项,迄今三月,俱皆损坏,不堪应用。祠内清洁爰亟重要,日常洒扫势不可忽。拟请发给条〔笤〕帚、

---

① 《为筹办七七忠烈祠及公祭礼所需款应予暂拨洽领事给市社会局的指令》,天津市档案馆馆藏档案,401206800-J0025-2-002319-040。
② 《为所属忠烈祠公墓各莱市七月份经费应予照拨洽领事致社会局的函》,天津市档案馆馆藏档案,档号:401206800-J0025-2-002320-083。
③ 《为送本局及所公墓忠烈祠七月份员役薪饷清册清单事致会计处的函(附清单清册)》,天津市档案馆馆藏档案,档号:401206800-J0025-3-002315-001。

掸子、簸箕等项家具,以重清洁,而壮观瞻。理合具文签请鉴核赐拨,谨呈科长陈转呈局长胡。附请领物品清单一纸……地条〔笤〕帚壹把,三百元;大竹扫帚壹把,二千元;墩布壹把,二千元;鸡毛掸子壹把,六百元;长竹竿掸子壹把,一千五百元;土簸箕壹个,一千四百元;大铁门鼻壹个,一千四百元。以上共计七项,共需九千六百元。"同日,胡梦华在此呈文上批示曰:"前领及今领各物,已否超过预算,各物是否实需,查明核签。"社会局有关负责人遂签批:"查该祠每月经常费用,经核定暂为五千元,所需用各物,以不超过限度为原则"。9月21日,陈嘉祥呈胡梦华:"查该祠前领物品,业经报销。现在所请购买条〔笤〕帚等项,确系必需,唯限于经费每月五千元之数,拟准购买条〔笤〕帚、扫帚、墩布、毛掸等项,共计买价四千九百元。至其他应需家具,于十月份内,再行添购,当否签请核示。"此举总算是控制在了五千元之内。此项经费于9月23日获批。①

1946年9月25日,天津市社会局文化礼俗科开列天津市忠烈祠冬季取暖所需设施及物资:"三号口炉一具、劈柴一百八十斤、烟筒十二节、铅铁盘一个、煤一吨半。"②

1946年11月5日,天津市政府会计处会计长陈长兴致函市社会局称:"查前准贵局本年十月十七日会会字第一五一五号函送所属机关本年十月份员役薪饷清单嘱核发一案,旋准人事处通知,忠烈祠及公墓人事尚未核定,应暂缓发等由,业经函复在案。兹复准人事处通知,忠烈祠本年十月份请领经费清册所列相符等由,过处自

---

① 《为清扫忠烈祠所属物品事致社会局胡局长的呈(附宋朝义呈)》,天津市档案馆馆藏档案;档号:401206800-J0025-3-006107-009。
② 《市属公墓及忠烈祠冬季需用煤柴及炉户烟筒数量报单》,天津市档案馆藏档案,档号:401206800-J0025-3-002682-004。

应补发经费。查原清单所列:职员一名,月俸七〇元;工役一名,工饷三〇元;暂支办公费五〇〇〇元;基本数一四四〇〇〇元;俸薪加成三七八〇〇元。十月份计列总额一八六九〇〇元。经核相符,应予拨发。除函转财政局拨发外,相应函复,即希查照洽领。"①

可见,堂堂天津市忠烈祠真是太寒酸了,日子太难过了。其每月的管理经费总额还不到人头费的零头儿。区区五千元经费当时只能买几把扫帚,简直是捉襟见肘。亦可见当时物价高昂,已到了难以忍受的地步了。

由于经费太紧张,管理方甚至不得不打起了变卖公祭花圈的主意。1946年9月24日,天津市社会局科长陈嘉祥签呈:"接忠烈祠管理员宋朝义声称:'查'七七'致祭时,各方面所献鲜纸花圈,计廿余对。除献花已经残毁外,其纸制花圈虽为纪念之物,唯经暑夏风吹日晒,久之多成废纸,不如变价,以补经费。经觅商,估计最高出价三万元。'等情。查所称各节,系属废物利用,尚无不可。"但社会局内部也有不同意见,认为此项花圈系各界所送,"不能出售,致贻口实"。②好在局长胡梦华比较务实,也因忠烈祠经费支绌、难以筹措,遂批示可估售这些花圈。此举虽可稍补经费,但仍属杯水车薪。

4.公祭活动经费的筹措

天津市忠烈祠的每次公祭活动经费,均须向市政府请款,而且事无巨细,都要履行冗繁的公文程序。

---

① 《为拨发忠烈祠十月份经费事致社会局函》,天津市档案馆馆藏档案,档号:401206800-J0025-2-002321-032。
② 《为七七致祭各界所献鲜纸花圈如何处置事致社会局胡局长的呈》,天津市档案馆馆藏档案,档号:401206800-J0025-3-006107-008。

如,1946年7月7日公祭大会及入祠典礼所需的"主席团用蓝花、职员黄色条"花费,由"忠烈入祠典礼费专款项下开支"。①

1947年清明节,天津公祭忠烈祠抗战烈士。天津市社会局为筹备此事,逐一请款。从以下所载中,可窥见当时其公祭费用支出之一斑:

1947年3月17日,天津市社会局向市政府呈报《三十六年清明节日公祭忠烈祠临时支出概算书》,共计15万元。其中,租赁费10万元。包括租赁蓝彩绸、五供香

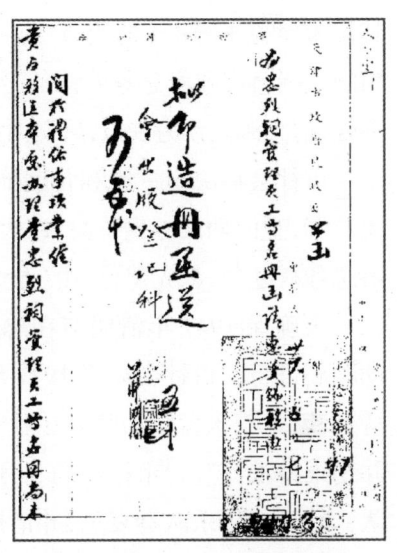

1947年4月后,原属天津市社会局的天津市忠烈祠改归天津市政府民政处管理

案、桌布幕、标语、纸张等项约如上数;杂支5万元,包括区役工资、茶水、车资等项约如上数。②

1947年3月21日,市社会局向天津市政府总务处请购花圈(公祭仪式内有献花圈一项)③。公祭仪式内又有主祭人等分别植树以留纪念一项,"须用树株十余棵"。市社会局又于当日致函市工务局,请

---

①《为派员担任七七追悼会司仪等事的签呈》,天津市档案馆馆藏档案,档号:401206800-J0025-3-006097-005。
②《为清明节公祭忠烈活动需用款请拨付事致市政府呈(附概算书)》,天津市档案馆馆藏档案,档号:401206800-J0025-3-006107-027。
③《为清明节公祭忠烈祠各烈士请购花圈事致市政府总务处的函》,天津市档案馆馆藏档案,档号:401206800-J0025-3-006107-028。

其代为预购并请其于清明节"前一日将树送祠"。①为节省经费,公祭用的花圈由市政府总务处预备,公祭时的祭文则致函天津市政府秘书处,请其派人预为撰拟,后又由秘书室"请刘作老代拟之"。②

市社会局决定,"胜利花园前门暨祠堂门前,交叉党国旗,并扎蓝彩绸,堂内酌设五供香案,以表隆重。租赁费约计十万元以内,请由总务科办理,款先垫付,由'七七'致祭预算内支还。"③

为确保1947年清明节在忠烈祠举行的全市公祭抗战烈士活动顺利进行,市社会局于1947年3月24日致函中央陆军第二军特务营,希望该营转饬驻守在胜利公园内的该营连部,"届时放行,并饬维持秩序"。④市社会局3月25日又致函市警察局,请其派乐队:"是日应用乐队奏哀乐,并请期前将祠堂内外加以清扫,相应函达,即希查照办理。并希转饬乐队届时前往。"⑤而这也需要动用经费打点。

直到1947年4月1日,天津市政府才向市社会局拨付临时费十五万元,作为清明节忠烈祠公祭应需之款。⑥

---

① 《为清明节公祭忠烈祠各烈士须植树请预购致市工务局的函》,天津市档案馆馆藏档案,档号:401206800-J0025-3-006107-029。
② 《为清明节公祭忠烈祠各烈士请选拟祭文事致市政府秘书处的函》,天津市档案馆馆藏档案,档号:401206800-J0025-3-006107-030;《为清明节公祭忠烈祭文致市政府秘书处的函》,天津市档案馆馆藏档案,档号:401206800-J0025-3-006107-041。
③ 《为清明节举行军民公祭忠烈事致社会局胡局长的呈(附仪式单)》,天津市档案馆馆藏档案,档号:401206800-J0025-3-006107-026。
④ 《为清明节公祭忠烈祠各烈士届时维持秩序致中央陆军第二军特务营的函》,天津市档案馆馆藏档案,档号:401206800-J0025-3-006107-032。
⑤ 《为清明节公祭忠烈乐队参加奏乐事致警察局的函》,天津市档案馆馆藏档案,档号:401206800-J0025-3-006107-033。
⑥ 《为举办公祭忠烈祠应需之款核发等事给市社会局的指令》,天津市档案馆馆藏档案,档号:401206800-J0025-2-002319-070。

5.请款拍摄忠烈祠照片

1947年2月10日天津市政府勇秘三字第二○九四号训令《准国防部代电嘱咐将各地建立之忠烈祠及纪念亭塔碑等拓印送部等因,仰遵办具报转复由》:"令社会局。案准国防部(卅六)子巧防跋嗣第○○六六二号代电,内开:'查我国抗战八年,终获胜利,实为我中华民族最光荣之历史。因念胜利已远,各省市绅民为崇德报功暨表扬忠烈,先后于名胜地区或于兵争处所,分别立祠设施及刊立碑亭、纪念塔等,以纪其胜。本部为保存上项真迹,加强国防意识起见,亟应搜集汇编,用垂久远。除分电外,特电请查照转饬,迅将各地之忠烈祠、纪念亭、碑塔等照为像〔相〕片,加附说明,谨记建造时间、所在地点内容情形,经办主脑人员姓名等。至所有此类石刊木刊之纪念文字,并请一并拓印寄部,以便汇编,并希见复。'等因准此。令仰该局遵照办理具报,以凭转复为要。此令。市长杜建时、副市长张子奇。"2月14日,天津市社会局秘书蒋明德签呈:"拟遵照办理。查本市忠烈祠尚无拓印之处。唯关于拍照像〔相〕片(各殿内全影、殿前全影、大门全影)所费较巨。此款拟由总务科核实后,请办专款。"①

1947年2月22日,天津市社会局呈市政府的《天津市政府社会局所属忠烈祠卅六年度摄影纪念照片岁出概算书》载:"拍照本市忠烈祠之祠堂内外部全影及花园大门旁简历(天津市忠烈祠)石碣,以八寸各照一份(计每份三张,共九张)。经核计,以远东摄影社之二十四万元为数较低,拟请钧府赐拨给,以便办

---

① 《为各地建立忠烈祠及纪念亭塔碑等照像〔相〕片报备查致社会局训令》,天津市档案馆馆藏档案:档号:401206800-J0025-3-006107-023。

理。"①3月10日,经天津市政府指令批准支出此项费用。②

如今,在天津市档案馆馆藏档案中,就包括"1946年天津市政府将日本神社改建更名为天津市忠烈祠照片(一组)"。③这很可能就是此次专项拍摄后的存档组照。

六 忠烈标准与入祀尺度

根据1946年3月12日实施的《褒扬抗战忠烈条例》规定,"凡抗御外侮忠勇义烈之官兵人民",符合八种情形者,即有入祀忠烈祠机会。当时,全国各地市县普设忠烈祠,且以设在南京的首都忠烈祠规格最高。

根据1940年颁布且抗战胜利后继续实施的《抗敌殉难忠烈官民祠祀及建立纪念坊碑办法大纲》第八条规定:"忠烈事迹特著及建有特殊功勋者入祀首都忠烈祠,并得同时入祀各省市县忠烈祠。入祀首都忠烈祠者,应经国民政府明令行之。保卫地方建有功绩者,入祀省忠烈祠,并得同时入祀原籍市县忠烈祠。其他忠烈,行入祀原籍县市(院辖市或省辖市)忠烈祠。"也就是说,对于入祀首都忠烈祠者,各地忠烈祠也均应将其同时入祀。

如:抗战胜利之初,北平筹建忠烈祠情形为:"三十四年十一

---

① 《为拍照忠烈祠全影需费用事致市政府呈(附概算书)》,天津市档案馆馆藏档案:档号:401206800-J0025-3-006107-024。
② 《为拍照忠烈祠全影所需费用赴财政局洽领事给市社会局的指令》,天津市档案馆藏档案,档号:401206800-J0025-2-002319-046。
③ 天津市档案馆编:《天津市档案馆指南》,中国档案出版社1996年版,第664页。

月,奉行政院令,筹建本市忠烈祠,经选定平西八宝山日人所筑忠灵塔,从事改建,于[1946年]四月五日落成,并由有关机关及社会贤达组织忠义事迹审查委员会,专司入祠官民忠义事迹调查审核等事宜,于四月五日民族扫墓节暨七月七日举行抗战先烈入祠享祀典礼,计前后两次安位入祠者,有:张自忠、郝梦麟、冯安邦、陈安宝、唐淮源、武士敏、佟凌阁、郑作民、朱鸿勋、赵登

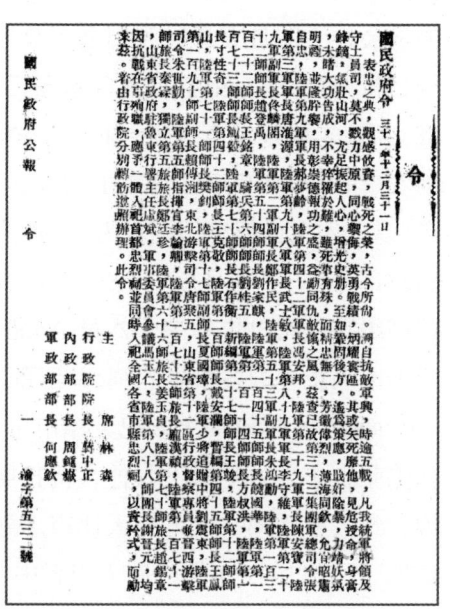

1942年12月31日南京国民政府令。《国民政府公报》渝字第532期第1页,1943年1月2日出版

禹、刘家麒、饶国华、王铭章、刘桂五、方叔洪、钟毅、石作衡、寸性奇、王克敬、戴安澜、王凤山、李守维、王竣、樊钊、夏国璋、刘震东、赖传湘、唐聚五、朱世勤、李翰卿、庞汉桢、秦霖、郑延珍、姜玉贞、赵锡章、卢斌、马玉仁、谢晋元等三十八将领。"①其中,佟凌阁即佟麟阁,而王克敬并未阵亡,不应入祠。

又据《北平市长何思源、熊斌任职期间之政绩比较》一文载:"筹建忠烈祠(续办)。前任工作:前由社会局主办,选定平西八宝山日人所筑忠灵塔从事改建落成,并由有关机关组织忠义事迹审查

---

① 《光复一年之北平市政》,北平市政府1946年版,第3页。

委员会,于四月五日民族扫墓节及七月七日分别举行抗战先烈入祠享祀典礼,计入祀者有张自忠等三十八人。本任工作:自民政局成立后,复继续审查事迹,并先后举办忠烈入祠典礼三次,计有戴雨农、徐积璋及李家钰等二十六人。"①据此可知,北平忠烈祠入祠者,以已入祀首都忠烈祠者为主。此为中规中矩之举。这是因为,据内政部1947年3月5日《公函(礼字第四三五号)》载:"查抗敌殉国高级将领张自忠等三十八员、刘湘等十一员及罗策群等三员,先后奉准入祀全国各级忠烈祠,并留备入祀首都忠烈祠在案。"②

而1946年第一次入祀天津市忠烈祠的98人名单中,并未包括除张自忠之外的以上其他在抗日期间阵亡及病故将领。也就是说,绝大多数第一次入祀天津市忠烈祠者为天津当局自行调查认定的。不过,1947年第二次入祀者中,则包括"内政部转奉行政院训令保送殉难官民入祠者……六十二名"。③

1946年7月8日《申报》所载《津市入祠忠烈共计九十八人》中,载明入祀条件,即:"全部入祠烈士,除在津死难者外,余为在各战场壮烈殉国之天津籍烈士。"天津当局1947年执行的入祠标准亦如此:"原籍天津而在外省、外市殉难,或原籍外地而在天津殉难者,一律请入天津忠烈祠……其非天津籍又不在津殉难者,转送河北省政府办理。"④

1946年初,天津市第一区区长康牖民也向天津市自治行政会

---

① 北京市档案馆编:《北京档案史料》2000年第3期,新华出版社2000年版,第80页。
② 参见《奉令为徐积璋等十一员准入祀全国各级忠烈祠抄附姓名表转希遵照》,1947年4月10日《台湾省行政长官公署公报》夏字第9期第139页。
③《津忠烈祠入祀先烈共九十八位》,《益世报》1947年8月16日。
④《津抗战忠烈行将入祠》,《益世报》1947年6月18日。

议提案《拟请厚恤忠烈遗族以慰英灵而资激劝》:"查本区奉令调查天津市在沦陷时被害市民及忠烈之士时,曾查有第五保界内有李克忠、

《申报》1946年7月8日载《津市入祠忠烈共计九十八人》

章凯旋二名,第六保界内有陈雍生一名,第八保界内有邱国瑞一名,共计四名。生前或为地下工作人员,非壮烈殉国,即惨被杀害……附遗族地址:李克忠之妻李刘率真,住四平路托儿所;章凯旋之弟章志德住一区昆明路安宁里二七号;陈雍生之妻崔景娴,住旧法租界五十九号路景安里二号;邱国瑞之妻邱张英年,住一区西宁路公德堂二号。"①已知李克忠、章凯旋、邱国瑞均入祀天津市忠烈祠,且见载于1946年由天津市社会局文化礼俗科编印的《天津市忠烈祠第一次入祠忠烈简明事迹录》。

但陈雍生并非天津人,在已知的第一次、第二次入祀天津市忠烈祠忠烈名单中,并未包括陈雍生。《陈雍生等被敌人杀害之事实调查》载,陈雍生,籍贯河北省清苑,在河间城内被害时职业为医生,死时四十七岁。1946年6月22日,其遗孀陈崔氏(即崔景娴,年龄四十四岁,住天津五十九号路景安里四号)在接受天津地方法院检察官白宝珊调查具结时陈述:"我夫陈雍生,向在河间行医。因二十七年阴十二月初六日日兵攻河间,携家属逃往河间双塔村避难,仍事行

---

① 《为拟请厚恤忠烈遗族以慰英灵而资激劝的提案》,天津市档案馆馆藏档案,档号:401206800—J0025—2—002847—028。

1943年,位于湖南衡阳的南岳忠烈祠建成。图为纪念碑和纪念堂

医,常为受伤兵士治疗。二十九年阴三月二十三日,日军围攻双塔村,将我夫及当日往治疗弹伤之一兵士,带入河间城内宪兵队,在受刑前三日不给饭食,受刑之日,压杠子、灌凉水,并混入辣椒面。廿九年阴四月十二日。由汤田部队将拟处死者廿八人,二人绑缚一起,驱令前跑,四面日军包围,用机枪及炮扫射。我夫即死于此集体刑罚中。"侵华日局的残忍暴行令人发指。天津地方法院检察官遂将侵华日军此项罪行种类确定为"对平民施以酷刑、施行集体刑罚、屠杀"。①

不过,分析1946年《天津市忠烈祠第一次入祠忠烈简明事迹录》中所列98人名单,可明显看出,虽"非天津籍又不在津殉难

---

① 转引自北京市档案馆编《日本侵华罪行实证——河北、平津地区敌人罪行调查档案选辑》上册,人民出版社1995年版,第1299—1301页。

者",但仍被准予入祠的情形,绝非个案,已知不少于20人。既包括国民党所属机构及地方党部成员,也包括部分军统局成员和抗日杀奸团成员。其中,有的是在津被侵华日军被捕后又被押解至外地(如北平)遇害的,虽未在天津牺牲,但仍按在津殉难议处。有的则属于被强迫赴日本充当劳工期间死难的。对此若死抠既定标准,则只能是使之失去入祠机会,遂按特例予以变通。笔者认为,历史地看,只要是在抗日期间牺牲、符合"入祠条例"规定、应予褒扬者,就应及时入祀受祭。如果纠缠其到底应在何地入祠,则实在是没有道理。总之,因抗战胜利之初对此中细节难于详查,或既定标准难以涵盖,而出现的突破标准情况,亦属合乎情理。对此不应揪住不放。

而与"入祠条例"并不相符,但也被准允入祀者,亦不鲜见。如:1946年7月3日,天津市社会局文化礼俗科科长陈嘉祥《签呈》称:"查李廷玉先生函送张玉斌入祀忠烈祠一节,经查,张玉斌虽为忠贞节义之士。但与入祠条例不合,难准入祠,拟即函复可否之处。"局长胡梦华遂批令"说明理由",但天津当局仍核准其入祠。①

可见,国民党当局对于入祀条件,并未严格把握,而是尺度不一。其随意性较强、裁量权过大的问题是明显存在的。

即便是1947年后,符合"原籍外地而在天津殉难者"这一入祀天津市忠烈祠基本条件者,也有不少未能入祀。如:《益世报》1948年5月11日载《本报前经理生宝堂殉国》称:"津《益世报》前经理生宝堂,因'七七'变起,尽力抗敌宣传,于津市沦陷后被敌捕获,不屈殉国,市府已于昨获内政部咨,准入祀山东原籍忠烈祠。"按理

---

① 《为张玉斌入祀忠烈祠与条例不合难入祠事致社会局胡局长的呈》,天津市档案馆馆藏档案,档号:401206800-J0025-3-006107-019。张玉斌后于1947年9月3日入祠。

南岳忠烈祠抗战阵亡将士总神位

说,生宝堂既应入祀原籍山东平度的忠烈祠①,也应入祀天津市忠烈祠。而与生宝堂同时在津牺牲的还有其秘书师潜叔。师潜叔是否也有此哀荣呢?

而1947年后,入祀忠烈祠这一本属褒扬抗战期间为国捐躯的抗日烈士之举,逐渐变了味道,严重违背其初衷。先是因空难而死的戴笠等经南京国民政府明令入祀全国忠烈祠。而国民党当局以

---

① 《中国新闻年鉴(1991)》载:"生宝堂(?—1937)天主教徒,留学法国。曾任天津工商学院法籍院长的法文秘书。1936年受天津《益世报》董事长雷鸣远之命,任该报社长。1937年日军进占天津,和报馆职工利用馆址在意大利租界的有利条件,坚持继续出报。不顾日人多次恐吓胁迫,坚决拒用日本同盟社稿件,依然刊登抗日言论。并雇用报童,每日将报纸藏在铁筒内泅水带过海河,到英法租界销售。因而被日本宪兵队杀害,同时遇害的还有其秘书师潜叔。"中国社会科学院新闻研究所:《中国新闻年鉴(1991)》,中国社会科学出版社1992年版,第550页。而从《益世报》1937年6月20日所载《本报更换经理案开审,雷司铎莅庭陈述》中可知,其籍贯为山东平度,即:"生宝堂,三十八岁,山东平度人,新闻界,住北平,现住天津法租界国民饭店。"

"戡乱"为名挑起内战后,一批被人民解放军击毙的国民党将领牌位,也陆续堂而皇之地摆在忠烈祠里。据《青岛市志·民政志》载:"1947年9月3日,即'九三'抗战胜利日。青岛市各界隆重举行了抗日英烈入祠典礼,计入祠烈士64人,均系内政部颁发的全国性烈士。1948年3月11日,内政部又函准173名烈士入祀忠烈祠。青岛市各级机关呈送抗敌殉难官民事迹表,经转内政部案准各烈士入原籍者计85名。同年4月5日,举行入祠典礼及春祭,并招待烈士遗族。1948年10月20日及1949年3月29日,青岛市政府两次在忠烈祠为抗战烈士举行祭礼。"①

据此判断,内政部于1948年3月11日再次函准的"173名烈士"中,有的也同时入祀全国忠烈祠。其中,也应包括因国民党当局发动内战而导致的死亡者,此非属抗日忠烈。

《申报》1948年2月5日第2页所载《抗战戡乱殉难官民准入祀忠烈祠》可以为证,即:"中央社南京四日电。抗战及'剿匪'期间,我全国官兵人民,为抵御外侮、戡平'匪乱',或奋勇杀敌、尽力守土,或临难不屈、举义乡里,或毁家纾难、献身救国,以争取民族独立、国家统一。其忠勇义烈之事迹,足资矜式者,不胜枚举。政府为崇德报功,表彰忠烈,曾颁布《抗敌殉难忠烈官民祠祀及建立纪念坊碑办法大纲》暨《褒扬抗战忠烈条例》等法规,通饬施行,俾对抗战、'剿匪'之忠烈官民,分别依照或比照上项法规予以褒恤。其殉难之忠烈官民,并准入祀忠烈祠,以示崇仰。"

---

① 青岛市史志办公室编:《青岛市志·民政志》,中国大百科全书出版社1996年版,第104—105页。《申报》1947年6月28日第2页载《青岛神舍改建忠烈祠》:"中央社青岛廿七日电。日人前在青市建筑之青岛神舍,现经市府改建为忠烈祠,表扬抗日殉难忠烈官民。"

此举实属对入祀底线的大尺度突破。不可否认的是，国民党当局将内战死亡者入祀忠烈祠，缺乏法律依据。仅仅比照《抗敌殉难忠烈官民祠祀及建立纪念坊碑办法大纲》，就贸然将内战死亡者入祀忠烈祠，显然是没有道理。

蔡锦堂《忠烈祠"英灵"探析》载："相对于战前检送或核准入首都忠烈祠者，清一色为抗日殉国将领而言，战后于1948年开始检送入祀者，则绝大多数是'剿匪'（'剿共'）殉职者，形成前者因'外患'成烈士入祀，后者因'内乱'成烈士入祀之鲜明对照。"[1]因此，对于南京国民政府操控的忠烈祠"在国家、社会、历史中的定位"，应予检讨，对其掌握的"'烈士'择定基准"，应予检验。

正是在抗日民族统一战线的方针指引和政策感召下，全国抗战军民才坚定了信心、鼓舞了士气、激发了斗志、取得了胜利。也因为忠烈祠是以祭奠抗战忠烈为号召的，抗战胜利后，遍设全国各地的忠烈祠才赢得了赞誉、凝聚了民心。但国民党当局却生生给忠烈祠强加了别种含义，这是否符合民意？全国民众是否能答应？实际上，自从国民党当局悍然发动内战伊始，就已引起民众强烈反对了，国民党当局却愈发将抗战殉国者与在所谓的"戡乱""剿匪"中的毙命者混为一谈。如此混淆抗战忠烈的身份，只能使忠烈祠显得不伦不类，也必然使忠烈祠的权威性大打折扣、颂誉性大受影响。如：1948年4月，国民党所属整编第七十六师师长徐保在陕西宝鸡被中共军队击毙后，1948年7月31日，蒋介石签发《指令》，"准予

---

[1] 张春英主编：《两岸史学——海峡两岸关系史与台湾史学术研讨会论文集》，湖北人民出版社2005年版，第588—589页，参见第596—597页。蔡锦堂时为台湾淡江大学历史系副教授。

入祀首都忠烈祠,并同时入祀全国各省市县忠烈祠"。①1949年1月15日《申报》载《黄百韬入祀忠烈祠》:"本报南京十四日电。在碾庄苦战'歼匪'建功不幸殉职之第七兵团司令官黄百韬,顷经总统明令准予入祀首都忠烈祠,同时入祀全国各省市忠烈祠。"与人民为敌而被击毙在淮海战役战场上的黄百韬,不仅1900年生于天津,而且1916年从位于天津的直隶省立高等工业专门学校中学部毕业②。按照国民党当局当时的逻辑,其被击毙后,肯定也要入祀天津市忠烈祠了。可是,蒋介石于此前发布的这道命令,简直就是一纸空文,甚至就是一个笑话。这是因为,当时东北、华北等地已陆续解放,天津城防也正被解放大军攻克,国民党天津警备司令陈长捷就是1949年1月15日在天津市忠烈祠地下室被俘的。

谢天培《解放前国民党天津市地方组织的活动概况》载:"由市党部和市政府利用原日本神社,建立忠烈祠。凡国民党抗日死难的军政人员,均入祠祭祀。"③事实大致如此。国民党当局囿于党派之见,在审查入祀者时,对有共产党身份或曾与国民党当局意见相左的抗日烈士,均一概排除在外,不予考虑。如,1946年《天津市忠烈祠第一次入祠忠烈简明事迹录》中开列的98人中,除对日作战时阵亡者外,其余则以省市县党部成员及中统、军统、三青团分子为主。

现对1946年《天津市忠烈祠第一次入祠忠烈简明事迹录》所

---

① 即1948年统(一)字第一五四号《指令》。参见《淮内政部函为奉令陆军整编第七十六师师长徐保准予入祀全国各级忠烈祠一案令仰遵照》,《江西省政府公报》第1650期,1948年9月16日,第14—15页。
② 参见胡必林、方灏编《民国高级将领列传》,解放军出版社2006年版,第234页。
③ 天津市政协文史资料研究委员会编:《天津文史资料选辑》第33辑,天津人民出版社1985年版,第31页。

录全部98人的生前所属系统列表统计示之：

所属系统		入祠者	入祠人数
陆军		张自忠、陈中柱、刘都阳、王寿臣、高春年、赵朴、萧武魁、杨惟一、杨天成、章凯旋	10
空军		吴松龄、高春畴、杨春瑞、杨天雄、胡乃武、邢逯、王廷扬	7
国民党所属机构及地方党部	中央执行委员会调查统计局（中统）	阴耀武、董明鑫、马博泉、王有为、孙宝庄、尚文武、林永清	7
	三民主义青年团（三青团）	韩家兰、李克忠（他人亦有三青团身份，如冯运修、陈维霖等）	2
	中宣部宣传专员办事处	赵璧臣	1
	东北党务办事处	赵在田	1
	河北省党部	王贻训、崔崇仑	2
	天津市党部	郭朴、刘继光、张少峰、张长敬、张瑞祥、孟长拴、孙家涛、殷幼樵、李雷、潘菊神、刘建孚、刘玉荣、刘品仪、王润秋、杨小二、徐育才、黄贵、王瑞、张鸿相、徐连奎、李旭高、赵竹友	22
	北宁路特别党部	张蓉镜、鞠兆祥、杨宝善、李永善、颜丕基、萧荫泉、杨玉琳	7
国民政府军事委员会调查统计局（军统）		曾澈、陈资一、王文、胡恩培、张清江、温学诗、李锐、倪中立、张桐岗、于敬明	10
抗日杀奸团		吴纪元、陈维霖、章文颖、冯运修、李鑫、骆永康、袁汉俊、丁毓臣、王玉、李如鹏、陈肇熙、梁金铭、卢以仁、纪念华、朱云、刘福庚	16
华北战地督导民众服务团		雷鸣远	1
北宁铁路管理局		张倬甫、李文、常同第	3
华北水利委员会		吴树德	1
天津市警察局		张树勋、郭海亭、穆义亭、阎景玉	4
天津电话局		朱彭寿、董凤祥	2
山东巨野县		邱国瑞	1
不详		武田寿	1
总计			98

以上统计表明,在天津市忠烈祠第一次入祀的98人中,国民党所属机构及地方党部成员共42名,军统局成员共10名(另有部分抗日杀奸团成员等也有军统背景或受军统指导),这部分入祀者接近入祠总人数的三分之二。因敌后抗战或地下抗战而牺牲者应予入祀,这无可非议。但是,在入祠总人数中,对日作战阵亡将士却不足三分之一。这也是不应被忽视的事实。从中或可洞悉抗战胜利后国民党当局在价值取向和评价体系上的微妙变化。

总之,对于具有国民党身份或与之有千丝万缕关系者优先考虑,是国民党当局当时把握的一个基本原则。对于其他身份的抗日爱国忠烈,尤其是身份为共产党员的抗战忠烈,则视而不见、充耳不闻、人为排斥。此为国民党当局实行的双重标准。

然而,笔者经考索发现,第一次入祀天津忠烈祠的中统局华北天津区调查员孙宝庄,真实身份就是中共党员。他是受中共地下党组织秘派,渗透至中统内部,承担地下抗敌特殊使命的。在1992年版《黑山县志》等已见的多种史料中,虽然将其列为革命烈士且载其传记,但均未提及其曾担任的中统局华北天津区调查员这一身份。可见,其在津战斗期间具有的双重身份如今仍属鲜为人知。笔者判断,国民党当局应未发现孙宝庄的中共党员这一秘密身份。否则,其当时能否入祀天津市忠烈祠还是未知数。

抗战胜利后,国民党当局直接操控天津市忠烈祠入祀行为。在每次入祀祭奠前的审查时,最明显的就是置抗战期间大批英勇牺牲的中共党员这个基本事实于不顾。此举明显违背了蒋介石于抗战初期倡导的"地无分南北,年无分老幼,无论何人,皆有守土抗战之责,皆应抱定牺牲一切之决心"这个全民抗战原则。而对于其中的虽有抗日行为但同时也有残害共产党员、爱国人士等行为者,也不加区别、不予说明、有意回避甚至统统毫无节制地加以褒扬。导致其中掺杂了不和谐因素,有失公允。

历史地看,英雄不问出处,只要是为抗日而死,为民族解放事业牺牲,都值得纪念,不论是中共党员、国民党党部成员还是军统、中统、三青团分子,只要有抗日义举、只要为民族解放献身,就都不应被人为排斥在外。但是,国民党当局胸襟狭隘、气度局促,缺乏执政党的雅量和包容,更无执政党的风范可言,着实难以令人信服。其党同伐异的政治偏见简直是渗透到了骨子里,颇不得人心,从中也可洞见国民党当局陷入内战后已脆弱得难以容下任何不同声音、不同意见了,更别说坦然面对群众基础日益雄厚且愈发强大的中国共产党了。

抗战期间,天津为受日寇铁蹄蹂躏颇重的沦陷区之一,英勇就义的抗战烈士数不胜数,虽然入祀忠烈祠为抗战胜利后的一种高级褒扬形式,但此举尚不足以反映当时天津人民抗日斗争全貌。况且,褒扬抗敌义烈并非仅有入忠烈祠这一种渠道。尽管国民党当局在对入祀忠烈祠的态度上和把握上局限性较大、人为干预过多,从未发扬民主,尽管当时并未大张旗鼓地褒扬在抗战中英勇牺牲的中共党员和其他被国民党视为异己的爱国民主进步人士,但不可否认的是,天津市忠烈祠的设立,仍褒恤了一大批抗战忠烈,且使他们的抗日事迹得以载入史册。

蔡锦堂《忠烈祠"英灵"探析》认为:"作为战争产物的忠烈祠,提出了忠臣烈士的典型模式,但也随着塑造出许多历史与历史的诠释。"可是,"忠烈祠此一'国殇圣域',无论其产生的背景因素为何,既是悼祭于战争中为国家牺牲殉难的壮烈英灵,本应是庄严神圣的,而无太多模糊暧昧、人为诠释空间的。它的入祀烈士应是按其功勋一律平等,而不按其生前阶级的。其入祀基准的选定,应是确定,而非随意因人而游移的。但是,中华民国的忠烈祠却略嫌欠缺神圣、庄严、谨慎。"①此言一语中的。

而从抗战胜利70周年的历史高度来看,正如中共中央总书记习近平同志于2015年9月3日《在纪念中国人民抗日战争暨世界反法西斯战争胜利70周年大会上的讲话》指出的:"中国人民抗日战争和世界反法西斯战争,是正义和邪恶、光明和黑暗、进步和反动的大决战。在那场惨烈的战争中,中国人民抗日战争开始时间最早、持续时间最长。面对侵略者,中华儿女不屈不挠、浴血奋战,彻底打败了日本军国主义侵略者,捍卫了中华民族5000多年发展的文明成果,捍卫了人类和平事业,铸就了战争史上的奇观、中华民族的壮举。"所有为维护人类自由、正义、和平而牺牲的英灵,都是值得永远纪念的,都是永垂不朽的,也是终究不受任何人为因素影响和左右的。只要铭记历史、以史为鉴,只要缅怀先烈、珍爱和平,就一定能开创未来,也一定能够创造出更加灿烂的明天。

笔者目力所及,中华人民共和国成立后,在曾经入祀天津市忠烈祠的抗战忠烈中,至少已有张自忠、陈中柱、朱彭寿、崔崇仑、孙宝庄等人,被陆续授予革命烈士或在官修地方志书中被列为革命烈士。

2014年8月29日,民政部公布的第一批300名著名抗日英烈和英雄群体名录中,包括第一次入祀天津市忠烈祠的抗战忠烈两人,即:"张自忠(1890—1940),国民革命军陆军第33集团军总司

---

① 张春英主编:《两岸史学——海峡两岸关系史与台湾史学术研讨会论文集》,湖北人民出版社2005年版,第596页。

令"和"陈中柱（1906—1941），国民革命军陆军鲁苏皖边区游击第4纵队司令"①。

这一趋势正在逐步扩大之中。2015年8月24日，经中共中央、国务院批准，民政部公布第二批在抗日战争中顽强奋战、为国捐躯的600名著名抗日英烈和英雄群体名录。其中包括第一次入祠天津市忠烈祠的抗战忠烈一人，即："张俾甫（1898—1937），北宁铁路局总工程师。"②

《中国公布第二批600名著名抗日英烈和英雄群体名录》载："中国国务院新闻办〔于2015年8月〕24日在北京举行新闻发布会。民政部副部长窦玉沛通报了国务院公布的第二批100处国家级抗战纪念设施、遗址名录以及民政部公布的第二批600名著名抗日英烈和英雄群体名录。窦玉沛说，第二批著名抗日英烈和英雄群体名录的遴选标准与第一批相同，是根据抗战事迹突出、牺牲情节壮烈、社会影响力较大的英烈和群体，涵盖了抗日民族统一战线的各个方面，包含了中国共产党领导下的八路军、新四军、东北抗日联军、华南游击队和其他人民抗日武装，国民党抗日将士、民主爱国人士和援华国际友人等不同群体的代表。他表示，此次公布的第二批名录，虽是按照官方档案和相关史料，并经专家研究论证、征求相关部门意见后确定的。但是，由于时间久远，加上战争原因，

---

① 《民政部公布第一批著名抗日英烈和英雄群体名录（民政部公告第327号）》，据中华人民共和国民政部门户网站（http://www.mca.gov.cn），2014年9月1日。常见记载均称张自忠生于清光绪十七年七月七日（1891年8月11日），且《辞海》2010年第六版亦载张自忠生于1891年，因此，其生于1890年之说应予商榷。
② 《民政部公布第二批600名著名抗日英烈和英雄群体名录》，据中华人民共和国民政部门户网站（http://www.mca.gov.cn），2015年8月24日。参见《人民日报》2015年8月25日第14版。关于张俾甫的职务问题，参见本书第二章的相关考证。

许多抗日英烈的原始资料和事迹没有得到完整保存和记载,名录中也有可能存在个别英烈的出生时间、部队番号等信息与有关资料记载不一致的情况。希望社会各界人士,提供更多帮助和支持。窦玉沛说,此次公布的第二批名录是在去年公布第一批名录的基础上,深入挖掘整理、核实论证后形成的。"①

抗战期间和抗战胜利之初,因抗战阵亡(包括积劳病故)的国民党爱国将士以及抗战殉难官民中,由南京国民政府明令要求入祀全国忠烈祠的,有相当一部分已被列入以上两次公布的著名抗日英烈名录中。而按照现行的著名抗日英烈遴选标准,以天津电话局总工程师朱彭寿、华北水利委员会测候所所长(测候室主任)吴树德、空军第四大队第二十四队队长杨春瑞等为代表的曾入祀天津市忠烈祠的抗战忠烈,由于生平清楚且抗战事迹清晰,相信将来也都有机会被公布为著名抗日英烈。

七 陈长捷被俘于忠烈祠地下室

1949年天津解放之前夕,国民党当局将天津警备司令部设在天津市忠烈祠内,妄图与中共解放大军负隅顽抗。天津警备司令陈长捷被俘于此,即发生在天津市忠烈祠的重大历史事件。

1.天津警备司令部指挥所设于天津市忠烈祠

天津市《和平区志》载:"1945年抗日战争胜利后,原大和公园改名为胜利公园。天津警备司令部设于公园内。1949年1月15日

---

①记者张希敏,中新社北京2015年8月24日电。

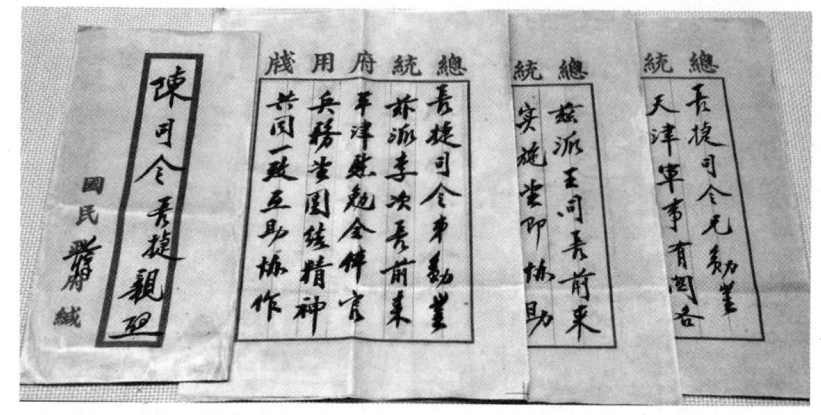

1949年天津解放前夕,蒋介石要求天津警备司令陈长捷负隅顽抗

10时,解放军攻占胜利公园,俘获警备司令陈长捷。"①

徐兆平《我知道的天津警备司令部稽查处》载,"1945年'八一五'日本投降后,到1949年9月天津解放止……在短短三年内,先后经历国民党四任天津警备司令,即牟廷芳、林伟俦、马法武、陈长捷……[1945年]十月,在和平区新华北路北口(即现在的百货大楼后)成立天津警备司令部。九十四军军长牟廷芳兼任司令,九十四军副军长杨文泉兼任副司令,后由严家诰(军校出身、军统)任参谋长,警备司令部内部除原有的副官处、参谋处、军法处等外,增设稽查处……稽查处办公地址设在原日本宪兵队院内(即今新华北路一号),与军法处同院办公……到1948年,陈长捷任天津警备司令后,始成立司令办公室,内设办公室主任田德昌、主任秘书李遵青,专司各处的行文……"②

---

①天津市和平区地方志编修委员会编著:《和平区志》下,中华书局2004年版,第987页。
②天津市政协文史资料委员会编:《天津文史资料选辑》2004年第3期(总第103辑),天津人民出版社2004年版,第133—134、136页。

而《解放前夕中央驻津各机关名称负责人及地址一览表(民国三十七年十月十七日)》则载:天津警备司令部司令陈长捷、副司令秋宗鼎,电话"26572",地址位于"一区林森路"。①前引 1947 年 3 月 29 日《益世报》载《革命先烈纪念日暨第四届青年节津举行纪念会》中,曾有"第一区林森路忠烈祠"的记载。1948 年 10 月之前,天津警备司令部已设在天津市忠烈祠,但其始设时间未见确载。不过,1948 年 3 月,天津警备司令部已开始在天津市忠烈祠架设测向机。此举显然与军事有关。据此判断,早在 1948 年初,就已有在天津市忠烈祠设置天津警备司令部指挥机关的动议了。

2.陈长捷等在天津市忠烈祠地下室被俘

一是陈长捷《回忆抗拒天津解放的经过》载:1949 年 1 月"十五日早七时许,我以无线电话和傅作义详报主阵线突破后,巷战发展、核心战无力继续以及夜里会商经过。傅作义答道:'可以接洽和平吧!'这是天津受围开始后和傅作义亲作交谈的第一次,也是最后一次。是他在无线电上得到解放军宣布捷报'突入天津市'而震动、关心,由傅那面向我急通的无线电话。我和傅通完电话,一个解放军的副营长带着几名战斗员,已站到我的后面了。我就是这样被俘于我的指挥所地下室里面的。"②

二是李夫在《天津解放的那一天》一文中,亦载有陈长捷于 1949 年 1 月 15 日被俘后的相关陈述:"从今天凌晨,我指挥所周围

---

① 天津市档案馆等编:《天津商会档案汇编(1945—1950)》,天津人民出版社 1998 年版,第 1409 页。此载误植为"一区森林路"。
② 全国政协文史资料委员会《平津战役亲历记》编审组:《平津战役亲历记——原国民党将领的回忆》,中国文史出版社 1989 年版,第 184 页。陈长捷时任国民党津塘防守区中将副司令兼天津防守区司令、天津警备司令。

就听到了枪声,而且越来越紧、越来越近……早7点多钟,我在日本神社地下指挥所,接到傅先生向我急通的无线电话。这是他从无线电上得到贵军宣布'突入天津市'消息后打来的。我拿着电话耳机,向傅先生详细报告主阵线被突破后,巷战正发展,核心战无力继续,以及夜里会商经过。傅先生说:'可以接洽和平吧!'我和傅先生通话还没完,忽听背后喊:'别动,举起手来!'我回头一看,贵军的士兵(注:指在一个'俘虏'——潜入敌警备司令部特务营当警卫连长的地下共产党员王亚川指领下,冲进来是的三十八军一一二师三三四团二营六连副排长邢春福、战士王义凤、傅泽国,向陈长捷喊'别动,举起手来'的是王义凤)已经站到我的身后面了。"①

三是李天佑《雄师纵横天津城》载:1949年1月"十五日清晨,攻占了敌人最坚强的支撑点海光寺。一师一团刘海清副团长带领前卫营打到敌防守司令部的西北角。副排长邢春福带领战士冲进防守司令部,从楼下打到楼上,抓到大批俘虏。战士们正在清点俘虏人数,排长跑来,指着一个庙堂喊道:'快到那边去抓大头子!'邢春福带着战士傅泽国和王义凤飞跑到忠烈祠,冲进一间摆着十几张办公桌的地下室,活捉了一群军官。再深入地下室的另一个套间,活捉了国民党天津防守司令兼警备司令陈长捷。"②

四是梁必业《摧金汤擒敌酋——天津攻坚战中的东北野战军第一纵队》载:1949年1月"15日5时,部队开始向敌警备司令部发起攻击。1师政治委员黄玉昆给1团团长刘海清打电话,鼓励他

---

①全国32家报网主流媒体报道联盟编:《我的解放时刻——34个大城市解放纪实》,山西人民出版社2009年版,第70页。
②中国人民解放军战士出版社编:《星火燎原选编之十》,中国人民解放军战士出版社1982年版,第281—282页。

们一鼓作气,迅速拿下敌警备司令部,活捉陈长捷。部队听说要抓陈长捷,忘记了饥饿和疲劳,决心大显身手。部队顶着猛烈的交叉火力,先后拿下敌警备司令部东西两侧制高点,2营的战士们敏捷地冲进敌司令部大门,勇猛拼杀,由楼下打到楼上,占领了大楼,歼灭和俘虏一批敌人。6连副排长邢春福从俘虏中了解到陈长捷在警备司令部大院的忠烈祠地下室,马上带领战士傅泽国、王义凤冲进去,先缴了20多个参谋人员的枪支。正在作战室里与傅作义通电话的陈长捷,以及中将副司令秋宗鼎、少将高参杨威和蒋介石派来的视察官程子践等七名将领,都被我们的战士俘获。这时,副营长朱绪清赶到了,逼迫陈长捷下令'全线投降'。当陈长捷被押出来的时候,警备司令部的千名官兵都已放下武器,集合在大院子里。"①

五是杨大易(肖岚整理)《活捉守敌司令陈长捷》中的记载则绘声绘色:

一月十四日上午九时,天空升起了三发绿色信号弹,解放天津的总攻开始了……我师先头团勇猛地向纵深穿插突击,不断地爆破、射击,凿墙穿壁,借着曳光弹的闪光冲开道路,经小巷转大街,分割包围,聚歼敌人。当该团占领了老城南门外地区后,即分三路包围敌人警备司令部:二营担任主攻,一营从北面进攻劝业场,三营从东南面迂回,配合二营攻击敌司令部。担任主攻的二营六连全体指战员,接受了这一艰巨任务,心中万分高兴,都想亲手活捉陈长捷,争取入关作战第一功。敌警备司令部大楼已经显现在眼前,要攻下这座堡垒中的堡垒确不是容易的事情,敌人的防守十分严

---

① 中国人民解放军历史资料丛书编审委员会编:《平津战役》,解放军出版社1991年版,第348—349页。

密,火力压得部队不能前进一步。六连组织了几次冲锋都没攻上去,六连长李欣兰很焦急,忙向二营长作了战况报告。过了一会,营长朱绪庆同志来了,他亲自和连指挥员做了研究,认为要攻下敌司令部,必须先拿下它西边的一座三层平楼。朱营长决定先组织几挺机枪压制敌人的火力,一面调集了三门迫击炮支援六连。

又一次冲锋开始了。迫击炮和六〇炮一齐向楼顶发射,炮弹在平楼上爆炸了,敌人的胳膊、大腿随着炮弹皮在空中飞舞。被炸伤的敌人,"唧唧哇哇"乱叫。我们刚打了几个排炮,敌人就支持不住了。在我机枪火力压制住敌人二楼机枪的时候,六连的三个排勇猛冲到楼底下,他们一面射击,一面高喊:"缴枪不杀!优待俘虏!快投降吧!"

这时,有的战士打破门窗跳进去。敌人见来势勇猛,吓得束手无策,没来得及还击就做了俘虏。战士们从一楼打到二楼,里外夹攻,敌人自知难以抵挡,只好在平楼上插起了一面白旗。原来,这儿是敌人旅部的一个手枪营,约二三百人,除了加强火器外,每人都有长短两支枪。指导员贾国桢从俘虏口中了解到,路东就是敌警备司令部大楼。据说,陈长捷不在大楼里,而是在旁边的地下室里。贾国桢从窗口往东边广场一看,果然看到广场中央有一堵半截墙,旁边一个小亭子(日本神社)上还架着三挺机枪。

贾国桢对连长李欣兰同志说:"陈长捷大概就在那里,我们赶快插过去打下它。"李欣兰点点头补充道:"根据情况判定,陈长捷可能在那里。打过去,不会错。"连长命令一排副邢春生带领一个班,冲向广场中央,占领地下室,另外组织了几挺机枪对付亭子上的火力。邢春生带领一班刚冲出去,忽然从警备司令部北边一排平房下面的暗堡里射出一串子弹,战士被打倒了两个。接着,两个暗堡里的火力同时封锁住了到广场中央的通路。邢春生和其余的七个战士只好伏下来等待时机。看到这个情形,连长很着急,立即命令二排五班把那两个暗堡炸掉。过了一会,只听"轰隆隆"几声巨响,两个地堡一齐上了天。这时,一班也爆破了敌人正面的一个碉堡。邢春生和一班战士趁机一跃而起,又向广场中央半墙附近冲去。可是,这时候半墙后边亭子上的三挺机枪又同时像疯狗一样地咆哮起来,不压制住它,是无法再前进了。于是,连长又组

1949年1月15日,锐不可当的人民解放军攻占天津警备司令部,宣告天津解放。图中建筑为原天津日租界大和公园内的公会堂

织了五挺机枪猛烈地还击。敌人的机枪哑了,人也溜了。这时,冲在前面的战士王义凤已来到半墙面前,他仔细一看,果然有一个地道通到下面。说时迟,那时快,王义凤端着冲锋枪就往里走。副排长邢春生留下几个人在地道口放警戒,自己也带着人冲了下去。

地道很暗。王义凤一个人在前,摸黑顺着台阶走下去,向左转了一个弯,发现了一个门,还挂着门帘。他不管三七二十一,把门帘一挑,一步跨进去,把枪一指,喊道:"站起来!"当时,有十几个国民党军官正围在长方桌旁,被王义凤的吼声惊得目瞪口呆,抖作一团,强支持着站起来,举起了双手。王义凤又喊道:"把武器都交出

来!"这些家伙自知反抗已不可能,只好乖乖地把手枪掏出来放在桌子上。王义凤遂即用枪指着说:"都给我出去!"这时,站在中间的一个黑胖家伙,狡猾地眯细着眼睛耍赖说:"我们不出去,要你们的长官来谈判!"王义凤一听火了,把枪栓一扳动,吼道:"你们再不走,我就开枪了!"其余的匪徒马上点头哈腰应声说:"是!是!"

这时,副排长和其他一些战士也冲进来了。邢春生收集好了武器,便派人向营部去报告。他命王义凤看守着俘虏,自己带着人在里边进行搜索。他们进到另一间屋子,见屋内摆满了发报机,报务员正在满头大汗地发报哩。邢春生立即命令他们站起来,向他们问话。据供称,他们正奉陈长捷的命令,向南京和北平方面联络。原来,坐在外间屋皮转椅上的那个黑胖子就是陈长捷。副排长邢春生问明了情况,派人把报务室看守起来,又来到外间屋。敌军官中的一个家伙看出邢春生是这一伙解放军中的负责人,便规规矩矩请求说,陈长捷有病,要求坐下。邢春生想,敌人已经缴了械,便允许他坐下了。

约莫过了二十分钟,二营长朱绪庆和六连指导员贾国桢带着通讯员进来了。在门口担任警戒的战士冲着敌人喊道:"我们营首长来了,还不站起来!"敌军官都赶忙立正站好。唯有陈长捷这家伙,从心里不服气,懒洋洋地站起来说:"请你们高级负责人来谈判……"朱营长立即打断他的话,厉声说:"用不着谈判,你们被俘了。现在要你作两件事:第一,通知你所有的部队,立即停止抵抗;第二,无条件投降。"陈长捷一听这话,气焰减了大半,无可奈何地向他旁边的参谋长点点头,然后软绵绵地坐下来。敌参谋长只好命令部队停止射击。报务员挂上耳机试了试,然后说联络中断了。朱营长又命陈长捷叫附近还在顽抗的敌军投降。陈长捷也只好乖乖地服从命令,派一个副官拿着早就准备好了的小白旗,到外面执行他最后的使命。不一会,院内东边大楼里的枪声停止了,顽抗最凶的敌警备司令部大楼,就此被我五连攻占。敌有名的双枪手枪营五百余人,一同做了俘虏。

这时,师政治部主任李际泰和先头团的指挥员来了。朱营长向陈长捷喊声:"我们的首长来了!"陈长捷和他的官员们猛地站了起来。这时的陈长捷完全换了一副面孔,他装腔作势地说:"兄弟我陈长捷,希望贵军保证我们的生命安全,保护人民的生命财产,保护……"李主任立即制止了他的话,严肃地宣布说:"你是战犯,拒不投降,现在做了俘虏,你没有资格代表任何人说话!"随即命令朱营长派人把他们押送到司令部。陈长捷一看这势头好硬气,顿时像泄了气的皮球,绝望地把双手一摊,低垂着脑袋,挪动着沉重的双腿向门口走去。他的副司令官丘[邱]宗鼎、参谋长及副官随从等,也耷拉着脑袋,一连串地跟在后面。副排长邢春生带领着战士押着他们走出了地下室。

出了司令部大楼,陈长捷还在东张西望寻找他的小卧车。战士们轻蔑地说:"你的小卧车现在是人民的财产了,还是请上大卡车吧。"陈长捷十分尴尬,嘴唇动了几动,却没说出话来。两个敌副官只好把陈长捷肥胖的身躯架上卡车。至此,整个天津战役以活捉陈长捷而宣告结束。

卡车在马路上行驶着,刚熄灭战火的废墟残壁上,炫耀夺目地残留着陈长捷"尽忠报国,杀身成仁"的"豪言壮语"。这时候,已是十五日下午一点多钟了,战士们英武地押着长串俘虏群,走大街,穿小巷。金黄色的阳光照射着战士们洋溢着喜悦的面孔。三五成群的和平鸽在空中展翅飞翔,嘴里不停地叫着,好像在为天津战役的伟大胜利而欢唱。①

六是刘海清《陈长捷的覆灭》载：

一月十五日凌晨，灰茫茫的浓雾，笼罩着正在酣战的天津市。经过一夜巷战，我团一、二营已分别攻占了罗斯福路、广兴街和建物大街。在凌晨五时许，进到了敌核心区的边沿。这时，俘虏已成了部队的累赘，一营沿南马路、罗斯福路一道，就收容敌散兵游勇一千多，二营在建物大街攻下一幢大楼，一"窝"就俘敌近千人。

我同黄汉基参谋长带领一、二营的营连干部，登上了靠近中原公司(现在的百货大楼)附近一家澡堂的平顶，布置了战斗任务，确定一营由黄参谋长带领围歼中原公司守敌。我带二营攻打陈长捷的警备司令部。这时，师部黄玉昆政委打来电话告诉我们，战斗发展很快，我东西对进的各路大军于金汤桥胜利会师后，正在席卷海河两岸敌人；南边，我三师、一五一师和前线总预备队正向南开区和海光寺方向挺进。纵队和师首长要求我团尽快发起对伪警备司令部的进攻，一定要把陈长捷抓住。

在兄弟部队胜利消息的鼓舞下，部队忘却了一夜巷战的极度疲劳和饥饿，像猛虎似的分别向中原公司和伪警备司令部扑去。陷入四面楚歌的敌人，像覆巢的蚂蚁，丧魂落魄，四处逃命。他们丢掉枪支，成群结队地向陈长捷的"核心区"狂跑……

"哒哒哒……"中原公司楼上的敌人，向落荒逃来的蒋军士兵开了机枪。枪声里，传来蒋军士兵的惨叫声和咒骂声。"妈的，你们不打八路，倒向老子开枪来了？"骂声中，又响起了更凶狠的机枪

---

①原载本社编：《红旗飘飘》第12集，中国青年出版社1959年版，据《红旗飘飘》选编本第3集，中国青年出版社1980年版，第503—508页。

嗷叫声。目睹敌人的残暴行径，战士们怒不可遏。一营在工人同志的指引下，顶着敌人三面交叉火力，向中原公司发起了攻击。战士们避开敌人重兵把守的大铁栅门，从侧后，用爆破筒炸开窗口，迅速冲进楼去。接着，黄参谋长、蔡营长指挥三连，也从南侧破门而入，攻进了一楼大厅，并沿着大厅两边的楼梯向二楼上的敌人发起攻击。敌人用机枪、手榴弹拼命封锁楼梯，我们的一个机枪射手抱着轻机枪，边射击边跑步冲上二层梯台，压住了敌人楼上的机枪火力，几个战士一齐冲上了二楼……

在中原公司的大楼内，一营在黄参谋长指挥下，同敌人展开了逐层争夺。在一营的有力配合下，二营五连连续爆破，首先攻占了多伦道的中原里大楼，打掉了防守敌警备司令部的西翼屏障。接着，全营从新华北路和山东路分头并进，向伪警备司令部进行猛烈的强攻。四连一部和五连从北面插到陈长捷特务营两个连据守的

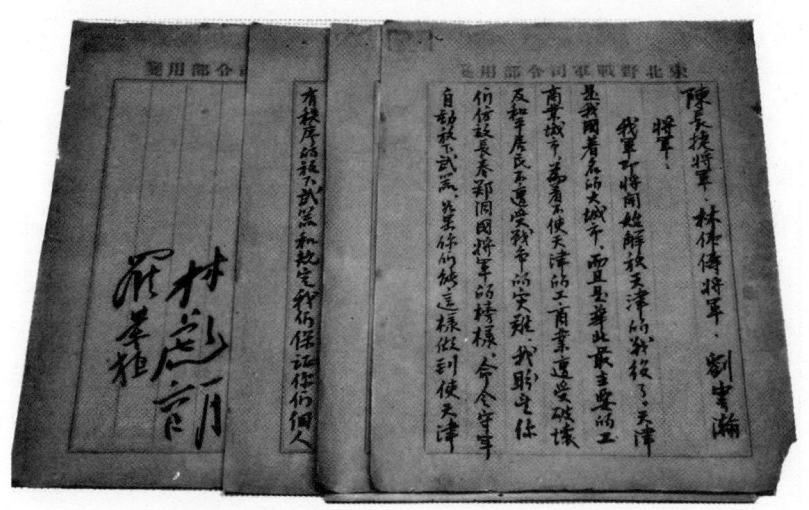

1949年1月6日，林彪、罗荣桓联名致函陈长捷等天津守军将领，敦促其放下武器，顺应人民意愿

一座二层楼房。战士们避开敌人的火力封锁从侧后接近了楼房,一阵手榴弹投出,乘着爆炸烟尘冲进楼去。在走廊里、在楼梯上、在房间里,同敌人肉搏厮打,直至敌人放下武器投降。

此时,六连越过多伦道,沿新华北路向伪警备司令部扑过去。六连副连长徐恒吉带领二排,首先冲入敌司令部大院的东北门。他身负重伤,坚持指挥作战,迅速消灭了敌人门卫两侧的机枪火力,把陈长捷指挥部的全部人马,堵死在他的巢穴里。接着,六连一拥而入,冲进了院内东边原为陈长捷司令部盘踞的一幢二层楼房。战士们从楼下打到楼上,又从楼上打到楼下,枪弹横飞,硝烟弥漫,敌人好似一群无头的苍蝇,有的在楼道里狂呼乱叫:"混蛋!特务营哪去啦?!"有的夹着沉甸甸的皮箱、包袱,向窗口伸出头去,想觅路逃命;有的从床底下、橱柜里和厕所里爬出来,举手就范;一个正伏在电台上收抄电文的伪上尉军官,听到我军的"缴枪"命令时,如梦初醒,惊慌地说:"你们真是八路军吗?陈长官说,没十天半月,你们是打不进来的呀!"

一楼陈长捷宽绰的指挥室里,还完整地挂着各种城防作战的图表。三个多小时前,陈长捷在这里召集伪天津市长杜建时和他手下的副司令、军长们开会,会商如何"挽回危局"。桌上还摆着陈长捷签署的"早二时,邀杜市长、林、刘军长等会商战局"的通知。最有讽刺意味的是那张巨幅作战图——《一九四九年天津国军战况一览表》。此图计划由一九四九年元月一日至十二月三十一日,安排了整整一年时间,逐日标载天津战况。反动派却万万没想到,他的所谓战况,仅仅记载了十四天,即到一月十五日,陈长捷的末日就来临了。

看吧,冬晨凌厉的北风,穿过被炮火打穿的洞孔,狠劲吹打着陈长捷的巢穴;泥沙纷纷撒落在被弃置于地的各种各样的文件图表上。隔壁,蒋军报务室刚刚被丢下的报话机里,正传来陈长捷部下拼命的呼叫声,然而,陈长捷已经不能回答他的下属了!

  这时,六连副排长邢春福带领新战士王义凤、傅泽国同志冲进院内陈长捷警备司令部的地下室,首先缴了偎缩在地下室外间的二十多个伪参谋军官的枪。这伙被吓得魂不附体的官佐们,哆哆嗦嗦地指着一个挂着门帘的内室说:"陈……在……在……里头……"王义凤、傅泽国立刻用刺刀挑开门帘,冲了进去。正当陈长捷用无线电同傅作义讲话,请求援救和"决策"之时,王义凤、傅泽国的两把刺刀,已对准了他的脊梁,在"不准动"、"缴枪不杀"的喝令声中,陈长捷像触电似的猛然转过身来,瞪着两只充血的眼睛,惊恐绝望地看着身前两位青年战士手上寒光闪闪的刺刀。灰暗的灯光,照着他那频频抽搐的脸,豆粒般的冷汗从他那惨白的脸上滚落下来。陈长捷和他的少将副司令邱宗鼎、少将杨威及由蒋介石从南京派来天津督战的高级"视察官"程子践等蒋军将校军官七人,垂手立正,向我军交出了武器。随后,我二营副营长朱绪清也赶到了地下室,当即命令陈长捷向他所属的天津守军,下达了"立即投降"的命令。

  当陈长捷、邱宗鼎等被押解出阴森的地下室时,陈长捷警备司令部的一千多官兵,已作为我军俘虏被集中在院子里。

  天津蒋军首脑机关被我捣毁后,敌人的所谓"核心守备区"马上丧失了有组织的抵抗。短短二、三小时内,敌人在海光寺、耀华中学、志达小学、大德隆纺织厂等重要据点,相继被我攻克,陈长捷手下的六十二军军长林伟俦、八十六军军长刘云瀚等人,亦为我三师所生俘……

  正午,烟消雾散,阳光普照在天津城里。在天津二百万人民怒潮般的欢呼声中,天津解放了。①

七是傅泽国撰《陈长捷的最后一道命令》载:

巷战正在紧张进行。我们接受了前进的命令。交通壕里拥挤不通,有位扛着笨重的炮筒的同志被压得满头大汗,看样子是落下了几步,挤得气喘吁吁:"同志,借光,我们有任务!""他有任务,我们是遛大街的?!"我有些不高兴地嘟哝起来。我的步子稍微慢了点,走在我后边的王义凤就喊开了:"快点跟上!"他那付〔副〕神气,好像就他一个人着急似的。我们在苦涩的硝烟和爆豆般的枪声里磨蹭了一整夜,好不容易才挤进天津市内,可是,前进到敌军警备司令部附近时,还没有接受战斗任务,其叫人着急!

拂晓,连长终于传达了攻打敌警备司令部的命令。在昏暗的朝雾里,满布在中原公司周围的地雷网,已经看得很清楚了,但敌人的机关枪严密地封锁着我们前进的道路。看来,垂死的敌人,还妄图进行挣扎。我们同敌人逐街逐巷地进行着激烈的拼杀战。我听说连部通信员也抓了不少俘虏,就更加着急了。我一看用不着爆破了,撂下炸药包,捡了一支三八枪,上好刺刀,跟着副连长徐恒吉往警备司令部的西北角冲去。敌人的机枪封锁得很严,副连长负伤倒下了。

副排长邢春福喊了声:"跟我冲!"就带着我和王义凤冲进院里。敌人顽强地向我们射击、抛手榴弹、拼刺刀。我们利用院里的墙角、沙袋……同敌人逐房争夺,从院内打到屋内,从楼下打到楼上,逼着五十多个敌人交了枪。我正打得起劲,副排长却叫我看管俘

---

① 中国人民解放军五一〇三四部队政治部编:《为新中国而战》,春风文艺出版社1981年版,第244—247页。

房。我真是老大的不高兴,干吗要我看俘虏呢?幸好排长跑来了,他看出了我的心情,指着庙堂对我说:"不用看俘虏啦!快和王义凤到地下室抓司令官去!"我高兴得敬了个礼:"是!"一手抓住枪,一手抓住手榴弹,跟副排长和王义凤冲进忠烈祠。刚打到庙门口,迎面飞来一阵弹雨,打在垒在门口的沙袋上。我抬头一看,是从斜对角大楼上飞来的,楼的顶盖已经塌了,木板、瓦片零乱不堪。我佩服我们的炮兵,他们打得多准!

副排长守住门口,让我和王义凤打进去。我们同敌人拼了一阵手榴弹,穿过一条小走廊,打到了地下室。那是个二十米见方的大厅,里面摆有几十张办公桌,那些军官一看我们闯进去,早吓得缩成一团。我们高举手榴弹,大声喊道:"放下武器,解放军宽待俘虏!"有个家伙吓得直哆嗦,先举起手,哀嚎起来:"别打啦!我们投……投降!"等他们解除了武装,我问他们:"谁是司令?"问了几声也没有人吱声。在他们举着手走出地下室时,我注意看着那些军官的明晃晃的肩章。一个副官模样的家伙走到我身边时,向我递了个眼色,轻声地说:"司令在里面。"

待这群俘虏走完了,我们蛰入左侧地下室。地下室门口挂有一个很漂亮的门帘,我掀开门帘往里看,走廊很黑,不知有多深,但隐隐地听到嘈杂的声音。我请副排长用枪掩护我进去,话没说完,王义凤一个箭步,冲进去了,我赶紧跟着他冲进去。那些家伙正在忙忙乱乱,吵嚷着撕毁文件,王义凤一看,急眼了,几步窜到他们面前,厉声大喝:"别动!举起手来!"我一面跟着跑过去,一面喊:"缴枪不杀!"在微弱的灯光下,七个军官颤抖着举起手来,手里的文件散落在地上。他们的动作虽然不够熟练,也还算整齐。里面有三四个"将军"呢!其中一个肥胖的中等个子,死眉死眼,从一架大沙发上慢吞吞地站起来,看样子很吃力似的。我料定他就是陈长捷。我气愤地端着雪亮的刺刀对着他们。王义凤就上去搜他们的手枪。一个家伙以为我们会搜他们的腰包,可怜地说:"兄弟们,我们交枪。最好请一位军官来,我们交代一下,通知部队不打了。"王义凤把他们的手枪都缴了后,才让我去报告。

我往外走时,才看见大厅里乱七八糟、零乱不堪,满地撒着文件、纸张、手枪皮套、军官帽、军毯……墙上挂着天津市作战地图和蒋介石的像,桌子上还堆着罐头、烧酒什么的……我顾不得去细看它,很快地就走到庙门,找到了排长。排长向副营长请示,副营长兴奋地瞅着我说:"好吧!让我同你去。"我和副营长来到了地下室。这伙国民党军的大官们还是规规矩矩地站着——没有我们的命令,我料他们是不敢动一动的。副营长命令他们坐下来,和他们谈了几句话,便叫我去叫他们的无线电员和有线电员。我跑出大门口,我们连长正在清点俘虏。我向连长报告后,他向站好了队的俘虏招呼了两声:"电话员站出来!电报员站出来!"等了好久,没有人吭声。于是我大声地喊道:"你们的'司令'要下命令了,要人用,谁要不出来,谁就不是真心投降!"俘虏里嗡嗡了一阵,走出来一帮无精打采的士兵。他们脸上满是烟尘,衬得两眼格外发红。连长只准我带去四个人。天津警备司令陈长捷,当着我们面,下了他的最后一道命令:投降。这道命令总结了他所"英明"指挥的天津守备战。他是那么吃力的下着命令,然而,那两个电话员却把"投降"两字喊得特别响亮,好像故意给司令难堪似的。在电话呼叫的同时,室内也响起了滴答滴答的电报声。

要把这些大官送走了,我们逐个的登记录了他们的名字。登记到陈长捷的时候,他刚说了个陈字,我就打断了他的话:"知道,你是警备司令官先生！"①

八是陈德仁《王亚川回忆活捉陈长捷》载，打入敌人内部的地下党员王亚川(后任天津市劳改局副局长)，也参与俘虏国民党天津市警备司令陈长捷：

1948年，解放战争的胜利形势发展很快，组织上指示我：在国民党占领的平津地区，设法打入守军内部获取情报，配合解放军攻城做准备。我作为一名共产党员，无条件地想方设法去完成任务。

这年的6月，蒋介石调派陈长捷任天津警备司令部司令……我有位"忘年之交"的友人戴国林……当上了天津警备旅第三团长。戴国林出于友谊，为帮我安排到守军内工作，他给我出具了曾在阎锡山部随营步兵学校毕业和曾任阎部连长、副官的假证明，并推荐我到天津警备司令部特务营当了警卫连长，这是1948年8月间的事情。

特务营是天津警备司令部直属的担任武装保卫司令部及其首长安全的专职部队。营长夏荣秀是陈长捷的亲信，同戴国林私人关系深厚。全营700来人，半美式化装备。下设4个连(一连警卫连，二连是重机枪连，三连是炮连，四连是情报连)，分别配置在警备司令部(现百货大楼后新华路上)大院的四周分区担当警戒。我所在警卫连有130来人，下设3个排。除排长多是国民党军校毕业或特警班毕业的以外，士兵多是职员、工人、学生被强征入伍的20来岁的青年，没有战斗力。我连除担当守军司令部北大门(即正门)及门外新华路一侧的警戒任务外，主要负责陈长捷上下班、外出开会

---

① 天津人民出版社编辑：《解放天津的战斗故事——天津城上红旗飘》，天津人民出版社1959年版，第64—67页。参见傅泽国《活捉陈长捷》，原载《工人日报》1960年11月20日。

或视察时的武装保卫安全任务。连部设在司令部北大门对过（佳木斯道与新华路交口）的一所4层白楼里。

因为有戴国林的关系，特务营长夏荣秀对我很是照顾，我们相处关系也较近乎。他为使我便于工作，在我接任警卫连长后，领我去见过陈长捷，也领我到有关处室介绍过。

我几乎每天都要派出一个多排的兵力乘车武装护送陈长捷上下班，往来于迪化道（现鞍山道）一处名为"静园"的"陈公馆"和司令部之间。直到10月下旬，天津守军军事生活还算基本正常，如司令部每逢周一要集合官兵升旗开会。记得有一次，司令部官兵集合在东院大操场上等待陈长捷训话。在操场的西南角上，有个被泥土覆盖着的钢筋水泥地下室，据说是日寇统治时期为供奉侵华日军死亡将士灵牌的"神社"旧址，经改造后，作为备用的地下指挥部……

陈长捷自信他们已完成了保卫大天津的立体交叉部署。他们满意地看到：在津边一线，有守军62军、86军、94军和暂编184、305、326、333等4个师，依靠强固工事足可坚守；在市区二线有各军的后备部队，有警备旅的3个团和一些杂牌军的高度戒备；在警备司令部指挥中心，有司令部官兵包括特务营的严密防守，再加上有直升机场保证空中交通畅通，有地下指挥部的安全隐蔽指挥，保卫大天津足可万无一失了。

自从我打入警备司令部以后，组织上派化名"温才"的同志担任"交通"，和我单线联系。我充分利用了警卫连长的合法身份，通过多种渠道获得了许多重要情报，都按规定的时间和地点，妥善及时地交给温才同志。组织上也通过"交通"向我传递指示，要我密切掌握守军动态，盯住陈长捷，分析他可能采取的几种行动，做好应对准备和相机处理。

随着国民党军队在东北的失败,天津守军进入高度临战戒备状态。陈长捷兼任天津防守司令,他住在司令部不回家了。他加紧布置在市区主要交通干线上修建街心碉堡;在各军驻防的房前路口用麻袋装沙子堆成掩体;除在司令部周围修筑碉堡外,凡临街一层的房屋窗子都用砖瓦堵起来,留下

陈长捷后于1959年底获特赦

射击孔准备巷战;组建的军警宪联合纠察队,出没在主干道上,检查过往行人车辆;特务纷纷出动,迫害进步群众;由外地逃来的伤兵残将满街乱窜;物价暴涨,缺粮限电;宵禁时间一再提前延长。整个天津笼罩在……白色恐怖之中……

大战临头,顾不得庆祝1949年的新年了。从1月13日起,解放军的大炮向市内目标轰击。司令部二楼饭厅被炮弹揭了盖儿;停在大院里的车辆被打得底朝天;司令部和周围房屋的门窗玻璃被震得粉碎,只好用麻袋堵上防寒;司令部通各军的军用专线被打断,只得靠无线电台通话联系;司令部左前方不远处的正中书局被击中起火;远处不知什么地方被炮火轰击得冒着滚滚浓烟。陈长捷为躲避炮火已转到地下室指挥部了。我把全连大部官兵集中安排在连部一楼大房间里待命,上边时时传来:第一防线已有几处失守、市区已发生战斗、要求加强戒备准备应战。

1月15日枪炮声由远及近。清晨4点多钟,夏荣秀来查哨,

我汇报过情况后,同他一起登上连部4楼屋顶瞭望,看到司令部周围不时出现打信号枪的。黑夜伴随着远处燃烧的火焰,传送着轰隆的枪炮声。这些都预示着津城的即将解放,我心里特别高兴。夏荣秀这时精气神明显不行了,我对他说:"营长,连里官兵情绪不稳,仗已打到眼前,怎么办呢?"他说:"老弟,事到现在,连陈司令都躺在指挥部床上撒手不管了,咱又怎么办呢!"我说:"几个军都挡不住进攻,更何况特务营呢?不是白白送死吗?"我看他默不做声,又接着说:"咱俩私交很好,依我看,到这个地步不如挂起白旗不战为好。"夏听后点头说:"好吧!"我送走夏荣秀后,便命令一排长扯下白被单在房前挂上。过一会儿,营部传令兵传令说:"营长嫌你连白旗挂得不如别处高,要再挂高点!"我又叫人把白旗挂高了。

这天7点多钟天刚亮,连部门前哨兵突然跑进来向我报告:"解放军攻上来了!"我忙起身迎出门,只见4名头戴皮帽子,端着手提连发步枪的解放军战士迎面冲来。我穿着一身国民党军装,子弹袋上横插着一支美式左轮手枪。我忙举起双手大声说:"我是连长,是共产党员、自己人。我负责缴枪!"解放军战士听后一愣,二话没说,很快上来一人,取下我的左轮手枪说:"快叫大家放下武器!"我命令连里官兵放下枪弹,堆放在屋角下,全体坐在墙边听候命令。一位解放军战士问我陈长捷在哪?我毫不迟疑地说:"跟我来!"我由两名战士陪同出了连部,来到新华路。这时,警备司令部北大门一侧已被解放军由东西两路口发射的密集交叉的火力封锁了。两位战士怕我身穿国民党军装横过新华路去警备司令部引起误会,他二人不停地抡起双臂,上下摆动,示意不要向我开枪。我们仨进了警备司令部继续前进时,只见众多解放军后续部队的战士冲上来,鸣枪越墙,呼喊着向司令部冲锋前进。子弹嗷叫着划过头顶,不断打到墙上、地上,冒出股股白烟,我们前进受阻。这时,我只好认真地用手指给两位战士,在不远处就是陈长捷地下室指挥部的位置。二位战士商量后,一人向前冲去,一人带我返回连部。

当日上午约10时,按解放军战士通知,我集合连里官兵,由民兵看押。当我随俘虏队伍穿过南市时,我一回头,正巧看到由警备司令部院内向天空升起了三颗白色曳光弹,这可能是通报守军指挥部已被捣毁、守军司令陈长捷已被活捉的信号吧!①

通过以上不同角度的记载,可较为全面地了解陈长捷在天津市忠烈祠地下室被俘经过甚至是细节。不过,以上记载中,也有仍将天津市忠烈祠记载为"日本神社"的情形。天津市忠烈祠当时是陈长捷盘踞的巢穴,成为解放军炮火攻击的对象。因国民党天津守军顽固抵抗,天津市忠烈祠建筑受损情况较为明显,是可以想见的。而这也成为天津解放后其被拆除的一个因素。

八 祠堂建筑屡经拆改今已不存

何谓"烈士"?何谓"烈士褒扬"?关于这两个概念的定义,在《新中国民政事业丛书·优抚安置》中记载明确:"烈士是为保卫国家安全,保护国家财产、集体财产和公民生命财产安全英勇牺牲,堪为后人楷模的人民英雄。烈士褒扬是对烈士进行颂扬和纪念活动,是以教育、鼓舞和激励社会全体成员发扬献身精神的一种政治社会行为。烈士褒扬工作是一项历史悠久、富有传统、政治鲜明、与时俱

---

①陈德仁编著:《天津战役研究》,2003年版,第62-67页。

进的工作。"①

该书第五章第一节《烈士褒扬工作概述》中,简要回顾了褒扬烈士的历史:"世界各国都有相应的烈士褒扬活动。不同的阶级、不同的国家的褒扬方式有所不同。归纳起来主要有三种:一是广泛举行纪念活动,设立相应的纪念日……二是对烈士遗属给予优厚的待遇,以保障其生活……三是兴建烈士纪念设施,永志纪念。""我国的烈士褒扬制度历史悠久,它随着国家和军队的产生而产生,随着经济和社会的发展而发展。""我国历史上褒扬忠烈的方式,一般是建墓、立碑、设祠、优待后人等。""从本质上来说,历史上统治阶级倡导和制定的这些办法,目的都在于缓和社会矛盾、驱使军人为其献身效力,以维护和巩固其统治地位。""进入20世纪20年代,中国共产党创建了人民军队,逐步建立起烈士褒扬工作体系,揭开了烈士褒扬工作的新篇章。1931年11月颁布的《红军抚恤条例》,是我党烈士褒扬工作的第一个全面系统的法规。""在革命战争各个时期,我党都制定了有关褒扬革命烈士抚恤烈士家属的行政法规,修建了一些纪念著名烈士和重大战役的建筑物。""在抗日战争前后,国民政府颁发过《国葬法》《褒扬抗战忠烈条例》《抗战特殊忠勇官兵表扬办法》等法规,褒扬的主要办法有政府明令褒扬、颁发牌匾、举行国葬或入葬墓园,以及入祀忠烈祠、建坊、立塔等。""1949年3月7日,中国共产党领导的华北人民政府曾发出通令,把清明节定为烈士节,举行隆重的纪念革命烈士活动。新中国成立以后,在清明节前后有组织地到烈士陵园扫墓,逐渐成为各地的普遍做法。""新中国成立以来,褒扬烈士、弘扬烈士的献身精神、抚恤

---

① 董华中主编:《优抚安置》,中国社会出版社2009年版,第67页。

优待烈士遗属,始终是我们党和国家的一项重要工作。"①

华北人民政府曾发布"关于各地烈士墓应进行登记的通知及本府执行情况与烈士坟墓有被水冲塌毁者应修补掩埋和忠烈祠仍由民政局管理的文件"②。据此可知,天津解放之初,天津市忠烈祠由天津市人民政府民政局接管。

《天津通志·民政志》载:"1949年天津解放后,按照国家《革命烈士褒扬条例》的规定,对革命军人因参战、公干牺牲;革命工作人员因对敌斗争或因公牺牲;民兵、民工因参战牺牲,均授予烈士称号。""1949年天津解放后,首先在天津战役最激烈的地方——西营门外,修建烈士纪念碑和烈士墓1座,集中安葬人民解放军第38军112师阵亡烈士遗骸428具。1955年,市人民政府拨款16亿元(旧人民币),在北郊区北仓镇修建天津市革命烈士陵园③,遂将分葬于各区之烈士遗骸3646具和西营门集体墓之烈士遗骸,全部迁葬于天津市烈士陵园。陵园占地180亩,设墓区、绿化区及休息厅。墓前设石碑,刻有烈士姓名,至1956年共迁入烈士陵园的烈士遗骸3220具。天津市烈士陵园内还修建有'抗日殉难烈士纪念馆'1座。馆内存放2314具骨灰及灵牌,系第二次世界大战期间,被日本侵略者胁迫到日的中国抗日志士及劳工群众约3.8万余人,其中惨遭杀害者不计其数。日本投降后,于1953年开始,分7批将部分被杀害者骨灰运抵天津。嗣后,经常有日中友好代表团来津赴该馆忏悔谢罪。""天津解放后至1990年,各区县人民政府,为纪念新中

---

① 董华中主编:《优抚安置》,中国社会出版社2009年版,第67—69页。
② 天津市档案馆馆藏档案,案卷级,档号:401206800-X0053-D-000074。
③ 属天津市民政局管辖,始建于1955年6月1日,陵园初位于北郊区北仓乡三义村(今北辰区北仓镇三义村),亦称革命公墓。

国成立前后在当地牺牲的革命先烈,先后拨款修建烈士陵墓、陵园11处,纪念碑、纪念馆22座。""1949年天津解放后,民政部门根据国家颁布的《优抚条例》开展了新的优抚工作。对人民解放军中的烈士家属,军人家属,牺牲、病故、失踪军人家属,残废军人、复员退伍军人,分别进行优待、抚恤和生活补助。对于烈军属,在疾病医疗、子女入学、招工就业、乘车购物等方面,在与群众同等条件下,给予优先照顾。使广大优抚对象的生活、工作、看病、住房等都得到保障。"①

在当时的政治环境中,原天津市忠烈祠内祭奠的抗战忠烈牌位,是难以被整体迁移至天津市烈士陵园继续接受祭奠的。或许因为天津市忠烈祠当年是由臭名昭彰的日本神社改建而成的?或许因为天津市忠烈祠是国民党统治时期的产物?或许因为国民党当局直接操控的入祀行为,显失公正性、民主性、包容性?或许因为天津市忠烈祠祭奠着大批曾属于中统、军统、三青团、国民党党部等系统的成员?或许还因为天津市忠烈祠曾被天津警备司令部指挥所占据,成为与民为敌的表征或负隅顽抗的指代?总之,在那个时代,天津市民对天津市忠烈祠这个曾经的历史存在避而不谈、三缄其口,成为常态。在历史局限性的影响下,谁又能为此承担历史责任呢?

事实是,1949年后,天津市忠烈祠祠堂建筑很快就被改作他用,且屡经拆改,日渐淡出人们的视野,直到1961年被八一礼堂整体取代后,痕迹全无。这段记忆被抹去后,还真的就消失得无影无

---

① 天津市地方志编修委员会编著:《天津通志·民政志》,天津社会科学院出版社2001年版,第112、133、135—136页。

踪了。迄今,居然连有关天津市忠烈祠的介绍性文章都颇为少见。今人对那段褒扬抗战忠烈的大写历史一无所知,也就不足为奇了。

不过,曾入祠天津市忠烈祠的抗战忠烈中,也有被"日本侵略者胁迫到日的中国抗日志士",如郭朴"被捕迫送日本服劳役"、尚文武"被敌解往日本,迫充劳工"。那么,他们的英名是否出现在天津市烈士陵园抗日殉难烈士纪念馆中呢?天津市烈士陵园新址院内立有《抗日战争时期在日殉难同胞名录》墙,对此有待一一查寻。

《天津通志·民政志》载:"抗日战争后,为抗日牺牲之将领张自忠等98名烈士修建"忠烈祠"(天津解放后拆除)。"[1]此寥寥30余字,实属语焉不详:一是仅提及第一次入祠人数,未涉及入祀情况及此后的入祠人数;二是未载天津市忠烈祠拆除时间。

《八一礼堂竣工开幕》载,1961年"2月20日,八一礼堂竣工开幕。其所在地原系日租界大和公园……1945年抗战胜利后,大和公园改名为胜利公园,日本神社改为国民党的忠烈祠,供奉孙中山及张自忠等国民党要人的牌位。解放后,改为天津市少年之家,成为少年儿童的活动中心。1961年在公园旧址建成'八一礼堂'"。[2]

《天津大辞典》所载与之基本一致,且称"1961年在公园旧址建成八一礼堂,属天津警备区管辖。内设有歌舞厅、电影小厅、迎宾厅、歌厅、招待所、服务部、广告公司、旅游公司等"。[3]

关于其解放初期的改建情形,《和平区志》则载为:"天津解放

---

[1] 天津市地方志编修委员会编著:《天津通志·民政志》,天津社会科学院出版社2001年版,第111页。
[2] 天津市地方志编修委员会编著:《中国天津通鉴》上卷,中国青年出版社2005年版,第370页。参见魏建一主编:《天津市机构编制大事记》,海洋出版社2013年版,第81页。
[3] 来新夏、郭凤岐主编:《天津大辞典》,天津社会科学院出版社2001年版,第11页。

八一礼堂所在地（正门位于和平区鞍山道）即为天津市忠烈祠遗址

后,改建为天津市少年宫。1953年更名为八一公园。1961年拆除公园,建成八一礼堂等单位。"①而《天津历史名园》却载为:"1949年新中国成立后,经整修并拆除原神社与石碑……1959年拆除公园,建成八一礼堂。"②

已知天津市忠烈祠从1946年至1947年建成后,天津市忠烈祠的主体建筑即利用原日本神社大殿稍加修缮而成,而原大和公园内的原日本神社"鸟居"被拆除、石碑被改刻,因此,若称天津解放后拆除的仍为原日本神社的建筑,应属表述不准确。

可以肯定的是,截至1961年,原天津市忠烈祠设施已了无痕迹。

---

① 天津市和平区地方志编修委员会编著:《和平区志》下,中华书局2004年版,第987页。
② 郭喜东、张彤、张岩著:《天津历史名园》,天津古籍出版社2008年版,第271页。

九　祠碑现存于天津市烈士陵园

2002年4月3日,天津市忠烈祠碑在天津水上公园再次现身。据转天的北方网报道:"昨天上午,在水上公园一期工程改造工地现场发现了一座重达5吨多的巨型石碑。在水上公园北门盆景园外南侧,位于园内一岛的'水果园'将要被改造建成较大规模的'植物观赏区'。正在这里用推土机紧张作业的施工人员,发现了这座灰白颜色的大石碑。据观测,石碑大约高4米、宽1米、厚0.5米、重5吨多。"①

经实测,此碑高3.7米、宽0.7米、上端厚0.5米、底端厚0.6米。此碑为花岗岩材质。碑阳镌有"天津市忠烈祠"六个大字。上款为"中华民国三十四年十二月榖旦",落款为"张廷谔敬题"。张廷谔时任天津市市长(1945年8月13日至1946年10月23日在任)。碑阴镌有"皇纪二千六百二年十月""株式会社福盛号"。此处所载的"皇纪",为日本神武天皇纪年。"皇纪二千六百二年十月"即1942年10月。

据水上公园原园长刘忻光介绍,"新中国成立以后,天津要建一座属于人民的大型公园。1950年,水上公园开工建设,当时的建设局提出到一些废弃的场所去找建材。现在八一礼堂所在处,解放前是'日本大和公园'。当时,从那里用毛驴车拉来了这么一块碑。

---

① 《水上公园昨天发现了4米高巨型石碑》,2002年4月4日北方网(http://news.enorth.com.cn/system/2002/04/04/000305895.shtml)。

左：2002年，天津市忠烈祠碑在水上公园被重新发现时的场面
中：幸存至今的天津市忠烈祠石碑
右：从天津市忠烈祠石碑碑阴所刻文字表明，该碑为原天津神社用石

可是，拉来以后发现上边有字，就没有用作建筑材料。等公园建好了，它就一直放在水上公园一岛小果园的假山下边。"又据水上公园的副园长杨晨介绍，"2002年，水上公园进行改建，杨晨就让工人们把石碑翻了过来。当时，用水冲洗了半天，石碑露出了'天津市忠烈祠'几个大字。"①

后经天津文化遗产保护志愿者将天津日本神社老照片与天津市忠烈祠老照片和现存石碑比对分析后，认为"天津市忠烈祠石

---

① 《揭开"忠烈祠"石碑谜团：民国市长张廷谔题字》，天津《每日新报》2014年4月10日。

碑,就是原天津日本神社门口的碑"。①

另据《"天津忠烈祠"碑文初探》一文载,1941年日本东京出版的《中国工商名鉴》列有"福盛号支店",这家日本洋行坐落在天津日租界常盘街(今辽宁路与锦州道口一带),销售日本洋纸、印刷机械材料、墨水等,支店长名叫桥内利伊知。福盛号总店位于大连。②据此可知,1942年,天津日本神社所立石碑即由这家纸商提供。

2014年,有专家在接受记者采访时认为:"日本人一般到了比较大的地方都会建立神社,但神社里不掩埋尸骨,只进行祭祀活动,一般一年两祭。当年日本侵占我国的很多大城市中,都建有日本神社,如大连、沈阳、青岛等地……抗日战争胜利后,国民政府下发政令,在各地兴建忠烈祠。但为何将神社石碑上的字抹去后重新刻字?作为天津市忠烈祠石碑继续使用,还有待进一步研究……这么大的石碑抹平再重刻也相当费工夫,当时的政府还不至于节约到这种地步,一定还有更深层次的考虑。"③

经前文查摆史料可知,抗战胜利后,各地均采取铲除日伪时期侵略标记、标志等"去敌伪化"的措施。而天津当局作出将原日本神社大殿改设为天津市忠烈祠的决策,经费拮据应为主因。原"天津神社"石碑所用石材尚可,将其改刻为天津市忠烈祠石碑的花费不多,如觅新石,显然是很划不来,遂就地取材。另外,天津当局1945年底曾打算建立"抗战阵亡战士纪念碑",但无疾而终,1946年又有建立国殇墓园的打算,但也因财政支绌和在天津市内选址困难而

---

①《天津市忠烈祠石碑原是"日本造" 张自忠将军曾入祠》,天津《每日新报》2014年4月12日。
②参见"加茂夜船的博客"(http://blog.sina.com.cn/shimatsu)所载。
③《天津市忠烈祠石碑被指原为日本神社石碑》,天津《每日新报》2014年4月14日。

2014年5月,本书著者赴天津市烈士陵园考察天津市忠烈祠碑

不得不搁置。因此,利用原日本神社改建为天津市忠烈祠,属于因陋就简。若论及其深层次考量,无非是把作为日本侵华耀武扬威标志和作为日本帝国主义精神支柱的原神社灭迹后,就地改为褒扬抗战殉国烈士的忠烈祠,可使国人扬眉吐气。但是,此举的副作用也是当局始料未及的。公众认为在此公祭抗日烈士,不仅会揭开当年备受侵华日军奴役的伤疤,而且会勾起痛苦回忆,对此并不买账,怨言颇多。

2006年,天津市忠烈祠碑被搬运至异地新建的天津市烈士陵园保管。天津市烈士陵园原位于天津水上公园旁,迁移地点为天津市北辰区铁东北路5998号,并于2006年清明节期间建成交付使用。

2014年,天津市烈士陵园主任高增起介绍:"石碑是2002年4

月在水上公园一期工程改造工地现场发现的。后来,就一直放在水上公园。在 2006 年,天津市烈士陵园搬迁到北辰区时,就把它带了过来。因为石碑的'身份'尚未完全确定,有待进一步考证,所以,它还静静地躺在那里。"①

如今,天津市忠烈祠碑仍露天侧放在该陵园院内一隅。常年风吹雨打,碑体难免风化。对此尤应进一步采取妥当的保护措施。

笔者建议,值中国人民抗日战争 70 周年纪念日之际,应先将此碑重新树立起来,设置说明牌,以便让今人了解此碑的来龙去脉和历史意义。而将此碑认定为市级文物保护单位,也是当务之急。

附1:抗战胜利后对天津忠烈遗族的抚恤救济

"顽敌肆虐,八载于兹,军士忠贞,一心抗战,壮烈殉节,伟绩卓然。然而,其家属离析,备尝艰苦死生……"1945 年 8 月 29 日,天津市政府派胡梦华出任社会局局长后,对抗战忠烈及遗族的优抚和救济,成为亟待解决的大问题。

1. 举办 1946 年元旦慰劳抗属及忠烈遗族大会

1945 年 12 月 23 日起,《民国日报》《益世报》《大公报》《青年报》《中华日刊》等天津各大报社相继刊载经市党部、市社会局拟定的新闻稿:"天津各界鉴于过去八载,党政人员舍生取义,将士从军家属抛业流离,颠沛情状堪怜,卒使顽敌签降、河山光复,丰功伟绩,千古不磨。所以不能不有所慰劳,藉表天津市各界微忱。前曾由

---

①《天津烈士陵园发现巨型石碑 侧面有日本纪年》,天津《每日新报》2014 年 4 月 10 日。

社会局及市党部在社会局会议室讨论慰劳程序，定名为'天津市元旦慰劳抗战将士家属大会'。兹为扩大慰劳起见，复于本月廿一日上午，在市党部召集津市各界开会，将该会之名称改为'天津市各界纪念抗战忠烈筹备委员会'，并行讨论今后一切工作进行之方针。复闻该会所征集之慰劳品偏重于现款。惟有捐助一切适用物品，亦表欢迎，统由各银行及特约报社代收，请市民一体踊跃输将，共襄善举，并希本市抗战忠烈家属径向社会局、市党部前往登记云。"①此举是促进天津各界优恤抗属的标志。

1945年底，天津市社会局就1946年元旦举行慰劳抗战忠烈家属大会一事函呈市政府

1945年12月26日，天津市各界纪念抗战忠烈筹备委员会公函称："兹为纪念抗战忠烈、慰劳其家属起见，业经由本会发起募捐运动，于本月廿五日下午三时半召集各界在新华大楼开会讨论，全体热烈通过在案。查当场踊跃输将者固属甚多，但有事先未预备，回复请示再为出捐者，亦不乏人。惟事关慰劳抗战忠烈家属，凡我同胞自应尽量捐输，用表爱国之精神，相应函请查照办理，共襄善举。除将捐款数目报告社会局备查外，至于款项，请径送本市

---

① 《为举行慰劳抗战忠烈家属大会事致市长呈（附原函草稿四份）》，天津市档案馆馆藏档案，档号：401206800-J0025-3-003846-001。

中央银行代收。"①

1945年底，天津市各界纪念抗战忠烈筹备委员会又致函天津市警察局、天津警备司令部："本会筹办慰劳抗战忠烈家属一案，订于三十五年元旦上午十时假中国大戏院举行。除分别函请各界前往参加及通知抗战忠烈家属与会外，相应函请查照，届期遴派……警（兵）到场严加戒备。"②

1945年底，天津市各界纪念抗战忠烈筹备委员会还致函天津市教育局，请其"届期指定高中学校十处，每处指派学生十人，合计五百人，前往参加，以壮隆重"。③

1946年，天津市民曾组织天津市殉国烈士遗族救济筹备委员会，但未被批准

1946年1月2日《益世报》载《元旦庆祝大会》称："连日来津市由党政军当局积极筹备之庆祝中华民国三十五年开国纪念大会，已于元旦日上午十时在旧法租界中国大戏院如期举行。出席者有抗战家属约六百人，其他各界亦甚多，党政军要人出席者有张市长、牟军长、市党部时主委及苏书记长等多人。由时子周代理主席，

---

①《为慰劳抗战忠烈家属捐款事的函》，天津市档案馆馆藏档案，档号：401206800-J0025-2-002851-012。
②《为举行慰劳抗战忠烈大会事致天津市警察局函》，天津市档案馆馆藏档案，档号：401206800-J0025-2-002851-003。
③《为定期举行抗战忠烈家属大会事致天津市教育局函》，天津市档案馆馆藏档案，档号：401206800-J0025-2-002851-011。

开会情形至为热烈,迄下午一时许闭会。兹志详情如下:上午十时左右,会场门前汽车栉比,参加人员列队而入,到会者约二千人。十时余在音乐声中开会如仪。台上各要人及新闻界等,衣冠楚楚,列坐国旗前。抗属大半布衣短服,有白发苍苍老者,有携着子女的妇人,他们八年在敌人和经济的压迫下,多面带菜色,现在是罩上无限的希望,静候慰劳。首由时主席致开会辞,各长官亦分别致训,大意均以革新生活,廉洁守法,以元旦为新的开始,自勉共勉,以其完成建国伟业,更为告慰烈士在天之灵,从此各守岗位,自肃自立,迈向复兴之途。致训毕,由王兰女士与宁懿庄女士颁发对抗战家属[代表]之慰劳金及表彰状等……颁发完毕后,大会行将礼成之际,台下抗属座次之中,忽有一面团团、白晰〔皙〕、红润面孔、身穿皮大衣之壮年站起,直奔舞台而去……继称:敌人就是神经治疗大夫富健康,我要说说过

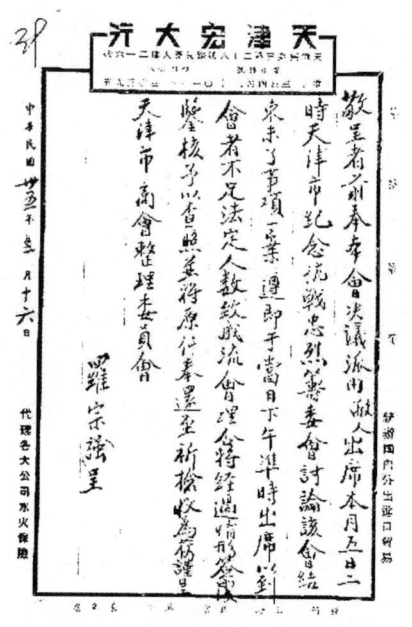

1946年,罗宗强关于天津慰劳抗战忠烈家属大会未了事项讨论会未能召开一事,致函天津市商会整理委员会

去八年的痛苦,同时谈谈几点希望……今天是开国三十五周年纪念,同时又是慰劳抗属大会,地方军政党长官本着主席的意旨,来庆祝开国以来的空前元旦,来慰劳抗战八年忠烈牺牲的抗属,我们实在感谢万分的。希望各界人士共同奋勉,要自肃、勤学、不畏难、

守法、自治,方不愧为五大强国之一的国民……我在这个大会上,请求用大会的名义向中央要求六点……设法救济抗战家属……对失业抗属,给以服务机会。这些抗属不一定希望升官发财,可是至少要给他一个服务机会……话讲至此,富君鞠躬结束。牟军长、时主委、胡局长一一上前与富君握手,全场鼓掌达五分钟。会后由抗属慰劳会颁发表彰状与慰劳金。后因秩序不佳,中途停止,改于二日在市党部续发云。"

2.各界建议加大对抗属及忠烈遗族的救济力度

1946年初,天津市社会局向天津市自治行政会议提案《抗战忠烈应即褒扬以慰忠灵并调查其家属以资救济请公决案》:"查八载抗战阵亡将士及壮烈牺牲之官民,不可指数。此等忠烈均为祖国争得胜利,若不速予褒扬,何以慰忠灵?但其遗属或为独夫或为寡妻或为孤儿,既失赡养,不免饥寒。轸念及此,怒焉心伤。亟应调查,施以救济。"其提出的办法为:"一、各区公所应迅将抗战将士及壮烈牺牲之官民,呈报本局,以便转请,分别褒扬;二、饬由各保甲长从速调查忠烈家属,报由本局施以救济。"该提案后被列为"行政类第肆号提案"。①不过,该提案在社会局内审查时,又将"施以救济"一语,改为"设法救济"。②

天津市第一区区长康庸民也向天津市自治行政会议提案《拟请厚恤忠烈遗族以慰英灵而资激劝》:"查本区奉令调查天津市在沦陷时被害市民及忠烈之士时,曾查有第五保界内有李克忠、章凯

---

① 《为抗战忠烈应褒扬以慰忠灵并调查其家属以资救济的提案》,天津市档案馆馆藏档案,档号:401206800-J0025-2-002847-049。
② 《为抗战忠烈应即褒扬以资救济的提案》,天津市档案馆馆藏档案,档号:401206800-J0032-1-000080-023。

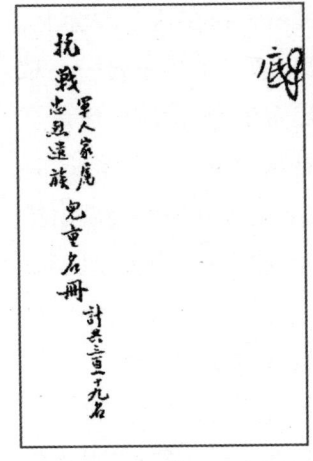

1947年,天津《抗战军人家属忠烈遗族儿童名册》

抗日忠烈邢逵、吴树德等遗族儿童名单

旋二名,第六保界内有陈雍生一名,第八保界内有邱国瑞一名,共计四名。生前或为地下工作人员,非壮烈殉国,即惨被杀害。而所遗妻子、族人,多属贫窭流落,无以为生。若不厚加抚恤,不足以慰死者,而策来兹。爰将厚恤办法分述于后,敬祈公决:1.短期抚恤:由市政府分请救济总署及各慈善团体注册,无论何种赈济,均按普通赈户十倍或二十倍之数量给;2.长期抚恤:查其家属人等,无论男女,如具有做事能力者,即量才位置职务,如无做事能力者,请由市政府内或转救济总署每月给与抚恤金或食粮若干,以维生活。此外,对其遗族之子弟,需要求学者,应发给特种证明书。无论何种学校,均准其免费入学。"①

天津市第六区区长赵光潜、副区长赵子彬则联名向天津市行

---

① 《为拟请厚恤忠烈遗族以慰英灵而资激劝的提案》,天津市档案馆馆藏档案,档号:401206800-J0025-2-002847-028。

政自治会议提案:《为汉奸财产一部应专作抗战忠烈家属生活费及子女教育费案》。此提案认为:"查我国抗战忠烈为国牺牲,光辉史册,留名千古,惟身后萧条,生活艰难,子女无教育费者,政府亟应设法救济,以慰忠魂,而励将来。"其提出的办法为:"一、对于抗战忠烈确切调查,注意其财产之多寡,以为抚恤之标准。二、汉奸财产处理后,拨归遗族生活费一部、拨归遗族子女教育费,不得移作他用。"①

天津民间也希望能尽快联合起来对抗日殉国烈士遗族实施救济。1946 年 3 月 30 日,杨建章、庄乐峰、卢香亭、周振东、刘用三、李东园、罗宗强、朱继珊等天津知名人士发起天津市殉国烈士遗族救济筹备委员会。其计划宏大,不仅要联合"本市名流缙绅暨商学各界名票"参与救济、筹设"天津市殉国烈士遗族优恤院",还要为"本市殉难有据者镌立碑铭、勒撰名旌"。并已确定将会址暂设在天津青年日报社内。但其拟定的简章未获市社会局批准。其理由为:此项工作已由天津市党政机关于 1946 年元旦起发起办理,民间勿庸成立。但是,天津当局对此并未办理周详,同

1947 年 4 月 4 日儿童节,天津市社会局因向忠烈遗族及抗属儿童发放不成对鞋子 224 只而引起轩然大波。图为局长胡梦华批示查办

---

①《为汉奸财产一部应专作抗战忠烈家属生活费及子女教育费的提案》,天津市档案馆馆藏档案,档号:401206800-J0025-2-002847-021。

时也挫伤了民间人士自发为抗日烈士遗族出一把力的积极性。①

3.对抗属及忠烈遗族采取的救济措施

1946年1月7日,天津市社会局致函天津市冬令救济实施委员会:"查本市所有抗战军人家属、忠烈遗族以及抗战失业人员大都生活困难,情状堪怜,亟待救济。兹经统计,现有抗战家属四十七户、忠烈遗族一百户、抗战失业人员二十二户,业经分别造具清册,除令后续有申请随时列册函送外,相应检同该项清册各一份,函请查照,酌予救济。"②天津市冬令救济实施委员会认为:"查该优待证明书所载地址不详,无法转发,拟检同原件报府转复。"

1946年7月16日,天津市社会局主任秘书张瑞南、文化礼俗科科长陈嘉祥呈称:"派出席市党部纪念抗战忠烈筹委会,遵即前往。到市党部、警察局、文运会等机关代表八人,当由韩书记长主席。当决定由元旦慰劳抗属基金内拨二百四十五万元,与'七七'入祠忠烈家属(每家可分二万五千元,共九十八家)。余款拨充纂编忠烈纪念册用。所有款项发放及保管,今复由社会局、市党部、文运会共同负责,并定于七月二十三日发放慰劳金。"③

1946年12月4日,天津市社会局函至天津市教育局,希按照"忠烈遗族证明书式"提供忠烈遗族情况。天津市教育局遂"通饬市

---

①《为组织天津市殉国烈士遗族救济筹备委员会事致天津市社会局的呈(附该会简章)》,天津市档案馆馆藏档案,档号:401206800-J0025-3-005127-017。
②《为送抗战家属忠烈遗族等名册救济事致冬令救济实施委员会的函》,天津市档案馆馆藏档案,档号:401206800-J0025-3-006312-017。
③《为派出席市党部纪念抗战忠烈筹委会情形致社会局长的呈》,天津市档案馆馆藏档案,档号:401206800-J0025-3-006107-014。

1948年，国民党当局金融危机不可遏制。图为市民兑换金圆券时的混乱场面

私立各级学校"抓紧实施。①为筹备1947年4月4日儿童节的庆祝活动，天津市社会局又于3月26日要求各单位"将所有各忠烈遗族、抗战家属之儿童数目应即调查清楚，以便分发赠品……油印调查表及通知书各二百份，通知各该遗族、抗属，于本月三十一日以前，来局申报"②，虽然调查表要求相关儿童年龄以不满十二岁者为限且应为抗战人员直系血亲，但在调查中，也有所突破，如名册中年龄最大的为十六岁。经调查，当时天津市共有抗战军人家属和忠

---

① 《为忠烈遗族证明书式办理情形致市社会局的函》，天津市档案馆馆藏档案，档号：401206800-J0025-3-006107-017。
② 《为调查各忠烈遗族抗战家属儿童数目等事致社会局的胡局长的呈》，天津市档案馆馆藏档案，档号：401206800-J0025-2-003626-001。

烈遗族儿童319名。其中应包括第一次入祀天津市忠烈祠抗战忠烈中的部分遗族儿童：

抗战军人家属忠烈遗族儿童名册（计共三百一十九名）

儿童姓名	性别	年龄	住址	家长姓名	备考
陈科荣	女	九	罗斯福路息游别馆	陈金生	抗属
张大甲	女	一六	八区小伙巷小酱园胡同五号	张文俊	忠遗
张大成	女	一四	同上	同上	同上
王孝先	男	一〇	河北元纬路元善里二号	王锦光	同上
王孝蓉	女	七	同上	同上	同上
王孝虹	女	四	同上	同上	同上
王顺义	男	二	同上	同上	同上
王瑨珍	男	一三	东马路乐善好施内小药王庙前十五号	王苏氏	同上
王海珍	男	八	同上	同上	注：以下未载
刘淑兰	女	一〇	法国教堂后忠利里十五号	刘李氏	
刘淑珍	女	一六	同上	同上	
陈宗儒	男	一一	山西路耀华里新十号	陈宗伟	
陈宗华	女	七	同上	同上	
李燮旃	男	五	一区四平道教保托儿所	李刘率真	注：李克忠遗属
李孝诸	女	九	同上	同上	
刘保错	男	一〇	一区河北路信义里九号	刘福辰	本局高凌云转
刘保镇	男	七	同上	同上	
刘保铉	男	三	同上	同上	
刘保鐏	男	三	同上	同上	
高秀云	女	一四	八区先春园街刘家胡同十六号	高李蕴章	
董鸿林	男	一一	一区哈尔滨道中和栈内	董敬之	
董淑敏	女	一三	同上	同上	
黄秀英	男	一五	陈家沟子娘娘庙刘家胡同四六号	黄杨氏	
王德慧	男	四	十区山西路耀华里四条一四七号	王学古	
赵立生	男	一〇	一区拉萨路一七一号	赵人哲	
赵福生	女	一四	同上	同上	
胡乃俊	男	一六	陕西路义德里五十三号	胡家祺	注：胡乃武遗属
胡佩云	女	一一	同上	同上	
高志强	男	一五	南马路河营西箭道七号	高志洁	
高志勇	男	一五	同上	同上	
张福来	男	一一	东马路崇仁宫后四十一号	张起元	

续表

儿童姓名	性别	年龄	住址	家长姓名	备考
张福生	男	一三	同上	同上	
章文炳	男	九	一区营口道五十四号	章玉荪	
章文艾	男	二	同上	同上	
颜昭凡	男	一一	河东锦衣卫桥□□胡同十号	颜纪氏	
颜昭月	男	七	同上	同上	
颜昭颖	女	一五	同上	同上	
齐增全	男	一五	河东学堂街信仁里一号	齐胡氏	
王行谟	男	一六	一区宁夏路———号	王行谟	
王茹珍	女	一二	同上	同上	
王茹新	女	三	同上	同上	
王永章	男	二	河北关上大经堂胡同五号	丁润溪	
王淑如	女	一三	一区嫩江路八十二号	董兰英	
赵思源	男	一四	六区厦门路庆发里二号	赵明锟	
赵秀芬	女	一二	同上	同上	
赵思鲁	男	一〇	同上	同上	
纪根龙	男	一一	河北大街玉皇庙胡同九号	纪祖氏	
纪根山	男	一〇	同上	同上	
邢建华	男	一五	八区梁家嘴大会所后十二号	邢林桂珍	
王庚	男	五	河北大经路润泰里十七号	王高氏	
王汉章	男	一六	旧英界二号路宝士里一号	王宋氏	
王汉杰	男	一二	同上	同上	
王秀瑛	女	一四	同上	同上	
吴炳奇	男	一六	旧意界大安街二庆里三号	吴树德	
吴炳然	男	一三	同上	同上	
张老虎	男	六	南开杨家花园楚余里二号	张金铸	
张小改	女	六	同上	同上	
张小成	男	四	同上	同上	
殷学萍	女	一四	河东大王庙八经路裕庆里三号	殷任氏	
殷学玉	女	一三	同上	同上	
黄石麟	男	五	南门内大街九十六号	黄士斌	
黄铁麟	男	三	同上	同上	
孙延意	女	一一	河东小集大街李家胡同一号	孙继诚	
孙延增	男	九	同上	同上	
孙延祥	男	七	同上	同上	
孙延源	男	三	同上	同上	

续表

儿童姓名	性别	年龄	住址	家长姓名	备考
王建华	男	一三	十区洛阳道贵厚里五号	王白氏	
王春华	女	八	同上	同上	
王治华	男	五	同上	同上	
陈史	男	一三	河北小关大街振德里卅二号	陈文勉	
陈义	男	一〇	同上	同上	
陈筱芳	女	六	同上	同上	
吴宝鳌	男	一三	十区芷江路三义里十三号	吴李氏	
孟红娥	女	一〇	西头双庙前陈家包子铺胡同三号	孟传璋	
孟玉娥	女	七	同上	同上	
孟仁英	女	五	同上	同上	
孟广远	男	二	同上	同上	
王德义	男	五	十区岳阳道郑业里十七号	王远辰	
佟仓颐	男	三	一区昆明路一四五号	佟若瑜	
靳祝三	男	五	宫南街复兴罗底局	靳岚芳	
靳秀玲	女	八	同上	同上	
冯克俭	男	一〇	河北三条石刷子庙胡同八号	冯世璋	
冯克让	男	七	同上	同上	
张大奇	女	三	北门西府署西箭道十八号	张郝氏	
杨志新	女	一三	营口道联兴里十七号	杨春桂	
杨绿荷	女	一三	同上	同上	
杨昆琉	男	一〇	同上	同上	
杨珊珊	女	九	同上	同上	
杨凤珠	女	八	同上	同上	
杨昆明	男	六	同上	同上	
张鼎珩	男	一五	河北四马路仁田西里五十六号	张世骏	
张慧真	女	一五	同上	同上	
邱玉茗	男	六	一区西宁路九十二号	邱张英年	
章志诚	男	一二	一区昆明路安宁里廿六号	章德表	
章志平	男	六	同上	同上	
王淑兰	女	一五	南市治安大街六元里一六号	王寿彭	
王淑珍	女	一三	同上	同上	
高尚容	女	一一	大营门四四七号	□□□	
高尚质	男	七	同上	同上	
高小虎	男	四	同上	同上	
高二虎	男	二	同上	同上	

续表

儿童姓名	性别	年龄	住址	家长姓名	备考
吴守浩	男	三	本市杜鲁门路达文里七十号	吴祖杰	
吴志浩	男	八	同上	同上	
吴如浩	男	七	同上	同上	
杨振生	男	一二	河北大经路华兴里廿四号	杨洪氏	
卢志仁	男	一三	中山路华兴里十号	卢连清	
卢诚仁	男	一〇	同上	同上	
张伯文	男	一三	河北小王庄高台子十四号	张华亭	
张伯学	男	一一	同上	同上	
张伯英	女	一〇	同上	同上	
王家霖	男	二	古〔鼓〕楼西立生油铺胡同二号	王韬青	
王家荣	女	一〇	同上	同上	
温小三	男	八	宜兴埠六条胡同廿二号	温宝华	
温小来	女	六	同上	同上	
徐仲文	男	一二	南开南华路松盛里五号	徐任氏	
李海峰	男	七	五区六纬路一一四号	李鸿藻	
李玉兰	女	一五	同上	同上	
李玉琴	女	一一	同上	同上	
李和林	女	一三	十区小白楼先农里一二〇号	李煜铭	
王士君	男	三	河北吕纬路绥和里七号	王劼峋	
王士辰	女	二	同上	同上	
张秀兰	女	一五	河东小关大街杨家胡同二号	张起福	
张振海	男	一一	同上	同上	
张振江	男	六	同上	同上	
张□丑	男	一	同上	同上	
张昭弟	女	一	十区黄家花园庆华里一一四号	张克勤	
王小三	男	一三	河东沈庄子德里一一一号	王文澜	
王小四	男	一一	同上	同上	
王继寿	男	一四	古楼宁家胡同新八号	王宗华	
王学玲	女	一二	十区马场厂〔道〕老武官胡同九号	于敬敏	
王学博	男	一〇	同上	同上	
闫福生	男	六	大直沽赵家胡同十三号	闫景田	
闫福来	男	一	同上	同上	
闫素荣	女	四	同上	同上	
张积正	男	一五	河北中山路福缘里十二号	张杨氏	
杨茂林	男	一三	十区柳州路义顺里三号	杨雅如	

续表

儿童姓名	性别	年龄	住址	家长姓名	备考
胡锡华	女	一五	河北新大红桥邵家园福寿里四号	胡陆氏	
胡锡英	女	九	同上	同上	
纪根华	女	一二	七区南门西四条胡同十五号	纪伟之	
纪根秀	女	一〇	同上	同上	
纪根慧	女	九	同上	同上	
萧凤同	女	一五	河北堤头刘家胡同十三号	萧子卿	张自忠上将家属
徐守义	男	一五	六区贺家口润善里新十二号	徐李氏	
徐桂珍	女	一〇	同上	同上	
李玉珍	女	八	河北中山路人和里六号	李王堂君	
李玉芬	女	四	同上	同上	
张廉深	男	二	十区镇南道一六二号	张萧氏	
刘纪生	男	一一	河北福泉里街七号	刘桐轩	
刘纪文	男	九	同上	同上	
张文丙	男	一三	河北金中〔钟〕桥西茂兴成	张云升	
张文才	男	一〇	同上	同上	
刘世昌	男	一二	十区镇南道五十八号	刘徐氏	
刘小芬	男	九	同上	同上	
林金铭	男	一六	河北转盘街□房胡同五号	林康氏	
林金山	男	一四	同上	同上	
杨六十	男	二	四区姚家台恩翊里七号	杨桂根	
莫祖贞	女	一一	十区沙市道顺兴里三号	莫魏氏	
莫祖基	男	一四	同上	同上	
赵静芬	女	一二	一区山西路二一六号	赵阶平	
赵伯华	男	七	同上	同上	
赵茹	男	五	同上	同上	
张文清	女	八	七区江西路一一六号	张匡申	
张文慧	女	二	同上	同上	
张宝	男	四	同上	同上	
赵少甫	男	九	河东小关六合里三号	赵桓	
赵班如	女	一一	同上	同上	
赵金英	女	一〇	十区昆明路信义里三号	赵蕴瑜	
赵冠中	男	五	同上	同上	
赵福恩	女	一	同上	同上	
宣俊萍	女	六	河东地道外郭庄大街二二八号	宣春益	
宣俊华	女	三	同上	同上	

续表

儿童姓名	性别	年龄	住址	家长姓名	备考
尚家朋	男	一〇	南开马场道中纺六厂	尚文典	
尚家甫	男	八	同上	同上	
方文禄	男	一二	八区玉皇阁三号	方文才	
方文元	男	一〇	同上	同上	
方文贞	女	一五	同上	同上	
王泰来	男	一一	山西路一〇九号	王正明	
王玉兰	女	八	同上	同上	
王玉梅	女	五	同上	同上	
闫丫头	女	五	西广开二合里三号	闫智苓	
闫贵敏	男	四	同上	同上	
张玉英	女	一三	六区东楼李家胡同五号	张夫基	
张玉亭	女	一〇	同上	同上	
张绍寿	男	一五	同上	同上	
蒋更申	男	一一	注:地址未填	蒋明德[①]	
蒋广韵	女	五	注:地址未填	同上	
蒋和春	女	二	注:地址未填	同上	
杨芹	女	九	河北大经路二五六号	杨书简	
赵领弟	男	一三	西头三皇阁九号	赵永年	
赵来子	男	一一	同上	同上	
赵圣头	男	八	同上	同上	
赵灵头	男	五	同上	同上	
王仲生	男	一二	西头梁家嘴二号	王鸿年	
王仲玉	女	七	同上	同上	
王仲石	女	四	同上	同上	
杨小二	男	一〇	河北小王庄于家胡同八号	杨应汉	
杨小三	男	六	同上	同上	
杨立德	男	四	同上	同上	
叶连清	女	一三	注:地址未填	叶希光	
叶希重	男	一〇	注:地址未填	同上	
叶长清	女	八	注:地址未填	同上	
叶希友	男	七	注:地址未填	同上	
白庆喜	男	一三	河北五马路大兴里二号	白庆谭	
白庆海	男	九	同上	同上	

① 蒋明德时为天津市社会局秘书兼人事室主任。

续表

儿童姓名	性别	年龄	住址	家长姓名	备考
白庆山	男	六	同上	同上	
白庆禄	女	三	同上	同上	
赵文奎	男	九	南门西小马路元厚里一五号	赵文通	
赵文英	女	七	同上	同上	
赵文志	男	三	同上	同上	
赵文太	男	二	同上	同上	
叶清瑞	男	一二	一区迪化道卅六号	叶清华	
叶宝庆	男	一一	同上	同上	
叶宝如	女	八	同上	同上	
叶清如	女	五	同上	同上	
闫孝尊	男	二	五区大王庄元德里十九号	闫仲弟	
闫小顺	女	四	同上	同上	
马志田	男	一一	河东李公楼庸元巷一五号	马庆元	
马志刚	男	七	同上	同上	
李起文	男	八	八区小西关六十二号	李云清	
李德容	女	六	一区贵阳路聚仁里九号	杨树德	
杨亥生	男	二	同上	同上	
田巧林	女	五	一区迪化道一二八号	田英雪	
田德活	男	三	同上	同上	
田德林	女	二	同上	同上	
杨长荣	女	一一	四区新村元魁里五号	杨长荫	
杨老□	女	九	同上	同上	
杨丫头	女	三	同上	同上	
蔡铃头	女	一三	地道外太和里十二号	蔡士贵	
蔡兰头	女	八	同上	同上	
蔡胜头	男	四	同上	同上	
赵雪头	男	一	地道外郭庄太和里十二号	赵仁甫	
小立头	女	四	同上	同上	
郭香梅	女	一五	二区河东十字街白衣庵廿六号	郭和增	
郭贵生	男	一二	同上	同上	
郭和贞	女	六	同上	同上	
郭贵卿	男	三	同上	同上	
萧双喜	男	一三	一区山西路南洋里二号	萧广义	
萧大俊	女	五	同上	同上	
萧连喜	男	一	同上	同上	

续表

儿童姓名	性别	年龄	住址	家长姓名	备考
李江	男	九	南门西徐家坟地廿三号	李金奎	
李兰	女	六	同上	同上	
李秀	女	二	同上	同上	
孙小锁	男	三	八区绍兴道培元里十四号	孙桂芳	
孙小妮	女	一	同上	同上	
孟俊长	男	八	十区云南路卅三号	孟永顺	
朱如怀	男	一三	七区南台子胡同十二号	朱庆瑞	
朱小凤	女	一〇	同上	同上	
王素珍	女	五	西头韦陀庙四十五号	王松年	
王素琴	女	三	同上	同上	
赵秀芳	男	四	南门西小马路元厚里廿九号	赵文忠	
赵秀兰	女	二	同上	同上	
陈志强	男	九	西关街北小道小颐阳西巷五号	陈自新	
陈瑞芬	女	一一	同上	同上	
庞玉崑	男	一〇	河北辛庄渡口胡同十七号	庞恩奎	
庞玉琴	女	八	同上	同上	
尹贵芳	男	七	北海楼后十六号	尹岚远	
尹贵莲	女	六	同上	同上	
赵桂荣	女	七	河东李公楼中街宝善胡同十二号	赵春林	
张金日	女	九	同上	同上	
张金贵	男	四	同上	同上	
黄留柱	男	一一	西门里闫家胡同八号	黄富臣	
黄宝君	女	八	同上	同上	
程长旺	男	七	河北中山路达人〔仁〕里二号	程云鹏	
程长生	男	三	同上	同上	
程大凤	女	一四	同上	同上	
程二凤	女	一〇	同上	同上	
孙齐义	男	一〇	六区小刘庄元庆里三号	孙梦林	
孙齐礼	男	六	同上	同上	
孙丫头	女	二	同上	同上	
陈大千	男	一二	山西路润生里十二号	陈洪	
陈大宝	男	九	同上	同上	
陈大弟	女	八	同上	同上	
刘宝林	男	一二	小□水口大街一一〇号	刘顺	
刘宝树	男	九	同上	同上	

续表

儿童姓名	性别	年龄	住址	家长姓名	备考
刘玉珍	女	七	同上	同上	
刘玉祺	女	五	同上	同上	
刘玉省	女	一	同上	同上	
杨桂荣	女	七	小王庄仁安里十七号	赵宝和	
王立荣	男	七	八区乡祠胡同	王春勤	
王秋花	女	三	同上	同上	
王小柱	男	五	八区怡和店孙家胡同五号	王学铭	
王老乾	女	三	同上	同上	
程凤鸣	男	一四	同上	王仁甫	
程小二	女	一三	同上	同上	
程小玲	女	一二	同上	同上	
程小三	女	八	同上	同上	
程小六	女	五	同上	同上	
陈福有	男	一一	南市清河街九号	陈吉升	
陈铁旦	男	八	同上	同上	
陈铁球	男	六	同上	同上	
陈铁流	男	二	同上	同上	
赵大生	男	四	八区梁家嘴一条胡同四号	赵锡三	
杨佩英	女	八	河北大经路二五六号	杨书简	
杨佩芳	女	五	同上	同上	
杨芬	女	二	同上	同上	
李玉亭	女	一三	五区六纬路一一四号	李鸿藻	
李玉华	女	八	同上	同上	
李玉芝	女	二	同上	同上	
莫润雪	女	一〇	沙市道顺兴里三号	莫魏氏	
马素珍	女	四	河东李公楼庸元巷十五号	马庆元	
马素琴	女	二	同上	同上	
刘东沄	女	六	八区粮店街十一号	刘德东	
夏济同	男	一二	旧英界十四号路二四〇号	注:未填	
王济生	男	一二	同上	注:未填	
刘济仁	男	一六	同上	注:未填	
张济森	男	一二	同上	注:未填	
李济智	男	一二	同上	注:未填	
王济福	男	一六	同上	注:未填	

1947年4月4日儿童节,天津市社会局从善后救济总会冀热平津分署领到罐头47箱(1692磅),按照每一名儿童分配3磅的标准,分别拨发给"抗属忠烈儿童三百一十九名"和女青年会贫儿等。但是,截至22日,尚有"抗属忠烈遗族因故延不领取者七十三名"。因"不便久存",遂将未领的罐头219磅改拨给位于天津西关街的救济院的儿童。社会局还向善后救济总会冀热平津分署提供了《抗战军人家属忠烈遗族儿童名册》。①另外,1947年4月4日儿童节,天津社会局还曾向抗战忠烈家属发放凑不成对的皮鞋。此举引起市民的强烈不满。局长胡梦华也大为光火。原来,当时由天津救济院"捐赠不成对皮鞋一千二百只……当经派由科员黄复负责随同罐头、奶粉、糖果、文具等物,除发放女青年会贫苦儿童二百七十二名、计三百四十四只外,各忠烈遗族及抗属儿童,按每人两只发给,总计三二三名,计发二百二十四只。此外,发给当日协助工作工友十九人、每人四只,计七十六只……尚余五百二十八只。此项皮鞋既不成对,且极破烂。遗族抗属有甘自放弃不取者二百一十名。现已悉数送还救济院。"面对该局秘书郎济苍于1947年4月17日提供的调查报告,局长胡梦华也是哭笑不得,但只批示"办理疏忽,予以警告"而罢。②

1948年1月28日,天津市社会局社会福利科科长郎济苍签呈局长胡梦华并经批准:"查本年抗属及忠烈遗族等救济,定于二月一日假林森路同善会开始发放救济金,业经签奉核准在案。依据名

---

① 《为报儿童节拨赠食品发放情况事致救济分署的函(附抗属忠烈遗族领物名册等)》,天津市档案馆馆藏档案,档号:401206800-J0025-2-003626-026。
② 《为查给忠烈遗族发放布鞋情况事致市社会局胡局长的呈》,天津市档案馆馆藏档案,档号:401206800-J0025-2-003626-025。

册统计,共为二百一十五户。每户国币三十五万元,共需款七千五百二十五万元。除印发通知及各函民政局、临参会届时派员监放外,拟派由本科宋衍海、张鸣銮负责办理发放事宜。该款七千五百二十五万元,并恳由冬令救济筹募项下,于先一日提拨备用。"①天津市冬令救济委员会遂通知天津市临时参议会和民政局,届时派员监放。此项发放救济金事的时间地点为:"自本年二月一日起至二月四日止,每日上午上午八时至十二时、下午一时半至五时,假十区林森路二四〇号同善会。"②

当时货币贬值贬得厉害,天津抗属及忠烈遗族的生活并未得以改善,甚至是有明显下降。

附2:天津市抗战殉国忠烈家族联谊会的活动

1947年6月4日,天津市社会局致函市党部:"案据市民杨豹灵等三十人呈以联络津市抗战殉国忠烈家族,互相维护,以慰忠烈在天之灵,拟筹组天津市抗战殉国忠烈家族联谊会等情。据此,查该会系前杨外事处长豹灵所领导,内部当无问题。除先行批示,准予筹备外,相应钞附该会发起人履历表一份,函请查照"。6月10日,市党部函复称:"经核,尚无不合,应准成立。"③

---

① 《为发放抗属及忠烈遗旅救济金等事致市社会局长呈》,天津市档案馆馆藏档案,档号:401206800-J0025-3-006323-043。
② 《为查抚战军人家属及忠烈遗族救济事致天津市冬令救济委员会函》,天津市档案馆馆藏档案,档号:401206800-J0025-3-004285-003。
③ 《为申请成立天津市抗战殉国忠烈联谊会等事与中国国民党天津特别市执行委员会来往公函》,天津市档案馆馆藏档案,档号:401206800-J0025-3-005149-002。

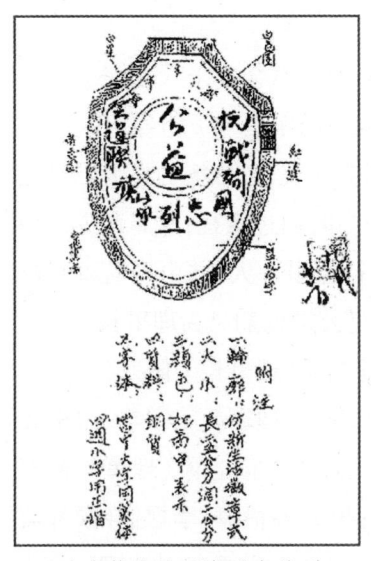

天津市抗战殉国忠烈家族联谊会证章式样

天津市抗战殉国忠烈家族联谊会印章样模。1947年10月1日颁发

天津市抗战殉国忠烈家族联谊会于1947年8月30日下午五时召开成立大会。会场设在天津银行公会（第一区新华大楼内）。天津社会局与会代表王征①于9月1日报告了此次会议情形："计到会员三十人，由杨豹灵主席，行礼各仪，即席致开会词，继由职致辞后，通过章程，选举理、监事。至八时散会……"②

1947年9月16日，杨豹灵致函天津市社会局，报告该联谊会成立情况，并提供该联谊会章程和理监事名单。遂于当日获颁《天津市人民团体立案证书（公字第陆拾柒号）》，还获准刊制图记、证

---

①即天津市社会局专员王业猷。
②《为报出席市抗战殉国忠烈家族联谊会情形事致天津市社会局呈》，天津市档案馆馆藏档案，档号：401206800-J0025-3-005149-003。

章、挂牌、旗帜。①

杨豹灵呈报的该联谊会成立情形为:"本会曾于八月三十日下午五时,假银行公会召开成立会,并由钧局派王专员指导,各在案。是日,准时开会,到会计二十八人。开会如仪,公推杨豹灵为临时主席,说明开会意义,并由王专员致词。当时通过章程,并照章推举理事九人、候补理事三人、监事一人、候补监事一人,并由理监事互推杨豹灵、胡家祺、纪根源为常务理事,复公推杨豹灵为理事长。"

到会人名单和当选的理监事:"杨豹灵(理事长)、陈宗伟(候补理事)、胡家祺(常务理事)、张文俊、王寿彭(理事)、王宗华、纪根源(常务理事)、高培田、吴祖杰、赵阶平(理事)、高志刚(理事)、杨寿芳、骆长新(监事)、杨雅如、王亚民(理事)、温怡厚、李煜铭(候补监事)、萧凤山、丁毓岐、刘仲森、章玉荪(理事)、章德表、靳岚芳、萧武魁[遗属]、王霭亭、邢林桂珍、王行谟(候补理事)、赵健恒(理事)。"未到会者丁润溪被选为候补理事。

《天津市抗战殉国忠烈家族联谊会》章程共20条:

第一章 总则

第一条:本会定名天津市抗战殉国忠烈家族联谊会(以下简称本会)。

第二条:本会以联络天津抗战殉国忠烈家族,互相维护,绝对不涉政治为宗旨。

第三条:本会以天津市政治区域为组织区域。

第四条:本会会址暂设于第一区陕西路五三号。

---

① 《为发立案证书图记证章等事致市抗战殉国忠烈家族联谊会批示(附原呈等)》,天津市档案馆馆藏档案,档号:401206800-J0025-3-005149-004。

第二章 会员

第五条：凡天津市抗战殉国忠烈家族（自七七事变起至胜利日止）声请入会者，应填具《天津市抗战殉国忠烈调查表》，附同政府给予文证，经本会理事会审查通过，方可加入本会。

第六条：每一遗族推定代表一人参加本会，为会员代表。

第七条：本会会员代表如有违反章程、决议或有不法情事，致妨碍本会信誉者，得经理事会之决议，提交会员大会议交之。

第八条：会员退会应具声请书，经理事会通过，方准退会。

第三章 组织

第九条：本会设临时九人、候补理事三人、监事一人、候补监事一人。理事中，互推三人为常务理事，公推一人为理事长。

第十条：本会理监事为无给职，任期二年，连选得连任。

第十一条：本会理事会负责计划本会一切事宜，常务理事协助理事长执行理事会之决议。

第十二条：监事负责监察会务之进行、财务之考核。

第十三条：理事长职权如左：1.处理本会日常事务；2.对外代表本会；3.召集理事会及会员大会。

第四章 会议

第十四条：本会会员大会每年召开一次，由理事长任主席，遇必要时，得由理事会决议或会员三分之一以上请求，召开临时大会。

第十五条：本会理事会每三月召开一次，由常务理事召集之。

第十六条：本会之决议，以会员过半数之出席，由出席会员过半数之同意行之。

第十七条：左列事项应有会员过半数之出席，由出席会员三分之一以上之同意行之：1. 修改章程；2. 撤销会员代表；3. 职员解聘。

第五章 经费

第十八条：本会不收会费，倘有需要，由理监事自募捐输。

第六章 附则

第十九条：本会章程如有未尽事宜，得由会员大会修正之。

第二十条：本章程自呈报社会局核准后施行。

1947年9月30日，天津市抗战殉国忠烈家族联谊会正式启用图鉴后①，迅速开展工作。如，于10月9日呈文天津市社会局，希望协助购买布匹："呈为恳请转函中国纺织建设公司天津分公司，准予购买布匹事。窃本会忠烈家属会员拟购冬季布匹，黑蓝白三种贰仟匹（即壹百件），以备分售各忠烈会员御寒之用。近据该公司之申购规章，仅限于十月十日为申请购买截止期，除另函该公司申购外，理合恳请转函准予如数购买。"此际，该联谊会暂设在"一区陕西路五十三号"。不过，局长胡梦华没打算帮忙："查各团体向中纺洽购布匹，请本局转函一节，因事无前例，本局未便代为函

天津市抗战殉国忠烈家族联谊会章程

---

① 《为图鉴启用日期等事致市抗战殉国忠烈家族联谊会指令（附原呈）》，天津市档案馆馆藏档案，档号：401206800-J0025-3-005149-006。

转。"社会局指令:"饬其径向中纺洽商。"①11月3日,该联谊会呈文天津市社会局,"为查本会组织成立,业逾五月,并蒙钧局令准备案。各在案。惟当时因无房屋,暂假会员胡家祺宅办公,地方隘小,一时权宜,对于会务无法进行。事关殉难烈士家族善后,理合呈恳钧局代为筹拨房屋数间,以资进行而利办公。"社会局指令:"饬其自行筹措"。②

1948年1月28日,杨豹灵呈请市社会局:"本会各忠烈家族前曾呈请每户配售面粉一袋,业蒙照准在案。兹系第三次配售面粉业已开始,又查本会原有会员五十三人,近又新增五人(本年一月二十日呈报有案),共计五十八人。除豹灵毋庸配售外,计共配售五十七袋……又系救济总署剩余物资,本市获有一部分配给贫民。本会各忠烈遗族大都均属贫寒,拟恳列入配给之列。"③此议旋以"配

1947年9月16日,杨豹灵向天津市社会局呈报天津市抗战殉国忠烈家族联谊会成立大会召开情形

---

① 《为准予洽购布匹等事致市抗战殉国忠烈家族联谊会指令(附原呈)》,天津市档案馆馆藏档案,档号:401206800-J0025-3-005149-007。
② 《为自行筹措房屋办公事致市抗战殉国忠烈家族联谊会指令(附原呈)》,天津市档案馆馆藏档案,档号:401206800-J0025-3-005149-009。
③ 《为配售面粉事给抗战殉国家族联谊会的批》,天津市档案馆馆藏档案,档号:401206800-J0025-2-002953-045。

售对象不符"为由被驳回,后经杨豹灵等斡旋,天津市社会局长胡梦华于 1948 年 3 月 6 日函呈市政府,认为"抗战忠烈遗族杨豹灵等请按《优待出征军人家属条例》规定配售实物案",虽与规定不合,但可将该联谊会忠烈家属列为该局第一二两批廉价面粉配售对象,"嗣后再有配售一般团体物资时,自应继续列入,以示优异"。①

1948 年 4 月 19 日,天津市抗战殉国忠烈家族代表赵健恒、王行谟、纪根源、陈宗伟、骆长新、高志刚、胡巨卿、丁润溪、赵阶平、王亚民、王寿彭、章玉荪等 12 人,联名致函天津市抗战殉国忠烈家族联谊会,请杨豹灵函呈天津市政府,对其生活予以切实救济:

呈为转呈市政府准予救济忠烈家族衣食住事。窃忠烈家族共计六十九家,人口六百余名。自我国胜利后,兹已二载余,政府对于各忠烈家族并无彻底救济办法。因之怨言载道。查各家族之生活窘迫状况,笔难尽述。为国牺牲者已白牺牲,而活者亦无人过问,因感受生活之困难、经济之压迫。故恳请钧会将下列要求十项衣食住救济办法,转呈市政府,恳请恩准施行。计开:

第一项:忠烈家族住宅(六十九家);

第二项:面粉及杂粮(每月按市府公务人员配售价配给);

第三项:布匹(每季按中纺职员配售价配给);

第四项:配售日用品(按消费合作社价配给);

第五项:煤斤(每月按开滦职员配售价配给);

---

① 《为奉府令本局将该会之忠烈家属列入第一二批廉价面粉及一般团体配售之办理情形事致杜市长张副市长的呈》,天津市档案馆馆藏档案,档号:401206800-J0025-2-002937-082。

第六项：子女教育（市府报送免收学杂费，高中大学凭学力免试免费）；

第七项：失业者（市府报送各国营工厂做工）；

第八项：发给治疗医药免费证明；

第九项：忠烈家族请求免征兵役；

第十项：请市府拨给联谊会会址。理合具文呈请准予转呈市政府，以资救济，而慰忠魂，实为德便。

入祀天津市忠烈祠的69名抗战忠烈的家族境遇，引起了天津市长杜建时的同情。杜建时遂以天津市政府训令的方式，逐一敦促各有关单位对以上各项请求分别设法落实。

1948年6月12日，天津市政府训令市社会局："询明该失业者详历，向社会部职业介绍所洽商代为介绍。"①同日，天津市政府训令市卫生局："一、据本市抗战殉国忠烈家族联谊会呈，为转请救济各忠烈家族衣食住，请核示；二、查该家族代表等原呈第八项发给治疗医药免费证明，系属该局主官仰即查明妥拟办理具报。"市卫生局承办人认为："忠烈家族六十九家人口，当不在少数，发给治疗免费证明，所需医药费用颇巨，拟呈请市府指拨此项专款，以资办理。"市卫生局长陆涤寰于6月15日批曰："查原呈六十九户、六百余人，为此庞大固定免费，应拨有专款办理，俟有的款，并应发给带相片之免费证，以与存根查证，俾防冒滥。"②

解决忠烈家族的生计问题，难道只有指望市政府拨款这一条

---

① 《为将抗战殉国忠烈遗族失业者详历报局以介绍职业事给社会局胡局长的指令（附该局原呈）》，天津市档案馆馆藏档案，档号：401206800-J0025-2-003641-002。

② 《为抗战殉国忠烈家族联谊会请救济各忠烈家族衣食住事致卫生局陆局长训令（附抄原呈）》，天津市档案馆馆藏档案，档号：401206800-J0116-1-000720-024。

杨豹灵撰于 1948 年 10 月 21 日的辞职信

道么？天津市卫生局不肯出主意想办法，显然是图省事，无意为抗战忠烈家属搭把手。除了官僚作风作祟之外，这些忠烈家属的诉求在当时国民党当局节节败退、金融濒临崩溃、财政陷于危机的时局下，解决起来难言乐观。

1948 年 9 月 15 日，天津市卫生局呈文市政府，就医疗难民、贫民暨忠烈遗族及无自救力伤病者设置义务病床事，开列应需款项及门诊免费所需款项。市卫生局认为，"兹为统筹兼顾，只有在市属各医院内设置免费病床六十五架，每日门诊一百二十人（病人如多，再另请增加），以资救治。所有病床应需数额款项及门诊免费所需款数……拟请钧府拨发专款，按月由各医院核实开支，实报实销……义务病床数：市立第一医院十架、市立第二医院十架、市立第三医院十五架、市立第四医院十五架、传染病医院十架、产科医院五架……共义务病床六十五架……每人每日住院伙食药品材料手术等费，平均按一天二圆五角金圆计算……每月共金圆四千八百七十五圆……门诊免费眷属，免费诊治，每院每日平均二十人，六院一天共一百二十人，月共三千六百人，每人每日药品材料手术等费，按金圆计算，月共金圆三千六百圆。统计每月病床、门诊等费总数，共金圆八千四百七十五圆。"天津市政府遂于9月21日召集各有关部门开会研讨如何办理义务病床，并要求社会局等拿出意见。①

天津市政府和市卫生局一直在扯皮。1948年9月23日，天津市政府指令卫生局："对于药费及手术住院等费，在已优待中设法再行核减收费，以示优异，而慰忠贞……请拨专款一节，值此库款绌支之际，碍难照准。"②1948年10月8日，天津市政府又指令卫生局：对于给"忠烈遗族设置义务病床"一事，"此项款额现值库款绌支，无法筹措，应饬各医院在不增加经费范围，尽力设法办理。"③总之，市长杜建时就是要钱没有，不

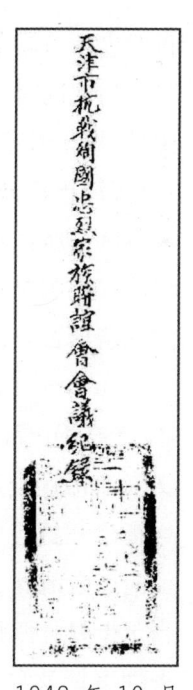

1948年10月24日召开的天津市抗战殉国忠烈遗族家族联谊会会议纪[记]录

---

① 《为贫民及忠烈遗族无自救力伤病者设置义务病床事致市政府呈(附设义务病床数)》，天津市档案馆馆藏档案，档号：401206800-J0116-1-000226-027。
② 《为再予核减拨专款救济忠烈遗族医药费事致卫生局(附原呈)》，天津市档案馆馆藏档案，档号：401206800-J0116-1-000720-021。
③ 《为难民忠烈遗族设置义务病床事致卫生局指令》，天津市档案馆馆藏档案，档号：401206800-J0116-1-000226-029。

肯对忠烈遗族给与实质性的帮助。

与此同时，天津市政府又指令各单位："忠烈家属除得依法请恤外，对于衣食住等问题，法无明文，应毋庸议。"①1948年7月30日，天津市民政局"为殉国忠烈家族不能于法外免征兵役"之事训令各区公所："奉市政府秘叁字第一六五四四号训令，转准国防部代电：'殉国忠烈家族除具有兵役法第四条暨第廿四、廿六两条各款之情形者外，其余一经中签，仍应征服兵役'。"②

1948年10月底，杨豹灵眼看以上各项请求解决无望，颇感灰心，无奈提出辞职。11月4日，天津市抗战殉国忠烈家族联谊会呈文天津市社会局："本会于十月二十九日奉到钧局成组字第1854号指令，内开：'核呈报，拟辞去该会理事长职务，请鉴核照准，仰即径向该会请辞。经理事会议决后，再由该会径呈本局备案。'等因。当于十月廿四日经本会理监事会议决通过，准予杨理事长豹灵辞去理事长及常务理事职，公推赵阶平、王寿彭理事为常务理事，依会章第九条第五项之规定，当由常务理事公推赵阶平并任理事长职，分别记录在案，除径函杨理事长准予辞去理事长并常务理事职务外，理合具文呈批鉴核备案。"市社会局要求补送会议记录，并指令准予备案。③

据该会补送的《天津市抗战殉国忠烈家族联谊会第六次理监

---

① 《为发给忠烈家族治疗医药免费证明事致卫生局指令（附呈）》，天津市档案馆馆藏档案，档号：401206800-J0116-1-000720-023。
② 《为殉国忠烈家属免征兵役事给第四区公所训令》，天津市档案馆馆藏档案，档号：401206800-J0033-1-000097-037。
③ 《为杨豹灵辞职事给天津市抗战殉国忠烈联谊会的指令》，天津市档案馆馆藏档案，档号：401206800-J0025-3-005192-020。

事会议记录》载:

地址:一区山西路216号复兴中学校内。

时间:三十七年十月廿四日下午二时。

出席人:赵阶平、王寿彭、纪根源、陈宗伟、丁润溪、骆长新、王董兰英、李煜铭、高志刚。

临时主席:赵阶平。

纪录:纪根源。

报告事项(主席):

一、中纺配布之经过。

二、配煤斤状况。

三、请求社会局临时救济面粉之情形。

四、子女教育免费事项。

五、医药治疗免费事项。

六、杨理事长来函辞去理事长及常务理事职事,来函内开:"因公私繁冗,时离津赴南,不能兼顾,引咎辞职云。"

七、审查民政局送会已入祠未入会之新会员二十六名。

讨论事项:

(一)中纺配购布事。议决:拟函请中纺公司赶速批准配购(交赵阶平办)。

(二)配煤事。华北煤炭调配委员会来函催报名册,以资核配。议决:请纪根源急速告册呈报。

(三)教育事项。市府已来函转饬教局,准予中小学免收学杂费。议决:通知各家族周知。

(四)请求社会局配给临时面粉呈文,由赵阶平于十月廿八日面呈张秘书主任,允于急速办理,至今仍无音信。议决:请赵阶平继续催社会局办理。

（五）医药治疗免费卫生事。至今未来函。议决：函请市府转饬卫生局遵照张副院长指示办理。

（六）杨理事长来函请辞理事长及常务理事职事，内开："因公私繁冗，时离津赴南，会员日增，会务日繁，敝人更难兼顾，与其贻误诸同人利益，莫若引咎辞职，并请召开理监事会，由常务理事中重行推选一人为理事长，以便主持会务云。"议决：准予杨豹灵辞去理事长及常务理事职，依本会组织法规第九条第五项之规定，由常务理事公推一人为理事长，具函通知杨理事长查找外，再将会议呈报社会局备案。推选赵理事阶平、王理事寿彭为常务理事，又由纪根源、赵阶平、王寿彭常务理事中，公推赵阶平为理事长。

（七）审查民政局送会之会员廿六名，拟登记入会。议决：请纪根源、王寿彭详细调查后，再为补报，并通知各新会员填写入会登记调查表。

闭会：下午四时。

对该联谊会的种种诉求，内外交困、狼狈不堪的国民党当局已无计可施，即便是提出一些解决措施，也必然是流于空文。果然，截至1949年天津解放之际，天津抗战忠烈遗族的以上请求均未能有效落实。直到新政权建立后，时时为人民着想、处处为人民服务的中共天津市委、天津市人民政府和天津军管会，才逐渐解决了包括抗属及忠烈遗族在内的天津人民的生计问题。

第二章

第一次入祀天津市忠烈祠的抗日烈士

1946年7月7日，天津各届在位于本市第一区林森路胜利公园内的天津市忠烈祠（由原日本神社改建而成，今新华路与多伦道交口西南侧的八一礼堂为其遗址），隆重"追悼殉国烈士，并举行抗战忠烈入祠典礼。"

1946年7月8日《申报》载《津市入祠忠烈共计九十八人》称："中央社天津六日电：'七七'津市入祠受祭之忠烈，共九十八人……全部入祠烈士，除在津死难者外，余为在各战场壮烈殉国之天津籍烈士。"

天津市社会局文化礼俗科随即编印《天津市忠烈祠第一次入祠忠烈简明事迹录》。因目前已掌握的第一次入祠抗战忠烈生平事迹多寡不均，本章仅对其中20余位予以专文介绍，并略作考析。其他入祠者的生平事迹，可参见本章所附的《天津市忠烈祠第一次入祠忠烈简明事迹录》整理点校本。

一 张自忠入祀全国各地忠烈祠

1946年由天津市社会局文化礼俗科编印的《天津市忠烈祠第一次入祠忠烈简明事迹录》载:"张自忠,陆军上将,第三十三集团军总司令,年五十岁,山东临清人。将军早岁从戎,矢志报国。抗战前,处身华北特殊之环境下,因应时艰,正义凛然。残暴如日寇者,亦莫如之何。抗战军兴,将军奋赴疆场,屡创顽敌,迭建奇功,将军之名震撼中外。复以马革裹尸为毕生志愿,终于二十九年五月督战鄂北,亡于阵前。"①

张自忠生平事迹见诸著述颇多。现以新版《辞海》为据:"张自忠(1891—1940),中国国民党爱国将领。字荩忱,山东临清人。1914年投军,后转入冯玉祥部。1931年,任国民革命军第二十九军第三十八师师长。1933年在喜峰口参加长城抗战。1935年华北事变后,任察哈尔省政府主席、天津市长。七七事变后,一度代理冀察政务委员会委员长兼北平市长。1938年前后,参加徐州会战和武汉保卫战,升任国民革命军第三十三集团军总司令、第五战区右翼兵团总

---

①转引自天津《民治周刊》第1卷第8期第7页,1947年4月6日出版。

司令。1940年5月,在湖北宜城南瓜店前线同日军激战时牺牲。"①

张自忠曾于1936年6月26日任天津市市长,至1937年10月8日免(其间,李文田于1937年7月10日代)②。其在津曾有居所两处。"故上将张自忠抗战前曾在十区镇南道一六二号及洛阳道七号置有楼房各一所。"③

1946年5月16日为"故市长张自忠上将殉国六周年纪念"④。天津各界举行了隆重的公祭活动。《益世报》1946年5月17日所载《百余团体三千民众昨公祭张将军》一文,介绍此次公祭活动内容甚详:"十六日为张故上将自忠抗战殉国六周年纪念日。津市各界于上午九时起,假广东会馆举行公祭。礼堂布置至为肃

故上將張自忠

官職	貫籍	簡歷	死事年月	死事概要
三十三集團軍上將總司令	山東臨清 齡年一五〇	行伍、曾任排、連、營、團、旅、師、軍長及省主席等職	二九年五月 死事地點 湖北方家集	率敵精銳之師進犯襄樊,徐次迎戰,所以不幸身於敵方,中五彈,壯烈殉職,忠殺十視

国防部史政局1948年版《抗战军人忠烈录》第1辑载张自忠抗日事迹

---

① 辞海编辑委员会编纂:《辞海》第六版缩印本,上海辞书出版社2010年版,第2400页。
② 刘寿林等编:《民国职官年表》,中华书局1995年版,第1001页。
③《租房纠纷波及将门》,《益世报》1948年6月18日。
④《天津市复员一年间大事记(五)》,1947年1月25日《天津市》周刊第1卷第7期第15页。

穆,四壁悬满各界所送挽联,祭台则为素坊扎成,正中置张故上将遗照。台周遍布花圈,台上并有张氏遗墨,为张氏出战襄河西岸时,致冯治安将军之最后手书,字里行间,横溢必死决心。祭台左右,分悬[九十四军]牟[廷芳]军长、杨[文瑔]副军长挽联。牟军长联曰:'为人存正气为国存生气北鄙屏藩烈壮三军雄万古;在地成河岳在天成日星中原驰逐功延一篑痛千秋。'杨副军长联曰:'万里著殊勋惟怀丹心存社稷;一肩担正义但凭热血整山河。'张[廷谔]市长所赠挽联悬于祭台对面,其文曰:'喜峰口首著战功于泗水台庄随枣继懋声威能使芳名光史册;南瓜店身临箕尾对国家民族长官允无愧色独留浩气壮山河。'九时许,张市长、杜[建时]副市长、牟军长等先后莅临,开始公祭。到市府各局处、九十四军等各军政机关首长及代表等共五百余人。由张市长主祭。献花后,宣读祭文,行礼如仪。继照预定秩序,由各机关、法团、学校及民众等,相继前往致祭。先后到有青年团、教育会、妇女会、总工会及本市各公私立中小学校百余单位,并民众等三千余人,极尽哀荣。大会共收到各界所送挽联百余幅、花圈数十支,闻将分别保存,以留纪念。"

不过,张自忠曾在津任职和生活的经历,并非其被入祀天津市忠烈祠的唯一缘由。

张自忠牺牲后,蒋介石于1940年5月28日通电军委会各办公厅主任、各战区司令长官、各绥靖主任、各集团军司令、各军长师长,述告张自忠殉国事迹。文曰:"张总司令荩忱殉国之噩耗传来,举国震悼。今其灵柩已于本辰运抵重庆,中正于全军举哀悲恸之余,谨述其英伟事迹,为我全体将士告。追维荩忱生平与敌作战,始于二十二年喜峰口之役,迄于今兹豫鄂之役,无役不身先士卒。当喜峰口之役,歼敌步兵两联队、骑兵一大队,是为荩忱与敌搏战之

位于湖南衡阳的南岳忠烈祠

2006年5月，天津市人民政府在海河畔（台儿庄路与泰安道交口一带）镌立张自忠烈士塑像，高约10米

1940年7月8日《申报》第3版载，南京国民政府行政院决议，准允张自忠烈士入祀忠烈祠

始。抗战以来,一战于淝水,再战于临沂,三战于徐州,四战于随枣。而临沂之役,荩忱率所部疾趋战地,一日夜达百八十里,与敌板垣师团号称'铁军'者,鏖战七昼夜,卒歼敌师。是为我抗战以来,克敌制胜之始。今兹随枣之役,敌悉其全力,三路来攻,荩忱在枣阳之方家集,独当正面,断其归路,毙敌无算,我军大捷。假荩忱不死,则此役收效,当不止此。今强寇未夷,而大将先陨,摧我心膂,丧我股肱,岂惟中正一人之私痛,亦我三百万将士同胞之所同声痛哭者也。抑中正私心所尤痛惜者,荩忱之勇敢善战,世皆知之。其智深勇沉,则犹有世人未及知者。自喜峰口战事之后、卢沟桥战事之前,敌人密布平津之间,乘间抵隙,多方以谋我。其时,应敌之难,盖有千百于今日之抗战者。荩忱前主察政,后长津事,皆以一身当樽俎折冲之交,忍痛含垢,与敌周旋,众谤群疑,无所摇夺,而亦未尝以一语自明。惟中正独知其苦衷与枉曲,乃特加爱护矜全,而犹为全国人士所不谅者也。迨抗战既起,义愤超群,所向无前,然后知其忠义之性,卓越寻常,而其忍辱负重、杀敌致果之概〔慨〕,乃始大白于世。夫见危受命,烈士之行,古今犹多有之。至于当艰难之会,内断诸心,苟利国家,曾不以当世之是非毁誉乱其虑,此古大臣谋国之用心,固非寻常之人所及知,亦非寻常之人所能任也。中正于荩忱,信之尤笃,而知之特深。荩忱亦艰贞自矢,不负平生付托之重,方期安危共伏〔仗〕,克竟全功,而乃中道摧折,未竟其志。此中正所为于荩忱之死,为国家前途痛悼而深惜者也。虽然国于天地,必有与立,我三民主义之精神,即中华民国之所由建立于不敝者也。今荩忱虽殉国,而我三民主义之精神,实由荩忱而发挥之,中华民国历史之光荣,实由荩忱而光大之。其功虽未竟,吾辈后死之将士,皆当志其所志,效忠党国,增其敌忾,剪此寇仇,以完成荩忱未竟之志,是苌忱虽死，犹不死也。愿我全体将士其共勉之。蒋中正手启。俭。机渝。"①

1940年7月8日《申报》载《国府明令褒扬张自忠等，张氏追晋为陆军上将，政院决议入祀忠烈祠》称："重庆。行政院上次会议，孔副院长提议，请准将已故陆军第三十三集团军总司令张自忠入祀忠烈祠，以慰英灵。经决议通过。提案略谓：盖闻威宣战阵，鼎钟旌大将之忠，气壮山河，春秋享崇祠之祀，以故激扬士气，虎发疆场，振作军心，魂愉马革。窃查第三十三集团[军]张总司令自忠，抗战以来，勋猷迭著，若临沂、泚水、台儿庄、随枣诸役，皆能独张一帜，发挥战略，[创彼顽寇，振我军威]。迩者鄂北豫南，[强敌倾巢猛犯]。该总司令手提劲旅，屡奏凯歌，欲宏一鼓[蚁歼]之勇，不避深入[狼巢]之险，[追奔逐北，威稜逼人]，策遣雄师，断日归路。率以众寡悬殊，从容就义。大星虽陨，浩气长存，成功成仁，兼有其美。似此翊赞元戎，捍卫党国，矢忠矢

1946年5月16日，天津各界为张自忠举行公祭。此为张故上将自忠抗战殉职六周年天津各界公祭筹备会致天津市地政局的邀请函

---

① 《蒋介石致军委会各办公厅主任等述告张自忠殉国事迹通电（一九四〇年五月二十八日）》，武月星、杨若荷编：《中国现代史资料选辑》第5册（1937-1945）下，中国人民大学出版社1989年版，第49—50页。中国国民党中宣部编著《抗战英雄传记》（重庆国民图书出版社1943年版）第18—20页所载此文，与之略有不同。

勇,不惜牺牲,自宜入祀忠烈祠,以慰英灵。庶乎千秋志士,瞻庙貌共仰忠勤,百战健儿,闻史实咸怀壮烈(七日电)。"①

1942年12月31日,南京国民政府令:"表忠之典,观感攸资,战死之荣,古今所尚。溯自抗战军兴,时逾五载。凡我统军将领及守土员司,莫不戮力中原,同心御侮。英勇战绩,炳耀寰区。其或矢死靡他,见危授命,身膏锋镝,气壮山河,尤足振起人心,增光史册。至如巩固后方,遥为策应,戡奸除暴,力靖妖氛。未睹大功告成,不幸猝罹于难。虽死事有殊,而精忠无二。芳徽伟烈,薄海同钦。允宜昭肃明禋,并隆胙飨,用彰崇德报功之盛,益励同仇敌忾之风。兹查,已故第三十三集团军总司令张自忠、陆军第九军军长郝梦龄、陆军第四十二军军长冯安邦、陆军第二十九军军长陈安宝、陆军第三军军长唐淮源、陆军第九十八军军长武士敏、陆军第八十九军军长李守维、陆军第二十九军副军长佟麟阁、陆军第二军军长郑作民、陆军第五十三军副军长朱鸿勋、陆军第一百三十二师师长赵登禹、陆军第五十四师师长刘家麒、陆军第一百四十五师师长饶国华、陆军

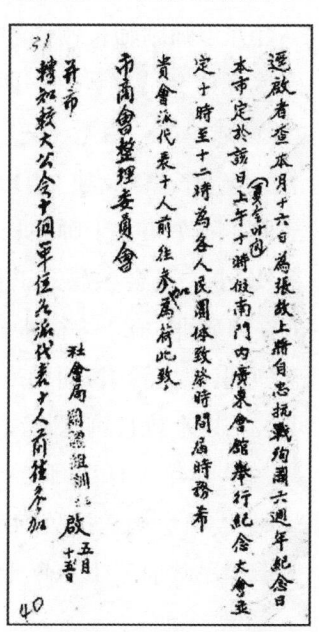

1946年5月15日,天津市社会局团体组训科为举行张自忠殉国纪念公祭一事致函本市商会整委会

---

① 参见《国民政府行政院会议请入祀忠烈祠提案》,张上将自忠传记编纂委员会编辑:《张上将自忠纪念集》,张上将自忠纪念委员会1948年版,第3—4页。此载与《申报》1940年7月8日所载稍有异。

第一百二十二师师长王铭章、骑兵第六师师长刘桂五、陆军第一百一十四师师长方叔洪、陆军第一百七十三师师长钟毅、陆军第七十师师长石作衡、新编第二十七师师长王竣、陆军第十二师师长寸性奇、陆军第四十二师师长王克敬①、陆军第二百师师长戴安澜、暂编第四十五师师长王凤山、陆军第七十一师师长樊钊、陆军第十七〔一百七十四〕师副师长夏国璋、陆军少将追赠中将刘震东、陆军第一百九十师副师长赖传湘、东北游击司令唐聚五、山东省第十一区行政督察专员兼晋〔鲁〕西游击司令朱世勤、陆军第五师指挥官李翰卿、陆军第一百七十三〔一百七十〕师旅长庞汉桢、陆军第一百七十一师旅长秦霖、独立第五旅旅长郑廷珍、陆军第六十六师旅长姜玉贞、陆军第七十师旅长赵锡章、山东省政府驻鲁东行署主任卢斌、军事委员会参议马玉仁、陆军第八十八师团长谢晋元,均因抗战在事殉职,应予一律入祀首都忠烈祠,并同时入祀全国各省市县忠烈祠,以资矜式,而励来兹。着由行政院分别转饬遵照办理。此令。"②以上抗日殉国将领实为37位(王克敬并未阵亡)。

1943年1月22日,行政院《训令(仁人字第二〇九六号)》载:"军事委员会函送抗敌殉难将领名册,请准入首都忠烈祠一案,经呈奉国民政府三十一年十二月三十一日《渝文字第一七〇九号指

---

①《准内政部公函以奉院令撤销王克敬褒扬及入祀首都忠烈祠一案令仰遵照》载:"准内政部三十二年十一月十六日渝礼字第三八八七号公函开:'奉行政院三十二年十月十九日仁人字第二三三号开:军事委员会三十二年六月十八日抚一家〔甲〕渝字第一二五二〇号公函,为前四十二师师长王克敬,三十年大岳区作战,系负伤被俘,并未阵亡,现已脱险。所有该员受褒扬及入祀首都忠烈祠一节,请转呈撤销等由,经函准国民政府文官处函复,已转陈奉谕准予撤销,除函达军事委员会外,合行令仰知照,并转饬各省市政府遵照撤销。此令。'等因。除分函相应函请查照并转饬所属,一体准照等由。"《湖北省政府公报》第493期,1944年12月31日出版,第31页。
②1943年1月2日《国民政府公报》渝字第532期,第1页。

令》开：呈件均悉。张自忠等三十八员，已有明令入祀首都忠烈祠，并同时入祀全国各省市忠烈祠。至刘湘、廖磊、谭邃、周浑元、蒋方震、黄明堂、宋哲元、钱宗泽、陈烈、朱实夫、周骏彦十一员，应准一律入祀首都忠烈祠。仰即分别转行遵照。"①

1943年4月29日，《大公报》载《张自忠将军等均入祀南岳忠烈祠》②。

1943年11月16日，南京国民政府令："行政院呈，据内政部呈称：前陆军第六十六军第一五九师副师长罗策群、陆军第一六〇师参谋长司徒非、陆军第一五三师第四五九旅旅长钟芳峻，抗敌殉难，事迹特著，转请准予入祀首都忠烈祠等情。查该罗策群等，捐躯殉职，洵堪矜式，应准入祀首都忠烈祠，以慰英灵，而示来兹。"③

另据内政部1947年3月5日《公函（礼字第四三五号）》载："查抗敌殉国高级将领张自忠等三十八员、刘湘等十一员及罗策群等三员，先后奉准入祀全国各级忠烈祠，并留备入祀首都忠烈祠在案。"④

在第一次入祀天津市忠烈祠的抗日烈士名单中，并未包括除张自忠之外的其他50名应入祀全国各级忠烈祠的抗日阵亡及病故将领。

---

① 参见《准内政部函告抗战殉难将领张自忠等准入祀各省市县忠烈祠等由令仰遵照》，《江西省政府公报》第1280期，1943年5月1日出版，第37—38页。
② 唐未之、旷顺年著：《南岳忠烈祠》，海南出版社1995年版，第67页。
③ 《中华民国史史料长编·民国三十二年（二）》，南京大学出版社1993年版，第619页。
④ 参见《奉令为徐积璋等十一员准入祀全国各级忠烈祠抄附姓名表转希遵照》，1947年4月10日《台湾省行政长官公署公报》夏字第9期第139页。

二 抗日杀奸团团长曾澈

1946年由天津市社会局文化礼俗科编印的《天津市忠烈祠第一次入祠忠烈简明事迹录》载:"曾澈,军统局平津区区长,年二十七岁,浙江瑞安人。先生毕业于上海法学院①。二十八年秋,任军统局平津区区长,指挥工作,奋不顾身,事机不密,为奸人所悉,竟被逮捕。敌人始以鞭笞,继以利诱。先生供词慷慨,未道蕴密。后被送入感化院,仍忠贞自守,始终弗渝,遂于次年九月九日遇害。"②

"1969年台版抗团烈士资料"载:"先烈曾澈,号玉汶,浙江瑞安人。生而负异禀,言语文章,犀利清新,临池作书,风神潇洒,颇得前人意趣。民国二十一年(一九三二)秋,毕业于上海法学院。盱衡国难,壮怀激烈,因林蔚先生之介,于十一月参加本局(即军统局——引者注)工作。戴故局长(即戴笠——引者注)奇其才,留任随身助书。工作努力,夙夜不倦。二十二年夏,派充江西临川办事处书记。二十四年(一九三五)春,调任保定站书记。摘奸发伏,不少假借。二十八年(一九三九)三月,调长天津站,旋擢升天津区长。策动热血青年学生为抗日杀奸之组织,率彼多士,驰骋平津。或纵咸阳之火,或效博浪之锥。敌伪震惧,为欲得而甘心者第一人。迨秋,先烈以事

---

① "上海法学院初名上海法科大学。创办于1926年秋,董绶经任校长,在法租界蒲柏路赁屋为校舍。后迁入江湾路,自建校舍。设法律、政治、经济三系和法律、政治经济两专门部及预科。1929年改为此名。'一·二八'事变中,院舍全部被毁,移杭州开学,后迁回上海姚主教路。1933年迁回江湾路原校。"熊月之主编:《上海名人名事名物大观》,上海人民出版社2005年版,第416页。
② 转引自天津《民治周刊》第1卷第8期第7页,1947年4月6日出版。

过华界,为奸人所悉,鼠伏罦伺,竟被捕解日本宪兵队。迭经刑讯,陈述慷慨,但求速死,无一语道及蕴密。嗣噤口绝食。敌为注射补针,数赉物致殷勤,欲为己用,谓之曰:'君书生也,何为毁法乱纪,以自罹杀身之祸?'先烈叱之曰:'吾之杀敌锄奸,顺天应人,何谓毁法乱纪?求仁得仁,死何足畏?!'言时声色俱厉,目眦欲裂。天津日寇无奈,旋送北平日宪兵队感化院,冀移奇志。惟先烈忠贞自矢,始终弗渝。卒于二十九年(一九四〇)九月九日,在平慷慨成仁,年二十七。"

曾澈

《刀锋舞者》亦载曾澈生平,即:"曾澈,浙江瑞安人,1913年生,1932年秋毕业于上海法学院,由浙江同乡、后来曾任蒋介石待从室第一处主任、军统局局长的林蔚介绍给戴笠,加入特务组织。1938年,他秘密潜入天津,任军统天津站的秘书、内勤书记。经抗团成员李宝奇介绍,曾澈加入抗团,但隐瞒了他的军统背景。"①徐远举等撰《军统局、保密局、中美特种技术合作所内幕》载,在军统前身的军委会特务处时期,曾澈在特务处书记室工作,为戴笠机要秘书之一。②

另有记载称,七七事变后,曾澈还曾转战河北省河间一带。据1946年9月28日河北省政府函称:"天津市政府社会局公鉴:九月

---

① 刘岳著:《刀锋舞者——刺倭锄奸喋血写真》,中共党史出版社2010年版,第105—106页。
② 全国政协文史资料委员会编:《文史资料存稿选编》第13辑《特工组织》上册,中国文史出版社2002年版,第475页。

三日会文字第一二二一号公函及事迹调查表九份均敬悉。查内有魏聊生一名,籍隶山东,未便转请入祀本省忠烈祠,除余表汇办外,相应检还《魏聊生事迹表》一份,请转鲁省府核办。"《天津市抗战忠烈事迹调查表(魏聊生)》载,魏聊生,三十三岁,籍贯山东潍县,军统局情报组工作员,遗属住址在"天津第十区昆明路一九三号"。其殉难事迹为:"民国二十六年七七事变后,随同蓝衣社天津区长曾澈同志,转迁至河北省河间县,从事情报工作,于二十七年二月八日,被当地伪军捕获,被害于河间沙河桥。"①"曾澈"即曾澈。华北党政军联合办事处 1938 年 4 月在津成立后,曾澈兼任秘书。

1.曾澈生于何年

据以上所载可知,曾澈牺牲于 1940 年,那么其应生于 1913 年(如"年二十七"是指虚岁的话,则应生于 1914 年)。

关于曾澈的年龄,另存两说。

一是原抗日杀奸团(简称抗团)成员钱致伦在《我是抗日杀奸团团员》一文中回忆:"一九三八年,曾澈叫我去送信……曾澈再三叮嘱我:即使被捕、牺牲,也绝不连累别人。曾澈当时二十六岁,在抗团中年龄居长,为人和气,平易近人。对团员很关心,尊重团员的意见,善于调和群体关系,深受团员的拥护。抗团团员各有所长,也必各有所短和不足之处。曾澈胸怀全局,洞察精微,能扬长避短,知人善任,使各尽其职。"②若据此载,曾澈 1940 年牺牲时的年龄为 27 周岁或 28 周岁。

二是曾澈毕业于上海法学院的时间是 1932 年,已见记载对此

---

① 《为魏聊生抗敌殉难调查表事致天津市政府社会局的代电(附调查表)》,天津市档案馆馆藏档案,档号:401206800-J0025-3-006107-001。
② 钱致伦:《抗日杀奸团(续二):我是抗日杀奸团团员》,台湾《传记文学》2010 年第 4 期。

并无疑义。从1933年《上海法学院一览·历届毕业生名录》所载可知,该学院专门部法律科的学制为一年,且在"专门部法律科第六届毕业生(民国二十一年)"中,列有曾澈的姓名,其时"年龄二十二岁"(应指虚岁),籍贯浙江瑞安。①若据此载,曾澈应生于1911年,也即牺牲时的年龄为29周岁。

假使曾澈生于1913年的话,其1932年毕业于上海法学院专门部法律科时的年龄应为19周岁。从1933年《上海法学院一览·历届毕业生名录》所载的"专门部法律科第一届毕业生(民国十六年)"至"专门部法律科第六届毕业生(民国二十一年)"履历可知,这些毕业生的年龄段均在二十岁至四十五岁之间,并无小于二十岁者。

若与1946年《天津市忠烈祠第一次入祠忠烈简明事迹录》所载比较,1933年《上海法学院一览·历届毕业生名录》应为出版时间更早的原始资料,应据曾澈填具的履历表而来。而其他记载多据回忆而来,不排除有出现误差的可能性。

尽管曾澈1932年毕业时"年龄二十二岁"尚为孤证,但笔者认为,曾澈生于1911年这个记载不应被忽视。

2.曾澈是否为南开大学学生

有记载称,曾澈从上海法学院毕业后,曾在天津南开大学读书,并以此为掩护开展抗日活动。

《戴笠传》载:"1935年,国民政府为了储备军事人才,对全国高中以上学生施以三个月的军事训练。河北省的高中学生被集中到保定受训。当时,日本正准备吞并我华北。面对华北危机,这批受训

---

①《上海法学院一览》,上海法学院1933年12月编印,第111页。

1933年《上海法学院一览》载有曾澈简历

的青年学生中的一批爱国热忱较高的学生,组建了'学生联合会',经常开展唤起民众共赴国难的宣传工作。该组织立即引起了日军的注意,要求国民党华北当局解散这'有碍日中邦交'的组织,停止河北学生的集训。国民党当局对日本的压力容忍退让,接受了日方条件。为了争取这批学生有组织地参加抗日战争,并与中国共产党争夺青年,经军事委员会办公厅主任林蔚介绍,戴笠派上海法学院学生、青年干部曾澈前往天津南开大学,以读书为掩护,联络一批青年,建立了'天津青年救亡联合会'。抗战爆发后,为了组织青年从事更为实际和直接的抗战工作,该会改组为'抗日杀奸团',又称北方'抗战建国青年团',简称抗团。"[1]

《中国抗日军事史(1937—1945)》中的表述与以上所载稍有区别:"天津失陷后,天津市商会会长王竹林与日本合作,于1938年12月成立'中日经济提携协会',并就任会长,还召开反蒋大会。王因此被视作大汉奸,不久被暗杀。执行这次暗杀任务的是以复兴社的部分青年学生为骨干的'抗日杀奸团'(以下简称抗团)。抗团本是从学生运动演变而来。1935年,为培养军官,国民政府对全国高中

---

[1] 李继星主编:《戴笠传》,敦煌文化出版社,1993年版,第49页。

以上学生实施了三个月的军事训练,这些学生的一部分组织了'学生联合会'(简称学联),开始向民众宣传'共赴国难'。日本就学生们的反日宣传向华北当局提出抗议,并要求解散学联。这反而火上浇油,更加刺激了学生们的反日感情。这时,戴笠派青年干部曾澈(浙江人,入天津南开大学)来天津,重新组织了'天津青年救国联合会',即'新学联'。卢沟桥事变后,'新学联'改组为抗团,身为蓝衣社天津站书记的曾澈任团长。抗团除发行刊物,继续宣传抗日外,还进行情报收集、破坏仓库以及惩治汉奸等实际行动。"①

不过,此说并不具体。尚不知曾澈在天津南开大学就读的详情,或可将此说视为一个研究线索。

3.曾澈被捕后是否招供叛变

乔家才著《海隅丛谈》载:"曾澈,浙江人,比我小七八岁,天资很高,生得非常英俊,天不怕地不怕,干劲十足,工作非常努力……他对敌人和汉奸们打击很重很大。日本军阀恨透了他,汉奸们又怕死了他……民国二十八年(一九三九年)旧历八月十六日,是个最不幸的日子,像一阵暴风雨,横扫英法租界。这一天,日本宪兵队带领大批汉奸,进入英租界,分批搜捕抗日志士。王若僖在法租界被捕,幸好法国人出面交涉,只准日本人提审,不准羁押别处,被关在法租界的监牢里,才算保留下一条性命,没有被日本军阀杀害。英国人已经完全屈服在日本军阀淫威之下,任由他们四处捉人,不敢出面干涉。军统局的天津区长曾澈、组长陈资一、军事专员郑恩普等都被捉走。郑恩普虽受酷刑拷打,未被杀害。曾、陈两位一去不

---

① 原载费云文:《戴雨农与抗日杀奸团》,《戴笠传记资料》(1),第35—37页。转引自[日]菊池一隆著、袁广泉译《中国抗日军事史(1937—1945)》,社会科学文献出版社2011年版,第166—167页。

返,连尸首都找不到。"①

钱致伦《我是抗日杀奸团团员》载,1939年中秋节后,钱致伦也被捕,并与此前被捕的曾澈等,一同被关押在天津海光寺日本宪兵队牢房。"我和丁毓臣住三号,曾澈住四号……三、四号牢房是一间大屋用木桩钉木板隔成的两间。木板有小缝,双方可小声通话,但必须有人警戒,避开日宪兵巡视。我与曾澈偷偷通话数次,向他陈述抗团的情况。问他被捕的经过。他说,[1939年]九月的一天,从意租界返回东南城角,在特二区碰到裴吉珊。裴两月前已调离天津。就问他:'还没走?'裴说:'家里出了点事,耽搁了,正想找你说说。'曾说:'好,到前面找个地方请你吃饭,咱们谈谈。'走到金汤桥东面一个警察分所门前时,裴说:'到里面借用一下电话,你稍等一等。'裴进去后,立即带出五六个警察,把曾逮捕,押送到海光寺日本宪兵司令部。于是,全市开始大逮捕。曾澈又告诉我:'我是浙江瑞安人,家住瑞安范大桥十七号。上有老母在堂,兄弟二人,哥哥在重庆。未婚妻白宁筠住黄家花园四十七号路②。你如出狱,告诉他们,我为抗日牺牲,虽死犹荣,勿以我为念。'"③裴吉珊即叛徒裴级三的化名。

不过,也有记载称,曾澈被捕后叛变了,先招供再被杀。丁伟撰《程锡庚事件真相》一文中的《钩沉九二八大搜捕告密者》一节载④:

[根据]日英双方在天津租界治安上达成的协议,英方引渡了4

---

① 乔家才著:《浩然集(四):海隅丛谈》,台湾中外图书出版社1981年版,第210、223页。
② 即位于黄家花园附近的英租界四十七号路,也称福发道(Forfar Road)。抗战胜利后改称岳阳道(西康路至西安道之间)。
③ 钱致伦:《抗日杀奸团(续二):我是抗日杀奸团团员》,台湾《传记文学》2010年第4期。
④ 丁伟:《程锡庚事件真相》,《文史精华》2009年第7期第58页。

人后,日伪特务机构更加大肆疯狂地搜查搜捕抗日人士,气焰十分嚣张。终于在1939年9月28日,日本宪兵队与英法租界工部局警察同时行动,将大批潜伏于英租界的国民党地下组织人员抓获,关押于英法租界工部局警方。华北区国民党地下组织遭受了1937年抗战以来最大的损失。这就是在历史上有名的"九二八大搜捕"事件。

到底是何原因导致"九二八大搜捕"?究竟是谁出卖了天津国民党地下组织?

国内普遍说法是天津站行动组成员裴级三,向日伪投降,把华北区的特工人事组织等一并出卖给日本人。日本宪兵根据他提供的情报,在天津展开大搜捕。在《抗日神经战》一书中有文章《军统戴笠暗杀汉奸行动》记载:军统大特务王天木在北京和天津有不少老关系,日本宪兵根据他提供的情报,在华北展开大搜捕。9月27日,军统在天津地区27岁的负责人曾澈在天津大街上被认出,随即被捕。次日上午,在英法租界警察的帮助下,日本宪兵袭击了军统在天津的办公点和藏身处。抓获了不少特工。

在天津图书馆的《天津抗战纪事》一书中有文章《抗战期间天津的抗日杀奸团》记载:军统局天津站行动组长裴级三被日特逮捕后叛变投敌,将曾澈出卖,把所有抗团活动及联络地点,告知日本宪兵队。在1939年9月天津大水泛滥过后,抗日锄奸团团员李如鹏接到曾澈通知,说裴级三不可靠,要大家注意。李如鹏尚没有来得及采取防范措施。次日即9月28日,日本宪兵队及伪警包围了他的家(今营口道诚士里①,当时是英租界管辖)。曾澈在李如

---

① 诚士里位于天津市和平区营口道(原英租界宝士徒道)西段南侧,1927年建房成巷。

鹏被捕时,已隐蔽起来,他还是被叛徒裴级三率警捕获,押送日本宪兵队。①

将以上这些资料相比照,便会发现各方记载差异很大。真真假假、扑朔迷离的情况严重,据此难以说明史实真相。

有必要从当时日本方面的资料来寻找答案。在日本外务省外交资料馆所藏1939年第738号机密函件,天津9月29日后发——本省9月29日夜,着为天津领事馆田代总领事给野村外务大臣文件中记载的内容:"根据在宪兵队拘留中被检举的抗日锄奸团要人王文(人名极密)及26日在意大利租界捕获的抗日锄奸团蓝衣社巨头曾澈自供,获悉潜伏在天津英法租界有力抗日分子所在地点,9月28日凌晨5点半左右,在天津英法租界当局的同意协力下,天津日本宪兵队和英法租界警察当局共同行动,在维多利亚路142[号]的居家搜查华北人民抗日自卫委员会主任王若僖部下张某、周昆利用无线电搞抗日宣传"等等。

又从日本外务省解密文件中,也能明了地看出告密者。昭和14年(1939)10月19日,天津日本总领事馆警察署长田岛州平给在北平大使馆警务部长堀内干城和在天津总领事馆武藤义雄二人的机密通函,标题为《宪兵队在英法租界检举抗日分子有关事宜》,内中记载:"当地宪兵队在9月28日午前5点半,在天津英法租界工部局协力下,实施租界内搜查行动,检举捕获华北人民抗日自卫委员会主任王若僖——国民党天津党部主席等15名左右抗日分子。

---

① 此载应出自天津图书馆网站"纪念中国人民抗战胜利60周年——天津抗战纪事"栏目,原载张世一:《抗战期间天津的抗日杀奸团》,天津市政协文史资料研究委员会编:《天津文史资料选辑》第39辑,天津人民出版社1987年版,第69—70页。查天津图书馆迄今并未编印出版《天津抗战纪事》一书。

检举状况是在我宪兵队8月下旬检举的军统华北区要人、抗日暗杀团团长王文及曾澈的自供下,我方把握了租界有力抗日分子的全貌及所在地点。在9月28日,我宪兵队的大田特高课长,于凌晨5点半率宪兵五十人在预先[经]英法工部局的同意下,共同行动,将潜伏于英法租界的国民党华北人民抗日自卫委员会主任王若僖及其多数部下抓获,关押在英法工部局。王若僖拘留在法工部局当局内,现在在审问中。大部是复兴社——蓝衣社、CC团、民先队成员"等等。

以上文中的王文是军统华北区要人。国内有记载,他曾经参加过在天津租界刺杀一代抗日名将吉鸿昌将军的行动。曾澈也是军统华北区要人,抗日杀奸团组织负责者。通过以上日本解密史料可看到,正是在军统组织领导者王文、曾澈的自供下,华北区国民党军政及特务等地下组织才遭受致命打击!尤其是在曾澈被捕后,日宪兵队迅速行动,逮捕了大量国民党地下组织成员。

曾澈到底自供了哪些抗团秘密?此文并未详介。况且,仅据侵华日军所载,难道就能断定曾澈是叛徒吗?不免令人狐疑。

原抗团成员祝宗梁《抗日杀奸团回忆录》载:"曾澈被捕后,肯定受到酷刑逼供。曾澈因有人证,而又全部出事,他坦然承担全部责任。以后听说敌人对曾澈诱降,要他再组织亲日团体,全部经费由日本供给。他断然拒绝。只求速死,并绝食。敌人几次对他强灌食物,他也毫不动摇。最后敌人对他斩首。"而且,"李如

曾澈在津照片。约摄于1937年

鹏、曾澈被捕后,抗团没有遭到进一步的破坏,这也说明他们保守了秘密。祝宗樑分析认为,日伪对投降的军统人员,如王天木、陈恭澍、毛森等特务,不但不杀,而且使用。将曾澈杀掉,从另一个侧面说明了曾澈没有投降。"此分析不无道理。刘岳著《刀锋舞者》据此认为:"曾澈由于人证物证俱在,可能揽下了全部责任,现在日方的档案,可能就是当年根据曾澈的交代汇集而成。看来,抗团老团员的看法是有道理的。"①祝宗樑之名,今已多记载为祝宗梁。

祝宗樑曾于2012年12月17日致函丁伟,指出曾澈并未投敌出卖组织的四点理由,并强调:"曾澈为人正直,深为抗团同志所尊重。很多同志听说他投敌的事,都认为不能理解。他一生为抗日奋斗,最后被敌人杀死,若还留个不清白的罪名,实在是历史的不公。我以为应该实事求是,也要全面看问题。"②

笔者认为,曾澈能够入祀天津市忠烈祠,也应该是其未曾变节的一个重要证据。抗战胜利后,天津当局显然对曾澈被捕后的表现进行过详细调查和评估。其抗战期间的最高职务为军统局平津区区长,是侵华日军的眼中钉。曾澈深知,其被捕后一定会被杀害,为求速死而绝食。况且,抗团成员疾恶如仇,眼里不揉沙子。如果曾澈被捕后确已叛变,抗团成员不可能不有所察觉,也不能不有所反应。幸存的抗团成员并未指认其为破坏抗团的叛徒,而是称其被捕后仍在保护抗团成员。相关记载清晰可见,可视为重要佐证,不应被忽视。

---

① 参见刘岳著《刀锋舞者——刺倭锄奸喋血写真》,中共党史出版社2010年版,第108—109页。著者注明:"本文参考了抗团老团员祝宗樑、刘永康、赵恩波、马桂官、叶于良的修改意见,最后经祝宗樑审阅。"
②《曾澈,抗团人心目中永远的英雄(祝宗樑复丁伟信札)》,阎伯群编:《与山河同在:天津抗日杀奸团回忆录》,天津古籍出版社2015年版,第373-374页。

而在《钩沉九二八大搜捕告密者》中,并未详细披露曾澈的"自供"内容。其所载的"尤其是在曾澈被捕后,日宪兵队迅速行动,逮捕了大量国民党地下组织成员"一语,不无揣测。如果尚未看到曾澈自供笔录(假使有此档案,也应加以分析),仅凭日方似是而非的记载,就匆忙做出明确结论,是否显得过于草率?在涉及抗日名节的大是大非面前,若颠覆已有定论,理应慎之又慎,理应在尽可能多地掌握基础资料的前提下,冷静分析、深入查考、客观判断。

4. 曾澈小学确为纪念曾澈而设

据1949年7月30日《天津日报》报道:"市公立小学增加五处:在闽侯路增设第六区第二街第三小学,计划招生700人。在姚家台松寿里增设第四区第十一街国民学校,计划招生300人。另有三所私立小学(坚基小学、平莲小学、曾澈小学)因办学困难,呈请市局批准,改为公立。"[1]天津市档案馆藏档案中,有《私立曾澈小学立案(案卷级)》,时间为1948年3月1日。[2]据此可知,至少在1948年,天津市私立曾澈小学已经设立。

那么,曾澈小学是否为纪念抗日烈士曾澈所设的呢?笔者这个疑问一直未得正解。2015年正月初六,天津教育史专家张绍祖先生复函称:"春节期间,我给原抗团成员刘永康(刘洁)先生拜年,问及曾澈小学事。原来,曾澈小学就是他创办的,他担任教务主任,没有校长。他写的《囚歌》一书,有关于该校的记载。"

果然,由刘永康所撰该书《代序》载:"在解放前1947年的暑假,国民党保密局发给抗日阵亡烈士、抗日杀奸团负责人曾澈一笔

---

[1] 转引自天津市教育局《教育志》编修办公室编《天津教育大事记(1949—1985)》下册,1987年版,第9页。
[2] 天津市档案馆馆藏档案,档号:401206800-J0110-1-000621。

抚恤金。因为曾澈已没有家属,抗团为了纪念曾澈,就拿这笔钱和天津汽车修配厂合作,办了一所该厂的职工子弟学校,命名为'曾澈小学'。修配厂出校舍、桌椅,[原]抗团[成员]负责日常开支和师资。因为经费有限,所有请来的教职员工都是义务职。我出于对曾澈的尊重和怀念,就把南开大学的课都选在上午,利用下午的时间接过来这个小学的教学任务,找了几位过去"挺进会"(即中国青年学生联合救亡挺进会——引者注)的年轻人(还没有考上大学的)。大家热心协力,积极地把这所义务小学办了起来。我也想借此机会体验体验社会的实践。因为都是初次从事教育,没有条条框框的约束,我们按照陶行知先生的教育方法,不管是教学,还是管理,都很灵活多样,生动活泼,把学校办得很出色,深受学生及家长的欢迎。天津解放后,经费来源断了,就不得不和当时的天津南开区人民政府商量把学校交出去。我就是在曾澈小学和区政府开会办理移交时'被捕'的。"[1]

据载,1949年7月后,曾澈小学改为十一区第七小学。[2]天津市第十一区为今南开区前身。

这所小学后改为南开区二马路小学。《天津大辞典》载:"二马路小学坐落在南开二马路152号。占地面积为3178平方米,建筑面积3095平方米。隶属南开区教育局。该校始建于1947年,为天津私立育文小学,1948年更名私立曾彻小学,1956年改现名。"[3]文

---

[1] 刘永康著:《囚歌——纪念关押在北京炮局第一监狱外寄人犯收容所的人们》,2009年自印本,第17—18页。
[2] 天津市地方志编修委员会编著:《天津通志·基础教育志》,天津社会科学院出版社2000年版,第291页。
[3] 来新夏、郭凤岐主编:《天津大辞典》,天津社会科学院出版社2001年版,第5页。

中所载的"曾彻小学",无疑就是曾澈小学了。

三 雷鸣远投身抗战

1946年由天津市社会局文化礼俗科编印的《天津市忠烈祠第一次入祠忠烈简明事迹录》载:"雷鸣远,华北战地督导民众服务团主任。年六十三岁,原籍比国,十六年归化中国,为天津人。司铎讳鸣远,先生字振声,公元一八七七年生于比利时冈城①,领公教洗礼。民[国]十六年归化我国,以久居津市,称天津人。早岁学道,终身绝财绝色,期以舍己救人为志。一九〇二年,在[北]平晋升司铎,奉派宣教北直隶区。民元,移铎津门,创《广益录》。民四,创《益世报》,在津问世。二十二年,长城战起,司铎偕教友出入疆场,救济伤亡。虽风雪蔽天,而工作如恒。抗战军兴,司铎认为报国良机,组救护团奔波疆场,救护伤亡。二十九年,积劳成疾,虽经委座专机迎渝,终以医药罔效,竟于是年六月二十四日遽归道山。"②

雷鸣远生平史料颇多,现据《基督教大辞典》载:"雷鸣远(Vincent Lebbe,1877—1940),比利时天主教遣使会传教士。字振声。1895年入巴黎遣使会。1901年(清光绪二十七年)来中国。1902年在北京任神父,到北直隶地区传教。1905年任涿州总堂神父。1912年在天津创立中华公教进行会,任中华公教进行会监督,并创立女子公教进行会。1915年创办《益世报》。1920年返欧,筹款接济中国

---

①根特(Ghent),旧译冈城、岗城、岗省。比利时西北部港口城市,东弗兰德省省会。
②转引自天津《民治周刊》第1卷第8期第7页,1947年4月6日出版。

雷鸣远

留学生。1927年再度来华,并加入中国籍。1930年创立耀汉会和德来会。日本侵华后,参加中国的抗日战争,率会友赴前线进行救护工作。"[1]

关于雷鸣远对共产党的认识和曲解,李立三在《共产党与宗教(1936年11月20日)》中有所记载,即:"关于宗教的发生与社会主义有许多相同之点,不仅共产党人是这样认识,即许多著名的宗教信仰者也有同样的说法。譬如雷鸣远先生(雷先生为比国人,后入我国籍,现为《益世报》的经理)是我国著名的天主教徒,他说:'共产党所领导的革命,是在求人类的自由平等,均贫富,除强权,以维持社会和平。这思想在《圣经》内随处可以找到。只是所采取的方法不同而已……耶稣对工农阶级最为同情,这从他选择门徒上全能看出来。可是耶稣的思想藏在《圣经》内空过了二千年,少有人注意,更少有人身体力行,现在被共产党窃去了'。如果各教派认为共产党人改造世界的理想,是从他们的教义中取来的,共产党人决不会以此为侮辱,因为共产党人正是以继承发挥与实现人类历史上一切高尚的理想自任的……特别在目前中国民族遭受灭亡危亡的时候,任何一种宗教的信仰者都受着同一的亡国奴命运的威胁。我们共产党人特别欢迎一切

---

[1] 丁光训、金鲁贤主编:《基督教大辞典》第361页,上海辞书出版社,2010年。

宗教的信仰者，基督教徒、佛教徒、回教徒、喇嘛〔嘛〕教徒以至信仰红枪会、大刀会者，都各自发挥他所信仰的宗教的固有优良精神，用之与民族自卫的神圣斗争中来反对共同的民族敌人——日本帝国主义。那末，无论何种宗教，在中国民族解放斗争中都会要起着积极的进步的作用。因此，共产党人号召一切宗教的信仰者都放弃宗教上的畛域，一致联合起来，共产党人更愿与一切宗教信仰者共同携手以反对共同的民族敌人，争取中国民族的解放。我们相信，这一号召一定为一切不愿做亡国奴的各种宗教的信仰者所欢迎赞助的。"①

罗隆基《天津〈益世报〉及其创办人雷鸣远》载："在抗战期间，雷鸣远极力主张《益世报》在后方设法恢复出版。为了解决复刊的经济问题，他设法同南京主教于斌合作。1938年12月8日天津《益世报》在云南昆明复刊，雷鸣远仍然是名义上的董事长。《益世报》复刊后，雷曾亲自到昆明视察报馆，并鼓励工作人员，一定要坚持罗隆基社论〔中提及〕的抗战到底的宣传政策。《益世报》复刊不到两年，便因经济困难停刊了。1944年雷本人亦病故，时年六十九岁。死后才听人传说，雷鸣远在太行山做救护工作时，曾受过伤，并由于为国民党特务组织搜集情报而被共产党逮捕驱逐，后来回到重庆养伤治病，不久就在重庆病故。"②此载其卒年、得年均不确。

也有记载称，以雷鸣远为代表的华北地区天主教神职人员不仅大力支持抗战，而且也曾支持中国共产党参加抗战。"天主教在

---

①中共中央党史研究室第一研究部编：《李立三百年诞辰纪念集》，中共党史出版社1999年版，第79—80、84—85页。
②天津市政协文史资料研究委员会编：《天津文史资料选辑》第42辑，天津人民出版社1988年版，第151页。

> 國民政府褒揚令
>
> 雷鳴遠原籍比國，早歲呈准歸化，歷在平津等處創辦慈善事業，亞設立報社，久為社會所推重，此次抗日軍興，組織救護團隊，在各地竭力救設，效顏宏為國宣勞，始終不懈，遽聞溘逝，悼惜良殷，應予明令褒揚，以彰勞勣，此令。
>
> 中華民國二十九年七月十八日

1940年7月18日，南京国民政府颁发的褒扬令

华北有三位以'远'字命名的神父，就是雷鸣远神父、雷震远神父和任望远神父。他们都是比利时人，都痛恨日本人的侵略行为打破中国安静的生活。雷鸣远神父已经入了中国籍，人家看见他高鼻子、蓝眼睛，叫他一声外国人，他顶不高兴，也顶难过。他早已离开华北，从事实际的抗敌工作，率领华北督导团，正在中条山战地担任宣传与救护工作。雷震远神父在冀中安国县一带从事教会工作，实际上在帮助吕正操发展游击队。他同雷鸣远神父一样，以为参加抗战的都是对的，不管国民党，还是共产党，应当一视同仁，不分彼此。任望远神父颇有远见，具有绅士的气质和风度。他不但同情抗战，憎恨侵略，更钦佩我们这批敌后工作的人，所以尽力帮助我们。当我们经济接济不上、无法周转的时候，他借钱给我们；我们的武器存放在天津租界，无法运回北平，他给我们运回来。"①

雷鸣远入祀天津市忠烈祠前夕，天津方面为其隆重举行追悼会。《益世报》1946年6月25日载《雷鸣远司铎追悼会昨在津隆重举行》称："昨日（二十四），为雷鸣远司铎逝世六周年纪念日。津市

---

① 乔家才著：《浩然集（三）——关山烟尘记》，台湾中外图书出版社1981年版，第104—105页。

党政各机关及中国天主教文化协进会天津分会为追念前贤、表彰忠烈，特于上午九时，假一区中国大戏院，举行天津市各界追悼雷鸣远司铎逝世六周年纪念大会。到津市长张廷谔、津市党部主任邵华、本报社长刘豁轩、工商学院院长刘乃仁司铎、耀汉兄弟会代表雷震远司铎等及津市各机关代表、各校学生、各界信友达五千余人……最后由司仪人领导全体，向抗战阵亡将士及雷氏英灵默祷。此时，全体与会人员纷纷垂首静默，一致向抗战阵亡诸将士及雷氏在天之灵，表示无限哀悼与悲伤。会场空气立时变为极度之沉静。而此一幕严肃哀痛之追悼式，遂在此沉静氛围中宣告完成。"

《益世报》1947年5月12日载《田枢机昨在望海楼主持朝圣大弥撒》称："昨日（十一），为田［耕莘］枢机主教莅津之第二日……［下午］五时，赴忠烈祠，向各烈士献花致敬，并于本报故董事长雷鸣远神父纪念牌前，默祷良久。"

1948年7月22日，《益世报》载《纪念抗战老人》称："本市西南城角赵家窑大街，是西南城角直达西营门的交通要道。天津市政府以本报创办者'抗战老人'雷鸣远神父战前久居津门，而抗战期间率领民众，奋勇担任救护工作，精神可佩，为纪念雷神父，市府昨已接受

雷鸣远手迹

参议会的建议,将该路改为'雷鸣远街'。"南大道东段原名赵家窑大街,1953年统称南大道。而《中华人民共和国地名词典》、《中华人民共和国地名大词典》均称,天津市南大道"因在西关大街以南,故名。1937年后曾以神父名,称'雷明远大街'。1945年复今名。"①

经与《益世报》所载对比可知,此说不确。一是"雷明远大街"应为"雷鸣远街"或"雷鸣远大街"。二是"雷鸣远街"或"雷鸣远大街"命名时间应为1948年,而非抗战期间。

关于雷鸣远抗战事迹,可参见以下著述:

1.黄炎培:《雷鸣远》,《国讯》旬刊1938年第194期第5页,孙起孟、张雪澄编辑;

2.王法一:《抗战奇士传略(雷鸣远)》,《抗建》三日刊1939年第16期第3—4页,陕西省教育厅编审室编行;

3.曹立珊:《抗战老人雷鸣远神父》,《益世周刊》1947年第28卷第12期第194—196页,南京益世周刊社编辑;

4.北平耀汉小兄弟会编:《抗战老人雷鸣远司铎》,1947年双十节出版;

5.晓星:《雷鸣远老人抗战记》,《文藻月刊》1948年第1卷第1期起连载(已知截至1949年第2卷第5期,该月刊仍在连载此文)。

---

① 《天津市》编纂委员会编:《中华人民共和国地名词典·天津市》,商务印书馆1994年版,第92页;崔乃夫主编:《中华人民共和国地名大词典》第1卷,商务印书馆1998年版,第142页。

四　北宁铁路局副局长张倬甫阻敌军运

中国抗日战争史学会等编《抗战英烈录》载:"张倬甫(1898—1937),原名润田,河北滦县人。早年考入北洋大学,肆业二年。1921年由南洋烟草公司资送赴美国留学。先后获康乃尔大学土木工程师证书、渊思理尔理工大学研究院工学博士学位。回国后,历任东北大学、北洋大学、清华大学、山东大学教授。嗣任北宁铁路局副局长兼工务处处长。1937年抗战爆发后,辞去本兼各职,遭日人忌疑。于同年9月20日被捕,惨遭杀害。"①

青年时期的张倬甫

但是,张倬甫因"辞去本兼各职,遭日人忌疑"而"惨遭杀害"这个表述,并不能准确反映张倬甫这位抗日烈士的抗战事迹。

1946年6月26日,天津市政府秘书处为给张倬甫召开追悼会事,致函各部门:"前本府顾问兼工务局副局长张润田烈士倬甫,当二十六年七七事变时,任北宁铁路局副局长。激于爱国热忱,义愤填膺,潜募壮士,积极破坏路轨、桥梁,阻塞敌寇军运,以遏侵略,厥

---

① 中国抗日战争史学会、中国人民抗日战争纪念馆编:《抗战英烈录》,北京出版社1995年版,第44—45页。参见徐友春主编《民国人物大辞典》下,河北人民出版社2007年版,第1834页。

张润田
美国阮思里尔大学工学博士
土木系专任教授

张倬甫照片。据东北大学出版社1999年版《东北大学教授名典》第101页

功至伟。敌寇衔恨逮捕,穷鞫追究,百般掳掠。烈士守正不屈,终以惨死。浩然正气,长在人寰。现在国土光复,追念忠烈,宜致哀悼。爰发起定于六月三十日(星期日)上午十时起,在本市第一区聚合成饭庄举行追悼会。敬请惠赐挽联、诔词,以慰英魂,而彰风烈。如承派员致奠,尤所欢迎。公谊私情,同深纫感。相应函达,即希查照。"①天津市政府张倬甫博士追悼会筹备处遂陆续收到了相关挽联、挽词等。其中,天津市地政局局长吴惠和所撰挽联为:"张烈士倬甫神鉴:多艺抟才生前治行昭美绩;抗节执义死后遗烈尽哀荣。"②

1946年6月29日,天津市市长张廷谔谕令:"明日张倬甫博士追悼会,各局、处主任以上人员均须出席,地点在聚合成饭庄(旧法租界35号路③)举行。"④天津市商会则派常务委员张伯

---

① 《为忠烈张润田举行追悼会事致市社会局函》,天津市档案馆馆藏档案,档号:401206800-J0025-3-006103-013。
② 《为举行张润田追悼会事给地政局函》,天津市档案馆馆藏档案,档号:401206800-J0101-1-002005-010。
③ 也称萨工程师路(Rue Sabouraud),抗战胜利后,更名山西路(锦州道至营口道)。
④ 《为张倬甫博士追悼会在聚合成饭庄举行事致卫生局各科室的通知》,天津市档案馆馆藏档案,档号:401206800-J0116-1-001132-081。

麟参加。①可见张倬甫追悼会规格颇高。

张倬甫追悼会召开后仅一周,张倬甫即被获准入祀天津市忠烈祠,成为抗战忠烈。1946年7月8日《申报》载《津市入祠忠烈共计九十八人》称:"中央社天津六日电,'七七'津市入祠受祭之忠烈,共九十八人……其中,有前北宁铁路副局长张倬甫。"

其生平及抗日事迹,在1946年由天津市社会局文化礼俗科编印的《天津市忠烈祠第一次入祠忠烈简明事迹录》中记载明确:"张倬甫,北宁铁路局副局长,年四十岁,河北滦县人。烈士名润田。倬甫,其字也。美国渊思理尔理工大学研究院工学博士。归国后,初执教于北洋、清华等大学,造掖后进,桃李盈门。嗣任职于天津市政府、山东省政府等机关,计划建设,成绩斐然。七七事变,博士任北宁路局副局长。平津弃守,博士虽不甘事敌,而仍虚与委蛇,盖有所图也。敌军自东运输桥梁路轨,屡遭破坏,皆博士暗中策动之力,渐为敌觉。于是年九月二十日为敌拘捕,历经酷刑拷问,博士闭口不言。敌见其志不可夺,[其]遂遭戕害。迄今尸骨无存,壮哉惨矣。"②

张倬甫后人张宁(其长孙)、张文莉(其孙女)撰《忠魂系中华 躯殒志未泯——记爱国知识分子、抗日英烈张倬甫》一文载:"1946年7月,为纪念抗日战争的胜利、缅怀抗日烈士的功绩,天津市各界人民对抗日战争中天津市各界著名的98名烈士隆重举行公祭和烈士祠揭幕仪式。烈士祠中第一位是爱国将领、天津市市长张自忠上将。著名的工程界、教育界爱国知识分子张倬甫烈

---

①《为参加张倬甫追悼会事致张伯麟函》,天津市档案馆馆藏档案,档号:401206800-J0128-2-000552-022。

②转引自天津《民治周刊》第1卷第8期第7页,1947年4月6日出版。

士名列第六①。在公祭大会上，专门介绍了他的生平和抗日斗争事迹，同时请张倬甫之子代表烈士遗属在公祭大会上发言，控诉日寇的滔天罪行。当谈到8年来日夜想念的父亲竟是这样悲惨地死在日本鬼子的屠刀之下，其子禁不住声泪俱下。会场的群众无不为之气愤悲痛。与

1946年6月27日，天津市地政局局长吴惠和为张倬甫追悼会所撰挽联

会单位和各界代表纷纷用各种方式表达他们对烈士的敬仰之情。其中，黄河水利委员会为纪念张倬甫烈士生前对黄河治理工作的贡献和英勇抗日的精神，专门定制了一个刻有纪念文字、约有2尺高的纯银纪念杯交其亲属。他的事迹一时间在天津广为流传。从他身上，人们看到了一位刚直、忠诚、具有民族气节的爱国知识分子的光辉形象。"②

---

①关于张倬甫的入祀顺序，《天津市忠烈祠第一次入祠忠烈简明事迹录》中载其为第五位，前四位分别为：原第三十三集团军总司令张自忠、原中统局华北区区长阴耀武、原军统局平津区区长曾澈、原华北战地督导民众服务团主任雷鸣远。参见天津《民治周刊》第1卷第8期第7页。此顺序显系按生前职务大小排列，而其他生前职务较高者也有被排列在其后的情形。因此，此顺序不应作为入祀天津市忠烈祠抗日烈士抗战功绩大小的唯一依据。依笔者管见，若仅以生前职务论英雄，则很容易违背客观评价抗日烈士的标准，对其他抗日烈士也不公平。
②中共河北省委党史研究室、河北省中共党史学会主办：《党史博采》1996年第1期第40页。

1946年11月29日，天津市政府训令市社会局："前据该局会文字第1296号呈送张倬甫殉国事迹表，业经咨准内政部卅五年十一月十六日礼字第0843号公函略开：'查张倬甫烈士临难不屈，殊堪矜式，核与《褒扬抗战忠烈条例》第一条第三款相合，应依同条例第二条第四款及《抗战殉难忠烈官民祠祀及建立纪念坊碑办法大纲》第八条第二项之规定，入祀省忠烈祠，并得同时入祀原籍县忠烈祠。除原送调查表存查外，仍请转饬依照前项办法大纲附发烈士事迹表格式，填送过部，以便表彰并希见复。'等由准此，合行令仰遵照办理，具报凭转。市长杜建时、副市长张子奇。"①

　　抗战爆发之际，组织破坏侵华日军运输线路，"阻塞敌寇军运"这一英勇果敢的抗日壮举，才是抗战胜利后张倬甫被入祀天津市忠烈祠、接受社会各界祭奠的主因。

1. 有关张倬甫生平的一些记载

　　1931年版《当代中国名人录》载："张润田字倬甫。年三十三岁。河北人。美国康乃尔大学土木工程师、阮思逊尔理工大学工学博士。历任美洲各桥梁公司计画师。现任沈阳东北大学工学院土木系教授。"②

　　《北洋周刊》1935年第55期载：张润田字倬甫，"籍河北省滦县"，早年在直隶省立第四中学就读。③1917年夏，考入北洋大学土

---

① 《为转饬填送张倬甫烈士事迹表并遵照办理等事致天津市社会局训令》，天津市档案馆馆藏档案，档号：401206800-J0025-3-006090-015。
② 樊荫南编纂：《当代中国名人录》，上海良友图书印刷公司1931年版，第246页。
③ 直隶省立第四中学（后改称河北省立第四中学）的前身为永平府中学堂，即中国最早的马克思主义者、中国共产党创始人和早期领导人李大钊的母校。《民国人物大辞典》载：张倬甫"初入开平小学、永定中学。"徐友春主编：《民国人物大辞典》下，河北人民出版社2007年版，第1834页。"永定中学"显系永平府中学堂之误。

张倬甫早年参加体育运动时的照片

木工程专业,"民国九年,由南洋兄弟烟草公司选派赴美留学,入康南尔大学习土木工程"。1924年暑期在"美洲桥梁公司"实习。"是年,得源思爱尔工科大学研究院优待生奖金三年,每年奖金六百元……十三年暑假后,入源思爱尔工科大学研究院……得工学博士。"1925年夏起,还就事于"波士卖克建筑公司""美洲桥梁公司"。寓所地址在"纽约一百一十号街"。1928年夏,张倬甫"应东北大学之聘归国,充该校教授,继调充该校工学院土木系主任教授"。1929年,张倬甫"应北宁路局之聘,充任葫芦岛港务处主任工程师,主办该岛筑港工程。十九年夏,北宁路巨流河段被大水冲断,不通车数月。后经局方派员调查被冲各段情形,对于工程方面力求整顿,乃委张同学兼充巨流河管段工程司,监修巨流河、新民县、白旗堡、饶阳河、励家厉堡①各段冲毁工程事项,至十九年十一月底筑竣。"张倬甫遂以"路已竣工,复为母校同学敦促,遂毅然来校,就土木系主任兼铁道工程教授。至北宁路局各项职务,势难兼顾,乃由北洋大学商同高[纪毅]局长,调任为工程秘书,特准随时到班,专司考核工务处各项工程。同时,兼任天津市政府设计

---

① 应为励家窝堡,也被载为励家窝棚,地处辽宁大虎山以东。

委员会委员及整理海河委员会委员。廿年夏，应建设厅林厅长之聘，兼堵筑永定河决口工程处主任工程司，负责监修堵筑工程"。1931年年底，北洋工学院校务由张倬甫及"机械系主任王季绪、采冶系主任何杰共同负责任，主持一切"。"迨二十一年，蔡［远泽］院长辞职，乃由李［书田］院长继任。张主任以与院长私交关系，对于各项事务，从旁多所擘画。"1935年1月，张倬甫被任命为"天津市政府顾问兼工务局副局长及主任技正"，遂以"改就现职，乃辞去本院职务。李院长以张主任在本院讲学有年，师生甚为融洽，仅允辞去主任一职，至所任主要学科，则仍坚请留院讲授"。①

应予说明的是，1929年至1937年抗战爆发之初，国立北洋大学改称国立北洋工学院。因此，张倬甫在该校任职的准确表述应为北洋工学院土木系主任兼教授。

《益世报》1935年1月25日载《市工务局未来计划测绘市圈》："天津市政府新委工务局副局长张润田业于昨日就职。据张语人云：工务局在陶［景潜］局长领导之下，一切均在努力，尤以前者张市长发表之三年计划，倍极详尽，自应秉承办理，逐步进行，个人无他种计划之可言。惟天津市关于市政极要之详图，尚付阙如，以致不能通盘计划，殊于市政发展有碍。拟即陈明陶局长，呈请张市长，于暑假期内、学生无课之时，挑选国立北洋工学院、河北省立工业学院、清华大学、东北大学之将届毕业同学，组织测量队，测量天津

---

①《本院土木系主任张倬甫同学改就天津市政府顾问兼工务局副局长及主任技正，张主任发表津市工程三年计划，张同学历略，张主任与李院长之同学史》，北洋工学院《北洋周刊》1935年第55期第5—6页。《津市政三年计划》载："报告地点：特别一区九号路中华无线电研究社电台。报告时间：二月七日下午七时。题目：天津市市政建设三年计划和整理南开一带秽水的办法。报告者：天津市政府工程顾问兼工务局副局长、工学博士张润田。"《益世报》1935年2月8日。

市,并规划五百分之一全图。此种办法,在工务局为极经济,且有特殊之效用。除可使大学生得一适当之练习机会外,并可使造就人才之机关,与用人之机关相联络。张因以上各校当局,皆系同学至好,且与各当局常常讨论及此,故拟定前项办法,庶于双方均有利益,将来测量之后。拟即择此中优秀分子,于其毕业后,约来本市服务,于市政前途,当有甚大之裨益也云云。"①

《天津近代人物录》载:"张润田(1896—？),字倬甫,直隶(今河北)滦县人,天津北洋大学土木工程系毕业。1920年考取南洋兄弟烟草公司派赴美国留学[生],入康奈尔大学,得原斯爱尔工科大学研究院优待生奖金,获硕士学位。实习于纽约中枢铁路公司。1928年归国后,任东北大学教授、系主任,1929年任北宁铁路局管段工程师、葫芦岛港务处主任工程师。1930年来天津,任河北省建设厅堵筑永定河决口工程处主任工程师,北洋工学院教授、土木系主任,河北工业学院讲师。1935年任天津市政府工程顾问、天津市工务局局长。1936年任北京清华大学教授。1937年七七事变日本入侵前后,被日本特务绑架,经多方营救,迄无下落。"②

张倬甫于抗战全面爆发之初的1937年9月被捕,这个史实在已见记载中并无疑义,但尚未发现载明其具体牺牲时间的史料,姑且将其牺牲时间表述为1937年9月或9月后不久。

2.张倬甫抗日牺牲始末

1937年国立山东大学(以下简称"山大")工学院土木工程系毕业生周俊逸在回忆文章《拳拳思念情——怀念恩师张倬甫教授》中

---

①参见《新市区建设下月测量》,《益世报》1935年2月17日。
②天津市政协文史资料研究委员会编:《天津近代人物录》,1987年版,第231—232页。

记载：张倬甫"于1936年8月来青岛山大任教、张任山大工学院土木工程系教授兼主任。张氏为人正直严肃，学识渊博，视学生如子女，培育人才，非常认真，既注意丰富学生的实践，又重视充实学生的理论，是同学们最尊敬的师长，也是国内闻名的土木工程教授……不久爆发七七事变，山大准备内迁，师生纷纷离散，张倬甫教授此时已去天津北宁铁路局任总工程师……山大工学院长汪公旭教授，从天津敌区赶到后方，总算

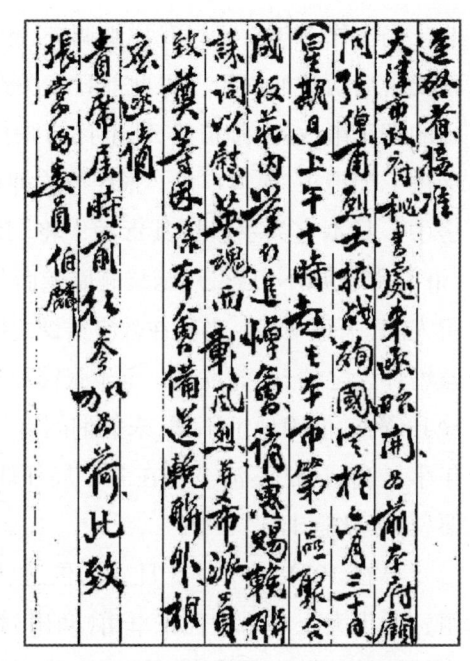

1946年6月29日，天津市商会致函该会常务委员张伯麟，请其参加张倬甫追悼会

在宜昌找到山大的同学。他沉痛地对我们说：'张倬甫教授在天津塘沽乘海轮至后方，不幸被日本宪兵抓去，生死不明！'同学们无不眼泪双流。大家都说：'日本军人手段毒辣，凶多吉少！'大家越说越沉痛，无从查明下落。事过25年，到了1962年2月，我供职于天津北站中山路终端铁道部第三设计院，办公大楼是津浦铁路局的旧址，对街是天津铁路局，办公地点就是老北宁铁路的旧址。恰恰我当时调到中山路177号铁道工程学院和职工学校任教。铁三院勘测处有一位老事务员高世禄同志，在我到差之前，他告诉我，177号是北宁铁路局总工师张倬甫殉难之处。他曾是张氏部下，他那时在

北宁局工作多年。经过我详细调查,此处原系日本司令部所在地。张氏自塘沽被捕以后,以此前日本关东军从关外开至关内一个师团的翻车事故,全师覆没,严刑拷打张氏,认为是张氏预谋,用铁丝穿过十个指头,逼迫口供。张氏被关押在后院不足十平[方]米的小房中,日本官兵手段极其毒辣,将[其]十个指头拉得鲜血淋一〔淋〕。张氏痛不可忍,用脑袋碰墙壁而与世长辞。他的爱国之心,长留人间,永垂不朽。当我在教室讲课之时,从玻璃窗望着后院,不竟益增怀念之情,悲痛欲绝!至于张氏死后情况,不得而知,本拟致函滦县调查,但因地址不详,未能询问有无后代,但高同志早已退休,年事已高,记忆不清。原在北宁局任职的老友,多已去世,未能如愿,至今耿耿于怀"!①

早在1981年7月5日,周俊逸就曾函复山东大学校史编写组:"原山大土木系主任张卓甫(润田)教授于1937年动身去后方,在天津塘沽被日军捕送天津中山路177号日军宪兵司令部,惨遭杀害,值得撰文纪念。"②

张倬甫后人张宁(其长孙)、张文莉(其孙女)撰《忠魂系中华躯殒志未泯——记爱国知识分子、抗日英烈张倬甫》一文对张倬甫抗日牺牲事迹也有较为具体的记载:

1937年七七事变后,面对祖国的大好河山被日本帝国主义侵占,张倬甫义愤填膺。他坚决支持芦[卢]沟桥守军29军吉星文部的英勇抗战,主张各条战线用一切可能的手段抗击日寇。与此同时,他针对日本进军华北必须经北宁铁路运送人员、军火、装备的

---

①参见张乐岭等主编《峥嵘岁月》,山东大学出版社1991年版第230—235页。
②山东大学校史编写组编:《山东大学校史资料》第2期,1982年版,第80页。

情况,秘密地策划并组织破敌交通的行动计划。即将铁轨道钉拔掉,颠覆日军用火车。他认为,由于铁轨是用道钉固定在枕木上的,拔掉了道钉,看起来铁轨完好,但列车开上去,一振动,铁轨错位,必然翻车。如果在险要地段拔除道钉,军车翻车损失将十分惨重。但这个计划实施起来需要精心组织,需要专门的技工和工具,并且不能被日本人觉察。为策划和实施这个计划,在七七事变后,他利用合法的身份,多次借口检查、巡视,秘密地到山海关、军粮城等地实地勘察、并组织实施。

由于这种破坏方法十分巧妙,开始,日军根本没有发现。因此,在 1937 年七七事变后不久、七月底八月初,日军运送人员、军火的火车就发生多次出轨翻车事件。虽然日本人严密封锁消息,但新闻媒界还是千方百计地报导出人民的抗战情况。据 1937 年 8 月 2 日《中华日报》报道:'平沈车(即北宁铁路局辖段)在军粮城出轨,轨道破坏所至,死伤必众。'这个行动不仅狠狠地打击了日寇并延缓了日军进军华北和给养的调配,更重要的是鼓舞了在各条战线上进行顽强抵抗的中国同胞。为此,日军十分恼火,在铁路沿线逮捕了大批中国人进行审问,了解到张倬甫是这一行动的主要策划和组织者。张倬甫虽知军车翻车后日军必然会

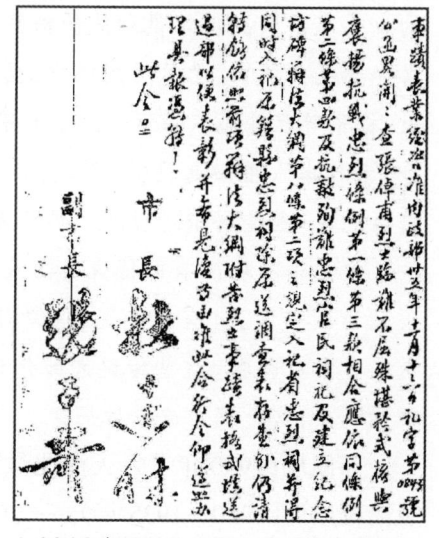

1946 年 11 月 29 日,天津市政府训令市社会局,向内政部提供张倬甫烈士的抗日事迹

察觉,于是,他开始了策划第二步破坏路基和桥梁的计划,置生命于不顾,四处奔波,未能隐蔽。实际上,按当时张倬甫的声望和国内外的各种关系,他为了自己和家庭的安危,完全可撤退到一个更安全的地方,甚至出国。这他比别人更容易做到。但大敌当前,他不愿苟且偷生、逃避斗争,他要继续坚持抗日斗争,直至献出生命。

1937年农历八月十五①,他从外地赶回天津,准备收拾东西躲避一下(在此之前,他已交给孩子手枪和必要的东西,让他们先到南方去了)。他刚回到家,就被日本便衣察觉并封锁了房子的出口。接着,海光寺宪兵队送来请柬,邀请张先生到海光寺共度佳节,实际上是强迫到宪兵队受审。他们怕公开逮捕,会引起天津市的轰动,故采取这种方法秘密逮捕。此去则再未返回。直到抗日战争胜利后,其子千里迢迢地从南方到天津寻找父亲的下落时,才从被俘的日本宪兵队战俘口供和敌伪档案中得知,张倬甫被捕后,关押在海光寺宪兵队内,受尽严刑拷打,至死不屈。日本鬼子为解心头之恨,将张碎尸并抛入海河。由于张倬甫当时是京津著名的爱国知识分子,日本人怕激起民愤,因此,日本宪兵队从逮捕到将他严刑拷打至死,一直是秘密进行的。虽然人早已被日军杀害,但对外他们一直说下落不明。有的传说美国人把他救了出来并在使馆的保护下又送到美国;也有的传说,张倬甫被捕后,没有[被]杀害而被押送到日本后获救。这些传说大部分是人们善良的猜想。直到抗日战争胜利后,这个谜才被最后揭穿。

郭佩珊(1930年考入天津北洋工学院)在《我在天津北洋大学及离校以后(1930—1935年)》一文中记载:"听说日本侵占天津后,

---

①1937年9月19日。

张润田被捕,关押在日本宪兵队的水牢中,被残害致死。"①

且不论张倬甫的具体死因,其暗中策动破坏铁轨、桥梁设施,导致侵华日军军车倾覆等,应为抗战伊始爱国知识分子在沦陷区利用职业优势自发自觉地重创敌人的典型抗日事迹。

3.关于张倬甫生平细节的考证

①籍贯问题

常见记载多称张倬甫的籍贯为滦县。另如,1933年、1934年编《中国科学社社员分股名录》均载张润田(倬甫)为"河北滦县"人。再如,《国立北洋工学院二十二年度教职员名册》载,1933年,张润田任土木系主任兼铁道工程教授,籍贯"河北滦县"。②有理由相信,"河北滦县"应据张倬甫填写履历表而来。也就是说,张倬甫认可其籍贯为"河北滦县"。

不过,张倬甫后人张宁、张文莉撰《忠魂系中华躯殒志未泯——记爱国知识分子、抗日英烈张倬甫》载张倬甫"1898年出生在河北省丰润县的一户普通农民家中"。

另据清华大学1936年毕业生邹承曾撰《怀母校感念师恩》载:"桥梁设计——张润田老师讲授。他是河北丰润人,一口家乡土话。记得他譬喻一件办不到的事时说:活人脑子好吃,没地方'掏和'去。'掏和'两字意是'取得',大概是丰润土话吧。据云,在抗日战争期间,他在天津惨遭日寇杀害。"③

---

①中共云南省委党史研究室、中国科学院物理研究所编:《郭佩珊纪念文集》,云南民族出版社2005年版,第363页。
②转引自北洋大学天津大学校史编辑室:《北洋大学——天津大学校史》第1卷,天津大学出版社1990年版,第147页。
③清华校友总会编:《校友文稿资料选编》第6辑,清华大学出版社2000年版,第121页。

《东北大学英烈名录》、《在东北大学工作过后在抗日战争时期为国捐躯的英烈校友简介》载:张倬甫(1898—1937),字润田,籍贯"河北丰润",1929年至1931年任东北大学土木学系教授。①

滦县距丰润仅50多千米。滦县原名滦州,属直隶省永平府,1913年改称滦县。而丰润县早在清乾隆年间已大部分属遵化直隶州,只有东南一部分仍属滦州。

张倬甫的籍贯详情已难于查考。尽管张倬甫后人明确记载为丰润,今人应予尊重,但尚无否定张倬甫籍贯为滦县的有力证据。

即便如此,张倬甫的籍贯也应表述为"直隶省丰润"或"直隶省滦县"为妥。这是因为,河北省这个省级行政区的名称,是1928年才出现的,此前应称直隶省。

②生年和牺牲时的年龄

关于张倬甫的生年和牺牲时的年龄,所载并不相同,有必要缕析一番。

除《忠魂系中华躯殒志未泯——记爱国知识分子、抗日英烈张倬甫》及中国抗日战争史学会等编《抗战英烈录》外,《辛亥以来人物年里录》②《东北大学校志》③《20世纪中华人物名字号辞典》④等均载明张倬甫生于1898年。

《民国人物大辞典》中的表述最为明确,即张倬甫"1898年(清光绪二十四年)生……1937年抗日战争爆发后……于同年9月20

---

①东北大学史志编研室编:《东北大学校志》第1卷下册(1923.4—1949.2),东北大学出版社2008年版,第1363、1366页。
②邵延淼主编:《辛亥以来人物年里录》,江苏教育出版社1994年版,第529—530页。
③东北大学史志编研室编:《东北大学校志》第1卷下册(1923.4—1949.2),东北大学出版社2008年版,第1363页。
④周家珍编著:《20世纪中华人物名字号辞典》,法律出版社2000年版,第1145页。

张倬甫曾获美国伦斯勒理工学院博士学位

日被捕,后遭杀害。年39岁。"①

不过,《天津近代人物录》载张倬甫生于1896年。②《辽宁教育人物志》载:"张润田,东北大学土木工程专业教授,生于1897年。"③

而1931年版《当代中国名人录》则载张倬甫"年三十三岁"。该名人录中所载的人物"年岁和现任职务,以1931年6月为准"。④据此推算,其应生于1898年。当然"年三十三岁"也有可能是虚岁(即

---

①徐友春主编:《民国人物大辞典》下,河北人民出版社2007年版,第1834页。
②天津市政协文史资料研究委员会编:《天津近代人物录》,1987年版,第231页。
③辽宁省教育史志编纂委员会编:《辽宁教育人物志》,辽宁科学技术出版社1998年版,第436页。
④吉文辉:《中医文献检索实用手册》,江苏科学技术出版社1986年版,第111页。

32周岁),因此,其生年也有可能是1899年。

《天津市忠烈祠第一次入祠忠烈简明事迹录》载,张倬甫牺牲时"年四十岁"。同理,如设定其确于1937年年内惨死于侵华日军屠刀之下且"四十岁"为虚岁的话,其应生于1898年。

鉴于张倬甫后人明确记载其生于1898年,且尚未发现与之明显有异的早期史料(如同学录等所载),因此,今人仍应以其生于1898年这一记载为准。

③留美求学始于何时

《北洋大学——天津大学校史》载,张润田是北洋大学土木工程系"预科六班1918年入学生(二年制)"、"十三年班1920年入学生(四年制)"。①

前引记载对于张倬甫留学美国的时间,并存1920年和1921年两说。根据《申报》所载可知,其确于1921年出洋留美。

1921年7月29日《申报》载《南洋公司选送留美学生揭晓》:"南洋兄弟烟草公司及简照南君,本年第二次选送留美学生,额定上海十名、广东五名。上海方面完全委托江苏省教育会代办……正取十名:……张润田,北洋大学土木工十三年班学生,工科。"另据《江苏省教育会第十七次常年大会会务报告(十年一月起至八月至)》载,江苏省教育会接受此项任务后,"当即组织委员会,公推余日章、穆藕初、杨补塘、许建屏、朱成章五君为委员,余君为主任。此次招考报名者二十八校七十七人,实到二十六校七十人。正取十人为:潘序伦(约翰大学);周厚枢、倪尚达(国立南京高等师范学校);

---

① 《北洋大学——天津大学校史》编辑室:《北洋大学——天津大学校史》第1卷第464、507页。

王家骧、祝隆惠(约翰大学);李安(复旦大学);张汉文(税务学校);马景行(东吴大学);嵇储英(北京大学);张润田(北洋大学)"。

1921年8月19日《申报》载《南洋公司宴送出洋学生记》:"南洋兄弟烟草公司前托江苏省教育会考取学生潘序伦、周厚枢、倪尚达、王家骧、祝隆惠、李安、张汉文、马景行、嵇储英、张润田等十名资送出洋留学。今因护照、舱位一切手续均已完备,定于日内放洋,故特在该公司总理简照南之新闸路一百八十一号住宅南园内,设宴欢送,并酬谢省教育会代考之盛意。来宾除十名学生全体莅止外,有省教育会副会长黄任之及沈信卿、穆藕初、许建屏等数十人。"

1921年9月4日《申报》载《南洋公司资送学生已过横滨》称:"南洋兄弟烟草公司此次资送沪、港两处学生嵇储英等十五人赴美留学,上月二十二号乘俄罗斯皇后号邮船放洋。"

1922年3月5日《申报》载《南洋公司资送留美学生近讯》称:"接驻美纽约该分公司报告,本学期各学生肄业校名:……张润田,高纳大学土木工程……"

常见记载均称张倬甫赴美后,先就读于康奈尔大学(Cornell University)。该大学也曾有"康南尔大学"、"康纳尔大学"等称谓,位于纽约州伊萨卡。那么,该大学是否也曾称"高纳大学"呢?

1906年12月11日《申报》载《美国大学校失火》称:"二十三日(即12月8日)伦敦电云,美国纽约省之高纳尔大学失火。学生死者四人、救火夫死者三人。""高纳尔大学"即指康奈尔大学。有理由相信,"高纳大学"亦为该大学的另一汉文译名。

④在美国哪所大学攻读博士

张倬甫留美期间,先在康乃尔大学学习土木工程专业,毕业后攻读博士。已见记载对于其攻读博士的大学校名记载有异：

一是 1931 年版《当代中国名人录》称张倬甫为"阮思逊尔理工大学工学博士。"

二是《北洋周刊》1935 年第 55 期载，张倬甫"得源思爱尔工科大学研究院优待生奖金……得工学博士。"

三是 1946 年《天津市忠烈祠第一次入祠忠烈简明事迹录》载其为"美国渊思理尔理工大学研究院工学博士"。

四是周俊逸《拳拳思念情——怀念恩师张倬甫教授》载其为"渊思理尔大学工学博士"。①

五是《天津近代人物录》载其"得原斯爱尔工科大学研究院优待生奖金，获硕士学位"。②

六是《东北大学教授名典》载，张润田（即张倬甫）为"美国阮思里尔大学博士"。③

七是《清华大学工学院初建时期教授情况一览》载：张润田 1935 年起任土木系教授，毕业于"思理尔理工大学"。④

以上所载居然出现了六个校名，即"阮思逊尔""源思爱尔""渊思理尔""原斯爱尔""阮思里尔""思理尔"。其均应为英文直译，所指应为同一所大学。那么，这所大学当时设在美国哪个地方？如今对这所大学的校名又是如何通译的呢？

笔者判断，这所大学即美国伦斯勒理工学院（Rensselaer Poly-

---

① 张乐岭等主编：《峥嵘岁月》，山东大学出版社 1991 年版第 230 页。
② 天津市政协文史资料研究委员会编：《天津近代人物录》，1987 年版，第 231 页。
③ 杨佩祯主编：《东北大学教授名典》，东北大学出版社 1999 年版，第 135 页。
④ 王孙禹、刘继青著：《中国工程教育——国家现代化进程中的发展史》，社会科学文献出版社 2013 年版，第 136 页。

天津北站及中山路与调纬路交口的饭庄和北站邮局。张倬甫殉难地即在此地附近

technic Institute,简称 RPI),其位于美国纽约州首府奥尔巴尼附近的特洛伊(Troy),距纽约 166 英里,创办于 1824 年,是美国历史上第一所理工科大学,设有土木工程专业和研究生部,很早就具备招收博士生的资格。

这所大学的中文译名很多,如"伦塞莱尔理工学院(简称 RPl)"①"纽约市特洛伊的伦斯拉尔技术学院"②"仁斯里尔(Rensselaer)理工大学"③"冷山岚科技学院"④"伦塞勒理工学院

---

① 教育部出国人员北京集训部编:《国外接受留学人员单位简介(加拿大、美国、日本卷)》下卷,教育科学出版社 1983 年版,第 148 页。
② 史晓平编著:《英语新闻学基础》,吉林出版集团有限责任公司 2009 年版,第 161 页。
③ 徐章辉主编:《中国高校创业教育体系发展研究》,中国青年出版社 2011 年版,第 5 页。
④ [美]何思谦著,何学良、李疏松译:《美国著名高校概览》最新修订版,清华大学出版社 2012 年版,第 189 页。

（RPI）"①等不一而足。"Rensselaer"也曾有被译为"勒山楼"的情形。②因此,这所大学的校名也被译为"勒山楼工学院"。③

尽管如此,"伦斯勒"应为这所大学的中文标准称谓,亦为今人使用频率最高的校名。

⑤回国后担任的部分社会职务

1930年6月26日《申报》载《中国工程学会将开年会,八月中旬在沈阳举行》称:"中国工程学会因鉴我国东北面积辽阔、物产富厚,如不提倡工程建设,难臻完善。况三省地接强邻、形势重要,外人投资之工厂及建筑甚多,借镜有资,探讨有方。故该会第十三届年会业已决定于八月中旬在沈阳举行。轮轨优待,亦皆照例分别办理。闻此次年会委员长已推定沈阳分会会长张润田君担任,积极筹备进行。各种接洽事项,除该会上海宁波路七号总办事处外,与沈阳北宁铁路港务处主任工程师张君润田直接接洽亦可。此次年会,除例行会程外,尚须讨论与中华工程师学会合并问题,关系我国工程界至为重要云。"

茅以升《中国工程师学会简史》载:"一九三〇年八月,在沈阳举行年会。会上讨论了与'中华'合并问题。会长胡庶华、副会长徐佩璜,年会筹备委员长张润田。会员1730人,会费4800元。"④

当时并存两个学会,即中华工程师学会(1912年创建,1915年定名)和中国工程学会(1917—1918年在美国成立)。

---

①[美]基斯克著、梁燕玲译:《美国高等教育的历程》,教育科学出版社2012年版,第419页。
②陆景宇编著:《外国地名辞典》,维新书局1966年版,第578页。
③肖安薄编著:《文科英语》,成都科技大学出版社1993年版,第140页。
④全国政协文史资料研究委员会编:《文史资料选辑》第100辑,文史资料出版社1985年版,第136页。

吴承洛《三十年来中国之工程师学会》载：中国工程学会美国分会成立于1920年，张润田后曾任副会长、会计。"沈阳分会，民十八成立，首任会长张润田。"沈阳分会，"初由方颐朴、盛绍章筹备，十九年年会前，分会以张润田为会长，王孝华为副会长，余雅松为书记，胡光焘为会计。""第十九届常年大会在沈阳于十九年八月举行，委员长张润田、副王孝华。"①

《辽宁省志·建设志》载："民国19年8月18—25日，中华工程师学会在东北大学文法院举行第13次年会，参加会议的有40余名代表，辽宁省教育厅、建设厅及各机关代表10余人也到会演讲，并参观了东北大学及大学工厂、沈阳电灯新厂、东北无线电台、北宁铁路机厂、辽宁总站等。"②

笔者判断，这两个学会的活动，张倬甫都曾参加过。1931年8月26日，这两个学会在南京举行联合年会，正式通过合并案，定名中国工程师学会。此后，张倬甫仍为干员之一。

1930年12月14日《益世报》载《海河工程进行近讯》："整理海河委员会于昨日下午三时半，在英租界马场道该会所内举行第二十五次例会，到会者：副会长臧启芳，委员李书田、张润田、王仲曾、林成秀、高思、韩麟生、哈德尔、荆有岩及秘书长黄宗法、咨询工程师杨豹灵等。"

1933年10月5日《益世报》载《北洋工院成立同学总会》："国立北洋大学毕业同学，因募建母校图书馆礼堂合厦，成立各地同学

---

① 中国工程师学会编辑：《中国工程师学会三十周纪念刊·三十年来之中国工程》，1947年1月再版，中央印制厂重庆厂印刷，《三十年来中国之工程师学会》第30、32、37页。
② 辽宁省地方志编纂委员会办公室主编：《辽宁省志·建设志》，辽宁人民出版社2003年版，第644页。

会共策进行。本月二日为该校三十八周年纪念,各地同学会均推有代表参加。天津同学会借此机会,即晚在永安饭店欢宴各地同学会代表,并共商成立同学总会。即根据南京分会修正之《北洋同学会章程草案》,即晚推定司选委员张润田、伍克潜、徐泽昆、崔诵芬、邓舒庵五人。"

1933年1月编印的《中国科学社社员分股名录》第58页和1934年8月编印的《中国科学社社员分股名录》第73页均载,张润田(倬甫)为"工程科学组土木股"成员。

直到1936年,张倬甫仍为河北省工程师协会等五个津冀学术团体的负责人之一。《津五学会团体联合会开幕》载:"天津消息,冀省工程师协会及中国工程师协会天津分会、中国科学社总会津社友会、中国工程师学会津分会等五个学术团体,本年秋季联合大会,于九月十九日晨九时假河东市立师范大礼堂正式开幕,即九时起为河北省工程师协会第四届年会。出席全体会员,有会长魏明初,会员张润田、李书田、张锡周、刘子周、云成麟、王华堂等二十六人……推举张润田、刘子周、云成麟、高镜莹、张金鎞等五人连任本届执行委员。"①

⑥也有记载称之为"张卓甫"

《东北各团体电请国联调查团主持正义》载为"中国工程学会东北分会干事张卓甫"。②

《申报》1933年4月15日载《北洋大学参观团来沪》称:"天津北洋大学土木工程系本届毕业生六十余人,由主任张卓甫率领全

---

①《科学》杂志1936年第20卷第11期第1004—1005页。
②张余生编:《倭制满洲国》,东北问题研究会1932年版,第195页。

体学生,赴各地参观。于二月二十七日离津。四月五日过沪,参观交大'工铁展览会',即日赴杭。昨日来沪,寓大陆商场,当日即由工部局引导参观自来水公司、焚化炉污水池等。该团尚需在沪勾留三日,准十八日离沪返津。"

今人著述中载其名为"张卓甫"的情形亦间或有之。此载应判定为误植。

⑦何时担任北宁铁路局副局长

北宁铁路局全称为北宁铁路管理局,局机关办公地设在天津。张倬甫担任北宁铁路局副局长的时间,史载不一。

牛宝印等撰《北洋大学学生战斗在"一二·九"运动中》载:1931年九一八事变后,"北洋大学的师生们对日军的入侵和蒋介石政府的卖国,极为愤怒……同学群情激愤,各班纷纷组织抗日救国委员会。学生自治会根据同学要求,召开全体师生大会,通过了赴南京请愿的决议。11月7日晨,同学们集合在操场上,准备出发……请愿的队伍奔赴天津北站,得到了兼任北宁铁路局副局长的张润田教授(当时也是北洋大学土木工程系主任)的热心帮助。后来,张润田教授被日寇逮捕,光荣殉国"。①

郭佩珊《我在天津北洋大学及离校以后(1930—1935年)》载,九一八事变以后,北洋工学院"同学们一致要去南京请愿……我是以和大家一起去看看动静的态度去的。土木工程系教授张润田那

---

①中共天津市委党史资料征集委员会编:《一二·九运动在天津》,南开大学出版社1985年版,第233页。《天津大学校史》所载《北洋师生抗日救国运动的兴起》,即据此而来。北洋大学天津大学校史编辑室:《北洋大学——天津大学校史》第1卷,天津大学出版社1990年版,第222页。参见王杰、祝士明编著《学府典章——中国近代高等教育初创之研究》,天津大学出版社2010年版,第60页。

时兼任北宁铁路局副局长。由于他的帮助,在天津没有遇到阻力就弄到一列专车,开往浦口"。①

《忠魂系中华躯殒志未泯——记爱国知识分子、抗日英烈张倬甫》载:"1934年起,张倬甫开始兼任北宁铁路局工务局副局长、代局长。""从1935年后,他已没有精力再教书,而不得不将全部精力投入到实际的土木工程之中。不久他又被聘任为北宁铁路局工程处长,工务局副局长、代局长,天津市土木工程总顾问等。"②其担任北宁铁路局副局长的时间到底是哪一年?

1935年初,张倬甫正式就任天津市政府工务局副局长。尚未发现其于此前担任北宁铁路局副局长的记载。1935年8月11日《申报》载《冀建厅兴筑津保碎石路面》称:"(天津)冀省府为便利津保直接交通,令建厅拨款兴筑碎石路面。顷技正张润田奉命抵津调查(十日专电)。"可见,张倬甫此时亦任河北省建设厅技正。

《天津市忠烈祠第一次入祠忠烈简明事迹录》载,"七七事变,博士任北宁路局副局长。"据此可知,1937年七七事变爆发前,张倬甫已任北宁铁路局副局长。又有记载表明,张倬甫是1937年初返津担任北宁铁路局工务处处长的。1937年《北洋周刊》载《张润田同学已任北宁铁路工务处长月余》称:"张润田同学,去年暑假辞去清华大学土木系教授职务,就任山东省政府顾问。本年一月底来津,任北宁铁路工务处长,现已月余,业布置就绪。张同学现寓天津英租界民园西里。北宁铁路工务处原有处长兼总工程师、副处长、副总工程师各一人,近则分设处长、副处长、总工程师、副总工程师共

---

①中共云南省委党史研究室、中国科学院物理研究所编:《郭佩珊纪念文集》第356—357页。
②《党史博采》1996年第1期第38—39页。

四人云。"①如其同时兼任北宁铁路局副局长的话,任职时间也应在1937年1月之后才合理。

另有一处间接记载可兹参考。《申报》1937年5月20日载《国营铁路财产估计会议开幕》称:"南京。铁部国营铁路财产估计会议,十九日上午九时在该部举行开幕式,到部长张嘉璈、主任张兢立,该部出席代表林兆棠、汪仲长、王国华等二十六人,各路代表陈琯、周钟岐、史都亚、张倬甫、金涛、吴益铭等三十七人。"此为全国铁路界高层会议,规格较高,出席者皆为各路局代表且应有相当职务。张倬甫其时已有北宁铁路局副局长身份的可能性较大。

张倬甫任此职的具体时间,最为明确的记载应该是《北宁铁路管理局令》或当时的《铁道公报》所载《铁道部令》。对此仍需查考。

⑧何时担任"北宁铁路局总工程师"

2015年8月24日,民政部公布《第二批600名著名抗日英烈和英雄群体名录》载:"张倬甫(1898—1937),北宁铁路局总工程师。"②

此载与周俊逸《拳拳思念情——怀念恩师张倬甫教授》中的两处表述一致,即:"张倬甫教授此时已去天津北宁铁路局任总工程师"以及"177号是北宁铁路局总工师张倬甫殉难之处"。

不过,前引1937年初《北洋周刊》所载《张润田同学已任北宁铁路工务处长月余》则称:"北宁铁路工务处原有处长兼总工程师、副处长、副总工程师各一人,近则分设处长、副处长、总工程师、副

---

① 《北洋周刊》1937年第146期第7页。
② 《民政部公布第二批600名著名抗日英烈和英雄群体名录》,新华社北京2015年8月24日电讯。

总工程师共四人云。"①因此，尚不能确定张倬甫牺牲前的职务为"北宁铁路局总工程师"。

此处所载的"总工程师"应为总工程司。1929年8月27日由铁道部公布的《铁道部直辖国有铁路管理局编制通则》第五条载："管理局置职如左：局长、副局长、处长（总管）、副处长（副总管）、总工程司、副总工程司……"其第七条载："副局长由铁道部长派充，辅助局长处理事务。"其第八条载："处长、副处长、正副总工程司……由铁道部长派充，承长官之命，分掌该管事务。"②

而1935年鄂司特罗乌莫夫撰《铁路技术员工的任用资历及其考绩试验》亦载，北宁铁路管理局"工务方面，工务处正副处长，即全路正副总工程司，并工务处段长、副段长，应就受过高等工程智识的人、曾经有过建筑铁路……的经验之人来选派"。③

交通部天津电话局1936年编《民国二十六年份天津电话号簿》载，北宁铁路管理局工务处时设处长（沈圭臣）、副处长（梁东川）、总工程司兼洋总管（维礼斯）、总稽查（牛盖）、工程课课长（梁锦萱）、事务课课长（副课长王明甫）等职，并在东站等处设号志工程司、号志副工程司、外勤技术员等。其中，"北宁铁路管理局工务处总工程司兼洋总管维礼斯宅 英租界戈登路186号"。

据此可知，"北宁铁路局总工程师"应为俗称，其规范称谓应为"北宁铁路管理局工务处总工程司"，或称"北宁铁路管理局总工程司，设在工务处"。

---

①《北洋周刊》1937年第146期第7页。
②立法院编译处编：《中华民国法规汇编》第2编，中华书局1934年版，第972页。
③《北宁铁路管理局改进专刊》1935年第5期 第16页。

⑨部分著述

《国立北洋工学院研究事业之进行状况及其成绩》载:"张教授润田编著北洋工学院丛书之《铁道曲线及土方学》一书,并将刊入商务印书馆《大学丛书》之中。"①"铁道曲线及土方学"也被列为北洋工学院土木工程学系必修课程。②李书田《土木工程学术之领域及其研究方法》载:"在铁道及道路曲线与土方学中,平面、立体及解析几何所在应用。"③

1933年《国内各大学现用课本调查·北洋工学院土木工程系》载为"《铁道曲线及土方》:'Allen:Railroad Curve & Earth Work'"。④此书为1899年弗兰克·艾伦所著英文原版书籍,已知北洋工学院学生曾使用该书的1931年第七版修订本作为课本。

《北洋大学——天津大学校史》载有"张润田教授所著的《道路曲线及土方学》"一语。⑤此载应有不确。查1937年版《大学丛书目录》载,《铁道曲线及土方学》一书属于工学院土木工程系"铁道弧线及土方"科目,"正由张倬甫编著中"。⑥可见,此书书名并非《道路曲线及土方学》。而张倬甫所著此书是否正式出版过?因未检索到出版信息,暂且存疑。

张倬甫1934年在北洋工学院《廿三年班毕业同学录序》中所言,

---

① 原载《北洋周刊》1935年第52期,转引自北洋大学天津大学校史编辑室编《北洋大学天津大学校史资料选编》一,天津大学出版社1991年版,第308页。
② 北洋大学天津大学校史编辑室:《北洋大学天津大学校史》第1卷,天津大学出版社1990年版,第161页。
③ 《北洋理工季刊》第3期第4页,1936年9月出版。
④ 《图书评论》1933年第2卷第1期第117页。
⑤ 《北洋大学——天津大学校史》编辑室:《北洋大学——天津大学校史》第1卷第187页。
⑥ 《大学丛书目录》,商务印书馆1937年版,第109页。

反映了其不尚空谈的务实精神和崇尚实践的科学态度:"今我国之治事者,无论军政、学务,率皆能言。每有会议,动至数时之久。其甚者,通宵达旦。舌笔为劳,宜乎增加工作之效率矣?而卒有议而不决、决而不行、行而不力之讥。其可耻孰甚焉!夫桃李不言,下自成蹊,有其实也;男子树兰,美而不芳,无其情也。有其实,不言而人归之;无其情,美言亦何补也?谨以最简要之语念于诸君:应世之方,去浮言、重力行,用功深者,其收名也远。若果能此,行之一恒,必自芬芳也。"①

张倬甫在《土木工程建设是生产的》(署名张润田)一文则全面总结了其从美国学成回国后的工作经历。如:1929年"考查东北三省铁路交通路网";"民国十九年春,润田至北宁路担任葫芦岛港务处主任工程司,主持修筑该港";"民国二十年夏天,曾负责在永定河担任堵筑永定口决口工程";后于商震代理天津市长时制订"修筑天津塘沽间公路"计划;1935年"商公〔商震〕主河北省,润田又代拟整理津保公路计划,改组河北省路局、以公营汽车收入逐渐整顿津保公路的计划等";1935年"在天津青年会广播电台讲演天津工务局工作概略"等。②

张倬甫在《土木工程建设是生产的》中还着重分析了其于1935年初发表的《天津市三年工程计划》的内容,并以其开阔的视野和前瞻性的眼光勾勒了天津市政建设发展愿景,即:"按彼时我们所据定之计划,为从民国二十四年到民国二十六年度为止。求完成炒油二十六条、泼油三十二条、沟渠一万四千四百十九公尺(米)、河坝六百五十五丈、桥梁三座。以外还有整理南开一带秽水的方法。

---

①1934年6月11日《北洋周刊》第27期第4页、
②参见《清华周刊》1936年第44卷第8期第54—57页。

以工料价款三百〇八万三千九百三十元。于三年之内完成津市之一切建设。我们自信,也可以使社会人士相信。我们彼时计划要是成功,并能照既定之方案,逐步实施。润田可以担保到民国二十六年终了时,不但对于天津市之交通、卫生及一切市政建设,能使人民感到无上之便利,即天津市政府公家之收入,亦可增加不少。"①

尽管张倬甫的满腔报国之志因抗战全面爆发而顿时化为泡影,但这位在教育界、科技界和市政建设领域均已颇有建树的土木工程专家,誓不觍颜事敌,不畏暴虐强寇,主动出击、抗御外侮,充分表现出中国知识分子的高尚爱国情操和为国纾难的坚强意志。张倬甫宁死不屈的革命英雄气概,足令后人景仰。

五 陈中柱将军被追认为革命烈士

1946年由天津市社会局文化礼俗科编印的《天津市忠烈祠第一次入祠忠烈简明事迹录》载:"陈中柱,津浦路特别党部委员,年四十二岁,江苏人。君籍江苏,以任职津浦铁路,遂在津卜居焉。事变后,参加挺进军。袭击倭寇,运筹帷幄,迭挫敌锋,敌伪畏甚。以夜袭奋不顾身,遂致阵亡。"②

《陈故少将中柱》载:"陈故司令中柱,江苏盐城人。性忠厚刚直,毕业于中央军校第六期,历任大队长,军训教官等职。'七七'军兴,任第五战区特简团团长,率部游击于鲁苏皖边区,功绩甚

---

①《清华周刊》1936年第44卷第8期第57页。
②转引自天津《民治周刊》第1卷第9期第7页,1947年4月20日出版。

陈中柱烈士遗像

陈中柱与夫人王志芳合影

陈中柱全家福。右为夫人王志芳,左为长女陈璞

陈中柱将军戎装照

著。廿八年,奉令改编为鲁苏皖边区游击总指挥部第四纵队司令,调驻泰州。时匪攻袭友军,势甚猖獗,乃率部周旋于敌匪之间。卅年二月初,匪陷泰州,敌侵兴化。其时,泰兴之敌匪,南北并进,向我游击总部进袭,情势危迫。将军奋勇指挥,卒转危为安,得以重建游击根据地于泰兴东之三角地带。是年六月间,敌以五千余众,附汽艇数十艘,挟伪匪万余,分数路围攻,意欲一举破坏我根据地。陈率部身先士卒,先行击溃匪军,再回师北渡蚌蜒河,攻袭敌伪之侧背。师至武家泽时,战况即为惨烈,将军于奋勇指挥中,不幸壮烈殉国。"①

1943年7月出刊的《时事新报》载《国府令褒各地抗战死难党部人员题名》中提及陈中柱,即:"国民政府七月七日令:自芦〔卢〕沟桥变起,抗战军兴,我战区党部志干为国捐躯者,所在多有,前经调查事实,明令褒扬。兹续据陈报,尚有各省市县及铁路党部工作人员……陈中柱……等或被敌寇杀戮,或遭奸逆戕害,均宜特令彰阐。"②可见,陈中柱曾在地方党部任职。

那么,陈中柱是何时在天津任职的呢?

《泾渭分明不同流,身先士卒歼日军——陈中柱烈士传略》载,其于"1933年后,先后在北宁铁路与津浦铁路工作"。③

贾迅《"断头将军"陈中柱》载:"国民党南京特工总部鉴于他已为中共特科行动队注目,于1934年5月,把他调离上海,派往天津充任

---

①国防部史政局编:《战名丛刊第十二种·抗战军人忠烈录》第1辑,国防部史政局1948年版,第59页。
②《中华民国史史料长编·民国三十二年(一)》,南京大学出版社1993年版,第892—893页。
③泰州市民政局编:《泰州英烈传》,国家行政学院出版社2005年版,第53页。

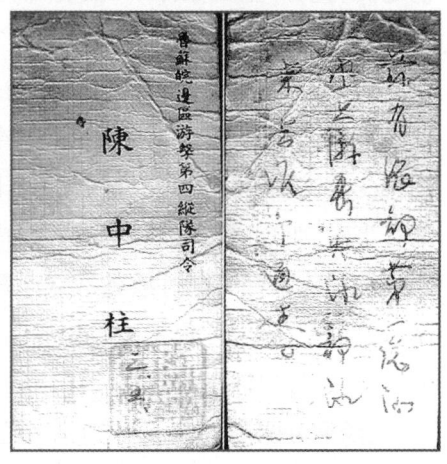

国防部史政局1948年版《抗战军人忠烈录》第1辑载陈中柱抗日事迹。遗像暂缺

陈中柱将军之墓

陈中柱将军手迹和使用过的名片

北宁路特务室主任,一年后,复将他派至上海。1936年8月,国民党中央组织部将他调任津浦铁路特务室主任,直至抗战爆发。"[1]据此可知,陈中柱曾于1934年前后至1937年七七事变后两度在津任职。

---

[1]《湖海纵横》1993年第1期第43—44页。

1937年抗战爆发后,"八九月份,国民政府军事委员会改组为大本营,下设第一至第六共六个部,以陈立夫为第六部部长,主管组织训练。陈立夫调徐恩曾任该部第四组中将组长,徐再将特工总部的一大批人员调往第四组工作,分别挂有少将、上校、中校军衔。调往第四组的人员所做的工作仅有一项,即成立十个'战地工作团',分别设在苏北、赣北、安徽、河南、河北、晋绥等地,由特工总部人员陈中柱、王杰夫、阴耀武、刘桂等分别担任团长。但仅半年时间,大本营再次宣布改组,原设立的六个部全部撤销,由新设置的以陈诚为部长的政治部接管原第六部工作,又因为陈诚拒绝接收这十个战地工作团,使得经费无法落实,只好宣布解散"。①

台北忠烈祠(位于台北市北安路一带)主建筑烈士祠内的抗日烈士灵位颇为醒目。其中包括"故陈中柱烈士之灵位"(右下)

《中国国民党百年人物全书》载:"陈中柱(1906—1941),原名让②,又名忠柱,学名斌,字退之,江苏盐城(今建湖)人。生于

---

① 张文口述:《特工生涯:232号战犯张文(张国栋)口述实录》,江苏人民出版社2011年版,第178页。
② 陈为刚《纪念二哥陈中柱殉国四十六周年》载:"陈中柱,幼名为让,字退之。"建湖县政协文史资料研究委员会:《建湖文史选辑》第2辑,1988年版,第32页。"陈中柱(1906—1941),原名为让,字退之。"建湖县志方志编纂委员会编著:《江苏省地方志·建湖县志》,江苏人民出版社1994年版,第858页。

1906年（清光绪三十二年）。早年入小学、乡立高小、省立第七中学。1929年入陆军军官学校军官研究班第五队警政科，后编入黄埔陆军军官学校第六期。曾任中央大学军事教官，赣榆县保安大队大队长，南京特工总部上海行动区股长、副区长，北京铁路、津浦铁路特务室主任等职。1937年后，历任军事委员会战区特种工作第三总队少将团长、陆军步兵第二团团长。1939年任鲁苏皖边区游击总指挥部第四纵队少将司令兼江都县县长。1941年6月7日在苏北与日军作战中阵亡。1945年追赠陆军中将衔。"①

此文中提及的"北京铁路"，应指北宁铁路。而其被追赠陆军中将衔的具体时间和官方明令，未见有载，仍需查考。

关于陈中柱将军牺牲后的安葬情况，陈中柱遗孀王志芳曾于1987年进行过较为具体的回忆：

陈中柱于"1931年分配到国立中央大学任军事教官。1932年与我在南京结婚。1933年大学军训结束，先后到北宁铁路和津浦铁路等处任职。""中柱是1941年农历5月13日（阳历6月7日）牺牲的。""敌人打扫战场，发现了他的尸体，把头割下带到泰州去请赏（日酋南部［襄吉］早就悬赏要他的头）。其他阵亡了的官兵……就地挖坑埋掉了，唯有中柱的无头尸体……用老百姓的门板钉了一口棺材，葬在一个地方，并插上一块木牌，上写着'陈中柱将军'。我找到那里，请人把土挖开，把棺材刨起来，撬开棺材板一看，是中柱的无头尸体，老白布的褂裤尽是血。我含悲忍痛，决定到泰州去找日酋要头……我想中柱一生英勇为国，

---

① 刘国铭主编：《中国国民党百年人物全书》下册，团结出版社2005年版，第1322页。

就这样身首异处葬掉,我不忍心。我准备拼上一条命,也要去把中柱的头要回来……谢树清陪着我母女和中柱生前的卫兵杨凤高,去泰州城外卍字会[侵华日军]南部司令部。到了那里,我看到大厅的香案上放着一个木盒,内装一只大口瓶,中柱的头就泡在药水里……我接过中柱的头,心如刀绞……我将中柱的头捧回城外小船,请人将头与尸体缝合,又请人资助办了一口大棺材,把他葬在泰州西门外西仓桥下第十根电线杆子一个姓唐的田里……我想到将来总有一天要把他迁葬故乡,所以葬的时候,我请人在坟井里放了十几只坛子,把棺柩安厝在坛子上,而后复土,并立了墓碑……1945年抗战胜利后,我带着三个孩子回到南京娘家居住。国民党政府还都南京后,曾为中柱召开过追悼会,有于佑〔右〕任、吴铁城、陈果夫等人参加。会上追赠中柱中将军衔,并出了纪念册,介绍中柱英勇献身的事迹。我作为烈士家属讲了话。后来,我和子女享受烈属待遇。国民党政府又拨款修建一所'中柱中学',以资纪念。"①

"1987年2月14日,江苏省人民政府追认陈中柱为革命烈士。"②

另据《陈中柱烈士墓》载,1988年冬,陈中柱的遗骸被从泰州迁葬至位于盐城市人民公园内的盐城市烈士陵园,墓前石碑碑文为"抗日烈士陈中柱将军之墓"。③

---

①王志芳口述、陈璞整理:《悼念亡夫陈中柱烈士》,江苏省盐城市政协文史资料研究委员会编《盐城文史资料选辑》第6辑,1987年版,第55—65页。
②泰州市民政局编:《泰洲英烈传》,国家行政学院出版社2005年版,第54页。
③参见盐城市政协文史委员会编《盐城文史资料选辑》第17辑(盐城人文景观),1999年版,第172—175页。

六 从国民党左派起步的陈资一

1946 年由天津市社会局文化礼俗科编印的《天津市忠烈祠第一次入祠忠烈简明事迹录》载:"陈资一,军统局天津区区长,年三十九岁。君湖南邵阳籍,早岁参加国民党,从事国民革命,数十年如一日。事变后,奉命任军委会调统局天津区区长,策动抗战除奸,宣达中央政策,颇著奇勋,不幸中道为敌所获,竟以身殉。"[①]

1.在京就读期间任北京市党部执委

1924 年起至 1926 年,陈资一就读中国大学(位于北京)期间,为国民党北京市党部执行委员。

据罗方中《国共合作后国民党在北京的活动》载,1924 年初,"北京各大专学校的同学组织了一个团体,准备参加国民党。这个团体叫做少年建国团"。陈资一为成员之一。其此前为北京湖湘学社成员。

1924 年 3 月,中国国民党北京执行部成立,在执行委员李大钊等协商决定的北京特别市党部执行委员九人名单中,包括陈资一。陈资一等人遂加入国民党。不久后,亦为少年建国团成员的陈资一等人在北京组织三民主义大同盟。

1925 年 4 月,"北京特别市党部的左派分子,为了巩固国民党左派阵地在北京执行部的领导,立即进行北京特别市党部执行委员会的改组"。陈资一以三民主义大同盟成员身份,成为北京特别

[①] 转引自天津《民治周刊》第 1 卷第 9 期第 7 页,1947 年 4 月 20 日出版。

市党部执行委员会九名委员之一。①

陈资一于1925年参加了五卅运动声援活动。1925年6月9日，中国大学沪案后援会开第三次会议，会上议决"组织筹款委员会，推陈资一、童过西、刘巨全、祝廷翰、周德润等七人为委员，负责筹款，以为将来寄交上海罢工工人之助"。②

1926年"三一八惨案"前后，陈资一是前期请愿示威活动和惨案善后工作的组织者之一。

1926年3月18日上午10时，"天安门国民大会，到会团体异常踊跃，群众约万余人。主席团到会者，有徐季龙、顾孟余、陈启修、黄昌谷、丁维汾、李大钊、'学总会'代表等八人。总指挥为王一飞、陈资一、陈日新三人"。③"惨案发生的当天晚上，陈毅出席由李大钊在北大一院召开的中共北京地委党团联席会议，处理惨案善后事宜。决定继续坚持反帝反军阀的斗争，并慰问伤员，举行追悼会……19日，为贯彻李大钊的指示，秘密举行国民党北京特

1948年12月9日《申报》所载

---

① 参见全国政协文史资料研究委员会编《文史资料选辑》第60辑，中华书局1979年版，第124—132页。
② 《京学界援助沪案之热烈》，《申报》1925年6月10日。
③ 《北京特别市执行委员会对于"三一八"惨案之经过呈报中央执行委员会书（1926年5月1日）》，原载北京《党声》杂志第3期。

别市党部会议,会议记录如下:第二十四次会议,三月十九日。出席者:贺楚强、陈资一、杨景山、陈毅、邓文辉、胡廷珍、于振瀛、梅远谟。主席:陈毅。"①

1926年3月21日,陈资一参加北京各团体紧急联席会议。《申报》载:"京中各团体,对十八日惨案,拟组织统一机关,特于二十一日下午三时,在北大三院第一教室,开紧急联席会议,以谋善后……周德润发言,主张联合各团体作一大组织,次讨论大组织之名称问题。陈资一、林德懿、顾千里三人各提一案。"经表决,通过该组织名称为'北京废约驱段大同盟'。在讨论该组织内容时,"陈资一发言,主张组织一大规模之执行委员会,再分若干股;最高机关为代表大会……陈资一修正原案,主张执行委员会特种委员会均可由代表大会产生,但特种委员会之权限,则在执行委员会之下"。②

《中国国民党北京特别市党部讨论三一八惨案事宜会议记录》载,陈资一是于1926年3月23日召开的第二十六次会议主席。后在第二十八次会议上决定,"琼崖同乡会追悼会,派陈资一前往参加"。

陈资一又出席1926年4月3日召开的中国国民党北京特别市党部第二十九次会议,后又担任4月8日、4月13日分别召开的第三十一次会议、第三十二次会议主席。③

2.1926年后成为北京"新右派"首领之一

1926年4月,北京特别市党部改选第三届执行委员会,当选的

---

①蒋洪斌著:《陈毅传》,上海人民出版社1992年版,第135—136页。
②《大惨案后之北京各界》,《申报》1926年3月29日。
③参见中国社会科学院青少年研究所青运史研究室编《青运史资料与研究(4—5)》,中国社会科学院出版社1985年版,第82—86页。

九名委员中,已不包括陈资一。①

《北京地方国民运动工作报告(1927年2月10日)》载:"北京的'新右派'是产生在五卅运动后中国阶级争斗最剧烈的时候,'新右派'的理论根据便是所谓'戴季陶主义'。北京'新右派'的首领就是在一年以前的北京国民党的左派,如路友于、郭春涛、邓飞黄、陈资一、王冬珍、王振钧、刘巨全等……自五卅运动后,中国社会阶级有急剧的分化,在上海产生了戴季陶'代表资产阶级利益'的理论,因此,在北京产生了所谓'新右派'。这些'新右派'便是在'五卅'以前工作最努力、反右派最激烈的左派。'新右派'的行动与过去的'老右派'并没有什么不同,虽然他们主观方面依然还是说他们是左派,但其行动与'老右派'同出一辙。'老右派'反俄、反共、反工农,'新右派'亦公然背叛中山真联俄、联共、联工农政策的三大遗命,在群众中,在党部内,舍革命工作不作,日为反共努力……在数月的工作中,'新右派'在群众中的信仰扫地无余,其首领陈资一等畏罪不敢与群众见面,星夜远扬。"②

原来,陈资一跑到了南京。《申报》1927年5月29日载《南京快信》称:"中央执行委员会丁惟汾昨召集奉、吉、黑、直、晋等省代表陈资一、刘广暎、包景华等,在丁园开会,讨论以后北方党务进行办法。"丁惟汾时任国民党中央执行委员会常委、青年部长,国民党中央政治会议委员。

---

① 参见全国政协文史资料研究委员会编《文史资料选辑》第60辑,中华书局1979年版,第124—132页。
② 《中共中央北方局》资料丛书编审委员会编:《中共中央北方局(北方区委时期卷)》,中共党史出版社2000年版,第411—412页。

3.1929 年后在山东省政府任职

已知 1929 年,陈资一投奔山东省主席孙良诚,在山东省政府任宣传处处长、民众联合处处长等职。以下具见《申报》所载:

①《申报》1929 年 1 月 25 日载《总理葬事筹备讯·泰安》称:"省府三十四次决议,令宣传处会同高等法院及民财教建农五厅,组织总理奉安纪念筹备会,指定陈资一为主席,十九日开会议。"

②《申报》1929 年 1 月 25 日《鲁省教育局长会议》称:"鲁全省教育局长会议,二十一日在育英学校开会,何思源主席,孙主席派代表陈资一致训词。"

③《申报》1929 年 1 月 27 日载《鲁省府之议决案·泰山竖立总理纪念碑》称:"鲁省府三十九次会议,议决要案……宣传处长陈资一条陈设立泰岱古物陈列院案,照原案通过,由该处协同泰安县教育局筹备,并拟具保管办法。"

④《申报》1929 年 1 月 30 日载《鲁奉安纪念之筹备》称:"总理奉安山东筹委会委员陈资一等,于二十八日同往泰山察勘纪念碑地点,已觅定斗母宫上、前张逆宗昌预建之昭忠亭为台基,不日兴工。"

⑤《申报》1929 年 1 月 30 日载《鲁闻汇志·泰安》称:"鲁反日会二十七日招待各县行政人员……省府宣传处长陈资一代表孙主席讲党政与民众共同反日的力量,为中华民族谋出路,须彻底抵货……鲁省府宣传处长陈资一条陈筹设泰岵古物陈列所意见,已经省委会议决通过,并责成该处长会同泰安县教育局办理。"

⑥《申报》1929 年 3 月 9 日载《孙良诚委任两校委员》称:"鲁省府主席孙良诚委山东今是、求知两校委员会委员长刘龙振为副,魏宗晋、简又文、王清瀚、王子芳、陈资一、刘跨灶、程心明、谢天祥、李

廷振等为委员。简长'今是'、刘跨灶长'求知'。"

⑦《申报》1929年3月14日载《泰安杂讯》称:"鲁省府民众联合处,十日午间开成立会、由该处长陈资一主席。到党政军各机关及各团体代表四十余人,民众参加者三千余人。"

⑧《申报》1929年3月14日载《鲁省代表大会正式开幕》称:"山东第二次全省代表大会。昨日(十日)为开幕之日。上午八时,在省指委会大会场举行开幕典礼……省府民众联合处长陈资一演说,略谓:'山东党务,因诸同志努力奋斗,得到最后的胜利。现在要保障这个胜利,应注意几点:第一,要健全全党的组织,不受其他的牵制;第二,同志都应遵守党的纪律,如果有私人把持党务,那是我们的敌人。我们要保持先烈头颅与血换来的成绩,发扬先烈的牺牲精神,不要使中国革命破产。'"

⑨《申报》1929年3月16日载《鲁省代表选举结果》称:"省府民众联合处长陈资一派宣传队两队,前往济宁一带,作游行宣传。"

⑩《申报》1929年4月22日载《泰安近事》称:"省府联合民众游艺周,十九日开始招待工界,由民众联合处处长陈资一主席,到工友千余人,备极欢洽。"

⑪《申报》1929年4月25日载《泰安杂讯》称:"鲁省府民众联合处联合民众游艺周,二十二日招待学界。陈资一主席,魏宗晋、王立哉演说,观众五千余人。"

⑫《申报》1929年5月1日载《孙良诚回豫后之接防消息》称:"孙良诚向中央电请病假一月,回河南开封养病,主席委工商厅长吕秀文代理。孙之专车于二十七日早三点,由泰安开济宁。随行者有财政厅长魏宗晋、农矿厅长王冠军、民政厅长张吉墉、民众联合处长陈资一等、泰安仅有人民自卫团八十人维持秩序,人心颇为不

安。"可见,陈资一与孙良诚共进退。

4.抗战期间任军统局天津站站长

陈资一何时开始在军统局任职,尚未见记载。

据军统成员乔家才回忆,陈资一于1939年9月中秋节后在天津被捕。"民国二十八年……仲〔中〕秋节过后第三天,传来一个极不幸的消息,天津的曾澈兄和资一兄被敌人宪兵队逮捕了。逮捕的详细情形不太清楚。"①乔家才时在北平督察华北敌后抗战工作。乔家才又载,曾澈和陈资一被捕的具体时间是1939年9月28日。"民国二十八年(一九三九年)旧历八月十六日……日本宪兵队带领大批汉奸,进入英租界,分批搜捕抗日志士……军统局的天津区长曾澈、组长陈资一、军事专员郑恩普等都被捉走……曾、陈两位一去不返,连尸首都找不到。"②

军统成员陈恭澍载:"据笔者所知,民国二十八年(1939)秋冬,李玉林先生被捕前后,我'北平区'、'天津站'均遭日寇破坏。'天津站'代理站长曾澈、'北平区'所属站长陈资一、周世光等多人被捕,'天津站行动组'组长兼'华北忠救军'直属部队长王文亦被捕,最不幸的是以上这几位同志都已壮烈成仁了。另悉,'天津站军事组'组长兼'华北忠救军第六路军'司令的郑恩普先生亦在此际被捕。"③

另载,1939年"9月28日,抓捕了军统天津站站长陈资一(1940年5月13日被害)、军事组长郑恩曾"。④

已知1939年伪天津地方法院及检察处档案《陈资一、郑恩晋

---

① 乔家才著:《浩然集(三):关山烟尘记》,台湾中外图书出版社1981年版,第113页。
② 乔家才著:《浩然集(四):海隅丛谈》,台湾中外图书出版社1981年版,第223页。
③ 陈恭澍著:《军统第一杀手回忆录(4)》,华文出版社2012年版,第21页。
④ 刘岳著:《刀锋舞者——刺倭锄奸喋血写真》,中共党史出版社2010年版,第167页。

等三人妨害秩序(案卷级)》,今存天津市档案馆①。其中应涉及陈资一抗战事迹。这是了解曾澈、陈资一以及抗日杀奸团重要成员生平事迹的重要线索,惜尚未得见。

1948年12月9日《申报》载:"中央社南京电。总统颁布命令,褒场抗敌殉职之前军事委员会调查统计局上校站长陈资一及郑仿侨等二人。"郑仿侨应指郑恩普。前文提及此人时,也载为"郑恩晋"、"郑恩曾"。已知郑恩普为河南人,"早年参加樊钟秀的'建国豫军',十九年(1930)曾任新编第三军军长"。②刘翼、王子晨《华北抗日联军的有关情况》载:"华北区行动组组长郑泽民(又名郑恩普……是在天津国民饭店刺杀吉鸿昌将军的主要人物)……后来郑被日本宪兵捕押,未经日寇军事法庭判刑,即行释放。郑的被释放是个谜。当时,曾引起军统特务人员的怀疑。"③因此,了解郑恩普底细,对钩沉陈资一生平应有帮助。

5.殉难时的年龄

关于陈资一的生年和殉难时的年龄,记载不一,值得考证。《天津市忠烈祠第一次入祠忠烈简明事迹录》载其牺牲时"年三十九岁",此年龄或为虚岁,也就是很可能为38周岁。如果陈资一的牺牲时间不晚于1940年的话,其生年应为约1902年。

常见记载多称陈资一被日伪当局抓捕时的年龄为41岁。如:[美]叶文心《城市中的战争与地下抗战——抗日战争时期中国特工秘密机构的侠义之风》载,1939年"9月27日,军统在天津地区

---

①天津市档案馆馆藏档案,档号:401206800-J0044-2-093065。
②陈恭澍著:《军统第一杀手回忆录(1)·亲历军统初建时期工作记录》,中国友谊出版公司2010年版,第98页。
③天津市红桥区政协文史委员会编:《红桥文史资料选辑》第2辑,2001年版,第298页。

27岁的负责人曾澈在天津大街上被认出,随即被捕。次日上午,在英法租界警察的帮助下,日本宪兵袭击了军统在天津的办公点和藏身处,抓获了不少特工,其中有41岁的天津站负责人陈资一。曾、陈两人马上就被枪决了"。①

又有记载称1925年陈资一的年龄为二十三岁。1925年3月31日《京报副刊》第105号所载《"青年爱读书十部"应征书目》中,开列有陈资一提供的书目十种,即:"陈资一。二十三。湖南。《红楼梦》《水浒传》《少年维特之烦恼》《茶花女》《儒林外史》《建国方略》《左传》《史记》《老子》《庄子》。"此年龄或为虚岁。若据此载,1940年陈资一殉难时为三十八岁,也即37周岁。据此推算,其生年应为1902年或1903年。总之,其被抓捕和遇害时的年龄均不足40岁。

七 刘继光抗战事迹考

1946年由天津市社会局文化礼俗科编印的《天津市忠烈祠第一次入祠忠烈简明事迹录》载:"刘继光,天津市党部别动队司令,年四十五岁,河北河间人。烈士冀之河间人也,性刚毅,勇敢逾人,每遇不平事,辄振臂而助之。津市沦陷后,烈士隐居津门,遂从事抗敌工作。旋组织别动队,自任司令,从者甚众,迭袭敌伪。正拟大举歼敌,以资呼应反攻,不幸为敌所执,不屈死难。"②

《天津市忠烈祠第一次入祠忠烈简明事迹录》又载:"李雷,天

---

①中国人民大学编印:《复印报刊资料·中国现代史》,2004年第10期第101页。
②转引自天津《民治周刊》第1卷第9期第7页,1947年4月20日出版。

津市党部别动队队长……于二十八年四月加入华北别动队,在总司令刘继光烈士之领导下,任特工队长"①;"刘品仪……天津市党部别动队队附……事变后,经友人之介绍,加入华北抗日军别动队,在刘继光烈士之领导下,从事游击。"②

以下先从已见史料中提及的大城人刘继光生平入手,对河间人刘继光的抗日事迹略作考析。

1.大城人刘继光曾参加八路军

据载,大城县人刘继光曾组织"抗日救国人民自卫军",活动在任丘、河间、大城边界一带。其队伍后经改编,参加冀中区八路军,在吕正操司令员麾下与侵华日军作战。又有经载称,大城人刘继光后在晋绥军区抗日战斗中牺牲。

高杰《回忆大城县的抗日斗争》:"日寇的残暴罪行,激起了大城县人民如火如荼的抗日怒潮,全县各地纷纷组织抗日义勇军,大城县刘国献、刘继光组成了第二旅,下设3个团……这些义勇军虽然有许多青年或知识分子参加,但各据一方,没有党的统一的领导,是不能抵挡日寇进攻的。"③

李玉川《抗日初期的群众武装》载:"一九三七年十月,任丘高顺成率先成立了'人民自卫军',号称第一师,有三团人,活动在任丘、河间、大城边界一带。在他们的影响下,大城的刘继光(刘固献人)、张义臣(零巨人)也拉起了队伍。他们搜集国民党军南退时丢下的枪支、弹药和财主们护院的枪支。参加的人有爱国青年,有旧

---

①转引自天津《民治周刊》第1卷第12期第9页,1947年6月15日出版。
②转引自天津《民治周刊》第2卷第1期第9页,1947年6月29日出版。
③冀中人民抗日斗争史资料研究会八分区组、中共沧州地委党史资料征集编审委员会编:《抗日斗争史资料选编》上册,1987年版,第214页。

军人,也有流氓无产者,很快组织了一千人。他们主张抗日,但到处要吃要喝,纪律很差。后来,加强了组织纪律,编好班排,称为'抗日救国人民自卫军'。张义臣、刘继光为正、副旅长。仝寿朋(仝庄子)为军师。一团团长刘俊燕(又名刘义,是刘继光之子),活动在臧屯、广安沿河一带,在臧屯曾和青县来犯的日寇打了一仗,伤亡二三十人。二团团长刘树荣(九官庄子人)活动在大城、张街一带。他请了曾在上海抗战中号称'八百壮士'之一的韩树明(小王都人)做总教官。他们在冯庄曾阻击过从唐官屯来犯的日军。三团团长邵凤山(又名邵喜),活动在大尚屯、郑村一带。'抗日救国人民自卫军'臂上戴兰〔蓝〕色三角符号,所以,群众称他们为'三角军'……当时在子牙河南,有白马堂村马廷范、里坦镇梁丙君、大高庄子高崇耀等,与河间、青县边界的'联庄'纠合在一起,联合建立'河大青联庄',对外号称'津沽抗日游击司令部'……内战愈演愈烈,直到一九三八年八、九月间,冀中三分区派二十五大队来大城,一分区派十九大队来大城、河间和青县边境一带,宣传我党团结抗日的主张,对'自卫军'、'联庄〔团〕'晓以大义,开诚相见,相继收编了'三角'和'联庄',才收拾了这个混乱不堪的局面……人员通过整训,思想觉悟有了很大提高,绝大多数表现很好。如刘继光、张银池等参加八路军后,作战很勇敢,屡立战功。"①

解润滋《任河县敌伪军工作》载:"1940年秋,'任河大战役'之后,根据敌我斗争形势的发展,有利于推进和加强抗日工作。于当年八月,冀中区党委和冀中行政公署决定,在河间、任邱〔丘〕两县

---

① 河北省大城县政协编:《大城文史资料》第1辑,1987年版,第37—43页。参见《大城县志》编委会编《大城县志》,华夏出版社1995年版,第316页。

接合部划一新县——任河县。以河间的七、八、九区，任邱〔丘〕的五、六、七、八区组成新县建制。该地域距离河间、任邱〔丘〕两县城日寇统治中心比较远。敌人在政治上、军事上的控制较薄弱……为了适应新形势的发展，县、区敌工人员在县委'一元化'领导下，配合武装斗争和开展地方工作的同时，对敌伪军在调查了解中（主要对伪军）进行政治宣传工作……县委敌工部重点抓吕公堡、小店村等情况比较复杂的日伪军混合据点的工作……伪军、伪组织人员大多数为土匪、流氓、地主豪绅，他们把持着伪政权和维持会，对共产党、八路军存有戒心，甚至敌视抗日政府。吕公堡伪军中队长刘俊杰与其弟弟刘豪杰是大城县人。其父刘继光抗日初期组织了一部分抗日军，后为120师改编，带到晋绥边区整训。刘继光因病，不久死于军中。刘氏兄弟因受不住艰苦环境的考验，逃跑返回任邱〔丘〕一带，参加了伪军。本人曾受过八路军的教育，有一定的爱国思想。我们通过其父亲的社会关系，很快就与我方建立了联系并接受领导。"①

黄敬华《大城县人民抗日斗争历程》载："大城人民自动组织抗日军队……中部县城以西和西北部有刘树荣组成人民自卫军游击第一师第一旅第三团，约1000人，广安一带有刘继光组成第四团……这些不同名目的抗日自卫军，其头目的动机各有不同，有的是借抗日升官发财，有的是为保护自己的家产，但士兵及下级军官和知识分子，则大都是出于抗日救国的动机而加入抗日队伍的。这些抗日自卫军，在1938年春，先后接受吕正操司令员的改编，编成冀中区八路军，有的后来作战还很英勇，如刘继光在晋绥军区战斗中

---

① 冀中人民抗日斗争史资料研究会八分区组、中共沧州地委党史资料征集编审委员会编：《冀中八分区抗日斗争史资料选编》下册，1987年版，第432、434—435页。

牺牲,成为抗日烈士。"①

2. 大城人刘继光是否为河间人刘继光

大城(今属廊坊)与河间(今属沧州)之间的距离,约六七十千米。

天津《河北区志·烈士名表》载:刘继光,晋绥野战军一二〇师一旅连长,1941年牺牲。②前引解润滋《任河县敌伪军工作》载,大城人刘继光所部"后为120师改编,带到晋绥边区整训,刘继光因病,不久死于军中"。民政部优抚安置局主办的中华英烈网(www.chinamartyrs.gov.cn),共载有四位名叫刘继光的河北省籍烈士,其中一位刘继光,生于1891年3月,籍贯河北省顾安(应为固安),中共党员,生前任"一旅特派营营长兼侦察连连长",1941年6月在陕西林家雾牺牲。此载与天津《河北区志》所载基本一致。

查固安县至大城或河间的距离均不少于100千米。那么,这位名叫刘继光的固安籍革命烈士(以下称"固安人刘继光"),是否就是大城人刘继光或河间人刘继光呢?

河间人刘继光生前曾"隐居津门",并任天津市党部别动队司令。而抗战爆发之际,天津市党部所在地,曾位于今天津市河北区地域内。因此,河间人刘继光作为抗日烈士被收录于天津《河北区志》中,倒也解释得通。否则,天津《河北区志》缘何要记载与天津市河北区历史上毫无关联的河北省人刘继光呢?

经以上查摆资料,似乎可将大城人刘继光的生平与《天津市忠

---

① 冀中人民抗日斗争史资料研究会八分区组、中共沧州地委党史资料征集编审委员会编:《抗日斗争史资料选编》上册,1987年版,第193页。
② 天津市河北区地方志编修委员会编著:《河北区志》,天津社会科学院出版社2003年版,第1010页。

烈祠第一次入祠忠烈简明事迹录》所载的河间人刘继光生平有机联系起来了。但问题还没有这么简单。这是因为,《大城县志》中的《烈士英名录》载:刘继光,大城县刘固献村人,1949年牺牲于北京,时任晋绥野战军营长。①

中华英烈网(www.chinamartyrs.gov.cn)所载的另一位刘继光的生平简历为:刘继光,生于1891年10月,籍贯河北省,中共党员,生前任晋绥野战军团长,1949年牺牲,牺牲地和安葬地均为北京。

此载与《大城县志》所载基本一致。也就是说,抗战期间,大城人刘继光很可能并未牺牲。这也意味着,前引资料中提及的固安人刘继光与大城人刘继光也非同一人。

总之,1946年入祀天津市忠烈祠的刘继光,应另有其人。如能搞清楚河间人刘继光在津抗日细节和牺牲时间、牺牲地点,此番排查才更有意义。

再放眼其他史料试试。《保定军校将帅录》载有另一位名叫刘继光者,其为清苑人。"刘继光(1882—?),保定陆军军官学校第二期步兵科毕业。别号绍先,河北清苑人。直隶东关陆军小学堂、北京清河陆军第一预备学校毕业。1916年5月保定军校毕业。1926年1月任北京政府陆军部(总长贾德耀)副官,被北京政府陆军部授予陆军步兵上校军衔。1935年5月任陆军步兵上校军衔。抗日战争爆发后,附汪降日,充任伪职,1944年11月任汪伪军事委员会驻徐州绥靖主任(郝鹏举)公署交通处处长等职。1948年4月任陆军少将军衔。"②

---

①《大城县志》编委会编:《大城县志》,华夏出版社1995年版,第809页。
②陈予欢编著:《保定军校将帅录》,广州出版社2006年版,第216—217页。

尽管清苑距河间仅 70 多千米,但清苑人刘继光曾在抗战期间附逆并出任伪职,且后于 1948 年被国民党当局授予少将衔,显然其与大城人刘继光或河间人刘继光的抗日事迹大相径庭,非指一人。这个考证路径不通。

另载,刘季光 1938 年至 1941 年曾任"华北抗日联军司令"。刘季光即河间人刘继光。此为考证刘继光生平的一个重要突破。

3.河间人刘继光也被载为刘季光

刘翼、王子晨《华北抗日联军的有关情况》回忆:

一九三八年秋末冬初时节,华北抗日热潮高涨,气势澎湃。当时,在天津卫南洼一带有一支抗日游击队,番号是"华北抗日联军",简称"抗联"。约有二千多人,司令是刘季光,参谋长是杨莲荫。这支部队是由各方拼凑而成的,其中:有二十九军未能南撤的六七百人,领导是一个连长(名字记不清了);有收编的一部分津郊股匪四五百人,首领是赵福堂;还有一支来自山东的自成部队,首领刘景良。刘季光司令从冀中带来一支数十人的小分队。经过改编,成立两个总队。第一总队由二十九军的那个连长任司令,赵福堂任副司令(因为卫南洼是赵的活动地区)。总队下设三个中队,中队下设三个分队;第二总队司令由刘景良担任,编制与第一总队同。第二总队于一九三九年初春与青岛日寇一次激战中全军覆没,刘景良司令也壮烈牺牲。刘季光司令率第一总队经常与日寇周旋于津郊卫南洼地区。司令部还有一个除奸小组,经常在市内活动,搞除奸工作。彼时,河北省主席鹿钟麟兼第一战区游击总司令,他是一九三八年六七月间从汉口来河北省的,当时住在河间。刘季光与杨连[莲]荫的结合,是鹿钟麟从中玉成的。鹿还给他们部队加"委",并报了[国民党]中央,但直到日寇投降也没见拨来一弹、一粮、一钱、一衣,全靠他们自己在地方筹措,靠缴获敌人的物资进行补充……

一九三九年秋末,根据侦察情报,得知日寇部队大部分调出津市到郊县活动,津市只残留少数日寇部队,据守各大仓库。海光寺有部分宪兵和汉奸队,据守各卡子门口。根据日寇夜间不管发生多大问题也在据点死守的习惯,"抗联"刘司令布置了一次大袭击。刘司令亲自指挥,派出一个二十人的小分队,抢占电灯房(即发电厂),拉闸停电,使全市无电,便于掩护行动。小分队由刘翼、张八、张九、于得水负责。还组织一个突击中队,刘司令亲自率领,集结于西营门外待命袭击。计划是烧毁日寇三大洋行仓库,搞些军用物资,规定暗语"抗进"……

当日傍晚,小分队到达西营门柴火场(是抗联的联络站),由四个队员分挑四担芦苇,扮装成卖柴人,把手枪、板斧、子弹都藏在柴草捆内,混进西营门,直达金家窑。晚七点多钟,队员到达电灯房,抢占门卫室。当即派人看守大门,其他人进内搜查,并押着门卫找到电闸室,叫他拉闸。管电闸的师傅说:"必须先放气,才能拉闸。如果不放气就拉闸,会引起锅炉爆炸。"于是,我们又到锅炉房找到领班人,费了很多口舌,才下令放气,随即拉闸。当即全市一片漆黑。我们从电灯房出来,直奔海光寺派出所,把该所警长的手枪下掉,并将他绑在电线杆子上。金家窑大街一片混乱。我们直奔金钢桥,快到桥口时,突然跑来一个伪警官(东北口音),把队员拦腰抱住。当时,我劝他放开并晓以大义,他不但不听还大声叫喊。于得水气坏了,一板斧就把他劈死了。过了桥,按原定计划,完成了任务,小分队当即疏散,各自回家或投亲靠友、暂时隐蔽,以待命令。彼时,集结在西营门外的刘司令率领着突击队向市内进攻,被汉奸队布在墙子河上的防哨阻截。互相射击约20多分钟,不见其它〔他〕动静,已知情况有变(因为事前约好兄弟部队援助合击),又接到英租界六十二号路①的杨莲荫参谋长命令"停止进攻,火速转移",我们立即转移。这场大袭击计划,虽然没有完成,但是给了日寇汉奸一次沉重打击。"奇袭电灯房,斧劈伪警官",当时传为佳话……

一九四一年秋末,刘季光司令来津活动,住在旧英租界小花园窨内,被汉奸、特务抓住,送交日寇海光寺宪兵队。刘司令痛斥日寇,骂不绝口,激怒日寇宪兵,被战刀活活劈死。从此,部队由原来总队长统率。刘司令生前深得官兵敬佩和爱戴,一致要为司令报仇。终于在一九四二年初,把那两个汉奸、特务绑架到张家窝当地枪毙,给司令报了仇。②

日本驻屯军司令部位于天津海光寺,清末已设置,为侵华日军在津大本营。1931年至1945年,此地也是残害抗日军民的大魔窟

---

①即得列道。今广西路(成都道至岳阳道之间)。
②天津市红桥区政协文史委员会编:《红桥文史资料选辑》第2辑,2001年版,第296—301页。

经此番查摆、比较,可将刘季光与河间人刘继光的抗战事迹有机地联系起来,进而作出一些新的判断。

此文所载的"刘季光",曾与杨莲荫①等联合抗日,并在河间接受鹿钟麟领导,且有在天津开展抗日行动的经历。只是此文称"刘季光"组织的抗日队伍为"华北抗日联军",而《天津市忠烈祠第一次入祠忠烈简明事迹录》所载则称河间人刘继光组织的抗日队伍为"天津市党部别动队""华北抗日军别动队"或"华北别动队"。尽管如此,笔者仍认为,《华北抗日联军的有关情况》中的表述与《天津市忠烈祠第一次入祠忠烈简明事迹录》所载有较高契合度,因之判断,"刘季光"即指河间人刘继光。以下所引汉奸高长清②受审笔录可为佐证。

---

① 1946年3月5日《益世报》第二版载《津法院昨三度审奸·杨莲因作证》称:"传津市党部委员杨莲因到庭作证。据杨莲因称:年四十二岁,广东省新会县人,住福岛街十八号……问:你在胜利前做什么事?答:自七七事变后,即在津市做地下工作,直到胜利以后。问:你做什么地下工作?答:调查工作。问:曾被捕过吗?答:被日本宪兵队捕过一次,后来释放出来。问:是陈中和营救出来的吗?答:不是,那时还不认识他,后来才在同乡会里认识。三十四年五月,我经营的大明戏院失火,被法院以公共危险起诉,经陈中和说项,才算无事。"杨莲因即杨奕五,曾化名为杨砥民,是否为杨莲荫,待考。

② 高长清为抗战胜利后被官方确定的天津市第二批巨奸之一。《益世报》1946年4月28日第四版载《津市第二批巨奸昨解往第三监狱》称:"津市第二批巨奸温世珍等三十名,于二十七日由军事肃奸机关解解冀高一分院。该日上午十时,由警备司令部稽查处派遣卡车两辆,装载汉奸三十名,在军宪森严戒备下,解往西头第三监狱。当由冀高一分院推事王涵礼偕同书记官申屠堂,依册点收。对验该批汉奸指纹及像〔相〕片后,即送第二监收押。兹志昨日移解之三十名巨奸姓名如下:温世珍、侯毓汶、朱崇信、刘静山、李鹏图、赵海洲、李竞容、缴向馨、仇同和、曹鸿宾、张少轩、顾鹤鸣、咸松年、刘敬铭、田锦秀、马寅增、高铁侯、高长清、王玉珑、赵玉祥、王金才、刘春和、华连瀛、赵敦荪、萧永祥、朱适生、赵聘卿、张松如、刘序东、刘皆平。另悉,关于刑事案件,依法首须经过检察处之侦查。惟津市肃奸机关转送之汉奸,皆附有移送书,备叙其犯罪事实证据及触犯之法案。故法院方面,依据法律观点,认为此项移送书已可代替检察处之起诉书,毋庸再行侦查,决由高一分院径自接收公审云。"

4.河间人刘继光即刘乃源

天津市档案馆公开披露的馆藏档案表明,1946年2月至3月,汉奸高长清在天津受审时,曾对逮捕刘继光的一些情况有所交代,现摘要如下:

问:七七事变后,你做过哪些事?

答:……二十七年旧历十月,由伪警局将我……保送至日本租界福岛街西头日本宪兵本部充公役(日人称为百役)……二十九年……将我派在[位于]须磨街、浪速街角[的]宪兵队宿舍,名字叫"须磨寮"内充公役。该宿舍内所住宪兵,皆特高课人员。至三十一年八月,我离去公役,职任宪兵队情报员,供给情报与川端、山川、大久保、上田等。其中,以供给与川端之情报较多。

……

问:你是否将刘继光的情报供给日寇,并且协助日寇逮捕刘继光?

答:刘继光原名刘乃源。民国二十九年,我正在须磨寮当差,郭上清与高斌两人时常到须磨寮找川端,供给情报。郭是甲字一八五二部队特务工作队队长,高是特务工作队的翻译。川端一次对我说:"明天早点起,和我一起去法租界西开桥监视着郭上清,看他往哪去。"这天早上七时,我就去了,没有看到郭上清……第三天又去了,在中午看见郭上清同着另外一人,就是刘乃源。郭上清和刘乃源一齐从西开教堂往桥东这边走,快到电灯房前头,涌上来许多宪兵,就把刘乃源装在小汽车里捕去了。此时,我也找不到川端了。由另外一个宪兵军曹谷川把我带回须磨寮(此时日敌封锁租界)。次日,郭上清来找川端,与川端说完话后,郭见到我时,又对我说:"在第一天我与刘乃源一齐吃饭,没有出来上街;第二天与刘乃源研究些事,所以又没出来;原定第三天下午我与刘乃源在法租界见面,因刘乃源欲同往吃午饭,而宪兵已在此停候多时,见刘乃源来到,遂将刘捕获。"

这时,我才知道刘乃源是[被]郭上清陷害的。

……

问:刘乃源不是委你当过团长吗?

答:没有。

……

问:你不是和刘乃源订好英租界小花园见面吗?

答:没有。

……

问:关于刘乃源的事,你知道吗?

答:事前不知,事后才知道一些。是一八五二部队翻译郭斌手下情报员报告的,由日宪及郭上清抓来的。我曾去西开教堂前监视郭上清。①

从以上所载可知,此刘继光原名刘乃源,曾于1940年在"天津英租界小花园"一带开展抗日活动,后被汉奸出卖。其应为来津招兵买马,故有委高长清为团长之说(刘继光肯定不知高长清也是汉奸)。显然,能提出委任他人为团长的人,其所任职务必须更高。既然河间人刘继光时任"天津市党部别动队司令",那么此说出自其

---

①1946年2月28日《关于担任日军特务及特高课组织等事的询问笔录》、1946年3月7日《关于高长清相关情况对证人的讯问笔录(附证人供述)》、1946年3月12日《关于协助日寇逮捕刘继光等事的讯问补充笔录》、1946年3月13日《关于张作新为日军送情报等事的讯问补充笔录》、1946年3月26日《关于刘乃源被捕等事的讯问补充笔录》,以上均为天津市档案馆藏档案,档号:J16-1-150。天津市档案馆编:《日本在津侵略罪行档案史料选编》,天津人民出版社2015年版,第825—832页。

口亦合乎情理。而此载与《天津市忠烈祠第一次入祠忠烈简明事迹录》所载的河间人刘继光"拟大举歼敌,以资呼应反攻"一语也是并不冲突的。

虽然《华北抗日联军的有关情况》载为"一九四一年秋末,刘季光司令来津活动,住在旧英租界小花园窨内,被汉奸、特务抓住",在时间表述上有异,但仍可将刘乃源与"刘季光"、河间人刘继光判断为同一人。

当然,以上诸多判断,仅为笔者一家之言,尚不能得出最终结论。这是因为,笔者凭借的史料依据,尚不足以揭开河间人刘继光的生平谜团。以上征引资料的准确性,都应继续验证(如高长清的口供未必真实、中华英烈网披露的信息过少等),也有待继续排查和深入挖掘。

为慎重起见,姑且先这么摆着吧。经此番缕析,或许能抛砖引玉,进而发现更多可促进解决这一问题的原始资料。比如,今后若能看到天津市档案馆馆藏的其他相关档案的话,相信对此可做出更为具体的判断。

八　平津抗日锄奸团团长王文

1946年由天津市社会局文化礼俗科编印的《天津市忠烈祠第一次入祠忠烈简明事迹录》载:"王文,四十一军特派员,年三十岁。烈士河北宝坻县人也,幼怀大志,轻文尚武。十七岁,即投笔从戎。迭经深造,地位日增。津市沦陷后,奉命任平津抗日锄奸团团长兼行动组长。先后刺杀敌伪甚夥。二十七年,深入冀东,组织忠义救国军,乡民闻风而至,达三万人,声势浩大,终以粮弹绝援,中道瓦解。二十八年,奉命南下,委座①对渠之壮举,深为嘉许。旋再衔命返津,以刺杀汉奸王克敏、王揖唐案,而被捕殉难。"②

常见记载均称王文为1934年刺杀抗日名将吉鸿昌的凶手之一。相关著述和文章很多。详情可参见李汉元于1979年6月撰《吉鸿昌被捕经过》③、1984年版《吉鸿昌将军牺牲五十周年纪念辑》④及周利成《吉鸿昌将军被刺案》⑤等。此为定案,本文不再赘述。

1.组织忠义救国军第九路军

李运昌《冀东抗日大暴动》载,1938年,"在大起义的波澜中,国民党中的'CC'分子、蓝衣社分子也乘机而起,招兵买马,组织队伍。其中有原国民党蓟县党部负责人李维周搞的'蓟北抗日救国军',五百人左右。有陈维蕃搞的'中央直辖忠义救国军第七路军',号称十个师,约一万人,活动在宝坻、宁河、武清一带。还有一支。王文(王天魔)是蓝衣社分子,他组织了'忠义救国军第九路军',三千人左右,主要活动在玉田南部、宝坻一带。'蓝衣社'属于'军统',是反共的。他们借人民起义的怒潮,扩张自己的势力,成立了'忠义救国军第七路军'和'第九路军'后,便拥兵自重,割据一方。他们借抗日之名来搜刮民财,欺压百姓,并不真正抗日"。⑥

---

①即蒋介石。
②转引自天津《民治周刊》第1卷第9期第7页,1947年4月20日出版。
③天津市政协文史资料研究委员会编:《天津文史资料选辑》第4辑,天津人民出版社1979年版,第92—93页。
④中共天津市委党史资料征集委员会:《吉鸿昌将军牺牲五十周年纪念辑》,河南人民出版社1984年版。
⑤周利成著:《档案揭秘——近现代大案实录》,百花文艺出版社2000年版,第98—110页。
⑥中共蓟县县委党史资料征集办公室编:《盘山风云·革命回忆录》第1集,1984年版,第23—24页。

《玉田革命史》所载表明,王文等组织的"忠义救国军第九路军"一度属抗日队伍,即:"在抗日大暴动席卷冀东大地时,玉田县国民党组织在'蓝衣社'天津站副站长朱铁军指导下,以国民党员为骨干,也发起了抗日暴动,并在玉田西南部水区成立了'中央直辖忠义救国军第九路军',由王天魔(王文)任司令,齐庆彬(齐若斋)任参谋长。九路军开始不足30人,后来逐步扩大到五六千人,下辖王中发一个独立师,蓝向龙、郑国光、宋哲三三个旅和白向春一个独立团。九路军士兵统一着军装,并佩戴白十字臂章,有统一的'军歌',但师、旅、团之间互不为谋,独自行动。九路军成立后,活动于宝坻、宁河、玉田、遵化一带,多次同日伪军作战。它虽然在组织上自成系统,不受'抗联'统辖,但基于共同的抗日目标,双方在暴动期间能够互相配合和支持。1938年10月初,九路军攻占玉田西部重镇林南仓,并在镇内关帝庙前召开群众大会,公开处死15名汉奸、特务,给日伪势力以沉重打击,鼓舞了群众的抗日情绪。10月8日,九路军遭日军飞机轰炸,在林南仓为日军重兵包围。在突围过程中,官兵们虽浴血奋战,但终因其师、旅、团之间缺乏协调配合而被各个击破。突围后的部队,没及时集中整编,又遭日伪军连续攻击,以致溃不成军。司令王天魔到天津躲避。参谋长齐庆彬带余部300余人继续抗日,但因形势严峻,不久便被迫将武器收回,部队解散。经过此次战斗,九路军所部官兵大部溃散回家,少数人投向冀东抗日联军和八路军。九路军在冀东抗日大暴动中,虽然存在时间很短,但对激发玉田人民的爱国热情、推动抗日斗争,也有一定的积极意义。"①

---

① 中共玉田县委党史研究室编:《玉田革命史》,中央文献出版社1998年版,第116—117页。

也有记载称,"忠义救国军"曾向中共领导的冀东抗联提供过帮助。即:"潜伏在天津的国民党蓝衣社天津站副站长朱铁军(即陈恭澍),在抗日的激流中,在冀东地区也组织了'中央直辖忠义救国军'第七路军和第九路军。朱为总司令,齐若斋为总参谋长。第七路军司令为陈维藩,第九路军司令为王文。在冀东抗日大暴动时期,第七、九路军活动在宝坻、宁河,玉田、遵化、蓟县一带,曾与日伪军交战。第七路军攻占过宝坻县大口屯镇,并于当年7月14日攻占过宝坻县城,打死宝坻县新民会的日本人河野新。第七、九路军还一起攻打过玉田县林南仓。冀东抗日联军西撤受阻、剩余部队东返时,经九路军驻地。七、九路军的总参谋长齐若斋以礼相待,并组织船只,支援冀东抗日联军渡过水地。大暴动西撤后,七、九路军有些被日伪军击溃、有些逃散,少数人转入冀东抗日根据地参加了抗日工作。"①

许有君、阎崇来《七、九路军抗日始末》中,提及王文组织第九路军及遇害过程。即:"1938年6月初,陈恭澍又派国民党兰〔蓝〕衣社天津站暗杀队长王文(宝坻县王善庄人),在宝坻县新安镇建立了第九路军,同时委任他为总指挥,委任齐若斋(曾毕业于黄埔军官学校)为参谋长、张克新(曾毕业于黄埔军官学校)为政治部主任……1938年底,九路军彻底失败,总指挥王文回到天津后,受国民党派遣,赴京行刺日本指挥官,不幸在北京被捕遇害。"②

---

① 中共中央党史资料征集委员会征集研究室编:《中共党史资料专题研究集·抗日战争时期(一)》,中共党史资料出版社1988年版,第200页。
② 天津市宝坻县政协文史研究委员会编:《宝坻文史资料选辑》第2辑,1989年版,第65、67页。参见宝坻县志编修委员会编著《宝坻县志》,天津社会科学院出版社1995年版,第31页。

《宝坻革命史》所载则较为具体:"九路军是国民党蓝衣社天津站的行动队长王文(今新安镇乡王善庄人)于一九三八年六月中旬在新安镇组建起来的。王文任司令,张克新任政治部主任,齐若斋任参谋长。九路军成立后,不断收编小股暴动队伍,使部队很快扩大到五千多人,编成三个旅、一个空架子师、一个独立团。九路军组建后,先在北潭打退了日伪军的一次围剿,后转移到玉田县林南仓一带作战。由于大批日伪军的不断进攻,又撤到蓟运河一带。这时,王文去天津,部队绝大多数人弃枪回家,只剩下百余人。到一九三八年底,九路军彻底解散。这支队伍,由于成份〔分〕复杂、纪律涣散、杂乱无章,溃败时经常抢劫人民财物,在群众中影响很坏,被称为'红眼军'。王文到天津后,又受国民党派遣,与蓝向龙、王克敏①等六人去北京行刺日军指挥官。由于李祖跃(王文随从)出卖,王文等六人被捕,在北京前门大街菜市口被日军枪杀。"②

2. 王文原名王文翰

张振川《冀东大暴动的烽火在迁遵青平蔓延》载,王文原名"王文汉",1938年底,"忠义救国军第九路军"解散后,王文"逃入天津租界地"。③

陈恭澍则在回忆录《北国锄奸》中称:"王文本名王文翰,参加工作后,才改用王文。"

陈恭澍《王文翰智勇兼全一门忠烈》载:"一九七九年十月,国防部情报局出版的《戴雨农先生全集》中,关于制裁王克敏一事,有

---

①此为误载。王克敏应为大汉奸,是王文等计划实施制裁的对象。
②中共宝坻县委党史资料征集办公室编:《宝坻革命史(1937.7—1949.10)》初稿,1986年版,第13页。
③《唐山党史资料通讯》1988年第27期第57页。

一段记载,其中一小段写的是:'王文等一行五人,于一九三八年三月由天津赴北平,经过一番布置,当月二十八日,潜伏在王逆返家必需〔须〕经过的煤渣胡同之内,下午五时二十分,乘大雨如注、胡同内行人绝迹之际,拦住王逆乘坐的汽车,数枪齐发,击中目标后,立即撤退,安返天津。王逆虽被击中、但因其日籍顾问山本荣治紧急俯伏王逆身上,代王受弹,以致山本荣治身中数弹,当场毙命,王逆则仅成重伤。'对于王文同志的忠勇,以及其全家的不幸遭遇,也有节略的描述:'王文等在华北打击敌伪,卓著声威,敌军痛恨之余,竟至公开悬赏捉拿。后来,王文于一九三九年九月,因公再赴北平,被人告密而失事被捕,熬刑数月,不屈就义,年三十……王文,河北清苑人(笔者按:王系宝坻人),一九三四年参加戴先生(即戴笠——引者注)组织。'以上两点是公文书的记录……王文翰的二弟王文璧,也是出动参加制裁王克敏的七勇士之一。他于一九三八年七八月间,在宝坻'滦榆游击总部'对日军作战时,不幸阵亡。又一个'无名英雄'。我们的'滦榆总部'指挥部设在宝坻,是王文翰的家里。在一次战役中,日军出动正规军一个大队(约六七百人),进击我部约三四百人。我军不敌,伤亡惨重,日军把整个村落烧个精光。王文翰的家,全毁于大火,片瓦无存。虽然如此,王老太爷连一句埋怨的话都没有。"①

  关于王克敏遇刺案,今人多以陈恭澍在《北国锄奸》等著述中披露的内情为据,并在此基础上进行了不少绘声绘色的描摹。

  刘岳著《刀锋舞者——刺倭锄奸喋血写真》中,通过引用佟忠厚《华北巨奸王克敏》以及北京《益世报》的报道,对此案一些细节

---

①陈恭澍:《北国锄奸》,档案出版社1988年版,第273—274页。

抗战期间，抗日爱国人士正在书写标语"当汉奸者杀无赦"

进行了分析，并确认王克敏遇刺时间为"1938年3月28日傍晚6时15分左右"①。而当时上海《申报》、北京《立报》对此案亦多有报道，且较为详细，从中可发现一些值得研究的线索：

1.《申报》汉口版1938年3月30日第1页载《王逆克敏遇刺未中》："上海廿九日中央社合众电。据北平讯，王克敏昨晚与日人山本乘汽车自外归家、行至米市大街煤渣胡同口时，忽有刺客五人，自胡同两旁向王汽车射击，但未击中，仅日人山本面部及手臂受伤。刺客当即逃逸无踪。"

2.《申报》汉口版1938年3月31日第1页载《王逆在平遇刺 敌大索全城外侨男女亦被搜 英美向日提抗议》："北平三十日中央社、路透社电。前晚发生狙击〔狙击〕王逆克敏案后，军警今日大索全城，搜查刺客之下落。王前日系偕其日本顾问山本宴毕返家，当其汽车由胡同中出口时，突闻枪声十响，其中一弹穿过王衣，王未受伤。山本则面部、臂部皆被击中，伤势甚重，已送医院诊治。自此案发生后，北平日侨颇为震骇，东交民巷各出入口，已加紧戒备，行人须先受检查，始能通过，即外侨男女，均不免被搜。英美大使馆因

---

① 参见刘岳著《刀锋舞者——刺倭锄奸喋血写真》，中共党史出版社2010年版，第50—53页。

此已对日使馆提出抗议。现伪组织各要人之卫兵,已大形增加。"

3.《申报》香港版1938年3月31日第2页载《全国民众同声称快 汉奸王克敏被刺身重五弹 伤势极重命在旦夕 平津汉奸恐慌万状请敌保护》:"据外人得北平确息,王逆克敏,廿九日下午五时与日人山本荣治同乘汽车进宣武门时,刚到电车路轨,突有数人从坊桥冲出、向王逆汽车集中发枪,首将汽车夫击毙,复向车内连发数枪,山本以身蔽王逆,故先中弹,倒在车内。王逆则前额部中两枪、右颊中两枪、胸部亦中一枪,流血如注,晕倒车内。嗣其家属派车接往东城三条胡同敌人所办之同仁医院治疗,惟伤势极重,生命甚危,至夜间热度仍高,人事不省,子弹尚不能取出。据敌人发言,王逆于事后在外交大楼接见新记者之谈话,系伪造。平津汉奸因王逆事件,咸极恐慌,哀求敌予以保护。闻敌军将在平市大举搜索。北方民众得王逆被刺讯,莫不痛快,皆暗为无名英雄祷祝安全(中央社)。""北平二十九日电。日人一手造成之北平伪临时政府之行政委员长王逆克敏,昨晚险为人暗杀。下手者为华人六人,事后远去,现仍在警察搜捕中。查昨晚王逆与其日籍秘书兼顾问山本,同赴宴会后回寓。当其汽车由一小路转入大道时,十弹齐发,一弹穿过王逆衣服,而未受伤。山本之臂部与面部俱中枪伤,伤势严重,已急送医院救治。此事发生后,日人颇为惊惶。日当局派警把守使馆区之各路口,搜查行人,虽外国外交人员及外籍妇女,亦在被搜之列。英美二大使馆已因此向日方抗议。各傀儡政府人员之卫队人数,已各增加(路透社)。"

4.《申报》汉口版1938年4月8日第1页载《平津之恐怖 王逆克敏遇刺后敌军警乱捕行人》:"香港七日中央社电。津讯。自王逆克敏遇刺后,平津无耻汉奸俱恐怖,并要求敌特务机关积极缉凶。

自本月一日起,敌军警即随时随地检查行人,搜查户口。日前下午四时,敌宪兵在法租界国民饭店、惠中旅馆及俄国桑露饭店等处,先后逮捕所谓嫌疑份〔分〕子计廿七人,均施行非刑,拷问口供。北平东西两车站满布警探,无论中外人士及军警路员概须检查,方可通过,稍有可疑,即予拘讯。"①

5. 北京《立报》1938 年 4 月 21 日第 3 版载《王逆被刺又一因汉奸终难获善果》(署名"士心"):"王逆克敏被刺消息传出后,闻者大快。惜刺客仓皇射击,未能中其要害,实为憾事……关于刺王原因,近又有人谓非我爱国义士所为,乃系彼等群奸内讧之后果,因所谓'新民会'欲以'新民主义'而置王于死地②。不过,究系何人所为,尚难判定。惟汉奸之绝难善终,确敢定言也……"

6.《申报》香港版 1938 年 4 月 29 日第 2 页载《沦陷九月以来之平津 满街魑魅横行民命朝不保夕 王逆克敏被刺群奸丧胆亡魂》载:"续昨。北平自从三月廿八日发生王逆克敏被狙击案,在个阴沉的死城,突然起了大骚乱——日本宪兵队、日本警察署、〔伪〕北京市警察署、〔伪〕北京宪兵司令部举行会议以后,决定实行全市户口检查,并且临时分段检查行人。因为这个案子,始终没有线索可寻,于是他们把一百数十万的市民个个当做嫌疑犯,想从这一百数十万人中找出几个'凶徒',辛苦了十几天,结果是完全失败了。据说,

---

① 参见《申报》香港版 1938 年 4 月 3 日第 2 页《平津已陷入恐怖状态 近郊枪声时作 敌军闻而丧胆》、《申报》香港版 1938 年 4 月 9 日第 2 页《王克敏被刺后 平津汉奸不敢出门一步 敌军大索刺客不得 擅捕平民滥施非刑》、《申报》香港版 1938 年 4 月 12 日第 2 页《平郊游击队与民生》、北平《立报》1938 年 4 月 22 日第 2 版载《王逆克敏被刺后 平伪组织清查户口 大举搜索以资泄愤》(署名"北人")。
② 此为猜测。参见《申报》香港版 1938 年 4 月 20 日第 2 页载《敌愚民政策下的"新民会"与"新民主义"》。

这一群刺客,在行动以后两个钟头内,趁着当局手忙脚乱、惊慌失措的时候,早已安全悄然出走北平。所以,[伪]天津警察局也在四月一日起,实施户口行人搜查。尤其是对于租界毗连的地方,行人甚于有不出一里路,须经三度以上的检查,其严厉可知。[伪]地方为戒备[伪]临时政府各傀儡今后身边的安全,颇费苦心。目下,每人均被日本宪兵所保护,出门时,日本宪兵车监督,视地位如何,宪兵的人数,由一人至四人。王克敏出行时,并另由汽车两辆,一前一后"押"道,那汽车上的日本宪兵,还架着机关枪,情势如同押解天桥去的犯人。车行途中,并且随时施行戒严,断绝交通,以防万一。不知他自己觉得这是威风呢,还是受罪?[伪]外交大楼的'行政委员会',门禁更为森严,门内密布着岗位。[伪]'政府侍卫队'已一部出动,执行保卫职务,对于会内寄宿的职员夫役,也每日加以搜查,其惊恐不安,为前所未有。不但此也,各要人对于自己家里的男女佣、厨役、汽车夫、亲戚朋友,也不敢放心了。这种滋味只有他们本人知道。与王克敏同车受伤的日人山本荣治,送至日本同仁医院后,伤势如何,外间不易清楚。王的汽车夫佟忠厚对别人讲,当汽车驶出煤渣胡同东口拐之际,枪弹从三面飞来,第一弹是以他为目标,在他头部掠过,没有击中。王一闻枪声,立即伏下车里,山本顾问一不及避,被击中两枪,头部和臂部各中一弹。此时因他开足马力,才闯出险地,而'凶徒'仍骑自行车尾追汽军,连发数枪,可谓'厉害已极'。'凶徒'人数似乎很多,外传六七人,或者尚不止此数。他们发枪很准确,共开二十余枪,击中汽车内七枪。王的大衣肩部,也被枪弹擦破,真是毫厘之差了。据日方声称,平津大搜查期内,王案的'凶犯'迄今还无头绪,但是,已经逮获预暗杀其他人物的暴徒多名。这消息传来以后,更使所谓'政府要人'们丧服了

(四月二十日)。"

7.《申报》香港版 1938 年 9 月 14 日第 2 页载《日人山本荣治在平伤重毙命 与王逆同车被刺》:"汉口十二日电。津讯。本年三月在平与王逆克敏同乘汽车遇刺受伤,医治无效,十一日在平同仁医院身死(中央社)。"

8.《申报》1938 年 11 月 24 日第 4 页载《图刺王克敏者二人处死》:"北平。今日此间日本军事发言人宣称,前于去年三月,图行刺[伪]临时政府行政院长王克敏之凶手六人,其中二人已于昨日在此间被枪决。该二人于行刑前,曾屡经审判,据谓已供出一切详情。该二人皆系东三省人民,前为东北军官。一名黄福兴,据报系骑兵旅旅长;另一名徐凤翔,为步兵队队长。据该发言人称,该二人在中国警察法庭数决审判后,供出计划之详情与'恐怖团'之背景,至另四人,现仍在研讯中(美联社二十二日电)。"《申报》香港版同日亦载:"北平二十三日电。前因刺王逆克敏被捕之六志士,现有两人已于昨日被枪杀。据日方发言人谓,该数人经过伪警察当局几度审判后,承认其为暗杀团员不讳。被枪杀之志士为前东北骑兵上校黄伟湘(译音)及前东北军上尉徐芬湘(译音)两人。余人仍在审判中云。"①

笔者对以上报道整理后,经筛选其中一些有价值的信息并与陈恭澍《北国锄奸》等记载比对,发现了一些问题:

一是当事人多年后的回忆大致不错,但在细节上难免会有误差。山本荣治并非像陈恭澍记述的那样是当场毙命的,也并非佟忠厚回忆的那样,即"山本荣治因伤势严重,4 月 11 日不治而

---

①《勇哉六志士直认行刺王逆 两人业已成仁》,《申报》香港版 1938 年 11 月 24 日第 2 页。

亡"①。依《申报》香港版所载，山本荣治毙命时间应为1938年9月11日。

二是据陈恭澍载："我们制裁华北伪政权第一号头目王克敏的行动计划……由担任天津站站长的我和天津站所属行动组组长[王文]两个人决定下来的……在工作和人力分配上，由我亲自指挥，王文率同组员六人在现场执行。行动员六人分为两个小组：以第一组兰子春和他所率领的二人为主体，集中火力射击目标——王克敏；第二组王文璧和他率领的二人，则专事掩护兰子春等三人的安全，以压倒的火力尽可能制住所有对方警卫人员的反击。行动组组长王文，视现场情况之转移，临机呼应，以策进退……"陈恭澍又载，对王克敏所乘汽车实施枪击后，他曾给戴笠拍发电报，称"相机制裁王克敏一节，遵于俭未（廿八日下午二时）率同王文等七同志奋勇执行……"此后，陈恭澍接密电获知："'王文和四名组员都已回到天津，有兰子春和徐自富两个人没有归队。王文判断可能出了事。他们盼你早日回去'……王文看见我，眼泪汪汪地半天说不出话来……王文璧等四个人都回宝坻县'滦榆总部'去了，有工作需要他们，可随时调遣……过了些天，王文得到了有关兰子春和徐自富两个人的确出了事的消息……兰子春、徐自富二烈士史册无名，是为'无名英雄'……笔者是此案的现场指挥者，王文是六名行动员的领队。如今，王文等六人早已都先后为国捐躯。笔者是迄今的唯一'活口'。"②

据此载可知，实施刺王行动的共有八人才合理，即陈恭澍、王

---

① 刘岳著：《刀锋舞者——刺倭锄奸喋血写真》，中共党史出版社2010年版，第52页。
② 陈恭澍：《北国锄奸》，档案出版社1988年版，第247、255、263、265—266、271—273页。

文、兰子春、徐自富以及王文二弟王文璧等四名组员。那么,《申报》1938年11月24日所载的被捕"六志士"又该作何解释呢?这"六志士"中,徐凤翔或徐芬湘(均为译音)很可能是指徐自富,那么,黄福兴或黄伟湘(均为译音)是指兰子春吗?而其他四位志士又是何时被逮捕的呢?日伪于1938年4月初在津"先后逮捕所谓嫌疑份〔分〕子计廿七人",他们是否包括在其中呢?而他们最终是否幸免于难了呢?

三是据陈恭澍回忆:刺王案实施后,王文与陈恭澍相继回津并见面协商;王文后于1939年9月再赴北平时被捕遇害;而王文璧则已于1938年七八月间阵亡于宝坻。但《申报》却称共有"六志士"因刺王案被捕。这是不是意味着,实施刺王行动者,除了以上八人外,还有他人参与呢?据此分析,陈恭澍对于刺王行动参与人数的记述并不清晰。

四是《天津市忠烈祠第一次入祠忠烈简明事迹录》载,王文"以刺杀汉奸王克敏、王揖唐案,而被捕殉难。"笔者未能发现汉奸王揖唐遇刺的相关记载,但汉奸高凌霨在津遇刺事件曾见诸报端。汉奸高凌霨遇刺发生在汉奸王克敏遇刺后不久。《申报》汉口版1938年5月3日第1页载《高凌霨传已被刺》:"香港二日中央社电。津讯。一日为五一劳动节,天津戒备甚严,由敌军在各冲要路口检查。行人被拘捕者甚众。据传,高逆凌霨于一日晨被刺殒命。刻平津诸逆恐慌异常,北平各逆每次外出,均变动汽车号码,居处亦无定所。"《申报》汉口版1938年5月8日第1页载《高逆凌霨确被刺重伤》:"香港七日中央社电。津讯。高逆凌霨确于卅日晚在宙纬路住宅遇刺,闻已受重伤,数日来,各项伪组织集会,高逆均未出席。"《申报》1938年5月21日第2页载《群逆狼狈》:"香港二十日中央社电。津讯。高逆凌霨遇刺后,现仍闭居不出,对各种集会均不敢出席。潘逆毓桂及伪教育局长李泰棻,均接到警告信,颇为狼狈。"1938年9月1日《申报》香港版第1页载《南北傀儡的合演难》一文中,又提及"王逆克敏、高逆凌霨的被刺事件"。

五是国民党天津市党部主任委员王若僖于1939年9月16日函呈朱家骅(朱家骅档案301-01-06-193):"最近,樊祖邦、王文被捕,供出甚多……王文对[华北党政军]联合办事处知之亦悉,一有牵扯,随时可生危险。"王文被捕时间不晚于1939年9月。

九 小学教师吴纪元杀奸破敌

1946年由天津市社会局文化礼俗科编印的《天津市忠烈祠第一次入祠忠烈简明事迹录》载:"吴纪元,抗日杀奸团组长,年二十八岁,天津人。君固勇士也,少有大志。事变后,奋身抗敌,不为敌伪所屈,友辈敬重之。嗣任抗日杀奸团组长,杀奸破敌,声威日著。后因刺杀张逆维忠不果而被捕。敌伪虽百般利诱,君毫不为屈,遂以身殉。"①

1946年8月29日,天津市社会局通知吴纪元之父吴明瑞:"据函呈送烈士吴纪元奖状及遗事,照录各一份,请备查等情。查所送各件,均嫌避简略,仰即克日来局详谈为要。"该通知称吴明瑞时居"二区小石道仰山里十五号。"②

---

①转引自天津《民治周刊》第1卷第9期第7页,1947年4月20日出版。
②《为送吴纪元奖状及遗失录并克日来局详谈等事致吴明瑞通知》,天津市档案馆馆藏档案,档号:401206800-J0025-3-006090-026。

吴纪元之父吴明瑞后于1946年9月向天津地方法院陈述吴纪元生平和抗日事迹。《吴纪元被敌人侵害之事实调查》载：吴纪元，籍贯天津，1940年6月被位于北平的侵华日军华北派遣军军法处杀害，遇害前的住所为"天津河东新开路养山里十五号"。① 1946年9月16日，吴纪元之父吴明瑞（年龄五十九岁，职业为小贩，永久住址为天津河东新开路养山里十五号）在接受天津地方法院检察官冯浩光调查具结时陈述："余子吴纪元，天津市人，毕业于津市市立师范学校，历任各小学教员。于二十九年二月二十八日无故被警察局捕去，解送日本宪兵队，最后解北平华北军法处，宣判死刑，时年二十八岁。以上所述，全系事实，并无虚伪。如上项敌人罪行，将来可受法庭审判时，余愿居于告发人或证人之地位。倘有虚伪，愿受诬告或伪证之处罚。此结。"天津地方法院检察官遂将侵华日军此项罪行种类确定为"屠杀"。②

1946年12月14日，天津市第二区区长梁叔达向天津社会局呈送的《吴纪元抗战死事纪述》

1946年12月14日，天津市第二区区长梁叔达向天津社会局

---

① 前文提及"二区小石道仰山里"。小石道位于河东陈家沟子，距新开路不远，此地曾有养山里。"仰山里"不确。
② 北京市档案馆编：《日本侵华罪行实证——河北、平津地区敌人罪行调查档案选辑》上册，人民出版社1995年版，第380—381页。

呈送的《吴纪元抗战死事纪述》一文,也有重要参考价值:"吴纪元烈士,天津市人。毕业于津市立师范学校,历任各小学教员。二十六年,组织铁血锄奸团,于各游艺场所散放传单。二十七年,搜集敌人物资运输以及军队调遣情形,报告后方。二十八年,充任军委会调查统计局抗日杀奸团行动组长,专事破坏及暗杀工作。计其成功事件颇多,如:烧毁旧市府;焚烧[位于]河北觉民中学校旧址[的]敌宇野部队大量汽油;炸毁张贵庄附近铁桥,影响敌人运输。二十九年,活动暗杀工作,暗杀张逆维中不果。二十九年二月,被捕,受酷刑多次,二月余,解去北平'华北派遣军法务系',被判处死刑。年仅二十八岁。"①

已知吴纪元曾于 1933 年任天津"杨桥大街短期小学校"的教员兼事务员。②

下面再看看今人的相关记载:

1.祝宗樑撰《抗日杀奸团回忆录(下)》称其曾任小学校长:"吴纪元(又名陈原),在华界担任小学校长。抗团小组长之一。1939 年被捕,1940 年被杀害。"③

2.钱宇年、张世一《抗日杀奸》载,1939 年,曾澈、李如鹏、丁毓臣等抗日杀奸团(简称抗团)骨干相继被捕后,日宪"又在华界逮捕了一个抗团小组的吴纪元、杨大森、孙星联、赵小亭四人。"④

3.张卓然《天津沦陷后我在教育界的抗日活动》载:"1938 年

---

① 《为搜集抗战史料事致第一至第十区公所训令(附第一至第十区公所原呈)》,天津市档案馆馆藏档案,档号:401206800-J0025-3-006175-003。
② 《经费有着,本市义务学校顿呈活跃气象》,《益世报》1933 年 11 月 8 日。
③ 参见台湾《传记文学》2010 年第 2 期第 63—72 页。
④ 天津市南开区政协文史委员会《南开春秋》编辑部编:《南开春秋·文史丛刊》总第 8 期(纪念抗日战争胜利五十周年专辑),1995 年版,第 71 页。

我到天津后,国民党华北党政军联合办事处曾石印一种《抗日周报》,每周送我一大卷,我分送各校。教育促进会会员、小学教师吴纪元在送发《抗日周报》时,被敌人发现而被捕。他在狱中供认抗日不讳,后来被敌人杀害。"①

4.杨大森《关于吴纪元之死的订正》载:"《天津文史资料选辑》第39辑刊登的张卓然先生所写《天津沦陷后我在教育界的抗日活动》一文中,关于小学教员吴纪元被捕与牺牲等情节的记载与事实不符,特更正如下:1938年夏,吴纪元约我们到他所在的八十一小学②,号召我们参加抗日活动。因此,我参加了抗团。我所在的小队起名为'青年铁血队'。我参加过散发传单、炸日商仓库等活动。1940年,叛徒裴级三、张维中搜捕抗团人员甚急,有些人已被捕。吴纪元说,好在我们是单线联系,不会有问题,但必须除掉叛徒裴级三、张维中两个祸害。并发给我们裴、张的像〔相〕片及住址。但不多几天,我们也被捕了。到海光寺宪兵队后,得知有一部分早被捕的抗团人员已被送北京炮局监狱,我只看见曾澈、吴纪元及军统天津站长米乐天、天津区长倪中立几人。吴纪元在过堂时,对劝降的日敌慷慨陈词:'我们国共两党,大地南北,生死同心,跟你们干到底。你放了我,我还干;杀了我,还有别人干。'表现得非常坚强。那年初夏,倪中立、米乐天、曾澈③、吴纪元,还有赵在田(他自己说是日本

---

① 天津市政协文史资料研究委员会编:《天津文史资料选辑》第39辑,天津人民出版社1987年版,第88页。参见天津市政协文史资料研究委员会编《沦陷时期的天津》,1992年版,第42—43页;天津市地方志编修委员会办公室编著:《抗日烽火在天津》,天津人民出版社2005年版,第293—294页。
② 《益世报》1929年6月27日载《市立平民补习学校一览》称:"二道街民立八十一小学校,校长穆成荣,教员穆祥珍,共一班,五十名。"二道街位于天津老城厢。
③ 已知曾澈牺牲于北平。

早稻田大学毕业①,来津为东北抗日联军筹集物资的),这5个人被用革绳捆绑着杀了头。我们则被送北京判了刑。日本投降后,我们去吴纪元家看望他的父母。他父亲已近七旬,靠卖小鱼为生,生活很困苦。吴纪元是独子,死年27岁。为此,我们为他申请抚恤。可是,当时政府只发给一张和我们一样的、由市长张廷锷〔谔〕签名的'民族英雄奖状',并入祀忠烈祠了事。"②

据前引1946年所载史料可知,吴纪元牺牲于北平,而非牺牲于天津海光寺侵华日军宪兵队。杨大森《关于吴纪元之死的订正》中称吴纪元之父"已近七旬",似也稍有差池。

十 邱国瑞死因初考

《天津市忠烈祠第一次入祠忠烈简明事迹录》载:"邱国瑞,山东巨野县县长,年四十二岁,天津人。烈士幼年家境贫苦,小学卒业后,即辍读,复入保定陆军模范团。卒业后,先后充任鲁省府科长、安丘县长、第八十一师参谋长等职。事变后,任巨野县长,领导军民抗拒顽敌。二十八年,敌陷巨野,烈士守土死难,时年四十二岁。"③

1946年上半年,天津市第一区区长康𪠘民曾向天津市自治行政会议提案《拟请厚恤忠烈遗族以慰英灵而资激劝》:"查本区奉

---

① 已知赵在田毕业于日本大阪高等工业学校应用化学科。
② 天津市政协文史资料研究委员会编:《天津文史资料选辑》第55辑,天津人民出版社1991年版,第183—184页。
③ 天津《民治周刊》第1卷第10期第7页,1947年5月18日出版。

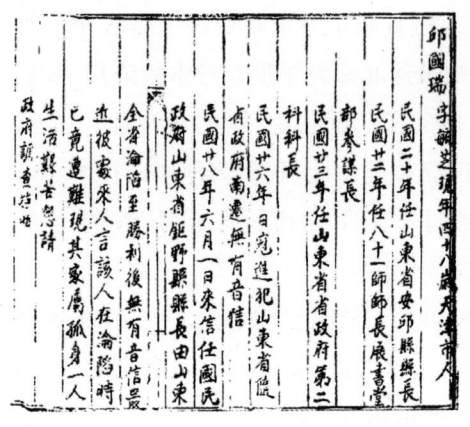

抗战胜利之初，天津方面搜集的邱国瑞履历

令调查天津市在沦陷时被害市民及忠烈之士时，曾查有……第八保界内有邱国瑞一名……邱国瑞之妻邱张英年，住一区西宁路公德堂二号。"①

1946年7月，天津市民崔赫云、吴江、齐协民、刘笠君、郝梦侯、王之邱、苏子白、王小渔等联名呈请："烈士邱国瑞先生，曾任山东省安邱〔丘〕县县长、第八十一师参谋长等职。当日寇陷落济南时，随鲁省府南移，任巨野县长。任内殉难。业已入祀忠烈祠。其家属曾接受褒奖状有据。惟以烈士操守廉洁，家境穷迫异常，甚有断炊之虞。忠烈身后如此艰难，实吾侪后死者之责，亦吾侪后死者之羞。素仰先生领导社会、维护忠贞、向具热心，务恳请设法予以救济，俾免其家属亦相从烈士于地下，则不独其家属感戴二天。同仁等亦当宏扬仁风于天下也。专恳虔请勋安。"

据天津市社会局1946年掌握的邱国瑞简历载："邱国瑞，字毓芝，现年四十八岁，天津市人。民国二十年，任山东省安邱〔丘〕县县长。民国廿二年，任八十一师师长展书堂部参谋长。民国廿三年，任山东省省政府第二科科长。民国廿六年，日寇进犯山东省，随省政府南迁，无有音信。民国廿八年六月一日来信，任国民

---

①《为拟请厚恤忠烈遗族以慰英灵而资激劝的提案》，天津市档案馆馆藏档案，档号：401206800-J0025-2-002847-028。

政府山东省巨野县县长，由山东全省沦陷至胜利后，无有音信。最近，彼处来人言，该人在沦陷时，已竟遭难。现其家属孤身一人，生活艰苦，恳请政府调查抚恤。"有关方面（可能是市党部）经调查后，还致函市社会局称："一区西宁路同义里公德堂二号（现西宁路九十二号）住户邱张英年，因夫邱国瑞（巨野县县长）于廿八年间抗战殉难，曾经保甲长报请抚恤（本年二月间），请贵局即速查恤。"天津市社会局经研究，于7月20日决定，"由元旦抗属慰劳金项下发给抚恤金二万五千元"。①

1946年7月，天津市民崔赫云等联名呈请抚恤邱国瑞遗属

此前的1946年7月18日，邱国瑞胞弟邱国祥函呈市社会局："民邱国祥以经营小商业为生。有胞兄邱国瑞，于事变以前曾在军界任职，事变后，调任山东巨野县县长。其后则音讯断隔、消息不明。民母七十高龄，思虑成疾，于三十一年三月二十一日间，因医药罔效身逝。数年以来，民思兄心切，四处探寻，亦终无信息。本年七月七日，阅天津《中南报》，载忠烈祠入祠各烈士事迹，内有

---

①《为邱国瑞烈士家属家境穷迫给予救济事致市社会局的函（附邱国瑞简历）》，天津市档案馆馆藏档案，档号：401206800-J0025-3-003936-002。

民胞兄邱国瑞于二十八年因在巨野县任内抗敌,城陷身亡。阅悉之下,不胜惊痛。民胞兄殉国多年,而民嫂始终未露一面,是否已有其他情形,未便悬揣。惟民为使子侄奉祀,兼为垂示久远计,为此声请鉴核,伏乞准予登记,秉公主张。以后凡有应领恤金等项,非经民同意,请勿支给,以杜冒滥。不胜感激待命之至。"邱国祥时住址为"七区西门内南大水沟张家胡同十二号。"7月24日,市社会局秘书蒋明德、科长陈嘉祥等拟具处理意见:"查烈士邱国瑞经此次审核入祠,始自第一区公所查明呈报,复经该烈士之嫡妻邱张英年亲自来局登记其夫殉难事实,并附代哭诉其家庭情形及现住娘家生活苦况。兹查该邱国祥所呈情节,显系官家给恤意在把持,拟传局告诫。关于邱烈士应得抚恤,拟仍发给其嫡妻领受,以恤嫡族。"为慎重起见,该局又派员调查称:"烈士邱国瑞之嫡妻邱张英年自其夫被难后,即仰仗其婆母维护,自其婆母病故,家庭纷争,不容同居生活,致投娘家守常,并未改嫁,亦无子女。"7月30日,经局长胡梦华批准,对邱国祥予以警告。①

1946年12月12日,邱张英年函呈天津市长杜建时:"窃氏夫邱国瑞于七七事变前,曾充山东省政府科长,事变后随国军撤退,复调充山东巨野县县长。当时日寇围攻山东各县,巨野遂亦不免。氏夫守土有责,义不屈降,率众拒守,终与城殉。氏幸得逃出,辗转流亡,返至津门,居住生母处。八年以来,艰苦备尝,所有一切物品均典卖已空,上无强劲之亲,下无依膝之子。时届米珠薪桂之秋,大有朝不保夕之势,每日两餐势将断炊。痛苦之情,氏处保甲长均

---

① 《为殉国遗族领取恤金事致市社会局的呈》,天津市档案馆馆藏档案,档号:401206800-J0025-3-003936-001。

皆尽知。惟氏前呈,一奉复蒙批示:'准内政部函复抚恤巨野县长邱国瑞一案,已函山东省政府查案后,复到再行核办'等由。氏披见之下,感激万分,本应候命,无奈,氏目前生活实无法维持,终日以泪洗面,又兼身染重病,不能起床,思维再四,惟有恳乞市长设法临时救济氏命。"

1946年12月19日,天津市政府训令市社会局:"查前据市民邱张英年以伊夫邱国瑞在巨野县县长任内因抗敌身故,请求抚恤一案,当经咨准内政部函复略开:'已函山东省政府查案,俟复后再行核办'等由。通知在卷。前复据该民称述苦况,请求救济。前来。除再咨请内政部迅予查案核恤并批示外,合行抄同原呈,令仰该局酌予救济,以示体恤。此令。市长杜建时、副市长张子奇。"12月25日,市社会局秘书蒋明德签呈:"查该邱张英年系忠烈遗族,业经登记在卷。现该救济正拟造册送请冬令救济实施委员会统筹办法,本件拟即并案办理。"①此议于转天经局长胡梦华批准。

1947年2月14日,天津市政府指令社会局:"本年二月六日,勤社字第262、265号先后呈二件,为奉令饬办邱张英年及屠眉生请求救济一案,业经洽由冬令救济实施委员会发给救济面粉一袋,呈复鉴核由。两呈均悉。"②

而山东省方面在调查结果中,对于邱国瑞的死因是如何表述的呢?尚未得知。不过,关于邱国瑞死因,中共地方党史资料却明确记载为:"1939年5月,中共鲁西七地委在巨野西北、郓城南部地区

---

① 《为救济邱张英年事致社会局训令(附原呈)》,天津市档案馆馆藏档案,档号:401206800-J0025-3-003947-015。
② 《为发给邱张英年等面粉事致天津市社会局指令》,天津市档案馆馆藏档案,档号:401206800-J0025-3-006259-047。

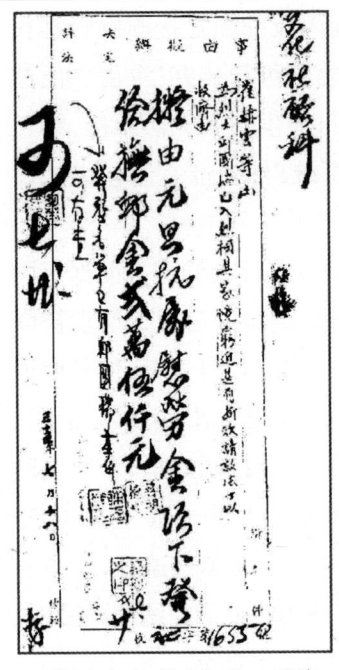

1946年7月20日，天津市社会局决定向邱国瑞遗孀邱张英年发放抚恤金

建立了中共郓巨工作委员会，杨海鹏任书记，组织部长李学先、宣传部长梁衍慎、民运部长王文、武装部长郭祖玉……8月，工委在康集召开公判大会，宣布国民党巨野县长邱国瑞勾结日伪、反共反人民的罪行，并将其处决。"①又有党史资料记载称："1939年8月，一一五师独立旅二团正在巨野境内开展抗日工作……中旬一天，团政委张国华率全体指战员……生俘邱国瑞以下190多人。缴获其全部武器和巨野县政府铜印一枚……9月初，经上级批准，中共郓巨工委在本县七区召开了公审邱国瑞大会……大会宣布了邱国瑞破坏抗日积极反共、敲诈勒索百姓和杀害八路军侦察人员三条罪状，判处死刑。会后，将其押赴刑场枪决。"②

另有记载将邱国瑞的姓名写为"丘国瑞"。如《安丘县志·民国时期历任县知事县长更迭表》载："丘国瑞"于1930年至1932年任

---

① 中共巨野县委党史资料征集研究委员会编：《郓城风雨》（巨野革命史料选丛书第三辑），山东省新闻出版局1992年版，第64页。
② 中共巨野县委党史资料征集研究委员会编：《巨野风云》（巨野革命史料选丛书第四辑），山东省新闻出版局1992年版，第24—25页。参见李哲《抗战初期郓巨地区对敌斗争片断》，中共菏泽地委党史资料征集研究委员会编：《菏泽地区党史资料》第二辑，1985年印刷，第160页；山东省巨野县史志编纂委员会编《巨野县志》，齐鲁书社1996年版，第14页。

安丘县县长,籍贯河南商丘,行伍出身①。梁彦《鲁西英烈梁切仟》载,1939年,巨野县长杨跃章、国民党巨野县党部书记黄贯一。"杨跃章被驱逐出境、黄贯一被赶下台之后,国民党顽固派并不肯罢休,从济南又派来一个叫丘国瑞的任巨野县长。此人更加反动,他不但不进行抗日,反而专门对抗我抗日力量。他到任后,仗着省里给的钱,建了一支200多人的县保安大队,经常活动于巨野以西龙固集一带,勾结日伪力量反对共产党八路军。曾活埋过我八路军侦察人员,散发反共、反八路军的传单,敲诈勒索人民财产,到处抓人当兵,一时把巨野弄得乌烟瘴气。人民群众强烈要求铲除国民党巨野县政府、严惩丘国瑞。运西地委②和郓巨工委根据群众的要求,决定由张国华指挥,采取夜间偷袭的办法惩治丘国瑞。7月上旬的一天,张国华带领2个连的兵力,夜里零时出发,很快将驻在七区张庄丘国瑞的国民党县政府包围,拂晓发起攻击。战士们奋勇而上,冲破保安队的防守,不到一个时辰,国民党县政府和丘国瑞的保安大队200余人大部被俘获,少数被打死,缴获了一批武器弹药。丘国瑞被抓获后,根据群众的强烈要求,处以极刑。"③

可见,邱国瑞遗孀于1946年12月12日函呈天津市长杜建时所云的"当时日寇围攻山东各县,巨野遂亦不免。氏夫守土有责,义不屈降,率众拒守,终与城殉,氏幸得逃出"等语,与中共党史资料所载大相径庭。

---

①山东省安丘县地方史志编纂委员会编:《安丘县志》,山东人民出版社1992年版,第168页。
②即中共运西地委。
③中共云南省委党史研究室编:《大地风云:冀鲁豫党史资料选编之十一(回忆资料)》,云南民族出版社2003年版,第268页。

邱国瑞遗孀又称,邱国瑞于"民国28年转任山东巨野县县长,暗于我军地下工作人员联络,同时救我抗战同志数人,事机不密,该年被日军高山部队逮捕,被刑拷打身死"①。此说与前引史料矛盾。

中共党史资料与官修县志(如1996年版《巨野县志》第14页)的记载值得高度重视:"1939年8月,八路军115师独立旅二团,配合地方游击队,全歼国民党县长邱国瑞部保安队200余人,并在康集召开群众大会,处决民愤极大的邱国瑞。"康集位于山东省成武县天宫镇。但为慎重起见,对邱国瑞的死因仍值得深入查考。

十一 朱彭寿和董凤祥与天津电话局"抗交"

抗战期间,天津电话局职工冒死开展的"抗交"斗争,是在国共两党地下党员的组织和支持下,进行的一场拒绝交出位于天津租界内的电话局控制权、捍卫中国通信主权的抗日斗争。这场轰轰烈烈的"抗交"斗争,是天津抗战史上的光辉一页。其抗日事迹当时在海内外影响广泛,堪称爱国人士以沦陷区内的外国租界为依托,以此激发民众抗敌热情、坚定民众御敌信心的一个抗日群体典型。

七七事变后,天津沦陷,侵华日军"炸毁了第二、第五电话分局,强占第六分局。电信员工同仇敌忾,奋起抗日。我地下党员朱其

---

① 天津市警察局《第一分局第三分所管界被敌残杀烈士调查表·邱国瑞》(申报人邱张英年),天津市档案馆馆藏档:219-1-6736。参见天津市委党史研究室编《天津市抗日战争时期人口伤亡和财产损失》,中共党史出版社2014年版,第50页。

文组织电话工人救国会，在电话局长、国民党人张子奇①的支持下，开展'抗交'斗争，反对日伪接收在租界内的电话局机关和第三、第四分局。1938年三四月

天津电话局第三分局（南局）位于英租界内比尔道（今四川路）和博罗斯道（今烟台道）交口

间，日本连续逮捕了'抗交'员工20多人。总工程师朱彭寿拒交电话线路图纸，惨遭酷刑，英勇牺牲。话费股主任孟仲朴被严刑拷问，体无完肤，释放后即亡故。同时殉难的还有电话人员董凤祥、陶玉林、郭二起等多人。直到1940年9月，租界当局与日伪妥协，将电话管理权移交日军，坚持三年多的'抗交'斗争才告结束"。②

关于朱彭寿参与领导的这场"抗交"斗争，可参见吴云心撰《沦陷时期天津电话局"抗交"事件》③，郭长龄、刘绍春撰《抗日爱国人士朱彭寿烈士事略》④等文章。《天津通志·邮电志》所载朱彭

---

①《申报》1936年1月9日载《交部更动人员一批》："交部八日以部令发表……津电话局长委张子奇接任。"
②邮电部邮电文史中心副主任冯大舜《在邮电文史干部培训研讨班结业会上的总结讲话（一九九五年四月二十日）》，新疆维吾尔自治区邮电管理局史志办公室编：《新疆邮电史志资料汇编》第8期，1995年版，第37—38页。
③参见天津市政协文史资料研究委员会编《沦陷时期的天津》，1992年印刷，第27—30页。
④天津市和平区政协文史资料委员会编：《天津和平文史资料选辑》第5辑，1995年版，第75—77页。

寿传记①及《抗战初期天津电话局的"抗交"斗争》②,内容亦较详,足兹参考,本文不必赘述。

值得注意的是,上海《申报》等抗战期间仍坚持出版的国内大报,纷纷对天津"抗交"斗争予以连续报道。路透社等海外通讯社也曾刊发电讯,及时披露内情。但这些报道并未引起今人关注,在如今出版的著述中也未被有效利用过,现予整理、披露,以便深入研究。

1.《申报》对天津"抗交"斗争的报道

上海《申报》所载,对了解这场轰轰烈烈的抗日斗争以及朱彭寿等爱国职员的抗日事迹等,颇多帮助。已知《申报》的相关报道包括:天津电话设施因天津沦陷而屡遭侵华日军破坏、侵华日军觊觎及攫取通信管理权等卑劣行径、"抗交"原委、朱彭寿被捕遇难及受南京国民政府明令褒扬、英法意三国当局慑于侵华日军淫威、天津电话被日伪当局接管、南京国民政府的抗议等。

①《申报》1937 年 7 月 27 日载《平津电话竟日不通》:"平津电话自上午七时起,竟日未通(二十六日专电)。"

②《申报》1937 年 7 月 28 日载《平市已入大战前夕状态》:"交通工具之电报与电话,因郊外各路电线多被日军割断,故有线电报均发生障碍。平保、平津、平通等各线电话亦未恢复……(廿七日中央社电)。"《申报》1937 年 7 月 28 日载《一切谈判均归停顿》:"天津。时局已濒最后关头,此间一切谈判均已停止。官方因平津电话电报均被破坏、消息传递殊欠灵便,故大局究竟现已发展至如何程

---

① 天津市地方志编修委员会编著:《天津通志·邮电志》,天津社会科学院出版社 2002 年版,第 620—621 页。

② 《天津通志·邮电志》第 641—643 页。

度，无从知悉。张自忠在平，市府政务由市府秘书长马彪〔彦〕翀、警察局局长李文田等处理……（二十五日中央社电）。"《申报》1937年7月28日载《平津电讯时断时续》："北宁路平津电话，二十七日下午亦通。惟沿线日军把持，时断时续。"《申报》1937年7月28日载《京平京津电话不通》："南京。平京长途电话被阻不通，交部以关系重要，已令电局设法通话。至平京电报，除无线电照常畅通外，有线电报则改道经平绥路接通（二十七日中央社电）。"

天津电话局第三分局（南局）建筑局部

③《申报》1937年7月30日载《津电话局亦被炸毁》："津全市电话交通几已至中断状态。盖日机二十九日午后投掷炸弹，电话二局、五局及六局均已被炸毁。二、五局适在闸口地方，刻已全部被焚云（二十九日中央社电）。"

④《申报》1937年8月2日载《日机在大沽轰炸，海防指挥部亦遭轰击，津电话局机器被运走》："津电话二局及五局，自遭日机轰炸后，内部机器本已损毁。一日午，日军又派人到局将所有重要机器全部运走，又有日鲜浪人随之将一切零星机件及器具亦搬运一空。查二、五局机器，所值约在数十万元（一日中央社电）。"

⑤《申报》1937年8月3日载《[伪]津维持会已办公》："交通界息：津电话六局，二日恢复通话、电话局午后派员赴二、五局视察，并拟向日方索回运走之机器。闻高凌霨二日以[伪]津地方治

安维持会名义,委张仁侃为[伪]电话局局长,即将前往接收(二日中央社电)。"

关于当时天津电报电话战线的斗争形势,在《大公报》(天津版)1937年9月22日所载《挥泪话天津》一文中有所披露:"[天津]伪治安维持会成立时,野心极大,连商品检验局都派人接收过去。对于电报、电话两局,自然垂涎三尺。日本领事曾数度找电报局长王若僖,大肆威胁,最后并有汉奸传话,谓将置王于死地。但王氏的刚毅精神始终不屈,一直到现在,还在率领全局职员按部就班做去。虽然往南去的电线路已被日人强抢以去,但无线电依然通行。现除北平不通外,其它〔他〕国内外电报照收发。至于北平方面,电报局已由一[名叫]佟子安者充任,全体职员被留,虽照收电报,但却要送到日本人所办电(报)局拍发。[天津]电话局现在

位于原意租界天津电话分局第四分局(东局)。旧址在今民生路与光复道交口一带

显已分成三个系统:六局（北局）因在河北,首先被[伪]维持会接收,委由张仁侃任局长,当时野心很大,并拟接收三、四两局（三局即南局,在英租界;四局即东局,在意租界）,被电话局长张子奇大骂一场,抱头窜去。二、五两局则自被敌机炸毁,机件也悉被抢去。日人现由'满洲电信株式会社'筹

《申报》1937年7月30日第4版载,天津抗日将士于7月28日、29日奋起抗敌

设电报、电话两局,一方面收发东北、北平各地电报,一方面在日租界装设手摇话机八百号,接线者悉为日本女子,并拟在本年年底完成装置六千号的计划。三、四两局则因在租界内关系,仍在我手中,只是特一、二、三区的电话费租已无法收取。"①

⑥《申报》（汉口版）1938年1月15日载《津敌仍在图谋攫取电话局》:"徐州十四日中央社电。津讯:津日方对电话局仍企图接受〔收〕,迭次派员威胁局长张子奇,均遭拒绝。近又与电话局之债权人银行团接洽期与之合作,亦无结果,该局仍在艰苦撑持中。"

⑦《申报》（汉口版）1938年2月21日载《津电话局长张子奇拒绝敌要求》:"徐州十九日中央社电。津讯:津电话局由张子奇苦

---

① 此文署名"一读者",转引自范长江、小方等著,范长江主编《沦亡的平津》（"抗战中的中国"丛书之一）,生活书店1938年1月版,第71—72页。

朱彭寿烈士遗像

撑中。近来,敌伪图谋攫取甚急,压迫利诱,无所不用其极,但张迄不为所动。日特务机关派中日实业公司高木,晤张,希望合作,当被严词拒绝。"

⑧《申报》(汉口版)1938年3月2日载《津市电话,敌肆行破坏,与英租界联络线已完全割断运走》:"徐州廿八日中央社电。津讯:敌对津电话局益加破坏,廿八日晨将特一区与英租界之联络线完全割断,并将网线运走。特三区电线亦将破坏。"

⑨《申报》(汉口版)1938年3月4日载《津敌断电话线并阻挠修理,英美侨表示愤懑,津台无线电不通》:"徐州三日中央社电。津讯:敌伪一日晨已将特三区电话线完全切断。电话局派人修理,行经特一区与英界交界处,几被架去。居住于特一、三各区之英美各国人士,对此颇为不满,除派领馆人员交涉外,并表示将迁于英法租界,请保留原来号码。敌伪虽威胁无所不至,但张子奇(电话局长)仍在艰苦支撑。""徐州三日中央社电。交通界息:津电报局停顿后,敌在日租界所组伪电讯局,所发电报,迟误多错,且取费极贵。据熟知该局情形者谈,台北被炸后,津台间无线电亦不通。"①

⑩《申报》(汉口版)1938年3月15日载《敌对津电话局压迫

---

① 参见《我游击队进逼津西,敌机惧我轰炸,机场架高射炮》,《申报》(香港版)1938年3月4日。

益甚,局员八人被架去》:"徐州十三日中央社电。交通界息:敌伪对津电话局益加压迫,除继续威胁张子奇外,并四出谋捕局员。十三日晨,有局员八人赴特二区送殡,全被敌宪兵队架去。①又,特一区被拆毁之电话线,本由德领事向日方交涉,准许修理,但十日电话局员工前往修理时,仍被便衣敌宪兵阻止。"

天津电话据第四分局(东局)的自动接线机设备

⑪《申报》(汉口版)1938年3月18日载《津电话局员工决坚守立场,防敌搜索移居租界》:"徐州十七日中央社电。交通界息:敌伪在津继续搜索电话局员司,十五、十六[日],又有三人被架,电话局各员工仍在局长张子奇领导之下,继续奋斗,更因此而团

---

① 吴云心于1983年撰《回忆沦陷时期天津电话局"抗交"事件》载:"日军占领天津后,闸口街的二、五局,河北的六局,河东的八局,均被日军接管,后又接收了法租界的电报局。不久,日伪政权将电话、电报局合并,成立了[伪]'华北电报电话公司'(简称'华北电电')……一九三八年三月,有一位老话务员郝某故去,在出殡的那天,许多职工去他家吊唁(他家在河东十字街附近);'华北电电'的职工中也有郝的老友,因此也有人去吊祭。'华北电电'当局得此情报,即知会日本宪兵队派人在郝家门口放哨,逮捕前往吊祭的电话三、四局的职工(大概捕去八个人)。"天津市政协文史资料研究委员会编:《天津文史资料选辑》第24辑,天津人民出版社1983年版,第122—123页。另据《抗战初期天津电话局的"抗交"斗争》载:"1938年3月13日,老话务员郝辅臣为其母治丧出殡,许多电信职工到他家中(住在华界十字街)吊唁,在送葬路上,日本宪兵队派人指'点儿',把20多名积极参加'抗交'斗争的职工抓走。"天津市地方志编修委员会编著:《天津通志·邮电志》,天津社会科学院出版社2002年版,第642页。

结益固。目前局员均移居租界,十六日开会表示,决坚守立场,不为所屈。"①

⑫《申报》(汉口版)1938年4月11日载《津电话局,敌伪仍压迫破坏,张子奇艰苦维持》:"香港九日中央社电。津讯:津电话局在敌伪用尽卑鄙手段压迫之下,仍在困苦之中奋斗。现敌伪一方面拘捕居于城厢及特别区之职员,其在租界者,则用绑票手段,将工程科长朱彭寿架去,并将居于城厢特别区之收租员捕去,要挟各员司附逆。另一方面,将特一区之电话线与电灯线接连,企图将电话局机器爆炸,幸津局工程人员对自动电话,均属研究有素,事先妥慎防备,未致成灾。此外,[敌伪]并在租界用药水破坏线缆,曾被破坏一二处,但该局修理手段更是敏捷,从前需二三日始告竣工者,近则一日夜可了。目前,所有该局职员,上自局长,下至机工,均移居局内。所有职员一致表示,愿在张子奇局长领导之下,维护国权到底,绝不屈服,誓与电话局共存亡。"②

⑬《申报》(汉口版)1938年6月24日载《天津电话局由国际共管交涉停顿,张子奇与英义③领事努力折冲尚无结果》:"香港廿二日中央社电。津讯:历尽艰辛、努力撑持将近一年之津市电话局,最近盛传将由在津之英、法、义各当局共同接收,然后交由伪组织负责管理。此项传说,虽非完全无因,但与个中真象〔相〕亦略有出入。按津市自事变以还,中央机关先后被敌伪侵占,其巍然独存者,只电话局一处而已。惟该局所属之二、五、六三局或在河北,

---

①参见《津电话局职员三人被架》,《申报》(香港版)1938年3月18日。
②参见《壮哉津电话局职员,努力维护国权,敌伪用尽利诱威胁方法,各员仍誓与该局共存亡》,《申报》(香港版)1938年4月12日。
③即意大利,旧时多写为"义大利"。

或在与日租界交界中之闸口。事变突起,此项毫无抵御之机关,始以轰炸,继以接收。今则仅存硕果、仍与中央保持直接关系者,只此英、义两租界之三、四两局。然市面粗平,敌伪先后开通二、五、六三局,三、四两局赖局长张子奇尽力维持,幸获保全。但一年以来,敌伪对于该局久欲据而甘心,威胁利诱,不知凡几。诸如逮捕员司、破坏线路,凡足以妨害该局之存在者,无所不用其极。惟张氏始终威武不屈,故敌伪种种用心,毫无效果。迩来,敌伪以接收目的未达到,故不择手段,由侧面进行破坏,以是界内线路,以及局内员司,随在有发生意外之虞。英租界工部局董事长体伯特,向英总领提议,拟会同义、法各租界当局,与电话局接洽,暂由各国共为保管。该局以环境如斯,来日方长,该局同人虽均愿宁为玉碎,但为各界居民着想,由各国暂为共同保管,方便居民,未始无益。惟兹事关系綦重,不便擅专,乃急向交通部请示。比接复电,对暂由各国共同保管大体同意,但有五项原则,须于事先说明。内中,计包括代管仅系短期性质,将来须随时交还,且人员不得更动;局长张子奇改任总稽核,将来局长或经理人选,须由总稽核推荐等项。事前即由英方会义、法两总领事,提出共管之议。该局遂先请英方来一正式文件,俾作请示之根据。及英方公函到达,该局以内容过于含混,当时约定须当面会晤,加以解释,以免电部请示,往返时期稽延。旋英领与张子奇经一度会晤,比将中英文意义,及英方来函原意,解释明确,并经记录在案,即由英领代将此项来函及解释文件,转电部请示。惟部方以该项来函内容,竟将由国际共同接收后,为接通长途市区伪局电话,须交由伪市府管理,此节与前交部所提之五项原则,距离甚远,且根据我方立场,绝对不能承认。当经电令津局,仍照前电所示之原则,继续与英方折

天津电话局第六分局(北局)位于河北大经路(今中山路)与月纬路交口一带

冲。该局局长张子奇,因于十六日遵照部令,与英、法、义各总领事开会,说明部电要旨,有碍我方立场,即敌伪接收,我方绝不同意,且人事问题,亦须首先解决,始能再谈其他。当场英方及出席之义、法两总领事,一致主张,不谈人事问题,即请张氏将该局无条件交出。张氏对此,据理力争,认为与部意完全相背,绝难同意,双方辩论达两小时之久,迄无结果,遂由张氏将领事方面之意见,电部报告。截至目前,尚未接复电,亦未继续谈商。此为电话局交由国际共管之真象〔相〕也。闻英方态度,最近颇使一般人士深切疑虑。外传系体伯特受敌伪愚弄,以不扰乱英商赛马为条件,须英方将电话局代为接收。体伯特系赛马会董事之一,遂允所请,并致函伪市府同意。传闻如是,空穴来风,当必有自。以近今中英国交之敦睦,吾人对此初不置信,然外间传说颇盛,是亦不无可疑也。"

⑭《申报》(汉口版)1938年7月4日载《天津电话局竟强被接收,日内恐难免由各领转交与伪组织接管》:"香港二日中央社电。津讯:津英、法、义三国当局,一日晨竟用强制手段,将我津电话局接收。先是电话局长张子奇于一日晨接到英总领事馆电话,请于晨十时,赴戈登堂开会。张局长乃与之约定,先与英总领在其官邸会晤,乃届时到达英总官邸时,英总领事佛莱克患病,由英工部局董事长体伯及董事狄更生出见,表示须立即接收。张氏当对该局问题提出私人意见主张:(一)如因调解困难,电话局可以歇业;(二)如欲先行接收,可由英国及关系各国,先来一函,负责保证绝不移交第三者。乃此两项意见,均未为英方接受,仍主张非先行接收不可。体伯等立邀张氏赴戈登堂,会晤法、义两领事,及抵戈登堂,英方仍主张立即接收,绝无再磋商余地。此时,英工部局董事体伯、狄更生两人及驻津法、义两国总领事,偕同大批人员,径赴英租界十四号路电话局,立即取强制手段接收。张局长因在此种局面下,无法解决,乃召集同人训话,报告真相后,立即离局,并派课长金绳琪留局,负责交涉之,一方面准备向关系各国提出抗议。据张局长谈称:'余过去在艰难困苦局面下,继续支持者,一方面固为维护国权,同时亦系为谋中外人士之便利。过去一年中,承各国当局在种种方面协助,极为感激。不料,今竟出强制手段接收,殊出吾人意料之外。余对此事,不胜遗憾之至也。'又闻,电话局全体员司,对此事极愤慨,金表示立即停止工作。经各高级员安慰,请以市民交通为重,惟仍在筹商应付办法中。目前,英、法、义三国当局,正轮流驻守电话局,称将组一委员会管理。惟英方过去对此事与敌伪数度接洽,日内当必交与伪组织,毫无问题也。"

⑮《申报》(汉口版)1938年7月6日载《津电话局员工反对交

第三者接管，张子奇向各领提书面要求》："香港五日中央社电。津讯：津电话局虽于廿日为英法义领事强行接收，全体员工仍镇静工作，以维护市民之便利，但坚持反对移交第三者。电话局长张子奇，四日亦向各该国领事提出书面要求，原文谓：'自津变以来，一年于兹，鄙人为维持公众交通利益，难险备尝。在此期间，诸承贵领事热心维护，资助颇多，至深感激。不意，有七月一日事件发生。按照一九二五年九月与贵国租界工部局所订合同，充其量只能取消营业权，不知贵领事何所根据？强制接管，不无遗憾之至。鄙人竟被胁迫离局，不能行使职权。但有数点，应请特别注意：（一）在强制接管后，不得交第三者；（二）现在留局人员之职务及待遇，应照部章，确实保障，不得任意调动更换；（三）所有三四两局营业收入，除开支外，应按照本局与银团所订合同，逐日解缴银团，作为归还债本之用。以上各项，特此郑重声明。'"①《申报》（汉口版）1938年7月6日又载："伦敦五日中央社路透电：英外交次官巴特拉，谓外传日军占据华北电讯机关后，天津英航业发出之商电，每有延误之事。惟英政府对于此点，尚未接有正式报告。英外部大臣哈里法克斯，现已电津英总领询问。"

⑯《申报》（汉口版）1938年7月9日载《华北人民沉痛纪念》："香港七日中央社电。津讯：在敌伪势力压迫下之华北民众于卢沟桥事变周年纪念日晨九时，人民自动作沉痛纪念。津租界娱乐场大部均休业，市民终日素食。津电话局虽为英法义当局强行接收，全体员工均对前线死亡将士举行默哀礼。"

⑰《申报》（汉口版）1938年7月10日载《津电话局员工续提

---

①参见《津电话局长提三项要求，请勿移交第三者》，《申报》（香港版）1938年7月7日。

四项要求,前次要求租界联合会已答复》:"香港九日中央社电。津讯:津电话局由英法义租界当局强管,除张子奇局长已提出抗议外,全体员工并向租界联合委会提出要求,在强行接管时,不准移交第三者,并对员工加以保障等项,兹据答复如下:(一)英法义租界当局将尽其能力,在租界内随时保护该局员工之生命财产及其家属;(二)在联合委会管理期内,对于员工职务不加更动,除有严重过失,决不开革一人;(三)在临时管理期间,工作情形及员工保障条件,在本地情形许可之下,悉照原有部章办,决不任意变更,倘因生活成本增高,员工请求临时辅助,本会当审慎考虑,但不能增薪;(四)至于是否移交第三者一节,本会认为系外交问题,将来当由外交途径解决,因此不能保证以后如何生变,但该局财产在本会保管期内,决能保护员工之权利,并保证现在之员工数额决不增加,工作照常云云。该局全体员工以上述答复,究有未能确合实际情形者,另又提出四项要求:(一)在暂管期内,所有员工及家属之生命财产,在英法义租界内应予以切实保护,且遇有技术上之需要,本局员工到上述三租界以外之津市任何区域工作,亦请予严切可靠之保护,方可前往工作(按此项系因过去员工服务于特一、三等区,曾受敌伪种侮辱及绑架行为而发);(二)全体员工职工不予动调,所有赏罚及革除等项,应完全按照部章;(三)员工待遇应完全按照部章,不得更改,如因生活必需品价格不能降低时,员工得随时提出请求临时津贴,不得借口推诿;(四)在英法义联合工部局电话保管委员会暂管期内,所有本局一切产权,在津市上述三租界安然存在环境之下,应请保证不转移第三者手中。"

⑱《申报》1938年12月12日载《朱彦寿遭害证实》:"香港。津讯:津电话局总工程师朱彦寿,顷证明已惨遭日军杀害。查自津电

话局在困难中艰苦撑持,日人处心积虑,企图破坏不逞,乃对该局特别注意。朱于本年春被架,日方先则百般凌辱,继饵之以重利,希望胁为己用,或将电话整个破坏。朱严词拒绝,日方所谋不遂,乃将朱杀害。朱为中国自动电话工程界有数人才。此决殉难、实为工程界一重大损失。"文中提及的"朱彦寿",即指朱彭寿。

⑲《申报》1938 年 12 月 28 日载《行政院决议事项,褒扬津电话局故工程师,决定重庆市各局长人选》:"重庆。行政院二十七日下午四时,开第三九五次会议,出席孔院长、张副院长及各部、会长官,由孔院长主席。首由主管长官分别报告军事及外交情形,次讨论议案,决定事项甚多,兹择载如下……交部呈:天津电话局主任工程师朱彭寿,自去岁津地沦陷,在敌人环伺、困难万状之下、艰苦撑持,始终不馁。一年以来、敌人多方设法,拟接收该局,而计不得逞,故对朱恨之入骨。今春,被敌掳架,久困囹圄,备受严刑。该员矢志不屈,卒以遇害。该员立志之坚,实足坚强民族意识、发扬抗战之精神,除已由部核发殡殓费及抚恤金外,请转呈明令褒扬案。决议:呈请国府明令褒扬,并特给恤金五千元。"

⑳《申报》1939 年 1 月 2 日载《政府褒扬抗战尽职官员一年以来之统计》:"重庆。自抗战以来,前方将士浴血奋战,地方长官忠于职守,颇多守土抗敌、慷慨捐躯、临难不屈、大义凛然、不避艰险、从事办理兵役等可歌可泣之事,迭经政府明令褒扬,或从优抚恤,以示激励,兹将一年来经政府明令褒扬者汇志如次……(五)朱彭寿,天津电话局主管工程师,一年来,敌人多方设法接收该局、计不得逞,故对该员恨之入骨。今春被敌掳架,备受毒刑,而矢志不屈,卒以遇害……除以上十八员外,尚有多名文官褒恤程序犹未完竣,容后发表。"

㉑《申报》1940年7月25日载《津外国当局考虑电话交让问题》:"闻[伪]天津市政府,近商请租界当局,交让天津电话管理权。按,天津电话是为中政府所办,前曾由英、法、义租界代表组织之特别委员会接收管理,已阅多时。闻有关系之外国当局,曾开会考虑此项请求,大约尚将续开会议数次,始能有切实之决议。又按,该委员会仅管理英、法、义租界之电话。至于日租界、华界与特别区之电话,则由另一机关管理(二十四日电)。"

㉒《申报》1940年10月1日载《津电话局移转管辖》:"现由外国租界合组特别委员会管理之津埠电话局,已于近日移交[伪]天津市长。协定业于今日午后四时签字,内容共计五条(三十日路透电)。"

㉓《申报》1940年10月2日载《津市电话局移交,三租界当局与日方签协定》:"香港。津讯:英法义租界当局,卅日与日方签立协定,将华交部天津电话局及英法义租界之电话管理权移交日方。按自天津沦陷后,日屡图夺取天津电话局未逞。去岁,该局由各租界工部局组织特别委员会保管。今者,三租界当局实行对日作再度之让步。三租界与界外之电话线已断绝三年,日方准备于最近恢复(一日电)。"《申报》1940年10月2日又载:"天津。津市电话局移交[伪]市长之协定,今日签字。按该电话局向由外人租界共同组织之特别委员会加以管理(一日路透社电)。"

㉔《申报》1940年10月4日载:《津电话局移转管辖,外部提严重抗议,分别照会英法义驻华大使,移交于法无效,华保留权利》:"重庆。天津租界内电话局管理权已由各租界工部局所组织之特别委员会移交。外部闻讯后,以天津英、法、义等租界工部局此项举动,系属违法,不独有损中国权益、违法合同义务,亦且有背接受委托、代为保管之责任。已于日昨分别向英、法、义三国驻华大使馆提

位于天津闸口街(今荣吉大街)的第二、第五电话分局

出严重抗议。声明上述电话局之移交,不能发生法律上之效力,中政府仍保留关于本案所有之一切权利(三日电)。"

尽管南京国民政府强硬表态,但因鞭长莫及,对此并未能采取有效的反制措施,应属无可奈何。

2.中共地下党员在"抗交"斗争中发挥作用

《抗战初期天津电话局职工的"抗交"斗争》载:"日本军方急于接管电话局,广大电话职工抗日爱国热情十分高涨,电话局局长张子奇(国民党员)是中共河北省委领导下的统战组织——华北人民抗日自卫委员会成员,在地下党员朱子饰等人的影响下,抗日态度比较坚决;英国租界当局为保护其利益,既不敢公开抗拒日军,亦不愿让日军控制租界电话。因而,在地下党领导下,'抗交'斗争很快就发动起来。"①

中共天津地下党特科人员朱其文撰《1937年天津电话工人救国会与电话工人"抗交"的斗争》载:"一九三六年春天,党派我打入

---

① 中共天津市委党史资料征集委员会编:《和平区党史资料汇编(1919—1949)》,1993年印,第105—106页。

天津电话局。我那时党的关系先和刘澜涛,后和姚依林同志联系。我打入电话局后,社会职业是职工教育班主任……七七事变后,组织了电话工人救国会,当时动员进步分子不要把电话局交给日本人……日本人知道了电话局'抗交'很厉害。传说电话局有位姓朱的给职工讲过话。有一天几个日本特务为了抓我,误把一个姓朱的总工程师给带走了(后来弄死了)!从那以后,我就搬到电话局里去住……'抗交'斗争坚持一年后,党就指示我们撤出电话局。电话局职工经过夜校、话剧团等活动,在当中发展了新党员,建立了党的组织。那时我和局里的党组织不发生关系,我只是以群众面目出现在群众当中,我当时的名字叫朱子饰。"①

另据《吉林党史人物》所载《朱其文(1909—1987)》称:"1936年1月,经北平地下党组织赵作霖介绍,朱其文通过柯庆施接上党的组织关系……1936年6月,朱其文被调到天津,以市电话局话费股主任的职务为掩护从事党的地下工作,曾争取了天津电话局长张子奇、电报局长王若僖为我党工作。芦〔卢〕沟桥事变后,他积极参加天津学生运动,曾参加组织200多名爱国学生和有识之士到南京请愿,敦促南京政府抗日。1938年5月,他被调任华北自卫军军事组副组长,在冀热边特委的领导下,参加组织了冀东人民抗日武装大起义。"②据此可知,朱其文已于1938年5月离开天津电话局。

---

①中共天津市委党史资料征集委员会编:《一二·九运动在天津》,南开大学出版社1985年版,第439—440页;参见《1937年电话工人救国会与电话工人抗交斗争——访朱其文》,中共天津市委党史研究室编:《天津党史资料与研究》第2辑,天津古籍出版社2006年版,第193—195页。
②中共吉林省委党史研究室编:《吉林党史人物》第11卷,长春出版社1999年版,第171页。参见《朱其文》,哈尔滨市地方志编纂委员会编:《哈尔滨市志·人物附录》,黑龙江人民出版社1999年版,第143—144页。

朱其文所称的"有一天几个日本特务为了抓我,误把一个姓朱的总工程师给带走了(后来弄死了)"一语,值得商榷。"姓朱的总工程师"显系朱彭寿。已知朱彭寿是1938年4月5日被侵华日军抓捕的。《天津通志·邮电志》载:"4月5日,朱彭寿上班途中,行至英租界墙子河附近,化装潜入租界的日本宪兵利用充当日伪密探的解雇机匠为眼线,将朱劫持到汽车上,驶离租界,拘押在日本宪兵队内。日寇逼迫朱彭寿交出电话局机线图纸,停止抗交斗争,被严词拒绝后,恼羞成怒,对朱施以酷刑,百般折磨。"[1]乔家才著《海隅丛谈》载:"张子奇不吃硬,也不吃软,弄得日本军阀和汉奸们伤透脑筋。张子奇知道情况不好,住在电话局里,非有要事,足不出电话局的大门一步,连家也不回去了。日本宪兵想要秘密逮捕他、汉奸们想要暗杀他,都不可能。汉奸们又给日本宪兵出了一个坏主意,用釜底抽薪的办法来瓦解电话局。电话局总工程师朱杰夫是电话局的台柱子,家住在法租界小河道。有一天,刚从家里出门,准备到电话局,就被秘密绑架到海光寺日本宪兵队,非刑拷打,死在海光寺。总工程师固然重要,不过并没有因他被绑架,电话局就会垮台。"[2]

据此可知,抓捕朱彭寿应为侵华日军破坏天津电话局的阴谋行径。朱彭寿时为抗交斗争的组织者之一,且其总工程师这一身份目标很大。其被误抓的可能性很小。

3. 朱彭寿、董凤祥入祀天津市忠烈祠

1946年由天津市社会局文化礼俗科编印的《天津市忠烈祠第

---

[1] 天津市地方志编修委员会编著:《天津通志·邮电志》,天津社会科学院出版社2002年版,第621页。
[2] 乔家才著:《浩然集(四)——海隅丛谈》,台湾中外图书出版社1981年版,第216—217页。

一次入祠忠烈简明事迹录》载有朱彭寿的生平事迹:"朱彭寿,天津电话局总工程师,年四十七岁。烈士字杰夫,江苏松江人。秉性卓异,慧而好学,在校每试,辄列前茅。后考取官费留学生,赴美国专攻电业技术,半工半读,节约自奉,每有余,即寄以奉亲。归国后,任职津电话局。时该局大权均操法人之手。公以技术之精明,学识之渊深,极为外人所敬佩,故不久改任总工程师。国人任该局总工程师之职者,实以公为第一人也。津市沦陷,公纠合同志,坚不交敌利用。嗣,敌以卑鄙手段,捕公入狱,竟以殉难。"[①]

《天津通志·邮电志》载,1938年4月5日,"电话局总工程师、抗交斗争的中坚分子朱彭寿被日本宪兵队绑架,12月10日在狱中被迫害致死"。[②]

吴云心1983年《回忆沦陷时期天津电话局"抗交"事件》载:"我回忆当时情况,朱彭寿是总工程师,电话局的技术力量完全在他掌握之中。在一些职工被捕后,有一部分路线工人离局,朱彭寿立即培训青年工人,抵制日方破坏。这都使日方恼火。当时也有人说日方曾托人作朱的工作,诱以重职,要他投降,但朱拒绝了,又要电话局线路图,他也不给。据此,日方想得到朱彭寿是有计划的。朱彭寿住黄家花园,每日上班必过墙子河桥(今公安医院前与泰安道路口之间),时间也很准。朱即在桥头被劫,可知日方对他了解得很清楚。"[③]

姚士馨在回忆文章《魔窟余生记》中载,1938年夏天,"我又被

---

① 转引自天津《民治周刊》第1卷第9期第7页,1947年4月20日出版。
② 《天津通志·邮电志》第34页。
③ 天津市政协文史资料研究委员会编:《天津文史资料选辑》第24辑,天津人民出版社1983年版,第122—126页。

转押到花园宪兵分队(在今多伦道、新华路交口)的一座牢房里。这个牢房房间较大,关押的人也比较多。和我同关押在一个牢房的,有著名的天津电话局'抗交'活动中坚人物、天津电话局总工程师朱彭寿先生。我亲见敌人对朱工百般威逼利诱,严刑拷打,无所不用其极;亲见朱工宁死不屈,表现了严正的民族气节;又亲见朱工经日军残酷折磨后惨死于牢中。万恶的日军刑讯逼供时曾用烧红的铁丝捅进朱工的尿道。那种惨状,至今想起仍令人不寒而栗"。①

1946年3月22日,交通部天津电信局职工会呈请市社会局,为朱彭寿等抗战忠烈召开追悼会

《天津通志·邮电志》所载朱彭寿传记中,关于朱彭寿生于1892年的表述,在他处记载中有异。清华学校1917年编《游美同学录》载:"朱彭寿,字杰夫,年二十五岁。生于江苏松江。父虞珍。兄彭龄,任松江中学校教员。本籍住址:江苏松江南门内三十七号。未婚。初学于苏州英文专修馆及上海南洋公学。民国二年,以官费游美。民国三年,入佑凝大学,习电器工程。民国四年,得硕士学位。被选入某名誉学会。为中国学生会会员、南洋校友会副会计。曾在普通电

---

①天津市政协文史资料委员会编:《在血与火中成长》,天津教育出版社1995年版,第212页。

器公司实习,又任西方电器公司工程师。民国四年回国,任上海慎昌洋行电器工程师。为青年会会员,又为《中华实业界》编辑。现时通信处:上海四川路青年会。"①此文中所指"年二十五岁",也不排除是虚岁的可能性。

1921年,朱彭寿等曾参与发起设立中国电学会,并呈请内务部批准。该呈文所附《中国电学会职员简介》载:"朱彭寿,年二十八岁,江苏省上海县人,美国联合大学电气科毕业②,得硕士学位,现充天津电话局工程师。"③据此判断,朱彭寿有可能出生于1893年。

《天津通志·邮电志》等载朱彭寿传记中,对朱彭寿1926年赴德学习自动电话技术之原委和其时所任职务的记载语焉不详。恰《申报》对此所记较详。《申报》1926年7月22日载:"津电话局总工程司朱彭寿赴德国西门子厂考察自动电话情形。"《申报》1927年1月10日载《天津电话改用自动机,电机九千架本年十月竣工,共计需款三百五十万元》:"天津为华北大商埠,轮轨辐辏,虽年来迭遭兵燹,而商务反日见发达。距今三年前,全市仅有一个电话局,共有电话五千号,求过于供,往往一机之转移,非四五百元不能到手。前

---

①中国社会科学院近代史研究所近代史资料编辑部编:《近代史资料》总123号,中国社会科学出版社2011年版,第174—175页。
②清华学校1917年编《游美同学录》称朱彭寿于1914年"入佑凝大学,习电器工程"。美国联合大学即美国联合学院(Union College)。因有将"联合"一词的英文"Union"直译为"佑凝"的情形。该校地处美国纽约州的斯克内克塔迪市,位于莫霍克河南岸,始建于1795年,为私立文理学院,以工科闻名。
③《顾光宾、朱彭寿等组织中国电学会致内务部备案呈(1921年2月19日)》,中国第二历史档案馆编:《中华民国史档案资料汇编》第3辑《文化》,江苏古籍出版1991年版,第639—642页。

年添设南分局,增加电话机二千号,仍不敷用,嗣又增加一千号。去年春间,添设东北两分局,各增加电话机五百号,然仍不敷分配,数大商店共享一机者极多。不但司机生忙碌,且用户亦有电话不灵之憾。故英、美、法、日各租界当局,一再要求改用自动机。第因直省当局恒为军事牵掣,无力及此。延至去年秋,耿毅任电话局长,始与'中南''大陆''盐业''新华''东方''汇理'六银行,订立借款合同,向西门子公司购买自动机九千架,并派该局副总工程师朱彭寿,赴德国研究自动机之构造及管理技术等学术,阅时一年,近始回国,决定计划。"[1]

另外,在《天津市忠烈祠第一次入祠忠烈简明事迹录》中亦载董凤祥抗日事迹:"塘沽电话局话务员。年二十八岁,天津人。君高中毕业后,供职于天津电话总局。七七事变后,调往塘沽电话局服务,乃纠合同志,破坏敌人电信交通。事为敌悉,于二十六年,被敌枪杀于海河之畔。"[2]《天津通志·邮电志》中有两处记载董凤祥遇害情况。一是《大事记》载,1937年"11月8日,日宪兵队闯入塘沽电话局,话务员董凤祥被惨杀"。[3]二是《抗战初期天津电话局的"抗交"斗争》载:"塘沽局话务员董凤祥因参加'抗交'斗争被日本特务枪杀于塘沽码头,尸体投入海河。"[4]

据《天津通志·邮电志》载:"1946年4月5日,天津电信局为朱彭寿烈士召开追悼大会,藉慰英灵,以彰忠烈。"[5]

---

[1] 参见《天津电话改装自动机之暗潮,旧职工恐受淘汰》,《申报》1927年1月28日。
[2] 转引自天津《民治周刊》第2卷第4期第9页,1947年8月10日出版。
[3]《天津通志·邮电志》第34页。
[4]《天津通志·邮电志》第642页。
[5]《天津通志·邮电志》第621页。

此动议始于1946年初。1946年3月22日,交通部天津电信局职工会呈请市社会局,为朱彭寿等该局抗战忠烈开追悼会:"职会在抗战期中,曾组抗交委员会,与敌对抗三年,深遭敌伪嫉视。[敌伪]出动敌宪,逮捕我职工数十人。前工务课长朱彭寿因而殉职狱中。四月五日,适值八周纪念。职会为表彰先烈,回忆既往,定于是日在第一区三十二号路①电信局内开会追悼,以慰忠魂……呈请钧局准予备案。"3月28日,市社会局决定派员参加此次追悼会。②

十二 抗日雄鹰杨天雄为杨豹灵之子

1946年由天津市社会局文化礼俗科编印的《天津市忠烈祠第一次入祠忠烈简明事迹录》载:"杨天雄,空军中尉,年二十八岁,天津人。民国二十四年,先生毕业潞河高中,目睹当时日寇窥伺平津野心勃勃,乃慨然曰:'国家受此侮辱,非发奋尚武,不足挽国家之大势。'遂投笔从戎入中央军校,次年又转入中央航校,苦心求学,造诣颇深,友辈皆呼为'双枪将',以喻其英勇也。毕业后,任第十四航空队分队长,转战南北,战功卓著。三十三年六月,奉命赴陕应援,飞至长寿,因雾触山,机坠身殉,时年二十八岁。"③

潞河中学时位于河北省通县(今为通州区,属北京市)。王维

---

① 即原法租界三十二号路,也称丰领事路(Rue Fontanier)。抗战胜利改称赤峰道(和平路至南京路)。
② 《为殉难同人开追悼会及出版〈津电月刊〉等事致市社会局的呈》,天津市档案馆馆藏档案,档号:401206800-J0025-3-006148-010。
③ 天津《民治周刊》第1卷第10期第7页,1947年5月18日出版。

立于重庆南山空军坟中的杨天雄烈士墓碑。碑文误将民国三十三年载为1933年

屏《潞河中学的体育运动》载,1934年10月,第十八届华北运动会在天津举行。潞河中学学生"杨天雄、高荫铸为河北棒球队队员"。[1]从《益世报》1934年9月21日所载的《冀参加华北运动会代表名单已公布》可知,杨天雄为男子棒球代表队正取十五名队员之一。1935年5月4日,河北省天津全区田径赛运动会在河北省立体育场开幕,"总计此次参加者凡七县、四十二单位、男女运动员六百余人"。杨天雄(潞河)分获男子中级组铁饼决赛第一名、十二磅铁球(铅球)决赛第三名。[2]

杨天雄后为天津南开中学学生。今南开中学含英楼南侧花园内,立有南开中学校友英烈纪念碑,分别镌刻42位烈士生平。其中包括杨天雄,且载其为"南开中学1937届学生"。

---

[1]《北京体育文史》1984年第1辑第101页。
[2]《天津全区运动会》,上海《勤奋体育月报》第2卷第9期,1935年6月,第624页。

《金山县续志》载:"杨天雄(1918—1944),金山人。上尉军衔,抗日战争时,驾飞机与日作战。1944年牺牲于四川省长寿地区。葬于南京紫金山北麓王家湾［由］国民政府军政部航空署于1932年始建的航空烈士公墓。墓刻何应钦撰写的挽联:捍国聘长空,伟绩光照青史册;凯旋埋烈骨,丰碑美媲黄花岗。'"①

《空军军官学校第十期航空班学生名册》载,杨天雄籍贯江苏金山,1944年6月,"驾机飞赴梁山,至长寿县,天气劣,视不明,撞山殉职。"位于南京抗日航空烈士纪念馆内的烈士纪念碑《中国烈士名单L》载:杨天雄,中尉,江苏金山人,生于一九一八年十月二十三日,牺牲于一九四四年六月七日。

《三十三年中原会战我军死亡人员统计表》载,第一中队中尉三级分队长杨天雄于1944年6月7日自重庆白市驿飞梁山途中,在重庆长寿县触山殉职。②杨天雄所驾战机为B—25轰炸机,时属中美空军混合团(CACW,即中美航空混合联队)第一大队。

梁深《回忆我在国民党空军对日作战的经历》载:"一九四四年五月,中原会战急转直下,汤恩伯部队与川军三十六集团军在郑州附近溃败。当时,中美联队第一轰炸大队第一、二中队组成混合中队,从桂林转到四川梁山机场,准备参加会战……我们到梁山后的任务,多是到郑州、许昌一带拦截攻击日军及其坦克,也炸过信阳敌军仓库、炸过洛阳关帝陵日炮兵阵地,还低空猛炸过黄河铁桥。这些任务,都是国民党航空委员会主任周至柔亲自由重庆打电话到梁山下达的命令……发生了一次重大事故:也是四架

---

①上海市金山区地方志编纂委员会编:《金山县续志(1986—1997)》,方志出版社2009年版,第980页。
②中国第二历史档案馆编:《抗日战争正面战场》下册第2534页。

飞机编队出发,由天津人杨天雄领队,轰炸完毕,返航重庆加油再飞回梁山。就在这时,由于不能确定飞机位置,不知云下有无山峰,就贸然穿云下降。结果,四架飞机全撞上长寿石板堰。"①

经梳理档案文献可知,杨天雄为民国年间的天津知名人士杨豹灵之子。

《中国国民党百年人物全书》载:"杨豹灵(1887—?)江苏金山(今属上海)人。生于1887年(清光绪十三年)。苏州东吴大学毕业。1906年赴美国康奈尔大学和普渡大学学习。辛亥革命爆发后回国,任湖北都督府路政司司长和外交司交涉科科长。1912年协助张謇创办导淮工程。1913年任湖南高等工业学校土木科主任。1914年任全国水利局技正兼第四科科长,负责大运河和黄河工务。1917年任督办京畿水灾河工事宜公署咨议。1918年任顺直水利委员会技术部部长。1922年任扬子江委员会委员长,同年任财政部总长顾问。1925年任永定河堵口工程处总工程师。后任财政部内务部运河工程总局太湖水利局顾问、海河工程局

重庆南山空军坟另一方杨天雄烈士墓碑(位于前山第一坡面向主碑的左侧、下右梯南侧右六)

---

① 天津市政协文史资料研究委员会编:《天津文史资料选辑》第27辑,天津人民出版社1984年版,第41—42页。

董事、天津特别市政府高等顾问。1929年任整理海河委员会顾问、咨询工程师和工程会执行委员。1934年任内政部海河工程处顾问工程师,并任中美工程师协会会长、中国工程师学会天津分会会长和美国工程师学会会员。1935年任天津市工务局局长。"①

1928年后,杨豹灵曾居天津意租界三马路,其旧居位于进步道沿街的团结西胡同出口西侧,为一座连体二层意式风格建筑最东侧一个门栋,今已被列为历史风貌建筑。抗战期间,杨豹灵继续担任大昌实业公司(位于意租界三马路18号,1941年停业)经理,1943年任集成股份有限公司董事长,时居"天津兴亚三区三七号路"②。抗战胜利后,杨豹灵任天津市政府外事处处长,1945年10月又代理海河工程局局长,1946年任天津市前英法意租界官有资产与官有义务债务清理委员会委员。杨豹灵还是东吴大学天津同学会会长。

1946年9月初,天津市社会局局长胡梦华呈文市政府:"案查前准本市市党部函,准烈士家族杨豹灵函称:此次由纪念抗战忠烈筹备会发给各烈士家族救济金,每名二万五千元,请将亡儿杨天雄名下之款,代为妥交邢林桂珍领取等情。据此,业经通知该邢林桂珍领取并函复杨豹灵查照在案。兹复准中国国民党天津市执行委员会《未健秘字第七〇五号公函》内开:查对烈士遗族发放救济金,前据杨天雄烈士家属杨豹灵之函请移让于邢林桂珍等情,业经据

---

① 刘国铭主编:《中国国民党百年人物全书》上册,团结出版社2005年版,第996页。参见田源天南编《清末民初中国官绅人名录》,1918年版,第593页;张耘田、陈巍主编:《苏州民国艺文志》上册,广陵书社2005年版,第232页。
② 即原法租界三十七号路,也称"狄米得城路",抗战胜利后改称陕西路(锦州道至营口道)。

1947年至1948年,杨豹灵曾任天津市抗战殉国忠烈家族联谊会理事长

情转函贵局查照办理在案。兹复据杨豹灵函:'准贵会《午健第六六九〇号函》略开,所有杨天雄烈士名下应得之救济金嘱移赠邢林桂珍一案,业已通知社会局查照办理,其遗族家况调查表,俟编整函送。等因具见。贵会对于忠烈遗族筹济,不遗余力,至深佩颂。惟查忠烈遗族贫乏居多,敝见所及,以救济遗族子弟教育及其直系亲属医药两事,最为切要。盖迩来物价剧增,学费随之而涨,力不足者,只能向隅。此固社会整个问题,无可如何,第使遗族子弟以力不足而失学,驯至陷溺,不能自拔,此正吾辈之责。又医药高昂,闻公私医院竟有将救济总署赠送药品私相市价售给病人或则囤积转售。种种伎俩不一而足。穷苦病人无力担负,坐以待毙,良可喟叹。兹拟凡属遗族子弟及其直系亲属,分别给以相当证件,使入公立学校或公立医院,规定免费及减费办法,俾昭激劝,而慰忠魂。贵会领导社会,敢贡蠡见,敬希参夺为荷。又,此次除救济金二万五千元外,闻尚发给大米粉六十斤,请一并移赠邢林桂珍可也。'据此,相应据情转达,即请查照为荷。等因准此。除通知邢林桂珍来局将款及米粉领讫并函复杨豹灵知照外,关于补助烈士遗族教育

费及医药费各节,兹事体大,究竟如何办理,理合据情呈请鉴核示遵。谨呈市长张、副市长杜。"9月5日,天津市政府对于杨豹灵提出的抗战忠烈遗族救济诸问题,训令要求:"应由社会、教育、卫生三局会同核议,并由社会局召集。"①

据此可确认杨豹灵为杨天雄之父。杨豹灵之妻李虞贞是苏州人,生于1890年,1908年赴美留学,后曾在苏州英华女校、南京汇文女子大学等校任音乐教师。而上文提及的邢林桂珍,很可能是中国空军抗日烈士邢遴(参见《天津市忠烈祠第一次入祠忠烈简明事迹录》所载)遗属。

杨豹灵后怀丧子之痛,出任天津市抗战殉国忠烈家族联谊会理事长。该联谊会"以联络津市抗战殉国忠烈家族,互相维护,绝对不涉政治"为宗旨②,由杨豹灵等三十位天津抗战殉国忠烈遗属于1947年6月筹组,并于8月30日在位于新华大楼的天津市银行业同业公会内召开成立大会。会址暂设于会员胡家祺的居所"一区陕西路五十三号"临时办公。杨豹灵为争取抗战殉国忠烈遗属权益、改善其生活窘境,使出浑身解数,尽力斡旋,但因时局不靖、当局推诿,难以施展,不得不于1948年10月底辞职。有记载称杨豹灵卒于1966年。③

---

① 《为杨豹灵请补助烈士遗族教育及医药费事致市卫生局的训令》,天津市档案馆馆藏档案,档号:401206800-J0116-1-000644-015。参见《为拟定杨豹灵烈士遗族证明书事致市政府的函附证明书》,天津市档案馆馆藏档案,档号:401206800-J0116-1-000644-022。
② 《为发立案证书图记证章等事致市抗战殉国忠烈家族联谊会批示(附原呈等)》,天津市档案馆馆藏档案,档号:401206800-J0025-3-005149-004。
③ 天津市政协文史资料研究委员会编:《天津近代人物录》,天津市地方志编修委员会总编辑室1987年版,第146页。

十三　冯运修与敌血拼拒捕牺牲

原抗团成员叶于良、孟庆石、郑昆仑等回忆，1940年7月7日，冯运修等抗团成员在北平成功策划实施了击毙日伪新民会中央总会机关报《新民报》编辑局局长吴菊痴的锄奸行动。冯运修后在北平日伪当局大搜捕时，壮烈牺牲。

原抗团成员的回忆与当时日伪当局的档案记载可以契合。此中详情，参见《[北平日伪]警察局特务侦缉队报告新民报编辑主任被刺（1940年7月8日）》所载①。

刘岳《书生枪手弹毙汉奸总编》载："冯运修，一个今天几乎没人知道的名字。就是这个书生枪手，弹毙汉奸总编于北平琉璃厂。之后不久，就将自己的一腔热血洒在北平受璧胡同（今北京西城西四北四条）。冯运修是天津中日中学学生，1937年加入了抗日杀奸团……"②

1946年由天津市社会局文化礼俗科编印的《天津市忠烈祠第一次入祠忠烈简明事迹录》中，载有冯运修的生平和抗日事迹，即："冯运修，抗日杀奸团行动组组员，年二十一岁，河南开封人。烈士字兰英，北平籍，世家子也。曾祖曾任逊清两湖总督，祖曾任

---

①刘大成等编辑：《"七·七"事变前后北京地区抗日活动》，北京：北京燕山出版社，1987年，第155—156页。此报告也被记载为《新民报编辑主任被刺（1940年7月8日）》，中共北京市委党史研究室编：《北京地区抗日运动史料汇编》第3辑，中国文史出版社1996年版，第451—452页。
②刘岳著：《刀锋舞者——刺倭锄奸喋血写真》，中共党史出版社2010年版，第90页。

山东道,父任北宁路副总务处长。昆仲凡十,君其叔①也。性刚毅,磊落不群,见者咸以大器期之。北平弘达中学毕业后,继读于天津工商学院。适'卢沟桥事变'起,乃加入'抗日锄奸团',奔走策划,主持者倚为腹心。乃父迫于生计,拟留任北宁路伪职。烈士泣谏曰:'抗战杀敌,千古名节,降志辱身,岂吾父子所为?'父不语。烈士退与同志谋,密设电机于北平宅内。二十九年八月,同志王某被捕,文件落敌手。翌日,敌伪蜂围烈士宅,烈士持枪击仆敌伪数人。余一弹,退屋内,将公文、机器破坏后,引枪自击而亡。"②

"1969 年台版抗团烈士资料"载:"先烈冯运修,别号兰英,北平人,寓居天津。世代簪缨。父滉,字梦韩,曾任北宁路局副总务处长,母氏贤淑,昆仲凡十。先烈貌清癯,性刚毅,髫龀之岁,崭然露头

台版抗团烈士资料所载冯运修抗战事迹

①意为行三。
②天津《民治周刊》第 1 卷第 11 期,第 8 页,1947 年 6 月 1 日出版。

角,稍长受书,闻师说汪锜①、夏存古②史事,心向往之。东北沦陷,寇祸日深;华北杌陧,如火如燎,先烈方肄业北平弘达中学,蒿目时艰,忧心如捣。夙夕淬勉,期备国用,寻转学天津工商中学,而芦〔卢〕沟桥变作,犬马腥膻,弥漫名城,炎黄子孙,归于佁隶,有志青衿,切愤同仇,本局③乃在平津为'抗日杀奸团'之组织。先烈挺身与焉;奔走鼓励,日无暇晷,主其事者,倚若长城。初,北平伪组织因其姨夫齐燮元巨奸之介,挽先烈父任交通株式会社总务处长。父以食指盈庭,将许之。先烈婉词进劝曰:'敌寇肆虐,失道寡助,全民抗战,哀兵必胜。义当茹苦矢节,以待王师北定,乌可诉俗淫志,贻后世羞耶?!'父弗听。先烈乃退而与同志密谋所是,以寓宅为工作掩护。家人固懵然莫之知也。二十九年(一九四〇)八月六日,抗团王文诚同志被逮,文件落于敌手。翌晨,日寇伪警,侦骑四出,按址索捕,冯宅与焉。伪警局特务科长袁规,忖冯父供职伪政、冯又年稚,疑有误,排闼直入,欲求究竟。随众则狙伺门外。先烈适在,睹状警觉,惴惴焉,虞秘密电台之被发。呵问曰:'何为者?'袁遽以'捕人'对,并置冯父于前,推上楼。先烈已发枪中袁颊。父叱之曰:'我在,何得开枪?'先烈手稍软,竟为袁所击中。门外宪警闻声,知有变,呼啸涌进。先烈虽中弹,仍意志弥厉,屹立如神,枪声连发。日宪应弹颠尸者三。终以豺狼蜂至,弹尽一粒。于是,退入斗室,趁机焚毁文

---

①即汪锜,春秋时期的鲁国儿童。因参加抗击齐国战斗而牺牲。《礼记·植弓(下)》载:"鲁人欲勿殇重汪踦,问于仲尼。仲尼曰:'能执干戈以卫社稷,虽欲勿殇也,不亦可乎?'"鲁国破例以成年礼葬之。因有"汪踦卫国"典故。
②即夏完淳(1631—1647),字存古,明末诗人。矢志忠义,崇尚名节。清兵南下后,与父夏允彝、师陈子龙参加抗清斗争。顺治四年(1647)被捕,拒洪承畴诱降,不屈身死。存世《夏完淳集》。
③"本局"指军统局。

件,大呼曰:'运修死无憾矣!'遂引枪自戕成仁。年廿。"

关于冯运修的生平和抗日事迹,在已见记载中尚存抵牾。以下略作考证:

就读过的学校

据原抗团成员叶于良回忆,1939年前后,冯运修曾为"天津工商中学"学生,"冯运修是抗团的重要成员,他是个非常勇敢的人。1940年暑假,我和他同时考取了辅仁大学"。①刘岳《书生枪手弹毙汉奸总编》则载:"据萨苏先生在《神枪碧血》一文中说,1940年冯运修考入北平辅仁大学,但笔者到北京师范大学档案馆、辅仁大学校友会,都没有查到冯运修的档案记录(抗团老团员刘永康回忆,冯运修是在北平志成中学上学)。"②

《天津市忠烈祠第一次入祠忠烈简明事迹录》与"1969年台版抗团烈士资料"所载的弘达中学以及原抗团成员刘永康提及的志成中学,均为北平市私立中学,且均设在西城,相距不远。1929年,弘达中学迁至位于西单北新皮库胡同13号(后为大木仓胡同39号)的新址,1932年又将阜成门外月坛旧址租为第二院。志成中学则于1928年将校址迁至西单二龙坑(后为二龙路)小口袋胡同9号(后为19号)。③

《天津市忠烈祠第一次入祠忠烈简明事迹录》所载"天津工商学院"与"1969年台版抗团烈士资料"所载"天津工商中学",非指同一所学校。北平《吾友》杂志所载《翻译练习第四十三期征文揭晓,

---

① 木文:《三个爱国青年的真实故事》,北京市政协文史资料委员会编:《抗战纪事》,北京出版社1995年版,第418、425页。
② 刘岳著:《刀锋舞者——刺倭锄奸喋血写真》第96页。
③ 李铁虎编著:《民国北京大中学校沿革》,北京燕山出版社2007年版,第161、163页。

此外选出佳作三十篇》一文中,提及"天津工商学院司徒晟、天津工商中学邹源"①。吴小如《忆旧二则·怀念朱经畬老师》载:"1938年,我在天津工商中学读高中一年级。"②

"天津工商中学"即天津工商学院附属中学,简称"工商学院附中""工商附中"。《天津大辞典》载:"天津私立工商大学附属中学,1933年改名为河北省私立天津工商学院附属中学。1948年改名为津沽大学附属中学。"③

另据公孙嬿《谁怜爱国千行泪》载:"1934年我考入天津南开中学……芦〔卢〕沟桥事变,'南开'迁校到重庆沙坪坝,天津的校址遭日军飞机轰炸。我转学到耀华学校……首先是我们耀华学校的老校长赵天麟先生,突然被枪杀了。从此,放学下课的院子中,见不到高壮苍发的校长亲切的招呼学生。不久,与我隔街为邻的老同学冯运修,听说被抓捕了……1939年我在耀华学校毕业,我离开天津到北平念辅仁大学。"④据此可知,冯运修可能还曾有在天津耀华中学就读的经历。

牺牲时的细节

钱宇年、张世一《抗日杀奸》载:"1940年,由昆明、重庆返回北京和天津的抗团[成员]王文诚活动不久,同年7—8月间,随同北京抗团被日伪警宪侦破而被捕。北京抗团被破坏,始于冯运修在自己家中拒捕。[冯运修]打伤伪警局特高科长袁规后,因寡不敌众,

---

① 顾湛主编:《吾友》第1卷第51期,1941年北平印行,第16页。
② 刘琅、桂苓编:《旧影:一代孤高百世师》,中国友谊出版公司2005年版,第261页。
③ 来新夏、郭凤岐主编:《天津大辞典》,天津社会科学院出版社2001年版,第108页。
④ 天津市南开区政协文史委员会《南开春秋》编辑部编:《南开春秋·文史丛刊》总第8期(《纪念抗日战争胜利五十周年专辑》),1995年天津印行,第23—29页。

用最后一颗子弹自戕身死。"①

此文载明冯运修"自戕身死",与《天津市忠烈祠第一次入祠忠烈简明事迹录》关于冯运修"引枪自击而亡"的表述一致。而且,"同志王某"即指王文诚。

原抗团成员祝宗樑《天津抗日杀奸团》载:"1940年春,北平抗团领导人冯运修的身份暴露。他向来他家调查的日本特高课课长连发数枪,致其重伤。最后,冯运修留一枪自戕殒命。由于在他家搜查出抗团名单,结果几十人受牵连而被捕,北平抗团遭到彻底破坏。"②

原抗团成员叶于良、孟庆石、郑昆仑等回忆,与其他抗团成员一同击毙汉奸吴菊痴一个月后,冯运修在家中遭日伪当局派员搜捕。叶于良回忆称:"这是一次全城性的大搜捕……李振英、郑统万、周庆涑、刘杰、郑昆仑、乐倩文、魏文昭、魏文彦等近40名抗团成员被敌人抓走。我是8月7日凌晨从家里被捕的。同一时刻,敌人也去抓冯运修,但遭到冯运修的顽强抵抗……8月7日凌晨,宪兵队特务科科长袁规带人到西四受璧胡同(现西四北四条)来抓冯运修。运修听到杂乱的敲门声,觉得不妙,立即从床上爬起来,躲进厨房处理文件。袁规闯进冯家院子,没搜到冯,便大声喊话,让冯出来。运修不理睬他。这时,敌人发现了冯藏在厨房里,狡猾的袁规就揪住运修的父亲做挡箭牌,一步步朝厨房逼近。眼看就要到门口了,运修绝不投降,从里边开枪拒捕。他枪打得真准,竟一枪打在了袁规的腮帮子上。袁规疼得嗷嗷直叫,立刻下令,让特务们站在墙

---

① 《南开春秋·文史丛刊》总第8期第71页。
② 《纵横》1990年第4期(总第40期)第53页,中国文史出版社,1990年7月出版。

头上,居高临下、集中火力打运修藏身的地方。在枪战中,运修击毙特务一名。直到里边的枪声停止了,特务们才从墙头上下来,打开厨房门,冯运修同志已经英勇牺牲了。冯运修的父亲也被捕了。这场激烈的枪战惊醒了周围还在沉睡着的北平市民。事后,有报纸以《受璧胡同的枪声》为题做了报道。一个多月后,我们仍被关在沙滩日本宪兵队。有一天,李振英、刘永康和我从各自的'号'里被提了出来,捆上,押上一辆汽车。我和振英都以为是要赴刑场了……未曾想,汽车朝西开去,竟然到了受璧胡同冯运修的家里。特务科长袁规已在那里等候。原来,日本宪兵是要核对逮捕现场。袁规腮帮子上的枪伤已经好了,他在日本主子面前上蹿下跳,比比划划地重复那天冯运修拒捕的过程。这使我们在一旁真切地了解到冯运修同志英勇牺牲的全部经过。那一年,运修还不到 19 岁!"①

1943 年编《三民主义青年团团员忠勇事略》却称冯运修自戕于 1940 年冬,即:"冯烈士运修,为本团平津支团团员。激于爱国热忱,工作异常积极,且以其私人特殊优越之环境,掩护抗日锄奸之工作。二十九年冬,敌望月大佐被刺于北平东皇城根。敌方疯狂罗织我同胞,被杀者无算。某夜,伪警包围烈士之住宅,烈士仓猝不得出,便反锁门窗,双手执双枪,暗中伺伏。伪警破窗而入,室中突然灯熄,枪弹外射。二伪警先后应声而仆。旋伪警蜂拥跃入室中。烈士因仅余一弹,遂毅然自戕,壮烈成仁。假令烈士被俘,必不致死。盖烈士亲族多伪方显要也。其死事之壮烈,亦可歌可泣矣!"②可见,冯运修生前曾加入三民主义青年团平津支团。

---

① 木文:《三个爱国青年的真实故事》,《抗战纪事》第 425—426 页。
② 三民主义青年团中央干事会编:《三民主义青年团团员忠勇事略》,1943 年上海印行,第 36 页。

此文中提及的日本军官在北平东皇城根被枪击事件，发生在1940年11月29日上午。北平日伪警察局档案中对此记述较详，如：《[北平日伪]警察局特务侦缉队报告日本军官在东皇城根被枪击情形(1940年11月29日)》《[北平日伪]内五区警察分局报告东皇城根枪击案调查情形(1940年11月)》《[北平日伪]警察局关于侦缉东皇城根枪击日军案犯的密谕（1940年11月30日)》《[北平日伪]警察局第四科密知特务科缉拿枪击日军人犯(1940年12月8日)》等。①此案与薄有棱(军统华北区区长)、麻克敌(军统北平站行动组组长)、张清江(军统北平站情报组组长)、邱国丰(军统北平站行动组组员)等有关②，而与冯运修无关。这是因为，据北平日伪警察局档案所载，冯运修已于此前牺牲。

《[北平日伪]内四区警察分局呈报特务科长等人被击伤情形(1940年9月7日)》载："为报告事。窃于本月七日夜内二时余，据职分局所属第八段警长唐庚森电报：适有本局特务科袁科长等赴管界受璧胡同甲十二号住户冯湜家内办案，闻有拒捕开枪情事。分局长闻报，立即率同员警暨特务员等武装驰往查看。到达该处，袁科长因受伤，业赴医院疗治走去。当与该科科员丁鼎华接洽，据称：'本日，因来此逮捕冯湜之子冯运修，甫将近〔进〕院入屋，正在查问

---

① 刘大成等编辑：《"七·七"事变前后北京地区抗日活动》第131—136页。参见刘苏、刘成旻、梅佳、刘大成选编：《东皇城根枪击日本军官事件》，原载《北京档案史料》1987年第3期，据任志主编：《绝对真相——日本侵华期间档案史料选》，新华出版社2005年版，第270—276页；《日军官一员在平被刺》，《申报》1940年12月1日第3页；《平日兵遭人枪击 开枪者当场逃逸无踪 日宪兵严厉搜查行人》，《申报》1940年12月2日第4页。
② 参见吴竹亭《刺杀日本天皇特使事件始末——访侯化均、张承福先生》，天津市蓟县政协文史资料工作委员会编：《蓟县文史资料》第2辑，1990年版，第154—163页。

该运修之际,伊由院内厕所连发数声,开枪拒捕,将袁科长击伤项部、特务队兵阎玉光击伤腹部等处。袁科长忍痛自卫,遂亦开枪还击,将该冯运修击伤,始行就捕,并抛弃伯朗宁手枪一支'等语。当将该冯运修派警送往中央医院医治,遂会同丁科员等,在该冯运修住室屋内详细搜查,当经检获六轮手枪三支、伯朗宁手枪一支、子弹二十八粒、电报机一架、短波真空管无线电收音机一架、无线电材料器具等物,手电刀一柄,电报密码、重要人名单一纸,信件一捆,均经该科员等运局核办。分局长复以袁科长暨侦缉队队警阎玉光伤势究竟如何,有无危险,甚属关心,遂往东单三条胡同同仁医院看视,袁科长等伤势尚不甚重,可望早痊。复往中央医院查视冯运修,伤势情状甚属剧烈,气息奄奄,不能言语。延至八日夜内二时余,在医院身死。除派警分别监视办理外,理合报告。北京内四区警察分局。"①此报告又被记载为《特务科长等人被击伤(1940年9月7日)》②。

据此可知,冯运修是于"七日夜内二时余"拒捕时受伤的,并未当场牺牲,后于"八日夜内二时余"在中央医院牺牲。如果冯运修的牺牲时间是1940年9月8日的话,则表明北平日伪内四区警察分局这份报告的成文时间应不早于1940年9月8日,否则就难合逻辑。当然,这份报告所述的时间也有可能是指1940年8月7日至8日。这是因为,前引《天津市忠烈祠第一次入祠忠烈简明事迹录》、"1969年台版抗团烈士资料"以及原抗团成员的回忆,均称冯运修牺牲于1940年8月。

①刘大成等编辑:《"七·七"事变前后北京地区抗日活动》第158—159页。
②中共北京市委党史研究室编:《北京地区抗日运动史料汇编》第3辑第453—454页。

而北平日伪内四区警察分局这份报告所载,也有可能是为了突出日伪方面在拘捕冯运修时发挥的作用,而有意夸大事实。问题是,冯运修到底是拒捕时被日伪警察击伤后牺牲的?还是在事发现场因寡不敌众而自戕受伤后牺牲的?

总之,关于冯运修牺牲前后的详情,仍需考索。期待有更多与此案相关的北平日伪警察局档案被公开披露。

特殊的家族背景

1.关于齐燮元

冯运修的家族背景若何?前引《三民主义青年团团员忠勇事略》称,冯运修"以其私人特殊优越之环境,掩护抗日锄奸之工作……亲族多伪方显要。"而"1969年台版抗团烈士资料"载:"北平伪组织因其姨夫齐燮元巨奸之介,挽先烈父任交通株式会社总务处长"。

今人记载也称冯运修为汉奸齐燮元(1880—1946)①的外甥。如:原抗团成员郑昆仑回忆,冯运修的"姨父是伪治安军督办齐燮元";原抗团成员叶于良回忆,冯运修的家庭"与大汉奸齐燮元有亲戚关系,我们的枪支弹药和重要文件都藏在他家"。②

那么,冯运修与齐燮元之间的亲戚关系是如何形成的呢?华泽咸《天津华世奎其人其事》载:"华世奎与妻浦氏生有二男四女。长女嫁'涿州冯家';次女嫁齐燮元;三女嫁山东济宁孙家,为清末状元孙家鼐的儿媳;四女嫁曾任北洋政府总理的钱能训二子为媳。"

---

①齐燮元于1946年12月18日在南京被执行死刑。参见《申报》1946年12月19日第2页载《雨花台畔巨奸伏法 齐逆燮元昨枪决 老贼怕死刑前慌乱无措》。
②木文:《三个爱国青年的真实故事》,《抗战纪事》第422、425页。

"齐燮元在第二次直奉战争中被奉系军阀张宗昌打败,后被免职,住在天津英租界达文波路(今建设路)赋闲①。这时,由高凌霨说媒,娶了华世奎的次女(因大排行十三,人称'十三姑'),与华世奎结为翁婿。""华世奎的长婿冯滉(号梦韩)。他家是有名的'涿州冯家',历代为宦,也是大地主。他本人自唐山交通大学毕业,后在铁路供职,临摹'华体'也可乱真。"②

齐燮元于1935年2月与华世奎之女"订定婚约",并于3月3日举行婚礼。当时,各大报章对这一"老少配"颇为关注,并予以连续报道。如天津《益世报》载:"六六老人熊希龄与三三女士毛彦文、北平五三老人张翰林(海若)与三三女士杨嗣馨,先后结婚,社会传为佳话。今又有本市前江苏督军齐燮元。齐现年五十六岁,其夫人于去冬病故,年后始行出殡。旋经本市闻人作伐,定妥前清老翰林、名书家华世奎③之长女为继室。华女现年四十有一,精通文学、善书画,书法效仿其父,虽年已四十,而尚待字闺中。此次订定婚约,可称门当户对。闻婚期已定本星期日(即三月三日,旧历正月廿八

---

① 齐燮元在津另一处住宅在英租界红墙道(即英租界17号路,今新华路)。交通部天津电话局1936年编《民国二十六年份天津电话号簿》载,"齐公馆"位于"英租界17号路宝华里6号"。舒季衡《国民党军统局在天津的特务活动概况》载,齐燮元宅的具体位置在"现新华北路南头胜利路转角处"。天津市红桥区政协文史委员会编:《红桥文史资料选辑》第2辑,2001年天津印行,第348页。《关于任华北政务委员会治安总署督办军几次等事的询问笔录(1945年12月20日)》载,齐燮元当时"寄居天津市六区十七号路一五四号",另在"宁河杜家庄有一处宅院"。天津市档案馆编:《日本在津侵略罪行档案史料选编》,天津人民出版社2015年版,第742页。
② 天津市政协文史资料研究委员会编:《天津文史资料选辑》第60辑,天津人民出版社1994年版,第63、69页。
③ 华世奎(1864—1942)为举人出身,尚未发现清末其有在翰林院任职的经历。《大清宣统政纪》卷之五十四载,宣统三年五月癸亥(1911年6月22日),"以军机领班上行走、三品章京华世奎为内阁阁丞"。

日),礼堂在英租界齐自宅内,不惊动亲友云。齐燮元字抚万,年五十六岁,河北宁河人,北京陆军大学毕业。历任陆军第六师师长、江宁镇守使、苏皖赣巡阅副使、督办江苏军务善后事宜、苏皖赣巡阅使。现住津英租界。"① 上海《申报》亦载:"前苏浙皖巡阅使②齐燮元,定三月三日结婚。礼堂在津英界自宅,对外甚秘。齐现年五十六岁,妻去年死。新娘为津名书家华世奎之长女,年四十一,犹系处女(二十七日专电)。"③齐燮元此次续弦婚礼"极尽漪盛",在野闻人云集。《申报》载:"今日,齐燮元续弦结婚,贺客盈庭,多直鲁旧要人。英租界齐宅前,车水马龙。婚礼参用新旧式。前国务总理高凌霨证婚,前平宪兵队司令秦华介绍,吴佩孚、王承斌、程克、潘复、靳云鹗均亲往贺喜(三日专电)。"④

齐燮元到底娶的是"华世奎之长女"还是"华世奎的次女"?《天津华世奎其人其事》一文的作者华泽咸为华家后人(华泽咸称华世奎为"七伯父"),所记家世当有发言权。华泽咸《华世奎轶事》又载:"华世奎的二女儿(齐燮元的夫人)喜好英语。"⑤又据李鹏图1962年撰《我所知道的齐燮元》载:"齐元配李氏早故,续娶舒氏,生长子鸿迈。舒氏故去,续娶陆氏,生次子鸿运及一女。陆氏故去,又续天

---

① 《齐燮元鸾胶初续 华世奎择婿东床》,《益世报》1935年2月28日。
② 已知齐燮元于1920年至1921年任苏皖赣三省巡阅副使,后于1923年至1924年任苏皖赣三省巡阅使。刘寿林等编:《民国职官年表》,中华书局,1995年版,第375—376页。"苏浙皖巡阅使"应为俗称。
③ 《齐燮元在津续娶》,《申报》1935年2月28日第9页。参见《三老新婚》,《申报》1935年3月2日第22页。
④ 《齐燮元昨日续弦》,《申报》1935年3月4日第6页。参见《齐燮元中馈有主》,《益世报》1935年3月4日。
⑤ 天津市政协文史资料委员会、南开区委员会文史资料委员会合编:《天津文史资料》第76辑《天津老城忆旧》,天津人民出版社,1997年版,第455页。

津名书家华世奎之次女,无所出……华氏则于1946年齐燮元在南京被蒋介石枪决后,在津自杀。"①李鹏图为齐燮元内弟,亦应了解此中内情。嫁给齐燮元的应为华世奎次女,此载当属不误。

抗战爆发前,齐燮元已在"北平东四八条胡同"设有"齐公馆"②。齐燮元于1937年12月正式向侵华日军投降,任伪中华民国临时政府议政委员会常委、伪行政委员会委员兼伪治安部长。同月,南京国民政府明令对其通缉。1940年1月,齐燮元以伪临时政府代表身份,参加汪精卫在青岛召集的各伪组织代表会议。1940年3月,汪精卫成立伪国民政府后,齐燮元又任伪华北绥靖总司令、伪华北政委会常委兼伪绥靖总署督办。同月,南京国民政府再度将其作为汉奸通缉③。

1940年2月12日,《[北平日伪]警察局密知所属侦防刺杀齐燮元、殷同》载:"为密知事。奉市座谕:现由日本宪兵捕获反动份〔分〕子供明,有同伙二人分途刺杀要人齐燮元、殷同等企图,当未缉获。着各区队对于要人宅地及要人出入经于路线,均须切实注意侦防,以免疏虞,并特传侦缉队密侦务获。各等因奉此。除分知外,相应密达查照,即希严密侦防为要。此致分局长、队长。"④对于齐燮元行踪的

---

① 全国政协文史资料委员会编:《文史资料存稿选编》第2辑《晚清·北洋(下册)》,中国文史出版社2002年版,第613页。
② 李鹏图《我所知道的齐燮元》载:"北平东四八条胡同齐公馆门前经常车水马龙,显赫一时。"全国政协文史资料委员会编:《文史资料存稿选编》第2辑《晚清·北洋(下册)》,北京:中国文史出版社2002年版,第615页。《关于任华北政务委员会治安总署督办建军几次等事的询问笔录(1945年12月20日)》载,齐燮元居北平时的住宅位于"大取灯胡同三号"。天津市档案馆编:《日本在津侵略罪行档案史料选编》,天津人民出版社2015年版,第743页。
③ 王俯民:《民国军人志》,中国广播电视出版社1992年版,第139页。
④ 刘大成等编辑:《"七·七"事变前后北京地区抗日活动》第149页。

了解,冯运修应有很大优势。此次谋刺齐燮元,不排除与冯运修相关。

2.关于冯滉

前引北平日伪内四区警察分局报告与"1969年台版抗团烈士资料"所载均表明,冯滉为冯运修之父。

已知冯滉于1920年在津浦铁路管理局任职。1920年3月26日《益世报》载《津浦铁路局焚土详志》称:"昨日(二十五)下午,借用京奉路局所制之焚土炉,实行焚毁烟土。兹将当日焚毁情形详纪于下:在[天津]新车站迤东旷地,高搭席棚客厅一座……到会者有交通部监视员雷光宇,直隶省长代表杨以德,北京军警督察处龚恩禄,交涉员黄荣良,实业厅长严慈约,高等检察厅长陈彰寿,津海关监督赵从蕃……天津地方检察厅邵箴,天津拒毒会章元善,津浦局长徐世章、副局长俞人凤,青年会饶斌森暨各机关代表,中外男女绅士暨中西各报记者与该路之执事员。原查获人刘恩承、原验加封人员总务处长郑小圃管理烟土箱;并查点数目员顾课长,课员刘文彬管理过磅;并翦烟土员沈课长,课员冯滉、陶元焘管理登记烟土重量……"

潘鑫瀚等撰《陶亨咸》载:"其父陶元焘早年留学日本,攻读土木工程,回国后曾任津浦铁路局考工课课员。"[1]据此判断,20世纪20年代初,冯滉曾在津浦铁路管理局总务处考工课任课员。

不论冯滉是"字梦韩"还是"号梦韩",其名为冯梦韩应无异议。

1921年,冯梦韩曾在《政府公报》刊载题为《遗失作废》的启事,称其在北京"自置宣武门外大街路东外右三区、门牌一百九十三号

---

[1]《科学家传记大辞典》编辑组:《中国现代科学家传记》第4集,科学出版社1993年版,第752页。

住房"①。交通部天津电话局 1928 年编《民国十九年份天津电话号簿》载:"冯梦韩宅"位于"天津意租界"。据天津市政协原副秘书长卢鹤纹先生多年前回忆,冯滉宅曾位于今光复道与民族路交口一带。

而交通部天津电话局 1936 年编《民国二十六年份天津电话号簿》又载:"北宁铁路管理局总务处文书课②副课长冯滉宅"位于"英租界牛津道牛津别墅 10 号"③。

另据王振良先生考证,《民国二十六年份天津电话号簿》所载的两处"华宅",均与华世奎有关:

一是位于"义租界 2 马路 50 号"的"华宅",即华世奎宅,意租界二马路即今民主道,此宅保存至今,位于胜利路与民主道交口东南角;

二是位于"义租界 4 马路 21 号"的"华宅",为华世奎家族住宅,意租界四马路即今光复道。

据此判断,冯运修"寓居天津"时的活动空间,当以天津意租界、英租界为主。

另,华世奎于 1939 年所书对联"多识前言往行以畜其德、若农

---

①《政府公报》第 1814 号《广告四》,北洋政府国务院印铸局,1921 年 3 月 12 日出版。
②1932 年,北宁铁路管理局总务处下设"文书、人事、材料、营业、编译、产业、庶务、卫生等课……总务处文书课办理文书收发、档案管理、缮写校对、图书管理等。"天津市地方志编修委员会办公室等编著:《天津通志·铁路志》,天津社会科学院出版社 2006 年版,第 595 页。北宁铁路管理局总务处文书课曾于 1933 年至 1937 年编印《北宁日刊》。天津地方史资料联合目录编辑组编:《天津地方史资料联合目录》甲编第 3 分册,1984 年天津印行,第 339—340 页。
③牛津道(Oxford Road)即天津英租界四十号路。1946 年至 1949 年称林森路,后称新华南路(南京路至马场道)。今新华南路庆云里一带为牛津别墅旧址。牛津别墅 10 号曾为李书田(字耕砚)住宅的门牌号。中国科学社编:《中国科学社社员分股名录》,1934 年 8 月上海印行,第 68 页。

服田力穑乃亦有秋"中提及冯梦韩。此联上款题识为"梦韩贤甥①清属",下款为"已卯冬十月,七十六叟华世奎。"已知抗战胜利后,冯滉仍健在②。

《天津华世奎其人其事》载冯滉来自"涿州冯家"。这与《天津市忠烈祠第一次入祠忠烈简明事迹录》关于冯运修为"河南开封人"的记载矛盾。但从《天津市忠烈祠第一次入祠忠烈简明事迹录》所载的其"曾祖曾任逊清两湖总督,祖曾任山东道"一语中,似可寻得蛛丝马迹。

"两湖总督"也即湖广总督。尚未发现清代湖广总督中有冯姓者。清末任浙江巡抚、江西巡抚的冯汝骙(1860③—1911)为河南祥符县(1913易名开封县)人。已知冯汝骙行五,有兄弟多人,如胞兄冯汝骐、冯汝霖,胞弟冯汝骢、冯汝驯等④。冯汝骙有子三人,即冯迈、冯遵、冯迪。建筑学家冯纪忠为冯遵之子。冯纪忠回忆录载:"冯家是个很大的家族。我的祖父讳汝骙,字星岩,河南祥符人……我这一辈本来都用'运'字,后来也改成'纪'字了。""祖父去世后,清

---

① 此处所载的"贤甥"应理解为贤婿。"甥"亦有女婿之意。如,"甥馆"为女婿的代称。
② 赵之谦篆刻、徐士恺刊印的《二金蝶堂印谱》(清光绪十五年《观自得斋印集》钤印本)中,有冯滉撰于丙戌年(1946)的题跋,并钤鉴藏印。其跋文曰:"承以此二金蝶堂印谱七家印存相示,把玩数日,爱不忍释。"
③ 常见记载多称冯汝骙生年不详。冯汝骙在光绪九年(1883)癸未科会试朱卷履历中载其生于"同治癸亥年十一月初九日",即1863年12月19日。顾廷龙主编:《清代朱卷集成》第53册,台北成文出版社有限公司1992年版,第107页。冯汝骙于光绪三十一年正月二十八日(1905年3月3日)奏称:"臣冯汝骙,河南祥符县,进士,年四十六岁。"秦国经主编:《清代官员履历档案全编》第28册,华东师范大学出版社1997年版,第541页。另据光绪三十三年(1907)二月冯汝骙履历载"现年四十八岁。"秦国经主编:《清代官员履历档案全编》第7册,华东师范大学出版社1997年版,第693页。鉴于科举时代存在官年现象(即更改生年),且旧时常以虚岁记龄,故推算其生年为1860年。
④ 参见顾廷龙主编《清代朱卷集成》第225册第276页所载冯汝骐履历、《清代朱卷集成》第53册第108—109页所载冯汝骙履历。

冯运修（后中）全家福，应摄于二十世纪三十年代中期

帝赠他谥号为'忠愍公'。我为什么叫冯纪忠呢？就是纪念祖父：'忠'字代表我祖父。"①据此判断，冯纪忠与冯运修有可能是同一家族的同辈人。

而冯汝骥民初曾在山东做官②。1920年版《最近官绅履历汇录》载："冯汝骥，字申甫，河南开封人，年四十三岁。北京国子监卒业，直隶东光县、柏乡县知县，滦州知州，山东泰安县知县、济宁道尹，津海关监督，陕西财政厅长。"③查冯汝骥于1915年11月至12月

---

① 冯纪忠著：《建筑人生：冯纪忠自述》，东方出版社2010年版，第2—3、5—6页。
② 《冯汝骥铁像记碑》载："民国三、四年间，河南冯汝骥为泰安县长，贪酷无所不至。"刘秀池主编：《泰山大全》，山东友谊出版社1995年版，第967页。
③ 敷文社：《最近官绅履历汇录》第1集（所载人物事迹下限截至1920年7月），1920年北京印行，第184页。[日]田原天南编《清末民初中国官绅人名录》（所载人物事迹下限截至1918年春）又载，冯汝骥时年四十岁，民初曾代理济宁道道尹。沈云龙主编：《中国近代史料丛刊·三编》第80辑，台湾文海出版社有限公司1973年版，第542页。据此推计，冯汝骥生年应在1878年至1879年间。

任直隶省津海关监督,1915年12月至1916年7月任陕西省财政厅厅长,1918年任安福国会参议院参议员(代表河南省)①。据此可知,冯汝骥约生于1878年,曾官至山东省济宁道道尹(或可视为山东道),且一度在天津任职。冯汝骥与冯汝骙有可能是来自同一家族的同辈人。虽经以上缕析,但确认冯汝骥、冯浣、冯运修为三代人的依据仍很不充分,对此仍需审慎考证,以免张冠李戴。

另外,冯运修之母(即华世奎长女)对冯运修的成长之路施加过哪些影响,尚不得而知。

冯家后人的相关口述,应有很高的参考价值,只可惜迄今公开披露的情况还很少。2015年9月29日、9月30日,抗战忠烈叶国贵(1947年第二次入祀天津市忠烈祠)之子叶长青(1942年生于北京,天津某机械制造厂退休工人),相继向笔者介绍了一些冯家的情况。此原据冯浣之女冯静吉回忆,是叶长青曾赴京拜访冯静吉时听到的。以下文字即叶长青凭记忆转述,又经笔者结合一些史料整理,虽不甚贴切,但亦有参考价值:

冯静吉在冯家兄弟姊妹中,大排行为行五,比冯运修小5岁。冯静吉毕业于北师大物理系,曾任北师大附中物理教师②,后任北京101中学教师,2015年90岁,仍居京安度晚年。

冯浣共有子女10人,冯运修为冯浣长子(大排行为行三)。冯浣长女、次女都比冯运修年长。其中,冯浣长女冯聪吉(卒于20世

---

①刘寿林等编:《民国职官年表》第173、191、301页。
②赵诚:《附中杂忆》,北京师大附中编:《在附中的日子》下册,京华出版社2001年1版,第120页。朱光亚《向先进的苏联科学工作者学习——记北京分会的座谈会》载,1951年"六月十七日,中国物理学会北京分会在北京师范大学附属中学毛鹤龄先生、汪世清先生和冯静吉先生的协助下,举办了一次盛大的座谈会。"《物理通报》1951年第1卷第3期第151页。

纪五十年代),与王锡祺结婚后,育有子女6人。王锡祺之父为王丕焕①,为奉军将领,1925年授陆军中将②。王锡祺早年毕业于日本某铁路学校,曾就职于北宁铁路管理局,大约卒于2000年。

冯运修1940年牺牲后不久,已结婚生子的冯聪吉抱着孩子回娘家时,在受壁胡同家门口,被正在蹲坑的日伪特务控制住。冯聪吉谎称从不知晓内情。实际上,冯聪吉及妹妹确曾耳闻冯运修参加抗日活动,她们曾提醒冯运修要注意安全、莫荒废学业,不仅曾为冯运修提供过帮助,而且从未对外吐露过任何相关情况。冯运修的几位同学、朋友相继来冯家找冯运修时,也被日伪以同种手段抓获。万幸的是,已被拘禁的冯滉坚称这几个年轻人与冯运修无甚来往,而日伪也未找到更多的线索,后经一番疏通打点,这几个人均脱离虎口。

冯滉曾帮助过抗团成员:"冯运修的父亲同时被捕……冯运修

---

① "王丕焕(1879—1933),保定陆军速成学堂骑兵科科长。别号灿章,河南淮宁(一说陈州府)人。日本陆军成城学校、日本陆军士官学校第三期骑兵科毕业。1901年春,获河南巡督府官费赴日本留学,先入日本陆军成城学校完成预科学业,继入日本陆军士官学校学习,1903年秋毕业回国。历任北洋陆军第三镇骑兵队见习、队官,骑兵第六标管带、参谋官等职。1906年1月任保定陆军速成学堂骑兵科科长兼任队学教官及学兵连连长等职。1912年春起,任河南护军使(雷震春、赵倜)署军政司司长。1914年3月任北京政府陆军第二十五混成旅司令部参谋长,骑兵第二旅旅长。1916年12月被北京政府陆军部授予陆军骑兵少将军衔。1917年7月被北京政府张勋内阁任为绥远都统公署都统。1920年12月任镇威军(奉军)骑兵第五旅旅长。1923年12月任镇威军第六军(军长许兰洲)司令部参谋长,镇威军东路军骑兵集团军司令(许兰洲)部参谋长,率部参加第二次直奉战争。1924年11月任东北军李景林部直隶陆军第一混成旅旅长,率部驻军河北天津地区。1925年2月作为北京政府善后会议(许兰洲)代表参加会议。1926年6月任北京警备司令部司令,同月被北京政府陆军部授予陆军中将军衔。1927年3月任安国军陆海空军大元帅(张作霖)府高级参谋,后辞职在天津日本租界寓居。1933年12月因病逝世。"陈予欢编著:《保定军校将帅录》,广州出版社2006年版,第41页。

② 《临时执政令(中华民国十四年九月二十六日)》载:"杨化昭、王丕焕均授为陆军中将。"《政府公报》1925年9月27日第3409号第1页。

的父亲也对抗日颇为同情,巧妙地向抗团成员传出了冯已将文件销毁的消息。因此,得知消息的抗团成员多能咬牙坚持,不承认日伪的指控,颇有一些人因此而无法定罪,最后得以逃出魔窟。"①

冯运修的姊妹、弟弟中,亦有多人参加抗日、支持抗日以及加入中国共产党。

总之,冯运修的家族背景较为特殊。家境优越、衣食无忧,并未消弭其抗击外侮的坚强斗志,而亲属附逆,也丝毫未削弱其抗日爱国激情。倒是齐燮元的作恶多端,使冯运修对日本侵略者的愤恨愈加强烈。冯运修遂将其亲属出任伪职视为屏障、当成掩护。冯运修在特殊环境中,巧妙周旋、伺机举事、行动果敢,时时为抗团成员开展锄奸等地下抗日义举创造条件、提供方便。

十四 袁汉俊与"刺程案"引起的外交风波

1. 关于抗日烈士袁汉俊生平事迹的部分记载

①1946年由天津市社会局文化礼俗科编印的《天津市忠烈祠第一次入祠忠烈简明事迹录》载有抗日烈士袁汉俊生平事迹,即:"袁汉俊,抗日杀奸团平津支团书记。年二十六岁。烈士浙江上虞人。赋姿英异,气宇超凡。方读书于本市工商学院之际,抗战军兴。烈士见报国时机已至,乃纠合同志,组织抗日锄奸团,从事暗杀及破坏工作,赫然声势,敌伪胆寒。二十八年,大光明影院狙击伪中国

---

① 萨苏:《神枪碧血——记抗日杀奸团中的校友冯运修》,萨苏著:《尊严不是无代价的——从日本史料揭秘中国抗战》,山东画报出版社2009年版,第129页。

台版抗团史料中所载袁汉俊抗日事迹

先烈袁漢俊，號志清，浙江上虞人，天津工商大學肄業及重慶大學畢業，當華北淪陷之初，先烈適在學中，敵愾同仇，不甘事敵，乃於民國二十七年一月慨然參加由本局策動掌握之華北青年所組之「抗日殺奸團」，在天津制裁敵偽首要，焚燒敵軍倉儲，極為活躍。後調重慶與孫若愚等再赴上海，發動青年志士，組織「上海抗日殺奸團」，孫若愚臂部炸傷，祝宗樑失事後，由先烈繼起負全部責任，擊敵擾敵，成績亦著。三十三年八月赴天津，擬恢復天津抗團

联合准备银行程锡庚之举，主持者即烈士也。旋奉命赴渝，深造于重庆大学。民国三十年秋，烈士复奉命再入沦陷区，领导地下抗敌工作，时往返津沪间。不幸在津被捕，移解北平，为敌戕害，遂成仁焉。"①

②"1969年台版抗团烈士资料"载："先烈袁汉俊，号志清，浙江上虞人，天津工商大学肄业及重庆大学毕业。当华北沦陷之初，先烈适在学中，敌忾同仇，不甘事敌，乃于民国二十七年一月慨然参加由本局策动掌握之华北青年所组之'抗日杀奸团'，在天津制裁敌伪首要，焚烧敌军仓储，极为活跃。后调重庆与孙若愚等再赴上海，发动青年志士，组织'上海抗日杀奸团'。孙若愚臂部炸伤，祝宗樑失事后，由先烈继起负全部责任，击敌扰敌，成绩亦著。三十三年八月赴天津，拟恢复天津抗团工作，不幸被奸人妒害，密报敌伪拘捕，备受荼毒，不屈就义。年二十七。"②

①转引自天津《民治周刊》第1卷第12期第9页，1947年6月15日出版。
②此为原抗团成员孙若愚复印提供给钱宇年的抗团烈士资料之一。其中载有袁汉俊及王士敏、陈熊、缪维、黄瑞堂、冯运修、李如鹏、曾澈、李鑫、张志炘、骆永康、章文颖、刘福庚、丁毓臣、陈维霖、李国材、纪树仁、纪念华等18名抗团烈士的照片和生平事迹，为出版物中的一部分。钱宇年在信函中称，此为孙若愚寄来的1969年军统档案中的抗团烈士资料。但此出版物信息未详，待考。姑且暂定为"1969年台版抗团烈士资料"。文中提及的"本局"，即指军统局。

③天津南开中学校友英烈纪念碑碑文载："袁汉俊（1919—1943），浙江诸暨人，南开中学1937届学生。1943年被叛徒出卖，在日寇酷刑下，他坚贞不屈，慷慨赴死。"

④《刀锋舞者——刺倭锄奸喋血写真》载："袁汉俊，又名袁志清，浙江诸暨人（不是河南项城人，也不是袁世凯的孙子），南开中学三七班，抗日杀奸团骨干成员，多次参加行动。杀大汉奸程锡庚后，去重庆大学读土木工程系。1941年下半年，放弃学业回北平，继续从事抗日杀敌工作。1943年被叛徒出卖逮捕，慷慨就义，年仅25岁。"①

⑤原抗团成员钱宇年、张世一撰《抗日杀奸》称："袁汉俊，1939年在天津参与制裁汉奸程锡庚案后去重庆，1942年返回上海后又转回天津，被日军处死，牺牲。"②

⑥袁汉俊之妹袁永健撰《关于胞兄袁汉俊的简况》载："我家世代书香门第，祖父袁蓉生，民国初期携带家眷从家乡浙江上虞到上海谋生，当了沪汉某轮船的船长。父亲袁英辛1917年从上海圣约翰大学化工系毕业，后为瑞士雀巢奶品公司上海分公司经理。届时父亲仅20岁。九一八事变后不久，父亲调到天津分公司。'程案'后，为保护祝宗樑和我父亲的安全，'抗团'的曾澈护送祝父和我父去重庆见戴笠，戴有意让我父亲在重庆工作，但父亲对国民政府不满，执意返沪。袁汉俊是我的二哥，他年长我14岁，关于二哥抗日的事情，是我长大后从长辈的谈话中才知道有关二哥的点点滴滴。二哥天资聪明，秉性善良忠厚，耿直侠义，富有爱国

---

① 刘岳著：《刀锋舞者——刺倭锄奸喋血写真》，中共党史出版社2010年版，第84页。
② 天津市南开区政协文史委员会《南开春秋》编辑部编：《南开春秋·文史丛刊》总第8期（纪念抗日战争胜利五十周年专辑），1995年版，第72页。

刺杀汉奸程锡庚的事发地——大光明电影院。其址位于天津原英租界二十四号路三号,也即朱家胡同(今大光明桥畔),原称蛱蝶影院。

热忱和对弱势群体的同情心。记得1934年秋,那时我3岁,家住天津万国桥(现今解放桥)附近的一座西式小楼里,一墙之隔是法国工部局。二哥常带我至家屋顶的大平台上玩,他总是面朝工部局,面色凝重地倾听工部局发出的拷打声和凄厉的惨叫声。那时我很奇怪,不懂二哥为什么要听这吓人的声音。事隔多年,我才知道那声音是爱国志士和抗日青年被严刑拷打时凄惨的喊叫声。这说明二哥在南开中学时期就激发了抗日的爱国热情,从此他走向抗日救国之路,最后英勇牺牲,献出年轻宝贵的生命。我二哥与抗团成员祝宗樑、孙大成、刘友琛、冯健美等多次进行抗日杀奸活动,如火烧日军的粮库和棉花栈,炸毁日军收买的光陆电影院、中原公司和日军设的公共汽车,刺杀程锡庚和王竹林等大汉奸。在刺杀程锡庚活动中,二哥是主要人物之一,因而引起敌人的注意,并多次追杀他。'程案'后,二哥去重庆大学读书,1941年他给'抗团'的女友的信中称:'我虽身在读书,但心仍在抗日……'在他大学毕业的前一年,二哥毅然放弃学业,回到北平,以实际行动继续抗日,打击日本帝国主义侵略者。1943年初,被叛徒郑有溥、齐文宏出卖。在二哥由上海返回北京的途中,在天津火车站被日军抓捕。因为二哥是抗团的骨干,知道抗团全部情况及成员名单。他知道,如果屈服招供,'抗团'组织将被破坏,所以在敌人的酷刑下,二哥宁死不屈,丝毫未吐露半点组织机密。慷慨就义时,时年26岁……由于敌人的残忍,致使父亲和亲友四处寻找终未找到尸体。据抗团的同志称:袁汉俊为人忠诚,工作积极负责,哪里有危险他就出现在哪里,对'抗团'贡献很大,沈栋被捕后,有关组织、总务、财务等工作他全部承担,将团员名册、钱物等存放在法租界新华银行的保险柜里。他沉默寡言,性格内向,工作稳健,任劳任怨。"①

⑦祝宗樑《抗日锄奸记》载:

突然有一天,曾澈转来一纸重庆电文,上面开列了20多名住在天津汉奸的名单,申明要对其施行制裁。其中,就有赫赫有名的伪联合准备银行天津分行经理程锡庚。抗团觉得惩治汉奸责无旁贷,予以应允,可万没料想到事情最后竟导致了抗日杀奸团的解体。

为了便于行动,大家对程的情况进行了调查。程锡庚住在英租界一所很讲究的花园洋房里,门口有租界巡捕保卫,其汽车号码是"1657"。我也曾对程锡庚的办公地点作了调查,认为那里环境开阔,行人少,不宜隐蔽自己。恰在我们难于下手之际,说来也巧,那名巡捕突被调走,新换的巡捕正好是抗团的成员。孙若愚就想利用在他值班的时候,假装把他打晕,冲进程家行动。但是这巡捕说程锡庚爱看电影,不如到电影院执行。

---

① 转引自萨苏、老拙著《东方特工在行动》,文汇出版社2011年版,第3—4页。

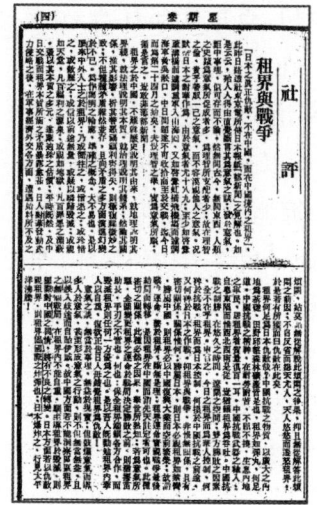

《申报》1939年6月7日针对日本叫嚣"日本之真正仇敌，不在中国，而在中国境内之租界"所载的社评《租界与战争》

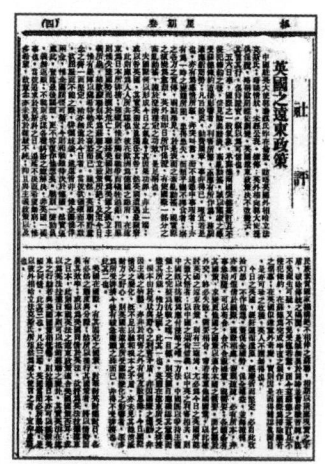

《申报》1939年8月30日载社评《英国之远东政策》

1938年4月9日，我约袁汉俊、孙惠书、冯健美（孙、冯是女性）在晚饭前一起到几家大电影院门口转一下，看有没有'1657号'汽车，结果竟意外地在大光明电影院外面看见了它。

机不可失，我们决定立即行动。我回去取了4支手枪和两个炸炮（这种炸炮摔在地上只响不伤人）。袁汉俊又去把刘友深叫来协助行动。等我们重聚一起，已是下午6点多，电影开演多时了。大家约好在休息时再分头去找程，于是购票入内。

中间休息时，我们发现在楼上中间第四五排处有一个人像程锡庚，但因灯光昏暗，我们不敢确定。我灵机一动，跑到放映室请放映员打出幻灯，上写"程经理外找"几个字。等我回来时，刘友深说幻灯片打出后，那人刚想站起来，却被他身边的女人按下去了，由此可断定他必是程锡庚。电影再开映时，我要刘友深在楼上出口处等候，我自己走到程锡庚身后一排座位上找个空位子坐下，位置离程有1米多远。我看了一会儿电影，目的是想冷静一下,然后突然抽出手枪对准程锡庚的头部连发4弹。一时四座秩序大乱,我也混入人群向门口拥去。刘友深看见我,马上挽起我的胳膊往楼下跑。猛然有一人从身后抱住了我,我连身也未转就用枪对着那人腹部开了两枪,他应声倒下。又有一人上前抱住我,可是我突然发现手枪内已无子弹,我即与他扭打着滚下楼梯。他半个身子压着我,我用左手揪住他的头发,他乘势把我的食指狠狠地咬了一口。袁汉俊等三人正等在楼下,见我们在扭打,袁即用枪顶着那人的身体开了一枪,那人身体一软,松开了我。袁汉俊扶我站起来,向影院门口急速走去。

第二天早晨,程锡庚家门口挂出一把粗、两三尺长的白纸条以示报丧。据《庸报》在第一版刊登的消息,我才知道,程锡庚当场身亡。那第一个抱住我的人是个白俄,被我用枪将肠子打穿了八个洞,已送往医院抢救;第二个抱住我的是瑞士人,他本已购妥船票准备回国,被袁汉俊一枪击中要害而丧命。

回来以后,我将受伤手指包扎一下,没敢去医院,以免暴露。第二天我们照常上课,同学们都在议论这件事,语文老师更是绘声绘色地讲给大家听,殊不知,干此事的正是我。我和同学们一起沉浸在胜利的愉悦之中。

1939年6月中旬,重庆方面忽然来电,要参加刺杀程锡庚的人都到重庆去,因为学业即将结束,等我们参加完考试,拖到7月上旬才成行,计有袁汉俊、刘友深、冯健美和我。我们乘船先到香港,而后,重庆方面的王新衡和张冠夫为我们买了飞机票飞往重庆。

到了重庆,我们被送到海关巷一号,住在马鞍山招待所,等候接见。令人大出意外,我们等来的接见人竟是戴笠。他对我们百般招待。8月上旬,又领着我们去见蒋介石。虽然在谈话中,蒋介石只是对我们的学业和家庭情况问了几句,没有一会儿工夫就出来了,可大家面对此种"殊遇"仍是满腹疑团。时间久了才知晓,戴笠的打算是叫袁汉俊和我到香港去自首。原来,在天津有四名军统人员被英工部局逮捕,日本宪兵队硬说他们是"刺程犯",一定要把他们引渡过去。戴笠说如果我们自首,日方的借口就失去依据,这四个人就可以得救。他还说,自首后,我们可能被香港当局关押,也可能被送到英国,无论去哪里,都将设法营救我们,同时为了避免我们的家庭遭迫害,准备把我们的父亲接来重庆。

经戴笠一番巧言劝说,我们到了香港。一切手续军统都给办妥了,他们代请了律师,代向世界各大通讯社发送了新闻稿。我们只是写了一份事情的详细经过,连律师的面都没有见过。包括重庆、天津等地的报纸都登载了这条新闻,我们两人的名字就这样传了出去。军统派刘戈青和我们联系,要我们住在旅馆,不得出门一步。由于当时欧洲已经发生战事,英国张伯伦首相的妥协外交政策仍在继续,英国对本土的灾难还自顾不暇,在远东只得步步向日本屈服。我们的自首没有被受理,军统要营救的四名"刺程犯"也依旧被引渡给日方。我们在香港等了三个月,仍毫无结果,就回到了重庆。①

⑧祝宗樑2009年9月撰《我和袁汉俊在一起》载:

我们的第一个定时燃烧弹是刘福庚和李宝仁制造的。不幸出了意外,他们一死一伤。制作方法还是保留了下来。以后孙若愚和

---

① 天津市政协文史资料委员会编:《天津文史资料选辑》第75辑(《天津租界谈往》),天津人民出版社1997年版,第80—82页。此载与祝宗樑《天津抗日杀奸团》所载的刺杀程锡庚相关内容并无二致,参见《纵横》1990年第4期第51—53页。

袁汉俊就按着这方法又制造了两个,这就是后来破坏日商光陆、国泰两家电影院用的。以后又计划破坏日商中原公司,再要制造六个燃烧弹。他们就约我也来参加工作。这就使我和袁汉俊经常在一起工作,一直到一年以后,我们又一起离开天津去到内地。

在执行破坏中原公司的时候,孙若愚编了六个小组,每个小组两个人。汉俊又是和我在一组,被指定的地点是西装部。孙若愚说:"这里最难,所以就分配给你们。"这里的确难搞。一间大屋子,所有商品

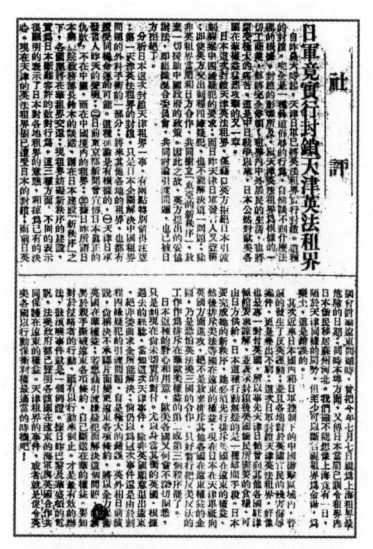

《申报》1939年6月15日载社评《日军竟实行封锁天津英法租界》

都在柜台后面的橱窗里,没有顾客,几个营业员都闲着没事。我们在未进去之前,就先商量一下对策。汉俊说:"我们分头进去。我设法吸引他们的注意力,你找机会放(燃烧弹)好了。"后来我是把它放在一匹被打开展示的衣料后面的。

"抗团"在逆境中成长不是一帆风顺的。战争爆发才半年多,就有些人离开了"抗团"。有人是因为搬家或异地求学,但还有人是主动离开的。当然"抗团"本身工作不到位,也是一个原因。无论如何这个工作是艰苦的。还要冒不少风险。而且又无利可图。如果空有雄心壮志,对个人利益又是那么关注时,就会产生动摇。袁汉俊参加"抗团"很早,对那些不辞而别的都看在眼里。后来他对我时而流露出一些批评之词。汉俊本人就一直团结在同志们身

旁,奠定了"抗团"的发展。

袁汉俊从开始就担负"抗团"的总务工作。他把人员名册,用他自己的密码,全部翻译成数字,并保存在银行保险箱里。"抗团"开始时是没有经费来源的。所需要的一些东西,如纸张、油印机……都靠大家捐助。在这方面,汉俊是从不要别人开口,他就把一切安排好了。后来,抗团得到一些奖金,也都由他保管。

沈栋被英工部局逮捕,在搜查时被发现了证据(据说是手枪)。沈栋不得不承认他是进行抗日活动的。这也就造成他不能被判刑,又不能被释放的情况。沈栋在狱中对看守他的巡捕仍在宣传抗日,使马从云自愿参加"抗团"。此后,沈栋和组织一直保持联络,都是由马从云替他与袁汉俊之间传递信件。

后来李如鹏代替了沈栋的工作。这时成立了"抗团"干事会,曾澈负总责、李如鹏负责组织干事、孙若愚负责行动干事、袁汉俊负责总务干事、我负责技术干事。沈栋的名额仍保留在干事会里。

要我担任这技术干事,不是我有什么本事。因我曾参加制造过定时燃烧弹,也就是我具有了这方面的知识。但这是远不够的,于是,我就考虑买些书来学习。袁汉俊又主动为我找来不少书,有的是从刘福庚那里拿来的,又买

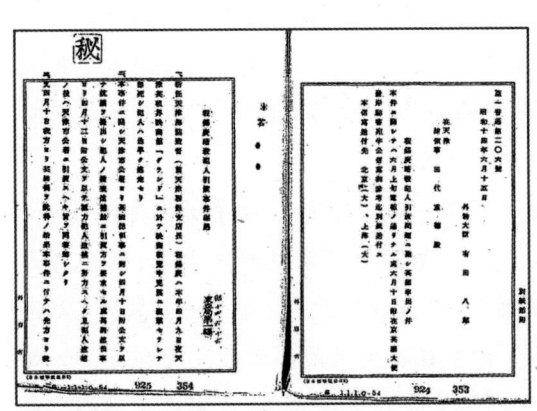

1939年6月15日,日本驻津总领事田代重德致日本外务省大臣有田八郎的密报《程锡庚暗杀犯人引渡事件经过》。

了一些。应该说担任这工作的应是汉俊和我两个人。

我们考虑到将来要烧什么，就用什么样的燃烧弹。例如棉花，用小型的就可以了。我们设计制造了一种如香烟盒大小的燃烧弹，用力丢，可以有二三十米远。这就可以从外面丢进去，我们不必进入现场。在学校化学课程里学过，黄磷在常温的情况下是可以自燃的。于是，我们用黄磷与二硫化碳的溶液当引燃剂，这二硫化碳蒸发需要几秒钟时间，这就可用来保护我们自己平安地离开现场。

我们在书里看到苦味酸有爆炸的性能，就考虑用苦味酸来代替硫黄与氯酸钾的这种炸药。因为这种炸药很不安全，稍有摩擦或碰撞就会爆炸。我们利用氯酸钾有释放氧的功能，在一定的比例下与苦味酸混合。在用力的打击下，就可以爆炸，而且威力不小。

我们还做了个更小的燃烧弹。把面粉和氯酸钾混合，加水调和，做成小球。等它干燥后，再蘸一下黄磷与二硫化碳的溶液，用弹皮弓弹出去，可以有四五十米。没想到它爆炸了。我们还在试验室里造出了雷汞和氯化苦剂的催泪剂。但这些都没有机会利用上。

孙若愚和我分别在各自工作的范围内多想些，到正式工作时，就不分家了。有事大家干，人手不够就找人来帮忙，没有说不愿干的。在组织内没有上下级，工作时也没命令，谁愿意谁就上。大家都是自愿来的，完全义务性质，都没有工资。

有两次放火，我都没找袁汉俊。他办事谨慎，思考问题很有条理，这是他的特长。那时，我觉得他就缺少行动员那股灵活劲，很斯文，不像个行动员。孙若愚的行动组的组员，个个都身强力壮、打斗好手。一天,我们预备晚上放火烧棉花栈,这次由第二小队执行任务。我想若能把他们的消防破坏掉,就会有更大的战果。这时,正好袁汉俊来了,于是,我就约他一起去执行这任务。我准备了一瓶王水,想把它浇在消防水龙的帆布带上。那天傍晚,我们到了消防站。大概是吃饭的时间,只有一个人在看守。汉俊假装问路,弄不懂还请他指点。我就趁他们站在门外的时候,把王水都浇到水龙的帆布带上。这是直径有一米多、可转动的大轮子,并排绕着十几盘水龙带。至少有六七条被浇上王水。王水一碰到帆布,颜色就立刻变黑了。为了不让人发现,我转动轮子,把黑色部分转到后面去。那天,棉花烧起来后,我隔了几条街,看到把天都照红了,可是没去看他们救火,这次破坏的效果也不了解。

程锡庚是伪储〔准〕备银行天津分行经理,还兼海关监督。制裁程逆这件事,起初都是孙若愚调查的。在1939年4月初,孙若愚要去北平。他临走前向我说,要我留心这件事。他调查的情况,我基本都了解。大致是:程本人五十几岁、秃顶、戴金丝边眼镜。有个女儿在"耀华"初中读书。他家汽车号码是"1657"。爱好看电影,准备在电影院制裁他。4月9号星期天,袁汉俊、孙惠书、冯健美来我家玩。下午五点钟左右,他们要回去。我拖着他们一起到各电影院转转,看看有没有"1657"的汽车。居然在大光明电影院发现了它。

我们立即决定行动。我回去取枪,汉俊去找刘友深来帮忙。等都回来后,电影已经开映很久了。中间休息时,我们分头到楼上、楼下去找。在楼上中间第五六排,发现一个可疑的对象。跟着电影又开映了。可疑的是他们有五个人。夫妻俩带三个孩子,大女孩十二三岁,正是读初中的年龄。另外,还有两个男孩,都还是十岁左右。我们事先并不知他家还有男孩。我们又都没见过他本人,这使我们不敢断定他是否就是程锡庚。

我想把他引出来再行动。我去打个幻灯片,上写"程经理外找"。等我回来,刘友深对我说:这人看了幻灯片,就要站起来,但马上被他妻子按下去了。从这个动作,我们断定他就是程逆无疑。我从另一个方向走到程逆后面这排,再往里走,距离他两

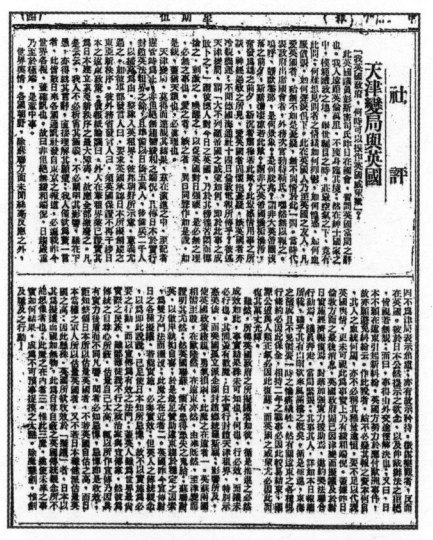

《申报》1939年6月16日载社评《天津变局与英国》

个位子,我坐下来看电影。这主要是使我定定神,把刚才一些杂物事摆脱开。等我决定行动时,立刻站起来,用枪对准他的脑袋连开四枪。这时,四周观众都站了起来。我旁边的几个人都向后退,给我让路,让我先走。

我和刘友深从三楼混在观众中下到二楼的楼梯口时,一个人突然从身后抱住我。我转身用枪对他肚子开了两枪,他倒了下去。又一个人从身后抱住我,我再开枪时,子弹没有了。我们在挣扎中,一起滚下了楼梯。两人都是头下脚上,他抱住我的腰,我拢住他的头,他张嘴把我手指咬了一口。汉俊这时过来,用枪顶着他的背后,开了一枪。他身体顿时软了下来。汉俊扶我站起来,我们一起下楼出了影院。

大家都先后回来了。事情虽然有些波折,但还算顺利。李如鹏

知道我们胜利归来,就带来好多好吃的来慰劳我们。因为我们都还没吃饭呢!曾澈也跟着来了。听了我们的叙述,他马上就走。他说,他去打听后果。我的手破了,孙惠书拿些红药水和消毒的药膏帮我包扎一下,也没去医院。

第二天一早,我看见程逆的家门口挂了白纸条。这就是报丧的表示。报上说:第一个抱我的是个白俄,肠子被打穿了八个洞,送到医院;第二个是瑞士人,当场死亡,他已经买好船票,预备回国,只因多管闲事,意外身亡。这天,我仍旧去上学。语文老师王则民把他在报上看见的这消息绘声绘色地向全班同学讲述,全班同学听完都欢欣鼓舞。我也和大家一起沉浸在胜利的欢愉之中。当我想到这是我把它带来的,就感到无比欣慰。

袁汉俊这一枪,救了我的一条命,同时也纠正了我对问题的一些看法。过去我总以为伶俐、反应快、能说会道的人肯定是能干的。其实,这只是一个方面,更应该看到一个人在分析问题和处理问题的能力。再深入一些,还应看到一个人在处理公与私的这方面在他心里的矛盾。如果一个人的私心杂念总在作怪,这种人是绝不能委以重任的。还有一条,就是沉着。在任何情况下,自己不能乱了自己。袁汉俊就具备这方面的优点,他平时多沉默寡言,其实他总是在思考、观察。他比别人深沉

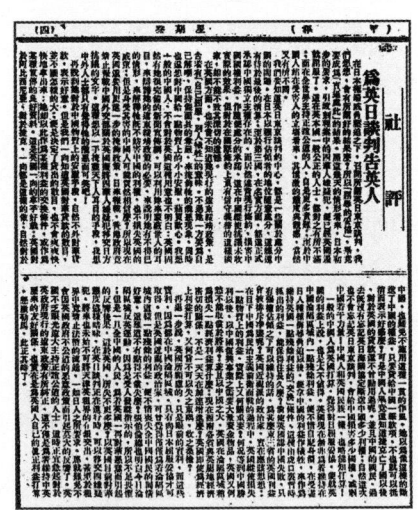

《申报》1939年8月16日刊载社评《为英日谈判告英人》

得多,他也比别人能干得多。

6月份,曾澈通知我们参加"刺程案"的几人去重庆。他说这是重庆来的命令。因为这正是学期末尾,我们拖到放暑假才成行。7月,我们买到一条去香港的英国货轮的船票,我们几个再加上沈栋和冯健美的母亲一起去了香港。孙惠书因她母亲的关系,不能走。到香港第二天,又乘飞机到了重庆。在重庆,戴笠接见了我们。他一直谈抗日的事情,也还带着些大道理。其实,我们这抗日情绪,与什么大道理无关,好像我们从娘胎出生来时就带来了。八月初,戴笠还带领着我们五个人去见了蒋介石。他没说什么话,只讲了"好,好"几个字。

8月15日,戴笠要我和袁汉俊到香港去自首。事因是这样:在天津有四个军统分子被英工部局逮捕。日本方面就要英租界当局把这四人引渡给日本,理由是因他们是刺程犯。英方说他们不是,所以不引渡。日方硬说是,英方仍说不是。于是,就需要我和袁去自首,说我们才是刺程犯呢!

我们自首时,特别提出证据:(一)我们在那天和瑞士人搏斗时丢失了一支手枪,落在楼梯附近,是六轮手枪,里面有六颗子弹而且都是用过的空壳。手枪上有指纹,这指纹是祝宗樑的;(二)影院里找人的幻灯片上写"程经理外找"是祝宗樑写的,可从笔迹查证;(三)与瑞士人搏斗时,祝宗樑还丢了一只鞋,是右脚的,丢落在楼梯附近,可从气味查证。

我们去自首前,戴笠向我们保证说:如果香港受理,我们可能被扣押,在香港,也许在伦敦。无论什么地方,将来必定设法把我们救出来。为了避免日本对我们家属报复,所以将我们的父亲接到内地去。

英方香港当局没有受理我们的自首。在香港住了约三个多月后,我们就回重庆了。以后,袁汉俊去重庆大学读书,我去成都进了金陵大学学习。英日双方从此事后,争论了一年多。后因欧战爆发,英国向日本屈服。四个人被引渡了,英国还封锁了滇缅公路。

1941年10月份,孙若愚在上海出事。他被炸药炸断了左臂,钱致伦眼部受伤,伤后还遭法租界工部局逮捕。袁汉俊知道这事后,就通知我到重庆去商量如何处理。我去后,我们决定一起去上海。沈栋在成都又介绍申质文、向传纬二人和我们同去上海工作。这时还有方佩萱、石月珍二人,是从上海来的,她们也要求一起回上海。我们六人到11月底才成行。我们坐飞机到了香港,想乘轮船去上海,可是一直没船。又等了几天,突然太平洋战争爆发了……日军从陆地和海上南北两方面进攻香港……那时候,我们就住在尖沙咀的一个旅馆里……

香港未沦陷前,军统的香港单位通知我们说:有飞机回重庆。要我们随时准备好,等待通知。只能人走,不可带行李。可是一直没等到。最后给我们一笔旅费,要我们自己设法离开香港……

1942年2月初,我们六人再加上在香港遇到的抗团同志,有吕乃灏、孙克敏、宋显德和宋的亲戚宋允泰,共计十人。走了八天,到了惠州……在惠州正赶上春节,后来又乘了八天船,到了河源。又转乘汽车去韶关。在韶关,才有政府的组织。我们得到通知说,方佩萱和石月珍的身份泄露,不能再去上海,于是,我们把她俩送到柳州。她们与宋显德等人去了重庆。我们转道去浙江金华。我们在乘汽车的路上,碰到广东百年不遇的大雪。有个广东人说他这辈子还第一次看到下雪。

在金华遇到从上海来的钱致伦。他和孙若愚被法工部局逮捕后,又被引渡到日本宪兵队。在敌人残酷的刑讯下,吃了不少苦。因为没有口供,被营救出狱。这时,又值敌人发动浙东战争,金华不久沦陷。我们坐上铁轨被拆除前的最后一班火车离开金华,到了江山,才与军统的单位相遇。这时,抗团有个暑期训练班成立,要我回去参加。到这时,我不得不和袁汉俊别离。同时,袁汉俊带着几位同志在军统的帮助下去到上海。我和钱致伦去暑训班。

1942年冬天,军统要我去上海为他们办一件事。1943年1月中旬,我到了上海。我见到申质文,他告我电台被破坏了,还说袁汉俊去了天津。我按着规定的办法给汉俊写封信,希望他回来。过了几天,天津的郑有溥来上海。这人我听说过,但未曾会过面。他和申质文、向传纬见面时,我也参加。我们正在一家饭馆吃饭时,突然许多便衣将我们包围。我们就被押送到四川北路日本宪兵队本部。我在被审讯时,我不承认我是祝宗樑。日本宪兵说有人都供出来了,他还把他的记录给我看。我在上面看到有"蔡世光"几个字,我知道了是郑有溥出卖了我们。不但我们上海出事,连天津"抗团"也出事了,袁汉俊也一定被捕。蔡世光是我和汉俊约定的我的名字,给天津的信就是用这名字写的。在以后的审讯中,我一口咬定我姓张。因我有张身

《申报》1939年8月17日载《二华人函港督,自认刺程锡庚真凶,如能获公正审判不解交日方,愿在港自俾解脱津嫌疑犯》。文中提及的"袁汉忠"即袁汉俊

份证,名字叫张志宏,其实这是花钱买的。日本宪兵相信他们的审讯方法,在拷打中是没有不招供的。经过三天的拷打,还用了灌凉水、火烧、泡在冷水里等,我始终说我是张志宏,他们把我弄错了。就这样,他们就对我定了案。上海"抗团"这次有九个人被捕,其中包括我。申质文受刑最重。罗长光、向传纬也相当厉害。从前,军统的毛森在上海做地下工作,他被敌人逮捕,就投降成为日本宪兵队的特务队队长。专门帮助敌人逮捕共产党。与此同时,他暗中仍和重庆有秘密联系。三个多月后,申质文、向传纬、陈泽永三人被毛森保释,其他几个就教育释放了。

陈肇基在1942年从北平的敌人监狱里被释放出来,回到天津又准备把从前的"抗团"恢复。他做了些联系工作,但感到没有力量的支援,无法坚持很久。于是他去到界首,和"抗团"在界首的联络站的沈栋取得联系。沈栋当然热情支持,同时还说袁汉俊在上海,并将联络地址都交给了陈肇基。过去陈肇基就与袁汉俊相识,现在又是旧友重逢,他当然很高兴。他没回天津就去上海找到袁汉俊。经过他一说,袁汉俊就同陈肇基去了天津。就在他们恢复"抗团"组织的同时,遭到齐文宏、郑有溥的出卖,以致全部被破坏。这两个叛徒,齐文宏是主谋,但他与"抗团"关系不深。郑有溥是他妹夫,曾在组织里担任一部分的责任。这次天津"抗团"大约有二十多人被捕。袁汉俊在香港自首时就有底案,敌人肯定饶不了他。自"抗团"开始,汉俊就是个骨干,他知道抗团所有的事。真不敢想象,他在敌人那么残酷的刑法面前,吃了多少苦。我们相信,他坚决保护了抗团的机密,上海"抗团"只有九人被捕,这只是由郑有溥牵连到几个人,还有许多都没有出事。他不跟我一样能把一切都赖掉,有那么多人都认识他,这都是人证。最后听说他在临刑前,看到一位狱友冻得在那里发抖。他把身上的皮衣给了他,他自己只穿了单衣走向刑场。"①

⑨原抗团成员孙惠书(抗团成员孙湘德之妹,时就读于耀华中学初中二年级)在《抗日旧事》中的《杀程事件》一节载②:

"程"是指当年日本侵华时的储备银行经理程锡庚,大汉奸。早在行动以前,大成约健美和我去了某处的楼上一间屋子里,只见屋中有一单人床以外,就是一张大书桌。上面摆满了各样器材、电线等物,还摆着十分耀眼的新手枪。祝宗樑坐在书桌前正在制作什么。孙大成让我俩试试开枪。这枪有个轮子,将轮子推出,六个洞可装六颗子弹。据说,这是六轮手枪。我第一次见到枪,拿起来好重,端也端不平。用两个手握住扳机,也打不动。健美也好不了多少。那时,我只不过十五岁,健美比我还小。宗樑和大成失望地说:'女孩子去打汉奸,影响会更大,可惜你们不行。'我一时感到无地自容,好丢人。

周末一天,传来消息说:程去英租界大光明电影院看电影去了。于是,人们就行动起来。似是分成三小组,只记得有祝宗樑、刘友深、冯健美、袁汉俊和我。日场电影。我们分头骑车赶到。我和袁汉俊一起在三楼。几个男生身上都有枪,我和健美则每人带上两个炸炮。准备行动过后,将炸炮踩响,以制造混乱,行动后便于离开。

---

① 转引自萨苏、老拙著《东方特工在行动》,文汇出版社 2011 年版,第 5—14 页。此文中关于"刺程案"及祝宗樑、袁汉俊赴港自首等内容,与《纵横》1990 年第 4 期所载祝宗樑《天津抗日杀奸团》及《天津文史资料选辑》第 75 辑所载祝宗樑《抗日锄奸记》中的相关记载基本一致。另外,台湾《传记文学》2010 年第 1 期第 18—30 页、台湾《传记文学》2010 年第 2 期第 63—72 页,连载祝宗樑所撰《"抗日杀奸团"回忆录》一文。此文对抗团始末记述较详。文中所及"刺程案"等情,与前引祝宗樑所言亦无二致。
② 参见孙惠书《抗日杀奸团(续一):抗日旧事》,台湾《传记文学》2010 年第 3 期第 79—84 页。

1939年8月18日,中共中央机关刊物《解放》刊载《抗议英日谈判》一文(第25—28页)。

大光明影院没有一楼,进门就上几阶楼梯,再拐上去有个休息处,进门就是正式影厅了。再上三楼,就是影院的楼上座位。电影开始了,祝宗梁就请影院在银幕的一侧映出"程经理外找"的字幕。据说,程站起来,却被他旁边的太太按下去。说也巧,程一站起来,恰好坐在程后面隔一排的祝宗梁就明白了。于是枪响了,后来知道,程当时毙命。这时,袁汉俊和我也立即冲出来,从三楼往下跑。汉俊的任务是保护宗梁。我呢,还要把炸炮踏响。谁知用力踩了那自制的圆滚滚的大炸炮,好几次也没响。我也只好往下冲去。想不到的是,大光明影院是英商所办,比一般票价贵,看电影的外国人不少。中国人也是所谓的有钱人家。枪响后,立即有白人站起,呼喊大家不要动,保持冷静。所以,没有乱挤乱跑的情景。当我冲下二楼转到与地面中间的拐角四方处时,见一年轻的外国人,手脚趴在地上,他身边全是血迹。我只好匆匆迈过去,心里慌慌地。当我跑近影院出口时,还见那巡捕(中国人)滑剌剌〔哗啦啦〕地拉盒子枪的枪栓。我猜想,他是有意放我们离开。我骑车回到指定地点时,警报器才呜呜地响起来。因我在三楼,所以最后一个到达。大家才放下心。只见宗梁的手破了,说是被那外国人拦腰抱住,二人挣扎着从楼梯滚下。此时汉俊赶到,给那管闲事的白人一枪,宗樑才得以脱身。二人搏斗时宗樑被那人咬了一口。

杀程事件以后,天津"抗团"起了大变化。因涉及外国人的死,而引起国际交涉。所有参加程案伙伴加上"杠子"(沈栋)都乘船到香港转重庆,这大约是39年夏季。我被母亲、伯父拦阻,仍滞留天津。这年发大水,水淹至我家二层楼,等水退下,母亲和我在世交朋友许大纯兄的帮助下,离开了天津,目的地仍为重庆。这时天津抗日活动也因英、法工部局的加紧防范,行动困难,逐渐转到了北平。

⑩原抗团成员王振鹄《忆汉俊》载①:

1943年元月,天津"抗团"同志十九人被日本宪兵队逮捕,拘押于海光寺日本宪兵队拘留所。所内有如木笼的牢房十余间,每间约四、五坪大小,可拘押五六人。屋角设有蹲式便池,无其他设备。被拘禁的人犯分两边席地而坐,不能自由活动。日本宪兵终日在走廊值勤,监视各房动静。走廊尽头有一浴室,供人犯洗浴,但一个月始由宪兵看管下开放一次,每日更无洗脸刷牙之可能。

被捕的抗团同志分别关在不同的牢房内,女同志十人关在头两间,男同志分别关在其他牢房。袁汉俊关在最后一间。有一次,排队洗澡时,我看到汉俊坐在房内一把椅子上,对外摆手示意,而且他是独居一室,并无他人同住。我靠近他的牢房,低声招呼,他神情激动,似有千言万语叙说,但宪兵在后面监视,只能欲言又止了。过了一个多月,第二次排队洗澡时,我特别排在内侧,在靠近他的牢房时,我看到他在门缝塞着一张纸卷,我抽出藏在裤袋中,回房一看,发现是汉俊用铅笔写的几行字。他希望我出狱后,经界

---

① 参见王振鹄《抗日杀奸团(续二):忆汉俊》,台湾《传记文学》2010年第4期第123—124页。

首去重庆"抗团"总部,说明"抗团"现况,暂缓派人来平津,以免不测。他似已感觉到在短期内不可能释放出狱了。

在看到汉俊独居一室,并且坐在椅子上,我感到有些困惑,是否他身受重伤不便坐卧?还是日宪知道他是抗团核心人物而对他特别照顾?大家担心的是汉俊曾参加"刺程案",如被日宪侦知,其后果将不堪设想。八月间,日宪对抗团事件结束审讯,而依个人涉案情形分别处理。六位同志(袁汉俊、陈肇基、叶绵、王振鹄、吴樾及刘欣兰)以"大日本军律违反"罪名,由日本宪兵押解到北平军法部队审判,拘禁在北平东直门炮局监狱候审。其他同志有的判短期监禁,移送到天津监狱执行。女同志多由家属保释出狱……

抗团同志押解到北平后,分别关在东院不同牢房等待审判,彼此没有交谈的机会。汉俊与叶绵关在一起,和我隔墙而坐,他曾经被提审多次,情况严重。很遗憾的是,与他同室的叶绵(原名叶以昌),虽与汉俊同一牢房,因患有高度近视,视力听力都差,对汉俊情况亦不甚清楚。

在一天色阴暗的清晨,房外人声嘈杂,我从门洞望去,看到汉俊披着一件风雨衣,被看守的日本宪兵提出监房,日宪正要捆绑他时,汉俊脱掉风雨衣丢给同室的叶绵,仅穿着一件白色的衬衣,在阴冷的厅中昂然而立,现出坦然无惧的神情。日宪用黑布袋蒙住他的头部,拷住他的双手,拉扯而去。从此以后,再也没有看到汉俊的身影,我揣测他可能经日本军法会议判决遭受不测了。

隔了几天,其他被监禁的男女同志亦被押赴铁狮子胡同军法会议受审……法官宣布违反日本军律的事实,由翻译口译后就直接宣判五人刑期:陈肇基十年、叶绵七年、吴樾三年、刘欣兰五年、王振鹄三年,移由西院的外寄人犯收容所收押执行……我当年年仅十九岁……但是汉俊没有出席,久悬在心中的问题有了答案,大家揣测他几次单独受审,凶多吉少,是生是死不得而知。叶绵曾仔细检查汉俊留下的风衣,希望找到一些审判的线索,只看到风衣里有一片血迹,可能是在宪兵队受刑的结果。汉俊当时负责抗团津沪地区的组织活动,在日宪的刑求下,没有危及其他同志。其大义凛然、不屈不挠的精神令人敬佩……汉俊被捕时仅廿六岁。

2."刺程案"在海内外引起轩然大波

袁汉俊、祝宗樑等抗团成员于1939年4月9日成功击毙汉奸程锡庚后,旋即引起各方强烈反响。由于"刺程案"发生在天津英租界内,日伪当局遂向天津英租界当局提出抗议,要求引渡"刺程案"嫌疑人。在中国政府的强烈抗议下,英方未敢贸然实施引渡。日方遂悍然对天津英租界实施全面封锁。此后,指望息事宁人的英方指派驻日大使克莱琪与日本外相有田八郎展开多次谈判。英国政府居然对日本排挤英国在华利益的强硬态度一让再让、忍气吞声。委曲求全和毫无原则的迁就、纵容,只能是助长敌方得寸进尺且更加狂妄。英方向日方一味妥协的结果是最终出笼了出卖中国权益的《英日初步协定》,也即"有田—克莱琪协定"。英方不惜利益大受损失,而求得片刻安宁之举,很不得人心。这也使英国政府在远东实行的绥靖政策暴露无遗。

1939年4月10日,路透社连续刊发程锡庚遇刺消息:"[伪]天津联合准备银行行长陈年熙(译音),昨晚七时三十分左右,在此间某电影院凝神观《贡格廷》①影片时,忽座后有一人向之连开四枪。

---

① 《贡格廷》(Gunga Din),印度题材的战争片,美国雷电华影业股份有限公司出品。取材于英国作家吉卜林的诗作。

《申报》香港版1939年4月11日第3页对"刺程案"的报道

陈顿时殒命。有一瑞士人观客亦中流弹丧生。刺客为东方人,衣西装。当时曾为一鞑靼人、名曼琐罗夫者扭住,但卒被免脱。曼氏身受弹伤,已入医院。据医称,其伤势虽重,但非绝望云。刺客究为谁何?今仍毫无线索可寻。其行刺似曾慎加计谋。众信行刺动机乃因陈为'卖国者'之故。当其逃逸时,天津著名体育家曼琐罗夫即起紧追,而扭获之。刺客乃开枪击曼,弹中曼之腹部。另一流弹中天津法商电灯房总工程师格洛塞要害。格氏已有妇,且不日即将告退。曼氏入医院后,即经施用手术,将腹部枪弹检出。今晨势仍危殆(十日路透社电)。""昨晚在天津某电影院中被人连开四枪当场殒命者,为[伪]华北新政权中高级人员名陈莲士,前任天津联合准备银行行长,现任天津海关监督。除天津法商电灯房总工程师瑞士人格洛塞中流弹丧生外,拟扭获刺客但被击中腹部之体育家曼琐罗夫,昨入医院,直至今日午后,犹未脱离险境。据医士云,恐无生望。刺客迄未就逮(十日路透社)。"①1939年4月11日出版的北京《益世报》亦载程锡庚遇刺报道。该报道以《新任[伪]津海关监督被刺毙命 八日谒王请示后赴津 九日在英租界被狙击》为题:"特讯。新任[伪]津海关监督程锡庚氏奉到府令后,因[伪华北临时政府]王克敏委员长南下在京候谒,八

---

①《津伪监督遇狙殒命》,《申报》1939年4月11日。

日上午,[程锡庚]谒王后,当晚赴津就职。不幸于九日下午五时,在英租界内突遭'暴徒'狙击,因伤中要害,随即身死。[伪]王委员长接报后,极为悼惜,于十日上午接见记者时,曾黯然表示,程氏留英多年,久在外交及银行界服务,对于外事及金融情形,甚为熟悉,故调其任[伪]津海关监督,俾于统制外汇上,能予顺利推行。不意,其遽遭'凶弹'而殁,殊为不幸。王氏言毕,唏嘘久之。闻[伪]政府

汉奸程锡庚罪大恶极

将对程予以优恤。按:程氏字莲士,江苏镇江人,留学英国。现年四十九岁。在金融、外交两界,颇负时誉。[伪]临时政府成立,经[伪]中国联合准备银行总裁汪时璟氏保荐,任该行天津分行经理。[伪]津海关监督温世珍氏调长津市后,程遂调任[伪]津海关监督。"

前文提及的"陈莲士",即指程锡庚。而前文提及的"陈年熙",应为中文译电稿中的直译,亦指程锡庚。关于程锡庚遇刺时的年龄,又有"程逆现年四十七岁"之说。常见记载称其生于1893年(亦载为1894年),曾在南京国民政府财政部、外交部任职,1937年附逆。①

---

① 《中国国民党百年人物全书》记载程锡庚时,并未提及程锡庚充当汉奸的历史事实,仅称程锡庚"1934年特派为外交部驻平交涉员。1939年逝世。"刘国铭主编:《中国国民党百年人物全书》下册,团结出版社2005年版,第2293页。《江苏省志·人物简介》所载尤甚,其文曰:"九一八事件发生后,他搜集了大量材料,分析日本军国主义者侵略行动的特点。民国23年任外交部特派员,办理山西、绥远、河北等省交涉事务,与日本侵略者相周旋。不久,冀察政务委员会成立,他被调回外交部。民国28年去世。"江苏省地方志编纂委员会编:《江苏省志(90)·人物志(三)》,凤凰出版社2008年版,第1273页。

4月10日,天津日伪当局也作出反应。《伪市署为程锡庚在大光明影院被狙殒命致英总领事公函》称:"顷据报告,中国联合准备银行天津分行经理程锡庚昨晚七时许在英租界大光明影院观剧,猝遭狙击,中枪殒命。查数月以来,英租界境内暴徒不法事件层见叠出,业经本公署函请注意取缔,并准贵总领事复允扩充租界警力,加紧缉凶。各在案。今为时不久,竟又发生当众刺杀高级官吏之案件,足征〔证〕不法分子在英租界横行无忌,更甚于前。本市长对于英工部局警队保障公安能力之薄弱,实不胜遗憾之至。相应备函,严重抗议,除要请贵总领事转饬英工部局负责严缉本案主从各犯,克日引渡法办外,并为防止类似事件之发生起见,特提出办法两项:(一)英工部局对于所属警队须于最短期内切实改进加强;(二)本公署警察局官警今后得随时进入英租界,与工部局官警协力执行检查或侦捕之工作……代理市长温世珍。"①

《申报》1939年4月12日第3页在报道此案时,仍未搞清程锡庚的姓名。该消息题为《在津被狙者系程锡惟》:"香港。津讯:伪联合准备银行津行经理兼任伪津海关监督程逆锡惟,九日晚在英租界大光明戏院为人狙击,弹中要害,当即毙命。程逆方与其妻看有声电影,片中正热斗场面时,适壮士开枪射击,观众及巡捕均未察觉,事毕,从容逸去。按,程逆现年四十七岁,江苏人,为留英学生。其妻为高而谦之幼女。最近,继温逆世珍,而任伪津海关监督。程毙命后,王逆克敏在平发表谈话,大有兔死狐悲之慨(十一日电)。"不过,《申报》(香港版)1939年4月12日第398号第3页所载,则明

---

① 天津档案馆、南开大学分校档案系编:《天津租界档案选编》,天津人民出版社1992年版,第87—88页。

确为程锡庚。此消息题为《程锡庚被枪杀后,王克敏发表谈话》:"中央社重庆十一电。津讯:伪联合准备银行津行经理兼任伪津海关监督程逆锡庚,九日晚在英租界大光明戏院为人狙击,弹中要害,当即毙命。程逆方与其妾看有声电影,片中作激烈枪声时,适壮士亦开枪射击,观众及巡捕均未察觉,事毕,从容逸去。按,程逆现年四十七岁,江苏人,为留英学生。其妻为高而谦之幼女。最近,继温逆世珍,而任伪津海关

1939年8月22日《申报》载《刺程案自首者再致书某要人,并附以指印,已转港政府》

1939年8月25日《申报》载南开大学校长张伯苓对袁汉俊等情况的介绍

监督。程毙命后,王逆克敏在平发表谈话,大有兔死狐悲之慨。"

1939年4月12日,《字林西报》又载此案详情:"字林西报四月十二日天津通讯云……查本埠电影院之枪杀案,已使天津复陷不安之中。四月九日午后五时三十分,海关监督陈锡庚在大光明电影院中被人开枪击毙。凶手逃逸时,复有二外人,一被枪杀、一受重伤。此暗杀案计划似颇缜密,而于抉选时间、地点及追迹被杀者之方法,预谋已久。案发前,有衣洋服、操北地言语之华人一名,赴大

光明戏院售票处,要求院方在银幕上添映数语,通知陈氏出场至休憩处,谓有友待之、与彼交谈。时陈氏偕妻儿坐花楼观《贡格廷》影片,见讯起身拟出,惟其妻谓,待映毕出场不迟,待于场外之男子图以此法诱陈至休憩处,则彼较易脱身,旋见此计未售,乃购花楼票一张入内,择陈氏身后就座。影片将毕时,内映英军与暴徒交战情形,枪声不绝。陈氏座后之男子,无论其为故意择此机会,或偶遇之。总之,乃一适于行事之机会,即自袋中掏出三八口径之大型盒子炮,向其座前之陈氏直放四枪,一弹中陈手腕,一弹穿其两颊,而击中前列之某华籍青年,第三弹击中头部。陈氏且起座,蹒跚数武,始倒地毕命。初由于场中黑暗与影片之喧闹,观众不知已发生惨案,但有坐于该列座位末端之青年俄人、体育家曼梭洛夫已见之。凶手在彼面前逃过时,曼氏图将其抱住,但腹部被击一枪。凶手飞奔下楼时,遇电车公司瑞士籍工程师克鲁塞,未悉彼亦图拦阻凶手,抑系凶手开枪便于兔脱。克氏被击中一枪,顿时殒生,在其尸畔发现凶手所弃空枪一支。迨场中发生呼号前,凶手已逃入闹市逸去。曼梭洛夫旋被舁入附近医院中施行紧急手术,可望痊愈。克鲁塞遗有一妻一孩,甫将退休返国,不意罹难。暗杀陈氏一案,显系政治性质。去年,陈氏曾任[伪]联合准备银行天津分行长。三月二十四日、由[伪]临时政府任彼为天津海关监督职,但实际上彼未就此职,既未入海关,亦未与海关人员会晤。一周前,陈曾赴北平一行。据彼语友人,此行拟请[伪]临时政府取消任命。盖陈氏已得许多警告,未敢接受此职,而冒可怖之险也。"①《字林西报》为英文报纸。此消息被翻译成中文时,翻译者也未搞清程锡庚的姓名,而是写为

---

①《陈锡庚被刺毙命,天津复陷不安中》,《申报》1939年4月21日。

"陈锡庚"。

天津英租界工部局《警务处1939年报告》中,对"刺程案"亦有所记载,即:"1939年4月9日7:30,大光明电影院适演映《为国干城》①战事影片。激战紧张之际,[伪]联合银行经理程锡庚与其眷属正在楼上观剧,突有一不知姓名中国青年,以手枪向程氏连发数响。程氏负伤,移送医院后,不久即殒命。当时,附近并有一李姓学生,其手臂为流弹所中。凶犯击中程氏后,即奔逃下楼。座中有俄籍青年,名满索罗夫,目观枪击情事,即先行离座,希图拦阻凶犯逃脱,比与凶犯争持。满索罗夫小腹竟被凶犯枪伤甚重,遂即昏倒。凶犯继向楼下逃跑,待至第一层楼时,凶犯复枪杀瑞士人克劳柴1名(查克氏年54岁,因其胸部被枪身亡)。由该处梯口克氏手下捡得凶手之弹尽手枪一支观之,当场克氏与凶手相搏,虽无证据,然克氏奋勇向前拦阻,以致伤命,是甚明显。此后,凶犯之行动无所考证。警务处从事侦缉凶犯,不遗余力,然因前述当地特殊情形,本处侦察工作诸多掣肘。程氏之遭狙击,含有政治作用,固无疑义。满索罗夫伤势虽重,旋经手术成功,恢复健康。李姓青年亦获安全。"②

一位现场目击者居然后来记述了他记忆中的刺程案现场。他就是1923年生于天津、当时在天津英国学校就读的爱尔兰籍少年德斯蒙德·鲍尔(Dsmond Power)。鲍尔时年16岁。他在回忆录中记载道:

---

① 《为国干城》为影片《贡格廷》的另一片名,该影片也被今人载为《贡格丁》或《贡格丁大血战》。该片原著的作者为英国诗人吉卜林(1865—1936),时译其名为"姬伯龄"。
② 天津市档案馆编:《天津英租界工部局史料选编》下,天津古籍出版社2012年版,第1389—1390页。

《贡格廷》电影海报

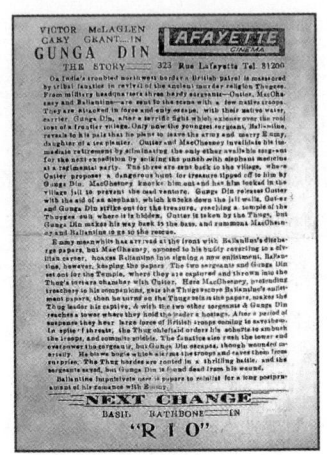

《贡格廷》影片介绍（背面为中文）

《贡格廷》电影宣传品及译文

即使一个头脑清醒的人，谁又能想象得到，这种事儿竟会在一个星期六①的下午，发生在天津最大的蚨蝶电影院呢？当时是在童子军活动之后，主要是狐狸小队②的成员，都坐在二楼后排包厢里……

电影名叫《贡格丁》，演到高潮时，出现了一个大场面，三个虚张声势的男主角加里·格兰特、维克托·麦克拉格伦还有道格拉斯·范朋克被困在一座寺庙的顶上，一队勇敢的苏格兰士兵前去营救，

---

① 程锡庚遇刺于1939年4月9日晚，这一天为星期日，并非星期六。
② 即作者参加的童子军小队的称谓。该小队的队长为维克托·普罗普托夫。

苏格兰短裙飘动,风笛声声,喜悦之中全然不知道一群狂热的教徒正埋伏在那里等着他们。哎!我们当时真想警告那些勇敢的苏格兰人停止前进,不要前去送死。正当紧要关头,贡格丁这个吉卜林笔下的卑贱的水伕〔夫〕,将号角放在嘴边,吹响了警报。然后,苏格兰士兵按照最典型的好莱坞传统转成作战队形。这场仗打得真激烈呀!步枪、格林机枪、大炮响成一片。

可是,等一等,最后几声"啪——啪——啪"那样刺耳,声音那么大,不像是从屏幕上发出来的声音。观众席中发出一声低沉的叫声,接着是人们急促的说话声、座椅的撞击声和急促的脚步声。然后,剧场的灯光亮起,疯狂的人群向着太平门冲去。在我们前面几排靠左边的座位旁,我的同学阿瑟·李站在那里,举着手,上衣染上了血迹。就在他身后一排的座位上,一位中国女士正趴在一个瘫倒的人的身上。普罗普托夫队长总像是真正的贝登堡①那样,飞快地跑下去帮助那个人。有一个人——后来我们听说是德美医院的海涅曼大夫,冲他大声喊叫,让他走开。在一楼第一层台阶上躺着一个人,他的身体缩成了一团(据第二天的《华北明星报》报道,他是一个比利时人,去为妻子拿外套,因为他妻子忍受不了电影中的暴力场面,结果却鬼使神差地挡在了枪手的前面)。

我们跑到了街上,[我的同学] 阿赫米特急匆匆跑了过来,告诉我们塔拉特被击中了。后来我们听说,塔拉特·曼苏洛夫这位华北地区的蛙游冠军,当时用一个飞快的擒抱动作撂倒了一个枪手,但那个枪手的同伙一枪打在塔拉特的胃部。然后,他又转过身

---

①贝登堡(1857—1941),英国人,世界童子军创始人和领袖。

来,瞄准了塔拉特的同伴拉维尔·塔赫尔。"咔"的一声,没子弹了。拉维尔以令人难以置信的勇敢精神,将塔拉特及时送到了犹太医院,保住了他的性命。我们还听说,阿瑟·李并无大碍,但坐在他身后座位上的那个人死了。

这个人就是程锡庚博士,大银行家,也是日本人的头号帮凶。出乎所有人的意料,英国巡捕把枪手抓到了,四个人无一漏网。日本方面马上要求把这四个人交给他们。"绝对不行!"英国方面回复道……①

此文中提及的"塔拉特·曼苏洛夫这位华北地区的蛙游冠军",即前引资料记载的"青年俄人、体育家曼梭洛夫""天津著名体育家曼琐罗夫""俄籍青年,名满索罗夫"。

此文又称:"我的同学阿瑟·李站在那里,举着手,上衣染上了血迹。"这与前引资料所载"李姓学生,其手臂为流弹所中"一语,亦无分歧。总之,此文所述的相关内容,可信度很高。文中提及的诸多细节,都可为还原"刺程案"现场提供有益补充。

程锡庚因助纣为虐而被击毙,实属罪有应得、死有余辜。

伪中国联合准备银行成立于1938年。路透社1938年3月1日北平电:"华北伪临时政府于两星期前曾宣称,[伪]'中国联合准备银行'将于今日成立,但今日竟未实现。据伪政府人员表示,新银行何日开幕,未能预告,即今日何以未能开幕,亦讳莫如深。该新银行之纸币迄今尚未在市场出现。"②1938年3月10日,伪中

---

① [加]德斯蒙德·鲍尔著,谢天海译、刘海岩校订:《小洋鬼子——一个英国家族在华生活史》,天津人民出版社2010年版,第115—116页。
② 《华北伪准备银行无法如期开幕 原因讳莫如深》,《申报》香港版1938年3月3日第3号第2页。

国联合准备银行北平总行与天津分行同时成立①。

继程锡庚充任伪中国联合准备银行天津分行经理的汉奸唐卜年,于抗战胜利后在津受审时交代,1938年3月6日,伪华北临时政府财政处处长汪时璟将当时在上海任伪中日贸易协会秘书的唐卜年派往天津,"程锡庚(字莲士)命我为伪联合准备银行天津分行副经理,二十七年三月七日到差……'伪联津行'于二十七年三月十日开幕,经理即为程锡庚。二十八年三月(或四月),伪临时政府发表程锡庚为伪津海关监督,他不愿去。在尚未取[得]该职务时,在天津大光明影院被击毙……发表程锡庚为伪津海关监督时,便由本人代理该行经理……'联银'初成立时,平、津、青、济、汴、徐[等]各地分行以伪联券一对一换来之中国法币集中于北平总行内。该项法币仅天津一行为数约千万元。日军将该项法币提去,用以购买内地物资及在上海、香港各地购买外汇……津正金银行用款,系由该行北平行与伪联银行总行有契约关系。该津行头寸不敷、票据交换差额不足时,均由该行北平行托由伪联银总行汇至津联银分行转账。金额最巨时,曾一日汇来二三亿元……[伪银联总行金融施策依据]由总行顾问室及日本大使馆金融课决定。此外,也许要参加些日本军部研究金融经济人员的意见。"②可见,伪联合

---

① 《吞并计划着着实施 伪准备银行开幕 资金一亿日圆由日本银行团供给 法币一年后废止伪币与日圆同价》载:"北平市日电。平伪政府新设之联合准备银行,定今日开幕、并发行纸币"。《申报》香港版1938年3月11日第2页。又据《外商拒用伪币 平津各方亦不信任》载:"徐州十日中央社电。津讯。伪联合准备银行津分行,在法租界觅妥行址,但法租界当局将加阻止。故津伪行即或成立,另觅地址。伪行宣称,十五日前后发行新钞票,并陆续将法币收回。"《申报》汉口版1938年3月13日第2页。

② 《讯问唐卜年:关于伪联银限制法币流通及伪联券能否购买外汇等事的讯问笔录(1946年5月3日)》,天津市档案馆编:《日本在津侵略罪行档案史料选编》,天津人民出版社2015年版,第655—656页。

准备银行实为日本对华实施经济侵略和金融盘剥的工具。

程锡庚遇刺后,《申报》也多次披露过伪联合准备银行严重扰乱华北地区金融市场的种种罪行,如:"一九三八年二月十一日,日方主持之[伪]'联合准备银行'在华北成立。同年三月十日,发行准备金不足之纸币。本年三月十一日,华北[伪]'临时政府'颁布条例,意在强迫华北使用不能自由易取外汇之'联银'纸币,以逐出确具外汇价值之法币。为便于偿其志愿起见,[伪]海关禁止某数种华北主要出口货物输出,须以外汇经横滨正金银行以一先令二便士之汇率,易成'联银'纸币,始得出口。此项规则,自动的在华北树立有利于日本各银行之金融垄断。出口商虽先受其影响,但不久除日人以外之外货入口商,亦将受其影响。盖自输出物品所获得之外汇,能否用以作输入物品之资本,毫无保证也。是项条例,确属歧视,有违门户开放之原则。其直接之影响,已使华北贸易实际已告停顿。"①据此可见,伪币的出笼,影响甚为恶劣,实属贻害无穷。

1939年4月19日《申报》(香港版)第405号载《天津英租界破获×机关》:"津讯:×在津租界设立之机关已被英当局破获,搜出手枪五支。自程锡庚在大光明电影院被狙击后,英租界即在界内开始搜查,当于十三日在六十一号[路]永善里捕获有自称'朱司令'者,当系受×方指使、扰乱租界之机关,并有其同党三人及手枪五支,一并带往工部局讯办。按,由此事可证明过去所传×在租界设立机关、图谋不轨之不谬也。"文中所称"×"均指日本当局。4月20日《申报》载:"(香港)津讯:自程锡庚被狙后,津英租界当局连日在租界内举行大搜查,计三德里、庆美里、永善里等处住户,均逐一被

---

① 《发行纸币 统制外汇》,《申报》1939年4月15日第9页。

检查。日方并派有人员随同进行（十九日电）。"

此后，日伪当局不依不饶的一个重要原因是认为天津"外人租界已变成蒋政权之根据地"，于是趁机扩大事态，以期达到既向中英美等国施压又侵占天津他国租界、打压抗日力量的险恶目的。先是日方于1939年5月31日向英方发出最后通牒，并威胁封锁天津英租界。

1939年6月2日《申报》载《津日领事要求引渡暗杀程锡庚嫌疑犯，限六月七日以前答复，英领署拒绝发表意见》："顷据今日消息，天津日领事田中已于昨

《申报》1939年8月21日载《天津四华人案委托书等寄沪》

日照会英国总领事，要求交出华籍之暗杀嫌疑犯一名，该项请求之性质，甚为严重，故在事实上，实无异于'哀的美敦书'。闻该通牒要求英方将暗杀程锡庚嫌疑犯交与日本当局（按程于生前曾有日方委任为天津海关总督），并限定于六月七日以前提出正式答复。又今日英领事总署官员对此拒绝表示意见，仅谓日方虽已规定期限，然亦不能认为最后通牒（一日美联社电）。""今日据悉，日总领事田中昨日向此间英总领事提出类似'哀的美敦书'性质之抗议，要求引渡刺程锡庚之嫌疑犯，并规定英方须于六月七日以前答复。又日领田中告美联社称，彼曾通告英总领事奇米荪，如英当局于规定日

期前不提出答复,则日方将被迫认此种行动为英当局不愿与日本合作之表示。又据《庸报》载称,田中氏曾告英方,如英当局不将嫌疑犯引渡予日方,则日方将采取'行动'云,但日领否认曾向英当局作此项威胁(一日美联社电)。"

"刺程案"从此急剧升级,成为外交风口,引起海内外密切关注。各国通讯社的报道和评论铺天盖地。"刺程案"一时成为当时各大报刊的头条新闻。"刺程案"经发酵酿成外交纠纷后,中英日美法德意等国政府纷纷表态,阐述各自主张。

《申报》1939年6月4日载《英政府接受津日领事要求,允引渡租界活动分子,郭泰祺向英抗议无效》:"伦敦。英国接受日方'哀的美敦书'之原因,因其在华之军队不过数营,海军与日本比较,亦居劣势,且英国目前之注意力,完全集中于与苏联订立军事同盟之上。故各种方面,皆有受制于日之势。再则,目前之张伯伦内阁,固竭力主张与日本避免发生冲突者。据英国方面消息,现在天津被捕之华人二十名,确有恐怖活动之嫌疑。故有移交日方之可能性。至于其他被捕之人,是否将逐出租界,俾其逃脱,或将径交日方,现尚在不可知之数。但此间华方人士认为,无论如何,此辈终将落入日本刽子手之手(三日美联电)。""伦敦。中国驻英大使郭泰祺今日赴

《申报》1939年4月20日载,日本当局在天津法租界国泰电影院阴谋实施破坏活动

英外部,对于训令天津英领馆应日方请求将恐怖分子移交北平'临时政府'事,提出极坚强之抗议,谓英国依允日方此种请求,等于在事实上承认'临时政府'(三日路透社电)。"①

1939年6月6日《申报》载《日报宣称,真正仇敌为华境内之租界,租界问题先须解决,尽有随意处分之权》:"东京。日本都新闻称:'吾人在华作战二年,始了解中国事件之真相,解决中国事件之唯一方法,在以有效手段对付援助中政府之外国。此数国对此事件之真意,已在其对在华租界之态度中,暴落〔露〕无遗。英、美、法武装军队之在鼓浪屿登陆向日示威,已无疑的披露其对于中国事件的政策之性质。英、美、法刻决心助华抗日,正不亚于刻在满蒙边界活动之苏联。英、美、法之对华援助,以在华租界为根据地,苟此不除,则中国事件将无终止之日。日本之真正仇敌,不在中国,而在中国境内之租界。此乃抗日之神经总枢。盖中国所用之军用品,百分之八十来自租界也。吾人欲推翻中政府,先须解决中国同租界问题。吾人为交战国,尽有随意处分公共租界之权也'(五日路透社电)。"

《申报》1939年6月7日载《日要求引渡恐怖分子,津英总领已允移交,奉英政府训令,交付一部分,惟犯罪嫌疑人无证据者逐出租界》:"伦敦。英政府已训令天津英总领事哲美逊,将所捕挟有炸

---

① 《申报》(香港版)1939年6月4日又载《天津英租界引渡抗日分子,郭大使向英抗议》:"路透社伦敦三日电:英政府训令天津英领事,应日方之要求,将抗日分子移交伪北平临时政府。中国驻英大使郭泰祺今日赴英外部,对于此项训令提出强硬抗议,并指出答应日本此无理要求,实等于予北平伪政府以'事实上'之承认云。海通社伦敦三日电:据今日间消息,灵通方面称报纸所载谓:日当局向英驻津总领致最后通牒,要求交出刺杀津伪海关监督程锡庚之凶手,未免言过其实,但英总领现确与日当局举行谈判,以解决此事。闻英领事奉命提出数议,其内容如何? 则未悉云。"

弹之二华人,交与日当局。暗杀前天津海关监督程锡庚之嫌疑犯数人,如无实在犯罪之证据,则悉将逐出租界。故此后犯重大罪案之诸犯,将交与事实上之当局,犯轻罪者,悉将逐出租界(六日路透社电)。""伦敦。中国驻英大使郭泰祺,今日下午再访英外部,抗议天津英租界将所谓恐怖分子引渡日方事。郭氏此举,系奉蒋委员长之手发训令。盖蒋委员长对此问题极为关切(六日路透社电)。"

《申报》1939年6月9日载《津租界局势严重,日向英当局重申要求,限期引渡刺程案犯,否则将截断英租界与外界交通,日商业机关奉令准备迁出租界》:"重庆。关于天津英租界当局拟将'恐怖分子'移交日方一事,此间熟悉时务之华人方面,皆认英方此种绥靖远东之政策为危险,并谓此项事实上承认侵略者为事实政府之政策,根本与英国之远东政策完全不合。绥靖政策在世界他处,已遭悲惨之失败,绝难收效于远东。最近,英国对于鼓浪屿事件采取强硬之态度,结果,日方之气焰始为稍敛。今天津英当局所采取之软弱政策,势将重启日本与第三国家间之冲突,盖日本之行动,常视他人态度之强弱以为转移。故移交恐怖分子一事,英方必须出以十分慎重之态度(八日美联社电)。"

《申报》1939年6月10日载《津租界内伪员退出》:"伦敦。郭大使今晨访晤英外相哈立法克斯作长谈,曾告以今日续接中政府来电之内容。该电系训令。其对于引渡刺杀天津海关监督程锡庚之四嫌疑犯事,再行提起抗议。目下,此四嫌疑犯虽尚未引渡于日方,惟中政府对此事件,似不完全认为满意。中国抗议之理由有二:1.此举将不啻承认北平日人卵翼下之政府;2.将开危险之先例……英当局所持之态度,认为任何华人苟非确有触犯刑事之证据,外国租界或居留地不能将其弃付于中国当局(九日路透社电)。"

1939年6月13日路透社电称:"据天津各日文报载称,经济上封锁英租界办法,大要如次:(一)禁止舰舶驶往英租界;(二)各国侨民出入英租界者,均加以检查,并查阅其护照,但英国人将不许出入云……天津日本驻屯军司令今日午后发出布告,自明晨六时起,禁止行人及车辆通行日租界及华界与英法租界之间。据称,此种手段系用以遏止反日及共产分子之活动。"①

1939年6月14日路透社电称:"天津。此间英租界于今晨五时起,即被封锁……(十四日路透社电)……东京。驻日英大使克莱琪,今日午后访日外相有田,讨论天津紧张局势。"②"日方除要求刺程案四嫌疑犯引渡外,现更要求英方放弃'亲蒋'政策,即:不得保护反日及倾共分子;[不得]援助中国法币,致'联准'钞票受其影响;[不得]垄断物品;[不得]容许不法分子利用无线电;[不得]准许学校采用使用反日教科书。"③可见日方胃口很大,长期控制中国的野心更大。

此后,日英双方展开了拉锯式的谈判,各关系方亦同时角力。一时间,沸沸扬扬。天津"刺程案"时亦称"津案""天津事件""天津问题"等。天津也成为国际舆论关注的热点。经过一个多月的博弈,1939年7月24日,英日签订《英日初步协定》。英方的最终妥协,使中方吃了大亏。中国的命运难道总是被帝国主义列强主宰?这种屈辱的局面何时是个头哇?!

---

① 《津日军部发表文告,宣布自今晨六时起,实行租界交通限制,平津日方当局密议隔绝办法,对美侨仍准输入食料及用具,英方宣称将采必要应付步骤》,《申报》1939年6月14日。
② 《津英租界被日方封锁,边界各处置障碍物由日兵监守,驻日英大使访有田讨论紧张局势,美法对保障利益与英取一致行动》,《申报》1939年6月15日。
③ 《日方提出五项要求》,《申报》1939年6月15日。

3.《英日初步协定》亦称"有田—克莱琪协定"

今人对该协定的表述,当依新版《辞海》所载的该协定辞条为据:"有田—克莱琪协定,亦称《英日初步协定》。英国牺牲中国,与日本妥协的协定。1939年7月,日本外相有田八郎(1884—1965)与英国驻日大使克莱琪(Robert Leslie Craigie,1883—1959)签订,故名。日本借口中国天津英租界一汉奸被刺(1939年6月),要挟英国缔结此协定。主要内容为:(1)英承认日对中国进行战争时,有权'铲除任何妨碍日军或有利于敌人之行为与因素';(2)英国在华官吏与侨民不得阻挠日军为达成上述目的所采取的行动。协定是慕尼黑政策在远东的继续。"①

此载虽为权威表述,但对于"中国天津英租界一汉奸被刺"时间这个重要细节的记载上却明显有误。"一汉奸"即指程锡庚,其被刺时间应为1939年4月9日晚,而非"1939年6月"。另外,此载对于该协定的签订时间仅称"1939年7月",而未细化到日。此为影响战时国际关系的一起重大事件,似不应如此含混。该协定正式公布的时间应为1939年7月24日。

《申报》1939年7月24日以《第四次东京谈话结束,原则上成立妥协,今晨举行津案圆桌会议,讨论日本所提要求条件,东京伦敦今晚发表共同声明》为题,分别转引"二十三日路透社电""二十三日同盟社电""二十三日海通社电"。文曰:"日英两国谈判关于形成天津问题背景之一般的原则问题,已于廿二日晚有田与克莱琪第四次会谈席上正式成立。日英两国政府将于廿四日午后十时(伦敦时间午后三时)在东京及伦敦两地同时发表共同声明(二十三日

---

① 辞海编辑委员会编:《辞海》(第六版缩印本),上海辞书出版社2010年版,第2306页。

同盟电）。"

《申报》1939年7月25日以《英日两国当局昨晚发表谈判结果，张伯伦仍谓对华政策并无变更，援助法币与天津存银不成问题》为大字标题，转引"二十四日路透社电""二十四日哈瓦斯电"。其文曰："伦敦。今日下院开会，全场在热切期待之空气中，静聆首相张伯伦发表其对于英日协定之言论。首相谓：驻日大使克莱琪爵士与日外相有田在解决天津事件之谈判开始前，已自七月十五日起在东京举行初步谈话。日政府于开始讨论时，曾表示欲使消除双方误会及树立两国更良好之关系上获有进步，则殊有承认检讨构成天津局势之背景之必要。此事与英政府对华政策并无关系，不过为事实问题而已，战事现正在中国大规模进行中，日军在其占据区域内，必须谋其自身之安全及维持公共秩序，故不得不采取行动，使此项力量勿遭受妨碍。英政府为清除讨论天津事件之前途起见，故与日政府商妥下列方案：'英政府完全承认大规模战事刻在进行中之中国的实况，并承认此种事态长此继续存在时，在华日军有特殊之需要，以保障其自己之安全与维持其控制区域中之公共秩序，并对于足以妨碍日军或有利敌人之任何行动或事件，当予以制止或消除；英政府对于任何行动足以妨碍日军达到上述目的者，并无予以助成之意，并将乘此机会，明白告知在华英国官宪及侨民，应勿作此项行为及计划，以证实英国关于此事所抱之政策'云。首相宣读该方案即毕，共产党议员加拉辙，即大呼曰：'可耻！'"

《申报》1939年7月25日又转引"二十四日同盟社电"称："东京。午后十时外务省发表云，有田外务大臣与英国驻日大使之间，自七月十五以来，迭次会谈，兹发表结果如次：英国政府完全承认大规模战斗行为在进行中之中国之现实事态，并认识此种状态存续期间，驻华日军为保其身之安全，且为维持其势力下地区之治安，可提出特殊要求，并有排除一切有害于日军、有利于其敌方之行为及原因之必要，英国政府应明示其驻华官宪及国民，以其无是认日军于达成上述目的之际，可妨害其行动之任何种行为或措置之意志，而设有此种行为为措置时，当予以控制之旨，用以确认该项政策。"

1939年7月24日、25日、26日《申报》，相继刊发社评《英国对日让步》《新绥靖运动》《英日初步协定》，比较客观地分析英国远东政策、日本卑劣行径以及该协定或将产生的影响，同时对中国抗战的未来充满信心。如《新绥靖运动》载："张伯伦虽想复演慕尼黑的悲剧，而中国坚定的自力抗战必然使张伯伦无法导演悲剧。"《英日初步协定》一文也认为，该协定"影响远东大局与中国抗战者，绝非甚烈……必以中国之抗战决定之"！

中国政府外交部发言人随即对此协定的出笼发表文告："表示中政府对东京会议中，英政府态度之失望。"①"巴黎。中国大使顾维钧博士顷就英日两国初步协定发表文告，表示抗议，辞义严肃。"②

《纽约时报》月刊撰文称："英国则亦不欲遽与日本失和，最近天津'刺程案'之四嫌疑犯，虽经各方竭力反对引渡，而英国仍不欲因此开罪日本，予以驳绝，故英日大有恢复旧好之可能性。"③

《英日初步协定》出笼后，中共中央迅速作出反应，一针见血地

---

①《英国对日妥洽，外部发表文告，对英表示失望，英承认日要求殊堪扼腕，渝联合日报痛斥英态度》，《申报》1939年7月27日。
②《顾大使抗议英日初步协定，谓与国际各约章相抵触，英对日退让将自食其果》，《申报》1939年7月27日。
③《德废皇对英日之憎恶》，《申报》1939年8月28日。

指斥其为牺牲中国利益的"东方慕尼黑阴谋",在戳穿英国张伯伦妥协派顽固奉行对日投降政策的同时,予以严重抗议。1939年7月29日,中共中央书记处关于反对"东方慕尼黑阴谋"的指示,既认清了形势、表明了立场,也采取了相应对策、提供了行动指南:

中共中央书记处关于反对"东方慕尼黑阴谋"的指示①

(一)根据各方材料(参考三十号《军政通讯》),证明英日谈判[中]英国对日已有了重大的原则的让步。这种让步造成"东方慕尼黑"的可能严重局势。

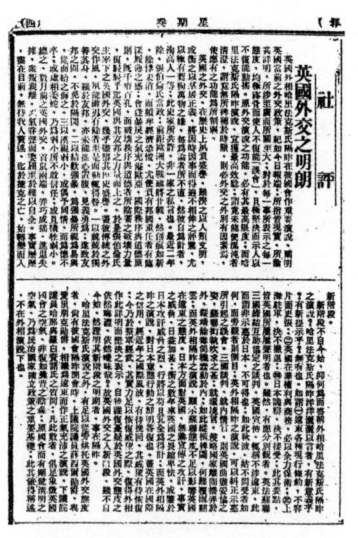

《申报》1939年6月14日载社评《英国外交之明朗》

(二)蒋介石的谈话,虽然指出了独立奋斗、反对依赖与观望的决心,但对英国仍抱有极大的幻想;特别由于金融上对英国的依赖,使英国对蒋仍有很大的支配力量。

(三)我党必须用最大力量推动各方共同起来,在舆论、行动上表示:

甲、全国人民对于英国张伯伦妥协派向日投降、牺牲中国利益的严重抗议,反对任何形式的"东方慕尼黑",揭破张伯伦政策是拥护日本侵略中国、反对中国抗战的政策。这政策只有助长世界法西

---

① 中共中央文献研究室中央档案馆编:《建党以来重要文献选编(1921—1949)》第16册,中央文献出版社2011年版,第541—542页。

斯侵略国的侵略,促进全世界普遍的战争的到来。

乙、坚决反对中国抗战内部任何人,因张伯伦的对日投降而对抗战表示动摇,反对任何投降妥协破坏抗战的活动,强调自力更生的口号,强调坚持抗战到底的决心及民族自信心;打破对英国的幻想,反对依赖英国的外交政策。

丙、但对英方面,应集中力量于打击张伯伦的投降政策,主张英国人民与政府应改变这种害人害己的错误政策,以争取英国改变政策继续支持中国抗战。

丁、指出即使英国停止援助中国、与日妥协,只要克服内部投降危险,中国仍有一切办法坚持抗战,取得最后胜利;并宣传苏联对中国抗战的援助。

中央书记处

抗战时期在延安出版的中共中央机关刊物《解放》所载徐冰《抗议英日谈判》一文,也一针见血地指出:"英日谈判是张伯伦自慕尼黑会议后又一次重大的投降罪行,是英国外交史上又一个不能洗涤的耻辱……这是承认日寇侵略并实际上帮助日寇侵略的一个最可耻的文件。它不只出卖中华民族的利益、危及世界和平,而且也表明了英国外交底无信誉,损害了英国自己的利益。"该文进一步掷地有声地阐述:"张伯伦的外交政策一贯是借刀杀人的""《英日初步协定》违反了英国自己所签订的条约表明了它在外交上的无信誉""张伯伦在英日谈判中最大的罪行是出卖了我中华民族的莫大利益""《英日初步协定》同样危害世界和平与英国人民的利益。"[1]此文的观点,在一定意义上也代表了中共对此协定

---

[1] 参见《解放》第 5 卷第 83—84 期合刊第 25—28 页,1939 年 9 月 20 日出版。

的态度。

该协定仅为框架式原则性协定,并未涉及具体事宜,因此签订后远未尘埃落定。如,所谓的"刺程案"四嫌疑犯,此际仍未引渡。英日双方随即继续就"津案"等问题展开时断时续的谈判。后虽经讨价还价、明争暗斗等博弈,但英方始终不敢与吃人的日本法西斯翻脸。英方置正义于不顾,于1939年9月5日无视中方一再强烈反对,将此四人引渡给侵华日军。这无异于把四位地下抗日战士往火坑里推。

4. 被错抓的四名所谓"真凶"

"刺程案"发生后,袁汉俊等抗团成员迅速离开现场,得以成功脱险。英租界当局在侦查中大致确定了四名嫌疑人,并一同抓捕了约二十名抗日分子,但实际上并未掌握此案的"确实证据"。

①四名嫌疑人浮出水面

"据日本驻津总领事田代重德……称,在四月九日英租界警务人员及英领署人员在大光明戏院前研究犯罪情形时,曾承认四人有犯罪嫌疑,至于英方已允交出之二人,其中一人虽为反日放火团体之领袖,但与刺程案并无关系,我人亦未向英方要求交出此二人。工部局拟将此二人移交日方之意思,预先通知日方,办法手续虽属正当,惟关于如何确定'刺程案件'之犯罪证据方面,将来仍不免发生纠纷。"

文中提及的"此二人",为英方确定的"在英租界携带炸弹之二华人",但与"刺程案"并无关联。①"津英租界当局已将所谓收藏炸

---

① 参见《津英工部局发警告,破坏中立者逐出租界,英拒绝移交刺程嫌疑犯,日方表示对此不能接受》,《申报》1939年6月8日。

弹案人犯王、齐二人移送日方。惟日方认为二人与'刺程案'无关，仍表不满，且谓英方并无诚意。该二人于月前，在达景产路星和里①被捕，均年二十一岁，案情并不严重。一般观察，英方或系因华方态度强硬，故采取此折中办法。"②其中，"此二人"中的王姓者，有记载称名叫"王文科"。③

英方自认为的虚与委蛇恰恰吊起了日方的胃口。日伪当局借机生事，态度强硬，遂咬住四名嫌疑人不放，强烈要求将其引渡。1939年6月1日《伪市署为请引渡暗杀人犯致函英总领事》载："案查贵租界前经捕获之暗杀犯人四名，曾经交涉引渡在案……在未引渡之前，对该四犯之保管，仍须由贵总领事负完全责任。"④日方坚称四名嫌疑人即"刺程案"的"真凶"。1939年6月8日路透社电："日方则谓，此四人犯罪有充分证据。日方近曾得英当局之同意，加以盘诘，彼等已自认与'刺程案'有关，且亦与闻杀死日兵三人之案件。"⑤

人们对这些被拘押的抗日分子命运颇为担忧。1939年6月3日美联社电："据英国方面消息，现在天津被捕之华人二十名，确有

---

① 此地名待考。
② 《津日当局准备实行封锁租界，日商已完成撤退工作，引渡嫌疑犯英无允意》，《申报》1939年6月12日。
③ 丁伟《程锡庚事件真相》载，"刺程案"后，"日本宪兵队与英工部局警察局共同搜捕暗杀案，于4月15日在天津英租界内开始第一次协力大搜索。4月17日第二次搜索检查中，逮捕所持毛瑟手枪的一名叫王文科的中国人，审问后知其为八路军系列人员"。《文史精华》2009年第7期第54页。
④ 天津档案馆、南开大学分校档案系编：《天津租界档案选编》，天津人民出版社1992年版，第88页。
⑤ 《津租界局势严重，日向英当局重申要求，限期引渡刺程案犯，否则将截断英租界与外界交通，日商业机关奉令准备迁出租界》，《申报》1939年6月9日。

恐怖活动之嫌疑,故有移交日方之可能性。至于其他被捕之人,是否将逐出租界,俾其脱逃,或将径交日方,现尚在不可知之数。但此间华方人士认为,无论如何,此辈终将落入日本刽子手之手。"①

《申报》1939年6月13日载《津日当局通知美领馆,明日起实行封锁租界,外部向英抗议引渡事件》载:"重庆。据此间外交界方面称,外交部对于天津英租界将所谓'华人恐怖分子'二名移交日方一事,除向英国驻华大

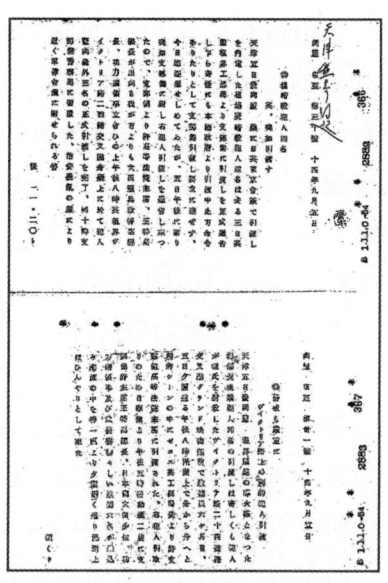

1939年9月5日,日本当局关于"刺程案"四嫌疑犯被引渡的报告

使馆提出抗议外,并已训令中国驻英大使郭泰祺就近向英外部交涉。闻抗议内容,措辞极为强硬,目的在防阻为此事件开一先例。据华方官员称,中国政府曾屡请租界当局保护其在租界中之中国人民,并曾恺切告知租界当局,假若将华人交与日人,势将不利于外人自身,盖绥靖政策已失败于欧洲,焉能望其有成于远东乎?至于中国人假若犯罪,应受中国法律制裁;移交日方,完全与法律习惯不合。再则,此项行动,势将成为事实上承认日方在华北所卵翼之'伪政府'也(十二日美联社电)。"

---

①《英政府接受津日领事要求,允引渡租界活动分子,郭泰祺向英抗议无效》,《申报》1939年6月4日。

1939年6月13日路透社电称："伦敦。外次白特勒今日在下院陈述天津局势……白氏续称：四月九日前，[伪]'联邦[合]准备银行'经理、新任[伪]'海关监督'在英租界内被人暗杀。此为中日战事爆发后，英租界发生之第一起暴行事件。行凶者系一华人，当即逃逸。工部局当局即请日方合作，并在界内实行若干次之搜查，结果捕得数人。日方指此四人为与暗杀案有关之'恐怖团'团员。此四人曾交与日方审问口供，彼等供认曾与闻暗杀案，但后解回英租界工部局收禁时，又反供云。"①

《申报》1939年8月12日载《英通知中日两国政府，允引渡津案四华人，训令克莱琪恢复东京谈判，租界治安问题尽先谋解决》："英国政府业已通告日本政府，谓拟将天津四华籍嫌疑犯移交津市'中国官厅'云（十一日哈瓦斯电）。"

《申报》1939年8月16日载《英国允准移交经过》："查四华人系伪海关监督程锡庚四月三〔九〕日在天津某电影院中被刺毙命后，遭天津英当局拘禁者。虽前曾有一华人因有从事恐怖活动嫌疑，被天津英当局逮捕，调查竣事，即将其人移交日当局。然英方对被疑与刺程案有关而加逮捕之四华人，上周以前，断然拒不移交，坚主日方所提出之证据，并不确凿，惟同意羁禁四人，以待继续侦查。英方拒交四人之结果，日方乃作军事封锁，对迫不得已而经过日方障碍物之英人，施以侮辱。克莱琪与日当局在东京进行之谈判，乃英国欲解决问题之努力。上周杪，英政府卒训令克莱琪同意交出四人，惟同时切言因英政府对日方所提出之证据认为满意，故同意引渡。"

---

①《英犹觅取解决途径》，《申报》1939年6月14日。

②四名所谓的嫌疑犯姓字名谁？

对这四名嫌疑犯，《申报》在报道中也有披露。《申报》1939年9月1日载《天津四华人虽引渡，保护状仍呈请，料于今晨向英按署提出，莫肃爵士返沪后即听讼》："《大美晚报》云，天津刺程案嫌疑犯赵恒、赵兴、赵如、李德湘（均译音）等四人，今日（三十一日）即有业已引渡或行将移交天津事实上当局之可能，预料将于明（一日）晨，向上海英国按察使署提出人身保护法令状之第三次呈请，与时间相竞赛，现似失败矣。驻天津英国总领事数日前得英政府电令转嘱英工部局交出四人。事实上的[伪]天津地方法院已发出拘票，手续告毕，预料四人已于昨夜引渡，特上海尚未接得确已引渡之消息耳。""天津。本月五日由英国工部局引渡于华方'警察局'之蓝公隆及其他三名，经侦查结果，认为必须移交日方，定八日午后一并引渡至天津日本宪兵队本部，再由宪兵队于近数日内押解至北京，依当地之军法令处置之（七日同盟社电）。"①

日本外务省外交史料馆所藏机密第882号资料《在天津日本总领事田代重德给有田外务大臣的报告》中，记载了此四人的身份和供述内容。此四人均被关押在"天津英租界内五十六号路益世里六十八号"。"第一号人物：蓝向隆，别名赵洪，年龄四十三岁，原籍河北省玉田县；第二号：蓝隆，别名赵如，年龄二十六岁，原籍河北省玉田县；第三号：李德祥，二十七岁，原籍河北省宝坻县；第四号：沈向金，别名赵生、张富，年龄三十岁，原籍河北省宝坻县。"②

可见，《申报》披露的此四人姓名译音中，"赵恒"即"蓝向隆"

---

①《刺程嫌疑人解日军部》，《申报》1939年9月8日。
②转引自丁伟《程锡庚事件真相》，《文史精华》2009年第7期第54页。

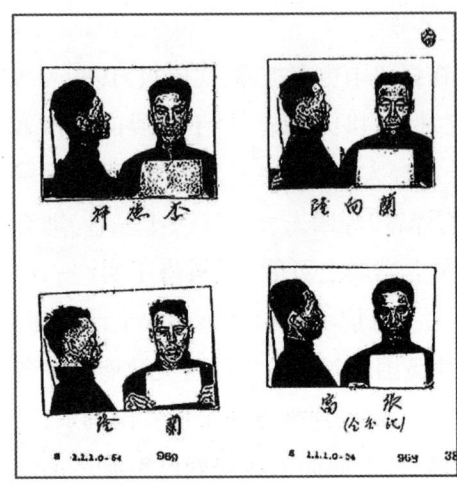

1939年6月18日,日本驻津总领事田代重德致函日本外务大臣有田八郎,报告"刺程案"进展(日本外务省外交史料馆馆藏档案"机密第882号")。其中载有四名所谓的刺程嫌疑人照片

"赵兴"即"沈向金""赵如"即"蓝隆""李德湘"即"李德祥"。当然,在日方报告中,也不排除将此四人姓名搞错的可能性。

丁伟《程锡庚事件真相》中转引了日方报告中所载的此四人的所谓供词,即:

蓝向隆的陈述:我十七岁前上私塾,十九岁在线香制香厂里作学徒,二十一岁时的十二月,我参加了东北五十八团三营第九连作为一名步兵入队,在兵队里当勤务三年。当退伍后,在河北宝坻县新安镇警察局任警士,三年后升任警长。约六年勤务之后,在河北三河县警察局任警长,约五年后退职。我在河北宝坻县朋友王文来信要求下,让我招募兵士组织忠义救国军第九路军。在我的组织下招募了六百余名兵士,在河北宝坻县新安镇和王文会合,编成北忠义救国军第九路军,王文自任第九路军军长,我任忠义救国军第九路军第一旅旅长。其后受到日军多次攻击,被日军击溃。去年八月末第九路军解散。我和赵生及妻来到天津,在天津英租界内七十四号路乐庆[里]十二号居住。约十数日前搬入现在的益世里。房租从开始时候就由王文来支付,每月给我五十五元的生活费。我是王文指挥的锄奸暗杀团的组长。我在三月初(具体日期没记住)

那天午后二点三十分，王文坐汽车来我家，告诉我在英租界大光明影院刺杀伪"联银"天津分行程锡庚经理。我也承诺了，就领着李德祥，各自拿着王文给的装六发子弹的新手枪，坐王文的汽车（2146号）出发。我们去天津英租界大光明影院，在大光明影院前，已经到达的有白桐春、李志忠、张富等三人在那等着。我被命令看汽车掩护，在那等待放哨。王文和李德祥进入影院，白桐春、李志忠、张富三人放哨，掩护左右。不久，就听到枪声。而后李德祥钻进车内，一分钟过后王文也钻进车内，车马上开动，出中街、伦敦路，在[英租界]内七十四号路乐庆里的胡同前，我和李德祥下车，将手枪还给王文。过了两日后，王文来我家，兴奋地说：'上次大光明的暗杀大成功！为避免搜索，各位尽快搬家！'他给了我三十元，我就搬入现在的家。我除了和刺杀"联银"天津分行程锡庚经理有关联以外，还有去年三月在北京和王文等数名同志，参加了刺杀伪临时政府行政委员会委员长王克敏行动。我作为王文的部下参加刺杀行动，每月的费用都是王文支付。我都是为生活才做的，但现在非常后悔。

　　蓝隆陈述材料：我是蓝向隆的弟弟，自小作农业、无学历。兄小学三年修业，在线香制香厂里打工。兄在任旅长时我任其副官，在新安城驻屯。去年8月第九路军被日军击溃。我和兄夫妇、母、兄的孩子来天津，住在乐庆里，后又搬到现在的地方住。兄从王文每月领五十、六十元。我不知兄做何工作。电影院的刺杀事件发生后,李德祥对我说:都是和王文暗杀团有关联。

李德祥陈述材料:我自小在家从事农活。没上私塾。二十一岁参加了大口屯自卫团,去年六月,任王文的副官。八月,忠义救国军第九路军被日军击溃解散后,九月上旬我来到天津赵洪的家。在蓝家,王文、李桂石等其他友人(详细名字不知)经常来。我也在蓝家居住。我每月领三十元,我参加暗杀团活动,是在暗杀团打杂活。

沈向金陈述材料:我自小在家从事农业。上了二年半私塾。民国二十二年在河北宝坻县新安镇商会组织的自卫团里任班长。五年的勤务后。在去年六月被任命忠义救国军第九路军副官,去年八月末第九路军解散。我来天津在英租界内七十四号路乐庆里十二号居住。在本年三月下旬搬入现在住所。蓝向隆是王文的暗杀组长,我在蓝组长手下工作。生活费每月自王文处领取,每月五十元。去年十一月左右,在王文命令下,我和蓝向隆、李凤桐等一同在法租界永安饭店,参加刺杀潘[毓桂伪]市长行动,因防卫警戒严密没能得手,没达到暗杀目的。大约距现在二十日前(时间不能正确记述),早八点左右,蓝组长对我说:今夜有工作,十二点左右去求自里。午后一点过后我去那里。王文、组长和我坐汽车到二十九号路的小公园,在公园里王文命令我们暗杀程锡庚经理。在到公园前,在车内我领到手枪。在公园等到六点左右,到大光明影院,组长和我放哨掩护。汽车停在大光明影院西邻的左侧西方向。我的任务是监视外面,不久,听到枪声,馆内大乱,观众惊乱地争先恐后逃离影院,王文也出来上车,往西方向行去。在七十四号路乐庆里我下车,将手枪还给王文。事件数日后我搬入现在住所。又过二日,组长给我一百元。组长拿了多少不知。十五日、十六日前、组长和我去东马路大狮子胡同李同志家,给我新手枪说开始行动,在东门附近狙击日本军人。去年年末在法租界刺杀王竹林(王竹林系天津盐商,又是商会会长,在日本侵占天津以后出任伪职)及去年五月在法租界国泰电影院及特一区光陆电影院爆弹装置。去年四月左右,在北京的王克敏暗杀事件,全部都是王文及蓝组长等同志所为。我是去年一月王文通知我来天津作生意,为了生活参加了暗杀活动。"①

丁伟《程锡庚事件真相》又载:"依据以上调查结果,天津日本宪兵队判定4人为程锡庚案件关联犯人后,4月30日早,宪兵队本部的特高课长大田清一等日本方面和伪天津政府关系者,带以上4人,在天津英租界工部局警务处长戴尼斯陪同见证下,到大光明影院进行现场勘查检证。现场勘查检证参加者有:宪兵队上条曹长、特高课长大田清一、高桥少尉,英租界工部局警务处长戴尼斯、格林斯来特督察长、英领事馆哈巴德领事及日本天津领事馆田中领事、渡边翻译,还有伪警察官数人。依据上述人员所言,在现场进行所在位置、逃走经路等勘查、考证,也对4月20日在天津东马路电车交叉点附近发生的刺杀日本宪兵未遂事件进行勘查考证。日英双方在现场勘查检证结束后,确定了调查结果,再次判定4人为关联犯人后,日本宪兵队特高课长大田清一自信地将4人全员返还给英租界警方。伪临时政府及日本方面便正式要求引渡,等着英租界工部局将4人送来。可是4人回到天津英租界工部局警务处后。全员翻供,拒不承认自己是暗杀关联者。"②

丁伟《程锡庚事件真相》也认为:"从上述资料来看,这4人并不是程锡庚事件的直接刺杀者。那么到底是谁刺杀了程锡庚?日本

---

①《文史精华》2009年第7期第54—55页。
②《文史精华》2009年第7期第55页。

史料中记载:1939年8月下旬,重庆等地有新闻报道说:刺杀程锡庚的是南开中学学生'卓忠良'和'袁汉忠'。日方认为这是重庆国民党政府用来搅乱事件作出的一策。'卓忠良'和'袁汉忠'是日本方面发音有误,实际上是祝宗樑、袁汉俊。此二人到香港警方自首,声明他们在电影院刺杀了程锡庚,提出在电影院打出一条'程锡庚有人找'的幻灯为他们笔记〔迹〕,并以现场的遗留品上有祝宗樑指纹为证等等。当时,那个幻灯也作为物证保存在英租界警方。可是,香港警方以卓忠良和袁汉忠作为暗杀者证据不足,拒绝了二人的自首。①现在,台湾'国史馆'里也有档案:《祝宗樑锄奸告》,记载了是爱国志士、南开学生祝宗樑刺杀了程锡庚。"②

文中提及的台湾"国史馆"相关档案,经检索"典藏台湾"网站,也即 "数位典藏与数位学习联合目录"(http://catalog.digitalarchives.tw)得知,有两种档案涉及此案:

一是台湾"国史馆"所藏南京国民政府档案中[档案层次为:国防(军事)——国防总纲——报告](起迄时间为1939年8月18日至1946年11月14日),载有《祝宗樑、房博民锄奸报告》(典藏号:001-070004-0007),内容为:"祝宗樑等电刺杀汉奸程锡庚后情形、房博民函报日奸秘密组织。"

二是台湾"国史馆"所藏"蒋中正总统文物档案"中[档案层次为:特交档案——分类资料——军事——特种情报——军统(四)](起迄时间为1939年8月21日至1941年3月5日),载有"祝宗樑、袁俊汉赴港自首进行情形"(典藏号:002-080102-00037-006)。

---

① 此载应据祝宗梁回忆文章而来。参见上文所引。
② 《文史精华》2009年第7期第57页。

此内容中提及的"袁俊汉",即袁汉俊。

日后若看到这两种档案中的相关内容,对厘清此案原委定将大有帮助。

③四名嫌疑犯被引渡后惨遭毒手

1939年9月6日《申报》《刺程四嫌疑人,英方竟予引渡,昨由租界监狱移提,已入日方管辖区域》:"天津.'刺程案'四华人嫌疑犯,今日午后五时,已在英租界监狱交与日方卵翼下'临时政府'所设之法院人员提去,解入小舟中,行过英租界淹水各街,而入日方管辖区域。此舟于六时四十分驶出英租界(五日路透社电)。""英租界拘禁至今之'刺程'四嫌疑犯,已于今日下午五时由英方派人卫护,交与天津伪地方法院,并取得收条而归(五日美联社电)。"丁伟《程锡庚事件真相》载:"当夜,4人被拘留在河北大经路特别警察署。"①

此四人生死未卜,但凶多吉少,颇令人牵挂。1939年8月18日,徐冰在中共中央机关刊物《解放》所载《抗议英日谈判》一文中预判:"最近张伯伦又有允诺日寇在天津英租界内派遣宪兵逮捕抗日分子之意。他已决定移交刺杀程锡庚案有嫌疑的四爱国同胞,给所谓'华方法院'(那里只有汉奸'法院',没有中国法院),这不仅是把四位同胞交与日本魔鬼及汉奸去屠杀,而且客观上竟承认了日寇卵翼下之汉奸'政府'的'法院'。"②

"谈判的结果是,被引渡的四名抗日志士后来均被日寇杀害。"这是李汉元撰《我在天津英租界工部局警务处的纪事》中的明确表

---

① 《文史精华》2009年第7期第57页。
② 《解放》第5卷第83—84期合刊第27页,1939年9月20日出版。

述。李汉元载:"程锡庚是伪华北联合准备银行天津分行经理兼伪津海关监督,他卖身投靠日寇,为推行伪联银券大卖力气,因而成为当时'抗日锄奸团'的刺杀目标,于一九三九年四月九日在大光明电影院(今海河影院)被刺,当场毙命。事隔大约两个月,警务处在英租界华荫西里协助日本宪兵队指捕四人。日本宪兵队一口咬定他们是刺杀程锡庚的凶手,要求引渡。经警务处查明,该四人曾在冀东参加过抗日活动,但与程锡庚案毫无关系,因此拒绝了日方的要求。日寇不肯就此罢休,便加紧了对英租界的封锁,迫使英方就范。最后,终于在同年八月底或九月初将这四名抗日志士引渡给日寇杀害了。"①

5. 袁汉俊祝宗樑赴港自首未被受理

祝宗樑在回忆文章《我和袁汉俊在一起》中提及的他与袁汉俊到香港去自首,确有其事。《申报》对此曾有连续报道:

《申报》1939年8月17日载《二华人函港督,自认刺程锡庚真凶,如能获公正审判不解交日方,愿在港自首俾解脱津嫌疑犯》:"香港。今日傍晚,有华人二,亲至此间路透电社,留下文件。其内容为致港督罗富国爵士与驻华英大使寇尔爵士之公开函副稿,自承乃行刺天津海关监督程锡庚之真凶。函尾署名卓忠良、袁汉忠(皆译音)。函中陈明如彼能获公允之审判,而不解交日方,则愿向香港英当局自首,俾解脱英当局拟解交日方之天津四嫌疑犯。闻华文报馆数家亦收到此类函件,惟一般新闻记者对此事不无怀疑,而信此种函件,乃一种英勇之表现,志在阻留天津四嫌疑犯之引渡(十六日路透社电)。"

---

①天津市政协文史资料研究委员会编:《天津文史资料选辑》第9辑,天津人民出版社1980年版,第48—49、53页。

《申报》1939年8月18日载《自认刺程真凶事现无发展》："香港。关于昨夜两华人留函路透社，自认为天津刺程案凶手一事、现无发展。香港政府并未接到同样函件，惟华字报数家，确亦接有此函。函内各附二十元，请披露于广告栏。华字报因来函可疑，未予登载。若干人以为此事当系有关系者方面之圈套，旨在使香港政府为难，因此后可以窝藏刺程案凶犯之罪，加诸香港政府也（十七日路透社电）。"

《申报》1939年8月22日载《刺程案自首者再致书某要人，并附以指印，已转港政府》："香港。今日探悉，自首为天津刺程案凶手二人，前于投函此间路透社及各华文报馆后，因未见动静，复致书某重要华人，自承犯杀人之罪。函末除二人署名外，复印有指印，并谓，将此指纹与天津英捕房所存之指纹相较，即可证实函中所言各节之真确。此二人一再声明，如获有不移交日方之保障，则彼等自愿向香港政府投案。接到此函之华人，已将该函送交香港政府。现闻港政府刻正向英政府商榷处置办法（二十一日路透社电）。""香港，外讯。祝宗樑、袁汉俊致港督公开函、业已递至港督。闻港政府将向本国政府请示（二十一日电）。"

《申报》1939年8月25日载《祝宗樑、袁汉俊南开学生，张伯苓之谈话》："重庆。南开大学校长兼国民参政会副主席张伯苓，今晨语路透社访员云：最近致函香港政府、自承为刺程凶手之祝宗樑及袁汉俊两人，均为以前天津南开大学之学生。天津沦陷后，二人仍因重要使命，留于该地。渠虽不能积极证明二人为刺杀程锡庚之凶手，惟确有强力之偶然证据，足以表示此事之极为可能。二人皆为极好之学生云。张氏语毕，复出示一九三六年之《南开大学同学录》一册。据载，祝宗樑为豫之固始县人，当时年十七岁，在高中一年级肄业。张氏又谓，渠与卓〔祝〕之祖父及父均属旧识，祝尚有一表姊，现在昆明清华大学担任助教云。张氏续称,袁汉俊系于一九三六年毕业于南开附中,时年十九岁,原籍浙江之上虞。当南开由津迁至川省之时,两生并未来渝,直至本年八月七日,始来重庆,至校访问各教授及同学等。二人对于彼等之活动,极守缄默,仅要求同学勿将彼等来渝之消息宣传于外。张氏复回溯两年前天津南开大学被日人毁灭之往事,并谓渠之学生,皆决心为国家及学校泄恨。南开学生之牺牲于此次战事者,已逾八十余人。祝、袁两人,均属良好青年,极有为刺程真凶手之可能。因渠知现有'南开'以前之学生多人,现在天津及华北其他地方从专于爱国工作也。张氏允向二人之旧时同学中探询,有无函件及谈话,可以证明彼等与此案有关(廿四日路透电)。"

《申报》1939年8月31日载《张伯苓否认袁祝赴渝》:"重庆。香港报纸传称,前向香港当局表示愿意自首为刺程凶犯之袁汉俊与祝宗梁,最近曾赴重庆一层,中国国民参政会议长兼南开大学校长张伯苓会见此二人之传说,此间已完全予以否认。据张氏言:在南开大学未自天津迁此时,渠确常见袁、祝两君;自'南开'迁此处后,即不再见此二人(三十日美联社电)。"

《申报》1939年9月1日载《郭泰祺要求英外部,勿引渡刺程嫌疑犯,伦敦两律师发表文稿,谓应移交为不可思议》:"伦敦。近有二华人上书香港总督罗富国爵士,自认为暗杀天津海关监督之'真凶'。书中说明彼等乃为爱国心所触动,故作此举,盖不欲见无辜之人代彼等受罪也。如港督允不将彼等引渡日方,则彼等愿向司法当局自首云云。此间中国大使馆兹已收到该书之摄影一份(三十一日路透社电)。"

李汉元《我在天津英租界工部局警务处的纪事》所载可为佐

证:"我后来在香港听说,当日寇要求引渡这四人时,有一人在香港通过他的律师向香港警察署申明自己是刺杀程锡庚的真正狙手,愿与其另一同伙在香港警察署投案,条件是保证不解送天津。香港警察署拒绝保证,该人亦未投案。据说此人及其伙伴均系天津工商学院学生,也是'抗日锄奸团'的成员。"①

此后,对于袁汉俊、祝宗樑通过自首替代四名所谓"刺程"嫌疑人的请求,各方到底是何反应?尚未见记载。估计中方在如此被动的局面下,也绝不会再把袁汉俊、祝宗樑往火坑里推了。正如祝宗樑所言,"英方香港当局没有受理我们的自首。在香港住了约三个多月后,我们就回重庆了。"

6.对袁汉俊一些生平细节的判断

①关于袁汉俊籍贯,并存浙江上虞和浙江诸暨两说

上虞、诸暨今均属浙江绍兴市,两地之间的距离不少于80公里。据1939年8月25日《申报》载,袁汉俊"原籍浙江之上虞"。而且1947年《天津市忠烈祠第一次入祠忠烈简明事迹录》、"1969年台版抗团烈士资料"所载以及袁汉俊之妹袁永健所撰回忆文章中,皆明确载为浙江上虞。有鉴于此,其籍贯理应以浙江上虞为据。

②明确了袁汉俊的籍贯,也就明确否定了其与袁世凯家族的关系

常见著述多误载为"袁世凯的侄孙袁汉勋、袁汉俊"。②袁世凯

---

① 天津市政协文史资料研究委员会编:《天津文史资料选辑》第9辑,天津人民出版社1980年版,49页。
② 程新建《"抗团"中的南开中学校友》中认为:"错谬的起源在作家萨苏所著反映抗日杀奸团在古都北平行动的《碧血神枪》一文。"《南开校史研究丛书》编委会编:《南开校史研究丛书》第10辑,天津教育出版社2013年版,第89页。

为河南项城人。尽管《刀锋舞者——刺倭锄奸喋血写真》中称袁汉俊为浙江诸暨人,但也明确称之"不是河南项城人,也不是袁世凯的孙子"。

程新建《"抗团"中的南开中学校友》载:"袁汉俊之胞弟袁汉勋,与刘福庚试制炸弹而受伤的李宝仁以及其弟李宝奇,都是抗团成员。也都是南开校友……《天津市1937年高中毕业会考成绩单(《大公报》)》上袁汉勋名字在列,为第98名。"①

原"抗团"成员方圻《行刺周作人——我参加的一次"抗团"活动》载:"记得是袁汉俊(也可能是袁汉勋,袁氏兄弟是双胞胎,相貌酷似)。"②

③关于袁汉俊牺牲时的年龄,尚存24岁、25岁、26岁、27岁四说

《申报》1939年8月25日载:"袁汉俊系于一九三六年毕业于南开附中,时年十九岁。"据此判断,袁汉俊应生于1918年(十九岁应为虚岁)。

1946年《天津市忠烈祠第一次入祠忠烈简明事迹录》载为袁汉俊"年二十六岁"。此应为袁汉俊牺牲时的年龄(虚岁),但该记载并未言明袁汉俊牺牲时间。《中华民国忠烈将士姓名录》载:袁汉俊,年龄二十七岁,上虞人,预一五师四四团中校,1944年9月在北平牺牲。③

而"1969年台版抗团烈士资料"则载袁汉俊于"三十三年八月赴天津……不屈就义,年二十七。"可见,袁汉俊是于1944年牺牲

---

①《南开校史研究丛书》编委会编:《南开校史研究丛书》第10辑,天津教育出版社2013年版,第92页。
②北京市政协编:《北京观察》1995年第8期第28页。
③原载南京国民政府国防部联合勤务总司令部抚恤处纂订《中华民国忠烈将士姓名录·浙江省》,1947年12月初编。转引自浙江档案网《民国浙江阵亡将士名录》数据库所载(http://www.zjda.gov.cn/dadb/tszt/zjjs/201209/t20120912_137988.html)。

的,那么,其生年应为1918年。

袁永健所撰回忆文章称:"1934年秋,那时我3岁……袁汉俊是我的二哥,他年长我14岁""1943年初……慷慨就义时,时年26岁。"袁永健于2014年10月22日在常州家中致《顺和里故事》著者李溥的信札时,落款为时年"84岁"。袁永健函称:"1942年夏,二哥来上海探望家人,当时我正患重病,二哥来到床边,俯首亲吻我额头,低声对我说:'小妹,你要好好

袁汉俊烈士遗像

读书,长大孝顺妈妈,尽忠报国。为祖国贡献力量,不做叛徒……'临别时,他给我一张在重庆的全身照。谁曾料到,他竟是来与家人诀别的,可能他已预料到日军正在追杀他。当他离开上海的几个月后,记得是冬季的一个夜晚,突然闯进来一伙日军,背着枪、牵着一只军犬,来我家搜查,盘问母亲、奶奶和姑姑,问袁汉俊的下落。我们不知二哥的去向,于是,日军举枪对着我们,并让军犬向母亲等家人扑来狂叫,吓得我大哭,母亲等三人吓得发抖。1945年抗战胜利后,我们方才得知二哥已于1943年就牺牲了"。

据以上所载推断,袁汉俊生于1918年。袁汉俊牺牲时为26周岁,应较为确实。

④袁汉俊曾相继就读于南开中学、天津工商学院、重庆大学

对此多载为"南开中学1937届学生"或"南开中学三七班"。另如《"抗团"中的南开中学校友》载:"袁汉俊,1919年生,原籍浙江诸

暨,南开中学1937届毕业生。"①不过,《申报》1939年8月25日载《祝宗樑、袁汉俊南开学生,张伯苓之谈话》称:"张氏语毕,复出示一九三六年之《南开大学同学录》一册……袁汉俊系于一九三六年毕业于南开附中。"文中提及的"南开附中",即南开中学。

而《天津市忠烈祠第一次入祠忠烈简明事迹录》称袁汉俊"方读书于本市工商学院之际,抗战军兴。"而在"1969年台版抗团烈士资料"中,则称其从"天津工商大学肄业及重庆大学毕业"。"天津工商大学"即天津工商学院。

原抗团成员孙惠书《抗日旧事》载:"袁汉俊(又名袁志清)是工商学院的学生,浙江人。为人沉默寡言,做事谨慎……袁汉俊家住法租界菜市场附近。他中午从工商学院回家,必经一十字路口,他从西边来。我中午放学回家也经此路口,经常在此处相遇……程案以后,汉俊去了重庆,在重庆大学读土木工程系。1940年我也随母亲离津抵香港,等待飞往重庆去找父亲。在香港的半年时间,汉俊与我是常常通信的。他在信中还说过身在读书、心仍在抗日的话。1941年的后半年,出乎意外地袁汉俊放弃了学业,从重庆来到成都,和往日的'抗团'同志一起来我家看我。实在是熟悉的伙伴,高兴之情,无以言状。但他仍是不多言语,只告诉我他要回北平去,再以行动打击侵略者。我还认为他差一年就大学毕业了,毕业后再回去不好?他只笑了笑。没几天,他返回重庆。自此再也无汉俊的消息。但是,以后的日子却传来了他的噩耗。汉俊牺牲在日本宪兵队里,他是很残酷地被杀害的。"②

---

①程新建:《"抗团"中的南开中学校友》,《南开校史研究丛书》编委会编、孟宪刚主编:《南开校史研究丛书》第10辑,天津教育出版社2013年版,第90页。
②参见孙惠书《抗日杀奸团(续一):抗日旧事》,台湾《传记文学》2010年第3期第79—84页。

袁汉俊似为 1936 年从南开中学毕业后，考入天津工商学院的，且七七事变爆发后仍在天津工商学院就读。袁汉俊开始"深造于重庆大学"的时间即在 1939 年"刺程案"之后。而其在重庆大学是肄业还是毕业，仍需查考。

十五　赵在田秘潜津门抗日殉难

1946 年由天津市社会局文化礼俗科编印的《天津市忠烈祠第一次入祠忠烈简明事迹录》中，载有赵在田的生平和抗日事迹："赵在田，东北协会常务委员，年四十三岁，黑龙江人。烈士讳景龙，世业农，曾毕业于黑龙江省立中学。十二年，官费留学日本。归国后，于吉林桦甸山创设水力发电厂及造纸厂，以抵外货。现声闻全国之东北小丰满发电厂，即烈士当年所手创者也。'九一八'后，烈士奋起组织义勇军，抵抗日寇，以开东北义勇军之先河。转战六载，声震中外。抗战军兴，奉命组织东北党务办事处，坐镇津市，指挥东北党务。东北党务得以进展顺利者，烈士之功也。二十八年十二月，不幸在津被敌逮捕，几经利诱，劝其出任要职，均遭严词拒绝。敌以其利用无望，遂处极刑。"①

1. 赵在田即赵景龙

栗直②撰《赵委员景龙事略》、黄恒浩③撰《东北义勇军·赵景

---

①转引自天津《民治周刊》第 1 卷第 12 期第 9 页，1947 年 6 月 15 日出版。
②栗直，字吉人，号天雄，吉林永吉人。九一八事变后组织天雄义勇军，后任中国国民党东北党务执行委员会(东北党务办事处)驻津干事、书记长、代理主任委员等职。
③黄恒浩，字剑秋，辽宁凤城人。曾任东北协会北平分会(或称办事处)主任。

龙》，均对其生平事迹记述较详。

《赵委员景龙事略》载：

赵景龙，字在田，黑龙江省巴彦县人，少有志操，师友器之，尤为乡师王寅卿先生所爱重。及长，倡修富国利民之学，纠合学友韩树棠、于镇藩、陈瑞明、杜吟唐等，留学日本，相契致力民生事业。民国十八年（一九二九）夏，毕业于大阪高等工业学校。归国集资六百万元，创立东北造纸厂于桦甸，利用东北木材，开发桑梓富源，振兴国家工业，挽回外溢利权。遂为日人南满铁路株式会社所嫉视。

追九一八事变，赵景龙激于义愤，领导桦甸造纸厂警卫员工，组织地方民团，倡议武力抵抗，树立东北民众义勇军之先声。继趋龙江，竭力主张抗战，拥护马占山将军之江桥战役。嗣同韩清沧、杨致焕二同志，共赴宾县吉林省政府行辕，晋见省主席，面陈御侮策划。复于哈尔滨市，会晤周天放、臧启芳、徐箴诸同志，纵谈东北救亡大计，联络盖文华、关耀洲、杨威、马志青、孙乐山、姜震东、刘品璋、官邦杰、吴天民等，组织东北民众救国义勇军军政委员会于哈埠，策动东北民众一致抵抗日本军阀，迭经通电全国呼吁，并于二十一年（一九三二）一月三十日，响应李杜将军进攻哈尔滨之役，致救国军第六路司令关耀洲同志阵亡，参谋长杨威面负重伤，仅以身免。同年二月十九日，盖文华同志，策动救国军第一路司令王德林将军反攻吉垣，不料被汉奸孙华亭告密，株连数十人，旋于三月三十日，就义于吉林九龙口刑场。同难者李冠荣、王樽、萧庆功、万茂森、于登云、王连恩、王涤中、胡世祺、杨振邦、田沛森、傅宪周、王锡文，共十有三人。自此，屡与日寇喋血于白山黑水之间。其事迹分载于二十一年（一九三二）二月二十七日天津《大公报》、同年八月一日《北平晨报》、二十二年（一九三三）二月六日北平《世界晚报》及北平出版之《血染白山黑水记》，与《东北民众救国军》等书报中。

当国联调查团抵哈尔滨之际，曾由东北民众救国义勇军军政委员会，号召各部义勇军会攻哈埠，南逼中东路近郊之香坊车站，北迫松花江一水相望之松浦镇，与侵略者以严重打击。事后，密结捷克驻哈领事馆人员，介绍赵委员见李顿爵士，痛陈日寇侵略东北阴谋及其屠杀东北人民事实，并代递东北各地民众请愿书多份，俾该团切实明了东北之真正民意。继而，应愿救国军第二路司令李海青部总参议韩树棠同志之约，偕韩清沦、梁文洲、杨威、杨雄飞、阎瑞廷、吕子敏等，共策进攻肇东、肇州、绥楞、青冈、安达、兰西等县，屡克屡失。梁文洲同志等后相继殉难，遂致全军陷于疲动之中。乃向内地撤退，请示中央御侮策略，聆取国人救亡意见。

1930年12月17日，张学良在《致吉林副司令官公署电》中提及的东北造纸厂筹备员赵景龙，即赵在田

旋东北协会成立于上海，推赵景龙负策动黑龙江全省民众抗日之责，继任该会天津办事处主任。二十七年十一月，中央颁布调整东北党务工作办法，该处奉令由渝迁津，以加强东北实地工作，兼派赵景龙为该处执行委员会委员。以其久留天津，熟悉该地情

形,密令就地布置办公处,并设法掩护各委员安全到津,使东北党务办事处之工作,得以顺利进展者,获赵景龙一人之力独多也。

"九一八"以来,赵景龙始转在敌后工作,日寇痛恨入骨已非一日,曾于二十八年(一九三九)春,天津敌伪散布逮捕王若僖、赵在田等十二人,各悬赏三万元之消息。赵景龙闻悉之余,一笑置之,因其宿志献身党国,对于敌伪之恫吓、奸宄之敲诈,早已听之熟矣。不幸二十八年(一九三九)十二月十九日清晨五时,被日本宪兵队偕同天津英租界巡捕,戈获于马场道安乐村三号、迁居未及一月之新寓,搜出密件一束、手枪三枝〔支〕。日本宪兵队立即要求英国领事馆借讯,累经酷刑严审,赵景龙虽遍体鳞伤,昏绝再三,终坚不吐实。日宪乃于借讯期满,押解英工部局,假词密藏手枪、图谋不轨之口实,强制要求引渡。

此际,赵景龙先后密交其家眷呈总裁(即蒋介石)电稿一件,自誓殉职不辱。嗣奉总裁电慰忠贞可嘉,并饬东北党务办事处及东北协会,继续秘密营救。另一电稿分呈陈果夫、陈立夫、冯玉祥、朱家骅诸先生,详述挽救机宜,并密函东北协会天津办事处,指示善后办法。余,致予密函一件,说明日宪兵所悉东北党务办事处工作情形,及各同志应即注意事项,复嘱转告诸至友,育其子女成人,以继其志。

嗣经密查,日宪兵曾用尽威胁利诱之手段,而赵景龙不为稍屈。至各方营救之经过亦忽张忽弛。或谓庆祝东亚新秩序之时,即可特赦;或谓业已解往东北查案,将任伪满某要职;或谓不久将解北平反省机关,准其自新;或谓仍拘天津海光寺日军兵营刑拘;或谓现已定谳,交三家殷实铺保,备伪币一万元,立即释放,不意营救人将连环铺保及钱款,辗转托人办竣,竟谓日宪兵办案人调职离津,现已无从着手。嗣悉,日宪兵用意所在,无非引诱有关人员全体入瓮。经此众议,不再营救,只有赵景龙坚苦挣扎而已。①

直至二十九年夏,始得确信,日本宪兵除已将其解拘吉林省会,并准亲友接见。及予来渝述职后,方接杜同志密函,谓赵景龙于民国廿九年(一九四〇)二月二十四日,殉难于吉林日本宪兵队本部,现其家属已将骨灰草厝祖茔矣。

赵景龙生于民国纪元前十二年(一九〇〇),得年仅四十有二岁②。致力抗日工作十年如一日,始终潜伏敌后活动,毁家纾难,身外无长物。赵景龙器宇宏昂,才具高迈,若无九一八事变,对于东北实业前途,定有不可磨灭之建树。恨逢空前之倭祸,惟有捐躯救国,困苦不移其志,艰难不动其念。及其身陷敌手,以见危授命之精神,电告总裁,决心成仁,密函同志,继续抗敌。所有各部工作,不但未因其被捕而致破坏,且设词摘出同难人王汉光、马鸣春、丁霖等三人,于二十九年(一九四〇)夏,先后出险。若赵景龙者,堪称本党同志之楷模矣。惟其义尽,所以仁至,而今而后,可以俯仰无愧也。③

《东北义勇军·赵景龙》载:

九一八事变后,当日本军阀拟向黑龙江进攻、马占山代主席尚未到齐齐哈尔时,江省军政当局对于战守之策,难于决定,乃召

---

①参见台湾"中央研究院"历史研究所档案馆馆藏档案:国民党中央组织部部长朱家骅《东北党务办事处工作概况》(档号:301-01-06-236)、《东北党务:营救赵景龙之经过》(档号:301-01-06-237)。
②如其1900年生、1940年牺牲的话,应为虚岁41岁,而非42岁。《哈尔滨文史人物录》载其生卒年为"赵景龙(1898—1940)"。黑龙江省哈尔滨市政协委员会文史资料委员会编:《哈尔滨文史资料》第20辑,1997年版,第177页。
③原载台湾中国国民党中央党史史料编纂委员会藏钞本,据《赵景龙从容就义》,台湾黎明文化公司编辑委员会编:《英风照日月(传记类第二辑)》,台湾黎明文化事业股份有限公司1987年版,第153—157页。

集地方人士会商，主战主和争论不休。当时，军人主战最力者，有军署参谋长谢珂、军署副官长唐凤甲以及卫队徐团长；文人之主战者有吴焕章、赵景龙等人。赵将工厂警卫组成义勇队，以准备作为打游击的基础，并与韩春暄等结合，一致行动。最后与东北协会联合，共同奋斗。

我知道赵景龙其人，直至二十二年十月二十二日赵由黑龙江回后方，至北平到我家中，才相结识的。那时，他已成为黑龙江抗日的领袖人物。赵意志坚强，乃为吾党之健者。据说，义勇军在江省尚可活动，至"塘沽协定"之后，改为秘密工作，乃愈加奋厉，至二十六年抗战军兴，首都西迁，则仍留华北，往来东北，作敌后工作，领导义勇军，实行种种破坏。

赵这时本人常住在天津英租界，时迁地址，这亦许是惹人注意之忧，乃被敌人侦知，于二十八年十二月十九日，日人偕英巡捕至其寓所逮捕之，备受酷刑，未肯说出秘密工作与各方关系。最后解赴东北，乃不知死所矣。其牺牲壮烈，可与日月争光。

兹将陈立夫先生为其请恤、呈中央抚恤委员会文所述其指挥义勇军以及作敌后工作的经历，写在后边，以代传记：

为赵景龙同志壮烈殉难，谨陈事略，恳予优恤，以彰亮节，而安遗族由。查东北党务办事处执行委员兼东北协会天津办事处主任赵景龙同志，前以被敌逮捕，壮烈牺牲，当经各党部团体分别呈报总裁暨中央组织部转呈钧会议恤各在案。窃赵同志籍隶黑龙江省巴彦县，系日本大阪高等工业学校毕业。曩于东北以六百万元创设造纸厂，抵抗仇货，早为倭方满铁株式会社所嫉恨。

九一八事变后，慨于驻军未尝抵抗，而辽东沦陷，首将纸厂防匪之枪械，悉授招训员工，联合各地武装农民，屡挫敌锋。旋又赴黑龙江，力排奸儒，促成江桥抗战，不独为我国抗日义勇军之先导，仰且为实行长期游击之前驱。当国联调查团抵哈尔滨之际，敌军广布。逻探四伏，而赵同志奋不顾身，立率吉、黑古析年、张鸣歧〔岐〕、武勋阁等部七千余人，更联合其他各部义军，向哈埠进攻，彰我民气，南逼哈埠近郊之香坊车站，北迫一水相望之松浦市区，犹复潜入滨江，经捷克领馆馆员之先容，得见李顿，面陈敌人侵略东北之野心、组织傀儡之用意，与我民众誓死抵抗之坚强意志，并递所收之各地民众意见书多份，使该团深明敌伪真相得知民气激昂者，实以赵同志之力为多。

长城战后，敌缴东北民枪，义勇军械弹渐感缺乏。适东北协会秉承中央意旨，策动关外抗敌工作，以赵同志忠勇坚贞，洞悉敌情，时畀以调度黑省工作之全责。及至抗战军兴，复派其经常驻津办事处，指挥东北秘密工作。嗣中央明令，任为党务办事处执行委员，工作尤力。

敌以屡遭打击，因而侦缉兼施，遂于二十八年十二月十九日拂晓，会同天津英工部局将其逮捕，当由该局转解敌方之前，赵同志暗拟电稿密递关系方面，分电总裁暨立夫等，深以未竟全功，即陷敌手为憾，表示此去决心成仁。当蒙总裁电示，东北党务办事处暨东北协会以赵同志忠贞可嘉，饬与组织部接洽，继续营救在案。后悉以坚不吐露工作线索及平津方面中央所派之各工作同志姓名、住址，备受酷刑，昏厥多次，终以不受诱降，而以身殉。

查赵同志器识恢宏，不竞利禄，自九一八事变时起至被捕时止，组织义勇军及领导秘密工作，十年如一日，不因环境恶劣而稍懈。在东北从事秘密工作同志中，尤属难能可贵，虽以遭际迍邅，无赫赫之誉，然对党国确有非常之贡献。本党对于勋烈，原有殊遇，允宜特予优恤，以慰忠魂。现赵同志遗族困居天津，生活异常艰苦，而近来物价高涨，其子女竟不得不因而辍学，为状之惨，殊属可叹。若按一般议恤，实非所堪。立夫等既痛心于赵同志赍志殉党，复悯孤寡无以为生。除俟抗战胜利，再请明令褒扬，以免影响东北秘密工作外，谨先缕陈事略，仰恳核俯赐从优议恤，实为德便。此致中央抚恤委员会。

在抗战时期，作敌后工作，因而毁家殉国者大有人在，独惜自赵景龙死后，义勇军即从而绝迹，可知其足以代表中华民族精神。乃赋浪淘沙一阕，以哀之云："愿为国分忧，不觅封侯，山河已失未能收，生日誓将奇耻雪，至死方休；虏马遍神州，无地埋愁，雄心图报国家仇，饮恨长江流不尽，民族增羞。"①

2.赵在田生平事迹略考

①留学日本

《中国国民党百年人物全书》载：赵景龙于"1919年夏，毕业于日本大阪高等工业学校。"②曾任东北党务办事处总干事、东北协会常务理事的齐世英在口述《九一八事变以后的我》载："东北协会在北平设有办事处……'何梅协定'以后，办事处移到天津，由赵在田（黑龙江人，'东京高工'毕业，为人豪爽，主张到新疆去）负责。"③杨大森《关于吴纪元之死的订正》载："赵在田（他自己说是日本早稻田大学毕业，来津为东北抗日联军筹集物资的）"。④

---

①台湾"国史馆"史料处编辑：《第二次中日战争各重要战役史料汇编·东北义勇军》，1981年版，第634—637页。
②刘国铭主编：《中国国民党百年人物全书》下册，团结出版社2005年版，第1696页。
③《齐世英口述自传》，中国大百科全书出版社2011年版，125—127页。
④天津市政协文史资料研究委员会编：《天津文史资料选辑》第55辑，天津人民出版社1991年版，第184页。

前引资料称赵在田毕业于日本大阪高等工业学校的时间为1929年夏①，而该校校长堤正义1929年3月20日函称，赵景龙等5人已于3月13日卒业。《申报》1931年3月10日载《东北造纸厂确讯》称，赵在田"系日本大阪高等工业学校应用化学科毕业"。

已知1923年赵在田已赴日留学，就读于位于东京的东亚大学。因1923年9月1日发生日本关东大地震，赵在田等留学生不得不暂且回国避难。

《申报》1923年9月22日载《千岁丸昨日由日抵沪，载来学生六百余人》称："日本大震灾发生，东京侨胞死伤者不下千人，学生亦占十分之一……同人不得已，遂呼吁归国……乘千岁丸回国学生之籍贯、姓名、校名如下……黑龙江省四人：陈瑞明（东亚）、赵景龙（同）、于斌、韩树棠（同）。"

《申报》1923年10月3日载《黑龙江被难学生苦况》称："此次由日归国之被灾学生，衣冠不整，形容憔悴，最堪怜悯者，莫若黑龙江省之四人（赵景龙、陈瑞明、韩树棠、于斌）。彼四人现住纱业公所。当在日遇灾时，一身之外，皆成灰烬，甚且赤足裸体，露宿断炊，乃复肢体被伤，血点涔涔。后幸日华学会救济之，未致饥寒以毙。然愁容惨淡，泪眼模糊，已无人样。又幸日人派船送中国学生归国，彼四人亦得来沪。然较之他省学生更觉难堪。盖各省学生不由同乡会之招待，即由本省汇款之救济，且有特派专员迎学生旋省者（山西）。惟彼四人困苦无可告诉，曾拍电本省政府呼救，未有答复。现在寄迹异乡，困苦万状，正在盼望该省当道之救济。"

据1924年1月13日北洋政府外交部所收黑龙江省交涉员谭

---

① 周棉主编《中国留学生大辞典》所载亦同，南京大学出版社1999年版，第296页。

士先呈称："本省学生因日本震灾资遣回籍者，有赵景龙、陈瑞明、于斌、韩树棠等四名……查该生赵景龙等前次回省，系分住省立第一中学暨甲种工业两校……据省立第一中学校呈称，遵查学生赵景龙等虽住职校日久，但所谈述均关于日本地震之状况及其各人所处之境遇、所历之艰险，并未道及侨工商、留日学生受害情形。"①

②参与创办东北造纸厂

《申报》1930年11月23日载《东北造纸厂之进行》称："筹备中之造纸厂已定名东北造纸厂，资本官商分担，辽吉黑各任十万元为开办费，不足招商股加入。筹备处巧日（即18日）正式办公，官方以张惠霖为总经理，进行设厂及一切事宜。"

1930年12月17日，张学良《致吉林副司令官公署电》称："顷据东北造纸厂筹备员金瀚、赵景龙声称，现在吉省桦甸县属老恶河暨毗洲口两处测量，前虽有保卫团十余名驻在老恶河保护，但人少不敷分配，且借用乡团必非久计，拟请饬令第八旅第二十四团……拨出一排，移驻老恶河，以资保护等情。查所请尚属可行，希即转饬遵照办理。"②

《申报》1931年3月4日载《日人扩充在华纸业，鸭绿江制纸会社借款扩充》称："东北对于造纸事业，亟应发展，但实际上尚未着手，日人则设有王子制纸会社及鸭绿江制纸会社……张副司令所筹办之东北造纸厂，为期尚远。而东北方面对于纸类之需用，更日见增加，故认此为一时难得之机会。特向安东兴业银行借款二百五

---

①台湾"中央研究院"近代史研究所编：《中日关系史料·一般交涉（二）》（中华民国六年至十六年），1998年版，第237—238页。
②毕万闻编著：《金凤玉露——张学良与赵一荻合集》第3部，时代文艺出版社2000年版，第396—397页。

十万元,现已接洽妥当。该厂欲利用此款,专事扩充营业范围,企图在东北境内独霸纸业。此项计划正在着着进行。"

《申报》1931年3月10日载《东北造纸厂确讯,筹备处主任金瀚所谈情形》称:"东北造纸厂筹备处主任金瀚,近由沈阳来沪。记者昨访晤于其寓次,询悉该厂筹备情形颇详,兹摘要纪之,以告读者。东北造纸厂系张副总司令所主张。张氏虽政务蘩忙,但对实业亦甚注意。近鉴于东省森林之奇盛、纸类需要之孔亟,深欲设一最新式之纸厂,以挽利权,并裨益文化。爰于客春,邀金君北上,查勘设立新闻纸厂之适宜地点。嗣由金君偕同赵景龙君,前往松花江上游调查,择定吉林桦甸县毗洲地方为纸厂基址,及距二十里之老恶河地方为水力发电厂基址。该处附近木材优裕,适于制造新闻纸;地势、水量,宜于筑水坝,以发电力。而自年前沈海铁路筑成后,运输又称便利。此外,清水暨煤炭、硫黄、石灰等矿,更无一不备。金君等报告后,张氏认为满意,遂决集巨资,建设最新式完善之新闻纸厂,并采用泰西规模宏大、效率极高之新闻纸厂之方法,以制造新闻纸。旋于十月初旬,设立筹备处于沈阳大北边门外中央马路,派张志良君为处长、金君为主任、赵君为副主任,共议办法,积极进行。乃向天津华北水利委员会借调测量工程师,并向金沟煤矿公司借用钻岩工人,先后至毗洲、老恶河,测量纸厂与水坝基地及水文,并钻试江底岩石等。测量业已告毕,钻岩尚在进行。一俟各项初步工作完竣,即当准备购买机器。该厂优点即多,获利必大,所需资本甚巨,各方如愿投资,亦极欢迎。至此次进行之得能如此顺利者,多藉该地人士之赞助,而以王树翰、吴家象、钱芥尘、彭济群诸氏尤为出力云。查张志良为辽宁大实业家,曾任奉天总商会会长、全国商会联合会会长,现任沈海铁路公司总理;金君曾在美国梅省大学造纸科专攻造纸,得有硕士学位,并曾在美国规模极大、效率极高之大北造纸公司及乾色勃穆爱造纸公司充任实习员、技师等职四年有余,回国后又任广西建设厅技正暨浙江省政府特派调查员,办理森林水力之调查及纸厂设计事宜;赵君系日本大阪高等工业学校应用化学科毕业,曾在日本纸厂实习一年有余。三君学识经验、皆甚丰富。而张副总司令又极热心主持,前途大有希望也。"

另载:"一九三一年春,张学良请专家筹办一大规模之纸厂,设立东北造纸厂筹备处于沈阳大北门外……择定厂址在吉林松花江上游桦甸县毗洲地方,拟集资 500 万元,建设新式水电站,以供电力……已向英国订购机器。"①

但东北造纸厂并未建成投产。"由张学良发起筹备于松花江附近吉林桦甸县设厂,投资 500 万元,因发生九一八事变未果。"②

③组织东北抗日义勇军

赵在田担任东北造纸厂厂长期间组织的义勇军,也被记载为"赵在田部"。"赵在田(原名赵景龙),黑龙江省巴彦人,留日专习工业有年。九一八事变,赵氏身任桦甸东北造纸厂厂长,激愤之余,遂以纸厂警卫为基本队伍,招收得胜、得禧各部,有众五千余人,委黄某为参谋长,举义抗日。不意,未经作战之师,不堪敌人炮火一击,黄氏断臂,所部溃散。赵氏只身返里,会晤留日同学梁文洲,组织庆城、绥化各地民团,从事江北抗日工作。不久,梁氏战死肇东,赵氏

---

①原载 1934 年版《中国经济年鉴》第 2 册,转引自北京市政协文史资料研究委员会编《驰名京华的老字号》,文史资料出版社 1986 年版,第 308 页。
②陈歆文编著:《中国近代化学工业史(1860—1949)》,化学工业出版社 2006 年版,第 148 页。

所部游击呼海沿线各地。"①

《申报》1932年10月14日载《东北民众救国军电，沥陈经年作战苦况，泣请竭力输将援助》称：

东北民众救国军委员会长兼总司令诚允暨黑政府主席马占山及冯占海、王德林、李海青等各路司令长官四十余人，昨联名致电本市（即上海市）东北义勇军后援会，沥陈抗日经过，兹探录原电文如下：

邦国不幸，暴日侵我东北，三省沦陷已一载于兹矣。溯自辽宁失守，敌军直追吉林，省政中断。旋奉国府委允，重组合法省府，行使政权。受命于危难震撼之际，督师于剑及履及之顷，以身许国，百折不回。为便于调遣策应计，曾一度将吉省政府移节宾县。至联合马占山将军，督同守黑之师，互相犄角，以期牵制敌军，大张挞伐。

抗战数月，敌胆为寒。强敌倾数军团兵力之雄，与我角逐，恃铁路运输之便，对我包围。我军忠勇奋发，一以当百，械弹既竭，乃以短兵应敌，前赴后继，死惶〔伤〕无算，积尸如山，膏血原野。日寇见我志不可摇、军不可夺，乃更以空军肆虐，炸我城市，伤我无辜，焚毁所至，几成焦土。允为避免无益之牺牲，保留永久之实力起见，勉循商人之请，挥泪退出宾县。既而，马占山将军亦因孤军无援，撤退黑垣。允等守土无状，百死莫辞。然吉黑两役，损失虽巨，民心不死，义闻昭宣，士气转振。以是军民合作，共谋长期抵抗。遂有吉黑民众救国军之组织，推允为总司令。旋电约马将军占山再

---

① 彤新春编著：《抗日正面战场——国民党参战将士口述全纪录》，中国大百科全书出版社2012年版，第265—266页。

起,誓作再接再厉之图。更聚集辽吉黑健儿,分途并举,用以扩大救国军势力。

不数月间,辽吉黑三省救国军继起,为数达三十万之众。分十二路军,各任一方职责,攻守兼资,苦支半载。各军成绩不无可纪。惟本军总部移动无常,各军交通又屡为敌军截断,消息传播往往不灵。矧以我之兵力,既不欲使敌知,而敌亦不愿海内外知我于辽吉黑三省尚有极大之根据地。以至救国军战绩,世人几不得其详。实则吉黑腹地与延铁路线作战之各司令,日有进展,奋斗尤烈。此固差堪告慰于吾海内外同胞者,如:

第一路司令王德林已收复吉东十余县,沿吉敦路作战,并将日寇行将筑成最有关系之吉会铁路,由会宁至敦化段路基完全破坏。所有筑路材料等项均予焚毁。复于沿线散布哨兵及便衣队以扰之,遂令日寇于铁路迄今不敢兴工,未克完成。夺敌之交通、破敌之铁道,有功东北军事全局,实非浅鲜。

第二路司令李海青转战千里,据有吉省扶余、农安、长岭及黑省安达、肇东、肇州、兰西、青冈等县,势力雄厚,强敌屡受其挫。第六路司令官邦杰则收复吉省之双城、榆树等县,地处冲要,沿中东路南线以抗强敌,有进无退。副司令冯占海则统率劲旅尤众,奇正互用,由方正[县]而宾县而阿城而舒兰,血战数千里,纵横驰骋,势如破竹。敌逆各部尤为畏惧。最近,复于九月十二日命所辖第一路官长海军五千余名,由吉垣迤西欢喜岭,直攻吉林省城,衔枚疾走,深夜到达,时城内日军二千名密布四门,群起应战。官军前锋一至,日军被击毙者千余名、生擒者六百名,掘田大佐阵亡,伏尸大败。伪国逆军闻风崩溃,伪省长熙洽亦踉跄先遁。官军遂于十三日拂晓完全克复吉林省垣。一面布告安民,一面移军城外,准备迎敌。并将吉长路之土门岭一带铁路炸毁，吉林长春间交通断绝。日寇与伪国亦声气阻隔，敌氛燔消，伪部震动。日军恶闻败报，讳莫如深。而我则节节逼近，士气百倍。收复全境，指日可期。

马司令占山仍据有黑省克山、黑河、庆城、绥化等县，屡伏屡起，冀收最后之功。李司令杜与丁超诸部据有绥芬、虎林、密山、宝清等县，已为连环之势。其他各路救国军或采牵制日寇计划，编为游击之师，或取协同作战方针，潜为更番之战。有如脉络灵通，身之使臂，臂之使指；亦如常山阵势，击首则尾应，击尾则首应。虽伤亡枕籍，而义侠凛然。聚沙量米，不足比其艰；长虹贯日，不足喻其烈。

白山黑水，大好山河，未尽为人囊中之物、俎上之肉者，实赖我辽吉黑民众救国军将士忠勇奋发、气吞山河、义薄云天，热血弥漫之所致也。惟是师行所至，欲期全军踏厉，则必士饱马腾；为使持久作战，尤必粮饷不匮。救国军上无政府之余荫，下乏地方之财源，内无正式之补充，外乏不断之接济，赤手白刃，以肝脑涂地，以精忠报国，所恃者热血而已、义胆而已。

本岁春夏之季，天时地形多不利于敌逆用兵。我救国各军犹足假以屏障。今则青纱帐倒，塞外先寒，转瞬朔风凛冽，积雪没胫。救国军食无宿粮、衣无夹裤、械无积弹，以疲惫之众，当方张之寇，其何以策万全而免孤注？言之寒心、思之战栗。此本救国军委员会之树立，所谓内振军心，外筹饷粮，刻不容缓者也。

允等受委员会之倚畀，与三省父老弟子之属望，出膺艰巨，谬总师干。除督率所部益加淬励，贯彻忠忱，誓以全力为东北谋光复、为国家争人格、为民族图生存外，谨以我辽吉黑三省民众救国军执干戈以卫社稷，苦战经年之经过与其苦况，昭告天下。所望国内志士、海外侨胞,怵国难之未已,念来日之方艰,痛东北民众之水深火热,与夫救国健儿之断胆剖脑,以争此一线之生命。其亦登高一呼、仗义以起,或效弘羊之输财救边,或慕卜式之毁家纾难。各竭其力,踊跃输将,共济艰危,保我华夏。庶几民众擎易举,大厦莫倾,斯则允等敢为我东北民众与三军将士所馨香以祝、泣血以告者也。谨此陈词,伫俟明教。

东北民众救国军委员会委员长兼救国军总司令诚允,副委员长邓建中、沈智夫;委员:黑龙江省政府主席马占山、副司令冯占海、救国军第一路司令王德林、第二路司令李海青、第三路司令姜中山、第四路司令李松涛、第五路司令王岷、第六路司令宫邦杰、第七路司令姜震东、第八路司令王采泾、第九路司令孙乐山、第十路司令褚健、第十一路司令李少仙、第十二路司令刘品璋、第十四路司令张光华;委员:李杜、范云卿、徐箴、韩清伦(即韩清沦——引者注)、梁天雄、赵在田、赵冠民、韩椿萱、杨伯珩、杨致文、王之将、王振贤、董廷梅、张允中、黄明新、刘鸿岷、邓慕斌、丁枚柏、吴履观、鲁蕴宣、于广仁、马志青、姜志超、邓西园、陈嘉异、尹继荣、贾屏周、姜云五、梁静斋同叩。

1933年,《申报》曾多次提及赵在田所率抗日义勇军将士战斗情况:

一是《申报》1933年1月7日载《江省各地义军奋斗》称:"江省李海青、赵景龙、邓文、濮炳珊四部,苦战经年,迭挫逆锋。现在李部尚有四万人,赵部一万五千人,邓、濮两部不足二万人,枪械齐全、士气颇壮,仍在江省各地奋斗中。"

二是《申报》1933年3月19日载《义军活跃》称:"哈尔滨位于吉黑两省之间,交通便利,民气开通。该埠有法政大学一所,为两省仅有之最高学府,因平日研究国际政治、经济、外交等学科,故对国际现况,甚为关切。九一八事变发生不周月,而三省沦亡。该校师生悲国土之沦夷,愤大难之来临,乃返乡宣传,死战抗日,一时揭义旗而起者千万人。时值麦浪千里、碧纱高张,民团义军均潜伏田间,乘虚进袭,与敌逆血战凡百数十次,如有所得,即毁其铁道而退。敌军弹药之被倾覆截获者数十列车。去岁,国联所派之沈案调查团赴哈之际,适马占山将军围攻哈埠、一夕数警,群情惶惶,而予国联调查之印象,亦至深刻。《调查团报告书》之能主持公道者,我义军民团之奋战、及三省地方之不靖,亦有至大之影响也。旋以碧纱帐倒,无处掩蔽,兼以孤军援绝,不得大举,乃一部分入山屯田。现在,热省事急、吉黑空虚,且回春以后,田禾渐长、是真潜动之最好机会。刻在哈埠四周百哩以内者,有六万七千三百余众,如获弹药援助,当能再起以扰日之后方。现在,队伍之分布如下:姜云五在□□□,扰哈满线;李永龙在□□,扰呼海线;刘品璋在□□□、于九江在□□,扰哈绥线;王戒武在□□,扰哈长线;宋永梓在□□、赵景龙在□□、吴义臣在□□,现前线已入□□;杨耀钧最近克复吉省之虎林、密山、宝清等县。"为避免东北义勇军所部行踪暴露,《申报》在报道时,特意隐去了其活动地点。

三是《申报》1933年9月5日载《东北义军势不可挡》称:"溯自三月二日,我第八路军赵在田部,在呼海路沈家站、张家窝堡等地,与日伪铁道守备队发生最激烈之战争,相持四日,敌方应援大至,四面包围。我军与之肉搏,突出重围,退驻木兰、东兴、通河等县。是役,毙日军十九名、伤十二名,毙伪军二十余名、伤三十余名。我军战死营长一名、兵士一百二十四名,伤二百五十九名,损失大小枪械三百五十一枝〔支〕。"

另外,九一八事变后,赵景龙还曾在哈尔滨"道外许公路振祥铁工厂内,附设制弹所一处,以济各部义勇军军火。嗣因工人失慎,竟将厂房炸毁,员工逃亡一空,损失惨重"。①

④入关后继续为抗日奔走

傅坚白1933年撰《榆关陷落后之各方情势》载:"赵在田部义勇军向呼海路沿线活动,有众万余人,惟因电信交通不便,外间殊少知者。赵本人二月初来京,记者曾一见之。现因丁、李、苏、马等部前后失败,赵部独力难支,遂率众人入山屯田,并有一部精锐在铁路沿线潜伏,故其实力依然存在。"②

赵在田后居京从事抗日活动,并利用其影响,力争东北权益。《申报》1936年4月11日载《东北同乡会请增加国民大会代表名额,辽、吉、黑、热、哈共廿三人,颇感待遇不平》称,4月10日,东北旅京同乡会齐世英、王树常、苏炳文、邹作华、克兴额、王宪章、周天放、李锡恩、彭济群、臧启芳、卞宗孟、徐箴、张骧涛、黄剑秋、邵汉元、丁维翰、娄学熙、徐鸿驭、韩清沦、胡体乾、傅贵云、刘守光、许文国、陈树棠、高享、叶香芹、董文琦、顾耕野、杨致焕、王致云、赵景龙、张莘夫、洪声、林冠英、杨威、栗直、孙一武、王仰曾、高惜冰等,联名致电南京中央执行委员会及立法院,请增加国民大会代表名额。

《申报》1937年7月4日载《国大特种选举代表候选人公告,辽吉黑热代表名单》称:"国大辽吉黑热四省代表选举事务所,三日发出公告,对特种代表候选人,业由国府会议决定,分别指定……黑代表九名,指定候选人廿七名:于成泽、于明洲、于斌、于中

---

① 《哈尔滨文史资料》第20辑(哈尔滨文史人物录)第177—178页。
② 南京《时事月报》1933年第8卷合订本(中华民国二十二年一月至六月)第192页。

和、王纯、王宪章、王守章、王汉俭、田见龙、吴焕章、果瑞华、杜希陵、李铭新、李国栋、车启霖、吴越潮、纪清漪、陈瑞明、马毅、董学舒、杨致焕、赵景龙、赵宪文、赵炳坤、刘之墉、蒋善国、韩树棠。"

⑤在津负责东北协会工作

东北协会始建于1929年，是国民党中央组织部长陈立夫指派东北籍党员齐世英等组织的民众团体。九一八事变后，国民党中央党部于1932年12月在北平成立东北各省市党务执行委员会(简称东北党务办事处)之际，陈立夫、齐世英等又在上海利用流亡关内的东北各界人士呼吁成立东北反满抗日协会之机，重新组建东北协会，设总部于上海。以王正廷、吴铁城、王晓籁、杜月笙、齐世英等为常务理事，臧启芳为总干事，理事30余人。

东北协会除在北平设立分会(也即东北行健学会)以及知行中学外，还在天津设立分会以及立兴小学。天津办事处主任赵在田，委员韩清沦、王乃政、赵静波、吴天民、宫邦杰。

国民党东北党务办事处后曾转移至南京、武昌等地。卢沟桥事变后，始移驻天津英法租界内，就近指导东北工作。这一时期，东北党务办事处书记长栗直，主任委员孙禹珊(后由栗直兼代)，委员李光忱、韩静远、阎孟华、王育文、赵在田、于晓天、李仲华、张骧涛。东北党务办事处又将东北划分为七个区域，赵在田兼任黑东区督导员。东北党务办事处为便于开展工作，也为避日伪耳目，常利用东北协会的名义领导地下抗日斗争。

《辽宁省志·民主党派工商联国民党志》载：1940年12月19日，时居"天津英租界马场道安乐邨①三号"住宅的赵在田被侵华

---

① 即安乐村。位于桂林路与马场道交口东北侧。原称新武官胡同。

日军越界逮捕后,为防止国民党在津地下组织遭到更大破坏,东北党务办事处迅即变更各区人员和联络地点。①

《东北沦陷区的国民党》对赵在田在津期间的活动细节有所披露:"国民党中央组织部为指导和联络东北地区的党务活动,在天津英租界黄家花园设立东北党务办事处,对外又称'东北协会驻天津办事处'……东北协会(英租界振兴里42号)驻在员赵在田。""王文宣在锦州铁路局经理科当职员时秘密参加了国民党。自1937年3月开始给石墨堂(石坚)当交通员,担任与天津的东北协会的秘密联络工作……王文宣到天津后,由赵璧忱②带领他到英租界黄家花园新记电料行,与东北协会驻天津负责人赵在田见面。赵在田对王说:'东北协会要在锦州设立支部,指派石墨堂为负责人,每月可支付伪币一千元的工作费。'王返回锦州后,将此决定转告石墨堂,石欣然同意,并任王文宣为东北协会联络员,令其发展组织。同年5月,王文宣又去天津联络工作时,赵在田对他说:'现在要组织以锦州为中心的铁路党部,不归石墨堂领导,由你负责筹建,进行独立活动。'还指示他:'要努力发展山海关站的铁路员工,以便进行华北与东北之间的联络。'王文宣接受了这个任务,每月可领取伪币500元工作费。王文宣返回锦州后,按照赵在田的指示,立即开展工作……当石墨堂知道王文宣在秘密组建锦州铁路党部的消息后,极其不满,立即停发了他原来的工作费。1938年12月末,王文宣到天津汇报工作时,赵璧忱和赵在田向他宣布锦州铁路党部又改称'北宁铁路特别党部关外段'的决定。对原已参加锦州铁路

---

①参见辽宁省地方志编纂委员会办公室主编《辽宁省志·民主党派工商联国民党志》,辽宁科学技术出版社2000年版,第373—374页。
②即赵璧忱,也即赵璧臣。参见《天津市忠烈祠第一次入祠忠烈简明事迹录》所载。

党部的人员,继续承认为关外段的同志。随后介绍他与北宁铁路特别党部的负责人任耀武接头,并明确从此以后关外段的一切工作由任耀武统一领导。工作费不变,仍每月支付伪币 500 元……""1939 年 12 月,东北协会在天津的驻在员赵在田被捕……王文宣收到任耀武从天津发来的报警信,通报赵在田在天津已被日特越界逮捕,要注意安全。"①

前引《赵委员景龙事略》载,1940 年 2 月 24 日,赵在田殉难于"吉林日本宪兵队本部"。不过,原抗团成员杨大森 1991 年撰《关于吴纪元之死的订正》则称:"1940 年,叛徒裴级三、张维中搜捕抗团人员甚急,有些人已被捕……不多几天我们也被捕了……那年初夏,倪中立、米乐天、曾澈、吴纪元,还有赵在田……这 5 个人被用革绳捆绑着杀了头。我们则被送北京判了刑。"②此载很容易让人理解为赵在田等都是 1940 年初夏牺牲于天津海光寺宪兵队的。

杨大森又于 1992 年撰《风烛残年忆抗团》,但并未写明赵在田牺牲地点。此文载,杨大森与孙星联、赵小亭约于 1940 年在天津被捕后,"在海光寺日本宪兵队,我们见到了吴纪元、杨凤藻、米乐天等,知道他们已经早于我们被捕。我们被拘押刑讯,由春天至夏天,长达四五个月……就在审讯将结束时,监中又听到点呼倪中立、曾澈的名字(后来在北京炮局监狱,听说曾澈早于我们解送到北平,而曾澈的被捕是否因为倪中立、米乐天等天津区站领导人的牵连,此中曲折尚且不知)。在海光寺日本宪兵队拘押刑讯期

---

① 于祺元、徐春范著:《长春市文史资料》第 69 辑(东北沦陷区的国民党),2005 年版,第 121—124、147—149 页。
② 《天津文史资料选辑》第 55 辑第 184 页。

间,我住在八号楼监房。同监难友叫赵在田,四十多岁,东北人,早稻田大学毕业,日语很流利,因为东北抗日联军筹集物资被捕,已拘押两年多。据他说,进入日本宪兵队后,被释放的是极少数人,最好的出路是解送北平。如果被送到对面大兵营,就是死路一条,杀头以后被火化焚尸,活不见人,死不见尸。也有一部分犯人被提出,到野战医院为敌人伤兵输血,输后仍送回宪兵队……一个夏天的早晨,海光寺宪兵队的监房走道里传来很多日敌宪兵的皮靴声。日本宪兵野村曹长,扯起喉咙,宛如凶残的野兽,凄厉地点呼在押犯人的姓名。第一个是赵在田,他起立望了望走道内敌宪拿来的草绳,像是意识到了什么,对我略一点头,算是告别,低头走出了低矮的狱门。他之后,便是米乐天、倪中立、吴纪元、曾澈。这些人从此再无音讯……曾澈等五人被押走以后,我们也被解送到北平日敌华北派遣军司令部法务系监狱,以违反军律罪名判了刑。"①

可见,杨大森对于赵在田被捕时间和牺牲时间的回忆有欠清晰。其关于赵在田被"拘押两年多"的记载,与前文所引史料存在明显冲突。

齐世英口述《九一八事变以后的我》载,赵在田"是一个了不起而有作为的人,设立电台,积极展开工作。后来,被日本人拘回东北,壮烈牺牲。他的口供我曾看过,可惜已经遗失。"②据此亦可认为,赵在田牺牲地点非在天津或北京。

---

① 阎伯群编:《与山河同在:天津抗日杀奸团回忆录》,天津古籍出版社2015年版,第245—247页。
② 《齐世英口述自传》第125—127页。

十六　大学教授倪中立投笔从戎

1946年由天津市社会局文化礼俗科编印的《天津市忠烈祠第一次入祠忠烈简明事迹录》载:"倪中立,北平中国大学教授,年三十四岁。君辽宁庄河人,首尝亡国之痛,流浪故都,执教中国大学时,日倭得寸进尺,再侵华北。君振臂高呼,奔走宣传,大声曰:'不杀退日寇,国将不国,忍让非上策也。'抗战起,君喜曰:'此志士用武之时矣!'遂化装在津从事杀敌除奸工作,后不幸被捕,刑胁利诱,不屈死难。"①

《申报》1946年7月8日载《津市入祠忠烈共计九十八人》称:"中央社天津六日电,'七七'津市入祠受祭之忠烈,共九十八人……其中有……中国大学教授倪中立。"

1.就读北大时没被胡适看好

1927年11月,倪中立被录取为北京大学本科西洋文学系二年级学生,1931年6月从北京大学英语系毕业。其间的1929年7月,倪中立又被北京大学本科录取。据此判断,倪中立此次被录取,应为从西洋文学系转至英语系就读。②

1930年5月19日,倪中立为北京大学英文阅览室"捐洋一毛"。③

---

① 转引自天津《民治周刊》第1卷第12期第9页,1947年6月15日出版。
② 王学珍、郭建荣主编:《北京大学史料》第二卷(1912—1937)上,北京大学出版社2000年版,第563、565、755页。
③ 《英文阅览室图书委员会启事》,《北大日刊》1930年5月20日。

《胡适日记》1931年8月28日载:"看完'中古思想史'试卷。上年下学期,我讲此科,听者每日约四百人,册子上只有二百人,而要'学分'者只有七十五人。这七十五人中,凡九十分以上者皆有希望可以成才。八十五分者尚有几分希望。八十分为中人之资。七十分以下皆绝无希望的。此虽只是一科的成绩,然大致可卜其人的终身。"其中,倪中立为英语系四年级学生,此科成绩仅为六十分。①

仅以单科成绩的优劣,即卜其一生,似觉武断。胡适此言,应仅指学术研究层面,否则就是书生气过浓了。虽然倪中立此科考试成绩勉强及格,乏善可陈,但倪中立后在抗战期间却有视敌如仇的救国思想和死而无憾的抗日壮举,值得大书一笔。

2. 返乡组织抗日义勇军

鞠抗捷《庄河大刀会》载:"我是辽宁警官高等学校毕业的。九一八事变后,由沈阳回到庄河,参加了刘震青的义勇军……联合当时在原三区组织抗日义勇军的倪中立,参加了各路义勇军在光明山尚家屯一个地主大院召开的会议……我就与倪中立一起到一面山佟家屯去见刘震青,并自愿代表他去当时的北平,进行联系。得到刘的支持后,于五月到达北平。东北军将领熊飞(后改名为熊正平)接见了我们,并代表东北民众抗日救国会,委任刘震青为东北民众抗日救国军第五十八路司令,我为参谋长。"②

《东北人物大辞典》《简明大连辞典》均载,倪中立于"九一八事变后,回乡为抗日救国奔走,曾将'土匪'曲子阳部收编为抗日救国

---

① 胡适著,曹伯言整理:《胡适日记全集》第六册(1930—1933),安徽教育出版社2001年版,第602、604页。
② 辽宁省大连市政协文史资料研究委员会编:《大连文史资料》第2辑,1985年版,第24页。

军(后叛变)。1932年,赴北平向东北民众抗日救国会汇报庄河抗日救国情况,并得到支持"。①

据此可知,倪中立1931年从北京大学毕业后,即返回家乡组织抗日义勇军,投身东北救亡运动。

3. 何时受聘中国大学教授

关于倪中立受聘中国大学教授的时间,虽然未见史载,但理应在其返回家乡组织抗日义勇军受挫之后。

中国大学于1912年由国民党集资筹办,初名私立国民大学。办学方针是为国民党培育人才,是国民党孕育干部的摇篮。校址先设在北京前门内西皇城根"愿学堂",1921年购置位于西单牌楼的郑王府房产作为校舍。中国大学虽名义上为私立大学,但1929年经国民党中央政治会议通过,以学校为国父孙中山所创,决定由南京国民政府拨银元100万元设为基金,并列入政府文教预算。不过,1929年7月26日公布的《大学组织法》却规定:"大学分文、理、法、农、工、商、医药、教育、艺术及其他各学院";"凡具备三学院以上者,始得称大学,不合上项条件者,为独立学院,得分两科。"1930年中国大学只得暂时改称中国学院。此后,校长王正廷等几经努力,使之达到大学标准,具备恢复原校名条件,后因抗日战争全面爆发而不得不搁置。抗战胜利后,经报请教育部核准,中国学院顺利恢复原中国大学这一曾用名。②

---

① 《东北人物大辞典》编委会编:《东北人物大辞典》,辽宁人民出版社、辽宁教育出版社1992年版,第861页;于植元、董志正主编:《简明大连辞典》,大连出版社1995年版,第919页。
② 参见毛庆根著《中国"奥运之父"王正廷传》,浙江大学出版社2012年版,第236—238页;张国有主编:《大学章程》第1卷,北京大学出版社2011年版,第387页。

可见,倪中立任教中国大学期间,应称"中国学院教授"方符实情。

4.任军统天津站负责人

倪中立参加军统的时间未详。1938年7月15日,中苏情报合作机构——"技术研究所"在汉口秘密成立。军事委员会办公厅主任贺耀祖兼任所长,南京国民政府军令部第二厅第三处处长郑介民及苏方所派的瓦西列夫为副所长,8月11日,中方改派国防部第二厅厅长徐培根为所长。中苏"技术研究所"成立后,相继在武汉、上海、北平、天津、济南、青岛、宁夏及香港、爪哇等地布置情报网系统。其中,"天津组:1938年8月6日派出组长倪中立、副组长滕勉组建。工作地区为平津及东四省。其任务是:①监视经天津日本海军陆战队的运输情况,调查其运往内地的军火武器数量与去向;②监视日军在伪满洲国的备战情形;③对日本在华北地区建立的经济设施进行调查;④对日军在华北的军事部署进行侦察;⑤对日军的作战计划及兵力部署实行侦查;⑥侦察日军的组成及其装备之变化;⑦侦察日本经天津的人口贸易;⑧建立在平津及东北地区的联络关系"。[①]

邓葆光《军统领导中心局本部各时期的组织及活动情况》载:"一九四〇年是特务处扩大为调查统计局的第二年。为庆祝,决定举行特务处成立八周年纪念大会(规定每年四月一日为成立的纪念日)。正当重庆大开庆祝会的时候,天津区的地下组织被日本宪兵队破坏了。区长曾沥是湖南人[②],天津的爱国学生自

[①] 马振犊:《抗战初期中苏情报合作内幕初探》,苑鲁、谢先辉主编:《第二次世界大战与亚太国际合作》,重庆出版社2003年版,第143—144页。

[②] 应为曾澈,已见记载均称曾澈的籍贯为浙江瑞安。

发组织学生爱国抗日救国锄奸团,军统简称'抗团',戴笠极为注意。曾澍被捕后,没有屈服,被敌人杀害。副区长倪中立,安徽人,被捕后受尽酷刑,死于狱中。另一负责人滕勉,逃回重庆,才知道这些经过。"①除前引资料所载外,1992年版《东北人物大辞典》、1995年版《简明大连辞典》也均称倪中立为辽宁庄河人。因此,倪中立并非安徽人。

《国民党军统局天津区地下组织被日本宪兵队破获》载:"1940年4月1日,国民党军统局天津区地下组织被日本宪兵队破获,多人被捕,区长曾澍被杀害,副区长倪中立死于狱中。"②

另载,倪中立被戴笠调任军统天津站站长之前,曾任军统华北区副区长。1939年,倪中立"赴天津组建天津站、负责制裁裴级三等汉奸的任务的倪中立到津后,立足未稳,即遭日特破坏,倪中立也被杀害"。③

以下记载则称,曾澍牺牲后,倪中立为继任的天津区区长或天津站站长。乔家才回忆:"二十八年(一九三九)九月二十八日,中秋过后一天,天津区失事。区长曾澍、组长陈资一被日本宪兵队逮捕。继任区长倪中立、军事专员郑恩普、行动组长王文、伪警察教练所教育长石慧麟等,也先后被捕。"④舒季衡《国民党军统局在天津的特务活动概况》载:"1940年初,军统局重新部署恢复天津

---

① 全国政协文史资料研究委员会编:《文史资料选辑》第86辑,文史资料出版社1983年版,第183—184页。
② 天津市地方志编修委员会编著:《中国天津通鉴》上卷,中国青年出版社2005年版,第267页。
③ 杨者圣:《特工王戴笠》,上海人民出版社1993年版,第281页。
④ 乔家才著:《浩然集(四)——海隅丛谈》,台湾中外图书出版社1981年版,第108页。

特务组织,派倪中立任天津站站长。倪到津后,立足未稳,天津站即遭破坏,倪被杀害。"①

朱家骅档案(档号301-01-06-201)载,1940年7月24日,王若僖函呈朱家骅:"华北方面,自去岁王天木叛变后,将其旧部张[维忠]、裴[级三]两贼拉作内线……最近,戴[笠]处新来负责人倪君,又因张将内部工作员毛某拉去,使毛将倪骗至饭馆被捕。"倪君即倪中立。杨大森《关于吴纪元之死的订正》称,1940年初夏,倪中立、米乐天、曾澈、吴纪元、赵在田被日本宪兵队"用革绳捆绑着杀了头"。②另载倪中立"就职于国民党军队,授少将(或中将)衔。1943年在塘沽被日军杀害。"③此载依据待考。

5.抗战胜利后获褒扬

王子晨、舒季衡《军统特务头子戴笠来天津的活动情况》载:"1945年12月中旬,由天津警备司令部稽查处承办,招待在津特务及其家属。到会人员有军统特务、抗团分子以及他们的家属,大约四百多人。其中,大部分是抗战时在津潜伏的特务和死难人员亲属。开酒席四十多桌,台上设三桌,安排老特务及死难家属于首座。戴笠陪同敬酒敬菜并讲话,对到会人员和家属表示慰问。记得第一桌……还有被日本人枪杀的军统特务王文、倪中立的父亲。"④

---

①天津市政协文史资料研究委员会编:《天津文史资料选辑》第26辑,天津人民出版社1984年版,第166页。
②天津市政协文史资料研究委员会编:《天津文史资料选辑》第55辑,天津人民出版社1991年版,第184页。
③《东北人物大辞典》编委会编:《东北人物大辞典》,辽宁人民出版社、辽宁教育出版社1992年版,第861页;参见于植元、董志正主编:《简明大连辞典》,大连出版社1995年版,第919页。
④天津市政协文史资料研究委员会编:《天津文史资料选辑》第26辑,天津人民出版社1984年版,第211—212页。

倪中立在被杀害前已被"授少将（或中将）衔"之说,应予存疑。这是因为,《申报》1948年11月20日载:"中央社南京电。总统十九日明令,褒扬前军事委员会调查统计局上校区长倪中立。"

可见,1948年,倪中立被明令褒扬时,军衔为上校,此衔也有可能是其牺牲后被军方追授的。

十七 抗日杀奸团骨干李如鹏

1946年由天津市社会局文化礼俗科编印的《天津市忠烈祠第一次入祠忠烈简明事迹录》载:"李如鹏,抗日杀奸团干事。年廿四岁,河北宁河人。公读书于南开中学时,华北脱辐,奸伪蠢动。公纠合同志组'新学生会',以气节相砥砺,每登台演说,英姿飒爽,慷慨陈词,闻者感佩。二十五年,入中央军校特训班。值七七事变,乃悄然返里,宣传乡民,抵抗暴敌。芦台、汉沽、丰润等地承公号令者数十村。二十七年,任忠义救国军第三[路军]政治部主任,转战冀鲁各地。嗣来津,任职锄奸团。时周逆作人争以亲日教育奴化国人,公愤而狙之,虽未果,已褫其魄矣。嗣,锄奸团以全权付公,锐意改进者至广,食少身赢,而功日著。二十八年秋,为敌逆吉珊所陷被捕,见害于北平郊外,遗体莫知所在。"①

"1969年台版抗团烈士资料"载:"先烈李如鹏,河北宁河人,幼失怙,及长,就读于天津南开中学。时华北脱辐,局势混沌。先烈痛愤国事,与同学共组'新学生联合会',每慷慨陈词,听者动容。

---

①转引自天津《民治周刊》第2卷第1期第9页,1947年6月29日出版。

民国二十五年，校方嫌其活跃，斥退学，益坚其报国之志，遂投考中央军校特训班第五期，习'万人敌'①。毕业后，值'七七'变起，悄然返里，应同学沈栋之召，赴津共佐先烈曾澈，组抗日杀奸团，结义十兄弟，君行五。二十七年（一九三八）春，入忠义救国军干校第一期受训。其夏，奉派山东，任忠义救国军第三路[军]政治部副主任。冬，复应曾澈之召返津，任抗团组织干事，广谋拓展，乃定团基。又筹组天津各界联合救亡挺进会，致力宣传。时周逆作人方以北方领袖为敌所资，将以亲日教育奴化我民。君侦得之，偕同志赵某潜至平，赵傍门守望，君则投刺入。周逆延见，登堂

台版抗团烈士资料所载李如鹏抗战事迹

佯为礼，出枪击之，周逆立仆，从容返津。至是，益为同志所器重，抗团之名益著焉。二十八年（一九三九）秋，裴逆吉珊叛，因被捕，迭经拷讯，誓死无供。系狱凡一年，不易其志。终因裴逆力证，于二十九年（一九四〇）九月在平从容就义，年二十四。"

1. 李如鹏1937年是否仍在南开中学就读

如果李如鹏于1936年考入中央军校特训班第五期的话，是

---

①万人敌，既指兵法，也是一种具有强杀伤力的燃烧式军事武器的代称。

不是意味着其已于1936年从南开中学退学了呢？

有记载称，李如鹏是"南开中学1937届学生"。如天津南开中学校友英烈纪念碑碑文载："李如鹏（1916—1940），天津汉沽人，南开中学1937届学生。1940年6月，在海光寺日本宪兵队后院被日寇残忍杀害。"又如程新建《"抗团"中的南开中学校友》载："李如鹏。1916年生，河北汉沽人，1937年抗战爆发时就读于天津南开中学。在校时，即积极投身抗日救亡运动，是南开中学'一二·九'学生运动的骨干。据南开学子的马桂官先生回忆，李如鹏在南开中学任学生军训大队长。1940年6月，由于叛徒的告密，还在度蜜月的李如鹏被日本人逮捕，关押在天津海光寺（日本司令部、日本兵营所在地）。日本鬼子施尽酷刑，李如鹏视死如归，英勇不屈。他大义凛然，为国捐躯，时年23岁。"[1]

黎世蕃在《原驻合川中央军校特训班本末》一文中回忆："中央陆军军官学校特别训练班，创始于1933年夏，接承庐山军官训练团之教育器材及驻址……1935年夏，该班第一期在庐山毕业……此后该班各期军事队学生，都编为中央军校本校期别，招生时，则由本校、各分校、各训练班，组织统一招生委员会，在全国各地招考高中（抗战时初中以上）毕业之学生，分拨本校、分校、各训练班入伍，受训一年半以上毕业，由军事委员会以命令统一分发到各部队任职。该班之学员队，则仍为特训班之期别，毕业后，回原部队工作……该班第五期，主任康泽复职，副主任杨文琏留任，先驻庐山，后迁星子。本期有两个军事学生大队，一个团干学员大

---

[1]《南开校史研究丛书》编委会编：《南开校史研究丛书》第10辑，天津教育出版社2013年版，第90页。

队、一个别动学员大队,政治、交通学生各一个中队,笔者在政治学生队任上尉区队长。1936年12月,西安事变,该班以别动学员队为基干,组成一个'靖难队',由大队长梁固荣率领,向西安进发。抵汉口时,张学良送蒋回南京,'靖难队'撤回庐山。1937年夏,庐山会议,国共合作。是年秋,卢沟桥事变,抗日战争开始。该班抽调一个军事学生大队,交由梁固荣领队赴西安,转到中央军校第七分校受训,后毕业参加胡宗南部队任职。本期学员、学生毕业后,分发情况同前。本期毕业学生编为中央军校第十三期,学员为特训班第五期,均在星子毕业。该班第六期,是在1937年冬由江西星子迁湖北江陵(即荆州)……"①

据此可知,中央军校特训班第五期学员的受训时间当为1936年至1937年。那么,李如鹏当时是否还能同时在南开中学就读呢?当然,南开中学为其保留学籍的可能性尚不能排除。总之,对于李如鹏为"南开中学1937届学生"之说,仍需查考。

2. 李如鹏是在哪牺牲的

关于李如鹏牺牲地点,已见记载有异。

祝宗樑《抗日锄奸记》载,1939年刺杀程锡庚后,"我们几个骨干离开天津以后,抗团发生了变动,组织被原军统人员裴级三出卖,曾澈、李如鹏等数人先后被捕,被押送到北平炮局子(监狱)。其中,曾澈和李如鹏被判死刑,在1940年被杀害"。②

---

① 四川省合川县政协文史资料研究委员会:《合川文史资料选辑》第4辑,1987年版,第37—40页。参见潘茂《国民党中央军校特训班历史回顾》,湖北省政协文史和学习委员会:《湖北文史》2006年第2辑,2006年版,第42—47页。
② 天津市政协文史资料委员会编:《天津文史资料选辑》第75辑《天津租界谈往》,天津人民出版社1997年版,第82页。参见祝宗樑《天津抗日杀奸团》,《纵横》1990年第4期第53页。

《刀锋舞者》载:"1939年9月29日,中秋节的晚上①,刘永康等人在英租界四十七号路诚士里2号李如鹏家开会。由于散会太晚了,包围租界的日本兵已经停止检查放行,家住租界之外的刘永康、华道本、陈肇基、张树林就在这儿过夜。次日(即9月28日)凌晨4点钟,裴级三带领大批日伪宪兵、特务包围了李如鹏家。由于李如鹏曾经请裴级三为'抗团'讲解过装卸手枪的方法,所以他认识李如鹏……结果,李如鹏和妻子童瑛、大姐李荪云全部被捕……李如鹏被捕后,遭到严刑拷打,就是不开口。1940年,李如鹏、吴纪元、丁毓臣在天津海光寺日本宪兵队的后院,被刺刀戳死,惨烈异常。"②

此文中提及的"英租界四十七号路诚士里2号",位于今天津营口道一带。诚士里位于营口道西段南侧,1927年建房成巷。祝宗樑《天津抗日杀奸团》载,1938年间,李如鹏住尚义别墅:"李如鹏住在尚义别墅9号。同住的有3位交通员。每星期天上午,在这里召开一次小队长以上人员参加的会议。会议内容多是分析形势报告和讨论工作,会议决定由小队长向所属小组传达,也是每星期一次。抗团的团训是'抗日杀奸,复仇雪耻,同心一德,克敌致果'。每次会议结束,大家一定要低颂团训。"③尚义别墅坐落的地点待考。

李瑞林撰《三义堂大院的双烈士》载:"1940年,24岁的李如鹏被日军枪杀在天津海光寺。十分恶毒的是,日本人让李如鹏怀

---

① 查1939年中秋节(农历八月十五)应为公历9月27日,而非9月29日。
② 刘岳著:《刀锋舞者——刺倭锄奸喋血写真》,中共党史出版社2010年版,第102—103、109页。著者注明:"本文参考了抗团老团员祝宗樑、刘永康、赵恩波、马桂官、叶于良的修改意见,最后经祝宗樑审阅。"
③《纵横》1990年第4期第48页。

李如鹏遗像

孕的妻子童瑛,目睹了枪杀其夫的全过程。童瑛当即昏厥。"[1]

可见,关于李如鹏牺牲地点并存两说:一是"见害于北平郊外""在平从容就义";二是牺牲于"天津海光寺日本宪兵队的后院""被日军枪杀在天津海光寺"。

原抗团成员钱致伦在回忆文章中称:1939年"中秋节,张世一等我们多人在诚士里二号李如鹏家团聚过节,饭后各自回家。次日清晨,大逮捕开始,李如鹏夫妇和其姐李荪云被捕。陈肇基、华道本、刘永康、张树林乘机逃脱……一九三九年十月卅一日,[我]乘驳船到大沽口外,再登上'顺天轮',行至塘沽时停船检查,正遇到裴吉珊带领日本宪兵将我逮捕……把我押到天津北站日本宪兵队。约十天后,又被关押在海光寺日本宪兵司令部牢房……审讯过程中,曾澈为我承担了责任,说我年小,不知道情况,只是让我送过信。李如鹏、丁毓臣在供词中根本没提到我,[我]在同志的掩护下结案。关押在海光寺,才知道军统天津站全部被捕。一九四〇年一月份,把我们解往中原公司宪兵队关押,与李如鹏同住一牢。他说:告诉童瑛,孩子出生后取名'狱生',扶养孩子成人,使之不忘抗日救国。约十日后,我又解回海光寺……李如鹏住二号牢房,我和丁毓臣住三号,曾澈住四号……一九四〇年三月份,日本宪兵队的课长高山,

---

[1]《今晚报》2013年10月2日。

军曹西园、野村等一起出动,押送我们到北平北新桥炮局胡同日本华北驻屯军最高军事法庭看守所候审……约在一九四〇年五月十五日,日本华北驻屯军军事法庭开庭会审。开庭前,我见到了曾澈、李如鹏、丁毓臣,彼此相见,一目示意,态度严肃,志气昂扬,大义凛然。曾澈以手示意,表达赴死的决心……闭庭后,我们被押回牢房。几天后,把我押到炮局胡同西院监狱,告知刑期六个月。钉上脚镣,住进仁字牢房,罪犯号码是'一一五'。曾澈、李如鹏、丁毓臣没有同来。我感到情况不好,凶多吉少。陈肇基、夏迺麟、丁益寿是在六月底判刑的。据跟曾澈等押在同屋的人说:曾澈、李如鹏、丁毓臣是在六月初被押往刑场就义的,地点大概是北平右安门外南苑。为此,我绝食一日,沉痛哀悼。约在九月间,陈肇基托人给我送来一小碗炖鸡肉,并带来口信说:是四姐(即李如鹏的妻子)送来的。我意识到她是到北平探听李如鹏的下落,不准接见,只好以送饭表达。当时,我失眠、腰脊痛、食少、便血、身体虚弱。十一月,刑满出狱,返里。稍事休养,到北平面见四姐,陈诉了李如鹏的情况和遗言,又到香山慈幼院看望了小孩'毛毛'。"①

李如鹏牺牲于北京(时称北平)的记载较为确实,值得采信。

3. 李如鹏是宁河人还是汉沽人

原抗团成员钱致伦在《我是抗日杀奸团团员》一文中回忆:"李如鹏为人刚正严谨,思考周密,做事认真负责。凡有所规定,率先躬行,一丝不苟。爱国心强,富于组织能力,是'一二·九'学生运动的积极参加者和组织者。沈栋被捕后,在中兴公司,我曾听曾澈与袁汉俊、孙若愚商量,拟选李如鹏为组织干事,袁、孙二人深表赞同

---

①钱致伦:《抗日杀奸团(续二):我是抗日杀奸团团员》,台湾《传记文学》2010年第4期。

……一九三八年秋,李如鹏被选为抗团的组织干事。李如鹏家住汉沽寨上三义堂。一九三九年一月春节前后,沈栋在《益世报》上刊登寻人启事,把李如鹏找到天津。"①

寨上,"位于汉沽城区中南部,由铁狮坨、李兴庄、狼庄、秦家台和杨家寨上5个自然村组成。新中国成立后,寨上先后为汉沽镇、汉沽市、天津市汉沽区政府驻地"。②

靳怀义《宋翰章先生及其义昌印刷厂》载,汉沽寨上娘娘庙街曾有"三义堂"。③又载,"汉沽营城村,过去确实有一条土路叫三义堂大道"。④《三义堂大院的双烈士》载:"在汉沽人的记忆中,三义堂大院附近十分热闹——院东的李氏宗祠,供奉着明初迁到汉沽的家族先祖;西侧有祀奉碧霞元君娘娘的庙宇;南侧是闹市区,有牌坊街、海北春饭店、德新浴池等商业门面;北侧是著名的汉沽盐坨。"⑤

李如鹏是汉沽人,缘何有资料也称之为宁河人呢?汉沽原属宁河县。如清末曾建有"宁河县汉沽庄初等小学堂"。汉沽行政区划应以1948年设立汉沽特区之际为始。因李如鹏生于约1916年,其籍贯应称"直隶省宁河县寨上(今属汉沽)"为宜。

4."吉珊"即出卖抗团成员的叛徒裴级三

另外,前引资料提及的"敌逆吉珊""裴逆吉珊",即军统天津站行动组原成员裴级三(也被载为裴吉三)。"吉珊"为其化名。其

---

①钱致伦:《抗日杀奸团(续二):我是抗日杀奸团团员》,台湾《传记文学》2010年第4期。
②郭凤岐主编:《天津区县年鉴(2001)》天津古籍出版社2001年版,第620页。
③天津市汉沽区政协文史委员会:《汉沽文史资料》第5辑,1997年版,第101页。
④李瑞林:《抗日亲兄弟　肝胆献中华》,《蓟运河》2010年第4期。
⑤《今晚报》2013年10月2日。

于1939年叛变投敌，导致曾澈、李如鹏等抗团主要成员被捕牺牲。

舒季衡《军统局在天津的特务活动》载："裴级三，东北人，行伍出身，原为黑龙江督办吴俊升的卫士，1932年参加特务处后，被派在天津站工作。1939年，王天木在上海投敌，裴在天津亦公开投敌，把军统局华北区所属各站组织破坏殆尽。后在天津日本宪兵队任宪捕队队长，为虎作伥，罪恶万端。1945年日本投降之第三天，逃匿东北，迨至天津解放后，又逃往南方。"①

裴级三投敌后，摇身一变，成为日本在津特务情报机构——天津茂川机关的忠实鹰犬。"天津茂川机关设于1935年10月，地址在天津市甘肃路瑞华里，机关长是茂川秀和，其对外掩护名称为'茂川公馆'。"②交通部天津电话局1936年编《民国二十六年份天津电话号簿》载"茂川秀和宅 日租界淡路街"。淡路街后于1945年改称甘肃路。

1940年至1942年在天津茂川公馆充当翻译的汉奸张福来，于1945年12月至1946年6月在津受审时，交代过裴级三叛变后的一些罪行。

原来，裴级三被茂川公馆豢养后，大肆搜集针对抗日人员的情报，并直接提供给茂川公馆班长（也即辅佐官）诹访部安太郎③、工作员（也即嘱托，为非军职的高级特务）毛利兼雄。认贼作父的裴级三对抗日力量的破坏性很强。其提供的情报，多与打探国民党所属

---

① 天津市政协文史资料研究委员会编：《天津文史资料选辑》第26辑，天津人民出版社1984年版，第162页。
② 逄复等编著、刘建业审校：《日本在华特务情报机构（一）》，《中国人民抗日战争纪念馆文丛》1992年第3辑第169页。
③ 诹访部为日本人姓氏之一。交通部天津电话局1936年编《民国二十六年份天津电话号簿》载："诹访部住宅 日租界吉野街24号"。

地下工作人员行踪、三民主义青年团组织情况以及与枪支、物资等有关。1940年11月29日,北平东皇城根案(击毙日本天皇特使)发生后,裴级三被侵华日军派往北平参与调查和协助逮捕抗日人员,裴级三遂报告"东皇根麻某事"(麻某即实施此次刺杀任务的军统北平站所属行动组组长麻克敌,化名麻景贺),致使多位国民党系统的抗日人员被捕遇害。1941年1月8日,裴级三还到"[天津]英界中国汽车行处,搜集租界内外[国]人存放违禁品(汽油、枪支、物资)之情报"。汉奸张福来交代:"逮捕地下工作人员的情报,大部是裴级三、毛玉生搜集来的,交由诇访部与毛利,转日本宪兵逮捕。"①

"1942年6月,天津茂川机关与天津横山公馆合并,改称为'天津机关'……隶属于第1800部队参谋部……'天津机关'成立后,原天津茂川机关的官员均调到北平茂川机关任职……天津茂川机关共有华籍特务362人。其中,嘱托(高级特务)44人,情报员和联络员共318人。"②

据雍鼎臣《军火买办雍剑秋》载:"1943年,有军统局投降日本特务裴捷三,同吴泰勋(吴俊升之子)勾结日本宪兵队,忽然把雍剑秋逮捕,押了一宿。同时,把他的房产(马厂道300号、298号、294号和62[号]路的福音里、福音堂)全部查封,并冻结他的银行存款。"③那么,"裴捷三"是谁呢?据载:"1940年,王天木投靠汪伪南京政府,成为'特工总部'头目之一。李万正同裴捷三也成为日特,任

---

① 参见天津市档案馆编《日本在津侵略罪行档案史料选编》,天津人民出版社2015年版,第723—731页。
② 逢复等编著、刘建业审校:《日本在华特务情报机构(一)》,《中国人民抗日战争纪念馆文丛》1992年第3辑第171页。
③《文史资料选辑》编辑部:《文史资料精选》第3册,中国文史出版社1990年版,第544页。

'天津茂川机关'嘱托（高级特务）。"①可见，"裴捷三"就是裴级三。

1938年起就在天津茂川公馆任嘱托的汉奸李子箴，抗战胜利后在津受审时交代，他曾替裴级三保管重要物品："问：裴逆级三在你家存有什么东西？答：存有几个箱子，后来［被］他妻妹胡姓拉走了。"②这很可能是裴级三在为潜逃做准备。

裴级三这个可耻的叛徒，对"抗团"战士、国民党抗日特工等危害甚大，其罪恶必须被清算，并得到正义审判。虽然在已见记载中未提及其下落，但其理应不得善终。

而在津参与捕杀抗日人士的日本特务茂川秀和、毛利兼雄，战后均被作为战犯受审获刑。

《申报》1948年4月26日第4页载《平军事法庭结束 全部日犯解沪 包括华北敌酋茂川秀和等四十一名》："……（三）毛利兼雄，四十三岁，日爱知县人，谋杀，处有期徒刑十五年……（二十二）茂川秀和，五十二岁，日爱媛县人，对非军人施以酷刑，处无期徒刑……"

房建昌《日文原始档案中的1946—1948年北平军事法院对日、朝、台籍战犯审判》所载可为补充：一是毛利兼雄，"爱知县人，伪天津市政府警察局专员，44岁。任茂川机关嘱托时，于1941年和1942年以抗日罪名逮捕西人1名，1946年7月27日判死刑……改判15年"。二是茂川秀和，原名远山义宽，茂川贞一的养子，"1896年9月9日生，爱媛县人……1931年8月任职关东军司令

---

① 逢复等编著、刘建业审校：《日本在华特务情报机构（一）》，《中国人民抗日战争纪念馆文丛》1992年第3辑第180页。
② 《讯问李子箴：关于财产调查的讯问补充笔录（1946年3月6日）》，天津市档案馆编《日本在津侵略罪行档案史料选编》，天津人民出版社2015年版，第747页。

部。1933年10月任职陆军省官房。1935年9月又任职关东军司令部,10月在天津甘肃路瑞华里设立茂川机关……任机关长。翌年3月升为少佐,同年8月任职'支那驻屯军司令部'。1937年10月,在北平东城无量大人胡同24号设茂川机关。1938年12月任职大本营,翌年8月升为中佐,同年9月任职北支那方面军参谋部。1940年5月任'北支那方面军参谋'。1942年5月任职'北支那方面军司令部'。1944年3月升为大佐。1947年7月15日判死,罪名是七七事变以来在平津地区进行特务活动,同年11月22日减为无期。解放前,押往日本巢鸭监狱关押,1952年8月释放。1977年3月7日去世"。①

另一日本特务诹访部安太郎的下落待考。

十八　王润秋与日伪奴化教育誓死抗争

抗战期间,天津教育界广大有识之士与日伪强推的奴化教育进行了坚决斗争。牺牲在侵华日军铁蹄之下的王润秋就是其中的杰出代表之一。抗战胜利后,王润秋被确认为抗战忠烈,其遗孀和子女也得到天津各界的资助。

1. 王润秋的生平和抗日事迹

1946年由天津市社会局文化礼俗科编印的《天津市忠烈祠第一次入祠忠烈简明事迹录》载其抗日事迹:"王润秋,教育部文化教育促进会干事,年四十五岁,河北高阳人。烈士讳中和,家贫,为舅

---

①北京档案馆编:《北京档案史料》1999年第2期第234、241页。

氏所助，毕业于中学。嗣赖自助，半工半读，得毕业于北平中法大学。复以成绩超群，得公费深造于法国里昂大学。归国后，任二十九军军法处长及津市府机要秘书等职。津市沦陷后，烈士毅然参加地下工作，任教育部北平区督导员及津党部文教组主任，对敌伪奴化教育之破坏及吸收爱国青年潜入内地，厥功甚伟。事为敌嫉，于三十三年十二月，在津被捕，判处徒刑十年。以受刑逾恒，亡于缧绁之中。"①

1946年7月2日，天津市第十区公所致函第六保保长，通知王润秋遗孀白淑琴赴市社会局办理救济事宜

1946年6月，天津市第十区第六保保长李又尘也调查到王润秋生平事迹："王润秋，河北省高阳人，法国里昂大学毕业。[七七]事变前，曾充天津市政府机要秘书。华北沦陷时，充教育部北平战区教育督导员、天津市党部干事兼文教组主任。为地下工作，破坏奴化教育，维持教育节操，并联络学生、技术人才，交由教育促进会理事张大公所设商丘、亳县联络站，运送后方读书服务。民国三十三年二月十九日，被天津敌宪兵队逮捕判罪，移送北平敌陆军监狱执行。因积愤难申，以致双目失明，惨死狱中，以殉国难。"②

---

①转引自天津《民治周刊》第2卷第2期第9页，1947年7月13日出版。
②《为殉国遗族白淑琴需要救济等事致天津市政府社会局胡局长的呈（附遗族人口名单）》，天津市档案馆馆藏档案，档号：401206800-J0025-3-006193-006。

而在《日本宪兵队迫害知识界著名人士王润秋教授酷刑致死》一文中转引的北平行辕主任李宗仁于1946年10月14日致天津市市长张廷谔函文,则提及王润秋牺牲缘由:"天津市政府张市长鉴:为王淑琴呈控现任该市警察第一分局长王绍曾与敌宪谋杀其父一案,仰查明逮捕具报由。案据天津市第十一区洛阳道贵原里五号民王淑琴呈称:'窃查王绍曾在民国三十三年任[伪]天津警察局督察股长等职。[伪]警察官平日和日本宪兵有密切联络。那时,王绍曾与一四二〇宪兵队①宫原、白崎二人成友,供给日寇中央地下工作的情报,借势欺人。那时,我十五岁,民父四十五岁,充任教育部北平战区教育督导员……训导青年护送去后方读书,破坏敌人的奴化教育,被汉奸们发觉了,报告日本的秘密工作队。宫原、白崎和王绍曾在民国三十三年二月十九日,在津旧法租界劝业场门前,把我父亲王润秋逮捕。民父润秋被捕的时候,敌宪用种种非刑拷打、灌凉水等等。后将我父判罪,移送北平陆军监狱,于十一月二十五日死在狱内……现闻王绍曾做了分局长,可是,他和日寇合谋害人,是有证人的……他在一四二〇部队、[伪]警察局的出勤簿有案可稽。'等情据此,除批示外,仰查明逮捕移送法院法办,并将办理情形具报为要。李宗仁。"②

1947年6月29日,天津市卫生局函至市社会局,也提供了王

---

① 侵华日军一四二〇部队即清水部队,曾驻扎在"天津旧英租界十一号路及特一区江西路"。参见《日本侵华罪行实证——河北、平津地区敌人罪行调查档案选辑》上册第468—470页。天津英租界十一号路也称达文波路,抗战胜利后曾改称杜鲁门路,今建设路(营口道至曲阜道)。
② 该文注释称,此函原载"津档10-6-16第5面《北平行辕给天津市市长电》"。[日]广濑龟松主编、王大川副主编:《津门旧恨——侵华日军在天津市的暴行》,天津社会科学院出版社1995年版,第28—29页。

润秋抗战事迹:"案奉市政府上年十二月三十一日勇秘叁字第一三四八号训令,为关于美国胡佛图书馆征集中国革命及抗战史料一案,饬切实负责,再为翔实,多方调查,限期会报。等因。正遵办间,适准贵局订期召开会议,议定搜集办法及期限,并将会议案记录函送局。除关于革命史料另由贵局函洽党部征集外,兹将本局搜集有关抗战史料所得资料附具清单连同原件一并函送。"①其函送

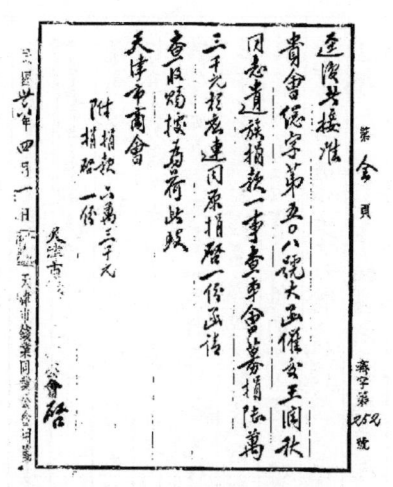

1947年,天津市钱商业同业公会向王润秋遗族募捐

的《地下抗敌份〔分〕子王中和事略》载:"王中和字润秋,河北省高阳县人,清光绪二十六年(庚子)生。由保定育德中学毕业,升入中法大学。民国十四[年]毕业,考取留法里昂大学毕业。曾充津市政府秘书。抗战期间,以教育部在津督导员[身份],从事介绍失陷区青年及专门人才,转入后方求学或参加抗战工作。藉充任伪市立第一医院附设高级护士助产职业学校教务主任,以资掩护。因为人洒脱、健谈,与人无芥蒂。所作地下抗战工作,尤能坦荡不惧,放胆进行。一般青年经其激励感动,潜往内地者不少。惟其秘密漏泄,卒于三十三年春,被敌伪捕获。虽在严刑审问之下,坚忍不屈,是年冬,竟死狱中。"据此可知,王润秋牺牲时,实年44周岁。

---

① 《为检送中国革命及抗战史料事与卫生局来往函(附清单等)》,天津市档案馆馆藏档案,档号:401206800-J0116-1-000265-002。

关于王润秋就读的学校，安志成于 1930 年编《育德同学录（1909 年至 1929 年）》载：王中和为保定育德中学第二十一班（法文班）学生，1918 年 8 月入学，1922 年 6 月毕业。①《1921—1946 年里昂中法大学海外部同学录》载：王中和，籍贯河北，生于 1903 年，毕业于北平中法大学，就读里昂中法大学理科，入学时间为 1927

1947 年 6 月，天津市卫生局提供的王润秋抗日事略

年 8 月 1 日，归国时间为 1932 年 2 月 24 日。②北京中法大学里昂海外部设有同学会，"王中和一九二七年十一月廿日入会"。其于 1927 年赴法当为确实。但此载所及的王润秋生年和归国时间均有误。据《一九三二年四月八日至一九三三年二月二十四日里昂中法大学学生归国表》载："王中和一九三三年二月二十四日归国"，且同日归国者还有该校学生彭礼端。③因此，王润秋 1933 年归国当属不误。另据此可知，王润秋求学期间常用名为王中和。

1948 年《第二次中国教育年鉴》第十五编第四章《抗战时期文

---

① 河北省保定市政协文史资料委员会：《保定文史资料选辑》第 12 辑（百年名校育德中学），1994 年版，第 327、341 页。
② 李尘生编：《欧华学报》1983 年第 1 期。
③《中法大学月刊》1933 年第 1 期第 144 页。

教人士忠贞及殉难事迹·殉难人士》中，则列有两位名叫王润秋的生平事迹。一属河北省："王润秋，北平人，任北平战区教育指导员，三十二年在北平被捕，经敌严刑拷打，死于狱中，年三十九。"二属天津市："王润秋，于平津沦陷后，充任教育部北平战区教育督导工作，常川驻津，运送青年及技术人员至后方升学服务，并联络津市私立学校，破坏敌伪奴化教育之实施。三十三年二月，被敌宪兵逮捕，拘押于北平敌陆军监狱，备受酷刑，以致失明。三十三年十二月，瘐死狱中，时年四十五。"①其中，第二位王润秋即本文所述的王润秋。

另据张卓然《沦陷后我在天津教育界的抗日活动》载，1938年张卓然任天津市战区教育督导员后，"电请教育部加派王润秋为干事。王系法国留学，曾任北平中法大学教授，事变后，不与日伪合作，在家闲居。"张卓然秘密组织的天津教育促进会设理事会、监事会，王润秋先任副理事长，后经南京国民政府教育部批准任督导员。张卓然回忆，"一九四二年的一天，我到教育督导员王润秋家商谈工作，谈完后，他送我出来。有一日本便衣特务在马路上将他逮捕押走。当时，日本特务问他：'前面走的是谁？'他说是一个做生意的朋友。日本特务没有追问。我幸免于难。后来，他病死狱中。"张卓然感慨："抗战八年中，我负责日军占领区天津市教育工作七年之久，同仁中被敌人逮捕牺牲者四人、严刑审讯者六人，我幸免于难，有愧于牺牲受害者诸君。"②

---

①教育部教育年鉴编纂委员会编：《第二次中国教育年鉴（四）》，商务印书馆1948年版，第117、123页。
②天津市政协文史资料研究委员会编：《天津文史资料选辑》第39辑，天津人民出版社1987年版，第74—92页。

秦戈《王润秋教授被酷刑致死案》载:"王润秋还秘密进行抗日宣传,保护青年学生逃离敌区到抗战后方等,做了许多有益于抗战的工作。他的活动被伪警察局特务侦知,1944年2月19日,由特务们做眼线,日本宪兵在劝业场门前将王润秋先生逮捕。宪兵队用了各种刑具对他进行拷问,然后判罪,移送到北京日军陆军监狱关押。由于身体受刑过重,于1944年11月25日惨死狱中,时年45岁。"①此文所载与《日本宪兵队迫害知识界著名人士王润秋教授酷刑致死》中的表述一致。

以上所载,对于王润秋的被捕时间和牺牲时间表述不一,即:被捕时间有1942年说、1944年说(包括1944年2月19日、三十三年春、1944年12月等三种记载);在狱中牺牲时间有1944年11月25日说、1944年12月说、是年冬说。其中,王润秋于1942年被捕一说,因属张卓然多年后的回忆,当有误差。而《天津市忠烈祠第一次入祠忠烈简明事迹录》所载,则将王润秋被捕时间与殉难时间搞混了。

2.王润秋遗属得到救助

王润秋从事教育抗战,义无反顾,流尽了最后一滴血。其"身后萧条,子女年幼,无一生利者。殉国前在津全家生活;殉国后,领尸硷葬、生者钱食住所,皆教育促进会张大公、田瑞、张文轩等供给。殉难时,[南京国民政府]教育部曾拨恤金法币七万元,当时折合伪钞三万五千元。光复后,虽又有党部诸友资助,但百物昂贵,来日方长。张大公毁家纾难,已难为继"。此为1946年7月由天津市党部印制分发的《王润秋同志遗族募捐启》所载。张大公是否为张卓然

---

① 李秉新等主编:《侵华日军暴行总录》,河北人民出版社1995年版,第169页。

的化名，尚难确认。已知张卓然原名张东祥，亦名张维民①。抗战胜利后，张卓然任"国民党第八区公路（即华北区公路）特别党部执行委员兼天津区办事处主任"，1947年在津任中国恒大企业公司总务处处长，后任东亚烟草厂副经理，1949年1月初离津。张卓然《中国恒大企业公司创建始末》载："张维民，字卓然，河北曲阳人。上海东亚体育专科学校毕业，北京大学肄业。曾任中等学校教师，教育部主任督导员，国民党县、省、铁路、公路党部委员。"②王润秋遗族获得社会救助，应得到张卓然的协助。

抗战胜利后担任天津市第十区第六保保长的李又尘，曾为天津教育促进会会员。深知其事的李又尘决定为王润秋遗属呼吁，以期帮助改善其生活境况。

1946年6月中旬，李又尘向天津第十区区长王炳勋具禀："为呈报殉国遗族请求救济事。窃查得本保第四甲洛阳道贵厚里5号楼下住户白淑琴，乃殉国［忠烈］王润秋之发妻。同居者为王润秋之一子二女：子名王建华，现年十三岁；长女王清华，现年十八岁；次女王春华，现年七岁。长女在本市省立师范修业；子在特一中学附属小学修业……遵令呈报，并希转详市府，请求照章救济该遗族，以资抚恤，而慰亡灵。"而在《日本宪兵队迫害知识界著名人士王润秋教授酷刑致死》一文中则称，家住"天津市第十一区洛阳道贵原里五号民王淑琴"（1944年十五岁），为王润秋之女。

---

①《讯问何庆元：关于担任伪天津市教育局局长期间如何推行奴化教育等事的讯问笔录（1945年12月7日）》载："二十八年，即与中央教［育］部密派督导员张卓然氏（现易名张维民，为同蒲铁路党部主委）秘密联络，由其妻冯慧敏密传消息。"天津市档案馆编：《日本在津侵略罪行档案史料选编》，天津人民出版社2015年版，第612页。
②天津市政协文史资料研究委员会编：《天津文史资料选辑》第37辑，天津人民出版社1986年版，第166页。

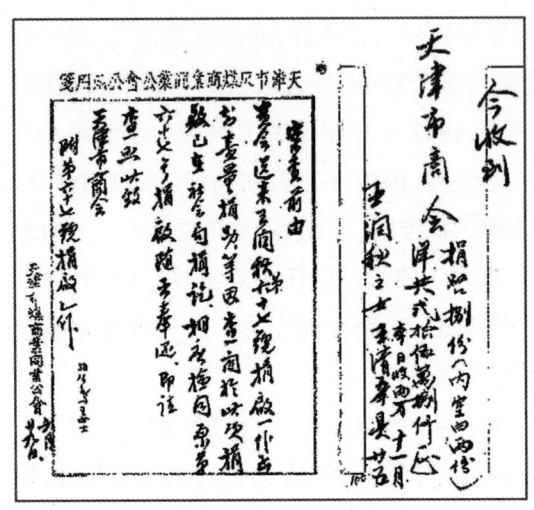

1947 年，天津市煤商业同业公会向王润秋遗族募捐及王润秋之女收到捐款的收条

可见，王淑琴即王清华。而洛阳道时属天津第十区，且并无"贵原里"，只有贵厚里。贵厚里位于今和平区东南部的洛阳道与澳门路交口北侧，南起洛阳道，北通南京路。

1946 年 6 月 17 日，天津市第十区区长王炳勋遂将此情具文呈报市社会局："查烈士王润秋殉难经过，既据该保长呈报属实，自应转请救济，以安遗族。理合检同《王润秋遗族人口单》，具文呈请鉴核。"《王润秋遗族人口单》载其遗孀名为"王白淑琴"。社会局对此颇为重视。6 月 26 日，社会局秘书蒋明德、社会局代理专员梁安签呈："拟传召来局，询明实情后，按贫寒求助办法，每名发给救济金一千元，以示恤助。"此建议后于 6 月 29 日获局长胡梦华批准。①

1946 年 7 月 2 日，天津市第十区公所致函李又尘，命其转告白淑琴，务于 7 月 4 日上午 9 时，赴市社会局社会福利科面谈，以便核实后尽快施以救济。②天津市党部了解到此中详情后，也在同情

---

① 《为殉国遗族白淑琴需要救济等事致天津市政府社会局胡局长的呈（附遗族人口名单）》，天津市档案馆馆藏档案，档号：401206800-J0025-3-006193-006。
② 《为通知白淑琴准时到社会局福利科谈话事致第六保保长李又尘先生的函》，天津市档案馆馆藏档案，档号：401206800-J0025-3-006193-007。

之余,设法予以救助。天津市党部印制分发《王润秋同志遗族募捐启》发给市商会,希望天津市各商界领袖大施援手。

1946年7月23日,天津市商会总务组李洁尘呈文市商会常务委员会:"案准天津市党部民运科交来《募捐启》九份,以王润秋同志曾在抗战期间参加地下工作,遭被敌宪逮捕,逝于狱中。其家境之困苦,笔难莫罄。请将《捐启》酌发各业,尽量捐助,以济艰困。"①7月27日,经市商会专门讨论后,市商会整理委员会分别将《捐启》分发银行业、钱业、绸布纱业、杂货糖业、百货业、金银首饰、纸业、火柴商业、灰煤业等天津市九个同业公会,希望慨予尽量捐助。其附函措辞诚恳,令人动容:"王润秋同志曾在抗战期间参加地下工作,竭智尽忠,宣扬国策,训导青年学子、网罗技术人才,破坏敌人奴化教育,维持国民固有节操,乃遭敌宪逮捕判罪,逝于狱中。今者河山光复,而君之身后萧条,遗族冻馁堪虞……事关褒奖忠贞,救恤遗族,自应尽力办理。"②

当时天津百业凋敝,导致此次募捐并不顺利。1947年6月29日,天津市煤商业同业公会函复:"查关于此次捐款,已在社会局捐讫,相应检同原第六十七号《捐启》,随函奉还。"③天津市纸商业公会甚至一点都不买账,根毛不拔。其于8月13日也将《捐启》退回,并复函称:"事关善举,应即协力,奈以经费拮据,劝募尤感困难,碍难照办。相应检同原《捐启》一份(大五号)备函送请贵会查照,并祈

---

① 《为捐助王润秋家属事致常委会呈》,天津市档案馆馆藏档案,档号:401206800-J0128-2-000389-017。
② 《为捐助王润秋家属事给银行等公会函(附名单)》,天津市档案馆馆藏档案,档号:401206800-J0128-2-000389-018。
③ 《为送还王润秋捐启事致天津市商会函(附捐启一份)》,天津市档案馆馆藏档案,档号:401206800-J0128-3-009438-040。

分交他方捐助。"①好在天津市银行业同业公会总算是给了抗战殉国忠烈遗族一点面子。9月18日,其函复市商会:"兹由各会员银行共同捐助五万元,相应开具支票一纸,随函送达。"②

后经市商会竭力协调,捐款事宜渐次开展。1947年11月25日,王润秋之女王清华到市商会领取募捐款两万元,并留下收款凭条。据市社会局统计,截至此时,王清华已分别领取各界善款共计二十五万八千元。

天津市商会后又不厌其烦地续催尚未进行募捐的同业公会,赶紧上交"王润秋同志遗族捐款"。直到1947年4月1日,天津市钱商业同业公会才函复:"贵会总字第五〇八号大函催交'王润秋同志遗族捐款'一事,查本会募捐六万三千元。相应连同原《捐启》一份函请查收,赐据。"③

抗战胜利后,天津百废待兴,又因当局无能,物价飞腾,人民仍陷水火。这笔捐款虽属杯水车薪,但天津各界仍出于对抗战烈士的敬仰而纷纷慷慨解囊。

十九　孙宝庄的真实身份是中共党员

1946年由天津市社会局文化礼俗科编印的《天津市忠烈祠第一次入祠忠烈简明事迹录》中,载有孙宝庄的生平和抗日事迹:"孙

---

①《为送王润秋募款空白捐启事致天津市商会整理委员会函》,天津市档案馆馆藏档案,档号:401206800-J0128-3-009438-017。
②《为送捐助王润秋遗族款事致天津市商会整理委员会函》,天津市档案馆馆藏档案,档号:401206800-J0128-3-009438-018。
③《为送烈士王润秋遗族捐款事致天津市商会函》,天津市档案馆馆藏档案,档号:401206800-J0128-3-009438-019。

宝庄,中统局①天津区调查员,年三十六岁,辽宁黑山人。公为中统局华北天津区调查员。事变后,在阴耀武区长领导下,从事秘密活动,曾自制炸弹,破坏日寇仓库、工厂及军用列车等重要设施,予敌人实力以极大之消耗。不幸于二十九年,为敌逮捕,被判死刑。同年十二月,被害于北平南苑。"②

1. 孙宝庄即孙快农

锦州市委党史办《锦州地区义勇军的抗日斗争》载:"一九三二年二月份,孙快农(孙宝庄)在黑山县西双岗子组建了抗日救国军骑兵第二旅。"③马加《北国风云录》载,九一八事变后,"有名有姓的义勇军头领非常多……黑山有孙快农"。④

①常见记载多称其为中共党员

如:刘凤梧《回忆黑山抗日义勇军(1927年—1936年)》载,九一八事变后,"由于我们在军事上不断打胜仗,在群众中不断开展宣传鼓动工作。共产党很多组织都派人和我们联系。张寿筱(李兆麟)曾派人和我们联系,孙宝庄也曾派李希久和我们联系。当时我从魏甲山那里知道,李兆麟是共产党派到东北搞武装斗争的,孙宝庄是'共产党国际情报局'做情报工作的"。⑤

又如:周璞《抗日游击队政委孙宝庄》载,1932年后,"孙宝庄曾奔走于天津、北平、沈阳等地,并在北平参加了共产国际"。⑥

---

①中统局全称国民党中央执行委员会调查统计局,也简称"中央调统局",1938年成立。
②转引自天津《民治周刊》第2卷第2期第9页,1947年7月13日出版。
③中共辽宁省委党史资料征集委员会编:《辽宁党史资料》第3辑,1988年版,第207页。
④《马加文集(5)》,春风文艺出版社1982年版,第296页。
⑤黑山县政协文史资料研究委员会编:《黑山文史资料》第3辑,1985年版,第92页。
⑥黑山县政协文史资料研究委员会编:《黑山文史资料》第9辑(人物专辑),1989年版,第49页。

再如：李兴武《论马加的创作》载："我们党非常重视义勇军的活动，曾派李兆麟、宋黎、孙快农、白乙化、张继尧等十六名青年党员回到东北，在奉天特委领导下，组织和领导东北人民开展抗击日寇的斗争。"①

②《黑山县志》载其生平较详

《黑山县志·人物》第一章《革命烈士》第一节《传记》中载其革命事迹：

孙宝庄(1908—1940年)，原名孙圻，又名快农，黑山县城人。生于清光绪三十四年(1908年)，曾就读于哈尔滨某大学，后又考入东北陆军讲武堂。1928年参加中国共产党。同年，讲武堂毕业，被派到驻洮南东北军第二十旅任代理营长。

九一八事变，孙部曾对日本侵略军作战，失败后，于1932年1月回到家乡黑山。孙返乡后，黑山已经沦陷，孙目睹日本侵略者的倒行逆施，不禁义愤填膺，又想到自己身为共产党员，当国破家亡之际，焉能蛰伏家中而不奋起救亡图存呢？于是，他便和西双岗子(距黑山县城十多公里) 李锡久等人，联络一些爱国的仁人志士，于1932年2月8日，在西双岗子建起了抗日义勇军第一军第二旅，孙宝庄任旅长，开展了抗日斗争。但终因势单力孤，寡不敌众而失败。

武装抗日失败后，孙宝庄往来于沈阳、天津、北京等地，在中共地下组织的领导下，从事抗日救亡的秘密活动。1934年，在沈阳办起"树人女子学院"。②他经常用"国家兴亡，匹夫有责"的古训

---

①辽宁社会科学院文学研究所编：《东北现代文学史料》第3辑，1981年印，第54页。
②《1934年伪奉天市公私立中学情况》载，私立树人女子学院位于"大北关榆树胡同"，共有72名女学生，分3班，教职员10人。沈阳市人民政府地方志办公室编：《沈阳市志》第十二卷(教育、科学技术、社会科学)，沈阳出版社1998年版，第77页。

来教育学生。1935年10月间,因其活动被敌人查觉,学院被解散,进步教师被逮捕。为暂避风头,孙宝庄到小河沿莲花寺当了和尚。不久,他去北平。临行时他说:"生命不息,斗争不止,半壁河山,岂能拱手让人?!"

到北平之后,除参加学生运动外,还做了二件事:一、筹办"协济工厂",为逃往关内的学生提供生活保障;二、与白晓光共同创办了《文学导报》,通过文艺作品宣传抗日思想,鼓舞抗日士气,但不久这个刊物被停刊。1937年,孙宝庄在北平东四大街开设一所"宏仁西药房",用以掩护革命活动。

"七七"芦〔卢〕沟桥事变后,根据地下党指示,孙宝庄派东北大学学生沈超去接收京东一支游击队。由于沈超没按指示行动而被捕。孙得知消息后,恐有暴露危险,即转移到天津。

到天津后,他和爱人吕静住在英租界延寿里①,主要任务是破坏敌占区重要设施,自己学会做炸药和自动燃烧器,曾破坏过棉纺厂和水旱码头。这期间,组织上曾决定他和吉雅泰(化名张果真)到承德执行任务。经过山海关时,敌人戒备森严,盘查很紧。孙宝庄扮成修表匠,吉雅泰扮成喇嘛,瞒过敌人,到了承德。到承德后,盘查很严,只好住在孙在讲武堂时的同学、伪满中校团长的宋仰廉家中。宋深明大义,思想进步,在孙宝庄的影响下,愿率部反正。后来,这支队伍在中共地下党的领导下,反正于承

---

① 亦载"英租界延寿里二十六号"。参见周璞《抗日游击队政委孙宝庄》,《黑山文史资料》第9辑第48—50页;景和、万里整理《抗日救国英雄孙宝庄(1908—1940)》,白俊山主编:《辽宁青少年英烈》,辽宁大学出版社1991年版,第30—32页。延寿里位于天津南京路与成都道交口南侧,"主巷西北起成都道,东南至洛阳道,中间横贯6条支巷。长498米……两侧为砖木结构平房。"天津市和平区地名志编纂委员会编:《天津市地名志(01)·和平区》,天津人民出版社1998年版,第191页。

德一带,成为共产党领导下的抗日武装。①一九三九年,孙宝庄奉命去河北遵化,把那里的地方武装 2000 余人改编成抗日游击队,孙任政治委员,在兴隆山一带开展游击战争达半年之久。最后,在一次战斗中被敌人包围,孙带一名通讯员突出了重围,步行返回天津。

由于长期的战斗生活,孙积劳成疾,患了肺结核病。组织上虽再三让他休息,但他为了实践自己的誓言,仍然战斗

1946 年 1 月,天津市冬令救济委员会发给抗战忠烈孙宝庄遗属的领粮证

不息。1940 年 7 月,他主持召开一次党的秘密会议后,在天津的奥租界不幸被捕。同年 12 月,被日寇杀害于北平南苑,时年 32 岁。②

可见,孙快农参加国民党"中统"后,其真实身份仍为中共党员。此举应该是受中共地下党组织指派,渗透到"中统"内部秘密

---

①《锦州人民抗日斗争大事记》载,1937 年"冬季,共产国际情报局又派吉雅泰同志同我地下党员孙宝庄同志,由北平到辽西黑山一带搜集日伪政治、经济、军事等情报。一个月后,返回北平"。中共锦州市委党史资料征集小组办公室编:《锦州人民抗日斗争大事记·1931.9—1945(第二次修订稿)》,1983 年版,第 22 页。

②黑山县地方志编纂委员会编:《黑山县志》,辽宁大学出版社 1992 年版,第 572—573 页。

执行中共抗日特殊任务的。

③王荣升《东北抗日义勇军第一军骑兵二旅和混成三旅五支队始末》所载可为补充。

孙宝庄生于一九〇八年。又名孙折、孙快农,辽宁省黑山县历家乡大孙家村孙寨岗子人。一九三〇年(民国十九年)毕业于东北陆军讲武堂之后,被派到驻洮南地区的东北军第二十旅为中尉代理营长。工作期间,结识了一个苏联友人,受到革命影响,对军阀喝兵血的丑恶行为非常不满。

一九三一年,九一八事变时,由于该旅战败逃散,孙宝庄于一九三二年一月回到老家黑山,住在他家开的同生大药房,秘密的与李锡久(现住黑山历家乡双岗子)商讨组织抗日义勇军。李锡久在西双岗子联系一些人,于一九三二年二月八日(阴历正月初三)在西双岗子组织抗日义勇军第一军第二旅,孙任旅长。当时招募三十多人,不幸被黑山警察局发现,警察局倾巢而出,出动大批军警前去围剿。孙、李二人闻讯后,秘密率队转移到太和、李屯等地。由于敌人追剿甚紧,无处落脚,加之敌我力量悬殊,恐遭不测,故就地解散,这一路义勇军就此结束。

孙宝庄从此外出,为避免敌人的追捕,给家邮回两张穿道袍的像片,说明他已遁世出家了。但实际上,他从家乡出走之后,一刻也没忘记抗日斗争。他曾在冀东遵化一带参加以杨工为司令的抗日义勇军,并任政治部主任。后来他又与吉雅泰(一九六六年以前任内蒙古自治区副主席)一起搞地下工作。孙宝庄于一九四〇年在天津被捕,解放前在北京南苑就义。

孙宝庄当年离开黑山后,其父孙尚品曾被日寇当做抗日家属抓往奉天关押审讯,险遭杀害,后经多方营救获释。①

百度文库《1919年—1931年东北讲武堂黑山籍学员表》载,孙宝庄(时亦名快农),东北讲武堂第九期步兵科第八队学员,20岁,中尉,通讯处为"本城天海当"。1928年3月9日,由张学良署名的《东北陆军讲武堂陆军军士教导队招考讲武堂第九期学员广告》载:"第九期学员仍行招考中学学生,惟在入堂前应令各生行先入伍……本队即以教育学员完成讲武堂候补之学识为宗旨……以三个月为教育期间,两个月为入伍期间,期满后升入讲武堂,十二个月毕业。"②据此判断,孙快农毕业于东北讲武堂的时间最迟也应该在1930年之前。

2. 作家马加对孙快农的忆述

1936年,孙快农在北京参与左联杂志《文学导报》出版工作时,与马加结识。《文学导报》由"北方左联成员白晓光(马加)、张露薇和他们的同学叶幼泉合办,张露薇编辑,白晓光分工印刷出版。8开本,1936年3月创刊……张露薇退出后,经组织同意,左联成员路一前来和白晓光共同负责《文学导报》。此后,该刊由中共北平市委直接领导,上级又派了季里、艾路、石果、孙快农等同志充实编辑部,不久,《文学导报》第四五期合刊,以新的面貌出现在读者面前。这期是'国防文学创作专号'……该刊出到第6期(1936年12月)停刊"。③

马加《回顾延安文艺座谈会》载:"我在北平时期,曾经认识一

---

①《黑山文史资料》第3辑第100—101页。
②转引自毕万闻编著《金凤玉露——张学良与赵一荻合集》第1部,时代文艺出版社2000年版,第283—284页。
③姚辛著:《左联史》,光明日报出版社2006年版,第38—39页。

位第三国际朋友孙快农,和他有些革命活动和来往,有人就怀疑孙快农和我是搞'红旗政策'。多少年后,经过辽宁省委审干调查,证明就在'延安抢救运动'以前,孙快农同志由于进行地下革命活动,被天津日本水上警察逮捕,送到北平日本军事法庭审讯,慷慨就义,早已成为烈士。"①

《马加评传》载:"1936年夏天,马加在北平德胜门里古庙里居住的时候,结识了邻居孙快农。孙快农,东北陆军讲武堂毕业,从一位苏联朋友那里接受了进步思想。'九一八'后,组织义勇军,当了旅长,是一名地下党员。后来,他离开义勇军到北平从事秘密工作。两人结识以后,经常在一起谈论抗日救亡、东北沦陷、当年义勇军的情况,探讨中国的前途,在接触中相互信任。[孙快农]告诉了马加自己是满洲省委的,也在第三国际。两人建立了真挚的情谊,马加对孙快农既尊重又崇拜,是他心中的英雄。他神奇莫测,出没无常,有时着学生装,混迹于大学校园;有时穿工人劳动服,穿梭于工厂;又有时西装革履、文质彬彬,和东北军军官交往。他热情坦率,侠肝义胆……中国全面抗战开始了,孙快农当时正组织一个战区服务团,到前线去慰劳支持二十九军抗战……于是,他动员马加能参加实际斗争,到战区服务团工作……1974年10月,辽宁省委派人向马加正式通知这段历史结论:确认孙快农同志的烈士身份,马加同志是无辜的。原来,马加离开北平后,孙快农继续在北平从事地下工作,1948年在天津被水上警察逮捕,押解到北平南苑,英勇牺牲。至此,这段遗案才算有了明确的结论。"②此载将孙快农牺牲

---

①欧阳山等:《沿着毛泽东思想的道路走来》,文化艺术出版社1989年版,第39—40页。
②刘秉山著:《马加评传》,辽宁大学出版社2000年版,第55—56、83页。

时间记载为1948年,应属不确。

关于孙快农被捕牺牲的时间,马加也记载为1940年,而非1948年。即:"我的一个主要社会关系是孙快农,组织上已经审查清楚了,他不是什么'红旗政策'人物,他是一位很老的共产党员,他在东北领导过义勇军,在冀东游击队做过政治部主任。1940年,他去天津从事地下活动,被天津的敌伪水上警察逮捕,送到北平南苑日本军事法庭审讯,慷慨就义,成为烈士。"①

3. 孙快农也被记载为"孙琦""孙奇"

前引资料载孙快农"原名孙圻""又名孙折"。《锦州人民抗日斗争大事记》则载:"孙快农(又名孙沂、孙宝庄)在黑山县西双岗子村,组织抗日义勇军骑兵第二旅。"②孙快农会有这么多别名吗?其中必有误植。不仅如此,还有记载将其名记载为"孙琦""孙奇"。

①《毕力格巴图尔》载为"孙琦":

一九三五年春,为工作便利,毕将妻子赵林枣接到北京,与吉雅泰同住在前门外五圣庵的一家民宅里……一九三六年一月,毕力格巴图尔由吉雅泰等二人介绍,加入中国共产党……一九三六年秋,毕力格巴图尔在住所偶遇前中共临河县委书记王森等三人,曾给其经济资助。也在此时,由东北流亡北京的一个青年学生叫孙琦的,与毕同住在首善公寓。这个青年救亡心切,说要到新疆找盛世才,经毕劝导未去。后久居渐熟,毕力格巴图尔看他较为可靠,向上级反映,经批准后,收他为地下工作人员……本年秋末冬初,东北逃亡北京的人更多,毕力格巴图尔根据上级的意图,在广

---

①马加著:《血映关山——神州烽火录》,中国青年出版社1990年版,第353页。
②中共锦州市委党史资料征集小组办公室编:《锦州人民抗日斗争大事记·1931.9—1945(第二次修订稿)》,1983年版,第8页。

安门办了个"协济工厂",由孙琦出任经理,专门收留东北流亡失所的贫苦人。不久,便容纳几百人,但因工厂目标太大,人员渐复杂,毕、孙二人便离开,另想出路。孙琦在东北曾开设过药房,稍通药理,所以毕力格巴图尔决定设一西药店掩护工作,经组织同意,毕力格巴图尔在西四牌楼租两间房子,挂牌为义达里宏仁西药店,毕力格巴图尔任经理,孙琦任副经理,并聘请了一位有文凭的女药剂师和一店员。生意兴隆,工作很顺利。

七七事变后……九月,毕力格巴图尔和孙琦根据组织的紧急指示,派人前往门头沟摸清一支游击队的情况,以备武装抗日。此事,东北大学学生沈潮参与。但他出发不久,便在城内被日本特务捕去。毕力格巴图尔发现异常,立即通知孙琦于当日上午迁往东城区,自己回店烧毁文件,撤下一千元的资本,火速赴津。果不出其所料,当天药店被封,药剂师被捕……到天津后,他暂住英租界。上级决定,毕力格巴图尔由搜集情报工作转为对敌破坏。此时,日本人正计划进攻武汉,因此,大力破坏平汉、北宁两线及所有桥梁和火车头、军用仓库,就显得非常重要。毕力格巴图尔到津前,从海参崴回来的刘青山夫妇已在英租界隐蔽,并进行对日的破坏工作。毕到后,他们分成两组。毕力格巴图尔、王森、孙琦为一组,由毕担任组长,主要任务是负责爆炸、燃烧技术指导和制作……毕力格巴图尔、王森、孙琦一组在太古码头上布置地工人员,扮作搬运工人,给日寇的轮船上装上定时炸弹,把日寇两艘满载军需物资的轮船沉入太平洋;还派东北女学生吕琳(即乌兰)等在北京、天津两地相继炸毁号称"天皇陛下之资本"的中原百货公司;并不断烧毁鬼子的军用草垛、棉花仓库……他们紧密团结广大码头、铁路工人,所以工作干得非常出色,在海河边上不断点起抗日烈火。

一九三八年二月，在北宁路古冶车站，毕组织炸毁一火车头后，工人小陈擅自用余下的灰色炸药想再炸另一车头，结果被捕，供出毕与其见面的时间地点……组织上决定毕力格巴图尔暂时离开天津……一个月后，他奉命和孙琦到冀中组织武装破坏工作。因孙认识留在河北容城一带之国民党五十三军万福林〔麟〕部（国民党南逃时残留的一部分人），便决定到河北省容城县，利用这个关系进行破坏工作。适逢冀中新城驻军游击第八路刘克忠之一部，由朱占魁（以后变为"托派"）带领在该地区活动。言称是他们的活动地区，不许毕、孙二人在此停留，并将二人捕送其政治部，又由其政治部转送晋察冀军区，经聂荣臻司令和彭真[出面]，才搞通关系。之后，毕力格巴图尔当上了晋察冀军区司令部侦察科长，训练了二百多名侦察爆破人员。之后，毕请求回天津，军区批准。一九三九年三月末，毕力格巴图尔返回天津，寻找组织……六月，组织决定毕力格巴图尔回绥远地区……①

已知《毕力格巴图尔同志》中的部分记述，应据毕力格巴图尔的回忆文章《平绥路地下（一九三四至一九三七年抗日活动的片断）》一文而来。不过，毕力格巴图尔在《平绥路地下》一文中的《左膀右臂》《宏仁西药房》两节中，并未记载为"孙琦"。

---

① 《毕力格巴图尔》又载，毕力格巴图尔(1908—1974)，蒙古族，原土默特旗什兰岱村人。学名赵璧城（也载为刘璧城），曾用名图穆洛夫、杨立登、姚瑞庭（也载为姚瑞亭）、王福元、赵子玉、周振。新中国成立后任内蒙古自治区公安厅厅长、内蒙古自治区党委书记处书记等职。参见土默特左旗土默特志编纂委员会编《土默特史料》第13集，1983年印，第76—89页；张庆国《毕力格巴图尔同志的一生》，中共呼和浩特市委党史资料征集办公室、呼和浩特市地方志编修办公室编：《呼和浩特史料》第8集，1989年印，第122—133页。

②《平绥路地下》载为"孙奇""老孙":

一九三五年……初来北京,遇到了很多困难。以前在吉雅泰同志手下唯命是从的国民党百灵庙自治政务委员会驻京办事处的处长包悦卿……组织上出头和他协商,以每月四十元月薪归他,并以每月二百元额外报酬作为条件,要求以他的名义,聘我担任驻京办事处交际股的股长,从此,我便成了"姚瑞庭股长"了……

洪格尔图战斗之后,组织上命令我埋伏下来,发展组织。我便以商人身份搬到首善公寓里住下来。这是一个相连三所组成的几个四合小院的寓所,我租了一间单间东房。……

在这个公寓里,搬进来一个叫孙奇的青年人。也不知道他怎么听说我是从绥远来的,便向我打听从绥远到新疆的长途汽车需要多少路费?谈话之间,我了解了他是个东北流亡进关的有志青年。东北人对鬼子的仇恨比别人更深。我心里暗暗的琢磨着,应该怎样接近他、启发他。于是,一有闲暇时间,就主动找他闲聊:"你为什么要到新疆去啊?""我的一个同学在那里。""听说新疆主席也是从东北去的?""是。我就要去找他——盛世才。以后,以后……好打回老家去!""打回老家去,是应该啊!那你为什么偏要到那么远去呢?在这儿打不更接近鬼子吗?跑到没有鬼子的地方去打鬼子,不等于临阵脱逃吗?"我就这样一次再次的和他谈,打消了他去新疆的念头,也激起了他向鬼子复仇的怒火。后来,他便决定在北京留下来,他每次见我就问:"怎么办?""我帮你打回家去。""怎么打?""慢慢来。"就这样,经半年多后,正式和我一起工作了。这给我们的地下组织,又多增加一份力量……

一九三六、[一九三]七年,从东北逃亡来北平的人更多了,我们根据组织上的意图,在广安门办了个东北协济工厂①,由孙奇同志出头经营,专门收留东北流亡失所的一些贫苦人。不久,就容纳了几百人。后来,因为东北救济协会看到了这里有油水,他们要来直接抓,同时还混进来了几个坏家伙。我们一看这里的工作是不易开展了,便让出了这块阵地。

组织上认为办工厂目标太大,要我们另想出路,并给了我们七百元现金作为资本。因为孙奇在东北曾开设过药房,这方面有些经验,而且药品是我们工作上不可少的东西,我们便决定办个药房。在西四牌楼,我们租了两间房子、一间门面,还聘请了一位有文凭的女药剂师和一位售货员。字号就叫宏仁西药房。生意很兴隆,工作很顺利。到七七事变之后,我们已经赚了三百多元。

七七事变以后,抗日活动更活跃了。为了工作方便起见,我便以药房经理身份搬到药房来住了。孙奇是副经理,因为他的妻子、妹妹都来了,所以他还住在家里。我们还筹划着请一位名医,再附设上个诊疗所,到那时,工作起来会更方便,因为接触面会更广。

一项紧急任务分配下来了。组织上要我们马上设法派人去门头沟,把一支游击队的情况搞清楚,以便有武装的打击日本鬼子。因为时间紧迫,我们找到了一个进步青年,虽然我们只要他一人就成了,曾一再叮嘱他不要和别人谈。但他背过我们又找了几个人,而且没有进一步调查那几个人的身世,就准备出发了。在老孙去给他送路费的时候,我还再三叮嘱:"可不能再带别人,也不能告诉他我们的住址,更不能让他知道了药房。只能每月逢三在公

---

① 有记载称协济工厂创办于1937年。《国内劳工消息——民国二十六年四月份》载:"华北实业协济工厂,原定三月一日开办,嗣于四月间因故被当局解散(四月八日《北晨》)。"《国际劳工通讯》1937年第5期第100页。《北晨》即北京《晨报》。

园接头。老孙点点头出去了。

我借对方不识之机,随他身后也跟了出来,以便考核工作人员之忠实程度。我亲眼看到老孙把一卷钞票交给了他,这个人便向另一条街上走去,并又和另一个人见面了。我也就悄悄地跟了上去,看看他们是不是马上就出发。没走出多远,这两个人就分开了,每人走进一条胡同,我不能同时跟两个人,便停在一个胡同口向里望着。我亲眼看着那个人走进了第二个角门。这时,我心想:要糟!在街口徘徊了好半天,还不见那个人出来。正好对面有一家豆浆馆子,窗子正对着这个胡同。我便走了进去,要了几个油条和一碗豆浆,对着窗子坐下来。八点钟左右,日本人来了。我眼看着一辆小汽车和两个摩托车开进了那条胡同,并在那个角门外停了下来。没过几分钟,几个青年汉子被架上了汽车,其中正有刚才领钱的那个人。我明白了,这完全是走进另一条胡同那个家伙办的事!

我急忙赶了回来,一见老孙,我就问他:"那个人走了吗?""走了。我告诉他马上出发。""他没走,已经被捕了!""什么?"当然他要感到突然。我把刚才看到的事,原原本本地都告诉给他了。我问他:"你都向他说了些什么?""没说什么呀!"老孙想了想又说:"我只说过,等他回来,我家里可以腾出一间房子给他住。"平素那么精明的小伙子,此刻却战战兢兢了。"你马上搬家吧!""现在就搬!往哪搬呐?""搬到东城去!""东西怎么办?""能卖就卖、能扔就扔,我们现在主要需要保住人。在十一点以前,你必须搬走。""为什么要在十一点以前呢?"他有点莫明〔名〕其妙了。我告诉他,这个被捕的人已经完全知道了他是东北人,还知道了他有妻子和两个妹妹……有了这些,鬼子便会在户口册上查出来他的住址。所以他必须搬家。"为什么一定在十一点以前呢?"老孙探询的问我。"你想,他们得经过审讯以后,才能知道你的情况,他们还要查户口册子,这不都需要一些时间吗?当然,他们一查到,就马上来的。"

老孙完全接受了我的意见,他站起身要走时,又悄悄地问我:"那药房怎么办?""由我负责处理。你就快安顿你的家去吧!"他走后,我整理了一下东西,我也准备随时远走高飞了!我在老孙家门口转了一个圈子,看看没有什么动静,为了不引人注意,我就转到胡同口,远远瞭着。一点半钟,鬼子来了。他们没有得到什么,老孙全家已经搬走啦!可房东和房保裁缝却倒了霉!我没等鬼子出来,很明显他们要盘问房东和房保,我估计这回药房也要暴露了。因为以前,老孙曾带着药瓶子、药具等到裁缝家去过……

我回到了药房,先把文件烧了(那时的文件都是胶片),又把柜台上的两瓶治红伤的药,装进皮箱里。这时我想:万一以后打游击时受了伤好用啊!我拿上一块毯子,推着自行车刚要走,药剂师跑了过来,她问:"姚经理,您到哪去呀?""啊,今天车票好买,我到上海去一趟,办点货。你们好好地看着门吧!"说完,我便骑上那驮着皮箱的自行车,离开了这条街。

在一家当铺里,我当了带出来的皮箱,又在旧货摊上卖了自行车。到澡堂洗了个澡,换了一身衣服。傍天黑时候,我又转到药房的街口,从老远就看见一群人拥挤在那里,日本鬼子已经包围了药房……此刻,我只得丢下组织上的一千元资金,远走高飞了!我设法把药房被破坏的消息,通知给同志们以后,就在这天夜里,怀着满腹仇恨,搭上去天津的火车,离开了我活动了四年的革命根据地北京。①

---

① 毕力格巴图尔(琴子整理):《平绥路地下(一九三四至一九三七年抗日活动的片断)》,参见中国作家协会内蒙古分会编《英雄篇章》,内蒙古人民出版社1959年版,第50—67页。

毕力格巴图尔在极度危险面前,如此从容不迫、神机妙算,着实令人佩服得五体投地。但是此文显然也把"孙奇"描述成了不谙世事、脑子不好使、缺乏斗争经验的毛头小伙子了。

《呼和浩特市志》介绍毕力格巴图尔生平时,亦载为"孙奇",即:"七七事变后,北京沦陷。毕力格巴图尔在京活动据点被破坏。后转赴天津,领导王森、孙奇两人,焚烧了日本侵略军的两艘轮船,指挥地工人员在古冶火车站炸毁日军火车头。"①

《"王老板"的传奇故事——记国务院参事王森》一文则注重反思,文中表述不失冷静:"[卢沟桥事变前,]另一同志在组织的资助下,在北平成立了织袜厂,后又开了'宏仁西药房',最后在天津的'同仁药房'作掩护,搞秘密活动。一个个都因自己人暴露而遭破坏,人钱两失,教训太深刻了。"②据此判断,天津同仁药房应与孙快农在津从事秘密抗日活动有关。

③《吉雅泰》亦载为"孙圻":

一九三七年,吉雅泰等在天津活动时,旺立考夫把他们介绍给刘青山及其爱人荣少卿,使津京两地的地下人员取得联系。

七七事变后,吉雅泰在京津等地又坚持了一年地下工作。当日寇侵略的锋芒指向上海、南京时,盟国为对付日本侵略军,战略部署有了新的改变。因此,旺立考夫让吉雅泰先出山海关。关外是所谓"满洲国",日本人控制得非常严,通往关外的通道都做了封锁。日本人在天津设有"海关",到东北必须持有出关证,才允许乘车。吉雅泰扮作商人,到了天津,以到关外经商的名义领取出关

---

① 呼和浩特市地方志编修办公室编:《呼和浩特市志》下,内蒙古人民出版社1999年版,第843页。
② 王元慎著:《往事追踪——名人轶事与社会写实》,群众出版社1998年版,第324页。

证,但未被批准。

他回京汇报了组织,组织上让孙圻的妻子吕惠芳及其两个小妹妹与他一同出关,让吉雅泰扮作送亲友的样子。吉雅泰穿着长袍,陪同吕惠芳姊妹,再次到天津。这次,[伪]天津海关发给了出关证,但到了山海关,硬把吉雅泰留下,理由是"送家眷可以,不必去人。"

其后,吉雅泰了解到喇嘛可以不要护照出关,他又回到他常住的雍和宫。他奉组织命令,"削发为僧",穿上紫黄袍马褂,扮作活佛,又带两个大喇嘛同行,这才出了山海关。

在承德,他住在喇嘛庙里……等了好久,才与孙圻见面。两人一起到了大虎山黑山县孙圻家开的小药铺。那里距离沈阳很近,又有日寇的军火库,是地下工作人员引以注目的地方……

吉雅泰这次去东北,比较详细地了解了抗日联军余部的所在地,并且建立了地下工作站的基础。他为小药铺购买了治猪瘟的药,以便通过出售,接触附近农民,获得更多情报……

从一九三四年到一九三八年,吉雅泰在京垣一带搞地下工作期间,曾领导过毕力格巴图尔、王森、孙圻、吕惠芳以及通过王森吸收的乌兰……①

吉雅泰《内蒙古革命史上的几个问题》也称,1938年前,"和我在一起工作过的有毕力格巴图尔、王森、孙圻夫妇……"②

---

① 《吉雅泰》又载,吉雅泰(1901—1968),蒙古族,原土默特旗三两村人,又名吉岱峰、吉亚太、王西、赵福、赵丹寿、赵延寿,老张、阿其利也夫、尔老宁等。参见土默特左旗土默特志编纂委员会编辑《土默特史料》第十三集,1983年印,第1—25页。
② 乌嫩齐主编:《一代英豪——建党初期的蒙古族共产党员》,民族出版社2001年版,第196页。

④"孙琦""孙奇""孙圻"均为孙快农

据以上所载的"孙琦""孙奇""孙圻"事迹,与前文所载孙快农生平内容均有较高契合度。

不过,舒季衡《国民党军统局在天津的特务活动》却载:"一九三二年春,复兴社特务处在天津建立了特务组织——天津站……先后充当电台台长的有丁湘峨、何健、程浚、李仲英、孙圻等……一九四八年秋,唐山组扩建为保密局唐山站,由张×藩任站长,孙圻任电台台长。同年十二月,唐山解放,站、台均撤回天津,借住现新华南路天津站联络处内。天津解放时,张、孙均被俘。"①此处提及的孙圻,应另有其人,也即属于重名,不应将其与孙快农混为一谈。

笔者判断,"孙圻"为孙快农另一姓名,而"孙琦""孙奇"均指孙快农。因"圻"与"琦""奇"同音,因此,毕力格巴图尔在回忆文章中载为"孙奇"、党史资料和文史资料载为"孙琦",均属情有可原。如是,"孙折""孙沂"均为误植。

而据常见记载,毕力格巴图尔、孙快农均生于1908年,毕力格巴图尔因之称孙快农为"老孙",亦属顺理成章。但其中一些关键细节仍需查考。如:《天津市忠烈祠第一次入祠忠烈简明事迹录》载,孙快农1940年牺牲时"年三十六岁",若据此载,孙快农约生于1904年。

4.孙快农在津具有双重身份

《天津市忠烈祠第一次入祠忠烈简明事迹录》亦载阴耀武生

---

① 天津市政协文史资料研究委员会编辑:《天津文史资料选辑》第26辑,天津人民出版社1984年版,第159—160、191页。

平,即:"阴耀武,中统局华北区区长,年四十三岁,河北容城人。抗战军兴,华北首先沦陷,一般无耻奸伪,认贼作父,事敌叛国。公于斯时,发扬正气,深入虎穴,督导党政,扶良除奸。沦陷区之人心不死者,公之力为多也。公为北平郁文大学毕业生。'七七'前,曾任中统局上海区长及军委会第六部专员。事变后,奉命长中统局华北区长及河北省政府委员等职。三十年,返渝述职,继奉命派充冀察战区党政总队总队长。不幸于三十三年中原大战时,亡于战场。马革裹尸,公志成矣。"

阴耀武 1933 年已在国民党特务工作总部(中统前身)工作,后为中统派系中的"北方派"代表人物之一。1937 年"八九月份,国民政府军事委员会改组为大本营,下设第一至第六共六个部,以陈立夫为第六部部长,主管组织训练。陈立夫调徐恩曾任该部第四组中将组长,徐再将特工总部的一大批人员调往第四组工作,分别挂有少将、上校、中校军衔。调往第四组的人员所做的工作仅有一项,即成立十个'战地工作团',分别设在苏北、赣北、安徽、河南、河北、晋绥等地,由特工总部人员陈中柱、王杰夫、阴耀武、刘桂等分别担任团长。但仅半年时间,大本营再次宣布改组,原设立的六个部全部撤销……这十个战地工作团,使得经费无法落实,只好宣布解散"。①

1939 年 7 月,河北省党部改组,国民党中央新派阴耀武等 13 人为执行委员。此际,国民党河北省执行委员会机关正随军在河北省南部活动。1939 年 10 月至 1940 年,阴耀武任河北省党部第

---

① 张文口述:《特工生涯——232 号战犯张文(张国栋)口述实录》,江苏人民出版社 2011 年版,第 178 页。

四督导区指导专员(第四督导区辖遵化、玉田、宁河、丰润、滦县、乐亭、昌黎、临榆、抚宁、卢龙、迁安等十一县)。①

1939年9月28日,华北党政军联合办事处(简称"联处")主任王若僖等17人被捕后,国民党中央指派中统局华北区区长阴耀武代理"联处"主任,以期将"联处"建成"华北工作之总枢纽"。1940年1月3日《阴耀武致朱家骅、徐恩曾并转蒋介石函》:"除加强联系华北各党部工作、网罗平津军政名流外,对冀鲁察绥军政工作人员亦拟分别予以密切联络。"②天津英租界56号路黄家花园义聚和米面庄、老西开法租界53号路私立匡时小学校均为联络据点③。

阴耀武负责联系北宁路党部,1940年一度代理改组后的天津市党部主任委员④,但工作开展得并不顺利。《1940年河北各党务指导区工作情况一览表》载,阴耀武"常驻天津,虽有消息,而工作报告则甚寥寥"⑤。1941年,阴耀武遭日伪悬赏通缉,"联处"主任改由天津市党部主委韩振声代理。总之,孙快农牺牲时,阴耀武仍在任。

与孙快农在津一同被捕殉难的还有马博泉、王有为。《天津市忠烈祠第一次入祠忠烈简明事迹录》载:"马博泉,中统局华北天津区调查员,年四十六岁,辽宁辽阳人……专事破坏敌人军事设施,颇多建树。事机不密,于二十八年七月,与孙宝庄烈士同时被捕殉难";"王有为,中统局华北天津区调查员,年三十三岁,辽宁

---

①河北省地方志编纂委员会编:《河北省志·国民党志》,中华书局2005年版,第25、33、403页。
②朱家骅档案,档号:301-01-06-201。台湾"中央研究院"近代史研究所藏。
③《阴耀武致朱家骅函》1940年6月1日,朱家骅档案,档号:301-01-06-196。
④《天津市党部工作概况》(1938—1940),朱家骅档案,档号:301-01-06-192。
⑤《河北省党部二年来之组训工作》(截至1940年4月),国民党河北省党部档案,档号:611-1-3。河北省档案馆藏。

庄河人。公与孙宝庄烈士，同在阴耀武区长之领导下，从事秘密活动，并协助孙烈士破坏敌人军事设备，颇著勋劳。后不幸与孙烈士、马烈士等同罹于难。"①

有记载表明，在辽宁民众抗日自卫军总司令唐聚五将军麾下抗日武装中，即有名叫马博泉的支队长。《桓仁县志》载："民国19年（1930年）3月8日，东边镇守使于芷山部（司令部驻山城镇）步兵第一团（团部驻凤城）第一营，由辑安调至桓仁，营长马子和（马博泉）。营部及一、二、三连驻桓仁，四连驻碱厂。民国21年4月21日，团长唐聚五于桓仁举旗抗日，全营集体参加辽宁民众自卫军，改编为第一路军。唐聚五为自卫军总司令。同年5月，辽宁民众自卫军第一路军在司令唐玉振率领下，开赴宽甸前线，同日伪军作战。"②《东北民众抗日义勇军统计表》载，马博泉为独立第十二支队负责人。③

"中统调查员"这个职务，是孙快农在津从事地下抗日斗争期间的特殊身份，其间，孙快农应承担中共地下党组织秘密指派的抗日使命。

抗战胜利后，国民党当局直接操控天津市忠烈祠入祀祭奠，在三次入祀审查时，均将抗战期间英勇牺牲的中共党员排斥在外。

笔者判断，国民党当局应未发现孙快农的中共地下党员身份。否则，其当时能否入祀天津市忠烈祠还是未知数。幸1992年版《黑山县志》亦将其列为革命烈士，并载其传记。

---

①天津《民治周刊》第2卷第2期第9页。
②桓仁县地方志编纂委员会编：《桓仁县志》，方志出版社1996年版，第569页。
③吉林省地方志编纂委员会编纂：《吉林省志》卷十四《军事志》，吉林人民出版社1996年版，第66页。

经以上缕析史料可知,孙快农在抗战中前期(也即非常困难的一个时期),面对血雨腥风,不畏强敌、不惧险阻、不计得失、不惜捐躯。其在特殊战线的抗敌壮举,尤令后人钦佩。在刀尖上行走、在生死线上穿梭——孙快农不啻为活跃在沦陷区的抗日传奇人物。那么,孙快农在津期间又是如何利用其双重身份,在艰苦环境中竭力驾驭复杂形势、冷静应对残酷局面的呢?已见记载未明其详,个中详情值得继续深入挖掘。

二十 小学教师张鸿相积极宣传抗战

1946年由天津市社会局文化礼俗科编印的《天津市忠烈祠第一次入祠忠烈简明事迹录》载:"张鸿相,天津市党部宣传干事。年二十七岁,天津人。烈士家业农,小有资产。小学毕业后,家道骤衰,势将辍学。烈士以苦斗之精神,再深造于'市立师范'。毕业后,任市立第五十小学教务主任,曾创办《儿童》半月刊,启迪儿童爱国心。事变后,离津至南京,旋奉命返津,从事地下工作。二十九年六月为敌捕,亡于狱中。"①

1.1935年为天津市立师范学校学生

《益世报》1935年3月28日载《津市高中科学讲演竞赛昨预赛结果揭晓》称:"中国科学化运动协会天津分会主办高级中学科学讲演竞赛会,参加者共有十九校,三十六人于昨晚七时半在本市一、二、三、四宣讲所分别举行,内分四组……第四组由朱铁臣主

---

①天津《民治周刊》第2卷第4期第9页,1947年8月10日出版。

席,由李仲吟、杨十三、于桂馨评判……每组取录二名,该会定于本月三十一日(星期日)下午二时,在东马路青年会举行决赛……兹将昨晚讲演人员、题目及取录者志后……第四组:徐鸿瀛(新学)讲无线电传声之原因、朱宝鹏(天津女中)讲我国工业与科学知识、沈聿温(新学中学)讲水、张继祖(弘德商职)讲镭发现的经过与其重要性、宋淑贤(圣功中学)讲电能、张鸿相(市师)讲无线电浅说、高尚信(市师)讲无线电浅说、姚念华(圣功中学)讲植物与人生。取录者:市师张鸿相、圣功女中姚念华,两人被取录。"

《益世报》1935年3月31日载《津市高中科学讲演今日举行决赛》:"中国科学化运动协会天津分会,主办高级中学科学讲演竞赛会,前分四组在本市四宣游所举行预赛,计取录吴祖贻等八名。业志本报。兹悉该会定于今日(三十一)下午二时,假东马路青年会礼堂内举行决赛,任人前往听讲。定由北洋工学院院长李书田主席,并聘教育界名流刘敬舆、方颐朴、李琴湘等三人担任评判,当即宣布优胜结果。同时由主席李书田举行发奖。在结算各生讲演分数评定甲乙之时,由艺曲改良社社员唱'科学救国'大鼓书助兴。兹将决赛程序志后:决赛程序:吴祖贻(南开中学)讲'吃饭'、王槐珍(女子师范)讲'为什么要种牛痘'、庆克娴(中西女中)讲'疟疾病'、丁秉仁(天津中学)讲'糖'、郑淑婧(民众实验学校)讲'苍蝇与人生'、张家祺(法商学院)讲'纸烟与卫生'、张鸿相(市立师范)讲'无线电浅说'、姚念华(圣功女中)讲'植物与人生'。"

2. 参与创办《天津儿童》杂志

《益世报》1936年1月22日载《〈天津儿童〉二月一日出版》:"本市近有师范学生数人,为供给儿童读物起见,特筹备出版《天津儿童》一种,专刊儿童需要之知识文艺,并选刊小朋友创作,定价每份铜元四枚,订阅半年一角五,全年三角①,社址设西北城角严翰林胡同,每周出版一份,创刊号定二月一日发刊云。"

《益世报》1936年2月3日第9版载《十二位师范学生创办〈天津儿童〉前日创刊,供给适宜读物调剂小学课程》②:

本市西北角严翰林胡同天津儿童社未名先生来件云:在天津,一切的出版物总比较落后。至于儿童读物更少精美完善的。儿童年虽已过去了,但是我们可替小孩子们做了些什么呢?新近一个"天津儿童社"出版了《天津儿童》周报,是一件可注意的事。现在以社中人的立场,向注意我们、关心我们的人,陈述一下。当然先说我们为什么干这东西。从我们自身说起罢!我们是一群才脱离儿童生活不久的年轻人,每一个人虽都怀念过去的童年生活。一想到当时的枯燥单调,心头却不禁难过起来。眼前对着现在正过着童年生活的孩子,总想让他们过得舒服一点、快乐一点,别再白白扔掉这可爱的时光了。所以要替孩子们帮一帮忙,这是我们注意儿童的起点。其次我们想到未来的职责——我们是一群正受着师范教育、最近的将来就该献身儿童教育的人呢!——想到儿童这一代的抚育,将是我们不可摆脱的任务时,我们该大胆地把这职责负担起来,为自己也为儿童打算打算了。

同时,我们又替儿童想,读物的缺乏是一点;小学课程的呆板单调又是一点。为了供给儿童的适宜读物,我们决定办这《天津儿

---

① 王柏年《小学中高级自由阅览指导之研究——北平师大附一小儿童图书馆工作报告》所附《本馆备有儿童用杂志表》中列有天津儿童社出版的《天津儿童》周刊,且载其定价为"全年三角五分"。《师大月刊》1935年第29期第279页。
② 参见天津市地方志编修委员会办公室、天津图书馆编《〈益世报〉天津资料点校汇编》三,天津社会科学院出版社2001年版,第1205—1206页。

童》；为了调剂小学课程，把儿童从几本教科书解放出来，我们决定办这《天津儿童》。

看看我们的《发刊辞》怎样？让我抄下来罢："说不上什么野心，只当是年轻的哥哥陪着年幼的弟弟玩。几个才脱离儿童生活而仍不忘童年快乐的年青人，想为弟弟们的生活帮一帮忙罢了！对儿童，请别害怕！我们不会板起面孔来教训人，更不会轮起教鞭来打手心。我们都是孩子，一块儿生活，一块儿求长进。我们过去的童年可太难受，此后当然不愿意你们依然那样的过。肯让我们叫你做弟弟吗？弟弟们，我痛痛快快、活活泼泼把孩子的活气展开来！对成人，请放心！孩子们交给我们不会出什么危险。到这时，有谁还肯剥削儿童的天性，把他们关在'老成'的笼子里呢？有谁还说课外读物是不合法的呢？我们这一辈已葬送在过去的教育的残酷下了，难道还让下一代仍是死沉沉的下去吗？请救救孩子罢！（恕我们戆直！）《天津儿童》于是出版了！"

从这文字就看出我们的态度来。总之，我们是想在"辅助儿童教育""丰富儿童生活"两原则下，给儿童贡献一个完善的读物。

这报纸的形式和内容呢，我再解说一下：六开的报纸三折和一张十八开的小页，是我们《天津儿童》的整个版面。用六开纸取其较四开纸更玲珑些，不订本为的是版面活动些。最是适合儿童的心理——购买、阅读、保存，这几项我们都费过思索而决定用了这形式。

按文字内容说，是这样的几种：1. 言论——由本社的立场向儿童们有所陈述；或由儿童的立场向社会有所要求。这是代表本社的中心言论。2. 新闻——把一周的新闻，提要的分条的作个介绍，注意浅鲜易解，或作时事图画。3. 时事解说——把每周的大事择其最要者作一解说，以灌输儿童的时事认识。4. 课程补充——为辅助学校教育,把小学课程加以补充。其中有"系统的讲话",有"小研究",有"每周一课"。用生动的文字,增加儿童的知识。5．文艺——诱导儿童鉴赏文艺,启发儿童欣赏本能。是充实、积极的作品。更有连续的童话、故事等。6．儿童作品——专为发表儿童的作品,启发其创作和发表的本能。7．余兴一些游戏的方法的介绍,注重趣味,以养成儿童的正当娱乐。8．图画——适合儿童的趣味,每期皆有相当的图画地位。

按各版面的标题说:"我们的话"是言论,"时事的话"是时事解说,"另外学校"是课程补充,"儿童伴侣"是文艺,"自己的园地"是儿童作品,余兴仍作"余兴"。

我们有什么抱负?当然应从文字内容的表现上显示出来。我们暂时规定这几种的文字,总是希望内容上要充实、中用,使孩子们读了有所得;形式上文字力求浅显生动;编排力求活泼新颖。整个刊物的表现,才是事实的解答。

这报纸已在二月一日出版,每份售价铜元四枚。此后规定每星期四出版,步子已开始了,未来要努力恳挚的走起来。

再介绍一下我们的"天津儿童社"。这社虽是为出版《天津儿童》而成立,但其终极希望是想由这团体发动天津的整个儿童事业的。现在只说组织罢!社员:共十二人。组织:1．社长一人。2．编辑部:部长一人、编辑三人。3．总务部:部长一人、干事二人。4．营业部:部长一人、干事三人。

《天津儿童》的出版和发行,全由本社自理。所有社员都是股东,都是文字的负责者。稿子大家写,用钱大家凑。十几个人的精神财力虽有限,但是努力起来,总可以干点事业。我们不要空挂衔的指导,但我们可诚恳请教本市教育前辈赞助;我们社员虽有限定,但一样的也希望朋友的帮忙!现在我们的通讯处是"天津西北角严翰林胡同"。

最后再抄一段文字罢,第一期《天津儿童》里的"借地启事",请批评! 指导!

"教育界的前辈、儿童的家长均鉴:看到本报的读者当我们这期《天津儿童》送到您手里时,我们这群年轻孩子已是很惶恐的等待着您的指示了! 对于儿童们我们敢大胆的自任指导之责;但是我们这一代,可在等着您那一辈人的指导。您看这次一群年青的孩子所玩的把戏怎样?您可放心把下一代的儿童交到我们手里?……我们是多么挚诚的等您的教训啊! 请您挪一点闲空儿,给我们写个批评! 您可以根据下列几个问题写一个严正的指示,说不上客气,对不?您看:

一.内容方面:1.我们这几门类分配得适当吗?2.还有些什么被我们忽略了呢?3.我们的文字程度,深浅适中吗?4.哪几篇文字合您的意?哪几篇文字稍差?

二.形式方面:1.我们这版式怎样?2.我们的几个报头图案有继续使用的价值吗?3.印刷好吗?颜色怎样?4.各版边外所附标语条文,下期能再印上吗?

三.其他方面:1.我们所定价目合适吗?2.对于这次销行的手续上,您有什么指示?3.你对我们有更大的希望和指示吗?能在第二期出版以前寄给我们吗?麻烦,多谢! 天津儿童社启。"

爱护我们的、关心我们的,请多指导我们! 在这草创期间,我们是把前四期作试办的呢! 希望我们有一个美满的未来,在多方面的指导,扶助和爱护下。

《天津大辞典》载:"《天津儿童》,1936年2月创刊,天津儿童社编辑发行。社址在天津西北城角严翰林胡同。每逢星期四出版。设有:时事的话、我们的话、自己的园地、童话、传记故事、儿童伴侣、借地启事、另外学校、讲话科学、讲话生活、小研究等栏目。内容涉及国内外时事、学校生活、文化知识、诗歌散文、小说连载等。投稿人多是在校学生。天津图书馆现藏最后一期为1936年6月出版的第19期。"①

张绍祖《天津市立师范学校简史》载:"'市师'的学生组织和各种活动是很活跃的,尤其是七七事变前。这对学生的全面发展起了促进作用。'市师'有学生自治会,下设学术、体育、游艺、事务四部……学术部与校教务课还组织过各种学生学术研究团体……天津儿童社,出版《小学生》小报。"②可见,天津市立师范学校确曾在1937年前设有天津儿童社。而《天津儿童》就是由天津儿童社12位师范学生创办的,张鸿相即其中之一。

与此同时,天津还有一张名为《儿童报》的周报。儿童报社的社址设在"天津大经路仁寿里七十九号"。《益世报》1936年2月13日载《"服小"学生得读儿童报》:"前经本部介绍之《儿童报》,为本市一部分爱好研究儿童教育者所主编,社址在天津大经路仁寿里。材料丰富,颇具兴味,为一般儿童所爱读,已销至三千份之多。现已出至十五期。昨承该社长期赠送'益世第一服小'一份,特申谢意!"《益世报》1936年4月3日载《省立师范学生创办的儿童报基础已定》:"儿童报社来函云:编者先生:时光过得很快,这个小小的儿童报,竟已出版半年了……本报今后努力的目标……内容仍分儿童新

---

①来新夏、郭凤岐主编:《天津大辞典》,天津社会科学院出版社2001年版,第107页。
②天津市政协文史资料研究委员会编:《天津文史资料选辑》第44辑,天津人民出版社1988年版,第60—61页。

闻、小言论、童话、故事、笑话、传记、诗歌、小品、小研究、游艺、儿童创作等栏,其中更注重新闻的采集与小品文的选作(作为小学国文补充教材),与'小研究'的增改。仍每周出版一张,必要时再增刊。定价仍照旧(半年连邮费三角八分,全年七角二分)。"《儿童报》刊载的内容与《天津儿童》所载基本雷同,且均为周报。但二者之间并无必然联系。《1910—1948年其他少年儿童报纸简表》载:《儿童报》周报,由天津儿童报社创刊于1935年11月,主编紫受等。①

3.《交通公报》载其生平及褒扬训令

1943年《交通公报》载《抗战以来殉职死难之地方党部工作人员名册》:"张鸿相,天津市党部助干。张同志于廿九年六月,在天津被捕,遭惨刑致病,殉职。"②

1943年《交通公报》载《行政院卅二年八月十一日仁人字第一八〇六〇号训令》:"准国民政府文官处三十二年七月九日渝文字第三九二〇号公函开,准中央执行委员会秘书处三十二年七月二日渝(卅)冬机字第一二八一号公函,为战区党务工作同志死难殉职者,经续查,有程民元等七十四人,经中央常会决议请国民政府于本年七月七日抗战六周年纪念日,予以明令褒扬,录案函达查照转陈办理。嗣复准先后函送中央抚恤委员会、中央调查统计局、中央宣传部、三民主义青年团等战地殉难名册各一份,请查照转陈并案办理各等由,准此,业经陈奉国民政府三十二年七月七日令开,自卢沟变起,我战区党部志士为国捐躯者所在多有,前经调查事实,明令褒扬,兹续据陈报,尚有各省市县及铁路党部工作人员……张鸿相

---

①刘英杰主编:《中国教育大事典(1840—1949)》,浙江教育出版社2001年版,第540页。
②《交通公报》1943年第6—12期第2706页。

……等,或被敌寇杀戮,或遭奸逆戕害,均宜特令彰阐……"①

4.张鸿相殉难时间

另有两篇回忆文章也提及张鸿相:

一是谢天培《解放前国民党天津市地方组织的活动概况》载:"天津市国民党党员,原在组训干事张鸿相手中存有名册,一九三九年冬,张被日特逮捕,后死于狱中,党员名册下落不明,一九四五年转向公开活动后,多方找寻,也没有找到。于是在一九四五年十一月在《民国日报》刊出启事:凡在抗日时期参加工作的党员,必须到市党部组训科登记。"②

二是张卓然《沦陷后我在天津教育界的抗日活动》载:"在抗日救国斗争中有四位同志为国牺牲……一九四二年,教育促进会会员张鸿相。他原是小学教师,一九三九年担任天津市党部干事,在一九四〇年冬天被日本宪兵队逮捕,后来病死狱中。"③

张鸿相之兄1946年对其生平事迹的陈述可为重要参考。《张鸿相被敌人侵害之事实调查》载,张鸿相,籍贯河北宝坻县,被害时住所为"天津旧英租界四十七号路十七号张宅",年龄二十六岁。1946年4月16日,张鸿相之兄张鸿林(年龄四十三岁,天津市党部卫士,永久住址为天津旧日租界灵庄子赵家胡同一号)接受天津地方法院检察官冯浩光调查具结时陈述:"本人之弟张鸿相,于民国二十八年,在英租界四十七号路十七号张家担任家庭教授,至二十九年七

---

①《交通公报》1943年第6—12期第2700—2702页。
②天津市政协文史资料研究委员会编:《天津文史资料选辑》第33辑,天津人民出版社1985年版,第31页。
③天津市政协文史资料研究委员会编:《天津文史资料选辑》第39辑,天津人民出版社1987年版,第88—89页。

月间,在英租界(住址不详)花宅串门,被日本河西宪兵队捕去,羁押二月余,严刑拷打,转送北京第一监狱临时外寄人犯收容所,押至同年旧历十一月二十日,因受刑伤殒命。以上所述,全系事实,并无虚伪。如上项敌人罪行,将来可受法庭审判时,余愿居于告发人或证人之地位。倘有虚伪,愿受诬告或伪证之处罚。此结。"天津地方法院检察官遂将侵华日军此项罪行种类确定为"对平民施以酷刑"。[1]文中所载的侵华日军"河西宪兵队",时位于"天津日租界花园街"。

朱家骅档案(档号 301-01-06-193)载:1939 年 1 月,张鸿相化名张培新,25 岁,国民党天津市党部组训股额外助理干事。

而据《第二次中国教育年鉴》第十五编第四章《抗战时期文教人士忠贞及殉难事迹·殉难人士》载:"张鸿相,三十二岁,天津市人,协助教育部天津区督导员担任报送青年至后方及组训工作。被敌逮捕,死于狱中。"[2]此处所载的张鸿相年龄,或有不确。

二十一　气象战线的抗日烈士吴树德和金海祥

抗战期间,华北水利委员会测候所[3]职员吴树德、金海祥等奉

---

[1] 北京市档案馆编:《日本侵华罪行实证——河北、平津地区敌人罪行调查档案选辑》上册,人民出版社 1995 年版,第 384—385 页。
[2] 教育部教育年鉴编纂委员会编:《第二次中国教育年鉴(四)》,商务印书馆 1948 年版,第 123 页。
[3] 华北水利委员会时位于天津意租界五马路十一号至十三号。1929 年 2 月设立测候试验所(观测设备置于会址楼顶西北角)。1931 年 5 月改称测候所,也称测候室。1935 年后,称华北水利委员会天津一等测候所。仪器设备购自英法德美等国。其业务包括观测及统计,通过天津无线电台及天津船舶电台通报、校正时计(确定天津标准计时)、向南京国立中央研究院气象研究所等提供数据等。

命在津留守。他们不仅继续开展水文气象观测，而且坚持向南京国民政府方面提供相关数据，以为抗战所需。1944年，二人被驻津侵华日军抓捕后，坚刚不渝，遂被虐杀。抗战胜利后，其抗日事迹均被认定，并相继于1946年、1947年入祀天津市忠烈祠，接受民众祭奠。

天津市社会局文化礼俗科1946年编《天津市忠烈祠第一次入祠忠烈简明事迹录》所载吴树德抗日事迹称："抗战起，津市沦陷，公奉命留守，历经敌伪威胁利诱，而公屹不为动，工作益张，与政府保持密切连〔联〕系如恒也。迄三十二年九月，该室始为敌强据。公亦被捕，随即为敌戕害。"①

1936年《华北水利委员会测候测候所概况》载，测候所（即测候室）共有吴树德、金海祥等职员八人

吴树德是自学成才的气象学家，抗战前夕已在全国气象学术领域占有一席之地。"惜吴氏在抗日战争中殉职，未能再贡献于气象学研究工作，至为可惜。"②金海祥作为吴树德的助手，守土有责、守土尽责、毫无怨言、毫不退缩，死得同样壮烈。

1. 吴树德与金海祥的生平事略

王华棠《我的一生》载："吴树德，字仲滋，上海人。1936年时才

---

① 转引自天津《民治周刊》第2卷第4期第10页，1947年8月10日出版。
② 刘昭民编著：《中华气象学史》第1册，台湾商务印书馆1970年版，第265页。

四十岁。"①秦戈《工程师吴树德被杀惨案》称其"北洋大学土木工程科毕业,曾任技师、水利工程师、天津水产专科学校讲师等职"。②《气象双杰——吴树德、徐世大》则载其于"北洋大学土木工程系毕业"。③查北洋大学《1895—1948年学生名录》,吴树德为"北洋大学预科第五班第二部1917年入学生(二年制)"。④《天津市忠烈祠第一次入祠忠烈简明事迹录》载,吴树德"幼年就读于天津北洋大学,因家贫,中途辍学",牺牲时"年四十七岁"。⑤而1946年天津地方法院检察官冯浩光调查吴树德被害事实时,则载为"四十八岁"⑥。据以上所载判断,吴树德生年不早于1896年。

吴树德1919年从北洋大学预科毕业后,先入设在天津的督办运河工程总局任职。1936年《吴树德同学任职华北水利委员会》载:"吴树德同学,民八秋,充督办运河工程总局绘图员。民九,该局结束,入顺直水利委员会。民十,充练习工程师。民十一,充直隶省政府津保马路工程师。民十二,返顺直水利委员会,监修青龙湾河工程。民十四,充督办永定河决口堵筑工程事宜处帮工程师。民十六,赴开滦矿务总局,监修天津西码头全部工程。十七年,充华北水利委员会副工程师。十九年,充整理海河委员会副工程师。二十年,充

---

①天津市政协文史资料研究委员会编:《天津文史资料选辑》第51辑,天津人民出版社1990年版,第10页。1933年前,王华棠任华北水利委员会正工程师,1937年10月华北水利委员会南迁后,兼代总务长,1947年任华北水利工程总局局长。
②李秉新等主编:《侵华日军暴行总录》,河北人民出版社1995年版,第168—169页。
③李义丹、王杰主编:《文化记忆》,天津大学出版社2011年版,第196页。
④《北洋大学——天津大学校史》编辑室编:《北洋大学——天津大学校史》第1卷,天津大学出版社1990年版,第507页。
⑤转引自天津《民治周刊》第2卷第4期第10页。
⑥北京市档案馆编:《日本侵华罪行实证——河北、平津地区敌人罪行调查档案选辑》上册,人民出版社1995年版,第499页。

1936年华北水利委员会测候所全体职员合影。左一为吴树德,左四为金海祥

华北水利委员会副工程师兼测候室主任。二十三年,任工程师。现充一等技士兼测候室主任。创制灰尘计、合成风向推算盘、电报自计器。著有《实用无线电学讲义》《气象学》《喷出式灰尘计之构造及其使用法》①《中国天气俗谚分类集注》等书。"②

吴树德是华北水利委员会测候所创办者之一。1930年《国立中央研究院十九年度总报告·气象研究所报告》载:"各测候所派员来所实习,历年以来未有间断。本年来所者,计有华北水利委员会副工程师吴树德君,以筹备天津测候所,专来实习,先后一月余。随购水银气压表等重要仪器多件携津,立即成立测候所。各项报告按日

---

① 应为《喷出式灰尘计之构造及使用法》,载《华北水利月刊》1934年第7卷第1—2期合刊第83—91页。另载此论文提交中国气象学会第十届年会时,题为《喷出式微尘计之构造及使用法》。陈学溶著:《中国近现代气象学界若干史迹》,气象出版社2012年版,第147页。
② 国立北洋工学院编:《北洋周刊》1936年第109期第6页。

在《大公报》公布。"①1931年2月,吴树德再被派赴国立中央研究院气象研究所实习。"建设委员会华北水利委员会以筹备北方大港,将建设一大规模之气象台,业已指拨的款数万元,着手筹备。本月中,特派副工程师吴树德来所实习气象及收发无线电报。现吴君日到所,向须留京一月,转沪参观徐家汇天文台,然后返津。"②吴树德经与"气象研究所竺所长及徐家汇天文台经理龙相齐商核",确定应购各项仪器价值"国币一万七千元"。4月初吴树德返津报告后,华北水利委员会即决定"开始筹备陆续添置各项仪器,并将测候试验所改为测候所,以期远大"。③5月11日召开的华北水利委员会第七十次常务委员会议决定派吴树德任测候所主任。而在南京学会了收发无线电报技术,也为吴树德后于抗战期间与大后方保持畅通联络提供了必要条件。

吴树德在整理华北各地水文气象记录和研究水文预报上不遗余力,成果颇丰。"华北水利委员会测候所使用部分国产仪器,均为吴树德研制。1933年,吴研制测量大气含尘量的'喷出式灰尘计'。在30年代前期,还研制出'沉淀式灰尘计''冰期蒸发器''风向自记器''合成风向推算盘'等。"在气候成因分析上,"徐世大④和吴树德还对华北夏季多雨、冬季少雨及旱涝成因进行论述。吴

---

① 国立中央研究院文书处编:《国立中央研究院十九年度总报告》,国立中央研究院总办事处1930年版,第260页。
②《气象研究所二十年二月份工作报告》,《国立中央研究院院务月报》1931年第8期第23页。
③《报告扩充气候测验办法》,《华北水利月刊》1931年第5期第130页。竺所长即竺可桢;龙相齐(S.J.Gherzi)即格尔金,耶稣会司铎。
④ 1932年起,徐世大任华北水利委员会常务委员兼技术长、中国水利工程学会天津分会副会长。

树德从环流特征角度进行分析，著有《华北干旱之原因》《华北霪雨之原因》①《华北酿灾之原因》。"吴树德还曾"探讨水汽凝结的'九因'。30年代前期，还收集我国156条气象谚语②，分成12类，主要用于短期天气预报，亦涉及中期和长期。"③吴树德又与王华棠、刘锡彤合撰《黄河中游调查报告》④。吴树德主持的测候所于1934年1月起编印《气象月报》。1935年4月8日，吴树德参加国立中央研究院气象研究所召集的全国气象机关联席讨论会，商讨合作事宜。由原《中国气象学会会刊》改刊的《气象杂志》月刊于1935年创刊后，吴树德被编辑部聘为特约通信员，负责向该刊提供天津气象消息。1937年4月2

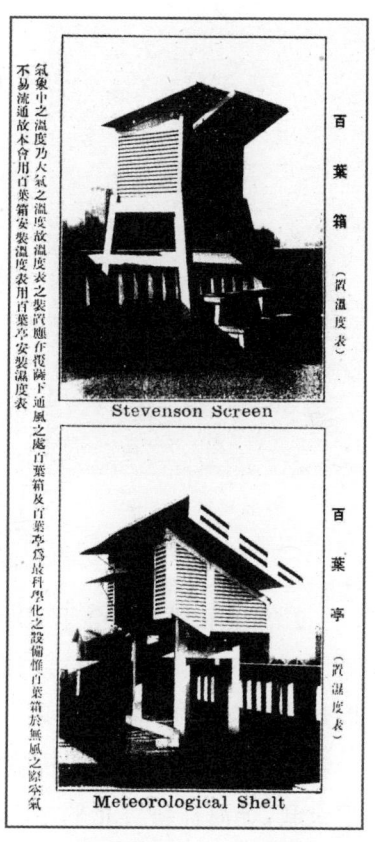

设在华北水利委员会屋顶上的测候所观测设施

---

① 温克刚主编的《中国气象史》载为"《华北霉雨之原因》"，气象出版社2004年版，第347页。
② 吴树德:《中国天气俗谚分类集注》,《华北水利月刊》1934年第7卷第1—2期合刊第71—82页。
③ 天津市气象局:《新中国建立前天津气象事业的历史资料摘编》,中国近代气象史资料编委会编:《中国近代气象史资料》,气象出版社1995年版,第65—66页。
④《华北水利月刊》1934年第7卷第9—10期合刊第65—109页。

金海祥烈士遗像
（金海祥之女金瑞生家藏）

日，吴树德作为华北水利委员会代表，出席第三届全国气象会议（主席竺可桢），并带来四件提案。①华北水利委员会1936年12月编印的《华北水利委员会测候所概况·测候室职员录》载，吴树德在津住址为"天津法租界三十五号路南十二号"。

常见史料对金海祥被捕之前的生平事迹较少，已知以下记载值得参考：

1.王华棠《我的一生》载："金海祥是气象测候员，北京人，1936年才二十五岁。"②

2.华北水利委员会于1936年12月编印的《华北水利委员会测候所概况·测候室职员录》载，金海祥在京住址为"北平东皇城根乃兹府官场胡同十二号"。

3.1946年，天津地方法院检察官对金海祥被害事实调查时的记录载，金海祥籍贯北平，被害时职业为"天津测候所技士"，住所在"天津河东金汤十街"，年龄"三十二岁"③。

好在北京市档案馆馆藏档案中存有1946年2月1日至1947年7月31日《华北水利委员会报送吴树德、金海祥褒扬请恤的呈和行政院水委会的指令、训令》（档号：J007-002-00265）。幸又有金

---

① 《厦大校刊》1937年第1卷第14期第19页。
② 天津市政协文史资料研究委员会编：《天津文史资料选辑》第51辑第11页。
③ 北京市档案馆编：《日本侵华罪行实证——河北、平津地区敌人罪行调查档案选辑》上册第501页。

金海祥与潘云馨订婚照（金海祥之女金瑞生家藏）

海祥之女、年逾七旬的金瑞生老人向笔者提供了一些相关细节且准允公布。如此，可基本缕清金海祥的生平脉络，现摘要整理如下：

　　金海祥，满族人，1911年生于北京。家境贫寒。熊希龄等在京创办的香山慈幼院于1920年建成后，金海祥与其姐姐金俊如（1909—2006）均报名入院，金海祥毕业于男生部高中土木工程科。金俊如在"女校师四级毕业后，1931年起在本院小学执教。她几十年忠于职守，辛勤耕耘，把青春年华以至一生都献给了教育事业。"①经金俊如做媒，金海祥与潘云馨在北京成亲。潘云馨原名潘芸馨，也使用过"金潘芸馨""潘云心"之名。潘云馨生于1916年，亦为北京人，幼年丧父，后入香山慈幼院女生部学习，初中毕业后考入护

---

① 方亭：《为金老师过生日》，北京香山慈幼院校友会编：《忆香慈》，1997年印刷，第477页。参见赵树楷《孩子们回到娘跟前——香慈1953年毕业生春节探望金俊如老师》，《忆香慈》第479—480页。

士学校。

金海祥从香山慈幼院毕业后,先在北平气象台①工作。1932年5月至10月任全国救济水灾委员会监工员,1933年11月至1934年3月任浙江水利局测候所测候生,1934年3月来津任华北水利委员会气象观测员(即测候员)②。潘云馨随之居津,约于1942年任私立天津天和医院护士。《金测候员海祥事略》载,金海祥在华北水利委员会任职期间,"除担任观测气象外,并辅助吴[树德]君绘制图表及修理各项气象机器。"潘云馨生前回忆,金海祥是会发电报的。

2. 要让大后方了解天津气象信息

1937年天津沦陷后,天津测候所人员仍按照战前业务规定,择机向重庆方面拍发气象观测及预报等数据。

《中国气象史》载:"日本侵占天津后,华北水利委员会撤离天津,天津测候所被日伪建设总署管辖。1943年,[伪]建设总署改组为[伪]华北工务总署,该所随从改隶……华北水利委员会天津测候所所长吴树德,上海人。1938年③7月,抗日战争开始,天津沦陷,吴树德奉命留守,与后方政府保持联系。1943年在原意租界的该所被日军占领,吴被捕为敌人所杀。吴曾发明风向自记仪等10余种仪器,并有气象专著10余种。其中,分析天津降水的周期,得出一些结论,至今仍有使用价值。"④文中提及的"日伪建设总署",即成

---

①北平测候所成立于1929年6月,1930年4月改称为北平气象台(附设于国立中央研究院气象研究所),地处北平东城泡子河一带,前身为北洋政府教育部所属的中央观象台。参见陈学溶著《中国近现代气象学界若干史迹》,气象出版社2012年版,第48页。
②据华北水利委员会于1946年9月填具的《公务员遗族声请抚恤事实表·金海祥》载。
③应为1937年。
④温克刚主编:《中国气象史》,第347页。

立于 1938 年 4 月的伪华北政务委员会建设总署。1943 年 11 月前，天津测候所属伪华北建设总署天津工程局（局址设在天津河北宇纬路二马路）管辖①，后改属伪华北工务总署天津工程局。

吴树德所著《降水量观测法》，1940 年 2 月由天津测候所刊印。1940 年《天津测候所集刊》第 1 号载吴树德《天津降水量的研究》。天津测候所还出版《天津降水量》四卷、《华北降水量纲要》，均为伪华北建设总署 1940 年铅印本。

"吴树德 1940 年对天津 1887—1939 年年降水量曲线图进行分析，根据周期外推，得出'今后未来十年间之平均降水，或为 520 公厘〔毫米〕也'的结论，这是天津最早的超长期天气预报。"②此为预测后经检验证明误差很小。《天津通志·气象志》称十年后的"实况为 527.5 毫米，是成功的预测。"

王华棠《我的一生》载，吴树德"手很巧，能自制不少机件待用。测候室有一部废旧不用的电台归他掌管"。吴树德应该就是冒着生命危险，与金海祥共同利用这架电台与大后方保持联络的。

当时，日本当局也在天津设有测候所。早在 1904 年 9 月，日本中央气象台已在天津日租界设立测候所，由日本驻天津领事馆代管。其初设于吾妻街（后为佳木斯道 5 号），1931 年后迁至住吉街（后为南京路 236 号）。交通部天津电话局 1936 年编《民国二十六年份天津电话号簿》载："日本中央气象台天津测候所 日租界住吉街 4 番地"。1937 年天津沦陷后，其改称"日本大使馆天津测候所"，搜集气象情报的活动愈加猖獗，如"开始施放气球，进行高空测风

---

① 参见《建设总署天津工程局天津测候所暂行编制简章》，(伪)华北政务委员会政务厅法制局：《华北政务委员会法规汇编》下册，1941 年 2 月编印，《八：建设》第 27 页。
② 中国近代气象史资料编委会编：《中国近代气象史资料》第 65 页。

1936年华北水利委员会大楼外景

观测"。其"对外不公开,成为日本在华北的气象中心,直接为日军提供军事气象情报"。[1]1939年3月,其又被"移交日本兴亚院华北联络部管理"。[2]可见,这个测候所是完全服从服务于日本侵华的气象情报机构。而吴树德和金海祥向抗日大后方提供气象信息,军事意义也很明显,实属气象战线上的斗争。此举对日本巩固天津这一重要侵华基地,无疑构成了威胁,吴树德和金海祥遂被侵华日军视为眼中钉。

《天津通志·气象志》载:"日本人因测候所向中华民国政府发报,遂于1944年4月15日下午,将吴树德及金海祥(技士)抓走。

---

[1] 温克刚主编:《中国气象史》,第420页。
[2] 吴增祥:《日本侵略者在中国大陆地区的气象观测》,朱祥瑞主编:《中国气象史研究文集(二)》,气象出版社2005年版,第161页。

宪兵队曾命其写悔过书,遭吴树德拒绝,后吴树德被日本侵略者杀害。"①

3.吴树德与金海祥被捕就义经过

"被害人吴淑德是我叔父。前在华北水利委员会测候室担任主任。忽于民国卅三年四月十五日,有旧英界日寇一四二〇部队所属清水部队日人西胁、小路、黑泽等,将我叔父带到清水部队,遂灌凉水、用棍子打,强迫承认与重庆通消息,我叔坚决否认,日寇西胁即将我叔父背起摔在地上,因伤及内部,于四月廿四日死在清水部队。以上所述,全系事实,并无虚伪。如上项敌人罪行,将来可受法庭审判时,余愿居于告发人或证人之地位。倘有虚伪,愿受诬告或伪证之处罚。此结。"

这是天津地方法院检察官冯浩光于1946年4月16日对华北水利委员会职员吴炳章调查时所作的记录。吴炳章对此陈述予以具结确认。吴炳章为吴树德之侄、时年三十岁。另据天津市社会局于1947年4月22日向善后救济总会冀热平津分属提供的《抗战军人家属忠烈遗族儿童名册》(计共三百一十九名)载:吴炳奇,男,一六岁;吴炳然,男,一三岁。其住址均为"旧义界大安街二庆里三号",家长均为吴树德。②据此判断,吴炳奇、吴炳然应该是吴树德的子嗣。

吴树德当时也被记载为吴淑德。冯浩光出具的《吴淑德被敌人侵害之事实调查》一文又载,吴炳章"陈述前,已告以具结之意

---

① 《知名气象人士简介》,天津市地方志编修委员会办公室、天津市气象局编著:《天津通志·气象志》,天津社会科学院出版社2005年版。
② 《为报儿童节拨赠食品发放情况事致救济分署的函(附抗属忠烈遗族领物名册等)》,天津市档案馆馆藏档案,档号:401206800-J0025-2-003626-026。

义及诬告伪证之处罚。陈述后,又令具结人阅览并向其朗读,经承认无异"。冯浩光遂将侵华日军此项罪行种类定为"对平民施以酷刑"。①

文中提及的凶手西胁,即清水部队军曹西胁已正②。黑泽的全名为黑泽嘉隆(也被载为黑泽隆治郎)。清水部队曾驻扎在天津英租界十一号路(时亦称达文波路,今建设路一段)一带。另外,侵华日军清水部队副队长也姓黑泽,名黑泽宽治。《李洪岳及其财产被敌人侵害之实施调查》载,1946年4月21日,天津律师李洪岳接受天津地方法院检察官陈文泽调查时陈述:"民国三十三年三月十四日,余及其妻女因反日工作泄露机密,被敌清水部队逮捕。队长清水、队副黑泽、军曹西胁、通译江村屡屡施以棍打、绳绑、水灌、火烧种种非刑。"文中还称清水部队地点位于"天津旧英租界十一号路及特一区江西路"。③另据《张源生被敌人侵害之实施调查》载,1946年4月30日,天津工务局工务员张源生接受天津地方法院检察官冯浩光调查时陈述:"本人于民国三十三年三月二十三日,以三民主义青年团名义,被敌清水宪兵部队曹长落合时司、华人翻译刘德玉逮捕。"文中还称,黑泽宽治为清水部队少尉队附。④

金海祥是与吴树德一同被侵华日军抓捕的。1946年5月4日,

---

① 参见北京市档案馆编《日本侵华罪行实证——河北、平津地区敌人罪行调查档案选辑》上册第499—500页。
② 西胁为侵华日军清水部队宪兵军曹班长,罪行累累。其名既被载为西胁已正,也被载为西胁己正。参见《日本侵华罪行实证——河北、平津地区敌人罪行调查档案选辑》上册第474—476、481—484页。
③ 参见《日本侵华罪行实证——河北、平津地区敌人罪行调查档案选辑》上册第468—470页。
④ 参见《日本侵华罪行实证——河北、平津地区敌人罪行调查档案选辑》上册第478—480页。

天津地方法院检察官陈文泽、冯浩光经向天津天和医院女护士潘云馨调查后,出具题为《金海祥被敌人侵害之事实调查》的调查书。据潘云馨陈述:"民国三十三年四月十五日,日本清水部队军曹西胁、小路、黑泽及翻译高铁侯、车福均、谢国华等六人,到天津测候所,将金海祥捕至清水部队,当日夜间,即灌凉水,臂部被打高肿,第二、三次用刑比第一次尤甚,迫令承认与国民政府密通消息。过六七天,被害人因受刑过甚身死,尸首全无下落。"潘云馨(时年三十一岁,籍贯北平,永久住址为"北平东单大土地庙十三号"),为金海祥之妻。她对此陈述予以具结确认后,天津地方法院检察官遂将侵华日军此项罪行种类确定为"对平民施以酷刑"。①

王华棠《我的一生》载:"华北水利委员会的留守人员中,有吴树德和金海祥两位同事,在沦陷时期被日本宪兵队惨害,他们都死得很英勇。吴树德……是技师兼测候室主任……后为日本宪兵逮捕,诬彼与后方国民党有联系,备受酷刑,吴仲滋骂贼不屈,被开水浇烫而死,遗尸海河。金海祥……被捕后,也是骂贼不屈,于吴仲滋死后,自己撞墙碰死了。海祥的妻子去宪兵队询问时,有特务说'没有此人',但回答者脚下[却]穿着金海祥的皮鞋,当金妻指出[时],特务无言答对。[抗战]胜利以后,吴树德、金海祥两人被国民党当局追认为烈士,在天津忠烈祠里有吴、金牌位。"②

秦戈《工程师吴树德被杀惨案》载:"1937年天津沦陷后,时任水利委员会'华北水利测绘室'主任的吴树德,为不使气象水文资料中断,带领两名助手继续作观测记录。因会址设在意租界,虽有

---

① 参见北京市档案馆编《日本侵华罪行实证——河北、平津地区敌人罪行调查档案选辑》上册第500—502页。
② 天津市政协文史资料研究委员会编:《天津文史资料选辑》第51辑第10—11页。

华北水利委员会旧址(今天津市河北区自由道24号)

日伪的干扰,仍能继续工作。1943年9月,意大利法西斯政府垮台,日军也侵占了天津意租界。他们开始阻挠、威胁吴树德的工作,并诱劝他到北京[伪]气象台任要职,遭到吴的拒绝。后来,日本宪兵分队诬吴为重庆政府的间谍,设立的是'渝方电台'。1944年4月15日午后4时,日军一四二〇特种部队曹长小路、军曹西协二人,带领翻译、特务,将工程师吴树德,测绘员金海祥、于鸿猷①三人逮捕。在严刑拷问中,强逼吴工程师承认他是渝方'天津无线电台台长'。几次酷刑审讯,吴都言词强硬,毫无屈服表示,使日军更为恼怒。4月24日,对他采用了最残暴的折磨,将他裸体,用油布裹身焚烧,一直烧到皮焦肉脱。临死,他仍在高声骂贼,直至气绝身亡。同

---

①华北水利委员会1936年12月编印的《华北水利委员会测候所概况·测候室职员录》载:于鸿猷,气象测候员,别号"尔嘉",二十六岁,籍贯天津,在津住址为"天津鼓楼西南大水沟五十一号"。

案被捕的测绘员金海祥(北京人,土木工科毕业)在被捕后第六天,即 4 月 20 日,不堪忍受日军的毒刑,头撞狱门而死。只有于鸿猷,在吴、金死后,罪名无佐证,羁押 41 天后,死里逃生。"①

中国水利工程学会出版委员会于 1946 年 3 月编辑出版的《水利》杂志中,对吴树德殉职原因及经过的记载亦较详:"本会会员、前华北水利委员会天津测候所主席吴树德,性好研究,多所发明,毕生致力于水文气象,贡献良多。抗战以后,留津与敌虚与委蛇。华北测候工作,赖以不辍,并随时将逐日记载,密寄后方。华北资料赖其保全者甚夥。廿八年,河北省水灾,吴君将有关资料文件多所搜集,并给具详图,寄渝参考。对战后复员工作之规划极具价值。不幸竟遭敌之嫉,与助手金海祥同被日军清水部队捕去,多刑讯。闻吴君曾被灌辣椒水,并非刑毒打,臂折骨摧,始终骂不绝口,壮烈殉职。金君则受刑不住,触壁而亡。二君尸骨至今难觅。复据卅四年十一月廿八日《大公报》载'前日驻津之特务曹长黑泽隆治郎被市民搜获,有名之气象学家吴树德即遭其捕杀'等语。闻有关方面现正搜集资料,以便呈请褒扬抚恤云。"②

不论吴树德、金海祥具体死因若何,他们都是被惨无人道的侵华日军残酷折磨而死的。今人所采的吴树德、金海祥被"诬"之说,已知出自华北水利委员会于 1946 年 9 月填具的《公务员遗族声请抚恤事实表·金海祥》所载。据此表载,死亡公务员金海祥死亡时间为"民国三十三年四月二十日",死亡时薪俸为"一百二十元",合计任职年数为"十二年"。而在金海祥死亡原因摘要中,最初填写的

---

① 李秉新等主编:《侵华日军暴行总录》,河北人民出版社 1995 年版,第 168—169 页。
② 《故会员吴树德殉职经过》,《水利》1946 年第 14 卷第 2 期第 27—28 页。

是:"被诬为三民主义青年团无线电台台长吴主任树德之助手,死于非刑之下。"但这一段话又被删去,并被修改为"帮助测候所主任吴树德工作,与吴主任同案被日军逮捕,死于非刑"。而华北水利委员会于 1946 年 9 月呈报给南京国民政府行政院水利委员会的《金测候员海祥事略》中,并无被"诬"之说,而是载为:"于卅三年四月十五日,与吴君同时逮捕。当用非刑拷问,逼金招认为天津三民主义青金〔年〕团无线电台台长吴树德之助手。于拘禁第六日(二十日),因不堪非刑,以头撞狱门而死。迄今尸体不明。"金海祥是被"诬"还是"遭敌之嫉"?显然应为后者。1946 年 5 月 2 日,天津市政府《为受理追偿李洪岳抗战损失事致天津市社会局训令(附原呈)》(天津市档案馆藏档:401206800-J0025-3-002000-001)又载:"天津测候所所长吴树德因受酷刑毙命,弃尸地沟,漂流入海。"

4.黑泽被判死刑后 趁雨夜越狱潜逃亡命

1945 年 12 月 27 日,中央社天津电讯披露了黑泽嘉隆被捕获的消息:"天津检举敌人罪行,正在办理中。前日驻津小部队特务曹长黑泽隆治郎,过去残杀人民甚众。有名之气象学家吴树德,即遭其捕杀。顷经被害市民多人搜获,送交军团机关讯办。"[1]后据北平《世界日报》载:"华北各地所捕获对我人民施以酷刑之日寇宪兵,计约一千余人,现均羁于西范拘留所中。又在天津羁押之日寇宪兵,亦有千名之多。闻均将分别提出侦查审讯。昔日惨害我同胞之日宪兵,今竟然做阶下之囚,大快人心。"[2]曾抓捕并虐待吴树德、金海祥的另两名侵华日军宪兵西胁、小路,是否亦被抓获,尚待查考。

---

[1]《日特务杀人犯黑泽在津被获》,《申报》1945 年 12 月 28 日。
[2]《审日宪兵,平津获二千人》,《世界日报》1946 年 4 月 24 日。

1946年初开始,天津地方法院及检察处对黑泽嘉隆杀人事实进行全面调查。相关档案今仍保存。①黑泽后被送交"第十一战区长官部军事法庭"接受审判。1946年4月20日下午,该军事法庭"续审二批战犯三名:一为前天津清水部队宪兵曹长黑泽嘉隆、一为前林西宪兵队长高贝务②、一为前华北电信公司通县所长高桥铁雄。高桥驻唐山时,率其部属曾杀人逾六千。其他二犯亦为杀人罪。定廿六日宣判"。③

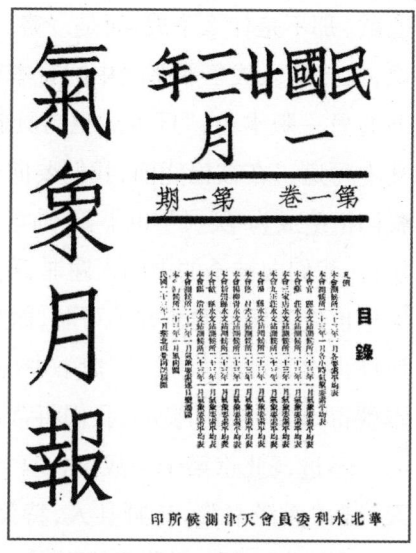

华北水利委员会测候所从1934年起编印《气象月报》

4月22日,三人在位于北平西单石牌胡同二号的第十一战区战犯拘留所(第十一战区军事法监部)写下遗书。《日本军国主义论》载:"据日本学者野田正彰在《战争罪责》一书中介绍,战后在北平的战犯拘留所的高具胜、高桥铁雄、黑泽嘉隆等三人,在他们联名写的遗书中写道:'我们要告诉遥远的祖国的人们,请把靖国神社作为反省侵略战争、向各国道歉的神社。我们拒绝英灵和勋章,日本军在战争中做了非常坏的事。我们向被杀害的中国人的遗属

---

① 《黑泽隆治郎杀人》,天津市档案馆藏档案,档号:401206800–J0044–2–114739,案卷级。
② 也被载为"高具胜"。其名应为高贝胜,日本秋田县人,1909年生。其侵华期间,与黑泽嘉隆同属侵华日军华北特别警备队,曾为"第6大队宪兵准尉"。
③ 《平审讯三战犯,定廿六日宣判》,《申报》1946年4月21日。

道歉。那不是什么圣战,而是侵略。'这些深刻的自我反省和罪责意识,在曾陷入战争罪恶之中的日本军人中,也具有代表性。"①此遗书的另一版本为:"日本战犯高具胜和高桥铁雄被处刑前的遗书,其中写道:'在被枪毙前,我们要向遥远的祖国的亲人们说几句话。我们拒绝成为'英灵',也不要'勋章',战争中日本军队真是有太多的恶行,我们向被杀的中国人谢罪,我们所从事的不是圣战而是侵略。天皇也应谢罪。谢罪并不可耻,而是日本的良心。日本不要像德国那样再次发动战争了。"②遗书中还称:"不进行民族的反省,祖国日本就得不到和平和良心,我们将背负着日本军的罪恶去死。"③

不过,《北京第十一战区长官司令部审判战争罪犯军事法庭记录》载:"黑泽嘉隆,长野县人,特警第7大队④宪兵曹长,罪名是杀人。1946年4月28日判处死刑,31岁,同年7月24日逃亡。"⑤原来,黑泽嘉隆等死刑犯写下遗书后,竟对狱警使用暴力,一同越狱潜逃。因此,很难说这些死有余辜的战犯当时对其罪孽有什么实质性的忏悔。其遗书不过是掩盖其越狱阴谋、迷惑狱警且使之放松警惕的烟幕弹罢了,岂能对此轻信?又岂能对此过分解读?

不过,黑泽被判处死刑的时间应为4月26日。北平《世界日报》4月27日载《三名日战犯昨均判死刑》称:"日战犯,前林西宪兵

---

① 原载[日]野田正彰著《战争与罪责》,日本岩波书店1998年版,第38页。转引自蒋立峰、汤重南主编《日本军国主义论》上册,河北人民出版社2005年版,第564页。
② 步平著:《跨越战后——日本的战争责任认识》,社会科学文献出版社2011年版,第39页。
③ 参见[日]野田正彰著,朱春立、刘燕译《战争罪责——一个日本学者关于侵华士兵的社会调查》,广西师范大学出版社2000年版,第38页。
④ 已知黑泽嘉隆曾属侵华日军华北特别警备队第二特别侦谍队(即清水部队)。
⑤ 转引自房建昌《日文原始档案中的1946—1948年北平军事法院对日、朝、台籍战犯审判》,《北京档案史料》1999年第2期第229—230页。

队长高贝胜、伪'华北电电'通县大兴所长高桥铁雄及前天津清水部队宪兵曹长黑泽嘉隆三案,昨日下午二时宣判。判决主文,三人均为连续杀人,处死刑,褫夺公权终身。宣判后,审判长并验以俟呈准军事委员会后执行。"

关于黑泽等在等待处决期间越狱潜逃等情,在佐藤亮一著《北京监狱:一记者的狱中日记》中有所记载:

"第2号案鹿又忠治一人及第3—6号案四人共五名死囚犯(用化名),外加一名华人逃狱事件,情况来源为邻牢房犯人。同日大雨夜,凌晨1点左右,在北京紫禁城北草岚子监狱,高贝胜宪兵准尉假装肚子剧痛,让看守扶他去厕所,将一持钥匙看守,骗入牢中,乘机夺去钥匙,朝看守眼睛一击,与其他五人在上述一华人的带领下,从监狱二层房顶出逃。高贝胜从房顶往下跳时,从后被枪击中胸部和大腿,受伤被捕。高桥分所长逃出后,先藏在市内一寺院,两日后,逃入德胜门城墙附近一农房,不小心被镰刀将头割破,出血不少,昏迷,被发现捉回。其余三人脱逃成功,进入北方昌平县南口的解放区,伪称是从天津国民党区逃出的三名日商。当时,悬赏一人二百万,《益世报》和《世界日报》用大标题如实报道了此事。北京市民陷入了极度的恐怖之中。逃狱后约十日,黑泽来到张家口,住在旧大和旅馆的招待所。解放后,黑泽再次作为战犯,辗转关在几个拘留所。在逃狱十余年后,受到新中国不起诉宽大处理,于1956年9月3日回国。后来,黑泽从他人看过此书者得知,去神田书店街去找该书,还去了佐藤工作的共立女子大学。这是1976年12月的一天。黑泽这时住在东京板桥区前野町5—29—11号。他对佐藤讲了自己的经历:日本投降那年的12月1日,他作为战犯在天津被捕。翌年正月,被押送北京,关在位于北京城区东北的东直门十

1934年9月26日,华北水利委员会举办成立六周年纪念会。图为委员、职员合影,其中包括吴树德

条豁口的战犯收容所。此为川岛芳子的旧宅。"①

这五名战犯越狱后,北平《世界日报》曾连续报道。《世界日报》1946年7月22日载《日战犯五名越狱,当即击伤一名,其余四名无踪》:"本市西安门内草篮子第三监狱旧址,现为日本战犯羁押所。于前日夜内大雨之际,有日战犯五人,突然越狱。将守卫军士枪支夺下,由大门逃走。主管方面闻警,开枪缉捕,当时击伤一人。其余高桥铁雄、黑泽家隆、香川信义、禄又宋治四犯不悉逃往何处。昨已通知关系机关,上紧查拿。"其越狱时间为7月20日夜。"黑泽家隆"即黑泽嘉隆,"禄又宋治"即鹿又忠治。参见7月22日《益世报》载《羁平日重要战犯五名暴风雨中越狱》。

---

① 日本东京荒地出版社1977年版。抗战胜利后,佐藤亮一曾被关押于北平草篮子战犯监狱。转引自房建昌《日文原始档案中的1946—1948年北平军事法院对日、朝、台籍战犯审判》,《北京档案史料》1999年第2期第248—249页。

《世界日报》7月23日载《战犯越狱原因系手铐过旧,四犯越墙逃遁》称:"日本战犯五人越狱事,昨据十一战区军事法庭看守所负责人谈称:该日深夜,风雨交加,该五战犯乘机图逃。是时,防守军士并未携有枪支,猝不及防,致被扼伤咽部。迨其他军士赶到,开枪射中一战犯腹部。余四犯即越墙逃逸,并非由大门逃走。此事件之发生,系因手铐过旧所致。孙连仲长官对此极为震怒。刻已重换新铐,加派士兵警戒。现正饬各警区,严加捕拿中。"《世界日报》7月25日载《十一战区长官部悬赏通缉日战犯》称:"日战犯黑泽嘉隆、香川信义、高桥铁雄、鹿又忠治等四名,越狱逃逸后,第十一战区长官部特悬赏拘捕。凡市民擒获一名送案者,赏洋三十万元;因通风报信而缉获者,十五万元。"

高贝胜因越狱被当场击伤后,随即被复判。《世界日报》7月27日北平载,"'林西之虎'高贝胜复判仍处死刑"。其后于同年12月4日伏法。

《世界日报》1946年9月4日北平载《战犯高桥潜逃后就捕》

称,高桥铁雄越狱潜逃后,于广渠门附近企图自杀,被两市民发觉后,"送往广渠门督察组,解送警备部,转解长官部归案。刻,长官部以该两市民协助军警查获逃犯,颁发奖金拾伍万元"。1947年1月15日,高桥在北平天桥刑场被执行枪决。

鹿又忠治原为日伪华北交通公司石德线晋县警务段贡家台警务分所警务员,香川信义原为侵华日军独立混成第九旅团独立步兵第三十八大队军曹,1946年4月16日同被第十一战区军事法庭判处死刑。此二人与黑泽嘉隆等一同越狱逃亡后,虽经悬赏通缉,但均未被捕获。畏罪返日后,鹿又忠治死于常盘炭矿事故中,香川信义居北海道函馆。①

5.黑泽难逃法网 六年后终被擒获

第十一战区长官部自1947年3月1日起改组为保定绥靖公署。1948年4月,"设于北平之保定绥靖公署审判战犯军事法庭结束后,全部战犯除大佐日高富如由行辕暂时留用、军曹黑泽加隆在逃外,其余四十一名由该庭检察官陈庆元、书记官王允中及北平行辕特务营卫兵两班官兵共五十六人押解,于二十六日自天津搭乘招商局'中字一〇二号'登陆艇来沪。昨日下午四时,抵靠黄浦码头。本市军事法庭派书记官郭镇环前往码头协助。各战犯身背包裹杂物,脚上铁索银铐,至六时三十分,在暮色苍茫中下轮,步登备就之卡车三辆,押送至江湾高境庙战犯监狱收押。四十一名战犯中,已判处有期徒刑者十九名、无期徒刑者九名,未结案者十三名。其中,职位较高者有:师团长内田银之助中将处刑十年、特务机关长茂川秀和少将处无期徒刑。已判决者即由战犯监狱执行,未结案者

---

①《北京档案史料》1999年第2期第229页。

将由本市军事法庭审判"。①

　　文中提及的"黑泽加隆"即指黑泽嘉隆。其侥幸逃脱隐匿,貌似躲过一劫,但法网恢恢。新中国成立后,其终被抓获归案。《太原战犯管理所关押日本战犯名单》载:黑泽嘉隆,"特别警备队一四二部队②宪兵曹长",日本长野人,生于1917年。③据此可知,其被收押在太原战犯管理所(位于太原市小东门内)。

　　据太原战犯管理所出具的材料记载:

　　黑泽嘉隆,男,四十岁,日本长野县人。曾任前日军北支那方面军特别警备队甲第一四二零部队宪兵曹长,[属]剿共侦谍搜查系。于一九五二年六月被我方逮捕。

　　主要罪行:

　　甲、日帝侵华时期:该犯先后杀死和平居民五人、俘虏九人,拷讯和平居民三十八人、俘虏二十八人,抢夺盐一千二百余斤、印刷机两台、药品两箱,强奸妇女八人。

　　乙、蒋介石时期:该犯于日帝投降后,因其在侵华战争中犯有严重罪行,而被国民党第十一战区军事法庭逮捕,判处重刑后,越监潜逃。

　　在押表现:

　　该犯在受审中态度狡猾,曾一度推翻所有罪行,企图逃避罪责。经屡次教育后,复又承认。在管押期间,遵守监房规则不够好,不相信政策,经常散布反动论调,对教育改造采取对抗态度。经认罪服法教育后,认识了自己罪行的严重性和危害性,承认处理战犯

---

① 《战犯四十一名自平押解抵沪,未结案者将由军事法庭审判》,《申报》1948年4月30日。
② "一四二部队"应为"一四二〇部队"之误。
③ 纪敏著:《生死轮回——改造战犯密档全公开》,中国文史出版社2010年版,第342页。

是中国的主权,但仍对管押不满,学习不够积极。经过参观,该犯对人道主义待遇表示感动,进一步认识了政策,表示愿意接受中国人民的制裁,努力改造自己,在学习中表现较前积极。"①

在太原战犯管理所关押之初,"黑泽嘉隆、笠实等人亦借口身体不好,赖着不起床,企图逃避学习和侦询"。后经教育改造,其思想上也受到触动,捡回了丧失的良知,流下了悔恨的泪水。"黑泽嘉隆对过去死不认帐〔账〕的曾在河北省辛集镇指挥部下、杀害我军一名侦察员的犯罪事实供认不讳。"②黑泽于1955年12月8日笔供《关于华北派遣特别警备队的问题》,对清水部队及其所犯累累罪行有所交代。③

现结合《抗日战争时期的侵华日军》④《北京志·军事志》⑤等记载,对华北特别警备队的建制等予以揭露。原来,1943年8月24日,根据日本大本营发布的"陆甲第81号"命令,原华北派遣宪兵队被改编为华北特别警备队(简称"北特警"),编制定额缩减为970人,目的是"将华北确保为侵略战争的兵站基地,遂将宪兵的特质与一般步兵混合","以剿共为中心,时而也对国民党系统的抗日活动进行侦谍剔抉的任务。"1943年9月20日,"北特警"编成,代号

---

① 《免诉战犯的罪行及在押表现》,山西省人民检察院编著:《侦讯日本战犯纪实(太原·1952—1956)》,新华出版社1995年版,第486页。
② 周慧芷:《最后的支那梦——"残留"日军败绩与下场》,解放军文艺出版社1995年版,第194、230页。
③ 参见中央档案馆、中国第二历史档案馆等合编《日本帝国主义侵华档案资料选编·华北治安强化运动》,中华书局1997年版,第966—973页。
④ 耿成宽、韦显文编:《抗日战争时期的侵华日军》,春秋出版社1987年版,第144—148页。
⑤ 参见北京市地方志编纂委员会编著《北京志·军事卷(军事志)》,北京出版社2002年版,第324—325页。

"北支派遣甲第一四一九部队"。10月12日,根据日本大本营下达的"大陆命第682号"命令,"北特警"这支特工部队所属的各大队、各侦谍队,均被编入侵华日军华北方面军(北支那派遣军)战斗序列,协同作战。其基本任务是"在华北方面,对敌人的秘密组织和秘密活动进行侦察、摧毁等秘密战

《申报》1945年12月28日载《日特务杀人犯黑泽在津被获》

斗。"1944年7月前,"北特警"司令部(代号"北支派遣甲第一四二〇部队")设在北京市东交民巷的原美国兵营内(后迁址唐山),由其司令部直辖的一个特别化学侦谍队和五个特别侦谍队均称"甲第一四二〇部队某某队"。其中就包括驻扎在天津的清水队(多称清水部队)。清水部队为第二特别侦谍队,队长为宪兵中尉清水靖,辖数十人。另据其建制,"小队长以步兵少尉为主,以下有宪兵准尉和曹长,其次是步兵曹长和军曹,再下是宪兵下士官",还包括宪兵、兵士等。黑泽嘉隆任清水部队宪兵曹长期间,是抓捕和残害吴树德、金海祥等抗日烈士的刽子手之一。

黑泽称清水部队后于1945年4月解散。实际情形是,1945年二三月份,"北特警"根据日本大本营下达的"军令甲第18号"命令,进行了改编。当年6月,"北特警"全部集中冀东地区,直至日本

投降。黑泽还曾在"北特警"司令部任情报室书记,可谓作恶多端。

黑泽嘉隆在罪行交代材料中,明确了"一四二〇部队"与清水部队之间的隶属关系,而常见记载对此却多有混淆。即便是在抗战胜利初期,也存在未搞清其原委的情形。如在《金海祥被敌人侵害之事实调查》中,即载为"日军华北派遣军清水部队(一八二〇部队)"①。魏伯刚《为日本侵华服务的天津横滨正金银行》载:"天津日军1820部队(相当后勤都)……负责人初为清水,继为佐藤,故又称清水或佐藤部队。"②另据步丰基《天津麻袋商业及其同业公会》载:"日寇入侵以后,原麻受到控制,先由日本清水部队管制,后由日本1820部队接管,全由他们统购,不准商户直接进货,每月只靠配给少许,维持营业。"③已知"一八二〇部队"为侵华日军驻津军需部队,1942年前已经存在。《天津地区劳力统制委员会成员名单(1942年1月31日)》中,列有"委员(甲第1820部队):笹村中佐"。④又载,"北支派遣甲一八二〇部队"曾于1944—1945年在津负责强掳劳工。⑤因之判断,"一八二〇部队"并非清水部队代号。

6.黑泽经改造悔罪 被免诉获释归国

1956年4月25日,全国人民代表大会常务委员会第三十四次会议通过《中华人民共和国全国人民代表大会常务委员会关于处

---

①北京市档案馆编:《日本侵华罪行实证——河北、平津地区敌人罪行调查档案选辑》上册第501页。
②天津市政协会文史资料研究委员会编:《沦陷时期的天津》,1992年版,第141页。
③中国民主建国会天津市委员会、天津市工商业联合会文史资料委员会编:《天津工商史料丛刊》第8辑,1988年版,第136页。
④参见居之芬、庄建平主编《日本掠夺华北强制劳工档案史料集》下册,社会科学文献出版社2003年版,第598—599页。
⑤参见居之芬、庄建平主编《日本掠夺华北强制劳工档案史料集》下册第783—789、792、830—831页。

理在押日本侵略中国战争中战争犯罪分子的决定》，并于同日由中华人民共和国主席毛泽东以《中华人民共和国主席令》的形式公布。

此决定载："现在，在我国关押的日本战争犯罪分子，在日本帝国主义侵略我国的战争期间，公然违背国际法准则和人道原则，对我国人民犯了各种罪行，使我国人民遭受了极其严重的损害。按照他们所犯的罪行，本应该予以严惩，但是，鉴于日本投降后十年来情况的变化和现在的处境，鉴于近年来中日两国人民友好关系的发展，鉴于这些战争犯罪分子在关押期间绝大多数已有不同程度的悔罪表现，因此，决定对于这些战争犯罪分子按照宽大政策分别予以处理。"此决定规定了"处理在押日本战争犯罪分子的原则和有关事项"六条，其中包括："对于次要的或者悔罪表现较好的日本战争犯罪分子，可以从宽处理，免予起诉"；"处刑的罪犯在服刑期间如果表现良好，可以提前释放。"

1956年6月21日，最高人民检察院检察长张鼎丞签署《最高人民检察院对三百三十五名日本战争犯罪分子免予起诉决定书》公布。7月1日《人民日报》刊发社论《对日本战争犯罪分子的宽大处理》载："我国政府对于日本战争犯罪分子的处理，显然是适时的和正确的。这完全符合我国人民的长远利益，有利于中日两国人民友好关系的发展，有利于巩固远东和世界的和平，因此必然会得到我国人民和日本人民的拥护，也必然会得到世界爱好和平的人民的同情和支持。"

7月15日，张鼎丞签署《最高人民检察院对三百二十八名日本战争犯罪分子免予起诉决定书》公布。原被关押在太原战犯管理所的129名日本战争犯罪分子中，9名战犯被最高人民检察院特别军事法庭起诉审判处刑，72名战犯分两次被免予起诉。而包括黑泽嘉隆在内的48名剩余战犯，则被移交抚顺战犯管理所继续关押，以便于集中管理。这似乎也表明，与其他前两批已被免诉的战犯比起来，黑泽的罪行更重，且悔罪表现次之。

8月18日，张鼎丞签署《最高人民检察院关于对三五四名日本战争犯罪分子免予起诉决定书》。这次包括黑泽嘉隆。

8月21日，新华社发自抚顺的电讯《第三批被释放的日本战争犯

《世界日报》1946年7月22日北平载，黑泽嘉隆等五名日战犯越狱潜逃

罪分子感谢中国人民对他们的宽大处理》载："今天受到免予起诉的最后一批三百五十四名日本战争犯罪分子，在当晚离开抚顺战犯管理所前，由他们的代表三轮敬一向战犯管理所工作人员宣读了感谢文。感谢文说：'当我们就要离开这个重生之地——住居了六年的管理所时，我们心里充满了感谢和惭愧的心情。'感谢文又说：'我们在中国人民的教导下，明白了怎样做人的道理，认识了过去的错误和将来如何活下去。我们决不能把真理给予我们的生命，使用在非真理的道路上。'感谢文最后说：'我们现在已经有了良心，明白了事物的道理，已经能够用自己的判断采取行动了。我们坚决反对侵略战争，为了持久和平和中日两国人民的永久友谊而斗争。'这一批被宽释的人，还在管理所举行了最后一次的演出会。"

《人民日报》8月22日载《我国释放第三批日本战争犯罪分子》称:"这是今年以来中国政府释放的第三批日本战争犯罪分子。至此,在押在中国的1062名日本战争犯罪分子已由我国政府全部处理完毕……宣布决定后,被释放的日本战争犯罪分子石垣林之助等5人当场讲了话,他们一再感谢中国人民对他们的宽大处理。检察员井助国同中国红十字会的代表纪锋办好了交接手续后,纪锋向被免予起诉的人说,中国红十字会愿意尽力协助解决他们在回国途中的困难和要求……在宣读免予起诉的决定书的时候,抚顺市的各机关、团体200多名代表参加了旁听……这批被免予起诉的日本战争犯罪分子当晚离开了战犯管理所,由中国红十字会把他们安排在抚顺一座住所居住。"

这批被获释的日本战争犯罪分子随即转道天津,准备搭乘前来接运的日轮回国。他们来到位于天津北仓的"抗日烈士纪念馆献了花圈,沉痛哀悼死难烈士,有不少被免诉释放人员跪地大哭。"① 曾在天津肆虐的黑泽嘉隆,此际又以获释战犯的面目重新回到这方土地,其面对吴树德和金海祥等英魂时,不知心中到底作何感想?

7.黑泽离津前夕 联名写下悔罪书

在津候船期间,这批获释战犯还以"第三批受到宽大赦免的日本战争犯罪分子"的集体名义,撰写了一篇长达2000多字的"感谢文",请求中国红十字会转致最高人民检察院。这篇"感谢文",实为悔罪书,文曰:

我们参加了日本帝国主义侵略中国的战争,侵入了中国的神

---

① 山西省人民检察院编著:《侦讯日本战犯纪实(太原·1952—1956)》第379页。

圣领土,公然地违反国际法和人道主义原则,掠夺了无辜的和平居民的一切财物和粮食,役使他们所有的劳动力,并且杀害他们;又为了对新兵实施"突刺训练"而残杀俘虏,并且散布细菌,施放毒瓦斯;另外还拿活人作细菌和毒瓦斯的试验,进行活体解剖,割开活人的肚子吃他们的胆;看到妇女,即行强奸、轮奸,并且在奸污后杀害她们;此外还纵火焚烧和平居民的房舍,制造广大的无人区,连老人、小孩都完全杀掉,或者割开孕妇的肚、解剖胎儿、挖取心脏等等。真是犯下了比鬼畜还要野蛮、还要残忍的罪行。有些人,在日本帝国主义受到中国人民的正义的、伟大的反击而告投降以后,还感到不足,竟企图建立复活日本军国主义的基地,以便"卷土重来",残留在山西,与国民党阎锡山匪军勾结,反抗中国人民的革命斗争,继续进行对中国人民的杀戮等等,都是犯下了极大的、在历史上无法抹掉的滔天罪行的日本战争犯罪分子。

象〔像〕我们犯有这样严重的罪行,想不到今天竟受到中华人民共和国最高人民检察院免予起诉、立即释放的宽大仁慈的赦免命令。我们感激得真是用言语没法形容。在听到那一严肃命令的一刹那间,我们被涌上心头的感谢的泪水,和因驰念及被我们用血污的手所屠杀掉的、永远也不会生还的中国和平居民、爱国志士以及他们遗族各位的心情,而对自己滔天的罪行感到难堪的悔恨和惭愧的念头,激动得全身都在颤抖了。

中国的各位!真是太对不起了!我们对此感谢该当怎样谢罪好呢?真是说也说不出来的!

从我们那样严重的罪行出发,我们在爱好正义的全世界人民面前,在中国人民的憎恨和愤怒面前,受到严厉的处分,那才是应该的。但是,由于中国人民政府的宽大待遇,免除了我们应该受到的惩罚，允许回到祖国日本，和等待我们归来的家属们共同团聚，这绝不是应该的。只是由于胜利了的中国人民热爱人类持久的和平和幸福，从崇高的人道主义精神和改造世界、也改造人类自身的远大的宽大政策出发，才会是这样的。当听到这样宽大处理的决定时，那些在难以忍受的悲痛之中生活着的被害者各位，该会有怎样的感觉呢？

我们想到这件事情，惭愧不已的念头真令人心乱。但是被害者各位对于我们罪行的那种无限的憎恨，是被高度的理性所抑制了，给予我们重新作〔做〕人的道路和光明的前途。这是多么伟大而宽广的胸襟啊！愈接触中国人民这种崇高的心情，愈使我们感到心痛。而我们更不能不对自己的前途负起责任来。革命胜利了，在六亿人民成为主人翁的中国，由于中国共产党、人民政权和英明的毛主席的领导，以及在其周围巩固地团结起来的劳动人民的高度地创造性和英勇地劳动的结果，现在，光辉灿烂的和平的社会主义建设，正以突飞猛进的浩大声势，大规模地进展着；洋溢着人情的美好而丰裕的幸福生活正在建设着。这种成果只有在和平的环境里和优越的社会制度下，才会产生出来。

我们已清楚地认识到：这次给我们以宽大的处理，也只是从实践之中所贯串着的热爱和平、希望社会进步、尊重人的生命，并且认为人本来应该回到为人类的幸福和社会的发展而献身服务的真理的政策而来的。我们由于受到这样伟大的人道主义与和平政策的对待，才挽救了必死的生命，允许活着回归祖国。

不，这样的宽大政策，是六年来始终一贯地给予我们战争犯罪分子的。中国人民对我们战争犯罪分子，尊重我们的人格，保障我们的生活和健康。我们由于受到了这样的宽大政策，逐渐地懂得了

日本战犯在太原特别军事法庭上受审时表示悔罪

人的良心和作为恢复日本民族真正觉醒的善恶是非,理解了被害者中国人民崇高的胸襟的一端。我们清算了污浊的过去,由衷地感到获得重生的喜悦!

由于我们执行侵略战争而蒙受灾难的还不只中国人民,祖国日本也陷于美帝国主义及其军队的占领之下,损害了两千年来独立的传统和民族的自尊心,把日本人民抛入了有史以来所未曾有过的隶属的痛苦之中;具有两千年的悠久历史的中日两国人民的深厚的友谊和文化、经济的交往之道,也因而中断了,给中日两国都造成了损害。我们的罪恶该是有多么深重啊!然而象[像]这样的我们,在这六年来,从中国人民政府当局以德报怨的洋溢着崇高温情的境遇之中,也亲身体会到:只有侵略战争,才是制造罪恶、陷人类于不幸的泉源;只有和平的环境,才是制造人类幸福、使人们生存的唯一道路,既然懂得了这个道理,又怎能重蹈以往的错误呢?只有中国人民,才是日本人民的真正朋友,才象[像]对自己的事情一样地关怀日本和日本人民的幸福,既然知道了这个事实,又怎能再把枪口转向中国人民呢?在亚洲和在世界,发动侵略战争的任何企图,也只能导致祖国的毁灭,我们绝不能允许日本军国主义复活!

我们作为一个人,要以良心,为了祖国的真正独立和持久和平,为了日本的光明的未来和人类的幸福,同时也为了中日两国人民的友谊和团结,而竭尽全力进行斗争!我们和日本的人民以及中国和世界的和平人民紧密团结,在他们指导和帮助之下,燃起今天的日本就是昨天的中国、今天的中国就是明天的日本这样一个光明的希望和信心,并为了它的实现,贡献出后半生而奋勇前进!

只有这样,相信才能切断侵略战争的泉源,拔掉不幸和罪恶的根芽,才能乞求得到永眠地下的爱国志士和他们的遗族以及中国人民的宽恕。

我们受到宽大赦免的命令,即日就要解除拘禁,经由中国红十字会周到的安排,在天津候船归国了。我们就将要离开亲爱的再生之地的新中国,充满着勇气和希望,走上新生的第一步。当我们即将离开一生难忘的心中的故乡新中国的时候,惜别之情,不胜依依!我们衷心地庆贺中华人民共和国伟大的社会主义建设的发展。①

8月25日,新华社天津电:"前来接运第三批被释放的日本战争犯罪分子的日本'兴安丸'轮船,今天上午到达天津新港。负责接受这批被释放的日本战争犯罪分子的日本红十字会代表木内利三郎、日中友好协会代表山西清雄和日本和平联络会代表福岛重之,随船到达天津。他们在码头上受到中国红十字会天津市分会总干事吴士法等人的欢迎。"

8月26日,新华社天津电:"中国红十字会今天把三百五十四名被释放的日本战争犯罪分子移交给日本红十字会、日中友好协会和日本和平联络会三团体代表。上午九时,移交仪式在天津饭店大厅里举行。中国红十字会代表彭炎、纪锋、吴士法和日本红十

---

① 山西省人民检察院编著:《侦讯日本战犯纪实(太原·1952—1956)》第379—382页。

字会代表木内利三郎、日中友好协会代表山西清雄、日本和平联络会代表福岛重之在移交证书上签了字。在移交证书上签字的还有'兴安丸'轮船代表高木武三郎。仪式结束后,日本三团体代表和"兴安丸"轮船代表到惠中饭店会见了被释放的日本战争犯罪分子。第六批'中国殉难烈士骨灰护送团'的团长、副团长和部分团员也参加了移交仪式,并会见了被释放的日本战争犯罪分子。"

9月2日,新华社发自天津的电讯《第三批被释放的日本战争犯罪分子回国》载:"第三批被释放的三百五十四名日本战争犯罪分子,在昨晚乘'兴安丸'轮船回日本。在将要开船的时候,被释放的日本战争犯罪分子的代表三轮敬一,下船向中国红十字会代表致谢,并向中国人民宣读《告别词》。三轮敬一[在]宣读的《告别词》中说:'我们怀着无限感激的心情,站在海岸上向你们告别。我们将离开过去被日本帝国主义和我们杀害的一千二百万中国烈士的英灵和他们的家属,而健康愉快地回祖国去,和等待着我们的家人拥抱团聚。然而,被我们杀害的那些人们却长眠地下,永远也不能回来。日本帝国主义和我们所犯下的滔天罪行,与烈士家属的悲哀和憎恨,是永远也不会令人忘怀的。我们把前半生的教训深深地刻在心里,决不重犯过去的错误。我们把各位对我们的崇高的心情和深切的关怀,永远记在心里。我们将贡献出后半生,为保卫和平、反对侵略战争和祖国日本的真正独立以及中日友好而斗争。在即将离别的海岸,也正是我们后半生光明的起点。我们将充满着希望,从这里出发,向新的道路迈进。'十一点半,'兴安丸'轮船离开新港码头。"

这批获释战犯离津前夕,还向中国红十字会和最高人民检察院表示:"将来有机会的时候,邀请检察员和管教人员访日,他们还期望争取将来组织'谢罪团',来中国正式谢罪。"①

包括黑泽嘉隆在内的所有日本战犯,果能切实忏悔、真诚谢罪,果能反对战争、拥护和平,果能过而能改、重新做人,则善莫大焉。

已知罪孽深重的黑泽 1976 年后仍在日本东京苟活。尚不知其是否切实兑现了其在供词中和联名遗书、联名悔罪书中声称的后半生要为和平而生的种种诺言;尚不知其扪心自问时,是否真的敢于面对吴树德、金海祥等宁死不屈的抗日英灵。

8.为虎作伥的高铁侯被镇压

曾参与抓捕吴树德、金海祥的汉奸高铁侯②,与黑泽嘉隆等日本战犯一样怙恶不悛。抗战胜利后,其即被逮捕羁押,且被报章称为天津巨奸之一。

《益世报》1946 年 4 月 28 日载《津市第二批巨奸昨解往第三监狱》称:"津市第二批巨奸温世珍等三十名,于二十七日由军事肃奸机关移解冀高一分院。该日上午,十时,由警备司令部稽查处派遣卡车两辆,装载汉奸三十名,在军宪森严戒备下,解往西头第三监狱。当由冀高一分院推事王涵礼偕同书记官申屠堂依册点收,对验该批汉奸指纹及像〔相〕片后,即送第二监收押。"在这三十名巨奸中,即包括高铁侯。"昨日所解法院之汉奸中,有高铁侯者,曾充伪津市警局特务主任。"

---

①山西省政协文史资料委员会编:《阳光下的山西:山西改造日本战犯纪实》,中国文史出版社 1999 年版,第 205 页。
②亦有将其名误载为"高铁候"的情形。如天津市地方志编修委员会编著:《天津通志·审判志》,天津社会科学院出版社 1999 年版,第 202 页;本书编写组编:《新中国法制研究史料通鉴》第 2 卷,中国政法大学出版社 2003 年版,第 1646、1755 页。

1947年11月19日,"冀高一分院"(即设在天津的河北省高等法院第一分院)推事武恩泰,在位于天津西头的第三监狱开庭审讯汉奸袁文会时,曾提审高铁侯。据高铁侯供,其"二十八岁,天津人,住一区赤峰道一号,伪警察局特务科员……三十一年一月到八月任职,八月退职"。①据此判断,高铁侯1942年8月退职后,继续被侵华日军豢养,并与清水部队沆瀣一气。

新中国成立之初,高铁侯经正义审判后被判处死刑。1951年3月29日,天津市副市长兼公安局局长许建国所作《在天津市区各界人民代表扩大会议上关于镇压反革命的报告》称:"大汉奸高铁侯,外号'高阎王',任北戴河警察所长时,屠杀我人民及干部,前后达六十多条人命。"②《天津市军管会军法处枪决反革命罪犯经过》称:"效忠日寇、背叛祖国、结伙行抢、残害人民的一批汉奸、惯匪也同时伏法。如外号'高阎王'的高铁侯,为日寇作伥,杀过六十多条人命。被其毒刑拷打的无辜人民,轻者残废,重者丧命,少有安全生还者。并以莫须有之罪名,逮捕津市理发师多人,且胁令全体理发师一律剃光头。而平时,捣店铺、抢财物、白吃打人,无恶不作。日寇投降后,虽在狱中,也勾结军统,搜集情报,迫害我方逮捕人员。"③1951年3月31日,高铁侯被押赴刑场执行枪决。

9. 战犯车均福、战犯清水丰绪相继在北平伏法

前引《金海祥被敌人侵害之事实调查》载,"日本清水部队军曹

---

①《地院昨审袁逆文会》,《益世报》1947年11月20日。
②原载《人民日报》1951年4月1日,转引自中央人民政府法制委员会编《镇压反革命》第2辑,中央人民政府法制委员会1951年10月26日初版,第351页。
③原载《进步日报》1951年3月31日,转引自人民出版社编辑部编《京津人民大张旗鼓镇压反革命》,人民出版社1951年版,第90页。

西胁、小路、黑泽及翻译高铁侯、车福均、谢国华等六人"①均为逮捕或残害金海祥的凶手。其中提及的"车福均"②应为车均福。1943年至1944年,车均福在驻津侵华日军宪兵队一四二〇部队(即清水部队)充任翻译,也是为虎傅翼、祜恶不悛的刽子手。

1945年12月,天津市肃奸委员会(天津区汉奸财产清查委员会)成立后,车均福即为被该会逮捕审讯的战犯之一。1946年四五月间,车均福被解送北平第一战区军事法庭③。

车均福还曾在河北省新城县助纣为虐。鲁宝玉、刘力平《日本侵略军高碑店罪行录》载,抗战期间,新城县城内西街居民张跃冠(男,1919年生,师范文化)曾两次被抓到日本宪兵队挨打,"宪兵队日本翻译有韩国人王某、姜金泽、车均福等。其中,车最坏,打人最狠……日军投降后,国民党第八战区将驻长辛店师团的司令官黑田、新城宪兵队翻译车均福逮捕。战区军法处给张跃冠等来了公函,通知去北京作证。张跃冠,城内人孙焕仁、彭伯伦等去了位于北京市石碑胡同的军法处。法庭庭长叫张丁扬。法庭作证的焦点在于车均福是否打过中国人,用的什么刑罚?张跃冠等都一一作证。管辖长辛店、高碑店等司令部和保定特务机关的师团司令黑田,也是在这个法庭审判的。看上去,黑田40多岁,高、胖。黑田的死刑在北

---

① 参见北京市档案馆编《日本侵华罪行实证——河北、平津地区敌人罪行调查档案选辑》上册第501页。
② 《李克忠被敌人侵害之事实调查》亦载为"车福均",即:"民国三十二年三月二十一日华北大检举,李克忠无故被人陷害。经清水部队之日本宪兵军曹班长名新本四郎及西胁等,带至清水部队用刑,令承认是青年团团长,并有翻译高铁侯、车福均二人同时亦迫令承认。"北京市档案馆编:《日本侵华罪行实证——河北、平津地区敌人罪行调查档案选辑》上册,人民出版社1995年版,第443页。
③ 参见天津市档案馆馆藏天津区汉奸财产清查委员会档案,档号:J0016-1。

京天桥执行。行刑时，汽车开得很慢，车上有麦克风广播，百姓呼口号。毙后，人们用砖头把他的头都砸烂了"。①

张跃冠回忆的"位于北京市石碑胡同的军法处"，即保定绥靖公署审判战犯军事法庭（简称保定绥署军事法庭），设立于1945年12月中旬，位于北平石碑胡同②。

上海《申报》和北平《世界日报》等报章均曾对战犯车均福在北平伏法一事予以报道。

《申报》1947年5月4日第2页载《韩籍战犯车均福昨在平执行枪决》："中央社北平三日电。韩籍战犯车均福（又名江村均福），曾充天津宪兵队翻译，对我平民施以酷刑。经保定绥署军事法庭依法判处死刑，呈奉国防部核准，于今午十二时，签提该犯到庭，宣布罪状后，即绑赴天桥刑场，执行枪决。此为战犯在此伏法之第十人。"

北平《世界日报》1947年5月4日第3版所载《韩籍战犯车均福昨在天桥伏法》一文，可与《申报》互为补充："韩籍战犯车均福（又名江村均福），曾充天津宪兵队一四二〇部队翻译，逮捕抗日分子，施以酷刑，罪行昭著。业经此间保定绥署军事法庭依法判处死刑，呈奉国防部核准。该庭于昨（三日）午十一时，签提该犯到庭，由任检察官钟埖主持，宣布罪状后，绑赴天桥刑场，三枪毙命。保定绥署军事法庭并发布告，希市民周知。"

---

① 河北省保定市政协文史资料委员会编：《保定文史资料选辑》第16辑，1999年版，第71—72页。
② 《益世报》1948年4月5日载《平津特种法庭下月初可成立》："平津特种法庭，业经觅得北平石碑胡同前保定绥署军事法庭为庭址。其庭长人选，已经司法行政部委冀高院推事漆璜担任。委任令昨已到平，现在加紧筹备，预计下月初可望成立。"

房建昌《日文原始档案中的 1946—1948 年北平军事法院对日、朝、台籍战犯审判》载："车钓福,韩国人,特警司令部翻译,任该司令部特别侦谋〔谍〕队此职时,对华人施以酷刑。判死刑,1947 年 5 月 3 日执行。"①"车钓福"显系车均福之误。

另外一桩大快人心事,是驻津侵华日军一四二〇部队长清水丰绪后也被执行枪决。《申报》1947 年 6 月 30 日第 2 页载《平军事法庭审战犯 茂川秀和定五日宣判 清水丰绪已执行枪决》："中央社北平廿八日电……日战犯、天津一四二〇部队长清水丰绪,于战时对非军人施用酷刑,判处死刑,于今午枪决。"

房建昌《日文原始档案中的 1946—1948 年北平军事法院对日、朝、台籍战犯审判》一文所载可兹佐证："清水丰绪,奈良人(一说三重县人),特警教育队宪兵少佐。因战时对我地下工作人员施以酷刑,1947 年 3 月 30 日判死刑,同年 6 月 28 日执行,时年 38 岁。"②

10.对吴树德和金海祥的褒恤

1946 年 7 月 7 日,吴树德被列为第一批入祀天津忠烈祠的抗日忠烈。此后,又经各方努力,南京国民政府将吴树德、金海祥列为抗战有功人员,并予以明令褒扬③。天津市财政局等部门还曾分别向其遗属发放恤金④。

---

① 北京档案馆编:《北京档案史料》1999 年第 2 期第 246 页。
② 北京档案馆编:《北京档案史料》1999 年第 2 期第 239 页。
③ 台湾国史馆馆藏南京国民政府档案《抗战有功人员褒恤案(十六)》。起迄时间:1946 年 9 月 3 日至 1947 年 1 月 7 日。典藏地:国史馆新店办公室。典藏号:001—036000—0144。内容为:"国民政府明令褒扬陈占梅、吴树德、金海祥、张戴阳、王兆祥、马骏、李瑞云等抗战有功人员。"
④ 1945 年 12 月 1 日《公务人员及差役恤金(已故华北水利委员会测绘主任吴树德)》,天津市档案馆馆藏档案,档号:401206800—J0056—1—000442,案卷级。

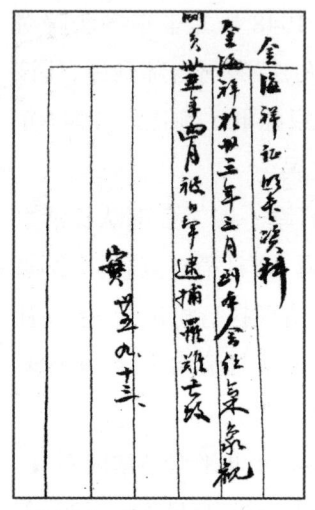

1946年9月13日，华北水利委员会出具的金海祥牺牲证明资料底稿

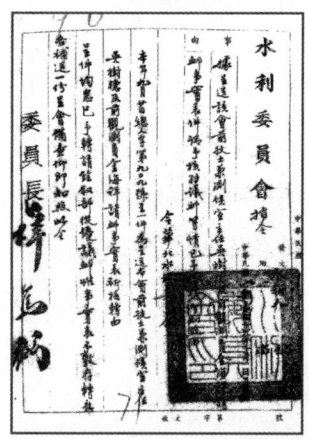

1946年10月1日，南京国民政府行政院水利委员会委员长薛笃弼关于为吴树德和金海祥请恤一事给华北水利委员会的指导

吴树德、金海祥得到官方褒恤，是在天津市政当局的支持下，经华北水利委员会的竭力争取和南京国民政府行政院水利委员会的积极斡旋，才得以实现的。由于吴树德、金海祥为抗战期间殉职的公务员，并非阵亡将士，因此，申报核准过程较为复杂。如：

1. 1946年9月，华北水利委员会再次呈请行政院水利委员会："案奉钧会本年九月七日水新人字第三九九五号训令，以前据呈请褒扬该会技士兼天津测候所主任吴树德及测候员金海祥到会。当即检附原《事略》，转请褒扬，并饬知在卷。兹奉行政院本年九月二日节京人字第一零七一二号指令，除呈请国民政府明令褒扬外，仰转知遗族补填《请恤事实表》，转送铨叙部从优给恤。等因。合行令仰知照，并转知各该遗族，补填《请恤事实表》，呈会凭转。等因奉此。兹已将各该遗族填具《声请抚恤事实表》呈送前来，理合具文转呈，仰祈钧鉴核转，实为公便。谨呈。"

2. 1946年10月1日，行政院水利委员会指令华北水利委员会："本年九月廿日总人字第九〇九号呈一件《为呈送本会前技士兼测候室主任吴树德及前测候员金海祥〈请恤事实表〉祈核转由》，呈件均悉，已予转请铨叙部从优议恤。惟事实表不敷存转，应各补送一份，呈会备查，仰即知照。此令。委员长薛笃弼。"

3. 华北水利委员会遂奉指令函呈："案查本会呈送前技士兼测候室主任吴树德及前观测员金海祥《请恤事实表》，请核转议恤一案，兹奉钧会本年十月一日水新人字第五四五一号指令，已予转请铨叙部从优议恤，惟《事实表》不敷存转，应各补送一份，呈会备查。等因。兹遵将各该员《请恤事实表》给予补填一份，理合具文呈送，仰祈钧鉴备查。谨呈水利委员会委员长薛。华北水利委员会委员长彭济群（总务处长王华棠代行）"①

行政院水利委员会备具材料后，呈请行政院核准并获批。南京国民政府遂明令褒扬吴树德、金海祥。其抗日事迹终被昭告天下。1947年9月3日，金海祥成为第二批入祀天津忠烈祠的抗日忠烈。

2015年9月8日，金海祥之女金瑞生老人致函笔者称，她于1944年1月在天津出生，是金海祥与潘云馨唯一的孩子。她曾听其母潘云馨回忆，沦陷期间，北平一家伪气象单位要任用金海祥。金瑞生姑母也曾函请金海祥返京生活，以便照顾年迈的母亲（时其父已去世）。但是，金海祥不甘事敌，拒绝到职，继续坚守岗位。而金海祥被出卖，据潘云馨生前回忆，还与一个给侵华日军当翻译、名叫谢国华的人有关。1946年5月4日《金海祥被敌人侵害之事实调查》中，亦曾提及此人。

华北水利委员会于1946年9月出具的《金测候员海祥事略》载，

---

① 以上均据《华北水利委员会报送吴树德、金海祥褒恤请恤的呈和行政院水委会的指令、训令》，1946年2月1日—1947年7月31日，北京市档案馆馆藏档案，档号：J007-002-00265。

金海祥于1944年4月20日遭侵华日军杀害后,"遗有一母一妻一女……母老女幼,维持生活全恃遗妻薪给所得,米珠薪桂,至为艰窘"。

潘云馨只得带着出生仅3个月的金瑞生,到天津友人家中躲避。金瑞生8个月大时,潘云馨辗转返回北京,一边在德国医院(今北京医院前身)任职,一边艰难地把孩子拉扯大。1956年后,潘云馨被调至北京结核病研究所工作,直至退休。潘云馨去世于2002年,终生未再嫁。

金瑞生对于金海祥获得南京国民政府褒恤事宜并无印象,也未知金海祥曾作为抗日烈士被天津市忠烈祠入祀之事。而自1949年迄今,家中也从未得到过类似抗属、烈属之类的政策关照和待遇。

如今,华北水利委员会旧址(今天津市河北区自由道24号)仍存,且整幢楼已被修缮如初。笔者建议将其址确定为抗战纪念地,钉挂标志牌,以凭吊吴树德和金海祥这两位在气象战线坚持斗争、在酷刑之下英勇不屈的抗日英魂。

附:1946年《天津市忠烈祠第一次入祠忠烈简明事迹录》

整理说明:

一、《天津市忠烈祠第一次入祠忠烈简明事迹录》是由天津市社会局文化礼俗科编印的小册子。天津《民治周刊》[①]第1卷第8期(1947年4月6日出版)开始连载该事迹录。该周刊《编者按》称:

---

①《民治周刊》创刊于1947年2月9日,刘炎臣为发行人兼主编、王曰强为编辑人,社址位于"第二区粮店街大口胡同十号"。

"我国经过此次坚苦之抗战,赖前后方党政军团及人民奋勇杀敌、协力合作,卒能打倒敌伪,完成抗战伟业。值此抗战胜利后正迈向建国大道之际,吾人对抗战而牺牲之忠烈,应表彰其功绩,庶不负忠烈杀死成仁、舍生取义之精神。本刊兹觅得津市政府社会局文化礼俗科所编撰之一《天津市忠烈祠第一次入祠忠烈简明事迹录》,不失为一部富有可歌可泣之抗敌资料读物。特从本期起,逐期发表,俾广流传。"《民治周刊》分八次连载,后至第2卷第4期(1947年8月19日出版)将其连载完毕。另,该事迹录还连载于1947年七八月份出版的《天津市》周刊①。

二、以下据《民治周刊》所载整理、点校、注释。该事迹录中明显的误植、缺字和衍文,已随文纠正,俾便阅读。通常就可查史料,在每位入祠忠烈的事迹后,以附按语或加注释的形式,或予说明或为补充或提供研究线索,以期丰富。而对于史料抵牾的情形,亦视情略作考析。其中,张自忠、曾澈、雷鸣远、张倬甫、陈中柱、陈资一、刘继光、王文、吴纪元、朱彭寿(附董凤祥)、杨天雄、冯运修、袁汉俊、赵在田、倪中立、李如鹏、王润秋、孙宝庄(附马博泉)、张鸿相、吴树德等生平事迹相对较为丰富,已另拟专文述及(分别参见本章所载)。另对刘继光、邱国瑞的生平事迹进行了力所能及的考证。故在整理中,涉及以上24位时,未再酌加按语,以免重复。

三、该事迹录中多有将抗日杀奸团(简称抗团)与抗日锄奸团杂糅一处的情形。而且,在今人著述中,将二者混为一谈的记载大量存在。为慎重起见,也为尊重幸存至今的原"抗团"团员的意见,在对该事迹录整理时,仅将抗日杀奸团简称为"抗团"。

---

①《天津市》周刊创刊于1946年12月14日,由天津市政府秘书处编译室编辑发行。

四、关于抗团成员资料，台版书籍也有记载。据王振良先生、阎伯群先生介绍，原抗团成员孙若愚曾复印提供给钱宇年的抗团烈士资料中，包括袁汉俊、王士敏、陈熊、缪维、黄瑞堂、冯运修、李如鹏、曾澈、李鑫、张志炘、骆永康、章文颖、刘福庚、丁毓臣、陈维霖、李国材、纪树仁、纪念华等18名抗团烈士的照片和生平事迹，文字均为繁体竖排版，显系出版物中的一部分。钱宇年曾函称，此为孙若愚寄来的1969年军统档案中的抗团烈士资料。但此出版物的版权信息未详，现姑且暂定为"1969年台版抗团烈士资料"。而"1969年台版抗团烈士资料"述及的袁汉俊、冯运修、李如鹏、曾澈、李鑫、骆永康、章文颖、刘福庚、丁毓臣、陈维霖、纪树仁、纪念华等12位抗团烈士，均见载于该事迹录中，但行文有所区别。故在此次整理中，亦将其所载内容分别以附按语的形式添加（对其中的曾澈、冯运修、袁汉俊、李如鹏则分别另文介绍），以利开展比对性研究。

五、在有关抗团的著述中，已挖掘和披露的抗团成员生平史料颇多。在对该事迹录整理时，难以一一缕析，除在所附按语中撷取少量原始资料之外，多未涉及，建议至少参考以下出版物中的相关记载：

1. 台湾传记文学杂志社出版的陈恭澍著《英雄无名》五部，即：《北国锄奸》（传记文学丛刊之六十一，1981年版）；《河内汪案始末》（传记文学丛刊之七十，1983年版）；《上海抗日敌后活动》（传记文学丛刊之八十一，1984年版）；《抗战后期反间活动》（传记文学丛刊之九十七，1986年版）；《平津地区绥靖戡乱》（传记文学丛刊之一〇六，1988年版）。

2. 台湾中外图书出版社于20世纪七八十年代陆续出版的乔

家才著《浩然集》(全5册),即:《铁血精忠传》《戴笠将军和他的同志》《关山烟尘记》《海隅丛谈》《为历史作证》。

3. 刘岳著:《刀锋舞者——刺倭锄奸喋血写真》,中共党史出版社2010年版。

4. 萨苏、老拙著:《东方特工在行动》,文汇出版社2011年版。

5. 阎伯群编:《与山河同在:天津抗日杀奸团回忆录》,天津古籍出版社2015年版。该书集中收录了已知的原抗团团员大部分回忆录、回忆文章或出版信息。

六、有传闻称,竟有活人也被入祀忠烈祠。因此,在该事迹录所载的98人中,也不排除存在极个别者徒有其表、忝列其间、鸠占鹊巢的情形。在对该事迹录缕析时,曾对此有所怀疑。但是,由于尚无确凿证据和十足把握,未敢明确判断非是,有待今后继续考证。

七、该事迹录所载的98人生平事迹,内容均较为简略,而且部分表述过于笼统。如对于每位烈士的姓名和字号、生年和享年、籍贯和出生地、职务和军衔、殉难事由及其与天津的关系等基本情况,或语焉不详或与他处记载明显有异,已知个别史实明显有误。因此,有关方面当时是否逐一进行过认真细致的调查核实,不免令人生疑。尤其是天津市忠烈祠当时是由国民党当局操控的,其评判标准失之偏颇。这就导致其中不乏可商榷之处,理应在今后的研究中加以注意,并予以厘清。而个别人的身份和死因颇为复杂,尤需查考。总之,对于以上尚存问题,均应深入缕析考辨,实不应仅以此载为据。尽管如此,仍可将该事迹录视为颇具研究价值的历史文献资料。

八、1946年7月16日,天津市社会局主任秘书张瑞南、文化礼俗科科长陈嘉祥呈称:"纪念抗战忠烈筹委会……决定由元旦慰劳抗属基金内拨二百四十五万元,与'七七'入祠忠烈家属(每家可分二万五千元,共九十八家)。余款拨充纂编忠烈纪念册用。"①1947年1月7日,陈嘉祥呈称:"查忠烈入祠各烈士简明事迹,曾奉谕重予修订,业经赶修完竣,并曾以工务局会呈'急待需用,签请鉴核',批:'可'。兹以会呈,每烈士需事迹五份,抄写费时,拟由科一并加班抄录、油印、装订成册,分赠各界,俾广流传,藉励民族气节。定名《天津市三十五年七七入祠忠烈简明事迹录》。至经费一节,查元旦慰劳抗属余款除发给各抗属外,尚余二十七万五千元,拟以之购置钢板、钢笔、蜡纸、毛边纸等项,以资抄写印制。可否之处,签请鉴核示遵。谨呈局长胡。"社会局局长胡梦华遂于转天批准:"可。整理、账目报销、公布,由文化科负责。"②

1947年3月7日,天津市社会局函呈天津市政府,根据国防部征集抗战史料的要求,将各区公所提供的抗战相关史料57件(均为书籍报刊等印刷品)汇集上报。其中就包括《天津市忠烈祠第一次入祠忠烈简明事迹录》一册③。据此可知,《天津市三十五年七七入祠忠烈简明事迹录》即《天津市忠烈祠第一次入祠忠烈简明事迹录》。又据1947年7月25日,天津市社会局函呈市政府:"查本局为纪念抗战忠烈伟绩,业于三十五年'七七',举行第一次忠烈九十八人入祀忠烈祠典礼,并经呈报在案。当以各忠烈伟绩为大猷卓

---

① 《为派出席市党部纪念抗战忠烈筹委会情形致社会局长的呈》,天津市档案馆馆藏档案,档号:401206800-J0025-3-006107-014。
② 《为抄写忠烈入祠各烈士事迹用款事致社会局胡局长的呈》,天津市档案馆馆藏档案,档号:401206800-J0025-3-006107-018。
③ 《为送搜集抗战史料致天津市杜市长呈(附征集抗战史料清单)》,天津市档案馆馆藏档案,档号:401206800-J0025-3-006175-004。

然千古，为发扬国家民族精神起见，特编就《天津市忠烈祠第一次入祀忠烈事迹录》一册，拟印制五百份，分赠各界，留存纪念，用资矜式。经招商股价，计谦益印务局需用工本费国币二百二十万元、明星工厂需用工本费国币二百五十万元、洺水村印务局需用工本费国币二百七十五万元。综核所估价格，以谦益印务局为低廉，拟即由该印务局印制……每本四千四百元。"该局附呈《请领印制忠烈事迹录概算书》和估价单，请市政府核发专款。①据以上所载并结合《天津市忠烈祠第一次入祠忠烈简明事迹录》所载《改建忠烈祠经过》以及《民治周刊》所载《编者按》分析，《天津市忠烈祠第一次入祠忠烈简明事迹录》于1946年7月已少量印行，后经修订后决定批量印制500册，但迄今尚未发现修订后的《天津市三十五年七七入祠忠烈简明事迹录》版本。有待今后将此寻获后，再与1946年《天津市忠烈祠第一次入祠忠烈简明事迹录》所载详加比对，以查考异同。

九、鉴于今人著述尚未对该事迹录披露过，现予整理，仅供参考。在本次整理点校过程中，又据杨仲达先生于2012年10月12日提供的1946年《天津市忠烈祠第一次入祠忠烈简明事迹录》油印本校勘。该油印本存在个别誊写笔误问题，而天津《民治周刊》于1947年连载时也存在排印误植、脱字等问题。因此，凡属订误文字、匡正史实，均括以"〔　〕"（即六角括号）标示；凡属脱文补缺，均括以"[　]"（即方括号）标示，以俾行文衔接连贯、语意通顺。另，缺笔径改、衍文径删，以为简捷。

---

① 《为送印制忠烈事迹录估价单概算书等事致市政府呈》，天津市档案馆馆藏档案，档号：401206800-J0025-3-002379-001。

改建忠烈祠经过

自敌倭降服,津市复员。为整顿市容,铲除敌伪色彩,俾改观瞻,适二中全会决议①,普遍建立忠烈祠,崇祀抗战先烈,以慰英灵。惟以本市库款奇绌,乃就第一区林森路旧日本花园内之神社②而改建之,同时,花园亦以"胜利"名之,永为纪念,以安先烈,俾示崇功之意。乃于六月十五日开始兴修改建,将该神社之敌伪色彩分别拆除,并予涂饰,至七月五日全部工竣。祠内一切布置及制作烈士牌位,系由本局依照院部颁发之《抗战殉难忠烈官民祠祀及建立纪念牌坊办法大纲》③办理,与改建工程同时进行。并于"七七"举行第一次忠烈入祠典礼之前,邀集市党部、军统局、中统局、教育部辅导处、青年团、教育局、警察局、北宁津浦两特别党部及本市士绅等,会同详予审核各烈士等殉难事迹。经协议,除应送北平、河北、山东、江苏、辽宁等省市入祠者外,计合于入祠本市忠烈祠者共九十八烈士,如期入祠。由张市长廷谔主祭,中央在津各机关首长陪

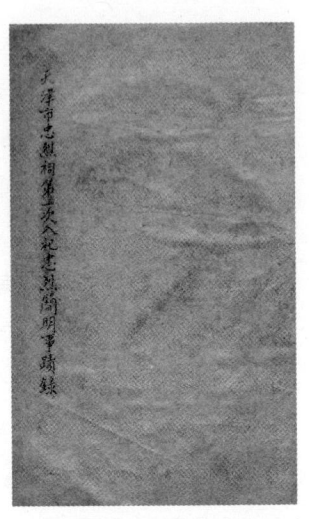

1946年《天津市忠烈祠第一次入祠忠烈简明事迹录》封面

---

① 1946年3月1日至17日,中国国民党六届二中全会在重庆召开。其间,陆军总司令何应钦于10日作受降报告。12日,南京国民政府公布《褒扬抗战忠烈条例》六条,规定褒扬条件、方法、形式及特给奖恤。
② 林森路为新华路旧称。日本花园亦曾称大和公园。其遗址位于今新华路与鞍山道交口西南侧一带。
③ 应为《抗敌殉难忠烈官民祠祀及建立纪念坊碑办法大纲》,南京国民政府于1940年9月20日在重庆颁布,共十一条。

祭,参加典礼暨陆续前往致祭者达数万人之多,足征人民敬仰先烈诚且敬也。兹编制《天津市[忠烈祠]第一次入祠忠烈简明事迹录》小册,俾广流传,藉砺民族气节。爰将改建忠烈祠经过始末,弁诸卷首。时中华民国三十五年七月。天津市政府社会局文化礼俗科志。

张自忠

陆军上将,第三十三集团军总司令,年五十岁[①],山东临清人。

将军早岁从戎,矢志报国。抗战前,处身华北特殊之环境下,因应时艰,正义凛然。残暴如日寇者,亦莫如之何。抗战军兴,将军奋赴疆场,屡创顽敌,迭建奇功,将军之名震撼中外。复以马革裹尸为毕生志愿,终于二十九年五月督战鄂北,亡于阵前。

阴耀武

中统局[②]华北区区长,年四十三岁,河北容城[③]人。

抗战军兴,华北首先沦陷,一般无耻奸伪,认贼作父,事敌叛国。公于斯时,发扬正气,深入虎穴,督导党政,扶良除奸。沦陷区之人心不死者,公之力为多也。公为北平郁文大学毕业生。'七七'前,曾任中统局上海区长及军委会第六部专员。事变后,奉命长中统局华北区长及河北省政府委员等职。三十年,返渝述职,继奉命派充冀察战区党政总队总队长。不幸于三十三年中原大战时,亡于战场。马革裹尸,公志成矣。

[①] 张自忠生于1891年,1940阵亡时,为49周岁。据此判断,以下所载抗战忠烈年龄,均应为虚岁。但也有例外,如下文所载的雷鸣远"年六十三岁",即为周岁。

[②] 中统局全称国民党中央执行委员会调查统计局,也简称"中央调统局""中统",1938年成立。

[③] 该事迹录载"河北蓉城"。河北省只有容城县,并无"蓉城"。容城县隶属于河北省保定市。

  按：《容城县志》载："阴耀武(1902—1943年)，东牛村人。又名阴廷华①，曾化名蔡德生。民国10年(1921年)于省立八中(易县)毕业，回本县任教于白龙敬业高小。民国14年(1925年)加入国民党，并于民国14—17年(1925—1928)任国民党县党部书记长。后因内部派系斗争去保定，任国民党保定市党部组织部长。民国18年(1929年)回本县，任教育局长，曾计划收管全县各级学校公产，即遭一些绅士反对，县长乔玉山也不支持，被迫下台。去北平郁文大学任庶务主任。民国19年(1930年)，在蒋阎大战时，与在郁文大学读书的阎松年(原名阎长胜，曾化名文公年，贾光人)混迹一起，加入国民党中统特务组织(CC派)，搞明反蒋、暗反阎的活动。阎锡山垮台后，他们投奔蒋介石，来到南京，颇受蒋之赏识。阴耀武先后任国民党河北省政府委员、陆军七师特别党部书记长、北宁铁路特别党部书记长、中统局华北负责人等职。抗日战争期间，阴在津浦线活动。曾在山东组织抗日游击队。约在民国32年(1943年)，被日本特务炸死于火车上。"②

  《河北省志·国民党志》载："民国14年(1925年)5月，国民党容城县党部建立，负责人为阴耀武。"未见阴耀武在容城县任"国民党县党部书记长"或指导委员、执行委员等记载。当时并无"书记长"之称谓。1928年党务公开后，各县党务指导委员会(简称党部)负责人称指导委员或指导员，后称执行委员、常务委员。1937年抗

---

①刘寿林等编《民国职官年表》载阴耀武"原名廷华"，中华书局1995年版，第1404页。而刘国铭主编《中国国民党百年人物全书》上册则载阴耀武"字建华"，团结出版社2005年版，第677页，此载应不确。

②河北省容城县地方志编纂委员会编：《容城县志》，方志出版社1999年版，第539—540页。

战爆发后,各县党部才实行书记长制①。

1929年,阴耀武曾被开除国民党党籍。1929年10月7日,在国民党中央执行委员会召开的第四十次常务会议上通过的议决案称:"中央监察委员会函,为准中央组织部函送前北平政治分会请将结党营私、阴主学潮之保定市指委赵霜峰等处以党的处分一案,经第六次常会议决,赵霜峰、阴耀武、张涤吾、屈凌汉均开除党籍,抄同决定书请查照公决执行案,决议照办。"②1931年11月21日,中国国民党第四次全国代表大会举行第七次会议,"通过第三届中央执行委员会提请追认恢复因政治关系而开除之党员党籍案",恢复党籍者中包括阴耀武③。

阴耀武后在国民党特务工作总部(中统前身)工作,后为中统派系中的"北方派"。1933年5月,"为了训练扩大过程收留的低水平的特务。特工总部派来阴耀武和荆宪生来上海区建立训练股,对全区特务进政治、文化和技术训练"。④1936年春,安徽特务室"开办过'安徽特工训练班'……教官全部由南京特工总部派遣,总教官为王杰夫,教官有顾建中、刘桂、阴耀武、杜衡、万大铉、缪斌等"。⑤1937年"八九月份,国民政府军事委员会改组为大本营,下设第一至第六共六个部,以陈立夫为第六部部长,主管组织训练。陈立夫调徐恩曾任该部第四组中将组长,徐再将特工总部的一大批人员调往第四组工作,分别挂有少将、上校、中校军衔。调往第四组的人

---

① 河北省地方志编纂委员会编:《河北省志·国民党志》,中华书局2005年版,第79、116页。
② 《中央第四十次常务会议》,《申报》1929年10月8日。
③ 参见《四全代会昨开七次大会》,《申报》1931年11月22日;《南京国民党第四次全国代表大会(下)·恢复党籍》,《国闻周报》1931年第8卷第47期第3—5页。
④ 月西编:《蒋介石和他的特务机构》,海天出版社1996年版,第139页。
⑤ 安徽省地方志编纂委员会编:《安徽省志·政党志》,方志出版社1998年版,第813页。

员所做的工作仅有一项,即成立十个'战地工作团',分别设在苏北、赣北、安徽、河南、河北、晋绥等地,由特工总部人员陈中柱、王杰夫、阴耀武、刘桂等分别担任团长。但仅半年时间,大本营再次宣布改组,原设立的六个部全部撤销,由新设置的以陈诚为部长的政治部接管原第六部工作,又因为陈诚拒绝接收这十个战地工作团,使得经费无法落实,只好宣布解散"。①

1939年7月,河北省党部改组,国民党中央新派阴耀武等13人为执行委员。国民党河北省执行委员会此际正随军在河北省南部活动。1939年10月至1940年,阴耀武任河北省党部第四督导区指导专员(第四督导区辖遵化、玉田、宁河、丰润、滦县、乐亭、昌黎、临榆、抚宁、卢龙、迁安等十一县)②。

又有记载称,1943年前,"在反动透顶的张荫梧主持之下,开办了大规模的'党政干部训练班',编组了两个'战地服务团',以荆宪生、阴耀武分任第一、第二团团长,企图伸入解放区开展特务活动。"③阴耀武也被记载为"反共专家、中统老特务"④。

另载,阴耀武1940年即失踪。"中统局成立后,由于战争环境和交通困难,为了便于就近指挥和督导,于是把全国划分为五个大区。华北区:辖冀、鲁、平、津和北宁铁路各室,区部设在天津租界,

---

① 张文口述:《特工生涯:232号战犯张文(张国栋)口述实录》,江苏人民出版社2011年版,第178页。
② 河北省地方志编纂委员会编:《河北省志·国民党志》,中华书局2005年版,第25、33、403页。
③ 江上清著:《政海秘闻》,香港致诚出版社1977年版,第163页。
④ 牧子:《中统和日伪的勾结》,全国政协文史资料委员会编:《文史资料存稿选编》第13辑《特工组织》上册,中国文史出版社2002年版,第235页。牧子即李约勒,曾长期在中统局本部做内勤工作。

由阴耀武任区长。1940年初,阴回到重庆,在一次纪念周会上大谈在日伪地区做地下工作的经验,受到徐恩曾的表扬。不久,阴经西安、洛阳,过黄河,计划骑自行车返回天津。不料,渡过黄河后即告失踪,随之,区部遭到日本特务机关严重破坏。当时,主持工作的副区长刘子厚也被逮捕。自此,该区即自行消失。"[1]此载认为阴耀武已于1940年失踪,或有不确。

《民国职官年表》将阴耀武担任河北省政府委员的时间记载为1940年2月3日至1944年[2]。

曾澈

军统局[3]平津区区长,年二十七岁,浙江瑞安人。

先生毕业于上海法学院。二十八年秋,任军统局平津区区长,指挥工作,奋不顾身,事机不密,为奸人所悉,竟被逮捕。敌人始以鞭笞,继以利诱。先生供词慷慨,未道蕴密。后被送入感化院,仍忠贞自守,始终弗渝,遂于次年九月九日遇害。

雷鸣远

华北战地督导民众服务团主任。年六十三岁,原籍比国,十六年归化中国,为天津人。

司铎讳鸣远,先生字振声,公元一八七七年生于比利时冈城,领公教洗礼。民[国]十六年归化我国,以久居津市,称天津人。早岁学道,终身绝财绝色,期以舍己救人为志。一九〇二年,在[北]平晋

---

[1] 杨颖奇著:《中统大特务张国栋的传奇人生》,中国文史出版社2012年版,第120—121页。
[2] 刘寿林等编:《民国职官年表》,中华书局1995年版,第859—860页。
[3] 军统局全称国民政府军事委员会调查统计局,也简称"军委会调统局""军统",1938年成立。

升司铎,奉派宣教北直隶区。民元,移铎津门,创《广益录》。民四,创《益世报》,在津问世。二十二年,长城战起,司铎偕教友出入疆场,救济伤亡。虽风雪蔽天,而工作如恒。抗战军兴,司铎认为报国良机,组救护团奔波疆场,救护伤亡。二十九年,积劳成疾,虽经委座专机迎渝,终以医药罔效,竟于是年六月二十四日遽归道山。

张倬甫

北宁铁路局副局长,年四十岁,河北滦县人。

烈士名润田。倬甫,其字也。美国渊思理尔理工大学研究院工学博士。归国后,初执教于北洋、清华等大学,造掖后进,桃李盈门。嗣任职于天津市政府、山东省政府等机关,计划建设,成绩斐然。七七事变,博士任北宁路局副局长。平津弃守,博士虽不甘事敌,而仍虚与委蛇,盖有所图也。敌军自东运输桥梁路轨,屡遭破坏,皆博士暗中策动之力,渐为敌觉。于是年九月二十日为敌拘捕,历经酷刑拷问,博士闭口不言。敌见其志不可夺,[其]遂遭戕害。迄今尸骨无存,壮哉惨矣。

郭朴

天津市党部委员,年四十岁,河北霸县人。

君河北霸县人,任天津市党部委员。沦陷期中,领导青年抗敌除奸,备著勋绩。旋以事破被捕,迫送日本服劳役。君正气凛然,毫不为屈,竟而殉难。

按:1928年9月12日,中国国民党天津特别市党务指导委员会成立,

1946年1月,天津市冬令救济委员会发给抗战忠烈郭朴遗属的领粮证

在9名委员中,有名郭树棠者。①此后至抗战胜利,尚未发现天津市党部委员中有姓郭者②。郭树棠是否为郭朴?郭朴是否另有别名?均待考。

陈中柱

津浦路特别党部委员,年四十二岁,江苏人。

君籍江苏,以任职津浦铁路,遂在津卜居焉。事变后,参加挺进军。袭击倭寇,运筹帷幄,迭挫敌锋,敌伪畏甚。以夜袭奋不顾身,遂致阵亡。

陈资一

军统局天津区区长,年三十九岁。

君湖南邵阳籍,早岁参加国民党,从事国民革命,数十年如一日。事变后,奉命任军委会调统局天津区区长,策动抗战除奸,宣达中央政策,颇著奇勋,不幸中道为敌所获,竟以身殉。

刘继光

天津市党部别动队司令,年四十五岁,河北河间人。

烈士冀之河间人也,性刚毅,勇敢逾人,每遇不平事,辄振臂而助之。津市沦陷后,烈士隐居津门,遂从事抗敌工作。旋组织别动队,自任司令,从者甚众,迭袭敌伪,正拟大举歼敌,以资呼应反攻,不幸为敌所执,不屈死难。

王文

四十一军特派员,年三十岁。

---

① 参见《益世报》1928年9月13日所载《天津特市指委会成立》;《申报》1928年9月20日所载《天津特别市党委会成立》;1931年版《天津志略》第二编第一章《天津特别市党务》。
② 参见谢天培《解放前国民党天津市地方组织的活动概况》,天津市政协文史资料研究委员会编:《天津文史资料选辑》第33辑,天津人民出版社1985年版,第12—35页。

烈士河北宝坻县人也,幼怀大志,轻文尚武。十七岁,即投笔从戎。迭经深造,地位日增。津市沦陷后,奉命任平津抗日锄奸团团长兼行动组长。先后刺杀敌伪甚夥。二十七年,深入冀东,组织忠义救国军,乡民闻风而至,达三万人,声势浩大,终以粮弹绝援,中道瓦解。二十八年,奉命南下,委座对渠之壮举,深为嘉许。旋再衔命返津,以刺杀汉奸王克敏、王揖唐案,而被捕殉难。

朱彭寿

天津电话局总工程师,年四十七岁。

烈士字杰夫,江苏松江人,秉性卓异,慧而好学,在校每试,辄列前茅。后考取官费留学生,赴美国专供电业技术,半工半读,节约自奉,每有余,即寄以奉亲。归国后,任职津电话局。时该局大权均操法人之手。公以技术之精明,学识之渊深,极为外人所敬佩,故不久改任总工程师。国人任该局总工程师之职者,实以公为第一人也。津市沦陷,公纠合同志,坚不交敌利用。嗣,敌以卑鄙手段,捕公入狱,竟以殉难。

胡恩培

军统局特派员,年二十六岁,河北青县人。

君河北青县人也,世代书香,自幼即养成浓厚之民族国家观念。津沽沦陷后,中央感于敌后抗战工作之重要,君遂以军委会特派员之名义,奉派来津,刺探军情,破坏敌伪,厥功甚伟,不幸事泄,被捕死难。

按:陆京士撰《一年来全国邮工之苦斗》载,1933年7月30日,天津邮务工会"迁入特别区平安街五十二号新址办公"。9月24日,"召开代表大会,改选第七届执监委员。总会派张克昌、王宜声二常委出席监选。计选出胡恩培等九人为执委……推定胡恩培、高宜榜、张毅臣为执委会常务委员"。①

1933年《天津邮务工会负责人姓名、籍贯、履历、现任职务简表》载,天津邮务工会执行委员胡恩培,籍贯天津,高小毕业,时为信差。②

1937年3月14日,"天津邮务工会奉令举行全国邮务总工会常委赵树声追悼大会……读祭文后,复报告赵同志生平事略。继由会员胡恩培演说,词甚悲壮沉痛,听众极为动容"。③

《天津市工人抗日救国会组织扩展》载:"'七七'变起,平津首先陷落,天津工人领袖苑宝璜,痛过去津市工运不振,发起抗日救国运动,得贾如栓、胡恩培之协助,逐渐发展。二十七年一月,成立天津市工人抗日救国会,经众推定,苑、贾、胡三氏为常务委员。至本年(1939年),响应者日众,有工运前辈李海山欣然加入。其余先后加入者,王书阁、袁泽民、崔玉山、陈洁、赵国良、蕲承勋、马祥麟、李照明等,均劳工之健者。于是,津市各产业职业工人,闻风而起,工厂单位,有棉毛纺织厂、火柴厂、面粉厂、化学工厂、烟厂、汽车厂及邮局、电车、码头等工人,均秘密组织抗日分会。工人家属,并多热心参加。苑宝璜之女莺庄,年十二,即充小交通员;李海山、陈洁之母,毅然掩护地下工作人员;贾如松之母,躬亲扶养被难人员家属;贾如松之妻,保管秘密文件、宣传书刊及工作器材等。老弱妇

---

①上海邮务工会宣传部:《上海邮工》第6卷第4期,1934年1月1日出版,第14—15页。
②中央民众运动指导委员会1933年编《二十一年——二十二年特种工会调查报告》,转引自李文海主编《民国时期社会调查丛编(二编)·社会组织卷》,福建教育出版社2009年版,第463页。
③《天津通讯》,上海全国邮务总工会宣传部编:《中华邮工》月刊第3卷第2—3期合刊第97页,1937年4月30日出版。

孺,热忱如是,益使工作开展,团结坚定。因此,发展至本年冬季,参加组织分子,达四万八千余人,于役人员既众,工作途径日繁,破坏敌人物资、消耗工厂原料与怠工磨工等行动,所收功效极大,打击敌人奇重。敌人至此,乃注意工人行动,极力设法搜捕我地下工作人员。津市抗日分子,与敌渐入于肉搏阶段。"①

《天津通志·邮电志》载:"沦陷期间,天津邮工不甘忍受日军欺凌,积极参加抗日救亡运动。信差陈鸿举、胡恩培因参加抗日地下工作,于1940年3月间被日军逮捕押往北平日本监狱,受尽严刑拷打,胡恩培身死狱中。"②

韩家兰

三民主义青年团平津支团书记,年三十二岁,天津人。

公天津人,幼而聪颖,求学时代,即富爱国思想。长入三民主义青年团,为平津支团书记,在津鼓励青年加入抗敌工作,颇有功绩。不幸为敌侦悉,遂被所获,屡受酷刑,坚不吐露组织实况,遂为敌害。

按:抗战时期成立的三青团,"不仅在抗日宣传方面做了大量的工作,其团员和干部在抗日战场上也有出色的表现。除各战区支团的部队团员直接上战场作战外,许多地方团部也参加了抗日斗争。在敌占区,三青团的抗日活动显得十分壮烈感人"。1940年后,"平津支团书记韩家兰被日寇逮捕,瘦死狱中"。③

---

①中国劳工运动史编纂委员会编纂:《中国劳工运动史(二—五)》,台湾中国劳工福利出版社1966年版,第1409页。
②天津市地方志编修委员会编著:《天津通志·邮电志》,天津社会科学院出版社2002年版,第9页。
③马烈著:《蒋家父子与三青团》,中国文史出版社2007年版,第126页。

陈开国《青干班和青干校始末记》载："中国国民党中央训练委员会训练团三民主义青年团工作人员训练班，简称中央训练团青干班，为三青团中央青年干部学校的前身，是蒋介石、蒋经国培训三青团中、上级骨干的专门训练机构……一九三八年，在武昌开办了青干班第一期……第一期结业时间，原定在十月底或十一月初，由于十月二十一日广州失陷，武汉告急，桂永清于二十三日……宣布青干班第一期结业……派往沦陷区的有平津支团书记韩家兰、苏北区团书记唐旅程、上海支团组训组长曹俊和分团主任吕思潭等……康泽为了配合蒋介石积极反共的需要，特地把托派分子任卓宣（即叶青）找去作过多次讲演，讲题是'党派问题'。任卓宣当时是合川中央军校特别训练班政治教官兼三青团重庆支团宣传委员和战时青年训导团讲师。他用托洛茨基的整套谬论来曲解马克思主义，按照国民党中央宣传部'特别宣传指示'，添盐加醋，肆无忌惮地攻击共产党。任卓宣把康泽提供他的有关张荫梧、秦启荣和三战区支团主任邓文仪等编造的材料，加以渲染，捏造平津支团书记韩家兰和苏北区团书记唐旅程之死，为八路军和新四军所杀害，在学员当中骗取同情和对共产党的仇恨。他每次讲演都带上《抗战与文化》刊登他的反共文章向学员兜售。"①

另检三民主义青年团中央干事会于1943年编印的《三民主义青年团团员忠勇事略》，未见有载。据此，或可判断韩家兰的牺牲时间应在该书截稿之后。

《三青团中央团部编所属各支区团干事会负责人员名录

---

① 参见全国政协文史资料研究委员会编《文史资料选辑》第74辑，文史资料出版社1981年版，第40—72页。

(1944年3月)》载,韩家兰时为平津支团书记①。

王贻训

河北省党部第一区督导员,年四十二岁,河北沧县人。

烈士讳贻训,字郑庭,冀之沧县人也。少有大志,沉毅寡言,毕业于天津工业学院②。后历任教育局长及师范校长等职。十六年,加入国民党,迭任各级党部要职。事变后,奉命派为冀省第一区党务督导员,深入沦陷区,刺探军情,鼓舞民气,爱国志士为其护送,退入后方者,不下数千人,出生入死,往来敌我之间。三十三年三月,为奸人所卖,遂被敌捕。虽倍受威胁利诱,烈士则始终不屈,从容就义。

按:《中国国民党河北省执行委员会三十一年四、五、六三个月工作报告》载,河北省党部第一督导区辖天津、静海、沧县、盐山、庆云、新海、青县等七县,王贻训自1940年起任第一督导区督导员。③《河北省党部直属特别党部书记长、各区督导员及各县书记长姓名、化名、代号、密码和通讯处一览表》载,第一督导区王贻训,化名"黄之清、王子贞"。④

王贻训之妻王赵氏申报,王贻训"于民国33年3月19日2时在津南马路中南旅馆内,被日本宪兵队捕去,5月15日殉国。"⑤

---

① 中国第二历史档案馆编:《中华民国史档案资料汇编》第五辑第二编《政治(三)》,凤凰出版社1998年版,第812页。
② 应指位于天津河北黄纬路、五马路一带的河北省立工业学院。1929年前的校名为"直隶省立高等工业专门学校"。
③ 河北省地方志编纂委员会编:《河北省志·国民党志》,中华书局2005年版,第33—34页。
④ 河北省地方志编纂委员会编:《河北省志·国民党志》,中华书局2005年版,第447页。
⑤ 天津市警察局《第一分局第四分所管界被敌残杀烈士调查表·王贻训》(分所所长潘仲平呈报),天津市档案馆馆藏档案:219-1-6736。参见天津市委党史研究室编《天津市抗日战争时期人口伤亡和财产损失》,中共党史出版社2014年版,第51页。

1946年9月14日,天津市政府指令市社会局:"据派报业职业工会呈,为先烈王贻训拟悬匾额一方,以表追敬等情,呈请鉴核备案由,呈悉,准予备案。此令。市长张廷谔、副市长杜建时。"①

张清江

军统局天津区直属组组长,年三十三岁,河南长葛人。

烈士籍河南,豫东长葛人也。供职军委会调统局有年,矢志革命,早著功勋。事变后,奉命任军统局天津区直属组组长,以身许国,抗敌除奸,事破被捕死难。

按:吴竹亭《刺杀日本天皇特使事件始末——访侯化均、张承福先生》中提及张清江于1940年在北平参与刺杀日本天皇特使的情况。②

该文载:侯化均曾任国民党河北省保定警备司令部稽查处处长(军统,少将级),此前与张承福均在军统北平站工作,与刺杀日本天皇特使的麻克敌(化名麻景贺)、邱国丰(化名邱裕民)是老同事。

侯化均称,1939年中秋节后,"在北平,以我们这些新派赴的人为基础,成立了新的军统北平站(原来的组织被日伪破坏)。站长刘文修,山西人,是原北平站的老军统人员。书记李效愚,是谍报参谋班的。下设两个情报组、两个行动组,每组大概二三个人。我所在的情报组组长是张清江,组员有我和张承福、金琅。另一个组长赵慰民,组员于子和。两个情报组除了张承福、金琅是学生出身,是从

---

① 《为报业职业工会为烈士王贻训拟悬匾额事致市社会局的指令》,天津市档案馆馆藏档案,档号:401206800-J0025-3-006107-010。
② 天津市蓟县政协文史资料工作委员会编:《蓟县文史资料》第2辑,1990年版,第154—163页。

特警班来的,其余均是原保安队同事。行动组,一个组长是麻克敌,组员邱国丰,另一个组组长是周良辅,组员杜玉州。这4个人都是原保安队同事,是从谍报参谋班来的。另外还有特警班的陈大东不知是哪个组的。当时,军统华北区区长薄有凌也在北平,但先后只见过两次面。"

张承福称,1940年,"刺杀日本天皇特使的直接行动人,是行动组组长麻克敌、组员邱国丰。我所说的情况,除我亲历的以外,都是后来被捕在狱中,听另一个行动组组长周良辅、情报组长张清江和任国伦讲的。他们和麻克敌有联系,对内情了解。11月29日上午,麻克敌、邱国丰在查清了两个特使的行踪之后,骑自行车在其必由之路——锣鼓巷皇城根下,尾随狙击。当时两个特使都被击中。高月保当时毙命,另一个(即另一日本人乘兼悦郎——引者注)受重伤。两匹马也被打死。东皇城根路口有个警察阁子,警察出来看时,麻又打了两枪。当时,有两个拉洋车的正经过那里,将两个特使拉走了。""我们被捕后,先被送进了日本宪兵队,分别单独关押。在宪兵队除了被审讯、对质外,还受到鞭抽、灌水、用烧红的铁钩子烫等酷刑。有一天,我被打得昏死过3次。在宪兵队呆[待]了近一个月,然后被送到炮局监狱,当时称'外寄人犯收容所'。炮局监狱分东院和西院,东院属日华北军法会,关押待判决的'犯人',西院是监狱,关押判刑以后的'犯人'。我们开始先被送往东院,在那里受到两次审讯。一次是在侦察厅,一次是在审判厅。以前,我在宪兵队始终没有见过麻克敌,审判时才见他一面。薄有凌以前也从未见过,是通过审判才认识的。在东院不再单独关押,几个人关在一个屋子里。我被关的屋子大一点,人也就更多了。和我关在一起的同事,我记得有行动组组长周良辅、情报组组长张清江、'交通'任国伦,还有刘心一等人。在屋子里,都要面壁而坐,不准说话。看守在夹道中来回巡视,发现谁说话,便拉出去打一顿。当时,我们想这次生存的希望非常渺茫,所以,都找机会将各自了解的情况进行了交换,或有什么事交代一下,希望有能活着出去的,将情况汇报给上头,将需要交代的转达给亲属。我们那个屋子虽然有不同的党派、不同的组织,但都是被日伪宪兵特务抓进来的,都成了难友,互相照顾。平时,由一个人监视看守,大家谈话,看守过来,监视人做一手势,大家再坐好。在东院呆〔待〕了近二个月,进行了宣判。被判处死刑的没有和我们一起宣判。我们也没有当厅宣判,在送西院监狱前,将大家叫出来排成队,由翻译宣读了判决书。我被判刑5年、周良辅5年、任国伦7年、金琅7年,其余不记得了。"因刺杀日本天皇特使事件被杀害的,"共四人:薄有凌、麻克敌、张清江、邱国丰。"

上文中提及的"薄有凌",即薄有鲮,邱国丰即邱裕民。

另据《新民报》1941年2月16日载《狙击日军官犯昨日执行死刑》载:麻景贺是15日下午4时被日伪杀害的。张清江牺牲的时间也应在此际。

据以上所载可知,1939年,张清江已担任军统北平站情报组组长,1941年牺牲。

近年来,带有文学色彩的纪实类作品中的相关记载,多据吴竹亭这篇文章演绎。如称"军统华北区第一情报组组长张清江",或有不确。而互联网上还有文章判断张清江与张桐岗可能是同一人。因该事迹录中亦载张桐岗生平,故可判定此说非是。

吴纪元

抗日杀奸团组长,年二十八岁,天津人。

君固勇士也。少有大志。事变后,奋身抗敌,不为敌伪所屈,友辈敬重之。嗣任抗日杀奸团组长,杀奸破敌,声威日著。后因刺杀张逆维忠不果而被捕。敌伪虽百般利诱,君毫不为屈,遂以身殉。

陈维霖

军统局天津区组长,年二十岁,天津人。

烈士生于闽之福州,幼失怙恃,赖继母扶养。及长,就读工商学院附中。二十八年,经友人介绍,加入三民主义青年团。烈士虽体质羸弱,然以工作紧张,终夜不寐。二十九年,因团之组织迭遭敌宪破坏,乃转沪工作,虽倍遭经济及环境之压迫,而烈士之志毫不为撼。旋又返津,时津方同志率多涣散,烈士处心积虑,谋以中兴。不意三十二年,为敌宪所执,屡遭刑讯,终以体弱多病,亡于狱中。

按:"1969年台版抗团烈士资料"载:"先烈陈维霖,河北天津人,少年英俊,志气豪迈。民国二十六年(一九三七),日寇侵华,先烈正肄业天津工商大学附属中学。是时,平津一带爱国青年秘密组织抗日杀奸团,与敌周旋,时予敌伪以重大之打击。先烈慕之,民国二十九年(一九四〇)六月,毅然投效为团员,热心勇敢,力赴事功,杀敌锄奸,卓著成绩。时日既然久,身份不免暴露。上级虑其安全,于三十二年(一九四三)九月,调先烈赴沪工作。讵甫抵步,即为敌逮捕,刑讯无供,乃系于狱。先烈忧愤交集,寝假成疾,瘐殒狱中,年二十三。"

台版抗团烈士资料所载陈维霖抗战事迹

章文颖

抗日杀奸团组长,年二十岁,天津人。

公少慧,有大志,肄业于广东中学。津沽沦陷,或说君偕赴后方者,君笑曰,"此非杀敌所耶?"经同学某介绍加入抗日锄奸团任组长。未几,李逆国材售君于敌。于二十九年七月被捕,备受酷刑,但无一言及于组织。旋因病得释,入北平红十字会医院,已奄奄一息矣。未几病逝,时三十年九月十二日。

按:"1969年台版抗团烈士资料"载:"先烈章文颖,号子实,浙江绍兴人。廿七年,因潘祖华之介,参加本局(即军统局——引者注),派天津区工作。廿九年七月,被敌捕去,严刑逼迫,不稍馁屈。释后不治殉职,年廿四。遗族父一人。"

《中华民国忠烈将士姓名录》载,章文颖,军委会上尉。1943年7月,牺牲于北平,时年20岁。①

吴松龄

空军上尉,年二十八岁,天津人。

烈士籍广东,家出名门,乃祖与父均游学美国,幼聆庭训,报国之思,早蕴胸际。新学书院毕业后,考入"航空六期",亲友等有以危险阻之者,烈士曰:"能杀身以成仁,不胜于老死床褥耶?"烈士娴于技,而邃于学,体伟岸、性朴诚。二十五年,西安事变,营救委座出险,烈士与焉。后以功擢升空军上尉分队长,转战上海、河内、海防、缅甸、洞庭湖、长沙等地,迭挫敌锋。三十一年十月二十二日,于空飞途中,机生故障,坠于简阳,遂以身殉。

---

①原载联合勤务总司令部抚恤处纂订:《中华民国忠烈将士姓名录·天津市》,1947年12月初编。转引自李强、任震辑《民国文献资料丛编·抗战阵亡将士资料汇编》第1册,国家图书馆出版社2012年版。

按：《中央航空学校第六期航空班学生名单》载，吴松龄，广东四会人，1915年生。"1942年10月，四川温江联系长途飞行，天气恶劣，坠简阳县，殉职。"①

位于南京抗日航空烈士纪念馆内的烈士纪念碑《中国烈士名单J》载：吴松龄，上尉，广东四会人，生于一九一五年六月十三日，牺牲于一九四二年十月二十二日。

邱国瑞

山东巨野县县长，年四十二岁，天津人。

烈士幼年家境贫苦，小学卒业后，即辍读，复入保定陆军模范团。卒业后，先后充任鲁省府科长、安丘县长、第八十一师参谋长等职。事变后，任巨野县长，领导军民抗拒顽敌。二十八年，敌陷巨野，烈士守土死难，时年四十二岁。

温学诗

军统局天津站电台台长，年五十五岁，河北大城人。

民国初年，烈士毕业于北平交通大学，供职交通部，处世惟谨，治家以严。抗战后，任军统局天津站电台台长，奔走前后方，传递使命、运输器材。最后，由洛阳密运电机来津，被捕殉难。遗子女八人。长子服务于委座侍从室，亦殉职于长沙之役。洵可谓一门忠烈矣。

按：据1914年11月8日《政府公报》第902号所载《交通部交通传习所统计班学生履历暨毕业成绩表》：温学诗，年二十一岁，直隶大城县人，毕业平均分数为74.4分。

据此判断，温学诗约生于1894年。如果温学诗牺牲时"年五十五岁"的话，那么，其牺牲时间就应该是1948年。显然，"年五十

---

① 渠长根著：《民国杭州航空史》，杭州出版社2012年版，第188页。

五岁"这一记载为误载的可能性更大。

曾在军统局特务集团工作过十一年（其中在天津活动八年之久），且大部分时间搞潜伏电台和单独行动的舒季衡，在《国民党军统局在天津的特务活动概况》一文中，并未记载温学诗，但却频频提及一位姓温且从事电台工作的军统人员，即温崇刚。此人曾任军统华北区电台台长。那么，温学诗化名温崇刚的可能性有多大呢？且看该文所载：

"一九三七年七七事变后，国民党及军政组织撤离平津的同时，曾布置下一些潜伏的特务组织。在天津设立特务处华北区，下辖北平、天津、保定三个站，总揽华北地区的特务工作，派王天木为最高负责人。天津站仍由陈恭澍任站长。除在市区布置几个情报组、行动组外，另在唐山、沧县两地各设一情报组。区、站及外地各组，均配备有秘密电台。驻华北区的电讯负责人程浚，称'电讯督察'，督导各台通讯业务和调整人事工作。各电台人员有李仲英、温崇刚、汪维新、何丽英、艾光华等人。一九三八年，当特务处改称军统局时，华北区的组织人事未变。"

1939年军统局华北区组织被日本破坏后，"电讯督察程浚却感到自身安全受到威胁，不能滞留，乃逃回重庆。遗缺由华北区电台台长李仲英继任，另由温崇刚任华北区电台台长。与此同时，北平、保定两站，唐山、沧县两组，均遭受严重破坏，沧县组组长邵大为被捕后叛变投敌，电台人员张依道亦株连被捕。军统局华北区活动，从此结束"。

1940年，军统局重新部署恢复天津特务组织，同年夏，"调原邢台组电台台长殷师舜来津任天津站电台台长，殷妻王英杰为报务员。该站曾布置两三个情报组和行动组。就在这时，原华北区所属的温崇刚电台又被日特破坏,所幸数小时前已得到消息,温将电台移匿他处,文件销毁,温被捕后,查无实据,拘押数月后即被保释。当时军统局未将温调离天津,令其继续潜伏,以待时机。"

"一九四二年初,军统局派李仲英为华北电讯视察,经兰州、内蒙[古]潜来天津。同年夏,正值特别站电台艾光华被捕,李设法营救而未果。因艾与驻津电讯督察殷师舜等有横的联系,致使殷等感到严重威胁,当由李仲英报请军统局,准许殷师舜夫妇和另一电台人员齐致中等数人调回重庆。并将殷、齐二台所用电机,一部交与温崇刚,由温重建一台,继续与军统局通讯,另一部由李仲英交给刚刚建立的军统局天津独立潜伏台舒季衡留充备用……温崇刚台建立两个月后,发报机出了故障,与军统局停止通讯。同年冬,军统局电令舒季衡就近与温崇刚接头并帮助检修电机,但没有接上头,此后,与'温台'即失去联系。"

一九四五年春,"军统局派殷师舜为电讯视察,来华北各地巡视所属电台工作……当殷北来山东济南视察军统局济南站电台时,日本宪兵队即将殷师舜连同济南站电台台长王某一同逮捕。殷等受刑不过,供出天津温崇刚、舒季衡、杜思忠、杨杰荣等台。日本宪兵队押解殷等来津,会同天津日特,逐个逮捕。殷领着日特往法租界电灯房对过某胡同温崇刚的接头处捕温时,正值该邻居与温家闹不和,不耐烦地说:'不知道','早不在天津了。'温因而得脱。"

"一九四五年八月十五日日本投降。次日,军统局戴笠以蒋介石名义,发表任命伪华北绥靖军总司令门致中为国民党河北先遣军总司令……门致中特派一上校科长和秘书陪同来见舒季衡,要求与军统局直接联系,舒同意派一电讯人员去北平,驻门致中部电台,并规定密码、呼号、波长和通讯时间,交温崇刚带去,舒又通知军统局电讯总台按规定试通。温在门部住一个月后,门部改编为国民党第九路军,始行撤回。"①

从上文所载可知,抗战胜利后,温崇刚还活着。况且,该事迹录载温学诗为"军统局天津站电台台长",而舒季衡却载为"温崇刚任华北区电台台长"。二者应有所区别。因此尚难判定温崇刚即温学诗。

尽管舒季衡《国民党军统局在天津的特务活动概况》所载对进一步了解温学诗生平并无突破,但却留下了一些蛛丝马迹,并为今后继续深入挖掘,锁定了不少关键词。从这个意义上来看,舒季衡这篇文章的研究价值很高。

另外,1946年1月,天津市冬令救济委员会发给抗战忠烈遗族的领粮证中,有名温怡厚者②。尚不知温怡厚是否为温学诗的遗属。对此也有待考证。

张少峰

天津市党部电台台长,年四十六岁,山东黄县人。

烈士山东黄县人也。供职津市有年,为人豪爽有侠气。津市陷落,奸伪屡请出任要职,皆为婉词拒绝。旋奉命任天津市党部电台台长,沟通前后方之消息、刺探敌伪情报,均能奋不顾身,完成大任。不幸为敌捕害,得以成仁。

按:谢天培《解放前国民党天津市地方组织的活动概况》载:"一九四〇年冬季,国民党中央组织部长朱家骅委任韩振声(河北

---

① 天津市政协文史资料研究委员会编:《天津文史资料选辑》第26辑,天津人民出版社1984年版,第163—176页。
② 《发放给刘畏吾刘冯新华尚文典孙宝庄朱云高训文郭朴温怡厚刘赵氏王桐芳等人的领粮证》,天津市档案馆馆藏档案,档号:401206800-J0025-3-006206-033。

邢台人,日本明治大学毕业,曾任陕西省行政督察专员)为天津市党部主任委员……增设了电台,台长张少峰(山东黄县人,北平私立中国大学毕业,曾任山东省党部秘书)。"①

董明鑫

中统局华北天津区总交通,年四十岁,河南人。

君河南人,事变后,任中统局华北天津区总交通,报送机密,建树殊多。二十九年春,在津被捕,殉难于海光寺日倭宪兵队中。

高春畴

空军上尉,年二十五岁,天津人。

君自幼聪颖,勇敢逾人,时华北局势日危,每见敌机屡飞空中,即语人曰:"吾岂不能飞空中,将其击落乎?"其凌云之志固早蕴成之矣。故于北平汇文高中卒业后,考入航校第八期毕业,积功升上尉。三十年七月二十八日,敌机大举袭陪都,烈士驾机迎战,追击敌机,空战于合川,不幸为敌弹所击,遂作壮烈牺牲。

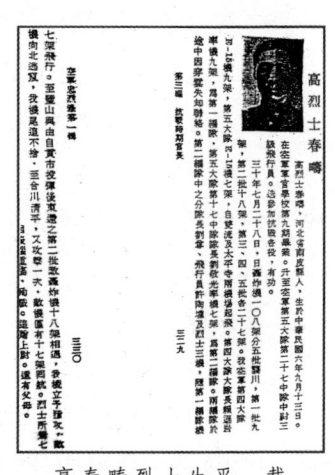

高春畴烈士生平。载《空军忠烈录》第1辑

按:另载高春畴生于1917年,河北南皮人,空军军官学校第九期毕业。②《空军一九四〇年七月战斗要报(1940年7月4日—28日)·空军战斗要报(7月28日)》载:"我第廿九中队队员高春

---

①天津市政协文史资料研究委员会编:《天津文史资料选辑》第33辑,天津人民出版社1985年版,第26—27页。
②《空军忠烈录》第1辑第329页。

南京抗日航空烈士纪念馆展室中的"北京汇文十烈士"展牌。未包括高春畴。

畴驾 E—15 式 2904 号机，被敌弹击中受伤后，迫降合川阵亡。"①

位于南京抗日航空烈士纪念馆内的烈士纪念碑《中国烈士名单C》载：高春畴，上尉，河北南皮人，生于一九一七年九月十三日，牺牲于一九四一年七月二十八日。

南京抗日航空烈士纪念馆展室中，有一块题为"北京汇文十烈士"的展牌。此"十烈士"即曾在北京汇文中学就读的空军抗日烈士滕茂松、李煜荣、洪炯桓、祖万福、王自洁、张秉康、鄂凌翱、张汝澄、夏孙沄、宋恩儒。其中，宋恩儒(1913—1938)为天津人。后又陆续发现，彭仁忭、杨季豪也曾为该中学学生②。

高春畴亦曾在"北平汇文高中卒业"，但未见今人有载。据此可以认为，北京汇文中学涌现出的抗战雄鹰已不少于 13 位。

---

① 中国第二历史档案馆编：《抗日战争正面战场》下册，档案出版社 2005 年版，第 2319 页。
② 王璟：《"金陵五烈士"彭仁忭还是"北京汇文十烈士"之一》，《扬子晚报》2014 年 11 月 18 日；赵琬微、王绥翊：《血洒长空的青春 抗战中的"汇文中学烈士"》，新华网北京 2015 年 8 月 29 日新媒体专电。

杨春瑞

空军第四大队第廿四队队长,年二十八岁,天津人。

烈士为南开中学之高材生,性好豪爽,酷嗜文艺,尤喜读历代兴亡事迹,盖有感焉。九一八事变后,鉴于华北情势岌危,乃毅然投考中央航校,以身许国,为第四期生。毕业后,即任[蒋]主席空军侍卫队分队长,旋改任成都航校教官。二十八年后,敌伪空袭日厉,烈士上书当局,请实地作战,当局以其志不可夺,乃允其所请,调充空军第四大队分队长,保卫陪都,迭建殊勋。二十九年九月十三日,日敌机来袭,烈士凌空应战,不幸殉职。

按:《空军第一路司令官毛邦初关于敌我空军交战情况的战斗要报(1940年9月13日)》载,"我机伤损十一驾、毁十三驾,人员伤九员、阵亡十员。"其中,第四大队第二十四中队上尉本级队长杨梦青驾E—16式2415号机(领队机)参战,"空中飞机中弹着火,人跳伞,致脑震荡,面部均灼伤,左腿骨骨折"[①],机毁人亡。

杨梦青即杨春瑞。"杨梦青(1914—1940),天津市人,原名春瑞……考入国民党中央航空学校第四期学习……后升任中国空军第四大队第二十四中队上尉三级中队长。1940年9月13日,在自重庆返遂宁途中,与日军飞机的战斗中阵亡。"[②]

位于南京抗日航空烈士纪念馆内的烈士纪念碑《中国烈士名单K》载:杨梦清,少校,天津人,生于一九一四年,牺牲于一九四〇年九月十三日。

又据《国民政府令(中华民国三十二年五月三日)》:"行政院院

[①] 中国第二历史档案馆编:《抗日战争正面战场》下册第2359—2360页。
[②] 杨玉文等主编:《第二次世界大战大词典》,华夏出版社2003年版,第373页。

南京抗日航空烈士纪念馆内的杨梦青（即杨春瑞）墓碑。位于航空烈士公墓西区山坡，由西向东、由下往上第46位

南京航空烈士公墓内的部分中国空军抗战阵亡烈士墓碑

长蒋中正呈，请追赠故员杨梦青为空军少校，应照准。此令。"据此可知，"杨梦清"应为误载。

杨梦青早在1937年8月对敌空战中，就曾击落过日机。《申报》1937年9月8日第2页载《八月份击落敌机六十一架 飞行员死八十一人俘十一人 台北敌航空队长剖腹自戕》："南京。八月十四日至卅一日，我空军战斗员共击落敌重轰炸机廿九架、轻轰炸机廿四架、驱逐机五架、水上机三架，共六十一架。就中击落五架者有乐以琴、刘粹刚；击落四架者有梁添成；击落三架者有吕基淳；击落二架者有董明德、陈盛馨、傅啸宇、杨盛贤、黄光汉、郑小愚、袁葆康；击落一架者有李桂丹、毛瀛初、杨梦青、王荫华、王远波、吴鼎臣、巴清正、黄泮扬、陈其光、秦家柱、黄新瑞、宋恩儒、柳哲生、王文华、高志航、谭文、范金函、周庭芳、马庭槐、刘依钧、赵乃俊、徐汉璧、杨辛癸、魏同芳、陈有维、黄居谷、刘炽徽、岑泽鎏、陈瑞钴、邓政熙、龚业悌、敖居贤等三十二人。其中，有二人共击落一机，或一人击落一

重庆南山空军坟中亦存杨梦青(即杨春瑞)墓碑,位于后山第三坡、面对主碑左边、北侧右三。碑文误载为"杨梦清"

机,又另与他人共击落一机者……(七日中央社电)。"

另载,杨梦青于1937年8月15日,在杭州半山、乔司之间,击落侵华日军空军轻型轰炸机一架[1]。

杨梦青在中央航空学校第四期就读期间,爱好体育运动,并曾于毕业前的1936年6月,被列为浙江省选派参加全运会的男子篮球队补充队员(名单中载为杨春瑞)[2]。

杨天雄

空军中尉,年二十八岁,天津人。

民国二十四年,先生毕业潞河高中,目睹当时日寇窥伺平津野心勃勃,乃慨然曰:"国家受此侮辱,非发奋尚武,不足挽国家之大势。"遂投笔从戎入中央军校,次年又转入中央航校,苦心求学,造诣颇深,友辈皆呼为"双枪将",以喻其英勇也。毕业后,任第十四航空队分队长,转战南北,战功卓著。三十三年六月,奉命赴陕应援,飞至长寿,因雾触山,机坠身殉,时年二十八岁。

胡乃武

空军中尉,年二十六岁,天津人。

---

[1]《我空军击毁敌机敌舰统计·敌空军被我歼灭之飞机种类地点日期及我军军官姓名表(廿六年八月十四日至三十一日)》,《申报》1937年9月11日第2页。
[2]《浙江省选派参加全运代表名单》,《申报》1935年6月16日第16页。

烈士性聪颖,幼承庭训,深知忠孝之大义,于就读中学之际,时日倭入侵华北,阴谋日张,烈士懔亡国之惧,毅然弃文就武,投笔从戎,考入航空学校。毕业后,任空军第四大队飞行员,转战重庆、昆明、成都、兰州等地,颇著功绩。三十年五月,敌机大举袭皋兰,烈士奋不顾身,驾机猛击之。此后,敌机未敢西犯者,烈士之功也。三十一年,奉派赴印度接收新机,方期再展壮羽,净灭敌焰,不幸于印度汀江上空,因机件障碍,坠地而亡,时年二十六岁。

按:《空军军官学校第十期航空班学生名册》载,胡乃武生于1917年,1942年6月,"由印度汀江接新飞机起飞时,失速撞屋顶殉职"。

位于南京抗日航空烈士纪念馆内的烈士纪念碑《中国烈士名单C》载:胡乃武,中尉,天津人,生于一九一七年十二月七日,牺牲于一九四二年六月十三日。

邢逑

空军少尉,年三十岁,天津人。

烈士十九岁毕业于河北省立一中,后考入航校第八期。抗战军兴,曰:"此正男儿报国之时"。遂束装南下,临行前,谓其父母曰:"儿将移孝作忠誓献身于祖国。国之不强,家岂能安?皮之不存,毛将焉附?"父母嘉其志,并壮其行。廿九年九月,在成都与敌机空战殉难。

按:邢逑在津就读河北省立一中时,以跑步见长。《益世报》1933年4月3日载《一中昨开运动会》称:"本市省立第一中学校春季运动会,于昨日在西车站南球场举行。"邢逑分获乙组800米冠军、乙组3000米冠军。

《中国空军军官学校第八期航空班学生名册》载,邢逑,籍贯山

邢逵烈士遗像

东东阿,生于民国三年(1914)。1940年10月,"敌机袭成都,疏散,遭遇空战,起火坠邛崃双公桥,殉国。"

《中华民国忠烈将士姓名录·山东省东阿县》载:"姓名:邢逵;级职:中尉。部队番号、机关名称:空军轰炸总队飞二队迫独空军;年龄:二七;死亡类别:二(廿六年七月七日至三十四年九月三日);死亡日期:二十九年十月二十六日;死亡地点:四川。"①

南京抗日航空烈士纪念馆内的烈士纪念碑《中国烈士名单K》载:邢逵,中尉,山东东阿人,生于一九一四年十一月二十九日,牺牲于一九四二年十月二十六日。

忆库网(http://www.memopool.cn)载邢逵生平较详,即:"邢逵,山东省东阿县人,生于1913年11月29日。空军军官学校第八期毕业,任空军轰炸总队少尉一级军官附员。1940年10月26日,敌机第一批八架、第二批二十七架、第三批十八架,袭四川成都。我轰炸总队及空军士校各机分别疏散。驱逐机分三群,飞向邛崃以西待命。途中与敌驱逐机遭遇,遂发生激战,我机被击落五架。轰炸总队疏散之'容克机二七一号',由烈士及军官附员李维强驾驶,同乘机械士汪福来。被击坠于邛崃双公桥附近,均殉。烈士追赠中尉,遗妻张氏及子一。"

---

① 联合勤务总司令部抚恤处纂订:《中华民国忠烈将士姓名录》,中华民国三十六年十二月初编,第3页。

又据《国民政府令(中华民国三十年十一月十五日)》:"行政院院长蒋中正呈,请追晋故空军少尉邢遠为空军中尉,追赠故员李维强为空军中尉,应照准。此令。"

王廷扬

空军少尉,年二十六岁,天津人。

公天津人。当读书南开学校时,适日寇由我国东北纵兵内侵。公组织慰劳服务团,出发战地,慰劳鏖战于喜峰口之二十九军。目睹日寇之残暴,从军保国之志,由斯而生。后入北平辅仁大学,肆业二年。适航校在平招生,遂弃文就武,为航校六年生。国府迁都重庆,公负责陪都空防,曾两度受伤。嗣奉调防守滇缅路,屡摧敌机之锋。终因杀敌心切,于民国二十八年,与敌机空战时,不幸阵亡。

按:王廷扬在南开中学就读时,长于体育运动,尤擅奔跑。1929年12月24日,由天津体协举办的10000米越野赛跑决赛(起点中日中学,终点南开女中),王廷扬(南中)获第七名;1930年10月26日,天津市"秋季联合及中等以上学校两运动会"同时闭幕,王廷扬(南中)获男子中学组1500米决赛第三名、800米决赛第三名;1931年9月14日,在天津南开中学举行的"河北省参加全运会田径赛"预选中,王廷扬(南开)获得前组第一名;1932年11月26日,王廷扬获天津市公开甲乙组越野赛跑甲组10000米(从中日中学至南开中学)第五名;1933年6月18日,在天津南开中学举行的河北省参加第十七届华北运动会田径赛复选上,王廷扬参加中级组1500米赛跑,以4分44秒8的成绩达到选拔标准,入选河北省代表队"男高田径赛队",并于7月8日赴青岛参加第十七届华北运动会;1933年12月23日,王廷扬获天津市公开越野赛跑甲组10000米第五名。①《益世报》1934年9月21日载《冀参加华北运动会代表名单已公布》中，包括王廷扬，其为参加第十八届华北运动会的河北省高级足球代表队备取三名之一（正取十五名）。

《北京辅仁大学师生员工名录》载，王廷扬为数理学系学生，1934年入学②。

《中国空军军官学校第八期航空班学生名册》载，王廷扬，天津市人，生于民国四年(1915)。1940年3月，自驾机"四川宜宾返成都，天气劣，机坠华阳县境，殉职"。另载，其于"1940年3月21日在四川宜宾牺牲"。

位于南京抗日航空烈士纪念馆内的烈士纪念碑《中国烈士名单Ⅰ》载：王廷扬，少尉，天津人，生于一九一六年四月二十一日，牺牲于一九四〇年三月二十一日。

张树勋

天津市保安队警士，年三十岁，天津人。

烈士天津市人。世业商贾，君幼年亦学商，因目睹列强环伺，国势不振，深感非振兴军备不足以强国，遂弃商从军，于民国二十六年，投入天津保安队，入伍甫三月，适卢沟事起，君欣然曰："此男儿报国之时矣。"奋赴疆场，与敌肉搏，卒以寡众悬殊，于八里台壮烈牺牲。

---

① 参见《益世报》1929年12月25日、1930年10月27日、1931年9月15日、1932年11月27日、1933年6月19日、1933年7月8日、1933年12月24日。
② 北京辅仁大学校友会编：《北京辅仁大学校史》，中国社会出版社2005年版，第795页。

郭海亭

天津市保安队警士,年二十九岁,天津人。

烈士幼年家境清贫,无力就学,惟秉性耿直,事亲至孝,亲友咸器重之。早年随父从事小本经营,苦以志不得展,乃投军入保安队,忠勤职守,深为长官嘉许。敌陷津门,烈士随军转战各地。三十二年于河南渑池之役,为国捐躯。

按:郭海亭曾属"天津市警察局第三保安大队",1937年"随天津保安队退出天津,后辗转加入第5战区第33集团军第59军180师717团","民国29年2月3日河南渑池就义",45岁。①

刘都阳

天津市保安队警士,年二十五岁,山东乐陵人。

烈士籍山东,幼年随父经商来津,遂家焉。幼年家道甚丰,小学毕业后,入师范学校深造,未几,丁父忧,家境遂窘,被迫辍读,入津市保安队服务。平津陷落,随军南下,转战南北,迭著功勋。三十二年,于保卫洛阳之役阵亡。

按:刘都阳曾属"天津市警察局第三保安大队",1937年"随天津保安队退去,后辗转加入第5战区第33集团军第59军180师717团","民国30年11月25日河南洛阳阵亡",34岁。②

王寿臣

天津市保安队警长,年二十六岁,天津人。

---

① 1946年4月《天津市抗战忠烈事迹调查表·郭海庭》(二区区长韩钟琦签名盖章),天津市档案馆馆藏档案:36-102。郭海庭即郭海亭,父郭兆林"卖烧饼果子维生"。参见天津市委党史研究室编《天津市抗日战争时期人口伤亡和财产损失》第45页。
② 1946年4月《天津市抗战忠烈事迹调查表·刘都阳》(二区区长韩钟琦签名盖章),天津市档案馆馆藏档案:36-102。其母刘杨氏"以手工针线维持生活"。参见天津市委党史研究室编《天津市抗日战争时期人口伤亡和财产损失》第46页。

烈士幼年家境清寒，父业工。十一岁，丁父忧。乃母以十指之劳，供其求学。初中毕业后，弃读就商，九一八事变后，鉴于国耻之洗雪无日，奋而弃商从戎，入本市保安队服务。事变后，随军转战各地，以功升连长。二十九年七月，奉调长沙御敌，奋勇杀敌，亡于阵前。

穆义亭

天津市保安队班长，年二十六岁，天津人。

烈士讳成忠。义亭，其字也。体魁梧，精国术。高小毕业后，赴鲁从军，嗣返津市。于七七事变时，任保安队班长。津市弃守，乃转入地下工作，破坏敌伪组织。不幸为敌侦悉，被捕殉难。

按：天津市历史研究所资料室整理《天津的脚行》载："脚行头穆祥友甚至协助日寇宪兵捕杀了他的叔父穆义亭。"①

张长敬

天津市党部行动组组员，年二十八岁，河北静海人。

烈士家境清苦，小学毕业后，无力升学，乃来津入工厂工作，嗣加入津市保安队。事变后随军撤退，转战黄河一带，因受重伤，返津医治，伤愈参加王若僖部下，从事地下工作。二十八年十一月，为奸伪所陷，被捕殉难。

按：《张长敬被敌人侵害之事实调查》载，张长敬籍贯河北静海，被害时职业为"做工"，住所为"天津南市华安大街二五一号"，年龄二十九岁。1946年5月4日，张瑞祥之侄张兆华（年龄二十六岁，时在天津林祥自行车行工作，永久住址天津南市华安大街二五一号）接受天津地方法院检察官陈文泽调查具结时陈述："被害人

---

① 天津社会科学院历史研究所编：《天津历史资料》，1965年第4期第24页。

张长敬是我九叔父,于民国二十九年七月十日在天津南市大舞台看戏,被天津旧日界花园街日本河西宪兵队偕同当地警士将张长敬捕去,用过电及压杠子等酷刑,迫令招认抗日人员。张长敬坚决否认,在津被押十五天,转解北平日本军法会,被判处死刑。以上所述,全系事实,并无虚伪。如上项敌人罪行,将来可受法庭审判时,余愿居于告发人或证人之地位。倘有虚伪,愿受诬告或伪证之处罚。此结。"天津地方法院检察官遂将侵华日军此项罪行种类确定为"对平民施以酷刑"。①

冯纲《敌伪监狱见闻》载:"日军在华北的最高军法机关叫多田部队军法部,它设在铁狮子胡同(现在的张自忠路)西口路北。1939年,我们被押在北平日本宪兵队的人,都管这儿叫'军法会'。它负责审判从华北各地押解来的抗日人员和日军、汉奸中的违纪人员。它的监狱是原来国民党的陆军监狱东院,坐落在北新桥炮局胡同。日本侵华期间,被敌伪随意捕杀的中国人无法计算,但也有比较少的人被解送到所谓的军事法庭,照他们的军法程序审判。1939年前后的多田部队军法部就是专干这个的。"②侵华日军这一军法机构也被称为"军法处"。

高春年

陆军第五十七军中校医官,年四十八岁,天津人。

烈士字庚延,性豪迈,为人谦和,每见战后伤病官兵乏人疗治,深慨于吾国医学之落后,故立志学医。民国元年,考入天津陆军军

---

① 北京市档案馆编:日本侵华罪行实证——河北、平津地区敌人罪行调查档案选辑》上册,人民出版社1995年版,第381—382页。
② 北京市政协文史资料研究委员会编:《日伪统治下的北平》,北京出版社1987年版,第329页。

医学校，历任中校军医等职。卢沟桥事变起，烈士随军服务于鲁南，与伤病官兵共甘苦。民国三十一年六月，敌机违反国际公法，惨炸莒县我伤兵医院。烈士正在职守，遂以身殉。

按：1915年12月27日，经国务卿陆征祥呈、政事堂奉批令，陆军部陆军军医学校医科毕业生高春年等42人被授为陆军三等军医。①

1917年9月23日《申报》载《江苏督军署之新组织》表明，高春年时为军医课三等课员。

赵朴

陆军第五十七师三三七团六连少尉排长，年二十四岁，天津人。

君生农村，赋性纯孝，当君求学于北平志成中学时，以经济拮据辍学。后考入安徽军事教导团。毕业后，再深造于航校。"八一三"全面抗战起，奉命参加淞沪之役，任蕴藻浜阵地之防御。牢守岗位，屡挫敌锋，敌以大军进攻，寡不敌众。君乃率部冲入敌阵，与之血搏，毙敌多人，壮烈牺牲。

按：《中华民国忠烈将士姓名录》载：赵朴，少尉排长，五七师三三七团，1937年9月牺牲于上海，时年34岁。②

张瑞祥

天津市党部行动组组员，年三十一岁，河北静海人。

---

① 《陆军部奏请将军医毕业生史启荣等除补军佐实官折并批令（附单）》，《政府公报》1915年12月30日第1309号。
② 原载《中华民国忠烈将士姓名录·天津市》联合勤务总司令部抚恤处纂订，1947年12月初编。转引自李强、任震辑《民国文献资料丛编·抗战阵亡将士资料汇编》第1册，国家图书馆出版社2012年版。

公烈士张长敬之兄也,卒业静海小学,来津谋职,先充区员,嗣入本市保安队,以功擢升班长。事变后,与乃弟共同参加王若僖部下,从事地下工作。二十八年十一月,为奸伪告密,被捕受酷刑,以不屈死难。

按:《张瑞祥被敌人侵害之事实调查》载,张瑞祥籍贯河北静海县,被害时职业为"天津南市华安大街林祥自行车行伙友",被害时住所为"天津南市华安大街二五一号",年龄为:"三十一岁"。1946年4月23日,张瑞祥之侄张兆华(年龄二十六岁,时在天津林祥自行车行工作,永久住址天津南市华安大街二五一号)接受天津地方法院检察官冯浩光调查具结时陈述,"被害人张瑞祥是我十叔父,于民国二十九年七月十日在天津南市大舞台看戏,被天津旧日界花园街日本河西宪兵队偕同当地警士将张瑞祥捕去,用坐电椅子、压杠子等酷刑,迫令招认抗日人员,张瑞祥坚决否认,在津被押十五日,即转解北平日本军法会,被判处死刑。以上所述,全系事实,并无虚伪。如上项敌人罪行,将来可受法庭审判时,余愿居于告发人或证人之地位。倘有虚伪,愿受诬告或伪证之处罚。此结。"天津地方法院检察官遂将侵华日军此项罪行种类确定为"对平民施以酷刑"。①

前引《张长敬被敌人侵害之事实调查》载,张长敬的年龄为"二十九岁",且张兆华称"被害人张长敬是我九叔父"。而此处却载为"被害人张瑞祥是我十叔父",那么,张瑞祥的年龄就不可能是"三十一岁"。此两相矛盾问题,有可能是文字误植造成的。张瑞祥应为

---

① 北京市档案馆编:日本侵华罪行实证——河北、平津地区敌人罪行调查档案选辑》上册,人民出版社1995年版,第382—383页。

张长敬之兄。

孟长拴

天津市党部工委,年四十岁,山西五台人。

烈士原籍山西,以经商来津,遂家焉。十七年加入国民党,此为烈士从事革命工作之始。抗战开始,即从事地下工作,深得众望,被选为提花工会主任委员,由斯除奸日亟,不幸于二十八年三月,被捕殉难于日本宪兵队。

李克忠

三民主义青年团天津分团主任,年二十六岁,天津人。

君天津人,性沉静,处世笃诚,精通术学,于"耀华"高中毕业后,考入北平燕京大学经济系,未毕业,该校即为日寇所毁。时日寇狂行华北,国人倍受蹂躏,公深感日寇不灭,断无安全生活之日。故在校读书时,对于抗敌工作,仍潜行不息,辍学后,任三民主义青年团天津市分团主任,领导青年铲除敌奸。三十三年五月,为敌宪所拘,倍受暴行,不屈死。

按:李克忠岳母任张氏称其于"民国 34 年 2 月 27 日被日军清水部队逮捕","解往北平侦讯,又加严刑拷打,受刑不过,当致气绝身死。"①《李克忠被敌人侵害之事实调查》载,李克忠,籍贯天津,被害时职业为"天津一区配给事务所事务员",住所为"法租界五十八号路安宁里十四号",年龄二十六岁。1946 年 4 月 21 日,李刘率真(籍贯北平,年龄二十九岁,永久住址为"天津一区教保托儿所")在接受天津地方法院检察官冯浩光、陈文泽调查具结时陈述:

---

① 天津市警察局《第一分局第三分所管界被敌残杀烈士调查表·李克忠》,天津市档案馆馆藏档案:219-1-6736。父李毓藻"被敌军用凉水灌傻",妻李刘氏在"托儿所做事"。参见天津市委党史研究室编《天津市抗日战争时期人口伤亡和财产损失》第 50 页。

"民国三十二年三月二十一日,华北大检举,李克忠无故被人陷害。经清水部队①之日本宪兵军曹班长名新本四郎及西胁等,带至清水部队用刑,令承认是青年团团长,并有翻译高铁侯、车福均二人同时亦迫令承认。李克忠因尚不知青年团为何事,所以未承认。复将我带至宪兵队,问我李克忠是否青年团长,我说不是。他等就灌了我一桶凉水。复将李克忠用绳绑在凳子上,用水灌、用竹签子扎,仍未招认,至天晚,羁押他处。李克忠因被迫无奈,曾触电自杀,未死。后经新本等查知,更加以酷刑讯问。彼时,李克忠已不省人事,因受刑过甚,于同年五月十八日死去。以上所述,全系事实,并无虚伪。如上项敌人罪行,将来可受法庭审判时,余愿居于告发人或证人之地位。倘有虚伪,愿受诬告或伪证之处罚。此结。"天津地方法院检察官遂将侵华日军此种罪行种类确定为"对平民施以酷刑"。②

李克忠遗孀即李刘率真。1946 年,天津市第一区区长康牖民向天津市自治行政会议提交的提案《拟请厚恤忠烈遗族以慰英灵而资激劝》载:"查本区奉令调查天津市在沦陷时被害市民及忠烈之士时,曾查有第五保界内有李克忠、章凯旋二名……李克忠之妻李刘率真,住四平路托儿所。"③

1947 年 4 月 22 日,天津市社会局向善后救济总会冀热平津分属提供的《抗战军人家属忠烈遗族儿童名册》(计共三百一十九名)载:李孝诸,女,九岁;李燮游,男,五岁。其住址均为"一区四平

---

① 清水部队属于侵华日军华北特警队,代号一四二〇部队,时驻扎于天津市英租界十一号路等处。
② 北京市档案馆编:《日本侵华罪行实证——河北、平津地区敌人罪行调查档案选辑》上册,人民出版社 1995 年版,第 442—443 页。
③《为拟请厚恤忠烈遗族以慰英灵而资激劝的提案》,天津市档案馆馆藏档案,档号:401206800-J0025-2-002847-028。

道教保托儿所",家长均为李刘率真。①可见,李克忠身后尚有一双儿女。

1947年6月29日,天津市卫生局函至市社会局的《地下抗敌份子周世泽(现名周涛)事略》中,也提及李克忠的一些生平事迹:"周世泽(现名周涛),天津市人,民国八年六月十日生,天津市立师范学校毕业,国立北京师范大学肄业。曾与同学李循良、刘哲民组织读书研究会,秘密研究《国父遗教》《建国大纲》等书籍。民国三十一年,经同学李克忠介绍,入三民主义青年团天津支团宣传组组员,担任秘密出版、复写、油印宣传单及送递等工作。先后藉伪卫生局职员、伪兴亚一区卫生组职员名义,以资掩护。三十三年三月二十五日,华北日本军大检举,李克忠、张子江诸同志四十一人,同时被捕,入日本清水部队特工队,受尽灌凉水、火烫棍打种种酷刑。同年五月,移解北平,被日本军事法庭以军徒犯判处徒刑,送炮局胡同第一监狱外寄人犯临时收容所执行。在此时期,受尽饥饿冻馁不堪忍受之痛苦。三十四年三月卅日,因日本天皇颁布大赦,得以假释出狱,并由所发给路单,准其返回天津。"②据此亦可证明,李克忠是备受侵华日军酷刑后于1944年牺牲的。

冯运修

抗日杀奸团行动组组员,年二十一岁,河南开封人。

烈士字兰英,北平籍,世家子也。曾祖曾任逊清两湖总督,祖曾任山东道,父任北宁路副总务处长。昆仲凡十,君其叔也③。性刚毅,

---

① 《为报儿童节拨赠食品发放情况事致救济分署的函(附抗属忠烈遗族领物名册等)》,天津市档案馆藏档案,档号:401206800-J0025-2-003626-026。
② 《为检送中国革命及抗战史料事与卫生局来往函(附清单等)》,天津市档案馆藏档案,档号:401206800-J0116-1-000265-002。
③ 意为行三。

磊落不群，见者咸以大器期之。北平弘达中学毕业后，继读于天津工商学院，适'卢沟桥事变'起，乃加入'抗日锄奸团'，奔走策划，主持者倚为腹心。乃父迫于生计，拟留任北宁路伪职。烈士泣谏曰："抗战杀敌，千古名节，降志辱身，岂吾父子所为？"父不语。烈士退与同志谋，密设电机于北平宅内。二十九年八月，同志王某被捕，文件落敌手。翌日，敌伪蜂围烈士宅，烈士持枪击仆敌伪数人。余一弹，退屋内，将公文、机器破坏后，引枪自击而亡。

李鑫

抗日锄奸团团员，年二十岁，天津人。

烈士天津人，肄业于天津中学。事变后转入志达中学，君好学如饥渴，终日孜孜不倦。体健，每于运动会中，迭获冠军。友人鉴于君之奇才大志，遂介绍入抗日杀奸团，以功升组长。二十九年，奉命调沪继续求学，而工作弗辍。三十年八月一日，敌伪于沪西兆丰公园举行轴心［国］承认伪组织成立纪念大会。君与同志数人，怀炸弹潜入，乘其乌合蚁聚之际，轰然一响，血肉横飞。烈士亦被击要害，含笑而亡，尸体暴街头者数日。敌兵经过，多举手为礼。其壮烈感人者若此。

按："1969年台版抗团烈士资料"载："先烈李鑫，天津人，复旦中学毕业，曾任美国合众社事务员。民国二十七年（一九三八），入天津抗日杀奸团，为第六小队组员。津市杀奸诸役，均与有功。三十年（一九四一）调沪，任某友团小队长。八月一日，敌伪为庆祝八国承认汪伪政府，举行大会，定于日暮，在沪西兆丰公园为提灯游行之集。先烈侦知，邀约张仲华、黄昆二同志，拟怀巨弹往击之。或谓：'怀弹炸敌，我亦不免，非上策也。'先烈慨然曰：'我不免，三人而已，苟得群贼聚歼，当可百计，以三易百，宁恤命而失机乎！'从者动

先烈李鑫，天津人，復旦中學畢業，曾任美國合眾社事務員。民國二十七年（一九三八）入天津抗日殺奸團為第六小隊組員，津市殺奸諸役，均與有功。三十年（一九四〇）調滬，任某友誼小隊長，八月卅日，敵偽為慶祝八國承認汪偽政府舉行大會，定於日暮在滬西兆豐公園為提燈遊行之集，邀約張仲華、黃昆二同志挾懷巨彈往襲之。或謂：「懷彈炸敵，我亦不免，苟得覆賊聚殲，當可百計，以非上策也。」先烈慨然曰：「我不免，三人而已。」從者勸容，願以死効。日晡，三人如計往，薄暮會啟，敵偽蟻聚，驟出彈炸之，巨響如雷，殘骸飛舞，羣魔殪者過百，會眾作鳥獸散。先烈亦與彈俱盡，功成身殉。張仲華同志被捕，黄昆失蹤。

台版抗团烈士资料所载李鑫抗战事迹

容，愿以死效。日晡，三人如计往。薄暮，会启，敌伪蚁集。骤出炸弹投击之，巨响如雷，残骸飞舞，群魔殪者过百，会众作鸟兽散。先烈亦与弹俱尽，功成身殒。张仲华同志被捕、黄昆失踪。"

陈恭澍《"抗日杀奸团"为抗战奉献牺牲》载："三十年(1941)六月十一日，上海'抗团'同志干了一件'虎口拔牙'的事。在法租界金神父路原有一处三井株式会社的宿舍，后为'上海日本宪兵队法租界宪兵分遣队'所占用。那天夜里，'抗团'出动了李鑫、孙克敏、刘世华等三人，在夜色低沉中，避过岗哨，由一人翻越围墙，二人警戒接应，把一颗定时爆炸物摆在窗户底下，仍循原路退了出来，幸能完成布置。别看说来这么简单，做起来可不是闹着玩的了，一旦有失，那还了得？不知道这要有多么大的勇气才成！此案结果：炸毁宿舍数间，重伤日本宪兵一名，但日本方面却声称'无恙'……三十年(1941)八月一日，经过日本的穿针引线，德、意等数国对汪伪政权，作外交上之承认。汪伪受宠之余，途在京沪杭各地举行'提灯游行庆祝大会'。'抗团'同志闻之乃大为恼怒，为伸张民族正义，维护国家尊严，非有以惩罚不可。他们会商后，决定派李鑫、张仲华(又名张志忻①)、黄昆三同志,身怀自制炸弹,前往沪西兆丰花园大会现场,准备予以扰乱与破坏。此处,档案中有一段记录,大意谓:'有人以为会场人多混杂,进去容易而撤离时恐受阻碍,何况当场引发投掷?在人群拥挤下,往往会丢不出去,或是扔不远就爆炸了,果然如此,就难免伤及本身,不可不慎。李鑫同志慨然表示:大会上敌伪首要毕集,纵然自身不免,亦不过三人,如能趁此机会得以聚歼群寇,岂肯失之交臂?闻者亦为之肃然动容,张、黄二同志也表示愿以必死的决心,同肩效力,途〔遂〕慷慨前往。果不其然,大会为爆炸声所骚动,与会者竞相奔走作鸟兽散。可是我们的好弟兄——李鑫同志竟尔与弹共亡,当场殉难。据大成弟当面和我说:我们有人看到,当时李鑫同志虽炸得腹破肠流,奄奄一息,犹高呼'中华民国万岁'不止。壮哉!痛矣!"②

陈恭澍在回忆录中对李鑫在沪参与两起抗日暗杀行动的记载,在《申报》上均可找到依据:

一是谋炸三井物产会社社长寓所

《申报》1941年6月12日第8页载《塙雄太郎家炸弹爆发》称:"日人塙雄太郎系三井洋行大班、现任工部局日董,寓法租界金神父路③一百十四号。昨晚十一时半,其住宅阳台上,不知何日被人

---

① "1969年台版抗团烈士资料"则载为"张志忻",即:"先烈张志忻,浙江宁波人,上海中国中学毕业。民国卅年一月,参加本局(即军统局——引者注)策组之上海抗日杀奸团工作。八月一日,汪逆政府在兆丰公园举行提灯大会,先烈奉派前往破坏,以摧寒贼胆。当毅然前去,投掷炸弹,敌死伤多人,余众作鸟兽散。先烈因热情洋溢,罔顾自身,亦受伤被捕。十月卅一日,在上海就义。年廿二。"
② 陈恭澍著:《军统第一杀手回忆录(2)·亲历军统抗战前期工作记录》,中国友谊出版公司2010年版,第192—193页。
③ 金神父路(Route Pere Robert),北起霞飞路(今称淮海中路),南至徐家汇路(西段今称肇嘉浜路)。金神父路今称瑞金二路。

预置炸弹一枚,突然爆炸,砰然一响,声震远近。法捕房得报,立派探捕,会同方宪兵前往调查。至该炸弹之来源,警务当局正在调查中。据云,有数人被炸受伤,但未能证实。"

《申报》1941年6月13日第8页载《塙雄住宅炸弹真相未明 传墙垣稍损无人受伤》称:"英文《大美晚报》云,工部局日董塙雄太郎(上海三井物产会社长)之金神父路一一二号寓所,昨(十一日)夜十二时半许,忽有炸弹一枚爆裂,其声甚巨。今(十二日)晨,法警务处与日当局已进行侦查,并在工部局日董冈本策与矢岛安造之寓所,采取特殊戒备,以防可能的袭击。闻炸弹爆发,无人受伤,仅墙垣稍损。据今晨披露,案发后,日宪兵最先赶到,不许随后到场之法警务处要员入塙雄寓所调查。约一小时后,日方某少佐亦到场,始准法警务处四要员入内,会同日宪兵调查。"

1941年6月17日上午,上海公共租界工部局警务处特别副处长赤木亲之(亦载赤木今次),在地丰路①遇刺,身中三弹后毙命。人们遂将此案与塙雄住宅炸弹案联系起来,并猜测此中原委。《申报》6月18日第7页载《西报所载遇害猜测》称:"据英文《大美晚报》消息,赤木在警务处主取缔共产事宜,尤注意从日本来沪之共产日人。赤木今次遇害,与工部局日董塙雄太郎(上海三井物产会社长)之法租界寓所内上周发生定时炸弹爆发案,相隔不久。若干人士相信行刺赤木并图害塙雄者,乃此间'爱国日人团体'所主使。"

《申报》1941年6月19日第8页载《昨晨虹口公园内定时炸弹爆发 华人两名炸伤甚重 事态严重日军搜查》称:"据日海军发言人昨日称,该弹系定时炸弹,查与上周法租界金神父路一一二号三

---

① 地丰路(Tifong Road),今乌鲁木齐北路。

井洋行大班塙雄太郎住宅内爆发之炸弹相同。"已知执行此次暗杀行动的包括抗团成员缪维、黄克忠(又名黄瑞堂)。

1941年7月28日,塙雄住宅再被投弹。《申报》7月29日第8页载《昨晨法租界两处发现炸弹 两弹在塙雄宅前并未爆炸 投掷者被捕穷追当遭击毙 伟大祥棉布庄前亦发现纸包炸弹》称:"昨日清晨,法租界连续发生炸弹案二起,一在金神父路三井洋行买办塙雄住宅之门前……查塙雄住宅,曾于六月十一日晚,一度被炸,至昨晨之事,乃系第二次。兹略志各情如下:……连投两弹均未爆炸。昨晨八时许,忽有身服蓝布短衫裤之男子两名,自福履理路①转入金神父路,向北缓缓而行。至广慈医院门前,其中之一,忽探囊取出炸弹一枚,向对面遥掷,堕于街沿上,并未爆炸。同时,另外一人即疾趋至斜对面一一四号塙雄太郎住宅前,亦抛投炸弹一枚,亦未爆炸。于是,该二人乃急往辣斐德路②方面飞奔……"

《申报》1941年8月3日第8页对上海兆丰公园炸弹案的报道

---

①福履理路(J.Frelupt, Route)。今建国西路。
②辣斐德路(Route Lafayette),今复兴中路。

有理由相信,此次谋炸塙雄太郎住宅的行动,仍为抗团成员所为。

二是在兆丰公园①前施放炸弹

《申报》1941年8月3日第8页头条所载《兆丰公园前炸弹案掷弹人当场死 同党一名亦受重伤 寓所抄出炸弹多枚》一文,对此案报道较详。文称:

"英文《大美晚报》云:昨日(一日)午后五时一刻,兆丰公园前,曾发生炸弹爆发案。顷悉被炸死者仅一人,受重伤者男女各一,男名张庆荣(年二十)、女名方宁华(均译音)。沪西特警潘达,今日侦查此案,已向张庆荣问明,渠亦与此案有关。潘达遂于今(二日)晨,赴张之极司非而路②家中搜查,抄出手榴弹与小型炸弹多枚。并查悉,投弹者拟从兆丰公园门旁厕所掷出炸弹,然弹已爆裂,投弹人死于非命。又,'社闻社'云,前日下午五时许,沪西愚园路兆丰花园前、银色汽车公司站旁,曾有男子一名,向人丛中投手榴弹一枚,当场爆炸。该投弹人因不谙投弹手法,致当场炸毙。其他伤者约十余人,除妇人方宁华、男子张信荣外,余均轻伤。事后,经查出张住极司非而路'无号'平房内,迫前往调查,在张家内,竟抄出手榴弹等危险品,始悉张亦为投弹者之同党。兹悉,至昨日止,特警曾在沪西区内,先后捕获嫌疑犯小贩大台人洪仁忠(二十八岁)、无锡人张保有(四十八岁)、无锡人张德才(十八岁)等三名。又续获一名,共五名。另悉,炸毙之投弹者,年约卅余岁,身穿蓝布衫裤,形似工人。投弹时,该死者曾携手榴弹共五枚,正欲投掷,不料,一弹下坠,突然

---

① 兆丰花园史称极司非而花园,今中山公园,属长宁区。
② 极司非而路(Jessfield Road),也译为极斯菲尔路,该路位于上海曹家渡与静安寺一带,今称万航渡路(长宁路至愚园路之间)。

爆发，身畔四弹亦同时爆炸，致死者手足等均被炸断，心脏溢出，厥状至惨。"

据此判断，在兆丰公园爆炸现场牺牲的就是李鑫，而受重伤的"张信荣"（也译为张庆荣），应为张仲华。

骆永康

忠救军①第九路政治部科长，年二十九岁，天津人。

君籍杭州，其先祖宦游津门，遂卜居焉。七龄入小学，每受地理课程，闻及疆土日蹙，悻悻不快，遂奠其从军报国之志，曾两度投考"航校"，均以体格不合落选。津市沦陷后，遂参加地下工作，破坏铁路，阻挠日倭军事之进展。二十八年三月，为人告密，被敌捕获，备受酷刑，不屈死难。

按："1969年台版抗团烈士资料"载："先烈骆永康，河北天津人，河北省立天津中学及军委会特训班第五期毕业。民国二十七年（一九三八）参加本局（即军统局——引者注）工作。即奉派忠义救国军第五路政治部服务。同年九月，离'忠救军'，赴敌后天津抗日锄奸团工作。因活动积极，不幸于二十八年（一九三九）初春，在天津被捕。刑讯无供，更痛斥日寇，敌恼羞成怒，叠加酷刑。是年四月，刑伤彻骨，殉职狱中，年二十九。"

已知李如鹏于1936年至1937年受训于中央军校特训班第五期，"军委会特训班第五期"是否为中央军校特训班第五期的另一称谓，待考。

钱宇年、张世一《抗日杀奸》载："1939年初春，抗团陈肇基、骆永康在法租界被捕，两人在日宪兵队拒不招供。骆受刑伤重，死于

---

①即忠义救国军。

日宪兵队。"①

孙家涛

天津市党部组长,年二十九岁,天津人。

烈士家境甚丰,父业商,知名金融界。燕行三人,烈士仲之。南开中学毕业后,继入工商学院,研究土木工程,修业期满,受聘为"特一中学"理科教员。二十八年,加入国民党秘密组织团体,策动青年深入内地服务,事为敌伪侦知,遂遭捕,受刑不屈,竟以身殉。

李锐

军统局天津站秘书,年四十岁,湖南新宁人。

[君]湖南新宁人。津市沦陷期中,军统局在津领导各种工作,得以声震中外者,烈士与有力焉。时烈士任军统局天津站秘书职,策划站务,展开工作,胥皆公而忘私,热诚工作,奋不顾身,致身份破露,被捕殉难。

袁汉俊

抗日杀奸团平津支团书记,年二十六岁。

烈士浙江上虞人。赋姿英异,气宇超凡,方读书于本市工商学院之际,抗战军兴。烈士见报国时机已至,乃纠合同志,组织抗日锄奸团,从事暗杀及破坏工作,赫然声势,敌伪胆寒。二十八年,大光明影院狙击伪中国联合准备银行程锡庚之举,主持者即烈士也。旋奉命赴渝,深造于重庆大学。民国三十年秋,烈士复奉命再入沦陷区,领导地下抗敌工作,时往返津沪间。不幸在津被捕,移解北平,为敌戕害,遂成仁焉。

---

① 天津市南开区政协文史委员会《南开春秋》编辑部编:《南开春秋·文史丛刊》总第8期(纪念抗日战争胜利五十周年专辑),1995年版,第70页。

萧武魁

华北抗日军津郊司令部大队长,年二十四岁,河北雄县人。

烈士籍河北雄县。津市沦陷后,参加华北民众抗日游击队,充上校大队长。从事抗日工作,奋不顾身,致行迹破露,被敌捕获,惨受严刑,遍体鳞伤。烈士矢口不吐真情,敌莫如之何。遂开释,烈士再接再厉,精神毫不为挫,旋又被捕,乃被枪杀。

张蓉镜

北宁特别党部天津区调统室主任,年四十六岁,河北宝坻人。

抗战军兴,华北首告失陷。北宁铁路虽亦为敌所有,但该路员工始终倾向中央者,君之功也。君籍河北宝坻,时任职北宁路特别党部天津区调统主任,阻挠运输,破坏敌伪物资,功莫大焉。后事破被捕,解送北平,亡于狱中。

按:《益世报》1932年6月27日载《各县几个重要问题》中,对宝坻县国民党部的党务活动有所介绍,并提及张蓉镜:"县区党部,由省党部直辖,下设十一个区分部。县党部常委张蓉镜,因另有重要工作,业推刘执委振凯代理。录事一人因不尽职已经停止工作,助理一人亦因久病停职,工作尚能保持原状。张蓉镜仍不时到会协助刘委员,办事尚不懈弛。"

1943年7月出刊的《时事新报》载《国府令襃各地抗战死难党部人员题名》中提及张蓉镜,即:"国民政府七月七日令:自芦〔卢〕沟桥变起,抗战军兴,我战区党部志干为国捐躯者,所在多有,前经调查事实,明令襃扬。兹续据陈报,尚有各省市县及铁路党部工作人员……张蓉镜……等或被敌寇杀戮,或遭奸逆戕害,均宜特令彰阐。"①

---

① 《中华民国史史料长编·民国三十二年(一)》,南京大学出版社1993年版,第892—893页。

1943年《交通公报》载《抗战以来殉职死难之地方党部工作人员名册》称:"张蓉镜,北宁路党部党务指导员。张同志于卅一年十二月,在天津为敌伪捕去,酷刑不屈,殉职。"①

殷幼樵

天津市党部区分部执委,年三十四岁,天津人。

烈士家业商,乃兄梦九先生,曾充津市党部干事。因受革命之熏陶,复感国事日非,于民国十九年加入国民党,弃商从事工运。事变后,潜伏租界,从事秘密活动,因散放传单,为日寇所逮,因而殉难。烈士秉性倔强,虽惨受毒刑,而始终不肯吐露真情。所有地下工作志士,无一因烈士之殉难而被株连者。

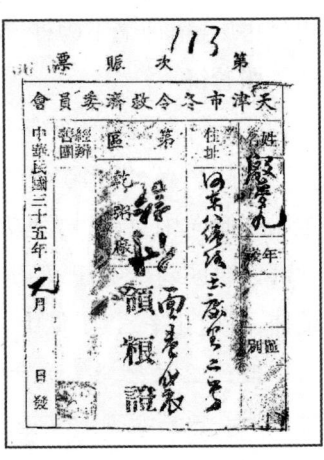

1946年1月,天津市冬令救济委员会发给抗战忠烈殷幼樵遗属殷梦九的领粮证

按:殷幼樵之兄殷梦九原为天津电车工人。1929年因比商电车电灯公司破坏工会,多次无故开除工人,天津电车工人于6月11日举行大罢工。6月25日,"电车工会为教育罢工期间仍为比商电车公司服务之部分工人,特派第三分会总干事陈泽霖与工人殷梦九等人前往南开车厂进行工作。陈等到厂时,适逢公司洋经理芦发之子芦发得与比人监工戈威斯在厂。洋人一听工会来人大怒,将陈等拒之门外,因而发生口角。比人持枪威胁,动手打伤殷梦九之面部。随

---

① 参见《交通公报》1943年第6—12期第2705页。

行工人李文生、王希柱等人被激怒，而与之殴斗。后来，比驻津领事骆丰泰强词夺理地向天津交涉署和市政府提出'抗议'。天津地方法院竟叛处殷梦九徒刑四个月，王、李徒刑二个月"。①

此案当时闹得沸沸扬扬。《天津市长崔廷献报告该市比商电车电灯公司工人罢工要求改善待遇经过的文电（1929年6月）》载："崔廷献致行政院电（6月30日）：南京。国民政府、行政院钧鉴：枢密。天津电车电灯公司于六月有日（即25日——引者注）职工发生冲突，据公安局报告到府，当饬加派保安队前往保护、并饬属查明肇事者移送法院。据报肇事之人：一. 殷梦九入厂找人，不听公司拦阻；二. 洋员鲁发，先行动手，击殷之面部流血，激动工人；三. 李文生与鲁发互殴，鲁眼青、腿部受伤，李脸微伤，业由公安局将鲁发函送比领事署查收，同时，并将殷梦九等移送法院，依法办理等语。案关司法，除令公司暨公布公司之职员工人等，均应静候法院依法办理，不得别生枝节外，一面抄公司前后来函，催请法院从速进行。此案可期和缓了事。谨电肃闻，伏乞垂鉴。天津特别市市长崔廷献叩。陷（即30日——引者注）。印。"②

1929年8月20日《天津工会联合会关于反对比卢发和国民党走狗迫害电车工友的传单》载："大家还记得卢发代表电车公司使了许多狡猾的手段，收买国民党做他的走狗，把电车工友要求的条件无形中都取消了，大家还是忍气吞声，在帝国主义与国民党压迫之下过活。卢发因为有国民党做他的帮手，越发把电车工友不

---

① 天津市总工会工运史研究室、天津社会科学院历史研究所合编：《新民主主义革命时期天津工人运动记事（1919年—1949年）》，《天津社会科学丛刊》第3期第94—95页。
② 中国第二历史档案馆编：《中华民国史档案资料汇编》第5辑第2编《政治（三）》，江苏古籍出版社1994年版，第409—410页。

当人,那天,卢发的侄儿和路拉斯因为不许工友上工,与殷梦九、李文生等四人斗殴起来,两方面都有伤害。卢发便仗着他的威势、不管三七二十一,硬把殷梦九等交给他的走狗国民党的法院来惩办。法院那〔哪〕敢不执行帝国主义的命令。卢发无理算有理,工友吃官司、坐黑牢都是应该的。所以,法官大人只问卢发要惩办几个人,就惩办几个人,自个儿没有一点主见。因为卢发要惩办殷梦九、李文生,法官便狗扯羊腿,抬出一些陷害工友的法律,判处殷梦九、李文生二人的徒刑。至于打伤殷梦九等的凶手,法官则一概不问,并且,声明他管不了比国人。从此,大家可以认识帝国主义的威风高于一切,国民党只是帝国主义的一个忠实走狗。帝国主义随时可以使唤他的走狗咬人,自个儿不负丝毫的责任。现在,帝国主义又指使国民党进攻工人阶级的祖国——苏联,大家又看到了。因为苏联是工人专政的国家,是世界及中国革命群众同盟的弟兄,大家都携着手同去打倒帝国主义。所以,帝国主义及其走狗国民党,便联合起来进攻他。其实,他们攻打我们的弟兄,就是攻打我们自己。大家应该更亲密的联合起来,向帝国主义及其走狗国民党示威,拥护苏联,反对帝国主义利用中国及中东路做进攻苏联的根据地。电车工友们!快来!踏上自由解放的康庄大道!天津工会联合会。八月二十日。"①

关于此案,还可参见《申报》1929年6月27日第9页、《申报》1929年8月4日第9页的相关记载。

《益世报》1929年9月11日载《无独有偶之惩办胡适案》称:

---

① 中央档案馆、河北省档案馆编:《河北革命历史文件汇集·甲》第22册(1929年2月—1934年12月),1999年版,第43—44页。

"天津市整理委员会于昨日(十日)举行第十二次常会。出席委员：傅作义、陈石泉、刘不同、鲁荡平；缺席委员：焦守显、苗培成、崔廷献。主席：傅作义。记录：李时梦。行礼如仪。报告事项：一．天津特别市政府函，为殷梦九一案，嘱函比领及法院交涉，分函办理，请查照由……"

《益世报》1930年2月13日载《法院进行计划》称："河北高等法院暨天津地方法院，为撤销领事裁判权事，于昨日下午，在法院后楼招待本市新闻记者，到有三十余人……由各院院长首席检察官分别报告河北暨天津各方面司法情形……地方法院长周祖琛之演说，对于领判权之实际真相，阐述甚详尽……刑事案件如比商电车电灯公司告诉殷梦九等伤害一案，本院受理，比领亦无异议，是实际上领事裁判权之一部早已放弃，间接即表示对于我国正式法院已有相当之信仰，于此犹以司法制度未臻完善为借口。依事实之证明，可断言其不确，故帝国主义者之不允即时放弃领事裁判权，其意实着眼于经济方面，特以领事裁判权保护其经济侵略所得之利益而已，所谓法制未完备、司法制度未完善云云。"

1931年4月14日《天津市社会局命商会调解祥德斋等十二家同茶食商公会价格纷争令并附调查报告》载："职(即天津市社会局科员王钦——引者注)与市党部代表殷梦九，以该会委员富焕卿等所称各节无充分正当理由，岂能强迫他家入会[为由]，当告以自行婉劝彼等入会。"①

---

① 宋美云主编：《天津商民房地契约与调判案例选编（1686—1949）》，天津古籍出版社2006年版，第271页。

殷幼樵参加天津市党部工作,即受殷梦九影响。

王志尧(1937年任天津意租界工部局督察)《板垣通过靳云鹏致函韩复榘不要抵抗日军入侵》载:"关于韩复榘不抵抗而放弃济南,是不是这封信起了作用,不敢臆断。这件事是邻居徐阶平(山东旅津同乡会常务董事——引者注)告知的,是千真万确的事。笔者这时任意租界工部局督察,正管理各方面的政治汇报翻译工作,激于抗日爱国情绪,曾将这事原委转告国民党地工搞情报工作的殷梦武和胡文生(化名)及交通员卢以仁。因为这时适逢他们到笔者家里来,故将这事告之,要他们转报南京。"①。殷梦武是否为殷幼樵,待考。

李雷

天津市党部别动队队长,年二十八岁,天津人。

烈士天津县人,于二十八年四月加入华北别动队,在总司令刘继光烈士之领导下,任特工队长。曾枪杀敌海光寺宪兵队曹长,声势震津沽。不幸于焚毁旧特三区日人第三仓库时被捕。敌人威胁利诱,劝其投降,烈士毫不为屈,执椅将敌法官击伤,遂被处死。

按:据《天津敌寇反战热([1939年]六月份纵火事件统计)》载:香港通讯。津讯:统计敌军反战分子纵火事件增多,只六月份已达九件之多,兹特列表如左②:

---

① 此文由胡君素于1964年整理。全国政协文史资料委员会编:《文史资料存稿选编》第12辑《政府·政党》,中国文史出版社2002年版,第677页。
② 《抗战周刊》1939年第4期第10页。

日期	地点	被焚机关	焚毁情形
二日	福岛街海光寺对面	敌宪兵队本部	全部房屋完全焚毁
二日	福岛街海光寺	敌炮兵第二大营房	兵房焚毁并未延及其他部分
二日	住友街	制冰会社	全部焚毁
八日	特二区金汤三马路	华北电台补给处	焚毁材料甚多
十日	觉民中学	敌清水部队军需仓库	全部焚毁
十一日	河北造币厂	敌弹药库	焚毁弹药、被服约值一百万元以上
十四日	日租界乐桥村	敌柏油库	全部焚毁
十八日	特三区大经路	敌清水部队军需仓库	全部焚毁
二十九日	福岛街福厚西里一五号番地十三户	敌外方情报主任中泽住宅	全部焚毁

文中提及，1939年6月18日，位于天津"特三区大经路"的"敌清水部队军需仓库"被"全部焚毁"。而李雷曾参与焚毁"旧特三区日人第三仓库"。

赵在田

东北协会常务委员，年四十三岁，黑龙江人。

烈士讳景龙，世业农，曾毕业于黑龙江省立中学。十二年，官费留学日本。归国后，于吉林桦甸山创设水力发电厂及造纸厂，以抵外货。现声闻全国之东北小丰满发电厂，即烈士当年所手创者也。"九一八"后，烈士奋起组织义勇军，抵抗日寇，以开东北义勇军之先河。转战六载，声震中外。抗战军兴，奉命组织东北党务办事处，坐镇津市，指挥东北党务。东北党务得以进展顺利者，烈士之功也。二十八年十二月，不幸在津被敌逮捕，几经利诱，劝其出任要职，均遭严词拒绝。敌以其利用无望，遂处极刑。

潘菊神

天津市党部区分部书记，年三十四岁，河北人。

抗战事起，军事方面虽迫势弃守，而国民革命之力量，却日渐滋生，蓬勃日进，华北民心始终南向者，烈士与有力焉。时烈士任天津市党部区分部书记职务，领导下层从事抗战工作，后不幸被捕，致为敌所戕。

倪中立

北平中国大学教授，年三十四岁。

君辽宁庄河人，首尝亡国之痛，流浪故都，执教中国大学时，日倭得寸进尺，再侵华北。君振臂高呼，奔走宣传，大声曰："不杀退日寇，国将不国，忍让非上策也。"抗战起，君喜曰："此志士用武之时矣！"遂化装在津从事杀敌除奸工作，后不幸被捕，刑胁利诱，不屈死难。

刘建孚

天津市党部区分部书记，年三十三岁，河北盐山人。

津市沦陷后，君以天津市党部区分部书记职务，深入下层，组织干部，策动民众，刺探情报，破坏敌人物资，不遗余力。被捕后，敌伪威胁利诱，无所不用其极，君毫不为动，欣然成仁。

刘玉荣

天津市党部区分部委员，年三十九岁，河北盐山人。

君籍河北盐山，世业农，性极朴实，有胆量，勇猛过人。事变后，任天津市党部区分部委员，迭次破坏敌伪物资，无不身到功成。后以焚毁敌公大纱厂仓库，不秘被捕，遂作壮烈牺牲。

杨惟一

第一战区交通大队上尉队附，年四十三岁，天津人。

烈士为天津世家，孝友诚笃，庄重寡言。毕业于北平财政商业专门学校。历任轻便铁道管理所长及炮兵中校[①]等要职，

[①] 似为炮兵中尉，待考。

从政听议,蜚声遐迩。抗战初期,奉命抢购交通器材,往返沦陷区,亟著勤劳。后因事机不密,于民国二十七年元月,为敌捕获,死难。

按:《杨唯一被敌人侵害之事实调查》载,1938年1月25日,杨唯一在天津中原公司四楼被天津日本宪兵队特高科人员市川龙辛诱捕,后下落不明。其时,职业为"天津亨茂汽车行华经理"①,住所为"天津第十区柳州路义顺里三号",年龄四十三岁。1946年8月1日,杨唯一之父杨奎山(籍贯天津,职业无,年龄七十二岁,永久住址为"天津旧五十三号路新柳州路义顺里三号")在接受天津地方法院检察官许志垚调查具结时陈述:"我子杨唯一为天津亨茂汽车行经理。事变后,敌人疑该汽车行供给我国民政府汽车。于民国二十七年春季,敌宪兵队特高科市川龙辛诈称商购汽车,约定在天津中原公司舞场见面,相见后,即被捕去,至今生死不明。以上所述,全系事实,并无虚伪。如上项敌人罪行,将来可受法庭审判时,余愿居于告发人或证人之地位。倘有虚伪,愿受诬告或伪证之处罚。此结。"天津地方法院检察官遂将侵华日军

---

① "亨茂汽车公司修理部坐落在英租界博目哩道(今彰德道),由美商于1930年投资创办,从事汽车修理。"天津市地方志编修委员会:《天津通志·附志·租界》,天津社会科学院出版社1996年版,第201页。而《天津经济史话》则称:"亨茂洋行是1920年,由美国人瑞克斯(Racks)和康尼斯波(Konnisber)创办的,行址在英租界彰德道9号。该行主要经销美国通用汽车公司的别克牌(Buick)汽车,兼营汽车修理此务,以及代销德国欧波(Opel)小座车。由于别克牌足高档商品,价格昂贵,因此,销售不多。1929年,亨茂出兑给在津经营的联丰进出口公司的美籍犹太人杨合满和中国人李少芳,仍称亨茂洋行。后因股东不合,从此业务每况愈下。1941年,杨合满看到国际形势日益紧张,亨茂业务又无起色,于是设法弄到一笔钱匆匆回国。太平洋战争爆发后,该洋行与日军相勾结,主要从事为日军搜刮物资的活动。1945年日本投降后,亨茂则主要靠修理汽车来维持。"孙大干:《天津经济史话》,天津社会科学院出版社1989年版,第235页。

此种罪行确定为"流放平民"。①据此判断,杨唯一即杨惟一。

1947年4月22日,天津市社会局向善后救济总会冀热平津分属提供的《抗战军人家属忠烈遗族儿童名册》(计共三百一十九名)载:杨茂林,男,一三岁,住址为"十区柳州路义顺里三号",家长为杨雅如。②杨雅如是1947年8月30日成立的天津市抗战殉国忠烈家族联谊会会员代表之一。此前,天津官方特别为其安排了工作。1946年3月4日,天津市社会局派令:"兹派翟立峰、杨雅如为本局书记"。③1947年1月28日,天津市政府指令社会局:"暂将杨雅如以备用人员登记,俟有相当工作,再行安插。"④据此可知,杨雅如是杨惟一亲属。

杨天成

华北抗日军津郊游击支队中尉侦探员。年卅四岁,河北南宫人。

烈士南宫县人,世务农,家人均为天主教徒,故自幼即养成博爱之精神。幼年入教会小学。毕业后赴东北从戎,旋退伍来津,从事工业。事变后,鉴于日倭之残暴,国人倍受涂炭,以救人救世爱国之心所驱使,遂加入华北抗日游击队,屡摧敌伪要害,嗣因破坏西车站交通被捕,受刑不屈,因而殉难。

---

① 北京市档案馆编:《日本侵华罪行实证——河北、平津地区敌人罪行调查档案选辑》上册,人民出版社1995年版,第334—335页。
②《为报儿童节拨赠食品发放情况事致救济分署的函(附抗属忠烈遗族领物名册等)》,天津市档案馆馆藏档案,档号:401206800-J0025-2-003626-026。
③《为派该员为本局书记事致翟立峰杨雅如等派令》,天津市档案馆馆藏档案,档号:401206800-J0025-3-004747-039。
④《天津市政府杜建时为暂将杨雅如以借用人员登记事致市社会局的指令》,天津市档案馆馆藏档案,档号:401206800-J0025-3-004751-012。

丁毓臣

抗日杀奸团小组长,年廿二岁,河北武清人。

烈士字公蒲,性沉潜,有大志,友辈莫不尊敬之,遂介其入抗日杀奸团,宣传正义,激励青年,从者甚众,为团长曾烈士澈所赏识,命其自长一组。先后焚毁大王庄敌堆栈、北马路某奴化书局,声震津沽。二十八年,津市大水,租界封锁,烈士往返传递情报,运送器械,均能履险如夷。是年十二月,于北平被逮,与曾烈士澈,同作壮烈牺牲。

按:"1969年台版抗团烈士资料"载:"先烈丁毓臣,河北武清人,天津汇文高中毕业。民国二十七年十月,参加本局(即军统局——引者注),在抗日青年杀奸团工作。廿八年十一月,与曾澈先烈,在天津华界会商开展工作,未几,曾被捕。先烈逃往北平。十一月,被敌缉捕。廿九年五月十三日在北平就义,年廿二。"

天津汇文中学校刊载,1934年10月27日,天津汇文中学学生自治会体育部举办自治秋季运动会,丁毓臣在甲组(高中组)田径比赛中,获四百米第二名。①

台版"抗团"烈士资料
所载丁毓臣抗战事迹

先烈丁毓臣,河北武清人,天津汇文高中毕业。民國廿七年十月参加本局,在抗日青年鋤奸團工作。廿八年十一月與曾澈先烈在天津冀界會商開展工作。未幾,曾被捕;先烈逃往北平。十一月被敵緝捕,廿九年五月十三日在北平就義,年廿二。

---

① 常以谦:《本校自治秋运大会之情形》,天津汇文中学校学生自治会编行:《津汇月刊》1934年第8期第92页,1934年12月15日出版。

张世一《抗战期间天津的抗日杀奸团》载,丁毓臣参加"抗团"后,为行动组成员。1939年9月,因"军统局天津站行动组长裴级三被日特逮捕后叛变投敌","抗团"第一次遭到破坏。"丁毓臣在日伪搜捕时,曾到北京躲避,住了几天觉得没有事了,又回到天津,因而也被捕了。日本宪兵队对李如鹏、曾澈、丁毓臣残酷刑讯。三人坚贞不屈,从容就义。当时,曾二十七岁、李二十五岁、丁毓臣二十一岁。"①

钱宇年、张世一《抗日杀奸》载:"日宪又通过邮信检查逮捕了已避去北京的丁毓臣……这批被捕'抗团人'中,曾澈、李如鹏、丁毓臣、吴纪元均被日敌杀害。"②

钱致伦《我是抗日杀奸团团员》载:"丁毓臣因相片暴露,逃往北平。不料与人通信时,查出他的姓名和地址,被捕后押回天津。""海光寺日宪兵队牢房坐西向东,分成十多间。房内各间的入口,由一过道相通。每间牢房的前面是木栅栏,下开一个加锁的矮小入口。屋顶、地面、其他三面墙都钉上一公分厚的木板,便桶在牢房内一隅。李如鹏住二号牢房,我和丁毓臣住三号,曾澈住四号……约在一九四〇年五月十五日,日本华北驻屯军军事法庭开庭会审,开庭前我见到了曾澈、李如鹏、丁毓臣,彼此相见,一目示意,态度严肃,志气昂扬,大义凛然。曾澈以手示意,表达赴死的决心。李如鹏嘴角长了口疮……他们都精力充沛,昂首直立……闭庭后,我们被押回牢房。""李如鹏、丁毓臣在供词中根本没提到我,[我]在同志的掩护下结案。""几天后,把我押到炮局胡同西院

---

① 天津市政协文史资料研究委员会编:《天津文史资料选辑》第39辑,天津人民出版社1987年版,第66、68—70页。
② 天津市南开区政协文史委员会《南开春秋》编辑部编:《南开春秋·文史丛刊》总第8期(纪念抗日战争胜利五十周年专辑),1995年版,第71页。

监狱。告知刑期六个月。钉上脚镣，住进'仁字'牢房，罪犯号码是'一一五'。曾澈、李如鹏、丁毓臣没有同来。我感到情况不好，凶多吉少……据跟曾澈等押在同屋的人说：曾澈、李如鹏、丁毓臣是在六月初被押往刑场就义的，地点大概是北平右安门外南苑。为此，我绝食一日，沉痛哀悼。"①

而刘岳著《刀锋舞者》中的一节《辟才胡同刺杀舒壮怀》载："1940年，李如鹏、吴纪元、丁毓臣在天津海光寺日本宪兵队的后院，被刺刀戳死，惨烈异常。"②其对丁毓臣等牺牲地点的记载，与钱致伦的回忆矛盾。丁毓臣牺牲于北平的可能性大。

天津市抗战殉国忠烈家族联谊会于1947年8月30日下午选举理事、监事："计到会员三十人，由杨豹灵主席……通过章程，选举理、监事……候补理事：陈宗伟、丁润溪、王行谟……"③又据丁润溪于1947年9月12日向天津市商会提供的简历载：丁润溪，五十六岁，籍贯河北省武清县，出身私塾，经历："庆昌茶庄总经理、华茂合记茶庄经理、天津市茶商业同业公会理事长、天津市私立五育小学董事长、天津市商会理事。"④据此判断，丁润溪有可能是丁毓臣的父辈。

阎景玉

天津警察局大直沽派出所警士。年二十七岁，天津人。

---

① 钱致伦：《抗日杀奸团（续二）：我是抗日杀奸团团员》，《传记文学》2010年第4期。
② 刘岳著：《刀锋舞者——刺倭锄奸喋血写真》，中共党史出版社2010年版，第103页。
③ 《为报出席市抗战殉国忠烈家族联谊会情形事致天津市社会局呈》，天津市档案馆馆藏档案，档号：401206800-J0025-3-005149-003。
④ 天津市档案馆馆藏档案，档号：401206800-J0128-1-000086-043。又据1945年12月19日《天津市茶业同业公会整理委员名单》载，丁润溪住址为"河北大街一〇一号"。天津市档案馆馆藏档案，档号：401206800-J0128-2-001505-024。

烈士家清贫,年十三岁始,就读于私塾,逾五年,以丁忧辍读。"九一八"后,烈士慨于国力之脆弱,弃商就警,冀展鸿志,嗣奉派执勤务于大直沽派出所。二十六年七月二十八日,敌侵天津,烈士领导村民抢救二十九军负伤将士,因目睹日寇之凶残,愤慨万分。时适有裕丰纱厂日人三名,武装出巡,烈士乘机杀之。至二十八年四月事发,为敌捕获,备受酷刑,不屈死难。

按:《阎景玉被敌人杀害之事实调查》载,阎景玉被害前住所为"天津大直沽后街赵家胡同十三号",遇害地为"天津大直沽东义地西北郊外",年龄二十七岁。1946年9月19日,阎景玉之兄阎景田(年龄四十九岁,籍贯天津,职业为工人,永久住址为"天津大直沽后街赵家胡同十三号")在天津地方法院检察官冯浩光调查具结时陈述:"我弟阎景玉,事变前曾充天津大直沽派出所警士。民国二十八年四月,敌天津花园[街]宪兵队因阎景玉曾充警士,敌人入津时不无抵御嫌疑,遂将彼逮捕杀害。以上所述,全系事实,并无虚伪。如上项敌人罪行,将来可受法庭审判时,余愿居于告发人或证人之地位。倘有虚伪,愿受诬告或伪证之处罚。此结。"①天津地方法院检察官遂将侵华日军此项罪行种类确定为"随意杀害人命"。

刘品仪

天津市党部别动队队附。年三十二岁,天津人。

烈士原籍河北任丘,移居津市、父早丧,因而辍学,入东亚毛织工厂为工,为人忠诚勤劳,极为同人赞许。事变后,经友人之介

---

① 北京市档案馆编:《日本侵华罪行实证——河北、平津地区敌人罪行调查档案选辑》上册,人民出版社1995年版,第344—345页。

绍,加入华北抗日军别动队,在刘继光烈士之领导下,从事游击。诸如攻打南开大学、破坏河北电灯房、焚毁国际仓库,烈士莫不与焉。后不幸为敌捕,因而殉难。

王玉

抗日杀奸团行动组组员。年二十一岁,河北宛平人。

烈士河北宛平人,任抗日杀奸团行动组组员,勇猛过人,对抗敌杀奸工作,莫不舍生以赴,后以事泄被捕,敌惨用非刑,烈士毫不为动,厉声曰:"杀我固何难?汝等惨无人道,行将见弃与人类矣。"遂壮烈成仁。

按:据原抗团成员搜集的军统资料载:王玉于1942年4月17日被捕入狱后牺牲。

李如鹏

抗日杀奸团干事。年廿四岁,河北宁河人。

公读书于南开中学时,华北脱辐,奸伪蠢动。公纠合同志组"新学生会",以气节相砥砺,每登台演说,英姿飒爽,慷慨陈词,闻者感佩。二十五年,入中央军校特训班。值七七事变,乃悄然返里,宣传乡民,抵抗暴敌,芦台、汉沽、丰润等地承公号令者数十村。二十七年,任忠义救国军第三[路军]政治部主任,转战冀鲁各地。嗣来津,任职锄奸团。时周逆作人争以亲日教育奴化国人,公愤而狙之,虽未果,已褫其魄矣。嗣,锄奸团以全权付公,锐意改进者至广,食少身羸,而功日著。二十八年秋,为敌逆吉珊所陷被捕,见害于北平郊外,遗体莫知所在。

陈肇熙

抗日杀奸团行动组组员。年廿二岁,河北青县人。

君以诗礼传家,庭训綦严。忠孝之道,儿时固已养成之矣。事变后,投入抗日杀奸团,任行动组组员。君常以杀敌除奸为己任,曰:"我不杀敌,谁来杀敌?"常身怀利器,出入敌伪蚁聚之所,从容无惧色。终以事泄,被敌捕获,不屈死。

按:据原抗团成员搜集的军统资料载:陈肇熙,22岁,1943年1月被捕,送北平会审,受酷刑而亡。

梁金铭

抗日杀奸团干事。年二十四岁,北平人。

烈士籍北平,父以经商移居津门,曾肄业于新学书院。沦陷后,与同道者创办《小公报》,砥砺气节,宣传正义,为沦陷期中地下报纸之先驱、旋遭敌破坏,复加入抗日锄奸团,致力宣传情报工作。以图破坏大王庄仓库,事泄,被敌刑杀。

按:据原抗团成员搜集的军统资料载:梁金铭,1940年破坏大王庄仓库事泄,被捕死难。

有记载称,《小公报》创刊于七七事变爆发前。"在宣传抗日救亡思想方面,《小公报》也发挥了独特的作用。《小公报》是在1937年6月创刊的,发起人是原华北通讯社社长李燕踪,其创刊宗旨是要成为"代表民众说话的一个工具"。其中,胡春水任编辑、王金荣任印刷、刘昆担任发行。报纸刚刚发行不久,七七事变爆发,局势异常紧张。为宣传民众,揭露日本侵略者的罪行,他们夜里收听后方电台的广播,择要翻译英文的《泰晤士报》,真实、及时地报导了前方抗战的消息。经过他们的艰辛努力,不久,发行数目每日达到了4万份以上,而每份报纸只卖四枚铜元,这4万份报纸很快就销售一空,在天津大街小巷的市民中传阅,使群众很快了解了抗战的形势,鼓舞了人心,振奋了民族精神,在当时产生了很大的反响。《小公报》的发行,引起了敌伪当局的恐慌,他们不惜采用悬赏3000元的代价,下令通缉报社的工作人员。1937年8月13日,一个排字工人利欲熏心,把报社工作人员的情况报告了日本宪兵队。于是,敌伪当局派出20多名侦缉队员,将报社团团包围,逮捕了正在工作的胡春水、王金荣和刘昆。在日本宪兵队,面对日寇的审讯,他们大义凛然,痛斥日本帝国主义的侵略罪行。日本宪兵对他们施以重刑,但他们仍然坚贞不屈。最后,日本宪兵队只好将他们押送北平日军军法处,直到抗战胜利,历尽折磨的三位勇士才获释放。"①

直到1938年1月,《小公报》仍坚持出刊,并在天津街头售卖。曾出任伪职的方震甲②于1946年在天津受审时交代:"天津沦陷后,在租界内有《小公报》《小益世报》登载不利于敌伪之新闻及抗日宣传文字。经日本宪兵队将卖报小儿捕去约八九人,送地方检察处。约在二十七年一月初旬。"③

已知《小公报》创办者还有天津抗日杀奸团通讯员纪念华,参见下文。

卢以仁

抗日锄奸团团员。年三十八岁,天津人。

烈士六龄失怙恃,依叔父生长,以家道不俗,中学未毕业,即辍读,就天津县党部干事职,未及,奉调中央党部政训班深造,以成绩优异,派[至]中央宣传处工作。日寇窥我华北,烈士奉派返

---

①中共天津市委党史资料征集委员会:《津沽怒涛》,天津古籍出版社1995年版,第60页。
②1938年1月至2月,方震甲出任伪河北高等法院第一分院首席检察官兼伪天津地方法院首席检察官。
③《讯问方震甲:关于任职期间凭借日伪势力滥用职权等事的讯问笔录(1946年2月15日)》,天津市档案馆编:《日本在津侵略罪行档案史料选编》,天津人民出版社2015年版,第780页。

1946年1月，天津市冬令救济委员会发给抗战忠烈卢以仁遗属卢联清的领粮证

津，任机要。平津沦陷后，受军委会调统局沈哲臣主任之命，组织抗日锄奸团，领导爱国同志，先后刺杀日寇曹长西岗次郎，及焚毁小孙庄日寇军用品等，累建奇勋，敌伪震惊。后遭敌捕，虽倍受毒刑，而终不为屈，敌无计可施，乃将烈士投入绞人机器。一代忠勇，顷刻化为肉浆，壮哉惨矣！

按：《益世报》1931年1月17日载《市整委会决定改组》称："市整委会昨举行第六次会议，出席委员刘宸章、刘不同、鲁荡平，主席刘不同，记录李时梦。行礼如仪。讨论事项：……四、第五区党部保管员卢以仁呈，为呈报遵令结束，开具清册，并请发给保管期间经费，以偿积欠由。决议：经费照发。"

《益世报》1932年2月18日载《津县党部呈请严办县长张奉先》称："天津县长张奉先吸食鸦片，并勾结县财务局长侵吞学款，溺职罔法，曾被四乡公民卢以仁等，分呈各当局，请求查办。业志各报。津县党部，昨已查明实情，并呈请省党部函请省政府，依法严办。文略谓：查该公民等所举各节，确系实情，而该县长在此国难垂危之时，尚不知廉洁从公，每日专肆吞云吐雾，对属下员司不严加督促，反相互勾结，实为国法所难容，理合备文，呈请仰祈钧会鉴核，函转省政府依法严办，实为党便。"

《益世报》1932年6月20日载《小站产米今年收成较佳》

称:"津东南小站镇,为华北产米奇著之区。该镇年产大米,至少四百五十万石以上,销售于平津及鲁豫一带,闻今年收成,约较往年尤佳。该地农民约五万余口,涣散各方,向无研究增加生产改良农具之团体。津县党部前派员下乡宣传,督饬依法组织各地农会团结一致,共谋利益。经此番宣传之后,该镇各乡农,对于呈请组织乡农会,风起云涌。至今,共计十八乡。现经党部派干事主任卢以仁指导成立者,已由右营、正营、小站会馆、传子正营等五乡农会。尚余后花园十二乡,正在积极筹备中。"

据以上所载可知,至少从1931年起,卢以仁已开始在国民党天津市和天津县的党部任职了。

王志尧(1937年任天津意租界工部局督察)《板垣通过靳云鹏致函韩复榘不要抵抗日军入侵》载:"关于韩复榘不抵抗而放弃济南,是不是这封信起了作用,不敢臆断。这件事是邻居徐阶平(山东旅津同乡会常务董事——引者注)告知的,是千真万确的事。笔者这时任意租界工部局督察,正管理各方面的政治汇报翻译工作,激于抗日爱国情绪,曾将这事原委转告国民党地工搞情报工作的殷梦武和胡文生(化名)及交通员卢以仁。因为这时适逢他们到笔者家里来,故将这事告之,要他们转报南京。"①据此可知卢以仁当时的身份。

另据原抗团成员搜集的军统资料载:卢以仁,38岁,1938年暗杀汉奸陶子权未果,被捕致死。

陶子权并非陶尚铭。已知陶尚铭字念新,天津沦陷后任伪天

---

① 此文由胡君素于1964年整理。全国政协文史资料委员会编:《文史资料存稿选编》第12辑《政府·政党》中国文史出版社2002年版,第677页。

津地方治安维持会教育局局长,1938年1月至1939年6月任伪河北省公署教育厅厅长。

刺杀陶尚铭确为天津抗团成员所为。原抗团成员祝宗樑《天津抗日杀奸团》载:1938年"秋季开学了,有些中小学课本更换了新版本,加了大量敌伪毒化青少年思想的内容。我们对此非常气愤,决定予以严惩……大家觉得当时身为伪教育局长的陶尚铭应对修改教科书负主要责任,决定将其杀掉。孙若愚从沈元寿处探听到陶尚铭住在马场道西湖饭店,并经常在下午两点多钟离开饭店乘汽车外出。于是,便约孙湘德一起行动,还要我和宋长富担任掩护,必要时也参加战斗。10月的一天下午,他们潜伏在饭店附近,发现陶尚铭上了汽车,就马上赶过去,隔着汽车向里开了八九枪,然后骑上自行车离开现场。我们离开约50米担任掩护,看他们一切顺利,遂也离去"。①

另载,"民国二十七年……十一月,天津单位,击毙伪河北教育厅长陶尚铭于天津西湖饭店。陶逆原为滦榆区行政督察专员,变节投敌"。②

关于陶尚铭遇刺时的具体时间,在已见的他处记载中,也多有语焉不详的情形。如《刀锋舞者》载,刺杀伪河北省政府教育厅长陶尚铭,为"抗团第一次制裁汉奸的行动",但却将实施刺杀的时间载为1938年"9月的一天下午"。③

检《申报》1938年11月5日,发现第三版载有题为《陶尚铭夫妇遇刺受伤》的消息:"天津。今日午后,津市'教育局长'陶尚铭

---

① 《纵横》1990年第4期第50—51页。
② 唐良雄著:《戴笠传》上册,台湾传记文学出版社,1981年版,第176页。
③ 刘岳著:《刀锋舞者——刺倭锄奸喋血写真》,中共党史出版社2010年版,第110—111页。

及其妻,在西湖饭店内被人开枪行刺,均受重伤,当即送往医院。据云,伤势虽极严重,但生命或可保全。按,日前,英租界陈中孚寓所亦曾有人入内行刺。因陈适不在寓,只击毙其仆役一名而去。此次陶氏被刺,乃本周中之第二次恐怖事件(路透社四日电)。"据此可知,陶尚铭遇刺时间为 1938 年 11 月 4 日午后。

《申报》1939 年 1 月 1 日载《天津最近市况》称:"目前,天津[日伪当局]对于所谓'维护东亚和平''建设东亚新秩序'正在努力提倡。人民稍有非议。即遭逮捕。租界虽尚有不少爱国分子暗中活动,但日人搜查颇严,见有可疑,立予密捕,押至租界境外,严刑惩处。租界当局亦无可如何也,然日人虽日夜防范,到处检查,而爱国分子活动如故。伪冀教厅长陶尚铭日前遇刺毙命,杀一儆百。一般伪官僚闻讯,莫不忧惧交并。"祝宗樑《天津抗日杀奸团》又载:"后来才知道,陶尚铭只中了一枪,打瞎了一只眼睛,但受到不小的惊吓。"①

至于卢以仁在刺杀陶尚铭事件中是否发挥作用,未见有载。

纪念华

天津抗日杀奸团通讯员。年二十七岁,天津人。

倭寇启衅于卢沟桥,不数月,华北变色。烈士仗义而起,三度被捕,卒亡于敌手。烈士讳清和。念华,其别署也。毕业于新学书院及津浦路工程学校。值七七事变,敌陷津门,烈士首创《小公报》,深夜听取中央广播,著书立说,拥护抗战,声誉遍津沽。二十七年七月八日,为敌捕,遂被严刑拷问,烈士则矢口不认,乃得释。二十八年,为奸举发,再被捕,值津市大水,乃乘隙逃出,俟奉命南下,至徐州阻

---

①《纵横》1990 年第 4 期第 51 页。

于洪水,返津再接再厉,继续奋斗。二十九年七月,[第]三次被捕,遂殉难焉。

按:"1969年台版抗团烈士资料"载:"先烈纪念华,河北天津人,天津新学书院毕业,曾任报馆记者、政治部宣传员。民国廿七年七月,参加本局(即军统局——引者注),为抗日杀奸团团员,曾在天津爆炸华北交通株式会社,因储存炸弹不慎,被敌发觉捕去,严刑不屈,旋被保释。是年十一月,复与李国材同志至天津工作,因事机不密,再度被捕,遂就义,年廿七。"

赵璧臣

中宣部驻津办事处北宁区指导员。年五十岁,辽宁沈阳人。

君辽宁沈阳人。"九一八"日寇之侵占东北,曾目睹其残暴兽行,并鉴其无厌之野心,深知不杀退日寇,国之复兴无望也。七七事变后,君以天命之年,任中宣部驻津办事处北宁区指导员,领导抗敌,颇著功绩。不幸事破被捕,遂成仁焉。

按:1943年《交通公报》载:"行政院卅二年八月十一日仁人字第一八〇六〇号训令开:准国民政府文官处三十二年七月九日渝文字第三九二〇号公函开,准中央执行委员会秘书处三十二年七月二日渝(卅)冬机字第一二八一号公函,为战区党务工作同志死难殉职者,经续查,有程民元等七十四人,经中央常会决议请国民政府于本年七月七日抗战六周年纪念日,予以明令褒扬,录案函达查照转陈办理。嗣复准先后函送中央抚恤委员会、中央调查统计局、中央宣传部、三民主义青年团等战地殉难名册各一份,请查照转陈并案办理各等由,准此,业经陈奉国民政府三十二年七月七日令开,自卢沟变起,我战区党部志士为国捐躯者所在多有,前经调查事实,明令褒扬,兹续据陈报,尚有各省市县及铁路党部工作人员……赵璧等，或被敌寇杀戮，或遭奸逆戕害，均宜特令彰阐……"①

另据1943年《交通公报》所载《抄中央执行委员会秘书处原函》称："兹续准中央宣传部开送抗战殉难同志赵璧一名,特抄录事略函达，即希查照转陈并案办理……此致国民政府文官处。计抄《赵璧事略》一件。《赵璧臣殉难事略》:赵璧字璧臣,年四十八岁,辽宁辽阳人。于民国十七年即入党参加革命工作,曾在东北领导东北革命集团工作多年。'九一八'后,策动义勇军,事发逃平,仍指导东北党务。二十八年,任天津宣传专员办事处宣传指导员,指导北宁路宣传工作,出版刊物凡十余种。复领导天津行动队,烧毁敌公大纱厂、东车站仓库、中原公司等处,损敌数十万元之巨。因工作努力,于卅年十二月在津被捕,经刑鞫不屈,由敌宪兵队解送敌北平军委会,终至不屈被害。身后遗子女各一,业经中央优予抚恤,以慰忠烈。"②

武田寿

烈士。年三十五岁,河北大名人。

烈士河北大名县人,历世务农,性朴实,不苟言笑,以经商来津市。时东北变色,华北动摇,日货大量走私,妨我关税,痛恨日倭如仇。事变后,加入地下抗敌工作,不幸被捕牺牲。

朱云

烈士。年二十二岁,安徽合肥人。

公皖之合肥人也,讳国钧,字中民,别署朱云,取汉"攀槛诛

---

①南京国民政府交通部编译委员会编辑:《交通公报》1943年第6—12期第2700—2702页。
②南京国民政府交通部编译委员会编辑:《交通公报》1943年第6—12期第2711页。

1946年1月，天津市冬令救济委员会发给抗战忠烈朱云遗属的领粮证

奸"之朱云，以自许也。二十六年，津沽初陷敌手，奸伪嚣张。公愤甚，加入抗日除奸团，以功由组长升队附，任事果敢，胆识过人。二十八年奉召赴渝，入警官学校深造，次年，兼程返津，主团务，策划尤多。三十年二月十五日，谋炸敌浪花馆、军人俱乐部及大陆市场，公躬亲其事，安装就绪，甫出门，炸弹即爆发，公即葬于火药中。时年二十一〔二〕岁。公幼孤，太夫人李氏为前清李文忠公之女孙，母教綦严，时以功行踪飘忽为疑，公曰："此身暂许国，胜利后再投母怀抱。"呜呼！壮志未酬，抱恨终天。

按：钱宇年、张捷《忆抗日战友朱、黄二君》所载其生平事迹较详：

解放前我们就认识抗团成员中的王炳章和张学孟，解放后彼此再没有见过。1991年，我们从天津市公安局户卡科查找到王炳章住在纺织学院，他妻张学孟在纺院已退休。我们就去拜访他们，得知王解放后在《天津日报》工作，前些年煤气中毒被救活后，逐渐形成脑萎缩，在卧床养治。当时，他还能清楚告诉我们：朱国钧（朱云）是他在南开和广东中学的同学，经他介绍参加"抗团"的（王炳章于1995年初在迁住另寓所中逝世）。

1992年，我们访到了当初1940年天津英租界工部局的肖志纯督察;又访到了居住在河北路的高娘。1940年朱国钧在寓所中制炸药时,不幸引起爆炸而牺牲,高娘就住朱寓所旁,是个老住户。我们还从"抗团"干事祝宗樑和"抗团"人李天锦那里分别了解到朱国钧牺牲前后的一些情况。

据知朱国钧的寡母为李鸿章孙女,名李国清①,但家境较清寒。朱有一弱妹,靠其母为亲友家帮工度日。朱国钧边读书,边做工。白天上学,放学后,在劝业场天纬球社做工友,做勤杂工作,夜间住在球社,为球社看夜。球社有一女陪球员(当时称女招待)万某,她同情朱的处境,彼此友好。万某对朱在困境中仍不辍学,很是赞佩。

天津市大水过后,日敌到英租界逮捕"抗团"干事李如鹏后,抗团一些成员暂隐蔽。朱逃亡到重庆,找到当时在重庆的抗团干事祝宗樑,陈述了天津抗团被日敌破坏情况,并要求重返沦陷区继续抗日。祝宗樑根据当时军统局规定,若回沦陷区活动,需学习技术,但不属军统局成员,"抗团"人受训后,回沦陷区,仍属"抗团"组织。朱国钧到息烽训练班受训时,见到李天锦,她是李如鹏的姐姐(李如鹏1940年已在北京被日敌处以死刑牺牲)。李天锦也是要求重回沦陷区抗日,也在息烽受训。朱、李二人先后各自回到天津。李天锦回天津后,没找到联系人,回转去上海隐蔽。朱在天津"抗团"李国材被捕后(1940年7月)到天津,根据他所知道的"抗团"成员,以及祝宗樑提供的人名重新组建。一方面开始宣传工作,由齐文洪负责,另一方面行动组中有郑有溥(郑在1942年被日宪逮捕后出卖了"抗团","抗团"又遭破坏)。朱在天津活动期间联系的"抗团"人,

---

① 尚未发现李鸿章及其兄弟中的孙女辈中有名李国清者,适朱姓者或另有其人,待查《合肥李氏宗谱》。

我们知道的还有刘雅兰（她于1990年病逝）。朱国钧因当时日敌搜捕很紧，联系常不是直接的。因此，1940年8月中原公司被朱国钧烧毁，我们不知道都有谁参加。1992年，我们听红桥区政协委员徐兆平说，天津市稽查处督察吕继望说他曾参加过烧中原公司，但在天津现幸存者中，没有人知道朱国钧和谁一起行动的。

朱国钧被派回天津，生活并不富裕，因为军统局天津站并不给"抗团"成员什么待遇，只给些生活费，行动成功后，也是军统局天津站领奖金，只给"抗团"一些钱做活动费。朱国钧当时住在现河北路顺和里临街的一所小楼亭子间里，1940年冬，试验炸弹（定时），不慎引爆身亡。当时，左邻右舍玻璃皆被震动。幸英租界工部局肖志纯督察先日宪兵队到现场，将抗团名单收起。以后，经肖督察与女警员范懿贞女士恳请英人警务处长谭礼士将名单烧毁，使抗团人免难。

朱国钧逝世时，二十多岁。其母和妹生活更加困苦。1945年抗日战争胜利后，从孙若愚募捐款中，给了二三两金子。朱的妹妹不过16、17岁，经孙介绍到军统天津站学电报收发。1992年我们想找到朱的妹妹，只查访到朱的妹妹已回安徽。①

又据钱宇年、张世一《抗日杀奸》载："抗团成员主要是青年学生，因此，在制作炸药中多次发生事故……1940年8月末，朱国钧在炸中原公司成功之后，继续在家中制作炸药，同年秋末，发生事故，被炸死。"②

---

① 天津市南开区政协文史委员会《南开春秋》编辑部编：《南开春秋·文史丛刊》总第8期（纪念抗日战争胜利五十周年专辑），1995年版，第126—128页。
② 天津市南开区政协文史委员会《南开春秋》编辑部编：《南开春秋·文史丛刊》总第8期（纪念抗日战争胜利五十周年专辑），第73页。

张桐岗

烈士。年四十五岁,河北清苑人。

[君]河北清苑人。幼年来津谋生。曾在纱厂充工人,工作勤奋,极获佳誉。时日倭对我经济侵略日厉,我纱厂相继倒闭,自是烈士深知日寇侵我者,固不仅以亡我国而已也。七七事变,倭寇犯津门,烈士毅然加入抗敌除奸工作。后为敌所获,不屈死难。

按:乔家才1989年8月《给李敖先生第三信》载:"军统局十万同志中,有许多热血青年,忠义之士,为抵抗日本军阀,挽救国家民族危亡,不求名、不为利,抱着牺牲决心,投入军统局,做一个无名英雄。抗战八年,在敌后被敌人杀害的同志,多达三千人以上,就我个人接触所及,华北方面部分牺牲者,北平:周世光、陈国瑞、张桐岗、麻克敌、冯运修、薄有錂;天津:曾澈、倪中立、王文、陈资一……"[1]据此可知,张桐岗为抗战期间在北平活动的军统成员。

有记载称张桐岗是临澧特训班的毕业生、爆破专家。张桐岗是薄有錂于1940年三四月间就任军统局华北区区长后,来到来到北平的。

军统成员乔家才曾在北平见到过张桐岗。乔家才称:"保定张桐岗兄和察哈尔张季春兄都是老朋友……桐岗兄对朋友诚恳、热心、关切,在朋友当中,确实是不易多得的。他在湖南临澧学会爆破和其他许多种技术,回到北方工作,先在天津指导抗团,现在来到北平,准备向北平伪组织进攻。四年前我逃出山西,路过石家庄时,桐岗为我洗尘、压惊,热烈招待。想不到四年后又在北平碰头。因为中秋节快到了,他正忙着工作,准备送给汉奸们的应节礼

---

[1] 胡枫编:《李敖精品文集:横眉对乱世》,云南人民出版社1999年版,第183页。

物。"①乔家才回忆:"有鲮失踪以后,桐岗到北平去负责。第二年,因为麻克敌同志在皇城根打死到北平劳军的日本某亲王,北平的工作又被破坏,桐岗兄终于牺牲了。"

王润秋

教育部文化教育促进会干事,年四十五岁,河北高阳人。

烈士讳中和,家贫,为舅氏所助,毕业于中学。嗣赖自助,半工半读,得毕业于北平中法大学。复以成绩超群,得公费深造于法国里昂大学。归国后,任二十九军军法处长及津市府机要秘书等职。津市沦陷后,烈士毅然参加地下工作,任教育部北平区督导员及津党部文教组主任,对敌伪奴化教育之破坏及吸收爱国青年潜入内地,厥功甚伟。事为敌嫉,于三十三年十二月,在津被捕,判处徒刑十年。以受刑逾恒,亡于缧绁之中。

杨小二

天津市党部别动队队员,年十八岁,天津人。

烈士殉难之时,年仅十八,可谓少年爱国之士矣。二十八年秋,烈士加入华北抗战别动队,开始其地下抗敌工作,诸如炸电灯房、焚烧海光寺敌兵营之役,无不与也。时烈士在河东大王庄国际仓库充当工人,复于深夜举火将库房棉花尽行焚毁,遂被捕,严刑拷打,始终不屈,致惨死于敌宪兵队中。

按:《申报》1946年7月8日载《津市入祠忠烈共计九十八人,杨小二年仅十三岁》称:"中央社天津六日电,'七七'津市入祠受祭之忠烈,共九十八人。首为前津市长张自忠上将。此外,有年甫十三之杨小二。彼系天津市党部别动队员,于战时烧毁敌人仓库,被捕

---

① 乔家才著:《浩然集(三)——关山烟尘记》,台湾中外图书出版社,1981年版,第100页。

殉难。"《申报》关于杨小二年龄的记载,似为误载。

马博泉

中统局华北天津区调查员,年四十六岁,辽宁辽阳人。

烈士籍辽宁,殉职时,年四十六。为中统局华北天津区调查员,专事破坏敌人军事设施,颇多建树。事机不密,于二十八年七月,与孙宝庄烈士同时被捕殉难。

王有为

中统局华北天津区调查员,年三十三岁,辽宁庄河人。

公与孙宝庄烈士,同在阴耀武区长之领导下,从事秘密活动,并协助孙烈士破坏敌人军事设备,颇著勋劳。后不幸与孙烈士、马烈士等同罹于难。

孙宝庄

中统局天津区调查员,年三十六岁,辽宁黑山人。

公为中统局华北天津区调查员。事变后,在阴耀武区长领导下,从事秘密活动,曾自制炸弹,破坏日寇仓库、工厂及军用列车等重要设施,予敌人实力以极大之消耗。不幸于二十九年,为敌逮捕,被判死刑。同年十二月,被害于北平南苑。

尚文武

中统局华北天津区电务员,年三十二岁,天津人。

抗战前,尚君任职于天津电报局。津市沦陷,入中统局工作,担任电

1946年1月,天津市冬令救济委员会发给抗战忠烈尚文武遗属尚文典的领粮证

报收发。二十九年,加入三民主义青年团。三十一年七月,为敌宪逮捕,饱受非刑。三十三年十月,被敌解往日本,迫充劳工,不甘役使,致被戕害。

鞠兆祥

北宁路特别党部天津区情报员,年五十一岁,天津人。

烈士生于民国纪元前十六年,因家境贫寒,读书二年,即失学,后入京奉路改习机工。以功升修车匠。十七年加入国民党,任区分部宣传委员。津市沦陷,以天津中心站组长之职,从事秘密工作,专司敌伪军运情报之采探。不幸于二十七年八月被捕,经判处徒刑,瘐死狱中。

杨宝善

北宁路特别党部天津区情报员,年三十二岁,河北滦县人。

君河北滦县人也。事变后任北宁铁路特别党部天津区情报员。由于处事机警,勇敢过人,故对于情报之探取,莫不完全达成任务。后为汉奸所陷,遂被捕,辗转解至北平,终为所害。

李永善

北宁路特别党部天津区情报员。年五十八岁,天津人。公幼龄失怙,家境清苦,十七岁入本市汇丰银行充练习生。公余之暇,锐意自修,由于天资聪颖,学识激增。二十一岁入铁路服务,积功升充站长。九一八事变时,公适服务于营口,由于魄力坚毅,处事沉着,财物、公文无一损失,深为上峰赞许。抗战军起,公任职于天津车站,凛于国家兴亡、匹夫有责之训,于三十二年加入国民党,任铁路情报工作,以事机不密,于三十三年被敌捕获,不屈殉难。

林永清

天津市党部联络员。年三十九岁,河北安平人。

君先世业农，幼攻读于私塾。及长，以薄田不足以养亲，即辍读，入津浦路天津机务段服务，以成绩优异，擢升司机。二十一年加入国民党。津市陷落，任天津市党部联络员，假行车之便，秘密传递公文、武器，均能不避艰险，达成任务。二十九年五月，被敌宪破获，遂被捕，惨遭非刑殉难。

按：1947年5月28日，天津市第三区公所函呈天津市政府，提供林永清忠烈录一份："林永清忠烈录（友人温耀曾代编报）："林永清，父畔水、母李氏。天津河北转盘村人。于七七事变后，加入抗战秘密工作，担任中央统计局华北交通站交通员。民国二十九年，为日本水上宪兵队捕去，加以毒打，身受重刑，死于监狱，亦云惨矣。死年四十七岁。"1947年7月9日，天津市政府指令第三区公所，称其呈送的此忠烈录，已"汇转国防部编纂"。①

徐育才

天津市党部译电员。年四十岁，山东掖县人。

公山东掖县人。沦陷期，任天津市党部译电员。常彻夜工作，欣欣无倦意。嗣为敌侦悉，逮之入狱，虽倍受酷刑，而秘密终不吐露。敌复以利诱，亦不为动，遂被敌戕杀。

按：谢天培《解放前国民党天津市地方组织的活动概况》载：一九四〇年冬，国民党中央组织部长朱家骅委任韩振声为天津市党部主任委员，增设了电台，台长张少峰、副台长赵静民以及报务员阎仪三、译电员徐育才等。"电台地址初设在长沙道十号三楼上，后发现有人监视，又迁至山西路鹏寿里四十

---

① 《为报送抗战军人忠烈录事给第三区公所的指令（附该区公所呈及忠烈录）》，天津市档案馆馆藏档案，档号：401206800-J0032-1-000324-047。

二号楼上。"①

《第二次中国教育年鉴》第十五编第四章《抗战时期文教人士忠贞及殉难事迹·殉难人士》载:"徐育才,三十五岁,山东人,担任天津中央教育[部]及党部交通站工作,被敌侦悉捕获,死于狱中。"②

黄贵

天津市党部组员。年三十六岁,天津人。

公祖业农,及公世易农从商。民国二十年,入国民党,对警告亲日分子及捕办汉奸,颇著勤劳。嗣升充天津市党部行动组组员。华北党务被迫停顿后,乃参加锄奸团工作。二十四年③,为敌寇宪兵所捕。二十七年被害殉难。

颜丕基

北宁路特别党部天津区情报员。年四十一岁,天津人。

公家境清苦,幼年辍学,年二十四,北宁路局为服务生,以功累升副站长。七七事变,痛国土之沦陷、愤日寇之猖狂,加入北宁铁路党部,为情报员。刺探敌军调动消息,厥功甚伟。三十二年十二月,为奸伪所陷,遭敌捕获,殉难。

萧荫泉

北宁路特别党部天津区情报员。年二十八岁,天津人。

公毕业天津青年会中学校。后任天津东车站车务员。三十二年,加入国民党,从事秘密活动。不幸于斯年十二月,事破被捕,由

---

① 参见天津市政协文史资料研究委员会编《天津文史资料选辑》第33辑,天津人民出版社1985年版,第26—27页。
② 教育部教育年鉴编纂委员会编:《第二次中国教育年鉴(四)》,商务印书馆1948年版,第123页。
③ 应为"二十六年"或"二十六年"之后。

津敌宪兵队转解北平军法会审，备受非刑，始终不屈。翌年六月，瘐死狱中。

王瑞

天津市党部干事。年四十一岁，山东人。

烈士早于民国十七年加入国民党，任华新纱厂工会理事。推动党务、领导工运，成绩卓著。事变后，追随李墨元①同志，在津从事地下工作。不幸为敌伪窥悉，被捕殉难。

按：吴瓯主编《天津市纺纱业调查报告》载："自十七年夏，有富秀山、王瑞二人首倡组织工会，团结工友。惟当时在直褚时代，不敢明胆开会聚集，工人亦少有加入，只秘密行动而已。"②

---

①《天津近代人物录》载："李墨元（1906—1978）字壮猷，别号默园，天津人。北京私立郁文大学法律系毕业。1929年考入国民党河北省党部任录事，后任天津市党部组织部助理干事、干事等职。1937年抗战爆发后，任河南省教育厅科员，后入重庆中央训练团第一期受训。1939年回津，先后担任国民党地下市党部委员、书记长、代理主任委员等职。1941年太平洋战争爆发后，赴重庆，任国民党中央党部组织部专门委员。1945年抗战胜利后回津，任国民党津浦铁路特别党部主任委员。1946年当选为'国大代表'。同年冬，充国民党宪政实施促进会委员、天津地方自治促进会常务理事。1947年，任国民党天津市党部委员兼组织训练处处长。1948年当选为天津市参议员、国民党天津市政府顾问。同年底，离津赴沪，辗转去台湾。"天津市政协文史资料研究委员会编：《天津近代人物录》，天津市地方史志编修委员会总编辑室1987年版，第174页。但《中国国民党百年人物全书》所载与之有异："李墨元（约1900—1963），别号默园，天津人。约生于1900年（清光绪二十六年）。曾任中国国民党天津市党部干事、总干事。1937年任天津市党部委员兼调统室主任。1944年在重庆任中国国民党中央组织部专员。1945年任中国国民党津浦铁路党部主任委员。1946年11月当选'制宪国民大会'代表。1947年9月30日被聘为实施促进委员会研究委员会委员。1947年任天津市委员兼组训处处长、天津市参议员、市政府顾问。1948年去台湾。1954年1月递补为第一届'国民大会'代表。1963年2月11日逝世。"刘国铭主编：《中国国民党百年人物全书》上册，团结出版社2005年版，第943页。

②李文海等主编：《民国时期社会调查丛编》二编（近代工业卷）中，福建教育出版社2010年版，第643页。

1928年，天津市华新纱厂纺织业产业工会成立。"内分组织、宣传、训练、总务四股。由李连顺、刘文波、李书田、赵忠波、傅秀山、王瑞、刘崇善负责主持。"①至1932年，该工会会员共有1718人。

1929年6月，"华新纱厂工会执委任富平、赵惠波、王瑞等，未经执监联席会议，擅自开除该工会干事贾言宽、王玉瑚，激起工潮。工人300余人到市党部请愿。"据天津《大公报》载1929年11月24日：华新纱厂工会被天津市总工会以组织"殊欠健全""分子尤属复杂"而令解散，并派人前往整顿。"②

张鸿相

天津市党部宣传干事。年二十七岁，天津人。

烈士家业农，小有资产。小学毕业后，家道骤衰，势将辍学。烈士以苦斗之精神，再深造于"市立师范"。毕业后，任市立第五十小学教务主任，曾创办《儿童》半月刊，启迪儿童爱国心。事变后，离津至南京，旋奉命返津，从事地下工作。二十九年六月为敌捕，亡于狱中。

徐连奎

天津市党部工运干事。年三十七岁，河北保定人。

烈士保定人，小学卒业，因谋生来津，为上海纱厂工人。鉴于日人虐待华工之惨酷，不甘为日人牛马。二十九年，参加津市党部秘密工作。嗣为日寇逮捕，死难。时年仅三十七岁。

---

① 朱晶华：《天津各业工会现状》，《民众运动月刊》第1卷第5期，1932年5月出版。
② 转引自中共天津市河北区委党史资料征集委员会编《河北党史资料汇编(1919—1949)》，1993年版，第358页。

李旭高

天津市党部民运干事。年四十九岁,天津人。

烈士少孤苦,性刚毅。早年服务于警界,对剿灭盗匪、维持地方治安,颇有成绩。二十五年,入国民党。津市沦陷,任津市党部民运干事及行动干事等职,负责组织通讯,致津市地下抗战之实力益增。二十九年六月,为叛党梅曾勤举发,遭敌捕获,备受酷刑致死。

刘福庚

明新小学①教员。年二十一岁,天津人。

君性勇敢,寡言笑,深喜研究机器。小学毕业后,升南开中学,开始无线电之研究。每有资,均购无线电零件,卧室内四壁琳琅者,皆无线电机件也。高中毕业后,适抗战军兴,有志青年纷赴后方参加抗战。君曰:"杀敌于前,不如劫敌于后。"乃加入抗日杀奸团,从事地下工作,专以破坏敌人交通为己任。复发明时计炸弹,以之破坏敌人仓库,屡著显绩。二十七年一月,因试验炸弹,不幸爆炸,竟以身殉。

按:"1969年台版抗团烈士资料"载:"先烈刘福庚,天津人,廿六年七月因沈栋之介,参加本局(即军统局——引者注),为抗日杀奸团化学技术员。次年三月,在天津自制炸弹,失慎殉难,年廿七。"此处所载"年廿七",应为"年廿一"之误。

天津南开中学校友英烈纪念碑碑文载:"刘福庚(1916—1937),天津人,南开中学1937届学生。1937年冬,他在家里研

---

① 《1937年天津市小学校简况表》载,天津私立明新小学位于"特一区营盘路",校长王克勋,教员3人,学生21人(均为男生)。天津市地方志编修委员会编著:《天津通志·基础教育志》,天津社会科学院出版社2000年版,第132页。

天津抗日杀奸团成员在光陆电影院(位于特一区中街)和国泰电影院(位于法租界海大道马家口)制造的爆炸案,同时发生在1938年6月5日下午3时许。图为《申报》1938年6月7日第2页(左)和6月12日第2页(右)刊发的相关报道

制用以破坏日军棉花货栈、仓库的大燃烧弹时,不慎被烧成重伤,当场牺牲。"

刘福庚从南开中学高中毕业的时间确为1937年。程新建《"抗团"中的南开中学校友》载:"《南开中学男女中1936班同学毕业五十周年纪念册》(以下简称《毕业五十周年纪念册》)第114页上查得其学号'8864'。《新世纪特刊》第47页载天津市1937年高中毕业会考成绩单(《大公报》),刘福庚名字在列,为第217名。"①

刘福庚研制的"计时炸弹",也被载为"定时燃烧弹"。祝宗樑《我和袁汉俊在一起》载:"我们的第一个定时燃烧弹是刘福庚和李宝仁制造的。不幸出了意外,他们一死一伤。制作方法还是保留了下来。以后,孙若愚和袁汉俊就按着这方法又制造了两个,这就

---

① 《南开校史研究丛书》编委会编:《南开校史研究丛书》第10辑,天津教育出版社2013年版,第91页。

是后来破坏日商光陆、国泰两家电影院用的。"①

钱宇年、张世一《抗日杀奸》也将刘福庚牺牲的时间记载为1938年1月,而非"1937年冬"或"次年(即1938年)三月"。即:"抗团成员主要是青年学生,因此在制作炸药中多次发生事故。1938年1月,为了警告供应日本军装的天津大众袜厂,在制作炸药时,刘福庚受重伤后牺牲。"②

杨玉琳

北宁路特别党部天津区情报员。年三十岁,北平人。

君性和蔼,事亲至孝。二十一年,毕业于天津育才商业学校。嗣加入国民党,历任北宁路党部干事等职。三十二年秋,受命为北宁路党部委员,担任情报破坏工作。后因破坏敌军子弹车,为敌侦悉,被捕殉难。

按:1947年5月28日,天津市第三区公所函呈天津市政府,提供杨玉琳忠烈录一份:"杨玉琳忠烈录(家属编报):杨玉琳,住天津河北中山路,前北宁铁路天津东站司事,加入中国国民党行动组,天津区党部执行委员,担任破坏敌人运输及军用等工作。事机不密,被捕,死于刑下。"1947年7月9日,天津市政府指令第三区公所,称其呈送的此忠烈录,已"汇转国防部编纂"。③

而《杨玉林被敌人侵害之事实调查》所载,与杨玉琳生平及抗日事迹基本相符。1946年4月18日,杨杨氏(年龄57岁,籍贯

---

① 转引自萨苏、老拙著《东方特工在行动》,文汇出版社2011年版,第5页。
② 天津市南开区政协文史委员会《南开春秋》编辑部编:《南开春秋·文史丛刊》总第8期(纪念抗日战争胜利五十周年专辑),1995年版,第73页。
③ 《为报送抗战军人忠烈录事给第三区公所的指令(附该区公所呈及忠烈录)》,天津市档案馆馆藏档案,档号:401206800-J0032-1-000324-047。

北平，无职业，永久住址为天津北站华兴里二十四号）接受天津地方法院检察官陈文泽、冯浩光调查时陈述："余谨将亲见敌人罪行之事实，据实陈述如下：民国三十二年十二月二十六日，杨玉林在上班的时候，有警务段司法科翻译韩继忠等，到段找杨玉林（那时候杨玉林在警务段当差），说杨玉林窃取站上的子弹炸药，应须承认是国民党，后来带到驻车站的宪兵队。至同月二十九日到我家中，将我还有他妻子、妹妹都带到驻车站宪兵队，每天打骂，不给吃的，我嘴里的牙都给打掉了。杨玉林过头次堂，用电电，还把烙铁用火烧红，往身上烙，周身都是伤痕，我亲眼看见的，可怜已极。杨玉林自进去之后，由腊月二十六日至二十七日那一天，就因为受刑过甚死了，我，还有他妻子、妹妹在三十三年旧历三月初三日才放出来。请您将韩继忠及日本人捉着，快替我儿子报仇吧。"据此可知，杨玉林遇害时间为 1944 年 1 月 21—22 日。杨杨氏对此陈述予以具结确认后，天津地方法院检察官遂将侵华日军此项罪行种类确定为"对平民施以酷刑"。《杨玉林被敌人侵害之事实调查》又载，杨玉林籍贯北平，被害时职业为天津东站警务段差役，遇害时住所为天津北站华兴里二十四号，年龄三十岁。杀害杨玉林的侵华日军为"驻天津北站驻站宪兵队曹长木元喜吉、军曹横西春吉"[1]。据以上所载判断，杨玉林即杨玉琳。

赵竹友

天津市党部情报员。年二十四岁，天津人。

烈士先任职于警界。事变后，转入地下工作。为掩饰行踪，化

---

[1] 参见北京市档案馆编《日本侵华罪行实证——河北、平津地区敌人罪行调查档案选辑》上册，人民出版社 1995 年版，第 452—454 页。

名李祖文,任津市党部情报员。三十年一月,奉派赴沈阳探查敌军行动及军事设施,不幸为敌发觉。同年八月,被敌宪逮捕,以受刑过重,于翌年四月,瘐死狱中。

于敬明

军统局通讯员。年二十三岁,天津人。

公天津人。卢沟事起时,读书于天津新学中学。津市陷落后,遂加入天津抗日杀奸团,抗敌杀奸、策动宣传,颇著功绩。二十八年,该团为敌伪窥破,幸烈士掩护得法,得告无恙。二十九年,烈士之行动为敌所注意,乃秘密离津,经沪而至重庆,入特种警察训练班受训。毕业后,受命返津,不幸于离渝之际,为敌机炸毙于大隧道中,壮志未酬,即行殉国,令人浩叹。

按:骇人听闻的重庆"大隧道惨案"发生在1941年6月6日前后。由于侵华日军空军持续对重庆实施战略性轰炸,市民纷纷涌入位于重庆市中心石灰市、磁〔瓷〕器街、十八梯之间的防空隧道避难。因隧道内缺乏通风设备等因,导致大批避难市民窒息而死。据测算,在此次惨案中,因炸毙和被闷死者多达1.2万人。①

董凤祥

塘沽电话局话务员。年二十八岁,天津人。

君高中毕业后,供职于天津电话总局。七七事变后,调往塘沽电话局服务,乃纠合同志,破坏敌人电信交通。事为敌悉,于二十六年,被敌枪杀于海河之畔。

章凯旋

二十九军无线电队队员。年三十六岁,天津人。

---

①参见刘志强主编《抗日战争大典》,湖南出版社1995年版,第129页。

烈士名旋，以从军，故更名为凯旋。原籍浙江，乃父宦游津门，遂卜居。烈士幼颖慧异常，性喜动，及长，就学于法商学院①。九一八事变，东北变色，烈士乃投考军校，未获录取，继遭父丧，中道辍学。旋入二十九军无线电训练班，随军工作，驻北平南苑。抗战军兴，烈士方冀一展所长，杀敌雪耻，不幸于敌机惨炸南苑之时，随佟副军长麟阁、赵师长登禹，同作壮烈之牺牲。

按：抗战胜利后，章德志向天津市警察局申报，其兄章凯旋生前居"安宁里26号"，任职于"北平南苑第二十九军陆军无线电台收发音部"。"民国26年卢沟桥事变，日机轰炸南苑同时电台被炸，该章凯旋正在电台收发音部工作之际，突被炸身死。"②1946年，天津市第一区区长康庸民向天津市自治行政会议提交的提案《拟请厚恤忠烈遗族以慰英灵而资激劝》载："查本区奉令调查天津市在沦陷时被害市民及忠烈之士时，曾查有第五保界内有李克忠、章凯旋二名……章凯旋之弟章志德住'一区昆明路安宁里二七号'。"③"章志德"应为章德志。

李文

北宁路天津东站车守。年四十六岁，天津人。

烈士天津人。幼年就读私塾，后卒业于英文电报学校，对修缮

---

① 即河北省立法商学院（位于天津新开河北岸）。前身为北洋法政专门学堂，1914年更名直隶省公立法政专门学校，1928年更名河北省立法政专门学校，1929年更名河北省立法商学院。
② 天津市警察局《第一分局第三分所管界被敌残杀烈士调查表·章凯旋》（申报人章德志为"西北城角翔灵书馆教授"），天津市档案馆馆藏档案：219-1-6736。参见天津市委党史研究室编《天津市抗日战争时期人口伤亡和财产损失》第50页。
③ 《为拟请厚恤忠烈遗族以慰英灵而资激劝的提案》，天津市档案馆馆藏档案，档号：401206800-J0025-2-002847-028。

电报器材，颇多心得。历供职于天津电话局等机关。抗战初起时，服务天津东车站，因协助保安队抵抗日寇，竟以身殉。

常同第

北宁路天津东站货物司事。年二十六岁，江苏人。

烈士籍江苏，幼失怙，随母来津就读，寡言语，智力过人。公毕业于新学书院，以成绩优异，得考取北宁路司事职。二十六年七月，日寇窥犯津市，烈士在车站与保安队协同作战，不幸阵亡。

崔崇仑

烈士。年三十三岁，河北文安人。

抗战之年，烈士适毕业于北平铁路大学，旋赴山东参加抗战工作，转战沂水、益都等十余县，破坏胶济铁路，阻止敌人运输，卓著奇勋。后于昌乐为敌人捕获，备受酷刑。旋设计脱网，来津任职河北省党部第三督导区，仍以破坏敌人交通为任。时津保公路长期不能行车者，烈士与有功焉。民国三十三年十一月，因公赴大城县，被敌捕获，不屈死难。

按：崔崇仑已被官修地方志列为革命烈士。天津市《和平区志》第二十八篇第三章《人物表·革命烈士名录》载：崔崇仑，生于1912年7月，1942年参加革命，河北省文安县第三区教员，1944年11月4日在文安县何庄牺牲。①

《崔崇仑被敌人杀害之事实调查》载，崔崇仑被害时间为1944年旧历十一月初六日（1944年12月20日），时居河北文安孙氏镇，时年三十三岁。1946年6月29日，崔崇仑之母崔樊

---

① 天津市和平区地方志编修委员会编著：《和平区志》下，中华书局2004年版，第1223页。

寿珍(年龄五十四岁,籍贯河北大城,无职业,永久住址为河北文安孙氏镇)接受天津地方法院检察官白宝珊、许志垚调查时陈述:"余谨将亲见敌人罪行之事实,据实陈述如下:吾儿崔崇仑,于卢沟桥事变之年,在铁路大学毕业,尚未就事。三十三年旧历十一月初四日(即1944年12月18日),在大城何庄被一二八〇部队逮捕,辗转带至大城西南韩村,动用酷刑审讯,严行拷打,迫令承认为国民党员,谓为思想不良。旧十一月初六日,被挑死。以上所述,全系事实,并无虚伪。如上项敌人罪行,将来可受法庭审判时,余愿居于告发人或证人之地位。倘有虚伪,愿受诬告或伪证之处罚。"崔樊寿珍对此陈述予以具结确认后,天津地方法院检察官遂将侵华日军此项罪行种类确定为"对平民施以酷刑"。①

据此可知,天津市《和平区志》所载可能是将崔崇仑的牺牲时间与崔崇仑的被捕时间混淆了,且将阴历误为阳历。

吴树德

华北水利委员会测候室主任。年四十七岁,上海人。

公幼年就读于天津北洋大学,因家贫,中途辍学,而公求知之精神益笃,努力自修,后任华北水利委员会测候室主任。抗战起,津市沦陷,公奉命留守,历经敌伪威胁利诱,而公屹不为动,工作益张,与政府保持密切连〔联〕系如恒也。迄三十二年九月,该室始为敌强据。公亦被捕,随即为敌戕害。综观公之一生,对工业之贡献颇伟,曾发明风向自记仪等十余种仪器,并著作关于气象之书六七种,造福国家社会,功莫大焉。

---

①参见北京市档案馆编《日本侵华罪行实证——河北、平津地区敌人罪行调查档案选辑》上册,人民出版社1995年版,第575—576页。

津沽文化研究集刊第三种

主编 王振良

碧血英魂（下）
天津市忠烈祠抗日烈士研究

王勇则 著

天津出版传媒集团
天津古籍出版社

图书在版编目（CIP）数据

碧血英魂：天津市忠烈祠抗日烈士研究 / 王勇则著.
-- 天津：天津古籍出版社，2016.5
（津沽文化研究集刊 / 王振良主编）
ISBN 978-7-5528-0390-7

Ⅰ.①碧… Ⅱ.①王… Ⅲ.①抗日战争—革命烈士—
人物研究—天津市 Ⅳ.①K820.821

中国版本图书馆 CIP 数据核字(2016)第 049361 号

碧血英魂：天津市忠烈祠抗日烈士研究

王勇则 著

出版人 / 张玮

＊

天津古籍出版社出版
（天津市西康路 35 号 邮政编码：300051）
http：// www.tjabc.net
今晚报社印刷厂印刷
全国新华书店发行

开本 880×1230 毫米 1/32 印张 32.25 字数 722 千字
2016 年 5 月第 1 版 2016 年 5 月第 1 次印刷

ISBN 978-7-5528-0390-7
定 价：98.00 元

第三章

第二次入祀天津市
忠烈祠的抗日烈士

1947年9月3日，值中国抗战胜利两周年之际，天津各界在天津市忠烈祠隆重举行抗日忠烈公祭及第二次入祠典礼活动。《益世报》1947年8月16日载《津忠烈祠入祀先烈共九十八位》称，经天津市政府民政处召集忠烈入祠审查委员会会议审查，"合格者计有：金文清等三十六名、内政部转奉行政院训令保送殉难官民入祠者……六十二名，总共九十八名。"惜相关史料钩稽匪易，目前尚未掌握天津自行审查认定的36人的全部详情。以下仅对其中少部分抗日烈士和1个抗日群体的事迹予以专文介绍。在本章所附的《1947年部分入祀忠烈抗日事迹简介》中，也仅以提供研究线索为主。对这些入祠抗日烈士的研究空间还很大。

一　王士敏和陈熊在北平英勇就义

　　王士敏、陈熊是1947年第二次入祀天津市忠烈祠的两位抗日烈士。此二烈士均为抗战后期活跃在北平（1949年更名北京）的抗日杀奸团（简称抗团）成员。1945年，他们在北平光陆电影院成功实施爆炸并炸死炸伤侵华日军军官后，相继被捕牺牲。

　　据"1969年台版抗团烈士资料"载："先烈王士敏，河北大名人，北平辅仁大学肄业。民国廿七年五月入本局①外围组织抗日杀奸团，为中尉工作员。卅四年三月廿五日，先烈在北平爆炸敌光陆电影院，当场成仁，年廿五。"

　　又据"1969年台版抗团烈士资料"载："先烈陈熊，江苏松江人，中央军校十七期步科毕业，原任华北抗日杀奸分团新乡组长。民国卅二年六月参加本局工作。即派赴上海投考伪方兵种学校受训，搜集敌伪情报，贡献至大。卅三年再奉令潜入河南省营

---

① "本局"即指军统局。参见本书第二章所附《1946年〈天津市忠烈祠第一次入祠忠烈简明事迹录〉》中的"整理说明"。

辉县之伪军五十一师①,从事情报工作。卅四年赴北平深入敌伪中枢,开展情报及行动工作。三月廿五日,参与破坏北平敌光陆剧场,毙敌伪要员多人,事成后被捕,不屈就义。"

此二烈士籍贯均非天津,也未在天津牺牲,按说并不符合入祀天津市忠烈祠的标准。那么,他们缘何均被入祀呢?合理的解释是:此二烈士均曾在津参加抗团,且均曾在天津参与过抗日杀奸行动。

钱宇年、张世一撰《抗日杀奸》载:"1945年春,后续的北京抗团人,炸北京的日军大华影院,造成日军多人死伤。但执行人王士敏当场牺牲,陈熊被捕后遭杀害。"②大华影院时称光陆电影院。

《几次轰动北平全城的抗日枪弹声》载:"位于崇文门内东单北大街的大华电影院,在日伪时期叫光陆电影院。当时,这个电影院是一家高档次影院,主要接待日本人。1945年3月25日下午两点多,正在放映电影时,发生了爆炸,场内一片惊乱。炸弹的巨响,使附近店铺人员惊恐万状,大街交通为之阻塞。因电影院开演后,场内电灯都熄灭,在场的日本男女看客哇哇怪叫,找不着场门。待了好一会儿,才摸着门,一个个地跑了出来。等伪北京警察局局长崔建初、日本宪兵队、日本警察署等一群人闻报赶到现场,马上宣布

---

① 查河南省并无"营辉县",但有卫辉、辉县,今均属新乡市辖。庞庆振《我所知道的国民党四十军》载:"1944年3月,张义修升任[伪]三十九师(汪伪将三十九师改称五十一师,但四十军仍沿用旧番号)副师长"(新乡市政协文史资料研究委员会:《新乡文史资料》第1辑,1987年版,第44页)。又据淇洹《解放战争时期驻豫北安阳之国民党军队》载:1945年,由日伪第五方面军编成的中央挺进军第一路军下辖五十一师,师长张义修(河南省安阳县政协文史资料委员会编:《安阳县文史资料》第10辑,2000年版,第152页)。结合下文所载,"营辉"即卫辉。
② 天津市南开区政协《南开春秋》编辑部编:《南开春秋·文史丛刊》总第8期(纪念抗日战争胜利五十周年专辑),1995年版,第69页。

光陆电影院附近地段断绝交通，电影院场内之人不许随便出入，勘查现场，将死伤之人抬出……在光陆电影院里放置定时炸弹炸伤日本人的是王士敏和陈熊二人。王士敏家住北平西城小拐棒胡同，是一般百姓。陈熊是伪军少校军官，驻军在河南卫辉。该年3月25日，陈熊携带定时炸弹进入光陆电影院，偷偷将定时炸弹放在场中靠南边第六排座旁第二个暖气管的夹缝中。而后，在电影院中寻找伙伴王士敏，由于场中在放映电影，看不清人，没寻着，便离去。王士敏进场也没找到陈熊，就坐在放置炸弹的第二个暖气管附近。炸弹爆炸，王士敏被当场炸死。此外，还有重伤三人、轻伤六人。王士敏身上带有内四区小拐棒胡同7号'良民证'，日伪人员根据此证，赶到小拐棒胡同7号检查，在王士敏家中搜出了收发电台一座、一些爆炸火药和四枚炸弹等

台版抗团烈士资料所载王士敏抗战事迹

王士敏

先烈王士敏，河北大名人。北平辅仁大学肄业。民国廿七年五月入本局外围组织抗日铁血团为中尉工作员。廿四年三月廿五日，先烈在北平爆炸敌光陆电影院，当场成仁，年廿五。

物。陈熊离开电影院后，不知王士敏已被炸死，到小拐棒胡同7号来看王士敏，一进门，被在此蹲坑的日本宪兵拘捕。"①

---

① 王永斌著：《老北京五十年》，华艺出版社2012年版，第100—101页。

北平日伪方面的档案中,对王士敏、陈熊被捕原委记载较详,值得参考:

一是《[伪北平市]警察局密报光陆电影院爆炸及侦破情形(1945年4月9日)》载:"呈为密报事。案据报告:三月二十五日十三时四十分,内一区分局管界(崇文门内大街路东、门牌一九九号)光陆电影院内,发生爆炸巨响情事。职闻讯后,当即亲率督察长汲亚鹏、特务科长李连仲等驰赴现场察看,同时并有日本宪兵队、日本警察署及职局所属特务科侦缉队人员先后到场。在光陆电影院内南边第六排座旁第二暖气地方,于映演电影时,有人在该处放置爆炸物。爆发时,当场毙命者一人、受重伤者三人、受轻伤者六人。当由已死者身旁检出内四区发《第一二四九二二号居住证》一纸,名王士纳,住小拐棒胡同七号,及当票等物,并查死者来电影院时,骑有第三八七七九号自行车一辆,原居住证及现场地上散布之破碎铁片等,均由日本宪兵队人员携走。职认为,该死者与本案有重大关系,当经会同根据此项线索,由职局特务科人员开始调查爆炸药及当票之来源,复采听案件发生后一般风评舆论,并赴小拐棒胡同七号王士纳家中搜索。经特务科员警在该户检出天津日租界须磨街新德里五十号尚同法律函授学校木戳一个、过黄河通行牌一个、王士敏之妹王士桂在新民纺织工厂国币五百元存款折一个;日宪队方面搜出收发信电台一座、爆炸火药及炸弹四个等。所有上列物品亦均由日宪队人员携走。并侦知,已死者真名王士敏,王士纳为一哑巴,系其胞兄。当中日关系机关正在检查时,适有一中国军官名陈熊者(少校阶级)进门,称找邓姓,唯王士纳屋内有军人像片一张,极似该军人相貌,经日宪队菅原少尉等将该人带走审讯。又侦知,第三八七七九号自行车,系内三区管界门楼胡同四号住户、农学院教导部股员王芬亭（又名王馥兰）所有，王将车借与内四区界马家二条八号住户赵家莹，赵又将车借与王士敏骑用，当由菅原少尉命由特务科派员警随同宪兵二人，同在门楼胡同四号王芬亭家及小拐棒胡同七号王士纳等处伺守。唯案内疑似人王芬亭一名，经多方查传并无下落，于三月二十八日下午六时，王芬亭自行到内四区分局投案。据称：因伊二女私与前辅仁大学毕业、现充[伪]中国联合准备银行行员赵家莹订婚，向伊索要嫁妆甚急，伊无款代为购买，随于日前赴西城羊肉胡同北褡裢胡同三号祝福明家祝寿之便，又往京西卢沟桥欲行寻死，旋又回京，在西四牌楼富隆居粮店内。闻该铺铺掌刘清甫传说，始知官方正逮捕本人，因心中无愧，并未有轨外行为，故自行投案。经转送日本宪兵队审讯，据供：第三八七七九号自行车系王芬亭借与赵家莹，赵又将车借与王士

台版抗团烈士资料所载陈熊抗战事迹

陈熊

先烈陈熊，江苏松汇人，中央军校十七期步科毕业，原任苏北抗日挺进军国新乡组长。民国卅二年六月参加本局工作。即派赴上海投考伪方兵役学校受训，蒐集敌伪情报，贡献至大。卅四年赴北平深入敌伪中枢，从事情报工作。卅三年再奉令潜入河南省营辉县之伪五十一师，开展情报及行动工作。三月廿五日，参与破坏北平敌光陆剧场，毙敌伪要员多人，事成后被捕，不屈就义，年廿四。

敏，与本案案情尚无关系，当即交回职局特务科，交保释放。又，赵家莹一名，于三月二十五日夜十一时余，在王芬亭家'落坑'，经联络日本宪兵分队，嘱令送去审讯。至以后续获之'落坑'嫌疑人犯赵禄、王培兰、孙楚、吴燕生、刘瑞和、孟国臣、贺英豪等七名，经派员

研讯,并无别情,亦已饬各具守密,甘结交保释放。嗣经再派员联络,日本宪兵队称已获案之军官陈熊业经供认,伊于近半年来,由河南卫辉每月到北京一二次,与已死者王士敏系同乡关系,伊二人为爱国心所驱使,经先期计划,由河南带来爆炸物,预定该星期日(三月二十五日),为扰乱北京治安计,伊二人拟在光陆电影院放定时爆炸物。唯去时,伊二人失掉联络,故伊将信管炸弹放置于光陆电影院内第二暖气处,后王士敏尚不知悉,伊亦因院内彼时屋中黑暗,故未寻着王士敏,炸弹因定时已届,故自行爆炸。伊逃出光陆电影院门外,又因不知王士敏为找伊已被炸死,故于二小时后又到小拐棒胡同七号找王士敏,不料被捕。等情不讳。查本案全案人证俱已破获,由日本宪兵队方面处理。本案案情显系谋略分子所为,背景是否重庆抑或延安方面关系,宪兵队方面认为关于其组织及其他关系者姓名,此时尚有保守秘密之必要。又准日本宪兵分队冈本分队长嘱:此案先不必登报发表。该队因恐日本居民感觉不安,曾面谕居留民团,使其分别传知各日人住户,该案已经破获,唯因搜查关系,暂不发表,俾各安心度日。贵局亦可仿照传知商民,令各安心勿生恐惶等语。查此案既经日宪队认为尚有秘密必要,对于本市商民似可从缓传知,以示慎重。除本案案情有何开展随时联络续报外,理合将光陆电影院发生事件缘由始末及破案经过情形,备文密报鉴核。谨呈市长。北京特别市政府警察局局长崔建初。"①

可见,《几次轰动北平全城的抗日枪弹声》一文中的相关表述,应据此档案内容而来。

---

① 刘大成等编辑:《"七·七"事变前后北京地区抗日活动》,北京燕山出版社1987年版,第167—169页。

二是《[伪北平市]警察局为将爆炸事件嫌疑犯移送日本宪兵队的呈(1945年6月11日)》载:"呈为呈报事。案据特务科呈报:查此次国泰影院发生爆炸事件后,当即派员分别秘密侦捕人犯,讵在前光陆影院发现炸弹案内之主犯王士敏家内捕获'落坑'华熹一名,带科,经即讯,据该华熹供称:住内五裘衣胡同十八号,在'辅大'读书,于民国三十二年夏经李崇三介绍,与王士敏相识,直至去年冬间,共与其来往过三次,并曾求其代弟华忻往南方汇过款,其兄华愚在重庆经商,至其他情节,坚不承认。等语。查该华熹与国[泰]影院发生爆炸物颇有关系,当经日宪本部三田曹长来科联络,嘱将该华熹移送日宪本部讯办。等因。除饬将该犯派员护送日宪讯办外,理合将办理经过情形呈报鉴核。谨呈市长。附呈抄录听取书一份,受领证一纸(略)。北京特别市政府警察局局长崔建初。"①尚不知华熹是否为抗日烈士,待考。

1946年10月13日,原"抗团"成员罗长光、钱宇年在《申报》刊载题为《征询蒙难同志家属,为办请求抚恤事宜》的广告称:"陈熊、黄瑞堂两蒙难同志家属及亲友注意,陈、黄两同志于抗战期间殉国,亲友中知两同志家属住址者,请速函上海愚园路一三七〇号罗长光君,或北平西长安街七十二号钱宇年君,联络办理请恤事宜。"

钱宇年、张捷撰《忆抗日战友朱、黄二君》中,对黄瑞堂生平及抗日事迹记载较详。黄瑞堂是广东人,曾在天津南开中学读书,七七事变后转到天津广东中学求学,学习成绩优良。其家境清苦,在津居同乡处,其母为人帮工。黄瑞堂后由王炳章介绍参加抗团。

---

① 刘大成等编辑:《"七·七"事变前后北京地区抗日活动》,第171页。

"1940年，天津抗团再次遭到破坏时，黄瑞堂到上海参加了由孙若愚负责的上海抗日杀奸团，并参与了抗日行动。1941年上海抗团人发现上海日军常利用虹口公园空地集合、讲话、上操，间或也有官阶较高的敌军官在此举行检阅。上海抗团决定派缪维（缪原是北京抗团团员，1940年北京抗团遭到破坏，转移到上海，参加了上海抗团）和黄瑞堂行动。1941年6月18日，缪维和黄瑞堂携带炸药，设法到了虹口公园空地处，接近检阅台时，不慎引爆。数名警哨敌军伤亡。黄、缪二人也受重伤，被捕，虽重伤刑讯，拒不开口，伤重牺牲。当时有传言，二人当场与敌人同归于尽。"①

据陈恭澍载，黄瑞堂又名黄克忠②。另据"1969年台版抗团烈士资料"载："先烈黄瑞堂，广东番禺人，南门〔开〕中学毕业。民国二十八年（一九三九）在广东参加本局（即军统局——引者注）工作，嗣上海服务。三十年（一九四一）六月，随缪维先烈携弹炸虹口敌军检阅台未果被捕，解敌宪兵队刑讯，不屈，遇害殉职，年二十二。"文中提及的缪维，在"1969年台版抗团烈士资料"中也有记载："先烈缪维，河北滦县人，唐山中学肄业，北平兴亚电报学校毕业。民国二十八年（一九三九），在天津参加本局（即军统局——引者注）工作。二十九年（一九四〇）十月，调上海工作。三十年（一九四一）六月，敌寇在上海虹口举行大检阅。先烈自告奋勇，与黄瑞堂先烈，携炸弹前往，图炸敌检阅台，未及目的地，炸弹不慎引发，受伤被捕，解敌宪兵队刑讯，矢口不供，遂遇害殉职，年二十。"

---

① 《南开春秋·文史丛刊》总第8期第128—129页。
② 陈恭澍著：《军统第一杀手回忆录（2）·亲历军统抗战前期工作记录》，中国友谊出版公司2010年版，第192页。

不过，黄瑞堂、缪维均未出现在第一次、第二次入祀天津市忠烈祠的抗日忠烈名单内。尚不知抗战胜利后入祀天津市等省市县忠烈祠的抗日烈士中，是否包括此二烈士。

二 抗日杀奸团成员李国材并未变节

1946年由天津市社会局文化礼俗科编印的《天津市忠烈祠第一次入祠忠烈简明事迹录》中，称抗团组长章文颖被"李逆国材售君于敌。于二十九年七月被捕，备受酷刑。"①

李国材也被记载为李国才。那么，李国材到底是叛徒还是烈士呢？

钱宇年、张世一《抗日杀奸》载，1939年，"国民党军统局地下工作的天津站人员裴级三（吉珊）叛变投敌……1940年2月，由重庆返回天津的抗团［成员］李国材，于同年7月，一次尾随并企图制裁裴逆时，被裴发现，日宪逮捕了李和在天津的'抗团'［成员］章文颖、潘祖莘、张同珍（女）、谭国瑞等人。李又被日宪押去济南，后被杀害。其余人通过家属贿赎获释，但章文颖因受刑伤过重，随即逝世"。②

张世一《抗战期间天津的抗日杀奸团》载，李国材为天津汇文中学学生，参加抗团后，为行动组成员。"一九四〇年二月，李国材自重庆来天津，找到王宗钤说：重庆'抗团总部'派他来重建抗团，

---

①转引自天津《民治周刊》第1卷第9期第7页，1947年4月20日出版。
②《南开春秋·文史丛刊》总第8期，第70—71页。

并和军统局天津站站长倪中立取得联系。这次重建组织后的分工是：总负责人李国材；组织干事兼学联工作王宗铃；行动干事赵尔仁，后是王刚（赵广禄）；交通干事华道本。这时批准了一批新团员，还批准英工部局警察纪根阿、于培乐等为抗团成员，他们抗日十分积极，设法保护抗团人员。李国材这次来津主要目的是为了制裁裴级三。抗团干事多次侦查，得知裴级三时常出入吴泰勋家中（吴系东北军黑龙江督军吴俊升之子）。有一次，李国材与裴级三相遇，因李动作慌张，引起裴的警觉，不但未能制裁他，裴级三反而加紧对抗团的破坏……一九四〇年六月，在原《大公报》楼上，日伪特务逮捕王宗铃。王从后楼梯逃跑，经法租界华人巡官掩护，得以逃脱，马上通知李国材、赵尔仁、华道本、刘蕴华、陈忆衡等安全转移……王宗铃离津后，李国材被捕，李振英、刘洁、王文诚也相继被捕。李国材被日寇逼迫押送济南前去指认抗团团员的途中，乘机跳车逃走，当场被抓回，就地枪决了，时年十九岁。"[1]

因之判断，《天津市忠烈祠第一次入祠忠烈简明事迹录》在编辑定稿时，并未搞清李国材在抗团中的身份原委。好在后经查核，使李国材抗团身份和抗日事迹得以确认。李国材终获入祀天津市忠烈祠，应为表明其并未变节附逆的有力证据。

"1969 年台版抗团烈士资料"所载可为重要佐证："先烈李国材，山东益都人，天津汇文中学高中毕业。民国廿七年，参加本局（即指军统局——引者注），任天津行动组上尉组长。廿九年，失事被捕，受尽酷刑，不泄片言，被送至日本东京，半年后，又送返天津，勒令

---

[1] 天津市政协文史资料研究委员会编：《天津文史资料选辑》第 39 辑，天津人民出版社 1987 年版，第 66、68、71—72 页。

参加伪组织。先烈誓死不屈,遂从容就义,年廿。"但前引资料并未提及李国材被押往日本等情。

三 崔彤祺参加抗日杀奸行动

1946年《崔彤祺被敌人侵害之事实调查》载,崔彤祺,籍贯天津,1942年被侵华日军抓捕时,职业为"天津西南城角兴厚号纸庄经理",住所为"天津西南城角一百二十号",遇害时年龄三十二岁。

1946年5月2日,其弟崔彤云接受天津地方法院检察官陈文泽调查具结时陈述:"被害人是我哥哥,在民国三十一年七月七日,有宪兵队的日本宪兵叫久保田悟的,率领一个翻译,用日本军用汽车来到我们柜上(即兴厚号纸庄)。那时我们弟兄都在柜上,他们就把我哥哥带到海光寺宪兵队去了,押了一个多月,灌凉水、坐电椅子、吊打、鞭拷,死[过去]了三四次。过了一月余,就送到北平炮局子胡同外寄人犯收容所,因有四月余才判决,刑期一年半,共计两年。出狱后,即在家养病,因受刑过甚,由心脏病转成肾脏炎,不幸于民国三十四年五月间故去。"崔彤云所指的宪兵队,即位于天津南门外海光寺的日本宪兵队本部。久保田悟时为侵华日军军曹。天津地方法院检察官遂认定侵华日军此项罪行种类为"对平民施以酷刑"。①

木文《三个爱国青年的真实故事》(抗团成员孟庆石、叶于良、

---

① 北京市档案馆编:《日本侵华罪行实证——河北、平津地区敌人罪行调查档案选辑》上册,人民出版社1995年版,第434—436页。

郑昆仑回忆)载,北平"炮局监狱东院关押日籍犯人,并作为'军法会议'的拘留所,临时羁押待判的中国人。西院则关押服刑期中的中国人,其全称为'[伪]河北省第一监狱外寄人犯临时收容所',受东院'日本军法会议'的管理与监督"。1940年,纪树仁等16名被捕的抗团成员即在此服刑。①

崔彤祺参加过抗日杀奸行动。《第二次中国教育年鉴》第十五编第四章《抗战时期文教人士忠贞及殉难事迹·殉难人士》载:"崔彤祺,曾加入抗日杀奸团及忠义救国军工作,秘密制造炸弹,派遣工作同志,破坏敌军油船、仓库各一。敌军大恐,广加搜索,致被捕入狱,受酷刑,损及内脏。出狱后,终以瘵死。"②

河北工业大学化工学院网站(hgxy.hebut.edu.cn)所载《历届校友名录(1907—1960届)》中,即包括"化学制造系1937届校友崔彤祺"。位于天津黄纬路一带的河北省立工业学院为河北工业大学前身之一。

另外,1945年11月12日,南京国民政府在《续颁胜利勋章令》中,包括名崔彤祺者③。据南京国民政府1945年10月10日公布的《颁给胜利勋章条例》载:"胜利勋章不分等级,凡中华民国官民对于抗战胜利著有勋劳者,均得由国民政府主席特授之。"在其授予条件中,即包括"受敌伪胁迫不屈者"。尚不知此崔彤祺与本文所述的崔彤祺是否为同一人。

---

①北京市政协文史资料委员会编:《抗战纪事》,第427—428页。
②教育部教育年鉴编纂委员会编:《第二次中国教育年鉴(四)》,商务印书馆1948年版,第123页。
③原载《中央日报》,转引自中国第二历史档案馆整编《中华民国史史料长编·民国三十四年(三)》,南京大学出版社1993年版,第504页。

四 卜玉琳在南京视死如归

陈恭澍《抗战初期南京区工作同志殉难经过略述》载:"卜玉琳同志……天津市人。毕业于北洋大学①。乃北洋纱厂之少东。抗战之前即参加本局特训班受训,毕业后,先分发汉口,旋又调至'南京区'任政治组组长,时年34岁。卜同志为人精明干练,沉默寡言,平时即对分内工作尽忠职守,且多有贡献。南京陷敌后,留京任助理书记,为尚副区长(尚振声)得力助手。民国二十七年(1938)抗日战事重心西移武汉,南京遂成为敌伪政治活动中心及后勤补给枢纽。'南京区'亦奉命兼及拓展对敌伪之行动工作。二十八年(1939)七月初,'南京区'截获日本驻南京总领事馆内线同志钱念慈、张建华等之报告,得知日本派遣军总部将邀宴日本在华陆海军高级将校以及当时伪组织'维新政府'首要梁鸿志、温宗尧、高冠吾等与会。'南京区'经妥密布置,透过该领事馆工友张建华兄弟二人之执行。乃置毒剂于酒瓶中(其间,因毒剂限量与酒品种类之配合等问题,曾发生困扰,一一予以克服)。事后获悉,此役功亏一篑,未竟全功,仅毙领事馆馆员一人、大佐级军官一人以及伪组织高冠吾口部灼伤而已。当晚,日军宣布戒严,紧闭城门,大肆搜索,但一无所获。本

---

① 另载,卜玉琳毕业于北平辅仁大学,后入南京中央军校政训班学习,毕业后被戴笠看中,选入东北训练班学习,与张奉馨、倪中立等为同班同学。参见网络文章《闲话军统》,待考。卜玉琳还被记载为"卞玉琳"。参见江绍贞著《戴笠和军统》,河南人民出版社 1994 年版,第 209 页;范国平等著《卧底:解密"余则成"们的潜伏档案》,世界知识出版社 2009 年版,第 110 页。

案即为卜玉琳同志全权策划,曾经局本部通令嘉奖。卜玉琳同志之殉难,应与陈明楚之变节投伪有关。"发生在日本驻南京领事馆日伪要人宴会上的这起毒酒案,影响颇大,当时即见于报端。今人对此也不乏记载①。此案时称"南京大锄奸案",今人或称"南京毒酒案""金陵毒酒案""南京毒杀事件"等。但今人所载,多以引用《中央日报》的报道、日文资料以及口述史回忆为主。实际上,当时《申报》对此也有连续报道,且披露汉奸陈锦涛亦因之中毒毙命。但这个重要史实尚未引起研究者的关注。现整理如下:

1.《申报》香港版1939年6月13日第3页《南京发生大锄奸案 抗日分子密布四周 ×伪首要多人中毒》载:"海通社上海十二日电。据南京日人方面来电,日伪高级官员设筵招待日外次清水留三郎,遭华人下毒酒中。据云,幸及早发觉,立即延医洗胃,现在各官员已脱离危险关头。按,如此次下毒得手,则日伪最高官员遭毙不少。闻日方已捕获嫌疑犯一名,现正在审讯。""又,重庆电。沪讯:×外务省政务次官清水留三郎,日前抵沪赴宁。×驻宁总领馆于十日晚七时设宴欢迎,除×方军政要员一致与宴外,并邀伪组织首要梁逆鸿志、温逆宗尧、任逆援道、马逆澄、高逆冠吾等作陪,计共廿余人。席间,×伪觥筹交错,状极默洽。讵料所食黄酒中,为人暗置强烈毒质。×伪畅饮后,立即中毒,均晕倒地上。一时秩序大乱,急召医士救治,卒以中毒甚深,遂车送医院,迄未脱离险境。×方对此项消息,于十一日晚,始发表,谓酒中毒药系抗日分子所置,并已捕

---

① 如周军:《不该遗忘的金陵毒酒案》,《文史精华》2008年第11期;周军:《解密金陵毒酒案》,《文史月刊》2009年第5期;季我努著:《刺客——民国刺杀大案》,世界知识出版社2012年版;萨苏著:《中国不会亡——抗日特工绝杀行动纪实》,九州出版社2014年版等。

获一人。中毒最重者为梁逆鸿志、高逆冠吾。至×方人员,虽传有高级军事、外交人员在内,但未言姓名。"当天的《申报》香港版还配发小评《南京大锄奸案》称:"南京伪府首脑于十日晚举行大宴会,招待日外次清水留三郎,但遭人于酒中下毒。梁逆鸿志、温逆宗尧、任逆援道、高逆冠吾及清水等,均中毒甚深。这一大锄奸案,一定会引为全国人心大快!姑不问×奸首脑是否能够苟延残喘,但我们从此事实,就可看到

《申报》1939年6月14日第10页对南京毒酒案的报道

沦陷区内,甚至×奸左右亲信中间,已经布满了'思汉'的分子。对于甘心为×阀献犬而残害我民众与危害我民族的,实可说是一个更严重的警告!其实,这般民族叛徒、汉奸、国贼,早已事实上为私人利禄之毒所中。诚如俗谚所谓'身虽在世,其心已死'。让我们仃看……"当时,《申报》香港版提及日本时,常以"×"代指。

2.《申报》香港版1939年6月14日第3页《南京大义锄奸案结果 两日领署人员丧生》载:"海通社十三日东京电。据日外务省发表公布,谓参与星期日日伪官员招待日外务次官清水留三郎宴会之日领署官员两人,因中毒过深,未及救治,因以毙命云。又据南京来讯,有日领署华人侍役兄弟两人,自该案发生后,即失踪。日方现进行搜捕云。"

3.《申报》1939年7月22日第10页《陈锦涛并非病死 实系中毒身亡 陈中毒后乘机来沪医治无效 日领署两参事亦因中毒毙命》

载:"《大陆报》云。据南京传来消息:[伪]华兴银行经理陈锦涛实系中毒毙命,并非病死。六月十日,南京日总领署举行'毒会'、欢迎日外务决官清水时,[伪]'维新政府'日本军事与领署要员共二十人,均因饮酒中毒。陈锦涛亦在其列。当时,日军医欲为之医治,然陈拒不受医,特定飞机一架来沪,俾请其自己医生医治。经此迁延,遂于两日后毙命于上海。下毒酒中者为日领署雇用已多年之餐室侍役。其人于行事前,促其眷属先离至安全地。己则留觇其所为之结果。事后,施以拷打逼供,但未供出其同谋者,亦绝未透露关于主使下毒之消息。日人在南京四周查悉,毒药或系西洋莨菪之属。南京日警今仍鞫讯此案。按,除陈外,尚有日领署两参事亦被毒毙命。"

此前,《申报》曾两次刊发有关陈锦涛病死的报道,一是 1939 年 6 月 13 日第 9 页《伪维新财长陈锦涛在沪病死 伪钞无法推行忧急成疾 兼以旧病复发遂致不起》载:"伪维新政府财政部长、现兼[伪]华兴银行总裁之陈锦涛,近因年迈久病,并为便于处理该行事务,常留沪滨。乃[伪]'华兴'开幕后,所有伪钞,即沦陷区内,均遭人民拒绝使用。而陈原任伪财政部长,又经伪政府改派严家炽代部,不无怅怅,以致触发旧疾。昨悉,陈于昨晨八时,以宿疾不治,病故于宝容安路私寓。陈今年六十八岁,广东人。至[伪]华兴银行因陈之死,或将更受一打击云。"二是 1939 年 6 月 15 日《申报》第 14 页《陈锦涛丧礼凄凉 友吊者极鲜》称:"陈锦涛因心脏病于十二日身死……陈之尸体于昨日下午三时在宝乐安路东方村十八号寓次收殓。"

可见,《申报》于 1939 年 7 月 22 日转引的《大陆报》消息当为确实。汉奸陈锦涛因此次"南京毒酒案"毙命,在今人的零星记载中也可找到佐证:

一是吴琴一《海上群鹈》载:"南京傀儡戏开场一周间,忽发生一件离奇的外交宴会中毒案。有一晚,鼓楼日本领事[馆]邀请伪维新大员晚宴。酒阑人散,[伪]财政部长陈锦涛中毒最深,车送医院急救,不治,当夜毙命。日本军政人员和其他伪官中毒较浅,幸得无恙。事后调查,真相暴露。下毒者却是领事馆里老厨司。他虽在馆干炊事工作已有多年,然而激于爱国义愤,由于痛恨敌伪,他暗地在酒菜中下毒,而他自己也饮毒毕命。这也是举国同仇人心不死的反映——一件值得记录的逸史。"①

二是区仲坚《汪伪政权发行储备券之经过》载:"1940年春,汪伪政权正在南京准备发行储备券,蒋介石领导下的'蓝衣社'闻之,即密派社员将上海设立银行发行主任某暗杀……同时,又密令一人运动汪府内部什工,乘着汪伪政权大宴会之际,将毒药放在伪财政部长陈锦涛酒杯中。陈中毒后,乘夜坐飞机到上海静安寺路,找西医生梅卓生医治(陈与梅是在英国时同学)。嗣因陈中毒太深,医治无效,遂毙……1939年笔者在上海好莱坞娱乐场服务时,与梅卓生医生相识。这是他当时口述的。"②

虽然这两处记载在细节上值得推敲,但作者均记述陈锦涛是因此次"南京毒酒案"致命的。可见,卜玉琳策划的这次抗日行动,取得了很大成效,至少是铲除了在日伪财政系统坚持作恶的一颗毒瘤。

又据陈恭澍转引李雨生的记载称:"卜玉琳同志及部分同人于

---

① 江苏省常熟市政协文史资料研究委员会:《文史资料辑存》第4辑,1963年版,第144页。
② 李齐念主编:《广州文史资料存稿选编》第2辑《军政类》,中国文史出版社2008年版,第255页。

二十八年(1939)八月(某日已记不起)在南京被捕,拘禁于南京白下路日本宪兵队(我国货银行大楼旧址)。卜同志虽备受酷刑,但坚不招供,且开始绝食,决心殉国。未久,消息传出,卜同志在被拘之第十日,果死狱中,悲壮成仁。"①

卜玉琳在军统南京区任职时,"家住城南明瓦廊"。②《南京通史》载:"由于原'南京区'助理书记陈明楚的叛变,造成'南京区'受到重大破坏。陈明楚在1937年底调到'上海区',仍任助理书记。1939年,陈明楚投入汪伪'特工总部',任'第一处处长'。他出卖了京沪各重要组织,并勾结其同乡、时任'南京区'专员的谭文质交出'南京区'留守人员名单。结果,卜玉林及南京部分留守人员在1939年8月在南京被捕(副区长尚振声因去六合,未被株连),拘禁在南京白下路日本宪兵队(原国货银行大楼旧址)。不久,卜玉林等遇难。"③文中提及的"卜玉林"即指卜玉琳。

1946年10月22日《军统局造送被丁默邨杀害人员名单致首都高等法院检察处代电(京侦护字第四七三一号)》载,"兹查丁逆,民二十八年春至二十九年三月在伪特工负责期内,本局地下工作人员被伪特工捕去杀害者,计有许克、王祥生、卜玉琳、李楚琛、陈兆庆、徐寿新、余延智、周希良、徐阿梅、郭效泉、张焕文、彭福林等十二名。"其中,卜玉琳籍贯辽宁海城,牺牲前的职务为"京区毒杀狙击组组长"。其在南京被捕后,矢志不屈,于1939年9月

---

① 参见陈恭澍著《军统第一杀手回忆录(3)》,华文出版社2012年版,第58—59页。
② 陈真主编:《寻找英雄:抗日战争之民间调查》,广西师范大学出版社2006年版,第84页。
③ 南京市地方志编纂委员会办公室编:《南京通史·民国卷》,南京出版社2011年版,第465—466页。

20日绝食自杀,时年三十六岁。后"由秦霓同志设法领出,葬于雨花台畔"。①

五 阎雷发明"空中地雷"

《抗战英烈录》载:"阎雷(1918—1942),辽宁桓仁人。国民党空军军官学校第10期驱逐组毕业。任国民党空军军官学校高级班教官兼区队长,升至中尉三级。1942年6月4日,在云南昆明试验延期爆炸炸弹,飞机滑行时爆炸殉职。国民政府追赠上尉。"②

位于南京抗日航空烈士纪念馆院内的阎雷墓碑

南京抗日航空烈士纪念馆内的烈士纪念碑《中国烈士名单K》载:阎雷,上尉,辽宁桓仁人,生于一九一八年七月六日,牺牲于一九四二年六月四日。

关于阎雷的生平事迹,其兄阎承先所撰《抗日雄鹰——阎雷》一文③、其弟阎承荫(后更名阎磊)所撰《突破常规带弹受阅飞

---

① 南京市档案馆编:《审讯汪伪汉奸笔录》下册,凤凰出版社2004年版,第680—681页。
② 中国抗日战争史学会、中国人民抗日战争纪念馆编:《抗战英烈录》,北京出版社1995年版,第280页。
③ 天津市政协文史资料委员编:《天津文史资料选辑》1995年第2辑(总第66辑),天津人民出版社1995年版,第27—32、74页。

阎雷照片。据萧邦振等著《飞过天安门 寻访新中国开国大典受阅飞行人员》第77页

行——访阎磊》一文①,均记载较详。

阎雷原名阎承志,生于辽宁省大连旅顺口区水师营镇龙眼泉屯的一个农村家庭。兄弟八人,阎雷排行老三。

九一八事变后(约1933年),全家迁津。阎雷就读于南开中学。1936年夏,阎雷考入位于杭州笕桥的中央航空学校第十期。1938年,航校迁至云南昆明,更名为空军军官学校。阎雷相继在空校柳州初级班、中级班接受飞行训练,学习兵器和空中射击学,后升入昆明空校接受高级飞行训练,学习驱逐机飞行及战斗技术。1940年3月毕业后,参与昆明空中警戒。1940年夏在重庆白市驿机场空军第四大队承担空防任务。

阎雷毕业前夕,曾探索出一套空爆炸弹攻击战法,即:"攻击机队全部携带装有定时引信的炸弹,在敌人机群的上空实施投弹。利用各弹所设定的不同引爆时间,形成一个既深且宽的爆炸空域,使被笼罩住的日机群无处藏身。"阎雷研制的小型空投炸弹都附有一张降落伞,"这样可以保持滞空高度,使攻击的飞机尽早脱离爆炸区域"。②

这一具有开创性的"空对空轰炸"战法,在1940年8月11日重庆空中保卫战中发挥了威力。时有"日机87架袭重庆。我空军使

---

① 萧邦振等著:《飞过天安门——寻访新中国开国大典受阅飞行人员》,中国人民解放军出版社2006年版,第76—77页。
② 崔长崎主编:《世界百年空战纪实》,世界知识出版社1996年版,第77—78页。

用阎雷发明的以降落伞悬挂的浮游炸弹,在敌机前方形成了一个立体的防空网,予敌以巨大威胁"。①"日本轰炸机在空袭中为逃避打击,一直采用大机群密集编队战术,十几架飞机紧紧

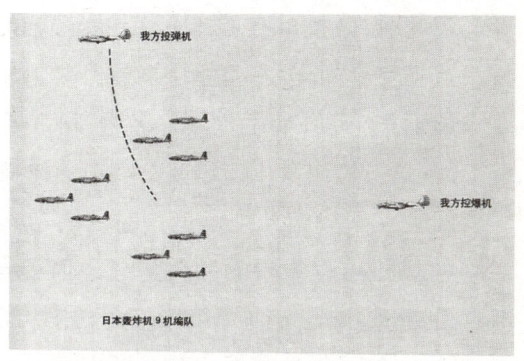

罗象谷《回忆我的战友阎雷》附图,《环球飞行》2005年第11期第51页

靠在一起,用火力相互保护。中国空军飞机本来就少,机枪火力射程又近,拦截敌机难度很大。昆明军官学校教官阎雷发明了'空对空轰炸战法',来对付日本的大编队。这种战法是由飞机在敌机群前上方(高度差250米、距离300米)投放由降落伞悬吊的小型定时炸弹,每次出动6架,每架投放4枚,在敌机航路上形成弹幕,投放6秒钟后起爆,将敌机炸毁。"8月11日,"第4大队首次使用'空中地雷'拦截日机。日机飞行员初见'怪物',纷纷躲避,队形大乱。其中1架在慌乱中失控坠地。这种战法给日军心理威慑不小,日机此后被迫改用小编队疏开队形"。②

1940年底,阎雷任昆明空军军官学校驱逐机组飞行教官兼学生队区队长。1942年春夏,曾驾驶美制霍克—3型战斗机超低空飞行重创在怒江惠通桥附近盘踞的日军。阎承先撰文称:1942年6月4日,阎雷奉命炸毁惠通桥,阻截日军前进。他从昆明巫家坝机场挂

---

① 杨克林、曹红编著:《世界抗日战争图志》中册,上海画报出版社2005年版,第951页。
② 黄苏建等著:《空战》,知识出版社1995年版,第103页。

弹起飞起时,一枚重磅炸弹脱落并爆炸,导致阎雷牺牲。其后被追授为抗日空军烈士,从空军中尉晋升为上尉,遗体安葬于昆明抗日空军烈士墓。学校将运动场命名为"阎雷场",并在学校"中山室"专辟"阎雷角",展出其生前研究的空中伞弹、延期炸弹及遗物。

  阎雷在天津南开中学就读时的同学高文庆在《回忆在国民党空军的战斗历程》中的相关记载也值得参考:"1935年……我当时已在南开中学高中一年级……1936年国民党航空委员会夏、冬两次向全国各省市派出招生委员会,招收18—22岁高中生,每省市招收一二十人不等,当时报考学生极为踊跃,是为航校十、十一期。天津招生委员会设在南开中学内,报名参加体检者近千人,体检、笔试合格者,一天顺利通过者仅三四人。我在十期招生中,因急速运动后脉搏快了,体检不合格而未得录取。我即加紧锻炼,终于在十一期再次报考时被录取……1940年冬,我在'南开'的同班同学严雷,考虑我国防空设备薄弱,设想在敌机必经之路上空周围,布置大批带有小保险伞的小炸弹,装上空炸和碰炸两种引信(即高射炮弹的引信),当敌机碰上时,即在空中自行爆炸。学校很支持他,给了一间房子、车辆,研究试验。他曾邀请我一起研制,但终因缺少懂得机械军械的技术人员帮助,在一次试飞时,引信出了问题,突然爆炸,机毁人亡。严雷时年方21岁。校方为纪念他,把这间研究的房子改为'严雷室'。"[①]文中提及的"严雷"即指阎雷。此文又称其因试飞牺牲,还称其牺牲时的年龄为21岁。对此应予考证。

[①] 参见天津市政协文史资料研究委员会编《天津文史资料选辑》第46辑,天津人民出版社1989年版,第100—101、109页。

六 与侵华日军血拼到底的 86 位无名烈士

1947 年，天津市忠烈祠为国民革命军第二十九军第三十八师牺牲官兵和天津市警察局保安队第二大队牺牲官警共八十六位烈士，设立灵位。他们是在 1937 年 7 月底与侵华日军作战时英勇牺牲的。这也是天津沦陷前的一场著名战斗。

《益世报》1947 年 6 月 18 日载《津抗战忠烈行将入祠》称："民政处、警察局提议，以二十六年七月廿九日，津市警察开始抗战，其中有李文田局长指挥之三十八师官兵一部，会同警局保安第二大队官警约百余人，攻入小于庄公大七厂，旋被敌寇包围攻击，殉难者八十六人，后以大部官兵警姓名不详，入祠列牌，殊感困难。为崇抗战死难忠烈……议决：专设'天津市陆军第三十八师、警察局保安队八十六烈士之位'。"已知姓名者仅 7 人：王秀臣、刘铁岭、张本堂、赵占标、夏涌波、冀平英、孙荫浩。

1937 年 7 月 29 日凌晨，天津抗日军队主动出击，与侵华日军激战。载《益世报》7 月 29 日

坐落在华新大街和中纺前街附近的天津印染厂，前身是 1915 年兴建的民族资本工业企业——华新纺织股份有限公司。1936 年，日商钟渊纺织株式会社用卑劣手段强行低价收购该公司后，更名

为钟渊公大实业株式会社第七工厂(简称公大七厂)。《申报》1936年8月12日载:"华新纱厂改称公大七厂,已定九月六日开工。中日双方签订草约(天津)。"抗战胜利后,该厂更名中国纺织建设公司天津分公司第七棉纺织厂(简称中纺七厂)。

七七事变爆发后,侵华日军开始向公大七厂一带增兵布防。据《申报》1937年7月17日载《日图占据津浦车场》:"日军刻在津总、东两站积极布置军事工程……总站铁道外日商公大纱厂,亦开到日军数十人,并运到大批洋灰、麻袋、桥梁材料等,似有构筑军事工程之意……十六日中央社电。"又据《申报》1937年7月18日载《日军占据津浦西站》:"津总站铁道外日商公大纱厂,现驻日兵四百余人,并在附近筑防御工事。入晚,在小于庄等地放哨。左近居民极感不安。"

关于抗日官兵在公大七厂与侵华日军激战的情况,以下所载记述较详:一是该厂工人宋玉升口述、韩立才整理《第二十九军勇士攻打天津公大第七厂见闻》[①];二是王勇则撰《悲壮的抗日战斗发生地——公大七厂水楼》[②];三是王勇则撰《公大七厂之战》[③]。

《公大七厂之战》载:1937年7月29日凌晨,"从正门和东南方向围攻公大七厂日寇的抗日战士约500名。顿时,枪声大作,炮弹声震耳欲聋。厂里的工人们都靠着墙根不敢动。一些工人因枪声很紧而受惊吓。在炮火掩护下,战士们从西墙根炸开一个豁口,约有

---

① 全国政协文史资料研究委员会《七七事变》编审组编:《七七事变》,中国文史出版社1986年版,第124—131页。
② 天津市河北区政协文史资料书画艺术委员会:《天津河北文史》第10辑(天津河北史迹专辑),1998年版,第246—266页。
③ 《天津史志》2005年第5期,第70—71页。

日本占领时期建造的天津公大七厂厂房

200人摸进厂子。他们分成3路,很快便占据并破坏了发电机房(当时叫电台),顿时全厂一片漆黑……双方各有伤亡。战士们在距离日军50米远处的煤堆和厂子围墙铁丝网附近与日军对峙……"

《申报》1937年7月30日载《津公大纱厂亦起火》:"津总站外小于庄公大纱厂所驻之日军二百余名,企图外出,向总站窜扰,当被我军包围。午一时半,尚在激战中。现公大纱厂内已起火(二十九日中央社电)。"

《公大七厂之战》又载:"退却命令传到公大七厂附近后,战士们虽义愤填膺,但也相继聚集到最初进厂时打开的豁口处,边掩护、边撤退。豁口宽窄不过两尺,需一人一人依次通过。日寇居高临下,在房顶上架起机枪扫射。战士们本来伤亡不大,却在此时纷纷伤亡惨重……外面的战士决定里应外合,用大炮轰,只发了两枚炮弹,便打中了厂内南侧的日寇'步哨所'和原棉仓库等,日寇当场一死两伤。当地许多居民担心亲人厂内受伤,叩头劝告。战士们只好继续用轻武器攻占豁口。一些居民拿着食品来慰问,并把受伤战士背回家掩护起来……还有5名已换成便衣的抗日战士,因无法出厂,便横下一条心,占据了高10多米的水塔,要决一死战……日寇用毒瓦斯熏,他们不得不撤下水塔。他们上了刺刀,与日兵一对一地展开白刃拼刺。他们刺死刺伤6名日兵……保家卫国、踊跃效死的五壮士在粗纱车间的门前就义,只可惜他们都没有留下姓名。"

《悲壮的抗日战斗发生地——公大七厂水楼》载:"1937年7月29日凌晨,天津守军与日寇发生激战,成为七七事变后天津大规模主动对日出击的第一战。在公大七厂内与日寇作战的抗日战士,浴血死拼,战斗持续三夜两天。5名在厂内一座20多米高的八角水楼上孤军奋战的抗日战士,一直坚守到天津沦陷后的第二天(7月31日),才因弹尽粮绝被俘,英勇就义。""30日傍晚,公大七厂的日寇仍未与外界取得联系,惊魂未定的日寇忙着运装沙袋,作掩体,准备夜战。日寇伤亡也很大,只好又威逼15名日籍工作人员加入敢死队,并给他们发了枪。夜间,周围的枪声稀疏了。31日,是战斗开始以来的第3天。天亮后下起大雨,厂内厂外的抗日战士又活跃了起来。后来,厂内警戒班的日寇对此回忆时仍心有余

公大七厂办公房旧址。抗日战士曾一度向此地发起冲击

悸:'保安队员总是乘警备空隙袭击,不放弃每个机会。雨下得大,全身透心凉,感觉到已死到临头了。'""31日晚6时,炮声激烈,厂外落下四发炮弹。日寇的援兵赶到了。山中部队与困兽犹斗的岩井部队合兵,公大七厂的战斗始结束。安静了以后,日寇派来的战地记者(《京津日日新闻》记者堀切秀夫),乘汽车来访问该厂。这个为日寇卖命的记者忙着统计战果。据他记载:公大七厂内的日寇共50人,加上动员起来的日籍工作人员及家属,有百余人。动用的武器包括:轻机关枪6挺、手枪70把、掷弹筒3个、手榴弹160个、子弹6000多发、青龙刀和指挥刀8把。抗日战士牺牲在厂内的共86人,日寇死在厂内的9〔3〕人。最后这一数字并不确实。有工人后来回忆,死的日寇要远远超过这个数字。"

宋玉升回忆:"据翻译透露,那一次攻打公大第七厂,其打死日本人三十四个,打伤五个。工人们说,可能是里应外合没有联系好,也许是临时有了变化,如果看准了敌人那两挺机枪,事先把它打哑了,我军不致死亡那么多人。"①《悲壮的抗日战斗发生地——公大七厂水楼》载:"这也说明,日寇是站在战胜者的狂妄姿态记录的。况且,日寇一向有善于掩盖事实之伎俩。这个日寇记者还写了一篇5000多字的文章,名为《公大七厂战斗志:激战两昼夜,岩井部队与从业人员奋战》,印成小册子,配上12幅屠杀无辜中国人的照片,来宣扬其如何如何勇敢。"

《悲壮的抗日战斗发生地——公大七厂水楼》又载:"直至8月1日,日寇宣布在全市的'扫荡大体结束',但又承认'有一部分保安

---

① 《抗日战争大典·二十九军进攻公大七厂》所载侵华日军死伤人数,即据此载而来。刘志强主编:《抗日战争大典》,湖南出版社1995年版,第235页。

冲进天津公大七厂与侵华日军激战的五位抗日烈士,在该厂水楼前英勇就义。有记载称其均被侵华日军活埋

队员未被肃清'。当时,公大七厂的工人们虽然盼着早点回家看望老婆孩子,可仍有两个心愿:一是如何把仍留在厂内的部分抗日战士安全掩护出厂;二是如何尽快收尸、掩埋烈士。在工人们再三要求下,日寇只得放工人们回家。他们恐怕有潜伏下来的抗日战士混出去,便挨个严格检查。当时〔能趁机〕出厂的抗日战士很少。也有的工人没出厂,而是想法把抗日战士们伪装起来,弄来'大仓组'工人的臂章,换上便衣,并设法给战士们弄饭吃。几天以后,日寇才放松了警戒。工人们一看时机来了,便让抗日战士走到工人中间,随大流儿护送出厂。有几个战士已不露声色地大摇大摆走出了厂外。日寇翻译、汉奸杨老瘪站在厂门口的护厂河边,狗似地瞎叫唤,他发现有些工人形迹可疑,有的光着脑袋,脸色发黑,可脑门发白,并隐约可见一道月牙印。他据此判断,是抗日战士经常戴帽子,帽檐处不被太阳晒的缘故。他强拉出 4 个人,结果日寇经仔细搜查,在其中的人身上搜出了三十八师正规军的手折等证件。当即被推上车,押往日租界'白帽衙门'。工人们痛心疾首,敢怒不敢言。后来,那个杨老瘪被工人镇压。结束战斗后的三四天,工人们开始打扫战场,收殓尸体。有的工人抱着不给日寇劳动

的思想，不想去。有一个叫刘殿举的工人激动地说：'弟兄们，保安队员为国牺牲，有功劳，我们不能看着他们的尸体丢在院子里，我们应该好好埋葬他们，给他们烧纸。'沙有震（新中国成立后在该厂任工程师）回忆道，他看到往外拉的50多具死尸都被雨水泡胖大了。工人们想记下烈士名字，便逐一翻衣兜，发现有的人曾带着一黑兜糙米（未来得及煮饭吃）以及水壶和手榴弹。有的工人说，发现有的烈士是五十一军的，在一年轻烈士的内衣里有共产党员的标志。还有工人说：有5具尸体上腰间配有皮制大刀鞘。二三十名工人把烈士尸体抬到公大七厂大门北约七八十米处安葬，但由于雨水大，挖到一尺就冒出水来。工人们买了些纸钱在烈士坟前焚烧，表达了一片哀思。"

公大七厂之战结束后，侵华日军和日商为被抗日战士击毙的两名日本兵设立石碑。其碑文为："故陆军工兵上等兵山口长年、陆军工兵上等兵菊池春次战死之地"。此碑今存天津市中山公园碑廊内。1938年7月29日，时任天津公大七厂厂长的日本人足立茂为一年

侵华日军士兵被抗日战士击毙后，日军设立的墓碑（今存天津市中山公园）

前被抗日战士击毙的山口长年、菊池春次和"大仓组"组员儿玉荣镌刻铜制纪念铭牌(今存天津市博物馆内)。据其上铭文载,1937年7月29日,攻打公大七厂的抗日战士约600人,侵华日军岩井部队50余人与该厂部分日籍"从业员"死守三昼夜。

房建昌《日文原始档案中的1946—1948年北平军事法院对日、朝、台籍战犯审判》载:"足立茂,1890年9月1日生于千叶县五井町……1914年,庆应大学法科毕业……转往钟渊纺织株式会社……1936年8月,任位于天津特别四区30号的小于庄的公大实业公大第七厂厂长和位于日租界明石街16/3的钟渊纺织株式会社天津出张所所长。七七事变爆发后的1937年7月29日凌晨两点,天津保安队袭击该会社的公大七厂(足立[茂]时任厂长),守卫的日军铁道岩井部队进行了抵抗。我方遗下尸体84具及许多武器,5人被俘虏。日军死2人,大仓组社员死1人;日军伤8人,钟纺社员伤8人……足立[茂]在日本办的《京津日日新闻》连载了一文,叙述此事件,后编成名为《公大七厂战斗志》的一小册子出版。1942年时,他还任天津居留民团会议长、北支棉花协会会长、天津日本

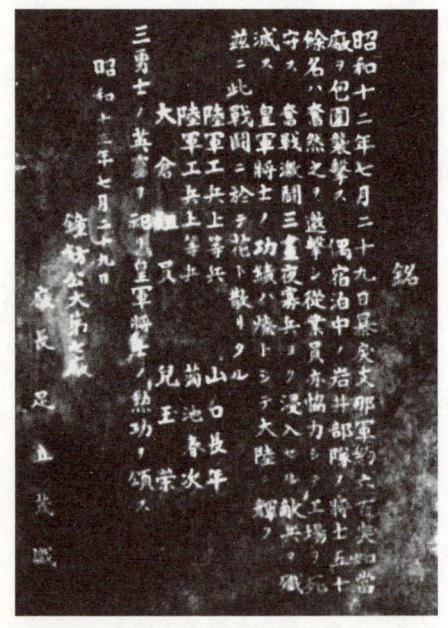

天津公大七厂日籍厂长为被抗日战士击毙的侵华日军和该厂日籍职员镌刻的铜牌(今存天津博物馆)

《申报》1937年7月29日第4页对天津奋起抗日的部分记载

商工会议所常任议员、天津日华经济联盟理事……住天津法界中街36号……1946年11月……有人以上述小册子为依据,在天津《建国日报》刊载[文章],揭露了足立[茂]率领日军杀害多数中国兵、活埋5人[的罪行]。小册子成了证据。[中方]遂提起公诉,言其有杀害钟纺仓库5名俘虏的嫌疑。足立[茂]自辩:该志仅记载了向日本宪兵队移送了5名俘虏;在华10年,向以中国人为友,从未打过中国人,更不要说是杀害了;还从日本宪兵队尽力救出释放过4人……1946年5月12日,有人见他已在狱中。"①可见,罪孽同样深重的足立茂一直在无耻狡辩。若将此载披露的历史信息与前引史料结合起来分析,可作出如下判断:一是在公大七厂水楼一带被俘后英勇牺牲的五位抗日战士,是被活埋的,足见侵华日军的残暴兽行令人发指。二是牺牲在公大七厂内的抗日烈士

---

① 《北京档案史料》1999年第2期第245—246页。参见房建昌《日本驻天津的机构及人员简况》,天津市政协文史资料委员会编:《天津文史资料选辑》2000年第1辑,天津人民出版社2000年版,第98—99页。

为84人,但后被天津官方认定的却是86人。这应该作何解释呢?另两位抗日烈士,很可能是先隐藏在公大七厂内,后在爱国工友帮助下化装出厂时被逮捕,再被杀害的。三是被抗日战士击毙击伤的侵华日军士兵和公大七厂日籍职员(已被侵华日军武装起来)共19人,其中被击毙3人。四是此次攻打公大七厂为主动夜袭,由于抗日战士对公大七厂地形不熟,加之摸黑出击,导致此役敌我双方减员不成比例,此役之残酷亦可见一斑。

抗战胜利后,《公大七厂战斗志》一书并不鲜见,堪为侵华日军暴行罪证之一。1946年12月30日,天津市第三区公所区长李铭纶、副区长张云阶将在管区内搜集到的"钟纺公大第七厂战斗志一册",提供给社会局,希望将其作为国防部史料局征集的抗战史料之一汇转。此册后经天津市政府批准提供给了国防部。① 此为确认86位无名烈士抗日殉国英雄事迹的重要证据之一。

值1946年9月3日中国抗战胜利纪念日之际,天津中纺七厂厂方为86位抗日烈士兴修墓碑。碑文载:"本厂于事变前,久为日寇所据,俨成敌寇侵略据点。民国

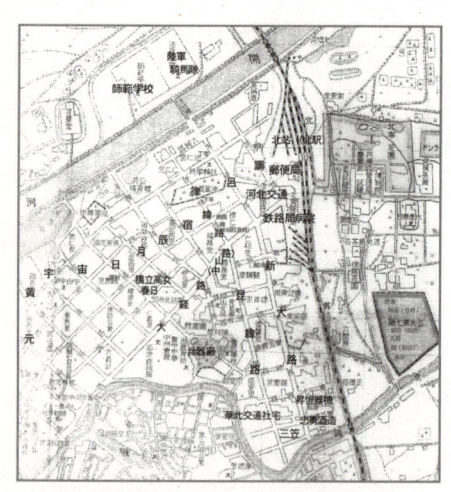

抗战期间天津北站及公大七厂一带的地图

---

① 《为搜集抗战史料事致第一至第十区公所训令(附第一至第十区公所原呈)》,天津市档案馆馆藏档案,档号:401206800-J0025-3-006175-003。

廿六年七月廿八〔九〕日,我二十九军、保安队八十余人,黉夜入袭,志在尽歼敌寇。激战二昼夜,凄烈达于极度,竟全体壮烈殉难。其后八年又十八日,而日寇降服。又后一年,本厂员工全体谨以至诚,为之修墓建碑,以表崇仰,并为之铭曰:'赫赫英烈,举世景仰,吁嗟国士,永护吾厂。'中华民国卅五年九月三日,中纺津七厂同人敬题。"

中纺七厂又成立"前二十九军、保安队在中纺七厂抗日殉难八十六烈士追悼大会筹备会",并函邀各单位(如各中纺厂、各区公所等)与会祭奠。1946年11月3日,天津中纺七厂员工在位于小于庄该厂西北门外的烈士墓前,隆重举行追悼大会,表扬先功,祭奠英烈。[①]追悼大会由厂长卢统之主祭。祭文曰:"中纺公司天津七厂厂长卢统之率全厂员工同人,谨以清酒时馐,致祭于前二十九军、保安队在本厂抗日殉难八十六烈士之灵曰:沉沉华族兮久彷徨,青年酣睡兮梦黄粱,暴敌恃强兮寇我疆,国运凋敝兮将沦亡,谁为爱国兮姓名扬,诸君奋起兮勇莫当,猛袭敌阵兮夜茫茫,森森浩气兮凌穹苍,全体殉节兮壮志偿,天地震动兮鬼神伤,马革裹尸兮男儿之光,杀身成仁兮万世流芳,凭吊遗迹兮愁思满腔,英灵来享兮薄奠一觞。尚飨。"[②]

此次修墓建碑和隆重祭奠,对86位抗日殉国无名烈士最终得以于1947年入祀天津市忠烈祠,都起到了促进作用。

---

① 参见《为出席追悼会事给第三区公所函》、《关于举行八十六名殉难烈士追悼大会致第一厂的函》,天津市档案馆馆藏档案,档号:401206800-J0032-1-000155-039、401206800-J0156-1-000006-015。
② 杨仲达:《公大七厂烈士公祭》,王振良主编:《九河寻真·2013》,天津古籍出版社2015年版,第584、586页。

附1：1947年部分入祀忠烈抗日事迹简介

1947年6月18日《益世报》载《津抗战忠烈行将入祠》称："抗战时期殉难之忠烈官民兵士，行将入祠。津市民政处经一月余之努力，已将各忠烈之籍贯、职业及殉难事迹调查完竣，并于昨（十七日）下午三时，邀请警局、教局、青年团、调查局等单位共同审查。原籍天津而在外省、外市殉难或原籍外地，而在天津殉难者，一律请入天津忠烈祠，计有：张兴琰、裴惠文、张文寿、范增瑞、冯干卿、刘进义、王士敏、陈熊、张达荣、纪树仁、李国材、金海祥、郑元玺、崔彤祺、王曾印、叶国贵、冯辑五、王秀臣、刘铁岭、张本堂、赵占标、夏涌波、冀平英、孙荫浩、沈家骏、卜玉琳、刘枫林、张玉斌、阎雷等廿九人……民政处、警察局提议，以二十六年七月廿九日，津市警察开始抗战，其中有李文田局长指挥之三十八师官兵一部，会同警局保安第二大队官警约百余人，攻入小于庄公大七厂，旋被敌寇包围攻击，殉难者八十六人，后以大部官兵警姓名不详，入祠列牌，殊感困难，为崇抗战死难忠烈，又不能不有所表现。究应如何入祠？经讨论后，议决：专设'天津市陆军第三十八师、警察局保安队八十六烈士之位'。"

1947年8月15日，天津市政府民政处再次召集忠烈入祠审查委员会会议，"审查结果，合格者计有：金文清等三十六名、内政部转奉行政院训令保送殉难官民入祠者……六十二名，总共九十八名。定九月三日胜利日入祠"。①

---

①《津忠烈祠入祀先烈共九十八位》，《益世报》1947年8月16日。

这是天津市忠烈祠第二次入祀抗日烈士。此前，天津当局曾于1946年7月7日在天津市忠烈祠隆重追悼抗战殉难忠烈官民，并为张自忠等98位抗日烈士举行第一次入祀典礼。

1947年入祀天津市忠烈祠的抗日烈士事迹，多已湮没在历史尘埃中，遍寻不着了。少数虽在今人著述中偶有提及，但均未详备，或语焉不详或尚存错讹。尽管70年后对其生平事迹进行系统化整体性的挖掘和一朝匡正厘清，已断无可能，但通过搜集梳理零星史料，仍可窥见其中部分抗日烈士的生平脉络，或可得悉一些研究线索（其中，王士敏、陈熊、李国材、金海祥、崔彤祺、卜玉琳、阎雷的生平事迹以及在公大七厂战斗中牺牲的86位无名烈士战斗事迹，均已另文详述）：

1.张兴琰

张兴琰1933年6月毕业于河北省立第二中学（沧县），遂赴南京考入中央陆军军官学校。毕业后"充中央军校教导总队第三团见习军官。适值江南大学学生集中军训，奉调充任教练队长"。1937年春"调回教导总队第三团充任机枪排长"，10月在淞沪战役中臂部受伤，"不顾伤势之痛苦，奋勇急赴火线"，与"全排士兵同归于尽"。"曾经呈由军政部追赠晋级、核发恤金"。①黄埔军校同学录载：张兴琰字耀庭，籍贯河北沧县（通讯处为城内文昌街），第十期第二总队步兵大队第一队学员，25岁。1933年9月入学，1937年1月毕业。

2.范增瑞

1947年5月28日，天津市第三区公所函呈天津市政府，提供

---

①1947年6月1日《天津市政府警察局编报抗战军人忠烈录史料》，天津市档案馆藏档：2-2-1-565。天津市委党史研究室编《天津市抗日战争时期人口伤亡和财产损失》（中共党史出版社2014年版）第44页载其名为"张舆琰"。非是。

范增瑞忠烈录一份:"范增瑞忠烈录(家属编报):父心田、母赵氏。天津河北西窑洼人。于民国二十六年慨国家之多难,投入西安中央第一战区军政部三十一收容所充任救护队队副。至三十年五月间,带领救护兵在河南省济源县泥沟河对日作战。阵亡时,年二十六岁也。"1947年7月9日,天津市政府指令第三区公所,称其呈送的此忠烈录,已"汇转国防部编纂"。①

3.冯干卿

《第二次世界大战大词典》载,冯干卿(1905—1937),天津人。"1905年5月19日出生。早年曾入河北北洋铁工学校学习。后加入中国空军部队服役,任中国空军第四大队技副二级军械长。1937年11月21日,在河南周家口机场为中国空军第四大队大队长高志航启动飞机,以升空迎战时,遭日机轰炸阵亡。"②

文中所称"河北北洋铁工学校",似为北洋铁工厂(设在天津河北窑洼一带)所属的技术工人学校。《第二次中国教育年鉴》载,1928年,河北省立工业专门学校(位于天津河北黄纬路)更名为河北省立工业学院。1931年,"省令指拨北洋铁工厂旧址为该院分院,建教职员宿舍、客室、食堂、浴所、制革厂"。③

《周家口机场空战》载:"1935年,国民党在周家口南郊(今藏岗坡)修建军用飞机场。1937年11月15日。国民党空军第4大队大队长高志航,率领第四批苏联志愿航空队 E—16 型13架战斗机在

---

①《为报送抗战军人忠烈录事给第三区公所的指令(附该区公所呈及忠烈录)》,天津市档案馆馆藏档案,档号:401206800-J0032-1-000324-047。
②王捷等主编:《第二次世界大战大词典》,华夏出版社2003年版,第215页。
③南京国民政府教育部教育年鉴编纂委员会编:《第二次中国教育年鉴(二)》,商务印书馆1948年版,第219页。

1937年1月,空军第四大队队员在太原防空演习后留影(据上海画报出版社2005年版《世界抗日战争图志》中册第938页)。左三即冯干卿,并非"冯干禦"

周家口机场待命,时遇连续7天阴雨。21日晨,天气转晴,11时许,突有日机9架偷袭。当时,周家口外围地面监视哨通讯失灵。当接到空袭警报时,日机已出现在东北方上空。高志航在危急时刻,急忙奔进机舱,命令军械长冯干卿整理机舱,准备迎战日机,但苏制E—16型飞机发动机启动较慢,未启动时,日机炸弹已经投下,高志航和冯干卿壮烈牺牲。"①

另据人民网报道:"2015年8月29日,高达4米的著名抗日英雄高志航的铜像在三峡大学西校区原医专院内正式揭幕。这里是当年英雄遗骸埋葬的地方……2014年9月1日国家民政部公布了300名著名抗日英烈和英雄群体名录人物,高志航烈士名列其中……1937年11月21日,高志航奉令去兰州接收苏联援助飞机,在转场返回河南周家口机场时遭遇日军战机来袭,他腿部受伤仍奋力登上飞机,在日机的俯冲轰炸下率战友迎敌,在滑出跑道的瞬间被日军战机投下的炸弹命中,不幸以身殉国,时年30岁。高志航牺

---

① 河南省周口地区地方史志编纂办公室编:《周口地区志》,中州古籍出版社1993年版,第291—292页。

位于南京抗日航空烈士纪念馆院内的冯干卿墓碑（即航空烈士公墓西区山坡由西向东由下往上第22位）

牲后,国民政府和军事委员会追授高志航少将军衔,准备将其灵柩由湖北宜昌经水路送往重庆厚葬。由于时况敌机轰炸频繁,宜昌码头混乱,战事紧张,出于安全考虑,1938年初,由宜昌二马路天主教堂神甫龚澨等人,就地为高志航烈士举行安葬。因战乱加之时间久远,其具体安葬之地一直是个谜。直至2010年清明节期间,根据知情人提供的线索,并经相关部门核实,发现其安葬地点就是现在的宜昌市夷陵大道181号三峡大学西校区(原宜昌医专)院内,在2棵香樟树与1棵桂花树之间。"①

那么,与高志航一同牺牲,但一直掩映在高志航烈士光环下,迄今仍默默无闻的冯干卿烈士,安葬地又在哪里呢?

已知高志航烈士和冯干卿烈士的墓碑均位于南京抗日航空烈士纪念馆(原航空烈士公墓)。该纪念馆院内的烈士碑《中国烈士名单B》载:冯干卿,军械长,天津人,生于一九〇五年五月十九日,牺牲于一九三七年十一月二十一日。

4. 张达荣

据原抗团成员搜集的军统资料载:张建荣,23岁,1942年被

---

① 《4米高抗日英雄飞行员铜像宜昌揭幕》,据2015年8月29日"人民网·图片频道"(http://pic.people.com.cn/n/2015/0829/c1016-27531157.html)。

捕，与张国清等六人同时牺牲。张达荣是否为张建荣，待考。

5. 纪树仁

纪树仁，原北平育英中学初中三年级学生，经其姊纪凤彩（北京贝满女中学生）介绍，参加"抗团"。1940年秋，纪树仁等16名抗团成员陆续在北平被捕，纪树仁被判5年徒刑，后死于位于北平炮局胡同的侵华日军监狱。年19岁。①纪树仁也被载为纪澍仁，即："纪澍仁生病无药医治，惨死狱中，年仅18岁。"②

又据"1969年台版抗团烈士资料"载："先烈纪树仁，廿九年参加本局（即指军统局——引者注）为抗日杀奸团团员，是年十一月在天津被敌捕去，刑讯不屈，重伤殉职狱中。"

6. 王曾印

抗战爆发前，在天津教育界人士中，有名王曾印者。1936年10月28日，天津特别市教育局局长凌勉之签署的《训令

台版抗团烈士资料所载纪树仁抗战事迹

先烈纪树仁，廿九年参加本局为抗日杀奸团团员，是年十一月在天津被敌捕去，刑讯不屈，重伤殉职狱中。

---

① 参见钱宇年、张世一《抗日杀奸》，《南开春秋·文史丛刊》总第8期第72页；荣国章等著《北平人民八年抗战》，中国书店1999年版，第135页；木文《三个爱国青年的真实故事》（抗团成员孟庆石、叶于良、郑昆仑回忆），北京市政协文史资料委员会编《抗战纪事》，北京出版社1995年版，第429页；《北平被捕，狱中尝遍酷刑》（抗团成员刘永康回忆），天津《每日新报》2011年11月19日。

② 刘岳：《北平抗日杀奸团始末》，《北京党史》2013年第3期，第56页。

(第三一六号)》载,天津市立铃铛阁短期小学校校长一职由王曾印接充。①其抗战事迹有待查考。

7.刘枫林

《刘枫林被敌人侵害之事实调查》载,刘枫林籍贯河北省沧县,被害时年龄二十四岁,职业为巡捕,家住"天津河北小刘庄刘家胡同二号"。1946年5月11日,其妻刘刘氏接受天津地方法院检察官陈文泽、冯浩光调查时称:"氏夫刘枫林在抗战期间做地下工作。于民国二十八年十月十八日被敌方捕获,在家中动用压杠子酷刑,后送入日伤兵医院,每日抽取氏夫血液,以补伤兵之血,渐致氏夫死于医院中。"侵华日军此项罪行种类被天津地方法院检察官确定为"对平民施以酷刑、虐待俘虏与病伤人员"。②

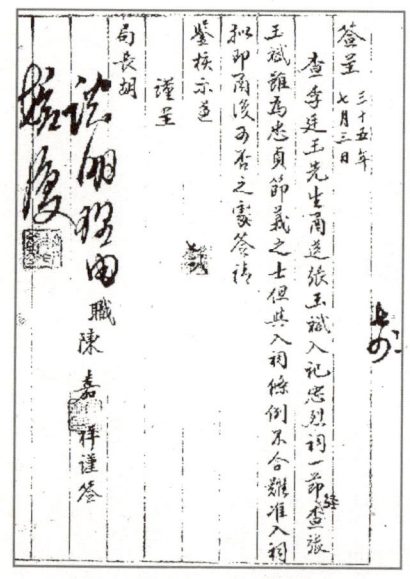

1946年7月3日,天津市社会局文化礼俗科科长陈嘉祥致局长胡梦华的签呈

1947年5月28日,天津市第三区公所函呈天津市政府,提供刘枫林忠烈录一份:"刘枫林忠烈录(家属编报):刘枫林,天津河北小王庄人,于民国二十六年参加抗战,任职冀北特派员公署冀鲁边区特遣队指挥官。二十八年十一月,由沪返津[从事]地

---

① 天津特别市教育局编:《教育公报》1936年第6期,第21—22页。
② 北京市档案馆编:《日本侵华罪行实证——河北、平津地区敌人罪行调查档案选辑》上册,第357—358页。

下工作,被捕,经刑讯,惨杀身死。"1947 年 7 月 9 日,天津市政府指令第三区公所,称其呈送的此忠烈录,已"汇转国防部编纂。"①

8.张玉斌

1946 年 7 月 3 日,天津市社会局文化礼俗科科长陈嘉祥《签呈》称:"查李廷玉先生函送张玉斌入祀忠烈祠一节,经查,张玉斌虽为忠贞节义之士。但与入祠条例不合,难准入祠,拟即函复可否之处。签请鉴核示遵。谨呈局长胡。职陈嘉祥谨签。"天津市社会局局长胡梦华遂批令其"说明理由"。②据已见零星史料判断,张玉斌可能是天津教育界人士,其生平事迹待考。

9.叶国贵

对于抗战忠烈叶国贵的抗日事迹,由于遍寻不着,笔者已无计可施。有幸的是,叶国贵之子叶长青老人于 2015 年 9 月 29 日主动与笔者取得联系,并于 29 日、30 日,连续两次向笔者披露了一些鲜见史料,还展示了家中珍藏至今的一帧叶国贵烈士遗像。

年逾七旬的叶长青老人是天津某机械制造工厂退休工人,现居河东区天津站后广场一带的居民区③。现将叶长青老人提供的情况整理如下:

叶国贵,生于民国初年(属牛,1940 年病故时 28 岁),东北某地朝阳镇人。其父叶景韶,为朝阳镇商会会长,曾在当地与鲍毓麟(奉天海城县人)、裴军长等合办银号。叶国贵是北平警官高等学校毕业

---

① 《为报送抗战军人忠烈录事给第三区公所的指令(附该区公所呈及忠烈录)》,天津市档案馆馆藏档案,档号:401206800-J0032-1-000324-047。
② 《为张玉斌入祀忠烈祠与条例不合难入祠事致社会局胡局长的呈》,天津市档案馆馆藏档案,档号:401206800-J0025-3-006107-019。
③ 应叶长青老人请求,暂不公开其本人原单位、现住址等具体信息。

叶国贵烈士遗像(叶国贵之子叶长青家藏)

生。北平警官高等学校由南京国民政府内务部主管,校长为鲍毓麟。

叶国贵曾在津担任实习警员,时间是在九一八事变后。叶国贵在津参加过东北抗日救亡活动,后被提升为天津警察局五分局七分所所长,该分所的管辖地在河东李公楼一带。居津期间,叶国贵娶天津人杜韫石(河北女师学院毕业,后为天津九区一保小学校长)为妻。其住址位于天津英租界上海道德聚里8号(后改为6号),为一楼一底。

七七事变后,叶国贵曾率部分干警在天津东站一带参加抗日战斗。天津东站一带设有由侵华日军控制的日商三井洋行仓库。叶国贵率警察趁机焚毁侵华日军粮食、军械等军备物资,包括对侵华日军颇为重要的军事地图。天津沦陷之际,叶国贵遭侵华日军悬赏通缉,并在报纸上刊发通缉令。叶国贵先在李公楼一带躲避,后在天津英租界隐姓埋名。隐居期间,叶国贵仍一心抗日,但南下未果,遂相继化名叶育民、杜润书,在英租界开设委托行(遗址位于今河北路与今西安道交口一带),并以此为掩护,成为秘密传递地下抗日情报的据点。叶国贵的单线联系人一个姓周、一个姓陈,他们形成了三人小组,曾设法营救被捕的地下抗日人员。叶国贵于1940年因肺病在津去世后,土葬于天津吴家窑极乐园。

抗战胜利后，叶国贵经昔日抗日战友呈报地方政府，并经推荐审查，入祀于天津市忠烈祠。

新中国成立后，叶长青与杜韫石相依为命。杜韫石曾任天津市第一届妇女代表大会代表，卒于 1979 年。杜韫石生前对叶国贵生平及抗日事迹讳莫如深，叶长青对此也了解不多。如，叶长青并不知叶国贵是于 1947 年 9 月 3 日入祠的，也不了解入祠的来龙去脉。但在叶长青的记忆中，家中曾于新中国成立之前领取过花布等救济品，且与抗战忠烈遗族救济有关。

叶国贵遗骨后被迁葬至北仓公墓，多年后，又因墓地附近修路架桥而被要求迁坟。叶国贵遗骨火化后，骨灰现存于北仓殡仪馆，叶长青每逢清明节都去扫墓，至今不辍。

以上这些口述史文字，已于 2015 年 9 月 30 日经叶长青老人逐字确认并同意公开使用。

叶长青老人在回忆中披露的几个关键词，堪为重要线索，现试对其中一些细节考证如下：

一是关于叶国贵的生年。因叶国贵属牛，而 1913 年为癸丑年。据此可以认为叶国贵生于 1913 年。

二是关于叶国贵曾任职务和活动空间。交通部天津电话局 1936 年编《民国二十六年份天津电话号簿》载：天津市公安局第五区公安分局第七分驻所，位于李公楼。

三是上海道为抗战胜利后的路名。其原为英租界三十二号路，也即小河道（Creek Road）。抗战胜利后称上海道，后统称南京路（营口道至徐州道的南半幅）。德聚里位于南京路中段南侧，北起南京路（原小河道），南至潼关道。潼关道位于柳州路至长沙路之间，原称英租界五十四号路，也称孟买道（Bombay Road）。德聚里始建于

1925年,1949年后将信丰里、益厚里并入,统称德聚里。

四是极乐园即极乐园公墓。"1933年士绅杨守愚等人在私有坟地上建成了天津最早的中国人极乐园,即极乐园公墓,位于八里台东吴家窑,并建有礼堂、招待室、停柩房,实行完全收费。"①《建国前天津市私营公墓情况统计表》载:极乐园公墓,位于吴家窑大街31号,占地面积19.634亩,经理王振泉。②1947年,杜韫石曾向天津地方法院及检察处状告王振泉毁损公墓案,此案料与叶国贵墓有关③。

五是杜韫石于1946年初担任天津市立第八十四小学校长④,后任第九区第一保国民学校校长⑤。天津《益世报》1947年8月27日载《盛大庆祝教师节》:"市教育局为纪念本年度教师节,对教学服务成绩优良之中小学教师一百三十七名,特分别颁发褒状,以示嘉励。"其中就包括小学校长杜韫石。《1949年3月天津市小学概况表》载:杜韫石时任九街小学(位于二区于厂大街22号)校长。该校时有学生682人,教职员16人。⑥另查:天津市第一次妇女代表大

---

① 天津市河西区地方志编修委员会编著:《河西区志》,天津社会科学院出版社1998年版,第524页。
② 天津市地方志编修委员会编著:《天津通志·民政志》,天津社会科学院出版社2001年版,第454页。又据《益世报》1936年5月9日载《极乐园昨被查封》:"本市南开大学旁吴家窑,创办极乐园公墓之杨荫轩……"
③ 天津市档案馆馆藏档案,档号:401206800-J0044-2-030725。参见1947年1月1日天津地方法院及检察处《王振泉窃盗(案卷级)》,天津市档案馆馆藏档案,档号:401206800-J0044-2-034659。
④ 1946年1月11日天津市政府教育局《为接任市立第八十四小学校长职务事给杜韫石的训令》,天津市档案馆馆藏档案,档号:401206800-J0110-3-002639-002。
⑤ 1946年8月19日天津市政府教育局《为任第九区第一保国民学校校长事致杜韫石训令》,天津市档案馆馆藏档案,档号:401206800-J0110-1-000386-068。
⑥ 天津市地方志编修委员会编著:《天津通志·基础教育志》,天津社会科学院出版社2000年版,第350页。参见1949年3月24日第二区第九保国民学校《呈报本校校长杜韫石准予辞职校务暂由教务主任章淑秋负责代理由》,天津市档案馆馆藏档案,档号:401206800-X0198-Y-000030-012。

叶国贵烈士生前使用过的铜墨盒（叶国贵之子叶长青家藏）

会于 1949 年 11 月 5 日至 7 日召开，出席代表 508 人。会议通过《天津市民主妇女联合会组织章程》，选举罗云等 41 人为天津市民主妇女联合会第一届执行委员会委员。①

2015 年 10 月 9 日，叶长青老人又向笔者展示了叶国贵烈士生前使用过的一个铜墨盒。他说这件珍贵的烈士遗物，是国庆节期间他在家中翻箱倒柜找出来的。在这个铜墨盒上，镌有"维甲戌夏月 内政部警高学校毕业纪念 育民叶国贵制于故都 一九三四、七、八"等字样。据此判断：一是叶国贵字育民，叶育民并非其化名；二是叶国贵确实毕业于北平警官高等学校。至于其毕业时间是 1934 年还是 1934 年之前，尚待查考。而其毕业前已居津的可能性也不能排除。

虽然以上考证尚不足以反映叶国贵的抗日事迹，但是，通过叶

---

① 中共中央组织部、中共中央党史研究室、中央档案馆编：《中国共产党组织史资料》附卷四《中华人民共和国群众团体组织（1949.10—1997.9）》，中共党史出版社 2000 年办，第 68—69 页。

长青老人提供的叶国贵字育民这个关键词,继续翻检史料,则又有意想不到的收获。

张丽云《共产国际的远东女谍龙桂洁》一文中提及叶育民抗战事迹。此载与叶长青老人披露的叶国贵抗战事迹,有较高的相似度:

……龙桂洁的情报工作主要有两个方面:一是搜集、传递情报;二是建立、转移秘密电台。

1937年龙桂洁来到天津,组织上交给她一项任务,既〔即〕弄清七七事变时,日军香月司令官的专车在天津东站被抢事件真相。日寇认为是东站派出所带领群众抢的,下令追捕所长杜育民。组织指示龙桂洁接触躲藏在英汉学院学习的杜育民。经过考试,龙桂洁考入英汉学院,并与杜育民接触上。后得知杜是东北人,黄埔军校毕业生。组织指示龙桂洁把张慧忠以黄埔军校毕业生的身份介绍给杜育民,同乡加同学,增进与杜育民的友好关系。

一次,在龙桂洁家吃饭,杜育民喝了一些酒,对自己时运不济大发感慨,并说出他的原籍是吉林省磐石县,原来姓叶,叫叶育民,天津沦陷前在天津东站老龙头派出所当所长,日寇占领天津时他没有撤走,甘心为他的校长蒋委员长'卖命',带领二十几个武装警察抢了日寇在华作战总指挥香月大将的专车,还刺了香月一刀,目的是抢钱和武器,不料抢到的是26箱对华作战的重要文件,仓促间扔到海河里三四箱,被日军找了回去,其余都埋在了地下。他说现在想把这些文件交给蒋委员长,但因遭日寇通缉,被困在英汉学院,前途渺茫。说着说着,禁不住潸然泪下。张慧忠当即表示愿意尽力帮助他把这些文件交给蒋委员长,杜育民深受感动。

又往来了一个阶段之后,龙桂洁把这个关系交给了上级组织。

为了及时断绝与杜育民的来往,龙桂洁搬了家……

张慧忠被捕牺牲时,龙桂洁年仅 26 岁……1989 年龙桂洁老人因病去世,享年 73 岁。①

问题是,此载出处未知(笔者判断,很可能是据龙桂洁回忆资料整理的),而且,此载涉及叶育民的一些细节与叶长青老人的口述回忆并不一致。此载中有很多值得推敲之处。如,此载很可能没有搞清楚叶国贵的原名、化名和曾就读的学校。查《哈尔滨文史人物录》②等载,张慧忠并无在黄埔军校毕业的经历。《黄埔军校同学录》亦不能搜索到张慧忠和叶国贵(包括叶育民)的简历③。二人很可能都不是黄埔军校毕业生。天津历史上亦无"英汉学院"。张绍祖先生判断,这可能是对天津新学书院的俗称。

即便如此,此载也颇值得参考。如,吉林磐石县曾有朝阳镇,今称磐石市朝阳山镇,据此判断,叶长青老人提及的"裴军长",很可能是吉林磐石县人裴春生④。又如,此载称叶育民于"天津沦陷前天津东站老龙头派出所当所长",并在天津东站一带开展抗日活动。这与叶长青老人的相关回忆也有相似之处。

而此载提及的"日寇在华作战总指挥香月大将",应指香月清

---

① 《党史纵横》2007 年第 12 期第 44—45 页。
② 张慧忠(1910—1941),原名张维福,化名张文善。辽宁省灯塔县人。1927 年加入中国共产党。1935 年前,在锦州结识锦州师范学校女学生龙桂洁,后共同从事情报传递工作。1937 年,二人被派到天津,在法租界安家,并以开服装加工店为掩护,设立电台,搜集日伪军事情报。参见《哈尔滨文史资料》第 20 辑,黑龙江省哈尔滨市政协文史资料委员会 1997 年版,第 141 页。
③ 浙江档案网档案数据库(http://www.zjda.gov.cn/dadb/tszt/hpjx/index_288.html);湖南档案信息网(http://sdaj.hunan.gov.cn/daly/dajs/hpjx/)。
④ 裴春生,生于 1875 年,字振东,1924 年任东三省陆军步兵第四旅旅长,1925 年任第十二师师长。陆军少将加中将衔。1925 年年底被郭松龄枪杀。

司①。如果香月清司曾遇刺,应属重大事件。而不论是叶国贵在津指挥警员焚毁侵华日军物资还是把侵华日军对华作战的26箱重要文件抢到手,都很值得研究。总之,此载所及,如果是记载准确的史实的话,见诸史载的概率应颇高,至少是不可能没有蛛丝马迹。对此,亟应寻找历史依据,以资验证。

不过,一时半时还不大容易在常见的抗战史料中搜索得到。孙祥澍译、由其民校《中日战争回忆录摘记——香月清司手记》中,对此亦无记载②。

因此,笔者仍寄希望于将来在天津市档案馆馆藏档案中寻得突破。如,1946年4月30日,天津市社会局《为准予核转抗战损失调查表事致周文明、马治臣、杜韫石、唐宝锷、孙吴孟班、何寿图、李金庆等批(附周文明等呈及损失表)》中,或有涉及叶国贵抗日事迹的重要线索③。惜截至本书脱稿时,仍未能看到此档案内容。对此有待继续挖掘。

附2:吴莹曾被确认为抗日烈士始末

对吴莹曾抗日烈士身份的认定,颇具典型性。这一过程,对于

---

① 1937年7月11日,日本天皇下令由香月清司(1881—1950)接替田代皖一郎任侵华日军中国驻屯军(也称华北驻屯军、天津驻屯军,日军称支那驻屯军)司令官。香月清司于7月12日抵津就任。1937年8月26日改任侵华日军华北方面军(日军称北支那派遣军)第一军司令官,下辖第6、第14、第20等三个师团。1938年5月29日去职,改任"参谋本部附"。香月清司最高军阶为陆军中将,并非大将。
② 中国社会科学院近代史研究所近代史资料编辑组:《近代史资料》总85号,中国社会科学出版社1994年版,第64—111页。
③ 天津市档案馆藏档案,档号:401206800-J0025-3-002003-020。

天津抗战忠烈事迹征集模式、埠际协调入祀模式、遗属救济启动和实施模式,均有研究意义。

吴莹曾(化名吴莹珍)是情报战线的抗日烈士。抗战期间先在天津工作,后在山东牺牲。

抗战胜利后,其遗孀吴李氏呈请将其入祀天津市忠烈祠,但天津市社会局却认为:"查前审入祀本市忠烈祠者殉难事迹,须与津市有关或为津人。该吴莹曾依例似应入祀江苏忠烈祠。拟予函送江苏。"①后在征集核实吴莹曾抗敌殉难事迹以及为居津的这家孤儿寡母共四人

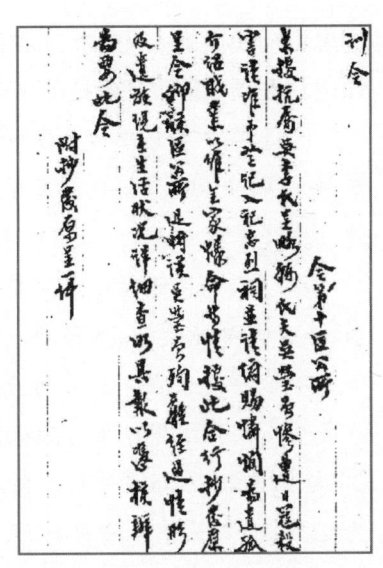

1946年7月15日,天津市社会局训令天津市第十区公所,准予吴莹曾登记入祀忠烈祠并为其遗孤介绍职业

争取恤金等方面,天津市政当局不遗余力,克服困难,力求促成。南京国民政府内政部、江苏省政府对此也很重视。虽然吴莹曾未能入祀天津市忠烈祠,但各方通力合作、携手努力,终将吴莹曾确定为抗日烈士,其家属也成功领取了一笔忠烈遗族救济金。

天津市档案馆保存的相关档案中,对吴莹曾入祠案记载颇详②,值得披露。

1946年6月18日,抗属吴李氏"为被日寇残杀灭尸叩求登记同

---

① 《为夫被日寇惨杀求登记同进忠烈祠并抚恤抗属遗孤事致天津市社会局呈》,天津市档案馆馆藏档案,401206800-J0025-3-003892-002。
② 如《抗属吴李氏呈为其夫吴莹曾被日寇惨杀请求加入忠烈殉并请抚恤(案卷级)》(天津市档案馆馆藏档案,档号:401206800-J0025-3-003892)等。

进忠烈祠使得旌表抚恤抗属救济遗孤荐业事"函请天津市社会局,详述其夫吴莹曾生平及抗战事迹:

为昔遵中央秘命拍无线电而竟遭日寇残杀灭尸,爰叩求进忠烈祠旌表,抚恤抗属,救济遗孤、荐业,裨活蚁命事。窃氏夫吴莹曾遭日寇惨杀灭尸,杳无音信。其时年仅三十九岁。

缘以前在天津无线电台拍报者(左附抄证①),自天津被日寇沦陷,不甘供敌指使者,遂离职。于是,暗助中央拍报员,向黄家花园等暨各地租屋拍报。虽时刻易地,奈不断被日寇窥破、拘去惨杀灭尸等情,氏闻大惧。爰与氏夫隐居旧英租界53号路南口信福里②14号住之,改名曰吴莹珍。至二十九年一月一日,有氏夫之叔吴定生忽称,一切凭渠保险负责,为奉中央旧上司、无线电报局局长何石珊君命,必要派遣氏夫莹珍往山东拍报,与浦口中央人员通消息。其时,非常秘密,亦不悉去人数目。氏夫莹珍忠勇,竟往险地。未几,得氏夫莹珍由山东沾化县义和庄来函,诈称商事,系告地址者。自是,音信断绝。至数月后,有外谣,目睹拍报员吴莹珍已被日寇拘去,惨杀灭尸等情。

氏闻悉,悲痛昏绝,而得复苏也。其时,寇势旺盛,暨路途遥远,无法寻尸,又不敢声张。而且,氏夫莹珍原籍江苏武进人,在籍尚有氏夫之生身亲父,现年七十五岁,屡次焦盼氏夫返籍。加以氏夫之胞弟在云南为航空队长,死于航空。于是氏翁,亲生仅两子,均遭日

---

① 即1933年3月1日填发的《铁道部直辖津浦铁路员工服务证(车字第〇〇一二六二号)》。吴莹曾1929年7月起在津浦铁路车务处徐州无线电台工作,1934年调至天津任津浦铁路无线电台司报员。
② 天津英租界五十三号路,即益世宾道(Eastbourne Road),抗战胜利后更名柳州路(营口道至武昌路)。信福里位于柳州路南段东侧,1932年建房成巷。

寇，死于非命。唯有诱约暂瞒氏翁，不使稍闻两子死信，缘深恐年高老人得悉痛心，亦难存活也。彼时，氏夫遗弃未亡人暨孤子、孤女均幼小，唯有向夫叔吴定生处每日令其践诺言，负责交还氏夫本身。初时，尚欺骗，亦时惠付一家四口之生活费。至日久，避而不面。至二十九年十月份，氏向夫叔定生家坐索，渠称，始得中央抚恤"中交钞"壹仟元，其时，折合"联钞"仅得陆百贰拾元，取出交付氏。唯有含泪收受。于是，省吃俭用。至三十三年五月间，衣物均卖尽。是以氏夫之叔吴定生潜逃，一去不返。氏其时住屋亦无，故迁往氏夫婶（即吴定生妻）处共住之，即现今住址（详后）。是屋亦无力付屋租者。茹苦含辛，已历六年多矣。

以前所遗一子两女，皆亲友俯念为国受苦，补助学费，唯历年既久，至今而无继助者。唯有令长女改做女工，奈重工业太劳苦，凡斯文者，力不胜任。氏有时亦代人佣作，真是饱时缺少而受饥饿时多也。近更生活高涨，已至危急难活之际。昨得友人传说，[国民党]中央垂念抗属，极尽济危扶困之恩典。爰将孤子、孤女年岁暨学历程度详列于后，血求钧局俯赐登记，使进忠烈祠，冀得旌表，乞抚恤抗属。望向无线电台推荐，仍继其亡父遗职，或荐进其他公司内，为练习生，藉活四人蚁命，而传留忠魂之后裔，功德无量，不胜哀悲，艰苦逼切。敬呈。具呈人吴李氏，年四拾岁……现住十区芷江路三义里十三号楼上……孤子吴新民年十二岁，现读小学五年级；孤女（长）吴宝树，年十八岁，读至初中二年级，现在东亚毛织厂女工，织麻袋；孤女（次）吴宝瑛，年十六岁，高小毕业，现学打字，下月亦毕业……因妇人不能寻铺保，求调查事实可也……昔日无线电台王局长、拍报员沈学文君（现掉[调]任沈阳），深明内情。

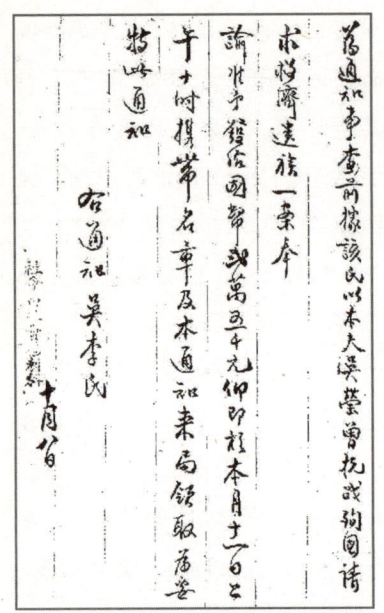

1946年10月8日，天津市社会局通知吴莹曾遗孀吴李氏领取遗族救济金

1946年7月4日，天津市社会局社会福利科科长郎济苍、文化礼俗科科长陈嘉祥等签呈："查此案系抗属陈诉凄苦状况。关于请将殉难人入祀忠烈祠一节，经职文化礼俗科审核，以该烈士籍隶江苏，依例似应入祀江苏忠烈祠。拟予函送江苏省政府核办。关于请求抚恤遗孤一节，经职社会福利科审核，拟令该管区公所，切实调查该烈士殉难经过情形及遗族等生活状况，速予呈复。如果属实，拟由[1946年]元旦纪念抗属慰劳金结余项下，拨给现款二万元，以资救济。并为其遗孤较大者，尽先设法介绍职业。"局长胡梦华转天批示："可。"①

吴李氏及子女的生活境遇遂引起关注。1946年7月15日，天津市社会局训令(社字第八一六号)第十区公所："迅将该吴莹曾殉难经过情形及遗族现在生活状况详细查明具报，以凭核办为要。"②8月5日，天津市第十区区长王炳勋呈复："遵经派员详细调查，旋据查复略称：氏夫吴莹曾曾于[七七]事变前在铁路局供职。敌人占

————

① 《为将殉难人入祀忠烈祠事致天津市社会局函》，天津市档案馆馆藏档案，档号：401206800-J0025-3-003892-001。
② 《为准予吴莹曾登记入祀忠烈祠并为遗孤介绍职业事致第十区公所训令》，天津市档案馆馆藏档案，档号：401206800-J0025-3-003892-003。

据津市后,吴莹曾从此赋闲,历有二载。然常与后方联络。后随其长官、冀鲁热绥电信局监督何檖,赴鲁寿光县工作,旋即音信断绝。此系吴李氏口述。为求确实计,复往何檖家中访询,藉悉吴莹曾确系随何檖赴鲁工作。迨至工作地址被日寇占据,工作人员流亡失踪。随何去者共计三人,厥后,其他二人先后归来,唯吴莹曾未归,故知其遇难。现以何檖亦以病故,是以吴之殉难经过亦未谙其详。此系何檖之妻所称。至于氏之生活,端赖渠之针黹、洗涤以及长女在东亚毛织厂佣工之收入维持。次女在打字学社卒业,拟恳当局代谋职业,以图补助家庭生活。幼子年十二岁,在西开小学五年级肄业。等情据此。理合将调查情形具文呈复,仰祈鉴核。矜悯遗孤,厚予抚恤,以存生者,而慰亡魂,实为德便。"8月9日,胡梦华批示:"拟转交九十四军赈济处酌予救济。"①

吴李氏又将交通部东北区电信交通接收委员会驻平办事处主任张开骝、该委员会东北区办事处文书主任沈鹏绪、天津谦德庄(浙江义园)会计范恒照提供的证明材料整合后,与其长女吴宝树联名具文函呈交通部电信总局,恳请该局"俯念氏夫为国牺牲,遗族可悯,赐予恩准按期核给从优抚恤金,俾氏等得以稍维生活,不至转于沟壑"。吴李氏并将此函抄呈天津市社会局。原来,吴莹曾"抗战期间充任交通部游击区电政专员处报务员,在山东牺牲……年龄四十岁"。其牺牲经过为:"于民国二十九年,随山东游击区电政专员处何檖(字石珊)在山东工作之际,于四月廿六、七日,行至山东寿光地方,适遇匪军激战。同行诸人皆被冲散。"吴莹曾即告失

---

① 《为吴莹曾殉难经过及遗族生活状况事致天津市社会局呈》,天津市档案馆馆藏档案,档号:401206800-J0025-3-003892-004。

踪,事后探询当地死伤甚多……已作牺牲,尸骨迄未寻获。"①

1946年10月2日,天津市社会局向吴李氏发出通知:"案查前据呈申请烈士吴莹曾入祀津市忠烈祠等情。经将该烈士姓名及《殉难事迹表》交津市忠烈入祠审查会审核,佥以吴烈士事迹及籍贯应送江苏省忠烈祠入祀。经本局函送去后,兹准该省电复。"②

天津市社会局经此番查证,决定向吴莹曾遗孀吴李氏发放忠烈遗族救济金。③1946年10月8日,福利福利科通知吴李氏领取"准予发给国币贰万五千元,仰即于本月十一日上午十时携带名章及本通知来局领取。"10月11日,吴李氏到局领款,并留下收款凭证。④

1946年11月23日,江苏省政府致函天津市社会局:"案准内政部本年十月二十一日《礼字第〇三七八号公函》内开:'准贵省政府《(卅五)府民二字第八二二九号公函》转送《吴莹曾烈士事迹表》,嘱核办一案,到部。经核,所送原表,未载明吴莹曾烈士殉难地点及年月日,表式亦不合。除将原表暂存并函达天津市政府外,相应复请查照转饬依照《抗敌殉难忠烈官民祠祀及建立纪念坊碑办法大纲》第四、五条之规定,检具《详细事迹表》报部,以凭核办。'贵局《会文字第一二二一号函》嘱办理,过府。当经函请内政部核办并电复在案。兹准前由,相应函达,即希察照转饬,查明该烈士吴莹曾

---

① 《为吴莹曾为国牺牲遗族请从优抚恤事致天津市社会局呈》,天津市档案馆馆藏档案,档号:401206800-J0025-3-003892-007。
② 《为吴莹曾入祀忠烈祠事致吴李氏通知》,天津市档案馆馆藏档案,档号:401206800-J0025-3-003892-009。
③ 《为遗属生活困难恳请救济事致社会局函》,天津市档案馆馆藏档案,档号:401206800-J0025-3-003892-006。
④ 《为吴莹曾抗战殉国请求救济遗族事致吴李氏通知(附领款单据)》,天津市档案馆馆藏档案,档号:401206800-J0025-3-003892-005。

殉难地点及年月日,详填事迹表三份,呈转过府,以便转请核定。"天津市社会局遂将此函呈市政府核转。①1946年12月4日,天津市政府指令社会局:"补具烈士吴莹曾事迹……候转送核办。"②

1947年1月17日,天津市政府训令社会局:"查前准内政部函,为吴莹曾入祀忠烈祠,因程序不合,应补具烈士事迹表送部核办一案。经令据该局补具该烈士事迹呈府,当经转部查照核办,并以《勇秘叁(1)字第一〇七八号指令》在案。兹准内政部《礼字第一二八五号公函》略开,以检送烈士吴莹曾事迹,核与《褒扬抗战忠烈条例》相合,除将原事迹在备表彰并代填具《烈士事迹表》,函请江苏省政府转饬办理外,相应复请查照。等因准此,合行令仰该局知照。市长杜建时、副市长张子奇。"③

由于官方对确认吴莹曾抗日事迹、入祀忠烈祠及抚恤遗族等事宜颇为重视,且及时补充其抗日事迹材料,吴莹曾入祀江苏省(或武进县)忠烈祠的可能性很大。只是相关原始资料尚未得见。初检1988年版《武进县志》第二十五篇《人物》第一章《革命烈士》,亦未发现见载其生平。④

抗战胜利伊始,从事抗战烈士事迹调查和身份核实工作的天津市政府相关人员态度认真,甘愿付出,积极出主意、想办法、找出路、抓落实,竭力成全。其对抗战烈士的崇敬之情和协调各方的甘

---

① 《为吴莹曾入祀忠烈祠事致天津市社会局函》,天津市档案馆馆藏档案,档号:401206800-J0025-3-003892-012。
② 《为送烈士吴莹曾事迹一份事致天津市社会局指令》,天津市档案馆馆藏档案,档号:401206800-J0025-3-003892-010。
③ 《为烈士吴莹曾入祀忠烈祠事致天津市社会局训令》,天津市档案馆馆藏档案,401206800-J0025-3-003892-011。
④ 江苏省武进县县志编纂委员会编:《武进县志》,上海人民出版社1988年版。

苦,从中均可见一斑。

附3:赵天麟及其他入祀天津市忠烈祠的抗日烈士

入祀天津市忠烈祠的抗日烈士究竟有多少人？从目力所及的资料中,还难以得出准确答案。已知1947年第一次入祠者共98名(其中张自忠入祀全国各级忠烈祠)。1947年第二次入祠者亦为98名(其中行政院训令保送殉难官民入祠者62名),第二次入祠者还包括曾在公大七厂牺牲的86名无名烈士(仅在天津市忠烈祠设立牌位一个)。1948年第三次入祠人数等情况,尚待详查相关档案和当时的报章所载,还需仔细甄别1948年入祠者到底是在抗战期间牺牲的,还是抗战胜利后在国民党挑起内战期间被击毙的。如为后者的话,断不能将其视为抗战忠烈。

在已见的其他记载中,间或提及赵天麟、张静之等天津文教界的抗战殉难人士曾入祀天津市忠烈祠。而台版《革命人物志》第11集载,因抗日而死的天津实业家乐夔也曾"入祀原籍及天津市忠烈祠"。

1.赵天麟

《第二次中国教育年鉴》第十五编第四章《抗战时期文教人士忠贞及殉难事迹》载:"抗战时期,各省市教育文化工作人员,不甘附逆,遭敌

赵天麟(字君达)烈士

伪逮捕或系身囹圄,备受酷刑,或慷慨就义,壮烈殉难。此种可歌可泣之事,实为民族正义之表现,兹就已搜集资料,分编殉难烈士与忠贞人士两部分,阙漏之处,在所难免,下次年鉴,容再续补……教育部为办理褒恤抗战时期全国沦陷区各地教育文化忠贞人士,曾于三十五年一月二十二日,以'渝人字第四一四七号'代电各省市教育厅局,妥速列表呈报。嗣又于三月四日,以'渝人字第一三〇四七号'代电催速查报,无如当时各地复员未久,情形尚未正常,且逐层催查、文件往返,亦费时日,迨三十六年初,始见陆续报部。经整理后,以各地所报事迹详略不一,且不甚齐全,同时奉国府明令公布《褒扬抗战忠烈条例》规定,此项人士褒恤,一律送由内政部核办。教育部遵照该条例之规定,复于三十六年三月六日,以'人字第一三〇四四'及'一三〇四五号'代电各省市,抄发条例,制定统一表式,将各省市原报材料发还整理,并请各省市先行筹组委员会,予以审查,再将结果报部。俾便核转内政部办理。本年鉴所刊忠贞人士事迹,除一部分系向各省市直接查报者外,多采自各省市最初所报材料。至各省市应依式改报部分,迄至最近,仍多未报。唯有俟下次年鉴编辑之时,再行补列。"①

《第二次中国教育年鉴》第十五编第四章《抗战时期文教人士忠贞及殉难事迹·殉难人士》载有由天津方面提供的赵天麟、王章甫、王润秋、崔彤祺、张少华、田海舫、徐育才、张鸿相、步志厚等九位抗日殉难烈士简历。②已知其中的王润秋、徐育才、张鸿相三人均

---

①教育部教育年鉴编纂委员会编:《第二次中国教育年鉴(四)》,商务印书馆1948年版,第109、131~132页。
②教育部教育年鉴编纂委员会编:《第二次中国教育年鉴(四)》,第123页。

为 1946 年第一次入祀天津市忠烈祠的抗战忠烈，崔彤祺为 1947 年第二次入祀天津市忠烈祠的抗战忠烈。王章甫则因"非天津籍又不在津殉难"，1947 年经天津市忠烈入祠审查委员会审查后，转送河北省政府办理。①旋经复审，最终得以入祀天津市忠烈祠。

《抗战时期文教人士忠贞及殉难事迹·殉难人士》所载赵天麟简历为："赵天麟，美国哈佛大学毕业，历任北洋大学校长、开滦矿务局协理等职。二十三年，接长私立耀华学校，敌人屡加诱胁，思羁縻以为己用，屹然不为所动。抗战军兴，津市公私立学校多数被毁，教员失业，学生失学，为数逾万。赵乃于耀华学校内开设特班，尽量收容，并施行抗战教育。二十七年六月二十七日晨，由家赴校，敌伪阴遣人要于途，狙击之，中弹殒命。年五十三。"

以下对《申报》所载赵天麟牺牲始末予以梳理：

①《申报》1938 年 6 月 28 日载《津耀华中学校长赵君达被害，事前迭接恫吓信多属政治性质者》："天津廿七日中央社路透电：英租界工部局董事兼耀华中学校长赵君达，今晨在其寓所被暴徒枪击杀害。赵为国民党之同情者，在天津华人方面颇占势力。前数日，彼曾接到恫吓信若干封，均属政治性质。按，赵为美国哈佛大学之毕业生。"

②《申报》1938 年 6 月 30 日载《赵君达遇害经过，两暴徒承认被雇用主使者为敌方无疑》："香港廿七日中央社电。津讯：津耀华

---

① 参见《津抗战忠烈行将入祠》，《益世报》1947 年 6 月 18 日。《第二次中国教育年鉴》第十五编第四章《抗战时期文教人士忠贞及殉难事迹·殉难人士》载："王章甫，籍隶河间，战时在津办理私立瀛洲小学，联络志士，推行抗战工作。三十一年七月，被捕系狱，受酷刑，体无完肤，坚不吐实。津市抗敌工作人员，赖以保全。三十二年。被释出狱。然刑伤已重，不治逝世。"教育部教育年鉴编纂委员会编：《第二次中国教育年鉴（四）》第 123 页。

学校校长赵君达,廿七日晨在英租界寓所门前,被敌人收买之两暴徒狙击殒命。赵今晨自伦敦路昭明里二号寓所出发赴校办公,甫出门未数步后,有暴徒两人乘自行车迎面而来。其中一人即出手枪连发数响,中赵前胸要害,立即毙命。赵之私人卫士于某,立即闪身于花园墙内,出枪还击,当击中一暴徒之腿部。该暴徒尚冀脱逃,赵之仆役坐在楼上观望,立取巨砖将匪徒左腿磕断。其时,在昭明里附近值岗之华捕,亦闻声赶往助战,但另一匪徒立将该警士击倒。此时,赵之卫士因其枪弹尽,当奋不顾身奔往扑地之警士前,取其遗地之手枪放射。另一匪徒亦随之而倒。两暴徒因之全被擒获,刻已由英工部局将受伤之警士刘宝森及两暴徒送医院诊治。警士刘某受伤甚重,生命甚危。两暴徒均轻伤。据英工部局发表该暴徒之口供称:系受人雇用,如将赵击毙,可得一千元之赏金,行凶后,拟立即骑车赴约定之地点日租界领赏云云。英工部局对此案极重视,正详细侦查。唯此事为敌人主持,已成铁证,绝无可疑。盖津变以还,津中如南开等校均为敌炮火所毁,所有留津之学生,均转往'耀华'。该校因此增设特别班容纳之,目前增加学生达二千余人。该校课程均如旧,对敌伪之各种非法活动,均不参加,颇遭敌嫉视。赵前数日曾接警告信一件,当报告英工部局,遂由工部局派卫士一人保护之。耀华学校并购汽车一辆,为赵乘坐,以防意外。不料,赵廿七日晨仍步行赴校,致有此变,赵,津人,曾任北洋大学校长、开滦矿务局协理,现为英租界工部局董事,受工部局所设之耀华学校校长。"

③《申报》1938年7月17日所载《平津杂写·文化与教育》对此分析道:"天津的学生,除掉大部分已经南来外,一部分大学的分子,便转到工商学院去借读,中学的男生都到耀华中学,女生多半

赵天麟牺牲时为天津耀华中学校长

都到圣功女中去。租界里的学校，虽然要敷衍伪市府教育局的命令，不能采用旧课本，但是，暗中仍然照旧的不忘原有的立场。所以，这次耀华校长赵君达的遭敌人暗杀，其原因，对于这点也不无关系。"赵天麟牺牲后，很快就引起南京国民政府的重视。《申报》（汉口版）1938年7月20日载《昨政院决议优恤赵天麟》："行政院于十九日举行第三七二次会议，到各部长官，由孔院长主席，议决案件共二十余起……教育部呈：天津耀华中学校长赵天麟，不避艰危，致力教育工作，不幸于六月廿七日遇害，祈轸念该校长忠贞亮节，临危不苟之精神，特赐令恤，以昭激劝案。决议：通过。"

④《申报》汉口版和香港版1938年7月29日均刊载南京国民政府于7月28日发布的褒扬令："重庆二十八日中央社电：'天津私立耀华中学校长赵天麟，于寇侵津市以后，尽量招纳学子，勖以奋斗图存，务伸正义，固我国本。嗣因敌方忌恨，百端阻挠，终不为

屈，竟遭狙击殒命。热忱亮节，殊堪嘉尚，应予特令褒奖。交行政院转饬教育部从优议恤，用昭激助〔劝〕，而励来兹，此令。'"

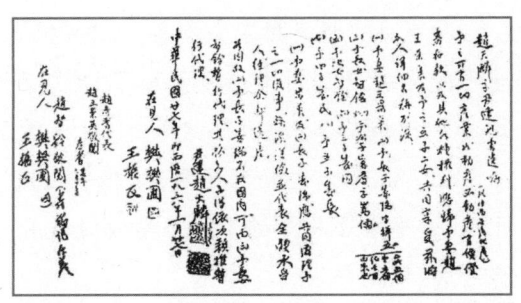

赵天麟对自己因抗日而遭遇不测，早有预感。图为其于1938年1月27日订立的遗嘱

另据天津英租界工部局《耀华学校1938年报告·赵前校长逝世》载："赵前校长君达，长校四载，热心改进，不遗余力，蜚声士林，群推巨擘。乃以誉重谤生，致被造谣诬陷。竟于6月27日晨7时余，遇狙逝世。年五十有三。中外人士靡不伤悼，殡于天津万国公墓，执绋会葬者数千人。"

交通部天津电话局1936年编《民国二十六年份天津电话号簿》载："赵君达宅 英租界伦敦路昭明里2号"。伦敦路即伦敦道，即今和平区成都道。

天津英租界工部局《警务处1938年报告》又载："本年6月27日，英工部局董事兼耀华学校校长赵君达君，被狙击于其伦敦道寓所前。查赵君适徒步前行，忽有二华人乘自行车就近射击，当时命中身死。匪犯二人旋被警捕袭击枪伤而就捕。当时，警捕有一人被匪枪击，受伤颇重，嗣后渐复健康。"①

时任天津英租界工部局警务处副处长的李汉元在《耀华中学校长赵天麟被刺事件》中记载：

---

① 天津市档案馆编：《天津英租界工部局史料选编》下，天津古籍出版社2012年版，第1279、1296页。

抗日战争爆发以后,有许多因抗拒日伪奴化教育而失学的学生无处读书,耀华中学为此开办了"特别班",收容他们上学。当时,耀华学校校长赵天麟(又名君达)激于爱国思想,特别支持"特别班"的工作,带动全校师生员工,克服困难,自凌晨至晚间,分两班上课,使耀华学校起到了两个学校的作用。因此为日寇所忌恨,阴谋寻衅,制造事端。

一九三八年春,伪教育局派人"视察"耀华中学,[英租界]工部局事先通知了赵天麟。但在视察人员中,竟有身穿军服的日本宪兵,赵校长当即拒绝他们入校,因而激怒了日本宪兵队,咒骂赵校长是"侮辱皇军"。随后,日本宪兵队便指使其"暗杀团"刺杀赵天麟。"暗杀团"是日寇专为杀害抗日人士而组织的。该团团部设在特一区(今河西区),负责人是日军上尉中村,助手是一个姓李的汉奸,人称"李二先生"①。一九三八年夏,日寇特务机关交给"暗杀团"一个黑名单,上面开列三十多人,其中就有赵天麟。

警务处及时获得日寇准备刺杀赵天麟的情报,立即报告工部局,并通知了赵天麟。赵是工部局董事,警务处特为他提供了随从警卫,工部局也为他专备了汽车,采取了一些防卫措施。

同年六月二十七日清晨,赵天麟由伦敦道家中出来,刚出门不远,从后面赶来一个骑自行车的青年,贴近赵天麟身边,开枪刺中,赵应声倒地。赵的警卫立即还击,射中凶手及帮凶,将两犯抓获。赵天麟被刺后当场气绝。凶手在审讯时供认,他们是"暗杀团"分子,那天,由中村和"李二先生"派他俩和另外一人到英租界刺杀赵天

---

① 周利成《日寇暗杀赵天麟真相》载:"汉奸李殿臣(绰号'李二先生')。"天津市档案馆主编,周利成、王向峰编著:《旧天津的大案》,天津人民出版社2010年版,第62页。

麟,但在行凶时,第三人尚未露面。正凶(忘其名,系"李二先生"外甥)在警务处关押,于一九四〇年病死;帮凶魏某在一九四一年日寇侵入英租界后被释放。

赵天麟是工部局董事,日寇派凶手刺杀他的人证、物证也都在。奇怪的是,英总领事和工部局对此竟若无其事,未向日本当局提出抗议,也没有及时惩处凶犯。这也说明工部局对日寇的态度。①

凶手之一的"魏某",即魏文汉。魏文汉于1945年抗战胜利后负罪逃离天津,后于1946年7月在秦皇岛被捕。魏文汉在1947年4月至5月间受审时,相继交代了刺杀赵天麟的来龙去脉。

原来,1938年5月23日后,魏文汉被"劝任日本宪兵队特务,就派在特别一区静远里特务班服务";"我们[这个]暗杀团体,[有]十二个中国人,日本人有中泽,中国人李殿臣主持,何绍舟〔周〕为班长,石作霖副班长,其余还有王金舫、秦诚志、何世琦、马孟才、厨夫刘某、拉车夫阎德泽……";"我是特务员";"我们打死赵君达,是受李殿臣主使。我们一共三个人,有我、何绍周、王金舫。许给吾们三个人一万元[伪联币]的好处。预先计划是由我打汽车带〔胎〕、何绍周打人、王金舫去打保护人。这是我们的计划";"五月二十八日那天晚上,何绍周给我一支十三连勃朗宁手枪、子弹二十六粒,叫我试一试好不好。我接过来就擦一擦,打了两下。我看了看好使,我又擦了擦,我就给拾起来,预备明天办事去";"民国二十七年旧历五月二十九日那天早晨,我刚吃完点心,何绍周叫我跟他同去旧英租界伦敦道办事,就是办所计划的事。有我跟何绍周、王金舫,三人

① 李汉元:《我在天津英租界工部局警务处的纪事》,天津市政协文史资料研究委员会编:《天津文史资料选辑》第9辑,天津人民出版社1980年版,第50—51页。

各骑自行车,在上午七点多钟,一直往伦敦道昭明里[等]赵校长[出现]。这时,我跟王金舫二人骑车在该处附近一带盘旋,等候赵校长。何绍周即不离该处盘旋等候。时约半小时许,我正在口含纸烟、骑自行车向昭明里地方来时,就听见枪响四五声,又看见何绍周被一人抱住。我一看不好,就将自行车拐过头来,骑上逃跑。不料,我刚一上车,我就由车上摔下来。我急忙又站起来,还想骑车逃跑";"我预备要走,不一会,来了几个巡捕向我开枪";"在这时候,我才看见我的左腿受伤,我不能动了,才爬到便道上。正赶那有停放一辆洋车及一辆青菜车。我一看跑不了啦,我就将身带的十三连勃朗宁手枪一支扔在菜车内,以后才将我捕获";"我自民国二十七年旧历五月二十九日被捕后,就在旧英工部局被押,至民国三十年十二月十四、五日,日本接收旧英租界以后,才由茂川机关的日人毛利将我接出";"何绍周在押[期间]死了,我是由李殿臣将我用汽车接出来的";"我由旧英租界被日本[人]放出后回家时[彼时我住锦衣卫桥后街同发成杂货甫〔铺〕内],曾到李殿臣家去两次[李殿臣住旧日租界海光寺后福厚西里内]。第一次李殿臣问我何绍舟〔周〕之死尸在何处掩埋,并还交我一千元[伪钞币]。"①

赵天麟之子赵寿冈也曾回忆过赵天麟遇刺现场情形。1938年6月27日清晨,赵天麟让赵寿冈给飞艇汽车行②打电话,叫一部出

---

① 1947年4月22日《关于刺杀赵君达详情等事的讯问笔录(附口供)》、1947年5月19日《关于日宪兵队特务班情况等事的侦讯笔录》、1947年5月22日《关于特务班其他人去向等事的侦讯笔录》,以上均为天津市档案馆馆藏档案(档号:J43-1-1355)。天津市档案馆编:《日本在津侵略罪行档案史料选编》,天津人民出版社2015年版,第875—880页。
② 交通部天津电话局1936年编《民国二十六年份天津电话号簿》载:"飞艇汽车行 英租界56号路黄家花园庆华里86号"。

租汽车,"我给汽车公司打电话要车,平时都很顺利,一会儿车就到家门口。可是,那天早上打电话时,总是电话占线不通。好容易打通了,对方回答说:'马上就到。'可是,一直也没见车来。我[后来]想,可能当时车行已被日本特务控制了。父亲怕上班迟到,坚持步行到学校,并要求警卫也随身前往。我送父亲至大门外。当时,我家的男佣人王玉一直送父亲出门同往。父亲从英租界伦敦道(今和平区成都道)昭明里2号家中走后,我刚关上大门,听到一阵放鞭的声音,我还不知是枪声。我打开门一看,王玉正在追赶一个人,快到伦敦里时,那人突然用手枪朝王玉开枪,王玉边躲边往回跑,我没有看见父亲。王玉跑回来一把将我推进屋,关上门说:'四老爷被害了。'接着,他跑上了四楼阳台上,我跟着他也到了阳台上。他由四楼阳台又跳到伦敦里邻居的阳台上(距离不足2米),在邻居阳台上,可看见马路发生的情况。王玉从墙上扒了两块砖,然后往下猛砸,正巧砸晕了一个便衣特务。接着,我们跑下楼,到客厅的窗户前观望。这时,由45号路(现芷江路)跑过来一名警察,送来一支手枪给在阳台附近趴着的警察。两名警察开枪打伤了另一名特务。凶手当场被擒获。战斗结束后,母亲、大姐、二姐和家里其他人一起跑到现场。当时,我还小,没能到前面去,只是看见来了一辆救护车,很快就将父亲拉走了,还看见警察画的父亲倒在地上的粉笔印。后来得知,杀害父亲的凶手是日本宪兵队暗杀团特务,是受中村和汉奸李二派遣行刺的"。[1]

  以上所载细节,可互为补充,有助于还原赵天麟遇刺现场真相。

---

[1] 李国丽:《为国捐躯的赵天麟》,天津市政协文史资料委员会:《近代天津十二大教育家》,天津人民出版社1999年版,第147—148页。

赵天麟牺牲的消息也传播到了延安。温济泽《抗战三年来敌我在教育战线上的斗争》载:"我国学校及其他文化教育机关人员生命的牺牲,更为惨重。三年以来,死于轰炸者、死于战场者,不知多少。留在沦陷区域的教育界人士,因不为利诱、不怕威胁,始终坚持抗日反汉奸的立场。在最近一年多以内,遭受敌人及汉奸的屠杀而先后殉国者,有赵天麟(天津耀华中学校长),刘湛恩(沪江大学校长),孙芳时(山东省立第一联中校长),吴志骞(上海女大校长),聂海帆(上海中学校长),茅丽英(启秀女中教员),吴承仕(师大教授),朱惺公、张文骞(均江苏沦陷区某教育工作团体的负责人)……诸位先生。这都是各大报纸宣布的。其他不知名的,就更不知有多少了。关于沦陷区青年知识分子,整批被屠杀的、个别被屠杀的,更是不计其数。"①

抗战胜利后,赵天麟的抗日事迹仍被广为传颂。《申报》1945年12月10日载《天津日人战时暴行摧残中国教育》称:"私立耀华中学,因在旧英租界,战前学生已有千余名,自日本占领津市后,公私立学校不堪压迫,纷纷转学华[界]。该校长赵天麟,颇能鼓励学生以爱国意识,因此招日军之怨,即于一九三八年六月二十[七]日在校门口殉难。是可知日本之教育政策,在乎消灭中国一切爱国教育工作者。"②总之,赵天麟具备入祀天津市忠烈祠的条件。《中央日报》1946年7月18日载:"中央社南京十七日电。国府十七日令

---

① 原载《解放》第114期,延安解放社1940年9月1日出版。转引自共青团中央青运史工作指导委员会编:《中国青年运动历史资料》第15集,中国青年出版社2002年版,第90页。
② 天津市档案馆编:《天津英租界工部局史料选编》下,天津古籍出版社2012年版,第1296页。

……行政院呈,据天津市政府呈,为该市私立耀华中学故前校长赵天麟因公殒命,请予褒扬。查赵天麟热心教育,忠贞不贰,致为敌伪所忌,惨遭杀害,殊深悯惜,应予明令褒扬,以彰忠烈。"

有记载称赵天麟曾入祀天津市忠烈祠。如百度百科所载词条"赵天麟"称:1946年"1月15日,国民政府明令褒扬赵天麟、抚恤其家属,并准赵天麟入祀天津忠烈祠。"①但赵天麟并未出现在第一次入祀天津市忠烈祠的抗战忠烈名单中。

现对已见的赵天麟入祀天津市忠烈祠部分史料予以梳理:

1946年1月9日,天津私立耀华学校董事会董事长徐世章呈请褒扬赵天麟,并对其遗属从优抚恤。天津市长张廷谔、副市长杜建时遂转呈南京国民政府行政院核准。此呈文称:"已故校长赵天麟办事认真,不避艰险,虽屡受诱迫威胁,毅然不为动摇。其忠贞爱国之忱、不屈不挠之概,尤为敌忌。当南开、民德及省立男女师范各校被毁、多数教职员失业、千百学生濒于失学[之际],该校长激于义愤,顾全教育,商得校董会方决议,就本校设立'特班',尽量收容失业教职员数十人、失学学生一千余人。本校之措施与该校长之热诚,颇受社会舆论之称许。而敌伪积恨益深,祸机隐伏,竟于民国二十七年六月二十七日凌晨、该校长于离家赴校途中,在伦敦道昭明里路口,遽被敌遣匪徒二人所狙击,立即殒命。其时,现任本市警察局局长李汉元适任英租界工部局警务处处长,亲率官警,当场缉获凶犯二名归案。该校长因公遇祸,其老母、寡妻均以悲愤忧郁,相继殁世,所遗子女众多,生活维艰,情极可悯。本校痛念该校长以身殉职之惨及维护教育之功,对于其子女优给恤金,并准其在校肄业之

---

① http://baike.baidu.com/view/225632.htm

1946年7月5日,南京国民政府行政院就褒扬赵天麟一事,给天津市政府的指令

子女免缴学费,以示优异。今值抗战胜利,国土光复,敌寇全面降服,堪慰忠魂。而志士为国捐躯,例邀恤典。用特胪陈前校长被害情形,恳请钧座俯赐垂誉,准予转呈国民政府,优予褒扬,并对其遗族子女从优抚恤,以彰忠尽〔荩〕,而昭崇报,不胜感祷,迫切待命之至。"①

南京国民政府行政院于1946年1月16日收到此呈文后,编为"丙人字第十一号",但并未及时批令。其原因很可能与需要补充事迹材料有关②。1946年4月1日,耀华学校再次呈请天津市政府转呈"国府明令褒恤"。行政院于1946年4月25日收到第二次呈文后,遂编为"丙人字第一○七号"。

1946年7月5日,行政院向天津市政府发出指令称:"呈请褒

---

① 原载《耀华学校董事长徐世章呈为已故校长赵天麟因公殒命请转呈从优褒扬并抚恤子女(案卷级)》,天津市档案馆馆藏档案,档号:401206800-J0002-3-004368。参见周利成《耀华校长赵天麟》,天津市和平区政协、天津市和平区档案馆编:《抗日战争与天津》,2015年印刷,第318—319页;杨仲达、陶丽著:《举火烧天——抗日杀奸团纪事》,《今晚报》2015年10月3日"作品连载"版。
② 参见天津市私立耀华中学校《为报本校故校长赵天麟及现任校长陈晋卿蒙难事致天津市教育局黄局长呈(附二人事迹)》,1946年2月15日,天津市档案馆馆藏档案,档号:401206800-J0110-1-001867-033。

恤私立耀华中学校长赵天麟……两呈均悉。关于褒扬一节,已转呈国民政府明令褒扬;关于抚恤一节,应依照《学校教职员抚恤条例》第十八条之规定办理。"南京国民政府褒扬赵天麟令于1946年7月17日颁布。天津市政府遂指令天津市教育局具体办理褒恤事宜①。

既然南京国民政府已对赵天麟明令褒扬,那么,其入祀天津市忠烈祠亦为应有之义。天津私立耀华学校董事会董事长吴鼎昌随后函呈天津市市长张廷谔称:"国府明令优赐褒扬,本校同人及赵前校长遗族,同深感戴。兹查本市新建忠烈祠入祀者已有九十九位烈士。故前校长赵天麟为国牺牲,已蒙明令褒扬,例应入祠受祀。为此具呈,恳请钧座追念忠荩,准予赵天麟入祀忠烈祠,以慰英灵,而昭崇报。实为德便。谨呈。"对于吴鼎昌这一呈请,张廷谔、杜建时均颇为重视,遂联名致函南京国民政府内政部部长张厉生,"特电转请核示,以便饬遵"。

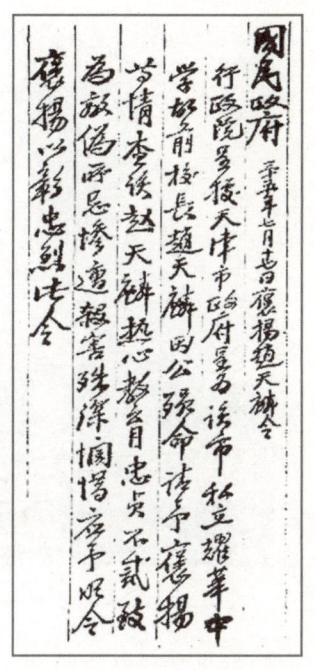

1946年7月17日南京国民政府褒扬赵天麟令

---

①1946年7月27日,天津市政府《为国民政府召〔明〕令褒扬因公殉职耀华中学校长赵天麟并按例抚恤事给教育局指令附原呈》,天津市档案馆馆藏档案,档号:401206800-J0110-3-001674-001;1946年8月1日,《市政府令据私立耀华中学呈为已故校长赵天麟因公殒命请转请褒恤(案卷级)》,天津市档案馆馆藏档案,档号:401206800-J0110-2-001674。

赵天麟烈士塑像

有记载称,赵天麟入祀忠烈祠事宜,较为顺利,后经内政部批准施行。张世轶《爱国教育家赵天麟的办学实践述评》载:"1946年7月,国民政府行政院宋子文亲署指令,对赵天麟'办事认真,不避艰险,虽屡受诱迫威胁,毅然不为动摇,其忠贞爱国之忱、不屈不挠之概,尤为敌忌',最终'因公殉命'一事迹,明令褒扬,并按章抚恤其子女。国民政府内政部批准将赵天麟烈士入祀忠烈祠。"此载的依据为"国民政府内政部《为填具烈士事迹表办理入祠事致天津市政府的代电》,1946—11—4"。①

南京国民政府下发赵天麟褒扬令之际,天津市忠烈祠第一次入祠审查已经完成,且入祀典礼也已举行。因此,赵天麟未能赶上天津市忠烈祠第一次入祀,只能再行等待入祀机会了。

《益世报》1947年8月16日载《津忠烈祠入祀先烈共九十八位》,此为第二次入祀。文中确有"内政部转奉行政院训令保送殉难官民入祀者……定九月三日胜利日入祀"的记载。

据此判断,赵天麟似于1947年9月3日入祀天津市忠烈祠,

---

①《沧桑》2014年第2期,第9页。

属于行政院训令保送入祠者之一。实际上,南京国民政府早在1938年7月28日就曾颁布过赵天麟褒扬令,赵天麟的抗日事迹也已传遍海内外。那么,天津当局于1946年对天津市忠烈祠第一次入祀者予以审查时,缘何未对赵天麟优先考虑呢？个中缘由仍值得探究。

2.抗日殉难的其他天津文教人士

《第二次中国教育年鉴》第十五编第四章《抗战时期文教人士忠贞及殉难事迹·殉难人士》载:

张少华,三十七岁,山东人,教育部平津战区教育督导员,受命推行平津区抗敌教育,被检查捕获,死于狱中。

田海舫,三十八岁,河北省人,协助平津一带青年训练,参加抗日工作,被捕,死于狱中。

步志厚,二十九岁,天津私立大同中学教员,联络青年从事抗敌工作。三十年一月,敌人搜捕甚急,奔避兰州,死于途中。

这三位抗日殉难烈士是否也曾入祀天津市忠烈祠呢？

关于田海舫的抗日事迹,张卓然《天津沦陷后我在教育界的抗日活动》有所记载:"一九三九年冬,教育促进会会员田海舫要发展一个人参加我们的组织。他在河北大经路中西旅馆同这个人联系,谁知这个人是日本特务,就在见面时,被日本宪兵逮捕。我知道后,曾托人营救,未见效,后来听说调到东北做苦工,被折磨而死。"①不过,《曲阳县志》则称,田海舫"又名田寅虎,田守甫……1940年4月在天津壮烈牺牲"②。宿登超《在忠骨埋津门业绩励后人——记左翼作家、革命烈士田海舫》所载田海舫生平事迹甚详,文称,抗战爆发

---

① 天津市政协文史资料研究委员会编:《天津文史资料选辑》第39辑,天津人民出版社1987年版,第88—89页。
② 河北省曲阳县志编委会编:《曲阳县志》,新华出版社1998年版,第705页。

后,田海舫"回到天津。1939年9月的一天,当他与冀东来的两位同志秘密接头时,在'吉祥客栈'不幸被捕。当时被捕的两人中,一人当即被日本鬼子打死,田海舫则被敌人由天津押解到北平,又从北平押解到秦皇岛。在秦皇岛日军宪兵监狱中,受尽酷刑折磨,但他始终坚贞不屈。以后又被押回到天津。经多方营救无效,于1940年4月,被日军秘密杀害,时年仅38岁"①。可见,不论田海舫是否符合入祀天津市忠烈祠的标准,其抗日事迹都值得考证。

另据记载,入祀天津市忠烈祠的还有因被抓往日本服苦役而惨死的天津抗日教师张静之。原国民党天津市党部宣传科干事杨佑方1985年撰《日本投降后天津情况的片断回忆》载:"天津市慈惠中学物理教师张静之先生,就因为参加了地下抗日活动,被日本宪兵队逮捕后送往日本当劳工,死在煤矿上。送回来的是个木制骨灰盒。所有这些骨灰盒都由社会局(也许是警察局)通知家属去领。张先生的妻子领了后,通知我要送来市党部妥善安放。那一天,她由几个妇女陪着,捧着骨灰盒和张老师遗像到我办公室交给了我。她大哭了一场,引得我也伤心不已。后来,天津市政府把日本神社改造为忠烈祠,凡是为抗日战争牺牲的人,都列有牌位。张老师的骨灰盒和遗像就转到那里去了。"②此载所涉张静之生平过于简略,其抗日事迹和入祀天津市忠烈祠的具体时间,均有待考证。

3. 乐夔

台版《革命人物志》载,抗战期间在天津行医的乐夔曾因抗日而入祀天津市忠烈祠。其文曰:

---

① 《天津党史》1999年第2期,第58—60页。
② 全国政协文史资料委员会编:《文史资料存稿选编》第7辑《抗日战争》下册,中国文史出版社2002年版,第611页。

先烈乐夔,北平人。历充天津市仁民制药厂及前法租界华籍董事。自七七事变,平津相继沦陷,即自矢利用本身营业,实行救国工作。时张自忠将军眷属在津,颇为敌寇注目,烈士乃与其妻、法人乐吕西女士密商,设法护途出险。吕西女士时充法租界西开教会医院主任医师,夫妇协力以救助后方工作人员为职志,常与法教士联络,以自用汽车由郊外装运抗战伤兵多名,入院栖止,救济诊疗,不遗余力。得庆更生者,则资助内遣,用恢战力。

由是声誉远播,北来地下工作人员,多倚为东道主,护助供应,无虑弗周。其寓址在法租界中街,爱国同志长期食宿于寓所者颇不乏人,如孙雨珊、阎忠远、傅增湘诸先生往来尤密。傅君被敌宪捕获,几罹不测,赖烈士设法力保,并商请法军舰护送至沪,得以安返重庆。嗣吕西女士以诊疗救护,心力交瘁,竟至病殁。烈士于伤逝之余,更以坚贞自励。在此时期,即常接有恫吓函件,指为政府所派秘密工作之首长,适又因租界巡捕罢岗、电灯房工人罢工,均赖烈士调处,得以平息。而敌寇遂以焉能得众心,亟思威逼利用。烈士守志不渝,工作益励,卒被敌寇迭次传讯,虽经中法名流合力保释,而嫉视愈甚,仍复时加侦伺追询。烈士灼知,难以幸免,且不甘屈辱,乃于三十一年三月二十九日服毒自杀,以殉其爱国之志。以上烈士一位,中央以其于地方沦陷后,协助抗敌工作,卒至自杀殉国,大节凛然,殊堪矜式,令准入祀原籍及天津市忠烈祠(《入祀先烈姓氏及殉国事迹》,事迹详略统依原送表件)[①]。

乐夔家族后人也曾记载过一些关于乐夔抗日的细节:

---

① 杜元载主编:《革命人物志》第11集,台北"中央"文物供应社1973年版,第264—265页。

乐崇熙著《清平乐——北京同仁堂创始人乐家轶事》载:"20世纪初,老大房在北京西单开设了乐寿堂,后来在天津等地开的分号均名乐仁堂,解放初期乐寿堂重张,亦更名为乐仁堂。大老爷乐达亨早逝,留下四子,长子乐佑申为乐仁堂的主要经营者,在乐达义之前,他曾掌管同仁堂长达20年。而大老爷其余三子则为宏仁堂的主要经营者。老大房大老爷之弟乐达庄(号均士)生性恬淡,不重利禄,中过秀才,后又游学日本,接受西洋文化颇深。他不仅长于古文,而且精通英文,尽管他管理同仁堂、乐仁堂时间不长,但每当国内外药界专家询及药材原植物及炮制原理等较深问题时,往往请他作答。六七十年前,他已经知道引用当归、大黄、人参、甘草等植物的拉丁学名来澄清一些问题。他的四子三女均留学法国。长子乐夑为早年留法药学博士,与北医前药学系主任薛愚是同班同学。乐夑回国后,在天津开设中街药房。他的法国妻子在楼上看病,楼下即可买药。他曾用天然药物配制乐仁油,一度很是畅销。日本侵华时,他曾有爱国行动。后为人胁迫而殉国……在日人侵占华北后期,在天津中街药房的法国女医生、乐夑九嫂病逝。在中街药房工作的一江姓女士追逐九哥乐夑甚紧,并以九哥曾送国民党将领汤恩伯将军一架高倍望远镜的事为要挟。九哥既不愿与江女成婚,又深怕日本宪兵队的酷刑。左思右想,认为没有生路,最后走上饮药自尽的绝路。"①

乐成民撰《报国救民侠胆忠心,抗战献身匹夫有责》载有其九叔乐夑抗日的事迹:"1933年,乐夑在巴黎大学获得博士学位后回

---

① 乐崇熙著:《清平乐——北京同仁堂创始人乐家轶事》,东方出版社2013年版,第6、92页。

到天津,开始筹办乐仁堂药厂(又名人民制药厂),尝试中药科学化,并成功研制出第一批中草药口服液,为乐仁堂下一步的发展做了准备。因为九叔要把大量药品无偿支援抗战而受到日本侵略者的极度迫害,最终以悲剧而告终……九叔乐夔是一个很不寻常的人物,他的父亲就是六祖父乐达庄……20世纪30年代末,九叔的心里极为苦恼。他的夫人和儿子均因病早逝,中国和法国也相继沦陷,军国主义得势称霸欧亚两大洲。九叔因为失去了所有的感情寄托,极为痛苦。他天天埋头在药品实验室中工作,足不出户……一天,他突然接到一个电话后,便一连好几天外出不归。等他再回来以后就好像变了一个人,精神抖擞,衣帽整齐,并周旋于社会各阶层之间……他白天架鸟在门外的街心花园中玩鸟。夜间去舞场作乐寻欢,生活态度变化之大令人吃惊……表面上九叔是一副醉生梦死的模样,实际上他是在从事地下救援站工作,秘密供应药品给抗日部队。他提笼架鸟、舞场寻欢,都是为了秘密接头,掩护地下救援站的救助活动。这时,抗战的形势更为严峻,敌人封锁了抗战部队所有的医药补给线。伤员没有医药救治,十分艰难。九叔了解到这种情况后,决定伸出援救之手,不顾一切地要把药品送到解放区。因为日本人的控制很严,九叔必须小心翼翼,秘密地自己进行联系,不能找别人代办。为了跟抗战部队的人接头,且不引起特务的怀疑,他便想到以提笼架鸟为掩护,在街边的小花园里把饲养的梧桐鸟放飞,玩起'梧桐打弹'的游戏……九叔每当在街头玩鸟时,总会吸引大群行人围观,这也就给了他亲自参与秘密接头的种种机会。每当梧桐鸟冲向空中之时,人们都会抬头仰望梧桐鸟叼扣子的情况,而无人往下看。这时,接头人扮作围观者,趁机从两个鸟笼中的一个(底部有夹层)取出药品,藏到隐蔽处,然后伺机运走。因此,'梧桐打弹'这时已经不是阔佬的游戏,而是成为支援抗战部队医疗药品的重要传递方法……20世纪40年代初,二次世界大战的势态尚不明朗,原来九叔有法国租界作为屏障,敌人还有所顾忌,如今法国也沦陷了,屏障不复存在,九叔处于单枪匹马的境地。于是,敌人开始下毒手,在九叔住处四周的屋顶上布置狙击手,企图通过窗口向房内射击。几周以后,九叔已无处藏身。他自知前途渺茫,终于在绝望之中自尽。1942年,那是一个沙尘暴大作的下午,天空刮起了八级大风,风沙漫天,路上行人举步维艰。家里突然听说九叔自尽的消息,顿时大乱。我当时年纪很小,但是已经知道九叔乐夔是个爱国者,因英勇不屈而遭受迫害,对此必须绝对保密,不能把这件事泄露出去……"[①]

据以上所载可知,乐夔曾入祀天津市忠烈祠,但其入祀时间也不得而知。今后若看到台版《入祀先烈姓氏及殉国事迹》,当有助于破解这一疑问。

乐夔生前创办的制药厂应为"仁民制药厂"。交通部天津电话局 1936 年编《民国二十六年份天津电话号簿》所载,可以为据,即:"仁民制药厂 法租界 3 号路 8 号院内"。法租界三号路即今黑龙江路的前身。这一线索,对于考证乐夔抗日事迹,或许有所帮助。

附 4:抗日杀奸团与抗日锄奸团是否被混为一谈

在常见记载中,多有将抗战期间活跃在平津沪等地的"抗日杀

[①] 乐成民编著:《国药世家三百年》,中国中医药出版社 2012 年版,第 311—316 页。

奸团"（以下简称抗团）与"抗日锄奸团"混为一谈的情形。那么，其是否为一个组织的不同称谓呢？先不忙下结论，以下先对已见部分记载中的不同观点予以梳理：

1.称"抗日锄奸团"且属于军统局

舒季衡《国民党军统局在天津的特务活动概况》载，抗战初期，军统天津站"组织外围特务团体'抗日锄奸团'。天津沦陷后，军统华北区利用人们不甘心当亡国奴的反抗精

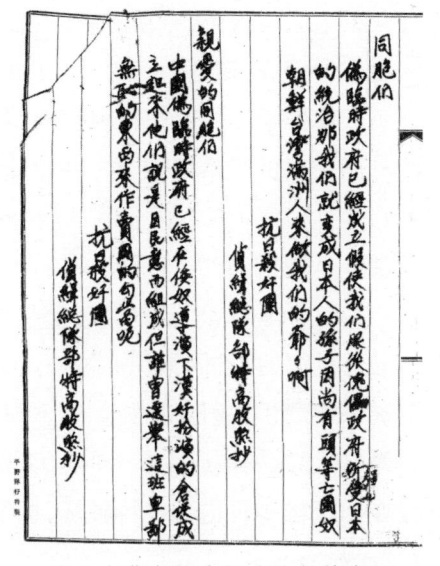

伪天津警察局侦缉总队部特高股抄录的日伪当局抄录的抗日杀奸团传单

神，特别是青年学生们敢于斗争的爱国热情，秘密组织了'抗日锄奸团'（简称抗团），由曾澈负责领导。该团从天津市各大中学校里发展成员，从事侦查、刺杀汉奸们的活动。由军统派员教授爆破、暗杀技术和搜集情报的知识。所用的器材、枪支弹药、活动经费等，均由军统华北区供应。在团以下分若干小组。抗日锄奸团进行的主要活动有：1.暗杀汉奸王竹林……2.暗杀汉奸程锡庚……3.爆破烧毁中原公司……抗团的暗杀、纵火行动，当时曾引起社会上的极大震动，使日本侵略者大为恼火。一九三九年以后，军统华北区改组，王天木调任军统上海区区长，而以毛万里任区书记。王天木所遗华北区区长一职由陈恭澍继任，而以曾澈任区书记，陈资一任天津站站长。王天木到上海后与毛万里争权闹摩擦，因毛万里系军统局主

任秘书毛人凤之弟,专横跋扈,不服从王的领导。一九三九年夏,王天木在上海公开投降日伪。同年九月,天津站行动组成员裴级三,在王天木影响下,亦向日伪投降。把华北区平、津、保三站和唐山、沧县两个组的人事组织等一并出卖给日本人,致使以上各组织遭到致命性破坏。只有区长陈恭澍逃往重庆,区书记曾澈以下若干人员被捕。嗣后,有的投敌叛变,有的坐牢,有的被杀害,有的逃回重庆。从此,机构瘫痪,活动陷于停顿状态。在军统局华北区组织被日本破坏的同时,抗团组织亦被株连,损失极大,许多人被捕坐牢,有的被杀害。团长曾澈亦被杀害。该团未被捕的骨干分子,孙大成(字若愚,天津永安饭店少东)、叶德明和杨某等先后继任团长。随着军统在津机构一再遭到日特破坏,抗团亦随之被破坏,不能再继续潜伏"。①

《天津大辞典》表述为:"抗日杀奸团,国民党复兴社特务处天津站的外围组织,成立于1937年冬。团长曾澈(特务处天津站书记),下设组织、行动、情报、军事4个组(1939年撤销军事组,增设学运、工运、商业3个组)。外部以各中学为单位,每校编为一个大队,以诱骗青年学生参加其组织。另外,还设有唐山和北平两个分团。1938年10月,曾澈升任军统局天津区书记,该团遂归天津区领导。该团主要从事爆炸、纵火、暗杀等活动。王竹林、程锡庚等被暗杀案件及中原公司、中日中学、国泰影院等爆炸案件均系该团所为。1940年夏,军统局天津区被日本宪兵破获后,该团遂由军统局直接领导。"②

---

①天津市政协文史资料研究委员会编:《天津文史资料选辑》第26辑,天津人民出版社1984年版,第164—166页。
②来新夏、郭凤岐主编:《天津大辞典》,天津社会科学院出版社2001年版,第609页。

2. 称抗日杀奸团即抗日锄奸团

李汉元 1979 年撰《我在天津英租界工部局警务处的纪事》载："一九三八年夏秋间,警务处逮捕了'抗日锄奸团'的重要成员沈栋(耀华中学学生)。""抗日锄奸团也叫抗日杀奸团,系国民党军统华北区负责人之一曾澈组织的秘密暗杀团体,参加者多系住在租界里的青年学生。"①原抗团成员张世一、钱宇年均持此说。

张世一《抗战期间天津的抗日杀奸团》载："一九三七年冬,军统局天津站地下组织的一位青年成员曾澈,感到军统站领导的对敌斗争缺乏明确计划,又鉴于有些学生,如李如鹏、陈肇基、窦一统、夏一瑜、华道本、赵尔仁等,曾离开优越的家庭到农村去参加抗日救国军,但所接触的救国军头目们,无非是'挂羊头卖狗肉,借抗日牟取私利,结果失望而归。曾澈与这些青年交谈以后,决定在青年学生中组织抗日杀奸团(也叫抗日锄奸团,简称'抗团')。"②

钱宇年、张世一《抗日杀奸》亦载："1937 年 8 月,日军占领了天津之后,居住在天津英法租界地(未受日军控制),以及日租界和华界的一些青年学生(多为在校中学生)自发成立了秘密的'抗日杀奸团',也叫'抗日锄奸团'或'抗日除奸团',简称'抗团'。这个抗团以后陆续发展到北京(曾一度称北平)和上海,在八年抗战期间,在这三大城市中,打击了日本侵略者的凶焰,惩办了一些汉奸。'抗

---

① 天津市政协文史资料研究委员会编:《天津文史资料选辑》第 9 辑,天津人民出版社 1980 年版,第 48 页。
② 天津市政协文史资料研究委员会编:《天津文史资料选辑》第 39 辑,天津人民出版社 1987 年版,第 65 页。张澜生《关于抗日杀奸团成立时间的订正》载:"'抗团'成立时间并非是 1937 年冬季,而是同年 8 月 11 日前后。"天津市政协文史资料研究委员会编:《天津文史资料选辑》第 44 辑,天津人民出版社 1988 年版,第 242 页。

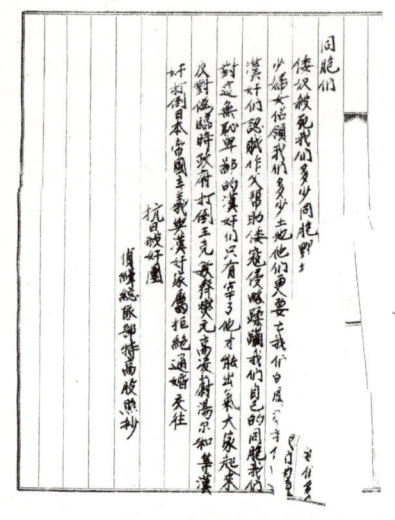

日伪当局抄录的抗日杀奸团传单

团'本身也再遭到日伪宪特的搜捕、酷刑、入狱、杀害等迫害。'抗团人'前仆后继,坚持斗争,直到抗战胜利,'抗团'于1946年解散。"①

《中国抗日战争大辞典》所载,即依此说:"天津抗日杀奸团又称'天津抗日锄奸团',简称'天津抗团'。政治团体。1937年冬成立。团长曾澈。团内设有组织、行动、宣传和交通干事,编设妇女大队和男子大队。该团以天津租界为基地,重点发展中等学校学生入团,声称'抗日杀奸,复仇雪耻,同心一德,克敌致果'。团员入团后,须首先参加学习和接受特殊训练。该团成立后,即开展抗日宣传,散发传单,并策划进行纵火杀奸等暴力行动。曾暗杀维持会委员王竹林、伪联合准备银行经理程锡庚,在放映辱华影片的国泰电影院安放炸弹。出版刊物《正字报》和《跋涉》。1939年9月,该团被日本特务机关破坏。其后两次重建,1942年活动终止。"②此后,抗团即抗日锄奸团之说,遍及今人著述,几成定论。

3.称抗日杀奸团并非抗日锄奸团

但也有记载明确认为,抗团与抗日锄奸团绝非一回事。刘岳

---

① 天津市南开区政协文史委员会《南开春秋》编辑部编:《南开春秋·文史丛刊》总第8期(纪念抗日战争胜利五十周年专辑),1995年版,第68页。
② 章绍嗣等编:《中国抗日战争大辞典》,武汉出版社1995年版,第582页。

《书生枪手弹毙汉奸总编》载,"抗团"老团员们更正了一个问题,即:"'抗团'的全称是'抗日杀奸团',而不是'抗日锄奸团'。'抗日杀奸团'是爱国学生自发组织的抗日杀敌地下组织;而'抗日锄奸团'是 CC 系(陈立夫、陈果夫)特务组织——中央调查统计局辖下的外围组织,名为抗日,实为反共。二者虽一字之差,本质上却差之千里……本文参考了'抗团'老团员祝宗樑、刘永康、赵恩波、马桂官、叶于良的修改意见,最后经祝宗樑审阅。"①

祝宗樑《我参加了抗日杀奸团》载:"当初参加抗团时,没人知道这组织后面还有个军统,更不知军统是个什么样的单位。后来,到了内地才有所了解。抗团人员还都是在校学生。内地各学校政治空气相当活跃,对当局的独裁统治、经济上的'四大家族',以及社会上的特务横行,都相当不满。尤其是军统在社会上的名声极差。军统要抗团调查学生运动和共产党活动,就使马桂官、田鹏、张启明等自动与抗团断绝联系。1942 年暑训班时,抗团在规划中,就明确写出:'在内地没有工作任务,抗团工作任务只在敌后的沦陷区',就是针对这种情况。抗团的目的只是抗日,不愿参与国内的党派斗争。1945 年春,军统来公文,还要抗团调查进步人士的事。公文上说:'北平志成中学校长吴葆三的侄子吴富恒是否〔为〕共产党员,立即查明报复。'……对这公文,我们没有答复。后来又重复来过两次,都置之不理。还有一次,戴笠亲口对我说:'抗日杀奸团应改名为抗日锄奸团'。这'奸'也应包括'内奸'。这明确就是要抗团从事国内的党派斗争。这件事,我根本就没有传达。改个名字不是说改就改的。还有,这样做,必定遭到全体反对。1945 年春,军统又

---

① 参见刘岳著《刀锋舞者——刺倭锄奸喋血写真》,中共党史出版社 2010 年版,第 97 页。

要全体抗团人员参加国民党,并要我们把名册造好,送第六处办理。我们就以名册不齐、无法办理为由,拒绝办理。"①

抗日杀奸团与抗日锄奸团之间到底有无关系?祝宗樑的这一表述很明确,即认为二者之间区别明显,不应混淆二者名称。据此也可清晰地看出,抗日杀奸团成员具有鲜明的抗日立场,且坚持以诛杀汉奸为己任。这一点是难能可贵的。

4. 称抗日杀奸团并非军统局外围组织

而抗战期间曾任军统局天津站站长、华北区区长的陈恭澍,在《"抗日杀奸团"为抗战奉献牺牲》中则认为抗团与军统局并无实质性的隶属关系②,即:

抗战期间,在沦陷地区、交战地区以及大后方等处,产生了很多的青年爱国组织。虽然背景不同,名称各异,但抗日报国的热忱则完全一样。这里所记的"抗日杀奸团"就是其中之一……

有关"抗日杀奸团"的产生与成长,在《戴雨农先生传》《戴雨农先生全集》中,都有大段的记载,不过那只是衬托之作,尚不足以表达该团的基本精神,也没有突出该团精义之所在。像"抗团为军统局的外围运用机构"这种说法,我实在为抗团同志叫屈。

照道理、论实际,军统局及政府机关,代表国家。抗日杀奸团是青年爱国组织,属于民众团体,其相互关系之构成,是基于爱国青年分子需要国家抵御外侮之方针导向,而政府方面则在于增加一份抗战力量,此中并没有什么"核心"与"外围"之分。又何况这般青

---

① 阎伯群编:《与山河同在:天津抗日杀奸团回忆录》,天津古籍出版社2015年版,第153页。
② 参见陈恭澍著《军统第一杀手回忆录(2)·亲历军统抗战前期工作记录》,中国友谊出版公司2010年版,第187—193页。

年学子既无名义——始终只是一名团员,也不受薪——活动上所用的全是家里给的点心钱,这与军统局所运用的情报路线,性质上完全不同,又怎么可以看得那样褊狭呢?……

抗日杀奸团之产生及其存在,自有其客观环境与时代背景,绝不是任何人凭空一手造成的。虽然军统局得力于抗团的优异表现,这除了曾澈同志工作上的努力之外,一大半也是天报以福……

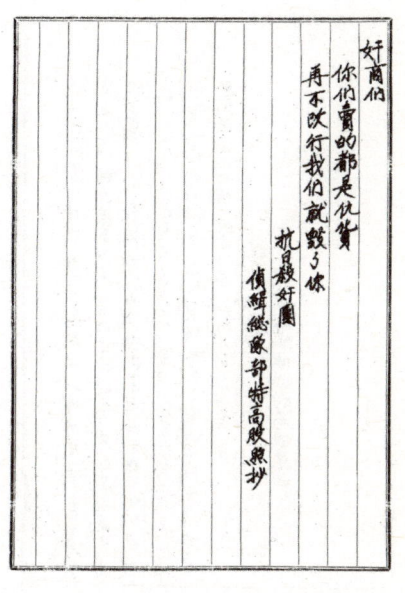

日伪当局抄录的抗日杀奸团传单

这个青年爱国组织,是在我担任天津站站长兼任华北忠义救国军(旋又改称为滦榆游击总司令部副总司令)的那个阶段诞生的……就在二十六年(1937)的冬天,有一次曾澈向我口头报告,说是要去参加一个"青年活动",我也就点头答应了,至于是个怎么样的"青年活动"?我就不甚了了。再往后,为了要召集一批青年加入"滦榆游击"的行列,这才关注到这件事。

先从抗日杀奸团的孕育说起。在二十四、二十五年(1935—1936)间,据说天津有一批青年学生到保定去集训,在集训期间,其中就有人与当时的政治组织"复兴社"……发生了关系,是否就这样播下了种子,虽不敢一定言是,但多少总有一点因缘。

"七七"卢沟桥变起,天津的中等以上在校学生,即酝酿组织抗

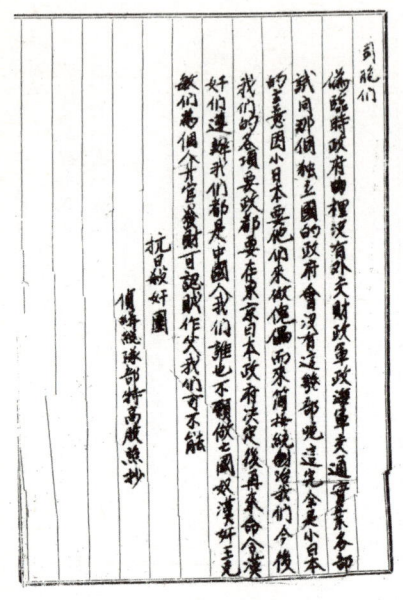

日伪当局抄录的抗日杀奸团传单

日团体,故有"天津青年救亡联合会"之成立。当时天津站书记曾澈同志所接触到的就是这般人。

为了进一步参与抗战实际活动,"天津青年救亡联合会"中的积极分子,在曾澈同志的鼓励下,乃组成了永垂不朽的抗日杀奸团。

此一青年爱国组织的名称——抗日杀奸团是否系由当时的天津站所拟议,再通过曾澈的提出而获得大家认可的?已经记忆模糊了。

抗日杀奸团的创始者,据悉有李宝奇、沈栋、郭肇和、李如鹏、李宝仁、陈肇基、曾澈等人……

发展中,因工作路线问题,抗团的内部产生了不同的意见,有的主张口诛笔伐、着重于文化宣传,有的则非要真刀真枪、拼个你死我活不可,于是各展所长,而后也各有其不可磨灭的成就……

那些比较文静一点的,自掏腰包,买纸张,借油印,贴抗日标语,散反日传单。一时之间,把一个包括日本租界在内的天津市区,搞得热闹非凡,连巡捕都抓不胜抓,充分地表现出民族反侵略的热情。

跃跃欲试的动作派,争先恐后地想要亲手宰几个日本人。以陈肇基带头的一批,由曾澈为介,参加了"滦榆总部"主办的干部训练班。一个月后,就出发到冀东宝坻县打游击战去了。当他们20多人在一所学校的楼上举行开训集合中,我曾经给他们讲过话,在场的还有王天木、王文、曾澈诸人。

另一批激烈主张硬干的行动派,自动组成了一个五人干事会,由李如鹏主管组织、孙大成主管行动、祝宗樑主管技术、袁俊汉主管总务、曾澈主管联络协调。所需武器是他们唯一无法自行解决的问题,那只好由"天津站"支持了……

其实,只要有一腔热血,自然就会产生无比的勇气,像不会开枪这一类的小节,绝阻止不住他们的一往无前,也照样的可以完成制裁汉奸的壮举。

在二十七年(1938)至二十八(1939)的两个年头中,由抗团五人干事会所领导的行动破坏工作,曾执行多起:在天津方面,如伪河北省教育厅长陶尚铭、伪天津市商会会长王竹林……津海关监督兼伪准备银行[天津分行]总经理程锡庚等,都是该团所为。在北平方面,也有伪建设总署总务局长俞大纯①等多人。破坏工作中,最具战略价值的,是在天津三个堆栈,前后三次焚毁了敌军搜刮待运的棉花一万余包。以一群没有受过训练、年纪不过十八九岁的青年学生们,能够干出这么多轰天动地的大事来,实在太难得了!

敌人不是死人,当然不会等着挨揍而不还手。他们随时随地都在觅取机会,不断地反击。据统计:抗团同志自投入抗日杀奸工作以来,前后共失事19次,被捕83人。死难者有曾澈、冯运修、李如

---

① 亦有记载称俞大纯时任"伪华北政务委员会建设总署总务处处长",但《申报》则载其时任伪"平市建设局总务科长"。《申报》1940年7月24日第4页载《俞大纯返寓被刺》:"北平。[伪]平市建设局总务科长俞大纯,今日午前十一时许在返寓途中,遭三人开枪射击,当即毙命。开枪者皆逸去(二十二日电)。"

鹏、纪树仁、纪念华、朱云、陈维霖、袁汉俊、李鑫、黄克忠(另一记录名黄瑞堂)、缪维等十余人。以上是知道姓名的,此外,姓名不详或下落不明者还有好多。

且说自曾澈同志等失事被捕后,抗团并未因此而停止活动。那位主持行动工作的孙大成同志,幸而脱险后,又来到了北平……

没有多久,不意又被便衣日本宪兵追踪而至,眼看实在无法待下去了,这才辗转到了秦皇岛。在这里多承"抗团"某一同志家属之助,冒着风险替他开了一张"开滦煤矿"的职员证明,搭乘一艘运煤船先到上海,然后再取道浙赣湘黔去了重庆……

孙大成在重庆见到过戴先生(即戴笠——引者注),慰勉有加外,戴先生仍希望他能够再回到天津继续领导抗团的工作。孙欣然接受,不过,有一个大问题解决不了,那就是没有办法可以保证一定能突破天津的封锁线,安全地进入市区。后来,戴先生几经考虑,再征求大成的意见,愿不愿意到上海去?

孙大成同志于二十九年(1940)七月八日到上海,他的身份就是代表抗日杀奸团。抗团并不是"上海区"属下的工作单位,它仍然保持着青年爱国团体的独特风格。可是上海并非抗团发源之地,当然不如在天津那么兜得转,所以有许多地方它也需要"上海区"的辅导。

孙大成到了上海之后,我们曾见过一面,对于交通联络等事项,都作了约定,其后,就交由助理书记刘原深兄直接负责联络与指导。

关于"上海区"所给予的支持,只有每月法币370元而已,此外,一无要求。而此一数字自二十九年(1940)九月起,一直维持到三十年(1941)十月止,迄未增加。

1945年10月10日,孙连仲在北平(北京)故宫太和殿前主持华北侵华日军受降签字仪式后,观礼团部分成员合影。包括叶于良、陈肇基、王文诚、王振鹄等抗团成员

嗣后,抗团同志即陆续抵达上海,和孙大成同住一处者,有钱致伦、叶以昌、刘世华等三人。其他如何敏信、阚津婉等诸同志则分散多处,与孙大成均保持"单线"联系。正因为如此,所以每当发生意外事故时,除了失事那个小单位外,都不会有更多的牵连。这也是上海抗团吸收了天津经验而育成的一大特点。

"上海区"本身的行动单位很多,我们协调的结果,决定抗团不做行动工作,而专注于宣传、破坏与扰乱。所以抗团在上海,始终没有配备武器。至于他们所需要的爆破器材,初时由"上海区"的"技术室"供应,后来则自制自用。这又是他们的另一特点。

抗团同志由外地陆续调来上海的,大约不超过30人,可是他们却又在当地吸收了三四十人,最多的时候,全部将近70人。人数虽逐渐增多,但仍能保持以往的素质,且和先前一般的斗志高亢、气势昂扬,在他们的胸怀中所独具的,只有抗日杀奸的一颗忠心。

孙大成先是在派克路租了一间铺面房子,以开设复盛水电行作为掩护,同时也可以利用这个地方,存储一些"原料"和"工具"。其后经过了一段时间的准备,可就奋不顾身的干起来了……

孙大成等被捕后,抗团在上海的活动并未中断,继续由祝宗樑、袁汉俊、吕乃灏、刘世华等分别负责,活跃如初。唯在胜利前仍失事多次,迭有牺牲。

5."锄奸暗杀团"与"平津抗日锄奸团"

丁伟《程锡庚事件真相》载:"国民党政府为了打击破坏伪临时政府。命令军统在天津的组织——天津站,对伪临时政府要人进行暗杀活动。军统天津站利用一些爱国志士组织了外围团体'抗日锄奸暗杀团',从事侦查、刺杀汉奸的活动。所用的器材、枪支弹药、活动经费等,均由军统供应。在此背景下,春风得意的程锡庚自然名列军统的汉奸名单,成了暗杀的目标……日本外务省外交史料馆所藏机密第882号资料《在天津日本总领事田代重德给有田外务大臣的报告》中,记载了4人的身份和供述内容……蓝向隆的陈述:……我是王文指挥的锄奸暗杀团的组长。"[①]

另载,王文指挥的"锄奸暗杀团"为"平津抗日锄奸团"。

1946年由天津市社会局文化礼俗科编印的《天津市忠烈祠第一次入祠忠烈简明事迹录》中,载有王文的抗日事迹。称其于"津市

---

①《文史精华》2009年第7期(总第230期),第53—54页。

沦陷后,奉命任平津抗日锄奸团团长兼行动组长。先后刺杀敌伪甚伙……以刺杀汉奸王克敏、王揖唐案,而被捕殉难"。王文为军统成员,这在相关档案和陈恭澍等著述中记载明确。尚不知王文与曾澈之间有无实质性的隶属关系或合作关系。

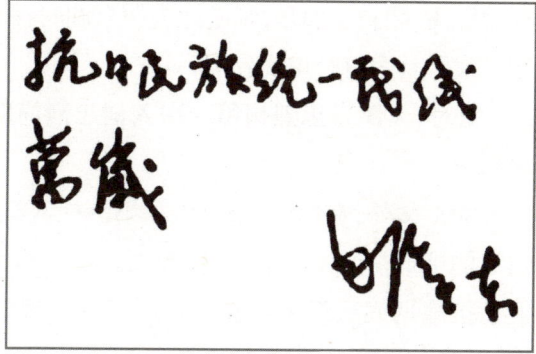

毛泽东手书的"抗日民族统一战线万岁"

《特工王戴笠》载:"王天木在上海投降日伪后,其在天津的老部下、军统天津站行动组特务裘级三受王的影响,亦在当年9月向日伪投降……几乎在这同时,军统外围组织平津抗日锄奸团(抗团)亦被株连,惨遭打击。大批团员被捕坐牢,不少人被杀害。团长曾澈亦不能幸免。"①可见,这个记载认为"平津抗日锄奸团"即抗团。

而在《天津市忠烈祠第一次入祠忠烈简明事迹录》中,介绍曾澈抗日事迹时,仅提及其为"军统局平津区区长"②,但在介绍抗日杀奸团小组长丁毓臣事迹时,却称其"为团长曾烈士澈所赏识"。"1969年台版抗团烈士资料"所载可为佐证,即曾澈于"二十八年(一九三九)三月,调长天津站,旋擢升天津区长。策动热血青年学生为抗日杀奸之组织,率彼多士,驰骋平津"。

据以上所载可知,曾澈为"抗日杀奸团"团长,王文为"平津抗

---

① 杨者圣:《特工王戴笠》,上海人民出版社1993年版,第281页。
② 天津《民治周刊》第1卷第8期第7页,1947年4月6日出版。

日锄奸团"团长。如是,判断此为两个同时存在的抗日杀奸组织,有无异议?是否符合史实?

6.对《天津市忠烈祠第一次入祠忠烈简明事迹录》所载查摆后的思考

除王文外,在《天津市忠烈祠第一次入祠忠烈简明事迹录》①中载明的抗日杀奸团团员约计16人,虽未指明为抗日杀奸团成员,但在抗战期间或组织或参与杀奸、除奸、锄奸者约计8人(关于曾澈的记载,参见上文)。现查摆如下:

1.郭朴"天津市党部委员……沦陷期中,领导青年抗敌除奸"。②

2.陈资一"军统局天津区区长……事变后,奉命任军委会调统局天津区区长,策动抗战除奸"。③

3.张清江"军统局天津区直属组组长……抗敌除奸"。④

4.吴纪元"抗日杀奸团组长……事变后,奋身抗敌,不为敌伪所屈,友辈敬重之。嗣任抗日杀奸团组长,杀奸破敌"。⑤

5.章文颖"抗日杀奸团组长……经同学某介绍加入抗日锄奸团,任组长"。⑥

6.孟长拴"天津市党部工委……抗战开始,即从事地下工作,深得众望,被选为提花工会主任委员,由斯除奸日亟"。⑦

---

①天津《民治周刊》从第1卷第8期(1947年4月6日出版)至第2卷第4期(1947年8月19日出版)连续八次刊载完毕。
②天津《民治周刊》第1卷第8期第7页,1947年4月6日出版。
③天津《民治周刊》第1卷第9期第7页,1947年4月20日出版。
④天津《民治周刊》第1卷第9期第7页,1947年4月20日出版。
⑤天津《民治周刊》第1卷第9期第7页,1947年4月20日出版。
⑥天津《民治周刊》第1卷第9期第7页,1947年4月20日出版。
⑦天津《民治周刊》第1卷第11期第8页,1947年6月1日出版。

7. 李克忠"三民主义青年团天津分团主任……领导青年铲除敌奸"。①

8. 冯运修"抗日杀奸团行动组组员……卢沟桥事变起,乃加入抗日锄奸团奔走策划,主持者倚为腹心"。②

9. 李鑫"抗日锄奸团团员……友人鉴于君之奇才大志,遂介绍入抗日杀奸团,以功升组长"。③

10. 袁汉俊"抗日杀奸团平津支团书记……纠合同志,组织抗日锄奸团,从事暗杀及破坏工作"。④

11. 倪中立"北平中国大学教授……遂化装在津从事杀敌除奸工作"。⑤

12. 丁毓臣"抗日杀奸团小组长……宣传正义,激励青年,从者甚众,为团长曾烈士澈所赏识,命其自长一组"。⑥

13. 王玉"抗日杀奸团行动组组员……对抗敌杀奸工作,莫不舍生一赴"。⑦

14. 李如鹏"抗日杀奸团干事……二十七年,任忠义救国军第三政治部主任,转战冀鲁各地。嗣,归津任职锄奸团……嗣,锄奸团以全权付公"。⑧

15. 陈肇熙"抗日杀奸团行动组组员……事变后,投入抗日杀

---

①天津《民治周刊》第1卷第11期第8页,1947年6月1日出版。
②天津《民治周刊》第1卷第11期第8页,1947年6月1日出版。
③天津《民治周刊》第1卷第11期第8页,1947年6月1日出版。
④天津《民治周刊》第1卷第12期第9页,1947年6月15日出版。
⑤天津《民治周刊》第1卷第12期第9页,1947年6月15日出版。
⑥天津《民治周刊》第2卷第1期第9页,1947年6月29日出版。
⑦天津《民治周刊》第2卷第1期第9页,1947年6月29日出版。
⑧天津《民治周刊》第2卷第1期第9页,1947年6月29日出版。

奸团,任行动组组员。君常以杀敌除奸为己任"。①

16. 梁金铭"抗日杀奸团干事……沦陷后,与同道者创办《小公报》……复加入抗日锄奸团"。②

17. 卢以仁"抗日锄奸团团员……平津沦陷后,受军委会组织抗日锄奸团,领导爱国同志"。③

18. 纪念华"天津抗日杀奸团通讯员"。④

19. 朱云"二十六年,津沽初陷敌手,奸伪嚣张。公愤甚,加入抗日除奸团,以功由组长升队附"。⑤此处所载为"抗日除奸团"。据原抗团成员的记载,朱云确为抗日杀奸团成员。

20. 张桐岗"毅然加入抗敌除奸工作"。⑥

21. 黄贵"天津市党部组员……民国二十六年,入国民党……嗣升充天津市党部行动组组员。华北党务被迫停顿后,乃参加锄奸团工作。"⑦

22. 刘福庚 "明新小学教员……抗敌军兴……加入抗日杀奸团"。⑧

23. 于敬明"军统局通讯员……津市沦陷后,遂加入天津抗日杀奸团,抗敌杀奸"。⑨

另在《天津市忠烈祠第一次入祠忠烈简明事迹录》中,仅提及

---

① 天津《民治周刊》第2卷第1期第9页,1947年6月29日出版。
② 天津《民治周刊》第2卷第1期第9页,1947年6月29日出版。
③ 天津《民治周刊》第2卷第1期第9页,1947年6月29日出版。
④ 天津《民治周刊》第2卷第1期第9页,1947年6月29日出版。
⑤ 天津《民治周刊》第2卷第2期第9页,1947年7月13日出版。
⑥ 天津《民治周刊》第2卷第2期第9页,1947年7月13日出版。
⑦ 天津《民治周刊》第2卷第4期第9页,1947年8月10日出版。
⑧ 天津《民治周刊》第2卷第4期第9页,1947年8月10日出版。
⑨ 天津《民治周刊》第2卷第4期第9页,1947年8月10日出版。

陈维霖为"军统局天津区组长"。①但"1969年台版抗团烈士资料"则载,1937年,陈维霖"正肄业天津工商大学附属中学。是时,平津一带爱国青年秘密组织抗日杀奸团,与敌周旋,时予敌伪以重大之打击。先烈慕之,民国二十九年(一九四〇)六月,毅然投效为团员……杀敌锄奸"。在《天津市忠烈祠第一次入祠忠烈简明事迹录》中,也仅提及骆永康为"忠救军第九路政治部科长"。但"1969年台版抗团烈士资料"则载明,骆永康于1938年9月后"赴敌后天津抗日锄奸团工作"。而在其他资料如原抗团成员的记载中,陈维霖、骆永康也均被列为抗日杀奸团成员。

通过以上查摆可知,《天津市忠烈祠第一次入祠忠烈简明事迹录》在行文中将抗日杀奸团与抗日锄奸团杂糅一处的情形较为明显。可见,当时并未将抗日杀奸团与抗日锄奸团明显区别开来。而军统组织对抗团成员进行辅导并给予经费支持甚至是提供枪弹、炸药等情,也难以否认。况且,曾澈既是"军统局平津区区长",也一度是"抗日杀奸团"团长,具有双重身份。而具有双重身份的抗日杀奸团成员显然也并非曾澈一人。因此,抗日杀奸团与军统组织有着千丝万缕的关系,很难说不是当时的实情(当然,部分抗团成员当时对此并不清楚的可能性也是存在的)。

不过,如果说抗团成员当时都不了解抗团与军统等国民党组织的关系,显然也低估了这些爱国青年的判断能力。原抗团成员方圻《行刺周作人——我参加的一次"抗团"活动》载:"[1939年]暑假我回天津时,曾澈、宋显勇等召集'燕京小组'成员共八个人吃饭。就在这次聚会中,我完全听出来曾澈是代表重庆国民

---

① 天津《民治周刊》第1卷第9期第7页,1947年4月20日出版。

党方面的了。他说：上边来电,表扬抗团在天津杀了一个商界大汉奸。同时批评燕京小组李如鹏行刺周作人不够沉着,未能杀敌致果。我明白这个电报是重庆国民党方面来的,就不愿再继续留在抗团中。1939年8月,我借口家庭干涉,声明不再参加抗团的活动。"①方圻当时缘何对"重庆国民党方面"避之不及呢？

可以肯定的是，原抗团成员如今公认的对外称谓就是抗日杀奸团,而且,在抗战期间,抗团成员公开使用的称谓,大多情况下也应为抗日杀奸团。这不仅反映在原抗团成员的回忆性著述中,在当年抗团散发的抗日传单落款中,也清晰可见。如由原抗团成员搜集的由伪天津警察局"侦缉总队部特高股照抄"的抗团传单四种（参见天津市档案馆馆藏档案,档号：J218-1-3584-021、J218-1-3584-022、J218-1-3584-023、J218-1-3584-024）。

为尊重幸存至今的原抗团团员的习惯,也为慎重起见,本书在行文中,仅将抗日杀奸团简称为"抗团"。

7.英雄不问出处 抗日何论身份

只要有抗日义举,就是民族英雄。就不应把其加入过的组织作为评判是非曲直的标准,就不应将其党派身份人为割裂开,更不能"唯成分论"。抗战期间,沦陷区血雨腥风,在极为复杂的条件下,全民抗战是大势所趋。在中国共产党的积极倡导和努力推动下,国共两党联合建立抗日民族统一战线。而投身抗日救亡的莘莘学子大都满怀爱国激情,对党派身份并不敏感。尤其是国民党组织的成员、抗日杀奸团团员与转战敌后的八路军、中华民族解放先锋队（简称民先,爱国进步青年在中国共产党领导下建立的

---

①北京市政协编：《北京观察》1995年第8期,第28页。

抗日救国组织)等,协同配合抗日杀奸的情形,也是存在的。

面对中华民族的危亡,摒弃前嫌,一致对外,团结抗日,善莫大焉。从这个意义上看,如果今后还有将"抗日杀奸"写成"抗日锄奸"或"抗日除奸"的情形,真不是什么大不了的原则性问题。这是因为,其在抗战期间,均弘扬了民族大义,并无本质上的区别。对此,也真不值得大惊小怪或谈及色变。除了中统、军统后被长期作为特务的代名词而令人望而生畏之外,三青团也曾被标签化。实际上,三民主义青年团团员在抗战期间也作出了巨大牺牲,近年来相关公开出版物较多,可兹参考。如王连弟著《抗日战争时期国共青年运动风云录:中国共产党抗日青年统一战线方针与三民主义青年团》(中国言实出版社2006年版)、贾维著《三民主义青年团史稿》(社会科学文献出版社2013年版)等。

"抗日杀奸"和"抗日锄奸"只有一字之差,但都是抗日组织。实际上,抗战期间(上溯至九一八事变),以"杀奸""锄奸""除奸""诛奸""铲奸""灭奸""肃奸"等为名的抗日团体和抗日机构(团、会、部、处、队、组等),在国内很多地方都出现过。而且,这些抗日组织的成员中,不乏忠贞爱国、誓死报国的青年学生。

南京大学中华民国史研究中心主任张宪文曾指出:"'七七'全

《申报》香港版1938年11月24日第2页载《中国共产党拥护抗战》

民族抗战开始后,在举国一致对外的历史大背景下,作为国民党的统治工具,为执行蒋介石抗战决策,中统与军统组织分别直接投入到军事、政治与特工作战中,在上海等地与日伪进行了十分激烈的搏杀。在这些斗争中,许多国民党特工人员被日伪捕杀。其中,有很多还是满怀抗日救国愿望参加抗战训练而误入特务组织的青年学生。他们毕业后直接投入抗日战场,并为民族而献身。他们也应当是抗日烈士。当然,历史人物与历史现象是十分复杂的,需要进行有针对性的具体而细致的分析研究。"①

正确理解抗日杀奸团与抗日锄奸团等抗日组织的异同以及其与国民党组织的关系,既需要不断地开掘、解构、剖析,也应从维护中华民族整体利益的立场上出发,站在弘扬全民抗战伟大精神的高度上理性评价。对此应该先脱敏。只要消除了过敏反应甚至是过激反应,就能对此泰然处之。

2015 年 5 月 4 日,中共中央总书记习近平同志在北京会见由"朱立伦主席率领的中国国民党大陆访问团"时表示:"10 年前,在两岸关系剧烈动荡之时,国共两党为了两岸民众共同命运,冲破历史藩篱,实现和解,共商维护台海和平之道。10 年来,国共两党和两岸同胞共同努力,开辟了两岸关系和平发展的光明前景,给两岸同胞带来了实实在在的好处,得到了两岸同胞的广泛支持和认同,也受到了国际社会的普遍肯定和赞扬……习近平指出,两岸同胞同根同源、同文同种,历来是命运与共的。在经济全球化深入发展、两岸联系日益密切的今天,两岸是割舍不断的命运共同体。面对新形

---

① 张宪文:《本书的特点》,马振犊著:《国民党特务活动史》修订本上册正文前第 1—2 页,九州出版社 2012 年版。

势,国共两党和两岸双方要坚定信心、增进互信,维护两岸关系和平发展进程,携手建设两岸命运共同体。习近平就此提出 5 点主张:……国共两党和两岸双方要着眼大局,本着相互尊重的精神,不仅要求同存异,更应努力聚同化异,不断增进政治互信。对两岸间长期存在的政治分歧和难题,国共两党都要勇于面对,汇聚两岸同胞智慧,积极探索解决之道……"①

2015 年 9 月 1 日,"中共中央总书记习近平在人民大会堂会见前来参加中国人民抗日战争暨世界反法西斯战争胜利 70 周年纪念活动的连战等台湾各界代表人士……习近平指出,1931 年九一八事变特别是 1937 年全面抗战爆发后,空前的民族灾难唤起了空前的民族觉醒。在外敌入侵、民族存亡的危急关头,全国人民毅然奋起,同日本军国主义侵略者展开了殊死斗争。国共两党合作建立抗日民族统一战线,全体中华儿女不分党派、民族、阶级、地域,众志成城,同仇敌忾,用鲜血和生命捍卫国家主权和民族尊严。正面战场和敌后战场相互配合、协同作战,都为抗战胜利作出了重要贡献,涌现出一大批气壮山河的抗战英雄。历史将永远铭记为抗日战争胜利英勇献身的先烈们。"②

我们都要认真学习贯彻中共中央总书记习近平同志于 2015 年 9 月 3 日在纪念中国人民抗日战争暨世界反法西斯战争胜利 70 周年大会上的讲话,并深刻理解这篇重要讲话的精神实质,铭记历史教训,弘扬抗战精神。只要冲破历史藩篱,就一定能找到正确的

---

① 记者孙立极:《习近平总书记会见中国国民党主席朱立伦》,《人民日报》2015 年 5 月 5 日第 1 版。
② 记者吴储岐:《习近平总书记会见台湾各界代表人士》,《人民日报》2015 年 9 月 2 日第 1 版。

前进方向,就能团结一心,珍爱和平,共谋发展,共同奋斗。

回过头来再说抗团史料问题。既然抗团当年并非孤立存在,那么,就应亟待开阔研究视野、拓展历史纵深。

可是,检索检索、归拢归拢,迄今大家掌握的抗团原始资料,其实并不多啊!近年来出版的所谓解密、揭秘、纪实之类,随意翻翻、浏览浏览还觉得有点儿意思,可一旦较真的话,禁不起推敲的情形居然比比皆是。而且,总觉得内容大同小异,细节雷同,怎么重复率这么高呢?

而对已公开出版的抗团口述史资料,进行比对性分析研究的学术成果则属于太少。现状是,把这些口述史资料传抄后又进行不大靠谱的演绎性读物,则并不鲜见。热衷这种简单化的重复性劳动就罢了,居然还打着尊重历史的幌子,让人误以为是信史。这对曾浴血奋战的抗团战士,何谈尊重?

幸存的抗团成员的回忆性文字非常珍贵,值得尊重,但是其视角不一样、认识不一样、印象也不一样。如此,也就难免存在记忆偏差。而当时属于拎着脑袋从事地下抗日工作,单线联系较为常见,此抗团成员不了解彼抗团成员活动的情形抑或有之。总之,仅仅满足于用简单化的线性思维和轻松调侃的笔端,去触碰那段大写的悲壮抗战史,万万使不得。

如果今后把"抗团史"列入学术研究课题的话,目力所及的这些资料能否支撑得起来抗团这部英雄史呢?仅凭眼前这些公开资料的话,大概还不能。还应该继续下功夫搜集资料,并坚持以马克思主义唯物史观为指导,予以科学判断和开展客观评析。

第四章

抗战期间及抗战胜利后褒恤抗日烈士史料

九一八事变后，对中国抗战殉国军民的褒奖、祭奠和对抗属的优抚、救济，从1932年上海淞沪抗战爆发后，就已陆续展开。国共两党分别制定相关法律法规，逐渐规范化，形成制度化。抗战期间及抗战胜利后，通过广泛征集抗战史料，搜集到很多抗日烈士的英雄事迹，并通过普遍设立忠烈祠、烈士陵园等方式对其予以纪念。以下撷取的相关史料，大部分为首次整理点校披露的原始资料。此举，对诠释伟大的全民抗战精神、弘扬爱国主义精神，都具有深远的历史意义。同时，对于深入研究天津市忠烈祠的设立依据、管理模式以及悼念形式、公祭仪轨等，也均有裨益。

一 多渠道征集抗战史料

1. 陆辑对日抗战史料（《申报》1937年11月9日第6页）

陆锡桢近编辑《卢案后对日抗战史料》一书。内容分：一、蒋委员长的严正表示；二、和平已到了绝望时期；三、卢沟桥事变；四、沦陷后的平津；五、平绥线战事；六、平汉线战事；七、津浦线战事；八、晋北战事；九、淞沪战事；十、抗战中的首都及长江流域；十一、敌人已实行南进政策；十二、侵略者的暴行；十三、我国向全世界呼吁；十四、人类正义感的胜利；十五、日本国力的估计；十六、日本民情的调查；十七、抗战后的外交与国际；十八、抗战后的中国政治；十九、抗战后的中国经济；二十、抗战后的中国教育；二十一、抗战

《申报》1937年8月19日第2页载，蒋介石于8月18日通令详报阵亡各官兵姓名，以便抚恤，而昭忠烈

后的后方民众;二十二、光荣的牺牲者;二十三、抗敌将士素描;二十四、今后胜利的把握。全书约有一百余万言,不日即将分别出版。

2. 行政院征集抗战史料 令各机关调查汇送 以彰忠勇而资激励(《申报》汉口版1938年2月25日第2页)

本市消息。行政院顷通令各部会、各省府,以抗战以来,各机关公务人员尽忠职守,作壮烈牺牲、英勇奋斗者,颇不乏人。凡此事迹,皆抗战过程中最可宝贵之史料。应由各机关详加调查,汇送中央,广为宣扬,以彰忠勇,而资激励。

3.电各战区司令长官及各省政府征集抗战壮烈事迹[①](1938年7月6日)

各战区司令长官及各省政府同鉴:

查抗战迄今,已阅一年,我各路前线将士,英勇杀敌,粉身碎骨。成仁报国者,以数十万计。即各级地方行政人员,临难不苟而殉职者,及各地民众同胞投袂赴义,因而死难者,亦所在皆有。其间慷慨效命,孑身奋斗,抗节不屈,种种可泣可歌之事迹,皆为我民族伟大精神之表现,实足以炳耀世界,昭示来兹。除对各殉国忠烈之家属,另电慰唁外,其壮烈牺牲事实,应即由各部队长官及各省市政府,分别负责调查,详加征集,随时呈报军事委员会,以备抚恤,而便褒扬,俾克稍慰英灵,光昭史册,以为我民族世世子孙之钦式,至所企盼。中正。麻(六日)。侍秘鄂。

4.行政院令各机关尽量供给抗战史料[②](1938年8月25日)

外交部训令所属机关(文27字第一一七五八号),转饬遵照院

---

① 《文汇年刊》1939年第1期第56页。参见《申报》1938年7月7日第1页《蒋委员长通令调查抗敌壮烈事迹,俾抚恤褒扬昭示来兹》。
② 《外交部公报》1938年第11卷第7至9期合刊第95—96页。

令,尽量供给抗战史料由(不另行文)。奉行政院二十七年八月二十五日渝字第六六七七号训令开:

案准国民政府文官处二十七年八月十七日公函:"径启者,奉主席交下中央执行委员会二十七年八月十五日渝仁字第二一三二号公函内开:'一顷中央党史史料编纂委员会呈略开:查自抗战军兴以来,时逾一载,全民蹈厉,在最高领袖统一指挥之下,矢勤矢勇,共复国仇,有史以来实所罕觏,不有纪载,何以激发将来,垂光禩世? 属会有鉴及此,现在从事编辑抗战史料,网罗异闻,唯以僻处,见闻未周,理合呈请钧会准予转函国民政府通令所属各级军政机关,尽量供给抗战史料,俾资参考。等情一案,据此相应函达,即希查照核办。等因一案,奉谕:由处通函各机关照办。等因,除函复并分函外,相应函达,即希查照办理,并转行所属各关系机关照办为荷。'等由准此,除分令各部会及各省市政府外,合亟令仰遵照,并转饬所属一体遵照。此令。"

等因奉此,合行令仰遵照。此令。

中华民国二十七年八月二十七日
部长王宠惠

5. 令各军队特别党部搜集党员抗战牺牲之史料[①](1939年)

各军队特别党部:查本党军人党员,为数綦重。其因此次抗战而牺牲者,除政府予以褒扬外,本党允宜记其事迹,编入党史,以慰忠魂,而扬光烈。合行电仰各该党部,将此项党员之死难经过及对党努力事实,详加搜集具报,以凭核办为要。中央执行委员会文印。

---

① 国民党中央"渝(28)文一三八八七号"令。《中央党务公报》1939第3期,第27页。

6. 征集保存抗战史料（《申报》香港版 1939 年 5 月 8 日第 6 页）

曲江快讯。省府准省党部函奉中央党部令，征集保存抗战史料。特分令各区公署转饬各县遵照办理。指示办法六项：

（一）各省市、铁路党部应互推委员一人，负责主办关于抗战史料之征集保存及计划策动等事项，以专责成，并仰迅将负责委员呈报中央备查；

（二）各省市、铁路党部得延请当地有史学兴趣之人士，担任抗战史料采访员，以资博采；

（三）各县非公务人员，但有史料人员、但有史料贡献，应视其价值酌为酬奖，其有特殊价值之史料，并得专案检呈中央，酌发奖金；

（四）各游击区内之忠义事迹，应由各该党部设法约定得力人员，留心纪录保存；

（五）各省市、各铁路党部与抗战有关之案卷，胥为重要之史料，应各特别保存，并复编索引，以便抽查，而备编史之用；

（六）各省市、各铁路党部呈中央史料，应各抄存一份，以备邮运散失之处云。

7.国立北平图书馆征集抗战史料[①]（1939 年）

此次吾民族对日抗战规模之大、时间之长、牺牲之巨，是从来所未有。于此抗战期中，各方已注意到史料搜集，以准备将来纂成专书，记录我民族这次伟大的历史工作，而告于后人。国立北平图书馆为国立主要文化机关之一。近一年余，搜集欧美方面之报告

---

① 《图书季刊》1939 年第 1 期，第 94 页，国立北平图书馆编辑出版。

或记载,为数颇多。现正着手编纂抗战史绩,以供纂修战史之参考。该馆现在拟定征集抗战史料的范围与办法,希望社会人士与以赞助。

8. 国立西北联合大学纂集抗战史料[①]（1939年）

国立西北联合大学鉴于编辑抗战史料之重要,该校历史学系同人及全体学生拟即分组搜集,加以整理。一方足为民族复兴之助,一方使珍贵之史料得有系统之保存。已组织抗战史料纂集指导委员会,推定李季谷、许寿裳、陆懋德、许重远、谢兆熊、胡鸣盛、何大骥、吴世昌、唐祖培、周国亭、何竹淇诸氏为委员,开始工作。

9. 胡愈之等氏成立抗战史料编辑社[②]（1939年）

抗战史料编辑社胡愈之、杜重远、邹韬奋等,前函云南省府,以抗战发动已逾周年,我民族抗战事迹实为极可宝贵之史料,有善为保存之必要,而领取过去之教训,为今后革新之助,亦有待于资料之搜罗。该社有见及此,爰有抗战史料之编纂,举凡抗战发动之缘起,抗战以来,敌我关系之变迁,我军战斗之实

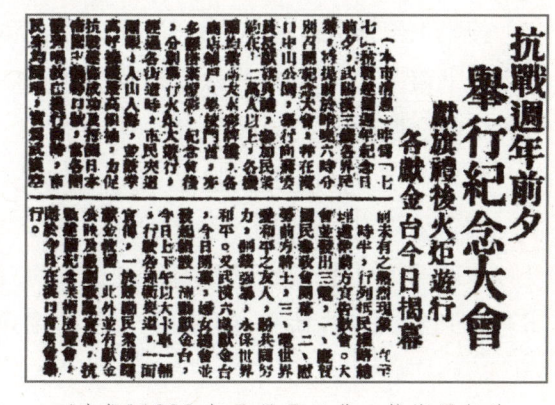

《申报》1938年7月7日载,抗战周年前夕,武汉三镇举行纪念大会,树立抗敌信心

---

① 《图书季刊》1939年第1期,第94页。
② 《图书季刊》1939年第1期,第94—95页。

绩,国内政治、财政、经济各方面之形相,外交与国际宣传之活动,民众运动之发展,战时文化之形相,伤兵难民救护救济之经过,沦陷区域之情况,敌军之暴行以及其他有关抗战之材料,均拟广为搜集,编纂成书,以供国人之参考。现编辑工作业已开始,如有此类文件、统计图表、照片等资料,可以公开发表者,请予惠寄,俾臻完善。

10.国立北平图书馆与国立西南联合大学合组中日战事史料征辑会及其工作[①](1939年)

国立北平图书馆与国立西南联合大学鉴于中日战事史料搜集整理之重要,近合组织中日战事史料征辑会,所集史料不仅限于战事,即政治、社会、经济、交通、教育各方面,亦均注意采访范围,并不限于本国。其工作业已进行,约可分为两方面:(一)搜集保存;(二)整理编纂。

搜集工作分书籍采访、期刊订购、日报订购等项。至四月底止,已入藏书籍千五百余、期刊六百余种、日报百三十余种。此外,尚有各种资料之搜集。

整理工作为日报之剪排与小册子之整理。

编辑工作有《卢沟桥事变以来中日战争大事年表》《卢沟桥事变以来大事日历长编》《卢沟桥事变以来每日战况详表》《中日战事纪事长编》《卢沟桥事变以来新出战事书籍提要》等编辑之进行。

索引工作有《中文杂志索引》《西文杂志索引》《中日战事公牍索引》等之编制。

---

①《图书季刊》1939年第2期,第223页。

11.《中日战事史料征辑会工作报告(1939年1月至12月)》①

一、本会一年来各部工作进行概况

本会于民国二十八年一月一日正式成立,迄今仅及一载,辱承国内外人士之赞助,惠寄资料,弥足感奋。除二十八年一月至四月工作报告业已刊印小册外②,兹再将一年来各部工作概况简述于次:

采访工作:

本会搜集资料之工作,系委托国立北平图书馆负责,该馆除在北平、昆明设立总办事处外,并在国内外各大都市设置采访专员,广事搜罗,力求完备。虽交通梗阻,而收藏日富,实足欣慰。兹将已藏之书籍、小册子、期刊、图画、日报等之统计,分列如次:

甲、书籍及小册子:(一)中文书籍二千八百八十种,计三千册;(二)西文书籍一千种,计一千三百册;(三)西文小册五百种,计五百二十册;(四)日文书籍四百七十种,计四百八十册。

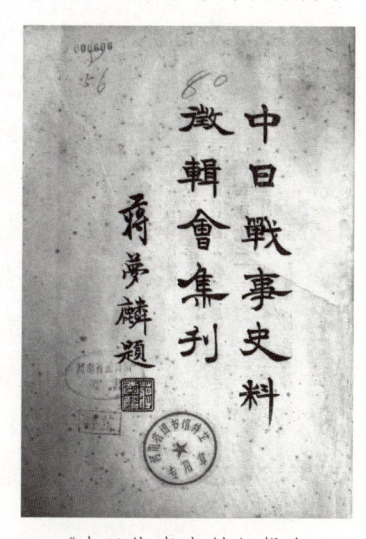

《中日战事史料征辑会集刊》第一辑封面

---

① 中日战争史料征辑会编:《中日战事史料征辑会集刊》第1期,第11—26页,1940年6月出版。会址时设于"昆明大西门外地坛"。
② 即《国立北平图书馆国立西南联合大学合组中日战事史料征辑会工作报告》,包括:《中日战事史料征辑会工作报告(二十八年一月至四月)》《附录一:本会职员姓名录》《附录二:入藏西文书籍期刊及日报简目》。正文共30页。中日战事史料征辑会通讯处时设于"昆明柿花巷二十二号"。

乙、期刊：（一）中文期刊九百零六种；（二）西文期刊三百六十五种（有英法德俄意荷诸国文字，以英文居首，法文次之）；（三）日文期刊一百五十一种。

丙、报纸：（一）中文日报一百六十种；（二）西文日报四十七种（有英法德俄意诸国文字，英文居首位）。

丁、其他公文、电稿、抄件、照片等五百余种。

以性质而言，本会所搜资料，范围颇广，如军事、政治、经济、财政、教育、交通、建设等等。凡有关抗战建国大业者，皆在搜求之列。虽在抗战期中，难窥全豹，而国内外公私之出版物，则已唯力是视，应有尽有，大致言之，其入藏资料，可分下列诸类：（一）政府机关及各政党、各社团之出版物，如公报、宣言、油印文件等；（二）外国政府及国际联合会出版之类似资料；（三）私人著作及演讲稿；（四）新闻记者之报告书；（五）中日问题研究专家之著述及论文单行本；（六）远东问题及太平洋问题之著作；（七）外侨财产损失报告；（八）各国教会财产被毁损失调查；（九）各国社团及工会援华运动之宣传品；（十）海外中国各政党之出版物；（十一）文化机关被毁调查；（十二）医药、防疫及战地救护设施报告；（十三）敌人、汉奸之出版品及宣传品；（十四）前线战况、将士生活；（十五）后方建设报告及图片。

编辑及整理工作：

甲、编辑工作

本会资料之编辑工作，则由国立西南联合大学历史系、外语系诸同人负责。兹将已编制就绪及正在进行中之编译工作，列举于后：

（一）《中日战事史料征辑会丛刊》。为本会不定期刊物之一，首载本会专家之论著，次为本会总报告与各组工作报告等，为本会探讨会务、报告工作之刊物。一俟印刷便利，再改为定期刊物。

（二）《中日战事分区记事长编》。依据本会之计画书。将敌人此次侵略战争分为若干区，每一区自为一单位，将已发表之材料，如公文、战报、战事记、战地通信等，按年排列，集为长编。已作成者，有王丰年所编之《平汉线初期战况长编》；正在编辑中者，尚有《卢沟桥与平津陷落》《西战场初期战况》《京沪战争》《厦门陷落记》等多种。

（三）《中日战事史料丛刊》。暂分两大类：

中文之部。由本会中文组主编。拟将所辑分区战争长编中之记事文，依都市（如南京、徐州等）、战地（卢沟桥、台儿庄等）、战区（如晋北、西战场等）分别辑出，编成丛刊。已在编辑中者，有下列数种：(1)卢沟桥、(2)平汉线北段、(3)晋北、(4)平型关、(5)淞沪战争等。

日文之部。由本会日文组主编。在编辑中者，有下列数种：(1)中日战事以来日本之对华政策、(2)中日战事以来日本对华之政治攻势、(3)中日战事以来日本对华之经济侵略、(4)中日战事以来日本对华之文化政策、(5)日本侵略华北之过程及现况、(6)兴亚院之剖视、(7)中日战事与日本、(8)中日战事以来日本之政治、(9)中日战事以来日本之国际关系、(10)中日战事以来日本之经济。

（四）《敌情副刊》及《敌伪资料副刊》。《敌情副刊》在昆明中央日报[社]出版者，已出四十五期。《敌伪资料副刊》，则在重庆中央日报[社]出版，已出三期。两副刊均由本会日文编译组主编。

（五）《暴日侵华与国际舆论（Japan's Aggression and Public Opinion）》。第一辑业已出版。为本会英文刊物之一，内容侧重中日战事以来日寇泥足之暴露及在国际间所引起之影响。内容共收长篇论文五十七篇，均为远东专家之著述，足供社会人士之参考，并可见国际舆情之一斑。第二辑业已编就,一俟筹有的款,即可付印。

(六)《建设中之中国(China in Reconstruction)》。此项文选系将西文杂志中关于我国在抗战中经济建设之论文分类汇编,将抗战期中我国后方淬砺奋发、埋首建设之工作,藉文字之反映,编成专册,以显示我国之复兴及经济建设前程之伟大。现已辑有成稿,一俟整理就绪,即可付梓。

(七)《伦敦〈泰晤士报〉论文选录》。自七七事变以迄今兹,伦敦泰晤士报同情我国抗战之社论,为数颇多,足以表示国际正论之一斑。现拟将一九三七年七月至一九三九年七月该报之社论编成第一辑,整理已竣,一俟筹有的款,即可付印。

(八)《俄文〈真理报〉社论选录》。自七七事变七月以来,该报重要社论对于我国抗战,莫不表示最大之同情。本会特将此项社论译成中文,已达十余万字。由刘泽荣教授指导,吴春曦君翻译。

(九)《日寇朝野谬论选译》。着重选译日寇朝野名流及军部法西[斯]分子之谬误,以供知彼之助。现已译就者约有六万字,余正继续选译中。

乙、编目及索引工作

本会资料之编目及索引,则由国立北平图书馆负责,兹列举如下:

(一)《中日关系书目(Bibliography of Sino-Japanese Relations)》。此目所收之书,断自一九三一年九一八事变以后,以迄最近,主旨在将近九年来欧美各国出版品中述及中日关系之论著编成专目,以便参考。

(二)《中文抗战书目》。本会入藏中文抗战述及,不下三千余种。近拟将讨论抗战建国问题之专书,依其性质分为:(1)总类、(2)

抗战言论集、(3)政治、(4)经济、(5)财政、(6)文化、(7)教育、(8)国际关系、(9)日本研究、(10)外交、(11)宣传、(12)文艺、(13)战事实录(此类依地域分区)及(14)汉译有关抗战建国问题之西书等十四类,编为书目,以供参考。现已编就者约二千种,俟编目完竣,即可出版。

(三)《中文抗战论文索引》。将七七事变以来出版之杂志、论文,编成分类索引,所收之杂志,约三百六十余种,拟先完成第一编,所选之论文为二十六年七月七日及〔至〕二十八年七月七日所发表者,类目如下:(1)总论、(2)政治、(3)经济、(4)教育、(5)社会、(6)军事、(7)国际、(8)敌情、(9)沦陷区、(10)抗战人物志等类。其他收入附录栏者有:(1)党政军重要官吏之言论、(2)党政军机关之宣言及决议案、(3)重要法规、(4)大事记、(5)抗战文艺等。

(四)《西文抗战论文索引》。依据欧美出版之杂志索引及本会所藏之资料,将国外杂志论文述及中日战事或远东及太平洋问题者,编成分类索引。自一九三七年七月起,至一九三九年十二月之部分,业已编就,即可出版。

(五)《中文杂志论文索引》。此类论文仅以日寇侵华言论、侵华计划及其对华研究者为限。昭和十四年度(即 1939 年)之部,业已编排完竣。

丙、剪报工作(略)

二、中日战事分区纪事长编工作报告(略)

三、中日战事史料丛刊工作报告(略)

四、"敌情"及"敌伪资料"两副刊工作报告(略)

五、分类剪报与编年剪报工作报告(略)

六、中文资料编目工作报告(略)

七、中西文杂志论文索引工作报告(略)

八、本会同人姓名录

委员会。主席:袁同礼(国立北平图书馆馆长);副主席:冯友兰(国立西南联大文学院院长);委员:刘崇鋐(国立西南联大史学系主任)、姚从吾(国立西南联大史学系教授)、傅斯年(国立中央研究院历史语言研究所所长)、陈寅恪(国立西南联大史学系教授)、钱端升(国立西南联大政治系教授)、陶孟和(国立中央研究院社会科学研究所所长)、顾颉刚(国立云大史学系教授、齐鲁大学国学研究所主任)。

编辑。总编辑:姚从吾;副总编辑:刘崇鋐;中文编辑:郑天挺、钱穆;英文编辑:张荫麟、叶公超、雷海宗、蔡文侯、丁佶、皮名举、伍启元;法文编辑:邵循正、吴达元;德文编辑:冯文潜、冯承植;俄文编辑:刘泽荣;日文编辑:王信忠、傅恩龄。

工作人员。干事:胡绍声;中文组:郑逢源(中文资料整理,《战事分区记事长编》《大事表》、剪报等),王丰年(中文资料整理,《战事分区记事长编》与《中日战事史料丛刊》),邓衍林(中文资料整理,《抗战书目》),王勉(中文资料整理,敌情与敌伪资料两副刊助理),邵景洛(中文资料整理,《战事分区记事长编》),张芳瑛(中文索引);西文组:胡绍声(兼,西文资料整理),荣琬(西文索引),吴春

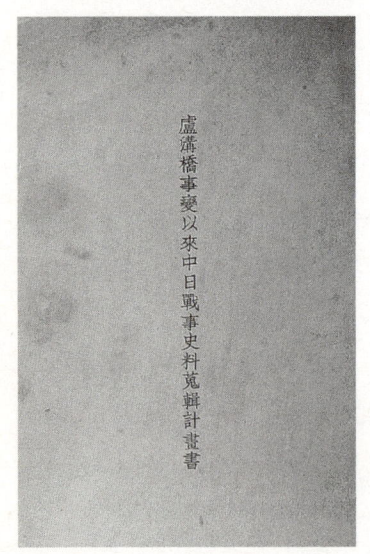

姚从吾《卢沟桥事变以来中日战事史料搜辑计画书》

曦(俄文资料整理,《真理报》论文等翻译),日文组:赵玉良(日文资料整理及索引);徐祖慧(日文资料整理及索引);剪报组:纳汝英(中文剪报),周培仁(中文剪报),袁克勤(中文剪报)。

12. 国立北平图书馆搜集抗战史料 派员来沪从事征集(《申报》1939年4月11日第7页)

国立北平图书馆藏书丰富,为吾国著名图书馆之一。卢沟桥事起,北平沦陷,该馆虽遭受重大损失,但重要书籍幸均于事前移藏于安全地域,幸得保全。现已络绎运抵重庆,并在重庆恢复馆务。最近,该馆为搜集抗战史料,派员来沪向各界征求。

13. 中英庚款 教育文化事业本届补助费(《申报》1939年9月25日第7页)

重庆二十四日电。管理中英庚款董事会本届教育文化事业补助费,业经该会教育委员会就请款各案详加审查,拟具支配办法,提董事会议决通过。据该会负责人谈:本届息金,因战事关系、收入锐减,统计可支配者,悉数仅国币三百零二万零五十余元,较之过去两届相差甚多。兹采录其支配情形如下……本届补助事业……二十一、国立西南联合大学及国立北平图书馆编纂中日战史购书及出版费一万元……

14. 编辑《昭忠录史料汇集》(1939年)①

搜集此项史料时,遇有殉难将士、死义官绅工农的奇行、遗事、名言、传记、家世、死事情由、像片等,随时汇集,另立一册,拟名《昭

---

①姚从吾:《卢沟桥事变以来中日战史史料搜辑计画书》。1938年夏草于蒙自、1939年增订于昆明。中日战争史料征辑会编:《中日战事史料征辑会集刊》第1期,第28页,1940年6月出版。姚从吾时为国立西南联大史学系教授,兼任中日战事史料征辑会委员、总编辑。

忠录史料汇集》，以备将来国史馆或党史馆编纂处的采择……

此次全国抗战，意义重大，政府宜及时设立昭忠馆，收集抗战以来殉国诸将士、烈士（行刺或破坏敌人军事政治而积极殉国者谓之烈士）、义士（各战区内不屈而积极殉国之乡绅士大夫、忠义侠士、技术人员、工农商贾谓之义士）的家世、生平、学行、殉难事实，编为列传，以垂永久。

国家应即延聘专家及方正博闻的学者主持馆务，至少能做到以下诸点，以昭敬重：

一、以报功崇德、表扬为国的战士、烈士、义士为主，非直接参加此次抗战或与此次抗战无关者不录。

二、立传体例：

（一）陆军：(1)将官以上专传；(2)校官尉官合传；(3)校尉官及士兵经政府明令特准者，立专传；(4)士兵分军建立无名英雄冢，或题名金石，恭送入总理陵园，或入地方中山公园，或入一地方的昭忠祠。

（二）空军：(1)队长殉国者立专传；(2)队长以下合传；(3)经政府特许立传者，[立]专传；(4)空军殉难者一律立木主，或题名金石，恭送入总理陵园或地方公园，或入一地方的昭忠祠。

（三）其他抗敌殉难、殉职的烈士、义士：(1)经政府明令特许者，立专传；(2)其余合传；(3)由政府明令在原籍或殉国地点立碑，或建塔表扬。

三、由战事史料搜集处搜集或采访殉国、殉职、殉义诸烈士的[史料]：(1)家世；(2)生平；(3)学行；(4)殉国、殉职、殉义经过，由国家特派之史官为之作传。

四、建殊勋者，应由政府指定党团大手笔代为作传、书碑、铸像,立于总理陵园或本人故乡,或殉国、殉职、殉义的地区。

附:中日战事史料征辑会近况(1946年)①

中日战事史料征辑会由国立西南联合大学及国立北平图书馆合办,于民二十七年冬成立于昆明。工作分征集、整理两部分。

征集工作,除在昆明就地进行外,并在重庆及沪港各地,派有专人收集各地出版之报纸、杂志、小册子等。太平洋战争爆发,沪港沦陷,该两处工作,被迫停顿。存贮两地之史料,亦未能运昆。仅昆明部分,据三十三年统计,入藏有:中文书五一八〇种(约六千册),小册子四〇〇册,杂志二三五〇种(此系连同已停刊者在内,现仍在出版者四八五种),报纸一六九种;日文书籍五二〇册,杂志一二〇种,报纸八种;西文书籍一九二二册,杂志三七三种,报纸四九种。

整理工作,已编就者,有各战区长编十四种,抗战书目提要一种(由中国文化服务社印行)。

此外,集有抗战论文索引三万余条,分类剪贴报纸五十大箱,录欧美论中国之各种论文数百篇。

15. 笔部队在成都(《申报》香港版1939年6月28日第3页,署名海帆)

民革社成都通讯。中国文艺界抗×②协会中文坛健将新成立的生力军——笔部队,已于十九日由渝关抵成都。记者于廿一日午后九时三十分,投刺往访,叩以该队此次远征的预定路线与工作的计划等等问题。承宋之的副领队详告如下:

笔部队属于中国文艺界抗×协会,系民众团体,经费比较缺乏。此次赴前线工作,承军委会党政委员会资助经费,由渝至蓉,本

---

①燕京大学《燕京学报》1946年第30期第350—351页。
②《申报》香港版多用"×"替代"日"字。

1939年1月1日,中日战事史料征辑会在昆明成立。图为中日战事史料征辑会使用的印章

打算乘搭运输车卡,结果因车辆缺乏,乃改乘公路局车。刻联票已购好,准备最近即由成都赴西安。经费虽很困难,但不至发生很大的问题。

至于笔[部]队组织,除正领队由王礼锡担任外,副领队由宋担任,队员有葛一虹、袁勃、方殷、罗烽、白朗、李辉英、张周、钱新之、陈晓南、杨骚、叶以群、杨朔等,共计十四人。就中王礼锡君,学术上的修养是多方的发展,对于文学、社会科学均有深刻的研究。杨骚之诗及剧本、罗烽之小说、钱新之的论文,皆为喜好文学人士所知,其他,或长于编剧,或喜写批评女学,或喜作诗及小说,皆有其独到之处,勿劳记者赘述。记者复询以此次笔队远征经由的路线。据宋氏答:远征经由的路线,计划是打从川陕公路直赴西安,循陇海路以渡黄河,由第一战区到第二战区,深入晋东南各部队中去,并到五台附近、晋冀察边区亲观宋劭文领导之成绩,再转河北,看看鹿钟麟的施政概况及成果,然后,经过山东,取道第五战区襄樊、宜昌返渝。

至于工作的计划,大约分下列三项:

(一)携带固有的刊物及册子,分散到前线各部队中或民众中,更用通俗而具体的普遍宣传,使士兵、民众深刻了解本身的任务及抗战的形势。现时,来各战区工作的作家很多,我们很乐意与他们联系起来,互相帮助。

(二)在前线和×人后方,用集体采访和创作的方式,将所得材料搜集起来,提供后方。一方面更可以乘此收集许多抗战史料,以作将来创作的题材。

(三)将我各战区英勇抗战的史料和消息,扼要的分别编译到国外发表,并与外国作家互相联络,以宣扬我民族抗战的精神。至于编发到国外的题材,拟定由文协会驻香港办事处收转国外,远征归来以后,打算将各方搜集材料出版专刊,以饷读者。

谈话至此,各队员皆已归队,拜访者及送行者相继引去,记者乃亦辞别。记者独自走着,想到文艺界抗×协会的笔部队,他们能扫除咬文嚼字旧习惯,以坚苦卓绝、吃苦耐劳的精神,实地走向战场。这种精神和魄力,真令我们兴奋和钦敬。我们希望笔部队这支生力军,站在本身岗位上,努力去作启蒙运动,希望他们在文化战线上去粉碎×人及伪组织的文化侵略阴谋,以笔杆的力量,配合军事力量,去打击×人。他们已经英勇的向战场出发了,我们以高度的热情敬祝他们成功!

16. 作家访问团团长王礼锡逝世(《申报》1939年8月28日第6页)

洛阳。作家访问团团长王礼锡,因患黄疸病,二十五日来洛就医,竟于二十六晨五时不治病逝。各方闻讯无不表示哀悼。此次率领全体团员十四人,赴中条山搜集抗战史料,不辞艰险,以致积劳成疾。此种伟大精神,尤为各方钦佩。王逝世后,一切善后事宜由此间当局主持。闻王之夫人陆斓清〔陆晶清〕女士,随南路慰劳团工作(廿七日电)。

17. 军委会褒扬陈烈士(《申报》1939年11月22日第4页)

重庆。第××陆军医院伤兵陈仪亭临死遗嘱,以仅存之国币二十余元,交全国慰劳会,转赠前方抗战将士。全国慰劳总会收到该项后,以该烈士精忠爱国、垂死不渝,不忍忠勇事迹湮没,曾请军委会予以褒扬。刻已由政治部将陈烈士事迹编为忠勇故事,并作抗战史料云(二十一日电)。

18. 武汉大学概况(《申报》1940年2月24日第8页)

法学院……二十六年战事发生后,与本校史学系合作,组织抗战史料编集委员会……

19. 中央征集党史抗战史料(《申报》1940年10月22日第8页)

重庆航讯。中国国民党中央党史史料编纂委员会编纂党史史料暨抗战史料,需用各项材料至夥,特于公开征求。稿件寄"重庆山洞辑园",并注一"征"字。

20. 中央党史史料编纂委员会抗战史料征集简则[①](1940年5月9日重订[②])

第一章 总则

第一条 凡全国党政军机关及各民众文化等团体,有关战时

---

① 《湖南教育》月刊1940年第10期,第76—77页;《江西地方教育》1941年第204、205期合刊,第61—62页。参见中国国民党中央执行委员会党史史料编纂委员会编《史料征集通则(附抗战史料征集简则)》,中国国民党中央执行委员会党史史料编纂委员会1940年版。

② "中国国民党中央党史史料编纂委员会函开:'本会为编纂党史史料及抗战史料,拟广为征集材料,经印就《史料征集通则》附《抗战史料征集简则》,除分送各方协助征集外,用特检同一份,函请查照,赐予代征,并希将征得之件,随时检送过会。'"《江西地方教育》1941年第204、205期合刊,第57页。《史料征集通则》即指《中央党史史料编纂委员会史料征集通则(民国二十五年六月十二日核定)》。1940年5月9日重订该通则时的《附注》云:"在抗战时期,本通则虽暂不修订,而另订《抗战史料征集简则》,但其中有须特加说明之数点,尚希各界注意:(一)第十三条之以史料寄存陈列者,现因陈列馆无存,暂不适用;(二)第四章之叙奖办法,其第十七条之奖章一项,在战时暂行停发,已登报声明;(三)凡在二十八年年底以前赠送史料尚未叙奖者,从缓办理,亦经登报声明;(四)《抗战史料征集简则》另订之,但于现金购奖外,凡应征此项史料者,亦经声明暂不叙奖;(五)凡以史料应征者,暂请于封面上仅书'重庆山洞邮局转辑园收'数字。二十九年五月九日识。"《中央党史史料编纂委员会史料征集通则》全文参见《江西地方教育》1941年第204、205期合刊,第58—61页;《湖南教育》月刊1940年第10期,第73—76页。

之组织活动暨殉国军民忠义事迹等，足以显示抗战意义及其精神者，均在征集之列，至于战利品及敌伪之反宣传品，可兹参证或供将来陈列者，亦欢迎各界应征。

　　第二条　　凡属上项各种史料，无论机关团体或个人，及与史料有无直接关系者，均可以原件或撰述、摄影应征。

　　第三条　　凡个人以抗战史料应征者，除偶有须计值购置外，亦概不给奖，但非公报、日报、刊物等类，按期寄赠者，于收到后，即具函申谢。

　　第二章　　史料分类

　　第四条　　征集抗战史料之范围，定为一切有关抗战建国之材料及社会文化推进之事迹，凡分四大类，其内容分类如左：

　　甲、文献类。凡战时之法令、规章、文电、演词、情报、传单、撰述以及工作报告、专著、实录、日报、公报、画报、杂志、刊物等属之；

　　乙、照片类。凡与抗战有关之个人摄影、团体摄影、战地写真、被炸情况、难民生活以及敌人在沦陷区残暴情形，与我殉难军民当时摄影或遗像等属之；

　　丙、实物及艺术品类。凡战时发用之各种符号、徽章、旗帜、证书、奖品、标语、漫画之原件以及木刻、捏制［品］、绘画、刺绣等之模型、摄影或原件等属之；

　　丁、战利品及反宣传品。凡在战地掳获或由其他方面所得敌伪之旗帜、徽章、证券、文件、图表、衣物、武器、照片等，以及敌伪方面所刊行之书报、刊物及其他一切宣传品等，足资陈列展览或参考者属之。

　　第五条　　凡为前项分类所未包括之文物，而所有人认为与抗战史料有相当关系者，亦得应征。

第三章　应征手续

第六条　征集抗战史料,分赠送、借抄、订购三种办法办理之。

第七条　凡以抗战史料赠送本会者,请于可能范围内加以说明史料之来由,而个人应征者,并请详叙姓氏、籍贯、职业及通讯处。

第八条　凡以抗战史料借供本会抄录或影印者,当临时商定详细办法。

第九条　凡以抗战史料出售本会者,请开具史料名称、价值及最低价格,以便商洽。但新出版之书报、刊物等或以价昂未便赠送本会者,亦请随时函示,以便酌予订购。

第十条　凡应征抗战史料数量过多或特别珍贵,有须往返运送包装等特别费用者,请与本会先行商洽之。

第四章　征集方法

第十一条　征集抗战史料,分通信、登报、派员三种办法办理之,其别如左:

甲、通信征集。得随时向各机关、团体或个人,请其陆续赠送或协助办理;

乙、登报征集。得随时请海内外各华字报纸、刊物优待刊登征集广告;

丙、派员征集。得随时派员向全国各机关、团体实地采访,但以携有本会文书为凭。

第十二条　为扩大征集范围期间,必要时得函请各机关、团体主管人员指定负责人,为本会长期协助征集事宜,再由本会制送委托书,俟经过情形如何,并酌量赠奖。

第十三条　凡以抗战史料赠送本会者,暂请于封面上仅书"重庆山洞邮局转辑园收"数字,并请另注一"征"字。

第五章　附则

第十四条　本简则如有未尽事宜,得随时修改,由主任委员核定之。

第十五条　本简则经主任委员核定后施行。

21.中央党部征集抗战史料①(1940年)

中央党部为保存先烈史迹、发扬革命精神,设有党史编纂委员会,负责搜集撰编。自抗战军兴以还,中国全国军民忠勇为国,尤多壮烈事迹,可为后世矜式,故又加入抗战史料一项。兹该会为求完善起见,特在各地广事征集材料。凡有革命及抗战之文献实物,均在征集之列。应征者可径寄"重庆山洞转辑园"收,并须注一"征"字,以便识别。兹将关于集求抗战史料之细,分错如下:

(一)中外报章、杂志及有关战事之刊物照片。

(二)中外战时法令、文告、规程。

(三)战时党务。

(四)战时大政。

(五)各军事机关之组织及其筹划。

(六)各部队之作战报告、战斗情报及布告、传单。

(七)伤亡将士及各地殉节人员事迹,如讣告、传记之类。

(八)各地民众忠勇事迹。

(九)游击战争纪实。

(十)各院、部、会之战时设施。

(十一)各地方政府之战时设施。

(十二)各公私机关安缉流亡、救济灾民之办法及其成效。

(十三)各学校及其他文化机关之迁并、创立。

---

①原题为《广集军民壮烈事迹,中央征集抗战事迹,发扬民族革命精神》,《时事文汇》1940年第7期,第20—21页。

(十四)各地社会情况。

(十五)被灾各地损害情形。

(十六)各工厂之迁移及其现状。

(十七)各地资源开发状况。

(十八)各地交通进展状况。

(十九)各金融机关之迁移及其现状。

(二十)日军暴行实况。

(二十一)各救护机关工作概况。

(二十二)战地服务人员工作概况。

(二十三)战时贸易调整概况。

(二十四)各宣传机关工作概况及宣传品。

(二十五)外交情报。

(二十六)各地民众战时组织及其活动情形。

(二十七)海外侨胞赴难概况。

(二十八)战利品。

(二十九)日方情报及汉奸卖国事实。

(三十)有关战事之诗歌、戏剧、电影。

(三十一)国内外捐款数目。

(三十二)俘虏姓名及其生活。

(三十三)江防要塞及封锁线。

(三十四)空军战况。

22.教育部征集抗战史料办法[①](1940年12月)

一 教育部为征集全国教育文化机关有关抗战之史料,订定

---

① 教育部"未一字二九九四号"训令。《湖南教育》月刊1940年第12期,第50—51页。

本办法。

二　抗战史料之范围，暂分左列五类：

1.关于受战事影响事项，如敌机之侵袭、生命之牺牲、财产之损失、机关学校之迁移等；

2.关于协助抗战之活动事项，如员生之组织、重要之集会、协助抗战之重大活动等；

3.关于实际参战及拒伪之事项，如现任或曾任教育人员之参战、毕业或肄业生之参战及上项员生因参战而殉国死难、宿儒硕学殉国死难或拒伪之忠义事迹等；

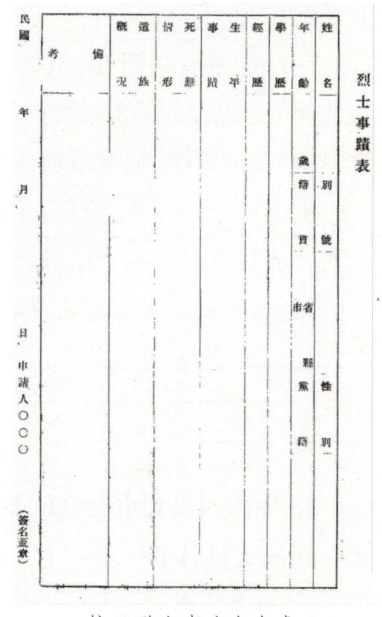

抗日烈士事迹表表式

4.关于机构变迁事项，如教育行政上重要改革、机关学校组织之改善、重要事业与人事之兴替变更及重要之建筑与设备事件等；

5.关于有关抗战之其他特别及重要事项。

三　本部直辖各机关学校，应将各该机关学校所有关于前条所称之史料，详为搜集编制，呈送本部。省市县所辖之教育机关及学校，应将各该机关学校所有序前条所称之史料，详为搜集编制，呈由主管教育行政机关汇编，增添材料后，递转呈送本部。

四　史料之编制，自"七七"抗战开始时起，按照月日顺序分条记载，至抗战结束时为止。"七七"以前，各级教育机关及学校，如有与抗战有关事迹者，可作简明追叙，载于篇首。

五　第二条所称各项史料，应以编年体裁，按日期顺序，制一简要纲目,并于每条之下注明附件号数。

六　前条所指附件,包括法规、传记、公牍、论文、报章、杂志、报告书、会议录、传单、宣言、统计图表及图画、照片等,应尽量搜集,按照日期顺序,编列号数,随文呈送。

七　二十八年十二月三十一日以前之史料,应于二十九年十二月十五日以前造编呈送,以后每年呈送一次。

附:教育文化方面有关抗战之史料报告表

年月日	史料	简要说明	附件号数	备注

23.中国国民党中央执行委员会党史史料编纂委员会征集党史史料抗战史料启事①(1941年10月②)

甲　征集范围:

一　党史史料:

1.总理遗像、遗墨、遗著、遗物及与总理有关之件;

2.革命过程中与本党有关之文献、实物及制作品,以及革命先

---

①《云南省政府公报》1941年第13卷第81期,第7—8页。参见《广西省政府公报》1941年第1231期,第15页,《江西省政府公报》1942年第1247期,第77—79页。

②"行政院三十年十月二十四日勇编字第一六八一八号训令开:案准中国国民党中央执行委员会党史史料编纂委员会洞字第一零四三号公函开:'本会为编纂党史史料及抗战史料,所有材料端赖各方协助征集。其征集方法,除通信及派员直接洽访外,并请海内外各华字报纸刊物刊登征集广告。查贵院所属各部会、各省市政府,均办有公报,如承刊载征集史料启事,收效必宏,用特订定启事一则,函请查照,分别转饬登载,以资宣传,而广征集,至纫公谊。'等由,并检附征集党史史料及抗战史料六十份。查编纂国史,事关国家文献,而征集史料,又为编纂之必要阶段,固宜广搜博采,不厌求详,自应照办。除刊登本院公报并分行外,合行检发启事一份,令仰遵照办理。"《云南省政府公报》1941年第13卷第81期,第7页。

烈先进之传记、遗像、遗墨、遗著、遗物等；

3.其他足资编纂党史参考及陈列之件。

二　抗战史料：

1.有关抗战之作战报告、工作报告、施政报告及忠烈事迹等；

2.中外报章杂志及有关抗战之专著、实录、法规、文电、演词、情报、布告、传单、标语、图画等；

3.有关抗战之殉节人员遗像、战地写真、俘虏摄影、敌军暴行摄影以及个人摄影、团体摄影等；

4.战时使用之各种符号、徽章、旗帜、证书、奖品之原件或其照片等；

5.敌伪符号、徽章、旗帜、证券、文件、图表、衣物、武器照片以及敌伪方面所刊之报纸、杂志刊物及其他反宣传品等。

乙　征集手续：

1.上开各种史料以请各方赠送为原则，但如关于珍贵之件必须价购者，亦可来函商酌；

2.赠送史料，本会除题名存备参考及陈列展览外，并视史料之性质发给奖状或奖金，每六个月办理叙奖一词，其特别珍稀之件，并呈请中央执行委员会议决褒奖；

3.寄件所需邮费，经来函声明者，本会可以照付；

4.应征史料，请寄"重庆山洞转辑园收"，并注一"征"字，以便识别。

24. 陆军总部在首都设战利品陈列馆　筹备完竣　本月中旬开幕（《申报》1946年5月5日第2页）

本报南京四日电。陆军总部何[应钦]总司令为使全国军民及中外人士，明了抗战经过，及敌人使用各种利器，惨杀我国同胞之真相起见，特于首都筹设规模宏大之战利品陈列馆，并指定该部工兵指挥官马崇六中将,负责主持。陈列馆址设五台山,自四月中旬开始筹备,搜集工作颇为繁重。现已运到敌军各式轻重机关枪二十余种、各式炮弹八十余种、各式大炮十余种(内有一五厘米加农炮、一五厘米榴弹炮)、战车十余种,及不同飞机四架,及橡皮筏、潜水艇、探空灯、炸弹听音机等千余种。又,该馆馆址原为敌人建筑之神社,所建牌坊,均为日本式,不合实用。现由马指挥官计划加以改造。据悉,该馆公开展览之期,当在本月中旬。

25. 首都战利品陈列馆卅日行开幕典礼 规模宏大陈列三千余件(《申报》1946年5月28日第1页)

本报南京廿七日电。陆军总部举办之战利品陈列馆,馆址设于南京五台山战利品场,自各战区运来,为时仅四十余日,计达三千余件。现已陈列就绪,于本月卅日起开放。计分四个陈列室:

第一室内有受降纪念室,内置何总司令在京受降之笔、砚、桌等件,为战史资料室;

第二室俱为空军器材;

第三室分:(一)工兵器材部,(二)兵器部,内分弹药、枪炮、器材、仪器四类,(三)粮麦被服部,内分被服、粮麦两类,(四)通讯器材部;

第四室为:(一)卫生器材部,(二)国宝部,此室除列日寇历朝所盗我国唐、宋、明朝古画国宝,备极珍贵,该项珍器,系胜利后由日留置于上海和平博物馆内,特移京陈列者。

其他露天陈列飞机、大炮、战车等甚多,规模极其宏大。

廿九日上午,由何总司令主持抗战殉难将士安神典礼,下午二时招待南京新闻界预行参观。卅日起公开展览,届时由何总司令主持开放典礼,并由何夫人剪彩揭幕。

26. 抗战纪念画展"八一三"起举行六天(《申报》1946年8月11日第4页)①

本报讯。国防部新闻局主办的八一三抗战纪念画展,将于本月十三日至十八日止,在八仙桥青年会内举行。这将是胜利以来在本市举办大大小小的画展中,最有意义、最值得参观的一次。全部内容有:

甲、绘画:(一)国画《文天祥正气歌》十四幅,表现古代民族正气;(二)钢笔画《抗战忠勇事迹》二十幅,表现现代民族正气;(三)油画《中国空军抗战史画》二十四幅,描写八年来重要空战情形;(四)油画及速写《昆仑关前线写生》十余幅;(五)《美驻华空军基地写生》油画六幅,粉画及速写十余幅;(六)《抗战国画》三十幅,系激发民气之作品;(七)《抗战速写》二百余幅,描写前方抗战生活、后方生产建设民众动员等动态。以上皆为名画家梁又铭、梁中铭昆仲于抗战八年中实地参加工作所得之艺术作品。

乙、照片:有抗战史料之珍影千余幅,系正气出版社及万方出版社珍藏。内容自"九一八""万宝山事件""七七""八一三"至"五五"还都止,所有前后方军政动态,均经搜集。

27. 市府为胡佛图书馆征集革命抗战史料(《申报》1946年8月24日第6页)

市政府近准国防部公函,为美国胡佛图书馆征集有关中国革

---

① 另据《申报》1946年8月13日第4页载《八一三抗战纪念 公训同学今追悼殉难烈士 各党团分别举行纪念仪式》:"国防部新闻局主办之八一三抗战纪念画展,今日起在八仙桥青年会揭幕。内容有抗战速写、抗战忠勇事迹、中国空军抗战史画、美驻华空军基地写生及昆仑关前线写生等绘画三百余幅,及有关抗战史料之照片千余幅。不收门票,欢迎市民前往参观。"

命及抗战史料。凡本市在抗战革命过程中有可记载之文物及个人收集之珍贵史料,限九月二十五日以前送府汇转。昨经通饬所属各机关遵照办理。

28. 北平举办抗日史迹展览会(1946年7月至9月)

①抗战史迹展览 筹备扩大举行(北平《世界日报》1946年7月18日第2页)

北平市各机关联合主办之抗战史迹展览,定九月二日至十二日,在中山公园中山堂及市立图书馆分馆两处扩大举行。筹备委员会为研讨一切应进行事宜,定本月十九日下午三时在市府西花厅召开第二次会议,已通知各关系机关届时派代表出席。

②展览抗战史迹 昨再开筹委会 姜文锦辞总干 由教育局另选(北平《世界日报》1946年7月20日第2页)

北平市各机关联合主办之抗战史迹展览,定本年九月二日起在中山公园中山堂扩大举行。刻由各方积极筹备中。筹备委员会复于昨日下午三时半在市政府卫生局大礼堂举行第二次会议。到各单位代表二十余人,由姜文锦主席。首先报告上次会议记录及各组负责人员,旋即逐条通过左列事项:

(一)函请行营、长官部、市党部、市商会等机关,拨发补助费。同时,亦电请中央补助。

(二)聘请本市党政军团各机关首长为本会顾问及指导。

(三)由本会派员分向各方征集展览作品,并欢迎一般市民作品参加展览。

(四)函请国防部新闻局商借抗战事迹照片一部寄平,以资充实大会内容。

(五)筹备人员集中办公地点,由本会派员会同董事会,向中山公园商借一处。

（六）扩大宣传机关，由市党部、省党部、青年团或中央社等机关负责，共同办理。

（七）由本会函请防空司令部参加筹备。

（八）总干事姜文锦辞职，挽留未获，由教育局负责另选人员担任。

③抗战史迹展览筹备会敦请各首长任名誉会长 大会期间放映影片免费招待市民（北平《世界日报》1946年8月18日第2页）

北平市各机关联合主办之抗战史迹展览会筹备会，于昨日下午三时在市府西花厅第三次会议，到二十余单位代表，由李宝勋主席。听取各组工作报告后，决议下列各案：

（一）大会敦请行营李主任、十一战区孙长官为名誉会长，市党部吴主委铸人、省党部刘主委瑶章、张副市长伯谨为名誉副会长。

（二）各机关负责人员自本月二十日开始，在中山公园水榭联合办公。

（三）各机关供应之展览品，定于八月三十一日及九月一日两日径送会场。其他展览品统限于八月二十四日以前送交联合办公地点。

（四）九月三日起至十二日止，为展览期间，并贱价售卖接收敌伪之日用品。

（五）大会期间，在音乐堂放映《气壮山河》《长空万里》《日本间谍》《中国之友》《孤城喋血》《八百壮士》等片，招待市民，免费参观。

④抗战史迹展览会 征志士自述（北平《世界日报》1946年8月21日第2页）

抗战史迹展览会关于展览品目，除向有关机关团体征运外，特再公开征请在沦陷区内忠贞志士,各自撰述自受敌伪诱惑及恫吓之经过,及不甘附逆之决心,并征求有关抗战史迹而有纪念意义之□片、画报、木刻、□单等,统限于八月廿七日以前,径送各市立民众教育馆讲习馆,或教育局第四科,以供展览。

⑤抗战史迹展览 预定六项物品(北平《世界日报》1946年8月27日第2页)

抗战史迹展览会定九月三日于公园社稷坛公开展览。兹闻,筹备处已将展览物品分为六项:(一)抗战武器;(二)抗战胜利品;(三)受降纪念品;(四)抗战图片、照片;(五)地下工作史料;(六)刑具。并欢迎市民将私人收藏有关抗战史料物品送往展览。

⑥抗战史迹展览 定今日开始举行(北平《世界日报》1946年9月3日第1页)

中央社本市讯。平市各机关联合主办之抗战史迹展览会,业已筹备就绪,决于九月三日十时起在中山公园中山堂揭幕,已柬请各界首长莅临参观指导。大会收到各方珍贵作品达五千件之多,布满全场,极为壮观。大会展览期间,共计十日,至九月十二日下午闭幕,欢迎一般市民踊跃前往参观。又,筹备处为扩大宣传此次盛举,已邀妥四维剧团于四日起至十二日止,每日昼夜在公园音乐堂表演名剧,招待各界参观。

⑦抗战史迹展览 昨在公园揭幕(北平《世界日报》1946年9月4日第1页)

中央社本市讯。平市各机关联合主办之抗战史迹展览会,昨日上午十时在中山公园中山堂揭幕。展览会搜集抗战胜利品及珍贵战绩照片达五千帧,均附有简单说明。所有胜利品分置会场中央,有各式枪炮、弹药、无线电机、冬夏军装、瞭望镜等。会场门外,放置被击落之敌机残骸,最惹人注目。大会展览期,共十日,至九月十二日下午闭幕。并邀四维剧团于今日起至十二日止,每日昼夜在音乐堂表演名剧。

29. 主席夫人征集抗战史料 为《大英百科全书》撰文(《申报》1946年9月1日第6页)

本报南京讯。蒋主席夫人为《大英百科全书》撰著论文,特于二十九日派员到首都各部,征集抗战以来之史料,以备参考。

30. 国防部史料局征集抗战史料(《申报》1946年10月30日第5页)

本报讯。国防部史料局为搜编抗战史料,分别在各地征集有历史价值之文献:(一)文献:敌伪有关军事文书、档案、布告、传单、小册及其他出刊物,抗战期间有军事价值之私人日记等;(二)著述:忠勇殉难之军民战斗流离实况;(三)图片:有关抗战行为之照片、战地各种摄影写生等;(四)物品:死难之血衣遗物及可供纪念之物、敌伪遗散之各项物品、各种作战破坏所遗足供研究之物品。征集办法,无论捐赠、借阅、价售,经该局审核后,按珍贵程度分别呈请奖励。收件处为"南京黄埔路国防部史料局"。

31. 抗战军人忠烈录征集办法[①](1946年10月[②])

一 为使参加抗战军人忠烈事略不至湮没,暨生前服役勋绩

[①]《徐州市政府公报》1946年第2卷第11期,第17—18页;《上海市政府公报》1946年第5卷第24期,第441页。

[②] "国防史处二字第〇〇三二五号函开:查抗战八载,我军官兵或忠勇奋发、不避牺牲,或喋血沙场、前仆后继,终克摧破敌寇,完成神圣使命。缅怀壮烈,应表忠贞,兹特制定《抗战军人忠烈录征集办法》,随函送达,务祈转饬各县市政府布告周知,征送到部,俾便汇编。"《徐州市政府公报》1946年第2卷第11期,第16—17页;《上海市政府公报》1946年第5卷第24期,第441页。

得以表彰起见,特征集阵亡与死难官兵事迹,编纂《抗战军人忠烈录》,俾垂久远。

二 凡在抗战期间因指挥作战牺牲阵亡者,或被俘不屈壮烈罹难者,或在敌后工作惨被残杀者,或在后方工作被炸死亡及因公殉职而著有勋迹绩者,均宜搜集编纂。有家属者,由其家属编报;无家属者,则由戚友代编或由原属机关、部队编报之。

三 《忠烈录》之篇幅,不加限制,视其对抗战事迹之多少以为断,但须力求确实,毋得虚造。

四 编造体例,以就里居、身世、个性、学历、言行、事功及死难时之情况等项,以明畅之文字叙述之。

五 《忠烈录》一律用十行纸、毛笔楷书、加标点,并附具封面,一共呈送两份。以一份永久保存,以一份供审编之用。

六 编造此项忠烈事迹时,以能检附其所遗存之照片(大小各一张)及其个人著作、书画暨血衣、遗物等为佳。

七 此项忠烈事迹之征集,除饬由各机关部队遵照编造外,并登报广为征求亲属、戚友代编,均径送南京黄浦路国防部史料局收。

八 凡由征集所得阵亡将士之血衣、遗物、著述、书画等,当另设陈列,以资志念,而示景仰。

九 此项《忠烈录》,自实施征集时起,拟长期处理征集,待经审查合格后,即陆续汇编印发。

十 本办法自卅五年十月起实施。如有未尽事宜,得随时修正之。

32.国防部史料局征集抗战史料启事①(1946年10月)

本局奉命搜编抗战史实,除各机关部队及个人应报各件,另案

---

① 《国民政府公报》1946年10月22日第2655号,第9页,参见《青岛市政府公报》1946年第3卷第25期,第2—3页。

办理外，其他公私各方面，谅必多保存有历史价值之文献，吉光片羽，弥足珍贵。兹特定征集办法如次：

　　甲　征集种类：
　　一　文献类：
　　1.敌伪有关军事之文书档案与布告、传单、小册及其他出刊物；
　　2.二十六年一月至三十四年十二月各种报纸、杂志之全部或一部；
　　3.抗战期间有军事价值之私人日记；
　　4.讨论抗战之专著与专文。
　　二　著述类：
　　1.退职军官佐曾任陆军上校以上、海空军少校以上者之抗战经过回忆录及自传，但有特别价值者，可不受是项阶级限制（其内容格式请向本局函索）；
　　2.抗战忠勇军民之死事纪述，重要者并附传记；
　　3.各种抗战工作及辅助抗战工作的本末纪实；
　　4.敌伪各项军政组织设施及经过史实；
　　5.任何个人所著各次战役战史及有关军事学术著作。
　　三　图片类：
　　1.有关敌伪军一切行为之照片、画片；
　　2.我方官民有关抗战行为或足资纪念之照片；
　　3.有关盟军行为之一切照片、画片；
　　4.战地各种摄影或写生。
　　四　物品类：
　　1.忠勇死事之血衣、遗物及可供纪念之物品；
　　2.各种研究发明或改良仿制，而有助于抗战工作之各种物品标样；

3. 敌军、伪军遗散之各项物品标样；

4. 敌我双方各种作战破坏所遗留而足供研究或纪念之物品标样。

乙 征集办法：

一 分捐赠、借阅、价售等三种，由应征者造册开具应征史类、品名、数量、内容、编成目录，分别注明捐赠、借阅、价售及所需价款与邮运费；

二 应征史料之质量轻便者，可直接付邮寄交本局，数量多、质量重者，可送由当地县市政府汇送附近军事补给运输机构收转本局，并将寄件目录等先行通知本局；

三 所需邮运费，少者可先垫付，由本局归还，多者可报由本局预拨。

丙 报酬：

无论捐赠、借阅或价售之史料，经本部审订后，按其珍贵之程度，由本局呈请分别奖励，并将史料名称及应征者姓名汇案登报，藉资表扬。

丁 收件处：

南京黄浦路国防部史料局。

附：1948年，国防部（三七）昌资第五一五八号代电："以抗战军人忠烈事迹之漏报，原定于三十六年六月底告一结束，唯截至目前，尚缺资料甚多，仍宜继续办理，请转饬所属，凡有抗战及'剿匪'阵亡官兵，仍应以昭从前规定继续分别编报抗战及绥靖军人忠烈录，径送本部史政局汇编。"①

---

① 1948年2月6日，广东省市政府训令（民四礼字第□号）。《广东省政府公报》1948年第59至68号合刊，第22页。

33. 举办上海抗战文献展览会（1947年1月）

①本市简讯(《申报》1946年12月13日第5页)

市博物馆定三十六年元旦,举办上海抗战文献展览会。

②抗战文献展应征陈列者多(《申报》1946年12月24日第5页)

四川北路横浜桥市立博物馆应上海市各界庆祝元旦大会之约,主办上海抗战文献展览会,筹备迄今,已近三周。各地公私机构集藏专家,纷纷整理出品,送会展览。除已有大批陈列品送到者外,接洽就绪即可送到者,有国防部史料局、上海市党部、青年团、蒙难同志会、北平图书馆、市通志馆、中国新闻摄影社及钱化佛主持之集藏协会各会员等。又闻,市党部为协助该会起见,业已分令所属各区部,征集陈列品,并分请文运会暨吴开先、吴绍澍、吴任沧三氏协助征集云。

③抗战文献展陈列品丰富(《申报》1946年12月29日第6页)

四川北路横浜桥市立博物馆主办之上海抗战文献展览会,将于元旦开幕。兹闻,至目前为止,收到各方陈列品,已逾四千件:

甲、摄影方面计有二千件,内容包括:(一)我军在上海抗战之战绩,(二)"四行"孤军之奋斗史迹,(三)日伪八年中在上海之种种劣迹,(四)我民众之种种遭遇,(五)盟友在上海孤岛上之情况;文件与宣传品方面计近千件,内容包括:(一)我方抗战之宣传品及地下工作之宣传品,(二)日伪之秘密文件,(三)日伪之各种文告,(四)日伪各种麻醉性、恫吓性之宣传品,(五)日伪侮辱盟邦之种种宣传品。

乙、货币方面,计达五百件,内容包括:(一)上海在金融紊乱时商人所发之各式代价券,(二)日军所发行之各式军票,(三)伪储备银行所发行自一分至十万元之各式伪钞,(四)上海南市及沪西赌窟之各种筹码。

丙、刊物方面,计有三百余种,内容包括:抗战画报及刊物,以及日伪之刊物等。

丁、蒙难烈士及蒙难同志之摄影及各种纪念品,近二百件。

戊、日伪在上海发行之邮票明片及日伪时期之各式车票。

己、日伪统制我人民之各种文献(包括通行证、市民证、各式配给证等)。

又闻,国防部史料局供给该馆陈列品,业已整理装箱,明后日即可达到。

④抗战文献展览开始 陈列品约五千 令人起敬令人发指(《申报》1947年1月1日第5页)

市博物馆主办之抗战文献展览会,今日九时开幕。会场有二大陈列室,一大陈列廊,陈列品共计五千件。第一陈列室所陈列者,均为上海抗战时之悲壮文献,与地下工作者之忠烈文献。第二陈列室所陈列者,为日伪之劣迹。在抗战文献中,有上海全套之战争摄影,与各种宣传品及出版物,颇多名贵之品。在地下工作文献中,有各烈士之遗像、纪念品及地下工作之宣传品与秘密文件等。如郑苹如女士之遗像、遗墨等,有专橱陈列。而蒙难同志会①姜梦麟遭敌伪凶刑后割下之腰子一只,亦陈列在内。在日伪之作恶文献中,大如巨幅之彩色广告,小如赌场中之筹码,形形色色,均有陈列。日伪统制与压迫我上海民众之各种秘密文件,尤多外间罕见之物。而[伪]"中储行"之十万元票,及日人所散发之"军民归来证",一面冒印我

---

①即上海市抗战蒙难同志会。该同志会于1946年9月5日举行筹备会,12月1日举行第一次理监事会议。参见《申报》1946年9月6日第2页、12月3日第3页等相关报道。

法币、一面印有裸体妇女,欲以色情引诱我军民,观之尤觉发指。闻该馆此次应社教工作人员福利基金会之请求,酌收门票,每人五百元,以充福利基金

⑤抗战文献展览会新增宝贵陈列品(《申报》1947年1月4日第6页)

四川北路横浜桥市立博物馆所主办之上海抗战文献展览会,因三日来观众拥挤,延期至五日下午五时闭幕。兹闻,该会两日来续有名贵陈列品收到,今日起已一并参加陈列。其尤精彩者,为舒宗侨、曹聚仁诸氏之出品。诸如伪组织杀人魔窟七十六号及虹口日宪兵队监牢各种照片、援救盟邦空军之何若梅女士摄影、盟邦空军在沪散发之各种彩画传单与各种画报等,均极名贵。

⑥抗战文献展览会 一个警惕的回顾(《申报》1947年1月6日第5页)

本报特写。八年艰苦抗战,胜利结束还仅年余,而过去的仇恨、创痛和耻辱,却似乎已被生活的重压淹没了。抗战文献展览会的揭幕,旧事重提,给予我们一个警惕的回顾。在这次的展览会中,可以看到抗战期中善与恶三种相反的力量:一种是正义的力量,一种是侵略者的力量,还有一种就是附逆者为虎作伥的力量。在起初,第一种力量受到相当惨酷的打击。在炮火的光影中,看到整个受难的上海:闸北的大火、瓦砾堆中的复旦大学、拉锯战中失而复得的罗店,以及在弹药氛围中另一种最紧要的工作——救护和掩埋。这些都具有一种凄厉的情调。其次,我们看到了淞沪的撤退、"四行"孤军的围守、地下工作者在敌人铁网中的挣扎苦斗、敌人和"七十六号"的酷刑。这儿有刘志刚受到毒素注射后的恐怖面目、姜梦麟受伤后割下的右肾以及无数坚贞不屈者的尸骸和血迹……可是慢慢

的,这种恐怖气氛,终于在胜利的阳光中消散了。五色缤纷的画报、举国欢腾的庆典,以及宪兵队和警备部的皇皇布告,在另一种欢欣空气中,结束了八年抗战的历程。要明白敌人侵略我国的媒介,便当注视奸逆背叛祖国的活动。在走廊中陈列着许多照片中,我们看到一种恐怖的静寂、一种麻醉的狂欢。敌伪口是心非的标语,是虚伪亲善与奴化宣传的铁证。我们看见敌伪罪魁的欢宴,所谓"大东亚文学代表会议"和附逆书画家的作品展览,我们也看见敌伪的搜刮金属和强制收买棉布,以及一场戏剧式的大打赌场。这儿充分表现出敌人与奸伪之间的摩擦和矛盾的丑态。第二陈列室中所陈列多的,半是抗战期中敌伪遗下劣迹——汪逆的宣战令,以及沦陷区内紊乱经济的渣滓,如[伪]军票、[伪]"中储券"、店铺印行的零找小票等等。此外,还有日人的古代宗教仪式、古代的甲胄塑像等,使我们对于日本民族的传统气质有一种认识。同时,还启示,日本虽已失败,而我们却不能无视于日本被压抑了的侵略野心。

34.军事珍贵文物史料搜集办法①(1947年1月施行②)

一 为涵养军人高尚武德、启发民族国防精神起见,凡军事上

---

①《上海教育》周刊1946年第11期,第6—7页;南京《史政季刊》1948年3月1日创刊号,第181—183页。参见《国防部征集史料奖励办法(史处二字二〇一七号 卅六年四月二十二日)》《主席军事珍贵文物史料搜藏办法述例(跋是字二一六七号 卅六年五月八日)》《国防部绥靖史料搜集办法 (卅六年六月二十五日)》《史政局编译著述奖励办法(卅六年六月三十五日)》《史政局编译著述奖励实施细则》,南京《史政季刊》1948年3月1日创刊号,第183—189页。

②"国防部(三六)跋嗣字第九九二号代电内开:'查本部对于抗战期内一切文物史料及殉国官兵忠烈事迹等之征求,迭经饬拟办法,电请办理在案。兹为涵养军人高尚武德、启发民族国防精神起见,凡军事上特有价值之珍贵文物史料,尤应广为搜集陈列,以资砥砺,特拟具《军事珍贵文物史料搜集办法》一份。除分电外,相应检同该项办法电请查照,并转饬所属一体遵照见复。'"《上海教育》周刊1946年第11期,第6页。

有价值之珍贵文物史料,均按本办法搜集之。

二　军事珍贵文物史料之以个人为对象者,其应征集范围,概定如左:

甲、最高统帅。

乙、各重要军事长官。

丙、建有殊勋之陆海空军将校。

丁、历代著名之有功将领。

三　前条以个人为对象者,应征人之军事珍贵文物史料之种类,概定如左:

甲、手墨。凡亲手撰著、校订、批核之各种条笺、日记、函札、文稿、重要文书及字画、雕刻等均属之。

乙、用品。凡亲自日常使用或珍爱鉴赏之物品,如武器、服饰、用具、文具以及纪念品物、金石书画等属之。

丙、文件。凡生平经历之职官任状、各种聘书及勋奖章与褒扬令状等属之。

丁、凡公私生活之重要经历事实活动之一切照片、画片及影片等属之。

四　前条各款应征文物史料如现役军人除高级军事长官以上得指定专人保管登记并处理应征事项外,其他则自行办理,至应征文物史料中之有关机密者,则于保密时间过后征集之,其经常自用需要者,于不自用时征集之,其余则以每年搜集应征一次为原则。

五　军事珍贵文物史料之以事为对象者,暂以过去者为限,其应征范围,概定如左:

甲、清末编练正式陆海军起,至本党北伐前。

乙、本党革命历次战役暨北伐以后,至抗战胜利受降为止。

丙、各国之著名战役及陆海空之大演习。

丁、我国历代至满清之各种有关军事设施（如军制、人事、兵事、教育、作战、给养、补给、卫生、装备等）。

六　前条以事为对象者之应征军事珍贵文物史料，概定如左：

甲、文件。凡重要命令、计划、章程、任状等原件及初印本、孤本、绝版本等属之。

乙、书刊。凡有管军事之书籍、刊物、报纸等之原本、手写本、孤本、绝版本等属之。

丙、图片。凡有关军事之绘画、雕刻、照片、图志、拓本、影印本等属之。

丁、物品。各种兵器、服装、军用物品、军事建筑物、石刻及其他纪念物（包括抗战卤获之珍贵及可资保存纪念之物品）属之。其无法移动者，以照片补助之。

七　军事珍贵文物史料之搜集，以全份或整件为主，但其价值重大者不在此限。

八　军事珍贵文物史料之搜集，除登报公开征求及分函各部队主官与军政机关协助搜集外，其属于国外之珍贵文物之搜集，得委托本国驻外各武官署办理之。

九　应征品至报酬，除声明未捐献者外，得以现金与褒状两种，分别核奖，现金报酬视其本身之价值，连同运送费及其评价计算之。褒状由部呈请颁发之。至于价值之高低，应依物价指数为标准，

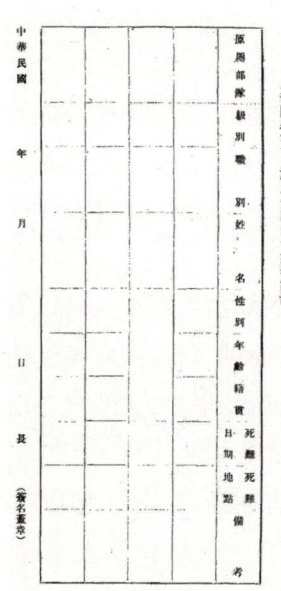

入祀忠烈祠烈士姓名清册表式

不得居奇。

十 应征物品如应征人无力担负邮运费时，可依其应征物品之数量、交通之远近及需要费用数量，得先向本部声请垫发。

十一 应征物品经本部收到后，其主权即为本部所有，本部绝对负保管责任，但先声明其保有该物之主权者例外。

十二 应征物品先由史料局保管。俟有相当数量时，即由本部设陈列馆陈列之，必要时并运往全国各大都市展览。

十三 为纪念应征人之踊跃参加，拟将全部应征物品拓印成集，不论其为有无报酬，均各分送一册，以为纪念。

十四 搜集珍贵史料所需运费、邮费、奖金及印费、杂费等，依照应征情形，按一月或三月一期，早报预算计算。

十五 本办法如有未尽事宜，得随时呈请修正之。

十六 本办法自奉准之日起施行。

35.中日战争地方抗战史实搜集办法①（1947年1月10日②）

甲 目的：

为表彰地方抗战史绩，藉以鼓舞民气、发扬民族精神、加强国

---

① 《北平市政府公报》1947年第2卷第4期，第3—4页，《江西省政府公报》1947年第1487期第7—9页，《甘肃省政府公报》1947年第642期，第23—24页。参见《准国防部函送中日战争地方抗战史实编纂应注意事项等由令仰遵照》，《江西省政府公报》1947年第1515期，第8—9页，《重庆市政府为转饬国防部颁〈中日战争地方抗战史实搜集办法〉给所属的训令（1947年1月28日）》，唐润明主编：《重庆大轰炸档案文献——轰炸经过与人员伤亡》上，重庆出版社2011年版，第41—44页。

② 国防部公布："国防部三十六一月十日（三十六）跋嗣字第八六六号函开：敬启者，查此此中日战争，全民奋起，时逾八载，地贯九洲，死事之惨，亘古未有。我先烈可歌可泣之忠勇事迹，我军民惊天动地之壮烈情绪，皆当详载史册、流传后世。兹为表彰地方抗战史实、发扬民族精神、加强国防意识，特订定《中日战争地方抗战史实搜集办法》，函请查照转饬所属遵照，如期编报，以资汇编。"《江西省政府公报》1947年第1487期第7—8页。

防意识起见,特搜集地方抗战事迹,编纂《地方抗战史》,以广流传,而资矜式。

乙 搜集范围:

一 关于党政方面者:

1. 对于兵役业务之推行、役政改进之实况及征交兵员与损耗兵员之情况及其数量等。

2. 对于粮政之推行与军粮民食之调节及其征交与损耗之情况及其数量等。

3. 对于其他庶政之推行,如民、财、建、教、管养、卫生诸端,直接、间接有裨抗战者。

4. 对于防奸工作之机构、措施与成果等。

5. 对于难民救济情形及其有效之方法、组织设施等。

6. 抗战期间国民党地方党部及青年团之活动。

7. 其他各党派活动之情形及对于抗战功效之评价。

8. 其他有关战时行政事项。

二 关于军事方面者:

1. 对于地方团队之组织情形及武器装备、训练之程度等。

2. 对于协同国军作战之情形及其所得之成果等。

3. 对于防空之设施、训练及敌机袭击之情形与损害等。

4. 对于协助军事运输与慰劳及其获得之效果等。

5. 对于扰乱后施行游击情形及其所收效果等。

6. 对于地方治安之维持,如匪情与防剿工作之实施及其成果等。

三 关于官民兵之英勇忠烈事绩等。

四 关于敌伪之暴行纪实等。

丙 撰述要点：

一 关于行政设施及军事设施(不含作战)之记载,得准组织机构及人事措施或其经过时期、段落等,自拟要目办理。

二 关于地方抗战之军事作战部分,其记载要项如左:

1. 时间。应就抗战经过酌分时期、阶段,如与正规作战配合或有关时,应再依会战或战斗名称、段落等,酌为分列之。

2. 地点。记述地点时,并须注意叙及当地兵要地理之情形。

3. 敌情(番号、指挥官姓名、兵力、编制、装备、态势、企图、行动等)。

4. 我方(组织、指挥者姓氏、兵力、装备等及附近国军之状况)。

5. 战斗经过。

6. 战果及忠勇事迹。

7. 检讨及所见。

三 记载时,对于年度时日,应行书明,如为有计划之作战行动,应于抗战时期、阶段及有关某次会战或战斗之名称注明,俾能明了协助正规军之实际情形。

四 记载务须详实,不得作为标榜炫誉之文而任意虚构。

五 篇幅不加限制,应尽量将事实载明。

六 军事与行政两部分,均视必要,附具插图,至少应附具省市县全图及作战战斗各要图。

七 所有公私财物之损失及人员伤亡,除正文可列记重要数字外,其详概作附表统计记入之。

八 抗战分期之划分如左：

自开战起至武汉失守止为第一期(南京失守止为第一阶段,徐州失守止为第二阶段,其余为第三阶段);自武汉会战结束起至敌人投降止为第二期（自武汉失守起至二十九年二月底止为第二期第一阶段，自二十九年三月至太平洋战争爆发为第二期第二阶段，而后为第二期第三阶段）。

丁　搜集办法：

一　由各省市政府办理并转饬所属，以县市为单位编报，再由各省市政府汇编，除将省级部分列于首篇外，其余以每县各成一章为原则，章以下可适宜分节分款及一、二、三、1、2、3……等列记之。

二　是项抗战史，概用大十行纸（十六开）毛笔楷书，或同式之白纸油印，各以二份送交国防部（以一份永久保存，一份供编纂之用）。

三　是项稿件统希于三十六年五月底以前，寄交南京国防部。

四　是项抗战史之搜编详细办法，由各省市政府斟酌地方实际情形，统筹规定并函报国防部备查。

戊　其他：

本办法于呈准后实施，如有未尽事宜，得随时呈请修正之。

36.中日战争地方抗战史实编纂注意事项[①]（1947年4月15日）

国防部卅六年四月十五日（卅六）跋是字第一九三二号公函开：案准安徽省政府本年三月字秘教民文字第〇七七号公函略称："《中日战争地方抗战史实搜集办法》业经饬属遵办，并经订定本省各县（市）编纂地方抗战史应行注意事项七点"。等由。查中日战争地方抗战史实搜集一案，前经电请贵府办理，并转饬办理在案，兹

[①]《准国防部函送中日战争地方抗战史实编纂应注意事项等由令仰遵照（江西省政府训令民三字第一〇五二九号）》，《江西省政府公报》1947年第1515期，第8—9页。此为国防部向全国推广的安徽省相关经验。

阅安徽省府所拟注意事项,尚属可行,除函复并分行外,相应抄同原注意事项七点,函请查照参考办理为荷。

安徽省各县(市)编纂地方抗战史应行注意事项

一　编纂县(市)地方抗战史,除遵照国防部所颁《中日战争地方抗战史实搜集办法》外,并应注意本事项所列各项。

二　编纂大纲:

1.总叙,该县(市)抗战八年来之重要经过。

2.党政方面。

3.军事方面。

4.关于官民兵英勇忠烈事迹之记述。

5.关于敌伪暴行之纪实。

6.结论等项。

三　上列六项之下,并应遵照国防部规定,详分节、款细目。

四　该县(市)所历战役经过、县(市)沦陷经过、收复时经过、复员工作及战时地方文化情形、战时地方经济状况、战时地方交通情形、民众战时生活情形、民众抗敌之情绪、民众抗敌武装组织及其行动以及所得效果等,均应详细叙述,列为附篇。

五　凡与抗战有关之属于地方党政军事范围,而未经国防部规定列为项目者(如训练战时地方干部、知识青年从军情形)以及战时之特殊设施等)亦得斟酌列为整篇,党政军事项下之节、目,载于前项总数中及之。

六　是项抗战史,应遵照国防部规定格式楷书,或油印,各以三份径寄省文献会(一份存查,另二份转送国防部)汇办。

七　是项稿件,统限于本年四月十日以前寄达,以便汇编转寄。

二 全国各地遍设忠烈祠

1. 内政部咨送各市县忠烈祠调查表①（1938年12月23日）

内政部二十七年十二月二十三日渝字第二六四号咨开："查各县应普遍设立忠烈祠,并以历次阵亡将士入祀一案,前经行政院二十五年五月训令转发,军事委员会历次阵亡、残废、受伤革命军人特别优恤办法内各县设立忠烈祠办法明白规定,后经行政院二十七年七月重申前令,通饬切实遵行在案。本部现为明了各市县设立忠烈祠情形起见,拟订《忠烈祠实况调查表》,通行查报。除分行外,相应检同表式一份,咨请查照,转饬所属,于二十八年三月以前,调查完竣,呈由贵省政府汇案报部为荷。"

填表须知：

一　本表专调查各市县遵照二十五年五月及二十七年七月行政院通令设立之忠烈祠,如该市县尚无忠烈祠之设立,视查设立情形栏、房屋栏数下,填一"无"字,并于备考栏内声明未遵令设立之原因,其余各栏无庸填写。

二　各栏均须详查妥慎,如该项事实无法查明,即填"未详"二字,如无事实,即填一"无"字。

---

① 云南省政府1939年1月训令(秘一民字第一九八号)《令各县局为准内政部咨送各市县忠烈祠调查表一案仰即遵照查填具报》,《云南省政府公报》1939年第11卷第8期,第6—7页。《申报》1939年1月14日《内[政]部令各地设忠烈祠纪念阵亡将士》："香港。内[政]部令各省市转饬各地,设忠烈祠,凡阵亡将士,一律入祀(十三日下午六时三十分专电)。"

三　应用数字填报之处,须用阿拉伯数字1、2、3等字填明,倘确数难于调查,可填约数,如占用地亩〇〇亩等是。

四　各栏内所在地点,应填明该祠坐落地名及在该县市内之某区某乡镇或某保甲辖区之内。

五　第二、三栏之改建,系指就原有建筑物改建为忠烈祠而言。

六　建立时期在民国成立以前者,填某朝代几年,如清康熙几年等是。在民国成立以后者,填民国几年。

七　第五栏内关于供奉死难将士牌位数一项,除填明数目外,并应将死难将士姓名、级职及死难经过另纸开列附表报部。

附:

①川抗敌阵亡将士灵位昨入祀忠烈祠　成都各界事前举行追悼　参加十余万人悲壮肃穆(《申报》1938年5月18日第1页)①

成都十七日中央社电。蓉各界十七日晨十时,在少城公园集合十余万人,举行追悼川军抗敌阵亡官兵大会,情形备极悲壮肃穆。林主席及蒋总裁均有横额题赠。开会行礼如仪后,由主祭邓锡侯献花,并宣读祭文,旋静默志哀。全市同时放电灯、鸣汽笛。三分钟静默毕,由邓报告追悼意义,继由故师长王铭章夫人、饶国华公子等致祭。祭毕,全场一致通过:(一)电蒋委员长致敬;(二)慰问前方抗敌将士;(三)请政府优待出征将士家属;(四)申讨伪组织等提案。追悼会至午十二时,始呼口号散会。全体致祭人员,乃整队恭送阵亡将士灵位入忠烈祠奉祀,沿途高呼口号,并燃放鞭炮。悲壮之声,响入云霄。下午一时,抵忠烈祠,安灵致祭毕,始礼成。

②晋殉职三县长入祀忠烈祠　政院并准建纪念塔　张培梅等亦

---

①参见《蓉各界追悼川阵亡官兵》,《申报》1938年5月17日第1页。

请议恤(《申报》1938年6月28日第1页)

隰县廿七日民革社电。抗战以来,晋省县长殉国者,有朔县县长郭同仁、偏关县长梁雷、蒲县县长申祐等,均经阎主席呈准政院,得于各该县建立纪念塔,并入祀忠烈祠。并已奉准优恤。又,前第×战区执法总监①张培梅、山西村政处长陈芷庄及名流赵铁山,均壮烈牺牲。闻亦已呈由行政院函军[事]委员会、内政部议恤。

③四存学校殉难员生 府令褒扬(《申报》1939年6月17日第9页)

重庆。国府十六日令。据行政院呈报,河北四存学校员生,于本年二月敌伪军二三千人攻袭衡水赵家圈、李家店之际,投笔奋起,以寡敌众,斩获颇多,卒以弹尽援绝。教职员李溪荪等八员、学生楚寿学等四十五名,或殒生行阵,或喋血重伤,均能临难不苟,气慑敌伪,拟请优予奖恤等语。查该员生等忠勇赴难、捐躯卫国,洵属有光史乘。除由行政院转饬建筑纪念塔、并一律入祀忠烈祠及依例抚恤外,应予明令褒扬,并将事迹存备宣付史馆,以彰壮烈,而勉来兹。此令(十六日电)。

2.各县设立忠烈祠办法②(1939年6月23日)

国民政府军事委员会,二十八年六月二十三日,抚一甲渝字第四七六九号《训令》开:"案查《各县设立忠烈祠办法》业经于二十五年六月规定通行在案。现抗战两载,各阵亡将士沙场碧血,气壮山河,神爽式凭,宜崇禋祀。合行重申前项规定,检发原办法,令仰遵

---

①即第二战区执法总监部总监(也称军法执行监)。
②1939年8月9日,《奉军事委员会令发〈各县设立忠烈祠办法〉等因令仰遵办具报(江西省政府训令民一字第五四二八号)》,《江西省政府公报》1939年1139期,第19—21页。

1940年,蒋介石为南岳忠烈祠题写匾额

照,并将办理情形具保查核。此令。"

各县设立忠烈祠办法

一 援古昭忠、忠义等祠之例,于各县文庙、乡贤祠之旁设立之。

二 就各县文庙、乡贤祠之旁原有之昭忠、忠义等祠或公共庙宇改建之。如无上项地址者,由县政府设法另行建筑之。

三 修改或建筑经费,由地方政府设法筹措之,但不准有勒捐、摊派情事。

四 凡抵御外侮、北伐、"剿赤"各战役死亡官兵之原籍属于某县者,即以某县忠烈祠专祀之。

五 祠中供奉牌位,书明死亡官兵级职、姓名。

六 牌位入祠,应由地方党政军商各界以及学校、团体用军乐(无军乐地方,即鼓乐亦可)送入祠内。其仪节须极隆重。

七 各部队应将某某战役官兵姓名造具清册,寄各原籍县政府汇集办理；一而由各该县政府按照清册自行调查。

八　每年于七月九日（国民革命军北伐誓师纪念日）举行公祭。该县党政军学商各界均须参加，其礼仪须极隆重。

九　各县忠烈祠应由该县政府随时修葺，负责保护，以免损坏。

十　各县政府设立忠烈祠，务于本年六月底以前建筑齐全，以备七月九日公祭，并于落成公祭后十日以内，报由该省最高军事长官及该省政府，在二十日内，会呈本会备案。县目前如无死难烈士，应专案呈报，先供关、岳等古代名将神主。

附：

①湘省鼓励抗战精神（《申报》1940年1月26日第3页）

耒阳。湘省府为鼓励奖勉人民坚强不屈之精神起见，[制定]人民抗战奖励暂行办法。凡人民有对抗战精神物质上有一贡献者，均予以褒奖，或建立纪念碑、供祀省县忠烈祠，或修入省县志，以资表扬（二十五日电）。

②南岳延寿庙建忠烈祠（《申报》1940年3月15日第3页）

长沙。薛岳、赵恒惕等，顷在南岳延寿庙筹建忠烈祠，恭迎为国牺牲之军民英灵入祠受祭，使与名山共千古。该祠工程年内可完成（十四日电）。

③殉难校长学生入祀忠烈祠（《申报》1940年4月14日第3页）

重庆。中央以江苏省睢宁县初级小学校长周本晏、东台县学生丁国荣不屈被杀，诚足矜式，特准入祀原籍忠烈祠，并由苏省府比照人民守土伤亡抚恤，以昭激励云（十三日电）。

④苏省府优恤王雪琴（《申报》1940年5月17日第3页）

苏北某地。苏省府奉行政院令，准予优恤抗战殉职萧县[县]长

南岳忠烈祠纪念塔老照片

王雪琴:(一)于萧县建立王县长抗战阵亡纪念坊一座;(二)请铨叙部从优核恤;(三)免除子女学费。并入祀萧县忠烈祠(十六日电)。

⑤行政院例会纪 通过设忠烈祠以祀死难诸人 (《申报》1940年5月30日第4页)

重庆。行政院二十八日上午开第四六七次会议。军事、外交报告外,决议各案,择载如下:(一)副院长提议《请设立忠烈祠以祀死难诸人案》,决议通过……(二十九日电)。

⑥行政院昨开例会(《申报》1940年9月4日第4页)

重庆。行政院三日上午开第四八零次会议,各部会长官均出席。军政、外交两部分别报告军事及外交情形外,决议各案,择要如下:……(三)《殉难忠烈官民祠祀及建立纪念碑坊办法》暨《忠烈祠设立及保管办法》案,决议修正通过……(三日电)。

⑦郑作民遗体葬南岳忠烈祠（《申报》1940年11月7日第6页）

桂林。郑故师长作民,前于南宁之役为国牺牲。遗体定八日由原籍扶田,运葬南岳忠烈祠。省府派二区专员萧训代表,前往致祭、(六日电)。

⑧南岳忠烈祠积极建筑（《申报》1940年12月30日第4页）

耒阳。湘省府及军事当局,为酬庸报功、表彰忠烈起见,特于南岳建筑忠烈祠及烈士公庙,采用宫殿式,并建纪念堂,陈列胜利品。工程正积极进行,预计明年可全部落成(二十九日电)。

3.抗敌殉难忠烈官民祠祀及建立纪念坊碑办法大纲①(1940年9月20日)

第一条 抗敌殉难忠烈官民之祠祀及建立纪念坊碑依本大纲行之。

第二条 抗敌殉难忠烈官兵有左列情事之一者,得入祀忠烈祠,并得建立纪念碑或纪念坊:

1. 身先士卒、冲锋陷阵者；

2. 杀敌致果、建立殊勋者；

3. 守土尽力、忠勇特著者；

4. 临难不屈或临阵负伤不治者；

5. 其他抗敌行为足资矜式者。

---

①南京国民政府《训令》(渝文字第八六五号)。内政部总务司第二科(地址在四川巴县)编:《内政法规汇编(礼俗类)》,第51—52页,1940年11月版,商务日报馆(地址在北碚夏溪口)印刷。在通饬施行的同时,要求废止"以前军事委员会所颁各县设立忠烈祠办法及内政部所颁烈士附祠办法"。行政院秘书处编印《行政院公报》渝字第3卷第21号,1940年11月1日出版,第4—8页。

第三条　抗敌殉难忠烈人民有左列情事之一者，得入祀忠烈祠，并得建立纪念碑：

1. 侦获敌人重要情报者；
2. 组织民众协助军队工作或执行军队命令者；
3. 刺杀敌人或汉奸者；
4. 破坏敌人重要交通路线者；
5. 焚毁敌人仓库者；
6. 破获敌伪间谍组织者；
7. 被掳不屈者；
8. 救护抗敌官兵者；
9. 组织民众实行国民公约者；
10. 其他忠勇抗敌者。

第四条　凡合于前二条规定各款情事之一者，得由其事迹表著地、殉难地或原籍地之公正人民或相邻亲属填具详细事迹表，呈由各该县（市）政府调查属实后，呈请省政府转咨内政部分别核准入祀或建立纪念坊碑。

抗敌殉难忠烈官兵应由其原属部队填具事迹表，并造具清册，报由军政部转咨内政部核准。

事迹表及清册由内政部定之。

第五条　各级地方政府应随时查访，遇有合于第二条、第三条规定各款情事之一者，应详具事实，比照前条规定程序办理。

第六条　忠烈祠设于省市（包括院辖市及省辖市）县政府所在地，乡（镇）亦得设立之纪念坊碑、建立于事迹表著地、殉难地或原籍地。

忠烈祠及纪念坊碑之建立经费由地方政府支出之。

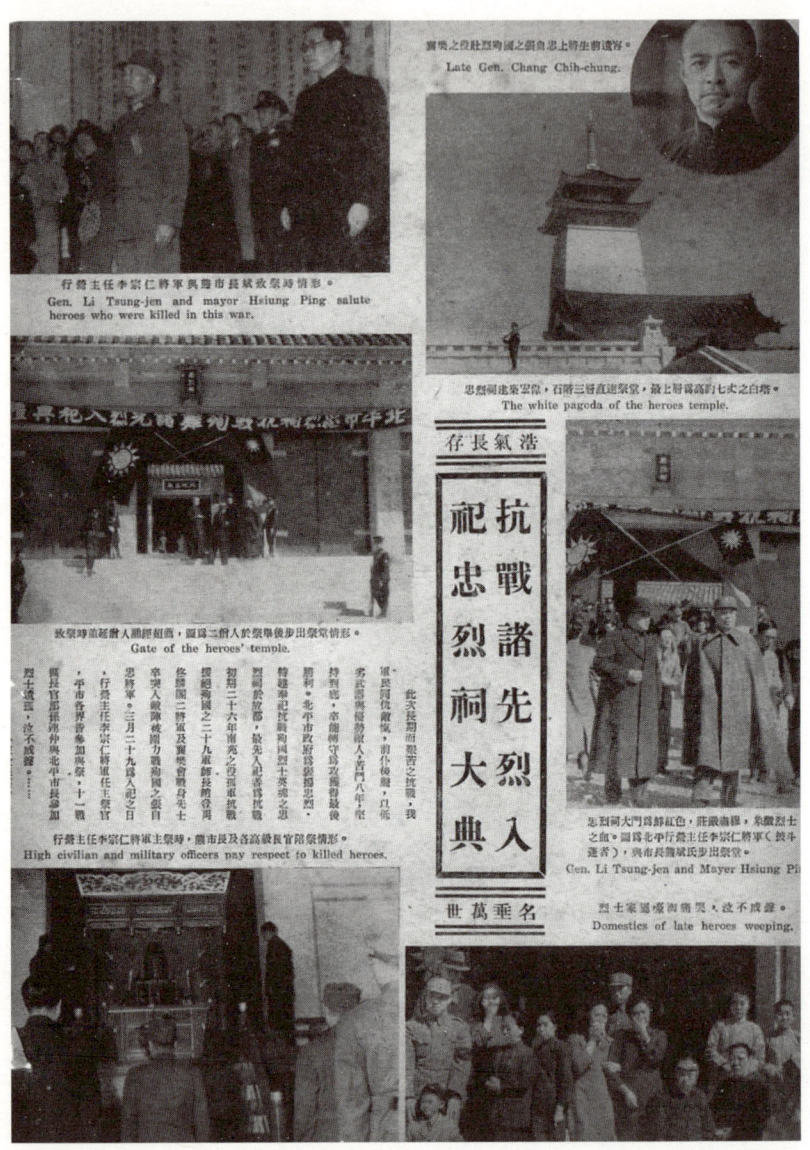

1946年3月29日,北平市各界在新建成的北平市忠烈祠举行抗战诸先烈入祀大典。载《联合画报》1946年4月16日第171—172期合刊

第七条　国民政府于首都所在地建立忠烈祠并得特准建立专祠专坊或专碑。首都忠烈祠及专祠、专坊、专碑之建立经费,由国库支出之。

第八条　忠烈祠之入祀及纪念坊碑之建立,由内政部于核准时定之。

忠烈事迹特著及建有特殊功勋者入祀首都忠烈祠,并得同时入祀各省、市、县忠烈祠。入祀首都忠烈祠者,应经国民政府明令行之。

保卫地方建有功绩者,入祀省忠烈祠,并得同时入祀原籍市县忠烈祠。

其他忠烈,行入祀原籍县、市(院辖市或省辖市)忠烈祠。

第九条　忠烈祠应并祀古代名将及革命先烈。

第十条　忠烈祠设立及保管办法另定之。

第十一条　本大纲自公布日施行。

附：解释枪兵壮丁人民等因保卫地方剿匪死难可否入祀原籍忠烈祠疑义①

(上略)查本年九月二十日国民政府公布《抗敌殉难忠烈官民祠祀及建立纪念坊碑办法大纲》。其第八条末项规定："其他忠烈行为,入祀原籍县市忠烈祠。"各地枪兵、壮丁、人民等因保卫地方剿匪死难,自可援用上列规定入祀原籍忠烈祠,以励忠勇。(下略)

4.忠烈祠设立及保管办法②(1940年9月20日)

第一条　本办法依《抗敌殉难忠烈官民祠祀及建立纪念坊碑

---

①内政部总务司第二科编:《内政法规汇编(礼俗类)》,第52页,1940年11月版,商务日报馆印刷。

②南京国民政府《训令》(渝文字第八六五号)。内政部总务司第二科编:《内政法规汇编(礼俗类)》,第52页,1940年11月版,商务日报馆印刷。

办法大纲》第十条之规定订定之。

第二条　国民政府所在地、各省(市)政府及县(市)政府所在地,均应设立忠烈祠一所,乡(镇)公所所在地如有公共寺庙,亦得设立之。

第三条　设立忠烈祠得就公共祠庙改建,但应事先商得各该祠庙负责人之同意,并报内政部核准行之。

第四条　各地忠烈祠成立后,当地原有类似忠烈祠之祠庙得由各该官署酌予归并并呈报内政部备案。

第五条　烈士牌位之式样及尺度如左:

一、牌位一律蓝底金字,边缕〔镂〕花纹,上加额、下设座。

二、牌位中直书烈士姓名,有衔者,具衔,左书年龄、籍贯,右书殉难事由。

三、牌位尺度以国定市用尺为标准,长二尺、宽五寸,两边各宽一寸五分、高二寸,座高三寸。

第六条　忠烈祠应征集下列物品,辟室陈列,以供瞻仰。

一、烈士遗像;

二、烈士遗物;

三、有关烈士之文献;

四、有关烈士之摄影。

第七条　忠烈祠内或附近得斟酌情形辟设花圃或公园。

第八条　各地忠烈祠应于每年七月七日依公祭礼节举行公祭。首都忠烈祠由内政部部长主祭;省(市)忠烈祠由省政府主席或市长主祭;县(市)忠烈祠由县(市)长主祭;乡(镇)设忠烈祠者,由乡(镇)长主祭。当地各机关法团均须参加。

第九条　各地忠烈祠保管机关规定如左:

一、首都忠烈祠由内政部保管之；

二、省（市）忠烈祠由省政府民政厅或市社会局保管之；

三、县（市）忠烈祠由县（市）政府保管之；

南岳忠烈祠位于湖南衡阳

四、特殊行政区（如威海卫管理公署及设治局等）忠烈祠由各该官署保管之；

五、乡镇设有忠烈祠者，由乡镇公所保管之。

第十条 忠烈祠之保管经费应列入预算。

第十一条 各地忠烈祠保管机关应于每年终，将保管实况呈报上级政府转咨内政部备查。如有特殊情形，并应专案具报。首都忠烈祠保管实况由内政部报由行政院转报国民政府备案。

第十二条 忠烈祠不得占用或处分。

第十三条 本办法自公布日施行。

附：

公祭礼节（附位次图）[①]

第一条：凡举行公祭，除法令别有规定外，依本礼节之规定。

[①] 南京国民政府于1937年6月22日修正公布。内政部总务司第二科编：《内政法规汇编（礼俗类）》，第53—54页，1940年11月版，重庆商务日报馆印刷。

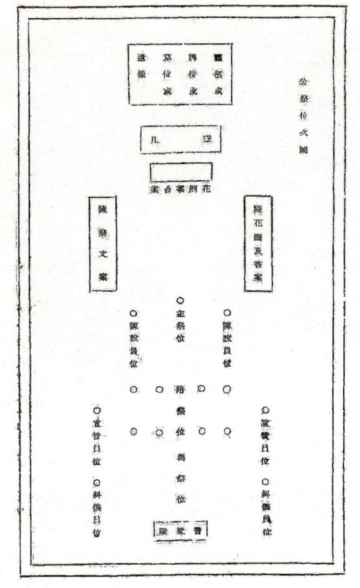

公祭位次图

第二条：公祭依左列之秩序：一、祭礼开始；二、全体肃立；三、奏哀乐；四、主祭者就位；五、陪祭者就位；六、与祭者全体就位；七、上香；八、献花；九、恭读祭文；十、行祭礼三鞠躬；十一、主祭报告致祭意义；十二、演讲；十三、奏哀乐；十四、礼成。前项第五、第六、第十一、第十二各款规定，得因致祭时实在情形，酌量改赞或从略。

第三条：公祭位次依附图之规定。

第四条：本礼节自发布日施行。

5. 烈士事迹表暨入祀忠烈祠烈士姓名清册格式①（1940年11月）

内政部二十九年十一月二十六日渝礼字第一三四四号咨开：案查《抗敌殉难忠烈官民祠祀及建立纪念坊碑办法大纲》第四条第三项规定"事迹表及清册格式由内政部规定"。现上项表册格式，业经本部拟定，呈奉行政院二十九年十一月九日阳字第二三三零四号指令开："呈件均悉，准予备案，仰即由概不通行知照。此令。"奉此，除分行外，相应抄同表册格式。咨请贵省政府查照饬属遵照办理，并希见复为荷。

---

① 内政部公布。节录自《准内政部咨送烈士事迹表暨清册格式一案令仰遵照》，《江西省政府公报》1941年第1215期，第45—48页。

填表须知：

一　凡申请入祀忠烈祠者，须填具本表三份，呈送该烈士事迹表著地，或死难地，或原籍之市县政府。

二　各市县政府收到此表，经调查属实后，以一份留存，二份呈报该管省政府，由市政府抽存一份，其余一份转咨内政部核定。

三　抗敌殉难忠烈官民，由原属部队填具事迹表及清册各三份，呈送军政部各抽存一份，其余咨送内政部核准转发施行。

四　各栏均须详查妥填，如该项事实无法查明，即填"未详"二字。如无事实，即填"无"字。

五　生平事迹栏，除详述事迹外，对其思想、操守、学术及有无著作，亦得详加叙列。

六　死难情形栏，对于死难事由、死难日期、死难地点及死难经过，均须详加填注，不得遗漏。

七　遗族概况栏，对于家庭情形、经济状况及现在住址，均须分别详注。

6.抗敌殉难忠烈官民入祀忠烈祠仪式①（1941年3月18日）

第一条　抗敌殉难忠烈官民，经核准入祀忠烈祠者，依本仪式

---

①军事委员会颁发。《云南省政府公报》1941年第13卷第54期，第5—6页。又载为"二十九年十二月三十一日内政部公布"。"内政部三十年一月八日渝礼字第〇〇四九号咨开：'查《抗敌殉难忠烈官民祠祀及建立纪念坊碑办法大纲》暨《忠烈祠设立及保管办法》，业经国民政府公布在案。兹制定《抗敌殉难忠烈官民入祀忠烈祠仪式》，经呈奉行政院二十九年十二月二十二日阳壹字第二五七七三号指令节开：呈件均悉，原送仪式草案，业经酌加修正，转呈国民政府备案，并分函中央秘书处及军事委员会矣，仰即公布施行。'"参见《江西省政府公报》1941年第1215期，第49—50页。《抗敌殉难忠烈官民入祀忠烈祠仪式》后于"中华民国卅七年九月二日内政部修正公布"，修正案仅将第三条中的"党国旗"改为"国旗"。参见《台湾省政府公报》1948年冬字第12期，第114页。

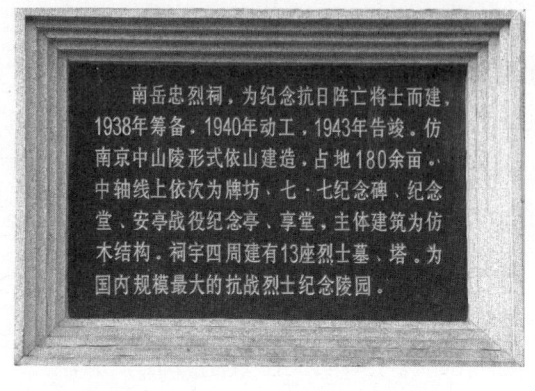

南岳忠烈祠是全国规模最大的抗战烈士纪念陵园

之规定举行入祀。如有多数烈士入祀,得定期合并举行。

第二条 抗敌殉难忠烈官民入祀,由各该忠烈祠保管机关先期制定牌位,届时通知当地机关、法团、学校各派代表在指定地点集合,恭送入祠。

第三条 牌位出发时行列如左:

一 党国旗;

二 白布横幅(上书"抗敌殉难忠烈官民入祀典礼"字样);

三 乐队;

四 军队(枪口向下);

五 警察队(枪口向下);

六 牌位;

七 殉难忠烈官民家属;

八 各机关、法团、学校代表。

前项军队、警察队之名额,由保管机关会商当地军警长官临时定之,无乐队地方,得用鼓吹或其他音乐。

第四条 参加人员除民众团体外,一律须着制服。

第五条 牌位经过时,军警应行最敬礼,车辆及行人应停止进行,戴帽者脱帽,未戴帽者注目致敬。

第六条 牌位抵忠烈祠后,即举行安位典礼,其秩序如下:

一 典礼开始;

二 全体肃立;

三 奏乐;

四 主席就位;

五 献花;

六 读祭文;

七 全体向烈士牌位行三鞠躬礼;

八 默哀;

九 主席报告烈士抗敌殉难事迹;

十 奏乐;

十一 礼成。

前项主席,得以忠烈祠设立及保管办法第八条所规定之主祭人员充之。

南岳忠烈祠内镌立的抗战忠烈夏国璋、王甲本、戴安澜纪念碑

南岳忠烈祠内镌立的抗战忠烈赵登禹、饶国华等纪念碑

第七条 抗敌殉难忠烈官民入祭之日,当地机关、团体、学校及工厂、商店,均应悬旗示敬。

第八条 抗敌殉难忠烈官民入祭之日,应并分别慰问其家属,并举行扩大宣传或展览烈士遗物,以资观感。

第九条 纪念碑坊落成仪式,参照本仪式第六条之规定行之。

7.抗敌殉难忠烈官民入祀忠烈祠安位祭文及公祭文①(1941年5月27日)

内政部三十年五月二十七日渝礼字一〇六九号咨开:"查《抗敌殉难忠烈官民入祀忠烈祠安位祭文及公祭文》,业经本部拟制,呈奉行政院三十年五月六日勇壹字第七零七六号《指令》开:'呈件均悉,准予备案,仰即由该部通行知照。此令。'等因奉此,除分咨外,相应抄同祭文二种,咨请贵省政府查照饬属一体知照,并希见复为荷。"

1944年4月5日,设在安徽省岳西县汤池畈的陆军第48军忠烈祠举行落成典礼。图为该祠内的抗日阵亡将士墓碑

入祀忠烈祠烈士安位祭文(烈士牌位入祀安位时用)

国步多难,蛮夷猾夏,卫我河山,实难健者,风云惨淡,龙战玄黄,杀敌致果,允为国殇,日月焜耀,天地寥廓,设位招魂,灵兮是托,极功崇德,生荣死哀,馨香俎豆,万古昭回。

入祀忠烈祠烈士公祭文(每年七月七日公祭用)

维灵:抗敌效命,为国捐躯。武功彪炳,丽河岳而常新;大节昭垂,与日月而并耀。宜肃岁时之祀,当申崇报之诚。呜呼!黄封三锡,

---

①1941年6月27日,江西省政府训令(民健字第一五七四九号)《准内政部咨送抗敌殉难忠烈官民入祀忠烈祠安位祭文及公祭文等由令仰知照》,《江西省政府公报》1941年第1227期,第53—54页。

励六师忠义之心①;碧血千年,立百世懦顽之志。载陈尊簋,来格几筵。尚飨。

8.革命先烈及阵亡将士入祀忠烈祠补充办法三项②(1943年10月27日)

行政院三十二年十月二十七日仁壹字第二三九六九号训令开:

准中央执行委员会秘书处本年十月十四日渝卅(禾)字第二〇三九号公函开:

查关于革命烈士及阵亡将士入祀忠烈祠之名单序列及入祠典礼,亟待予以补充规定。前经提奉中央第二二三次常会,交党务委员会征询有关机关意见,汇订办法三项:

一　入祠忠烈依照国民政府二十九年九月公布之《抗敌殉难忠烈官民祠祀及建立纪念坊碑办法大纲》之规定,以成仁者为限。成功者不得同列忠烈之位。

二　入祠忠烈之名单序列。如系国民政府通令入祀全国忠烈祠之烈士,应以国民政府公布之名单先后为序,如系内政部核定入祀省市县忠烈祠之烈士,应以该部核定之先后为序,报核手续,依照办法大纲第四条、第五条之规定。各地党部及省县参议会认为有应入祀忠烈祠之烈士,随时函由当地政府办理。关于革命先烈入祀忠烈祠,其名单及序列,由中央执行委员会核定。

---

① 在今人述作中,也有误植为"励六卿忠义之心"的情形。
② 《奉令订定革命先烈及阵亡将士入祀忠烈祠补充办法三项等因令仰知照(江西省政府训令民秘第二〇五二六号)》,《江西省政府公报》1944年第1296期,第32页;《奉行政院训令以准中央执行委员会秘书处函以革命先烈及阵亡将士入祀忠烈祠之名单应依照汇订三项办法序列等因仰知照转饬知照》,《湖北省政府公报》1944年第492期,第27—28页。

三　入祠典礼。首都及各省或特别市忠烈第一次入祠典礼,应由中央派员主祭,至每年祭祀之主祭人,则依《忠烈祠设立暨保管办法》第八条之规定,提奉中央第二三九次常会决议通过。并规定,革命先烈入祠典礼,于每年三月二十九日行之。

在案。除分行外,相应录案函达,即希查照。

9.褒扬抗战忠烈条例①(1946年3月12日)

第一条　凡抗御外侮忠勇义烈之官兵人民合于左列各款之一者,依本条例褒扬之。

一　杀敌致果,建立殊勋者;

二　尽力守土,忠勇特著者;

三　临难不屈,以身殉国,或不受敌人利诱威胁、致伤亡或拘囚者;

四　举义乡里,抵抗敌人,或毁坏敌用重要战具者;

五　毁家纾难,或计划守土、著有功绩者;

六　个人或全家或全村与敌搏斗,致伤亡或被毁者;

七　因守土伤亡者;

八　其他忠勇义烈事迹,足资矜式者。

第二条　褒扬方法如左:

一　国民政府明令褒扬、行政院院令褒扬或内政部部令褒扬;

二　国民政府题颁匾额、行政院题颁匾额或内政部题颁匾额;

三　国葬、公葬或入葬国殇墓园;

四　入祀忠烈祠,或建立纪念坊碑;

---

①南京国民政府公布。上海法学编译社:《法令周刊》第9卷第13期(总397期),1946年3月27日出版,第7页。

> 省政府電復本會稱
>
> 抗敵殉難戰士入祀
> 中央已有規定
> 不能一律入省忠烈祠
>
> 本會第一屆第四次大會，曾以日本之為患中國，由來已久，蓋漸侵亡其興，有陳誠桐地之恥。迨抗戰軍興，頑我將士浴血死抗，經八載之久，始奏勝利之績。凡屬殉國之官，不在少，西湖忠烈祠，雖經建立，而瞻仰怠切，亟應湔增置，有殊榮典，褒彰死烈。特別時為，當非國家賑濟褒恤之典，其為浙死諸將官兵，數不在少，如西湖忠烈祠，雖已建立，而崇祀人數，分別作傷，用享明祠，蓋採訪浙循省，亦用上屬於浙省抗敵殉難之將士，一律入祀，以彰忠烈。經成忠烈錄，以便各別忠烈錄一部，供入祠供奉明紀，旋，殉國營兵，分別作傷，並立「殉雖官兵姓名錄」，以永久，以資久遠。各其死職較而著有殊勳者，亦用享明祠，且在祠前有人敬，以彰忠烈。等因，奉此。查本省各年中等以上學校及縣參議會，莫不設有忠烈祠，如此，則規覺愈普遍，瞻仰愈廣大，而死難諸烈之心，亦可傳如永久。且可喚起一般人之愛國向上之心，以影響於國家政府。奉此，本省各殉難官兵姓名錄等一部，均可傳如永久。至各府文廟本省各各殉難官兵姓名錄等事。現已由省政府飭令，並由省政府通令，擬「忠烈祠入祀戰士戰民保暫行辦法」第八條規定，忠烈士之入祀範圍及建立紀念建坊等辦法大綱內」，有應有功勳者，入祀省忠烈祠。其他忠烈行省入祀忠烈祠所列抗敵陣亡將士，入祀省忠烈祠，至於一般與歲已忠烈行為，並分別令飭省轄各市縣政府切實遵辦，經中政府政府核准入祀。本省忠烈祠所列抗敵殉難行為（隨本府呈令浙江省議會及忠烈將士姓名錄，聯合當局核司部照辦，即照忠烈祠。其他忠烈行為隨歲已入祀之入祀省忠烈祠，並通省道諭令發各縣，並通省道諭令發各縣。

《抗敵殉難戰士入祀 中央已有規定 不能一律入省忠烈祠》，浙江省参议会编《浙江民意》1948年 第14期，第7页

五 事迹宣付国史馆，或令刊入省志、县志。

第三条 应受褒扬之忠勇义烈官兵人民，由主管机关详填事迹，并检同证明文件，转内政部核定或核议转呈核定。

第四条 应受褒扬人之乡邻，或事迹表著地之公正人士，亦得连名胪列事实，声请该管地方政府转请褒扬。

第五条 受褒扬人除依法奖恤外，必要时，得特给奖金或恤金。前项奖金恤金由国库支给。

第六条 本条例自公布日施行。

10.徐积璋等十一员准入祀全国各级忠烈祠[1]（1947年3月5日）

内政部本年三月五日《礼字第四三五号公函》开：查抗敌殉国高级将领张自忠等三十八员、刘湘等十一员及罗策群等三员，先后奉准入祀全国各级忠烈祠，并留备入祀首都忠烈祠在案。嗣准

---

[1]《台湾省行政长官公署民政处代电（叁陆卯齐民乙字第三一二八号，中华民国卅六年四月八日）》，《台湾省行政长官公署公报》夏字第9期，1947年4月10日出版，第139页。

基隆忠烈祠首日封

各军事机关、部队陆续检送殉国将领徐积璋等十一员事迹,请予核定入祀忠烈祠。前来,经及依法核定,并于三十五年十二月十二日,以礼字第一二二〇号呈报行政院转请核示。兹奉本年二月八日从人字第四一一八号训令开:案经呈奉国民政府三十六年一月四日处字第一号指令,呈件均悉。

陆军第二〇五旅旅长徐积璋、陆军第一五六师参谋长姚中英、陆军第一五六师第四六六旅旅长李绍嘉、陆军第八八师第二六二旅旅长黄梅兴、陆军第八七师第二五九旅旅长易安华、陆军第八七师第二〇二旅旅长蔡炳炎、陆军第八九军第七〇一团团长陈学武、台州守备区指挥官蒋志英、苏鲁战区总司令部政治部主任周复、陆军新编第三十八师副师长齐学启、陆军第七九军军长王甲本,均准入祀全国各级忠烈祠,并留备入祀首都忠烈祠,仰即转饬知照,此令。

国民政府三十六年一月四日处字第一号指令准入祀全国各级忠烈祠烈士姓名表(合计壹拾壹员):

职别	姓名	年龄	籍贯	殉难事迹
陆军第二○五旅旅长	徐积璋	三三	山西襄陵	廿七年十一月陕西稷王山阵亡
陆军第一五六师参谋长	姚中英	四一	广东平远	廿六年首都保卫战殉国
陆军第一五六师第四六六旅旅长	李绍嘉		广西贵县	廿六年十二月十二日首都保卫战役殉国
陆军第八八师第二六二旅旅长	黄梅兴	三三	广东平远	廿六年八月十四日上八字桥阵亡
陆军第八七师第二五九旅旅长	易安华	三六	江西宜春	廿六年十二月首都保卫战殉国
陆军第八七师第二○二旅旅长	蔡炳炎	三七	安徽合肥	廿六年八月二十五日上海罗店阵亡
陆军第八九军第七○一团团长	陈学武	三五	广东文昌	廿九年九月五日江苏如皋阵亡
台州守备区指挥官	蒋志英	四六	浙江诸暨	三十年四月十九日浙江海门被俘自戕成仁
苏鲁战区总司令部政治部主任	周复		[江西临川]	卅二年二月在胶东安丘阵亡
陆军新编第三十八师副师长	齐学启		湖南宁乡	卅四年五月十三日仰光集中营不屈被害
陆军第七九军军长	王甲本	四四	云南巫彝	卅三年九月七日湖南零陵阵亡

11. 春秋二季致祭阵亡将士办法①（1947年6月21日）

一　春秋二季致祭阵亡将士典礼，除中央在国都所在地举行外，全国各省、市、县应一律就地举行，以表崇敬。

二　兹定春祭日期为每年三月二十九日，秋祭日期为九月三日。

三　春秋二季致祭阵亡将士典礼参加人员，除中央举行时另有规定外，全国各省、市、县应由各地方首长领导，当地各机关、法团、学校一律参加。

四　各省、市、县春秋二季致祭阵亡将士典礼地点，应就各地

---

①南京国民政府颁布。《青岛市政府公报》1947年第5卷第2期，第9页。

忠烈祠或其他适当地点举行之。

五　各地致祭阵亡将士典礼时,同时致祭抗战殉难官民。

六　致祭仪式,依照国民政府二十六年六月二十二日公布之公祭礼节规定之。其仪式附后:

1. 祭礼开始;

2. 全体肃立;

3. 主祭者就位;

4. 陪祭者就位;

5. 与祭者全体就位;

6. 奏哀乐;

7. 上香;

8. 献花;

9. 恭读祭文;

10. 行祭礼三鞠躬;

2014年4月8日,各界在衡阳市南岳区衡山忠烈祠祭奠抗战英烈

11. 主祭报告致祭意义;

12. 演讲;

13. 奏哀乐;

14. 礼成。

前项 5、9、11、12 各款规定,得因致祭时实在情形酌量改赞或从略。

12. 忠烈祠秋季致祭改定九月三日①(1947 年 9 月 24)

行政院本年(一九四七年)九月二十四日内字第三七九七〇号训令开:

案据浙江省政府呈:略以奉颁《春秋二季致祭阵亡将士办法》规定秋季日期为九月三日,与《忠烈祠设立及保管办法》第八条规定"各地忠烈祠应于每年七月七日公祭"颇有出入,请修正统一日期。

等情。经转奉国民政府卅六年九月十二日处字第一四九一号指令:《忠烈祠设立及保管办法》第八条内"七月七日"改为"九月三日"。

等因。除分令外,合行令仰知照,并转饬所属知照。此令。

13. 北京上海等地兴建忠烈祠(1945—1948)

①平市府奉令建立忠烈祠(《申报》1945 年 12 月 27 日第 1 页)

中央社北平六日电。市政府奉令建立忠烈祠,已择定西郊新市区八宝山为祠址。该处原为日人"忠灵塔"所在地,拟于一月可

---

① 《盐务月报》1947 年第 6 卷第 10 期,第 46 页。参见 1947 年 10 月 2 日天津市政府训令《为秋季忠烈祠公祭改期事给第五区公所训令》,天津市档案馆馆藏档案,档号:401206800-J0034-1-000174-023。

工。市府为搜集忠贞先烈之言行事迹,特组忠义事迹审查委会。忠烈平生经历,经审查后,认为有入祠供祀之必要者,呈中央明令核准入祠奉祀。

②纪念阵亡将士筹建忠烈祠(《申报》1945年12月29日第5页)

第三方面军司令部,为纪念阵亡将士起见,特在江湾路前上海海神社原址,建立忠烈祠,以资纪念。并派由王光汉、胡静如、苟吉堂、张涛、邹任之五氏负责筹备。

③松江聘委员筹建忠烈祠(《申报》1946年1月9日第2页)

本邑八年抗战,忠勇将士为国牺牲者,颇不乏人,应亟表扬事迹,永垂纪念。特发起建忠烈祠,以妥英灵。现已择定西塔弄内陈公祠堂,为抗战忠烈祠地点,不日兴工建筑,并聘定张颂九等五人为筹备委员。

④常熟县府奉令建忠烈祠(《申报》1946年2月17日第2页)

县府奉省令筹建忠烈祠,用以崇报先烈,永垂供祀。关于祠址问题,正在商协中,一俟决定,即可兴工建立,并悉拟将利用适当之庙屋改建,以资简便。

⑤卢沟桥一文字山 计划建筑忠烈祠(北平《世界日报》1946年3月27日第2页)

本市讯。卢沟桥一文字山为我中华民族之复兴圣地,清明节即届,平市各界前往凭祭者必多。宛平县长王汉三拟准备茶点招待,并购有大批树苗,定是日举行植树典礼,并计划在该地建筑忠烈祠,入祀抗战阵亡将士。

⑥本市忠烈祠落成 定五日举行入祀典礼 凡烈士家属均可参加(北平《世界日报》1946年4月3日第2页)

本市讯。本市忠烈祠定于四月五日上午九点,举行落成及入祀典礼。因旧址在平西八宝山,距离较远。市政府特于是日饬电车公司准备专车四辆,免费往返。每辆可容三十五人,共计一百四十人。凡抗战殉难烈士家属及其旧部,欲前往参加者,希于四月四日上午八时至十二时,到市政府总务处,或社会局登记,并于四月五日上午八时,在该府大门前集合,上车出发。

⑦平忠烈祠落成今日行入祠礼(《申报》1946年4月5日第1页)

本报北平四日电。西郊前日人所建忠灵塔,光复后,平市府已将之改建为忠烈祠,定于明日五日宣告落成,同时举行抗敌殉难诸烈士入祠典礼。入祠者有张自忠、佟麟阁、赵登禹等。李[宗仁]主任、熊[斌]市长明日均将参与盛典。按,忠灵塔原为日寇纪念其侵华阵亡将士而建。塔在平西郊八宝山脚,建筑前征用土地五百四十亩,大部为自关外运来之花岗石及混凝土所建。建筑时,每日万人作工,历时三年始成。工程费约在十亿元。日人初固未料及此侵略狂魂之奢华栖所,亦将有一日为张自忠等抗日忠魂所接收。

⑧大会通过请建立忠烈祠(《申报》1946年4月9日第3页)

上海市临时参议会,昨晨九时十五分,举行第十一次大会,并纪念周……即通过议案三件……(一)请市府建造抗战殉国忠烈祠,建立抗战殉难烈士纪念塔,建立抗战殉难烈士公墓……

⑨本市简讯(《申报》1946年4月13日第3页)

第三方面军战俘管理处现决将江湾路"上海神社"旧址改建忠烈祠。

⑩昆山三贤祠改建忠烈祠(《申报》1946年5月22日第2页)

本邑城内西塘街三贤祠,系王逆揖唐于三十三年八月间,将乡先贤徐乾学之"传是楼"收买,捐与伪地方协进会兴建。胜利后,归县府派员看管。兹悉,业经临参会决议,改建为忠烈祠,克日着手兴建,以慰忠魂。

⑪平市各界昨开会 追悼死难先烈军民 孙连仲主祭 六机关首长陪祭(北平《世界日报》1946年7月8日第2页)

昨日为抗战胜利后第一届"七七"纪念日。党政军学各界于上午九时,在中山公园中山堂,举行追悼抗战殉难军民大会。到机关首长、各界代表及军警宪学界三千余人。九时三十分,大会开始,由第十一战区司令长官孙连仲主祭。北平市长熊斌、北平行营参谋长王鸿韶、市参议会议长谷钟秀、河北省党部主委刘瑶章、市党部主委吴铸人、警备司令侯镜如陪祭。主祭官领导行礼,如仪开会、献香、献花、献爵、恭读祭文,并对死难军民默哀致敬后,礼成。

忠烈祠追悼。党政军各首长及各界代表于中山公园举行追悼大会后,由孙长官、熊市长领导,驱车出城,赴西郊八宝山忠烈祠,举行追悼"七七"抗战殉职先烈暨第二次先烈入祠典礼。到达八宝山,稍事休息,即照预定程序,举行追悼大会及入祠典礼。仍由孙长官主祭,熊市长等六人陪祭。至十二时礼成。①

⑫昆山通讯(《申报》1946年9月4日第2页)

本县忠烈祠,定九日胜利纪念日②,举行落成典礼。除刊碑暨搜

---

① 北平《世界日报》1946年7月7日第2页《平市各界今纪念"七七"追悼抗战死难军民会后各机关首长赴忠烈祠公祭》载,7月7日当天,"全市下半旗,并停止娱乐一天。正午十二时,教堂鸣钟,施放警报一长声。市民各在原地静默一分钟。此外,冀省府及平市政府并筹建纪念碑塔。北平宣慰团则办理慰劳伤病将士及死难军民家属"。

② 1945年9月9日,中国战区对日受降签字仪式,在南京黄埔路陆军总司令部前进指挥所举行。因此,这一天也被视为抗战胜利纪念日。

集忠烈事迹外,并决定将八年来地方事敌汉奸,以其姓名、年籍及所任伪职,刻石置于祠侧,以资警惕。

⑬普遍建立忠烈祠 市府分令有关机关遵办具报(《申报》1946年11月5日第8页)各地建立忠烈祠,以彰毅烈,而慰忠魂。前经内政部分函各省市,须一律筹设完成。兹闻,内政部以二中全会决议,普遍建立忠烈祠案,亟须实施,曾再函,经市政府分令各有关机关,会同遵办具报。

⑭各地零讯(《申报》1946年11月23日第3页)

宿县讯。宿县各界刻正筹备抗战期间御敌剿匪殉难军民追悼大会,定十二月十五日举行,筹建忠烈祠。

⑮庆祝元旦筹备会昨议决要案多起(《申报》1946年12月24日第5页)

庆祝元旦筹备会各组负责人昨日举行会议,决议:……建议大会筹备会,以极司非而路七十六号①或江湾路前日本神社原址,兴建忠烈祠……

⑯各地零讯(《申报》1947年1月6日第3页)

昆山讯。本县在抗战期间,殉难烈士有陈三才等廿三名,县府已建立忠烈祠,于元旦日举行入祠典礼。

⑰参会二次大会今恢复举行(《申报》1947年3月7日第4页)

[上海市临时参议会]大会将在该会塘沽路新址(前日侨自治会)四楼举行。今日上午九时至十二时举行之第九次会议,讨论前次未决各案及议长交议案三件,计为……(三)上海市文化运动委

---

① 今上海万航渡路435号。抗战期间,此地为汪伪中央执行委员会特务工作总指挥部,简称汪伪特工总部76号。

员会所建议之将江湾路一〇一号前日本神社改为忠烈祠,以慰忠贞案。

⑱各地通讯(《申报》1947年4月29日第2页)

金华。本县城东八咏楼,为古迹之一。兹为纪念抗战殉难烈士,改建为忠烈祠,顷已改建竣事,焕然一新,甚为壮穆。

⑲要闻简报(《申报》1947年5月29日第2页)

本报杭州电。市府决在西湖三潭印月建杭市忠烈祠,定下月开工。

⑳忠烈祠筹建委会昨通过组织章程(《申报》1947年6月25日第4页)

本报讯。上海市忠烈祠建委员会于昨日下午三时在社会局召开会议,出席各机关团体代表十余人。首由社会局第四处长蔡殿荣报告办理经过,继即开始讨论。修正通过组织章程,决定市政府市参议会等十七单位机关团体为当然委员,由吴市长继任主任委员,市参议会潘议长及社会局吴局长为副主任委员。其下,分设总务、设计、财务三组。筹建经费由总务组会同设计组拟具预算,再由财务组根据预算讨论汇集。忠烈祠地址则已勘定为江湾路一〇一号前日本上海神社原址,图样由设计组绘图……

㉑筹建忠烈祠经费二十亿(《申报》1947年8月10日第4页)

本报讯。本市忠烈祠审建委员会,择定前日本"上海神社"原址为忠烈祠地址。日昨开会,决定就原址加以改建。全部经费预算共二十亿,已呈请市府拨付。

㉒十三先烈入祠典礼改双十节举行(北平《世界日报》1947年9月24日第3页)

北平市故旅长徐积璋等十三先烈入祀忠烈祠典礼,原定九月廿四日举行,现因故改于双十节国庆日举行。

㉓张垣各界准备热烈庆祝国庆(《申报》1947年10月9日第2页)

本报张家口八日电。本年双十节,此间准备热烈庆祝。九日,忠烈祠落成,将为万余抗战戡乱阵亡将士暨殉难同胞①举行入祠盛典。胜利品展览会、农产品比赛会,同时揭幕。十日,绥署傅[作义]主任阅兵,将有军警、自卫队、童子军两万余人参加检阅,正午庆祝大会,午后体育运动会,晚间火炬游行。

㉔拆去神社改建忠烈祠 明年夏秋间可望落成(《申报》1947年10月29日第4页)

本报讯。市政府、地方协会、总工会、市商会等十余单位,昨在社会局开会商讨虹口前日军建筑之神社改建忠烈祠一案。经决定:日军遗留之神社一律拆除,改建东方式宫殿型之忠烈祠;建筑图样已由工务局制就蓝图,忠烈祠建筑力求华丽壮观;虽全部经费超出原定预算,在所不惜,日内即将举行招标;定十二月廿五日奠基,开工后六月内可竣工。

㉕永崇忠烈 忠烈祠举行奠基 潘议长主持典礼(《申报》1947年12月26日第4页)

本报讯。上海市忠烈祠奠基典礼,昨晨细雨中,于四川北路一〇一号前日人"上海神社"旧址举行。到市政机关代表百余人。典礼由潘公展议长主持,潘氏就筹建忠烈祠之经过及意义致词称:欣逢圣诞节、民族复兴节、云南起义纪念日及中华民国行宪第一日,举

---

①1947年后,国民党当局将抗战阵亡将士和殉难同胞与在所谓的"戡乱"中因内战被击毙者混为一谈。当时多有如此记载。对此应予警惕。

行此忠烈祠之奠基典礼,实寓有深刻意义。我国八年抗战,军民牺牲甚众,为使后人追念先烈,筹建斯祠,藉慰地下先烈。嗣由各机关代表相继致词。末由潘议长将基上所覆国旗揭开,并亲以水泥涂砌石脚。基石上刻"永崇忠烈"四字,为吴[国桢]市长手笔。祠仿古宫殿式,占地二十余亩,三数月后可落成。

㉖兰抗战殉国将士隆重入祀忠烈祠(《申报》1948 年 1 月 24 日第 2 页)

本报兰州廿三日电。兰抗战殉国将士入祀忠烈祠典礼,廿三日十一时隆重举行,由孙市长主祭。参加典礼之各界代表及将士遗族达千人。入祀者有故卅六集团军上将总司令李家钰及副团长、排[长]、班长等九位。当乐队引领灵牌通过市区时,市民多自动默悼致敬。

㉗武进各界筹建忠列祠(《申报》1948 年 1 月 27 日第 5 页)

本报武进廿五日讯。本邑为纪念抗日先烈,激励来兹起见,迭经参议会及各公团决议,筹建忠烈祠。将各忠义之士表列姓氏,设灵庙堂,配祀千秋。顷县府特召集筹建委会,当经决定大观路体育场附近为祠址。建筑费,县[预]算列二亿元,不足之数,设法筹募。一面先由县建设科勘定方位,绘制图案,再提会商讨进行。

㉘忠烈祠房屋纠纷 国防部派员处理(《申报》1948 年 2 月 7 日第 4 页)

江湾路前日本神社,胜利后经汤恩伯将军建议,改建为"上海市忠烈祠",并由中信局呈准行政院拨交"忠烈祠筹建委员会"接收,于去年十二月廿五日举行奠基典礼,正在动工兴建中。该处一部房屋,由市文运会及民政局第四科驻入办公。唯第一区军法执行部,最近亦奉港口司令部令,以该处为办公室,遂酿成房屋纠纷。国防部业于日前派定中将部员尹皓月来沪,专责处理此案。①

㉙浙江忠烈祠修竣 今举行春季公祭(《申报》1948年3月29日第5页)

本报杭州廿八日电。浙江忠烈祠,初建于民[国]二年,久失修葺。顷经市府修葺一新,并由蒋主席亲题"浙江省忠烈祠"额一方,正赶制中。省府定廿九日举行春季公祭,由沈[鸿烈]主席主祭。②

㉚袖珍新闻·平湖(《申报》1948年3月30日第5页)

本报讯。本县为纪念抗战先烈,拨菜籽三百石,为建造忠烈祠之用。嗣因是项菜籽,由前钟故县长为垫发小学教师经费移用一部,始于最近收回。复经建设忠烈祠委员会催促,在上月间招标承包,业已竣事。兹定于三月廿九日下午,在中山公园举行奠基礼。

㉛袖珍新闻·海宁(《申报》1948年4月4日第2页)

本报讯。县政检讨会于二日通过筹建本县抗战烈士纪念碑、忠烈祠,并即查明本县汉奸,钉立民族罪人牌,为后人警惕。

㉜要闻简报(《申报》1948年7月8日第2页)

中央社南京电。京鼓楼即将改建为忠烈祠及无名英雄墓,以纪念京市抗战死难军民。

---

① 上海《虹口区志》载,上海日本神社旧址位于"东江湾路50号……一幢用方木架起的飞檐屋顶及日式浮雕的房屋,至今犹存"。上海社会科学院出版社1999年版,第179页。
② 《申报》1948年3月30日第2页载《各地举行盛会 庆祝国大开幕并纪念先烈暨青年节》称:"本报杭州廿九日电。今日青年节。省市文教界在民教馆礼堂开纪念会,并举行千人大合唱。又电。省市各界今晨公祭浙江忠烈祠,向岳飞、秋瑾、张自忠等一〇七名先烈献花。"

1939年,位于湖南长沙岳麓山赫石坡的岳王庙,被改建为第四路军阵亡将士麓山忠烈祠,2005年被列为长沙市文物保护单位(该祠碑记今仍存)

附1:第四路军阵亡将士麓山忠烈祠记

第十集团军总司令、第四路军总指挥刘建绪撰并书

中华民国二十七年十月,建绪方督师浙东与□□拒战,遂与诸将士议曰:余自统率四路军以来,从事绥靖□□各役,将士死亡者以数万计,宜于长沙麓山之赫石坡,建忠烈祠祀之。于是,鸠工治材,计日程事。阅四月祠成,堂构崇闳,笾豆有秩,江影山色,蔚然巨观。庶几足以扬休烈而昭礼祀矣。当余奉命东移之初,闽浙赣皖边区人民盖已久苦涂炭。群盗满山,数千里烽火相望,乃分区图攻,诸道并进,攀崖逾岭,捣穴擒渠。虽半载之间,芟夷略尽,绥靖事业,得以如期完成。而我将士催锋临阵,即戎受命者踵相接,其功未可没也!

二十六年七月,抗日军兴,自沪渎循海岸,以达台温,皆我军捍卫之图。沪杭一线,力战数月,虽创顽寇,凋丧独多。其间,如十五师广福及南翔之役,十六师刘行顾家宅之役,十九师蕴藻滨南岸王家牌楼之役,六十二师海盐平湖之役,一百二十八师、一百九十二师嘉善、嘉兴及吴兴迤南菁山市之役,前暂编十三旅,即今一零七师三二一旅嘉善之役,皆喋血苦战,百死不挠,机炮弥空,骸骨盈野,死亡各不下四五千人。既而,寇军深入南浔,震动我军,分部西援,迭挫凶锋。若汪之斌部鄱阳湖西岸之防守、何平部马当之反攻、李觉及顾家齐部姑塘及牛头山之迎击,士卒伤亡,动及数千。而我陶柳部游击于沪杭路,胡达部搏战于富、桐间,死伤亦复不少,何其壮也!

吾湘自咸同军兴,湘人士宣力戎行,湘军旌旗遍海内,武功之盛,震铄古今。良由曾、胡诸贤,以忠诚为天下倡,一时风气鼓荡,皆能亡身殉国,冒百艰、摩顶踵,而弗辞。鼎华以还,此风未沫。黄克强、蔡松坡诸公,先后奋迹于领表、宁汉、川滇之间,振臂一呼,湘人士之致力革命,负戟从征者满天下。中央恤典湘籍者,几占全国之半。尤以此次抗战,我湘人之守土者坚苦支持,前赴后继,或伤夷过半,或全军俱殒。作战之勇,死事之烈,诚足以撼天地而泣鬼神,此岂楚人雄桀悍锐之气果有以异于他邦?亦由百余年来先贤往烈提倡鼓舞,而爱国卫民之义,深入于人心也。方今寇患日亟,战事弥殷,缅怀吾湘诸先辈勋烈,而才力愧未有达,独叹以忠诚之义,与我诸将士交勉互厉、尽瘁毕劳。冀于驱除强寇、收复失土之日,再以告慰于我阵亡将士之灵也。

中华民国二十八年四月□日立石

附2:陆军第八十四军忠烈祠碑记

盖闻马革裹尸,名将怀决死之志;沙场暴骨,战士具牺牲之心。此皆古今名将战士杀身成仁、舍生取义,其精神之磅礴,足以惊天

商城忠烈祠建成于1943年7月7日，位于河南信阳商城县东南半个店，即陆军第八十四军忠烈祠（该祠碑记今仍存）

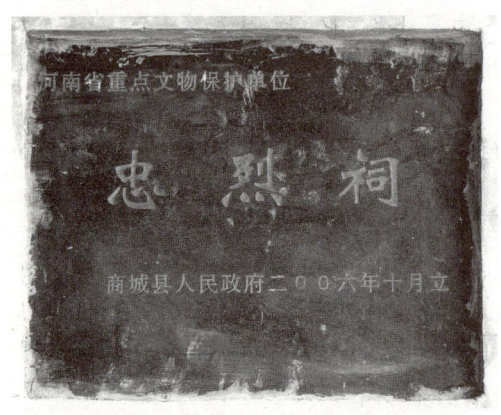

2006年，商城忠烈祠被列为河南省重点文物保护单位

地而泣鬼神者也。忆抗战之初，我一七三师、一七四师首先北上参战。二十六年冬，淞沪、孝丰诸役，及二十七年夏徐州会战，淮河南北，考城、寿县、定远、蒙城诸役，均予敌以重大打击。我旅长庞汉桢、团长陈昭汉，于淞沪壮烈牺牲，副师长周元与蒙城皆亡。同季秋，武汉外围战，本军前一八八师及一八九师，复由粤南海疆防次北上，参加黄梅、广济各役，与敌周旋者，几阅月。而一八九师出击黄梅尤建奇勋，克复双城驿之役，且奉委座嘉奖并颁赏金壹万元。

旋一七三师、一七四师、一八九师各部，转移平汉南段作战，应山、平靖关、随县诸役，均能发挥高度威力，打击敌人。二十八年初，接防塔儿湾、随县、安居[镇]之线，数度出击，马坪、浙河、应山、随县迭有斩获。是年五月间，随枣会战、襄花路各战役，击破进犯之敌。同年冬季攻势，军奉令出击京钟路，血战于钟祥北长寿店高坡一带。一七四师夜袭石灵寺之役,战绩特著。二十九年五月,再度随枣会战,厉山、唐县镇、枣阳、苍苔诸役,由内线转移外线,反击敌人,予敌重创。尤以苍苔之役,一七三师师长钟毅,于战斗惨酷之际,身先士卒,与敌搏战竟日,终以身殉,其壮烈牺牲精神,实足与革命先烈后光辉映。此后,军转移大别山,拱卫战略要地。三十年春,豫南会战,出击正阳、明港。秋冬间,敌两次进犯长沙,奉命出击平汉南段,均能达成策应任务。综计抗战迄今,大小数十百战,先后牺牲官兵达万余之众,换来不少光荣战绩。苟非我忠勇先烈浴血奋斗,曷克臻此乃者?本军于商城南郊购地一隅,将散厝各地忠骸,异集安葬。复于墓地左侧,建立忠烈祠,并置墓田数亩,以供礼祀。呜呼!有幸青山,已安王黑之冢;报功崇德,为树介休之田。忠烈祠前,英灵秀籍,浩气长存于天地,血食永享于春秋。谨为之记,已勒诸贞石焉。

莫树杰撰
中华民国三十一年四月穀旦

附3:腾冲忠烈祠碑记①

中华民国三十三年夏,余奉命远征,率五十三军、五十四军及预备二师、三十六师进攻滇西,并策应密支那作战。于五月十日强横怒江,凌急湍,攀绝壁,背水仰攻,血战九日,占领唐习山、大塘子、马面关各据点。缘山挺进,抵南北斋公房附近,两地为高黎贡山绝顶,形势险峻,气候恶劣,积雪不化,鸟兽绝踪。倭寇据险筑垒,居高临下,纵深配备,绵亘百里。我军沐雨栉风,缒崖越壑,锐师奇袭,

---

① 此碑由中国远征军第二十集团军中将司令霍揆彰撰文,今仍存。据腾冲县政协文史资料编辑委员会:《腾冲文史资料选集》第1集,德宏民族出版社1988年版,第307—308页。

▲腾冲忠烈祠建成于1945年7月7日,位于云南保山腾冲县国殇墓园内,祭祀1944年在腾冲战役中阵亡的中国远征军第二十集团军将士

◀第五十四军第一九八师攻克腾冲阵亡将士纪念塔建于1945年

迅若雷霆，四面猛攻，势撼山岳，鏖战旬余，卒破其阵地。敌遗尸遍野，狼狈溃逃，退据界头、瓦甸、江苴各要隘，陆续增援，顽强抵抗。我军乘势进攻，节节扫荡，遂通过高黎贡山，进出龙川江，由固东、向阳桥两路进围腾冲。城外飞凤、宝峰诸山，环列星拱，次第克服。最后唯一屏障之来凤山，龙蟠虎踞，坚垒如林，奇兵突击，一鼓而下。残敌丧胆，溃退入城，会合余烬，撄城死守。腾冲城垣坚厚，河流环绕，锁钥边陲，素称险固。倭寇盘踞两年，密缮守备，洞穴隧道，纵横交通，炮垒枪巢，星罗棋布。我军于八月二日乘空军之轰炸，奋勇登城，前仆后继，势如潮涌，尽毁城上堡垒，三面进入市区。凶悍之敌，犹负隅困斗，凭藉坚强之工事与街市之房屋，步步争持，处处激战，硝烟蔽日，弹雨迷天，肉搏血飞，草雉禽狝，历四十余昼夜，至九月十四日将敌完全歼灭。崖疆重镇，重见天日。积尸为阜，流血成渠，锦绣市廛，尽成瓦砾，遗民相见，痛哭失声。方战之殷，适逢雨季，尽日阴霾黯淡，大雨淋漓。偶晴，即烈日灼人，浴汗竟体。洪流横溢，泥淖阻深，瘴雾御山，蝮蛇螫手，寒侵峦壑，征衣无温，路绕蚕丛，量沙难继，风凄月黑，虎啸猿啼。我官兵本革命无畏之精神，受领袖威德所感召，忍饥耐寒，冒险犯难，出死入生，有进无退，十荡十决，再接再厉，卒能摧坚陷锐，扫穴歼渠，发扬国威，转捩战局，除国际交通之障碍，开反攻胜利之先声。虏廷作失败之哀鸣，盟友有英勇之赞誉。凡此光荣之战果，实为热血之奇葩。是役自夏徂秋，大小四十余战，共歼敌联队长藏重康美以下万余人，虏获无算。我军亦阵亡团长覃子斌、李颐等官兵八千余人，负伤者近万人。呜呼！蛮烟瘴雨，谁返先轸之元；紫电青霜，犹夺岛夷之魄；鹤归华表，千年之俎豆常新；虹超长天，万古之英灵不灭；同仇共赋，当时亲在行间；握管抒忱，此日难收涕泪。追难伟烈，系以哀铭。铭曰：怒涛掀天,仑山积雪,远征万里,鏖战四月,雨泣风号,天崩地裂,马革归魂,杜鹃泣血,气壮山河,名垂竹帛,永矣千秋,视此片碣。

民国三十四年六月刻石

三 国殇墓园与国葬公葬

按:1932年"一·二八"淞沪抗战[①]结束后,国民党中央、南京国民政府在南京中山陵附近建设抗日阵亡将士公墓,褒扬在淞沪抗战中阵亡的广大抗日将士。上海等地也陆续建成多处淞沪抗战阵亡将士公墓。1933年长城抗战爆发后,归化、古北口等地相继为长城抗战阵亡将士设立公墓。1937年中华民族全面抗战爆发后,抗日阵亡将士公墓遍及各战区,祭奠形式多样。1942年,南京国民政府公布《国殇墓园设置办法》后,此项工作遂纳入正轨。

1.阵亡将士择地公葬(《申报》1932年2月12日第6页)

此次十九军力抗暴日,声威所播,遐迩同钦。唯阵亡将士如何

[①]《辞海》载:"'一·二八'抗战亦称'一·二八'事变。1932年1月28日至3月3日,中国军队抗击侵华日军进犯上海的作战。1932年1月28日午夜,蓄谋侵占上海的日本帝国主义以保护侨民为借口,出动海军陆战队,由虹口租界向闸北中国守军发动突然进攻。在全国人民抗日热潮推动下,驻上海的第十九路军总指挥蒋光鼐、军长蔡廷锴率部奋起抵抗。第五军军长张治中率部驰援。在中共领导下,上海日本工厂工人举行抗日总同盟罢工,各界人民组织反日救国会,纷纷参加义勇军、救护队等,积极支援前线。5万守军在上海、吴淞地区浴血奋战月余,使日军伤亡逾万,三易司令官,四次增兵,总兵力增至9万人。国民政府未继续增派援兵。3月1日,日军一部由太仓、浏河登陆,守军腹背受敌,被迫撤退。2日淞沪陷落,3日停火。在英、美、法、意等国'调停'下,5月5日,国民政府与日本签订了丧权辱国的《淞沪停战协定》。"《辞海》第六版缩印本,上海辞书出版社2010年版,第2231—2232页。

1932年5月28日在苏州公共体育场（五卅公园）举行的淞沪抗日阵亡将士追悼大会会场。两副巨幅对联为："英灵不泯，浩气长存"；"生作干城，死为雄鬼"

善后，颇可关心。闻社会局业已商定同仁辅元堂及普善山庄等，联合办理此事，并以将士为国捐躯，善后应从优遇，庶足符崇德报功，馨香千古之至意。故除一面选择适宜公葬地点外，并从各公所搜集上等善后材料，以殓忠骸云。

2.表彰抗日阵亡将士 组织营葬委员会（《申报》1932年5月17日第7页）

此次淞沪之役，抗战累月。忠勇将士为国捐躯，非善为表彰，不足以慰忠魂烈魂。中央党部及军事委员会有鉴于此，特集合各党军政机关及关系之部队等，组织淞沪抗日阵亡将士营葬委员会，以便调查姓氏、收集遗骸、建墓勒石，永垂不朽。兹将该会组织章程照录如次：

一、为筹备营葬此次淞沪一带抗日作战之阵亡将士以表扬忠烈起见，特设立淞沪抗日阵亡将士营葬委员会办理之；

二、本委员会以左记之机关代表组织之：中央党部代表一人、军事委员会代表一人、军政部代表一人、军医司代表一人、第十九路军(含宪兵第六团)代表一人、第六十师代表一人、第六十一师代表一人、第七十八师代表一人、第五军代表一人、第八十七师代表一人、第八十八师代表一人、吴淞要塞代表一人、税警旅代表一人、阵亡将士公墓筹备处代表二人、中山陵园傅焕光同志;

三、本委员会以中央党部代表为主席;

四、委员会应办理之主要事务:(一)阵亡将士之调查登记、(二)阵亡将士遗骸之搜寻、(三)迁运及营葬、(四)公墓之建筑、(五)纪念堂及纪念碑之建立、(六)追悼及祭奠;

五、委员会应受军事委员会之指导,关于经费、交通、营葬等各项事务之进行,径由阵亡将士公墓筹备会商承与军政部办理之;

六、委员会之业务区分及办事规则,由会拟议呈候核定施行。

3.地方维持会提议三事 向阵亡将士追悼会建议(《申报》1932年5月27日第6页)

淞沪阵亡将士追悼大会将于本月二十八日在苏举行①。上海市民地方维持会已推出代表穆藕初、李祖夔、陈松源、杨习贤四君,携带祭文、挽联、花圈等物赴苏,前往参加致祭,并致该会提议案一则。其文录后:

---

① 《申报》1932年5月29日第3页载此次淞沪抗日阵亡将士追悼大会详情。题为《军民五万人公祭淞沪殉国将士悲壮盛大之苏州追悼大会 主祭官居正致哀词献花圈 蔡廷锴顾阵亡将士遗像潸然泪下 追悼会告民众书云誓为先烈复仇》。又,《申报》1932年6月13日第9页载《凄风苦雨中追悼大会 先烈精神不死日为失光 难胞为国牺牲天亦垂泪》:"悲壮热烈之淞沪抗日阵亡将士及被难同胞追悼大会,于昨晨十时凄风苦雨中,举行于市商会,参加者达数千人……全市商店均下半旗,同伸哀悼。"又,《申报》1932年6月23日第7页载《首都追悼抗日将士》:"首都各界于二十二日上午九时在公共体育场举行淞沪抗日阵亡将士暨殉难同胞大会。参加者极为热烈。京市长石瑛主祭,各团体推代表数人襄祭。礼仪至为隆重……全市各机关、团体、商店,均悬半旗,停止娱乐一日,以示哀悼。"各地追悼大会相继举行,兹不赘举。

国民革命军阵亡将士公墓位于南京。图为牌坊

国民革命军阵亡将士公墓内的第五军淞沪抗战阵亡将士纪念碑

国民革命军阵亡将士公墓内的第十九路军淞沪抗战阵亡将士纪念碑

本会同人念"一·二八"沪淞之役,我军以少击众、以弱抗强,苦战亘三十四日之久,为人类扶正气、为民族争人格,实占中华民国亟光荣历史之一叶。凡吾民众,不可不为殉国将士立永久纪念。敬以公意,提三事如下:(一)在淞沪血战区域内择地建立"一·二八"抗日阵亡将士公墓;(二)在淞沪区域内择地建立"一·二八"抗日卫国纪念碑;(三)每年以"一·二八"为淞沪抗日阵亡将士纪念日,举行公祭。以上三事如获通过,其一、二两事,本会愿偕淞沪及各地公团共同筹备,敬候淞沪抗日阵亡将士追悼大会公决。民国二十一年五月二十五日。上海市民地方维持会敬提议。

4.十九路军总部建筑阵亡将士公墓(《申报》1932年6月5日第17页)

十九路军总指挥部以此次日寇进占淞沪、我军奋勇抵御,所有阵亡诸将士业经淞沪抗日阵亡将士营葬委员会决定,以首都灵谷寺为建筑抗日阵亡将士公墓地点。现已着手调查各阵亡将士遗骸

第十九路军淞沪抗日阵亡将士陵园,位于广州,建于1933年

原葬及寄柩地点,以便移葬该处。并已通告各阵亡将士家属,勿将诸将士遗骸运回原籍,俾得合葬公墓、永垂纪念云。

5.阵亡将士公墓择定(《申报》1932 年 6 月 6 日第 2 页)

南京。淞沪抗日阵亡将士营葬委员会择定灵谷寺为阵亡将士第一公墓,着手调查遗骸原葬及寄柩地点,以便移葬(五日专电)。

6.创建无名英雄墓募捐启(《论语》半月刊 1932 年第 8 期第263 页)

本年"一·二八"之变,我军苦战三十余日。其间,抵抗最久、炮火最烈、伤亡最多者,实为庙行镇一带。庙行,一村落耳,居民仅百余户,属宝山县,以旧时泗漕庙得名。西南距大场镇、东南距江湾镇,各约七八里。敌攻闸北,久不能下,乃续调大军,改设主攻点于此,既不惜重大牺牲,进占东南隅之金穆宅、竹园墩、三百亩等村落,复竭全力扑庙行。我军因屋为营、掘壕死守。在炮火机弹狂轰猛射之下,村屋全毁,土卒死亡山积。然于我军总退却前,敌未能越雷池一步。呜呼! 此非我民权精神之表现耶?! 考之往事,每于殉国志士立功所在地,建祠以昭其忠。在近代各国,更必为阵亡士兵建"无名英雄墓",以彰其烈。又有有墓而无骸骨,如我国所谓衣冠墓者。皆所以酬已往而助来兹也。今"一·二八"殉国诸将领骸骨已运首都,葬紫金山麓。而当时粉为碎骨之大多数士卒及义勇助战人民,遇害而不知姓名者,仅余荒冢累累,至今唯一坯之土、三寸之棺,掩护忠骸,一任其暴露郊原,荒凉零落,久而湮没,此岂所以慰遗烈耶?夫无名英雄者,有名英雄之所赖以成就也。欲中国之兴,必先自全国国民尽愿为无名英雄始,同人愧未能亲执干戈为国民倡。然对此抱大无畏精神、示大牺牲决心,为民权争光,为国家吐气,悲壮惨烈。民国以来,所绝无仅有之多数无名英雄,万不能坐视其久而湮

南京灵谷寺无梁殿被辟为国民革命烈士公墓正气堂,即祭堂

没不闻也。爰于抵抗最久、炮火最烈、伤亡最多之庙行镇东南隅,度地营阡,表曰"无名英雄之墓"。于其附近战迹,亦当妥筹保存之法。墓之周围,遍着花木,藉以拱护侠骨忠魂。外筑道路,西通大场,南接闸北之岭南路,使四时凭吊者,无绕道之烦。而二十一年来,所受至惨更酷之外侮,可以于后人脑中,永留一深刻之印象,用以奋起我民族之观感,岂止纪念殉国士卒之意而已哉?此墓建筑,既为民族精神之表见,不宜过于简陋。除已由宝山各界捐地三十亩及上海市民地方维持会捐银壹万元外,余均有待于各界之赞助。为数不厌其多,同志更求其广,人人捐助银币壹圆,愈多愈妙,即为群众热心之表示。伯叔兄弟、诸姑姊妹,共起图之!

7.庙行创建无名英雄墓 昨已往勘兴工 同时开辟马路(《申报》1932年11月15日第15页)

沪上各界人士以"一·二八"事变为我民族精神之表现,其抵抗最久、炮火最烈、伤亡最多之处,厥唯庙行一带,特在该处创建无名英雄墓,并筑马路,西通大场、南接闸北之岭南路,托由江苏省战区救济委员会宝山分会代办一切。兹悉,该会施文冉、潘孟翘二氏,于昨日(十四)上午九时,借宝山县建设局局长宛开甲、宝山县交通事务处主任陆庆丰、宝山县第二区区长陆凤溥等,前往会勘,即日兴工云。

8.抗日阵亡将士公墓建筑费由军部发给(《申报》1932年11月29日第7页)

南京。抗日阵亡将士公墓筹委会决于中山门外灵谷寺旁山麓之整个公墓中,划出一部分,作为淞沪抗日阵亡将士公墓。建筑经费由军政部发给。仅本年内,通知抗日各军师旅,派员赴淞沪及东北,搜集阵亡将士遗骸运京安葬。军政部通知各军师,将抗日阵亡子女保送来京,入遗族学校,以示抚恤(二十八日专电)。

9.抗日阵亡将士公墓在筹备中(《申报》1932年12月8日第6页)

南京。抗日阵亡将士公墓筹委会七日开会,陈立夫主席。议决:一、因灵谷寺旁公墓地址狭小,以之安葬淞沪抗日之数千阵亡将士遗骸,诚有不敷,乃在数千阵亡将士之中,用抽签方法,采用代表制,择葬一百二十八名遗骸于公墓中,以含"一·二八"沪战之意;二、组织营葬委员会,由中央党部、军政部、军委会、十九路军、第五军等有关系机关各派代表参加,定十五日由军政部派员及有关系各军师副官前往淞沪,办理迁葬事宜(七日专电)。

10.崇善堂汇葬忠骸(《申报》1932年12月15日第11页)

江湾崇善堂于"一·二八"战后,组织掩埋队,从事收尸工作。当时,因格于敌军苛刻军令,阻碍通行,除就近汇葬于三百亩广肇山庄四百余具外,尚有六百具左右散葬于民田。值今冬令,该队将散葬民田者,移埋江湾镇北首长沟湾该堂公地,辟成"一·二八"阵亡将士公墓,由全元仁工程师设计绘图,植树立碑,以留纪念。再有二十六图侯家本桥,由敌军拉夫焚葬者百余具,一并改葬该墓地,昨已动工。其经费完全由德隆烟公司王维管[①]先生担任,当推定张善

[①] 亦载为王维官,即王维琯。

位于南京的国民革命军阵亡将士公墓革命纪念塔

余为主任。该区内倘有遗骸弃置民田者,可就近报告江湾乡公所旧址崇善堂,随即前往收葬。

11. 抗日阵亡将士公墓采代表制安葬 抽定一二八人(《申报》1932年12月22日第7页)

南京。抗日阵亡将士公墓委员会觅定紫金山麓灵谷寺以东、谭[延闿]墓以西之纪念馆前,为公墓地址,并因地址狭隘,决采代表制安葬,用抽签办法。经抽定十九路七十人、五军宪兵团义军等五十八人,共一二八人,即为"一·二八"淞沪战事千古纪念。已由职员会同有关系各军副官等赴无锡、昆山、太仓、上海、吴淞各地,寻觅遗骸,俟觅得后,再起运来京,择期安葬(二十一日专电)。

12. 陈果夫谈抗日将士公墓建筑(《申报》1933年2月4日第11页)①

南京。陈果夫谈,淞沪抗日将士代表葬遗骸,将运京。公墓建筑费预算定九十四万元,将来或恐不敷。建筑工程中,以九级纪念塔为最伟大,用去建筑费三十万元。大祭堂修理费十二万元,祭堂刻

---

① 参见时敏著《还我河山》第269页,中国自强学社1933年版。

阵亡将士名册。九级塔上则绘抗日壁画,并设返光灯,使晚间远处均能望见。先派员赴沪,将抽签选定之一百二十八名抗日阵亡将士尸骸运来南京,然后,始能举行安葬典礼。其他江湾庙行等处临时掩埋而不知姓氏者,为数甚伙。营葬委员会决派员赴沪,将所有尸骸移集六处,建筑六个坟场,并树立标志,以垂不朽(三日专电)。

13."一·二八"忠烈墓开辟墓道 市委呈请市府拨款补助(《申报》1933年4月24日第9页)

上海社云:江湾于"一·二八"战祸之后,忠骸遍野。经由江湾崇善堂蔡香孙、陆友仁及地方绅士各斥私资、雇工掩埋。旋因格于敌军禁令,权厝四郊。去年冬,由该堂辟长沟湾公地七亩余,略参欧美公葬新制,汇葬忠骸达一千三百余具,用费约一万三千余金。现工程大致竣事,将来并拟略事点缀,立碑建功,以慰忠骸,而供瞻式。该墓地离北区路,近在咫尺。刻由崇善堂呈请工务局,开辟墓道。日前,已派沪北办事处张君来江查勘一遍,俟路线规定,即可兴筑。惟江湾人士均系劫后余生,此项墓道经费颇难筹措,故由市政委员孟覃呈请市府拨款补助。

14.阵亡将士遗骸运京(《申报》1933年5月22日第5页)

南京。中央建筑阵亡将士公墓筹备会以公墓工程将竣,而历次阵亡将士遗骸多散在各省,特派员分赴湘、鄂、皖、豫等十七省调查,启运来京,以便合葬。并请交、铁两部,准予免费运输(二十一日中央社电)。

15.市政府市政会议第二三七次(《申报》1933年6月10日第13页)

本市市政府第二百三十七次市政会议……讨论事项……淞沪抗日阵亡将士营葬委员会,拟建公墓六座,请求补助案,议决,交财政、工务、卫生三局会同审议,报告下次会议……

16.阵亡将士公墓即可建筑完成(《申报》1933年6月12日第3页)

南京。阵亡将士公墓一百英尺之高塔,七月半建筑完成。淞沪阵亡将士遗骸共葬一二八具,施行"代表葬"。华北抗日阵亡将士亦将加入,以安幽魂(十一日专电)。

17.中央派员迁葬浙省阵亡将士忠槥(《申报》1933年6月15日第8页)

杭州。浙省准中执委会建筑阵亡将士公墓筹备会函,以国民革命军阵亡将士公墓建筑完竣,关于阵亡将士营葬办法,决用"代表葬",并用抽签法抽定代表名额。现以浙省境内当国军抵定浙江时,在富阳、龙游、杭县、诸暨、长兴、奉化等处,筑有公墓。兹为迁运代表忠槥到京安葬起见,特派专员杨资锋到浙,由各县派员会同调查。省府昨已分令各县,待专员到地查得上项忠槥后,着县凭军部护照,妥为运送到京,候期公葬,以慰忠魂。

18.市政府市政会议第二三八次(《申报》1933年6月17日第12页)

上海市政府于本月九日举行第二百三十八次市政会议……沈[怡]局长报告,会同审议淞沪抗日阵亡将士营葬委员会拟建公墓请求补助一案情形……续议淞沪抗日阵亡将士营葬委员会拟建公墓请求补助案。议决,准予一次补助五千元……

19.无名英雄墓 商会协助建筑(天津《益世报》1933年6月24日)

市商会案准上海市商会电称:"一·二八"淞沪战役,我军民御侮逾月,义愤未伸,忠躯先殒,为国牺牲,无姓氏者甚多。沪上人士发起募捐,在当日抵抗最久、中外共知地点,创建无名英雄墓一座,恳祈各省市民众捐输等情。该会除通令各业公会捐助外,昨特电复上海市商会知照。

20. 审计部呈监察院(1933 年 7 月 7 日第 115 号)①

呈为呈覆事。案奉钧院第九八零号训令开,奉国民政府令,据主计处呈,为奉交创建无名英雄墓委员会呈请拨款赞助一案,拟请准予令行监察院转饬审计部查照,并令行行政院转饬财政部暨该委员会,补编概算,呈转送处,以凭签注意见,呈转中央政治会议追认一案,除原文有案邀免全录外,后开合行令仰遵照,此令。等因奉此,除遵照办理外,理合备文覆请钧院。谨呈监察院院长于[右任]。审计部部长李元鼎。

21. 国民政府指令(1933 年 6 月 27 日第 1190 号)②

令本府主计处。呈为奉交拨款赞助创建无名英雄墓一案,拟请准予令行监察院转饬审计部查照,并令行行政院转饬财政部暨该委员会补编概算呈转送处,以凭签注意见,呈转中央政治会议追认由。呈悉。准如所议办理,仰候令行行政、监察两院转饬照办可也。此令。主席林森。

22. 监察院行审计部训令(1933 年 6 月 30 日第 980 号)③

令转主计处委奉交拨款赞助创建无名英雄墓一案由。为令遵事。案奉国民政府训令第一一九一号内开:查前据行政院呈:据创建无名英雄墓委员会委员张嘉璈等,呈请拨款赞助,经院提会决议拨助二万元。除饬处函复,并叙明改定名称为"无名战士墓"暨

---

① 《审计部公报》1933 年第 29—30 期,第 1 页。
② 《国民政府公报》1933 年第 1168 号,第 12 页。
③ 《监察院公报》1933 年第 19 期,第 337—338 页。

令行财政部照拨函达主计处查照外,缮单转呈鉴核备案,并令监察院转饬审计部查照等情一案,当交主计处去后,兹据呈复称:查是项拨款系属补助费性质,既经行政院提会决议拨助二万元,暨令行财政部照拨在案,似应准予照数拨助,以示提倡,而资表彰。爰谨依据预算章程第三十九条之规定,拟请钧府准予令行监察院,转饬审计部查照,并令行行政院转饬审计部暨该委员会补编概算,呈转送处,以凭签注意见呈请钧府转送中央政治会议追认,以符程序,是否有当?理合备文呈请鉴核施行等情。据此,除指令呈悉,准如所议办理,仰候令行行政、监察两院转饬照办可也,此令印发并分发外,合行令仰该院转饬审计部查照。此令。等因奉此,合行令仰遵照。此令。

23.华北同胞同声哀悼国殇 何应钦黄绍竑主祭 烈士遗族到场痛哭(《申报》1933年9月7日第12页)

北平特讯。北平军分会主办之华北抗日阵亡将士大会,四日上午九时起,在北海公园天王殿举行公祭,至下午六时祭毕。八时,焚烧法船。中外人士往祭者万余人……又,第六十七军军部原定七月二日在廊坊防次举行六十七军抗日阵亡将士追悼大会,已通电各方,邀请与祭。至是亦合并北平方面大会举行……

24."一·二八"殉难四童军 昨晨举行公葬典礼(《申报》1933年11月27日第12页)

上海市商会童子军团(五十团)团员罗云祥、应文达、鲍正武、毛征祥四烈士,于"一·二八"之役,为国殉难,尸骨未获。该团为凭吊英雄起见,特商同上海公墓,捐赠墓地,并由金山石作,半价用金山石料,承造衣冠墓壹座。该项第一期工程之墓座,业告完竣。该团特于昨晨在团部四烈士纪念碑前,举行衣冠入殓典礼,由烈士家属亲自入殓。高级团员上盖扶柩,登该团军用汽车,驶往上海公墓。旋即举行入穴及公祭典礼。礼节庄严隆重,颇觉哀悼云。

25. 绥各界补行植树礼(《申报》1934年4月23日第7页)

位于上海虹桥飞机场的"萧德义士之墓"。萧德为美籍飞行员,牺牲于"一·二八"淞沪抗战中

归化。绥各界廿一日晨,在车站西北方烈士公园举行植树典礼。园为傅[作义]部抗日阵亡将士公墓①。计参加者九十二机关团体、五千余众。建厅长冯曦主席,报告造林意义,并发宣言,说明绥省历年植树成绩。省监委纪守光等均有剀切演说。会前,各界公务人员暨男女学生在园周东西北三面,植树五千余株。事前,建厅曾召集各界组造林宣传会,自十五日起举行宣传周扩大宣传。二十一日全市休假纪念(二十一日中央社电)。

---

① 樱子《绥远省会——归化城速写》载:"随着'九一八'的东北被占,随着冀察政治的'明朗化',更随着察北六县的失陷,绥东五县——不,整个的绥远甚至于是整个的西北,要在'友邦'的另一种企图之下,实际上是在独占中国的过程中,陷在一个更大的危机中了……把车站北'抗日阵亡将士公墓'改成名目好听的烈士公园。"《申报周刊》第1卷第39期第20页,1936年10月4日出版。

26. 古北口阵亡将士将予立碑追悼(《申报》1934年5月12日第3页)

古北口保卫战阵亡烈士之墓建于1936年7月7日

天津。前年中日战役,古北口南天门八道楼子一带激战最烈。我国健儿当日为国捐躯者,死亡枕藉。但自塘沽协定成立后,战事结束已一载,而尸骨仍暴露,无人收拾。密云县天主堂附设之灾民救济联合会,派副会长王济舟,率工于四月二十四赴南天门等处阵地,搜检遗尸。共得七八百具,埋于门耀之所捐义地内,并拟树立碑碣,定期追悼,以慰忠魂(十一日专电)。

27. 八八师建"一·二八"纪念塔 四大浮雕将在沪展览(《申报》1934年9月29日第14页)

新生社云:前八八师俞济时为纪念该师纪念该师"一·二八"抗日阵亡将士,在杭州西湖建立纪念塔,聘请国立杭州艺专雕刻教授刘开渠雕制。兹悉,刘氏已将八尺高之两大雕像及战时情况[之]四大浮雕等各工程完成,不日当运沪雕铜。在交送工厂[之前],兹拟先在沪举行展览……

28. 古北口阵亡将士遗骸择地改葬(《申报》1934年10月1日第3页)

北平。古北口电讯。去岁长城战役,国军阵亡将士尚有一部分遗骸，暂葬古北口镇南。中央党部二十九[军]特派专员蔡某等三人，由京抵古北口，会同密云公安第三分局长查疆，进行将暂葬阵亡将士遗骸起运，择地葬埋（三十日专电）。

29.蔡良弼抵绥覆查阵亡将士灵榇（1934年11月15日《申报》第8页）

归化。蔡良弼等十三日由晋莅绥，覆查抗日阵亡将士灵榇。据谈，傅部阵亡将士三百余名，应出"代表榇"十五具，运京公葬。俟傅由并归来，即起运（十三日中央社电）。

30.古北口阵亡校尉官尸首运京（《申报》1934年12月16日第4页）①

北平。古北口去岁作战，所有阵亡将士尸骨暴露。目前，中央派蔡专员赴古调查尉校官尸骨多具，呈报中央。昨由密云县府奉令起运，用大汽车数辆，由南天门运平，搭火车转运南京，建筑公墓，以慰忠魂（十五日专电）。

31.专员在长城线寻获阵亡将士骸骨（《申报》1934年12月18日第7页）

天津。中央派往长城先寻觅抗日阵亡将士骸骨专员王之道等一行，十五日抵遵化，在石门镇义地内，寻获宋哲元部二十九军阵亡将士尸骨二百八十三具。已每十具中挖一具，起运赴京，葬阵亡将士公墓内（十七日专电）。

32.殉难童子军衣冠墓昨晨举行落成典礼（《申报》1935年2月18日第10页）

上海市商会童子军团于昨日上午十时，在江湾上海公墓内，为

---

①《中央筹筑北伐阵亡将士公墓》载："至华北抗日阵亡将士，闻将另建公墓。"《申报》1934年2月25日第9页。

上海殉难童子军衣冠墓于1935年建成

罗云祥、毛征祥、应文达、鲍正武等四殉难烈士举行衣冠墓落成典礼。到童子军及各界代表六百余人。由市长代表李大超揭幕,典礼隆重……由招待员赠送《四烈士衣冠墓落成纪念专号》一册……主席团叶春年报告,略谓:……本市童子军在"一·二八"参加战区服务,因而牺牲生命的四位同志……是中国童子军团第四十团的团员。他们的级别与姓名,是高级童子军罗云祥,中级童子军应文达、鲍正武、毛征祥。因为他们本着童子军的使命、本着该团的宗旨和目的,不顾一切的为公众服务、为国家效力。其精神实在是忠勇,其行动已经是非常壮烈。然而,他们为救难民而一去不返。经传闻,有人目睹他们被敌人以绳反系在四川路上。这是足见他们是遇难了。倘使我们相信他们对敌人的威吓拷刑的不屈惨烈之情状,以及他们被难、被敌人毁尸灭迹的尸身,无由找寻。我们称他们为烈士。我们简直可称他们为自民国以来历次革命、历次国难的殉身烈士中的四位烈士。现在,烈士的遗体虽然不能寻觅,但是我们主张,烈士的灵魂是要有所依归。我们建造此衣冠墓的意思,一方面是招魂,一方面是表扬烈士的精神、烈士的事迹,给后死者的一个凭吊对象和引起警惕思想。当三年之前,烈士失踪后,即开始筹备建造此墓。所费经费总共一千五百余元,内由中国红十字会捐一千元,其余为市商会全体执行监察委员及本团基金项下拨给助成之。此地坟地,系由本公墓所捐赠,图样是本团团员所打,均不费钱。前后筹募奔走,凡三年,有时日以继夜的全团人员动员干着。至此,我们尚有几个希望:(一)本烈士墓如能想方法建造一个童子军铜像一座,使此墓生色,更为希望;(二)因为四烈士是民国之魂、主义之花,他们的经历是很值得由政府来褒扬,呈准编入民国史乘,使之流芳百世,不特我上海地方之光荣,亦即是国家民族之光荣;最后,我们旌表烈士的工作,可说告一段落,但是,这并非是我们对烈士的最大贡献,我们对烈士的最大贡献,还是在继续烈士的遗志,认清了我们的环境,对准了我们的敌人,实实在在的埋头干着。我们能做一分,就是对得起烈士一分;我们能做一分,亦就是减轻我们对烈士惭愧一分。愿我自己来勉励自己,亦愿诸位来勉励大家,方始可说今天的典礼的意义价值是重大的……

33.古北口阵亡将士尸骸已掩埋(《申报》1935年4月2日第3页)

北平。古北口阵亡将士尸骸五百余具,已在已在南门外阵亡将士公墓掩埋(一日专电)。

34.江湾忠烈墓将竣工 墓屋及纪念碑工程已竣 纪念牌楼半月后可完工(《申报》1935年4月26日第11页)

江湾镇长沟湾之忠烈墓,系属沪战死难军民埋骨之所,共瘗有忠骸千三百余具,汇葬一邱。是项收瘗工作,均悉江湾崇善堂董事蔡维章、陆澄宇等蒇其事。棺殓费用,则悉由旅沪甬商王维官所捐助。唯该堂为碧草忠魂、垂型再世起见,复经在墓前募建纪念碑一座(建筑费已由前驻沪办事处长严恩槱慨然捐助)、纪念碑楼一座、墓屋三橼。上项建筑物,均由工程师全元仁义务设计。自动工以来,历时已久。原定本年二月底竣工,第因限于经费,工程进行不免延缓。大通社记者昨日爰赴江湾崇善堂探询,始悉墓屋建筑已经竣事。至纪念碑工程记,亦已竣工,只须镌刻碑文。唯纪念碑楼因工程

较巨,毕工尚待半月之后。至纪念碑记,系由沈鸣时所撰,字则由袁仲廉所书。兹抄录其碑记全文于下:

"中华民国二十一年一月二十八日,日军侵我闸北,并犯吴淞,竭其全力,不得逞,乃集兵江湾。一月二十日,下令总攻。吾江湾境内,繁盛市镇、鳞比邨落,不旬日间,十九化为焦土。呜呼酷欤。三月中,战甫已。崇善堂董事蔡君维章、陆君澄宇等,不忍睹抗日将士、殉难同胞尸横遍野,爰有掩埋队之组织。筹经费、遴员役、厘计划,昕夕不遑宁处。虽敌军苛令牵制,进行不稍馁,暴露以免。是年冬,辟镇北长沟湾公地九亩余,将权厝四郊者,仿欧美新制,汇葬一邱,以妥忠魂。越二载,复筹款建碑坊、造墓屋、辟通衢、缀花木,全功竟成。盖'一·二八'战役,民众牺牲固巨,民族存亡,实系于兹,非稍壮观瞻,不足激励众志,而图湔雪,责尽后死,岂仅目为仁光掩骼者哉?是役,掩埋尸体千三百具,附葬广肇山庄者,不与焉,糜款万五千余金。同里严君恩樾独任纪念碑银五百元、甬上王君维官,任掩埋费银万余元。热忱公益,率先倡导,允可风已。其余出力暨捐款诸君,留别〔别留〕纪念,兹不备书。中华民国二十四年月日。里人沈鸣时敬撰。"①

35. 阵亡将士公墓昨行落成公祭典礼 布置壮严整肃参加者数千人 蒋委长主祭 中委府委等陪祭(1935年11月21日《申报》第4页)②

南京。国民革命军阵亡将士公墓落成公祭典礼,廿日晨八时在

---

① 《申报》所载此碑文与碑记拓片略有异。参见辽宁省党史人物研究会编:《中华英烈碑文选》,辽宁人民出版社1998年版,第204—205页。
② 《国府令高级职员参加阵亡将士墓落成礼》载:"是日为中央主持公祭先烈日期,全国一律下半旗致哀。"《申报》1935年11月16第8页。

中山门外墓地举行。与祭者极为踊跃。此悲壮热烈之空前大典,历一时余始毕。下午则为各界代表将士家属等之致祭……直至五时始祭毕,并纷至公墓、纪念馆、纪念塔等处瞻谒。纪念馆楼上,列先烈遗物,如旗帜、符号、服装、军械、先烈像片、遗著碑传、器物衣服等百余件。致祭者均往参观,唯纪念塔以内部未完全毕工,不能登临(二十日中央社电)。

36. 馥记营造厂承建之南京阵亡将士公墓工程经过情形概略
(《申报》1935 年 11 月 26 日第 19 页)

……阵亡将士公墓包括大门、围墙、牌楼、祭堂、纪念馆、纪念塔及公墓三座。本工程系中央党部纪念先烈拨款建筑,由陈委员果夫等负责蒇事。位于灵谷寺钟山之麓、总理陵寝之东,地处幽静、风景秀丽,于民国二十年三月间开工,至二十三年五月始全部完成。其开工时,因建筑师对于模型欲使其像真仿古,审慎考虑,致稍延时日。今者,庄严伟大之工程已告成,爰将工程经过分述于后……

A. 纪念塔:塔为八角形,凡九层,由平台面至尖顶,高二百英尺,中置钢骨水泥盘梯,可直达九层……塔之最下一层,肆面大碑上写有蒋委员长亲笔"精忠保国"肆字;正面横额上"阵亡将士纪念塔"七字,亦系蒋委员长之亲笔。具见其敬爱忠魂之赤忱。除下层外,其余八层,每层加嵌有石碑各肆,内外满镌总理黄埔开学词、告别词、蒋委员长黄埔同学录序及遗阡表,均系现代名人手笔……

B. 纪念馆:位在塔前,距离约五百尺,亦即志公塔旧址之前面也。该馆长一百三拾陆英尺陆英寸,阔陆十四英尺八英寸,四周作长走廊,馆作宫殿式。二层屋面亦用广东琉璃瓦,画栋雕梁,悉仿古宫殿。唯稍异者,梁柱木与水泥之分耳……

C. 祭堂:前名无梁殿,后改无量殿,今名阵亡健儿忠魂祭堂。本系修建者,前毁于太平天国之役,自始建迄今,已具五百余年之历史。委员会因为保存古迹起见,特将该殿重修,改为阵亡健儿忠魂祭堂。堂长二百十尺、阔一百念余尺。前倾圮已大半,屋面具毁。现已照原样修复,庄严伟大,无与伦比……

D.公墓:墓分左右中三处。中央最大,半径一百九十二英尺圆形外,再加以大半圈及小半圈。全墓似荷花式。当测量划线时,殊费事费时,盖满地尽草莱树木也。位置既定,即开始挖掘墙脚,随地势之高低而定标准。即挖成,乃下石灰三合土、一、三、六水泥等。墙面工程系用预先捣成之冰泥板砌成,长三五不等、厚四寸、高可一呎。每砌一层(背面同),中镶砖头,然后再砌第二层,直至顶上,砌法相同。全墙砌成后,乃进行第三步工作,将内外墙斩成石样,即可谓'假石'。墓成,乃举北伐以来之阵亡将士遗骸,安葬于其中。

E.牌楼:作五重式样水泥墩六只,下半段镶刻花苏石,上部全假石。捣水泥须同时将一、二细砂附于壳子板旁捣数吋,直至顶上均同。斗拱系预先捣就,斩成假石,然后放置。其上亦为广州琉璃瓦。

F.大门围墙:大门为洞门,落地全铺苏石板,苏石勒脚。旁连围墙,全长三百余英尺。两端有圆门,东门上额'昭烈',西门上额'扬忠'。全墙粉红色水泥,墙顶盖颜色琉璃瓦,勒脚系苏石与起石各半。花大料广东瓦,悉与纪念馆同……

37.﹃一·二八﹄四周年 市民举行纪念大会 推马相伯等十九人为主席团 八百余人唱纪念歌悲壮热烈 散会后全体步行至庙行祭墓(《申报》1936年1月29日第12页)

新生社云:昨日为"一·二八"四周纪念,本市各界特于昨晨九时,本市农工商学及妇女等各界代表,特假市商会大礼堂,举行四周纪念大会,到会代表八百余人。公推马相伯、史良、沈钧儒、何香凝、章乃器、周剑云、严谔声、吴耀宗、廖茂如、沈兹九、刘王立明、王晓籁、张一尘、杨卫玉、江问渔、骆清华、欧阳予倩、李公朴、胡凤翔等十九人为主席团。姚寿康司仪。

主席报告。行礼如仪后,首由沈钧儒报告。次由青年歌咏团领导唱《义勇军进行曲》,悲壮热烈。声彻云霄。次由王造时、骆清华、李公朴、史良等演说(词长不录)。旋即讨论提案。

祭墓献花。旋于十二时四十分,由主席十九人,在市商会童子军纪念碑前献花致祭。其余各界民众,分四人一排,整队步行,导以"上海各界公祭'一·二八'无名英雄墓"白布旗帜。次为妇女,后为男子。经北河南路、宝山路、西宝兴路、北宝兴路、粤秀路,直达庙行无名英雄墓。沿途高唱《"一·二八"歌》及《义勇军进行曲》,悲壮热烈。抵墓地已三时三十分。全体肃立,行三鞠躬礼后,首由主席献花、恭读祭文。次由章乃器报告"一·二八"之意义。至五时半礼成后,仍整队步行。至江湾车站时,已六时许,乃乘六时半淞沪车,返上海。

公祭萧特。各团体救国联合会在大会议决案中,派定陶行知、严谔声、李公朴及李夫人四人,代表全体,致祭美国飞行上校萧特[①]墓(按:萧氏曾为我国抗敌,在苏阵亡,葬于虹桥)。唯以时间不及,故改定今日前往墓地,献花致祭云……

[①] 罗伯特·萧特(Robert Short)也译为萧德、孝脱、肖特,1905年生于美国华盛顿州塔科马,美国陆军航空队飞行员。1930年应美国波音飞机公司之聘,来华任波音218型驱逐机试飞员兼教练员。1931年被南京国民政府航空署聘为军政部航空学校(年底从南京迁至杭州笕桥)飞行教官。时中国抗日战争中牺牲的第一位美国飞行员。《民众热烈欢迎中 萧母昨日抵沪 八十七团体均往欢迎 国府代表唐海安致词 葬仪预定廿四日举行》载:"美国航空家萧德上尉,因愤日机之专横,于二月二十二日在苏以亦机抗拒六架日机,竟以身殉,为正义而牺牲。其义烈实为我国民所永远难忘。"《申报》1932年4月20日第3页。

上海庙行镇无名英雄墓。墓堂"阔四十八尺、深三十尺、高三十二尺半"

38."一·二八"纪念会代表昨赴萧德墓前献花 并致函萧太夫人慰问 顺道祭黄毓全烈士墓(1936年1月30日《申报》第22538号第14页)

新生社云：各界"一·二八"四周纪念大会推出之代表，昨日公祭萧德义士墓，并顺便祭黄毓全烈士墓。分志详情如下：

献花仪式。前日，纪念大会推出之祭美国飞行上校萧德代表陶行知、严谔生、李公朴及张曼筠女士等四人，昨日中午十二时，特备花圈，至虹桥飞机场内。由该场站长秦锡君陪同，至萧德义士墓前公祭。其秩序：一、代表就位；二、向萧德义士行最敬礼，一鞠躬、再鞠躬、三鞠躬；三、献花；四、读祭文；五、静默；六、礼成，代表退。

函慰萧母。同时，四代表并致函萧德之太夫人，致慰问意。新生社记者译录其原文云："萧德老太太，在'一·二八'四周年纪念的第二天，我们代表上海各界民众、致祭于你所亲爱的儿子萧上校之墓。萧德上校之英勇牺牲，引动了中国全民众的感奋……萧德上校为正义而牺牲，树立了飞机师至高无上的模范。现在，中国民众一致奋起。我们深信自由平等,必能因民众一致的奋起而获到。我们敬向为正义牺牲的萧德上校的母亲面前,预祝真能为人类谋幸福的新世界万岁。"

顺祭黄墓。同时,据该飞行站站长秦锡君语致祭代表云:"一·二八'之役,除美国萧德就义外,此外,华人航空方面尚有赵普明①、黄毓全②二人殉国。赵先烈没于杭州,杭州现建立普明飞行场,以作纪念。黄先烈没于上海,葬于虹桥飞机场内③。此外,尚有石邦藩在杭与赵普明同时受伤断臂,现在南京。四致祭代表以黄烈士为国牺牲,忠勇可嘉,且又近在咫尺,虽未奉大会使命,亦应顺道致祭。爰于祭萧义士后,即请秦站长领导,同至黄烈士墓前,行礼祭奠。至一时,礼毕而返。

---

① "赵普明"即赵甫明。"赵甫明(?—1932),又名寅生。广东三水人。早年只身到上海中央航空委员会做小职员,后考入杭州笕桥中央航空学校,毕业后任南京空军第六队分队长。1932年2月24日拂晓,日机多架轰炸杭州东南的乔司机场。驻乔司机场的广东空军机队迅速起飞迎敌。赵奉命率南京空军飞机由笕桥机场起飞助战。激战中,右胸被敌达姆弹(国际禁用)击中,壮烈牺牲。"张海赴等主编:《中华英烈词典(1840—1990)》,军事译文出版社1991年版,第637页。《申报》1932年3月20日第7页载《赵甫明伤重已殒命》:"杭州。航空六分队长赵甫明前在笕桥被日机射中三弹,医治无效,十八日殒命。十九日以国旗〔旌〕入殓(十九日专电)。"另据刘锦涛《侨居美国的前广东空军人员参加抗战的二三事》载:"中央二队队长石邦藩、中央六队分队长赵普明(赵是广东航校机械班生,到中央服务后转为飞行员)两人分别驾'容克'和'可塞'飞机迎战。"《中华文史资料文库》第19卷《华侨华人编》,中国文史出版社1996年版,第749页。
② "黄毓全(1904—1932),广东台山人。出身于美国。结业于美国铁士航空学校。1926年回国后任广东航空处中校飞行员。1932年,任中央航空第六中队副队长。'一·二八'淞沪抗战爆发,他奉命率机在沪与日机交战。2月5日在空战中不幸阵亡,成为中国空军为抗日而捐躯的第一人。"张海赴等主编:《中华英烈词典(1840—1990)》,军事译文出版社1991年版,第778页。
③ 《黄毓全烈士纪念碑揭幕 昨在虹桥飞机场举行》载:"中国航空协会为纪念黄毓全烈士'一·二八'殉难,特由各理事鸠集捐款,在虹桥建筑纪念碑。昨日下午三时举行揭幕典礼。参加者市长吴铁城,航协会理事长王晓籁、秘书长姚锡九……"《申报》1935年10月2日第10页。

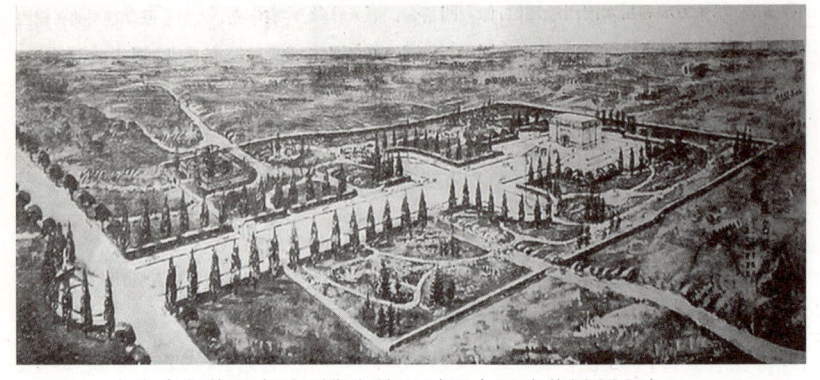

上海庙行镇无名烈士墓全景图(据《中国建筑》1935年第3卷第3期《无名英雄墓墓堂建筑及园景布置》)

39. 无名英雄墓昨晨举行揭幕典礼 市长揭幕胡筠秋报告筹备经过 王晓籁等相继演说全市下半旗(《申报》1936年2月17日第11页)

庙行无名英雄墓于昨晨十时举行揭幕礼……此墓工程始自停战以后,经四年之兴筑,原拟"一·二八"四周纪念揭幕,因内部工程不及,今日始克举行。本创建委员会认为此墓建筑,即为民族精神之表现,不宜过简。希望各界多多捐助,藉表万众敬仰之意。将来为永久保存,故交由大上海市政府管理……

无名英雄墓,庙行镇中区,占地约五十亩余。全部轮廓成宝剑形,以主要部分之墓堂,处剑柄之首端;中间林落大道,为剑匕部分;横叉大道之旗杆道;平行于墓堂之前者,适为剑档之象形。全部建筑式样朴素坚固,缀以中国式花饰雕纹,清幽古雅。墓堂乃一略带长方之立体建筑,耸立于阔一百二十八尺、深一百十尺之广大石板平台上。台之四边有石级十五步,分为三迭,正面宽约三十余尺。堂中设有半圆形地坑,中置石椁一具,为瘗藏阵亡无名英雄将士之处，后部竖立石碑一方，悬有"一·二八阵亡将士之灵"红色大旗。凭吊者一入堂门，敬仰之心油然而生。墓堂上首缀"义薄云天"四字，系国府主席林森手笔。堂内竖碑上有"无名英雄之墓"六大字。全部工程费时二年半，由工程师董大酉设计，久记营造厂以六万六千余元承包。其旁泗泾庙〔泗漕庙〕，即为庙行得名之庙，毁于"一·二八"炮火。至今亦由里人集资重修，尚未告竣。

40. 革命军阵亡将士墓祭期规定(《申报》1936年3月14日第7页)

南京。革命军阵亡将士公墓早已落成，每年举行祭典日期，刻经筹备会商定，每年清明前举行，俾千秋俎立，永慰忠魂。已呈报中央，并函各机关查照(十三日中央社电)。

41. 各级学校参加公祭阵亡将士 今晨十时在庙行举行 市教局公告各校知照(《申报》1936年7月9日第16页)

上海市教育局昨公告本市各级学校云，案奉市政府训令，内开，案奉蒋院长卅院四电开：查历次阵亡残废受伤革命军人特别优恤办法，前经过饬遵照，并定于七月九日举行公祭，又受及有特殊勋劳者之公宴，及慰问各死亡官兵及残废者之家属二项，亦有详细规定。本年度公祭、公宴时期，自应依期举行慰问各家属办法，亦应同时并举，希即依期办理，具报为要。等因奉此。查特别优恤革命军人一案，关于阵亡官兵原案规定，各地应建筑阵亡将士公墓，于每年七月九日召集当地党政军商学各界，以极隆重之仪式举行公祭等语。本市在庙行已建有无名英雄墓一所。现定于本月九日上午十时，召集本市各界举行公祭。又查关于公宴受伤及有特殊勋劳将士，原案规定应于每年七月九日邀集公宴一次，并于公宴时，由当地党政军最高负责官员招待等语。现定于本月九日上午十二时半，在本府大礼堂公宴受伤将士，并请由本市最高党政军长官会同招待。又关于慰问死亡及伤残官兵之家属,本府亦已购备慰劳物品,定于是日派员分别慰问分送。除分别函令通知外,合行令仰该局饬属参加公祭,并转饬本市各学校参加公祭为要。此令。等因奉此。自应遵照办理。本市各学校校长,均须一律参加公祭,合行公告。此布。

42.无名英雄墓开始筹募基金 创建委员会致各界函 纪功报德而以为久远(《申报》1937年3月5日第12页)

本市创建无名英雄墓委员会为筹募基金事,昨致各界函云:

敬启者,'一二八之役',爱国将士奋勇抗战,为国家争光荣。本市各界为纪功报德、永留纪念起见,创建无名英雄墓于庙行镇,于去春完成。所有建筑费均捐募而来。兹拟募集基金,以维久远,夙仰先生仁侠好义,钦佩良深,慷慨解囊、尽量乐输,缴支(上海市中心区中国航空建设协会上海市分会内)本会,并请见示为荷。

43.无名英雄墓昨筹组董事会 推吴铁城为董事 议决章程官署备案(1937年7月10日《申报》第14页)

上海市各界为纪念"一·二八"抗战阵亡将士起见,发起创建无名英雄墓于庙行镇。去年二月十六日举行揭幕典礼,组织委员会管理其事。该会为维持永久计,由李委员大超建议,组织上海无名英雄墓董事会,并拟订章程。征得各委员同意,昨日(九日)下午四时,在八仙桥青年会九楼召开筹备会议。出席者胡筠秋、李大超、王晓籁(葛福田代)、林康侯、董大酉(李大超代)、施同人等十余人。兹志详情如下:

主席报告:公推李大超主席报告超主席报告,略谓:本市各界前为纪念"一·二八"阵亡将士,发起募款建筑无名英雄墓于庙行镇。去年落成之后,即着手筹划经费,并募集基金,以维久远。该墓之建筑系纪念抗战将士,各方非常景仰,中外人士前往参拜,络绎不绝,足以表现民族精神。关于交通设备管理,自应妥为计划。本席特提议组织董事会,推选各界领袖为董事,筹划基金,并定每年"一·二八"纪念日举行公祭,及办理各种事宜。经拟定章程草案,征得各委员同意,今日召开筹备会,请各位多贡献意见。

议决各案:……一、无名英雄墓董事会组织章程草案,议决通过,并呈主管官署备案;二、设法向各团体各界领袖兼募基金,以维久远案,议决请董事会负责办理;三、筹备"一·二八"纪念堂,向有关系各方征集纪念特品案,议决请董事会办理;四、函请工务局免费修理由岭南路至无名英雄墓一段,道路以利交通案,议决通过;五、函请宝山县政府派警二人常川驻墓,维持秩序案,议决通过;六、函请宝山县政府出示布告,无名英雄墓周围园地禁止行人并一律保护案,议决通过。

推举委员:……推举吴铁城、胡筠秋、杜月笙、王晓籁、林康侯、俞鸿钧、杨虎、李大超、沈怡、何德奎、虞洽卿、顾馨一、郭顺、穆藕初、黄任之、钱新之、王一亭、董大酉、施文冉、金巨山、许晓初、张啸林、吴蕴斋、陶桂林、黄延芳等二十五人为董事……

章程草案:

第一条:上海市各界为纪念"一·二八"抗战阵亡将士,创建无名英雄墓,组织董事会,定名上海无名英雄墓董事会。

第二条:本会以董事二十五人组织之,互推常务董事五人,负责主持会务。

第三条:本会董事,由筹备会推选之。

第四条:董事会推董事长一人,对外代表本会。

第五条:常务董事及董事,因故不能负责,提出辞职,经董事会议决后,另行推选补充之。

第六条：董事长、常务董事及董事,任期分二年、五年,连选得连任之。

第七条：本会董事长、常务董事及董事,均为无给职。

第八条：本会设干事一人,常川驻会,办理文书、收发、保管及一切事务。

第九条：本会职务如左：甲、筹募基金及常年经费；乙、保管无名英雄墓及基金；丙、征集"一·二八"纪念品,辟室陈列；丁、关于监督、维持及其他事项。

第十条：本会会议事项如左：甲、主管官署令办事项；乙、本事〔会〕董事提议事项；丙、关于第九条职务规定事项。

第十一条：本会每半年开常会一次,遇有重要事件,得由董事长、常务董事或董事五人以上提议,召集临时会。

第十二条：本会开会,由董事长主席,董事长缺席时,由常务董事代理之。

第十三条：本会开会时,须有全体董事半数以上出席,方能开议,但董事因事不能出席时,得委任其他董事代表,惟每董事以代表一人为限。

第十四条：本会会址设于上海市。

第十五条：本章程经议决呈准主管官署施行。

第十六条：本章程如有未尽事宜,得由本会随时议决,呈请修正之。

44. 敌空袭中 粤纪念先烈 晚间有火炬游行（《申报》1938年3月30日汉口版第1页）

广州廿九日中央社电。粤百万市民,今于敌机空袭中,纪念先烈。自晨至晚,各界分赴七十二烈士陵墓参谒。祭礼五时正举行,由香翰屏代表主祭;六时举行纪念革命先烈暨追悼全国抗日阵亡将士死难同胞大会,吴铁城主席;晚七时,各界举行盛大火炬巡行,参加者约数万人。

45.桂市筹建阵亡将士公墓(《申报》1940年6月21日第4页)

桂林。桂市筹建抗战阵亡将士公墓,二十日已成立修建委员会,将筹募基金二十万元,建筑一雄伟宏墓园,为后人景仰(二十日电)。

46.赣北各界追悼阵亡将士(《申报》1941年5月13日第2页)

上高。某集团军总部在赣北举行上高会战阵亡将士追悼大会,中央执监会,各院部、各战区长官均致诔辞。计到军政代表暨民众万余人。由罗总司令卓英主席,报告会战经过,并勉所属以成仁决心为取民族光荣。会场空气悲壮严肃。会毕,全体赴某地举行烈士墓奠基典礼(十一日电)。

47.国殇墓园设置办法①(1942年1月1日)

第一条　国殇墓园之设置,除法令另有规定外,依照本办法办理之。

第二条　凡参加中日战争之阵亡将士,均得葬于国殇墓园,文职官吏及人民因守土抗战而死亡者,经查明核准,并得葬于国殇墓园。

第三条　首都应设国殇墓园。各省市县及具有特殊战绩之地方得设置之。

第四条　建筑国殇墓园须依照左列各款之规定:

---

①1941年10月,南京国民政府行政院、军事委员会会同公布《国殇墓园设置办法》,并规定于1942年1月1日起施行。据《广东省政府公报》1946年"还治复刊"第20期第23页。但此办法在战时难以推行。"寇敌投降,失地收复,亟待分设是项墓园,收葬抗敌殉难官民,藉资表扬。上项办法,定于三十五年一月一日起施行。"参见《盐务月报》1946年第5卷第3—4期合刊,财政部盐政总局印行,第57—58页。

一　建立公共纪念碑,记载战役时间事迹、参加作战部队阵亡官兵姓名、职级;

二　墓前应立石碑,刊列阵亡将士职级、姓名、籍贯、死亡年月日;

三　死难文职官吏及人民,刊列纪念碑之事迹,得依照前两项之规定分别办理;

四　墓园应尽量利用天然风景,并种植花树;

五　公共纪念碑前,应设置石凳、石几、香炉,并须有相当空场。

第五条　已葬之阵亡烈士及第二条第二项之文职官吏及人民,经核准后,得迁葬于国殇墓园。其未迁葬者,仍于墓园内立碑以为纪念。

第六条　阵亡将士之姓名无法查考者,应将其战役人数刊列于纪念碑上。

第七条　各地方建筑国殇墓园,得就各部队自行建筑之公墓改建之。

第八条　国殇墓园,应每年植树节日举行致祭典礼,由所在地之行政长官主祭。当地各党政机关、部队、学校、团体,均得派代表陪祭。

第九条　国殇墓园内安葬人家属,得参加典礼与祭。

第十条　致祭秩序及位次,依公祭礼节之规定。

第十一条　国殇墓园之建筑管理,由所在地方政府办理,其墓园设计碑石式样,应报由内政部核定之。国殇墓园之经费,除首都由国库拨付外,余均列入地方预算,必要时由国库补助之。

第十二条　本办法施行日期另定之。

附:天津筹设国殇墓园未果

1946年至1948年,设立并管理忠烈祠、每逢节日和纪念日开展抗战烈士祭奠活动,已让天津当局感到压力颇大,而设置国殇墓园的选址和经费,则更让天津当局头疼。

1946年10月18日,天津市政府训令市社会局:"案准内政部礼字第〇二一八号真京礼襃代电,内开:'奉交办国民政府训令,转发第六届中央执行委员会第二次全体会议议决,如何崇德报功、恤死扶伤,使军人继续发扬忠党爱国、为民前锋精神,藉以保障国族生存、巩固本党基础一案,查上年敌人甫经投降,本部即制定《抗敌伤亡人民调查表》,以《未世代电》通行各省市政府查报。旋奉国民政府三十五年九月三日明令饬襃恤各地殉难同胞,复经录案通行,各在卷,奉交前因,相应抄同原训令、原提案,电请转饬,按照《忠烈祠设立及保管办法》,于未设忠烈祠各地普遍设立,依照《国殇墓园设置办法》,设国殇墓园,以利祀葬。'等因准此,合行抄发原训令、原提案各一件,令仰该局呈照核办,具复。市长张廷谔、副市长杜建时。"10月29日,天津市社会局函复:"案查设置国殇墓园一案,当以调查,迄无适宜地点,业经呈复立案。兹奉令因除忠烈祠已经成立外,关于建设国殇墓园之地点,限于利用风景、地幅宽敞,兹可引人观瞻,藉资矜式为适宜。在本市区内一时难以寻妥,且此项经费按照办法,应列入地方预算,尤应彻底计划。拟先行据情呈复,一俟勘妥地址。计划妥协后,再行呈报。当否请示。"①

在天津市内选择一处适宜的地址,兴建国殇墓园,当时确令各方颇感为难。早在1946年6月8日,市地政局、社会局就已为天津陆军医院提供军人公墓一事犯愁:"接管市属公墓情形并穴地无多,尤与埋葬军人不合……查勘第一区界日人公墓地势,唯该墓地

---

① 《为请按照忠烈祠设立及保管办法设忠烈祠等事致天津市社会局的训令》,天津市档案馆馆藏档案,档号:401206800-J0025-3-004525-004。

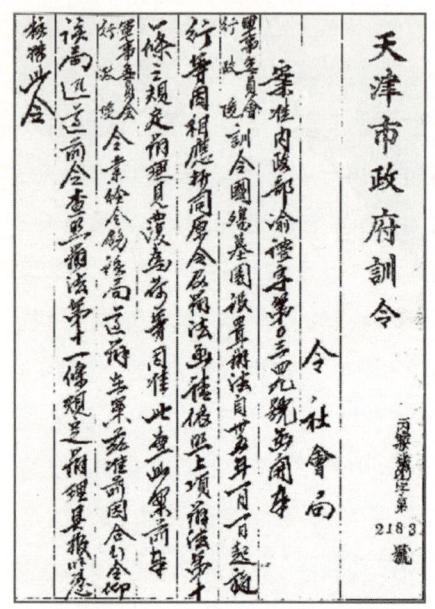

1946年4月16日,天津市政府关于设立国殇墓园一事给天津市政府社会局的训令

在繁华住宅区域中,是否适宜,再作商讨。"①

1946年11月20日,天津市政府训令,对国殇墓园的拟设地点,应"续继寻觅,妥为计划具报"②。此为心照不宣,实际上是搁置此事。此后确未见天津当局对此专题研究。

直到1948年6月15日,此事才又有眉目。南京国民政府抗战戡乱阵亡殉职将士公墓筹建会特派员贺中华致函天津市社会局称:"我国近十年来,先以抗战兴兵,今则'戡乱用武'。凡我阵亡殉职将士遗骸,暴散露集者万千其数,既无以慰死者之精英,更何以励生者之忠勇。政府有鉴及此,特命设置将士公墓筹建会,办理收葬及一切旌表事宜,定名曰:'国民政府抗战戡乱阵亡殉职将士公墓筹建会'。业经在北平石驸马大街二十二号筹备成立,并于天津万全道五十二号设立驻津办事处,派戚委员南谱兼任处长。"③

---

① 《为报参加拨军人公墓会议情形事致胡局长呈》,天津市档案馆馆藏档案,档号:401206800-J0025-3-004531-004。
② 《为查适宜地点设置国殇墓园等事致天津市社会局的指令(附呈)》,天津市档案馆馆藏档案,档号:401206800-J0025-3-004525-006。
③ 《为筹设驻津办事处事与国民政府抗战戡乱阵亡殉职将士公墓筹建会往来函件》,天津市档案馆馆藏档案,档号:401206800-J0025-3-005321-017。

据此判断,1946年,南京国民政府训令各地兴建国殇墓园的效果并不理想。此后,因国民党当局在内战中节节败退,死伤惨重,才又打着安葬抗战殉国将士的幌子,要求各地为所谓"戡乱"阵亡者大建公墓。然而,此动议提出后仅半年,天津国民党当局就垮台了。这个筹建会也属无疾而终。

48.《国葬法》及《公葬条例》修正案①(1948年11月26日)

(1)《中华民国史大辞典》载:"《国葬法》,1930年10月7日以国民政府令公布,即日施行,共7条。本法规定:中华民国国民有殊勋于国家者,身故后由中央政府支付经费组织国葬典礼办事处,依据法定仪式,举行国葬。国葬举行之日,凡公务人员均须臂缠黑纱,全国停止娱乐,各机关、团体及商店,民居均下半旗,以志哀悼。1936年7月13日修正公布,规定为举行国葬应设立国葬墓园。1937年4月23日再次修正公布,规定除特殊情形外,国葬均应葬于国葬墓园。1947年12月5日第三次修正公布,规定国葬墓园内应立祭堂,于每年植树节日,由政府派员致祭。1948年11月26日第四次修正公布。凡'国民政府'均依法改为'总统';派员致祭日改为每年民族扫墓节日。其余大致同前。"②

(2)《中华民国史大辞典》载:"《国葬墓园条例》,1936年7月13日以国民政府令公布,即日施行。全文共10条。规定国葬墓园设于首都郊外,其地点由南京市政府选定,呈由行政院转请国民政府核准备案。凡依《国葬法》举行国葬者,应依本条例之规定,安葬于国葬墓园;但有特殊情形不能安葬于国葬墓闻者,经国民政府之核

---

①中国第二历史档案馆编:《国民政府立法院会议录》33,广西师范大学出版社2004年版,第45—50页。
②张宪文主编:《中华民国史大辞典》,江苏古籍出版社2001年版,第1202页。

准,得树立墓碑,以资纪念。国葬墓阅之设计、建筑、管理、警卫等事宜,应设国葬墓园管理委员会办理。国葬墓园之墓位,应由国葬墓园管理委员会先行规划,编列号数,受国葬者应依次安葬。受国葬者之姓名、籍贯及事迹,应镌载墓碑。国葬墓园每年于植树节日由国民政府派员致祭。1937年4月23日修正公布,共7条,内容有所删减。该条例于1947年12月5日废止。"①

(3)《中华民国史大辞典》载:"《公葬条例》早于1931年12月就提交立法院,经法制委员会审议,认为其有勋而尚未合国葬者,可给予治丧费或派员致祭,似无从法律规定公葬之必要,因而公葬条例之制定被搁浅。直至1947年12月5日,才由国民政府明令公布,旋于同日施行。全文共9条。内容为:凡中华民国国民竭尽精力,有下列情形之一者,身故后依本条例之规定,举行公葬。具体条件是:(一)育材兴学,述作精宏,品德卓异,足为表率者;(二)创造发明,贡献伟大,利在人群,足资崇敬者;(三)从事建设事业,不慕荣利,协助政府,泽溥民生者;(四)捍灾御患,舍身安众,福利社会,功绩昭著者;(五)公忠体团,卓著政绩,勤劳廉洁,遗爱在民者。公葬者均应营葬于公葬墓园内。其经费由省市库支给。公葬墓园应于每年植树节日,由各该省市政府派员致祭。1948年11月26日经过修正。"②

(4)立法院内政及地方自治委员会函[中华民国卅七年十月二十八日立内(一)字第二一三号]

敬启者,案准贵处本年九月二十日宪处议事字一八三一号笺函,以行政院函送《国葬法修正草案》及《公葬条例修正草案》,请审

---

① 张宪文主编:《中华民国史大辞典》,第1202页。
② 张宪文主编:《中华民国史大辞典》,第462页。

议一案，经第三次院会决定"交立法院内政及地方自治委员会审查"，函嘱查照办理等由，当经提请九月二十五日本会第二会期第一次召集委员会议决议"送本会第五组（礼俗）委员初步审查"，旋于十月二日举行初步审查会议审查结果拟具初步审查修正案提交十月九日本会第二次全体委员会议讨论，当经决议："（一）《国葬法修正草案》照初步审查修正案修正通过；（二）《公葬条例修正草案》初步审查，修正案原则通过，交初步审查委员重行修正文字后，提请院会讨论记录在案，复经依照上项决议，于十月十九日举行《公葬条例修正草案》条纹整理会议，将该案初步审查修正案条文文字分别整理就绪，准函前由，相应检同该两案审查修正案各一份，报请查照，即希提请院会讨论为荷。此致秘书处。

附送《国葬法修正草案审查修正案》及《公葬条例修正草案审查修正案》各一份。

立法院内政及地方自治委员会
［一九四八年］十月二十七日

（5）《国葬法修正草案审查修正案》

第一条 中华民国国民有特殊勋劳或伟大贡献，足以增进国家地位、民族光荣或人类福利者，身故后得依本法之规定举行国葬。

第二条 国葬应经行政院会议以全体委员无记名投票过半数以上同意议决举行，由总统以命令公布之。

原修正草案条文为："国葬应经行政院会议以投票过半数以上同意议决举行，由总统以命令公布之。"

原条文为："国葬应经行政院会议通过，呈请国民政府以命令公布之。"

第三条 国葬费用经行政院核定，由国库支给之。

原修正草案条文为:"受国葬者之国葬费用,经行政院核定,由国库支给之。"

第四条 办理国葬时,应设立国葬典礼办事处,其组织通则由内政部拟订,呈请行政院核定之。

第五条 国葬仪式,由总统以命令行之。

第六条 国葬举行之日,由总统派员致祭,全国下半旗志哀。

第七条 内政部应会同首都市政府,于首都所在地择定地点①,设置国葬墓园,呈请行政院核定之。

原修正草案条文为:"……会同南京市政府……"

原条文为:"……呈请行政院转呈国民政府备案。"

第八条 国葬墓园内应立祭堂,于每年民族扫墓节日,由总统派员致祭。

原修正草案条文为:"……每年植树节日……"

第九条 前条墓园及祭堂之设计、建筑、墓位及碑碣之式样,由内政部会同南京市政府拟订,呈请行政院核定之。②

原条文为:"……呈由行政院核定转呈国民政府备案。"

第十条 国葬墓园之管理、警卫等事项,宜授权南京市政府办理之。③

第十一条 凡国葬均应葬于国葬墓园,如愿择地另葬者,应经行政院核准,由受国葬者之家属领费自行安葬,但仍应于国葬墓园内建立碑记。

---

① 1948年11月26日修正公布时改为"内政部应会同首都所在地市政府,于首都择定地点……"
② 1948年11月26日修正公布时改为"……由内政部会同首都所在地市政府拟订……"
③ 1948年11月26日修正公布时改为"宜授权首都所在地市政府办理之"。

原条文为:"……如愿择地另葬者,应经国民政府核准……"

第十二条 本办法自公布日施行。

说明:

一 本案所称"原条文",系卅六年十二月经前国民政府修正公布之现行《国葬法》条文;

二 本案所指"原修正草案条文",即行政院送请本院审议之修正草案条文;

三 本案各条条文,无附注者,均系现行法之原条文;

四 本案各条条文后,无初步审查修正条文者,均系照初步审查意见通过;

五 本案各条条文后,无修正草案条文者,即系修正草案未加修正者。

(6)《公葬条例修正草案审查修正案》

第一条 凡中华民国国民有左列情形之一者,身故后,得依本条例之规定举行公葬:

(一)育材兴学,述作精宏,品德足式者;

(二)创造发明,对人群有伟大贡献者;

(三)致力建设事业,不慕荣利,协助政府,泽溥民生者;

(四)捍灾御患,奋不顾身,地方赖以保全者;

(五)忠勤廉洁,政绩卓著,遗爱在民者。

原条文为:"凡中华民国国民竭尽精力,有左列情形之一者,身故后,得依本条例之规定举行公葬:(一)育材兴学,述作精宏,品德卓异,足为表率者;(二)创造发明,贡献伟大,利在人群,足资崇敬者;(三)从事建设事业,不慕荣利,协助政府,泽溥民生者;(四)捍灾御患,舍身安众,福利社会,功绩昭著者;(五)公忠体团,卓著政绩,勤劳廉洁,遗爱在民者。"

第二条　公葬得由行政院会议决定或由各省市政府咨请内政部提请行政院会议核定后,呈请总统命令举行。

原条文第二项"本条例所称之市,谓院辖市",改列为第九条。

第三条　举行公葬由行政院指定所在地之省政府或市政府办理之,其经费经各该省市政府酌定,由省市库支给之。

原条文为:"……由省市库支给,但其数额不得超过一亿元。"

第四条　公葬举行之日,应由各该省市政府首长致祭。

本条条文为初步审查会增加。

第五条　各省市政府应于省市政府所在地设置公葬墓园,咨请内政部备案。

本条原为第四条,以下各条目次递改。

第六条　凡公葬者,均应营葬于公葬墓园内,如愿择地另葬者,应经各该省市政府咨请内政部核定,由受葬者之家属领费自行安葬,但仍应于公葬墓园内建立碑记。

原条文为:"凡公葬者,均应营葬于公葬墓园内。"

第七条　凡由各公私团体共同营葬,未依本条例第一条、第二条之规定程序办理者,不得称为公葬。

第八条　公葬墓园之设计、建筑、管理、警卫等事宜,由各该省市政府办理之。其坟墓面积暨墓碑式样,由各该省市政府咨请内政部核定。

第九条　公葬墓园应于每年民族扫墓节日,由各该省市政府派员致祭,其仪式由内政部订之。

原条文为:"……每年植树节日……"

第十条　本条例所称之市,谓直辖市。

本条条文原系第二条第二项,经初步审查会改列为一条。

第十一条　本条例自公布日施行。

说明:

一　本案所称"原条文",系指前国民政府于卅六年十二月五日公布之现行《公葬条例》而言;

二　本案所称"原修正草案条文",系指行政院送请本院审议之修正草案条文;

三　本案各条条文后,无附注者,均系现行之原条文;

四　本案各条条文后,无初步审查修正条文者,均系照初步审查意见通过;

五　本案各条条文后,无修正草案条文者,即系修正草案未加修正者。

49.国葬灵榇移运办法[①](1948年10月29日)

第一条　国葬灵榇,应俟国葬墓园内受国葬者之墓穴建筑完成,定期举行国葬,于期前一个月,移运到京。

第二条　运榇事宜,由受国葬者之家属主持办理,其移运费得在规定之国葬费用内支给。

第三条　运榇经过地之各地方政府,对于运榇所需之人力物力,应妥予协助。

第四条　关于运榇所需之交通工具,其属于国营者,由内政部函请交通主管机关免费拨运,唯护灵人员仍应照章购票。

第五条　本办法自公布之日施行。

---

①行政院公布。转引自蔡鸿源主编《民国法规集成》第42册,黄山书社1999年版,第131页。参见《法声新闻》1948年第498期,第6页;张宪文等主编《中华民国史大辞典》,江苏古籍出版社2001版,第1202页。

4.抗战殉职忠烈将领拟请公葬报告表①(1948年4月16日)

职务	官阶	姓名	死亡时期地点	忠烈事迹纪要	备考
陆军第29军副军长	上将	佟麟阁	二六.七.北平南苑	七七事变首先奉命守土抗战。于团河一役督战阵亡。	三十六年七月七日经地方公私团体葬于北平西山,拟请追认①
陆军第132师师长	上将	赵登禹	二六.七.北平南苑	七七事变首先奉命守士抗战,于团河一役督战阵亡。	三十六年七月七日经地方公私团体葬于北平西山,拟请追认②
陆军第66师196旅旅长	中将	姜玉贞	二六.十.十一.山西原平	转战雁门、忻口等地,于原平之役身先士卒,中弹阵亡。	
陆军第9军军长	上将	郝梦龄	二六.十.十六.山西忻口	率部于忻口之役奋力挫敌,双方伤亡均重,于激烈战斗之下阵亡。	二十六年经行政院338次会议国葬③
陆军第54师师长	中将	刘家其(麒)	二六.十.十六.山西忻口	率部于忻口之役与郝军长奋力挫敌,终以激战之下同时殉职。	二十六年经行政院338次会议国葬④
陆军独立第5旅旅长	中将	郑廷珍	二六.十.十六.山西忻口	抗战军兴,历在晋境作战。忻口之役与郝军长梦龄同时殉职。	
陆军第170师510旅旅长	中将	庞汉祯	二六.十.二三.上海	八·一三淞沪抗战身先士卒,力战冲锋,竟以阵亡。	
陆军第171师51旅旅长	中将	秦霖	二六.十.二三.上海	八·一三淞沪抗战身先士卒,力战冲锋,竟以阵亡。	
陆军第145师师长	上将	饶国华	二六.十一.安徽广德	广德之役,力挫强敌,相继克复要隘,终以众寡悬殊,奋战阵亡。	已另案由院列入国公葬案名单内,正汇办中⑤

---

①转引自中国第二历史档案馆编《佟麟阁等抗日将领殉国事迹史料》(编选者孔庆泰),《历史档案》1985年第3期,第51—54页。

职务	官阶	姓名	死亡时期地点	忠烈事迹纪要	备考
陆军第70师215旅旅长	中将	赵锡章	二七.二.二一.山西隰县	历在平型关等地抗战，隰县之役，敌大举进犯，以必死之心预备殓具，亲临指挥，身受十伤阵亡。	
第五战区第二游击司令	中将	刘震东	二七.二.山西〔东〕莒县	率部固守莒县，与强敌拼杀，众寡悬殊，壮烈战死。	
陆军第42军军长	中将	冯安邦	二七.十一.三.湖北襄阳	历参台儿庄诸役，嗣奉命转入襄樊。行军之际，被炸殉职。	
陆军第174师副师长	中将	夏国璋	二六.十二.二一.浙江吴兴	率部固守吴兴，抵御数倍之敌，血战数日，终致阵亡。	
东北游击司令	少将	唐聚五	二八.五.十八.河北平台山	九·一八后，自辽宁举义，转战各地，终于二十八年河北平台山作战阵亡。	
陆军第29军军长	中将	陈安宝	二八.六.五.江西莲圹	反攻南昌之役，与敌陆空优势部队争夺阵地，中弹殉职。	已据内政部呈请公葬到院，另案列入国公葬案名单内，正汇办中⑥
军事委员会参议兼第一路游击司令	中将	马玉仁	二九.一.三.江苏阜宁	抗战后，号召归部抗敌，毁家筹备饷械，与敌数十战，收复阜宁之役，追敌阵亡。	
陆军第三军副军长兼第9师师长	中将	郑作民	二九.二.三.广西昆仑关	率部驰援昆仑关，亲临督战，竟以身亡。	引者注：应为第二军副军长
陆军第73师师长	中将	钟毅	二九.六.一九湖北枣阳	枣宜会战，担任掩护，节节抗战，终致阵亡。	
陆军第三军军长	上将	唐淮源	三〇.五.十一.山西夏县	晋南抗战，率领与优势之敌奋战，突围殉职。	
陆军第12师师长	中将	寸性奇	三〇.五.十三.山西中条山	敌犯中条山之役，率部分头迎击，裹创应战，被围，中弹阵亡。	
陆军第190师副师长	中将	赖传湘	三〇.五.湖南长沙	抗战军兴，历参淞沪各役。二次长沙会战，奉命坚守，竟以阵亡。	

职务	官阶	姓名	死亡时期地点	忠烈事迹纪要	备考
陆军第70师师长	中将	石作衡	三〇.九.六. 山西太岳区	率部戍守晋东南，历经血战，予敌重创，相持数月，竟以激战阵亡。	
陆军第98师师长	中将	武士敏	三〇.九. 山西太岳区	敌大举犯中条山之役，奋战多日，始终固守，终以被围，中弹阵亡。	
陆军第57师指挥官	中将	李翰卿	三〇.十. 湖南长沙	抗战军兴，迭在各地作战。二次长沙之役，驰援途中坚苦作战，终以阵亡。	
陆军新编第3师副师长	少将	朱实夫	三〇.九.二五. 甘肃陇东	历在察绥抗敌，招抚青年来归，嗣因作战受伤多处，终以盛暑调防奔驰千里，伤发身故。	
陆军新编第45师师长	中将	王凤山	三一.四. 山西万泉	转战晋西南，打击敌伪，嗣于万泉之役，力战殉职。	
陆军新编第27师师长.	中将	王竣	三一.五.九. 山西中条山	率部守卫中条山，奋战固守，竟以阵亡。	
陆军第200师师长	中将	戴安澜	三一.五. 缅甸	率部出国远征，所至有功。东瓜山之役解盟军之围，终以腊戎受伤。返国途中，不治身殉。	
陆军第150师师长	中将	许国璋	三一.十一.二一. 湖南常德	湘北之役与敌周旋数月，嗣奉命前进驰援遇敌，激战阵亡。	已在成都举行公葬。是否经奉明令公葬，本部未详⑦
陆军暂编第5师师长	中将	彭士量	三一.十一.十五. 湖南石门	湖南石门率部与敌激战昼夜，相持经旬，终致阵亡。	
陆军预备第10师师长	中将	孙明瑾	三一.十二.一. 湖南常德	常德之役，奉命驰援，与敌迂回冲杀，奋战四昼夜，竟以阵亡。	
鲁苏战区政治部主任	中将	周复	三二.二. 山东安丘	历在鲁境随军作战，终于安丘之役被敌包围，苦战身殉。	
陆军第36集团军总司令	上将	李家钰	三三.五.二一. 河南陕县	抗战军兴，奉命率部出川，转战晋豫各地。中原之役，督战阵亡。	已据内政部呈请公葬到院，另案列入国公葬名单内，正汇办中⑧

职务	官阶	姓名	死亡时期地点	忠烈事迹纪要	备考
陆军第79军军长	中将	王甲本	三三.九.七.湖南东安	率部与进犯湘南之敌作战,阻其西窜,苦战被围,重伤阵亡。	
陆军第131师师长	中将	阚维雍	三三.十一.广西桂林	敌军入侵,率军在桂林城内核心阵地作战,苦力支撑,终以战事失利,自戕殉职。	
桂林防守司令部参谋长	中将	陈济桓	三三.十一.广西桂林	桂林之役,出任防守司令部参谋长,固守危城,终以敌军入城,身受重伤,不良于行,自戕殉职。	
陆军新编第一军38师副师长	中将	齐学启	三四.五.缅甸仰光	出国远征,在缅甸作战。仁安羌之役颇著战功,嗣为炸受伤,为敌所俘,禁锢三年,始终不屈,终遭杀害。	已奉国府明令,举行公葬有案⑨

右三十七员。

注:①②③⑦为国防部填写,④⑤⑥⑧⑨为行政院填写。

附:行政院交办(议)案件通知单(1948年4月16日)

案由:国防部代电请公葬故副军长佟麟阁等三十七员一案,奉谕交议由。右案奉院长谕:交内政部核议。相应通知内政部。行政院秘书长甘乃光。中华民国三十七年四月十六日发(37)四内字第28673号。

备注:

一 原表饶国华一员,已另案列入国公葬名单,前经奉交核议,正汇办中,请勿再议;

二 陈安宝、戴安澜、李家钰三员,经奉交贵部核复有案,亦请勿再议;

三 齐学启一员,已奉国府明令举行公葬,并已拨给经费有案。

附件:抄送原代电一件、检附表一份。

抄原代电:(衔略)查抗战殉职忠烈将领,除第122师故师长王铭章已奉明令公葬于成都及第3集团军故总司令张自忠已奉明令国葬外，其余各员前以抗战期间未遑举行。嗣以还都复员工作急迫，亦经奉令暂缓，各在案。兹查《国葬法》及《公葬条例》业经国民政府三十六年十二月五日明令修正公布，所有抗战阵亡副军长佟麟阁等三十七员，均经先后奉令褒扬有案。至各员死难日期，或逾三年，或近十年，忠骸久厝，未安窀穸。为追怀先烈，拟请准予转呈国民政府明令举行公葬，用慰英灵。除俟奉准后另行汇办其他忠烈人员外，是否有当，谨抄报告表二份，电祈鉴核示遵。

四 其他褒奖及纪念方式

1.战地守土奖励条例[①]（1938年3月25日）

第一条　抵御外侮时，战地文武官民有左列各款情形之一者，除法令别有规定外，依本条例奖励之：

一　尽力守土，赖以挽回危局者；

二　构筑城墙、堡垒及其他防御工事，固守不屈，地方赖以保全者；

三　因守土处亡者；

四　毁家守土者；

五　捐资或计划守土，著有功绩者；

六　因守土受伤残废者。

---

①南京国民政府公布，原载1938年3月26日《国民政府公报》渝字第34号。内政部总务司第二科编：《内政法规汇编(礼俗类)》，第33—35页，1940年11月版，商务日报馆印刷。

第二条 奖励之种类如左：

一 晋级；

二 授予官（职）或官衔；

三 建造纪念坊塔；

四 颁给奖章；

五 题赠匾额；

六 发给抚恤金；

七 免除遗族学费。

第三条 奖励之办法如左：

一 晋级。以文武官佐士兵为限，依其现任阶级，酌予晋任其官或职；

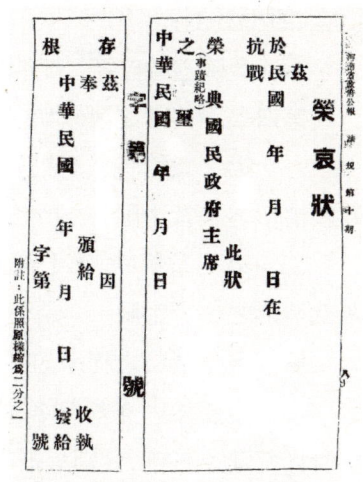

陆海空军抗战阵亡官兵荣哀状格式

二 授官。除武职人员或出身相当者，依照陆海空军任官条例，按其功绩核叙外，其余官民曾受军事补助教育者，得授陆（海）军少尉官；前项授官人员概为备役，必要时得委以军职或召集补受军官教育；

三 授职。出身学历合于各项公务人员任用规定者，核予铨用；

四 授予官衔。立功人员之出身、体力、年龄不合于二、三两款之规定者，得授予陆（海）军少尉官衔；文职人员之自愿受武官官衔者，得比照其现任职级授与陆（海）军相当官衔；

五 纪念坊塔。建筑于当地之公园、闹市或其他相当地点；

六 奖章及匾额。发给本人，领受悬挂，奖章之颁发，依陆海空军奖章之规定；

七 抚恤金之发给。现任文武官佐士兵，依现行各种抚恤法令从优发给，人民按授予之官（职）或官衔比照发给，其未受官（职）官

衔者,照士兵例;

八　免除遗族学费。比照《革命功勋子女就学免费条例》办理。

第四条　奖励之限制如左:

一　第二条第一款至第三款之奖励,以合于第一条第一至第四款情形之一者为限;

二　第二条第六、第七两款之奖励,以合于第一条第三、第六两款情形之一者为限。

第五条　请奖之程序如左:

一　合于第一条所列各款之一者,由该管直属长官或县(市)政府详叙守土事迹,分别层报中央最高军事机关核定;

二　当地自治人员及受奖人之亲属,或同事四人以上,或当地人民十人以上之联署,得呈清该管直属长官或县(市)政府为之请奖,但该直属长官及县(市)政府应详查确实后,依前款规定办理。

第六条　给奖之程序如左:

一　第二条第一、第二两款之奖励,由中央最高军事机关核定后,呈请国民政府以命令行之;

二　第二条第三款之奖励,依前款规定核定后,令由

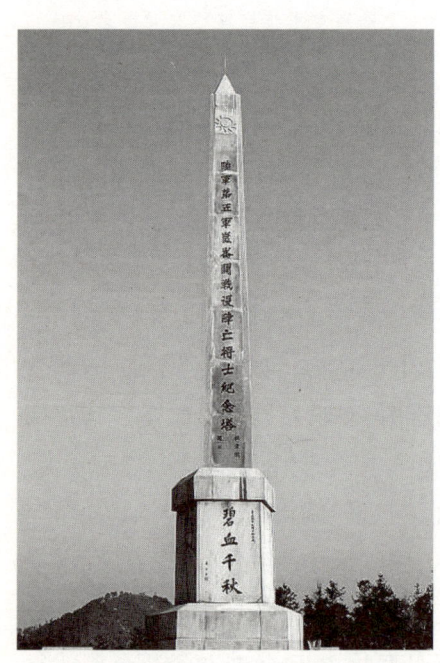

陆军第五军昆仑关战役阵亡将士纪念塔,建于1940年

该管县（市）政府就近建筑之；

三　第二条第四款之奖励，由中央最高军事机关核定，发交各该管县（市）长转给本人具领；

四　第二条第五款之奖励，由中央最高军事机关核定后，酌量情形，呈请国民政府或令由主管长官颁发。

第七条　依本条例给奖者，于不违反第四条之规定，得按其情节，给以一种或二种以上奖励。

第八条　守土有特殊功勋、堪资模范者，除给奖外，并将其事迹修入国史或省、县志。

第九条　本条例自公布日施行。

附：修正《战地守土奖励条例》第二条及第三条条文[①](1938年11月2日)

第二条　奖励之种类如下：

一　晋级；

二　授官、授职或授官衔；

三　建造纪念坊塔；

四　颁给奖章；

五　题赠匾额；

六　发给抚恤金；

七　免除子女学费。

第三条　奖励之办法如下：

一　晋级。以文武官佐士兵为限，依其现任阶级，酌予晋任其官

---

① 南京国民政府公布，原载《抗战法令续编》，上海独立出版社1939年版。转引自湖北政法史志编纂委员会编《武汉抗战法制文献选编》，农村读物出版社1987年版，第80页。

或职。

二　授官。除武职人员或出身相当者，依照《陆海空军任官条例》，按其功绩核叙外，其余官民曾受军事补助教育者，得受陆海军少尉官，授官人员概为备役，必要时得委以军职，或召集补受军官教育。

三　授职。出身学历合于各项公务人员任用规定者，核予铨用。

四　授官衔。立功人员之出身、体力、年龄不合于第二款、第三款之规定者，得授予陆海军少尉官衔，文职人员之自愿受武官官衔者，得比照其现任职级，授予陆海军相当官衔。

五　纪念坊塔。建筑于当地公园、市衢或其他相当地点。

六　奖章及匾额。奖章之颁发，依陆海空军奖章之规定；匾额之发给，由本人或其亲属领受悬挂。

七　发给抚恤金。现任文武官佐依现行各种抚恤法令从优发给，人民按授与之官职或官衔比照发给，其未授官职官衔者，照士兵例。

八　免除子女学费。依《抗战功勋子女就学免费条例》[①]办理。

2. 国民党临时全国代表大会悼念抗战阵亡将士和死难同胞（1938年3月29日）

第五次全国代表大会举行于二十四年十一月，依照总章规定，已届召集第六次全国代表大会之期，顾自对倭抗战以来，全国在总动员状态之下，筹备进行，诸感困难，第丁此重要关头，本党负荷艰巨，一切大计，均有待于全党同志之郑重检讨，爰经常务委员会第六十六次会议决议：

一　于二十七年三月二十九日召集临时全国代表大会；

[①] 1938年10月22日，南京国民政府修正公布《抗战功勋子女就学免费条例》。

二　代表之数额为五届原额三分之一；

三　代表之产生方法就五届代表中推定之；

四　关于临时全国代表大会组织法，推驻汉各常务委员起草。嗣以代表数额及产生方法，施行时恐有困难，复经第六十八次常会决议予以变更，临时全国代表大会即以各地原出席第五次全国代表大会之代表组织之……所有临时全国代表大会之组织法，亦经同次常会通过颁行。

大会议题则经第六十九次常会通过：

（一）抗战时期本党组织应如何充实及进展；

（二）抗战时期民众组织及训练应如何实施及推进；

（三）抗战时期政治经济之设施应如何策进。以上三题通告各级党部研究，并推在汉各中委起草具体方案。

其后以晋冀豫方面军情紧急，其他各方亦有同样之顾虑，军事负责同志分身赴渝开会，恐有碍于军事之进行。经国防最高会议电请在武汉开会，以便就近调度。常会以兹事体大，经郑重讨论，认为此次大会原为长期抗战而召集，军事最高领袖及其他军政长官，与前方息息相关。丁此强敌进犯，前方晨夕奋斗，随时请命之际，此种抗战时期移地开会，自有必要。爰经第七十二次常会决议，改在武汉集会，但开幕典礼仍在重庆举行，议事则在武昌，以期法律、事实两可兼顾。

三月二十九日适为革命先烈殉国纪念。大会开会典礼于是日上午×时与纪念会同时在重庆国民政府大礼堂举行。由林委员森主席，行礼如仪。丁委员惟汾宣读蒋委员中正开会词，对于本党过去工作有深切之检讨，今后努力的方法。亦有明确之指示。词毕，礼成，散会。是日下午八时，在武昌珞珈山武汉大学议场，开预备会议,出席代表二五五人,出席中央执监委员九八人,列席候补中央执监委员五〇人……九时,续开第一次会议,主席于右任。全体起立为革命先烈及抗战阵亡将士、死难同胞默念三分钟。叶楚伧同志党务报告、汪兆铭同志政治报告、王宠惠同志外交报告,通过提案审查委员会之组织,及慰勉蒋中正同志及全体抗战将士。①

3. 电慰各地抗战阵亡将士殉职行政人员及死难同胞之家属②(1938年7月6日)

各省市政府抗战阵亡将士家属、各殉职行政人虽员家属,及各死难同胞家属同鉴:

自去岁七月七日卢沟桥事变爆发,我国展开历史上空前之神圣抗战以来,迄于今日,已阅周年。此一年中,敌寇倾其陆海空军之暴力,以求逞其侵略之野心,战区广扩,及于九省。惨无人道之敌机轰炸,更普遍及于沿海暨腹地各都市城镇。各路前线将士激于报国卫民之英勇奋发,殊死杀敌,或冲锋破阵,与寇房拼血肉,或苦斗坚持,与壕垒共存亡,惊天动地,可泣可歌。

似此壮烈之牺牲,各战场先后并计,盖已不下数十万人。而各地方行政人员,效命烽火之区,尽瘁艰危之地,临难不避,以身殉职者,迭据报闻,亦复所在多有。至我各地同胞,或协力军前而同尽,或特起游击而捐身,或捍卫乡里,抗节不屈而被屠,或努力生产,安居执业而被炸,甚至儿童为敌机仇杀,恣肆其凶残,妇女为敌奸污,

---

①《中国国民党临时全国代表大会召开及经过(1938年3月29日—4月1日)》,原载中国国民党中央执行委员会秘书处档案,转引自中国第二历史档案馆编:《中华民国史档案资料汇编》第5辑第2编《政治(一)》,江苏古籍出版社1998年版,第371—372页。
②《文汇年刊》1939年第1期第55页。参见《申报》1938年7月7日第1页《电慰死难军民家属》。

陆军第七十四军常德会战阵亡将士纪念坊,建于1943年

更继以宰割——极古今中外之其惨,为世界人类所同愤。我黄炎华胄,为彼疯狂寇盗所残伤僇辱以死者,盖又不知几十万人,在逝者成仁于寇盗方滋之日,固皆饮恨而难瞑。而我无量数之忠烈家属,永抱骨肉分离之痛,同罹孤寡茕独之悲,仇愤切至,自必不可胜言。

中正忝总师干,受命抗战,对此次忠烈殉国之同志同胞,气谊之规亲,无殊骨肉,伤悼之情,正与我各忠烈家属同其深切而不能自己。更因战事之激烈,中央及地方各级政府,均全力专注于抗战大计之策进,对于死难忠烈之调查、表彰、抚恤,与遗族安置等之应尽责任,兼顾遂有所未闻,其在沦陷区域之内,目前尤苦无徒着手。此在亲爱之忠烈遗族,固知必能忍痛曲谅,而在政府当局,实抱无限之痛疚。

唯有可为我各忠烈家属告慰者,即此次抗战,赖我一般死难军民之英勇奋斗,不惜捐躯卫国之结果,已敌寇速战速决,冀以两三月征服我国之迷梦,根本加以摧毁。而我国抗战力量,则愈战愈坚强。最后胜利,固可操券,而我国家民族,必由此战而复兴,吾人亦于是而益坚其信念。此皆我无数殉国忠烈成仁取义、血花换来之果,志节所立之勋。

故我殉国忠烈之躯体虽灭,而其炳耀万世之精神,已蔚为弥纶宇宙之热力,化合于我整个民族与世世子孙之心灵体肤,以永远滋长我民族无限光明之生命。

故我忠烈壮勇之牺牲,实为具有伟大意义之牺牲,我忠烈未尽之事业,实为我民族所应全体承荷之事业,而我忠烈临死高呼,赍志以殁之仇恨,即为我全民族刻骨铭心,永矢不忘,共同之仇恨。

中正有生之年,誓当淬励我四万五千万之同胞,坚忍奋斗,终始不渝,期以贯彻最后胜利与民族复兴之目的,湔雪我空前未有之民族深仇,而慰我无数殉国忠烈于地下。凡我忠烈之尊亲子女,亦即中正与四万五千万同胞之共同尊亲子女,侍养教育,责无旁贷,决不敢斯须遗忘。一俟寇虏驱除,必更谋最善之安置。

所望我亲爱之忠烈家属,勉抑悲哀,暂忍痛苦,善抚遗孤,俾承先志,一心一德,争取我中华民族之光荣,以尽九世复仇之大义。

除另令各部队长官、各地方政府分别负责,加紧搜集各文武官兵及各地同胞殉国死难之事迹,呈报中央,以备褒恤而昭史册外,中正谨于此日,对我先烈致最高之敬意,对我遗族致深切之慰念,耿耿悃诚,唯冀共鉴。

蒋中正。鱼(六日)。侍秘鄂。

4.抗战阵亡将士纪念碑 中央令饬各省普设并定完成日期赶建
(《申报》1939年2月13日)

中央党部于去年"双七节"抗战建国周年纪念日,命令各省党部,于各省、各地普设抗战阵亡将士纪念碑后,浙省党部查是项纪念碑,各县虽均在继续进行,但时阅半载,建筑完成者尚不多觏,为期早观厥成,以资民众景仰计,应即由各地党部协同当地有关各方,迅即积极办理,并商定完成日期,以便督工赶建,并将办理情形具报备查。除函浙江省政府、浙江省抗日自卫委员会外,并令各县党部遵照办理。

按:1938年7月7日抗战爆发一周年之际,南昌、汉口等地已举行抗战阵亡将士纪念碑奠基仪式。

《申报》1938年7月8日汉口版第1版《追悼死难军民》载:"南昌七日中央社电:各界七日举行盛大之抗战建国周年纪念会,到市民万人。会后游行。午时,举行阵亡将士纪念碑奠基典礼,全市并禁屠、素食一日。"

1938年7月8日《申报》汉口版第2版载《抗战阵亡将士纪念碑奠基》称:"本市消息。抗战阵亡将士纪念碑奠基典礼,于昨(七)日正午十二时在中山公园操场举行,到陆海空军以及各界代表四千余人。开会前,各机关长官、各界代表均到场,至十一时五十五分,炮声首响,到场全体,乃一律立定静默,一时全场肃穆。至十二时后默毕,典礼开始。在军乐声中,由郭局长陪同陈部长步行下台,至碑石阶上,执铲破土。礼毕,陈部长仍返台上,由各界代表分别至阶上献花。最后,由郭厅长领导高呼口号后散会。"

各地兴建抗战阵亡将士纪念碑的时间不一。

如:直到1939年7月7日,重庆才举行抗战阵亡将士纪念碑奠基仪式。《申报》1939年7月8日载《渝各界公祭阵亡烈士》称:"重庆。重庆市各界七日公祭阵亡及死难同胞,典礼于上午八时分在市中心区南岸江北沙坪坝四处举行。各方代表于连日午夜日机空袭之沉痛声中,仍准时前往各祭场,举行壮严之纪念仪式。纪念会后,全体代表徒步前往中央公园,在中委吴敬恒主持下,举行阵亡将士纪念碑奠基典礼,至为哀感肃穆。同时,全市普悬国旗。"

另如:直到1940年7月7日,兰州才举行抗战阵亡将士纪念碑落成仪式。《申报》1940年7月8日载《各地分别举行纪念》称:"兰州。兰市各界七日晨八时,举行'七七'三周纪念暨抗战阵亡将士纪念碑落成典礼,参加者达万人。由朱绍良主席并致词,勖勉各界承继阵亡将士及死难同胞之精神,向抗建大道勇往奋进,以完成历史的使命。大会旋通过电呈蒋总裁、林主席致敬,并电慰前方将士。至十时许始散(七日电)。"

八路军也建碑纪念。延安《解放》杂志1938年第31期刊载启事称,为"慰我为国捐躯英勇抗敌之将士""惕励我全民坚持抗战之决心",定"三月十二日在延安举行孙总理逝世十三周年纪念与追悼抗敌阵亡将士大会……特向全国各地征求诸阵亡将士遗迹、传略、照片、挽联、哀词、花圈及家属照片等,并希于三月五日以前寄达敝部,以便分别布置,并决定是日在延安公共体育场建立抗敌阵亡将士纪念碑。尚祈全国各界领袖多予指教,惠赐诔辞,以彰战绩,而慰英灵。是所至祷。国民革命军第八路军政治部谨叩"。

5.抗战特殊忠勇官兵表扬办法[①](1939年4月13日)

第一条 抗战期间官兵,在战役中有奋勇尽职、壮烈牺牲或有特殊表现与特异行为等事迹,无论存没,其应予表扬者,除法律别有规定者外,均按此法办理。

---

① 原文待查。暂据孟昭华、陈光耀:《民政辞典》,群众出版社1989年版,第228—229页;孟昭华、王明寰:《中国民政史稿》,黑龙江人民出版社1986年版,第154—156页。

第二条　（未详）

第三条　凡有以下各款情形之一的,均可酌予表扬：

攻防酣战中,胜负将决于瞬时,率先奋勇蓦进,引起我军一部或全部猛攻之动机,将敌军之一部或全部击溃或歼灭者；

首先勇敢夺取敌阵重要地点,或威胁敌军侧背,或绝断敌军后方交通,使其前线动摇,致我军收获胜利者；

在同战线或同一战场内之友军,牺牲甚大,困苦支撑局面,或有不支模样时,于本任务无碍,决无转移兵力,协同猛攻,使挽回战局者；

坚守重要城基或阵地要点,被敌军围攻最苦时,毅然持久战斗,达成任务,或奋不顾身,突破重围,将敌击溃,甚至城陷人亡而忠勇到底者；

冒险前进或深入敌方侦察,中途身负重伤,仍将侦得重要敌情报告本军,致获胜利者；

冒险深入敌阵,服行所受任务,不幸被俘,无隙逃回时,虽受敌军优容,不肯屈降,纵加酷刑不为所动,并供造虚伪情况,陷敌军于失败,致遭死难,经证明或判断属实者；

冒险前进,当场击毙或生擒敌军重要军官,确能证明者；

冒险夺获敌军前线之机关枪、大炮、战车等,并击毙其多数官兵者；

陆军第五十一师保卫龙潭司阵亡将士公墓
（碑文由钱基博撰于1945年）

冒险迂回夺获敌军运赴前线急需之军械、粮食,或焚毁敌之重要仓库等,致敌军一时窘缺,我军战局因以奏功者;

冒险于敌前伏置地雷,使敌军一部或全部覆没者;

冒险破坏敌军阵地之障碍物,因使我军进攻容易奏效者:

冒险迂回,破坏敌方飞机场之设备,并焚毁其飞机者;

战斗危急,前线动摇时,班长以上各干部,虽身负重伤,仍毅然指挥战斗,反复冲锋,再接再厉,作最后之挣扎者;

冒险破坏敌之伏置水雷或障碍物,以开道我舰之进路者;

冒险伏置水雷,得以轰沉敌之军舰,或加危害使敌失战斗力者;

冒险冲破敌之包围或封锁,以苦战开运输之途,得达其目的者;

首先奋勇占领敌之炮台、港湾,或有守备之城市者;

夺获或轰沉敌方军舰及军用船只者;

冒险入敌所在港湾,破坏其军舰者;

冒险封锁敌所在之港湾,得尽其任务者;

冒险飞入敌军,炸毁敌之重要阵地、要塞、军舰、兵站、交通线司令部等,使敌动摇或败退者;

在敌军阵地冒险低度飞行,扫射敌战壕,或投掷炸弹,使敌伤亡溃败者;

冒险飞入敌境,炸毁敌之兵工厂、弹药仓库及飞机场等,使敌受重大损害者;

于重要区域内击退敌人,或击落敌机多架,因免去重大损害者;

不避艰难,救护多数人民脱险者;

其他忠勇特殊与卓异者。

第四条 表扬办法有四：送通讯社发表；刊登军事杂志；编订事迹或传记印发前后方或发售；建坊、立塔。

6.规定"八·一四"为中国空军日案①（1939年10月27日）

（上略）自抗战以来，我空军迭建殊勋，而溯源动员参战造成空军无上光荣记录，实开始于二十六年八月十四日。为纪念既往、昭示来兹，定"八·一四"为中国空军日。（下略）

7.抗战期间部队追悼阵亡死难将士办法②（1940年③）

参战各部队于每次会战结束后，以师或独立旅为单位，就师（旅）司令部驻在地举行追悼阵亡将士简单仪式。由师（旅）部先行指定日期，当地党政机关及民众团体全体或派员参加。礼成后，举行追悼仪式。唯驻留道远之部队或因防务不克离职者，得酌量情形，免于参加，或分在驻地举行。

追悼仪式：

一 主席职位；

二 全场肃立；

三 奏乐；

四 唱党歌；

---

① 南京国民政府训令公布。内政部总务司第二科编：《内政法规汇编（礼俗类）》，第5页，1940年11月版，商务日报馆印刷。

② 《河南省政府公报》1940年第2326期，第9—10页。《云南省政府公报》则载为《抗战期间部队追悼阵亡将士办法》，参见《云南省政府公报》1940年第19期，第4—5页。

③ 具体时间未知。"国民政府军事委员会训令开：兹拟定抗战期间部队追悼阵亡死难将士办法及仪式，除分行外，合行检发，令仰遵照并转饬所属一体遵照办理为要。此令。"《奉国民政府军事委员会令发追悼阵亡将士办法一案令仰遵照办理（滇黔绥靖公署训令1940年第□号）》，《云南省政府公报》1940年第19期，第6页。

五　主席恭读总理遗嘱；

六　献花；

七　向阵亡死难烈士灵位行三鞠躬礼；

八　读祭文；

九　默哀（三分钟）；

十　主席报告阵亡死难英勇事迹；

十一　来宾致词；

十二　奏乐；

十三　礼成。

8. 教部奖励高中以上学生参战 公布办法十三条（《申报》1940年4月15日第8页）①

重庆航讯。中国自抗战发动以来，高中以上学校学生参加抗战工作者，为数甚众。教部为奖励该项学生起见，特制定高中以上学校学生参战奖励办法，呈奉行政院核准，兹已公布施行。是项办法全文如下：

第一条：高中以上学校学生实际参加抗战军事工作者依本办法之规定，予以奖励。

第二条：高中以上学校学生实际参加抗战军事工作，分下列各项：（一）原在学校肄业、抗战发动后投入正规军队或军事技术机关服务者，（二）原在学校肄业、抗战发动后参加政府认可之游击队工

---

①1940年3月20日，南京国民政府教育部颁布《高中以上学校学生参战奖励办法》（部令第8222号）。参见《教育部公报》1940年第6期，第2—3页。教育部为鼓励学生参加战时服务，曾于1938年2月颁布《高中以上学校学生志愿参加战时服务办法大纲》。1944年5月12日，教育部将《高中以上学校学生参战奖励办法》修订为《高中以上学校学生志援从军办法》，共15条。1944年11月，教育部又颁布《志愿从军学生学业优待办法》。

作者,(三)尚在学校肄业、抗战期间志愿参加前列各项工作者。

第三条:志愿参加前方作战工作之高中以上学校学生,以年满二十足岁者为限,担任战时军事技术工作以年满十八足岁者为限。

第四条:志愿参加抗战军事工作之专科以上学校学生,应先填具志愿从军履历书三份(附式样),送由学校汇呈教育部转送军训部或其他军事技术机关派入军事学校或其他训练班肄业期满后,分发军队或军事技术等机关服务。各省市公私立高中学生志愿从军履历书,由各省教育厅或市社会局呈转。

第五条:前条志愿参加抗战军事工作之学生如系担任前方作战工作,并应由学校或教育厅(或市社会局)检验身体合格后,方得保送。

第六条:志愿参加抗战军事工作之学生,经军训部或其他军事技术机关考验派定肄业军事学校或训练班送由教育部核转后,各生应即遵限到校肄业或受训,不得延误。

第七条:被保送赴军事学校肄业之学生各校应酌给旅费,必要时得呈请教育部或教育厅(或市社会局)补助之。

第八条:实际参加抗战军事工作之学生,如在如在校尚未毕业将来仍拟继续入学者,得取具第十条所规定之服务证明书,呈由主管教育行政机关饬令其原肄业学校保留其学籍,服务后仍入原相衔接之年级肄业。其因成绩较差者,得由校另予补习。其在军中能抽暇自修,抗战结束后,经原校甄试,成绩确实优良,呈经主管教育行政机核准者,回校继续修业时,并得提高其年级。医学助产及护士等学校学生,依医学助产及护士等学生服务成绩考核标准,及补充训练大纲之规定办理。

第九条:实际参加抗战军事工作之学生,经取具第十条所规定之服务证明书，于复学时得视其服务成绩分别给予免费或公费待遇。

第十条：实际参加抗战军事工作之学生，于复学时。须填具其服务部队或机关发给之服务证明书，载明服务起讫年月及工作成绩，并由其主管高级长官签署。

第十一条：实际参加抗战军事工作之学生，除军事机关给予奖励外，并由教育部发给奖章或奖状，其因参战殉职者，除应受政府规定之荣誉及抚恤外，并由学校建立碑碣，以为永久纪念。

第十二条：实际参加抗战军事工作之学生，除得受前条奖励外，其姓名、事迹，在中央由教育部编入抗战史料、教育年鉴或教育史内，在地方由文献委员会编集，俾编入县市志，以资宣扬。其有特殊功勋者，并由教育部呈请行政院特予褒扬。

第十三条：本办法经行政院核准公布施行。

附：行政院训令（1940年6月21日阳字第一三五四七号）[①]

令教育部。查《高中以上学校学生参战奖励办法》，经饬据部议复修正意见，应准照办，除函达军事委员会通饬知照外，合行抄发修正条文，令仰遵照修正公布，此令。

抄发修正《高中以上学校学生参战奖励办法》第四、六两条条文一份。

抄发修正《高中以上学校学生参战奖励办法》第四、六两条条文：

第四条：志愿参加抗战军事工作之专科以上学校学生，应先填具志愿从军履历书三份（附式样），送由学校汇呈教育部转送军训

[①]《行政院公报》1940年第14—15期，第15页。

部或其他军事技术机关,俟各军事学校或其他训练班招生时,考取肄业,期满后,分发军队或军事技术、政训等机关服务。各省市公私立高中学生志愿从军履历书,由各省教育厅或市社会局呈转。

第六条:志愿参加抗战军事工作之学生,经军训部或其他军事技术机关审查后,指定肄业军事学校或训练班,送由教育部核转后,各生应即遵限赴指定学校听候考验、受训,不得延误。

9.抗战阵亡殊勋将士定期祭慰办法[①]（1942年4月29日）

第一条　抗战阵亡殊勋将士,每年定期依本办法举行祭慰。

第二条　前条殊勋祭慰将士,依军令部之建议,由军事委员会政治部会同铨叙厅及抚恤委员会,于各战区呈准特恤及表扬之阵亡将士中,选其特著者数员,详列事迹及家属情形,呈报军事委员会核定之(附表式)。

第三条　殊勋将士之祭慰,每年于陆军纪念日(七月九日)举行。

第四条　祭慰办法如左:

1.中央举行公祭,由最高统帅亲临主祭或派员主祭;

2.殊勋将士阵亡地点或忠骸墓地,由当地最高军事长官及地方政府长官举行公祭;

3.殊勋将士所属原部队,于其本军或本师军师长阵亡之日,由

[①]《湖北省政府公报》1944年第491期,第10—11页。另据《奉行政院令发〈抗战阵亡殊勋将士定期祭慰办法〉一案通饬遵照(云南省政府〈训令〉秘人字第二三三一号)》载:"行政院卅一年五月八日顺贰字第八六〇四号《训令》开:准军事委员会卅一年四月二十九日办制渝字第三八一六号公函内:'查《抗战阵亡殊勋将士定期祭慰办法》,业经本会制定公布实施,除分别函令外,相应检同该项办法函请查照转饬施行为荷。'等由准此。除分令外,合行抄发该项办法,令仰遵照并转饬遵照。此令。"《云南省政府公报》1943年第15卷第6期,第13页。但《湖北省政府公报》1944年第491期第10页却载为"三十二年四月二十九日公布,本府同年十一月廿四日省书字第一〇三四九号《训令》转行"。应属不确。

全体官兵特别致祭,并慰问其遗族(该部队如有变迁时,则指定其承接部队,以军或师为通则);

4.前项公祭时,该地党政军学商各界均应参加;

5.殊勋阵亡将士家属,由所在地省(市)长或派员慰问。

第五条　本办法自公布日起施行。

附表式：

抗战阵亡殊勋将士表(中华民国____年__月__日 军事委员会政治部印制)	
隶属部队名称	
官阶	
姓名	
别号	
阵亡时期(__年__月__日)	
阵亡地点(省市县 地点)	
作战事迹	
家属本籍(省市县 地点)	
附记(家属寄籍或现在地)	
备考	

附：电知修正《抗战阵亡殊勋将士定期祭慰办法》第四条第五款条文①

各省市党部鉴：顷准国民政府军事委员会三十二年十二月十三日办制渝字第五九九七号函开："查《抗战阵亡殊勋将士定期祭慰办法》,前于三十一年四月二十九日办制渝字第三八一六号函请

---

①《中央执行委员会秘书处代电各省市党部[渝(三二)文字第二二八六九号,三十二年十二月三十日登载公报,不另行文]》,《中央党务公报》1943年第13期,第20页。另据《奉行政院令〈抗战阵亡殊勋将士定期祭慰办法〉第四条第五款修正条文一案通饬知照(云南省政府〈训令〉秘法字第某号》)载："《抗战阵亡殊勋将士定期祭慰办法》第四条第五款业经军事委员会修正,在'殊勋阵亡将士家属,由所在地省(市)长或派员慰问''长'之下加'官'字,除分行外,合行令仰知照。此令。"《云南省政府公报》1944年第16卷第14期,第7页。

转陈通饬施行在案。该办法第四条第五款'殊勋阵亡将士家属,由所在地省(市)长或派员慰问。'其'省(市)长'字样改为'省(市)长官'。除分别函令外,相应函请查照转陈通饬修正。"等由。查上项办法,前准函送到处,业已(三一)文字七〇三二号代电,分别转函查照,并刊载《中央党务公报》第四卷第十期在卷,兹准前由,除分电外,特电达查照修正并转行所属一体知照。中央执行委员会秘书处亥三十文印。

10.淮海区优待抗日烈士遗族暂行条例①(1944年1月1日)

第一条　优待抗日烈士遗族办法,悉依本条例办理。

第二条　本条例所指定抗日烈士规定如下:

甲、参加新四军或八路军抗战阵亡或因公牺牲者;

乙、参加敌后各抗日民主根据地所属脱离生产之地方武装抗战阵亡或因公牺牲者;

丙、参加其他真正抗日部队,经抗日民主政府认可抗战阵亡或因公牺牲者;

丁、参加敌后各抗日民主根据地抗战工作阵亡或因公牺牲者。

第三条　本条例所指遗族之范围,如《淮海区优待抗日军人家属暂行条例》第三条关于家属之规定。

第四条　本条例规定优待抗日烈士遗族,一律由各县区乡优待抗日军人家属委员会兼理,不另设组织。

第五条　凡烈士遗族,均得具备下列文件,向优抗会申请优待。

甲、烈士原参加机关或部队证明书。

---

①中共江苏省委党史工作委员会、江苏省档案馆编:《苏北抗日根据地》,中共党史资料出版社1989年版,第432—433页。

陆军第七十三军抗战阵亡将士公墓,建于1946年

乙、有其他足资证明之文件者。

丙、由区政府证明者。

第六条 各级优待会接得烈士遗族之申请后,一律转呈县优抗会,审查属实,得发给烈士遗族证明书。

第七条 烈士遗族证明书,均须注明遗族状况及优待事项。

第八条 优待烈士遗族得实行以下办法:

甲、各县纂编烈士传,附之遗志永垂后世。

乙、择其死事最烈者,政府对其遗族,发给匾额,发动地方为其竖碑。斟酌情形,发给治丧费或政府及地方为其治丧,政府首长亲临主祭。

丙,政府择地,建立烈士亭,并且雕刻烈士姓名,

丁、烈士子弟入学一律享受免缴学杂费待遇。

戊、烈士遗族缺乏劳动力者,不从事任何服役。

己、烈士遗族自有土地得享受《优待荣誉军人暂行条例》第九条庚款之优待。

庚、烈士遗族缺乏土地或劳动力者,得享受《淮海区优待抗日军人家属暂行条例》第九条甲、乙两项之规定。

辛、烈士遗族遭遇天灾人祸无力善后者,得呈请优抗会,由县优抗会临时设法救济之。

壬、烈士遗族居住之区乡政府,应妥为照顾。过年过节应致慰问,并发动及教育群众,对遗族爱护及关心。

第九条 贫苦之烈士遗族,除得享受第七条规定各项优待外,并得享受如《淮海区优待抗日军人家属暂行条例》第九条丙项之规定。

第十条 本条例颁布施行后,凡以前各县自行颁布有关优待烈士遗族条文概行废止。

第十一条 本条例暂由淮海区行政公署制定颁布之。

第十二条 本条例如有未尽事宜,由淮海区行政公署以命令修正之。

第十三条 本条例自公布之日起施行。

11. 各省市县民众教育馆设置忠烈纪念堂办法①(1945年8月31日)

第一条 各省市县民众教育馆设置忠烈纪念堂,依本办法之规定。

第二条 民众教育馆应专辟房屋,设置忠烈纪念堂,但如因房屋不敷,得与馆内礼堂合并设立。

第三条 忠烈纪念堂应悬挂入祀忠烈祠之忠烈官民遗像,并表彰其事迹,如有可兹纪念之物,并得一并陈列。

第四条 省立民众教育馆应尽量悬挂全省忠烈官民遗像,并表彰其事迹;市县立民众教育馆应尽量悬挂全省忠烈官民遗像,并表彰其事迹。但省立民众教育馆系分区设立者,其忠烈纪念堂应尽量悬挂各该区忠烈官民遗像,并表彰其事迹。市县立民众教育馆在二所以上者,以由在城区内或市县政府所在地民众教育馆设置忠烈纪念堂,尽量悬挂该市县忠烈官民遗像,并表彰其事迹。

---

①内政部、教育部公布。《北平市政府公报》1947第2卷第20期,第1页。

第五条　忠烈纪念堂之保管开放,由民众教育馆负责办理,其保管经费,应专项列入地方预算。

第六条　忠烈纪念堂每日参观任姓名,应备簿签记,并按月将参观人数,分日列表统计存查。

第七条　忠烈纪念堂得随时举办忠烈事迹讲演。

第八条　本办法自公布日施行。

12.陆海空军抗战阵亡官兵荣哀状颁给办法①(1946年2月27日)

第一条　为使陆海空军官兵因抗战出力死事之光荣事迹永垂世范起见,特订定本办法。守土有功之文职官吏、忠勇为国之地方人民,确因抗战死事而有功绩者,适用本办法之规定;

第二条　本办法规定颁给荣哀状之官兵,以左列各款为准:

一　因抗战阵亡;

二　伤剧殒命者;

三　因公殒命者;

四　积劳病故者(战时服务著有成绩或生前授给勋奖者)。

第三条　荣哀状由军事委员会核定转请颁发程序如左:

一　荣哀状发交其遗族收执;

二　荣哀状按照本会给恤案件查明发给,至守土官吏与人民,经本会核定奖叙有案者为准;

三　在本办法规定以前已给恤,而领恤期照恤令缴者,得查案补发之。

---

①南京国民政府"处字第四一〇号"《指令》。《河南省政府公报》1946年第10期,第7—9页。

第四条 本办法自公布日施行。

附：荣哀状填写方式说明

一　兹有（陆海空）军（部队番号应详细填明）（阶级、职务）（姓名）于民国＿＿＿＿年＿＿月＿＿日＿＿＿＿＿战役在（地区地名须详记）（抗战阵亡或受伤殒命或因公殒命或积劳病故）忠贞为国，殊堪矜式，特颁此状，永锡哀荣。此状右括弧内文字须查案填[写]，以明确为主。

二　事迹纪略须将其平生忠勇为国之重要事迹择优填写，以简明确实为主（无特殊事迹者从略）。

三　文职官吏或地方人民，可比照上列方式填写。

13. "九一八""七七"纪念式 今后决停止举行（《申报》1946年4月13日第1页）

中央社重庆十二日电。中央常会上次例会，曾决议规定九月三日为胜利纪念日，并决议停止于九月十八日及七月七日举行纪念仪式。按，九月三日系日本签定降书之日，故国定是日为胜利纪念日，并于是日致祭忠烈。至抗战期间举行之"九一八"及"七七"两纪念日，现抗战已获胜利，事实上无此必要，故决定今后不再举行。

14. 扩大纪念"七七"筹备会成立（《申报》1946年7月4日第4页）

胜利后第一届"七七"抗战纪念日，转瞬即届。中枢当局为纪念抗战军民起见，由国府电令各省市政府扩大纪念，并举行抗战殉难军民追悼大会，对殉难烈士家属及伤残将士，予以精神与物质慰劳。是日，全国城市下半旗志哀，并停止娱乐，正午十二时警报一长声，或鸣钟为标记。全国人民各就原地立正，静默一分钟志哀。本市党政各界特组织"七七"纪念筹备会，业于昨日成立。预定七日上午

1944年在衡阳保卫战中阵亡的部分中国抗日将士遗骸

九时,假天蟾舞台举行抗战殉难军民追悼大会……

15. 胜利后首次"七七"纪念 全国追悼死难军民 蒋主席今日将发表文告(《申报》1946年7月7日第1页)①

本报南京六日电。明日上午举行之"七七"首都各界追悼死难军民大会,蒋主席决亲临主祭并发表文告。白[崇禧]部长、陈[诚]总长均将出席演讲。大会举行后,各界可自由公祭。筹备会规定各界参加大会代表达二万人,并通知全市明日停止娱乐一天,以表哀悼。

中央社南京六日电。"七七"首都各界追悼抗战死难军民大会筹备会,决定于是日正午十二时教堂鸣钟。有警报器设备之地方,

---

① 《申报》参见1946年7月7日第4页所载《沪纪念"七七"九周年 停止娱乐下半旗 各界举行追悼抗战殉难军民大会 同时慰劳蒙难同志家属受伤官兵》,《申报》1946年7月8日第1页所载《首都追悼死难军民会上 主席致词勖励同胞 用抗战精神建设新中国》《追悼大会庄严肃穆》《主席祭死难军民文》《全国各地纪念"七七"》《伤兵之友社等招待先烈遗族》等报道。中共方面的纪念活动参见延安《新华日报》《解放日报》等报刊的报道。

施放警报一长声。全国人民就原地位立正,静默一分钟,以志哀悼。

本报南京六日电。国防部新闻局为纪念"七七",特假香铺营公余联欢社举办抗战史迹画展,计有相片一千余张、画片三百余张。凡芦沟桥事变起及各次大会战,直至抗战胜利日寇投降,各阶段皆有相片,并有发动侵虐战之日酋相片数十张,几包括全部近代史。此项照片及画法,皆系梁又铭、梁中铭昆仲杰作。其中,若干作品曾展览于美、苏。在收复区展览,此为首次。

中央社北平六日电。平市各界追悼抗战死难军民大会,定"七七"上午九时,在中山公园中山堂举行,李主任主祭。会后,并赴八宝山忠烈祠举行第二次抗战烈士入祀典礼。

16. 中枢今日举行典礼 庆祝胜利一周年并致祭抗战殉难忠烈(《申报》1946 年 9 月 3 日第 1 页)①

中央社南京二日电。抗战胜利已届周年,三日为日本向盟国签订降书之日,亦为我中华民族首先抵抗侵略、获致抗战光荣胜利、永堪纪念之一日。中枢定是日上午九时在国府大礼堂举行庆祝抗战胜利周年纪念

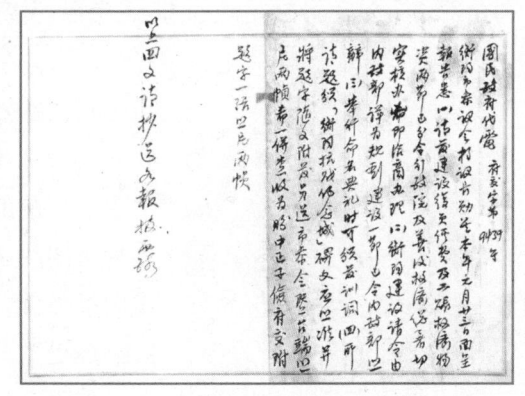

1947 年 1 月 28 日,南京国民政府关于衡阳抗战纪念城建设的代电(府交字第 9439 号)。

---

① 参见《申报》1946 年 9 月 4 日第 1 页所载《中枢于举行隆重典礼 白部长恳切致词 必须以建设保障成果》《庐山各界庆祝胜利 五老峰树纪念碑 主席勖勉民众建模范区》《各地庆祝》等报道。中共方面的庆祝活动参见延安《新华日报》《解放日报》等报刊的报道。

典礼,并赴灵谷寺致祭为抗战而殉难之忠烈。首都各界同时假公共体育场举行庆祝大会。

本报南京二日电。三日为胜利周年纪念。各界将在公共体育场举行庆祝大会。主席团已推定蒋梦麟、马超俊、谷正纲、张镇、陈裕光、韩文焕等。国防部新闻局定自三日至五日在国府路香铺营文化会堂举行抗战文物展览。各娱乐场所于明日半价售票一天,以资庆祝。纪念大会并确定胜利周年纪念系统广播演讲。

中央社牯岭二日电。首届胜利纪念日,庐山居民定于是日上午十时在大礼拜堂举行庆祝大会。下午,举行庐山文物展览,参加展览品约数百件。

本报杭州二日电。浙江省参议会,今晨由议长张强主席,召开预备会议,决定大会日程,定明日上午,在省党部大礼堂开胜利纪念会,会后将赴岳坟公祭岳武穆,并祭忠烈祠,下午接开第一次会议。

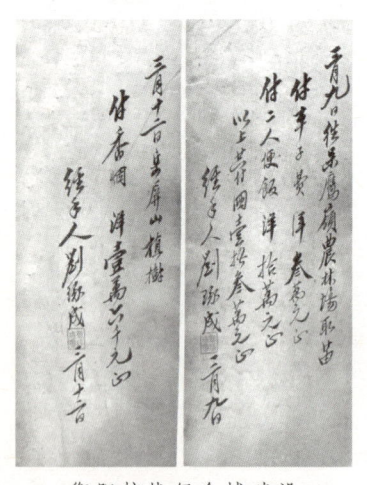

衡阳抗战纪念城建设期间的用款收据

17. 纪念九九胜利日（《申报》1946年9月9日第2页）

一年前的今日,日军驻华最高指挥官冈村宁次,正式向我国最高统帅投降,迄今已整整一年了。这是我国历史上最光荣的一个胜利纪念日,值得我们热烈庆祝……今日欣逢此一光荣的胜利纪念日,我们应从今天起,再下绝大的决心,以汗与血来建设新中国,以保全这一个辉煌绚烂的胜利之果。至于今后努力

衡阳《中华时报》1947年8月10日开辟《衡阳抗战纪念城奠基特刊》

的方向,首在促进政治的民主化。

18. 八一三殉职烈士建立纪念碑 八角十三层 吴铁城俞鸿钧将来沪参加(《申报》1946年8月10日第6页)

本报讯。上海市公训同学①抗战死难追悼会筹备会,昨午三时,假康乐酒家招待本市新闻界。大会定于八月十三日晨九时假大光明大戏院举行,吴铁城、俞鸿钧等均将来沪参加,会后集体游行,自大光明出发,至南市老西门和平路口,举行破土奠基典礼。建立纪念碑,系工程师施求麟所设计。碑有八角,高十三层,用以纪念"八一三"。正面雕"上海市受训公民参战纪念碑",背面为蒋主席之题字"同励坚贞"四字。其一切费用,均系本市各公会、各团体及个人等自动捐助。②

---

①即上海市公民训练同学会。
②参见《八一三抗战 公训同学今追悼殉难烈士 各党团分别举行纪念仪式》,《申报》1946年8月13日第4页;《抗战胜利后首届八一三 本市公训同学追悼殉难烈士 吴铁城杨虎亲临主持 下午举行纪念塔奠基》,《申报》1946年8月14日第4页。

位于衡阳岳屏山之巅的抗战纪念城纪念碑

19. 忠勇将士抗战有功 国防部元旦授勋 名单呈奉最高当局核准(《申报》1946年12月30日第2页)

　　本报南京廿九日电。国防部以抗战期内,我忠勇将士公忠体国,厥功至伟,值此岁序更新、宪法完成,亟应颁予勋章,以示国家笃念忠勤之意。兹悉,该部已定卅六年元旦举行授勋。受勋人员多为各部队官长,少将以上军官授予一至四等宝鼎、云麾勋章,上校以下军官佐授予四至八等宝鼎、云麾勋章。授勋名单已呈奉最高当局核准。

20. 台省抗日死难同志 国府明令褒扬(《申报》1946年12月30日第2页)

　　本报南京廿九日电。国府三十日令。行政院呈,据台湾省行政长官公署呈请褒恤抗日死难同志蔡惠如、曾宗、林文和、蔡双加、李信、蔡生财、许乃翁、苏添注、曾□□、杨逢甲、黄傅、陈发梨等十二人,核属实情,转请鉴核,明令褒扬,并特给恤金各五万元。又蔡淑悔一员,拟并请明令褒奖等情。

查该蔡惠如等十二人,志图光复,艰险不渝,杀身成仁,至堪矜悯,应予明令褒扬,并准特给恤金各五万元。至蔡淑悔一员,倡导爱国,被锢多年,胜利后始免于难,亦并予褒奖,以彰忠义。此令。

21. 建设"衡阳抗战纪念城"(1946—1947)

①衡阳各界推代表晋京 请建抗战纪念城 提高民族意识并慰已死军民(《申报》1946年11月8日)

中央社南京七日电。三十三年秋,敌寇南犯衡阳,守军据孤城英勇阻敌,达四十七日之久,展开抗战史中最壮烈、最光荣之一页。而人民飞刍挽粟、救死扶伤之配合,尤足为抗战史上不可磨灭之一页。但衡城经四十余日敌寇凶残炮火之洗劫,全城化为废墟。城内仅存房屋五栋、人民死亡卅五万以上、摧毁大小工厂一百八十三家、荒废田土卅余万亩、损失财产在八万亿元以上,实为空前浩劫。衡城先后经中央宣抚使刘文岛暨蒋总统代表哈里逊氏莅衡察勘,认为灾情严重。由于全

国共两党领袖关于衡阳保卫战的题词

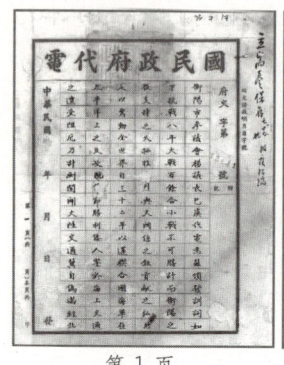
第1页

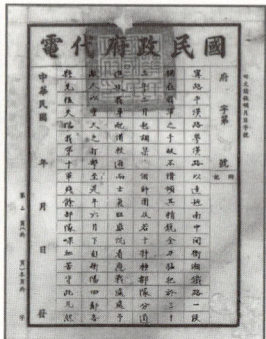
第2页

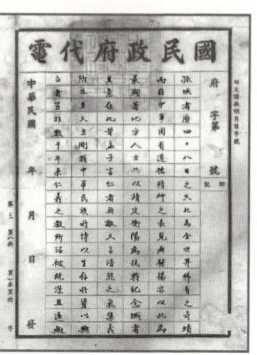
第3页

第4页

1947年7月14日,南京国民政府关于蒋介石特颁衡阳抗战纪念城训词的代电(府交字第12081号)

世界元气丧尽,今后复兴绝非地方力量所可济事。衡阳各界近特推衡市参议会议长杨晓麓,参议员王继武、万衡、王炽昌,商会理事长欧炳堃等为代表,组织请愿团,请建衡阳为抗战纪念城,呼吁中央配合今后地方经济发展,订定建设计划,重建此有价值之城市,以提高民族意识,而慰已死军民之英烈。该团一行自湘抵京。不日晋谒当局,陈述一切。

②衡阳市建抗战纪念城 请愿代表抵京(《申报》1946年12月5日第2页)

本报长沙四日电。湘省议会及衡市参议会,近推杨晓麓等来京,向中枢及各界请愿,请建衡阳为抗战纪念城。按:三十三年夏,我军曾于该城与敌相持四十七日,军民牺牲者逾三十万,演成抗战中最光荣最惨重之一页。论者为"中国之斯大林格勒"。

③请建衡阳为抗战纪念城呈国民政府文(1945年11月)①

窃维抗战八年,大会战二十二次。而相持较久、关系至巨、贡献最大而牺牲最烈者,厥唯衡阳一役。衡阳以地居湘桂赣粤之要冲,为用兵所必争。湘北四次会战揭幕后,长沙转进,意外迅速。衡阳驻军及人民,乃以英勇姿态,展开抗战史中最光荣之一页,相持四十八日,不徒予后方以从容布置之时间,且使太平洋美国毫无顾虑而取塞班岛。东条内阁穷于应付而急遽崩溃。并世各盟友,咸晓然于装备最劣之中国,仍足以担负牵制日军之任务,而集中兵力,解决欧洲轴心国家。

然以配合作战、构筑工事之民夫,葬身枪林弹雨中者,即达三千一百七十四名;而直接被杀伤、间接因饥病以致死亡者,又逾三十五万一千零三十八人。烧毁房屋四万五千六百九十七栋,摧毁大小工厂一百八十三家、荒废田土三十七万五千余亩,损失财产八二二零四亿余元。论功,侔于苏联斯大林格勒;破坏程度,比诸德之汉堡,尚有过无不及之处。以故中央宣慰史刘文岛、美大总统代表哈里逊等,先后莅衡视察,咸认灾情惨重,甲于全国,载诸报章,共闻共见。如是惊人损失,究为何事而牺牲?今者白骨成山,掩埋未竣,流亡载道,抚辑乏术。废墟固无力兴复,流血流汗之将士及难民,事过境迁,大众渐忘其辛劳与痛苦。此衡阳人民所以有请建衡阳为抗战纪念城之呼吁也。

辛亥革命,而后中华民国诞生;北伐成功,而后南北统一;抗战

---

① 此呈文由衡阳市参议会议长杨晓麓与副议长欧炳堃以及议员王炽昌、万衡、王继武联名。原载衡阳《大华晚报》1947年8月10日。参见罗铁恕《衡阳抗战纪念城定名的由来》,湖南省衡阳市政协文史资料研究委员会:《衡阳文史资料》第4辑(纪念抗日战争胜利40周年专辑),1985年版,第63—64页。

衡阳抗战纪念城纪念牌坊

胜利,而后不平等条约废除。夙称次殖民地之中国,跃为五强之一。晋楚相争,尚鉴鲸观;普法战后,绘图巴黎。矧兹空前抗战之成果,可无纪念以资观感? 此其一。

南昌数经驻跸,长沙一度大火,政府已定为示范市。衡阳为抗战而贡献,不惮毁灭之惨声,中央应轸念衡阳之破坏而特于建设,否则,无以慰已死三十余万之英魂、劫遗一百六十余万之喁望。此其二。

今日何日,外则列强角逐,营垒森严,内则各党争鸣,团结松懈。如不提高民族意识,万一再遇事变,将何以固人心而御外侮? 而建设抗战纪念城于衡阳,无异效立庭之吁、志河北之难。此其三。

综上所陈,不过略具梗概,即足见意义之重大。矧事经湖南参议会、衡阳市参议会先后决议有案,众论佥同,犹足证斯举在今日为不可缓之先务。

钧府领导抗战,震铄古今,亦宜勒石燕然,刊碑泰岱,垂奕万祀,而资瞻仰。敬恳俯顺舆情,准如所请,令饬所司设计方案,早日实施,不胜翘企待命之至。

④请愿团招待各报记者(《申报》1946年12月6日第2页)

本报南京电。衡、长两市请愿团,五日午联合招待各报记者,报告两地灾情,并建议请建衡阳为抗战纪念城。

⑤联名呈请国府主席(《申报》1946年12月13日第2页)

南京电。请建衡阳为抗战纪念城代表团杨晓麓等,国大代表左舜生、谷正纲等一三二人,以此举实为提高民族意识之警觉,特联名呈请国府主席,早赐核准。

⑥衡阳定为抗战纪念城 业经主席核准令先设计建设(《申报》1946年12月19日第2页)

中央社南京十八日电。衡阳市参议会议长杨晓麓等,前来京,晋谒最高当局,请建衡阳为抗战纪念城。复经国大代表左舜生、胡庶华等一百余人联合请求,兹悉杨议长已奉主席电核准,以衡阳为粤汉湘桂交通中心,在几次大会战中,形成兵略重镇,应先准定为"抗战纪念城",分令湘省府先行设计建设,并令政院一次核发建设费,又农工商、粮食、房屋各项贷款暨救济物资,亦应尽速核办。

⑦杨晓麓呈南京国民政府主席的报告(1947年1月23日)①

衡阳抗战纪念城已蒙钧座核准建设,全湘人民欢声鼓舞,甚慰

---

① 参见杨安《父亲杨晓麓的故事——衡阳抗战纪念城建设始末》,《文史参考》2010年第5期,第43—44页。

衡阳抗战纪念城记功亭

喁望。衡阳各界特电晓麓代表致敬,并拟于本年三月暂先举行命名典礼。兹将请求事项列陈如左:

一、请题"衡阳抗战纪念城"碑文,是碑高约七市尺,俾便勒石刊碑,以垂久远。

二、请于举行命名典礼时,遴派大员主持其事,并请垂颁训词,以昭隆重。

三、衡阳市建设已由内政部遴派都市建设设计师柏德杨、工程师罗鹏展,会同省府派员莅衡勘察,仍恳令饬内政部详为规划设计,俾名城建设合于现代化,以壮国际观瞻。

四、前请求核发建设复员经费二百亿元,已蒙令饬行政院准由中央一次补助,迄今未奉核发。晓麓守候日久,恳饬宋院长早日如数拨发。

五、前拟呈十项工赈建设计画,已蒙令准由救济总署尽速核办。现衡阳灾情仍甚严重,敬恳再令霍署长宝树迅予切实遵办,以资救济。

谨呈主席蒋

衡阳市参议会议长杨晓麓叩

⑧衡阳抗战纪念城 蒋主席题颁碑文 杨晓麓来沪商拨经费(《申报》1947年2月4日第2页)

中央社南京三日电。衡阳市参议会请建衡阳为抗战纪念城一事,经奉蒋主席批准,除令行政院拨发建设复员经费暨救济物资以工代赈建设外,并令湘省府负责设计。经由省府派员会同内部都市建设专家赴衡察勘。日前,衡市参议会议长杨晓麓再谒蒋主席,请求于举行命名典礼时颁发训词,并题颁"衡阳抗战纪念城"碑文,当获主席答允。杨氏刻已专程赴沪,再度与宋院长暨行署霍署长宝树洽商获发经费及工赈物资。

⑨衡阳抗战纪念城命名典礼 蒋主席特颁训词 以"仁者无敌"之义为国人告(《申报》1947年7月20日第2页)

本报衡阳十八日电。衡阳抗战纪念城命名典礼,蒋主席特颁训词。电文如下:"抗战八年,大战百余合,小战不可胜计。而衡阳之役,支持之久、牺牲之烈、与夫关系之巨、贡献之弘,尤足以惊动全世界。自卅二年以还,联合国海军在太平洋上之反攻既节节胜利,倭人鉴于海上交通之遭受阻厄,乃计划开辟大陆交通,冀自伪满经北宁路、平汉路、粤汉路以达粤南,中间衡阳铁路一段,犹在我军之手,故不惜倾其精锐,全力猛犯,于卅三年二月起,调集十个师团及若干特种部队,分道进攻。我军配备较逊,而士气旺盛,沉着应战,处处予敌人以重大之打击。至是年六月下旬,衡阳四乡各县先后失陷。我第十军残余部队,喋血苦守此兀然孤城者,历四十八日之久。此为全世界稀有之奇迹。而我中华固有道德精神之表现与发扬,亦以此为最显著。地方人士所以请定衡阳为抗战纪念城者,其意在此。昔孟子言:'仁者无敌',又言:'浩然之气,集议所生,至大至刚。'我中华民族所恃以生存、所资以兴立者,岂非数千年来仁义之教所沾被既深且远欤！今当举行命名典礼,爰举此义,以告国人,并示来叶。蒋中正。"

⑩衡阳建设补助费 奉准先发四十亿元（《申报》1947年9月1日第5页）①

中央社南京廿八日电。衡阳抗战纪念城,已于本月十日举行行命名典礼,除由国府蒋主席题赠碑文并颁发训词,暨党国元老、院部首长题词外,另有湘省耆宿章行严撰就纪功碑文。兹悉:纪功碑亭及殉难军民烈士公墓,均已开始建筑。关于建设补助费二百亿元,政院尚在核议。衡阳市参议会议长杨晓麓日前来京,晋谒当局,接洽尚称圆满。昨已奉蒋主席电饬政院,先行核发四十亿元。杨氏奉令后,拟再谒张院长,请求从速发给,以利建设。

⑪抗战纪念城纪功碑铭(衡阳《中华时报》1947年8月10日)②

本报衡市讯。衡市参议会杨议长此次在沪请求吾湘耆宿章行严先生撰书抗战纪念城纪功碑铭,昨经杨氏携回。文共四百余字,诚为名城增色不少。兹录其全文如次：

国家御寇之第七年,寇新炽于海上,则拼力一向,从陆路谋通西南,而衡阳适当其冲。衡阳地居大维,襟带南脉,雅擅形势,顾无固可负、无险可守。所谓四战之区,如中原之荥阳成皋也。是役也,敌以十师之众,分薄城下,环而攻之,日夜炮声不息。而我军人数悬绝,器备不完,仅仅以第十军之残卒,合居民之争死敌者,以血肉待尽之身,当虎狼继长之势。如是者,相持至四十八日之久。比之有唐

---

①参见黄潮如《雁过衡阳 抗战纪念城 南北分水岭》,《申报》1947年11月26日第5页。
②参见杨安《父亲杨晓麓的故事——衡阳抗战纪念城建设始末》,《文史参考》2010年第5期,第45页。

睢阳以孤城遮蔽江淮，外无蚍蜉蚁子之援，将饶巡远南人之勇，人罹杀妾易子之痛者，其壮烈殆过之无不及焉。主帅蒋公谓守城卓绝乃尔，影响深至，职是太平洋全役之一关捩，庶几横耸寰宇，下耀来叶。旨哉！旨哉！民国三十六年八月十日，衡阳士夫奉命本邑易名为抗战纪念之城，礼昭其实，何以加兹。士钊忝生斯土，浪迹在外，邦人见告是事，憾道阻，未由观礼，欢喜赞叹，辄为之铭：船山执义敦儒素，老彭刚直矢无苟，化为南强期可守，不道无道惟荡寇，巍巍斯城跨九有。

长沙章士钊撰并书

⑫敬奠十军公墓全体殉难将士祭文（衡阳《中华时报》1947年8月10日）①

维大中华民国三十六年八月十日，抗战纪念城命名典礼筹备委员会委员杨晓麓、仇硕夫、廖云章、唐乘骝、唐清和、曾宪政、邹仲刚、刘执中、钟少航等，于举行奠基典礼后，谨以香花之仪，敬奠于张家山前第十军守城殉难将士诸英灵之墓前曰：枭倭犯我，佳兵八年，猥奔豕突，陵剽中原，我柔执竞，屡摧其坚，困兽犹斗，孤注增援，南服靡固，衡邑颠连，雄师禀命，保鳌帜骞，维鹰扬武，虎踞龙蟠，孤忠苦守，累卵求全，四旬又八，一军殉焉，何赤匪血，何孔匪弹，天动地岌，瓦砾猩羶，中外凭吊，拟战场篇，敌憯悔祸，降服复员，衰收忠骨，共瘗芳坟，嗟乎子死，为族为民，是曰集义，是曰成仁，勋峻比岳，下上英魂，弥天正气，涵盖湘滨，名应千古，烂然史编，名城之锡，报功宜寅，兹值奠基，祼将告虔，精英如在，降止欢歆。谨告！

---

① 参见"杨安的微博的博客"（http://blog.sina.com.cn/u/1109909645）。

22.建立"抗战胜利纪功碑"(1946—1947)

①空前伟大建筑物——抗战胜利纪功碑(《申报》1947年10月4日第5页)①

本报重庆九月卅日航讯。重庆——这个战时的陪都,它不仅是位居我国西南[的]重镇,而且是完成伟大历史使命的、领导八年浴血抗战获得胜利的"司令台"。它曾荣获过"世界和平灯塔"的称誉。唯一具有这历史纪念性的建筑物,当推民权路(即都邮街)的抗战胜利纪功碑。她的前身——战时的精神堡垒——代表着中华民族抗战必胜的精神。现在,她正象征我国胜利建国伟大光明的前途。

抗战胜利纪功碑前身为1941年建成的"精神堡垒",位于重庆都邮街广场,1946年10月拆除

筹备经过。她事前的筹建情形是这样的:在抗战胜利前夕的翌年十月卅一日,恭逢元首蒋公六旬大庆,陪都各界发起祝嘏献金。市长张笃伦以我领袖率领全国上下经过八年的艰巨抗战获致胜利,完成丰功伟业,为纪念这民族复振悲壮史实,并敬悼为国牺牲的军民,根据蒋公于三十四年十二月指示设计之《陪都十年建设计划草案》,提请将全部献金从事兴建这"纪功碑",设立胜利祀

---

①陶俊超撰。此文副题为《象征我国无限光明前途 定双十节举行落成大典》。

功碑筹建委员会,订工程经费为五亿元,设备费为五千万元,由都市建设计划委员会常务委员黄宝勋、专门委员刘达仁主持策划工作,建筑方面由该会建筑师黎伦杰(即黎抡杰——引者注)设计,土木工程师李际棻、建筑师唐本善、郭民瞻等共同协助,电器设备由电器工程师李钟岳[负责]。工程进行由天府营造厂得标承造,民国卅五年十月卅一日,由张市长主持奠基,动工建造。预订全部工程为八个月。在一切物质条件缺乏的山城的情形下,进行着艰巨的工作,又为了经济条件的牵制,力求撙节。实际上,共用去工程经费一亿八千三百余万元。设备经费一千九百余万元。全部工程预计本月底以前即可完竣。闻现已决定于本年双十节举行落成典礼。并悉,在典礼开始时,将由市府负责向渝中央警官校借用信鸽二百只,鸽脚系各色纸条,飞翔空际,以壮伟观。此举亦不失为别开生面的絮闻。

  伟大姿容。纪功碑设计,系八面塔形的高层建筑,分碑台、碑座、碑身及瞭望台。整个碑的建筑于都邮街广场,除三米人行道[外],面积为二十米直径之圆形。因此,碑台部分之青石及石踏步为十米半径圆形,青石台高一米六,台阶留花圃。碑座:有石碑八面,采用北碚出产之上等峡石,上面刻载蒋主席之丰功伟业与八年抗战之史诗,以八根青石砌结护柱,组成碑座,石碑嵌于碑座外面。碑身:高度为二十四米,由四米直径之圆筒构成,内部圆形,外为八角形,每角边线以米黄色面砖铺砌,内有悬臂旋梯一百四十步,直升至瞭望台,沿旋梯设抗战胜利走廊,廊上挂抗战英雄、伟大战绩及日本签降等油画,下则嵌藏各省市赠送之纪念碑石及社会名流题赠之石碑。瞭望台:较底部为宽,直径为四米五,可容二十人登临游览,碑设标准钟一座,四面可见,环绕钟之四面为纪念抗战有功之海陆空军将士及后方农工生产之劳绩,垒塑浮雕四块,为钢筋混凝土捣成油古铜色,瞭望台之顶设风向仪、风速器、指北针及有关测候仪器,顶悬警钟一个,以备全市庆祝集合或报警之用。

坚实建筑。全部建筑用钢骨水泥,外用白洋灰磨石。每面设五窗,均钢筋水泥窗花,并经防空之处理。至于电器设备,分本身照明及外射照明。本身照明,有水银太阳灯八根围绕碑顶,内部每层有水银灯一根。外射照明,则由八个强有力的探照灯,自各方投射碑身,使整个碑身现露于八条柔和的光线中。据建筑设计师唐伦杰(应为黎抡杰——

抗战胜利纪功碑。署"中华民国三十五年十月三十一日重庆市市长张笃伦"

引者注)称:"其碑如不因外在重大的破坏原因,至少可耐久至三百年以上,坚固有若一抱垒,为五百磅重爆炸弹所不能毁。碑身枪弹不如〔入〕。"碑身正面大门为特选楠木精制,整个碑的建筑共用钢筋二十五吨、洋灰九百余桶。建筑设计,纯采用现代化之混合样式,为我国空前之唯一伟大纪念建筑物,亦为战后新兴建筑所未可比拟之壮观。

光明灯塔。在筹建的募款中,虽有少至二千元、多至数十万元之别。可是,她是代表了百万市民的心,也是举国上下在八年艰苦卓绝的挣扎下所产生的共同的结晶。她是反抗侵略的先锋、反法西斯的堡垒。她替我们刻画出了中国在历史上从遭受到的耻辱以至终于全部湔雪,而跃为领导世界趋向和平之国家之一。从远远看去,在她那静穆庄严的表面同〔与〕建筑的伟大,在淡黄色同天际蔚蓝相映的色彩下,表现了这富有五千年以上悠久历史的国家民族性之诚朴坚忍不拔的精神,终于公理战胜强权赢得和平曙光的来临,民主得以维护,人类正义得以伸张,她给与人们以不可磨灭的印象。这号称"世界和平灯塔"的重庆,唯一具有伟大的历史纪念性的抗战胜利纪功碑,永远是那样静穆庄严,有如一个坚起脊梁的巨人,为举国上下诉述出血和泪的一篇辉煌的史页。她吹动了响彻世界和平、正义的谐音的号角,号召着全国同胞向民主光明的大道前进!前进!

抗战胜利纪功碑设计者黎抡杰

②抗战胜利纪功碑举行落成典礼(《申报》1947年10月16日第5页)

富有历史纪念性之伟大建筑物——抗战胜利纪功碑,已于三十六年十月十日十二时举行落成典礼。张市长笃伦亲临主持揭幕,重庆行辕主任朱绍良之女公子参加剪彩,观礼来宾及民众数目在万人以上。民权路一带街道堵塞,造成山城空前绝后之盛况。

③抗战胜利纪功碑铭并序①

国民政府于二十六年七月七日开始抗战。为建瓴审势、经野制

---

① 原载《新重庆》第1卷第3期。参见彭伯通《抗日战争时期国民政府移驻重庆有关文献》,《重庆市中区史志通讯》1985年创刊号(总第1期),第60页。

宜之计,是岁十一月二十日移驻重庆,导率全国,共御强敌,遂以西南重镇建为陪都。中经八载,赖领袖英断,军民效命,盟邦协力,终至日本乞降。乃于三十四年九月三日宣告胜利。寇氛既息,疆宇既复,政府迁都南京,而重庆官民爰有伐石著绩之举。张市长伯常嘱为撰文,以昭悠远。余惟抗战之制胜在于同心,建国之期成亦然,民族光荣与夫世界和平之所系,舍是莫由。乃播之铭语,俾行路永歌,以憬国人之思。铭曰:黾勉同心,勿怠勿荒;以成胜利,以建新邦。

国民政府文官长吴鼎昌谨撰
中华民国三十五年十月

④抗战胜利纪功碑文①

二十六年七月七日卢沟桥事起,国民政府西迁入蜀,重庆建为陪都,巍然系中华民族命运之枢机,为国际观听所属集。日军席五十年储积之力量,倾孤注于一掷。中国局势,屡濒危迫,而根本迄不动摇。战争之第四年,日本迁怒树敌,凶焰益张,奇袭珠港,肆扰海南。亚洲之战争既与欧洲合流,中国遂自独立作战之孤军进而为民主阵线远东之一翼。嗣此意、德先后瓦解,日本亦势蹙力痡,终于偾蹶。在此八年之中,国际舆论目重庆为战斗中国之象征,其辉光实与历史同其永久。洎战争胜利,国府还都之次年,重庆市民庆国运之重光,懔收京之不易,建碑中衢,用示来叶。群历共艰虞,知其始末,属笔纪事,故不得辞。尝谓旋乾转坤之事业,必赖有睿智仁勇之

---

① 原载《新重庆》第1卷第3期。参见重庆市地方志编纂委员会编著《重庆市志》第2卷,西南师范大学出版社2004年版,第448页。抗战胜利纪功碑碑座的八面石碑上除镌刻此碑文外,还刻有南京国民政府明定重庆为陪都的全文、吴鼎昌撰文的碑铭并序、重庆市参议会题词及张笃伦题写的碑名。

领袖之纲维，忠贞勤奋之人民效其心力，而地理形势亦为其助。因民国廿三年，今主席蒋公曾一度莅川，于废除防区、统一川政之余，瞻瞩机先，已为不可避免之对日战争策不败之地。当时，曾引古来论有事，

抗战胜利纪功碑于1950年改为人民解放纪念碑

但使首脑无恙，则扬子下游之战局无论如何险恶，根本不致动摇。重庆定为战时首都之国策，实已决于是时。国府西迁之后，敌兵深入，西抵宜昌，虽敌方之海陆军力限于夔门，而空军之战略袭击则集中于重庆。战争前期之三四年中，闹市为墟，伤亡山积。然而，重庆百万以上之市民，敌忾愈强，信心愈固。财力物力之输委，有逾于自救其私，实造民族精神之峰极。古人有言：国于天地，必有与立。重庆之所以无忝为陪都，不仅以其地理形势使然，亦此种卓越之精神有以副之也。国民革命初步之成功，即为中国真正建设之开始。西南古为神州隩区，四川尤称天府。战时既已为国家力量之中坚，战后亦将为重工业之策源地。重庆承四大河流之汇，上溯四江，以达滇、黔、康、青，下循扬子，东通于海。一旦计划中之川境铁路、公路系统完成，与西北、西南脉络贯通，则重庆将进为新中国工业经济之重心、大西南之吞吐港，其进境何可限量！国民政府还都之前，主席蒋公手令建设陪都，期以十载。张伯常市长萃各方之彦、审事势之宜，详拟规模，已得报可。十年之后，将见大桥横贯两江，二千

平方公里、三百万市民之大重庆涌现于华西,以西南之财富,弼宗国之繁荣。后世史家,循流溯源,深究中国复兴之故,将知重庆之于国家,实不止于八年战时之献效已也!

中华民国卅六年三月穀旦
国民政府主席重庆行辕兼代主任张群敬撰

五 抚恤及优待抗战烈属

1.豫省优待出征军人(1937 年 9 月 11 日《申报》夕刊第 2 页)①

开封通信。豫省地瘠民贫,人性强悍。历来招募兵士,咸以为应征最多者。省府以抗日战既经发动,所有豫籍士兵,大都在前方为国家民族拼命,不有优待,无以励士气而歼倭寇。特拟定优待出征军人办法,于四日公布,通令各县施行,并拟转请中央,饬各省市仿行。兹录其办法如下:

《河南省优待出征军人暂行办法》

第一条:为优待本省出征军人,为国抗战起见,除法令别有规

---

①《申报》1937 年 9 月 5 日夕刊第 1 页所刊《豫省优待出征军人》,已披露《河南省优待出征军人暂行办法》要旨,并称该办法"业经河南省府会议通过,并呈请中央转令各省市推行。"可见,七七事变爆发之初,各地亟待明定出征军人优待措施。该办法于 1937 年 9 月 19 日颁行,共十二条,与《申报》所载稍有不同。《河南省政府训令(民三字第一二九号)》载:"令各县政府。颁发优待出征军人暂行办法,仰遵照办理具报由。现在全面抗战业经开始,国内壮丁尽有服兵役之义务,应征军人为国家真光荣、为民族争生存。其行壮烈,其志可嘉,亟应有以鼓励之、奋勉之,以安慰其家族,而激励我军心。兹经制定《河南省优待出征军人暂行办法》,提由本府委员会第六八五次会议议决'照修正案通过',记录在案。除呈请行政院备案并令各县政府遵照办理及分令外,合行抄发该项办法,令仰该县即便遵照办理具报为要。此令。"《河南省政府公报》第 2053 期,第 1—3 页,1937 年 9 月 23 日出版。

定外,特制定本办法。

第二条:对于本省出征军人,以右列各款办法优待之:甲、减轻其家庭对于公家之负担;乙、准免其直系亲属服公家劳役;丙、家庭贫困者予以经济补助;丁、荣誉奖励。

第三条:各县政府应于奉到本办法一个月内,将全县出征军人调查明确,造具清册,以备查考。

第四条:各县政府将全县出征军人调查完竣后,应即遴派区长或联保主任协同当地乡望素者之士绅,分赴各出征军人之家庭,为诚恳之慰劳。遇必要时,得由县长或区长分别召集其家长,举行恳亲会,并赠相当之慰劳品或纪念品。

第五条:各县政府对于出征军人之家庭,除应责令照常担负法定赋税外,不得向其摊派任何临时费用。其家庭贫困者,应即设法予以经济补助。前项经济补助,得劝导本县本村富户捐助,或由未曾出征之各户供给之。

第六条:各县政府对于出征军人之家庭,除免其直系亲属服公家劳役外,并准予优先享受一切公益设施,如:子弟之免费或减费入学,及赴公立医院或诊疗所免费治疗,与积谷之免息借贷等。

第七条:各县政府对于出征军人,应随时负责调查,如:在抗敌时,确有特殊战功或阵伤、阵亡者,除依法给与抚恤金外,应将事实交由各该县志馆,编入县志或呈请列入省志,并以全县名义,给予旗匾或刊刻石碑,树立于县教育馆或忠烈祠内,以资褒扬。

第八条:各县政府对于出征军人家庭情况,应随时报告省政府查核。

第九条:各县政府对于应征新兵出发前,应偕同当地士绅举行欢送会,并依照本办法之规定,优待其家属。

第十条：各县政府如有不遵照本办法之规定办理者，应由各该管行政督察专员公署查照，呈请省政府严予惩处。

第十一条：凡有假借或虚报其家庭中有出征军人，以因规避各种劳役及减免公家负担者，一经查明，应依法严办。

第十二条：本办法如有未尽事宜，得随时修正之。

第十三条：本办法自核准之日施行。

2.战时军事征雇民夫伤亡抚恤暨埋葬费暂行办法①（1938年2月16日）

军事委员会本年二月十六日抚一利渝字第一五六四三号公函开：查战时军事征雇民夫伤亡抚恤，向系按照战时军事机关部队征用民夫办法办理，惟原办法仅有死亡处理及经费开支原则，对于抚恤及埋葬费详细规定，兹订拟《战时军事征雇民夫伤亡抚恤暨埋葬费暂行办法》一种，以期完备，除分令各军事机关暨各部队遵照外，相应抄同办法一份，函请查照备案。等由准此，自应遵办，除分令并函复外，合行抄发原办法，令仰知照。此令。

抄发《战时军事征雇民夫伤亡抚恤暨埋葬费暂行办法》一份：

一　本办法依《战时军事机关或部队征用民夫办法》第二十条及第二十一条订定之②。

---

①国民政府军事委员会公布。湖北省档案馆馆藏档案，档案号：LS1—4—3576。参见中共荆州市委党史研究室编《湖北抗战课题成果丛书（荆州卷）·抗日战争时期荆州人口伤亡和财产损失》，2010年版，第373—374页。

②《战时军事机关部队征用民夫办法》于"二十七年六月二十三日军委会办规字第二〇二号颁行"。该办法第二十条规定："已到征集地之民夫有死亡者，其棺殓运送或埋葬等事，应由征集机关或部队妥为处理。"第二十一条规定："关于征用民夫所需经费，由征用籍贯或部队在工程经费内开支。"参见中央训练团兵役干部训练班编辑《兵役法规汇编（三）》，1942年版，第168—171页。

二　凡征雇民夫遇有伤亡,其抚恤及埋葬费除另由法令规定外,得照本办法办理。

三　征雇之民夫伤亡抚恤及埋葬费给予如左:

甲、轻伤给予一次恤金十元;

乙、重伤给予一次恤金四十元,因而残废者给予一次恤金六十元;

抗战期间,各界已经注意到抗战忠烈子女教育问题。1938年4月23日出版的《抗战》第65号载有倪锡英《抗战阵亡将士遗族的教养》

丙、积劳病故者给予一次恤金八十元,另埋葬费十五元;

丁、因公殒命者(因敌炮火或敌机炸击死亡同)给予一次恤金一百元,另埋葬费十五元。

四　上列之恤金及埋葬费由征雇民夫之主管机关及部队在工程费内支报(如属于运输者,即由运输费内支给),不填发恤令。

五　凡军事征雇之民夫,由征雇之机关(部队)自征雇之日起,造具花名册呈报备案,遇有伤亡并专案呈请核定后,按照本办法第三项之规定发给。

右列备案及核定手续参照《战时军事机关或部队征用民夫暂行办法》第三条之规定,由左列机关自行办理:

军事委员会(由办公厅或抚恤金委员会办理)、委员长行营、军政部、海军总司令部、航空委员会、后方勤务部、军事运输总监部、绥靖公署、战区司令长官司令部、集团军总司令部。

六　恤金之受领：

甲、受伤者本人；

乙、死亡者之遗族。

本项遗族之顺序，适用《陆军平战时抚恤暂行条例》第二十三条之规定。

七　埋葬费应取具亲属之领据，如家属不在当地者，可由征雇机关办理埋葬后，以商店收据报销。

八　本办法自公布之日起施行。

3.优待抗敌军人家属办法①(1938年2月27日)

第一条　凡出征抗敌军人家属居所所在地之县（市）政府及法团，应照本办法予以优待。

第二条　享受本办法权利之出征抗敌军人家属，以直接参与作战之军人之配偶及其直系亲属为限。

第三条　对于出征抗敌军人家属之优待事宜，由各县（市）政府组织出征抗敌军人家属优待委员会（以下简称优待委员会）办理之，以各县（市）长为委员长，各公法团负责人员及当地绅耆为委员。

第四条　优待委员会对于本县（市）出征抗敌军人家属状况，

---

① 原载《抗战法令》，上海独立出版社1938年版。转引自湖北政法史志编纂委员会编《武汉抗战法制文献选编》，农村读物出版社1987年版，第75—76页。参见《抗战军人家属保障办法（二十八年十一月八日军政部公布）》《修正优待出征抗敌军人家属条例（三十年十二月二十日国民政府修正公布施行，三十二年四月廿七日国民政府修正廿八条条文）》《优待出征抗敌军人家属证明书制发办法（三十年一月二日军政部内政部颁布施行）》《附出征抗敌军人家属证明书》《出征抗敌军人婚姻保护条例（三十二年八月十一日国民政府公布施行）》《征属田地义务代耕办法（三十年八月二十八日军政部公布施行）》《抗战功勋子女就学免费条例（二十七年十月二十二日国民政府修正公布施行）》，沙千里主编：《战时重要法令汇编》，双江书屋（重庆民生路66号）1944年版，第115—126、490—491页。

应调查明确，列册备查。

第五条 出征抗敌军人家属，除担负法定之赋税外，得酌量减免其摊派各项临时捐款。

第六条 出征抗敌军人家属，应准免服劳役，并准尽先享受一切公益设施。

第七条 凡出征抗敌军人家属有下列情形之一者，得由保甲长或径向优待委员会请求救济：

一 家庭赤贫不能维持生活者；

二 患病无力治疗者；

三 死亡不能埋葬者；

四 生产子女无力抚养者；

五 遭遇意外灾害者。

第八条 前项请求，经优待委员会查明属实后，应酌量予以金钱或物品之扶助及权利之保障。

第九条 凡出征抗敌军人，因作战阵亡或受重伤至成残废时，除按《陆海空军抚恤条例》呈请抚恤外，得将忠烈事绩编入志乘或给匾、刊碑，褒以扬之。其家属并得继续享受本办法所规定之权利，至其子女成年为止。无子女者，至其配偶死亡为止；无配偶及子女者，至其父母死亡为止。

第十条 关于救济所需基金，得由优待委员会按地方情形酌量捐募，负责保管，不足时，由县(市)政府负责筹集，呈送省政府核准施行。

第十一条 凡出征抗敌军人或其家属有受徒刑处分及被褫夺公权者，不得享受本办法之权利。

第十二条 如有假冒抗敌军人家属，希图规避各种劳役或减少负担及请求救济者,一经查明,应由县(市)政府予以惩罚。

第十三条 各县(市)政府办理本办法所规定各项,应拟月列表报由省政府汇报内政军政两部查核。

第十四条 直隶于行政院之市,其优待委员会之组织及关于优待出征抗敌军人家属事项,应此地方情形订定,咨报内政、军政两部备案。

第十五条 本办法施行后,《应征入营士兵家庭救济暂行办法》应即废止。

第十六条 本办法自公布日施行。

4. 人民守土伤亡抚恤实施办法①(1939年7月29日)

第一条 本办法依《战地守土奖励条例》制定之。

第二条 凡人民及一切人民武装抗敌组织(包括壮丁队、义勇壮丁常备队、别动队、便衣队、义勇军防护团、人民自卫军及其他一切人民武装抗敌组织)之分子,因守土而伤亡者,其抚恤依本办法之规定办理。

第三条 凡合于《战地守土奖励条例》第一条第三、第六两项之规定,而有左列情形之一者,应予以抚恤:

一 参加抗敌战斗,临阵伤亡者;

二 扰乱敌人后方及侦察敌人行动,因而伤亡者;

三 协助军队工作或执行军队命令,因而伤亡者;

四 保卫村镇、抗拒敌人,因而伤亡者;

五 因其他抗敌行动而伤亡。

---

① 1938年10月14日行政院公布,1939年7月29日修正第十条、第十一条条文。内政部总务司第二科编:《内政法规汇编(礼俗类)》,第41—42页,1940年11月版,商务日报馆印刷。

第四条　因前条各款原因,受伤或亡故者,依照左列规定抚恤之:

一　亡故者,除给与其遗族八十元之一次恤金外,并给与每年五十元之年抚金;

二　受一等伤者,除给与七十元之一次恤金外,并给与其每年四十元之年抚金;

三　受二等伤者,除给与六十元之一次恤金外,并给与每年三十五元之年抚金;

四　受三等伤者,除给与四十元之一次恤金外,并给与每年三十元之年抚金。

前项二、三、四各款所称伤等,按照《陆军平战时抚恤暂行条例》①第十三条之规定检定之。

邹韬奋为《抗战阵亡将士遗族的教养》一文配发的短评《优待抗战军人子女就学》

凡领导民众守土抗敌具有特殊勋劳因而伤亡者,得专案呈请从优议恤。

第五条　依前条第一项第三款、第四款规定,领受一次恤金后,三个月以内发现其伤势加至较重伤等者,得依同条同项第二款或第三款之规定,加给年抚金。

---

①《陆军平战时抚恤暂行条例》于1934年10月16日公布,1935年4月16日起施行。

第六条　依第四条第一项第二款至第四款规定，领受恤金及年抚金后，发现其伤势减轻或痊愈者，自发现之日起，其年抚金得改依同条第三款或第四款之规定，给与或停止之。

第七条　依第四条第一项第三款规定给与恤金，核定后未愈，四个月因伤发而死亡或依同条同项第二款规定给与恤金，核定后未逾六个月因伤发而死亡者，自死亡之日起，改依同条同项第一款之规定，给与遗族年恤金。

第八条　年恤金之给与期限如左：

一　第四条第一项第一款之情形，其遗族年抚金给与以十年为止；

二　第四条第一项第二款至第四款之情形，以五年为一期，期满后得呈请继续给与，未逾五年而亡故，其子女未成年者，得续给遗族五年年抚金。

第九条　应受年抚金之遗族，其顺序如左：

一　死亡者之妻及子女(再醮或出嫁者不在此内，下仿此)；

二　妻及子女俱无者，给其父母；

三　父母俱无者，给其祖父母及孙；

四　上列遗族俱无者，给其未成年之胞弟妹；同一顺序，有二人以上时，应按人数自行平均分配之。

第十条　人民守土伤亡抚恤，由受抚恤人及其亲属或当地人民十人以上之联署填具请恤事实表(附式一)，声请该管县市政府详查确实后，拟定办法，呈请省政府核准办理，转咨内政部备案。在院辖市则呈由市政府核定行之，转咨内政部备案。

第十一条　省政府核定抚恤办法后，即填发抚恤令，经由原呈请机关送达恤金受领人，恤金受领人接到抚恤令后，即得向该管辖县市政府领取恤金及年恤金，但须取具保结并呈验抚恤令。

第十二条 抚恤令（附式二）分为存根、备查、通知及抚恤令四联，省政府于填发抚恤令时，应将存根留查，备查一联送达审计机关，查核通知书一联发交财政部转发恤金受领人，请领时，与抚恤令核对无讹，即行发给，除通知书存县留查外，应册报省政府核转审计机关查核，在院辖市则由市政府填发通知书于市财政局。

第十三条 人民守土伤亡抚恤金，由省库支给一次恤金，财政厅于转发恤金通知书之同时，即将应发金额，一并附发，其发给年抚金者，财政厅应于每一年一月至三月、七月至九月两期汇发县市政府转发，在院市辖抚恤金由市库支给，即由市财政局直接发给之。

第十四条 本办法所未规定者，得参照《陆军平战时抚恤暂行条例》办理。

第十五条 本办法自公布之日施行。

5. 规定抚恤抗战伤亡文职人员审核程序[①]（1938年10月26日）

（上略）

一 凡因战地守土伤亡之文职人员，如由直属机关及地方政府呈报主管部者（文官警官呈内政部、法官呈司法行政部），即由主管部拟办呈核。

二 如系军事长官直接呈报者，仍交主管部拟办呈核。

三 以上案件经本会核定后，再交铨叙部核恤。

（下略）

[①] 军事委员会函行政院转饬通行。内政部总务司第二科编：《内政法规汇编（礼俗类）》第43页，1940年11月版，商务日报馆印刷。

6.陆军抚恤条例(1944年3月23日修正①)

第一条 陆军官佐士兵伤亡之抚恤,依本条例行之。

第二条 抚恤分为战时、平时,其范围如左:

一 战时因捍卫国家而伤亡者;

二 平时因绥靖地方而伤亡者,现役军人在平时服务期间、预备役军人在平时应召期间而伤亡者。

第三条 战时、平时官佐士兵之伤亡,区别如左:

一 阵亡;

二 因公殒命;

三 积劳病故;

四 临阵受伤或因公受伤;

五 伤剧殒命。

第四条 第三条所列之伤亡,抚恤区别如左:

一 一次恤金,按死亡者阶级议准给恤时,依照恤金表数目,给与死亡者遗族恤金一次;

二 年抚金,按伤亡者阶级议准给恤时,依照恤金表数目,分别给与受伤者及死亡者遗族年抚金。

第五条 有左列事故之一者,为阵亡:

一 临阵殒命;

二 遇非常事变被戕殒命。

因临阵或遇非常事变受剧伤,在六个月内殒命者,视为阵亡。

---

①1940年9月27日,南京国民政府公布《陆军抚恤暂行条例》,1941年4月1日起实行;1944年3月23日,南京国民政府以渝文字第一〇八号令的形式,同时公布《陆军抚恤条例》和《海军抚恤条例》。此后,因物价不断上涨,南京国民政府对这三个抚恤条例中规定的恤金金额又不得不相应予以调整。

第六条　阵亡之抚恤,区别如左：

第五条第一款为战时阵亡,依恤金第一表给恤；

第五条第二款为平时阵亡,依恤金第二表给恤；

第五条第二项在战时依恤金第一表给恤,在平时依恤金第二表给恤；

第七条　有左列事故之一者,为因公殒命：

一　战时因公遭遇各种灾害,因而殒命者；

二　平时因公遭遇各种危险,因而殒命者；

三　服特别任务失事殒命者，但深入敌区服特别任务因而失事殒命者,得照第五条第一款、第二款阵亡例给恤。

第八条　因公殒命之抚恤,区别如左：

第七条第一款为战时因公殒命,依恤金第三表给恤；

第七条第二款为平时因公殒命,依恤金第四表给恤；

第七条第三款在战时依恤金第三表给恤,在平时依恤金第四表给恤。

第九条　有左列事故之一者,为积劳病故：

一　战时随同出征,因尽瘁职务而病故者；

二　战时担任后方勤务及参加一切作战业务，因尽瘁职务而病故者；

三　平时著有勋劳,经勋奖有案而病故者；

四　不合于前三款之规定,而服务经五年以上而病故者。

第十条　积劳病故之抚恤,区别如左：

第九条第一款、第二款为战时积劳病故,依恤金第五表给恤；

第九条第三款、第四款为平时积劳病故,依恤金第六表第一号给恤；

不合于第九条各款之规定而病故者，依恤金第六表第二号只给一次恤金，不给年恤金。

第十一条 临阵受伤或因公受伤之抚恤，在战时分别伤等，依恤金第七表第一号给恤，在平时分别伤等，依恤金第八表给恤；

第十二条 战时、平时受伤官佐士兵，经治愈后，其等地依左表检定之：

一等伤	1.两目皆盲者； 2.失去一手或一足以上者； 3.咀嚼及言语机能并废者； 4.生殖器损毁者； 5.身躯瘫废者； 6.与上列各项相当之伤废者。
二等伤	1.一手或一足残废者； 2.一手失去拇、食二指或三指以上，一足之五趾及足之一部失去者； 3.两耳俱聋或盲一目者； 4.咀嚼及言语机能发生重大障碍者； 5.重要脏器受伤而贻后症确系治愈无望者； 6.与上列各项相当之伤废者。
三等伤	1.一手失去拇指或其他一指者； 2.一足失去三趾以上者； 3.聋一耳或鼻脱落、视力障碍者； 4.头部及腰部运动上有障碍者； 5.重要脏器受伤有再发之虞者； 6.伤虽治愈，精神上贻有障碍者； 7.与上列各项相当之伤废者。

第十三条 受伤治愈，业经填发《恤伤给与令》者，如发现其伤等与原令不符时，得重行检定之，更正其《恤伤给与令》。

第十四条 凡负伤官佐士兵，按照第十八条规定给恤期满，或尚有伤残未愈情形，复求续恤者，应检同《恤伤给与令》，并填具《请求验伤报告表》(如附表第十二表)，粘附二寸半身相片四张，呈由各该县市政府复验。

县市政府据呈后,即将《验伤报告表》函送驻在就近地方之陆军医院或陆军医务机关,并饬具呈之伤员兵径投验伤。

各陆军条〔医〕院或医务机关验伤后,应于原表现有"伤残状况"栏内,详细填明负伤部位、负伤种类及残废状况,备函将表检还原送之市县政府,按表内附记之规定分别存转。

第二项所称陆军医务机关,为军部之军医处;无军部者,为师部之军医处;无师部者,为团部之医务所。各县市如无陆军医院或其他医务机关时,得函由地方公立医院或经官署备案之私立医院检验之。验毕,由院长将验明伤残状况,于原表内详细填明,签名盖章,并加具负责证明书,备函检还市县政府核办。

第十五条 伤剧殒命之抚恤,除第五条第二项之规定外,其区别如左:

一 作战受剧伤在六个月外殒命者,战时依恤金第三表,平时以恤金第四表分别给恤;

二 因公受剧伤在六个月内殒命者,战时依恤金第三表,平时以恤金第四表分别给恤;在期限外殒命者,战时依恤金第五表,平时以恤金第六表第一号分别给恤;

三 如非伤发,确系因病身亡者,得依恤金第五表及第六表第一号分别给恤。

第十六条 《恤金给与令》分恤亡、恤伤两种(如附表第十三表、第十四表),均应编列字号为三联单式,骑缝处加盖军事委员会印。其第一联正存根存军事委员会核恤处,第一联副存根存经管恤款处,第二联《恤金给与令》发给受恤人,第三联备查,条〔备〕交各省市政府存查。

第十七条 《恤金给与令》,应候《请恤调查表》函送行政院转

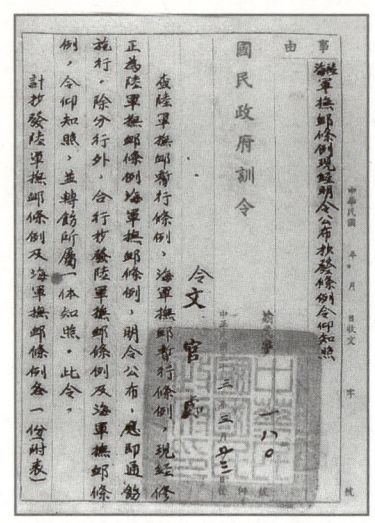

1944年4月23日,南京国民政府公布《陆海军抚恤条例训令》

奉国民政府批准后,方得填给,但在战时之阵亡、阵伤官兵或其他特殊情形时,得由军事委员会先行填发,呈请条〔备〕案。

第十八条 战时、平时伤亡官佐士兵一次恤金及第一年年抚金,应自填发《恤金给与令》之年起额,其年抚金之给与年限如左,限满即将《恤金给与令》收缴注销:

一 战时阵亡年抚金之给与,以二十年为止;平时阵亡年抚金之给予,以十五年为止;

二 战时因公殒命,年抚金之给与,以十年为止;平时因公殒命,年抚金之给与,以七年为止;

三 第九条第一款至第三款积劳病故之年抚金,均给与五年为止,但服务十年以上者,给与七年为止;第四款积劳病故之年抚金,其服务五年以上者给与三年为止,服务十年以上者给与五年为止,服务十五年以上者给与七年为止。

四 战时、平时官佐士兵受伤年抚金之给与,一等伤七年、二等伤五年、三等伤三年,期满将《恤金给与令》收缴注销,但仍须重行检定伤等请续恤者,其程序依第十四条规定办理。

五 受伤治疗后,仅贻轻度之机能障碍,不合于伤等之规定者,照三等伤例给与一年年抚金,若毫无肢体及器官之损折障碍者,应不给恤。

第十九条 应受恤金之遗族如左:

一　父母；

二　妻及子女，但妻再醮或女出嫁者，不在此限；

三　父母或妻及子女俱无者，给其祖父母及孙；

四　祖父母及孙俱无者，给其未成年之胞弟妹，但妹出嫁者，不在此限。

前项第一款、第二款遗族均存者，依照家属互相扶养义务，所领恤金应予计口均分。有父母者，《恤金给与令》由父母保存；无父母者，由妻及子女保存。父母有其他子女足以扶养者，应将《恤金给与令》交其妻及子女保存。

第二十条　受伤者受领年抚金，如有左列事故之一者，得停止年抚金，或注销其《恤金给与令》：

一　违反三民主义，查有确据者；

二　开除军籍者；

三　免官或判处徒刑三年以上者；

四　丧失中华民国国籍者；

五　本人身故者；

六　自《恤金给与令》领到之日起五年内未曾具领恤金，或按年具领而忽停领连续五年以上者，但有特殊情形者，不在此限。

第二十一条　死亡者之遗族受领年抚金，如有左列事故之一者，得停止年抚金，或注销其《恤金给与令》：

一　丧失中华民国国籍，而无其他应领恤金之遗族者；

二　免官或判处徒刑三年以上，而无其他应领恤金之遗族者；

三　第十九条列举之遗族全部死亡者；

四　子女孙或未成年弟妹为他人之养子女者；

五　自《恤金给与令》领到之日起五年内，未曾具领恤金或按

年具领而忽停领连续五年以上等项情形之一者,但有特殊情形者,不在此限;

六 有第二十五条情形,经证明并未死亡者。

第二十二条 凡呈请抚恤者,应由各该管长官将《请恤调查表》,随案检送《陆军官佐士兵死亡请恤调查表》(如附表第九表)、《现役军人户籍调查表》(如附表第十表)、《陆军官佐士兵受伤请恤调查表》(如附表第十一表),均照规定式样填报。

第二十三条 各官佐士兵抚恤,均以伤亡时所任阶级为准,如有兼任较高阶级战务时,得照较高之阶级办理。

第二十四条 伤亡官兵之晋级给恤,依左列之规定:

一 凡官佐士兵合于本条例第二条第一款者,得各晋一级给恤;

二 凡官佐士兵合于本条例第二条第二款情形死亡而其生前功勋卓著,或临阵率先遇害,或死事惨烈者,或被敌机轰炸伤亡者,得呈请从优晋一级给恤,在《恤金表》内有上下各级之金额相同者,得推进计算,以所领恤金较多于原阶为止。

伤亡官兵,其径由国民政府特别议恤者,不在此限。

第二十五条 战地官佐士兵因作战生死不明宣告失踪时,经原部队查明册报或呈报有案,逾一年尚无消息者,得由原部队查明确实,造具《调查表》,或由其应领恤金之遗族取具证明文件,造具《调查表》,告由地方政府分别呈转核恤。

凡合于本条之规定者,得照《阵亡条例》办理。

第二十六条 失踪官兵经颁发《恤金给与令》后,自行归队,或回原籍,径投该管地方政府,陈明不能归队原因者,应即将《恤金给与令》缴呈军事委员会注销;如不归原队,而又回籍隐匿不报仍行蒙领恤金者,经查明或被举发,除追缴《恤金给与令》及恤金外,其本人及家属均依法论罪。

第二十七条　陆军官佐士兵在空军服务者，其抚恤事项均按本条例办理。

第二十八条　军法官、军用文官、军用技术人员、陆军政治训练人员之抚恤，准照本条例办理。

第二十九条　战时各军雇佣人员，从事战役或临阵死亡或因公殒命或遭遇各种伤残时，得按其职务之性质，分别参照各《恤金表》，给与相当之恤金。

第三十条　陆军学生，在毕业后见习期间遇有伤亡时，按准尉例给恤，肄业期间按军士例给恤。

第三十一条　本条例自公布日施行。

附：

恤金第一表：战时阵亡

阶级＼区别	一次抚恤金	遗族每年抚恤金
上将	三千元	八百元
中将	二千元	七百元
少将	一千五百元	六百元
上校	一千元	五百元
中校	九百元	四百元
少校	八百元	三百六十元
上尉	六百元	三百二十元
中尉	五百元	二百四十元
少尉	四百元	一百六十元
准尉	三百元	一百二十元
上士	一百五十元	八十元
中士	一百三十元	七十元
下士	一百二十元	六十元
上等兵	一百元	五十元
一等兵	八十元	四十元
二等兵	八十元	四十元

恤金第二表：平时阵亡

阶级 区别	一次抚恤金	遗族每年抚恤金
上将	九百元	六百元
中将	八百元	五百元
少将	七百元	四百元
上校	六百元	三百五十元
中校	五百元	三百元
少校	四百元	二百五十元
上尉	三百五十元	二百元
中尉	三百元	一百六十元
少尉	二百元	一百三十元
准尉	一百五十元	一百元
上士	一百元	七十元
中士	九十元	五十元
下士	八十元	四十元
上等兵	七十元	三十五元
一等兵	六十元	三十元
二等兵	五十元	三十元

恤金第三表：战时因公殒命

阶级 区别	一次抚恤金	遗族每年抚恤金
上将	一千元	六百元
中将	九百元	五百元
少将	八百元	四百元
上校	七百元	三百五十元
中校	六百元	三百元
少校	五百元	二百五十元
上尉	四百元	二百元
中尉	三百元	一百六十元
少尉	二百元	一百三十元
准尉	一百五十元	一百元
上士	一百二十元	七十元
中士	一百元	五十元
下士	九十元	四十元
上等兵	八十元	三十五元
一等兵	六十元	三十元
二等兵	六十元	三十元

恤金第四表：平时因公殒命

阶级＼区别	一次抚恤金	遗族每年抚恤金
上将	七百元	四百元
中将	六百元	三百五十元
少将	五百元	三百元
上校	四百元	二百五十元
中校	三百五十元	二百元
少校	三百元	一百六十元
上尉	二百四十元	一百三十元
中尉	一百八十元	一百元
少尉	一百四十元	八十元
准尉	一百元	六十元
上士	八十元	四十元
中士	六十元	三十五元
下士	五十元	三十元
上等兵	四十五元	二十五元
一等兵	三十五元	二十五元
二等兵	三十五元	二十五元

恤金第五表：战时积劳病故

阶级＼区别	一次抚恤金	遗族每年抚恤金
上将	八百元	四百元
中将	七百元	三百五十元
少将	六百元	三百元
上校	五百元	二百五十元
中校	四百元	二百元
少校	三百六十元	一百六十元
上尉	三百二十元	一百三十元
中尉	二百四十元	一百元
少尉	一百六十元	八十元
准尉	一百二十元	六十元
上士	九十元	四十元
中士	八十元	三十五元
下士	七十元	三十元
上等兵	六十元	二十五元
一等兵	五十元	二十五元
二等兵	五十元	二十五元

恤金第六表：平时积劳病故（第一号）

阶级 \ 区别	一次抚恤金	遗族每年抚恤金
上将	七百元	四百元
中将	六百元	三百五十元
少将	五百元	三百元
上校	四百元	二百五十元
中校	三百五十元	二百元
少校	三百元	一百六十元
上尉	二百四十元	一百三十元
中尉	一百八十元	一百元
少尉	一百四十元	八十元
准尉	一百元	六十元
上士	八十元	四十元
中士	六十元	三十五元
下士	五十元	三十元
上等兵	四十五元	二十五元
一等兵	三十五元	二十五元
二等兵	三十五元	二十五元

恤金第六表：平时积劳病故（第二号）

阶级 \ 区别	一次抚恤金
上将	四百五十元
中将	四百元
少将	三百五十元
上校	三百元
中校	二百五十元
少校	二百元
上尉	一百五十元
中尉	一百二十元
少尉	一百元
准尉	七十元
上士	五十元
中士	四十五元
下士	四十元
上等兵	三十五元
一等兵	三十元
二等兵	三十元

恤金第七表：战时负伤年恤金

阶级 \ 区别	一等伤	二等伤	三等伤
上将	八百元	七百元	六百元
中将	七百元	六百元	五百元
少将	六百元	五百元	四百元
上校	五百元	四百元	三百元
中校	四百元	三百五十元	二百五十元
少校	三百六十元	三百元	二百元
上尉	三百二十元	二百四十元	一百五十元
中尉	二百四十元	一百八十元	一百二十元
少尉	一百六十元	一百二十元	一百元
准尉	一百二十元	八十元	七十元
上士	八十元	七十元	五十元
中士	七十元	六十元	四十五元
下士	六十元	五十元	四十元
上等兵	五十元	四十五元	三十五元
一等兵	四十元	三十五元	三十元
二等兵	四十元	三十五元	三十元

恤金第八表：平时负伤年恤金

阶级 \ 区别	一等伤	二等伤	三等伤
上将	四百五十元	四百元	三百五十元
中将	四百元	三百五十元	三百元
少将	三百五十元	三百元	二百五十元
上校	三百元	二百五十元	二百元
中校	二百五十元	二百元	一百六十元
少校	二百元	一百六十元	一百三十元
上尉	一百五十元	一百三十元	一百一十元
中尉	一百二十元	一百元	九十元
少尉	一百元	八十元	七十元
准尉	七十元	六十元	五十元
上士	五十元	四十元	三十五元
中士	四十五元	三十五元	三十元
下士	四十元	三十元	二十五元
上等兵	三十五元	二十五元	二十元
一等兵	三十元	二十五元	二十元
二等兵	三十元	二十五元	二十元

7.《海军抚恤条例》与《空军抚恤条例》

1942年4月22日,南京国民政府公布《海军抚恤暂行条例》,1942年11月1日起实行;1943年8月31日,南京国民政府公布《空军抚恤条例》;1944年3月23日,南京国民政府以渝文字第一〇八号令公布《海军抚恤条例》。

《海军抚恤条例》《空军抚恤条例》与《陆军抚恤条例》中的规定基本相同,但也有所区别。《中国民政史稿》载其相异之处[①]:

《海军抚恤条例》与《陆军抚恤条例》的不同之处:

①海军见习生在见习期间遇有伤亡时按准尉例给恤,练习生在练习期间、学生在肄业期间遇有伤亡时按上士例给恤(第二十七条)。

②海军一等练兵遇有伤亡时按三等兵给恤(第二十八条)。

③海军退伍员兵病故时,按原有阶等给予一次抚恤金(第二十九条)。

海军将士公墓建于1935年3月,遗址位于南京草鞋峡金陵船厂子弟学校一带

---

① 孟昭华、王明寰:《中国民政史稿》,黑龙江人民出版社1986年版,第151—153页。

位于南京紫金山北麓王家湾附近的航空烈士公墓。在公墓内的30块烈士名录墙上,已镌刻中、苏、美、韩等国3300多位抗日航空烈士的简历

④海军官佐士兵遇有特别情形因一等伤而致残废者,终身按月给予原薪饷的百分之五十,不另给年抚金(第三十条)。

⑤海军官佐士兵在空军服务者,其抚恤事项均按本条例办理,但负空中任务奉命搭乘因而由空中伤亡者,其一次恤金照《空军抚恤条例》减半发给(第三十一条)。

⑥海军陆战队及要塞官佐士兵、航空官佐士兵遇有伤亡时,其给恤应按《陆军抚恤条例》《空军抚恤条例》办理(第三十五条)。

《空军抚恤条例》与《海军抚恤条例》《陆军抚恤条例》的不同之处:

①阵亡分作当场和延期两种:①伤重立时殒命或受伤后在七日内死亡者为当场身亡。②受伤后,一等伤在六个月、二等伤在四个月、三等伤在三个月期间伤发殒命者,为第一延期殒命;

航空烈士公墓始建于1932年。由南京国民政府军政部航空署筹建

天津教育家张伯苓之子张锡祜的墓碑亦位于南京航空烈士公墓内（中区东侧横排由西向东第7位）。南京抗日航空烈士纪念馆内的烈士纪念碑《中国烈士名单L》载其生于1911年4月5日。尚不知张锡祜、宋恩儒等天津籍空军抗战烈士是否入祀天津市忠烈祠。

受伤经第·延期后，一等伤在五年六个月、二等伤在四年八个月、三等伤在一年十个月期间伤发殒命者，为第二延期殒命（第四条）。

②凡有：空中与敌作战殒命、作战回防因人机受伤而失事殒命、飞行遭遇袭击殒命或人机受伤因而失事殒命、降落部队在空中被击落殒命、地面与敌作战殒命、参加作战有关之工作遇空袭未及疏散被炸殒命、遇非常事变被戕殒命等事故之一的，称为阵亡。其中，前四项为空中阵亡、后三项为地面阵亡（第六条）。

③凡有：出发作战或报送友军机要及军需品等因恶劣天候地势机械故障驾驶关系等而失事殒命、服空中勤务因机械故障恶劣天候地势等原因失事殒命、服空中勤务因驾驶关系失事殒命、教练

或练习盲目或夜间飞行因恶劣天候地势机械故障驾驶关系等失事殒命、试飞发明飞机失事殒命、试飞新装飞机失事殒命、在地面上因公忽罹灾害因而殒命、服特别任务失事殒命（但深入敌区服特别任务而失事殒命者得照阵亡例给恤）等事故之一的，为因公殒命（第八条）。

④给予年抚金有一定年限，期满即收缴注销《恤金给予令》（第十八条）：

空中阵亡二十四年、地面阵亡二十年（但对无子之孀妇为终身）；

空中因公殒命，战时二十年、平时十五年，地面因公殒命一律以

▶《申报》1938年6月12日第2页载《空军四烈士合葬青山矶头》
▼邹韬奋《追悼空军烈士》，载1938年6月6日出版的《抗战》第78号

十年为限；

积劳病故者五年为限；

因公致废者终身发给年抚金，未致废者，一等伤为七年、二等伤为五年、三等伤为三年。

⑤军士长不分等第，照准尉给恤；空军学生分别按其入学肄业所受教育进度，空军入伍生、机械等学徒，照一二等兵给恤；飞行士、机械士等学生照上等兵给恤；军官生、机械等照下中上士给恤，但非飞行军士或不在各场站及飞机制造修理等厂而其任务不属于飞行工作之机械士与正在学习之学徒及其他机械兵等，准照《陆军抚恤条例》办理（第三十条）。

⑥支薪而不叙级及雇用人员伤亡时，按其职务之性质，分别依照《陆军抚恤条例》办理（第三十三条）。

8.改定党员恤金拨发办法①（1946年2月19日②）

一　为明了恤金受领人领取恤款情形，并求拨发手续之统一简捷起见，自三十五年度起，所有先烈及党员一次恤金及年恤金，一律由国库直接发给。

二　今后恤金受领人请领恤款，应先送由中央抚恤委员会查核后，以（三联式）通知书连同恤金证书及领保证，送请国库署拨发。国库署发出支付后，并应复知中央抚恤委员会备查。

---

①《上海市政府公报》1946年第2卷第24期第520—521页；《广东省政府公报》1946年还治复刊第16期，第23页。

②"财政部三十五年二月十九日财库叁字一五六四四号公函内开：案准中央执行委员会抚恤委员会本年一月十五日恤礼字第三六号公函：'以先烈及党员年恤金之支拨为求简捷一致起见，拟自三十五年度一律由国库直接拨发，检同《改定党员恤金拨发办法》，请查照核办，并见复'等由。查改定拨发办法尚属简捷可行，除函复外，相应抄发原办法一份，随函送请查照。"《上海市政府公报》1946年第2卷第24期，第517页。

三　三十五年以前已由财政部预拨恤款发交各省市政府照案发给者,得将预拨恤款尽先发给,俟预拨之款发讫时,即行停发,并迅将经发各案之备查联,缴还财政部,由国库直接发给。

四　本办法应由财政部及中央抚恤委员会分别通知各省市政府及各级党部查照办理。

五　本办法自商得财政部同意之日起施行。

9.抗战阵亡将士家属一次特恤金发给办法[①]（1946年）

一　抗战八年,各忠勇官兵牺牲忠烈,兹战事胜利结束,对各忠烈官兵遗族,除次加恤金及配发公粮代金外,为使遗族战后安家立业,特规定办法发给,一增特恤金,以示抚慰。

二　本办法所定之特恤金,以一次为止,其数目规定如左:

阶级＼区别	阵亡一次特恤金数目	因公殒命一次特恤金数目	积劳病故一次特恤金数目
上将	三〇〇,〇〇〇元	二〇〇,〇〇〇元	一五〇,〇〇〇元
中将	二二〇,〇〇〇元	一四六,〇〇〇元	一一〇,〇〇〇元
少将	一八〇,〇〇〇元	一二〇,〇〇〇元	九〇,〇〇〇元
上校	一五〇,〇〇〇元	一〇〇,〇〇〇元	七五,〇〇〇元
中校	一三〇,〇〇〇元	八六,〇〇〇元	六五,〇〇〇元
少校	一一〇,〇〇〇元	七四,〇〇〇元	五五,〇〇〇元
上尉	九〇,〇〇〇元	六十,〇〇〇元	四五,〇〇〇元
中尉	八〇,〇〇〇元	五四,〇〇〇元	四〇,〇〇〇元
少尉	七〇,〇〇〇元	四六,〇〇〇元	三五,〇〇〇元
准尉	六〇,〇〇〇元	四十,〇〇〇元	三〇,〇〇〇元
军士	五〇,〇〇〇元	三四,〇〇〇元	二五,〇〇〇元
兵役	四〇,〇〇〇元	二六,〇〇〇元	二〇,〇〇〇元

---

①《青岛市政府公报》1946年第3期,第3—4页;《浙江省政府公报》1946年第3405期,第2—3页。

三　本办法规定之一次特恤金,凡持有军事委员会颁发之《恤金给与令》加《具保证书》,径向抚恤机关请领。

四　本办法规定之一次特恤金受令〔领〕,系指左列各种:

1.阵亡官兵遗族;

2.抗战因公殒命或积劳病故出力死事官兵之遗族;

3.因公殒命与积劳病故之官兵,在二十六年七月七日以后死亡给恤有案者,无论给恤是否期满,均准照前项规定发给;

4.查案补发之不合于上列规定自三十三年止已领恤期满。

五　受领者之级别,均依照恤令上核定所书阶级为准。

六　应请恤之遗族,于奉颁恤令后,再行具领,不得声请垫发及代领。

七　凡有冒领或遗族纠纷情形,概由保证人负责,并由抚恤机关随时抽查。

八　凡持有恤金分领执照者,依执照所列数目,按本表比例分配发给之;

九　海军及在空军服务之陆军官兵之遗族一次特恤金,概照本办法规定办理。

十　本办法自奉准之日施行。

10.阵(死)亡将士遗族胜利恤金与抚慰金发给办法[①](1946年)

一　兹为抗战胜利慰问阵亡将士遗族,以示优异起见,特将一次胜利恤金及三十五年元旦日暨抗战纪念日发给抚慰金合并发给,即定名为胜利恤金与抚慰金。

---

①《青岛市政府公报》1946年第3期,第4—5页;《浙江省政府公报》1946年第3405期,第3—4页。

二　胜利恤金与抚慰金规定如左：

区别 阶级	胜利给与数	公殒给与数	病故给与数
上将	一〇〇,〇〇〇元	六六,〇〇〇元	五〇,〇〇〇元
中将	八五,〇〇〇元	五六,〇〇〇元	四二,五〇〇元
少将	七五,〇〇〇元	五〇,〇〇〇元	三七,五〇〇元
上校	六五,〇〇〇元	四二,〇〇〇元	三二,五〇〇元
中校	五五,〇〇〇元	三六,〇〇〇元	二七,五〇〇元
少校	四五,〇〇〇元	二六,〇〇〇元	二二,五〇〇元
上尉	三五,〇〇〇元	二二,〇〇〇元	一七,五〇〇元
中尉	三〇,〇〇〇元	二〇,〇〇〇元	一五,〇〇〇元
少尉	二五,〇〇元	一六,〇〇〇元	一二,五〇〇元
准尉	二〇,〇〇〇元	一四,〇〇〇元	一〇,〇〇〇元
军士	五,五〇〇元	三,七五〇元	二七,五〇元
兵役	三,五〇〇元	二,二〇〇元	一七,五〇元

三　上项胜利恤金及抚慰金，凡领有军事委员会颁发之《恤金给与令》者，得均凭恤令加《具保证书》，向抚恤机关请领。但沦陷区得派员前往慰问发放之。

四　本办法规定胜利恤金及抚慰金受领者，所持恤令，系指左列各种：

1.阵亡官兵遗族；

2.抗战因公殒命之遗族应照三分之二具领；积劳病故，应照三分之一具领；

3.因公殒命与积劳病故之官兵，在二十六年七月七日以后、三十四年九月三日以前抗战期间死亡给恤有案者，无论给恤是否期满，均准照前项规定发恤；

4.查案补发之不合于上列规定自三十三年止已领恤期满。

五　受领者之级别，均依照恤令上核定所晋级为准。

六 应请恤之遗族,于核发恤令后,再行具领,不得声请垫发及代领。

七 凡有冒领或遗族纠纷情形,概由保证人负责,并由抚恤机关随时抽查。

八 凡持有恤金分领执照,所列人口平均分配发给之;

九 海军及在空军服务之陆军官兵之遗族,概照本办法规定办理。

十 三十四年九月三日以后死亡者,不发胜利恤金。又三十六年请恤者,不论何时死亡,均不发给胜利恤金。

十一 本办法自奉准之日施行。

11. 抚恤抗战伤亡官兵订简化办法三项 规定请恤手续增发恤金(《申报》1946年5月30日第2页)

本报南京廿九日电。抚恤委员会对于抗战伤亡官兵抚恤手续,简化如次:

(甲)简化抚恤手续:(一)请恤,可由各受恤人(伤或亡)检同证件,列表送向本会请恤;(二)发恤令,改发市县政府转发;(三)领恤金,由本会报托行政机关发给。

(乙)改进抚恤标准:(一)增发恤金,按照近役俸比例加发,约较原金额增加三百倍上下不等,仍按年发给(如:阵亡少将一次恤金十六万元、年抚金十三万元,少校一次恤金十万元、年抚金八万元,准尉一次恤金五万元、年抚金四万元外,[增发]一次恤金三万元、年抚恤金二万元;兵[增发]一次恤金二万元、年抚金一万五千元);(二)发给恤粮,自三十四年份起,不分阶级,按恤令每户年给恤粮三石二斗,照军政部发给区粮食价目,规定折发代金。

(丙)对先烈之追念:(一)忠列祠,各部队将阵亡将士填具事迹表报会,核转内政部查核,通〔送〕主入祠;(二)纪念坊塔,抗战阵亡将士纪念坊塔,现正统筹计划中;(三)公墓,[民国]三十年间,本会会同内政部,订定《国殇墓园设置办法》公布,即可施行,至阵亡将士公墓,当合并计划办理;(四)国葬及公葬,凡有特殊功勋或伟大身献,足以增进国家民族光荣或人类福利,而合于《国葬法》或《公葬法》之规定者,均提请国葬或公葬;(五)褒扬及颁发荣哀状,凡抗战有特殊功勋者,均经照案呈请国府明令褒扬,或交政治部表扬,并奉准颁发荣哀状,以为遗族世代永久光荣纪念之用,刻正办理中。

又该会主任委员何键氏,定于明日下午六时,招待本京新闻界,对今后抚恤工作,有所报告。

12. 建祠立塔垂千古 抚孤恤幼慰忠魂 国防部请内政部查照办理三事(《申报》1946年11月4日第2页)

本报南京三日电。抗战中我忠勇官兵为国牺牲甚众,政府为酬庸赏功,曾经前军委员〔会〕先后与内政部商决,建筑忠烈祠,纪念坊塔,举办国葬、公葬、公墓,并为便利遗族请恤,由各乡镇区公所设立抚恤询问处,由各级学校教职员代理遗族办现请恤手续。国防部以上列各项均需积极进行,特电请内政部查照办理:

(一)关于各乡区公所设立抚恤询问处一案,迄今各省县尚未呈报成立者甚多,收复区各省县全未成立,请重申前令,并限本年内成立具报。

(二)关于忠烈祠纪念坊塔之建筑经费,定由各级地方政府筹划办理,唯查多未兴建,现以抗战胜利逾年,自应积极进行,以示崇敬忠烈,而维民族正气。

(三)关于国葬、公葬、公墓之实施,前经中常会及国防最高会先后决议,在复员期间缓办,现还都已近半载,似应筹划举办。

13. 请（领）恤邮寄信件办法二条①（1946年12月②）

一 在信封上之下款必须书明故员、故兵〇〇〇遗族〇〇〇缄（或荣员、荣兵〇〇〇缄），上款必须书明"南京小营联合勤务司令部抚恤处公启"字样，备邮局便于识别，以杜流弊。

二 依照前条写法，所有寄至本部抚恤处之一切信件，均可单挂号，不必多纳邮费，即能享受快信交寄之权利。

14. 军事抚恤（1937—1945）③

军事抚恤，在北伐初期由国民革命军总司令部办理。民国十六年十月，国府奠都南京，即由军事委员会军政厅恤赏科主管。十七年十月，拨隶军政部军衡司，仍设恤赏科掌管其事。二十四年三月，军政部恤赏科并入铨叙厅，设抚恤科。

二十七年八月，伤亡人数日增，遂于军事委员会之下，设置抚恤委员会，主管军事抚恤事宜。第一任主任委员为陈调元。二十八年一月，迁抵重庆，主任委员一职，改由何键接任。嗣后，抗战军事进入艰苦阶段，抚恤业务的范围也日益扩大，遗族的抚慰安置与游击区战区的抚恤等事宜，均包括在内。三十年三月起，于抚恤委员

---

① 《上海市政府公报》1946年第5卷第24期，第442页。
② "国防部联合勤务司令部恤邮第二二〇四号公函内开：查本部为谋抗战阵亡将士遗族及荣员（兵）请（领）恤便利起见，所有寄发本部抚恤处请（领）恤信件，请邮局免费寄递一案，兹准邮政总局局视字第七/八九五号函开：'以限于法令，实歉难照办，为特示优待请恤、领恤，信件可准视为公用军事邮件，得纳单挂号，邮资而仍按快信交寄，除通令所属遵照外，即希查照。'等由准此。兹拟定《请（领）恤邮寄信件办法》二条，除分函外，相应函请贵府查照，布告周知，以惠遗族。"《上海市政府公报》1946年第5卷第24期，第442页。
③ 据张瑞德：《抗战时期陆军的人事管理》，台北中央研究院近代史研究所集刊编辑委员会编辑：《中央研究院近代史研究所集刊》第21期，1992年版，第678—681页。行文格式略有更动。

会之下,陆续增设 13 个驻省抚恤处,分区办理抚恤事宜(许高阳编《国防年鉴》第一次,第二编,页 133)。总计,抗战八年期间,已核准给恤官兵人数为:4972754 人。

抗战期间抚恤伤亡官兵统计表

比例 \ 人数	伤亡人数	抚恤人数	抚恤人数/伤亡人数
民国二十六年(1937)	609594	8647	1.4%
民国二十七年(1938)	1220821	14156	1.2%
民国二十八年(1939)	523434	53349	10.2%
民国二十九年(1940)	1007206	108546	10.8%
民国三十年(1941)	436737	80353	18.4%
民国三十一年(1942)	361347	61309	17.0%
民国三十二年(1943)	244852	30483	12.4%
民国三十三年(1944)	314330	35242	11.2%
民国三十四年(1945)	254433	65954	26.0%
总计	4972754	458039	9.2%

资料来源:1.许高阳编:《国防年鉴》第 1 次,第 2 编,第 144-146 页;
2.何应钦:《日军侵华八年抗战史》,附表 4。

上表显示,抗战初期的战况最为激烈,伤亡人数最多,但是抚恤人数最少,显示抚恤工作形同虚设。民国二十七年八月,抚恤委员会成立后,抚恤业务逐渐成长,至三十四年时,已有四分之一强的伤亡人数获得抚恤。但是,从整体来看,抚恤的范围仍未普及。抗战八年期间伤亡者中,获得抚恤的比例尚不到 10%。

究其原因,大致可分为以下几项:(1)各部队官兵清册及详历表,因作战散失或炸毁,无法呈报请恤;(2)阵亡官兵家属因迁移疏散,流动性过大,与部队失去职络,无法调查;(3)阵亡官兵无直系或合法亲属,例不给恤;(4)土兵应征,系代雇或冒名顶替而来,一经阵亡,其姓名及家属均无从查考;(5)轻伤官兵伤愈归队,照例均不请恤;(6)作战后生死不明失踪者。以上据《本会第一处三年来重要业务报告》(《国民政府军事委员会抚恤委员会成立三周年纪念册》,页79—80)。

另一方面,阵亡官兵遗族请领抚恤,所遇到的困难,则有以下各项:(1)受恤人因不识字或不明白请恤的手续,往往托人代办书表、呈文。代办的人即乘机从中间受恤人敲索,领到恤金时,受恤人常仅能得80%~90%,甚至70%~80%;(2)受恤人请人代办了书据,向县政府投递,往返动辄数十里或数百里,旅费已花了不少,找保证人也要手续费,呈文、书据投递以后,又往往数月、一年,甚至二三年,还得不到回信,一而再,再而三,以至无数次向县府催促,用数甚至超过恤金的情形也是屡见不鲜;(3)有许多官兵殉职后,亲属得不到部队长的通知,他们或者从朋友处探听到不确实的消息,填具表格,由县、省转呈请恤。得到的批示,多半是"未据原部队呈报有案"。写信到原部队请求,又因原部队长对抚恤不注意,或以人事变迁,无法查明其事迹,也每如石沉大海,杳无消息,甚至数年还得不到结果和恤令、恤金。以上据宋尚春《怎样使受恤人早沾实惠》(《国民政府军事委员会抚恤委员会成立三周年纪念册》,第31—32页)。

战时物价不断上涨,原有恤金数额,为战前制定,不足维持遗族及伤残官兵最低生活,政府乃逐次设法提高恤额。自民国三十一年起,年抚金额照恤令所载数目加倍发给;三十三年再加发一倍;三十四年起,改照退役俸数目,比照增加恤金。恤金种类,在抗战前原规定只有一次抚金与年抚金两项;自三十三年起,增列特恤金及救济费,三十四年增列公粮贷金(许高阳编《国防年鉴》第一次,第2编,第133页)。虽然如此,恤金数额仍然过少,不为遗族所重视,因此请恤者为数寥寥(《陆军第十四军三十四年度工作报告书》，第 167 页）。

抗战胜利后，情况依旧。一位中级军官负伤后，所获恤金 12 万元，尚不足买 1 分金子，而只能买一条不锈钢表带，令人啼笑皆非（张儒和《抗战胜利前后》下，《中外杂志》第 35 卷第 5 期，1984 年 5 月，第 104 页）。不过，也有少数的单位，各自实施特殊的抚恤办法。如，戴笠所领导的军统机构中，凡因触犯工作纪律，或背叛工作任务而被处决者，其家属也视同为工作而牺牲者的家属，予以抚恤，照顾其生活及子女的教育。据一位军统人员表示，军统人员愿意忠心追随戴笠，死而无怨，此项特殊措施为原因之一（张赣萍《弹火余生述》，第 2 册，第 186—187 页）。

表彰忠烈，分为褒扬、表扬、祠祀、碑坊、国葬、公葬、公祭、公宴等。抗战期间，由政府明令褒扬者，共有刘湘、张自忠等 148 员名。照抗战特殊忠勇官兵表扬办法，经军事委员会表扬的官兵，计有李庚星等 1854 员名（许高阳编《国防年鉴》第一次，第二编，第 135 页。另一项略为不同的统计数字，参阅何应钦《八年抗战之经过》，附录 17）。合于抗战殉难官民祠祀，及建立碑坊办法大纲规定的阵亡将士，经核准入祀首都忠烈祠者，共 1538 员名（许高阳编《国防年鉴》第一次，第二编，第 135 页）。

至于各基属单位，战时由于受到通货膨胀的影响，中央所规定的埋葬费，无法顾及事实，金额有时尚"不足购一张草席"（张治中《张治中回忆录》上册，第 407 页）。全靠自行张罗，举办纪念仪式，藉以激励民心士气。隆重者如四川威远一地的部队，将阵亡将士官兵入祀当地忠烈祠时，举行盛大仪式，有全体官兵、军乐队、民乐队、学生队等万余人参加。当送牌位的队伍经过市区时，家家户户均烧香燃烛、供奉祭桌、燃放鞭炮。典礼结束后，学生抬着米、棉花、猪肉、菜蔬等物,送至每位阵亡官兵家属的家中。由于仪式隆重感人,以致当场即有数十位青年,要求加入部队从军(冯玉祥《冯玉祥回忆录》,页168—169)。

15.伤亡官兵抚恤(1946—1947)①

官兵抚恤:本部一年来,对抚恤措施之改善,兹述其大要如左:

1. 改订制度:放宽证件尺度,并求无缺无滥,改订遗族领恤办法,安抚失踪、被俘官长之眷属,对恤金给与比照陆军给与,及除役时待遇金额,适时调整。

2. 简化手续:推行邮政发恤,简化领恤手续,普设抚恤询问处,并将以请恤表格十二种,简化为伤、亡请恤表各一种,制发各地邮局、机关、部队、地方政府,供请恤者使用。

3. 充实人力:增设战地抚恤机关,就地核恤、发恤。

4. 委托验伤:由各地军医院或公立医院代验,以省请恤者之烦难。

5. 设置抚恤基金保管委员会,将抚恤经费划作国家特别基金,不列入军费,俾保恤户之法益。

6. 颁发荣哀状:办理褒扬表扬,入祀忠烈祠,建立纪念坊碑,举办公葬国葬。

7. 遗亡残伤族就业优待:职业介绍,收容教养及子女免费就学等。

8. 守土殉职之文职公务员之奖恤:先由本部调查作战情形,作初步核定,再转呈行政院。

---

①《国防部在国民党六届四中全会上所作之军事报告(1947年9月9日)》节录,中国第二历史档案馆编:《中华民国史档案资料汇编》第5辑第3编《军事(一)》,档案出版社1999年版,第574—576页。

一年来军事抚恤统计①：

物质抚恤：1946年7月之前，军事委员会所属的抚恤委员会（以下简称前抚委会）已核发恤令489390张，并承办功勋特恤5787人、为154人发放救济费，共计核发抚恤金75.43783354亿元。此后至1947年9月之前，由联合勤务司令部抚恤处（以下简称抚恤处）②核发的恤令共计106366张，其中包括：抗战阵亡31869人（将27人、校1761人、尉7210人、士兵22781人）；抗战负伤21183人（将16人、校657人、尉3887人、士兵16623人）；因公殒命11213人（将31人、校291人、尉862人、士兵1029人）；积劳病故11617人（将101人、校906人、尉2387人、士兵8223人）；因公负伤129人（校7人、尉29人、士兵93人）；特给抚恤2103人；民夫抚恤4322人；救济费1702人。抚恤处共计核发抚恤金385.50588375亿元（抚恤金名目包括11项：阵亡死亡一次恤金、阵亡死亡年恤金、负伤年恤金、公粮代金、一次特恤金、特给恤金、胜利恤金、救济费、抚慰金、应付款、邮费汇备付金）。

精神抚恤：国葬公葬45人；建立纪念碑坊（前抚委会承办36处、抚恤处承办58处）；入祀忠烈祠（前抚委会承办100人、抚恤处承办164人）；抚恤处颁发荣哀状3447张；表扬（前抚委会承办

---

①原为军事抚恤统计表，现予择录。另包括"绥靖阵亡"31010人、"绥靖负伤"8345人，应与抗战无关。
②联合勤务司令部抚恤处于1946年8月由原军事委员会抚恤委员会（惯称中央抚恤委员会）改组而成。1937年抗战全面爆发后，国民党中常会议决，由军委委员长行使陆海空军最高统帅权，并授权对于党、政、军统一指挥。1946年5月，军委会裁撤，并根据《国防部组织法》改组为国防部，国防部内设联合勤务司令部。参见张宪文等主编《中华民国史大辞典》，江苏古籍出版社2001年版，第811—813页。

1844 人、抚恤处承办 49 人);抚恤处承办褒扬 127 人①。

其他:守土殉职公务员抚恤(前抚委会承办 297 人、抚恤处承办 247 人);抚恤处承办运柩执照 64 张;抚恤处承办子女就学优待 20545 人。

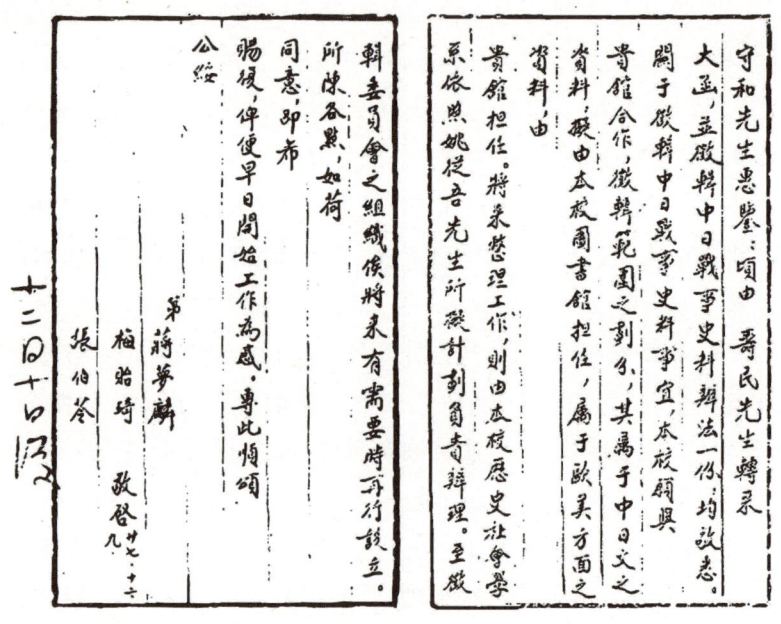

1938 年 12 月 9 日,蒋梦麟、梅贻琦、张伯苓就国立北平图书馆与国立西南联大共同征集抗战史料一事,联名致函袁同礼。转年初,中日战事史料征辑会在昆明成立。函中提及的"寿民先生",即刘崇鋐(字寿民)

①该军事抚恤统计表又载:抚恤处承办褒扬 34 人、前抚委会承办褒扬 134 人。待考。

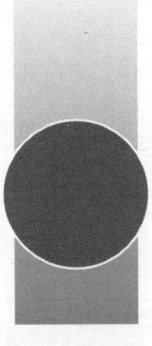

补录

《益世报》1946年7月7日第4版对天津市举行抗战忠烈追悼会和第一次入祠典礼的报道(当日第1版载社论《万感交集悼忠魂》)。而《益世报》7月6日第4版《明日"七七"九周 殉难烈士入祠》已先行披露98位入祠忠烈名单,但名单中并无吴松龄,却有郑恩普。此虽为误载,但亦表明入祠忠烈名单公布后仍存变数。《益世报》7月9日又载消息《忠烈祠国庆日开放》称:"本市忠烈祠将由社会局负责管理,局方规定今后将于国庆纪念节日实行开放。"

本书付梓前夕，幸又得见天津市忠烈祠入祀抗战忠烈生平事迹等资料。其来源，既包括天津档案网(http://www.tjdag.gov.cn)"在家看档案——档案全文数据库"网页公开披露的与天津市忠烈祠相关的档案史料，也包括日本国立公文书馆亚洲历史资料中心(http://www.jacar.go.jp)公开披露的与1939年"刺程案"相关的档案史料，还包括抗战忠烈后人(如叶国贵后代叶长青老人)等提供的家藏资料等。另外，杨仲达先生、陶丽女士在《今晚报·副刊》连载的《举火烧天——抗日杀奸团纪事》中披露的相关档案资料，也颇具参考价值。这些史料对丰富本书内容大有裨益，且可匡正一些重要史实，价值毋庸置疑。

　　不过，斯事既葳，恐再难将其有机地插入文中。遂纠结取舍，辄引以为憾。幸蒙本书主编王振良先生及时慨允补录，且情真语挚。夙知先生宅心仁厚、义顾全局。斯言如是，益加感奋，用敢勉竭愚诚。现适当采择，赘附书末，冀补万一。

　　此番补阙挂漏，尚须参酌前文各篇，方可明了。故酌加注释、按语(间有考订)，以为说明，但仍不免支离驳杂，对全书连贯性不无影响，或有阅读未便之感。诚望识者谅我。

一 天津市忠烈祠1945年底办理情形及筹建计划

为签请事。案查关于筹建忠烈祠一案,为当前急务,自应积极进行。兹为事权划一,以专责成起见,关于计划、调查征求、烈士登记、联络等事,拟由职科按照步骤齐头并进。其觅商、估价、动款、聘邀绘图人员等事务,拟由第六科派员会同办理,并随时与市党部取得联络。兹将业经办理情形暨正在进行、应即计划等事项,分晰缕陈如左:

(甲)业经办理情形

1. 会商工务局,将敌[神]社门前石碑园内石碣、各处石制献灯,及殿宇周围石栏杆四百余根,原镌字迹及一切旧痕,饬工消灭。经于本月十八日,派职科贾锡恩前往视察,业经工竣。

2. 镌刻"天津市忠烈祠"之石碑,业经觅商估价,以天兴石厂估价最低,已签请照准。其题字亦承市座①挥就。现已交下该石厂,请给半价,俾便开工。并经签请核示发给。

天津市忠烈祠主建筑"正立视图"。1945年底绘制

3. 与市党部商洽征求烈士姓名、事迹,以便审查一节,经于本月

---

① 时任天津市市长张廷谔。

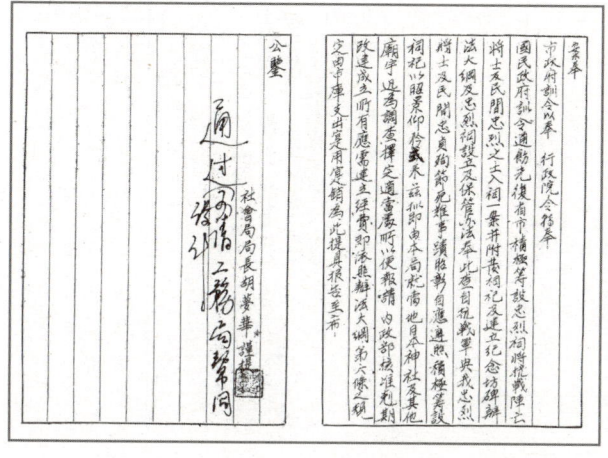

1945年底，天津市政府社会局局长胡梦华提请天津市政府市政会议，将原日本神社改建为天津市忠烈祠。此议获准后，由工务局帮同设计建设方案

十四日派职科严昌，前往市党部联络。准组训科邢同志云"已搜集一部分材料，俟审核后抄送过局，余则陆续抄送"等语，复经请示苏书记长①，所谈亦复如是。

(乙)正拟进行事件及计划

1. 拟登广告或新闻稿，应按照行政院颁布《抗战〔敌〕忠烈官民祠祀及建立纪念坊碑办法大纲》，征求各烈士遗族家属来局登记。经与烈士原隶机关或地方士绅证明书审查后，以定供列次序。上项事件拟请示照准后，即缮稿呈阅。

2. 关于烈士木牌，应按照国定之尺度制作。现正觅商估价中，拟请由第六科并案觅商估价，以专责成。

3. 关于计划，殿内应如何布置、改建为适宜？供台方向应如何安装为合理？以及制作式样等事，拟通盘计划，邀聘绘图技术人员同往视察。一俟图样绘妥，经审查适合，即招商估价，以最低价格为

---

①国民党天津市党部书记长苏吉亨。

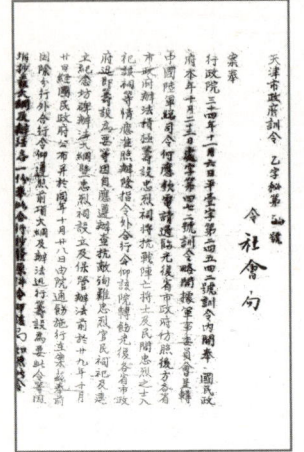 1945年11月26日,天津市政府就印发行政院颁布的《抗敌殉难忠烈官民祠祀及建立纪念坊碑办法大纲》暨《忠烈祠设立及保管办法》一事,训令社会局等全市各机关单位

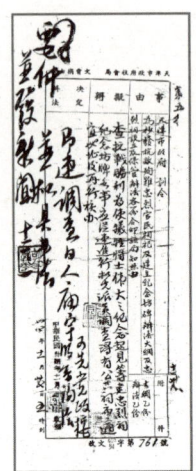 1945年底,天津市政府社会局要求从速调查天津市内的原"日人庙宇",以便确定设立天津市忠烈祠的适宜地址及实施办法

标准。查上项事件,事体较大,且有关估价及动用款项,拟请第六科派员会同办理。

4. 关于烈士牌位供列次序,拟须将各烈士姓名、事迹汇齐审查后,方可规定。

5. 关于该敌[神]社门前石牌坊之改建式样及殿宇油饰颜色,拟一并计议,并须觅商估价,以便工作。查上项事件,除事务方面由职科呈请办理外,所有招商股价等事,仍拟由第六科办理。

以上所呈筹建忠烈祠情形,是否有当,谨请鉴核示遵。谨呈局长胡①。

职李金鼎②、崔蔚云③谨呈

十二月二十一日

---

① 天津市政府社会局局长胡梦华批示:"可",并批:"可先商工务局能否办理"。
② 李金鼎时在天津市政府社会局文化礼俗科任职,1946年任该局劳工行政科专员、工运指导员、代理视察员,后又任该局视察员。
③ 崔蔚云时为天津市政府社会局文化礼俗科礼俗股主任,后任天津市教育局主任秘书。

二 天津市忠烈祠第一次入祠忠烈生平事迹补①

1. 张自忠

遗属在津住址:"十区镇南道②一六二号"。

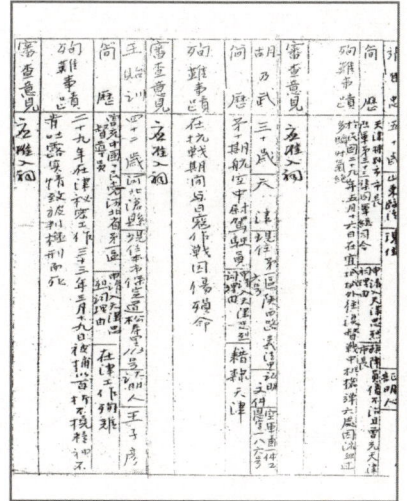

1946年天津市政府社会局编《津市忠烈入祠清册》(共计98人)。此为第1页

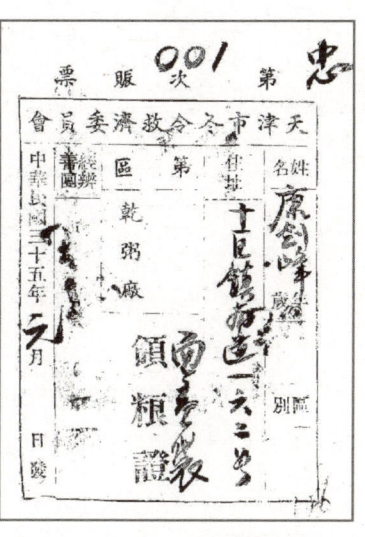

1946年1月,天津市冬令救济委员会发给抗战忠烈张自忠遗属康剑峰的领粮证

---

①天津市忠烈祠第一次入祠典礼时间为1946年7月7日,入祀98人。其中:南京国民政府明令全国各地忠烈祠入祀者1人(即张自忠);天津市当局审查核准入祠者97人。此次补录,据1946年至1948年由天津市政府社会局、天津市政府民政处、天津市政府民政局、天津市民政局编《津市忠烈入祠清册》《烈士事迹表》《烈士遗族住址》《仍请入祀天津市忠烈祠烈士遗族住址表》《烈士阴耀武等遗族居留本市及设籍情形表》等记载。

②镇南道于1952年更名睦南道。

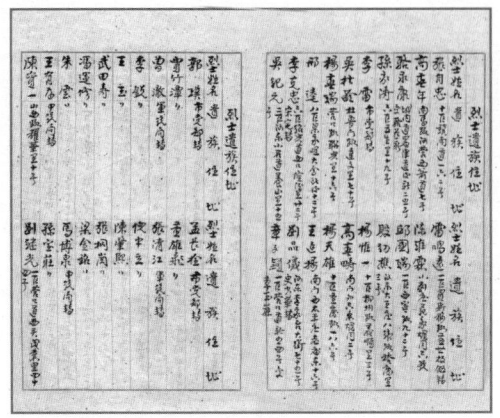 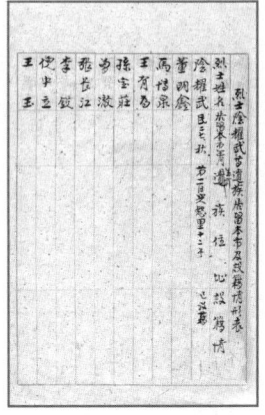

1948年天津市忠烈祠"九三秋祭"暨第三次入祠前夕,天津市民政局于8月19日,通知前两批入祠抗战忠烈的遗属参加秋祭及入祠典礼。此为《烈士遗族住址》两种

1948年天津市民政局编《烈士阴耀武等遗族居留本市及设籍情形表》(共计58人)。此为第1页。"张长江"即张清江

2. 阴耀武

于"民二十七秋"留居天津,设籍。生前及遗属在津住址:"第二区兴恕里①十二号"。其遗属在津住址也被记载为"一区沈阳道六四号"。

3. 曾澈

《烈士事迹表》由"军统局送"。

4. 雷鸣远

宗化民(曾任军统局平津督察、承德站站长)撰《军统在华北东北活动情况》载:"1937年至1939年军统在平津、平绥路的组织,有北平区区长马汉三、副区长张季春、书记周世光所辖各组站:……

---

① 兴恕里位于营口道中段西侧,1988年拆除后扩建为天津市第二十一中学校舍。

组长雷鸣远（比利时人）、天主教徒，活动于南堂、北堂一带，组员王桂三、张文相、张云良"。①其遗属在津通信地址："二区罗斯福路②益世报馆转"。

5. 张倬甫

于"民十九年七月"留居天津。生前及遗属住址："西站北洋大学教授住宅四号"。遗属在津住址："六区江西路一一六号"。其子张匡中。

按：《申报》1937 年 8 月 2 日第 23074 号第 4 页载：1937 年 7 月"二十九日，平沈通车曾在军粮城出轨，共有三节车倾覆，一部日兵伤亡。并有一[名]十二岁童子军身亡。该火车因今战事发作，又折返塘沽。其他北宁路各次车，二十九日起，亦在塘沽下车。所有乘客，已于一日乘轮由塘沽到津（一日中央社电）。"

《申报》1937 年 8 月 2 日第 23074 号第 3 页《北宁路恢复通车》载："天津山海关之现铁道曾已不通，订于二日起，每日午前九时，由天津东站开往山海关客车，即将恢复，但平津间仅开动军用列车，并无定期客车，暂时尚无开动之希望（一日同盟社电）。北宁路局将于三日恢复通车，预定二日晨，由路局派专车两列，由津分别开往平、榆，勘查沿途情形，如无障碍，即如期恢复通车云（一日中央社电）。"

《申报》1937 年 8 月 3 日第 23075 号第 4 页《日军屠杀沿线人民》载："保定。北宁路平津间轨道，被我军民破坏甚多。日军部派工前往修理。日军乃至黄村、廊坊、洛堡等地，屠杀人民。每地有二

---

① 全国政协文史资料委员会编：《文史资料存稿选编》第 14 辑《特工组织》下册，中国文史出版社 2002 年版，第 385 页。
② 罗斯福路于 1953 年更名和平路。

三百人遭难(二日中央社电)。"

《申报》1937年8月5日第23077号第4页《日军调动益忙碌》载:"天津。日军调入平津一带,络绎不绝,因此,华北局势仍极紧张,闻两日前,日兵二千于路轨修成后,开抵天津与塘沽间之军粮城。昨日,塘沽又到日方运兵船三艘。当时,有日兵五百,往驻通州。同时,北宁路上尚有兵车甚多,俟路轨修复后,即将南来。闻数日前,北宁路轨破坏时,已有兵车五十余列滞留途中。今兵车待发者,其数当视此加倍。日人现竭力冀恢复北平之交通(四日中央社路透电)。"

《申报》1937年8月13日第23085号第6页《今日交通之急问题》(署名锐灵)载:"应即刻组织破坏铁路及修理铁路之职工队。采军事训练性质,使从事铁路之破坏与修理。退却前,如估计无法反攻,应将路轨、桥梁,以最敏捷方式,彻底破坏;前进时,又应能以最短促时间,修复路轨、桥梁,以便利军事运输。至于敌人后方交通之破坏,应军队中之游击队任之,但铁路人员应教以破坏技术及供给必要工具。此次事变,我们对于北宁路的路轨桥梁,没有做严重的破坏工作,对于北宁路的车辆,没有能够向南撤出,对于北宁路的员工,没有作有计划的撤退。所以,不到几天,又马上成了敌人运兵、运粮、运械的要道。这种覆辙,以后无论如何不应该再蹈的。"

而1946年7月由天津市社会局文化礼俗科编印的《天津市忠烈祠第一次入祠忠烈简明事迹录》载:"张倬甫,北宁铁路局副局长……七七事变,博士在北宁路[任]副局长。平津弃守,博士虽不甘事敌,而仍虚与委蛇,盖有所图也。敌军自东运输桥梁路轨,屡遭破坏,皆博士暗中策动之力,渐为敌觉。"据此判断,载有侵华日军的火车于 1937 年 7 月 29 日在军粮城出轨，很可能就是张倬甫等所为。

6. 郭朴[①]

"在津被捕，解北平，嗣又迫送日本充作劳工，被虐致死"。《烈士事迹表》由"天津市党部函送"。其遗属生活"穷乏"。遗属住址："霸县城内西赵家务"。

7. 陈中柱

《烈士事迹表》由"津浦铁路特别党部造送"。

8. 陈资一

"廿八年八月十六日，在天津旧英租界六十一号路永善里[②]二号被敌宪兵捕去；受刑惨死于敌宪兵队内"。《烈士事迹表》申请人为陈宗伟（其长子），并由军统局提供。遗有"妻、二子二女"。遗属在津住址："山西路耀华里三号后门""山西路耀华里十号"。

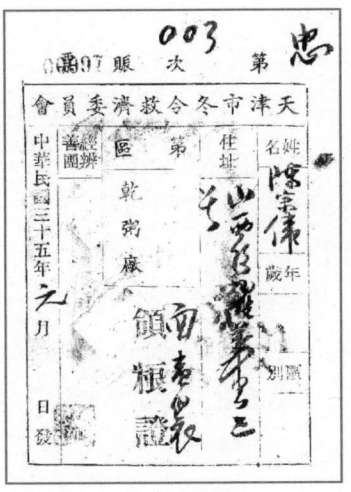

1946 年 1 月，天津市冬令救济委员会发给抗战忠烈陈资一遗属陈宗伟的领粮证

[①] 据天津市政府社会局 1946 年编《入祀本市忠烈祠烈士姓名》《津市忠烈入祠清册》、天津市民政局 1948 年编《仍请入祀天津市忠烈祠烈士遗族住址表》《入祀本市忠烈祠烈士姓名》等记载，郭朴亦被写为"郭璞"。

[②] 英租界六十一号路，即格林威道（Greenwich Road），抗战胜利后更名宜昌道。永善里位于该路中段北侧，呈"干"字形，东南起自该路，西北端不通行。长 37.5 米，宽 3 米。1938 年建房成巷。1982 年改称永春里。1987 年拆建为楼房，改称三友里。参见天津市和平区地名志编纂委员会编《天津市地名志(01)·和平区》，天津人民出版社 1998 年版，第 209、341、418 页。

9. 刘继光

"为奸人高剨山所卖,被敌捕获。解平,死狱中"。《烈士事迹表》由"天津市党部函送"。其遗属生活"特别困难"。遗属在津住址相继登记两处:"英界西头茂业里①二八五号""一区营口道西头茂业里四十四号"。

10. 王文

"北平中国大学毕业"。"二十八年,以刺杀汉奸王克敏等被捕殉难"。《烈士事迹表》由"军统局送"。遗属在津住址:"一区嫩江路八十二号"。

11. 朱彭寿

"二十七年四月五日被捕,刑毙于花园宪兵队②内"。遗有"女一,生活艰苦"。《烈士事迹表》申请人为李瑞成③。遗属在平住址:"北平西城十八半截[胡同]一号"。遗属在津住址:"二区河东小关牌坊胡同二号"。

12. 胡恩培

"因工作积极,身份暴露,被捕。惨受毒刑,于廿九年三月而亡"。《烈士事迹表》由"军统局送"。其于"民二十九年六月"留居天

---

① 茂业里位于营口道与新兴路交口西北侧,始建于1937年。1977年拆建为楼房区,更名迎新里。
② 驻津侵华日军"河西宪兵队",时位于天津日租界花园街,故称"花园宪兵队"或"花园街宪兵队"。抗战胜利后,花园街改称山东路(多伦道至锦州道)。
③ 1946年1月27日,交通部天津电信局职工会在第二分局召开全体会员大会,改选理、监事。李瑞成为五名监事之一。天津市总工会工运史研究室、天津社会科学院历史研究所合编:《新民主主义革命时期天津工人运动记事(1919年—1949年)》,天津社会科学丛刊编辑部1985年版,第231页。另据《益世报》1947年8月30日《总工会继开大会》载:"津市总工会首届会员代表大会,昨日(二十九),继续在耀华礼堂举行。"李瑞成被选为13名监事之一。

津,立户设籍。生前及遗属住址:"西头梁家嘴辅荫里二号"。遗属在津通信地址:"旧法界五十九号路①迁芝堂对过李宅转"。

13. 韩家兰

"廿八年在津任第三分团主任。卅二年升任天津支团代理书记。卅三年被捕。对组织坚不吐实,不受利诱,态度倔强,屡受非刑","终被残害,处以极刑。时于三十三年三月二十日"。《烈士事迹表》由"三青团平津支团送"。证明人:"青年团团部"。

14. 王贻训

于"民二十八年一月"留居天津。"在津秘密工作。三十三年三月十九日夜,由日本宪兵捕去。五月间,被判极刑","以百折不挠精神,不肯吐露实情"。证明人王子彦。《烈士事迹表》申请人为王赵新波。其遗属包括"母、妻、二子二女,收入毫无"。生前及遗属住址:"十区松寿里②一一三号"。遗属在津住址:"一区宁夏路一一一号"。

15. 张清江

"卅年一月二日,与朱屏藩③同时被捕。嗣,朱同志脱险,而烈士被敌惨杀"。《烈士事迹表》由"军统局送"。

16. 吴纪元

"二十六年组织铁血锄奸团,在各游艺场散放传单及种种破坏

---

① 即越南兵路(Rue du Tirailleur),抗战胜利后改称拉萨道。
② 松寿里位于保定道与河北路交口西北侧。1914年由张勋建房成巷。1927年大革命失败后,中共天津地委机关曾设在巷内第79号。
③ 宗化民《军统在华北东北活动情况》载,抗战胜利后,马汉三任北平行营督察处处长、军统华北办事处处长。朱屏藩(中校)任军统华北办事处文书组报务员。全国政协文史资料委员会编:《文史资料存稿选编》第14辑《特工组织》下册,中国文史出版社2002年版,第387页。宗化民曾任军统局平津督察、承德站站长。

工作。二十九年暗杀张逆维忠未果。被捕受刑。在[侵华日军]华北派遣军军法系①，判死刑"。《烈士事迹表》由"天津市党部函送"，并由军统局提供。家中"现有五口，以做小生意暂维生活"。遗属在津住址："二区河东小石道养山里十五号"。

17. 陈维霖

"工作被捕，身受酷刑，于三十二年三月廿五日，在津海光寺敌宪兵队而亡"。②《烈士事迹表》由"军统局送"。遗属在津住址："小刘庄范家胡同六号"。

18. 章文颖

《烈士事迹表》由"军统局送"。遗属在津通信地址："一区营口道新五四号交章玉荪"。

19. 吴松龄

空军第二大队第三十中队二级上尉分队长、飞行员。上尉《烈士事迹表》申请人为吴祖杰。遗有"父母、弟、妻子，经济困难"。遗属在津住址："杜鲁门路③达文里七十号"。原审查意见为函送广东省入祠，旋入天津市忠烈祠。

20. 邱国瑞

遗属在津住址："一区西宁路九十二号"。

21. 温学诗

北京交通大学毕业，曾"供职交通部"。"由洛阳密运电机来津，

---

① "军法系"即侵华日军设在北平的军法处，也称军法部、军法会。
② 1969 年台版"抗团烈士资料"载，陈维霖于 1943 年 9 月赴沪工作后被捕牺牲。其牺牲时的具体时间待考。
③ 原天津英租界 11 号路，也即达文波道（Davenport Road）。抗战胜利后改称杜鲁门路。后更名建设路（营口道至曲阜道）。

不幸被捕。三十二年十月被敌枪杀"。《烈士事迹表》由"军统局送"。遗属在津住址:"一区西宁路福善里十号"。

22. 张少峰

"在津工作,被敌捕获,死于宪兵队"。《烈士事迹表》由"中国国民党天津特别市执行委员会送"。遗属在津住址:"十区西安道五十五号子孚医院转"。

23. 董明鑫

"廿九年被捕后,被处死刑。卅年春,被害于天津海光寺宪兵队"。

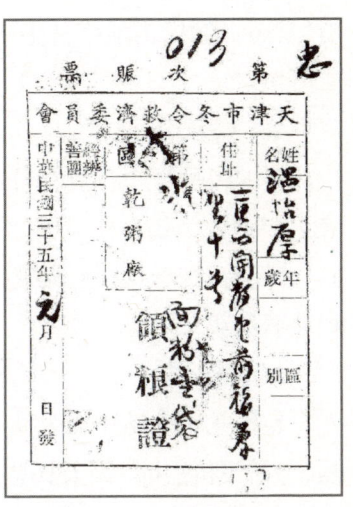

1946年1月,天津市冬令救济委员会发给抗战忠烈温学诗遗属温怡厚的领粮证

《烈士事迹表》由"中央统调局华北天津区函送"。遗属在津住址曾被记载为"一区沈阳道六四号",此与阴耀武遗属在津住址所载相同。1948年天津市民政局调查认为此地址不符。

24. 高春畤①

"空军第廿七中队②上尉"。《烈士事迹表》申请人为高成荣。遗

---

① 有记载称,高春畤原名高春田,因与教官高春田重名,奉命改名高春畤。教官高春田,天津塘沽人,空军军官学校航炸班第一期毕业,轰炸机飞行员。1937年晋升空军中尉(1937年9月7日《国民政府令》)。曾任空军轰炸总队及空军军官学校侦炸班教官,参与轰炸在吴淞口、长江游弋的侵华日军舰船,参加武汉空战。1942年6月27日在云南会泽驾机教练飞行时,不幸失事牺牲,时年33岁,空军上尉。其兄高在田,南苑航校第四期毕业的少校飞行员,后在塘沽刘庄子村出资建立"春田小学"。

② 另载高春畤为"第廿九中队队员"。中国第二历史档案馆编:《抗日战争正面战场》下册,档案出版社2005年版,第2319页。

有"父母、弟妹,尚能维持生活"。遗属在津住址:"南门外六条胡同二号"。

25. 杨春瑞

"中华民国空军笕桥航校第四期驱逐机驾驶毕业"。《烈士事迹表》申请人为杨春桂。天津市政府社会局局长胡梦华曾"颁予奖状"。遗有"婶母、姑母、兄嫂、姊妹,经济困难"。遗属在津住址:"营口路联兴里十六号"。

26. 杨天雄

空军第一大队中尉分队长、第十四航空队分队长。"因战事剧烈,急需飞机往助。因天气恶劣,美飞行员拒不起飞。天雄以战事危迫,冒险带队赴敌,卒在长寿附近殉职"。《烈士事迹表》申请人为杨豹灵。证明材料:"航空委员会函一件、恤金给与令一件"。遗有"父母、兄妹、弟,家境寻常"。遗属在津住址:"十区重庆路一八六号"。原审查意见为"函送江苏省入祠",旋入天津市忠烈祠。

27. 胡乃武

《烈士事迹表》申请人为胡家祺。遗有"父母、兄弟、妹,尚可维持"。遗属在津住址:"陕西路义德里五十三号""一区陕西路义德里六号"。证明文件"空军函一件,'二恩字一八六号'"。

28. 邢迏

《烈士事迹表》申请人为邢林桂珍。遗有"母子二人,其妻做工"。遗属在津住址:"八区梁家嘴大会所后十二号"。

29. 王廷扬

空军第二大队第六中队飞行员。《烈士事迹表》申请人为其父王霭亭。证明人及证明材料:"高玉升[寄自]成都信二件"。遗有"父母、兄弟、妹,生活艰难"。遗属在津住址:"南门西太平庄老庙东八号""南门西太平庄老庙东十六号"。

30. 张树勋

天津市保安队第廿一中队警士。"七七事变,敌寇进兵,该警退守南门外八里台子,与敌对抗,以致壮烈牺牲"。《烈士事迹表》申请人为张起元。证明人费子彬。区长马宝侣①复查。遗有"父、兄嫂,勉强为生"。遗属在津通信地址:"东马路崇仁宫后四十一号交张起元"。

31. 郭海亭

天津市警察局保安队第三大队警士。亦载"郭海庭"。"民国二十六年曾随天津保安队退出天津,后加入第五战区第三十三集团军五十九军一八〇师七一七团,在渑池与日寇作战阵亡"。《烈士事迹表》申请人为其父郭兆林。证明人:保长田松林。其"双亲已老,无人侍奉,以卖零食维生"。遗属在津住址:"南门西吉祥胡同窝铺"。

32. 刘都阳

天津市警察局保安队第三大队警士。"原籍山东乐陵"。"民国二十六年曾随天津保安队退去,后即加入第五战区第三十三集团军五十九军一八〇师七一七团,参加洛阳战役阵亡"。《烈士事迹表》申请人为其母刘杨氏。证明人:保长田松林。遗有"母、妹,以手工针线维持生活"。遗属在津住址:"南门西吉祥胡同窝铺"。

33. 王寿臣

"曾充天津市警察局保安队第十九中队警长。在台儿庄与敌日会战,累见功勋,在长沙阵亡"。《烈士事迹表》申请人为王寿彭。遗属在津通信地址:"南市治安大街六吉里十六号交王寿彭"。

---

①1946年任天津市第八区公所区长,亦载为马宝占。待考。

34. 穆义亭

"七七事变后,退守静海,复奉命回津从事地下工作,为敌侦悉。在穆家庄被捕。在海光寺宪兵队非刑拷讯,不屈殉难"。《烈士事迹表》申请人为穆成春。其遗属生活"困难"。遗属在津住址:"南市芦庄子清通巷廿四号"。

35. 张长敬

"卒业静海小学校"。"后在津充当保安第三大队部警士。九一八事变后,因功升为机枪班长。七七事变因抗战受伤,未得随军转战。廿七年[四月],由张文贵①介绍入[国民]党,在王若僖指导下工作。廿八年,有本组叛逆白振海到袁文会部下密告[出卖,捕送敌宪兵队],与兄张瑞祥同时死难"。《烈士事迹表》由"天津市党部函送"。其遗属"家境清苦"。遗属在津住址:"西南城南大道东官场八十二号""十一区南大道白房胡同②三号"。

36. 高春年

陆军第五十七军军医处中校医官。《烈士事迹表》申请人为高志杰。证明人赵奉三。遗有"父母、妻子,生活非常困难"。遗属在津

---

① 《张文贵被敌人侵害之事实调查》载,1946 年 4 月 24 日,张文贵接受天津地方法院检察官冯浩光调查时称,其籍贯河北静海,年龄四十一岁,被侵华日军侵害时的职业为商人,现在职业为"天津市党部卫士"、住所为"天津一区芦庄子赵家胡同一号"。张文贵披露抗战期间其被侵华日军施以酷刑的情形:"余谨将被敌人罪行侵害之事实,据实陈述如下:于民国廿九年旧历三月三日,突由[伪]大悲院派出所警士,率领天津一区花园街日本河西宪兵队便衣宪兵二名,至'河北西窑洼向阳北里二条十七号'本人住宅,将本人带至该队,用酷刑毒打,昏倒三次,迫令承认为地下工作人员。经坚决否认,羁押三月,后解送北平军法审议会判决徒刑十年,押在第一监狱临时外寄人犯收容所。至三十四年旧历八月廿六日释放,共被押五年半。"北京市档案馆编:《日本侵华罪行实证——河北、平津地区敌人罪行调查档案选辑》上册,人民出版社 1995 年版,第 364—365 页。

② 即白房子胡同。位于南大道中段北侧,南起南大道,北至西关大街,长 198 米。下同。

住址:"东门内河营西箭道七号"或"南马路河营西箭道七号"。

37. 赵朴

"二十六年九月,在淞沪蕰藻浜之战阵亡"。《烈士事迹表》申请人为赵继瞻。遗有"母、弟妹、子,家贫清苦"。遗属在津住址:"河东小关六合里三号"。

38. 张瑞祥

"在本县高小毕业后,在津泉祥鸿茶庄①充当职员……由[天津市公安局]总局长李文田特选卫队班长之职。七七事变随队退青岛……痊愈后返津……为叛逆白振海出卖,被袁文会逮捕……二十九年六月[后],与弟长敬同被处死刑"。《烈士事迹表》由"天津市党部函送"。其遗属"生活窘困"。遗属在津住址:"十一区南大道白房胡同三号"。

39. 孟长拴

"在天声日报②工作,被王士英举发,入狱死难"。《烈士事迹表》由"天津市党部函送"。其遗属生活"穷困"。遗属在津住址:"天津估衣街美隆栈内"。

另据《天津特别市工会概况表(十八年四月十日天津特别市政府抄送)》载:提花第二工会所在地:"侯家后";会员数:"一一四人";主要职员姓名:"郭德义、曹世俊、孟长拴";每月收入:"二十二

---

① 交通部天津电话局 1936 年编《民国二十六年份天津电话号簿》载:"泉祥鸿记茶庄总店,锅店街路南""泉祥鸿记茶庄支店,英租界 2 号路"。英租界 2 号路即宝士徒道(Bristow Road),抗战胜利后改称营口道。

② 《天声日报》即《天声报》,原名《大声报》,1937 年 1 月创刊,位于"南市平安大街 35 号",创办者为谢龙阁。甫一出刊即被冀察政务委员会查封,遂改称《天声报》。其为日伪豢养的报纸。参见马艺主编《天津新闻传播史纲要》,新华出版社 2005 年版,第 161—162 页。

元五角"。①

40. 李克忠

曾任"特二区公所事务员"。"三十三年三月,被[驻津侵华日军]清水部队捕去,向其索要青年团电台,致被打死"。《烈士事迹表》申请人为李刘率真。遗有"父母、妻、子女,生活困难"。遗属在津住址即通信处:"第一区昆明路五号""六区绍兴道西口隆德里廿二号宋宅转"。

41. 冯运修

"北平私立宏达中学②高中毕业"。《烈士事迹表》由"军统局送"。

42. 李鑫

《烈士事迹表》由"军统局送"。

43. 骆永康

《烈士事迹表》由"军统局送"。遗属在津通信地址:"城内道署津道后新二五号交骆长新"。

44. 孙家涛

"二十八年加入国民党,吸收大批同学组织秘密团体,鼓吹青年赴内地服务,三十三年三月,为日宪兵队捕获,惨受酷刑,不屈殉难"。《烈士事迹表》由"天津市党部函送"。遗属在津住址相继登记为:"特一区立生里③十九号""六区立

冯运修牺牲前,华世奎为其父冯滉(字梦韩)所书对联。落款为"己卯年冬十月",即1939年11月11日至12月10日之间。

---

①南京国民政府工商部劳工司编:《调查报告》,工商部总务司编辑科1930年6月版,第30页。
②"宏达中学"应为弘达中学。
③今河西区桥西街一带。

生里十九号"。

45. 李锐

"二十八年十二月为敌所捕,受刑讯。廿九年九月七日殉难"。《烈士事迹表》由"军统局送"。

46. 袁汉俊

《烈士事迹表》由"军统局送"。遗属在津住址:"十区重庆道三益里七三号"。《袁英辛呈为呈送烈士袁汉俊生前住址及年月由》(1948年11月2日天津市民政局《三七民字第793号》)载:"谨呈者,遵卅七年九月廿三日《三七民自字第4476号》钧示,内开'请将烈士生前居住本市地址及其年月查明,迅予报局,以凭汇转'等由。查烈士袁汉俊于民国十年十一月,随

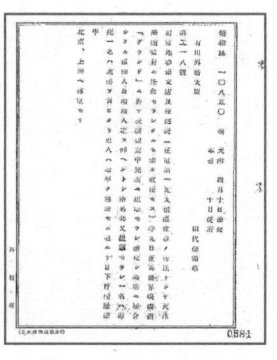

1939年4月10日,日本驻津领事馆总领事电呈日本外务大臣,汇报汉奸程锡庚遇刺案

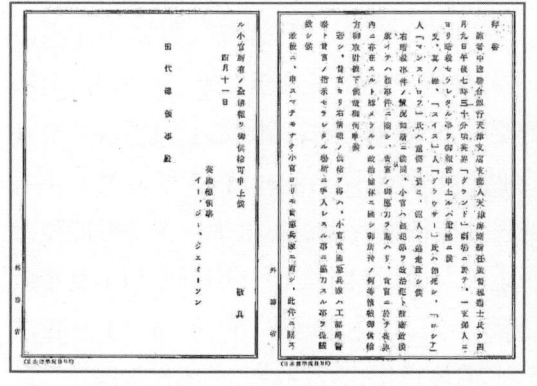

1939年4月11日,英国驻津领事馆总领事就"刺程案"一事,致函日本驻津总领事

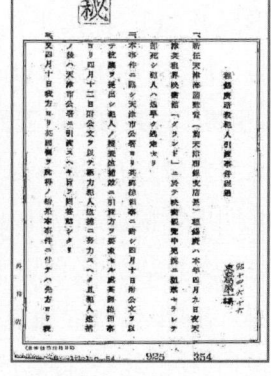

1939年6月,日方记载的《程锡庚暗杀犯人引渡事件经过》

1946年1月,天津市冬令救济委员会发给抗战忠烈袁汉俊遗属袁英辛的领粮证

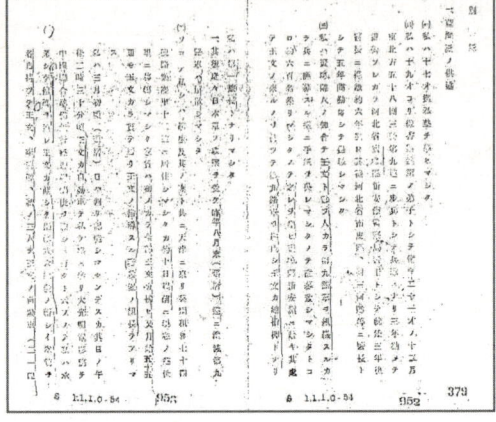

1939年6月,日本驻津领事馆总领事向日本外务大臣呈报的《程暗杀犯人取调听取书送付一件(机密第八八三号)》中,载有所谓的"刺程案"凶手蓝向隆等四人供词。"刺程案"应为抗团成员袁汉俊等所为

遗属[担]任英瑞炼乳公司华北总经理之职时,携眷迁移来津。居住以来,已及廿七年之久。烈士袁汉俊生前居住本市地址及其移动情形照开如下:民国十年十一月至十五年三月,前法[租界]中街101号(新路名中正路111号);民国十五年三月至二十三年六月,前法[租界]中街60号(新路名中正路46号);民国二十三年六月至廿八年八月,前法租界八号路109号(新路名赤峰道47号)。廿八年大光明电影院狙击伪中国联合准备银行程锡庚之举,主持者即烈士也。旋奉命赴渝,深造于重庆大学。民国三十一年秋间,烈士复奉命再入沦陷区,领导地下抗敌工作,时常往返津、平、沪间。不幸在津被捕,移解北平,惨受严刑,遍体鳞伤,为敌戕害,遂成仁报国焉。谨此奉报。此呈天津市民政局。遗属袁英辛。三七年十一月一日。地址:十区重庆道三益里七三号。"

按：袁英辛为袁汉俊之父。1905年，雀巢育儿奶粉公司与美国人办的英瑞炼乳公司合并，取名雀巢英瑞炼乳公司。1936年改名为"雀巢——英瑞持股有限责任公司"。①

袁汉俊之妹袁永健撰《关于胞兄袁汉俊的简况》载："父亲袁英辛1917年从上海圣约翰大学化工系毕业，后为瑞士雀巢奶品公司上海分公司经理。届时父亲仅20岁。九一八事变后不久，父亲调到天津分公司。"袁英辛来津任职时间应为1921年11月。而袁英辛在津担任的"英瑞炼乳公司华北总经理"，也即雀巢奶品公司天津分公司经理。

交通部天津电话局1936年编《民国二十六年份天津电话号簿》载，"雀巢奶品公司"位于"法租界8号路109号"。天津法租界八号路，抗战胜利后改称赤峰道。其中：解放北路至和平路一段，原亦称巴斯德路（Rue Pasteur）；张自忠路至解放北路一段，原亦称水师营路（Rue de L'Amiraute）。

"刺程案"发生后，日、英在津当局将所谓的凶手蓝向隆（也载为兰向隆）、蓝隆（也载为兰隆）、李德祥、沈香金（也载为沈向金、张富）等四人抓捕，并于1939年4月30日将其押至大光明电影院前，指认现场

47. 萧武魁

曾任"华北抗日别动队二十三支队少校队长"。"于二十六年十二月参加华北抗日军，充任少校大队长，担任后方地下秘密工作。

---

① 参见韩大勇编著《百年雀巢》，北京工业大学出版社2012年版，第216页。

于廿七年四月间,加入华北抗日军津浦北段游击司令部,[任]津郊支队司令部大队长"。参加"攻[天津]武库日驻军及参加武清、独流镇等游击战……破坏[天津]河北新车站敌防御工事后,[廿七年]五月十六日被敌宪捕获","押二个月,被枪决"。《烈士事迹表》申请人为萧凤山。证明人徐春澍。其遗属"生活困难"。生前及遗属住址:"宜兴埠后街十六号"。遗属在津住址:"河北辰纬路西口一二八号""河北辰纬路西口二〇一号"。

48. 张蓉镜

"廿七年十二月被捕,解平。被害殉难北平狱中"。①《烈士事迹表》由"中央统调局华北天津区函送"。遗属在津住址未详,通信由"北宁特别党部转"。

49. 殷幼樵

《烈士事迹表》由"天津市党部函送"。其遗属生活"困难"。遗属在津住址:"河东大王庄八纬路裕庆里三号"。

50. 李雷

《烈士事迹表》由"中国国民党天津执行委员会函送"。

51. 赵在田

"廿八年十二月,在津逮捕,转解沈阳。拒绝利用,被杀殉难"。遗属在津住址:"十区昆明路福寿别墅三号"。

52. 潘菊神

"三十八岁"。"在津工作,被海光寺宪兵队逮捕受刑,不屈死难"。《烈士事迹表》由"天津市党部函送"。其遗属生活"窘困"。遗

---

① 1943年《交通公报》载《抗战以来殉职死难之地方党部工作人员名册》称:"张蓉镜,北宁路党部党务指导员。张同志于卅一年十二月,在天津为敌伪捕去,酷刑不屈,殉职。"参见《交通公报》1943年第6—12期,第2705页。

属在津通信处:"旧二区大同公寓①组训科转"。

53. 倪中立

北京大学毕业。"廿九年九月,在津事泄,被执"。《烈士事迹表》由"军统局送"。

54. 刘建孚

"被敌海光寺宪兵队逮捕,死狱中"。《烈士事迹表》由"天津市党部函送"。其遗属生活"困苦"。遗属在津原住址:"十区镇南道九十八号"。

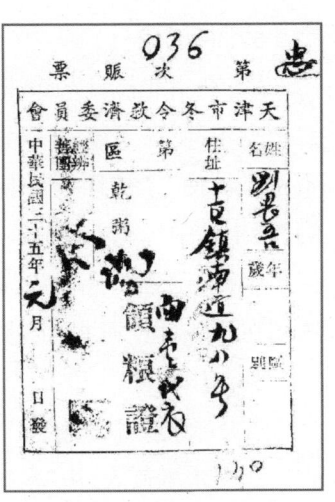

1946年1月,天津市冬令救济委员会发给抗战忠烈刘建孚遗属刘畏吾的领粮证

55. 刘玉荣

天津华新纱厂②工会委员、市党部区分部委员。"因工运行动,烧毁敌公大纱厂六厂仓库,被傅贵山举发,被捕受非刑,重伤死"。《烈士事迹表》由"天津市党部函送"。遗属在津住址相继登记为:"河北车站外花园里二十三号""三区河北小于庄花园里十八号"。

56. 杨惟一

"廿七年,奉派驾送由天津购得载重汽车二十辆,于津郊被日寇包围,抗拒不屈,为敌枪杀死难"。《烈士事迹表》申请人为杨雅如。遗有"父母、妻女,勉维生活"。遗属在津住址:"十区柳州路义顺里三号"。

---

①天津中原公司以西的和平路、哈密道(原日租界旭街、松岛街)一带,曾有大同公寓。
②1936年被日商钟渊纺织株式会社收购,更名钟渊公大实业株式会社第七工厂(简称公大七厂)。

57. 杨天成

"曾充华北抗日军津浦北段津郊游击支队中尉侦探员"。于"民二十七年"留居天津,立户设籍。"八月二日,破坏河北西车站,工作不密,被捕","被日本领事馆特高科捕获,送花园宪兵队","受酷刑,死于狱中"。《烈士事迹表》申请人为杨书芳。证明人萧凤山。其遗属生活"困难"。生前及遗属住址:"河北小王庄俊业里十二号"。遗属在津住址:"河北八经路月纬路西口九条胡同四号"。

58. 丁毓臣

"天津汇文中学毕业"。"于北平,被敌一四〇七部队[①]捕获,殉难"。《烈士事迹表》由"军统局送"。遗属在津住址:"河北关上大经堂胡同五号"。

59. 阎景玉

"天津警察局大直沽派出所警士"[②]。"廿六年,天津日寇侵入。景玉值岗,见保安勇士二人浑身是血,仰卧车上。景玉遂起杀敌之心。将日人杀死二名,事后,日寇竟捕其全家及其岳父。景玉乃毅然自首"。"七七事变,敌侵天津,领导村民抢救廿九军负伤将士。目睹日寇之凶残,愤慨万分。时有日人二名武装出巡,烈士乘机杀之。廿八年四月间,为敌侦悉捕获,被敌坑杀殉难"。证明

---

① 高炎《我在北平从事党的情报工作的回忆》载,1942 年,"我被判刑五年,关在北新桥炮局胡同 17 号'外寄人犯临时收容所'。该所东院是日本的 1407 部队。一般犯人在宪兵队审讯告一段落后,即送到这里等候宣判。西院(即外寄人犯临时收容所)专门关押已经判刑的犯人"。中共北京市委党史研究室编:《北京地区抗日运动史料汇编》第 3 辑,中国文史出版社 1996 年 1 版,第 425 页。

② 交通部天津电话局 1936 年编《民国二十六年份天津电话号簿》载,"天津市公安局第六区公安分局第一分驻所娘娘宫派出所"位于大直沽。"天津警察局大直沽派出所"或为俗称。

人杨继东。天津市第五区区长区长王子彬复查。《烈士事迹表》申请人为阎景田。遗属"生活困难",在津住址:"大直沽赵家胡同十三号"。亦载为"日人三名武装出巡,烈士乘机杀之"。

60. 刘品仪

《烈士事迹表》由"中国国民党天津执行委员会送"。遗属在津通信地址:"河东李家台大街七十五号史少华转"。

61. 王玉

年龄"二十一岁"。"在津工作暴露。卅一年被捕入狱,四月十七日被杀殉难"。《烈士事迹表》由"军统局送"。

62. 李如鹏

《烈士事迹表》由"军统局送"。遗属在津住址:"二区建国道十六号"。

63. 陈肇熙

"卅二年一月二十日被敌捕,送北平军法会审,倍受酷刑而亡"。《烈士事迹表》由"军统局送"。

64. 梁金铭

"廿九年,因破坏大王庄仓库事泄,被敌刑杀死难"。《烈士事迹表》由"军统局送"。

65. 卢以仁

"七七事变,在津工作。廿七年某月,暗杀汉奸陶子权①未果,被捕刑讯致死"。《烈士事迹表》申请人为卢联清,并由军统局提供。证明人沈甲辰。其遗属生活"困难"。遗属在津通信处:"河东小关医院胡同九号交卢联清"。

---

①1946年天津市政府社会局编《津市忠烈入祠清册》载,陶子权曾任"伪市府秘书"。

66. 纪念华

"廿九年，[第]三次被捕，经酷刑终未供组织秘密，被敌枪杀于津郊"。《烈士事迹表》由"军统局送"。遗属在津住址："南门西四条胡同十五号"。

67. 赵璧臣

中宣部驻津宣传办事处北宁区宣传指导员。"民国廿九年，在津被捕，卅年，在北平被敌处死刑"。证明人：中统局。遗有"妻、子女，经济困难"。遗属原住址："北平地安门外东皇城根十四号"。

68. 武田寿

"在津狙殪刘逆义石，为敌侦获。二十九年三月被害"。《烈士事迹表》由"军统局送"。

69. 朱云

《烈士事迹表》由"军统局送"。

70. 张桐岗

"廿九年十二月卅一日晚被捕，翌年二月七日，由津宪兵队解交北平敌军法会审讯，翌日被杀"。《烈士事迹表》由"军统局送"。

71. 王润秋

教育部文化教育促进会文教干事。"三十三年二月十九日被敌捕获，同年十一月廿五日殉难"。《烈士事迹表》由"天津市党部函送"。遗有"父母妻子，家境极为困难"。遗属在津住址："十区洛阳道贵厚里五号""河东大安街十九号张宅转"。

72. 杨小二[①]

"民国二十八年八月殉难，因在特二区敌第六仓库放火"。《烈

[①] 1946年天津市政府社会局编《津市忠烈入祠清册》载杨小二"十三岁"。《益世报》1946年7月6日《明日"七七"九周 殉难烈士入祠》也持此说。后订正为十八岁。

士事迹表》由"中国国民党天津执行委员会送"。遗属在津住址，1948年经天津市民政局调查，仍未详，信函由"市党部转"。

73．马博泉

"自制炸弹，破坏日本天津特三区清水部队仓库及车站。廿九年七月十七日，被天津日本领事馆特高科逮捕，备受酷刑。九月廿二日，转送北平日本军法会审。十一月廿六日，判决死刑"，"十二月，被害于北平南苑"。《烈士事迹表》由"中央统调局华北天津区函送"。①

74．王有为

"廿九年七月，被天津日本领事馆特高科逮捕，九月，解送北平，十二月被害于北平南苑"。《烈士事迹表》由"中央调查统计局华北天津区函送"。

75．孙宝庄

"奉命自制炸弹，破坏日本天津特三区清水部队仓库及车站。廿九年七月十七日，被天津日本领事馆特高科逮捕，受尽酷刑。九月廿二日，送北平日本军法会审，十一月廿六日，判决死刑"，"十二月，被害于北平南苑"。《烈士事迹表》由"中央统调局华北天津区函送"。

76．尚文武

《烈士事迹表》由"中央统调局华

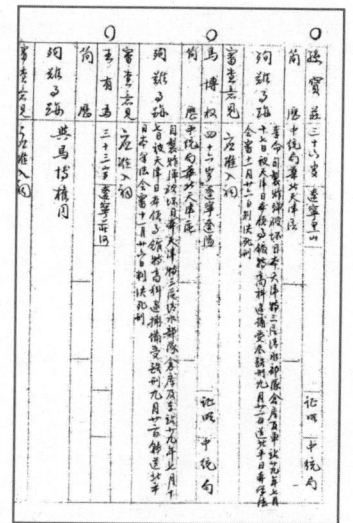

1946年《津市忠烈入祠清册》所载孙宝庄等简历及殉难事迹

---

①1948年天津市民政局呈报的《烈士事迹表》载其名为"马博权"。

北天津区函送"。遗属在津通讯处:"南开马场道中国建设纺织公司第六厂"。

按:《尚文诚被敌人侵害之事实调查》载,1946年4月27日,尚文典接受天津地方法院检察官陈文泽调查时,称其籍贯天津,年龄二十四岁,职业为"天津青年日报社定报员",永久住址为"天津南开马场道中国纺织公司第六厂丙字二十九号"。据尚文典披露:尚文诚,籍贯天津,年龄三十四岁,被害时无职业,被害时住所为"天津西头双庙街一百三十四号"。"民国三十一年七月七日,不知何故,日本海光寺宪兵队将尚文诚由家中捕去。在该宪兵队中,每日食糟糠、挨鞭打。后送北平炮局子胡同第一监狱外寄人犯收容所。同年(不记日期)被送塘沽,转送日本国福岛县,又至北海道流放各处作劳工,因劳致病故去。以上所述,全系事实,并无虚伪。如上项敌人罪行,将来可受法庭审判时,余愿居于告发人或证人之地位。倘有虚伪,愿受诬告或伪证之处罚。此结"。天津地方法院检察官在调查文书中载,尚文典"陈述前,已告以具结之意义,及诬告伪证之处罚。陈述后,又令具结人阅览并向其朗读,经承认无异"。天津地方法院检察官遂将侵华日军此种罪行种类确定为"对平民施以酷刑及流放平民",实施罪行的地点为"天津南营门日本海光寺宪兵队本部"。①

已知尚文典为尚文武遗属。如1946年1月,天津市冬令救济委员会发给抗战忠烈尚文武遗属尚文典领粮证。1946年《天津市忠烈祠第一次入祠忠烈简明事迹录》载,尚文武于"三十一年七月,为敌宪逮捕,饱受非刑。三十三年十月,被敌解往日本,迫充劳工,

---

① 北京市档案馆编:《日本侵华罪行实证——河北、平津地区敌人罪行调查档案选辑》上册,人民出版社1995年版,第436—437页。

不甘役使,致被戕害"。尚文武遇难经历与尚文典表述的尚文诚遇难经历基本相符。而且,尚文武遗属在津通讯处与尚文典永久住址基本一致。笔者因之判断,尚文诚即指尚文武。尚文诚之名应为误植。故,从《尚文诚被敌人侵害之事实调查》中,可进一步获悉尚文武生平事迹。

77. 鞠兆祥

任职于北宁路天津机务段。"于廿六年八月十四日为日本宪兵队逮捕①,判死刑。卅三年一月,因刑伤,死于北平炮局胡同监狱",《烈士事迹表》由"北宁铁路特别党部天津区送"。遗有"妻、子女五口,生活困难"。

78. 杨宝善

籍贯"河北滦县"。任职于北宁路天津检车段。"廿六年八月十六日,为日宪捕获,判死刑。廿九年八月廿四日,瘐死于北平炮局胡同监狱"。遗有"父母妻、子女共五口,生活困难"。《烈士事迹表》由"北宁铁路特别党部天津区送"。遗属在津住址:"四区姚家台恩翊里七号"。

79. 李永善

"于卅三年一月廿二日,为[日伪]天津警务段逮捕,于天津审讯时惨死刑下"。《烈士事迹表》由"北宁铁路特别党部天津区送"。遗有"妻、子女九口,生活困难"。遗属在津住址相继登记为:"河北大经路人和里五号""河北中山路人和里六号"。

80. 林永清

"民十三年一月"居津。"接济地下工作人员"。"二十九年在沧

---

① 鞠兆祥被捕时间亦载为"二十七年八月"。

县工作,被敌捕,解北平","经敌最高指挥部处死刑"。《烈士事迹表》由"天津市党部函送"。遗属住址:"西头转盘后头条胡同六号""河北转盘街新房一条胡同五号"。1946年1月2日《益世报》载《抗属情绪一斑》:林永清"四年前"被捕,"死在北平第一监狱"。

81. 徐育才

"因叛逆刘子厚举发,被捕","捕入习艺所①,死狱中"。《烈士事迹表》由"天津市党部函送"。遗属在津通讯处:"十区西安道五十五号子孚医院转"。

82. 黄贵

"天津市党部行动组组员"。"廿七年被敌侦悉,为汉奸徐树铭捕获……解敌宪兵队,被害殉难"。《烈士事迹表》由"天津市党部函送"。其遗属生活"困难"。遗属在津住址:"陈家沟子娘娘庙陈家台刘家胡同六号"。

83. 颜丕基

"卅三年二月一日,为[日伪]天津警务段逮捕,惨死刑下"。《烈士事迹表》由"北宁铁路特别党部天津区送"。遗有"妻子、姐五口,生活困难"。遗属在津住址相继登记为:"河东火神庙前十号""河东锦衣卫桥火神庙前十九号"。

84. 萧荫泉

"于卅二年十二月廿六日,为[日伪]天津警务段逮捕,判刑。后押往北平军人监狱,死狱中"。《烈士事迹表》由"北宁路特别党部天津区送"。遗有"父母、弟四口,生活困难"。遗属在津住址相继登记两处:"南马路宝兴巷二号""河北堤头刘家胡同老十三号"。

---

①位于西门外小西关。天津沦陷前称河北第三监狱,俗称"小西关监狱""西头监狱"。

85. 王瑞

"县立师范毕业"。"三十三年,被[驻津侵华日军]清水部队捕获","同年七月三日殉难于北平"。《烈士事迹表》由"天津市党部函送"。遗有"妻一",生活"困难"。遗属在津住址:"河北东六经路润泰里二十三号"。

《天津特别市工会概况表(十八年四月十日天津特别市政府抄送)》载:华新纺织工会所在地:"小于庄";主要职员姓名:"刘文波、王瑞、赵汇波、任富平、傅秀山";每月收入:"由厂方补助一百元"。见载南京国民政府工商部劳工司 1930 年编《调查报告》第 30 页。

86. 张鸿相

"在苏吉亨先生领导下,参加党务秘密活动、破坏敌人工作"。"廿九年,为叛逆梅曾勤①出卖,被捕。备受酷刑,伤及内部。于十一月三十日死于北平狱中"。《烈士事迹表》由"天津市党部函送"。遗有"父母、妻子,生活极为困难"。

87. 徐连奎

"三十年六月,为日寇逮捕,八月死于敌宪兵队中"。《烈士事迹表》由"天津市党部函送"。遗有"妻及弱子三人,生活极为困难"。遗属在津住址相继登记两处:"六区贺家口润善里七号""六区贺家口云寿里八号"。

88. 李旭高

"直隶警察传习所毕业。天津市党部民运科干事"。后因"被捕受刑过重,死医院中"。《烈士事迹表》由"天津市党部函送"。遗有"母妻及子,生活困难"。遗属在津通信处:"十区小白楼先农里一二

---

①1939 年 1 月《王若僖呈报中央秘书处聘委一部分工作人员姓名表》载:梅曾勤化名曾俊,30 岁,天津市党部行动股额外助理干事。朱家骅档案:301-01-06-193。

〇号交李煜铭"。

按:直隶警察传习所的全称为"直隶全省警察传习所"。1915年由原北洋巡警学堂改组而成,隶属直隶全省警务处。天津《益世报》1919年5月15日《各校抵制日货开会纪》载:"草厂庵之直隶警察传习所亦拟开会,提议抵制日货之办法。"《益世报》1921年11月23日《省议员建议两案》载:"省议会议员段文楼,以直隶警察传习所办理情形,三届已经期满,四届又欲续办,值此国库如洗之际,亟应撙节有用脂膏,拟提议咨请省长,饬令停办,以维公款。又,以地方自治,为完成国家生存之目的,以佐官治之不逮也。民国八年,曾由直隶全省自治筹备处设立全省自治讲习所,以树各县模范。旋因中央先设模范自治讲习所,遂将该所停办。今中央讲习所早经毕业,而直隶讲习所反寂然无闻,故拟建议仍在天津设立全省自治讲习所,专造就自治人才,以资分发各县,办理自治事务。所有应用经费,即由停办警察传习所之款拨用,实为一举两得云。"此后,直隶警察传习所改称天津警察教练所,隶属天津警察厅。

89. 刘福庚

《烈士事迹表》由"军统局送"。遗属在津住址:"一区河北路信义里九号"。

90. 杨玉琳

"二十七年努力工作,将敌人所运军火埋藏堤内,或抛弃河中。卒于工作过于积极,于卅二年十二月被捕。施以种种毒刑,以致疯狂,被击毙"。"为[日伪]天津警务股逮捕,不堪刑讯,死于该股□押所"。《烈士事迹表》由"北宁路特别党部天津区送"。证明人"北宁路特别党部第三区长李铭轮"。遗有"母、妹、妻子五口,生活困难"。遗属在津住址相继登记为:"河北中山路华兴里二十四号""三区中山路华兴里十号"。

91. 赵竹友

"启明中学①毕业","盐务队警长"。"二十九年,参加党务工作"。"卅年一月,奉派赴沈阳探查敌情,于八月被日本翻译金江举发,临刑不屈"。"卅一年四月,死于辽宁桥头镇②敌宪牢中"。《烈士事迹表》由"天津市党部函送"。遗属在津住址:"一区山西路二一六号"。赵阶平为其遗属。

92. 于敬明

《烈士事迹表》由"军统局送"。

93. 董凤祥

"廿六年十一月十七日夜,因破坏敌通讯,被敌枪杀于海河之畔"。又载,当日夜"值班之时,被敌揪至八号码头③,用枪刺毙,并将尸身投于河内"。《烈士事迹表》由"交通部天津电信局职工会送"。遗有"父母、妻、子女,生活艰苦"。遗属在津住址:"一区哈尔滨道中

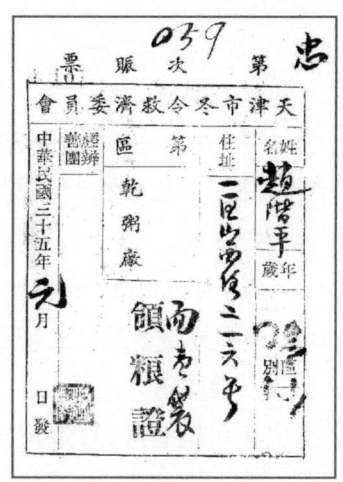

1946年1月,天津市冬令救济委员会发给抗战忠烈赵竹友遗属赵阶平的领粮证

---

①天津市教育局1931年12月30日《为来局立案事致私立启明中学校训令》载,私立启明中学校位于英租界42号路(即摩西道,抗战胜利后改称南海路)。"该校业经成立多日,尚未呈请立案,与规程似有未合。仰即从速遵照规程,呈局立案,以重法令,而免贻误青年"。天津市档案馆馆藏档案,档号:401206800-J0110-1-000048-001。
②桥头镇位于辽宁本溪南郊。
③塘沽南站一带海河泊位,旧称八号码头。塘沽海河北岸分两段,第一段"码头:自八号码头至东码头河沟,岸线长1500米;库场:上端以八号码头的公路为界,下端以距海河岸200米地区为界"。天津市地方志编修委员会:《天津通志·港口志》,天津社会科学院出版社1999年版,第42、171页。

和栈内"。

94. 章凯旋

《烈士事迹表》申请人为章德表①。证明人王建良。遗有"母、弟,家境艰难"。遗属在津住址:"一区昆明路安宁里廿六号"。

95. 李文

《烈士事迹表》申请人为李鸿藻。遗有"母、妻、子女",家境"平常"。遗属在津住址:"五区六纬路一一四号"。

96. 常同第

"廿六年七月,日寇窥犯津,在东车站与保安队协同作战,阵亡"。《烈士事迹表》申请人为刘金城。遗有"妻子,生活困难"。遗属在津住址:"十区汉阳道三友里一号"。

97. 崔崇仑

"民十七年一月"留居天津。《烈士事迹表》申请人为崔樊寿珍。生前及遗属住址:"河北月纬路三马路"。遗属在津住址:"南开二马路北头泰和里十九号"。

98. 吴树德

"天津南开学校理科毕业"。《烈士事迹表》申请人为吴炳芬。遗有"妻、二子一女,生活艰苦"。遗属在津住址:"一区归绥道三号"。

---

① 1946 年《天津市忠烈祠第一次入祠忠烈简明事迹录》载,章凯旋"原籍浙江,乃父宦游津门,遂卜居……继遭父丧"。《益世报》1947 年 3 月 25 日载《名画家章德表将在永安展览近作》载:"山阴章德表,为沽上花鸟名家,画法宋元,深得黄、赵神髓。年来数度展览,极博好评。近已积得精品数十幅,经友怂恿,定于三月二十九日至三十一日,假永安饭店二楼展览三天。"据此判断,章德表为章凯旋遗属之一。

三 在津调查后函送外地入祠的部分抗战忠烈生平事迹[①]

1. 张志飞

籍贯河北静海县。三十五岁。"福建省陈仪将军部下上校参谋"。"民国二十八年,于福建省平潭之役[②]阵亡"。审查意见:函送河北省入祠。

2. 刘权正

籍贯平谷县。三十二岁。天津市党部行动组成员。"于二十七年在昌平县小汤山,向敌扫荡,阵亡"。《烈士事迹表》由"市党部函送"。在津遗属居"南市荣庆里九号"。审查意见:函送河北省入祠。

按:马海如《我的忆》载:"1938年,昌平地区以东北大学学生赵侗为首,联合昌平西山汤

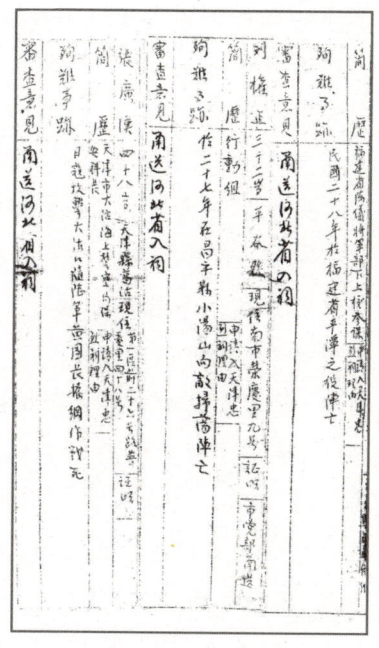

1946年天津市政府社会局编《外地忠烈入祠清册》(已知10人)。此为第1页

万宁领导的共产党抗日武装攻进了昌平城。城东以刘权正、段侠为首的华北抗日挺进军近两千人攻下了小汤山日军据点。全县

---

①据1946年天津市政府社会局编《外地忠烈入祠清册》所载。
②1939年7月5日平潭首次沦陷,两个月后光复,9月间再次沦陷。

的农民、工人、知识分子、学生都欢欣鼓舞,认为抗日救国大有希望。"①

昌平政协文史委《"复兴民族军"喋血庄户庙》载:"1937年8月,抗战刚刚开始,在燕山脚下出现了一支装备精良的抗日武装队伍。这就是刚成立不久的'国民政府军事委员会别动总队抗日二十三游击队',又称'华北抗日挺进军'。司令部设立在今天的崔村镇麻峪村北、恭亲王奕䜣的园寝(俗称六爷坟)内。司令刘权正,来自冀东(今天的平谷区)。副司令侯显文家住大辛峰村。参谋长段侠是北平城内来的国民党军人。队伍主要是由当时名噪平北的巨匪康斌、王子寿等人率领的五百多个流氓、地痞、逃兵以及失业军官组成的。另有地方私人武装,今属顺义区白浪河村,绰号'大辫子李'率领的一百多人。余下的就是段侠从北平城带来的热血青年、爱国学生和自愿参加抗战的民众。整个部队多达一千三百余人,装备了轻重机枪十多挺,捷克斯洛伐克造'七九结合式'步枪一千余支。一时间,这支声势浩大的队伍,在平北地区颇有影响。华北抗日挺进军成立后,第一仗攻打日军据点小汤山镇,虽然未果,但给骄横、狂傲的日军一次重创。由于这支队伍人员庞杂,帮派思想严重,很难形成协调统一、服从指挥的局面。加之筹备军饷困难,时间不长,队伍内部就产生了分歧。在1937年11月,土匪头子康斌、王子寿暗中投入了日本人的怀抱,并且请日本浪人表本为顾问,这就是后来在昌平东部名噪一时的汉奸武装——'表康部队'的由来。康斌、王子寿等借开会之机,杀害了挺进军司令刘权正。"②

---

①王振华主编:《昌平文史资料》第4辑,中国文史出版社2006年版,第203页。
②王振华主编:《昌平文史资料》第4辑,中国文史出版社2006年版,第147—148页。

3. 张广汉

籍贯天津县葛沽。四十八岁。天津市大沽海上警察局①保安科长。"日寇攻击大沽口,随陆军黄团长振纲作战死"。在津遗属居"第一区前二十六号路②普爱里四十八号"。审查意见:函送河北省入祠。

4. 于鸿翔

籍贯河北霸县。三十岁。曾充自卫班班长。"七七事变后,见日寇在华猖獗,遂去得胜口镇③组织抗日义勇军,于廿七年三月,与伪军杨志国④部下肉搏,以寡不敌众战死"。证明人吴大鹏。在津遗属居"本市小刘庄耦耕里二号"。审查意见:函送河北省入祠。

5. 李振岭

二十九军交通处无线电报员。"二十六年七月二十七日,正收

---

① "天津海上警察局管辖的海域,在 1936 年以前,曾管辖北起北戴河、南至山东省大山河口的海岸线 300 余海里,装备炮舰 10 艘、巡艇 14 艘,官警 500 余名。1936 年以后,因增加津沽海河防务,海上警察局管辖范围缩小为海河小刘庄至大沽口及大沽口至山东大山口海岸线。1937 年 8 月天津市伪治安维持会成立后,天津市海上警察局直属市治安维持会。1938 年 1 月,又隶属于新成立的伪天津特别市公署"。天津市地方志编修委员会编著:《天津通志·公安志》,天津人民出版社 2001 年版,第 328 页。
② 即法租界 26 号路,也称福煦将军路(Rue Marechal Foch)。抗战胜利后改称滨江道(大沽北路至南京路)。
③ 得胜口镇位于河北省安次县。
④ 杨志国(1914—1940),霸县堂二里人。七七事变后,"到信安投杨洪才匪部当小队长。民国 27 年(1938)10 月,投机加入华北抗日联军二十七支队,后任冀中五支队骑兵营副营长。受编不到两个月,他即联合动摇分子十二人,带战马十二匹,机枪一挺,长短枪二十余支潜逃。在霸县东部,网罗匪伪扩大队伍,为非作歹。同年 12 月,他带领百余人包围了小宁口村,抢走王庭文隐蔽在这里的抗战物资,其中有自行车二十辆、战刀两捆、子弹数箱及黄金一部。还打伤王庭文的舅母,将该村群众的财物洗劫一空,并绑架无辜百姓高价勒赎。民国 28 年(1939)春,杨志国率部三百余人,投降日军当了汉奸,自称'杨司令'。次年 4 月,冀中五支队四团团长王庭文奉命亲赴堂二里动员杨志国反正,杨志国却将王庭文兄弟三人杀害,王母亦险遭毒手。杨志国还倚仗日军,对百姓横征暴敛,敲骨吸髓,开设白面儿(毒品)厂坑国害民。民国 29 年(1940)6 月,由于争权夺势,起了内讧,其部下与日军小队长南藤、翻译冯立功合谋,将其剁成肉块"。袁宏新、蔡福利主编:《霸州人物志》,河北人民出版社 2002 年版,第 64—65 页。

发电报之际,适敌机来炸,受伤死"。在津遗属居"第一区滨江道新二五七号"。审查意见:函送河北省入祠。

6. 陈文斌

籍贯河北青县。四十六岁。津浦路党部执委。"抗战时任津浦路特别党部执行委员。在明光①附近展开工作,于卅年二月十六日被害"。证明人任书绅②。在津遗属居"河北辛庄高家胡同五号"。审查意见:函送河北省入祠。

7. 赵荣

籍贯辽宁北镇。二十七岁。炮兵少校副营长。"任炮兵副营长时,队伍由浙开皖,驻于太平县三口镇,奉命从太平县城联络公事,遭敌机炸死"。遗属居"辽宁北镇县税课司胡同③二号"。审查意见:函送辽宁省入祠。

四 天津市忠烈祠第一次入祠典礼各界敬献挽联挽诗匾额④

1. 竭挥戈反日之能声震津沽好男儿死做鬼雄取义成仁完所学

---

① 明光站为津浦铁路车站之一,设在明光镇,位于安徽省东北部边缘。今为明光市,属安徽省滁州市管辖。
② 1928 年至 1930 年,任书绅任国民党庆云县党部训练部民政训练委员会干事。1932 年,国民党正太路筹备委员会成立后,任书绅任第三区(寿阳至太原)直属小组筹备员兼监选员。1947 年,任书绅等发起组织庆云县旅津同乡会,并在国民党天津市党部、天津市政府社会局备案。
③ 税课司胡同位于北镇县城内南街。
④ 此为油印本,附于《天津市忠烈祠第一次入祠忠烈简明事迹录》之后,1946 年 7 月由天津市政府社会局文化礼俗科编。此油印本共收入挽联、挽诗、匾额题字 91 副(件),应为 1946 年 7 月 7 日举行天津市忠烈祠第一次入祠典礼时,各界敬献的挽联、挽诗、匾额题字的一部分。

▲张廷谔、杜建时、孙连仲为天津市忠烈祠题写的挽联

▶"抗日杀奸团同志团体"等为天津市忠烈祠题写的匾额

挽麦秀黍离之局再兴华夏吾国民城成众志周原禹域命维新

——天津市市长张廷谔

2. 是祈冲御侮①之才惨值天骄临难赖牺牲竟遭猿鹤虫沙劫

看锦绣山河之局完成画一复兴仗后死终作周原禹域人

——天津市副市长杜建时

---

① "祈冲御侮"应为折冲御侮。

3. 报国誓忠贞貂锦胡尘碧血千秋留正气
   崇祀昭肃穆溪毛涧藻丹诚百拜景前徽
   ——河北省政府主席孙连仲

4. 勋绩垂汗青碧血长埋功在社稷
   馨香陈俎豆忠魂不泯气壮山河
   ——北平市长熊斌

5. 浩气塞燕幽生为党国志士
   丹心照千古死作民族英雄
   ——察哈尔省主席冯钦哉

6. 舍生取义杀身成仁无惭忠烈
   殉国全贞临难不苟实为英灵
   ——[中国国民党]天津特别市执行委员会主任委员邵华

7. 为民族尽孝于国家尽忠万古肃纲常一片忠心昭日月
   为正义而战为公理而死千秋崇庙祀八年碧血壮山河
   ——[中国国民党]天津特别市党部

8. 杀身成仁芳名留万里
   舍生取义庙祀享千秋
   ——[中国国民党]察哈尔省党部

9. 牺牲精神永留宇宙
   抗战胜利告慰英灵
   ——[中国国民党]河北省党部主任委员刘瑶章

10. 同胞请记着若非吾党志士这样取义成仁掷去了大好头颅咱怎能换来位居列强光荣胜利
    先烈应笑了回想当年倭奴那般处心积虑浮现着狰狞面目讵何曾料到我在此地俎豆馨香

————[中国国民党]津浦路特别党部

11. 河岳表英灵热血一腔回劫运

　　乾坤留正气云霄万古仰精诚

————[中国国民党]北宁路特别党部天津区全体同志

12. 烈迹系安危就义捐躯地下辛劳亘八载

　　忠魂弥宇宙前仆后继人间歌颂足千秋

————北平市临时参政会

13. 为国家尽忠为民族尽孝碧血遍大江南北

　　其功勋永著其浩气永存丹心照盖世春秋

————天津警备司令部全体官兵

14. 八载疆场胜利花开凝血泪

　　千秋俎豆光荣绩显照丹青

————九十二军军长侯敬如①

15. 国难负重命膺寄陷区八稔历艰险庆山河重辉溯忆殊勋思烈士

　　大气岂容辞坚贞不辱众志死如归留浩气磅礴堪陈醴酒奠群灵

————三民主义青年团天津支团部

16. 博浪同仇光日月

　　青山效命报山河

————中央调查统计局华北天津区

17. 德业并山河俎豆馨香同四海

　　勋名昭日月蒸尝禴祀及千秋

————九十四军政治部

---

① 应为侯镜如。

18. 八载挽狂澜英魂虽渺赢得中原再造坚苦忠贞共子房诸葛勋名不朽

千秋存正气俎豆永陈堪与宇宙同光成仁取义继武穆文山大节常昭

——教育部天津市青年复学就业辅导处①

19. 凄绝覆巢痕安心取义成仁是真临难先驱者

缜密补天手快睹周原禹域奉值完全还我时

——天津市政府秘书长梁子青

20. 执戈为国家自有英名标史册

杀身成壮烈长留浩气在人寰

——天津市政府社会局局长胡梦华

21. 忠烈震乾坤灭寇杀敌抗战功勋垂百世

威名高日月成仁取义馨香俎豆享千秋

——天津市政府警察局局长李汉元、副局长毛文佐

---

①《益世报》1946年1月25日《失学失业青年登记者已有四百余人》载:"昨日(二十四日),记者往访新就任之教育部天津市青年复学就业辅导处主任王任远。据谈:现在失学失业青年已在该处登记者,有四百余人,就中学生除住家在津者外,该处已收容无家可归之贫苦青年七十余人。关于战后青年学子,因受战事影响,颠沛流离,失学失业者甚众。为当今及将来之国家社会计,应如何急速使彼等复学就业,设法安插,实为极严重之问题。教育部有鉴及此,故在全国各地设立复学就业辅导处。此种组织非为机关性,实际是一种为青年学生谋福利之服务团体。故须社会各界关心教育热心人士予以援助。并希望能共同参加此项工作,得使许多青年有所归宿。此后拟举办者,现在已收容之学生,将来扩充到七百人时,即行成立学生进修班。此班性质,类似临时中学。经过相当之补习,按学生之程度,分别送入官立中学。在此期间,学生膳宿完全公费。此外,并设立服务站,使过往学生得有便利。职业训练班学生,经过相当时期之职业训练,介绍公私立之工厂或机关服务。关于失业教职员,拟成立师资训练所,救济失业之教师。此外,计划在环境许可下,拟举办数种专为服务学生之委员会,如青年社会服务指导委员会、青年学术研究委员会、清寒优秀学生奖学金募集保管委员会等云。"

22. 冒死出奇兵杀敌杀奸争拼头颅维正义
　　捐生完大节可歌可泣长留浩气壮三津
　　　　　　　　　——天津市政府财政局长李金洲
23. 明德馨香礼乐祼将昭百祀
　　忠诚愨著鼎彝羞荐亘千秋
　　　　　　　　　——天津市政府工务局同人
24. 至大至刚河岳星辰留正气
　　可歌可泣馨香俎豆慰忠魂
　　　　　　　　　——天津市政府卫生局长陆涤寰
25. 矢死卫三津诸公烈行骇东房
　　追悼当七月全市热泪洒南风
　　　　　　　　　——天津市政府地政局长吴惠和
26. 喋血七二沽前功在旂常同不朽
　　享祀百千载后礼隆俎豆有余馨
　　　　　　　　　——天津市政府公用局长王锡钧
27. 敌气今扫荡无余日月重光礜醴筵牢祭忠魂
　　世变尚纷纭未已英灵不没云旗风马护疆场
　　　　　　　　　——童冠贤①
28. 捐躯壮烈总空前布奠倾觞灵尚享
　　为国功勋应不朽千秋万岁世同钦
　　　　　　　　　——河北省政府教育厅长贺翊新
29. 百万抗敌九死不移忘怀险阻艰难志士仁人看接踵
　　一德兴邦千秋可法食报馨香俎豆悲歌慷慨与招魂

---

①1945年10月24日起，童冠贤担任善后救济总署冀热平津分署署长。

　　　　　　　　　——北平市政府教育局长英千里

30. 取义成仁诸公不朽
　　顽廉立懦百世向风
　　　　　　　　　——河北省政府民政厅长孙振邦

31. 地下工作企完成取义舍生公自大名留没世
　　天上神仙同敬仰见危授命我来此处吊英魂
　　　　　　　　　——北平市政府卫生局长韩云峰

32. 浩劫梦魂悲热血一腔沧桑八载
　　遗型仑奂在云霄万古俎豆千秋
　　　　　　　　　　　　——石志仁①

33. 杀身成仁舍生取义卫国矢精诚志复山河行伟烈
　　头颅可断威武不屈临难无踌躇神明日月永昭垂
　　　　　　　　　——天津警备司令部稽查处长陈仙洲

34. 以身许国履险如夷智勇建殊功取义成仁横浩气
　　多难兴邦见危受命哀荣彰旷典临风洒涕吊英魂
　　　　　　　　　——天津货物直接税局长崔庆修、罗静远②

35. 巨奸之以身试法诸君之杀身成仁同一死耳而判若泰山鸿毛流芳遗臭
　　国际未集体和平邦家未团体结合皆为厉也真愧对英灵先烈觉世牖民
　　　　　　　　　——河北邮政管理局长王良骏

---

① 抗战胜利后，石志仁任平津区交通特派员、行政院河北天津区敌伪产业处理局审议委员、平津区铁路局局长等职。
② 崔庆修时任财政部天津货物税局局长，罗静远时任财政部天津直接税局局长。《益世报》1945年12月7日《调整津市地方财政六种捐税率公布》载，此二局办公地均位于"旧特二区大安街"。

36. 千古重英雄只为英雄能报国
　　一生轻倭逆意因倭逆肯杀生
　　　　　　　　　　——天津市卫生局工程处长过祖源
37. 艰危气不衰磅礴两间存万古
　　义烈垂奕世馨香此日即千秋
　　　　　　　　　　——华北日报社长张明炜
38. 徽抗战诸君吾其披发左衽
　　惜阋墙未已漫云多难兴邦
　　　　　　　　　　——天津民国日报
39. 一代英雄标姓氏
　　千秋俎豆壮山河
　　　　　　　　　　——新民报北平社
40. 碧血丹心流芳百世
　　忠魂壮志俎豆千秋
　　　　　　　　　　——天津青年日报
41. 正气壮乾坤地维以尊天柱以立
　　英灵炳河岳国威所在民气所存
　　　　　　　　　　——天津中华日报社长齐协民
42. 之死矢靡他①劫运挽回一腔热血
　　捐生无遗憾英灵不泯万古云霄
　　　　　　　　　　——天津中华日报社全体同人
43. 取义成仁精神不死

---

①之：至。矢：誓。靡：没有。他：别的。在此油印本上，又用毛笔改"之"为"去"。《诗经》有"之死矢靡它"句。李贽《焚书》有"之死靡他"句。"之"字不误。

日星河岳正气长存

　　　　　　　　　　　　——开滦矿务总局

44. 抗战历艰辛勇往成仁丰功伟绩追先烈
　　胜利非幸致努力奋斗坚贞典型示后昆

　　　　　　　　　　　　——交通部天津电信局

45. 忠烈著灵为千百年后永保国邑
　　馨香致奠于七二沽上特建祠堂

　　　　　　　　　　　　——中国银行天津分行

46. 勋名垂宇宙
　　浩气壮山河

　　　　　　　　　　　　——中央信托局天津分局

47. 豺虎势曾撄共有丰功垂竹帛
　　炎黄祚终续长留浩气满山河

　　　　　　　　　　　　　　——王翼臣①

48. 俎豆千秋重
　　馨香万古扬

　　　　　　　　　　　　——正中书局天津分局

49. 挽民族之危亡勋名标柄垂千古
　　为国家而牺牲精神照耀亿万秋

　　　　　　　　　　　　——天津东亚毛织公司

50. 噫八载血迹国土已复其痕犹在
　　叹千秋勇气日寇虽降而意仍寒

　　　　　　　　　　　　——天津市总工会

---

①王翼臣时任经济部冀热察绥区特派员。

51. 衔命赴敌披坚执锐拼头颅以卫民族鞠躬尽瘁丹心永照出师表

　　杀身成仁视死如归惊天地而泣鬼神垂范无穷大节常存正气歌

——天津蒙难同志会①

52. 杀身成仁舍生取义从前史不绝书未有如抗战英烈者

　　克念作圣景行维贤今后执柯以伐更何须效慕古人哉

——天津广播电台台长孙国珍

53. 碧血染黄沙杀身成仁义烈声名垂万古

　　青天映白日报功崇德馨香俎豆享千秋

——孙明哲②

54. 地下誓捐躯七十二沽风马云车天上英灵歆飨祀

　　成仁甘殉国百千万禩牺牲俎豆报功典礼永馨香

——接收委员会徐亚韩③

55. 舍生取义杀身成仁博得正气存天壤

---

① 即天津市抗日蒙难同志会。参见天津市政府社会局1946年12月19日《为公益团体更改名称立案事致天津市蒙难同志会训令》，天津市档案馆馆藏档案，档号：401206800-J0025-3-005096-005。
② 孙明哲时任河北平津区敌伪产业处理局日用品处理委员会主任委员。该会会址设在"天津旧法租界八号路中国银行内"。
③ 上海《时事新报》1945年11月8日《天津铁路局正式接收》载："中央社天津五日电。天津铁路局五日已由交部平津区特派员办公处派接收委员徐亚韩等接收。即日成[立]交部平津区天津分区办事处，主持其业务。天津铁路局即为日人劫持下之北宁铁路局。自日人成立华北交通株式会社后，将华北各铁路分八区管理，天津乃此八区局之一。所辖路线系北宁线中榆关至津北之南仓、津浦线由天津至鲁境之德县，另为战时日人所修之德石铁路线。徐亚韩氏系于五日十时前往接收，日方由芳贺负责交代。"

拼命抗战戮力建国留将丹心照汗青
　　　　　　　　　——天津市国民教育协进会①

56. 杀身成仁碧血丹心昭日月
　　舍生取义素车白马悼英魂
　　　　　　　　　——河北高等法院第一分院长贾艮

57. 保卫大好山河夙赖殉国诸烈士
　　打破恶劣环境方慰在天众英灵
　　　　　　　　　——天津县长刘桐山

58. 强夷乱华　国土分割　惟我先烈　誓身许国
　　壮志鹰扬　鹏程翼折　草木凄悲　忠魂何托
　　国土重光　哲人永诀　千载长留　丹心碧血
　　气壮山河　名垂史籍　俎豆馨香　百世无极
　　　　　　　　　——北平市商会

59. 义贯烈千秋可歌可泣
　　芳名垂万世载欣载悲
　　　　　　　　　——天津市教育会

60. 杀身成仁常留民族正气

---

① 即天津市立国民学校国民教育协进会。《益世报》1946 年 5 月 20 日第四版《国民教育协进会昨日成立》载："津市市立各国民学校教职员,为研讨学术、辅助发展本市教育,特联合发起组织国民教育协进会。经党政机关核准,连日筹备就绪。于十九日上午九时,假中国大戏院举行成立大会。参加者计有党政各机关首长及会员等约千余人。主席报告成立意义后,各机关首长分别致训词,对教师神圣职责颇多嘉勉。词毕,选举职员,结果:孙乃恭、张问溪、黑静贞、何启麟、傅桐桥、梁维琪、刘玉英、王春生、刘恩鸿、张秋萍、傅醉生、张玉成、钱鸿仪、赵景周、宋承昌、周夕慧、王体敬、杨国珍、徐劳依、王我恭、李淑贞等二十一人当选理事。姚树华、潘宝林、姜恩成、于长河、王淑芳、张凤华、黄玉璋、萧长清、周建凡、王如久等十人为候补理事。王翰章、康建民、梅贻康、武金铭、赵香圃、徐焕彩等七人当选监事。汪金梁、刘如中、王廷藻等三人为候补监事。"

舍生取义永奠世界和平

　　　　　　　　　　　——陈嘉祥①敬挽

61. 义勇队中著显绩勋在全国
　　忠烈祠里慰幽魂芳流千秋

　　　　　　　　　——天津市第一区长康庸民

62. 赤心照日杀敌致果成仁去
　　碧血染沙舍生取义招魂归

　　　　　　　　　　——天津市第一区公所

63. 祖异国儿皇可耻烈士已作断头将
　　降倭奴附逆堪羞义民宁能当贰臣

　　　　　　　　——天津市第一区公所文化股

64. 百战功成留得英名光宇宙
　　一朝身殉常存大节壮山河

　　　　　　　　　　——中国佛教青年会②

65. 振甲胄而履山川风云叱咤气贯长虹不仅精忠追武穆
　　执干戈以卫社稷战血朱殷名流万古洵堪俎豆荐馨香

　　　　　　　　　　——天津国术馆同人

66. 临难不苟威武不屈终使敌寇降服奸伪授首
　　生而为英死而为灵伫看军民敬仰史册流芳

　　　　　　　　——世界红万字会天津分会③

---

①陈嘉祥时任天津市政府社会局文化礼俗科科长。
②抗战期间，天津已设有"中国佛教青年会"，位于"北门内沈家栅栏"。天津市档案馆等编：《天津商会档案汇编(1937—1945)》，天津人民出版社1997年版，第1460页。
③即世界红卍字会天津分会。交通部天津电信局《中华民国三十七年度电话号簿》载，世界红卍字会天津主会位于"一区归绥道"，世界红卍字会天津分会位于"西门内大街103号"，世界红卍字会办事处位于"一区陕西路"，世界红卍字会天津分会唐家口孤儿院位于"东营门外新唐口南里8号"。

67. 望断玉关杨柳何期星陨月冷万里云山同惨淡
    扫清铜柱烽烟空忆政存人亡千秋俎豆共馨香

    ——西老公所施材抬埋总社
    　　　　天津理教联合会

68. 抗战成仁一代忠烈光史策
    报国取义千秋俎豆慰英灵

    ——天津市渔会

69. 浩气壮山河就义舍身伟业勋猷垂千古
    遗徽光日月成仁报国馨香俎豆享千秋

    ——慈慧普济同善会①

70. 平生持正不阿精忠昭赤日公自大名垂宇宙
    赋性尤尚气节大义贯青天我来含痛吊英雄

    ——天津邮币学会②

71. 一行俎豆英雄泪
    万里山河铁血香

    ——天津市立师范[学校]毕业同学

72. 吊忠魂万里名花凝血泪
    祭英灵清溪流水是哀声

---

① 《益世报》1947年3月8日《今日三八妇女节　津市热烈庆祝》载："津市妇女会，定今日下午二时假林森路二百四十号慈慧普济同善会，发放玉米面及赈衣，救济本市贫民。"
② 参见天津市政府社会局1946年3月23日《为准予成立邮币学会等事给李东园的批示》，天津市档案馆馆藏档案，档号：401206800-J0025-3-005023-001；南京国民政府社会部1947年10月17日《为邮币学会改名等事给天津市政府社会局的指令》，天津市档案馆馆藏档案，档号：401206800-J0025-3-005023-009。

————万国道德会①

73. 忆忠魂为国捐躯成遗憾
　　叹烈士舍身救国永流芳
————佛学无极道院理事长高学川

74. 碧血丹心忠烈垂千古
　　至仁尽义典型遗后人
————天津邮务工会

75. 慷慨成仁有守有为邮工称健者
　　踊跃赴义履冰履刃国家痛斯人
————天津邮务工会

76. 捐躯壮烈总空前布奠倾觞灵尚飨
　　为国功勋应不朽千秋万岁世同钦
————中美联合企业公司②马更生、齐守愚

77. 义士非为殉名壹德同心真使乾坤留正气
　　匹夫不可夺志捐躯殉难应时祀典慰荣魂
————慈济佛学研究院③

78. 中华国难捐躯保故土
　　震旦胜利叙勋慰英灵

---

①交通部天津电信局《中华民国三十七年度电话号簿》载，万国道德会位于"北马路北海楼后三义庙大街30号"，万国道德会的总分会位于"六区南昌路160号"。
②即中美联合企业股份有限公司。交通部天津电信局《中华民国三十七年度电话号簿》载，该公司位于"一区罗斯福路300号"。
③抗战期间，天津曾设有"慈济佛学研究处"，位于"特二区粮店后街孙家胡同17号"。天津市档案馆等编：《天津商会档案汇编（1937—1945）》，天津人民出版社1997年版，第1460页。

　　　　　　　——中国天主教文化协进会天津支会①

79. 本是菩萨示现身　为除国难下凡尘
　　甘投虎穴擒元恶　誓舍微躯入苦轮
　　侠骨有香留百代　英灵不昧照三津
　　完成胜利宏基业　媲美黄花七二人
　　　　　　　　　　——天津复兴大悲院住持等慈

80. 孟曰取义孔曰成仁死得其所
　　上为日星下为河岳生者勉之
　　　　　　　　　　　　　　　　——杨莲因②

81. 君子何之碧血洒长空马革竟无尸可裹
　　男儿死耳萑荷今遍地虎头应有肉堪餐
　　　　　　　　　　　　　　　　——杨莲因

82. 为国家而死死有余荣后死岂能忘先烈
　　执党派以争争真可耻斗争应不负良心
　　　　　　　　　　　　　　　　——李捷③

---

①时有中国天主教文化协进会天津支会、中国天主教文化协进会天津分会。《益世报》1946年7月15日《公教文协天津支会昨在望海楼成立》载："中国天主教文化协进会天津支会,于昨日(十四)下午四时,假河北望海楼天主堂前院举行成立大会。到津市党政各机关代表及各堂神父、各界信友等三千余人。开会后,首由主席王际五致开会词,报告该会筹备经过。继由社会局及市党部代表致词,就公教文协创办之意义及今后应负之使命,表示期待。再由文协天津分会理事长刘乃仁致训词,说明文协之成立,并无党派色彩,应以天主精神谋人类及国家之幸福。刘氏训词毕,遂由支会理监事宣誓。"交通部天津电信局《中华民国三十七年度电话号簿》载,中国天主教文化协进会天津分会办公室、理事室、文化沙龙、消费合作社均位于"一区河北路84号",中国天主教文化协进会天津分会制油生产合作社位于"河东小关大街富裕里12号"。
②杨莲因时任中国国民党天津市党部委员。交通部天津电信局《中华民国三十七年度电话号簿》载,杨莲因宅位于"一区多伦道7号"。
③应为时任河北省政府建设厅厅长的李捷。

83. 七七抗战还诸先烈浩气不磨祠宇崔巍永享馨香跻万祀
九九受降后我主席京都重莅策书络绎但惩贪处励群伦
——赵席康①

84. 人岂无死轻鹅毛重泰山叹诸公取义成仁敌后贼前豺虎丛中争效命
君旦犹生仰丰功怀壮烈看有众馨香俎豆千秋万古麒麟阁上共招魂
——天主教青年会②理事长李东园

85. 浩气长存
——北平行辕主任李宗仁

86. 浩气长存
——北平市政府公用局局长凌勉之

87. 浩然正气
——[中国国民党]天津特别市执行委员会

88. 乐得其所
——抗日杀奸团同志团体

89. 凌阁名标
——天津市商科职业学校③

90. 浩气长存
——天主教青年会

---

① 赵席康时任天津市商会理事、天津市干鲜果品业同业公会理事长。
② 即天津市天主教青年会。下同。
③ 即天津市立商科职业学校,位于"三区月纬路"。其前身为直隶省交涉员公署、天津市政府办公地。

91. 万世所瞻

——天津市云吟国剧社①

五 天津市政府社会局呈报第一次入祀忠烈简明事迹录

为奉令呈送《天津市忠烈祠第一次入祀忠烈简明事迹录》二份,请鉴核由。

案查前奉钧府《勇秘叁字第 628 号训令》,略以"准国防部《史处二字第零零三二五号公函》,以查抗战八载,我军官兵忠勇奋发,终克摧敌寇,应表忠贞,兹特制定《抗战军人忠烈录征集办法》,送请布告周知,征送到部,俾便汇编"。等因准此。除由府布告并分行外,合行抄发原附征集办法,仰知照。等因。附抄发《抗战军人忠烈录征集办法》一份。奉此自应遵办。兹谨编就《天津市忠烈祠第一次入祀忠烈简明事迹录》,理合检同该事迹录二份,一并具文呈报。伏乞鉴察存转。谨呈市长杜、副市长张。

附呈天津市忠烈祠入祀忠烈简明事迹录二份。

天津市政府社会局局长胡梦华
中华民国三十六年四月十七日

---

① "云吟国剧社,京剧票房。成立于民国三十年(1941),原属家庭票房(周家票房)。社址最初在华中路,一年后搬至兆丰路好乐里。1953 年迁至澳门路三号。主办人杨慕兰(自号近云馆主,婆家姓周)自任社长,袁文斌为副社长。艺术顾问为尚小云"。中国戏曲志编辑委员会编:《中国戏曲志·天津卷》,中国 ISBN 中心 2000 年版,第 287 页。

六 天津市忠烈祠第二次入祠忠烈生平事迹补[①]

(一)南京国民政府明令全国各地忠烈祠入祀者61人

此61人,即:郝梦龄、冯安邦、陈安宝、唐淮源、武士敏、李守维、佟麟阁、郑作民、朱鸿勋、赵登禹、刘家麒、饶国华、王铭章、刘桂五、方叔洪、钟毅、石作衡、王竣、寸性奇、戴安澜、王凤山、樊钊、夏国璋[②]、刘震东、赖传湘、唐聚五、朱世勤、李翰卿、庞汉桢、秦霖、郑廷珍、姜玉贞、赵锡章、卢斌、马玉仁、谢晋元、刘湘、廖磊、谭邃、周浑元、蒋方震、黄明堂、宋哲元、钱宗泽、陈烈、朱实夫、周骏彦、徐积璋、姚中英、李绍嘉、黄梅兴、易安华、蔡炳炎、陈学武、蒋志英、周复、齐学启、王甲本、卢广伟、王宇震以及戴笠。

以上绝大多数为在抗战期间阵亡、自戕、遇害或病故的抗日将领(张自忠已于1946年7月7日举行天津市忠烈祠第一次入祠典礼时入祀)。其抗日事迹已被广为传颂,且其生平史料较为丰富,在此无须赘述。

中华人民共和国民政部于2014年、2015年分两批公布"在抗

[①] 天津市忠烈祠第二次入祠典礼时间为1947年9月3日。此次补录,据1947年至1948年由天津市政府社会局、天津市政府民政处、天津市政府民政局、天津市民政局编《烈士事迹表》《烈士遗族住址》《仍请入祀天津市忠烈祠烈士遗族住址表》《入祀本市忠烈祠烈士姓名》等记载。

[②] 1942年12月31日《国民政府令》载为"陆军第十七师副师长夏国璋"。1943年1月2日《国民政府公报》渝字第532期第1页。此番号有误,官方后于1943年5月下令更改。2014年《民政部公布第一批著名抗日英烈和英雄群体名录》载为"夏国璋(1896—1937),国民革命军陆军第7军172师副师长"。常见史料载为"174师副师长"。

日战争中顽强奋战、为国捐躯"的《著名抗日英烈和英雄群体名录》，共900名(个)。经比对可知，在这两个名录中，不载其中的16人。在这16人中：刘湘、廖磊、谭邃、周浑元、蒋方震(即蒋百里)、黄明堂、宋哲元、钱宗泽、陈烈、朱实夫、周骏彦等11位均于抗战期间病故（病故时间均不晚于1940年）。而卢斌、樊钊、李守维、陈学武、戴笠等5人，或非死于抗日作战，或非死于抗战期间（即1937年7月7日至1945年9月3日之间）。

一是卢斌。卢斌为中共叛徒。《中国国民党百年人物全书》载，卢斌于"1927年4月当选中国共产党第五届中央候补委员。1928年去上海，闭门读书致力写作。后又在江南学院、中国公学及暨南大学执教。1932年任中国国民党胶济铁路特别党部特派员，兼青岛市政府顾问。抗日战争爆发后任第五战区总动会常务委员。1938年从徐州突围后调任中央调查统计局（中统）第三组（党政组）组长，奉派赴鲁工作，不久兼任山东省政府鲁东行署主任。1940年2月26日在莱阳被劫，翌

戴传贤（戴季陶）撰。从中可知南岳忠烈祠修建原委

1948年12月17日，天津市民政局致函天津警备司令部稽查处，提供《前军统局抗日殉难同志入祀本市忠烈祠姓名事迹表》（共计27人，其中戴笠并非抗战期间殉难）。此为第1页

日被杀"。①

而《中国近现代人名大辞典》中的记载则较为明确,卢斌"曾在中国共产党第五次全国代表大会上当选为候补中央委员。大革命失败后,任中共江西省委书记。1928 年任中共鄂北特委书记。后不久被捕叛变,投靠国民党'CC 系'。1941 年因内部矛盾,被蓝衣社杀死在鲁南。"②

《中国共产党历届中央委员大辞典》所载应为重要历史依据,即:"陆沉,汉族,1900 年生,湖北黄冈人,原名卢斌,又名卢嵩,字吉珊。1921 年冬加入中国共产党(后被开除党籍)。早年就读于武昌中华大学中学部,曾参加五四运动。后加入湖北互助社、利群书社和共存社,参加进步青年运动。1921 年到四川泸州川南师范学校从事教学和宣传活动。1922 年 4 月至 1923 年 4 月任中国社会主义青年团湖北临时区执委会候补委员。1923 年二七大罢工后赴江西安源,任安源工人补习学校教员、安源路矿工人俱乐部窿外主任、中国社会主义青年团安源地委书记。1924 年 8 月至 1925 年 9 月任安源路矿工人俱乐部窿外主任、俱乐部总主任。1924 年 9 月至 1926 年 5 月任中共武汉地方执委会委员。1925 年后任黄埔陆军军官学校政治教官、中央农民运动讲习所教员、湖北省农民协会委员长、全国农民协会临时执委会常委。1926 年 5 月至 1927 年 6 月任全国总工会执委会委员。1926 年 12 月至 1927 年 4 月任中共中央农民运动委员会书记,1926 年 12 月至 1927 年 5 月任中共湖北区执委会委员,负责农运工作。大革命失败后,1927 年 9 月至 10 月任中共鄂北

---

① 刘国铭主编:《中国国民党百年人物全书》上册,团结出版社 2005 年版,第 350 页。
② 李盛平编:《中国近现代人名大辞典》,中国国际广播出版社 1989 年版,第 94 页。

区特委书记。1928年5月至10月任中共江西省委书记。1929年在中共江苏省委和顺直省委工作,同年因参加'托陈取消派'被开除党籍。1930年加入托派组织'无产者社',为骨干分子。1935年加入国民党中统特务组织。1936年起任国民党胶东特派员。1938年起任国民党政府鲁东行政公署主任。1941年在国民党内部派系斗争中于山东莱阳被蓝衣社处死。中共第五届中央候补委员（1927年11月撤销）。"①

不过,对于卢斌被杀时间,亦载为1939年2月。《民国山东通志》载:"民国二十七年秋,于莱阳成立鲁东行辕。"卢斌于1938年7月就任鲁东行辕主任,厉文礼于12月任鲁东行辕副主任。"民国二十八年二月,鲁东行辕事变（厉文礼杀卢斌）后,沈鸿烈命令撤销行辕,改设鲁东行署"。②

---

① 中共中央组织部、中共中央党史研究室编:《中国共产党历届中央委员大辞典(1921—2003)》,中共党史出版社2004年版,第492页。
② 《民国山东通志》编辑委员会编:《民国山东通志》第1册,山东文献杂志社2002年版,第421—422页。《李先良回忆录》(中国文史出版社2013年版) 第32页载:"1938年底,我到鲁东才一个多月,碰着省府鲁东行辕主任卢斌同志被害的事件。不久,沈[鸿烈]主席找我担任行辕主任。旋由中央颁发组织规程,改称鲁东行署,直辖三个专员区,包括从潍县以东的胶东15个县。"张铁砚《我所知道的胶东行辕事件》则明确记载卢斌被杀时间为1939年2月27日:"胶东行辕事变,发生在一九三九年农历正月初八日(公历二月二十六日)的深夜。现将本人当时所见所闻的有关情况概述如下……一九三九年二月间,省府批准所请,免去王海如莱阳县长……王海如闻听此信,怒不可遏,决计予以报复。于是,他就勾结驻防在莱阳西乡的厉文礼所部保安团长胡鼎三,在征得厉文礼默许的情况下,调兵遣将,连夜赶赴莱阳县城,由王海如做内应,于一九三九年农历正月初八日深夜,制造了胶东行辕事件……次日,胡鼎三、王海如等向城西水沟头方向逃窜。行至莱阳城西马山埠时,便将卢斌、苟梦龙、刘东阳、宋振庭等杀害在山岭上……卢斌、苟梦龙死后,同行辕其他死难的职员、卫兵等,一起葬在红土崖。"烟台市政协文史资料研究委员会编:《烟台文史资料》第4辑,1985年版,第107—111页。

二是樊钊。1940 年 5 月，国民革命军第 33 军第 71 师师长樊钊，率部在山西孝义县袭击八路军 115 师晋西独立支队，被击毙。

三是李守维、陈学武。1940 年 10 月，李守维所部在黄桥战役中被新四军击败，李守维失足落水溺毙。陈学武则在此役中被击毙①。黄桥战役是"抗日战争时期新四军在江苏泰兴东部黄桥附近对国民党顽固派军队进行的自卫反击作战……对打开苏北抗战局面具有重要意义"。②

四是戴笠。戴笠是 1946 年 3 月 17 日因飞机失事死亡的。南京国民政府批准将其入祀忠烈祠，有违《抗敌殉难忠烈官民祠祀及建立纪念坊碑办法大纲》中的规定。

另外，2014 年民政部《第一批 300 名著名抗日英烈和英雄群体名录》中，将朱世勤载为"朱士勤"，即："朱士勤（1904—1942），国民革命军陆军暂编第 30 师师长"③。又将唐聚五载为"唐聚伍"，即："唐聚伍（1899—1939），国民革命军陆军东北游击司令"。④

---

① 《张治中转报韩德勤部在黄桥溃败等情呈（1940 年 11 月 27 日）》载："此次黄桥战役失利……八九军李军长守维、参谋长丁琥，独立第六旅旅长翁达，团长陈学武、韩振翼、秦鹏云等阵亡。"中国第二历史档案馆编：《中华民国史档案资料汇编》第 5 辑第 2 编《政治（二）》，江苏古籍出版社 1998 年版，第 405—406 页。
② 参见辞海编辑委员会编《辞海》（第六版缩印本），上海辞书出版社 2010 年版，第 796 页。
③ 常见史料均载为朱世勤。刘寿林等编《民国职官年表》（中华书局 1995 年版）第 872 页载，朱世勤于 1941 年 2 月 17 日被派任山东省第十一区行政督察专员。魏春明编著《冀鲁豫边区人物名录（下部）》（冀鲁豫边区党史研究会 2001 年版）第 1486 页载，朱世勤于"1942 年 4 月任鲁西游击司令"。刘国铭主编《中国国民党百年人物全书（上册）》（团结出版社 2005 年版）第 619 页载，朱世勤于"1942 年 5 月 1 日任暂编第三十师师长"。而 1942 年 12 月 31 日南京《国民政府令》则载为"山东省第十一区行政督察专员兼晋西游击司令朱世勤"。1943 年 1 月 2 日《国民政府公报》渝字第 532 期第 1 页。"晋西"为鲁西之误。官方后于 1943 年 5 月下令更改。
④ 多载为唐聚五，载为"唐聚伍"的情形并不多见。中国抗日战争史学会、中国人民抗日战争纪念馆编《抗战英烈录》（北京出版社 1995 年版）第 133 页亦载为"唐聚伍"。

(二)天津当局核准入祠者 37 人

1. 王若僖

五十一岁。别号荬青。籍贯江苏溧阳。

学历:"同济大学机械科毕业。德国汉诺威工科大学特许工程司学位。"

经历:"中央候补执行委员、交通部东北区电信交通接收委员,兼第九区电信管理局局长。"

生平事迹:"民国廿八年九月廿一日,曾被敌宪逮捕,以君为华北抗日渠魁,非刑审讯,备尝楚毒。后软禁于天津法国工部局①三年有余,虽处囹圄,仍与中央秘密通讯,指挥抗敌策划工作,未曾中辍。卅二年初,始或脱险,派转至渝。胜利后,任交通部东北区电信交通接收委员兼第九区电信管理局局长,时因赴京述职,归途竟在济南市上空失事蒙难。"

死难情形:"在津秘密策动工作。廿八年九月被敌捕获,拘禁三年。三十五年七月,赴京述职归途机坠遇难。"

遗族概况:"子三、女二、兄四、姊妹三人、侄四十人、侄女十人、妻一。经济尚可。"《烈士事迹表》申请人为杨乐田②。遗属在津住址:"一区花园路六号"。

附:关于王若僖生平事迹的其他记载

①《中国国民党百年人物全书》载:"王若僖(1896—1946),字荬青,江苏溧阳人。生于 1896 年(清光绪二十二年)。同济大学毕业,继入德国汉诺威大学学习。后游赴法国,入德法国民党支部。回

---

① 其旧址仍存,位于今和平区解放北路 34—36 号。
② 杨乐田曾任天津市政府社会局劳工行政科副科长。

国后历任张家口库伦汽车运输局指挥调度、东北兵工厂技师兼东北兵工学校教务长。1930年任陕西省公路局局长，1932年辞职，入欧业航空公司，开辟西安、兰州、新疆航线。1933年任河南电政管理局局长，旋调任天津电报局局长。七七事变后，设特别电台，协助抗战。1938年任天津市党部主任委员、三民主义青年团平津支团部筹备主任、华北党政军联合办事处主任、华北宣抚委员会主任委员等职，积极从事敌后工作。1939年9月28日被日伪逮捕，软禁于天津法国工部局三年多。1943年脱险赴重庆。1944年奉命赴江西组设东南电信管理局。1945年5月，[当]选为中国国民党第六届候补中央执行委员。抗日战争胜利后，任交通部东北区电信交通接收委员兼第九区电信管理局局长。1946年7月因飞机失事遇难于济南，9月13日，国民政府明令褒扬。"①查华北宣抚会即华北军政宣抚委员会，设在北平。已知王任远"1942年任华北军政宣抚委员会书记长"。②

　　②王若僖1933年来津任职。《益世报》1933年4月9日《新任电报局长王若僖就职》载："新任天津电报局长王若僖，已于前日抵津，当晚赴该局同人欢迎会。席间谆嘱同人安心服务，电报事业为营业性质，非同其他机关各人皆有相当成绩与历史，望遵守部章，共同努力云云。王氏于昨晨十时正式到局视事，由田主任负责交代。据王氏语记者：'现今全国电报收入与开支，每月亏少九万元。一切整理及兴修，俱因无款办理。职员薪金拖欠积至三四月不等，概多因收发军用电报所致。本人本交通部章办理，一切不合部章

---

① 刘国铭主编：《中国国民党百年人物全书》上册，团结出版社2005年版，第183页。
② 刘国铭主编：《中国国民党百年人物全书》上册，团结出版社2005年版，第161页。

者,均力予改革。且有线与无线电报,各有短长,无线电往往因收放时间限制,而反不如有线电敏捷。本局为国营营业机关,当秉营业办理。刻由河南管理局调用总务处主任张开骝,会计、庶务亦系由河南调用,不过为暂时者。局内各部须依次点收,想一二日始可竣事。局内同人须考其平日成绩如何,决不轻予更动'云"。

③北平《世界日报》1946年7月14日第195号第1版《前日在济失事者 仅为中航一机 王若僖身死 张贻惠或已罹难 济传杨耐梅亦在内幸告无恙》载:"据昨日报载,中北飞十五号机及中国航空公司北飞□□(64)十五号机,于十二日下午五时及四时三十分,先后在济失事,且所载同为四十九人。记者为明了此事真相,昨特分向各方面探寻究竟,结果已证明,失事者仅为中央航空公司十五号一机。据中国航空公司北平办事处处长王云荪对记者称:'本公司昨日并无机自济南北飞。平日为慎重起见,机身虽大,仅限载客人三十五名,从未载过四十九人之多。本人今晨见报载情形,颇为惊异。本公司今日(十三日)应有班机由济北来,一俟到平,当可明了一切,以事实作更正也。'至在济失事之中央航空公司十五号机一架,记者昨向该公司北平办事处方面探得,该机乘客死伤者姓名如次。已死:纪是明、黄素君(沪客);王若僖(东北电政局长);吴绍曾、王君培(京客);林王氏、林惠珠、林璃珠、陈炳一(济客)……"①

④《申报》1946年7月15日第24573号第4版《王若僖遗体

---

① 参见《中央航空公司沪平班飞机失事 死伤达四十余人 济南附近起火堕毁 机航组主任今晨亲自驾机前往调查》,《申报》1946年7月13日第24571号第4版;《失事中央公司沪平班机死伤乘客姓名查明 仅七人无恙 继续飞平 陈主任专机飞往调查后 今午由平返沪》,《申报》1946年7月14日第24572号第4版;《陈文宽由平返沪 调查中央机事实真相 由于发动机突生障碍 下降之际祸不单行 机翼触线卒酿巨祸》,《申报》1946年7月15日第24573号第4版。《申报》载该机机型为"C—46型"。

在济南大殓》载:"中央社济南十四日电。交通部东北电讯特派员王若僖,于十二日因乘中航机,在济失事,不幸罹难。遗体十三日在济大殓,暂厝湖南会馆。何思源等已分别呈报中央,并通知其家属。"

⑤《革命人物志·王若僖》所载甚详:"君讳若僖,字蕙青,姓王氏,为江苏溧阳巨族。少负大志,卒业同济大学机械科,以平汉铁路局帮工程司游学德国,入汉诺威工科大学,得特许工程司学位,实习于亨雪儿机车制造厂。我国学机械者颇多,而专门研究机车者,实以君为首。复游法,获交林子超、邹海滨先生,因加入德法国民党支部。归国后,首至广东,与朱骝先先生纵谈时事。朱先生阴以鼓吹北方革命相托,遂赴北平。旋参加全国高等文官考试,列优等①,分发海军部交通部。君素关心边防,适西北设边防,即出任张家口库伦汽车运输学②,指挥调度,备极辛劳。嗣任东北兵工厂技师兼东北工兵学校教务长,擘画教导,卓著懋绩。十九年转任陕西

---

① 《申报》1919 年 11 月 12 日第 16788 号第 6 页《文官外交官考试揭晓》载:"本届文官高等考试及外交官、领事馆考试现已竣事,已于九日揭晓。"据开列的名单可知,王若僖为文官考试优等。
② 应为张家口至库伦的汽车运输线。《张家口地区公路运输史》载,1918 年 4 月,"交通总长曹汝霖批准兴办西北汽车处,派交通部技正俞人凤和京绥铁路局局长于士源具体筹办,并在京绥铁路管理局内设立了西北汽车处……设汽车工程司 1 人,工务处工程司 1 人(以上工程司由京汉、京绥路局调用),其余办理文书、会计、材料、工程、车务各项事宜,均随时由路局局员兼任,不另调用。西北汽车处在张家口、库伦分设汽车处。张家口汽车处设驻张家口工程司 1 人,由京绥张家口机厂厂长兼任,管理张家口一切事务,并统辖全线行车事宜。又设驻张家口事务员 1 人,由路局人员兼任,辅助工程司指挥监督。库伦汽车处设驻库伦事务员 1 人,司事若干人,行车沿线滂江、乌得、叨林、库伦各车站,各设站长 1 人。张家口车站由京绥路站长指定副站长 1 人及司事 1 人,专管汽车事宜"。张家口地区公路运输史编纂委员会编:《张家口地区公路运输史》,河北科学技术出版社 1989 年版,第 55—56 页。另据《申报》1920 年 11 月 3 日第 17137 号第 6 页《蒙库战事之各面谈》载,时设有"库伦汽车处"。

省公路局长①。其时,陇海铁路仅通至灵宝、西安、潼关间,以灵宝为入陕要道,而陕省于大灾兵燹之余,省府无力修筑公路,固有商车又极窳敝。君招致专门人才,鼓励商营,整饬站驿,组织护路队,逐站修补,使陕西公路东达灵宝,西达甘肃兰州。并辟西安三原、大荔、朝邑、潼关之渭北线。公路局竟能自购车辆,开办修配厂。又勘西安至汉中、西安至同官②南北干线,朞年之间,颇具规模。嗣以当局主张收买商车,改归公营,君意不合,于廿一年春辞职。是年夏,入欧亚航空公司,开辟西安、兰州航线,亲率德国技师试航于新疆哈密、迪化等处,以汽油告罄,被迫降落于沙漠地带,饮食断绝,待另一飞机至,始免于难。君以乘飞机入西北之第一人,力说新疆会办盛世才,始克完成通航任务。廿二年,朱骝先先生长交通,请君任河南电政管理局长,此为君置身电政之始。豫省电信事业衰微,各局亏损甚巨。君从事整顿,先将全区之开支划一,复禁止截款,剔除积弊,数月之间,成绩灿然可观。旋调任天津电报局长。先是北方各局局务业务,多不遵中央规制,君苦心指导改革,始纳入正轨。未几,塘沽协定成立,北方时局日非。电报为通讯机关,应付日寇,尤感困难。廿四年,中央又令无线电台与电报局合并,因统系不同,遂形成有线、无线之争。电务人员又有新派、旧派之别,办事至艰。君居间调停,卒能泯除畛域,而收合作之功。廿五年,商谈关内外通报通话案,因部令不以伪电之为对手,于是,敌关东军出而干涉,势骄

---

①《申报》1931年6月30日第20918号第3页载:"国民政府二十九日令……据陕西省政府主席杨虎城呈,请任命……王若僡……为陕西省政府建设厅技正,应照准。此令。"《申报》1931年8月11日第20960号第12页《陕教厅检定中校教员》载:"检定委员:李协、李百龄、景志伊、连瑞琦、王若僡。"

②今陕西铜川。铜川原名"同官",因与"潼关"同音,且治所设在铜水之川,故更名铜川。

横甚。君秉承中央意旨,沉着应付,卒能不失主权,悉如所期。政府称善,敌亦敬服。又参与关内外联络航空会议,君坚持航空线不得扩张全陇海沿线及太原、张家口等处,与议者为敌大佐议我诚也①等,百端威胁,君志不少挠。越年,七七变起,津市沦陷,而天津电报局赖君从容坐镇,挣扎支持,仍与中央互通音讯者,历半年之久。及被迫停闭时,君犹发表宣言,正式结束。中间,敌军官、敌领事等数密访君于私寓,威胁利诱。君迄不为动,潜命大部人员奔赴后方,留其干部,分别隐藏,以备任用。并派员与美人合作,密设电台,维持国际通讯。复设特别电台与各方联络。斯为华北沦陷区与中央通信唯一机关,协助抗战,厥功甚伟。至二十九年,始被迫停止。其所收入,有助于当时地下工作人员者甚大。廿七年,朱骝先先生为中央秘书长,密保君任天津市党部主任委员、三民主义青年团平津支团部筹备主任、华北党政军联合办事处主任、华北宣抚委员会主任委员。君以事关党国安危,毅然受诺,不避艰危,领导地下运动,亦日以力,厚结华北中央各单位之力量,策励全面抗日工作,出入敌窟,与日寇对抗,俨若敌国。一时,敌寇畏之甚,恨之亦益深,仇视地下人员甚于阵地战,至悬重赏购君头,敌探星布,刺客在门,必欲得之而后快。不幸于廿八年九月廿八日,终被敌宪兵逮捕,以君为华北抗日渠魁,非刑审讯,十有余日,备尝楚毒,九死一生。君处之泰然,从未供出一人、泄露一事。报端记载,寇称君为中国人中之最倔强者,可谓大智大勇矣。敌知君终不可屈,思有以利用之,乃软禁于天津法国工部局三年有余。君虽幽处囹圄,仍与中央秘密通讯,指挥

---

① 应为仪我诚也。侵华日军关东军军官。1933年任山海关特务机关长。次年3月晋升步兵大佐,负责搜集华北地区的政治、经济、军事情报。1935年8月任步兵第三十联队联队长,留驻长城线以南,负责修筑各种军事设施,后将参与施工的中国劳工杀害。

抗敌策划工作,未尝因而中辍。盖君夙秉忠贞,处此非常时期,益有以尽其平生怀抱,委质许国,早置生死于度外。直至卅二年初,始获脱险,奔赴陪都。敌更逮捕君妻张夫人,羁押月余。迨营救释放,其居宅前后,犹设伪警,监视其家人之行动,历数月始撤。君既至渝,主席数次召见,奖慰有加,先后颁予景星勋章、胜利勋章。卅三年,奉命飞江西,组设东南电信管理局,配合前方战士,建立通信机构。东南地区作战部队得以密切联络,皆君之力也。卅四年,被选为中央候补执行委员。胜利后,任交通部东北区电信交通接收委员兼第九区电信管理局长。是年十月飞长春,十一月与苏军驻长春通信司令雅科文克签订接收长春电信纪录,为东北接收事业之第一项。旋因时局关系,奉令撤回北平。此后则仆仆京、渝、平、锦、长、沈间,曾无宁日。卅五年七月,述职南京,乘机北归,竟在济南上空失事惨殂。人之云亡,邦国殄瘁,闻者无不痛惜!金以为国家方步入建设初阶,交通事业犹在发轫之始,君乃不克尽其天年,岂但交通界之不幸,抑亦全国之不幸也。君气度恢闳,具大魄力,天性厚重,在家以孝友闻,待人公诚,人皆乐为之用。莅事则有强敌不夺之气,故所之具绩效。而在北方策划地下工作数年,艰苦奋斗,尤为难能可贵,谅节奇勋,中外皆叹服焉。居恒不治生产,自奉甚约,而急人之急,不惜倾囊相赠,故人乐与之交。卒时年五十有一。配张夫人。长子德华、长女黎华,皆肄业同济大学;次女鸿华、次子庆华,均幼([国民党]党史会藏《王荑青先生行略》打字本)。"①

2. 王秀臣

籍贯汉阳县。天津市警察局保安第二队八中队分队长。"廿六

---

① 杜元载主编:《革命人物志》第9集,台北"中央"文物供应社1972年版,第14—17页。

年七月廿八日,奉令袭击敌公大七厂内[侵华日军]驻军,阵亡"。《烈士事迹表》由"天津市警察局送"。

3. 冯辑五

四十五岁。籍贯天津县。津浦铁路特别党部常务委员。"廿六年敌陷平津,参加中央调查统计局华北交通站。经阴耀武同志领导,从事地下工作,颇多功绩。嗣,以同志多被日寇捕杀,怒愤致疾,卒至不起"。"廿九年积劳成疾,因公殉职"。《烈士事迹表》由"中央统调局华北天津区函送"。遗属"家境困难"。遗属在津住址:"四区新唐口子大街月德里廿一号"。

按:据1927年《申报》所载判断,北伐战争期间,冯辑五曾在东路前敌总指挥部政治部、第二路总指挥部政治训练部从事党务工作:

①《申报》1927年4月1日第19415号第14页《军事消息汇志》载:"总司令部委……陈人鹤任[国民革命军第二路]总指挥部政治主任。东路前敌总指挥[部]政治部主任……由蒋总司令另委陈人鹤君充任……陈氏就职后,以宣传科长萧淑宇提出辞职,认其辞职理由充分,当即派冯辑五(前民国日报编辑)充任。"

②《申报》1927年5月21日第19465号第10页《各机关党部消息》载:"东路前敌总指挥部特别党部第一分部(政治部),于前昨两日,选举初选代表,每小组选出二人,共为十四人,兹将该代表等姓名,披列于左:冯辑五……"

③《申报》1927年6月2日第19476号第14页《东前总部特别党部成立》载:"国民革命军东路前敌总指挥部特别党部,于昨日上午九时,假九亩地新舞台开成立大会……候补执行委员冯辑五……"

④《申报》1927年6月8日第19482号第14页《东前总政部要息》："东前总部于昨日上午十时,在大礼堂举行总理蒙难五周年纪念筹备会议,公推冯辑五君主席……当场通过公举李公朴、张秉辉(杨键代)、冯辑五为常务委员……"

⑤1927年6月11日《申报》第19485号第13页《东前政部秘书处消息》："东路前敌总指挥部政治部秘书冯辑五君,办事异常勤慎,素为陈主任所嘉许。前日拟请假休息未果,近因天热事繁,精神不支,爰于灰日递辞职书,托张秘书主任转呈主任核准。闻陈、张以冯秘书成绩卓著。际此军书旁午之时,不能任其辞职,已加意慰留。想冯秘书平日热心革命工作,必肯勉任艰巨也。"

⑥《申报》1927年6月14日第19488号第14页《各机关纪念周汇志》载："东前总指挥部。该部于昨日上午九时,在礼堂举行总理纪念周,由张秘书主任秉辉主席……冯辑五申说日本出兵来华之阴谋与目的。"

⑦《申报》1927年6月28日第19502号第14页《各机关会议消息并志》载："二路总指挥部部务会议。该部于昨日上午十时,在礼堂开第九次部务会议,由代理秘书主任冯辑五主席……"

⑧《申报》1927年7月8日第19512号第15页《第二路总政训部消息》："秘书处代理秘书主任冯辑五,前因公务过劳,身体略有不适,曾告假数日,赴医院就医。闻于前日已返部,照常办公。又,该部自改组为第二路总指挥部政治训练部后,所有以前东前政部名义之证章,已不适用,特于前日,另制第二路新证章,发给该部政治工作人员。"

⑨《申报》1927年7月21日第19525号第14页《各机关回忆并志》载："第二路政治训练部昨开第二届经理审查委员会第三

次常会,出席委员冯辑五……冯辑五同志提议,庆祝国府出师北伐一周纪念所包汽车之电灯灯彩,当时言明二十元。现在,汽车公司又格外加了二十元。此中不无弊端,应加审查。议决,先付调查委员切实调查,再定办法。"

⑩《申报》1927年9月4日第19570号第14页《东前特党部昨开执监联会记》载:"东前特别党部昨在龙华本部开第一次临时执监联席会议……本部名称已改为淞沪卫戍司令部,本部党名亦应同时更改或改组,并整理党务种种重要问题……议决事项……第一分部业经裁撤,本部当选执行委员陈群,候补执委冯辑五、胡国振,应即取销其当选执行委员,遗缺应以候补第二[的]李镜湖同志递补,议决通过。"

另据《国民政府令(二十年八月十五日)》载:"兼行政院院长蒋中正呈,据财政部部长宋子文呈请,任命……冯辑五为鲁豫区郑州分区统税管理所副主任。应照准。此令。"①再据《国民政府令(二十一年七月十二日)》载:"行政院院长汪兆铭呈,据财政部部长宋子文呈称……鲁豫区郑州分区统税管理所副主任冯辑五,另候任用,均请免本职,应照准,此令。"②

4. 叶国贵

二十八岁。籍贯辽宁海龙。曾任"天津市公安局第五分局第七分所所长"。"七七事变,本警士在东局子协助保安大队奋勇杀敌,并焚毁敌人重要文件,被敌追索。幸为李公楼模范小学校长多方掩护,入旧英租界加入军统局,从事地下工作,化名杜润书,以抗日救

---

①南京国民政府《行政院公报》1931年第281号第1页。
②《国民政府公报》1932年洛字第14号第9页。

国为职,屡经奋斗"。"终因积劳咳血,于廿九年十二月三日,死于天和医院"。遗有"妻一",生活"窘迫"。《烈士事迹表》申请人为杜韫石。

附1:杜韫石证明书

为抗敌不屈不挠积劳成疾以身殉国警察所长叶国贵列入忠烈祠以慰英灵由。

窃氏先夫叶国贵,辽宁海龙县人。于民国二十年考入内政部高等警官学校,二十三年六月毕业,分发天津市警察局实习。二十六年四月,任第五分

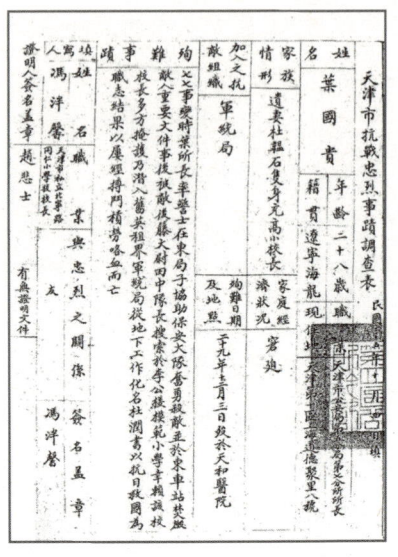

1946年10月4日填写的《天津市抗战忠烈事迹调查表·叶国贵》

局第七分所所长(即现在四分局)。七七事变爆发,天津震撼。国贵率领所属巡官欧阳超、于乐诗等数十名(于乐诗现仍任四分局户籍生),驶赴李公楼,向凤林村、旺道庄、唐家口子一带布防,协助国军应战。并于七月二十五日夜间,以举火为攻击之暗号。火一起,国贵手持双枪直趋东车站,焚毁敌人重要作战计划图及军器、粮秣数列车,但终战不过敌。翌晨,敌人攻入市内,国贵无可奈何,退避李公楼中街模范小学校赵悲士校长处(该校长现仍在李公楼模范小学校)。因国贵自焚毁敌人重要计划图后,[敌]即恨之入骨。故敌人一入市内,即有日宪兵队长后藤大尉追踪至模范小学校搜查,并强迫该校长赵悲士说出国贵之去向。又谓,如将国贵献出,即奖金万元,否则刺毙该校长。因该校长深知国贵生前之为人廉洁,且此次又不

顾己身，为民抗战，深得当地民众之敬佩，故赵校长不但不将国贵献出，且仍使用种种方法掩护。如此，始免危难（此事河东李公楼老年者均知）。后国贵又化名杜润书，与爱国志士陈大鹏、周志成等担任秘密地下工作，因悲愤过度，积劳成疾。其友劝其休养，而国贵则誓死抗敌，终不肯放松职责。后又不幸周志成为日宪兵逮捕。国贵悲愤尤深，病势愈重，终以身殉国。如今国土光复，关于忠勇烈士设有忠烈祠，以表扬死者之英灵。而国贵之忠勇抗战、奋不顾身、积劳成疾、以身殉国，亦当列入烈士之俦。如获有成，则死者不但瞑目九泉，氏亦能心安，荣耀于世矣。所呈事实如何之处，伏乞鉴核。谨呈天津市政府社会局。

已故警察所长叶国贵之妻叶杜韫石呈
中华民国三十五年十月四日

附2：冯芹池、赵悲士证明书

已故警官叶国贵，系辽宁海龙县人，在内政部高等警官学校毕业，任天津市警察第五分局第七分驻所所长。七七事变起，率所属长警，参加驻军，在李公楼凤林村、旺道庄、唐家口一带，节节布防，屡锉顽敌，并率警焚毁飞机场敌存粮秣物资无数。天津市沦陷后，与同志周志诚秘密[开展]地下工作。及周被逮入宪兵队，国贵拼命营救，卒以积劳成疾，赍志以殁。特此证明。

证明人：冯芹池，四十七岁，河东新官汛大街同仁小学校校长
证明人：赵悲士，五十七岁，河东李公楼中街模范小学校校长
中华民国三十五年十月四日

附3：天津市第四区区公所调查结果及意见

查该故所长，当日寇方张之际，英勇抗战，屡挫敌锋，附近民众至今称道弗衰。迨敌占津市，搜索至急，藉李公楼模范小学校长掩

护之力,得入英租界军统局从事地下工作,一再搏斗,积劳咳血而亡。对于入祀忠烈祠,当之无愧。

当时悬赏一万元缉捕,可见敌人对故所长之重视。现在日寇降伏,正国家崇德报功之日、激浊扬清之机。遗爱在人,当隆祭享也。

天津市抗战忠烈事迹调查表二份,一并备文,呈请鉴核,转呈施行。谨呈社会局局长胡。

天津市第四区区长董凤桐
中华民国三十五年十月四日

按:

①杜韫石时任天津市第九区第一保国民学校校长。

②亦有记载称叶国贵为吉林省磐石县(今磐石市)人或朝阳镇人。据杜韫石证明书可知,叶国贵应为辽宁海龙县人。海龙县今属吉林省梅河口市(已改为海龙镇),位于磐石市西南约50千米处。朝阳镇今属辉南县,位于海龙镇东约20千米处、磐石市南约50千米处。可见,称叶国贵为吉林省磐石县人或朝阳镇人,亦非无据。而两种证明书所载的"周志成""周志诚"为同一人。

③天津市第四区区公所将以上证明材料、调查结果及入祠意见以《为据本区士绅赵悲士等呈为已故警官叶国贵抗敌积劳殒命公请准予褒扬加入忠烈祠等情经复查属实填具抗战忠烈事迹调查表二份请鉴核施行由》为名,呈报天津市政府社会局。该局文化礼俗科于1946年10月5日收文后,以"呈民字第一五七九号"备案。文化礼俗科科长蒋明德于10月8日签呈"拟汇案办理"。同日,局长胡梦华批:"可。"但是,天津市忠烈祠第一次入祠工作当时已经完成,只能留待第二次入祠时审查办理。

④1947年3月7日至15日,有关方面将以上材料再行抄缮

呈报天津市政府社会局。该局文化礼俗科于1947年3月25日收文后，以《已故警察所长叶国贵之妻杜韫石呈为抗敌不屈不挠积劳成疾以身殉国警察所长叶国贵列入忠烈祠以慰英灵由》为名，列为"福字第4655号"备案。文化礼俗科科长蒋明德于3月31日签呈"拟汇案办理"。局长胡梦华后于4月2日批："可。"叶国贵入祠问题，遂纳入议事日程。

⑤天津市警察局在此基础上，又询明第四分局局员马克、户籍生于乐诗，"请其书证明一纸"，并将这些材料一并呈请天津市市长杜建时、副市长张子奇，以为决策参考。天津市政府警察局局长李汉元、代理副局长齐庆斌联名呈文时认为："查已故叶国贵同志，既系生前抗战有功，颇可表扬，以示忠贞。"后经天津当局审查，批准叶国贵于1947年9月3日第二批入祀天津市忠烈祠。

5. 王曾印

三十岁。籍贯天津市。天津市市立师范学校①毕业。陆军第一〇四师政治部上尉指导员。"二十六年卢沟桥事变，烈士激于民族义愤，辗转潜赴后方，初服务于军政部救护总队，继调陆军第一〇四师政治部，任上尉指导员。在职期内，热诚服务，勇于任事。敌扰太湖，烈士率部游击，不幸阵亡"。"卅年五月，日寇窜扰太湖流域。烈士率部游击，不幸殉难"。《烈士事迹表》由"陆军第九十四师政治部函送"。遗有"母、弟三人"。遗属在津住址："北门西大宜门口②和顺当后胡同七号"。

---

①交通部天津电话局1936年编《民国二十六年份天津电话号簿》载，天津市市立师范学校位于"特别二区3马路13号""特别二区金汤3马路西口"。
②应为大仪门口。天津府衙门前街道称府衙门街，因东端建有仪门，故称大仪门口。1949年后统称府署街。

6. 张兴琰

二十七岁。籍贯河北沧县。中央陆军军官学校第十期步科毕业。陆军步兵中尉。中央陆军军官学校教导总队第三团机枪排排长。"烈士在河北省立第二中学校毕业,志在从戎,考入中央陆军学校毕业。后任中央军校教导总队第三团机枪排长。常怀国家衰弱,立志报国"。"廿六年十月间,淞沪战役,在[上海]苏州河畔与日敌作战受伤,医治中,闻前线紧张,奋赴火线,身先士卒,弹尽阵亡"。《烈士事迹表》申请人为张崇仁。证明人:天津县党部书记长王士彦。遗有"父、妻"。生活"仅能糊口"。遗属在津住址:"十区洛阳道三多堂二号""十区洛阳道十九号"。原审查意见为函送河北省入祠,旋入天津市忠烈祠。

7. 冯干卿

三十九岁。籍贯天津市。"航空少校技术员"。"廿六年十月十九日,由南京飞赴洛阳","遇敌机往袭,空战阵亡"。《烈士事迹表》申请人为冯玉樵。遗有"兄嫂、侄、妻,生活困难"。遗属在津住址:"六区江西路华德里七号"。其阵亡时间应为1937年11月21日。

南京航空烈士纪念馆内的空军烈士纪念碑《中国烈士名单B》开列的冯干卿、房荫枢,均为入祀天津市忠烈祠的抗战忠烈

8. 范增瑞

二十六岁。籍贯天津市。中央第一战区军政部卅一收容所救护队队副。"烈士在民国二十六年同友人刘汉臣,一同投入西安中央第一战区军政部三十一收容所,入任至卅年。刘汉臣任救护队长,烈士任队副。带领兵士在河南省济源县泥沟河,对日抗战阵亡"。《烈士事迹表》申请人为范心田。遗属在津住址:"河北西窑洼杨桥大街同义里十五号"。

9. 刘铁岭

籍贯沧县。天津警察局保安第二大队八中队警长。"廿六年七月廿八日,奉令袭击敌公大七厂内[侵华日军]驻军,阵亡"。《烈士事迹表》由"天津市警察局送"。

10. 张本堂

籍贯山西榆次县。天津市警察局保安第二大队九中队警士。"廿六年七月廿八日,奉令袭击敌公大七厂内[侵华日军]驻军,阵亡"。《烈士事迹表》由"天津市警察局送"。

11. 赵占标

籍贯山西榆次县。天津市警察局保安第二大队八中队三等警长。"廿六年七月廿八日,奉令袭击敌公大七厂内[侵华日军]驻军,阵亡"。《烈士事迹表》由"天津市警察局送"。

12. 夏涌波

籍贯静海县。天津市警察局保安第二大队八中队警士。"廿六年七月廿八日,奉令袭击敌公大七厂内[侵华日军]驻军,阵亡"。《烈士事迹表》由"天津市警察局送"。

13. 冀平英

籍贯山西榆次县。天津市警察局保安第二大队八中队二等警长。"廿六年七月廿八日,奉令袭击敌公大七厂内[侵华日军]驻军,阵亡"。《烈士事迹表》由"天津市警察局送"。

14. 孙荫浩

籍贯清河县。天津市警察局保安第二大队八中队一等警长。"廿六年七月廿八日,奉令袭击敌公大七厂内[侵华日军]驻军,阵亡"。《烈士事迹表》由"天津市警察局送"。

15. 沈家骏

二十九岁。籍贯天津市。天津市保安队第三大队警士。"廿六年七月廿七日,奉令攻敌河东飞机场时殉难"。遗有"父母、兄弟三人、妹一人,生活无法维持"。遗属在津住址:"八区芥园大街裕源里五号"。

16. 卜玉琳

四十二岁。籍贯天津市。陆军少校、军统局情报组组员。"二十八年[九月],在[南]京[刺]探敌情,被敌逮捕,以素性忠贞,愤而绝食,与同月二十日死于狱中"。葬于"南京雨花台畔"。《烈士事迹表》申请人为卜立英,并由军统局提供。遗有"父母、妻、子女共九人"。生活"尚可维持"。遗属通信处:"北平西四颁赏胡同丙廿五号交卜立若"。

17. 刘枫林

二十八岁。籍贯天津市。"于二十六年参加抗战,任职冀北特派员公署冀鲁边区特遣队指挥官。于廿八年十一月十七日由沪返津工作时,竟被其兄刘桂林报告日军宪兵队,当经[日伪]警察局特高科送到日本宪兵队,刑讯致死"。《烈士事迹表》申请人为刘刘氏。遗有"母、妻、子女四口,赖房产收租生活"。

18. 郑元玺

二十岁。籍贯天津市。陆军准尉。"敌陷天津时,与张鸿相、王嘉铭等同志从事地下工作。廿七年夏间，汉奸潘毓桂在国泰影院观剧，与同志等投掷炸弹，以药力不充，未遂所愿。继焚敌军仓库，为敌侦捕甚急，于廿八年潜赴内地，投入军校。廿九年二月入伍"。"廿九年三月十四日，修筑军路，在成都青羊宫，山石崩落死难"。为同时死难的八烈士之一，当局"准立八烈士墓"，"蒙追赠陆军准尉"。《烈士事迹表》申请人为郑麟孙。遗有"父、弟、妻子，生活勉强维持"。遗属在津住址："一区长春道兴仁里二号"。

按：交通部天津电话局1936年编《民国二十六年份天津电话号簿》载，国泰大戏院位于天津法租界马家口。其为标志性地名，如：大陆木器公司位于"法租界海大道国泰大戏院南"、大纶绸缎庄位于"法租界26号路国泰戏院旁2号"、元隆绸缎庄第一支店华服西装部位于"法租界4号路国泰戏院东"、天和兴位于"法租界国泰戏院旁天成栈内"。其中，法租界4号路即葛公使路，后称滨江道（张自忠路至大沽北路），法租界26号路即福煦将军路，其中一段，后亦称滨江道（大沽北路至南京路）。

关于"廿七年夏间"，郑元熙等在"国泰"投掷炸弹一事，《申报》所载可兹参考：

①《申报》汉口版1938年6月7日第23352号第2页《前日被炸法租界亦发现炸弹 敌伪恐慌大捕行人》载："香港五日中央社电。津讯。津特一区光陆电影院及法租界国泰电影院，均为日人所经营。五日下午三时许，同时发生炸弹。'光陆'掷有硫黄弹二枚，当时起火焚烧达半小时，损失甚巨；'国泰'一枚损失不大，仅伤一幼童。当炸弹爆发时，并发现大批传单，劝民众于前方战事紧急时，勿涉足敌人经营之娱乐场等语。此外，法租界廿九号路亦有炸弹爆发，全市甚紧张。敌伪尤为恐慌，宣布临时戒严，各地密布岗位，检

查行人，无辜被拘者共达一百余人。"

②《申报》汉口版 1938 年 6 月 12 日第 23357 号第 2 页《津影院被炸案 敌竟向租界当局抗议》载："天津十一日中央社路透电。五日，此间日人两电影院被炸事，驻津日领，现已分别向英法租界当局提出严重抗议，并发出通告，要求协助本埠中日当局，严密防止捣乱分子。"

③《申报》香港版 1938 年 6 月 30 日第 122 号第 2 页《天津法租界发现炸弹案》："天津二十九日电。此间外国租界，又发生恐怖分子之活动。昨法租界海关外，又有一按时爆发之炸弹，与本月五日在法租界国泰电影院内所爆发者相同。法租界警局现方查究包裹炸该弹之纸张，以便求得线索云（路透社）。"

19. 王章甫

五十七岁。籍贯任丘县。天津瀛洲公学校校长。三民主义青年团平津支团第二分团主任。"七七事变，任三青团第二分团主任，从事领导青年在津秘密地下工作，后因敌宪逮捕入狱，囚禁年余，迭受酷刑，终未吐实，出狱后而亡。""三十二年十二月，在津工作，被敌宪捕入狱，倍受酷刑。出狱后因伤重而亡。"《烈士事迹表》申请人为王张氏。遗有"妻二人、女三人，生活困难"。遗属在津原住址："西开教堂后瀛洲学校代转"。

按：天津市档案馆编《近代以来天津城市化进程实录》（天津人民出版社 2005 年版第 653 页）载，私立瀛洲小学校校址位于"法租界五十八号路"，成立时间"民国二十四年七月"，校长王国华。其资料来源为"1940 年 10 月[日伪]天津特别市教育局编《民国二十八年度天津特别市教育统计》"。

天津市地方志编修委员会编著《天津通志·基础教育志》（天津

社会科学院出版社 2000 年版第 135 页)载,私立瀛洲小学校址位于"法租界 68 号路",校长王国华,教员 11 人,学生 265 人。其资料来源为"1938 年 1 月伪天津特别市公署教育处统计室所编《1937年度第一学期天津中小学教育统计表》"。

查天津法租界五十八号路亦称砖瓦商路（Rue des Briquetiers),抗战胜利后改称昆明路(南京路至营口道)。昆明路位于西开教堂迤西。天津法租界并无"68 号路"。

又据交通部天津电信局《中华民国三十七年度电话号簿》载,"瀛洲公学,十区昆明路信安里 2 号"。据此判断,私立瀛洲小学校为瀛洲公学前身。

20. 金海祥

三十三岁。籍贯北平市。香山慈幼院高中土木工程科毕业。华北水利委员会测候员。于"二十三年三月"留居天津。"烈士民国廿三年任测候员,除担任观测气象外,并辅助吴君绘图表及修理各项气象仪器。卅三年被捕,常用非刑拷问,逼烈士招认为天津三民主义青年团无线电台台长吴树德之助手。拘禁六日,因不堪非刑,以头触狱门而亡"。又载,"三十三年四月十五日,被驻津[侵华日军]清水部队逮捕"。《烈士事迹表》由"华北水利委员会函送"。生前住址:"第二区自由道十四号"。

21. 李国材

二十岁。籍贯天津市。抗日杀奸团天津组组长。"廿九年六月,在津被捕。至卅年,企图逃脱,为敌发觉,处死"。《烈士事迹表》由"天津警备司令部稽查处函送",并由军统局提供。

22. 纪树仁

二十岁。籍贯天津市。抗日杀奸团天津组组长。"廿九年八月,于平被捕,判刑五年。于卅一年三月三日瘐死北平北新桥伪陆军监狱中"。《烈士事迹表》由"天津警备司令部稽查处函送",并由军统局提供。遗属住址:"北平东单豆腐巷甲号"。

23. 张达荣

二十三岁。籍贯天津市。抗日杀奸团天津组组长。"三十二年,在上海普陀路暗杀敌,被追捕,与张国清等六人,同时为敌虹口宪兵队处死刑"。《烈士事迹表》由"天津警备司令部稽查处函送",并由军统局提供。遗属在津住址:"一区南京道庆安里一号"。

24. 陈熊

二十四岁。籍贯天津市。抗日杀奸团天津组组长。"卅四年三月廿五日,与王士敏炸北平光陆影院,同时死难"。《烈士事迹表》由军统局提供,后由"天津警备司令部稽查处函送"。

25. 王士敏

二十五岁。籍贯天津市。抗日杀奸团天津组组长。"卅四年三月廿五日,炸北平敌光陆电影院,与弹同归于尽"。《烈士事迹表》由"天津警备司令部稽查处函送",并由军统局提供。遗属住址:"北平西四小拐棒胡同七号"。

26. 刘进义

三十八岁。籍贯河北深县。河北省教育厅特教团大队长。"三十年七月,在津被捕,迫送日本充作劳工。不屈。被敌枪杀"。《烈士事迹表》申请人为刘郭喻文。遗有"妻、子女、弟,生活极感困难"。遗属住址:"北平前门外汾洲营①二号"。

---

① 北京西城大栅栏西街汾州胡同,旧称汾州营、汾猪营。

按:

①王化三《深县国民党纪事(一九二八至一九二九年)》载:"一九二八年(民国十七年)上半年,我在深县高等小学(以下简称高小)教书,校长是宿子重。我们曾集议,派高小教员赵秀山、刘进义去石家庄等地,谋与山西国民党方面联系,无结果而还。不久,深县人、燕京大学毕业生张栋臣,从北平与国民党取得联系,回到深县,筹备成立'国民党深县县党部筹备委员会'"。该文又称"刘进义(刘子喻)"曾为"省立师范毕业生",参加国民党后,属于深县县党部"高小派"成员。①

②河北省教育厅特教团为反共组织,抗战期间亦投身抗日。《河北省教育厅长许重远报告特教推进情形及今后改进意见呈(1941年3月22日)》载:"窃本厅于二十八年秋,奉令办理特教。因本省大部为沦陷区域,仅设特教工作团一团,侧重秘密施教工作,艰难缔造,方及半载,基础尤未确立……省府、国军同时南移,特教工作惨遭重拙〔挫〕,联络断绝,工作陷于停顿。自本厅于上年四月改组以后,苦心擘画,力图恢复,除设法与原有工作员尽量联系外,并在洛重新训练大批工作人员,密派返省工作。经数月之联系补充,原有机构已大致恢复,各项工作亦次第举办……本省沦陷最早……形势益趋险恶,特教人员既苦于敌伪之摧残……工作开展困难,此实为主要原因。"②又据《河北省教育厅关于该省反共特教工作团沿革简介(1945年10月)》载:"抗战军兴,河北省主席鹿

---

① 参见河北省深县政协编《深县文史资料选辑》第2辑,1984年版,第135、138—139、144页。
② 中国第二历史档案馆编:《中华民国史档案资料汇编》第5辑第2编《教育(二)》,档案出版社1997年版,第482页。

钟麟氏，在太行山路罗山创设河北省特种教育工作团，活跃在冀南区、濮大区一带。旋以敌寇进犯，我军败退，特教团亦遭摧残而告解体。民国二十九年，河北省政府教育厅长许重远氏，因鉴于沦陷区域教育设施泰半摧毁，奴化教育日益扩张，而我正常教育无法推展，遂于河南沙湾镇成立特教人员训练班，训练优秀干部，深入敌后与敌伪作艰苦斗争，湔除奴化思想，推行党化教育。民国三十年，现任特教视导员兼第四队队长李伟祯氏，奉命来沧开展工作，秘密联络教界同志，领导优秀学生遣送后方受训或就学，文化生命赖以延续……抗战以还，我国国土大部沦陷，敌人足迹所到，到处摧毁文化，灌输奴化思想，扰乱民众听闻。所以，现在特种教育的任务……又负着清除敌伪奴化思想的责任……特种教育工作团团长系蒋主席兼任，下即团主任李焕之氏，主持本团一切事务。河北省特种教育团团长系河北省教育厅长贺翊新氏兼任，副团长马广清主持一切，直受中央教育部之领导，下设四大队：第一队担任濮大区工作，第二队担任平汉线南段工作，第三队担任平汉线北段工作，第四队担任津浦线北宁线工作，队部设于沧县，队长由特教视导员李伟祯氏兼任。"①

27. 崔彤祺

三十二岁。籍贯天津市。三民主义青年团平津支团第五分团主任。"七七事变后，由曾澈先生领导组织抗日杀奸团及忠义救国军，指导同志制作炸弹，破坏敌人仓库及交通。同志多被捕处死。氏幸免。后由王任远先生介绍至青年团工作。多成绩"。"卅一年七月九

---

① 中国第二历史档案馆编：《中华民国史档案资料汇编》第5辑第2编《教育（二）》，档案出版社1997年版，第487—488页。

日被捕,押于海光寺宪兵队,复转解北平第一监狱,受刑不屈,被释出而亡"。《烈士事迹表》申请人为崔彤云。遗有"父母、弟妹、妻、子女",生活"困苦"。遗属在津住址:"西南角刘家大楼后三条胡同七号"。

28. 裴惠民

三十六岁。籍贯河北省束鹿县。天津裕新公司①经理,"由裴鸣宇介绍加入[地下抗日工作],担任掩护及交通工作"。"性刚毅,勇敢逾人。津市沦陷,乃愤日寇之猖獗。由友人介绍,担任掩护及交通工作,颇有成绩,不幸为敌侦悉,遂被所获"。"卅年五月,被日宪逮捕,倍受酷刑。七月,死于市立警察医院"。《烈士事迹表》申请人为裴治岐。遗属在津原通信处:"八区鼓楼西大街九四号华通行代转"。

29. 张文寿

二十三岁。籍贯天津市。华北区交通总站海道交通天津站联络员。"烈士于沦陷后参加抗日救国地下工作,由中统局天津负责领导人高念曾②领导,负海道交通工作。廿九年十二月,在塘沽码头'湖北轮',被敌宪捕获,解送北平,判处徒刑三年,期满出狱,因伤旋死"。另载,其"在塘沽工作之际,被敌宪捕获,判刑三年。于廿九年十二月廿五日出狱,旋死"。③《烈士事迹表》申请人为胡景远。

---

① 交通部天津电话局 1936 年编《民国二十六年份天津电话号簿》载,裕新鸿记转运公司位于"针市街中间义德里 1 号",并在西车站设有办事处。
②《益世报》1931 年 9 月 13 日《市四全会代袁今日在市党部选举》载:"选场之监察员、记录员,已由市党部请监选人、中组部秘书张厉生派充,以昭公允。张于昨日乃派整委会干事高念曾、苏厚斋、刘宇、郭祖佑为监察员。"
③ 该《烈士事迹表》在对张文寿被捕及出狱时间的表述上,存在矛盾。待考。

30. 张玉斌

六十七岁。籍贯天津市。河北省立师范学校①教员。"逊清年间，曾加入同盟会。辛亥革命之际，在津组织共和会与王法勤等从事秘密工作。后参加滦州起义。七七事变，津市沦陷，乃协助各抗日团体，尽出所置枪支，暗杀敌伪，并采购子弹及手榴弹任务"。"资助'省师'同学赴内地参加抗敌工作。三十三年，随华北宣抚主任李廷玉地下工作，颇著成绩。嗣为敌追捕"。"卅四年三月一日，宪兵追捕，潜伏郊外，冻馁一夜之久，归病死"。《烈士事迹表》申请人为张赵氏。遗有"妻、子女三口，生活困难"。遗属在津住址："十区海大道达文里一〇三号"。

31. 房荫枢

三十二岁。籍贯天津市。中央航空运输公司机务员。"烈士于北洋大学毕业后，先后服务欧亚及中央航空公司。抗战期间调借国府航空委员会从事飞机修理事务，并担任教导飞机修理学生，造就人才甚多。又以国府需要驾驶人员，毅然从事国际重要空输驾驶工作"。"于三十二年十月，由印度汀江飞返昆明，中途

房荫枢在北洋工学院毕业时的毕业照

---

① "1933 年，河北省立第一师范学校改校名为河北省立天津师范学校（简称"天津省师"），并增设体育师范班。1937 年七七事变，天津沦陷后，'天津省师'停办。1939 年前后，'天津省师'在双庙街太阳宫复校。1942 年，'天津省师'并入天津市立师范学校。1945 年抗战胜利后，'天津省师'在旧址（新开河）复校"。天津市地方志编修委员会编著：《天津通志·基础教育志》，天津社会科学院出版社 2000 年版，第 193 页。

失踪殉难"。《烈士事迹表》申请人为房彤。遗有"叔父、兄、子、侄",生活"尚可维持"。遗属在津住址:"中山路邮局房彤转"。

按:房荫枢1929年入北洋工学院预科(二年制),就读于北洋工学院高中三年半甲组(1930—1931),北洋工学院机械工程系1935届毕业生。《申报》1935年6月13日第22317号第13页《国立北洋工学院矿冶机械土木毕业生 各处聘用已尽》载:"其机械工程学系毕业生凡十三人,计刘颖留院充任助教,李维临、张树荣、张凤岗就各铁路机务方面职务,王致中、杨薰、任葆良、杨学涵、房荫枢就化学工程方面机厂职务,钱耀绪、高子霄就煤矿方面机厂职务,张登寿就建设机关机械方面职务云。"

位于南京抗日航空烈士纪念馆内的空军烈士纪念碑《中国烈士名单B》仅载为:房荫枢,副驾驶,牺牲于一九四三年十月二十八日。

1943年10月28日,房荫枢与正驾驶林大刚、报务员萨本道,同乘驾驶空军C—47运输机,在中缅边境地区一同殉难。

32. 阎雷

空军上尉。中央空军军官学校高级教官。"烈士原籍辽宁。九一八事变[后],迁居天津,毕业南开中学。嗣于廿九年,于空军军官学校第十期毕业,成绩优良,名列第一,留充飞行教官,并研究国防武器。复调卅二队、十七队,参加前线作战。先后发明电力投弹器、空中爆炸弹、延期引信弹、射击台、加油架、天文仪内改造夜明弹、空中爆炸弹。防卫陪都,颇著功效,曾蒙[蒋]委员长召见嘉奖"。"三十一年六月,因在昆明试弹殉难"。《烈士事迹表》申请人为阎经九。遗有"父母、兄弟共十口,家无恒产,经济不裕"。遗属在津住址:"六区闽侯路四号"。

附1:阎雷之父阎经九函呈天津市政府(1946年)

为亡儿空军上尉阎雷因公殉职恳请入祀忠烈祠以慰忠魂事。亡儿原名承志。改名雷。系本市南开中学高级三年肄业,于民国廿五年七月考入南京航空学校,嗣因抗战军兴,随军内迁。二十九年三月,于中央空军军官学校第十期毕业,得驱逐组飞行第一名。因在校成绩优良,又因从事研究国防武器,留充高级飞行教官。曾于二十九年八月至三十年三月间,调往空军卅二大队及十七队参加前线作战。嗣又调回母校,仍充高级飞行教官兼区队长,继续研究工作。后发明电力投弹器、空中爆炸弹、延期引信炸弹、射击台、加油架,设计天文仪内改造夜明弹等。尤其空中爆炸弹,曾用为保卫陪都上空,予敌机群以重创,深蒙长官嘉许。复承蒋委员长召见嘉奖。不幸于三十一年六月四日因试弹殉职。王司令长官叔铭誉阎雷为'吾国空军史上第一人',并举行各种纪念。如:空军军官学校定六月四日为'阎雷日',嗣后每年于是日,学生队全体素食并祭扫其坟墓;空军军官学校中山室辟'阎雷角',以悬其遗像及事迹;空军军官学校运动场改称为'阎雷场';学生壁报改称为'阎雷';举行追悼会,行葬礼时,全体送殡至空军公墓,派飞机三架带黑纱,成队送殡;航委会特恤三万元;将该员功绩择要函达各部队、学校等等。后国府明令追赠空军上尉。纵观以上情形,亡儿为急于早期完成抗战胜利之伟业,不止于驱逐机上大事杀敌,复不惜殚精竭力,多所发明,不意竟以此而丧其身。虽寒舍之不幸,亦国家之损失。今当国土重光、万象欢腾之际,缅怀亡儿、合家悲悼。是以拟恳钧座俯鉴下情,准将亡儿阎雷入祀忠烈祠,以彰国殇,而慰忠魂。不胜迫切待命之至。谨呈天津市长张、副市长杜。市民阎经九谨呈。

附2:天津市政府训令社会局(1946年8月12日)

笕桥月刊社于1942年6月编辑出版《纪念阎雷烈士特刊》

案据市民阎经九呈,以伊子阎雷曾任空军飞行教官,于三十一年六月四日因试弹殉职,恳请入祀忠烈祠,以慰英魂。等情据此。合行抄发原呈,检同原证件,令仰查核,办理具报。此令。附抄发原呈暨检同原证件二件。市长张廷谔、副市长杜建时。

附3:笕桥月刊社出版《纪念阎雷烈士特刊》

笕桥月刊社于1942年6月21日编辑出版《纪念阎雷烈士特刊》。内容包括:

①阎雷遗作《狂风暴雨中雏鹰生活的回忆》(原载《笕桥》月刊1941年《九一特刊》)。此文分《入伍生活》《初级训练生活》《中级训练生活》《高级训练生活》等四部分。

②《烈士自传》。文中载明,其于"中华民国七年七月七日生于辽宁桓仁县"。又写道:"抗战已经两年了,虽然我们失去了许多土地、牺牲了无数的军民,但是我们抗战的精神仍然是一贯的。我想,只要保持这种精神,抗战到底,最后的胜利必定是我们的。因此,我对国家的前途很抱乐观。"

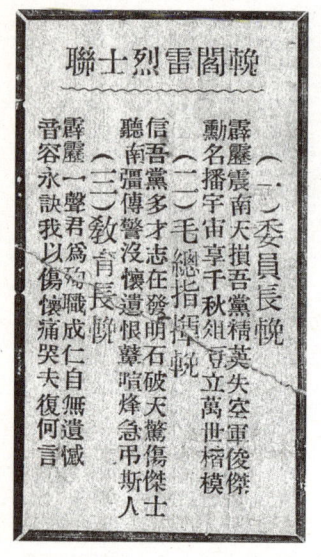

蒋介石、毛邦初、王叔铭为阎雷烈士撰写的挽联

③《挽阎雷烈士联》：

霹雳震南天损吾党精英失空军俊杰
勋名播宇宙享千秋俎豆立万世楷模
　　　　——[蒋介石]委员长[①]挽
信吾党多才志在发明石破天惊伤杰士
听南疆传警没怀遗恨鼙喧烽急吊斯人
　　　　——毛[邦初]总指挥[②]挽
霹雳一声君为殉职成仁自无遗憾
音容永诀我以伤怀痛哭夫复何言
　　　　——[王叔铭]教育长[③]挽

④《吊阎雷烈士》。由空军军官学校教育长王叔铭撰文。文中称"阎雷是吾国空军史上第一人"。

⑤《纪念阎雷烈士特刊》中所载的叶逸凡《阎雷烈士殉职的影响》、陶乃甘《阎教官失事的原因》、陈嘉尚《吊阎雷》、朱士华《悼阎雷烈士之死》、李鹤年《伟大的完人》、璨伦《给》、叶振声《日记的片段》、白石山《记六月四日的黄昏》、学生队《阎区队长挽歌》、蓝彰《编后》等文，也从不同角度表达了对阎雷牺牲的痛惜之情。这些记述对坚定空军将士的抗战必胜决心，也都起到了促进作用。

附4：大鹏月刊社出版《阎雷烈士殉职周年纪念专号》

值阎雷烈士牺牲一周年之际，1943年7月1日《大鹏月刊》第11期出版《阎雷烈士殉职周年纪念专号》。《大鹏月刊》由空军军官

---

①蒋介石时任航空委员会委员长。
②1941年3月26日，毛邦初任空军总指挥部总指挥，1943年任航空委员会副主任。
③1941年1月22日，王叔铭任空军军官学校教育长。

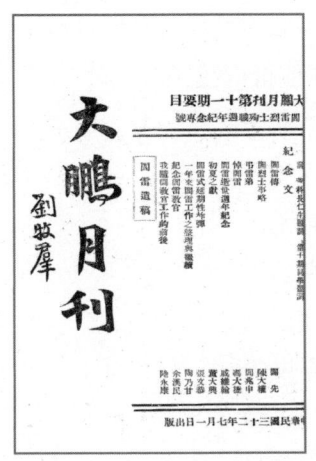
《大鹏月刊》1943年第11期为《阎雷烈士殉职周年纪念专号》

阎雷烈士画像。载1943年7月1日出版的《大鹏月刊》第11期

学校(时在昆明)政治部主编发行。该专号内容丰富,包括军政长官、空军军官学校第十期同学、阎雷遗属等题词,也包括搜集整理的阎雷遗稿和有关人士撰写的纪念文章。该专号披露,阎雷于"民国二十二年六月乘轮到天津","初入天津汇文中学,二年后转入南开中学"。"二十五年七月二十九日离津赴京参加航校复试,合格。九月五日入伍"。"三十一年三月二十七日,国府命令,追赠阎雷为空军上尉"。阎雷"兄弟八人",其中,"有两个哥哥和弟弟。大哥黄埔海军学校毕业,现正在从事于艰难困苦的工作。二哥是个医师。弟弟仍在中学念书"。

不少军政要人专为"阎雷烈士殉职周年纪念"题词,如:精神不死(蒋中正)、虽死犹生(周至柔①)、英灵犹存(黄光锐②)、亦足千秋

---

① 周至柔时任航空委员会主任。
② 黄光锐时任航空委员会副主任。

（毛邦初）、万古长生（王叔铭）等。足见阎雷牺牲后在抗日空军将士中的影响颇大。另有一些题词题联亦值得记载，如：

  惟我烈士　空军桢干
  志趣超群　学识丰满
  潜心创造　孜孜不倦
  空中爆弹　延期药管
  先后发明　成绩可观
  六月四日　腾空试验
  霹雳一声　血花飞溅
  哲人其萎　谁不浩叹
  转瞬又届　周年纪念
  缅怀烈士　弥深伤感
  追寻遗迹　更增忉怛
  望我后学　兴起继缵
  努力研求　完成其愿
  增光空军　俾利抗战
  庶几烈士　精神永灿
      ——刘牧群[1]

敌焰迄未消是先烈临终一件恨事
遗绩今尚在愿后人共竟九仞功名
      ——黄仁生[2]

---

[1] 1941年9月1日，刘牧群任空军第一路司令。
[2] 黄仁生后任国民党当局空军总司令部第六署署长。

吾家应有为国尽忠之人

——阎先①于贵阳中央医院特录雷弟遗言

十期之光

——[空军军官学校]第十期全体同学敬题

允公允能发扬我南开精神

——同学弟徐世友②敬题

33. 金文清

二十二岁。籍贯天津市。曾任"宪兵司令部特务营第四连上士班长"。"烈士性勇敢、寡言笑。七七事变后，从事宪兵司令部特务营抗战工作。迭经转调，历著功绩"。"民国二十六年十月间，日寇侵略南京，抗敌阵亡"。《烈士事迹表》申请人为金鹤年。遗有"母、叔、婶母、堂兄弟姊妹，生活艰窘"。遗属在津住址："东门内石桥胡同后季家大院会所内交金祝三"。

34. 张希良

六十一岁。籍贯天津市。铆工匠。"烈士因协助其子克昌从事地下工作，于民国三十三年，由敌宪兵队探知，率领特务将烈士及克昌逮捕，羁押于宪兵队内，拷打追问秘密工作同志姓名、住址。而烈士本爱国爱党之精神，虽受刑，终未吐实。羁押拷打历时月余，遍

---

① 阎先为阎雷之兄。
② 徐世友，生于1917年，湖南长沙人，曾为天津南开中学学生。公孙嬿（查显琳）《南开三宝》载："徐世友（大友）……是空军出身，'笕桥十期毕业'。记得当年空军官校在北方招生，南开中学是大本营。那时入学的条件非常严格，南开同学考入空军的不少，在中楼侧的布告栏上，一张贴告示，便有很多人围观。"胡光麃著：《大世纪观变集》第1册《波逐六十年》，台北联经出版事业公司1992年版，第608页。另据《笕桥航校第十期航空班学生名册》载，笕桥航校第十期航空班学员共125人，阎雷、胡乃武、杨天雄、徐世友均为该班学生。

体鳞伤。敌宪因无口供,始行释放","旋因伤重身死"。《烈士事迹表》申请人为张克昌。遗有"妻、子女、子媳、孙男、孙女共十五口。家境萧索,生活困难"。遗属在津住址:"西关双庙街十六号"。

35. 贾竹潭

三十二岁。籍贯河北徐水县。三民主义青年团平津支团办事员。"七七事变后,即奔走于保定、徐水之间,协助我游击队员联络工作。乃于二十九年八月,潜行来津。九月,任平津支团部办事员。从事秘密工作,颇有劳绩,深蒙历任主管嘉许"。"三十一年六月,在津被敌宪兵队逮捕,严刑拷问,终未吐实。乃受刑惨重,遂于三十二年二月,故于天津敌监狱"。《烈士事迹表》由"三民主义青年团函送",申请人为贾王氏。遗有"母、妻、子女,薄田三亩,勉强度日"。

36. 董雄飞

四十六岁。籍贯河北武清县。华北宣抚会专员。"七七事变后,从事游击工作,杀敌致果,备著功绩。嗣后,继任华北宣抚会专员,在津工作,极为努力"。又载,"二十九年,在津工作。被敌逮捕,继受酷刑,伤及要害。同年八月,死于海光寺敌宪兵队中"。《烈士事迹表》申请人为黄家齐,由"三民主义青年团函送"。遗有"子女,家已无人,子女寄养外祖家"。

附:关于董雄飞生平事迹的其他记载

①谭仲玉《智勇双全的包司令》载:"一九三九年,日寇为了加强对冀东的统治,弥补其兵力之不足,将伪警防队布置在冀东各县。在蓟县和平谷县驻扎的是[伪]警防队第四区队,约有一千四、五百人。这个[伪]警防队的前身就是冀东日伪政权驻通县的保安队。一九三六年夏,曾因不愿为日寇卖命,暴动过一次,经过两天的激战,被日军镇压下去了,并整编为警防队。司令是王铁相,司令部

设在北平。下属四个区队,各区队的区队长都是司令的把兄弟。第四区队的队长名叫董雄飞,是冀东遵化县人,区队下属的三个大队的大队长也都是董的亲信,士兵多是一些有血性的青年。通县暴动失败后,经过整编,上层军官被撤换了,但多数下属官兵的反日情绪仍很高涨,总想变汉奸队为抗日队。士兵中若有人亲日或有危害人民的言行,士兵们就设法把他挤走。包森同志了解到警防队这些情况后,就下决心要争取它,并派人设法和董雄飞联系,派一些青年打入警防队,做一些下层士兵的工作。董雄飞愿意和包森同志见面。有两次,警防队利用在野外操练的机会,董雄飞亲自到包森同志的司令部来会面,并且互派了联络员,保持经常联系。董雄飞曾当面向包森同志保证:他的部队绝不做不利于抗日的事,不做危害人民的事。在可能的条件下,尽量给我军一些支持,并准备经常向我军传送一些日伪活动的情报。另外,他也请求包森同志体谅他的难处,因为在警防队里设有日本顾问,监视他们的行动,所以,双方必须注意保密。有时为了欺骗日寇,还得充充样子。两人谈得很成功。自此以后,警防队经常派联络员给我们传送一些日伪活动的情报。有时,我军在根据地整训,他们就以'打野外'为名,驻在公路的两旁,为我军放哨。两军只隔十来里路,相安无事。有一次,日寇突然包围了包森同志的司令部,警防队就和我军约定好,深夜从他们的防区突围。待我军过去以后,双方打了一阵朝天枪,我们给他丢下几只破枪,以便他们向日军报功。他们却送给我们更多的新枪和弹药。还有两次,在日本顾问的督战下,硬让警防队和我军作战。双方只好各占一个山头,互相打朝天枪,充充样子。只要日本顾问不在山头时,他们就把新武器和弹药给我们送来。游击战争年代,我们买不到药品和电池,多是通过他们帮我们购买。我军有些伤病员，因条件限制，不能医治，就通过他们化装成警防队的军官，送到北平去治病。一九四〇年，我军曾以警防队的名义，购买了两千多套警防队的军装。这种情况前后有两年多，警防队又被日寇调走了。"①

②《王少奇》载："1939年9月，由夏德元（队长）、王少奇（政委）率领去平西受训的蓟遵兴和蓟平三支队，返回盘山。11月，蓟遵兴支队与刘向道领导的队伍合并为一支队，王少奇仍任政委。党交给他的任务是：扩大抗日武装，开创盘山抗日游击根据地。当时，日寇对蓟县、平谷一带控制很严，调集伪警防第四区约一个团的兵力，常驻蓟、平二县县城，并经常四处出击。这对我扩大抗日队伍是一大障碍。对此，王少奇一方面组织力量打击伪警防队伍，挫其士气，一方面做敌伪上层的统战工作，分化瓦解敌伪势力。他通过我地下工作人员了解到，伪警防区队长董雄飞系东北军张学良旧部，对家乡常有怀念之情，对日寇践踏故土耿耿于怀，对我党的抗日救国主张深表同情。了解到这些情况，他决定会见董雄飞，亲自做他的工作。党组织同意后，经我地下工作人员——伪警防四区队参谋王鹤祥同志的安排，王少奇化装只身前往董的驻地——塔院，与董会面。会面后，王少奇向董雄飞详细地阐述了《抗日救国十大纲领》，并针对董的思想情况，做了深入细致的思想工作，王少奇阐述的抗日救国道理，对董触动很大。他表示：今后决不再打八路军，不再破坏抗日政权，并答应遇有军事行动，及时通报。不久，伪四区队二大队长也被我争取过来。此后，警防队每次出城，董事先都给王少奇写信，讲明兵分几路、途经哪里，让我们做好准备，免遭破坏。由于

---

①《革命英烈》1985年第1期，第25—26页。

扫清了障碍,我抗日武装发展很快,到1940年8月,已组织建成了第十三团。但由于当时物质条件差,战士们一时换不上夏装。王少奇决定要警防队帮助解决。他和团长包森一起秘密会见了董雄飞,请他帮助赶做1000套军装。董开始有些踌躇,但王少奇几句话就把董的思想顾虑解除了:'真抗日,假抗日,必须用实际行动来说明,希望董队长用实际行动来表明自己。'董毅然表示:一定要千方百计完成任务。时过不久,我们就从灵山附近收到了成包的新军装,从而解决了战士们的夏装问题。随着我抗日根据地的逐步扩大和巩固,原蓟平密联合县划分成了蓟宝三和平密兴两个联合县,王少奇任蓟宝三联合县县长。这时,日军已将董的警防区队调离。蓟、平、密等县都驻进了日本侵略军,接连不断对我扫荡初级,局势日益残酷起来。"①

③《蓟县志》载,1939年秋,王少奇"任蓟遵兴支队政委,与夏德元率蓟遵兴支队返回盘山,争取伪警防第四区队大队长董雄飞、四区队二大队长张裕禄同情抗日"。《蓟县志》又载:"1937年,[伪]冀东保安队改编为[伪]警防队。1939年,伪警防队第四区队、区队部和一、三大队约1000余人,驻防蓟县。该队原属东北军张学良部,对日军不满。区队长董雄飞倾向抗日,曾为八路军十三团解决部分服装、弹药和通讯器材。后,董雄飞及二大队长张锡禄均参加八路军。"②

④傅克《重返冀东抗战忙》载:"我郑重地向北平地下党组织提

---

① 中共唐山市委党史研究室编:《冀东革命人物》第2辑,1988年版,第262—263页。参见中共廊坊市委党史研究室编《廊坊市民主革命时期烈士传》,1989年版,第32—33页。
② 蓟县志编修委员编著:《蓟县志》,南开大学出版社1991年版,第659、955页。伪警防队第四区队二大队长,既载为"张裕禄",也载为"张锡禄"。待考。

出了回冀东参加前线抗日的申请。北平地下党支部通过认真考虑，决定派我到蓟县盘山抗日根据地，去参加八路军的武装抗日。于是，1940年的端午节那天，我按照组织的安排，向恒通运输栈的老板辞去了工作。第二天，也即农历五月初六，同为地下党小组成员的王鹤祥，将我介绍给了伪警防队四区队董雄飞队长，委托他设法将我带到冀东去。董雄飞虽身着伪装，却心系国运，是冀东抗联在敌人内部的一条得力眼线。在董雄飞的安排下，我和王鹤祥乘坐他的专用卡车回到了蓟县。到县里后，我们暂住在王凯臣的家里。次日傍晚，王鹤祥便带着我去了部队驻扎地——蓟县城西北十五里的塔院村。我所参加的八路军十三团，是由时任晋察冀军区冀东军分区副司令员包森亲手组建的。全团共辖十个连，计一千六百多人。包森副司令员兼十三团团长，娄平任党总支书记，洪涛任政治处主任。而现在，我有幸成为了这支日后威震冀东的部队中的一员。"①

⑤傅克《北平斗智购军服》又载："八路军十三团组建之后，在包森副司令员的直接指挥下，打了几场大胜仗，大大鼓舞了冀东百姓的抗日斗志。人们心向抗日，心怀抗日，整个冀东地区继大暴动之后又一次掀起了抗日热潮，各界人士踊跃报名参加队伍。由于入伍人员不断增加，部队后勤供应跟不上，出现了战士们着装很不一致的情况，严重影响了军容。为整肃军容，鼓舞斗志，包森副司令员决定想尽一切办法搞一千套新军装来配备给十三团官兵。然而，在当时那种情况下，敌人不仅对盘山抗日根据地频繁地进行围剿，更实施了严密的经济封锁，导致根据地物资给养极度困难，要靠自己

---

①傅克、刘明明著：《磨砺89：一个老八路的跌宕人生》，团结出版社2012年版，第15页。

解决军服问题，根本是不可能的事。包森和张健翼、王少奇等地方领导进行了反复磋商，最后，决定由王鹤祥去伪警防队部和董雄飞队长商量如何解决这一难题。二人反复磋商后，决定由王鹤祥以警防队军需处的名义，到北平去相机定制军服，董雄飞则提供运输上的方便。1940年7月的一天，王鹤祥来地委机关找我……带我到了位于塔院村的盘山指挥部……王少奇接着说：'咱们冀东十三团刚刚组建，包司令指挥部队打了好多胜仗，开辟了根据地。最近他考虑十三团要有一个威武的军容，布置让我们敌工干部在北平敌人的心窝子里给部队制作一千多套军服，需要一个既对北平熟悉又精干的人带钱过去。你在北平待过，年龄又小，不易被敌人察觉。包司令认为你是最合适的人选。你带上购置军服的钱，和鹤祥同志一起去北平。到北平后将钱交给鹤祥，然后再协助他把服装运回来，就算完成任务了。'时年十七岁的我，首次正式接受部队首长交给自己的这么重要的任务……王少奇接着说道：'你这次去北平，还有一个任务，就是把咱们平西根据地抗日大学的这些招生广告带去，让你们那个北平冀东抗日小组贴到北平的大街小巷里……平生第一次'腰缠万贯'的我，怀着神圣的使命感，抱着宁可牺牲也不让经费有半点损失的坚定决心，与王鹤祥一起去了北平。顺利到达北平后，我将经费交给王鹤祥，二人分头住下来。我住在恒通运输栈的排子车工头曾宪才家，他是我的老朋友。住下来之后，我赶紧前去联系了张静溪。张静溪立即安排布置了招生广告的张贴任务，并顺利地将其完成了。王鹤祥那边，由于我们所带经费比较充裕，军服缝制过程也很顺当。王鹤祥还打着伪警防大队军需处的牌子，大模大样地到日本人开的衣庄购买了一千五百条皮带和一千五百条军毯，又到门柜胡同购买了一千五百副绑腿。万事俱备，只欠东风,就等着如何把军服装备安全地运抵盘山了。在董雄飞队长及其亲随刘万均的帮助下,王鹤祥从伪警防总部军需处李处长那里借到了一辆军车。于是,他立即通知了我,以及想随我们一起奔赴冀东抗日根据地的北平地下党员汪炎贞,还有以伪警防队军官身份到北平治伤痊愈的张殿和。我们乘坐伪警防队的军车,一路畅通地回到了蓟县……日寇则惊恐恼怒,立刻封锁全城,进行大搜捕。虽是鸡飞狗跳地折腾了一天,但终无所获。最后,我们由新民会(日本特务组织)中的卧底地下党员周连奇秘密送出了蓟县城,胜利返回了部队。"①

⑥傅克《他走五十年 仍留我心间》所载可为补充:"我是包森同志领导下的一名宣传队员。在和他不满百日的朝夕相见中,只有一次是直接地接受他的命令。那是1940年7月,我来到蓟县盘山根据地的塔院村……两天以后,王贺祥又带着我到王少奇同志的住处。王少奇住在包森同志的斜对门的一个院子里……王少奇同志说:'咱们冀东八路军十三团刚刚建团,包司令指挥部队打了许多胜仗,开辟了地区;他又考虑到部队需要有一个威武的军容,他指挥布置了我们的敌工干部,在北平敌人心窝里给八路军制作了一千多套军装,然后再让敌伪军队把这批军装运到盘山来。你的任务就是到北平去送这笔缝制军装的款。因为你年岁小,带上这笔款不会引人注意。'……到北平以后,在两个礼拜之内,王贺祥和北平冀东抗日小组的同志们都圆满地完成了任务。有我和张殿和、王炎贞一同乘坐着伪警防队四区队董雄飞上校团长的军用大卡车,将一卡车军装(崭新的绿色洋布斜纹军装)与部分医疗器械,直运平谷县

---

① 傅克、刘明明著:《磨砺89:一个老八路的跌宕人生》,团结出版社2012年版,第17—20页。

伪警防队四区队三大队驻地（大队长张苏，后率部起义，任冀东军区作战科长）。到平谷县一两天后，董雄飞伪团长命令张苏巧送这批军用物资，行驶在一条公路上。很快，就全部交给贾紫华和赵玉同志。然后，又朝天鸣枪'欢送'一阵子，导演了一场神奇的交接仪式。忆往昔，当年的包森同志，不仅是战场上的优秀指挥员，而且在敌工工作方面也是一位杰出的有着非凡能力的传奇人物。不然的话，敌伪团长董雄飞怎么能如此佩服敬仰他呢？当时正是敌人对我们经济封锁的非常时期，不要说让千余名八路军战士穿上崭新的绿色洋布斜纹军装，就是在敌占区买点军用绿布也是很难的，而且根本见不到。更何况一千多套军服？而且是在敌人的眼皮底下，并由敌伪上校团长亲自办理押运、护送的。这多么具有神奇的色彩。"①

⑦《中国共产党北京历史》中有对"董雄飞情报组"的介绍，即："1940年，中共中央北方分局社会部派董雄飞到平津工作。他利用与伪华北政务委员会王揖唐、齐燮元、门致中是同乡、同学的关系，打入东北保安军任团长。董雄飞以此为掩护，活动于平津地区，先后发展铁路职工、社会人士、东北军旧部、伪新民会成员等多人为情报关系，建立起秘密情报小组，主要收集日伪铁路运输、伪新民会等方面的情报，并在北平住处设了秘密电台。该情报组一直工作到抗战胜利。"②

---

① 傅克、刘明明著：《磨砺89：一个老八路的跌宕人生》，团结出版社2012年版，第138—140页。文中所载的"王贺祥"，与前文所载的"王鹤祥"，应为同一人。
② 中共北京市委党史研究室著：《中国共产党北京历史》第1卷，北京出版社2011年版，第361页。另载，董雄飞"先后发展了铁路职工梁赞文、社会绅士朱益三、外甥胡尚武、东北军旧部戚建初、新民会成员杜秋谷等为情报关系……并在北平董雄飞的住处建立了秘密电台，张振生任报务员"。张大中、安捷编：《没有硝烟的战场——中国共产党领导的北平地下抗日斗争纪实》，京华出版社1997年版，第35页。

按：笔者根据以上史料判断，董雄飞1939年担任冀东伪警防第四区队大队长期间，与八路军密切合作，并以南京国民政府华北宣抚会专员的身份参加抗日，也受中共中央北方分局社会部指派。董雄飞应为受中共领导的地下抗日人员。其后被侵华日军逮捕杀害，很可能与其冒险竭力为八路军提供军用物资有关。笔者进而推断，抗战胜利后，其曾与中共密切往来的秘密身份并未暴露，否则，以国民党当局的评判标准，其能否被获准入祀天津市忠烈祠，尚为未知数。

37. 王知中

二十七岁。籍贯河北抚宁。天津工商学院肄业。三民主义青年团团员。于"民二十一年八月"留居天津。"烈士读书于工商大学之际，抗战军兴，乃参加三民主义青年团，从事抗日秘密工作。奋不顾身，致行迹破露。三十三年三月，在津工商学院被捕，押于天津敌水上宪兵队中。严刑拷讯，坚不吐露工作实情。致触敌怒，当时挏毙。殉难时在同年五月某日"。《烈士事迹表》申请人为王守中。遗有"父母、兄弟、妹等十人"，生活"尚能维持"。生前及遗属住址："旧义奥交界二八号"，即今胜利路。遗属在津住址："威尔逊路卅六号"。

七 内政部改弦更张不切实际 天津市坚执前议虚与委蛇

（一）天津市民政局股主任赵连福签呈（1948年8月13日）[①]

1. 查第一次忠烈入祠系经社会局主办，召集各机关开会审查，

[①] 赵连福时为天津市民政局负责礼俗工作的股主任（科下设股）。

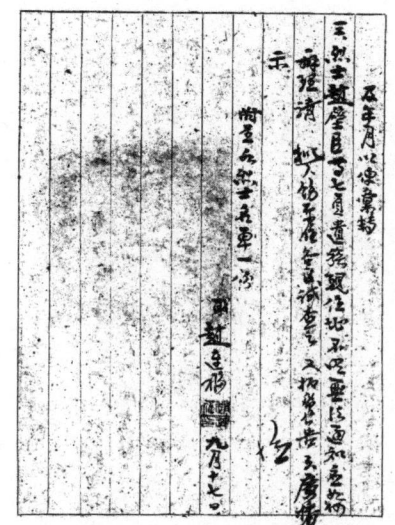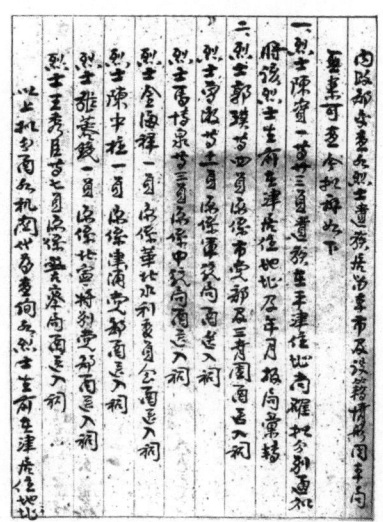

内政部1947年要求撤销天津市忠烈祠62位入祠者的牌位。天津市民政局于1948年9月17日对其是否曾在天津设籍开展调查

即于卅五年"七七"入祠,烈士九十七人①。第二次系前民政处援照社会局例,召集各机关开会审查,计卅六年"九三"入祠,烈士卅七人。以上二次入祠烈士,均未事先呈报内政部核准。

2. 准内政部卅六年七月廿四日《礼字第1744号函》,略[谓]"兹核贵市《忠烈祠第一次入祀忠烈简明事迹录》新刊各烈士,大都未经事前依照上项规定程序办理,请依照规定补具《烈士事迹表》,以便核办"等由,于卅六年九月二日以《义民字第11350号代电》

---

① 不包括天津市忠烈祠第一次入祠的抗战忠烈张自忠。张自忠为南京国民政府明令全国各地忠烈祠入祀者之一,非经天津市当局核准入祠。

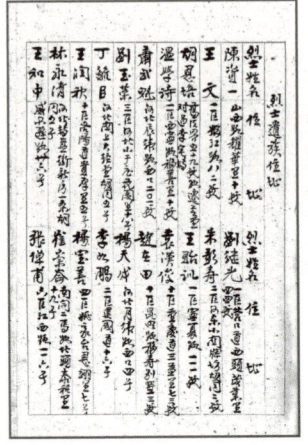 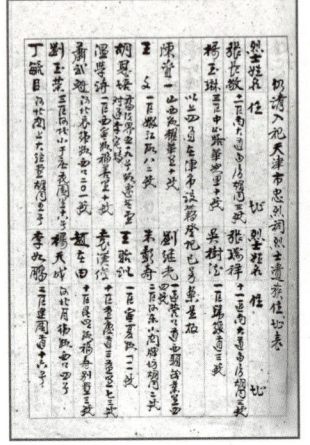

1948年9月23日,天津市民政局要求21名抗战忠烈遗属核实其生前居住天津市时的地址和年月。此为《烈士遗族住址》第1页

1948年天津市民政局编《仍请入祀天津市忠烈祠烈士遗族住址表》(共计62人)。此为第1页

[函致]内政部,补送第一次[入祠]《忠烈事迹表》九十七份,并本年正在举办入祠《忠烈事迹表》卅七份。在案。

3. 查撤销忠烈祠牌位,系于卅六年十一月七日准内政部《礼字第2457号代电》(略以《义民字第11350号代电函》):

①阴耀武、张倬甫、陈中柱、董明鑫四员,前经核定入祀原籍忠烈祠,不得重复。

②王若僖、叶国贵、郑元玺、房荫枢、阎雷非直接死于抗敌,依法不合入祀。

③其不属于贵市籍贯之抗敌殉难烈士郭朴等五十八员,已分别核定并抄同原事迹表,分行各烈士原籍省市政府入祀。

④嗣后,贵市政府继续查有抗敌殉难烈士,仍请依法检表送经

本部复核决定，以符法令。

4. 此项代电接到后拟办为后：

①不属于本市籍[贯]者，拟予撤销，以免重复，并函知其家属。

②王若僖等拟再申请入祀。以上奉市长批："如拟。"

③王若僖等再请入祠一节，于卅六年十二月廿九日，以《义民字第20133号函》，请内政部在案。于卅七年一月十六日准内政部《礼字第0135号函》，略以王若僖等五人格于法令，仍未便准予入祀。

④王若僖等部令不准入祀，于三月十三日签呈市长，拟通知该家属予以撤销牌位。奉谕："准如拟办，可先办理退祠灵位，后由友人口头转达王先生家眷。"复奉局长谕："暂缓通知。"

⑤阴耀武、郭朴等六十二员，奉部令入祀原籍省市县忠烈祠一节，于卅七年十月廿四日，以《三七民自第1310号》，分别通知各烈士家属，撤销牌位。在案。

5. 通知撤销烈士牌位后，由各烈士家属申请仍入祀天津市忠烈祠者，列后：

①烈士赵在田家属赵健恒呈请：原籍黑龙江现尚未[经国民党当局接]收，复请仍入祀天津市忠烈祠。已据情呈府转部，准内政部《礼字第1239号代电》，略以赵在田烈士入祀案，仍依照规定办理。已经通知该烈士家属知照。

②烈士杨玉琳家属杨振生呈请：原籍北平，在津居住数代，仍请入祀天津市忠烈祠。已据情呈府转部，准内政部《礼字第1237号代电》，略查杨玉琳烈士生前曾否在贵市该管区内为设籍登记，请查照见复。当即转函警察局查明。据复称，第三分局管界，确属杨玉琳烈士之母杨洪氏居住，系于民国廿五年十月廿日迁入，已于三十

七年八月九日,以《三七民自字第 4329 号》,据情呈府,尚未接到批示。

③据忠烈家族联谊会①呈请:烈士张瑞祥、张长敬原籍静海,在津已居住数代;又烈士王贻训原籍沧县城南张古凤[村]人,土地、房屋早被"共军"清算,势必长居津门。均请仍入祀天津市忠烈祠。已据情呈府转部准内政部《礼字第 1256 号代电》,略以烈士王贻训入祀案,仍依规定办理外,至烈士张瑞祥、张长敬二员,生前曾否在贵属该管区内为设籍之登记,应请查明见复。当即函知家族联谊会,并转函警察局查明。据复称,第十一分局内管界,前于民国廿八年三月十二日确有张瑞祥、张长敬同胞弟兄设有户籍登记,已于卅七年八月十日,以《三七民自字第 3464 号》,据情呈府,尚未接到批示。

④烈士吴树德家属吴赵世兰呈请:原籍上海,遂先公来津五十余年,故后卜葬津门,原籍亲友殊鲜,往来返籍,势所难能,请仍祀天津市忠烈祠。已据情呈府转部,尚未奉到批示。

6. 以上系根据内政部令办理。谨将撤销烈士牌位始末缘由,签报鉴核。

(二)**天津市民政局局长冯步洲批示**(1948 年 8 月 13 日后)

阅。暂勿撤销。仍函请内政部依据烈士家属声请,并念现值"戡乱"时,将有许多烈士家属原籍都系"共军"区域,一时无忠烈祠之设置。且彼等多在天津殉难,仍准暂置忠烈祠内。

(三)**《为请将烈士生前居住本市地址及其年月查明报局由》**(1948 年 9 月 23 日《三七民自字第 4476 号》)

1. 烈士〇〇〇等,前经内政部核定应入祀原籍各省市县忠烈

---

①即天津市抗战殉国忠烈家族联谊会。

祠,业经分别通知在案。

2. 前据各烈士家属请求,仍入祀天津市忠烈祠。经转奉内政部《礼字第 2033 号代电》:"以各烈士家属久居贵市,已立户设籍,请准入祀天津市忠烈祠,查核该令尚属可行,请将遗族居留贵市及设籍情形,查明报部。"

3. 请将烈士生前居住本市地址及其年月查明,迅予报局,以凭转核。

右通知烈士〇〇〇家属。

按:1948 年,南京国民政府内政部对天津市忠烈祠入祀事宜横加干涉,把事情搞得一团糟。其貌似按法令行事,但实则大搞双重标准。如王若僖与戴笠同为战后死于飞机失事,若死抠入祠法令,均不符入祠条件,均应撤销牌位,但内政部缘何生生对戴笠视而不见?却揪住王若僖等不放?内政部大肆撤销抗战忠烈牌位之举,不仅无法向入祠烈士家属交待,而且也让舆论哗然,势必导致国民党当局严重失信,甚至是威信扫地。人们不禁要闻,内政部早干什么去了?缘何直到天津市忠烈祠第二次入祀典礼之后才想起来死抠入祠法令?政府说的话、办的事还算不算数了?

实际上,早在 1946 年 7 月 5 日,南京国民政府社会部就已来电明示天津市政府社会局:"本年'七七'抗战死难军民追悼大会举行办法及仪式,业奉院令颁行,事关发扬民气精神、表彰先烈气节。特电。仰即遵照办理为要。社会部。"1946 年 7 月 17 日,也就是天津市忠烈祠第一次入祀典礼后不久,天津市政府社会局就将办理情形报告社会部:"快邮代电。南京社会部钧鉴:组六午支电,谨悉。关于'七七'抗战死难军民追悼大会,前奉天津市政府令,转奉行政院颁定开会仪式及办法,当经遵照,分别办理。于是日上午在忠烈祠隆重举行,并先期邀集津市有关各单位,将本市殉难忠烈人士,按照殉难事迹,依法审定,计核准入祠共九十八人。于是日同时举行入祠典礼。除另案陈报市府,转兹备案外,谨电陈复鉴察。天津市政府社会局叩。"①

可见,天津市政当局对于入祀事宜,并未擅作主张,而是办理得中规中矩、像模像样。其开展的入祀工作,与南京国民政府相关部门如社会部、国防部甚至是内政部,也一直是保持联系的。内政部此举,只能说明其指挥不力,也足见南京国民政府各部门之间缺乏协调沟通。如对于入祠抗战忠烈的籍贯问题,理应早作要求、早予明示,而决不能留待事后再放马后炮。内政部官僚作风也太重,根本就没有考虑到地方上的实际情况。如对于军统局、中统局、三青团、市党部等函送的《烈士事迹表》和提出的要求,天津市政当局哪敢不认真考虑?哪敢不乖乖地执行?加上南京国民政府要求全国各地入祠的名单越来越长(不乏死于抗战胜利之后者和因内战毙命者),天津市政当局的自主权和裁量权其实并不大。即便如此,天津市政府系统还是从基层征集到不少可歌可泣的抗日忠烈事迹。

按说,生米已经做成熟饭,就应该实事求是地考虑变通之策,内政部视抗战忠烈入祀为儿戏,实属愚蠢至极。这么一折腾,各方怨言是肯定的,其对抗战殉国忠烈家族的冲击最为明显。比如,天津市抗战殉国忠烈家族联谊会理事长杨豹灵无奈辞职,当与之有关。而天津当局的工作量势必于无形中加大了不少。

不过,天津市政当局并未僵化地执行内政部的指令,而是采取

---

① 南京国民政府社会部《为七七抗战死难军民追悼大会有关事项与天津市社会局往来代电》,天津市档案馆馆藏档案,档号:401206800-J0025-3-006107-015。

了消极应付和积极应对并重的办法（也可以说是不理内政部那一套）。不论天津市政当局的理由是否充分、措施是否得当，毕竟使抗战忠烈牌位仍暂时得以保留，也暂时确保了抗战殉国忠烈家族的权益。总之，南京国民政府在大陆覆灭前夕，政权控制力已非常薄弱，导致行政管理系统混乱不堪，方方面面各行其是的情形比比皆是。这从天津市忠烈祠烈士牌位被撤销事件中，亦能窥见一斑。

八　天津市忠烈祠第三次入祠者[①]

1948年9月3日，天津当局举行天津市忠烈祠第三次入祠典礼。此后，天津市民政局开列《入祀本市忠烈祠烈士姓名》，并称"统计入祠烈士贰百零八员"。此为全部入祠者姓名汇总。其中，第一次入祠者共计98人（南京国民政府明令全国各地入祠者1人、天津当局审查核准入祠者97人），第二次入祠者共计98人（南京国民政府明令全国各地入祠者61人、天津当局审查核准入祠者37人），而第三次入祠者共计12人。

1947年后，国民党当局悍然挑起的内战全面爆发。因此，在天津市忠烈祠第三次入祠者中，不排除因内战毙命者较多。而因内战毙命者，非属抗战忠烈范畴，绝不可将二者混淆或等同视之。对此必须明断是非，严格加以区分，还要时时保持警惕性，绝不能有任何含糊。

经梳理史料，现已查明，天津市忠烈祠第三次入祠者中，由南

[①] 据天津市民政局1948年编《入祀本市忠烈祠烈士姓名》等记载。

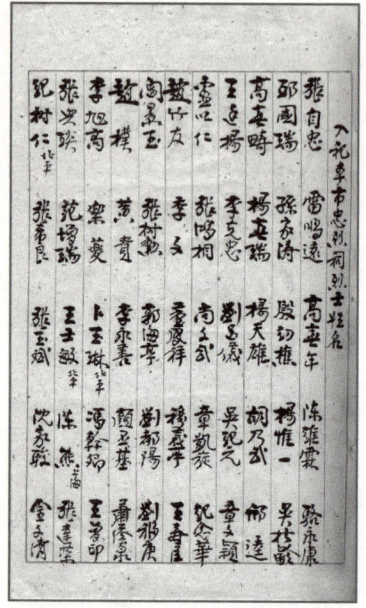

1948年天津市民政局编《入祀本市忠烈祠烈士姓名》（共计208名）。此为第1页

京国民政府明令全国各地忠烈祠入祀者，应为3人，即李铭鼎、鲁英麟、罗永年。查此三人均于1948年初死于内战。其中，李铭鼎、鲁英麟因1948年1月13日涞水战役（即在河北省涞水县一带与人民解放军负隅顽抗）而毙命。李铭鼎时任国民革命军陆军第35军新编第32师少将师长；鲁英麟时任国民革命军陆军第35军中将军长。罗永年则毙命于辽沈战役中，时间是1948年2月19日，地点在辽宁鞍山（罗永年于1947年3月起代理鞍山市市长）。

而经天津当局核准入祀者，应为9人，即乐夔、屠乃杰、马文彩、于现龙、刘志节、李怀礼、陈学林、崔少臣、王汝湘（北平）。

其中，已有三人的生平较为明确：

一是乐夔。本书第三章已转引《革命人物志·乐夔》一文。据该文载，乐夔"于三十一年三月二十九日服毒自杀，以殉其爱国之志"。①其遗属在津住址："梨栈乐仁堂药铺转"。

二是马文彩。《革命人物志·马文彩》载："本党同志李经武，于民国二十七年七月组织冀东游击队，自任司令，马文彩副之（系玉田鸦鸿桥人）。编为三个纵队，第一纵队奎占一（兴隆新城人）、第

---

① 杜元载主编：《革命人物志》第11集，台北"中央"文物供应社1973年版，第264—265页。

二纵队梁福旺(遵化留村人)、第三纵队李紫华(玉田林南仓人)。全队共三千余人,武装整齐,纪律严明,与敌驻遵化、玉田部队,转战年余,迭挫敌锋。至二十八年十月十日,在玉田城北辘轳庄,与驻玉田敌军小番部队遭遇,激战一昼夜,毙敌数十名。该队亦阵亡士兵七十余名。马副司令因腿部受伤,被俘不屈,要求速死,终于玉田西关以身殉国(《河北省党务工作殉难同志追悼大会纪念特刊·一》)。"①

1938年9月10日,中共中央军委(朱德、毛泽东、王稼祥、刘少奇联名)致电聂荣臻、宋时轮、邓华、马辉之:"一、冀东既开过一次军事会议,成立军区并五个军分区。各区负责人均已推定。第四分区正、副司令是'CC'的,为了使冀东游击队迅速正规化,并转变为八路军作风起见,宋、邓部队似应以团营为单位,分散到各区与各游击队合编作为基干,各分区正、副司令亦应以八路军干部及当地干部共同担任为好,各分区完全无八路军基干部队及负责干部似不甚好,请考虑决定。二、冀东收复各县,应即由司令部委任或由当地推选临时县长,各分区即任命临时专员创立政府,不要等待,至冀热察边区政府,则以再待一二月正式成立为好。三、对于'CC分子',如果不能诚意与我们合作,我们不要过高地推举他们,重要位置不要轻易让给他们。"②

据此判断,属于国民党党部系统的马文彩,应为"CC分子"(即中统分子)。另载,1939年9月16日,"冀察战区游击第6支队副司

---

① 杜元载主编:《革命人物志》第10集,台北"中央"文物供应社1972年版,第276页。
② 1938年8月中旬,八路军宋邓纵队和冀东抗日联军,在遵化县铁厂镇会师后召开军事会议。会议决定成立冀察热宁军区和行政委员会,统一军队指挥和政权工作。《冀东形势和使冀东游击队迅速正规化(一九三八年九月十日)》,中共中央文献研究室编:《文献和研究(一九八五年汇编本)》,人民出版社1986年版,第26—27页。

令马文彩,在河北殉国"。①

三是王汝湘。已知王汝湘1947年死于内战。《国民党国防新闻局关于整三师祝王寨一役作战经过及经验教训致陈诚呈(1948年2月)》载,1947年12月18日,整三师"由李司令铁军率领,由信阳、明港向北确山、驻马店地区盘踞之'散匪'扫荡……二十五日,推进至祝王寨、金岗寺一带。我方因情报不确、敌情不明,即陷于'匪'有计划之集中主力包围圈。计有陈毅……刘伯承之第七纵队,约四万余人……以优势火力向我进攻。经两夜一日之激烈战斗,阵地全被摧毁,后因弹尽援绝,奉命突围。除司令官李师长及少数营、连长脱险外,大部被俘。斯役,我方伤亡官兵一千二百余人……第五十八团团长洪伟突围后失踪……五十八团第二营长王汝湘阵亡"。②

《申报》1948年7月27日第25304号第2页《总统颁布明令褒扬罗启疆等》载:"中央社南京廿六日电……陆军整编第三师第廿旅第五十八团上校团长洪伟、第二营少校营长王汝湘二员,历年率队抗日、'剿匪',艰苦备尝,著有劳绩。于上年十二月在豫属西平作战,同时阵亡,尽职捐生,足资矜式,应予明令褒扬,以彰忠勇。此令。"

南京国史馆《志传编年两组工作联合会座谈会第四十四次会议记录》(三十七年七月三十日上午九时半)》载:"总统府秘书长送到故师长罗启疆已奉令褒扬原呈及审查单各一件……又,殉职团

---

① 中国抗日战争史学会、中国人民抗日战争纪念馆编:《中国抗日战争大事记》,北京出版社1997年版,第334页。
② 中国第二历史档案馆编:《中华民国史档案资料汇编》第5辑第3编《军事(二)》,档案出版社1999年版,第685—686页。

长洪伟、王汝湘事迹表各一份。"①

据《黄埔军校同学录》载：王汝湘，籍贯北平，中央陆军军官学校第十五期工兵大队第一队学生，年龄 21 岁，通讯处为"北平市第一百号信箱"。查第十五期学生于 1938 年 1 月入校，1940 年 7 月 21 日毕业于成都。

另外，已知抗战胜利后，有其中四人的遗属在天津或北平的住址或通讯处见诸记载，即：马文彩遗属在津住址为"一区多伦道四箴北里四七号"；于现龙遗属在津通讯处为"一区赤峰道一二五号光明汽水公司于敬德转于敬孝"；李怀礼遗属在津通讯处为"中央党员通讯局直属天津通讯处转"；刘志节遗属在京通讯处为"北平东堂子胡同十号交刘燕甫"。

天津市忠烈祠第三次入祠者的生平经历大多未详，仍需查考。而且，在天津市忠烈祠第二次、第三次入祠名单中，均未发现赵天麟，缘由未明。

---

① 《国史馆馆刊》1948 年第 4 期，第 150 页，南京国民政府国史馆编辑发行，南京国民政府文官处印铸局印刷。

后 记

　　能把天津市忠烈祠史料甄选出来并有秩序地摆列一番，对我来说，已经是很大挑战了。因此，从总体上考量，本书堆砌史料痕迹明显，而系统研究成分无多。可是，对于天津市忠烈祠这个迄今尚未引起学术关照的课题来说，多做些基础性的工作，或许对于今后加深研究不无裨益吧。

　　有关天津市忠烈祠的现成文章都少见，就更别提学术研究成果了。迄今尚未发现有针对性的专题研究论文。与抗战有关的忠烈祠研究成果，多集中在台湾学术界，如：蔡锦堂《忠烈祠研究——"国殇圣域"建立的历史沿革》(2001年"国科会台湾史专题研究计划成果发表"研讨会论文)；蔡荣任《从台湾日治时期神社到战后忠烈祠》(台湾国立成功大学建筑研究所2001年硕士论文)；蔡锦堂《忠烈祠英灵探析》(张春英主编《两岸史学——海峡两岸关系史与台湾史学术研讨会论文集》，湖北人民出版社2005年版)；张世瑛《国民政府对抗战忠烈事迹的调查与纪念》(台湾《国史馆馆刊》

2011年第26期)等,不一而足。大陆学术界相关的专题研究成果,以往并不丰富,常见的多为介绍性述作,如冯玉辉《南岳忠烈祠》(《抗日战争研究》1995年第2期)等。直到近年来才呈现逐渐加强的趋势。如:唐未之、旷顺年著《南岳旅游丛书·南岳忠烈祠》(海南出版社1995年版);李翔《南京国民政府军队抚恤制度研究》(武汉大学2005年硕士论文);朱继光《1939—1942年江苏地方忠烈祠的筹建》(《江苏地方志》2007年第6期);李翔《抗战时期国民政府陆军抚恤机构初探》(《抗日战争研究》2008年第1期);沈阳《国民政府抗战时期军事优抚评析——以四川地区为中心的考察》(《抗日战争研究》2008年第2期);朱继光《功能视角下的忠烈祠筹建——以江苏地方建祠为例》(《湖南医科大学学报·社会科学版》2008年第5期);姜良芹、朱继光《抗战胜利前后国民政府忠烈祠功能之嬗变——以江苏省为例》(《抗日战争研究》2011年第1期);亓秀娟《南京国民政府的抚恤褒扬制度——以辛亥、抗战烈士为中心》(湖南师范大学2014年硕士论文);王铁军《抗战烈士纪念设施述论》(《军事历史研究》2015年第5期);刘于思《从腾冲忠烈祠到国殇墓园——战争记忆的空间争夺与权力博弈》(《探索与争鸣》2015年第7期);周学鹰主编《南岳忠烈祠》(天津大学出版社2015年版)等。

如果不是去年搜集到天津《民治周刊》1947年连载的《天津市忠烈祠第一次入祠忠烈简明事迹录》的话,我仍旧停留在对那一通躺在天津市烈士陵园院内一隅已多年的天津市忠烈祠石碑感兴趣上而已。好在,通过检索老报刊等当年出版物的相关记载,陆续捡拾起一些历史碎片。

今年初,参加天津市和平区政协编辑纪念抗战胜利文史资料选题会时，葛培林先生建议大家着眼于熟人生事或熟事生人。这对我有很大启发。是啊，抗战史料俯拾皆是，再搞的话，就得力求出新意，开辟新领域。我对此理解为——要向深处挖井，要往宽处挖渠。而最终下决心跟这个课题熬膘，源自偶然在天津档案网"在家看档案——档案全文数据库"网页中，得见已获公开的大量档案资料之后。档案不再神秘，伸手即可触及。虽然很多很想看的档案资料还是一时看不到，但这已足令我兴奋不眠了。于是，逐渐形成思路，进而铺排开来。其间，曾多次就教王振良先生，幸蒙先生首肯和指点。这对我无疑是鼓舞和激励，信心和勇气都再也不成问题了。

抗战胜利后，天津当局共在天津市忠烈祠举行三次入祀典礼，入祀者共计208人。其中，因与中共抗日军队搞摩擦而毙命者、死于国民党内部倾轧者、抗战胜利后死于飞机失事者、抗战胜利后因国民党当局悍然发动内战而毙命者，应不少于10人。将其剔除后，名副其实的抗战忠烈尚有近200名。其中，大多数如今已无声无息，在今人撰著中有明确记载的，仅占少数。搜集其生平经历的难度可想而知。不过，这也表明，天津市忠烈祠的研究空间很大、研究价值不菲。不是总说要为历史负责吗？如果能把天津市忠烈祠的来龙去脉搞清楚，再把这些民族忠魂驱除暴寇、舍身殉国的抗日事迹展现出来，不就是一份责任吗？能有机会触碰这段值得大书一笔的悲壮英雄史，实属幸事。

曾入祀天津市忠烈祠的抗战忠烈规模可观，若将其生平事迹逐一检索、析出，就已吃工夫不小，更何况还得比对取舍、厘清真相。一天天怎么过得那么快呢？业余时间不敷支配啊！现在看起来，是因为沉迷得可以、投入得太深。这不，现在又是一个无眠之夜，困意正在袭来，哈欠连天。当然是特别希望能赶上抗战胜利70周年这个伟大时刻了。有了这个期待与向往，也就没有什么可抱怨的了。赶快抓紧吧！好在，这个自找的压力就快要消解了，这个平添的重负就快要卸下了。

在成书过程中，我陆续在报刊上刊发了几篇稿子，并向"抗战时期的中国与天津"学术研讨会（天津社会科学院历史研究所承办）提交了论文。很快，就引起了抗战忠烈后人的关注。通过与他们的接触，使我提升了对天津市忠烈祠的认知程度和感知程度，更使我加深了对抗战忠烈的敬仰之情和缅怀之情，尤其是愈加增强了责任感和紧迫感。

2015年9月8日，抗战忠烈金海祥之女、年逾七旬的金瑞生老人通过其女刘彦女士来函。金瑞生老人在主动提供金海祥生平细节的同时，迫切希望能尽快从北京来津祭奠先父。但是，她这个愿望恐一时难以实现。这是因为，天津市忠烈祠已了无痕迹，且金海祥的尸骨下落难觅，天津市烈士陵园也并无与金海祥有关的任何在册资料。我能出的主意，只有建议其来津看看已获修缮的华北水利委员会旧址这个已知唯一能与金海祥沾上边的标志物了。而我能帮上的忙，也只能期待金瑞生老人来津时，陪同其在金海祥烈士、吴树德烈士曾战斗过的这个阵地上做一番介绍，以此告慰这两位气象战线的抗日英魂了。

今年国庆节前后，抗战忠烈叶国贵之子、年逾七旬的叶长青老人相继四次来访、三次来电，认真回忆并补充了他掌握的叶国贵烈士抗战经历片段，并拿来两件家中珍藏的叶国贵烈士遗物给我看。叶长青老人对其父骨灰迄今仍保存在天津市第一殡仪馆（位于天津烈士陵园旁边）而感到莫大欣慰，但也为其父的抗战事迹被湮没在历史尘埃中而深感遗憾。叶长青老人说，虽然他已垂垂老矣，但仍指望有生之年能把先父的生平了解清楚。这让他一直放不下。面对叶长青老人期盼的眼神，我一时陷于沉默，无言以对。

正视天津市忠烈祠这一历史存在，正视曾入祀的抗战忠烈事迹，当属历史必然。若藉以抛砖引玉，是所深幸矣。但愿，有朝一日能将仍完整保存在天津烈士陵园院内的天津市忠烈祠石碑再行竖立起来，有朝一日能将考证清楚并经过审查认定的入祠抗战忠烈生平事迹再行展示出来。那些虽未纳入今人视野，但禁得起历史检验的抗战忠烈们，一定不会被忘却，也一定会永载史册。时光流逝七十载后的今天，在中共中央总书记习近平同志《在纪念中国人民抗日战争暨世界反法西斯战争胜利70周年大会上的讲话（2015年9月3日）》等一系列重要讲话精神的巨大鼓舞下，我对此深信不疑。当然，这还需要大家一起来继续努力。

在成书过程中，张绍祖先生、张利民先生、周俊旗先生、曲振明先生、王凯捷先生、葛培林先生、张建先生、李国庆先生、倪斯霆先生、于学蕴女士、任云兰女士、周东江先生、曲铭先生、侯福志先生、周利成先生、阎伯群先生、由国庆先生、王津先生、刘彦女士、杨仲达先生、张翔先生、万鲁建先生、彭博先生、徐燕卿先生、方博先生、齐琳女士、周梦媛女士等很多师友前挽后推，天津古籍出版社领导同志以及天津问津书院主其事者高屋建瓴，王振良先生、唐舰女士倾力玉成并全程呵护。高谊厚爱，铭感五内。

此番钩稽纂述，未免粗陋，恳望阅者教我。书中错糅乖舛，间或有之，乞赐明示指摘。

王勇则谨识
2015年10月10日凌晨

《问津文库》已出书目

(总计 36 种)

◎ 天津记忆

沽帆远影　刘景周著	59.00 元
荏苒芳华:洋楼背后的故事　王振良著	49.00 元
津门书肆记　雷梦辰原著/曹式哲整理	49.00 元
故纸温暖:老天津的广告　由国庆著	28.00 元
沽上文谭　章用秀著	38.00 元
百年留踪:解放桥的前世今生　方博著	39.00 元
南市沧桑　林学奇著	79.00 元
津沽漫记:日本人笔下的天津　万鲁建编译	39.00 元
忆弢盦:来新夏先生纪念文集　焦静宜编	92.00 元
与山河同在:天津抗日杀奸团回忆录　阎伯群编	38.00 元
楮墨留芳:天津文化名人档案　周利成著	30.00 元
布衣大师:允文允武的艺术名家阎道生　阎伯群著	30.00 元
口述津沽:民间语境下的堤头与铃铛阁　张建著	28.00 元

大地史书：地质史上的天津　　侯福志著　　　　　　29.00元
丹青碎影：严智开与天津市立美术馆　齐珏著　　　28.00元
立宪领袖：孙洪伊其人其事　葛培林著　　　　　　30.00元
津门开岁：徐天瑞日记解读　王勇则著　　　　　　58.00元
水产教育家张元第　张绍祖编著　　　　　　　　　36.00元

◎ 通俗文学研究集刊

望云谈屑　张元卿著　　　　　　　　　　　　　　39.00元
还珠楼主前传　倪斯霆著　　　　　　　　　　　　38.00元
品报学丛.第一辑　张元卿、顾臻编　　　　　　　38.00元
云云编：刘云若研究论丛　张元卿编　　　　　　　38.00元
品报学丛.第二辑　张元卿、顾臻编　　　　　　　32.00元

◎ 三津谭往

三津谭往.2013　王振良主编　　　　　　　　　　39.00元
三津谭往.2014　万鲁建编　　　　　　　　　　　39.00元

◎ 九河寻真

九河寻真.2013　王振良主编　　　　　　　　　　59.00元
九河寻真.2014　万鲁建编　　　　　　　　　　　59.00元

◎ 津沽文化研究集刊

《雷雨》八十年　耿发起等编　　　　　　　　　　55.00元
陈诵洛年谱　张元卿著　　　　　　　　　　　　　48.00元
碧血英魂：天津市忠烈祠抗日烈士研究　　　　　　98.00元

◎ 津沽名家诗文丛刊

 王南村集　　王焜原著/宋健整理　　　　　　　　68.00元

 严范孙先生古近体诗存稿　　严修原著/杨传庆整理　　48.00元

 星桥诗存　　苏之銮原著/曲振明整理　　　　　　　58.00元

 退思斋诗文存　　陈宝泉原著/郑伟整理　　　　　　88.00元

◎ 津沽笔记史料丛刊

 严修日记(1876—1894)　　严修原著/陈鑫整理　　138.00元

 桑梓纪闻　　马鸿翱原著/侯福志整理　　　　　　　42.00元